POLICE SCIENCE
KIM MIN CHUL

김민철 경찰학
기출 1000제

김민철 편저

ⓡ 미래가치

知彼知己　百戰不殆
不知彼而知己　一勝一負
不知彼不知己　每戰必殆

적을 알고 나를 알면 백 번 싸워도 위태롭지 않고,
적을 알지 못하고 나를 알면 한 번은 승리하고 한 번은 패배하며,
적을 알지 못하고 나도 알지 못하면 싸울 때마다 반드시 위태롭게 된다.

「손자병법」에 나오는 유명한 전쟁 지침입니다.

우리 수험생들이 반드시 싸워서 이겨내야 할 대상은 무엇일까요? 그건 바로 시험 문제일 것입니다.

우리 수험생들의 적(敵)인 시험 문제의 출제 경향을 정확하게 알아야 앞으로의 싸움,

즉 시험에서 위태롭지 않고 이길 가능성이 높아지는 것은 자명한 일이라 하겠습니다.

그러므로 수험생 여러분이 시험에 대비하여 **맨 처음 해야 할 일이면서,**

가장 중요한 일이 바로 기출문제의 분석과 정리입니다.

시험에 있어서 **기출문제에 대한 정확한 분석과 정리 없이는 늘 불안하고 위태로울 수밖에 없다**는 사실을

명심하시고 본 교재와 함께 미리 대비하신다면 절대 위태롭지 않으며

합격이라는 승리의 열쇠를 거머쥘 수 있으리라 확신합니다.

이책의 구성과 특징

1 기출문제를 기본서 진도에 맞추어 기본서와 병행하여 학습할 수 있도록 구성하였습니다. 초심자의 경우에도 기본서 따로 문제 따로 공부하지 마시고 **처음부터 출제 경향에 맞게 자주 출제되는 부분에 초점을 맞추어 학습하시기** 바랍니다.

2 일반 순경채용시험뿐만 아니라 경위채용시험, 경찰특공대, 경찰행정·법학경채 및 승진시험을 총망라하여 구성하였습니다. 비록 **비슷한 문제라 하더라도 중복하여 구성한 이유는** 각 파트별 출제의 경향과 빈도를 수험생 스스로 느끼고 인지하였으면 하는 바람으로 다소 중복된다 하더라도 **"실제로 이렇게, 이 정도로 자주 출제되었다."**라는 사실을 보여드리고자 반영하였습니다.

3 **해설을 최대한 풍부하고 자세하게 구성하였습니다.** 단순히 문제만 확인하는 것에 그치는 것이 아니라 해당문제와 연관되는 기본내용을 숙지하여야만 변형되는 문제에 대비할 수 있기에 가급적 기본적인 사항을 정리하여 구성함으로써 기본서를 다시 찾아보는 번거로움을 덜어드리고자 하였습니다.

4 기존의 문제 중에는 관련 법령이 개정 또는 변경되어 현재에는 정답이 틀린 문제가 있기에 그러한 문제는 **최신 법령에 맞추어 구성**을 하여 혼란이 없도록 하였습니다.

5 똑같은 기출문제라 하더라도 어떻게 활용하느냐에 따라 그 결과는 다르게 나타날 수 있습니다. **중요도에 따라 공부의 강약을 조절할 수 있도록 문제마다 중요도 표시를 A, B, C 등급으로 분류했습니다.** 가장 빈번히 출제되는 것을 A등급으로 해서 순서대로 분류했으니, 잘 활용하셔서 단기 합격에 도움이 되었으면 합니다.

모쪼록 위에서 말씀드린 본 교재의 구성에 대한 특징을 잘 활용하셔서 백전불태(白戰不殆)의 신화를 창조하시길 바랍니다.

끝으로 본 교재가 경찰학을 공부하시는 수험생 여러분에게 등대와 같은 길잡이가 되길 바라며 수험생 여러분의 합격을 진심으로 기원합니다.

편저자 김민철

최근 4개년 순경채용시험 출제분석표

[총론]								
구분	2022년		2023년		2024년		2025년	
	1차	2차	1차	2차	1차	2차	1차	2차
경찰학의 기초이론	9	6	13	11	12	12	13	12
한국경찰의 역사	1	1	1	1	1	1	2	1
비교경찰	·	·	1	·	1	1	·	1
경찰행정법	14	22	13	14	12	11	15	14
경찰행정학	10	3	6	7	8	8	4	6
계	34	32	34	33	34	33	34	34

[각론] – 분야별 경찰활동								
구분	2022년		2023년		2024년		2025년	
	1차	2차	1차	2차	1차	2차	1차	2차
생활안전경찰	2	4	1	2	1	2	3	1
수사경찰	1	1	2	1	2	2	·	1
경비경찰	1	1	1	1	·	·	1	1
교통경찰	1	1	1	1	1	1	1	1
정보경찰	·	1	·	1	1	1	1	·
안보경찰	·	·	1	·	·	·	·	1
외사경찰	1	·	·	1	1	1	·	1
계	6	8	6	7	6	7	6	6

김민철 경찰학
기출 1000제

CONTENTS
차례

CONTENTS
차례

CONTENTS
차례

**김민철 경찰학
기출 1000제**

이 단원의
출제 비중

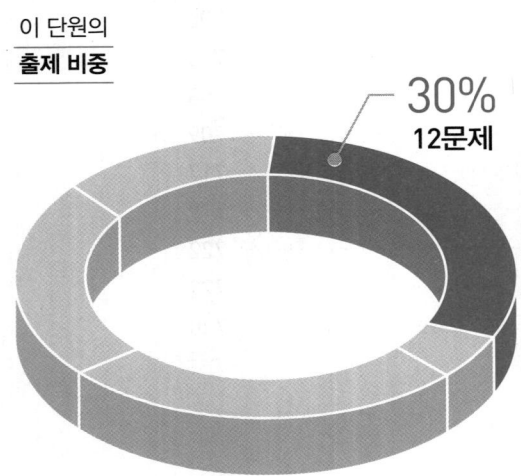

30%
12문제

경찰학의 기초이론

01 경찰의 개념과 임무

제**1**절 경찰개념의 형성 및 역사적 변천과정

01 경찰개념 형성 및 변천에 관한 설명 중 가장 적절한 것은?  ●A급 25 경위

① 2차 세계대전 이후 독일에서는 보안경찰사무를 다른 일반행정기관으로 이관하는 비경찰화 과정이 일어나게 되었다.

② 1884년 프랑스의 「지방자치법전」은 자치경찰의 직무범위에서 위생사무 등 협의의 행정경찰사무를 제외시켰다.

③ 영·미법계 경찰개념은 경찰권 발동의 성질과 범위를 중심으로 형성되었다는 특징이 있다.

④ 우리나라의 미군정 시기 경찰은 경제경찰과를 폐지하고 종래에 경찰에서 담당하던 위생사무를 위생국으로 이관하였다.

해설

① (×) **2차** 세계대전 이후 **독일**에서는 **협의의 행정경찰사무**(보안경찰사무×)를 다른 **일반행정기관으로 이관**하는 '**비경찰화**' 과정이 일어나게 되었다.

② (×) **1884년** 프랑스의 「**지방자치법전**」은 자치경찰의 직무범위에서 **위생사무 등 협의의 행정경찰사무를 포함**(제외×)하고 있다.

> **Tip** 위생사무 등 협의의 행정경찰사무는 **2차 세계대전(1939~1945)** 이후에 '**비경찰화**' 과정을 거치면서 **경찰의 직무범위에서 제외되어** 다른 일반행정기관의 사무로 **이관**하게 된다. 따라서 **2차 세계대전(1945년) 이전에** 만들어진 지방자치법전(1884년)에 협의의 행정경찰사무가 경찰의 직무범위에 **포함되어** 있는 것은 **당연**하다.

③ (×) **대륙법계**(영·미법계×) 경찰개념은 **경찰권 발동의 성질과 범위를 중심으로 형성**되었다는 특징이 있다.

④ (○) 우리나라의 **미군정 시기** 경찰은 경제경찰과를 **폐지**하고 종래에 경찰에서 담당하던 위생사무를 위생국으로 **이관**하였다.

02 경찰개념의 형성 및 역사적 변천과정에 대한 설명으로 가장 적절한 것은?  ●A급 19 승진

① 16세기 독일 제국경찰법은 교회행정을 포함한 국정 전반을 의미하였다.

② 17세기 대륙법계 국가에서는 국가작용의 분화현상이 나타나 경찰개념이 소극적인 위험방지 분야에 한정되었다.

③ 1794년 프로이센 일반란트법 제10조에서 경찰관청은 공공의 평온, 안녕 및 질서를 유지하고, 또한 공중 및 그의 개개 구성원들에 대한 절박한 위험을 방지하기 위하여 필요한 기관이라고 규정하였다.

🔒 01 ④ 02 ③

④ 대륙법계 국가에서는 '경찰은 무엇인가'라는 문제보다 '경찰은 무엇을 하는가' 또는 '경찰활동이란 무엇인가'라는 문제를 중심으로 경찰개념이 논의되었다.

해설

① (×) **16세기** 독일 **제국경찰법**은 **교회행정**을 **제외한(포함한×) 국정 전반**을 의미하였다.

② (×) **17세기 대륙법계** 국가에서는 **국가작용의 분화**현상이 나타나 경찰개념이 **외교·군사·재정·사법을 제외**한 내무행정 전반(소극적인 위험방지 분야×)에 한정되었다.

　　Tip 내무행정 전반 = **소극**적인 위험방지 분야 + **적극**적인 공공복지 분야

③ (○) **1794년 프로이센 일반란트법** 제10조에서 경찰관청은 공공의 평온, 안녕 및 질서를 유지하고, 또한 공중 및 그의 개개 구성원들에 대한 **절박한 위험을 방지**하기 위하여 필요한 기관이라고 규정하였다.

④ (×) **영미법계(대륙법계×)** 국가에서는 '경찰은 무엇인가'라는 문제보다 **'경찰은 무엇을 하는가' 또는 '경찰활동이란 무엇인가'**라는 문제를 중심으로 경찰개념이 논의되었다.

　　Tip **대륙법계** 국가에서는 '**경찰은 무엇인가**'라는 문제를 중심으로 **통치권에 기초**한 경찰권 **발동의 범위와 성질**을 기준으로 경찰개념이 형성되었다.

03 경찰개념에 관한 설명 중 가장 적절하지 않은 것은?　　●A급 22 순경2차

① 경찰의 개념에 대한 정의는 시대 및 역사 그리고 각국의 전통과 사상을 배경으로 발달하기 때문에 일률적으로 정의를 내리기 어렵다.

② 1648년 독일은 베스트팔렌 조약을 계기로 사법이 국가의 특별작용으로 인정되면서 경찰과 사법이 분리되었다.

③ 독일은 제2차 세계대전 이후 보안경찰 이외의 행정경찰사무, 즉 영업경찰, 건축경찰, 보건경찰 등의 경찰사무를 다른 행정 관청의 분장사무로 이관하는 비경찰화 과정을 거쳤다.

④ 독일 프로이센 고등행정법원의 크로이쯔베르크 판결을 계기로 경찰의 권한은 소극적 위험방지 분야로 한정하게 되었으며, 비로소 이 취지의 규정을 둔「경죄처벌법전」(죄와형벌법전)이 제정되었다.

해설

① (○) **경찰의 개념**에 대한 정의는 시대 및 역사 그리고 각국의 전통과 사상을 배경으로 발달하기 때문에 **일률적으로 정의를 내리기 어렵다.**

② (○) **1648년** 독일은 **베스트팔렌 조약**을 계기로 **사법이 국가의 특별작용**으로 인정되면서 **경찰과 사법이 분리**되었다.

③ (○) **독일**은 제2차 세계대전 이후 **보안경찰 이외의 행정경찰사무**, 즉 영업경찰, 건축경찰, 보건경찰 등의 경찰사무를 **다른 행정 관청의 분장사무로 이관**하는 **비경찰화** 과정을 거쳤다.

④ (×) **독일 프로이센 고등행정법원의 크로이쯔베르크 판결(1882년)**을 계기로 경찰의 권한은 **소극적 위험방지 분야로 한정**하게 된 것은 맞는 내용이다. 다만 뒤에 이어지는 내용은 나라와 시대순서가 맞지 않는 내용이다. **독일**에서 이런 취지의 규정을 둔 것은 **1794년 제정된「프로이센 일반란트법」[「경죄처벌법전」(죄와형벌법전)×]**이다. 크로이쯔베르크 판결을 계기로 만들어진 것은 **1931년「프로이센 경찰행정법」**이다.

04 대륙법계 경찰개념에 대한 설명으로 가장 적절하지 않은 것은?  19 승진

① 17세기 경찰국가시대에는 국가작용의 분화현상이 나타나 경찰개념이 군사 · 재정 · 사법 · 외교를 제외한 내무행정 전반을 의미하였다.

② 1795년 프랑스 「죄와형벌법전」 제16조는 '경찰은 공공질서를 유지하고 개인의 자유와 재산 및 안전을 유지하기 위한 기관'이라고 규정하였다.

③ 범죄의 예방과 검거 등 보안경찰 이외의 산업, 건축, 영업, 풍속경찰 등의 경찰사무를 다른 행정관청의 분장사무로 이관하는 현상을 '비경찰화'라고 한다.

④ 대륙법계 경찰의 업무범위는 국정전반 → 내무행정 → 위험방지 → 보안경찰 순으로 변화하였다.

> **해설**
> ① (○) **17세기** **경찰국가시대**에는 **국가작용의 분화**현상이 나타나 경찰개념이 **군사 · 재정 · 사법 · 외교를 제외한** 내무행정 전반을 의미하였다.
> ② (○) **1795년** 프랑스 「죄와형벌법전」 제16조는 '경찰은 공공질서를 유지하고 **개인의 자유와 재산 및 안전을 유지**하기 위한 기관'이라고 규정하였다.
> ③ (×) 범죄의 예방과 검거 등 **보안경찰 이외의** 산업, 건축, 영업, **풍속경찰(×)** 등의 **협의의 행정경찰사무를 다른 일반행정관청의 분장사무로 이관**하는 현상을 '**비경찰화**'라고 한다.
>   **Tip** **풍속경찰**은 보안경찰에 해당하는 것으로 비경찰화의 대상이 아니다.
> ④ (○) **대륙법계** 경찰의 업무범위는 '**국정전반 → 내무행정(17세기) → 위험방지(18세기) → 보안경찰(2차대전 이후)**' 순으로 변화하였다.

05 대륙법계의 경찰개념 형성과 발달과정에 대한 설명 중 가장 적절하지 않은 것은?  20 법학

① 중세의 프랑스에서는 경찰이 국가의 평온한 질서 있는 상태를 의미하였고, 이러한 프랑스의 경찰개념이 15세기 독일로 계수 되었다.

② 16세기 독일의 「제국경찰법」에 의해 경찰의 개념은 교회행정의 권한을 제외한 일체의 국가행정을 의미하게 되었다.

③ 크로이츠베르크 판결을 계기로 경찰의 권한이 공공의 안녕, 질서유지 및 이에 대한 위험방지 분야에 한정된다는 취지의 규정을 둔 「프로이센 일반란트법」이 제정되었다.

④ 18세기 이후 계몽주의, 천부인권(天賦人權) 사상을 이념으로 한 법치국가의 발전으로 경찰권의 발동은 소극적 위험방지 분야에 국한되는 것으로 이해하게 되었다.

> **해설**
> ① (○) **중세의** **프랑스에서는** 경찰이 **국가의 평온한 질서 있는 상태**를 의미하였고, 이러한 프랑스의 경찰개념이 **15세기 독일로** **계수** 되었다.
> ② (○) **16세기** **독일의** 「제국경찰법」에 의해 경찰의 개념은 **교회행정의 권한을 제외한 일체의 국가행정**을 의미하게 되었다.
> ③ (×) **크로이츠베르크 판결**을 계기로 경찰의 권한이 공공의 안녕, 질서유지 및 이에 대한 **위험방지 분야에 한정된다**는 취지의 법해석이 확립된 것은 맞으나, 크로이츠베르크 판결을 계기로 「프로이센 일반란트법」이 제정된 것은 아니다.
>   **Tip** 독일의 「**프로이센 일반란트법**」은 **1794년**에 **제정**된 것으로, 크로이츠베르크 판결(1882년)이 있기 전에 이미 제정되었다.
> ④ (○) **18세기 이후** 계몽주의, **천부인권(天賦人權) 사상**을 이념으로 한 **법치국가**의 발전으로 경찰권의 발동은 **소극적 위험방지 분야에 국한**되는 것으로 이해하게 되었다.

 04 ③ 05 ③

06 18~20세기 독일과 프랑스에서의 경찰개념 형성 및 발달과정에 관한 설명으로 가장 적절하지 않은 것은?

•A급 19 순경2차

① 경찰개념을 소극적 질서유지로 제한하는 주요 법률과 판결을 시간적 순서대로 나열하면 프로이센 일반란트법(제10조) − 프랑스 죄와형벌법전(제16조) − 크로이츠베르크 판결 − 프랑스 지방자치법전(제97조) − 프로이센 경찰행정법(제4조)의 순이다.

② 크로이츠베르크 판결은 경찰의 직무범위는 위험방지 분야에 한정된다고 하는 사상이 법해석상 확정되는 계기가 되었다.

③ 프랑스 죄와형벌법전은 행정경찰과 사법경찰을 최초로 구분하여 법제화하였다는 점에 의의가 있다.

④ 프랑스 지방자치법전은 경찰의 직무범위에서 협의의 행정경찰적 사무를 제외시킴으로써 경찰의 직무를 소극목적에 한정하였다.

해설

① (○) 경찰개념을 **소극적** 질서유지로 **제한**하는 주요 법률과 판결을 시간적 순서대로 나열하면 **프로이센 일반란트법**(1794년) **– 프랑스 죄와형벌법전**(1795년) **– 크로이츠베르크 판결**(1882년) **– 프랑스 지방자치법전**(1884년) **– 프로이센 경찰행정법**(1931년)의 순이다.

② (○) **크로이츠베르크 판결**(1882년)은 경찰의 직무범위는 위험방지 분야에 한정된다고 하는 사상이 법해석상 확정되는 계기가 되었다.

③ (○) **프랑스 죄와형벌법전**(1795년)은 **행정경찰과 사법경찰을 최초로 구분**하여 법제화하였다는 점에 의의가 있다.

④ (✕) 1884년 프랑스 「**지방자치법전**」 제97조는 '자치체경찰은 공공의 **질서·안전 및 위생**을 확보함을 목적으로 한다.'라고 규정하여 경찰의 **직무범위에 위생사무 등** 협의의 행정경찰적 사무를 포함(제외✕)하여 경찰의 직무를 **소극목적**에 한정하였다.

07 대륙법계 국가의 경찰개념에 대한 설명 중 옳지 않은 것은?

•A급 20 경위

① 1794년 「프로이센 일반란트법」 제10조에서 경찰관청은 공공의 평온, 안녕 및 질서를 유지하고, 또한 공중 및 그의 개개 구성원들에 대한 절박한 위험을 방지하기 위하여 필요한 기관이라고 규정하였다.

② 1795년 프랑스 「죄와형벌법전」 제16조에서 경찰은 공공의 질서를 유지하고 개인의 자유와 재산 및 안전을 유지하기 위한 기관이라고 규정하였다.

③ 1882년 프로이센 고등행정법원은 크로이쯔베르크(Kreuzberg) 판결을 통해 경찰관청이 일반수권 규정에 근거하여 법규명령을 발할 수 있는 분야는 위험방지 분야에 한정된다고 판시하였다.

④ 1884년 프랑스 「지방자치법전」 제97조는 경찰의 직무범위에서 협의의 행정경찰적 사무를 제외시킴으로써 경찰의 직무를 소극목적에 한정하였다.

해설

① (○) **1794년 「프로이센 일반란트법」** 제10조에서 경찰관청은 공공의 평온, 안녕 및 질서를 유지하고, 또한 공중 및 그의 개개 구성원들에 대한 **절박한 위험을 방지**하기 위하여 필요한 기관이라고 규정하였다.

② (○) **1795년 프랑스 「죄와형벌법전」** 제16조에서 경찰은 공공의 질서를 유지하고 **개인의 자유와 재산 및 안전을 유지**하기 위한 기관이라고 규정하였다.

 06 ④ 07 ④

③ (○) **1882년 프로이센 고등행정법원**은 **크로이쯔베르크**(Kreuzberg) **판결**을 통해 경찰관청이 **일반수권 규정에 근거하여 법규명령을 발할 수 있는 분야**는 **위험방지 분야에 한정**된다고 판시하였다.

④ (×) **1884년 프랑스「지방자치법전」** 제97조는 '**자치체경찰은 공공의 질서·안전 및 위생을 확보함**을 목적으로 한다.' 라고 규정하여 경찰의 직무범위에 위생사무 등 협의의 행정경찰적 사무를 포함하여(제외시킴×) 경찰의 직무를 **소극목적에 한정**하였다.

08 경찰개념에 대한 설명으로 옳지 않은 것은?
●A급 21 경위

① 1794년 프로이센 일반란트(주)법은 '공공의 평온, 안전과 질서를 유지하고 공중 또는 그 구성원에 대한 절박한 위험을 제거하기 위하여 필요한 수단을 강구하는 것이 경찰의 책무이다.'라고 규정하였다.

② 1884년 프랑스의 자치경찰법전에 의하면 자치체경찰은 공공의 질서·안전 및 위생을 확보함을 목적으로 하며 행정경찰과 사법경찰을 최초로 구분하여 법제화하였다.

③ 크로이츠베르크(Kreuzberg)판결은 경찰관청이 일반수권규정에 근거하여 법규명령을 발할 수 있는 분야는 소극적인 위험방지에 한정된다는 사상이 법 해석상 확정되는 계기가 되어 경찰작용의 목적 축소에 기여하였다.

④ 띠톱판결은 행정(경찰)개입청구권을 최초로 인정한 판결이다.

해설

① (○) **1794년 프로이센 일반란트(주)법**은 '공공의 평온, 안전과 질서를 유지하고 공중 또는 그 구성원에 대한 **절박한 위험을 제거**하기 위하여 필요한 수단을 강구하는 것이 경찰의 책무이다'라고 규정하였다.

② (×) **1884년 프랑스의 자치경찰법전**에 의하면 자치체경찰은 공공의 **질서·안전 및 위생**을 확보함을 목적으로 하며 **위생사무 등 협의의 행정경찰적 사무**를 **포함하여** 경찰의 직무를 소극목적에 한정하였다(행정경찰과 사법 경찰을 최초로 구분하여 법제화하였다×).

  Tip 행정경찰과 사법경찰을 **최초로 구분**하여 법제화한 것은 **1795년 프랑스의 '죄와 형벌법전(경죄처벌법전)'**이다.

③ (○) **크로이츠베르크**(Kreuzberg)**판결**은 경찰관청이 **일반수권규정에 근거하여** 법규명령을 발할 수 있는 분야는 **소극적인 위험방지에 한정**된다는 사상이 법 해석상 확정되는 계기가 되어 **경찰작용의 목적 축소**에 기여하였다.

④ (○) **띠톱판결**(1960.8.18.)은 **행정(경찰)개입청구권**을 최초로 인정한 판결이다.

09 실질적 의미의 경찰개념의 역사적 발전과정에 관한 설명 중 가장 적절하지 않은 것은?
●A급 22 순경1차

① 요한 쉬테판 퓌터(Johann Stephan Pitter)가 자신의 저서인「독일공법제도」에서 주장한 "경찰의 직무는 임박한 위험을 방지하는 것이다. 복리증진은 경찰의 본래 직무가 아니다."라는 내용은 경찰국가시대를 거치면서 확장된 경찰의 개념을 제한하기 위한 노력의 일환으로 볼 수 있다.

② 크로이츠베르크 판결(1882)은 승전기념비의 전망을 확보할 목적으로 주변 건축물의 고도를 제한하기 위해 베를린 경찰청장이 제정한 법규명령은 독일의「제국경찰법」상 개별적 수권조항에 위반되어 무효라고 하였다.

 08 ② 09 ②

③ 독일의 경우, 15세기부터 17세기에 이르기까지 경찰은 공동체의 질서정연한 상태 또는 공동체의 질서정연한 상태를 창설하고 유지하기 위한 활동으로 이해되었고, 이러한 공동체의 질서정연한 상태를 창설·유지하기 위하여 신민(臣民)의 거의 모든 생활영역이 포괄적으로 규제될 수 있었다.

④ 1931년 제정된 「프로이센 경찰행정법」 제14조 제1항은 "경찰행정청은 현행법의 범위 내에서 공공의 안녕 또는 공공의 질서를 위협하는 위험으로부터 공중이나 개인을 보호하기 위하여 필요한 조치를 의무에 적합한 재량에 따라 취하여야 한다."라고 규정하여 크로이츠베르크 판결(1882)에 의해 발전된 실질적 의미의 경찰개념을 성문화시켰다.

해설

① (○) 요한 쉬테판 퓌터(Johann Stephan Pütter)가 자신의 저서인 「독일공법제도」에서 주장한 "**경찰의 직무는 임박한 위험을 방지**하는 것이다. **복리증진은 경찰의 본래 직무가 아니다.**"라는 내용은 경찰국가시대를 거치면서 **확장된 경찰의 개념을 제한**하기 위한 노력의 일환으로 볼 수 있다.

② (×) **크로이츠베르크 판결(1882)**은 승전기념비의 전망을 확보할 목적으로 주변 건축물의 고도를 제한하기 위해 **베를린 경찰청장**이 제정한 법규명령은 독일의 「**프로이센 일반란트법**」(제국경찰법×)상 **일반적**(개별적×) **수권조항**에 위반되어 **무효**라고 하였다. 이로써 경찰의 임무는 **소극적인 위험방지**에 있다는 것을 법적으로 확인하게 된 계기가 되었다.

> 🌱 **Tip** 독일 '**제국경찰법**'은 1530년에 제정된 것으로 **교회행정의 권한을 제외한 국가행정 전반**을 경찰의 임무라고 규정하였다. 크로이츠베르크 판결과는 시대와 내용상 맞지 않는 법이다.

③ (○) **독일**의 경우, **15세기부터 17세기**에 이르기까지 경찰은 공동체의 질서정연한 상태 또는 **공동체의 질서정연한 상태**를 창설하고 유지하기 위한 활동으로 이해되었고, 이러한 공동체의 질서정연한 상태를 창설·유지하기 위하여 **신민(臣民)**의 **거의 모든 생활영역**이 **포괄적으로 규제**될 수 있었다.

④ (○) **1931년** 제정된 「**프로이센 경찰행정법**」 제14조 제1항은 "경찰행정청은 **현행법의 범위 내에서** 공공의 안녕 또는 공공의 질서를 위협하는 **위험**으로부터 공중이나 개인을 **보호**하기 위하여 필요한 조치를 **의무에 적합한 재량**에 따라 취하여야 한다."라고 규정하여 **크로이츠베르크 판결(1882)**에 의해 발전된 **실질적 의미**의 **경찰개념**을 성문화시켰다.

10 대륙법계 경찰개념에 관한 설명으로 가장 적절하지 않은 것은?  A급 23 순경1차

① 경찰이란 용어는 라틴어의 Politia에서 유래한 것으로 도시국가에 관한 일체의 정치, 특히 헌법을 지칭하였다.

② 경찰국가시대는 국가작용의 분화현상이 나타나 경찰개념이 외교·군사·재정·사법을 제외한 내무행정 전반에 국한되었다.

③ 크로이츠베르크(Kreuzberg)판결에 의하면 경찰관청이 일반수권 규정에 근거하여 법규명령을 발할 수 있는 분야는 소극적 위험방지 분야에 한정된다.

④ 경찰은 시민으로부터 자치권한을 위임받은 조직체로서 시민을 위한 기능과 역할에 초점을 맞추어 형성되었다.

🔒 10 ④

① (○) 경찰이란 용어는 라틴어의 Politia에서 유래한 것으로 도시국가에 관한 일체의 정치, 특히 헌법을 지칭하였다.
　　– 대륙법계 경찰개념

② (○) 경찰국가시대는 국가작용의 분화현상이 나타나 경찰개념이 외교·군사·재정·사법을 제외한 내무행정 전반에 국한되었다. – 대륙법계 경찰개념

③ (○) 크로이츠베르크(Kreuzberg)판결에 의하면 경찰관청이 일반수권 규정에 근거하여 법규명령을 발할 수 있는 분야는 소극적 위험방지 분야에 한정된다. – 대륙법계 경찰개념

④ (×) 경찰은 시민으로부터 자치권한을 위임받은 조직체로서 시민을 위한 기능과 역할에 초점을 맞추어 형성되었다.
　　– 영미법계 경찰개념

　Tip 대륙법계 경찰은 일반통치권한에 기초하여 그 발동범위와 성질을 중심으로 형성되었다.

11 영미법계 국가의 경찰에 관한 설명으로 가장 적절하지 않은 것은?

① 영미법계 경찰개념은 '시민으로부터 부여받은 자치권에 근거하여 국민의 생명·신체·재산을 보호하고 범죄를 수사하며, 다양한 공공서비스를 제공하는 작용'이라고 설명된다.

② 영미법계 경찰개념은 국왕의 절대적 권력으로부터 유래된 경찰권을 전제로 한다.

③ 영미법계 경찰개념은 경찰과 국민을 수평적·상호협력 동반자 관계로 본다.

④ 영미법계 경찰은 비권력적 수단을 중시한다.

① (○) 영미법계 경찰개념은 '시민으로부터 부여받은 자치권에 근거하여 국민의 생명·신체·재산을 보호하고 범죄를 수사하며, 다양한 공공서비스를 제공하는 작용'이라고 설명된다.

② (×) 대륙법계(영미법계×) 경찰개념은 국왕의 절대적 권력으로부터 유래된 경찰권을 전제로 한다.

③ (○) 영미법계 경찰개념은 경찰과 국민을 수평적·상호협력 동반자 관계로 본다.

④ (○) 영미법계 경찰은 비권력적 수단을 중시한다.

12 영미법계와 대륙법계 경찰개념에 관한 설명으로 가장 적절하지 않은 것은?

① 우리나라의 경찰개념은 대륙법계와 영미법계의 경찰개념을 모두 반영하고 있다.

② 1953년 12월에 제정된 「경찰관 직무집행법」 제1조는 '국민의 생명·신체 및 재산의 보호'를 경찰의 직무로 규정하여 치안유지를 중심으로 하는 대륙법계의 행정경찰적 개념이 강조되었다.

③ 우리나라는 영미법계 경찰개념의 영향으로 범죄수사를 경찰의 사물관할로 인정하고 있다.

④ 대륙법계에서는 영미법계와 비교하여 경찰통제를 위한 방법으로 행정소송이나 국가배상 등의 사법적 통제가 주로 발달하였다.

① (○) 우리나라의 경찰개념은 대륙법계와 영미법계의 경찰개념을 모두 반영하고 있다.

② (×) 1953년 12월에 제정된 「경찰관 직무집행법」 제1조는 '국민의 생명·신체 및 재산의 보호'를 경찰의 직무로 규정하여 치안유지를 중심으로 하는 영미법계(대륙법계×)의 행정경찰적 개념이 강조되었다.

③ (○) 우리나라는 영미법계 경찰개념의 영향으로 범죄수사를 경찰의 사물관할로 인정하고 있다.

④ (○) 대륙법계에서는 영미법계와 비교하여 경찰통제를 위한 방법으로 행정소송이나 국가배상 등의 사법적 통제가 주로 발달하였다.

🔒 11 ② 12 ②

13 영미법계 경찰개념에 관한 설명으로 가장 적절하지 않은 것은? ●A급 25 특공

① 경찰과 국민을 수평적·상호협력적 동반자 관계로 본다.
② 우리나라의 경찰개념에 영향을 미쳤다.
③ 행정경찰과 더불어 사법경찰을 고유한 경찰임무의 범주에 포함한다.
④ 비권력적 수단보다는 권력적 수단을 중시한다.

① (○) 경찰과 국민을 **수평적·상호협력적** 동반자 관계로 본다.
② (○) **우리나라의 경찰개념**에 영향을 미쳤다.
③ (○) 행정경찰과 더불어 사법경찰을 **구별하지 않고 모두** 고유한 경찰임무의 범주에 **포함**한다.
④ (×) **영미법계** 경찰은 **권력적(비권력적×)** 수단보다는 **비권력적(권력적×)** 수단을 **중시**한다.

14 경찰개념의 변천과정에 대한 설명 중 적절하지 않은 것은 모두 몇 개인가? ●A급 24 경위

> 가. 16세기 독일의 제국경찰법(1530년)에서 교회행정을 제외한 모든 국가활동을 경찰이라 했다.
> 나. 17세기 경찰국가시대의 경찰개념은 외교·국방·재정·사법을 제외한 내무행정 전반을 의미했다.
> 다. 18세기 계몽철학의 영향으로 경찰의 개념이 소극적 위험방지 분야로 한정되었다.
> 라. 프랑스 지방자치법전(1884년)에서 처음으로 행정경찰과 사법경찰을 구분했다.
> 마. 프로이센 경찰행정법(1931년)은 경찰의 직무를 적극적 복리증진으로 규정했다.

① 1개   ② 2개
③ 3개   ④ 4개

해설

틀린 설명은 **라, 마, 2개**이다.
가. (○) **16세기** 독일의 **제국경찰법(1530년)**에서 **교회행정을 제외한 모든 국가활동**을 경찰이라 했다.
나. (○) **17세기 경찰국가시대**에는 국가의 규모가 커지고 복잡해지면서 **전문화와 분업화**가 이뤄지기 시작하였다. 이어 따라 **외교·국방·재정·사법행정**을 국가의 존립을 이루는 **특별한 행정작용**으로 인식하고 **일반적 경찰개념에서 제외**하였다. 그 결과 **일반(보통)경찰**은 '사회공공의 안녕과 복지만을 다루는 **내무행정 전반**'을 의미하게 되었다.
다. (○) **18세기** '**계몽철학**'의 영향으로 군주의 권력도 법에 의해 이뤄지는 '**법치국가시대**'로 전환되었고, 기존의 경찰개념에서 **복지경찰이 제외**되어 경찰개념이 **소극적 위험방지 분야로 한정**되었다.
라. (×) 프랑스 **죄와형벌법전(경죄처벌법전, 1795)(지방자치법전×)**에서 공공질서유지, 범죄예방을 목적으로 하는 **행정경찰**과 범죄의 수사·체포를 목적으로 하는 **사법경찰**을 처음으로 **구분**하고 법제화하였다.
마. (×) **프로이센 경찰행정법(1931년)**은 "경찰행정청은 **현행법의 범위 내**에서 공공의 안녕 또는 공공의 질서를 위협하는 **위험으로부터 공중이나 개인을 보호**하기 위하여 필요한 조치를 **의무에 적합한 재량**에 따라 취하여야 한다."라고 규정하여 경찰의 직무범위를 **소극적 질서유지(적극적 복리증진×)로 한정**하였다.

🔒 13④ 14②

15 경찰개념의 형성 및 변천과 관련한 외국의 판례에 관한 설명으로 가장 적절하지 않은 것은?  23 경위

① 경찰개입청구권을 최초로 인정한 판결은 띠톱판결이다.
② 일반적 수권조항에 근거한 경찰권의 발동은 소극적인 위험방지 분야에 한정된다는 사상을 확립시킨 계기가 된 판결은 1882년 크로이츠베르크(Kreuzberg)판결이다.
③ 위법수집증거 배제법칙이 확립된 판결은 맵(Mapp)판결이다.
④ 국가배상이 인정된 최초의 판결은 에스코베도(Escobedo)판결이다.

> **해설**
> ① (○) **경찰개입청구권**을 최초로 인정한 판결은 **띠톱판결**(1960년)이다.
> ② (○) **일반적 수권조항에 근거한 경찰권의 발동은 소극적인 위험방지 분야에 한정**된다는 사상을 확립시킨 계기가 된 판결은 **1882년 크로이츠베르크**(Kreuzberg)**판결**이다.
> ③ (○) 별건(別件) 수사를 통해 수집된 증거는 위법하다고 하는 **위법수집증거 배제법칙**이 확립된 판결은 **맵(Mapp)판결**(1961년)이다.
> ④ (×) **국가배상이 인정**된 최초의 판결은 **블랑코판결**(1873년)(에스코베도×)이다.
> 🔑**Tip** 에스코베도(Escobedo)**판결**(1964년)은 **변호인과의 접견교통권을 침해**하여 획득한 **자백은 증거능력이 없다**고 판시하였다.

16 다음의 판결과 내용에 관한 설명으로 가장 적절하지 않은 것은?  25 순경1차

① 블랑코 판결은 공무원에 의해 발생한 손해는 국가에 배상책임이 있다고 인정하며 행정개입청구권을 최초로 인정하였다.
② 미란다 판결은 변호인선임권, 진술거부권 등을 피의자에게 고지하지 않은 상태에서 이루어진 자백의 경우에 임의성과 관계없이 증거능력을 부정하였다.
③ 에스코베도 판결은 피고인 에스코베도와 변호인과의 접견교통권을 침해하여 획득한 자백의 증거능력을 부정하였다.
④ 크로이츠베르크 판결은 경찰관청이 일반수권 규정에 근거하여 법규명령을 발할 수 있는 분야는 위험방지 분야에 한정된다고 판시하였다.

> **해설**
> ① (×) **블랑코 판결**(1873년)은 공무원에 의해 발생한 손해는 국가에 배상책임이 있다고 인정하며 **국가배상청구권**(행정개입청구권×)을 최초로 인정한 판결이다. 또한 이런 경우의 소송은 행정재판소 관할이라는 원칙이 확립되는 계기가 되었다.
> 🔑**Tip** 행정개입청구권을 최초로 인정한 판결은 독일의 '띠톱판결(1960년)'이다.
> ② (○) **미란다 판결**(1966년)은 변호인선임권, 진술거부권 등을 **피의자에게 고지하지 않은 상태에서 이루어진 자백**의 경우에 임의성과 관계없이 **증거능력을 부정**하였다.
> ③ (○) **에스코베도 판결**(1964년)은 피고인 에스코베도와 **변호인과의 접견교통권을 침해**하여 획득한 자백의 **증거능력을 부정**하였다.
> ④ (○) **크로이츠베르크 판결**(1882년)은 경찰관청이 **일반수권 규정에 근거**하여 **법규명령**을 발할 수 있는 분야는 **위험방지 분야에 한정**된다고 판시하였다.

🔒 **15** ④ **16** ①

17 경찰개념의 형성 및 변천과정에 관한 설명으로 적절하지 않은 것은 모두 몇 개인가? ●A급 26 경위

> 가. 프랑스의 경찰개념에 영향을 받아 독일에서는 1476년 「뷔르츠부르크 주교령」과 1492년 「뉘른베르크법」에 경찰개념이 등장하게 된다.
> 나. 독일에서는 경찰국가시대에 외무, 군사, 재정, 사법 등이 경찰개념에서 독립되었다.
> 다. 법치국가적 경찰개념이 처음으로 법제화된 것은 1794년 「프로이센 일반란트법」이었다.
> 라. 크로이쯔베르크 판결을 통해 소극적 경찰개념을 재확인하게 된다.
> 마. 1931년의 「프로이센 경찰행정법」은 "경찰관청은 일반 또는 개인에 대한 공공의 안녕과 질서를 위협하는 위험을 방지하기 위하여, 현행법의 범위에서 의무에 합당한 재량에 따라 필요한 조치를 취하지 않으면 안된다."라고 규정하고 있다.

① 0개 ② 1개 ③ 2개 ④ 3개

해설

틀린 설명은 **0개**이다.
가. (○) **프랑스의** 경찰개념에 **영향을 받아** 독일에서는 1476년 「뷔르츠부르크 주교령」과 1492년 「뉘른베르크법」에 경찰개념이 등장하게 된다.
나. (○) **독일에서는 경찰국가시대에 외무, 군사, 재정, 사법 등이** 경찰개념에서 **독립**되었다.
다. (○) **법치국가적 경찰개념이 처음으로** 법제화된 것은 1794년 「**프로이센 일반란트법**」이었다.
라. (○) 크로이쯔베르크 판결을 통해 **소극적** 경찰개념을 **재확인**하게 된다.
마. (○) **1931년의** 「**프로이센 경찰행정법**」은 "경찰관청은 **일반 또는 개인에 대한 공공의 안녕과 질서를 위협하는 위험을 방지**하기 위하여, **현행법의 범위에서 의무에 합당한 재량**에 따라 **필요한 조치를 취하지 않으면 안된다**."라고 규정하고 있다.

제2절 경찰개념의 분류와 구별기준

[형식적 의미의 경찰과 실질적 의미의 경찰]

18 형식적 의미의 경찰과 실질적 의미의 경찰에 관한 설명으로 가장 적절하지 않은 것은? ●A급 24 특공
① 형식적 의미의 경찰개념에 입각한 경찰활동의 범위는 국가마다 차이가 있다.
② 형식적 의미의 경찰은 조직을 중심으로 파악된 개념이고, 실질적 의미의 경찰은 작용을 중심으로 파악된 개념이다.
③ 일반행정기관이 경찰기능을 담당한다고 할 때의 경찰개념은 형식적 의미의 경찰개념에 해당한다.
④ 형식적 의미의 경찰이 언제나 실질적 의미의 경찰이 되는 것은 아니며, 실질적 의미의 경찰이 모두 형식적 의미의 경찰이 되는 것도 아니다.

🔒 17 ① 18 ③

해설

① (○) **형식적 의미**의 경찰개념에 입각한 경찰활동의 범위는 **국가마다 차이가 있다**.

  Tip 국가마다 **실정법상** 규정된 경찰의 활동범위(직무범위)가 다르기 때문이다.

② (○) **형식적** 의미의 경찰은 **조직(보통경찰기관)**을 중심으로 파악된 개념이고, **실질적** 의미의 경찰은 **작용(명령·강제)**을 중심으로 파악된 개념이다.

③ (×) **일반행정기관**이 **경찰기능을 담당한다고** 할 때의 경찰개념은 **실질적 의미(형식적 의미×)의 경찰개념**에 해당한다.

④ (○) 형식적 의미의 경찰이 언제나 실질적 의미의 경찰이 되는 것은 아니며, 실질적 의미의 경찰이 모두 형식적 의미의 경찰이 되는 것도 아니다.

  Tip 형식적 의미의 경찰과 실질적 의미의 경찰은 서로 **독립적인 별개의 개념**이다.

19 실질적 의미의 경찰과 형식적 의미의 경찰개념에 관한 설명으로 가장 적절하지 않은 것은?

●A급 24 순경2차

① 실질적 의미의 경찰은 조직보다는 작용 중심으로 경찰개념을 파악하는 것으로, 일반행정기관이 공공의 안녕과 질서유지를 위해 일반통치권에 근거하여 국민에게 명령·강제하는 권력적 작용은 실질적 의미의 경찰로 보아야 한다.

② 형식적 의미의 경찰개념에 따른 경찰활동의 범위는 국가마다 상이하고, 한 국가 내에서도 시간 변화에 따라 달라질 수 있다.

③ 업무의 독자성 여부로 구분되는 협의의 행정경찰은 실질적 의미의 경찰에 해당하고, 형식적 의미의 경찰에는 해당하지 않는다.

④ 보통경찰기관의 범죄 예방, 정보 수집·작성·배포 활동은 실질적 의미의 경찰뿐만 아니라 형식적 의미의 경찰에도 해당하지 않는다.

해설

① (○) **실질적 의미**의 경찰은 조직보다는 **작용 중심**으로 경찰개념을 파악하는 것으로, 일반행정기관이 **공공의 안녕과 질서유지**를 위해 **일반통치권**에 근거하여 국민에게 **명령·강제하는 권력적 작용**은 실질적 의미의 경찰로 보아야 한다.

② (○) **형식적 의미**의 경찰개념에 따른 경찰활동의 범위는 **국가마다 '실정법' 규정이 상이하고,** 한 국가 내에서도 **시간 변화에 따라(법개정이 되므로) 달라질 수 있다.**

③ (○) **업무의 독자성 여부**로 구분되는 **협의의 행정경찰**은 '**다른 행정작용과 결합**'되어 '**특별한 사회적 이익**'의 보호를 **목적**으로 하고, 조직상 '**일반행정기관이 관장**'하므로 **실질적 의미의 경찰**에는 해당하지만, **형식적 의미의 경찰**에는 해당하지 않는다.

④ (×) **보통경찰기관**의 범죄 예방, 정보 수집·작성·배포 **활동**은 기본적인 성질상 **명령·강제하는 작용**이 아니기 때문에 **실질적 의미의 경찰**에는 해당하지 않지만, **보통경찰기관의 직무범위에 속하므로 형식적 의미의 경찰**에는 해당한다(해당하지 않는다×).

🔒 19 ④

20 형식적 의미의 경찰과 실질적 의미의 경찰에 관한 설명으로 가장 적절한 것은? •A급 25 순경2차

① 실질적 의미의 경찰은 조직중심적인 개념이고, 형식적 의미의 경찰은 작용중심적인 개념이다.

② 「국회법」에 따라 국회 회의장 건물 안에서 의장의 지휘를 받아 경호업무를 수행하는 경위 (警衛)는 실질적 의미의 경찰에 해당한다.

③ 「국가경찰과 자치경찰의 조직 및 운영에 관한 법률」에 따른 정보경찰의 활동은 형식적 의미의 경찰에 해당한다.

④ 「형사소송법」에 따라 범죄를 수사하는 사법경찰의 활동은 실질적 의미의 경찰에 해당한다.

> **해설**
>
> ① (×) **실질적 의미**의 경찰은 **작용중심(조직중심×)**적인 개념이고, **형식적 의미**의 경찰은 **조직중심(작용중심×)**적인 개념이다.
> ② (×) 「국회법」에 따라 국회 회의장 건물 안에서 의장의 지휘를 받아 경호업무를 수행하는 **경위(警衛)**는 실질적 의미의 경찰에 **해당하지 않는다(해당한다×).**
> > **Tip** 국회 경위는 **특별한 내부질서유지**를 목적으로 **특별경찰권**에 따라 직무를 수행하기 때문에 **실질적 의미의 경찰이 아니다.** 또한, 조직상 보통경찰기관에 속하지 않기 때문에 **형식적 의미의 경찰도 아니다.**
> ③ (○) 「국가경찰과 자치경찰의 조직 및 운영에 관한 법률」에 따른 **정보경찰**의 활동은 **형식적 의미의 경찰**에 해당한다.
> ④ (×) 「형사소송법」에 따라 범죄를 수사하는 사법경찰의 활동은 **형식적 의미의 경찰(실질적 의미의 경찰×)**에 해당한다.

21 형식적 의미의 경찰개념과 실질적 의미의 경찰개념에 대한 설명으로 가장 적절하지 않은 것은?

•A급 23 특공

① 형식적 의미의 경찰은 실정법상 개념으로 보통경찰기관에서 행하는 일체의 경찰작용을 의미한다.

② 형식적 의미의 경찰이 언제나 실질적 의미의 경찰이 되는 것은 아니며, 실질적 의미의 경찰이 모두 형식적 의미의 경찰이 되는 것도 아니다.

③ 경찰이 아닌 다른 일반 행정기관 또한 경찰과 마찬가지로 실질적 의미의 경찰에 해당하는 활동을 할 수 있다.

④ 형식적 의미의 경찰은 사회목적적 작용을 의미하며 작용을 중심으로 파악된 개념이고, 실질적 의미의 경찰은 조직을 기준으로 파악된 개념이다.

> **해설**
>
> ① (○) **형식적 의미**의 경찰은 **실정법상** 개념으로 **보통경찰기관에서 행하는 일체의 경찰작용**을 의미한다.
> ② (○) 형식적 의미의 경찰이 언제나 실질적 의미의 경찰이 되는 것은 아니며, 실질적 의미의 경찰이 모두 형식적 의미의 경찰이 되는 것도 아니다.
> ③ (○) **경찰이 아닌 다른 일반 행정기관** 또한 경찰과 마찬가지로 **실질적 의미의 경찰에 해당하는 활동을 할 수 있다.**
> ④ (×) **실질적(형식적×)** 의미의 경찰은 **사회목적적 작용**을 의미하며 **작용을 중심**으로 파악된 개념이고, **형식적(실질적×)** 의미의 경찰은 **조직을 기준**으로 파악된 개념이다.

🔒 20 ③ 21 ④

22 형식적 의미의 경찰과 실질적 의미의 경찰에 관한 설명으로 가장 적절하지 않은 것은?

●A급 23 순경1차

① 형식적 의미의 경찰은 실정법상 개념으로 보통경찰기관에 분배되어 있는 임무를 달성하기 위하여 행하여지는 일체의 경찰작용이다.
② 형식적 의미의 경찰은 모두 실질적 의미의 경찰에 포함된다.
③ 실질적 의미의 경찰은 독일의 행정법학에서 정립된 학문상 개념이다.
④ 실질적 의미의 경찰은 사회 공공의 안녕, 질서유지와 같은 소극적 목적을 위한 작용이다.

해설

① (○) **형식적 의미**의 경찰은 **실정법상** 개념으로 **보통경찰기관에 분배되어 있는 임무**를 달성하기 위하여 행하여지는 일체의 **경찰작용**이다.
② (×) 형식적 의미의 경찰과 실질적 의미의 경찰은 **서로 별개의 독립된 개념**으로서 **포함되는 관계가 아니다**(포함된다×).
③ (○) **실질적 의미**의 경찰은 **독일의 행정법학**에서 정립된 **학문상 개념**이다.
④ (○) **실질적 의미**의 경찰은 사회 공공의 안녕, 질서유지와 같은 **소극적 목적**을 위한 작용이다.

23 경찰의 개념 중 형식적 의미의 경찰과 실질적 의미의 경찰에 관한 설명으로 가장 적절한 것은?

●A급 24 승진

① 형식적 의미의 경찰개념은 실정법상 보통경찰기관에 맡겨져 있는 경찰작용을 의미한다.
② 형식적 의미의 경찰개념은 작용을 중심으로 파악한 것이다.
③ 실질적 의미의 경찰개념은 경찰의 사법경찰활동과 같이 주로 현재 또는 장래의 위험방지를 개념요소로 한다.
④ 실질적 의미의 경찰개념은 사회 질서유지와 봉사활동과 같은 현대 경찰의 핵심적인 기능을 수행하는 경찰을 의미한다.

해설

① (○) **형식적 의미**의 경찰개념은 **실정법상 보통경찰기관**에 맡겨져 있는 **경찰작용**을 의미한다.
② (×) **형식적 의미**의 경찰개념은 **조직**(작용×)을 중심으로 파악한 것이다.
③ (×) **실질적 의미**의 경찰개념은 (경찰의 사법경찰활동과 같이×) 주로 현재 또는 장래의 위험방지를 개념요소로 한다.
　　　Tip 경찰의 **사법경찰활동(수사경찰)**은 **주로 과거의 사실**에 기초한 것으로 **보통경찰기관의 임무**에 속하므로 **형식적 의미의 경찰**에 해당한다.
④ (×) **실질적 의미**의 경찰개념은 **사회 질서유지와 위험방지**를 위해 **명령·강제**(봉사활동×)와 같은 **전통적 경찰**(현대경찰×)의 핵심적인 기능을 수행하는 경찰을 의미한다.
　　　Tip 경찰의 각종 **치안서비스** 활동과 같은 봉사활동은 **형식적 의미의 경찰개념**에 속하는 것으로 현대 경찰의 특징에 해당한다.

🔒 **22** ② **23** ①

24 경찰개념에 대한 설명으로 가장 적절하지 <u>않은</u> 것은?　　　●A급 19 승진

① 형식적 의미의 경찰은 실정법상 보통경찰기관에 분배된 임무를 달성하기 위하여 행해지는 경찰활동으로 그 범위는 나라마다 차이가 있을 수 있다.

② 실질적 의미의 경찰은 사회공공의 안녕, 질서유지와 같은 적극적 목적을 위한 작용이다.

③ 실질적 의미의 경찰은 국가의 일반통치권에 근거하여 국민에게 명령·강제하는 권력적 작용이다.

④ 일반행정기관이 실질적 의미의 경찰작용을 하는 경우는 있으나, 형식적 의미의 경찰작용을 하지는 않는다.

① (○) **형식적 의미**의 경찰은 **실정법상 보통경찰기관에 분배된 임무**를 달성하기 위하여 행해지는 **경찰활동**으로 그 범위는 **나라마다 차이**가 있을 수 있다.

② (×) **실질적 의미**의 경찰은 사회공공의 안녕, 질서유지와 같은 **소극적(적극적×)** 목적을 위한 작용이다.

③ (○) 실질적 의미의 경찰은 국가의 **일반통치권에 근거**하여 국민에게 **명령·강제하는 권력적 작용**이다.

④ (○) **일반행정기관**이 실질적 의미의 경찰작용을 하는 경우는 있으나, **형식적 의미의 경찰작용을 하지는 않는다.**

25 경찰의 개념에 대한 설명 중 가장 적절하지 <u>않은</u> 것은?　　　●A급 21 특공

① 실질적 의미의 경찰은 사회공공의 안녕, 질서유지와 같은 소극적 목적을 위한 작용이다.

② 실질적 의미의 경찰은 특별통치권에 근거하여 국민에게 명령·강제하는 권력적 작용으로 독일의 행정법학에서 정립된 학문상 개념이다.

③ 형식적 의미의 경찰작용은 실정법상 보통경찰기관에 분배된 사무를 말하며, 이에 따른 경찰활동의 범위는 나라마다 차이가 있을 수 있다.

④ 형식적 의미의 경찰이 언제나 실질적 의미의 경찰이 되는 것은 아니고, 또한 실질적 의미의 경찰이 모두 형식적 의미의 경찰이 되는 것도 아니다.

① (○) **실질적 의미**의 경찰은 사회공공의 **안녕, 질서유지**와 같은 **소극적 목적**을 위한 작용이다.

② (×) **실질적 의미**의 경찰은 **일반통치권(특별통치권×)**에 근거하여 국민에게 **명령·강제**하는 **권력적 작용**으로 독일의 **행정법학**에서 정립된 **학문상(이론상) 개념**이다.

③ (○) **형식적 의미**의 경찰작용은 **실정법상 보통경찰기관에 분배된 사무**를 말하며, 이에 따른 **경찰활동의 범위는 나라마다 차이가 있을 수 있다.**

④ (○) 형식적 의미의 경찰이 언제나 실질적 의미의 경찰이 되는 것은 아니고, 또한 실질적 의미의 경찰이 모두 형식적 의미의 경찰이 되는 것도 아니다.

🔒 24 ② 25 ②

26 경찰개념에 대한 설명 중 옳지 않은 것은?　　　　　　　 20 경위

① 일반행정기관이 실질적 의미의 경찰작용을 하는 경우는 있으나, 형식적 의미의 경찰작용을 하지는 않는다.

② 정보경찰의 활동은 실질적 의미의 경찰보다는 형식적 의미의 경찰과 관련이 깊다.

③ 실질적 의미의 경찰은 형식적 의미의 경찰 개념보다 넓은 의미로 형식적 의미의 경찰을 모두 포괄하는 상위 개념이다.

④ 실질적 의미의 경찰은 사회공공의 안녕, 질서유지와 같은 소극적 목적을 위한 권력적 작용이다.

해설

① (○) **일반행정기관**이 실질적 의미의 경찰작용을 하는 경우는 있으나, **형식적 의미의 경찰작용을 하지는 않는다.**

② (○) **정보경찰**의 활동은 실질적 의미의 경찰보다는 **형식적 의미**의 경찰과 관련이 깊다.

③ (×) 실질적 의미의 경찰과 형식적 의미의 경찰 개념은 **서로 별개의 독립된 개념(넓은 의미×)**으로서 **상·하위 구분이 없다(모두 포괄하는 상위 개념×).**

　　Tip 실질적 의미의 경찰 중에 일부 형식적 의미의 경찰에 해당하는 부분이 있고, 형식적 의미의 경찰 중에 일부 실질적 의미의 경찰에 해당하는 부분이 있을 뿐, 어느 한 개념이 다른 개념을 모두 포괄하거나 더 넓은 상위의 개념이 아니다.

④ (○) **실질적 의미의 경찰은 사회공공의 안녕, 질서유지**와 같은 **소극적 목적**을 위한 **권력적 작용**이다.

27 다음은 형식적 의미의 경찰개념과 실질적 의미의 경찰개념에 대한 설명이다. 옳은 것은 모두 몇 개인가?

 20 특공

> ㉠ 형식적 의미의 경찰이 언제나 실질적 의미의 경찰이 되는 것은 아니며, 실질적 의미의 경찰이 모두 형식적 의미의 경찰이 되는 것도 아니다.
> ㉡ 실질적 의미의 경찰은 사회공공의 안녕과 질서유지를 위한 권력적 작용이므로 소극목적에 한정된다.
> ㉢ 형식적 의미의 경찰은 사회목적적 작용을 의미하며 작용을 중심으로 파악된 개념이고, 실질적 의미의 경찰은 조직을 기준으로 파악된 개념이다.
> ㉣ 실질적 의미의 경찰은 실무상 정립된 개념이 아니라 학문적으로 정립된 개념으로 독일 행정법학에서 유래하였다.

① 2개　　　　　② 3개　　　　　③ 4개　　　　　④ 5개

해설

옳은 설명은 ㉠, ㉡, ㉣, **3개**이다.

㉠ (○) 형식적 의미의 경찰이 언제나 실질적 의미의 경찰이 되는 것은 아니며, 실질적 의미의 경찰이 모두 형식적 의미의 경찰이 되는 것도 아니다.

㉡ (○) **실질적 의미**의 경찰은 **사회공공의 안녕과 질서유지**를 위한 **권력적 작용**이므로 **소극목적에** 한정된다.

㉢ (×) **실질적(형식적×)** 의미의 경찰은 **사회목적적 작용**을 의미하며 **작용을 중심으로** 파악된 개념이고, **형식적(실질적×)** 의미의 경찰은 **조직을 기준으로** 파악된 개념이다.

㉣ (○) **실질적 의미**의 경찰은 실무상 정립된 개념이 아니라 **학문적**으로 **정립**된 개념으로 **독일 행정법학**에서 유래하였다.

🔒 26 ③　27 ②

28 다음은 형식적 의미의 경찰개념과 실질적 의미의 경찰개념에 대한 설명이다. 옳은 것은 모두 몇 개인가?

● A급 20 순경1차

> ㉠ 형식적 의미의 경찰이 언제나 실질적 의미의 경찰이 되는 것은 아니며, 실질적 의미의 경찰이 모두 형식적 의미의 경찰이 되는 것도 아니다.
> ㉡ 실질적 의미의 경찰은 사회공공의 안녕과 질서유지를 위한 권력적 작용이므로 소극목적에 한정된다.
> ㉢ 형식적 의미의 경찰은 사회목적적 작용을 의미하며 작용을 중심으로 파악된 개념이고, 실질적 의미의 경찰은 조직을 기준으로 파악된 개념이다.
> ㉣ 실질적 의미의 경찰은 실무상 정립된 개념이 아니라 학문적으로 정립된 개념으로 독일 행정법학에서 유래하였다.
> ㉤ 「경찰관 직무집행법」 제2조에 규정된 경찰의 직무범위가 우리나라에서의 형식적 의미의 경찰개념에 해당한다.

① 2개　　　　　　　　　　　② 3개
③ 4개　　　　　　　　　　　④ 5개

해설

옳은 설명은 ㉠, ㉡, ㉣, ㉤, **4개**이다.
㉠ (○) 형식적 의미의 경찰이 언제나 실질적 의미의 경찰이 되는 것은 아니며, 실질적 의미의 경찰이 모두 형식적 의미의 경찰이 되는 것도 아니다.
㉡ (○) **실질적 의미의 경찰은 사회공공의 안녕과 질서유지를** 위한 **권력적 작용**이므로 **소극목적에 한정**된다.
㉢ (×) **실질적**(형식적×) 의미의 경찰은 **사회목적적 작용**을 의미하며 **작용을 중심**으로 파악된 개념이고, **형식적**(실질적×) **의미의 경찰은 조직을 기준**으로 파악된 개념이다.
㉣ (○) **실질적 의미의 경찰은 실무상 정립된 개념이 아니라 학문적으로 정립된 개념**으로 **독일 행정법학에서 유래**하였다.
㉤ (○) **「경찰관 직무집행법」 제2조에 규정된 경찰의 직무범위**가 우리나라에서의 **형식적 의미**의 경찰개념에 해당한다.

29 형식적 의미의 경찰개념과 실질적 의미의 경찰개념에 관한 설명으로 옳은 것을 모두 고른 것은?

● A급 23 승진

> ㉠ 정보경찰은 권력적 작용이므로 실질적 의미의 경찰이다.
> ㉡ 실질적 의미의 경찰은 국가의 일반통치권에 근거하여 국민에게 명령·강제하는 권력적 작용으로 독일의 전통적 행정법학에서 정립된 학문상 개념이다.
> ㉢ 형식적 의미의 경찰은 실정법상 보통경찰기관에 분배된 임무를 달성하기 위하여 행해지는 경찰활동으로 그 범위는 나라마다 차이가 있을 수 있다.
> ㉣ 실질적 의미의 경찰은 형식적 의미의 경찰을 모두 포괄한다.

① ㉠, ㉡　　　　　　　　　　② ㉡, ㉢
③ ㉠, ㉡, ㉢　　　　　　　　④ ㉡, ㉢, ㉣

🔒 **28** ③　**29** ②

옳은 설명은 ⓒ, ⓒ, **2개**이다.
ⓐ (×) **정보경찰**은 **비권력적**(권력적×) 작용이므로 **실질적 의미의 경찰이 아니다**(실질적 의미의 경찰이다×).
ⓒ (○) **실질적 의미**의 경찰은 국가의 **일반통치권에 근거**하여 국민에게 **명령·강제하는 권력적 작용**으로 독일의 **전통적 행정법학**에서 정립된 **학문상 개념**이다.
ⓒ (○) **형식적 의미**의 경찰은 **실정법상 보통경찰기관에 분배된 임무**를 달성하기 위하여 행해지는 **경찰활동**으로 그 **범위는 나라마다 차이가 있을 수 있다**.
ⓔ (×) 실질적 의미의 경찰은 형식적 의미의 경찰을 모두 **포괄하지 못한다**(포괄한다×). 서로 독립된 별개의 개념으로서 일부 일치하는 부분도 있으나 어느 한쪽이 다른 한쪽을 모두 포괄하는 관계가 아니다.

30 실질적 의미의 경찰과 형식적 의미의 경찰에 대한 설명으로 적절한 것은 모두 몇 개인가?

 24 경위

> 가. 실질적 의미의 경찰은 프랑스 행정법학에서 유래한다.
> 나. 형식적 의미의 경찰과 실질적 의미의 경찰은 일치한다.
> 다. 사무를 기준으로 하였을 때 우리나라 자치경찰은 형식적 의미의 경찰과 실질적 의미의 경찰 모두에 해당한다.
> 라. 공물경찰은 실질적 의미의 경찰에 해당한다.
> 마. 사법경찰은 실질적 의미의 경찰에 해당한다.

① 1개   ② 2개
③ 3개   ④ 4개

옳은 설명은 **다, 라, 2개**이다.
가. (×) **실질적 의미**의 경찰은 **독일**(프랑스×) **행정법학**에서 유래한다.
나. (×) 형식적 의미의 경찰과 실질적 의미의 경찰은 **서로 별개의 개념이다**(일치한다×).
다. (○) '**사무를 기준으로 하였을 때**' **우리나라 자치경찰은 보통경찰기관**이 하는 경찰활동의 하나이기도 하므로 **형식적 의미의 경찰에도 해당**하고, 생활안전·경비·교통 등 지역의 안녕과 질서유지를 위해 **명령·강제의 권력적 작용**도 하므로 **실질적 의미의 경찰에도 해당**한다.
라. (○) '**공물경찰**'은 공물의 안전과 질서유지를 목적으로 **명령·강제의 권력적 작용**을 하므로 **실질적 의미의 경찰**에 해당한다.
> 🔵**Tip** '**공물**'이란 국가기관이나 공공단체에 속하여 공적으로 사용되는 유체물(도로, 항구, 하천, 관공서, 문화재 등)을 말한다. 예를 들어 도로통행의 금지나 제한과 같이 공물의 안전과 공공사용에 관한 질서유지와 위해방지를 목적으로 하는 경찰작용을 '**공물경찰**'이라 한다.
마. (×) **사법경찰**은 **조직상 보통경찰기관**의 직무에 속하는 것으로 **형식적**(실질적×) **의미의 경찰**에 해당한다.
> 🔵**Tip** 사법경찰이 **과거지향적 경찰작용**이라면, 실질적 의미의 경찰은 **현재와 미래지향적 경찰작용**이라는 점에서 성질상 서로 다른 경찰작용이다.

🔒 30 ②

31 형식적 의미의 경찰과 실질적 의미의 경찰에 관한 설명으로 가장 적절하지 않은 것은? ●A급 26 경위

① 형식적 의미의 경찰이란 보통경찰기관에 분배되어 있는 임무의 달성을 위하여 행하여지는 경찰활동을 의미한다.

② 실질적 의미의 경찰이란 사회공공의 안녕과 질서를 유지하기 위하여 국가의 일반통치권에 근거하여 국민에게 명령·강제하는 권력적 작용이다.

③ 법정경찰은 형식적 의미의 경찰과 실질적 의미의 경찰에 모두 해당된다.

④ 실질적 의미의 경찰개념은 독일의 행정법학에서 유래한 것으로 이론적, 학문적으로 발전해 왔다.

> **해설**
>
> ① (○) **형식적 의미의 경찰**이란 **보통경찰기관**에 분배되어 있는 임무의 달성을 위하여 **행하여지는 모든 경찰활동**을 의미한다.
>
> ② (○) **실질적 의미의 경찰**이란 사회공공의 안녕과 질서를 유지하기 위하여 국가의 **일반통치권에 근거**하여 국민에게 **명령·강제하는 권력적 작용**이다.
>
> ③ (×) **법정경찰**은 **형식적 의미**의 경찰과 **실질적 의미**의 경찰에 **모두 해당하지 않는다**(해당된다×).
>
> ④ (○) **실질적 의미**의 경찰개념은 **독일**의 **행정법학**에서 유래한 것으로 **이론적, 학문적**으로 발전해 왔다.

[경찰의 분류]

32 경찰의 분류에 대한 설명으로 가장 적절하지 않은 것은? ●A급 21 순경1차

① 행정경찰과 사법경찰 : 경찰의 목적에 따라 구분하며, 프랑스의 「죄와형벌법전」(「경죄처벌법전」)에서 이와 같은 구분을 최초로 법제화하였다.

② 협의의 행정경찰과 보안경찰 : 다른 행정작용에 부수하느냐의 여부에 따라 구분하며, 협의의 행정경찰은 경찰활동의 능률성과 기동성을 확보할 수 있고 보안경찰은 지역 실정을 반영한 경찰 조직의 운영과 관리가 가능하다.

③ 평시경찰과 비상경찰 : 위해의 정도와 담당기관에 따라 구분하며, 평시경찰은 평온한 상태 하에서 일반경찰법규에 의하여 보통경찰기관이 행하는 경찰작용이고 비상경찰은 비상사태 발생이나 계엄선포 시 군대가 일반치안을 담당하는 경우이다.

④ 질서경찰과 봉사경찰 : 경찰서비스의 질과 내용에 따라 구분하며, 「경범죄 처벌법」 위반자에 대한 통고처분은 질서경찰의 영역에, 교통정보의 제공은 봉사경찰의 영역에 해당한다.

> **해설**
>
> ① (○) **행정경찰과 사법경찰** : 경찰의 **목적에 따라 구분**하며, 프랑스의 「죄와형벌법전」(「경죄처벌법전」)에서 이와 같은 구분을 최초로 법제화하였다.
>
> ② (×) **협의의 행정경찰과 보안경찰** : **다른 행정작용에 부수하느냐의 여부에 따라 구분**하며, **국가경찰**(협의의 행정경찰×)은 경찰활동의 능률성과 기동성을 확보할 수 있고 **자치경찰**(보안경찰×)은 지역 실정을 반영한 경찰 조직의 운영과 관리가 가능하다.
>
> > 🇹ip '협의의 행정경찰'은 타 행정작용에 부수하여 발생하는 위험을 방지하기 위한 경찰작용을 말하고, '**보안경찰**'은 타 행정작용에 부수되지 않고 그 자체로서 독립하여 사회질서를 유지하는 경찰작용을 말한다.

🔒 31 ③   32 ②

③ (○) **평시경찰과 비상경찰** : 위해의 정도와 담당기관에 따라 **구분**하며, **평시경찰**은 평온한 상태 하에서 일반경찰법규에 의하여 **보통경찰기관이 행하는 경찰작용**이고 비상경찰은 비상사태 발생이나 계엄선포 시 **군대가 일반치안을 담당**하는 경우이다.

④ (○) **질서경찰과 봉사경찰** : 경찰서비스의 질과 내용에 따라 **구분**하며, 「경범죄 처벌법」 위반자에 대한 **통고처분은 질서경찰의 영역**에, 교통정보의 제공은 봉사경찰의 영역에 해당한다.

🔵**Tip** '**통고처분**'은 형식적 의미의 행정이며 실질적 의미의 사법이다[22 순경 2차, 기출천제 537번].

33 경찰의 분류에 대한 설명으로 가장 적절하지 않은 것은? 🔵A급 21 순경2차

① 우리나라에서는 보통경찰기관이 행정경찰 및 사법경찰 업무를 모두 담당한다.

② 진압경찰은 이미 발생한 위해의 제거나 범죄의 수사를 위한 경찰작용으로 범죄의 수사, 범죄의 제지, 총포·화약류의 취급제한, 광견의 사살 등이 있다.

③ 봉사경찰은 서비스·계몽·지도 등 비권력적인 수단을 통하여 경찰의 직무를 수행하는 경찰활동으로 방범지도, 청소년선도, 교통정보제공 등이 있다.

④ 협의의 행정경찰은 다른 행정작용에 부수하여 그 행정작용과 관련해서 발생하는 위험을 방지하기 위해 행해지는 경찰작용으로 경제경찰, 산림경찰, 철도경찰 등이 있다.

해설

① (○) **우리나라에서는 보통경찰기관이 행정경찰 및 사법경찰 업무를 모두 담당**한다.

② (×) **진압경찰**은 이미 발생한 위해의 제거나 범죄의 수사를 위한 경찰작용으로 **범죄의 수사, 범죄의 제지, (총포·화약류의 취급제한×),** 광견의 사살 등이 있다.

🔵**Tip** 총포·화약류의 취급제한은 위험발생을 미리 방지하기 위한 **예방경찰**작용에 해당한다.

③ (○) **봉사경찰**은 서비스·계몽·지도 등 **비권력적인 수단**을 통하여 경찰의 직무를 수행하는 경찰활동으로 **방범지도, 청소년선도, 교통정보제공** 등이 있다.

④ (○) **협의의 행정경찰**은 **다른 행정작용에 부수하여** 그 행정작용과 관련해서 발생하는 위험을 방지하기 위해 행해지는 경찰작용으로 **경제경찰, 산림경찰, 철도경찰** 등이 있다.

34 경찰의 종류와 구별기준의 연결이 가장 적절하지 않은 것은? 🔵A급 23 순경1차

① 질서경찰 - 봉사경찰 : 경찰의 목적에 따른 분류

② 예방경찰 - 진압경찰 : 경찰권 발동시점에 따른 분류

③ 국가경찰 - 자치경찰 : 권한과 책임의 소재에 따른 분류

④ 평시경찰 - 비상경찰 : 위해정도 및 담당기관, 적용법규에 따른 분류

해설

① (×) **질서경찰 - 봉사경찰** : **경찰활동의 질과 내용에 따른 분류**(경찰의 목적에 따른 분류×)

🔵**Tip** **행정경찰 - 사법경찰** : 경찰의 목적에 따른 분류

② (○) **예방경찰 - 진압경찰** : 경찰권 **발동시점**에 따른 분류

③ (○) **국가경찰 - 자치경찰** : **권한과 책임의 소재**에 따른 분류

④ (○) **평시경찰 - 비상경찰** : **위해정도 및 담당기관, 적용법규**에 따른 분류

🔒 **33** ② **34** ①

35 다음에서 설명하는 경찰의 분류에 관한 내용과 가장 관계가 깊은 것은?  A급 24 순경2차

> 보통경찰기관이 사회공공의 안녕과 질서를 유지하기 위하여 강제력을 수단으로 즉시강제, 「경범죄 처벌법」 또는 「도로교통법」 위반자에 대한 통고처분 등 법집행을 행하는 경찰활동

① 고등경찰   ② 예방경찰
③ 질서경찰   ④ 협의의 행정경찰

해설

① (×) **고등경찰** – **국가의 존립과 유지**를 위한 경찰활동(**프랑스**에서 유래)
② (×) 예방경찰 – 위해발생을 사전에 예방하기 위한 경찰활동
③ (○) **질서경찰** – **보통경찰기관**이 사회공공의 안녕과 질서를 유지하기 위하여 **강제력을 수단으로** 법집행을 행하는 경찰활동
④ (×) **협의의 행정경찰** – 조직상 **주로 일반행정기관에서 관장**함

36 경찰의 분류에 대한 설명 중 가장 적절하지 않은 것은? A급 21 법학

① 영미법계는 행정경찰과 사법경찰을 구분하지 않지만 대륙법계는 양자를 구분한다.
② 국가수사본부의 설치로 한국의 사법경찰은 보통경찰기관에서 완전히 독립하여 운영되고 있다.
③ 협의의 행정경찰은 오늘날 제도적으로 경찰이라고 불리지 않는다.
④ 업무 독자성의 구분에 따르면 보안경찰에는 생활안전경찰, 풍속경찰, 교통경찰, 경비경찰 등이 이에 해당한다.

해설

① (○) **영미법계**는 **행정경찰과 사법경찰**을 구분하지 않지만 **대륙법계는 양자를 구분**한다.
② (×) **국가수사본부**가 설치되었지만, 여전히 **한국의 사법경찰은 보통경찰기관에 소속되어(완전히 독립하여×)** 운영되고 있다.
③ (○) **협의의 행정경찰**은 오늘날 제도적(**실정법상**)으로 경찰이라고 불리지 않는다.
④ (○) **업무 독자성의 구분**에 따르면 '**보안경찰**'에는 **생활안전경찰, 풍속경찰, 교통경찰, 경비경찰** 등이 이에 해당한다.

37 경찰의 분류에 대한 설명으로 가장 적절하지 않은 것은? A급 22 특공

① 경찰분류의 기준으로는 경찰의 목적과 임무, 경찰권 발동의 시점, 권한과 책임의 소재 등을 제시할 수 있다.
② 보안(치안)경찰은 사회공공의 안녕·질서를 유지하기 위하여 다른 행정작용에 부수하지 않는 독립된 고유의 경찰작용을 말한다.
③ 평시경찰과 비상경찰은 경찰서비스의 질과 내용에 따른 구분이다.
④ 사법경찰은 흔히 수사경찰이라 부르는 것을 말하며 경찰기관의 사법경찰관 등이 해당된다.

해설

① (○) **경찰분류의 기준**으로는 경찰의 목적과 임무, 경찰권 발동의 시점, 권한과 책임의 소재 등을 제시할 수 있다.

② (○) **보안(치안)경찰**은 사회공공의 안녕·질서를 유지하기 위하여 **다른 행정작용에 부수하지 않는 독립된 고유의 경찰작용**을 말한다.

③ (×) **질서경찰과 봉사경찰(평시경찰과 비상경찰×)**은 경찰서비스의 질과 내용에 따른 구분이다.

　Tip 평시경찰과 비상경찰은 위해의 정도와 적용법규, 담당기관에 따른 구분이다.

④ (○) **사법경찰**은 흔히 **수사경찰**이라 부르는 것을 말하며 **경찰기관의 사법경찰관** 등이 해당된다.

---

38 경찰의 분류에 대한 설명으로 가장 적절하지 않은 것은?  23 경위

① 우리나라는 조직법상 행정경찰과 사법경찰의 구분이 없으며, 보통경찰기관이 양 사무를 모두 담당한다.

② 예방경찰과 진압경찰은 경찰권 발동 시점에 따른 구분이다.

③ 행정경찰은 주로 과거의 상황에 대하여 작용하며, 사법경찰은 주로 현재 또는 장래의 상황에 대하여 작용한다.

④ 질서경찰과 봉사경찰은 경찰 활동 시 강제력의 사용유무로 구분된다.

해설

① (○) **우리나라는 조직법상 행정경찰과 사법경찰의 구분이 없으며, 보통경찰기관이 양 사무를 모두 담당한다.**

② (○) **예방경찰과 진압경찰**은 경찰권 **발동 시점**에 따른 구분이다.

③ (×) **사법경찰(행정경찰×)**은 주로 **과거**의 상황에 대하여 작용하며, **행정경찰(사법경찰×)**은 주로 **현재** 또는 **장래**의 상황에 대하여 작용한다.

④ (○) **질서경찰과 봉사경찰**은 경찰 활동 시 **강제력**의 사용유무로 구분된다.

---

39 경찰의 분류와 구분기준에 대한 설명 중 옳지 않은 것은 모두 몇 개인가?  21 경위

가. 보안경찰과 협의의 행정경찰은 업무의 독자성에 따른 구분 또는 경찰작용이 다른 행정작용에 부수(수반) 여부를 기준으로 한다.

나. 예방경찰과 진압경찰은 경찰권 발동 시점에 따라 분류된다.

다. 광의의 행정경찰과 사법경찰은 경찰의 목적·임무를 기준으로 한 구분이며 이러한 경찰개념의 구분은 삼권분립 사상에 투철했던 프랑스에서 확립된 개념이다.

라. 국가경찰과 자치경찰은 경찰유지의 권한과 책임의 소재(경찰의 조직·인사·비용부담)에 따른 분류이다.

마. 평시경찰과 비상경찰은 위해의 정도 및 담당기관에 따른 구분이다.

바. 질서경찰과 봉사경찰은 경찰서비스의 질과 내용에 따른 구분이다.

① 0개　　　　　　　② 1개

③ 2개　　　　　　　④ 3개

38 ③　39 ①

해설

틀린 설명은 0개이다.

가. (○) **보안경찰과 협의의 행정경찰**은 **업무의 독자성**에 따른 구분 또는 **경찰작용이 다른 행정작용에 부수(수반) 여부**를 기준으로 한다.

나. (○) **예방**경찰과 **진압**경찰은 경찰권 **발동 시점**에 따라 분류된다.

다. (○) **광의의 행정경찰**과 **사법경찰**은 경찰의 **목적·임무**를 기준으로 한 **구분**이며 이러한 경찰개념의 구분은 **삼권분립** 사상에 투철했던 **프랑스**에서 확립된 개념이다.

라. (○) **국가경찰**과 **자치경찰**은 경찰유지의 **권한**과 **책임**의 소재(경찰의 조직·인사·비용부담)에 따른 분류이다.

마. (○) **평시경찰과 비상경찰**은 **위해의 정도 및 담당기관**에 따른 구분이다.

바. (○) **질서경찰과 봉사경찰**은 **경찰서비스의 질과 내용**에 따른 구분이다.

---

40 경찰의 분류에 대한 설명으로 적절한 것은 모두 몇 개인가?  **A급** 22 경위

> 가. 고등경찰과 보통경찰의 구별은 독일에서 유래한 것으로 경찰에 의하여 보호되는 법익을 기준으로 한 구별이다.
> 나. 질서경찰과 봉사경찰은 경찰서비스의 질과 내용에 따라 구분한 것으로 범죄수사는 질서경찰에 해당하고 방범순찰은 봉사경찰에 해당한다.
> 다. 평시경찰과 비상경찰은 위해의 정도 및 담당기관에 따라 구분한 것으로 평시경찰은 보통경찰기관이 행하는 경찰작용이고 비상경찰은 비상사태 발생으로 계엄이 선포될 경우 계엄법에 따라 군대가 담당하는 경찰작용이다.
> 라. 보안경찰과 협의의 행정경찰은 권한의 책임과 소재에 따라 구분한 것으로 풍속경찰은 보안경찰에 해당하고 산림경찰은 협의의 행정경찰에 해당한다.
> 마. 행정경찰과 사법경찰은 경찰의 목적에 따른 구분이며 삼권분립 사상에서 유래하였다.

① 2개　　　　　　　　② 3개
③ 4개　　　　　　　　④ 5개

해설

옳은 설명은 **나, 다, 마**, 3개이다.

가. (×) **고등경찰**과 **보통경찰**의 구별은 **프랑스**(독일×)에서 유래한 것으로 경찰에 의하여 **보호되는 법익**을 기준으로 한 구별이다.

나. (○) **질서경찰**과 **봉사경찰**은 경찰**서비스의 질과 내용**에 따라 구분한 것으로 **범죄수사는 질서경찰**에 해당하고 **방범순찰은 봉사경찰**에 해당한다.

다. (○) **평시경찰과 비상경찰**은 **위해의 정도 및 담당기관**에 따라 구분한 것으로 **평시경찰은 보통경찰기관**이 행하는 경찰작용이고 **비상경찰**은 비상사태 발생으로 계엄이 선포될 경우 계엄법에 따라 **군대가 담당**하는 경찰작용이다.

라. (×) **보안경찰과 협의의 행정경찰**은 업무의 독자성(권한의 책임과 소재×)에 따라 구분한 것으로 **풍속경찰은 보안경찰**에 해당하고 **산림경찰은 협의의 행정경찰**에 해당한다.

Tip 권한의 책임과 소재에 따라 구분한 것은 **국가경찰과 자치체경찰**을 말한다.

마. (○) **행정경찰**과 **사법경찰**은 경찰의 **목적에 따른 구분**이며 **삼권분립** 사상에서 유래하였다.

 40 ②

41 경찰개념에 관한 설명으로 가장 적절하지 않은 것은?

●A급 23 순경2차

① 경찰개념은 역사적으로 발전되고 형성된 개념이므로, 근대국가에서의 일반적인 경찰개념을 '공공의 안녕과 질서유지를 위한 권력작용'이라고 할 경우, 이는 각국의 실정법상 경찰개념과 반드시 일치한다고는 할 수 없다.

② 실질적 의미의 경찰을 보안경찰과 협의의 행정경찰로 구분하는 것이 일반적 견해라고 할 때, 보안경찰은 독립적인 경찰기관이 관할하지만, 협의의 행정경찰은 각종의 일반행정기관이 함께 그것을 관장하는 경우가 많다.

③ 18~19세기에 등장한 법치국가는 절대주의적 경찰국가에 대항하는 의미에서 자유주의적 법치국가의 성격을 띠었고, 이와 같은 법치국가적 경찰개념이 처음으로 법제화된 경우로는 1794년의 '프로이센 일반란트법'을 들 수 있다.

④ 경찰의 개념을 형식적 의미의 경찰과 실질적 의미의 경찰로 구분할 때, 사법경찰(수사경찰)은 실질적 의미의 경찰에 포함된다.

해설

① (○) 경찰개념은 역사적으로 발전되고 형성된 개념이므로, 근대국가에서의 일반적인 경찰개념을 **공공의 안녕과 질서유지를 위한 권력작용**(실질적 의미의 경찰개념)이라고 할 경우, 이는 **각국의 실정법상 경찰개념(형식적 의미의 경찰개념)**과 반드시 일치한다고는 할 수 없다.

② (○) **실질적 의미의 경찰(광의의 행정경찰)**을 **보안경찰과 협의의 행정경찰로 구분**하는 것이 일반적 견해라고 할 때, **보안경찰은 독립적인 경찰기관이 관할**하지만, **협의의 행정경찰은 각종의 일반행정기관**이 함께 그것을 관장하는 경우가 많다.

③ (○) **18~19세기**에 등장한 법치국가는 절대주의적 경찰국가에 대항하는 의미에서 **자유주의적 법치국가**의 성격을 띠었고, 이와 같은 **법치국가적 경찰개념이 처음으로 법제화**된 경우로는 **1794년의 '프로이센 일반란트법'**을 들 수 있다.

④ (×) 경찰의 개념을 형식적 의미의 경찰과 실질적 의미의 경찰로 구분할 때, **사법경찰(수사경찰)**은 보통경찰기관의 직무범위에 속하므로 **형식적(실질적×) 의미의 경찰**에 포함된다.

42 경찰의 개념에 관한 설명으로 가장 적절하지 않은 것은?

●A급 23 법학

① 1530년 독일의 「제국경찰법」은 교회행정을 제외한 나머지 국가행정을 경찰의 개념으로 규정하였다.

② 형식적 의미의 경찰개념은 경찰작용의 성질에 따른 것으로서 보건·산림·세무·의료·환경 등을 담당하는 국가기관(특별사법 경찰기관)의 권력작용을 포함하여 지방자치단체(특별시, 광역시, 시·군·구)의 권력작용도 경찰로 간주된다.

③ 실질적 의미의 경찰개념은 학문상 정립된 경찰개념이며, 사회공공의 안녕과 질서를 유지하기 위해 국가의 일반통치권에 근거하여 국민에게 명령·강제하는 작용이다.

④ 경찰의 개념을 '경찰업무의 독자성' 여부에 따라 보안경찰과 협의의 행정경찰로 구분한다.

해설

① (○) **1530년 독일의 「제국경찰법」**은 **교회행정을 제외한 나머지 국가행정**을 경찰의 개념으로 규정하였다.

② (×) **실질적(형식적×) 의미의 경찰개념**은 경찰**작용의 성질**에 따른 것으로서 보건·산림·세무·의료·환경 등을 담당하는 **국가기관**(특별사법 경찰기관)의 **권력작용을 포함**하여 **지방자치단체**(특별시, 광역시, 시·군·구)의 **권력작용**도 경찰로 간주된다.

 🔒 41 ④ 42 ②

③ (○) **실질적 의미**의 경찰개념은 **학문상 정립**된 경찰개념이며, 사회공공의 안녕과 질서를 유지하기 위해 국가의 **일반-통치권**에 근거하여 국민에게 **명령·강제**하는 작용이다.
④ (○) 경찰의 개념을 '**경찰업무의 독자성**' 여부에 따라 **보안경찰과 협의의 행정경찰**로 구분한다.

43 경찰개념에 대한 설명으로 가장 적절하지 않은 것은? ●A급 20 특공

① 형식적 의미의 경찰은 실정법상 개념으로 보통경찰기관에서 행하는 일체의 경찰작용을 의미한다.
② 업무의 독자성을 기준으로 보안경찰과 협의의 행정경찰로 나뉜다.
③ 사회공공의 안녕과 질서를 유지하기 위하여 일반통치권에 의거하여 국민에게 명령·강제하는 권력적 작용이라고 보는 것이 실질적 의미의 경찰개념이다.
④ 경찰이라는 용어는 영어의 politia에서 유래한 것이다.

해설
① (○) **형식적 의미**의 경찰은 **실정법상** 개념으로 **보통경찰기관에서 행하는** 일체의 **경찰작용**을 의미한다.
② (○) **업무의 독자성**을 기준으로 **보안경찰과 협의의 행정경찰**로 나뉜다.
③ (○) **사회공공의 안녕과 질서를 유지**하기 위하여 **일반통치권**에 의거하여 국민에게 **명령·강제**하는 **권력적 작용**이라고 보는 것이 **실질적 의미**의 경찰개념이다.
④ (×) 경찰이라는 용어는 **라틴어(영어×)**의 politia에서 유래한 것이다.
🔵**Tip** 고대 그리스 'polis'에서 유래 → 그리스어 politeia로 발전되었다.

44 경찰개념의 분류와 내용에 대한 설명 중 가장 적절하지 않은 것은? ●A급 20 법학

① 실질적 의미의 경찰개념은 사회 질서유지와 봉사활동과 같은 현대 경찰의 핵심적인 기능을 수행하는 경찰을 의미한다.
② 형식적 의미의 경찰개념은 경찰작용의 성질과는 관계없이 실정법상 경찰기관의 권한어 속하는 모든 작용을 의미한다.
③ 경찰권 발동의 시점을 기준으로 예방경찰과 진압경찰로 구분할 수 있다.
④ 일반행정기관이 실질적 의미의 경찰작용을 하는 경우는 있으나, 형식적 의미의 경찰작용을 하지는 않는다.

해설
① (×) **실질적 의미**의 경찰개념은 **사회공공의 안녕과 질서유지(봉사활동×)**와 같은 **전통적(현대×) 경찰의 핵심적인 기능을 수행**하는 경찰을 의미한다.
② (○) **형식적 의미**의 경찰개념은 경찰**작용의 성질과는 관계없이** 실정법상 **경찰기관의 권한에 속하는 모든 작용**을 의미한다.
③ (○) 경찰권 **발동의 시점**을 기준으로 **예방경찰과 진압경찰**로 구분할 수 있다.
④ (○) **일반행정기관**이 실질적 의미의 경찰작용을 하는 경우는 있으나, **형식적 의미의 경찰작용을 하지는 않는다.**

🔒 43 ④ 44 ①

45 다음의 ㉠, ㉡에 들어갈 내용으로 가장 적절한 것은?  24 순경1차

(㉠)과 (㉡)의 구별은 프랑스에서 유래한 것으로, 경찰에 의하여 보호되는 법익을 기준으로 한다. 원래 (㉠)은 사회적으로 보다 우월한 가치를 지닌 법익을 보호하기 위한 경찰활동을 의미하였으나, 나중에는 사상·종교·집회·결사·언론의 자유에 대한 정보수집·단속과 같은 국가의 존립과 유지를 보장하기 위하여 국가적 기관 및 제도에 대한 위해를 방지하는 활동을 의미하게 되었다. 이에 비해 (㉡)은 교통의 안전, 풍속의 유지, 범죄의 예방·진압과 같이 일반사회의 안녕과 질서유지를 목적으로 하는 활동을 의미한다.

① ㉠ 행정경찰　　㉡ 사법경찰　　② ㉠ 진압경찰　　㉡ 예방경찰
③ ㉠ 비상경찰　　㉡ 평시경찰　　④ ㉠ 고등경찰　　㉡ 보통경찰

> **해설**
> (㉠ **고등경찰**)과 (㉡ **보통경찰**)의 구별은 **프랑스**에서 유래한 것으로, 경찰에 의하여 보호되는 법익을 기준으로 한다. 원래 (㉠ **고등경찰**)은 사회적으로 보다 **우월한 가치를 지닌 법익을 보호**하기 위한 경찰활동을 의미하였으나, 나중에는 사상·종교·집회·결사·언론의 자유에 대한 정보수집·단속과 같은 **국가의 존립과 유지**를 보장하기 위하여 **국가적 기관 및 제도에 대한 위해를 방지**하는 활동을 의미하게 되었다. 이에 비해 (㉡ **보통경찰**)은 교통의 안전, 풍속의 유지, 범죄의 예방·진압과 같이 **일반사회의 안녕과 질서유지**를 목적으로 하는 활동을 의미한다.
>
> 🌀**Tip** 고등경찰은 주로 **정치경찰적 활동**을 의미하고, **보통경찰**은 경찰조직에 분배된 기본적이고 **일반적인 경찰활동**을 의미한다.

46 경찰의 분류에 관한 설명으로 가장 적절하지 않은 것은?  26 경위

① 비상경찰은 헌법적 근거를 필요로 하는 것으로서, 비상사태가 발생하여 계엄이 선포될 경우에 군대가 계엄법에 의하여 경찰사무를 관장하는 것을 의미한다.
② 고등경찰과 보통경찰의 구별은 경찰에 의하여 보호되는 법익을 기준으로 한 것으로서 고등경찰에는 사상·언론의 자유에 관한 정보수집과 단속, 교통의 안전, 풍속의 유지 등이 포함된다.
③ 의원경찰은 국가의 일반통치권을 전제로 하지 않고, 부분사회의 내부질서를 꾀하려는 목적이므로 경찰작용에 해당하지 않는다.
④ 경찰의 수단 내지 경찰서비스의 구체적 내용, 즉 경찰서비스의 질과 내용에 따라서 질서경찰과 봉사경찰로 구분할 수 있다.

> **해설**
> ① (○) **비상경찰은 헌법적 근거를 필요**로 하는 것으로서, **비상사태**가 발생하여 **계엄이 선포**될 경우에 **군대가 계엄법에 의하여 경찰사무를 관장**하는 것을 의미한다.
> ② (×) **고등경찰과 보통경찰**의 구별은 경찰에 의하여 보호되는 법익을 기준으로 한 것으로서 **고등경찰에는** 사상·언론의 자유에 관한 정보수집과 단속, (교통의 안전×, 풍속의 유지×) 등이 포함된다.
> 　　🌀**Tip** 교통의 안전, 풍속의 유지, 범죄의 예방·진압 등은 **보통경찰**에 포함된다.
> ③ (○) **의원경찰**은 국가의 일반통치권을 전제로 하지 않고, **부분사회의 내부질서**를 꾀하려는 목적이므로 **경찰작용에 해당하지 않는다**.
> ④ (○) 경찰의 수단 내지 경찰서비스의 구체적 내용, 즉 **경찰서비스의 질과 내용**에 따라서 **질서경찰과 봉사경찰**로 구분할 수 있다.

🔒 45 ④　46 ②

47 경찰의 분류에 관한 설명으로 가장 적절하지 않은 것은?　●A급 25 순경2차

① 예방경찰과 진압경찰은 경찰권 발동 시점에 따라 구분한 것이다.
② 행정경찰과 사법경찰은 경찰활동의 목적 및 임무에 따라 구분한 것이다.
③ 보안경찰과 협의의 행정경찰은 행정경찰을 업무의 독자성에 따라 구분한 것이다.
④ 질서경찰과 봉사경찰은 실질적 의미의 경찰을 경찰활동의 질과 내용에 따라 구분한 것이다.

> **해설**
> ① (○) **예방경찰과 진압경찰**은 경찰권 **발동 시점**에 따라 구분한 것이다.
> ② (○) **행정경찰과 사법경찰**은 경찰활동의 **목적 및 임무**에 따라 구분한 것이다.
> ③ (○) **보안경찰과 협의의 행정경찰**은 **행정경찰**을 업무의 독자성에 따라 구분한 것이다.
> ④ (✕) **질서경찰과 봉사경찰**은 **형식적 의미의 경찰**(실질적 의미의 경찰✕)을 경찰활동의 질과 내용에 따라 구분한 것이다.
> 　　**Tip** 실질적 의미의 경찰은 명령·강제하는 **권력적 작용만**을 의미하기 때문에 **봉사경찰**이라는 **서비스 개념**은 실질적 의미의 경찰에 **포함될 수 없다**. 그러므로 **질서경찰과 봉사경찰**은 **형식적 의미의 경찰을 전제로** 구분한 것이다.

[국가경찰과 자치경찰 비교]

48 국가경찰과 자치경찰에 관한 설명으로 가장 적절하지 않은 것은?　●A급 23 순경1차

① 자치경찰은 지역사회 특성을 반영한 치안활동이 가능하며 주민들의 지지를 받기 쉽다.
② 국가경찰은 강력하고 광범위한 집행력을 행사할 수 있다.
③ 자치경찰은 지방세력의 간섭으로 인하여 정실주의에 대한 우려가 있다.
④ 국가경찰은 전국단위의 통계자료 수집 및 정확성 측면에서 불리하다.

> **해설**
> ① (○) **자치경찰**은 **지역사회 특성**을 반영한 치안활동이 가능하며 **주민들의 지지를 받기 쉽다.**
> ② (○) **국가경찰**은 **강력하고 광범위한 집행력**을 행사할 수 있다.
> ③ (○) **자치경찰**은 지방세력의 간섭으로 인하여 **정실주의**에 대한 우려가 있다.
> ④ (✕) **국가경찰**은 **전국단위의 통계자료 수집 및 정확성** 측면에서 **유리**(불리✕)**하다.**

49 국가경찰제도와 자치경찰제도에 관한 설명으로 가장 적절하지 않은 것은?　●A급 22 법학

① 국가경찰제도는 자치경찰제도와 비교하여 전국적으로 균등한 경찰 서비스를 제공할 수 있다.
② 국가경찰제도는 자치경찰제도와 비교하여 광역적 범죄 수사가 용이하다.
③ 자치경찰제도는 국가경찰제도와 비교하여 지방에 적합한 경찰 행정이 가능하다.
④ 자치경찰제도는 관할지역이 광범위하지 않아 타 기관 간 협조가 원활하며 통계자료의 정확성을 기할 수 있는 반면 국가경찰제도는 관할지역이 광범위하여 타 기관과의 협조가 어렵고, 전국적인 통계자료의 정확성 또한 기할 수 없다.

 47 ④　48 ④　49 ④

50 **국가경찰과 자치경찰에 관한 이론으로 가장 적절한 것은?**  25 순경1차

① 자치경찰은 국가경찰과 비교하여 조직 운영상의 개혁이 용이한 편이다.
② 국가경찰은 자치경찰과 비교하여 지방세력의 간섭으로 정실에 빠질 우려가 있다.
③ 국가경찰은 자치경찰과 비교하여 다른 행정부문과의 긴밀한 협조·조정이 어렵다.
④ 국가경찰은 자치경찰과 비교하여 신속한 업무수행으로 인해 인권과 민주성이 보장되어 주민들의 지지를 받기 쉽다.

51 **국가경찰제도와 비교하여 자치경찰제도가 가지는 특징에 관한 설명이다. 옳은 것으로 묶인 것은?**

25 순경2차

> ㉠ 조직의 관료화로 인해 국민에 대한 봉사의식이 저하될 수 있다.
> ㉡ 지역주민의 경찰활동 참여를 활성화할 수 있다.
> ㉢ 능률성보다 민주성이 확보된다.
> ㉣ 전국적으로 균등한 치안서비스를 제공할 수 있다.

① ㉠, ㉡ 　　　　　　　② ㉠, ㉣
③ ㉡, ㉢ 　　　　　　　④ ㉢, ㉣

🔒 50 ① 51 ③

52 다음은 국가경찰과 자치경찰에 대한 설명이다. 옳은 것으로 묶인 것은?　　20 순경1차

> ㉠ 국가경찰은 자치경찰과 비교하여 인권과 민주성이 보장되어 주민들의 지지를 받기 쉽다.
> ㉡ 자치경찰은 국가경찰과 비교하여 권력적 수단보다는 비권력적 수단을 통해 국민의 생명과 신체·재산을 보호하고자 한다.
> ㉢ 국가경찰은 자치경찰과 비교하여 타 행정부문과의 긴밀한 협조·조정이 원활하다는 장점이 있다.
> ㉣ 자치경찰은 국가경찰과 비교하여 지역실정을 반영한 경찰조직의 운영·관리가 용이하다.
> ㉤ 국가경찰은 자치경찰과 비교하여 지역주민에 대한 경찰의 책임 의식이 높다.

① ㉠, ㉡, ㉣　　　　　　　② ㉡, ㉢, ㉣
③ ㉡, ㉢, ㉤　　　　　　　④ ㉠, ㉣, ㉤

해설

옳은 설명은 ㉡, ㉢, ㉣, 3개이다.
㉠ (×) **자치경찰(국가경찰×)은 국가경찰(자치경찰×)**과 비교하여 인권과 민주성이 보장되어 주민들의 지지를 받기 쉽다.
㉡ (○) **자치경찰**은 국가경찰과 비교하여 권력적 수단보다는 **비권력적 수단을 통해** 국민의 생명과 신체·재산을 보호하고자 한다.
㉢ (○) **국가경찰**은 자치경찰과 비교하여 **타 행정부문과의 긴밀한 협조·조정이 원활하다**는 장점이 있다.
㉣ (○) **자치경찰**은 국가경찰과 비교하여 **지역실정을 반영한 경찰조직의 운영·관리가 용이하다.**
㉤ (×) **자치경찰(국가경찰×)은 국가경찰(자치경찰×)**과 비교하여 **지역주민에 대한 경찰의 책임 의식이 높다.**

53 국가경찰과 자치경찰에 대한 설명으로 적절하지 않은 것은 모두 몇 개인가?　　23 경위

> 가. 자치경찰은 국가경찰과 비교하여 비권력적 수단보다는 권력적 수단을 통해 국민의 생명과 신체·재산을 보호하고자 한다.
> 나. 국가경찰은 자치경찰과 비교하여 타 행정부문과의 긴밀한 협조·조정이 원활하다.
> 다. 국가경찰은 자치경찰과 비교하여 지역실정을 반영한 경찰조직의 운영·관리가 용이하다.
> 라. 국가경찰은 자치경찰과 비교하여 지역주민에 대한 경찰의 책임의식이 높다.

① 1개　　　　　　　　② 2개
③ 3개　　　　　　　　④ 4개

해설

틀린 설명은 가, 다, 라, 3개이다.
가. (×) **자치경찰**은 국가경찰과 비교하여 **권력적(비권력적×) 수단**보다는 **비권력적(권력적×) 수단**을 통해 국민의 생명과 신체·재산을 보호하고자 한다.
나. (○) **국가경찰**은 자치경찰과 비교하여 **타 행정부문과의 긴밀한 협조·조정이 원활하다.**
다. (×) **국가경찰**은 자치경찰과 비교하여 **지역실정을 반영한 경찰조직의 운영·관리가 곤란(용이×)하다.**
라. (×) **국가경찰**은 자치경찰과 비교하여 **지역주민에 대한 경찰의 책임의식이 낮다(높다×).**

🔒 52 ② 53 ③

54 다음은 국가경찰과 자치경찰에 대한 설명이다. 옳은 것으로 묶인 것은?  20 특공

> ㉠ 국가경찰은 자치경찰과 비교하여 인권과 민주성이 보장되어 주민들의 지지를 받기 쉽다.
> ㉡ 자치경찰은 국가경찰과 비교하여 권력적 수단보다는 비권력적 수단을 통해 국민의 생명과 신체·재산을 보호하고자 한다.
> ㉢ 국가경찰은 자치경찰과 비교하여 타 행정부문과의 긴밀한 협조·조정이 원활하다는 장점이 있다.
> ㉣ 자치경찰은 국가경찰과 비교하여 지역실정을 반영한 경찰조직의 운영·관리가 용이하다.

① ㉠, ㉡, ㉣   ② ㉡, ㉢, ㉣
③ ㉠, ㉡, ㉢   ④ ㉠, ㉢, ㉣

해설

옳은 설명은 ㉡, ㉢, ㉣, 3개이다.
㉠ (×) **자치경찰**(국가경찰×)은 국가경찰(자치경찰×)과 비교하여 **인권과 민주성이 보장**되어 주민들의 지지를 받기 쉽다.
㉡ (○) **자치경찰**은 국가경찰과 비교하여 권력적 수단보다는 **비권력적 수단을 통해** 국민의 생명과 신체·재산을 보호하고자 한다.
㉢ (○) **국가경찰**은 자치경찰과 비교하여 **타 행정부문과의 긴밀한 협조·조정이 원활하다**는 장점이 있다.
㉣ (○) **자치경찰**은 국가경찰과 비교하여 **지역실정을 반영한 경찰조직의 운영·관리가 용이하다.**

55 경찰의 분류에 대한 설명으로 적절한 것을 모두 고른 것은?  19 승진

> ㉠ 삼권분립사상에 기초하여 분류할 때 행정경찰은 실질적 의미의 경찰에 해당하고, 사법경찰은 형식적 의미의 경찰에 해당한다.
> ㉡ 경찰활동의 질과 내용을 기준으로 분류할 때 예방경찰은 경찰상의 위해 발생을 방지하기 위한 작용으로 '위해를 미칠 우려가 있는 정신착란자의 보호'가 이에 해당한다.
> ㉢ 자치경찰제도는 각 지방특성에 적합한 경찰행정이 가능하지만, 국가경찰제도에 비해 관료화되어 국민을 위한 봉사가 저해될 수 있다.
> ㉣ 국가경찰제도는 경찰업무집행의 통일을 기할 수 있으나, 정부의 특정정책 수행에 이용되어 본연의 임무를 벗어날 우려가 있다.

① ㉠, ㉡   ② ㉠, ㉣   ③ ㉡, ㉢   ④ ㉢, ㉣

해설

옳은 설명은 ㉠, ㉣, 2개이다.
㉠ (○) **삼권분립사상에 기초**하여 분류할 때 **행정경찰은 실질적** 의미의 경찰에 해당하고, **사법경찰은 형식적** 의미의 경찰에 해당한다.
㉡ (×) **경찰권의 발동 시기**(경찰활동의 질과 내용×)를 기준으로 분류할 때 예방경찰은 경찰상의 위해 발생을 방지하기 위한 작용으로 '위해를 미칠 우려가 있는 정신착란자의 보호'가 이에 해당한다.
　　Tip **경찰서비스의 질과 내용**을 기준으로 **질서경찰과 봉사경찰**로 구분한다.
㉢ (×) **자치경찰**제도는 각 **지방특성에 적합한 경찰행정이 가능**하고, 국가경찰제도에 비해 **관료화가 덜되어**(되어×) **국민을 위한 진정한 봉사가 실현**(저해×)될 수 있다.
㉣ (○) **국가경찰**제도는 **경찰업무집행의 통일**을 기할 수 있으나, **정부의 특정정책 수행에 이용**되어 본연의 임무를 벗어날 우려가 있다.

🔒 54 ② 55 ②

56 경찰의 분류에 관한 설명으로 적절한 것은 모두 몇 개인가?  A급 25 경위

> 가. 보안경찰과 협의의 행정경찰은 경찰업무의 독자성에 따라 구분하며, 교통경찰은 보안경찰에 해당하고 건축경찰은 협의의 행정경찰에 해당한다.
> 나. 질서경찰과 봉사경찰은 경찰서비스의 질과 내용에 따라 구분하며, 봉사경찰은 서비스·계몽·지도 등 비권력적인 수단을 통하여 경찰의 직무를 수행하는 경찰활동으로 방범지도, 청소년 선도, 교통정보제공 등이 이에 해당한다.
> 다. 예방경찰과 진압경찰은 경찰권 발동 시점에 따라 구분하며, 예방경찰은 경찰상 위해가 발생하기 전에 이를 방지하기 위한 경찰활동으로 총포·도검의 취급 제한, 타인에게 해를 끼칠 우려가 있는 정신착란자를 보호하는 활동 등이 이에 해당한다.
> 라. 국가경찰과 자치경찰은 경찰권과 관련하여 권한과 책임소재에 따라 구분하며, 자치경찰은 국가경찰과 비교하여 전국적으로 균등한 서비스를 제공할 수 있다.
> 마. 행정경찰과 사법경찰은 경찰의 목적·임무에 따라 구분하며, 프랑스의 「죄와형벌법전」은 최초로 이를 구분하였다.

① 1개　　　② 2개　　　③ 3개　　　④ 4개

해설

옳은 설명은 **가, 나, 다, 마, 4개**이다.
가. (○) **보안경찰**과 **협의의 행정경찰**은 **경찰업무의 독자성**에 따라 구분하며, **교통경찰**은 **보안경찰에 해당**하고 **건축경찰은 협의의 행정경찰에 해당**한다.
나. (○) **질서경찰**과 **봉사경찰**은 **경찰서비스의 질과 내용**에 따라 구분하며, **봉사경찰**은 서비스·계몽·지도 등 **비권력적인 수단**을 통하여 경찰의 직무를 수행하는 경찰활동으로 **방범지도, 청소년 선도, 교통정보제공** 등이 이에 해당한다.
다. (○) **예방경찰**과 **진압경찰**은 경찰권 **발동 시점**에 따라 구분하며, **예방경찰**은 경찰상 위해가 발생하기 전에 이를 방지하기 위한 경찰활동으로 **총포·도검의 취급 제한**, 타인에게 해를 끼칠 우려가 있는 **정신착란자를 보호**하는 활동 등이 이에 해당한다.
라. (×) **국가경찰**과 **자치경찰**은 경찰권과 관련하여 **권한과 책임소재**에 따라 구분하며, **국가경찰**(자치경찰×)은 **자치경찰**(국가경찰×)과 비교하여 **전국적으로 균등한 서비스를 제공할 수 있다.**
마. (○) **행정경찰**과 **사법경찰**은 경찰의 **목적·임무**에 따라 구분하며, 프랑스의 「**죄와형벌법전**」은 **최초로 이를 구분**하였다.

제3절　경찰의 임무와 위험

57 경찰의 기본적 임무에 대한 설명 중 가장 적절하지 않은 것은? A급 20 승진

① 경찰의 임무는 행정조직법상의 경찰기관을 전제로 한 개념으로 '공공의 안녕과 질서에 대한 위험의 방지'가 경찰의 궁극적 임무라 할 수 있다.
② 공공질서는 원만한 공동체생활을 영위하기 위한 불가결적 전제 조건이 되는 각 개인의 행동에 대한 불문규범의 총체로, 오늘날 공공질서 개념의 사용 가능 분야는 확대되고 있다.
③ 공공의 안녕은 법질서의 불가침성, 개인의 권리와 법익의 불가침성, 국가 등 공권력 주체의 기관과 집행의 불가침성을 의미한다.
④ 법질서의 불가침성은 공공의 안녕의 제1요소이다.

 56 ④　57 ②

① (○) **경찰의 임무**는 **행정조직법상**의 경찰기관을 전제로 한 개념으로 '공공의 안녕과 질서에 대한 위험의 방지'가 경찰의 궁극적 임무라 할 수 있다.

② (×) '**공공질서**'는 원만한 공동체생활을 영위하기 위한 불가결적 전제 조건이 되는 각 개인의 행동에 대한 **불문규범의 총체**로, 오늘날 공공질서 개념의 사용 가능 분야는 **축소(확대×)**되고 있다.

③ (○) '**공공의 안녕**'은 법질서의 불가침성, 개인의 권리와 법익의 불가침성, 국가 등 공권력 주체의 기관과 집행의 불가침성을 의미한다.

④ (○) '**법질서의 불가침성**'은 **공공의 안녕**의 **제1요소**이다.

58 경찰의 임무를 '공공의 안녕과 공공의 질서에 대한 위험의 방지'라고 정의할 때, 이에 관한 설명으로 가장 적절하지 **않은** 것은?　　●A급 25 순경2차, 25 특공

① 공공의 안녕은 국민의 생명·신체 및 재산보호를 포함하는 상위 개념이다.

② 공공의 안녕의 요소 중 법질서의 불가침성은 사법(私法)규범을 제외한 공법(公法)규범을 대상으로 한다.

③ 공공의 질서란 시대에 따라 변화하는 상대적이고 유동적인 개념이다.

④ 공공의 질서란 당시의 지배적인 윤리와 가치관을 기준으로 판단할 때 그것을 준수하는 것이 시민으로서 원만한 공동체 생활을 위한 필수적인 전제조건이 되고, 공공사회에서 개인의 행동에 대한 불문규범의 총체가 되는 것을 의미한다.

① (○) **공공의 안녕**은 **국민의 생명·신체 및 재산보호를 포함**하는 **상위 개념**이다.

② (×) 공공의 안녕의 요소 중 **법질서의 불가침성**은 **사법(私法)규범을 포함한(제외한×) 공법(公法)규범**을 대상으로 한다.

③ (○) **공공의 질서**란 시대에 따라 변화하는 **상대적이고 유동적인 개념**이다.

④ (○) **공공의 질서**란 당시의 지배적인 윤리와 가치관을 기준으로 판단할 때 그것을 준수하는 것이 시민으로서 원만한 공동체 생활을 위한 필수적인 전제조건이 되고, 공공사회에서 개인의 행동에 대한 **불문규범의 총체**가 되는 것을 의미한다.

59 경찰의 임무를 공공의 안녕과 질서에 대한 위험의 방지라고 정의할 때, 다음 설명으로 가장 적절하지 **않은** 것은?　　●A급 24 특공

① 공공의 안녕이란 개인적 법익과 국가적 법익을 포함한 이중적 의미를 가진다.

② 법질서의 불가침성은 공공의 안녕의 제1요소이다.

③ 위험에 대한 인식에 따라 위험은 외관적 위험, 위험혐의, 오상위험으로 분류될 수 있다.

④ 공공질서란 각 개인의 행동에 대한 성문규범의 총체를 의미한다.

① (○) '**공공의 안녕**'이란 **개인적** 법익과 **국가적** 법익을 포함한 **이중적** 의미를 가진다.

② (○) '**법질서의 불가침성**'은 공공의 안녕의 **제1요소**이다.

③ (○) **위험에 대한 인식**(판단)에 따라 위험은 **외관적 위험, 위험혐의, 오상위험**(추정적 위험)으로 분류될 수 있다.

④ (×) '**공공질서**'란 각 개인의 행동에 대한 **불문규범(성문규범×)의 총체**를 의미한다.

🔒 58 ② 　 59 ④

60 공공질서에 관한 설명으로 가장 적절하지 않은 것은?  A급 23 순경1차

① 원만한 공동체 생활을 위한 불가결적 전제조건으로서 공공사회에서 각 개인의 행동에 대한 불문규범의 총체이다.

② 공공질서의 개념은 절대적인 것이 아니라, 시대에 따라 변화하는 상대적이고 유동적인 개념이다.

③ 공공질서 개념의 적용 가능 분야는 점차 확대되고 있다.

④ 통치권 집행을 위한 개입근거로 활용될 수 있는 공공질서 개념은 엄격한 합헌성이 요구되고, 제한적인 사용이 필요하다.

> **해설**
>
> ① (○) '**공공질서**'는 원만한 공동체 생활을 위한 불가결적 전제조건으로서 공공사회에서 각 개인의 행동에 대한 **불문규범의 총체**이다.
> ② (○) **공공질서의 개념**은 절대적인 것이 아니라, 시대에 따라 변화하는 **상대적**이고 **유동적**인 개념이다.
> ③ (×) **공공질서 개념의 적용** 가능 분야는 점차 **축소**(확대×)되고 있다.
> ④ (○) '**공공질서 개념**'은 통치권 집행을 위한 개입근거로 활용될 수 있다. 그러므로 **엄격한 합헌성이 요구**되고, **제한적인 사용이 필요**하다.

61 경찰의 임무에 관한 설명으로 가장 적절하지 않은 것은?  A급 26 경위

① 공공의 안녕이란 개인의 생명·신체·건강·자유·재산과 같은 개인적 법익과 국가적 공동체의 존속 및 기능과 같은 국가적 법익이 침해되지 않은 상태를 의미하며, 공공의 질서보다 엄격한 합헌성을 요구받는다.

② 법질서의 불가침성은 형법 등의 규범에 의해 보호받는 법익의 위태 또는 침해가 객관적으로 존재하면 족하고, 주관적 구성요건의 구비·유책성 및 가벌성은 요하지 않는다.

③ 개인의 권리와 법익의 불가침성과 관련하여 경찰은 잠정적 보호에 국한되어야 하고, 최종적인 규제를 취해서는 안된다.

④ 경찰이 개입하기 위해서는 보호법익에 대한 위험이 반드시 구체적으로 존재할 필요는 없고, 보호법익에 대한 침해가능성이 충분히 존재하는 상태이면 족하다.

> **해설**
>
> ① (×) **공공의 안녕**이란 개인의 생명·신체·건강·자유·재산과 같은 개인적 법익과 국가적 공동체의 존속 및 기능과 같은 국가적 법익이 침해되지 않은 상태를 의미하며, **공공의 질서보다 엄격한 합헌성을 요구받는다**(공공의 질서보다 엄격한 합헌성을 요구받는다×). **공공의 안녕은 성문법이므로** 제정할 때 이미 합헌성을 전제로 만들어져 있으므로 **엄격하게 합헌성을 고려할 필요없이 규정대로** 집행하면 되기 때문이다.
>
> > **Tip** '**합헌성**'이란 헌법정신에 합치되는 것을 의미하는 것으로 **국민의 기본권을 가장 중요시 하는 헌법정신**을 말한다. 공공질서는 불문규범의 총체로서 성질상 유동적이고 상대적이므로 그 적용에 있어서 공공의 안녕보다 **엄격한 합헌성을 요구받는다**.
>
> ② (○) **법질서의 불가침성**은 형법 등의 규범에 의해 보호받는 **법익의 위태 또는 침해가 객관적으로 존재하면 족하고**, 주관적 구성요건의 구비·유책성 및 가벌성은 요하지 않는다.
> ③ (○) 개인의 권리와 법익의 불가침성과 관련하여 **경찰은 잠정적 보호에 국한되어야** 하고, 최종적인 규제를 취해서는 안된다.
> ④ (○) 경찰이 개입하기 위해서는 보호법익에 대한 위험이 **반드시 구체적으로 존재할 필요는 없고**, 보호법익에 대한 침해가능성이 충분히 존재하는 상태이면 족하다.

 60 ③ 61 ①

62 경찰의 임무를 공공의 안녕과 질서에 대한 위험의 방지라고 정의할 때, 이에 대한 설명으로 가장 적절한 것은?
·A급 20 순경2차

① '공공의 안녕'이란 개념은 '법질서의 불가침성'과 '국가의 존립 및 국가기관 기능성의 불가침성', '개인의 권리와 법익의 보호'를 포함하며, 이 중 공공의 안녕의 제1요소는 '개인의 권리와 법익의 보호'이다.

② '공공의 질서'란 원만한 공동체 생활을 위해 개인이 준수해야 할 불문규범의 총체를 의미하며, 법적 안전성 확보를 위해 불문규범이 성문화되어 가는 현상으로 인하여 그 영역이 점차 축소되고 있다.

③ 경찰이 의무에 합당한 사려 깊은 상황판단을 했음에도 불구하고 위험을 잘못 긍정한 경우를 '오상위험'이라고 한다.

④ 위험의 현실화 여부에 따라 '추상적 위험'과 '구체적 위험'으로 구분할 수 있으며 경찰의 개입은 구체적 위험의 경우에만 정당화된다.

> **해설**
> ① (×) **공공의 안녕**이란 개념은 '법질서의 불가침성'과 '국가의 존립 및 국가기관 기능성의 불가침성', '개인의 권리와 법익의 보호'를 포함하며, 이 중 공공의 안녕의 **제1요소**는 '**법질서의 불가침성**'(개인의 권리와 법익의 보호×)이다.
> ② (○) '**공공의 질서**'란 원만한 공동체 생활을 위해 개인이 준수해야 할 **불문규범의 총체**를 의미하며, 법적 안전성 확보를 위해 **불문규범**이 **성문화되어 가는 현상**으로 인하여 그 **영역이 점차 축소**되고 있다.
> ③ (×) 경찰이 의무에 합당한 **사려 깊은 상황판단**을 했음에도 불구하고 **위험을 잘못 긍정**한 경우를 '**외관적 위험**'(오상위험×)이라고 한다.
> ④ (×) **위험의 현실화 여부**에 따라 '**추상적 위험**'과 '**구체적 위험**'으로 **구분**할 수 있으며 경찰의 개입은 **구체적 위험의 경우뿐만 아니라 추상적 위험의 경우에도**(구체적 위험의 경우에만×) 정당화된다.

63 경찰의 임무를 공공의 안녕과 질서에 대한 위험의 방지라고 정의할 때, '공공의 안녕'과 '질서에 대한 위험의 방지'에 대한 설명으로 가장 적절한 것은?
·A급 22 특공

① 공공의 안녕이란 개념은 국가 등 집단과 관련되는 개념으로 개인과는 관련이 없다.

② 공공질서의 개념은 절대적인 것이 아니며, 시대와 장소에 따라 변화하는 상대적이고 유동적인 개념이다.

③ 개개의 경우 실제로 위험이 존재하는 경우를 추상적 위험이라고 한다.

④ 경찰권 개입요건을 충족시키는 위험은 보호를 받게 되는 법익에 대해 반드시 구체적으로 존재해야 한다.

> **해설**
> ① (×) **공공의 안녕**이란 개념은 국가 등 **집단과 관련되는 개념**일 뿐만 아니라 **개인과도 관련**이 **있다**(없다×).
> ② (○) **공공질서의 개념**은 절대적인 것이 아니며, 시대와 장소에 따라 변화하는 **상대적이고 유동적인 개념**이다.
> ③ (×) 개개의 경우 **실제**로 **위험이 존재**하는 경우를 **구체적**(추상적×) 위험이라고 한다.
> ④ (×) **경찰권 개입요건을 충족시키는 위험**은 보호를 받게 되는 법익에 대해 **반드시 구체적으로 존재해야** 하는 것은 아니다(해야 한다×).

🔒 **62** ② **63** ②

64 경찰권 행사에 대한 설명으로 가장 적절하지 않은 것은? ●A급 24 경위

① 공공의 안녕은 법질서의 불가침성, 국가존립과 기능성의 불가침성, 개인의 권리와 법익의 보호로 구성되며, 경찰은 사회공공과 관련하여 국가의 존립과 기능을 보호할 의무가 있다.

② 위험은 경찰개입의 전제요건이므로 보호를 받게 되는 법익에 구체적으로 존재해야만 하고 경찰책임자가 누구인지는 불문한다.

③ 범죄수사에 있어서 범죄피해자를 위한 사법경찰권의 적극적인 개입을 인정하는 입법례가 증가하는 추세이다.

④ 공공질서와 관련하여 경찰이 개입할 것인가의 여부는 경찰의 결정에 맡겨져 있더라도 헌법상 과잉금지원칙이 준수되어야 한다.

해설

① (○) **공공의 안녕**은 법질서의 불가침성, 국가존립과 기능성의 불가침성, 개인의 권리와 법익의 보호로 구성되며, 경찰은 사회공공과 관련하여 국가의 존립과 기능을 보호할 의무가 있다.

② (×) **위험은 경찰개입의 전제요건**이므로, 보호를 받게 되는 법익에 대해 **구체적으로 존재해야 하는 것이 원칙이지만** (해야만 하고×), 범죄예방이나 위험방지 행위를 준비하기 위해 **추상적으로 존재하는 경우에도 경찰개입이 가능**한 경우가 있다. 이 경우 **경찰권 발동의 대상**이 되는 **경찰책임자가 자연인이든 법인이든 누구인지는 불문**한다.

③ (○) 범죄수사에 있어서 **범죄피해자를 위한 사법경찰권의 적극적인 개입을 인정하는 입법례가 증가하는 추세**이다. 예를 들어 **성폭력범죄 피해자에 대한 전담수사관 제도**, 성매매방지 및 피해자보호 등에 관한 법률, 성폭력방지 및 피해자보호 등에 관한 법률, 가정폭력방지 및 피해자보호 등에 관한 법률 등이 있다.

④ (○) 공공질서와 관련하여 **경찰이 개입할 것인가의 여부는** 경찰의 결정에 맡겨져 있더라도 헌법상 **과잉금지원칙(비례의 원칙)이 준수되어야 한다.**

65 경찰의 임무에 대한 설명으로 가장 적절하지 않은 것은? ●A급 21 순경2차

① 「국가경찰과 자치경찰의 조직 및 운영에 관한 법률」제3조에서 경찰의 임무로 '국민의 생명 신체 및 재산의 보호', '범죄피해자 보호', '교통의 단속과 위해의 방지' 등을 규정하고 있다.

② 법질서의 불가침성은 공공의 안녕의 제1요소로서, 공법규범에 대한 위반은 일반적으로 공공의 안녕에 대한 위험으로 취급되어 경찰권 발동의 대상이 된다.

③ 공공질서란 원만한 공동체 생활을 위한 필수적인 전제조건으로서 공공사회에서 개개인의 행동에 대한 불문규범의 총체를 의미한다. 공공질서는 시대에 따라 변화하는 상대적·유동적 개념이다.

④ 위험이란 가까운 장래에 공공의 안녕이나 질서에 손해가 나타날 수 있는 가능성이 개개의 경우에 충분히 존재하는 상태를 의미한다. 위험은 구체적 위험과 추상적 위험으로 구분할 수 있으며 경찰 개입은 구체적 위험이 있을 때에만 가능하다.

해설

① (○) 「국가경찰과 자치경찰의 조직 및 운영에 관한 법률」제3조에서 경찰의 임무로 '국민의 생명 신체 및 재산의 보호', **'범죄피해자 보호'**, '교통의 단속과 위해의 방지' 등을 **규정하고 있다.**

② (○) **법질서의 불가침성**은 **공공의 안녕**의 **제1요소**로서, 공법규범에 대한 위반은 일반적으로 공공의 안녕에 대한 위험으로 취급되어 경찰권 발동의 대상이 된다.

③ (○) **공공질서**란 원만한 공동체 생활을 위한 필수적인 전제조건으로서 공공사회에서 개개인의 행동에 대한 **불문규범의 총체**를 의미한다. 공공질서는 시대에 따라 변화하는 **상대적·유동적 개념**이다.

🔒 64 ② 65 ④

④ (×) **위험**이란 **가까운 장래에** 공공의 안녕이나 질서에 **손해가 나타날 수 있는 가능성**이 개개의 경우에 충분히 존재하는 상태를 의미한다. 위험은 구체적 위험과 추상적 위험으로 구분할 수 있으며, 경찰 개입은 **구체적 위험 내지 추상적 위험이 있을 때에도(구체적 위험이 있을 때에만×)** 가능하다.

66 경찰의 기본적 임무 중 '공공의 안녕과 질서에 대한 위험의 방지'에 관한 설명으로 가장 적절하지 않은 것은?
●A급 23 법학

① 경찰의 개입은 구체적 위험 내지 적어도 오상위험이 있을 때 가능하다.

② 법질서의 불가침성은 공공의 안녕의 제1요소로서, 민주적 정당성을 부여받은 입법자가 창조하고 형성한 법질서는 그 전체로서 보호되어야 한다.

③ 국가의 존립과 기능성을 위험으로부터 보호하기 위하여 가벌성의 범위 내에 이르지 아니하더라도 국민의 자유나 권리를 침해하지 않는 범위 내에서 수사·정보·안보경찰의 첩보수집활동을 할 수 있다.

④ 공공의 안녕을 위해 경찰은 개인의 권리와 법익을 보호해야 한다. 다만 사법(私法)에서 인정되는 사적인 권리확보수단이 존재하는 경우에는 경찰의 보충적인 보호만 인정된다.

해설

① (×) 경찰의 개입은 구체적 위험 내지 적어도 **추상적 위험(오상위험×)**이 있을 때 가능하다.

> **Tip** **'오상위험'**이란 **추정적 위험**이라고도 하는데, 객관적으로 판단할 때 위험의 외관 또는 **혐의가 정당화되지 않음에도** 불구하고 경찰이 **위험의 존재를 잘못 추정**한 경우를 말하며, 이 경우 경찰권의 발동은 불가하고, 만일 개입했다면 **위법한 경찰권 발동**으로서 경찰관 개인에게는 **민·형사상의 책임**이, 국가에게는 **손해배상 책임**이 발생할 수 있다.

② (○) **법질서의 불가침성**은 **공공의 안녕의 제1요소**로서, 민주적 정당성을 부여받은 입법자가 창조하고 형성한 법질서는 그 전체로서 보호되어야 한다.

③ (○) 국가의 존립과 기능성을 위험으로부터 보호하기 위하여 **가벌성의 범위 내에 이르지 아니하더라도** 국민의 자유나 권리를 **침해하지 않는** 범위 내에서 **수사·정보·안보경찰의 첩보수집활동을 할 수 있다.**

④ (○) 공공의 안녕을 위해 경찰은 개인의 권리와 법익을 보호해야 한다. 다만 **사법(私法)에서 인정되는 사적인 권리확보수단이 존재하는** 경우에는 **경찰의 보충적인 보호만 인정**된다.

67 경찰의 임무를 공공의 안녕과 질서에 대한 위험의 방지라고 정의할 때, 위험에 대한 설명으로 가장 적절하지 않은 것은?
●A급 23 특공

① 경찰이 의무에 합당한 사려 깊은 판단을 하여 심야에 경찰관이 사람을 살려달라는 외침소리를 듣고 출입문을 부수고 들어갔는데, 실제로는 노인이 크게 켜놓은 TV 형사극 소리였던 경우는 외관적 위험을 인식한 사례에 해당한다.

② 위험의 현실화 여부에 따라 '추상적 위험'과 '구체적 위험'으로 구분할 수 있으며 경찰의 개입은 구체적 위험이 있을 때만 가능하다.

③ 위험은 경찰개입의 전제요건이나, 위험이 보호받게 되는 법익에 구체적으로 존재해야 하는 것은 아니다.

④ 위험에 대한 인식은 외관적 위험, 오상위험, 위험혐의로 구분할 수 있다.

🔒 66 ① 　 67 ②

① (○) 경찰이 의무에 합당한 **사려 깊은 판단을 하여** 심야에 경찰관이 사람을 살려달라는 외침소리를 듣고 출입문을 부수고 들어갔는데, 실제로는 노인이 크게 켜놓은 TV 형사극 소리였던 경우는 **외관적 위험**을 인식한 사례에 해당한다.

② (✕) **위험의 현실화** 여부에 따라 '**추상적 위험**'과 '**구체적 위험**'으로 구분할 수 있으며 경찰의 개입은 구체적 위험뿐만 아니라 **추상적 위험이 있을 때에도(구체적 위험이 있을 때만✕)** 가능하다.

③ (○) 위험은 경찰개입의 전제요건이나, **위험이** 보호받게 되는 법익에 **구체적으로 존재해야 하는 것은 아니다.**

④ (○) **위험에** 대한 **인식**은 외관적 위험, 오상위험, 위험혐의로 **구분**할 수 있다.

68 경찰의 임무를 공공의 안녕과 질서에 대한 위험의 방지라고 정의할 때, 위험에 대한 설명으로 가장 적절한 것은? ●A급 20 승진

① '위험'은 보호받는 개인 및 공동의 법익에 관한 정상적 상태의 객관적 감소를 뜻한다.

② 위험에 대한 인식은 외관적 위험, 위험혐의, 추상적 위험으로 구분할 수 있다.

③ '위험혐의'란 경찰이 의무에 합당한 사려 깊은 판단을 할 때 실제로 위험의 가능성은 예측되나 불확실한 경우를 말한다.

④ 외관적 위험에 대한 경찰권 발동은 경찰상 위험에 해당하는 적법한 개입이므로 경찰관에게 민·형사상 책임을 물을 수 없고, 국가의 손실보상 책임도 발생하지 않는다.

① (✕) '**손해**'(위험✕)는 보호받는 개인 및 공동의 법익에 관한 **정상적 상태의 객관적 감소**를 뜻한다.
> **Tip** '**위험**'은 가까운 장래에 공공의 안녕에 **손해가 나타날 수 있는 가능성**이 개개의 경우에 충분히 존재하는 상태를 말한다.

② (✕) **위험에** 대한 **인식**은 **외관적 위험, 위험혐의, 오상(추상적✕)위험으로 구분**할 수 있다.

③ (○) '**위험혐의**'란 경찰이 의무에 합당한 사려 깊은 판단을 할 때 실제로 위험의 가능성은 **예측되나 불확실한 경우**를 말한다.

④ (✕) **외관적 위험**에 대한 경찰권 발동은 경찰상 위험에 해당하는 **적법한 개입**이므로 경찰관에게 **민·형사상 책임**을 물을 수 없지만, 국가의 **손실보상 책임은 발생할 수 있다(하지 않는다✕).**

69 경찰의 임무에 관한 설명으로 적절하지 않은 것은 모두 몇 개인가? ●A급 25 경위

> 가. 실정법상의 규정을 토대로 경찰의 임무를 살펴보면, 궁극적으로는 공공의 안녕과 질서유지를 그 임무로 하고 있다.
> 나. 경찰의 임무를 공공의 안녕과 질서에 대한 위험의 방지라고 정의할 때, 공공의 안녕의 제1요소는 '국가의 존립 및 국가기관 기능성의 불가침'이다.
> 다. 경찰의 임무를 공공의 안녕과 질서에 대한 위험의 방지라고 정의할 때, '위험'은 위험의 현실화 여부에 따라 '구체적 위험'과 '추정적 위험'으로 구분할 수 있고, 위험에 대한 인식에 따라 '외관적 위험', '오상위험', '위험혐의'로 구분한다.
> 라. 경찰의 임무를 공공의 안녕과 질서에 대한 위험의 방지라고 정의할 때, '공공의 질서'란 원만한 공동체 생활을 위한 필수적인 전제조건으로 시대에 따라 변화하는 상대적이고 유동적인 개념이다.
> 마. 경찰의 임무를 치안서비스의 제공으로 볼 때, 현대국가는 복지국가를 지향하는 만큼 오늘날 국민에게 봉사하고 서비스하는 경찰의 역할이 점차 중요해지고 있다.

① 0개   ② 1개   ③ 2개   ④ 3개

 68 ③   69 ③

해설

틀린 설명은 **나, 다,** 2개이다.

가. (○) **실정법상**의 규정을 토대로 경찰의 임무를 살펴보면, 궁극적으로는 공공의 안녕과 질서유지를 그 임무로 하고 있다.

나. (×) 경찰의 임무를 공공의 안녕과 질서에 대한 위험의 방지라고 정의할 때, **공공의 안녕**의 **제1요소는** '**법질서의 불가침**'(국가의 존립 및 국가기관 기능성의 불가침×)이다.

다. (×) 경찰의 임무를 공공의 안녕과 질서에 대한 위험의 방지라고 정의할 때, '위험'은 **위험의 현실화 여부**에 따라 '**구체적 위험**'과 '**추상적 위험**'(추정적 위험×)으로 **구분**할 수 있고, **위험에 대한 인식**에 따라 '**외관적 위험**', '**오상위험**', '**위험혐의**'로 **구분**한다.

   🄣ip **추정적 위험 = 오상위험**

라. (○) 경찰의 임무를 공공의 안녕과 질서에 대한 위험의 방지라고 정의할 때, '**공공의 질서**'란 원만한 공동체 생활을 위한 필수적인 전제조건으로 시대에 따라 변화하는 **상대적이고 유동적인 개념**이다.

마. (○) 경찰의 임무를 치안서비스의 제공으로 볼 때, 현대국가는 복지국가를 지향하는 만큼 오늘날 국민에게 **봉사하고 서비스**하는 경찰의 역할이 **점차 중요**해지고 있다.

---

70 경찰의 임무를 공공의 안녕과 공공의 질서에 대한 위험의 방지라고 정의할 때, 위험에 관한 설명 중 가장 적절하지 않은 것은?   ●A급 22 순경1차

① 구체적 위험은 개별사례에서 실제로 또는 최소한 경찰관의 사전적 시점에서 사실관계를 합리적으로 평가하였을 때, 가까운 장래에 공공의 안녕이나 공공의 질서에 대한 손해가 발생할 충분한 개연성이 있는 상황과 관련이 있다.

② 오상위험에 근거한 경찰의 위험방지조치가 위법한 경우에는 경찰관 개인에게는 민·형사상 책임이 문제되고 국가에게는 손해배상책임이 발생할 수 있다.

③ 외관적 위험은 경찰관이 의무에 합당한 사려 깊은 상황판단을 하였음에도 위험을 잘못 긍정하는 경우이다.

④ 위험의 혐의만 존재하는 경우에 위험의 존재가 명백해지기 전까지는 예비적 조치로서 위험의 존재 여부를 조사할 권한은 없다.

해설

① (○) **구체적 위험**은 개별사례에서 실제로 또는 최소한 경찰관의 사전적 시점에서 사실관계를 합리적으로 평가하였을 때, **가까운 장래에 공공의 안녕이나 공공의 질서에 대한 손해가 발생할 충분한 개연성**이 있는 상황과 관련이 있다.

② (○) **오상위험**에 근거한 경찰의 위험방지조치가 **위법한 경우**에는 경찰관 개인에게는 **민·형사상 책임**이 문제되고 국가에게는 **손해배상책임이 발생할 수 있다.**

③ (○) **외관적 위험**은 경찰관이 의무에 합당한 **사려 깊은 상황판단을 하였음에도 위험을 잘못 긍정하는 경우**이다.

④ (×) **위험의 혐의**만 존재하는 경우에 위험의 존재가 명백해지기 전까지는 예비적 조치로서 **위험의 존재 여부를 조사할 권한은 있다**(없다×).

🔒 **70** ④

71 경찰의 기본적 임무인 '위험의 방지'에 대한 설명으로 가장 적절하지 않은 것은? ●A급 22 승진

① 경찰개입을 위해서는 구체적 위험이 존재해야 하지만, 범죄예방 및 위험방지 행위의 준비는 추상적 위험 상황에서도 가능하다.

② 오상위험이란 경찰이 상황을 합리적으로 사려 깊게 판단하여 위험이 존재한다고 인식하여 개입 하였으나 실제로는 위험이 없던 경우를 말하며 이 경우 국가의 손실보상책임이 발생할 수 있다.

③ 위험혐의란 경찰이 의무에 합당한 사려 깊은 상황 판단을 할 때, 위험의 발생 가능성은 예측되 지만, 위험의 실제 발생 여부가 불확실한 경우를 의미한다.

④ 손해란 보호법익에 대한 현저한 침해행위를 의미하고 정상적 상태의 객관적 감소이어야 하므 로, 단순한 성가심이나 불편함은 경찰개입의 대상이 아니다.

해설

① (○) **경찰개입**을 위해서는 구체적 위험이 존재해야 하지만, 범죄예방 및 위험방지 행위의 준비는 **추상적 위험** 상황에서 도 가능하다.

② (×) **외관적 위험**(오상위험×)이란 경찰이 상황을 합리적으로 **사려 깊게 판단**하여 위험이 존재한다고 인식하여 개입하 였으나 **실제로는 위험이 없던 경우**를 말하며 이 경우 국가의 **손실보상**책임이 **발생할 수 있다.**

③ (○) **위험혐의**란 경찰이 의무에 합당한 사려 깊은 상황 판단을 할 때, 위험의 발생 가능성은 **예측되지만,** 위험의 실제 발생 여부가 **불확실한 경우**를 의미한다.

④ (○) **손해**란 보호법익에 대한 현저한 침해행위를 의미하고 **정상적 상태의 객관적 감소**이어야 하므로, 단순한 성가심이 나 불편함은 경찰개입의 대상이 아니다.

72 경찰의 임무를 공공의 안녕과 질서에 대한 위험의 방지라고 정의할 때, 위험에 관한 설명으로 가장 적절한 것은? ●A급 24 승진

① '위험'이란 보호법익의 정상적 상태의 객관적 감소를 뜻하며, 보호법익에 대한 현저한 침해가 있어야 한다.

② 위험에 대한 인식에 따라 외관적 위험, 위험혐의, 오상위험으로 구분할 수 있다.

③ 추상적 위험의 경우 경찰권 발동에 있어 사실적 관점에서의 위험에 대한 예측까지는 필요하지 않다.

④ 위험의 혐의만 존재하는 경우 위험의 존재가 명백해지기 전까지는 경찰관에게 예비적 조치로 서 위험의 존재 여부를 조사할 권한은 없다.

해설

① (×) '**손해**'(위험×)란 보호법익의 **정상적 상태의 객관적 감소**를 뜻하며, 보호법익에 대한 현저한 침해가 있어야 한다.

② (○) 위험에 대한 **인식**에 따라 **외관적 위험, 위험혐의, 오상위험**으로 구분할 수 있다.

③ (×) **추상적 위험의 경우에도** 경찰권 발동에 있어 사실적 관점에서의 **위험에 대한 예측이 필요하다(필요하지 않다×).**

④ (×) **위험의 혐의**만 존재하는 경우, **직접적인 경찰권의 발동**은 할 수 없지만, 위험의 존재가 명백해지기 전까지 경찰관 에게 **예비적 조치**로서 위험의 존재 여부를 **조사할** 권한이 있다(없다×).

🔒 **71** ② **72** ②

73 경찰의 수단에 대한 설명으로 가장 적절하지 않은 것은?  22 특공

① 권력적 수단으로는 명령과 강제를 들 수 있다.

② 오늘날 경찰임무 달성을 위해 권력적 수단에 의한 경찰활동이 점차 증대되는 추세이다.

③ 수사를 할 때 수사 대상자의 자유로운 의사에 따른 임의수사를 원칙으로 한다.

④ 비권력적 수단은 비권력적 사실행위로서 조직법적 근거만 있어도 가능하다.

해설

① (○) **권력적 수단**으로는 **명령과 강제**를 들 수 있다.

② (×) 오늘날 경찰임무 달성을 위해 **비권력적(권력적×) 수단**에 의한 경찰활동이 **점차 증대**되는 추세이다.

③ (○) **수사를 할 때** 수사 대상자의 자유로운 의사에 따른 **임의수사를 원칙**으로 한다.

④ (○) **비권력적 수단**은 비권력적 사실행위로서 **조직법적 근거만 있어도 가능하다**.

74 경찰의 수단에 관한 설명으로 가장 적절하지 않은 것은?  25 특공

① 오늘날 경찰임무 달성을 위해 비권력적 수단에 의한 경찰활동이 점차 증대되는 추세이다.

② 경찰의 위법한 권력적 수단에 의하여 계속해서 법익을 침해받고 있는 경우에, 개인은 취소소송 등 항고소송을 제기할 수 있다.

③ 비권력적 수단의 행사를 위해서는 법률에 구체적인 근거규정이 반드시 요구된다.

④ 수사를 할 때 수사대상자의 자유로운 의사에 따른 임의수사를 원칙으로 한다.

해설

① (○) 오늘날 경찰임무 달성을 위해 **비권력적 수단**에 의한 경찰활동이 점차 **증대**되는 추세이다.

② (○) 경찰의 위법한 권력적 수단에 의하여 계속해서 **법익을 침해받고 있는 경우**에, 개인은 취소소송 등 **항고소송을 제기할 수 있다**.

③ (×) **비권력적 수단**의 행사를 위해서는 **법률에 구체적인 근거규정이 반드시 요구되는 것은 아니다**(요구된다×).

④ (○) 수사를 할 때 수사대상자의 자유로운 의사에 따른 **임의수사**를 원칙으로 한다.

75 경찰의 위험방지 임무에서 말하는 '위험'에 관한 설명으로 가장 적절하지 않은 것은? ·A급 23 순경2차

① 경찰개입의 대상이 되는 위험은 행위책임에 기인한 것일 수도 있고 상태책임에 기인한 것일 수도 있다.

② 외관상 위험이 존재할 때의 경찰개입이 적법하더라도, 원칙적으로 국가의 손해배상책임을 발생시킨다.

③ 경찰의 범죄예방 및 위험방지 행위의 준비는 추상적 위험이 존재하는 경우에도 가능하다.

④ 위험혐의의 존재는 위험조사차원의 경찰개입을 정당화시킨다.

🔒 **73** ② **74** ③ **75** ②

해설

① (○) 경찰개입의 대상이 되는 위험은 **행위책임**에 기인한 것일 수도 있고 **상태책임**에 기인한 것일 수도 있다.

② (×) **외관상 위험**이 존재할 때의 경찰개입은 **적법**하므로, 원칙적으로 국가의 손해배상책임을 **발생시키지 않는다(발생시킨다×)**. 다만, 특별한 희생이 있는 경우에는 **손실보상**책임이 발생할 수 있다.

　　**Tip** 오상위험이 존재할 때의 경찰개입은 **위법**하므로 국가의 **손해배상**책임이 발생할 수 있다.

③ (○) 경찰의 범죄예방 및 위험방지 행위의 준비는 추상적 위험이 존재하는 경우에도 가능하다. 다만, **추상적 위험 상황**에서의 경찰개입은 **임의적·비권력적 작용에 한정된다**.

④ (○) **위험혐의**의 존재는 위험의 가능성은 **예측**되지만 실현 여부가 **불확실한 경우**를 말하는 것으로, 위험의 존재 여부가 명백해질 때까지 **위험조사차원에서 경찰이 개입할 수 있다**.

76 다음 사례에 해당하는 '위험의 인식'에 관한 설명으로 가장 적절한 것은? ●A급 25 순경1차

> 전날 악몽을 꾼 경찰관 A는 경찰관 B와 순찰 중에 주택에서 은은한 클래식 음악이 들리자 위험한 상황이라고 판단하고, 자신을 제지하는 경찰관 B를 밀친 후 혼자 현관문을 부수고 들어갔는데 실제로는 임신부가 태교음악을 듣고 있었다.

① 경찰관 A의 경우 의무에 합당한 사려 깊은 판단을 하였고 실제로 위험의 발생 가능성은 있으나, 현관문을 부수고 진입한 행위는 위험의 존재 여부를 확인하기 위한 예비적 조치로는 적합하지 않다.

② 경찰에게 있어 위험의 개념은 사실에 기인하여 향후 발생할 사건에 관한 주관적 추정을 포함하므로, 경찰관 B는 '외관적 위험'이 발생하였음에도 개입하지 않아 합리적인 상황 판단을 하지 못한 경우이다.

③ 경찰관 A의 행위는 위험의 외관이나 혐의가 정당화되지 아니함에도 불구하고 잘못된 주관적 판단에 따라 위험의 존재를 잘못 추정한 위법한 경찰개입이므로, 경찰관 A에게는 민·형사상 책임이 발생할 수 있으며 국가 역시 국가배상책임이 발생될 수 있다.

④ 해당 사례는 결과적으로 위험이 존재하지 않았고 경찰개입 시점에도 경찰상 위험이 없다고 판단되므로, 부순 현관문에 대해서는 원칙적으로 국가는 손실보상책임이 있다.

해설

① (×) 경찰관 A의 경우 의무에 합당한 사려 깊은 판단을 하지 **못하였고(하였고×)** 실제로 위험의 발생 가능성은 **없음에도 불구하고(있으나×)**, 현관문을 부수고 진입한 행위는 위험의 존재 여부를 확인하기 위한 예비적 조치로 적합하지 않다.

② (×) 경찰에게 있어 위험의 개념은 사실에 기인하여 향후 발생할 사건에 관한 주관적 추정을 포함하므로, 경찰관 B는 '외관적 위험'이 **발생하지 않았다고 판단하여(발생하였음에도×)** 개입하지 않은 것은 **합리적인 상황 판단을 한 경우(하지 못한 경우×)**로 볼 수 있다.

　　Tip 경찰에게 있어 위험은 **주관적 추정을 포함하는** '객관화된 위험'을 말한다.

③ (○) 경찰관 A의 행위는 위험의 외관이나 혐의가 정당화되지 아니함에도 불구하고 잘못된 주관적 판단에 따라 위험의 존재를 **잘못 추정한 위법한 경찰개입(= 오상위험)**이므로, 경찰관 A에게는 **민·형사상 책임**이 발생할 수 있으며 국가 역시 **국가배상**책임이 발생될 수 있다.

④ (×) 해당 사례는 결과적으로 위험이 존재하지 않았고 경찰개입 시점에도 경찰상 위험이 없다고 판단되므로, **해당 직무집행은 위법한** 것으로 부순 현관문에 대해서는 원칙적으로 국가는 **손해배상**책임(손실보상책임×)이 있다.

 76 ③

> 가. '공공질서'는 원만한 공동체 생활을 영위하기 위한 불가결적 전제조건이 되는 각 개인의 행동에 대한 불문규범의 총체로서 오늘날 공공질서 개념의 사용 가능 분야는 확대되고 있다.
>
> 나. 오늘날 복지국가적 행정을 요구하고 있는 시대적 요청에 따라 경찰행정 분야에서도 각 개인이 경찰권의 발동을 요청할 수 있는 권리인 경찰개입청구권을 인정하기에 이르렀는데 이는 '재량권의 0으로의 수축이론'과 관련이 있다.
>
> 다. 인간의 존엄·자유·명예·생명 등과 같은 개인적 법익뿐만 아니라 사유재산적 가치나 무형의 권리에 대한 위험방지도 경찰의 임무에 해당한다. 그러나 개인적 권리와 법익이 보호된 경우라고 하더라도 경찰의 원조는 잠정적인 보호에 국한되어야 하고, 최종적인 권리구제는 법원(法院)에 의하여야 한다.
>
> 라. 법적 안정성의 확보를 위해 불문규범이 성문화되어 가는 현상으로 인하여 오늘날 공공의 질서라는 개념은 그 범위가 점차 축소되고 있다.
>
> 마. 위험은 경찰개입의 전제조건이나 위험이 보호를 받게 되는 법익에 구체적으로 존재해야 하는 것은 아니기 때문에 보행자의 통행이 거의 없는 밤 시간에 횡단보도 보행자 신호등이 녹색등 일 때 정지하지 않고 진행한 경우에도 통행한 운전자는 경찰책임자가 된다. 이는 공공의 안녕을 보호법익으로 하는 「도로교통법」을 침해함으로써 법질서의 불가침성을 침해하기 때문이다.
>
> 바. 외관적 위험에 대한 경찰권 발동은 경찰상 위험에 해당하는 적법한 개입이므로 경찰관에게 민·형사상 책임을 물을 수 없다. 단, 경찰개입으로 인한 피해가 '공공필요에 의한 특별한 희생'에 해당하는 경우에는 국가의 손실보상책임은 발생할 수 있다.

① 0개   ② 1개   ③ 2개   ④ 3개

해설

틀린 설명은 **가, 1개**이다.

가. (×) **'공공질서'**는 원만한 공동체 생활을 영위하기 위한 불가결적 전제조건이 되는 각 개인의 행동에 대한 **불문규범의 총체**로서 오늘날 공공질서 개념의 **사용 가능 분야는 축소**(확대×)되고 있다.

나. (○) 오늘날 복지국가적 행정을 요구하고 있는 시대적 요청에 따라 경찰행정 분야에서도 각 개인이 경찰권의 발동을 요청할 수 있는 권리인 **경찰개입청구권을 인정**하기에 이르렀는데 이는 '**재량권의 0으로의 수축이론**'과 관련이 있다.

다. (○) 인간의 존엄·자유·명예·생명 등과 같은 **개인적 법익**뿐만 아니라 **사유재산적 가치**나 **무형의 권리**에 대한 **위험방지**도 경찰의 임무에 해당한다. 그러나 개인적 권리와 법익이 보호된 경우라고 하더라도 **경찰의 원조**는 **잠정적인 보호에 국한**되어야 하고, **최종적인 권리구제는 법원(法院)**에 의하여야 한다.

라. (○) **법적 안정성의 확보**를 위해 **불문규범이 성문화되어 가는** 현상으로 인하여 오늘날 **공공의 질서**라는 개념은 그 범위가 **점차 축소**되고 있다.

마. (○) 위험은 경찰개입의 전제조건이나 **위험이** 보호를 받게 되는 법익에 **구체적으로 존재해야 하는 것은 아니기 때문에** 보행자의 통행이 거의 없는 밤 시간에 횡단보도 보행자 신호등이 녹색등 일 때 정지하지 않고 진행한 경우에도 통행한 운전자는 경찰책임자가 된다. 이는 '**공공의 안녕**'을 **보호법익으로** 하는 「도로교통법」을 침해함으로써 **법질서의 불가침성을 침해**하기 때문이다.

바. (○) **외관적 위험**에 대한 경찰권 발동은 경찰상 위험에 해당하는 **적법한 개입**이므로 경찰관에게 **민·형사상 책임을 물을 수 없다.** 단, 경찰개입으로 인한 피해가 '공공필요에 의한 **특별한 희생**'에 해당하는 경우에는 국가의 **손실보상책임**은 발생할 수 있다.

🔒 **77** ②

78 경찰의 기본적 임무 및 수단에 대한 설명으로 가장 적절하지 않은 것은?  19 순경1차

① 경찰강제에는 경찰상 강제집행(대집행·강제징수·집행벌·즉시강제 등)과 경찰상 직접강제가 있는데, 경찰상 강제집행은 의무의 존재 및 그 불이행을 전제로 한다는 점에서 이를 전제로 하지 아니하고 급박한 경우에 행하여지는 경찰상 직접강제와 구별된다.

② 공공질서란 각 개인의 행동에 대한 불문규범의 총체로, 시대에 따라 변화하는 상대적·유동적 개념이다.

③ 경찰의 직무에는 범죄의 예방·진압, 범죄피해자 보호가 포함된다.

④ 「형사소송법」은 임의수사를 원칙으로 하고, 강제수사를 예외적으로 허용하고 있다.

해설

① (×) **경찰강제**에는 경찰상 **강제집행**(대집행·강제징수·집행벌·**직접강제(즉시강제×)** 등)과 경찰상 **즉시강제(직접강제×)**가 있는데, 경찰상 **강제집행은 의무의 존재 및 그 불이행을 전제로** 한다는 점에서 이를 전제로 하지 아니하고 **급박한 경우**에 행하여지는 경찰상 **즉시강제(직접강제×)**와 구별된다.

② (○) **공공질서**란 각 개인의 행동에 대한 **불문규범의 총체로**, 시대에 따라 변화하는 **상대적·유동적 개념**이다.

③ (○) **경찰의 직무**에는 범죄의 예방·진압, **범죄피해자 보호가 포함**된다.

④ (○) 「**형사소송법**」은 **임의수사를 원칙으로** 하고, 강제수사를 예외적으로 허용하고 있다.

79 경찰임무에 관한 설명으로 가장 적절하지 않은 것은?  25 승진

① 「국가경찰과 자치경찰의 조직 및 운영에 관한 법률」, 「경찰관 직무집행법」 등을 통해 경찰의 궁극적인 임무를 공공의 안녕과 질서에 대한 위험방지로 도출할 수 있다.

② 경찰의 임무를 공공의 안녕과 질서에 대한 위험방지로 정의할 때, 공공의 안녕은 국민의 생명·신체 및 재산보호를 포함하는 상위개념이다.

③ 구체적 위험이란 구체적 개별 사안에 있어 가까운 장래에 보호법익에 대한 손해발생의 충분한 가능성이 존재하는 경우를 의미한다.

④ 추상적 위험이란 경찰의 의무에 합당한 사려 깊은 판단을 할 때 실제로 위험의 가능성은 예측되나 실현이 불확실한 경우를 의미한다.

해설

① (○) 「국가경찰과 자치경찰의 조직 및 운영에 관한 법률」, 「경찰관 직무집행법」 등을 통해 **경찰의 궁극적인 임무를 공공의 안녕과 질서에 대한 위험방지**로 도출할 수 있다.

② (○) 경찰의 임무를 공공의 안녕과 질서에 대한 위험방지로 정의할 때, **공공의 안녕은 국민의 생명·신체 및 재산보호를 포함**하는 **상위개념**이다.

③ (○) **구체적 위험**이란 구체적 개별 사안에 있어 **가까운 장래**에 보호법익에 대한 **손해발생의 충분한 가능성이 존재하는 경우**를 의미한다.

④ (×) **위험 혐의(추상적 위험×)**란 경찰의 의무에 합당한 사려 깊은 판단을 할 때 실제로 위험의 가능성은 **예측**되나 실현이 **불확실한 경우**를 의미한다.

🔒 78 ① 79 ④

80 경찰의 관할에 대한 설명으로 가장 적절하지 않은 것은?  A급 23 순경1차, 24 특공변형

① 사물관할이란 경찰이 처리할 수 있고 또 처리해야 하는 사무내용의 범위를 말한다.

② 인적관할이란 광의의 경찰권이 어떤 사람에게 적용되는가의 문제이다.

③ 우리나라는 대륙법계의 영향으로 범죄수사를 경찰의 사물관할로 인정하고 있다.

④ 헌법상 대통령은 내란 또는 외환의 죄를 범한 경우를 제외하고는 재직 중 형사상의 소추를 받지 아니한다.

해설

① (○) **사물관할**이란 경찰이 처리할 수 있고 또 처리해야 하는 **사무내용의 범위**를 말한다.

② (○) **인적관할**이란 **광의의 경찰권**이 어떤 사람에게 적용되는가의 문제이다.

Tip 경찰권의 개념 구분

광의의 경찰권	[협의의 경찰권 + 수사권 + 경찰서비스활동] ↳ 사회공공의 안녕과 질서를 유지하기 위하여 일반통치권에 근거하여 국민에게 명령·강제하는 권한
협의의 경찰권	[보안경찰(주로 보통경찰기관) + 협의의 행정경찰(주로 일반행정기관)] ↳ (광의의) 행정경찰

③ (×) 우리나라는 **영미법계(대륙법계×)의 영향**으로 **범죄수사**를 경찰의 사물관할로 인정하고 있다.

④ (○) **헌법상** 대통령은 내란 또는 외환의 죄를 범한 경우를 제외하고는 재직 중 형사상의 소추를 받지 아니한다.

81 경찰의 관할에 관한 설명으로 가장 적절하지 않은 것은?  A급 24 순경2차

① 사물관할이란 경찰이 처리할 수 있고 처리해야 하는 사무내용의 범위를 말하는 것으로 「국가경찰과 자치경찰의 조직 및 운영에 관한 법률」과 「경찰관 직무집행법」에 규정되어 있다.

② 재판장은 법정에서의 질서유지를 위하여 필요하다고 인정할 때에는 개정 전에 한하여 관할 경찰서장에게 경찰공무원의 파견을 요구할 수 있다.

③ 국회의원은 현행범인인 경우를 제외하고는 회기 중 국회의 동의없이 체포 또는 구금되지 아니한다. 그리고 국회의원이 회기 전에 체포 또는 구금된 때에는 현행범인이 아닌 한 국회의 요구가 있으면 회기 중 석방된다.

④ 지역관할과 인적관할은 광의의 경찰권이 발동될 수 있는 지역적 범위와 인적 범위를 말하고, 광의의 경찰권은 협의의 경찰권, 수사권, 비권력적 활동 권한을 포함하는 개념이다.

해설

① (○) **사물관할**이란 경찰이 처리할 수 있고 처리해야 하는 **사무내용의 범위**를 말하는 것으로 「국가경찰과 자치경찰의 조직 및 운영에 관한 법률」과 「경찰관 직무집행법」에 규정되어 있다.

② (×) **재판장**은 법정에서의 질서유지를 위하여 필요하다고 인정할 때에는 **개정 전후에 상관없이**(개정 전에 한하여×) 관할 **경찰서장에게** 경찰공무원의 **파견을 요구할 수 있다**(법원조직법 제60조 제1항).

③ (○) **국회의원**은 현행범인인 경우를 제외하고는 회기 중 **국회의 동의없이 체포 또는 구금되지 아니한다**. 그리고 국회의원이 회기 전에 체포 또는 구금된 때에는 현행범인이 아닌 한 국회의 요구가 있으면 회기 중 석방된다(헌법 제44조 제2항).

④ (○) **지역관할과 인적관할**은 **광의의 경찰권**이 발동될 수 있는 지역적 범위와 인적 범위를 말하고, **광의의 경찰권**은 **협의의 경찰권, 수사권, 비권력적 활동 권한을 포함하는 개념**이다.

 80 ③ 81 ②

82 협의의 경찰권에 관한 설명으로 가장 적절하지 않은 것은?

 A급 25 경위

① 사회공공의 안녕과 질서를 유지하기 위하여 일반통치권에 근거하여 국민에게 명령·강제하는 권한을 의미한다.

② 경찰기관 외의 일반행정기관에서는 발동할 수 없다.

③ 협의의 경찰권은 경찰책임자에게 발동되는 것이 원칙이지만, 법령상 근거가 있고 긴급한 필요가 있을 때에는 경찰상 위해나 장애에 직접 책임이 없는 제3자에게도 권한이 발동될 수 있다.

④ 국회의장의 국회경호권이나 법원의 법정질서유지권은 협의의 경찰권에 해당하지 않는다.

해설

① (○) 협의의 경찰권은 사회공공의 안녕과 질서를 유지하기 위하여 일반통치권에 근거하여 국민에게 명령·강제하는 권한을 의미한다.

② (×) 협의의 경찰권은 경찰기관 외의 일반행정기관에서도 발동할 수 있다(없다×).

③ (○) 협의의 경찰권은 경찰책임자에게 발동되는 것이 원칙이지만, 법령상 근거가 있고 긴급한 필요가 있을 때에는 경찰상 위해나 장애에 직접 책임이 없는 제3자에게도 권한이 발동될 수 있다.

④ (○) 국회의장의 국회경호권이나 법원의 법정질서유지권은 협의의 경찰권에 해당하지 않는다.

Tip 국회경호권이나 법정질서유지권은 특별권력관계에 기초한 특정 내부질서유지를 목적으로 하는 특별경찰권으로써, 사회공공의 안녕과 질서유지를 목적으로 하는 협의의 경찰권과는 성격이 다른 경찰권이다.

83 경찰의 관할에 대한 설명으로 가장 적절하지 않은 것은?

 A급 20 순경2차

① 사물관할은 경찰이 처리할 수 있고 또 처리해야 하는 사무내용의 범위를 말하며 우리나라는 범죄수사에 대한 임무가 경찰의 사물관할로 인정되고 있다.

② 경찰은 중대한 죄를 범하고 도주하는 현행범인을 추적하는 때에는 주한미군 시설 및 구역 내에서 범인을 체포할 수 있다.

③ 외교공관은 국제법상 치외법권지역이나 화재, 감염병 발생과 같은 긴급한 상황에서는 외교사절의 동의 없이도 외교공관에 들어갈 수 있다.

④ 국회 경위와 경찰공무원은 국회 안에 현행범인이 있을 때에는 국회의장의 지시를 받은 후 체포하여야 한다.

해설

① (○) 사물관할은 경찰이 처리할 수 있고 또 처리해야 하는 사무내용의 범위를 말하며 우리나라는 범죄수사에 대한 임무가 경찰의 사물관할로 인정되고 있다.

② (○) 경찰은 중대한 죄를 범하고 도주하는 현행범인을 추적하는 때에는 주한미군 시설 및 구역 내에서 범인을 체포할 수 있다.

③ (○) 외교공관은 국제법상 치외법권지역이나 화재, 감염병 발생과 같은 긴급한 상황에서는 외교사절의 동의 없이도 외교공관에 들어갈 수 있다.

④ (×) 국회 경위나 국가경찰공무원은 국회 안에 현행범인이 있을 때에는 체포한 후 의장의 지시를 받아야 한다(국회의장의 지시를 받은 후 체포×). 다만, 회의장 안에서는 의장의 명령 없이 의원을 체포할 수 없다(국회법 제150조).

82 ② 83 ④

84 경찰의 관할에 관한 설명으로 가장 적절한 것은?  25 순경1차

① 국회의장은 필요할 때에는 경위나 경찰공무원으로 하여금 방청인의 신체를 검사하게 할 수 있다.

② 국회의 경호업무는 국회의장의 지휘를 받아 수행하되, 경위는 회의장 건물 밖에서, 경찰공무원은 회의장 건물 안에서 경호한다.

③ 국회의장은 국회의 경호를 위하여 필요할 때에는 국회사무처의 동의를 받아 일정한 기간을 정하여 경찰공무원의 파견을 요구할 수 있다.

④ 재판장은 법정에서의 질서유지를 위하여 필요하다고 인정할 때에는 개정 전후에 상관없이 시·도경찰청장에게 경찰공무원의 파견을 요구할 수 있다.

> **해설**
>
> ① (○) **국회의장**은 필요할 때에는 경위나 경찰공무원으로 하여금 **방청인의 신체를 검사**하게 **할 수 있다**(국회법 제153조 제2항).
> ② (×) 국회의 경호업무는 **국회의장의 지휘를 받아** 수행하되, **경위**는 회의장 **건물 안**(밖×)에서, **경찰공무원**은 회의장 **건물 밖**(안×)에서 경호한다(국회법 제144조 제3항).
> ③ (×) **국회의장**은 국회의 경호를 위하여 필요할 때에는 **국회운영위원회**(국회사무처×)의 **동의**를 받아 일정한 기간을 정하여 정부에 **경찰공무원의 파견**을 **요구할 수 있다**(국회법 제144조 제2항).
> ④ (×) 재판장은 법정에서의 질서유지를 위하여 필요하다고 인정할 때에는 **개정 전후**에 상관없이 **관할 경찰서장**(시·도경찰청장×)에게 경찰공무원의 파견을 요구할 수 있다(법원조직법 제60조 제1항).

85 경찰의 관할에 관한 설명으로 가장 적절하지 않은 것은?  26 경위

① 해양에서의 경찰 및 오염방제에 관한 사무를 관장하기 위하여 해양수산부장관 소속으로 해양경찰청을 둔다.

② 국회의 경호업무는 의장의 지휘를 받아 수행하되, 경위는 회의장 건물 안에서, 경찰공무원은 회의장 건물 밖에서 경호한다.

③ 경위나 경찰공무원은 국회 안에 현행범인이 있을 때에는 의장의 지시를 받은 후 체포하여야 한다. 다만, 회의장 안에서는 의장의 명령 없이 의원을 체포할 수 없다.

④ 재판장의 요청으로 파견된 경찰공무원은 법정 내외의 질서유지에 관하여 재판장의 지휘를 받아야 한다.

> **해설**
>
> ① (○) **해양에서의 경찰 및 오염방제**에 관한 사무를 관장하기 위하여 **해양수산부장관 소속으로 해양경찰청**을 둔다(정부조직법 제43조 제2항).
> ② (○) **국회의 경호업무**는 의장의 지휘를 받아 수행하되, **경위는 회의장 건물 안**에서, **경찰공무원은 회의장 건물 밖**에서 경호한다(국회법 제144조 제3항).
> ③ (×) 경위나 경찰공무원은 **국회 안**에 **현행범인**이 있을 때에는 **체포한 후 의장의 지시**를 받아야 한다(의장의 지시를 받은 후 체포하여야 한다×). 다만, 회의장 안에서는 의장의 명령 없이 의원을 체포할 수 없다(국회법 제150조).
> ④ (○) 재판장의 요청으로 **파견된 경찰공무원**은 법정 내외의 질서유지에 관하여 **재판장의 지휘를 받아야 한다**(법원조직법 제60조 제2항).

🔒 84 ① 85 ③

86 경찰의 관할에 대한 설명으로 가장 적절하지 않은 것은?  21 특공

① 사물관할은 경찰이 처리할 수 있고 또 처리해야 하는 사무내용의 범위를 말한다.

② 경찰공무원은 국회 안에 현행범인이 있을 때 국회의장의 지시를 받은 후 체포하여야 한다.

③ 경찰은 중대한 죄를 범하고 도주하는 현행범인을 추적하는 때에는 주한미군 시설 및 구역 내에서 범인을 체포할 수 있다.

④ 화재, 감염병 발생과 같은 긴급한 상황에서는 외교사절의 동의 없이도 외교공관에 들어갈 수 있다.

해설

① (○) **사물관할**은 경찰이 처리할 수 있고 또 처리해야 하는 **사무내용의 범위**를 말한다.

② (×) 경위나 경찰공무원은 **국회 안에 현행범인**이 있을 때에는 **체포한 후** 의장의 지시를 받아야 한다(국회의장의 지시를 받은 후 체포×). 다만, 회의장 안에서는 의장의 명령 없이 의원을 체포할 수 없다(국회법 제150조).

③ (○) 경찰은 **중대한 죄**를 범하고 도주하는 **현행범인**을 추적하는 때에는 **주한미군 시설 및 구역 내에서 범인을 체포**할 수 있다.

④ (○) **화재, 감염병 발생**과 같은 **긴급한 상황**에서는 외교사절의 **동의 없이도 외교공관에 들어갈 수** 있다.

87 경찰의 관할에 관한 설명으로 적절하지 않은 것은 모두 몇 개인가?  25 경위

> 가. 경찰권은 원칙적으로 대한민국 영역 내 모든 지역에 적용되나 국내법적 또는 국제법적 근거에 의해 일정한 한계가 있다.
> 나. 「외교관계에 관한 비엔나 협약」에 따르면 공관지역과 외교관의 개인주거는 불가침이다.
> 다. 「범죄수사규칙」에 따르면 경찰관은 외교관 또는 외교관의 가족, 그 밖의 외교의 특권을 가진 사람 등의 관련범죄를 수사함에 있어서 외교특권을 침해하는 일이 없도록 주의하여야 한다.
> 라. 「외교관계에 관한 비엔나 협약」에 따르면 외교관은 어떠한 형태의 체포 또는 구금도 당하지 아니한다.

① 0개 ② 1개 ③ 2개 ④ 3개

해설

틀린 설명은 **0개**이다.

가. (○) **경찰권**은 원칙적으로 대한민국 영역 내 모든 지역에 적용되나 **국내법적 또는 국제법적 근거에 의해 일정한 한계가 있다.

나. (○) 「외교관계에 관한 비엔나 협약」에 따르면 **공관지역과 외교관**의 개인주거는 **불가침**이다. 다만, 공공의 안녕을 위해 **긴급을 요하는 경우**에는 외교사절의 **동의가 없더라도 들어갈 수** 있다.

다. (○) 「범죄수사규칙」에 따르면 경찰관은 **외교관 또는 외교관의 가족, 그 밖의 외교의 특권을 가진 사람** 등의 관련범죄를 수사함에 있어서 외교특권을 침해하는 일이 없도록 주의하여야 한다(범죄수사규칙 제209조 제1항).

라. (○) 「외교관계에 관한 비엔나 협약」에 따르면 **외교관**은 어떠한 형태의 체포 또는 구금도 당하지 아니한다(동협약 제29조).

🔷**Tip** 「외교관계에 관한 비엔나 협약」 제29조 : **외교관**의 신체는 **불가침**이다. 외교관은 **어떠한 형태의 체포 또는 구금도 당하지 아니한다.** 접수국은 상당한 경의로서 외교관을 대우하여야 하며 또한 그의 신체, 자유 또는 품위에 대한 여하한 침해에 대하여도 이를 방지하기 위하여 모든 적절한 조치를 취하여야 한다.

🔒 86 ② 87 ①

88 「외교관계에 관한 비엔나 협약」과 「영사관계에 관한 비엔나 협약」에 관한 설명으로 가장 적절하지 않은 것은? ● A급 26 경위

① 외교관과 영사관원은 어떠한 형태의 체포 또는 구금도 당하지 아니한다.

② 공관지역은 불가침이므로 접수국의 관헌은 공관장의 동의 없이는 공관지역에 들어가지 못한다.

③ 외교신서사는 그의 신분 및 외교 행낭을 구성하는 포장물의 수를 표시하는 공문서를 소지하여야 하며, 그의 직무를 수행함에 있어서 접수국의 보호를 받는다.

④ 접수국의 당국은 전적으로 영사기관의 활동을 위하여 사용되는 영사관사의 부분에 들어가서는 안된다. 다만, 화재 또는 신속한 보호조치를 필요로 하는 기타 재난의 경우에는 영사기관장의 동의가 있는 것으로 추정할 수 있다.

해설

① (×) **외교관**(영사관원×)은 어떠한 형태의 **체포 또는 구금도 당하지 아니한다**(외교관계에 관한 비엔나 협약 제29조).

**ip** 영사관원은 **중대한 범죄의 경우**에 권한 있는 **사법당국에 의한 결정에 따라야 한다**. 그 외에는 재판에 회부되기 전에 체포되거나 구속되지 아니한다(영사관계에 관한 비엔나 협약 제41조).

ip **외교관**은 국가를 대표하는 공식 외교 사절이고, **영사관(원)**은 재외국민의 실무적 보호와 민원업무를 담당하는 외교부 소속 공무원이다. 두 기관 모두 해외에서 국익을 위해 중요한 역할을 하지만, **신분과 업무 범위에서 차이가 있다.**

② (○) **공관지역은 불가침**이므로 접수국의 관헌은 공관장의 동의 없이는 공관지역에 들어가지 못한다.

③ (○) '**외교신서사**'는 그의 신분 및 외교 행낭을 구성하는 포장물의 수를 표시하는 공문서를 소지하여야 하며, 그의 직무를 수행함에 있어서 **접수국의 보호를 받는다**(외교관계에 관한 비엔나 협약 제27조).

ip '**외교신서사**'란 다른 나라에 주재하는 자기 나라의 대사관에 발송하는 **외교 문건을 전달하는 사람**을 말한다.

④ (○) 접수국의 당국은 전적으로 영사기관의 활동을 위하여 사용되는 **영사관사의 부분에 들어가서는 안된다**. 다만, 화재 또는 신속한 보호조치를 필요로 하는 **기타 재난**의 경우에는 영사기관장의 **동의가 있는 것으로 추정할 수 있다**(영사관계에 관한 비엔나 협약 제31조).

89 경찰의 관할에 관한 설명 중 가장 적절하지 않은 것은? ● A급 22 순경1차

① 「국회법」상 경위(警衛)나 경찰공무원은 국회 안에 현행범인이 있을 때에는 체포한 후 국회의장의 지시를 받아야 한다. 다만, 회의장 안에서는 국회의장의 명령 없이 국회의원을 체포할 수 없다.

② 「법원조직법」상 재판장은 법정에서의 질서유지를 위하여 필요하다고 인정할 때에는 개정 전후에 상관없이 관할 경찰서장에게 경찰공무원의 파견을 요구할 수 있으며, 이에 따라 파견된 경찰공무원은 법정 내외의 질서유지에 관하여 재판장의 지휘를 받는다.

③ 헌법상 대통령은 내란 또는 외환의 죄를 범한 경우를 제외하고는 재직 중 형사상의 소추를 받지 아니한다.

④ '사물관할'이란 경찰권이 발동될 수 있는 지역적 범위를 말하고, 대한민국의 영역 내 모든 범위에 적용되는 것이 원칙이다.

 88 ① 89 ④

① (○) 「국회법」상 경위(警衛)나 경찰공무원은 **국회 안에 현행범인**이 있을 때에는 **체포한 후 국회의장의 지시를** 받아야 한다. 다만, **회의장 안**에서는 국회의장의 명령 없이 **국회의원을 체포할 수 없다.**

② (○) 「법원조직법」상 **재판장**은 법정에서의 질서유지를 위하여 필요하다고 인정할 때에는 **개정 전후에 상관없이** 관할 **경찰서장에게** 경찰공무원의 **파견을 요구**할 수 있으며, 이에 따라 **파견된 경찰공무원**은 **법정 내외의 질서유지**에 관하여 **재판장의 지휘**를 받는다.

③ (○) 헌법상 **대통령**은 **내란** 또는 **외환의 죄**를 범한 경우를 **제외**하고는 재직 중 **형사상의 소추를 받지 아니한다.**

④ (×) '**지역관할**'(사물관할×)이란 경찰권이 발동될 수 있는 **지역적 범위**를 말하고, 대한민국의 영역 내 모든 범위에 적용되는 것이 **원칙**이다.

---

90 경찰의 임무와 관할에 대한 설명으로 적절하지 않은 것은 모두 몇 개인가?  23 경위

> 가. 「국가경찰과 자치경찰의 조직 및 운영에 관한 법률」은 경찰의 임무로 국민의 생명·신체 및 재산의 보호, 범죄의 예방·진압 및 수사, 범죄피해자 보호, 교통의 단속과 위해의 방지, 외국 정부기관 및 국제기구와의 국제협력 등을 규정하고 있다.
>
> 나. 인간의 존엄·자유·명예·생명 등과 같은 개인적 법익뿐만 아니라 사유재산적 가치에 대한 위험방지도 경찰의 임무에 해당하나, 무형의 권리에 대한 위험방지는 경찰의 임무에 해당하지 아니한다.
>
> 다. 경찰공무원이 국회 안에서 현행범인을 체포한 후에는 국회의장의 지시를 받을 필요가 없지만, 회의장 안에 있는 국회의원에 대하여는 국회의장의 명령 없이 체포할 수 없다.
>
> 라. 재판장은 법정에서의 질서유지를 위해 필요하다고 인정할 때에는 개정 전후에 상관없이 관할 경찰서장에게 경찰공무원의 파견을 요구할 수 있으며, 파견된 경찰공무원은 법정 내에서만 질서유지에 관하여 재판장의 지휘를 받는다.

① 0개   ② 1개

③ 2개   ④ 3개

틀린 설명은 **나, 다, 라, 3개**이다.

가. (○) 「국가경찰과 자치경찰의 조직 및 운영에 관한 법률」은 경찰의 임무로 국민의 생명·신체 및 재산의 보호, 범죄의 예방·진압 및 수사, **범죄피해자 보호**, 교통의 단속과 **위해의 방지**, 외국 정부기관 및 국제기구와의 국제협력 등을 규정하고 있다.

나. (×) 인간의 존엄·자유·명예·생명 등과 같은 **개인적 법익**뿐만 아니라 **사유재산적 가치**에 대한 위험방지도 경찰의 임무에 해당하나, **무형의 권리**에 대한 위험방지도 **경찰의 임무에 해당한다**(해당하지 아니한다×).

다. (×) 경찰공무원이 **국회 안에서 현행범인을 체포한 후**에는 국회의장의 지시를 **받아야 하고**(받을 필요가 없지만×), **회의장 안에 있는 국회의원**에 대하여는 (현행범이라 하더라도) 국회의장의 명령 없이 체포할 수 없다.

라. (×) **재판장**은 법정에서의 질서유지를 위해 필요하다고 인정할 때에는 개정 전후에 **상관없이** 관할 **경찰서장에게** 경찰공무원의 **파견을 요구**할 수 있으며, **파견된 경찰공무원**은 **법정 내외**의(내에서만×) 질서유지에 관하여 **재판장의 지휘**를 받는다.

91 경찰행정의 특수성에 관한 설명으로 옳은 것은 모두 몇 개인가? ● A급 25 승진

> ㉠ 고립성 : 경찰에 대한 존경심의 결여, 법집행에 대한 협조의 부족, 경찰업무에 대한 이해부족 등으로 시민들로부터 소외받게 되어 고립되는 특성을 갖는다.
> ㉡ 보수성 : 경찰은 헌법을 수호하여 공공의 안녕과 질서를 유지하는 것을 임무로 하기 때문에 변화를 추구하기보다는 현상유지적 특성을 가지고 있다.
> ㉢ 조직성 : 경찰은 사건·사고 발생시 시급하게 해결해야 하고 기동성과 협동성을 발휘할 수 있도록 안정되고 능률적으로 조직되어야 하며, 계급체계를 갖추고 제복을 착용한다.
> ㉣ 권력성 : 경찰은 질서유지를 위해 법에 근거하여 일반인에게 일정한 사항을 지시·명령함으로써 시민 행동의 자유를 제한할 수 있다.

① 1개　　　　　② 2개　　　　　③ 3개　　　　　④ 4개

해설

옳은 설명은 ㉠, ㉡, ㉢, ㉣, **4개**이다.
㉠ (○) **고립성** : 경찰에 대한 **존경심의 결여**, 법집행에 대한 **협조의 부족**, 경찰업무에 대한 **이해부족** 등으로 **시민들로부터 소외받게 되어 고립**되는 특성을 갖는다.
㉡ (○) **보수성** : 경찰은 헌법을 수호하여 공공의 안녕과 **질서를 유지**하는 것을 임무로 하기 때문에 변화를 추구하기보다는 **현상유지적 특성**을 가지고 있다.
㉢ (○) **조직성** : 경찰은 사건·사고 발생시 시급하게 해결해야 하고 **기동성과 협동성을 발휘할 수 있도록 안정되고 능률적으로 조직되어야** 하며, **계급체계**를 갖추고 **제복**을 착용한다.
㉣ (○) **권력성** : 경찰은 질서유지를 위해 **법에 근거**하여 일반인에게 일정한 사항을 **지시·명령**함으로써 **시민 행동의 자유를 제한**할 수 있다.

92 경찰행정의 특수성에 관한 설명으로 가장 적절하지 않은 것은? ● A급 24 순경2차

① 경찰은 각종 위험의 제거를 그 주요 기능으로 하고 있고, 그 수단으로서 명령·강제 등 경찰권을 발동할 수 있으며 필요한 경우 실력행사를 위하여 무기와 장구를 휴대하는데 이러한 특성을 위험성이라 한다.
② 경찰조직은 예측하기 어려운 다양한 사안에 대해 고도의 민첩성을 갖추고 타 부서 혹은 직원들과의 유기적인 공조체제를 갖추어 돌발적으로 발생하는 범죄사건과 사고에 즉시 대응하여 합리적인 방법으로 해결할 수 있도록 해야 하는데 이러한 특성을 조직성이라 한다.
③ 경찰 업무는 대부분 즉시 해결하지 못하면 그 피해의 회복이 영원히 불가능하거나 현저하게 어려운 경우가 많은 바, 돌발적으로 발생하는 경찰행정 수요에 즉시 대응하기 위해 기동장비 확보, 초동대처시간 단축을 위해 훈련을 해야 하는데 이러한 특성을 기동성이라 한다.
④ 경찰은 본질적으로 사회공공의 안녕과 질서를 유지하기 위하여 국민에게 명령·강제하는 권력작용의 특성을 보이는데 이러한 특성을 권력성이라 한다.

🔒 91 ④　92 ②

해설

① (○) 경찰은 각종 위험의 제거를 그 주요 기능으로 하고 있고, 그 수단으로서 명령 · 강제 등 경찰권을 발동할 수 있으며 필요한 경우 **실력행사**를 위하여 **무기와 장구**를 휴대하는데 이러한 특성을 **위험성**이라 한다.

② (×) 경찰조직은 **예측하기 어려운** 다양한 사안에 대해 **고도의 민첩성**을 갖추고 타 부서 혹은 직원들과의 유기적인 공조체제를 갖추어 돌발적으로 발생하는 범죄사건과 사고에 즉시 대응하여 합리적인 방법으로 해결할 수 있도록 해야 하는데 이러한 특성을 **돌발성(조직성×)**이라 한다.

③ (○) 경찰 업무는 대부분 **즉시 해결하지 못하면** 그 피해의 회복이 영원히 불가능하거나 현저하게 어려운 경우가 많은 바, 돌발적으로 발생하는 경찰행정 수요에 즉시 대응하기 위해 **기동장비 확보, 초동대처시간 단축**을 위해 훈련을 해야 하는데 이러한 특성을 **기동성**이라 한다.

④ (○) 경찰은 본질적으로 사회공공의 안녕과 질서를 유지하기 위하여 국민에게 명령 · 강제하는 **권력작용의 특성**을 보이는데 이러한 특성을 **권력성**이라 한다.

Tip 경찰행정의 특수성(이황우 · 한상암, 「경찰행정학」 제8판 p.20~25)

위험성	경찰은 각종 위험의 제거를 그 주요 기능으로 하고 있고, 그 수단으로서 명령 · 강제 등 경찰권을 발동할 수 있으며 필요한 경우 **실력행사**를 위하여 **무기와 장구를** 휴대하게 된다.
돌발성	경찰조직은 **예측하기 어려운** 다양한 사안에 대해 고도의 민첩성을 갖추고 타 부서 혹은 직원들과의 유기적인 공조체제를 갖추어 돌발적으로 발생하는 범죄사건과 사고에 즉시 대응하여 합리적인 방법으로 해결할 수 있도록 해야 한다.
기동성	경찰 업무는 대부분 **즉시 해결하지 못하면** 그 피해의 회복이 영원히 불가능하거나 현저하게 어려운 경우가 많은 바, 돌발적으로 발생하는 경찰행정 수요에 즉시 대응하기 위해 **기동장비 확보, 초동대처시간 단축**을 위해 **훈련**을 해야 한다.
권력성	**경찰은 본질적으로** 사회공공의 안녕과 질서를 유지하기 위하여 국민에게 **명령 · 강제**하는 **권력작용의 특성**을 보인다.
조직성	경찰은 사건사고 발생 시 시급하게 해결해야 하고 위험성을 띠기 때문에 이를 수행하기 위해 기동성과 협동성을 발휘할 수 있도록 **치밀하게 조직**되어야 한다.
정치성	**정치적 중립성**을 갖추어 특정한 정당 내지 정권에 의하여 경찰이 사적인 이익을 도모하기 위해 활용되어서는 아니 되며, **국민 전체의 봉사자**로서 그 역할을 해야 한다.
고립성	경찰에 대한 **존경심 결여**, 법집행에 대한 **협조 부족**, 경찰업무에 대한 **이해 부족** 등으로 경찰의 고립성(시민으로부터 소외)이 비롯된다.
보수성	경찰은 **헌법을 수호**하여 공공의 안녕과 질서를 유지하는 것을 임무로 하기 때문에 변화를 추구하기보다는 **현상유지적인 형태**적 특성을 지니고 **보수적**인 색채가 강하다.

93 다음에서 설명하고 있는 내용은 경찰행정의 특수성 중 무엇에 해당하는가?  26 경위

> 경찰업무는 대부분 즉시 해결하지 않으면 피해 회복이 불가능하거나 현저히 어려워지는 경우가 많다. 따라서 돌발적인 경찰행정 수요에 신속하게 대응하고, 초동대처시간을 단축시키기 위해 지속적이고 반복적인 훈련을 통한 대응능력 배양이 요구되고 있다.

① 위험성   ② 기동성
③ 조직성   ④ 보수성

해설

② (○) **기동성** – 경찰업무는 대부분 **즉시 해결**하지 않으면 피해 회복이 불가능하거나 현저히 어려워지는 경우가 많다. 따라서 돌발적인 경찰행정 수요에 신속하게 대응하고, **초동대처시간을 단축**시키기 위해 지속적이고 반복적인 훈련을 통한 대응능력 배양이 요구되고 있다.

 93 ②

94 경찰의 기본이념이 아닌 것은?　　　　　　　　　　　　　　　　●B급 20 특공

① 민주주의　　　　　　　　　　　　　② 법치주의

③ 활동주의　　　　　　　　　　　　　④ 경영주의

해설

③ (×) 경찰의 기본이념으로는 **민주주의**, **법치주의**, **경영주의**, **인권존중주의**, **정치적 중립주의**, **(활동주의×)**가 있다.

95 경찰의 기본이념에 관한 설명으로 가장 적절하지 않은 것은?　　　　●A급 25 순경1차

① 헌법상 공무원의 신분과 정치적 중립성은 법률이 정하는 바에 의하여 보장된다.

② 「경찰공무원법」은 경찰공무원이 특정 정당이나 특정인의 선거운동을 하거나 선거 관련 대책 회의에 관여하는 행위를 정치활동에 관여하는 행위로 보지 않는다.

③ 「국가경찰과 자치경찰의 조직 및 운영에 관한 법률」과 「경찰관 직무집행법」은 불가침의 기본 적 인권보호를 명문화하고 있다.

④ 「경찰관 직무집행법」상 경찰관의 직권은 그 직무 수행에 필요한 최소한도에서 행사되어야 하며 남용되어서는 아니 된다.

해설

① (○) **헌법상** 공무원의 **신분과 정치적 중립성**은 법률이 정하는 바에 의하여 **보장**된다.

② (×) 「**경찰공무원법**」은 경찰공무원이 특정 정당이나 특정인의 선거운동을 하거나 선거 관련 대책회의에 관여하는 행위를 **정치활동에 관여**하는 행위로 **본다(보지 않는다×)**(동법 제23조 제2항 제4호).

③ (○) 「**국가경찰과 자치경찰의 조직 및 운영에 관한 법률**」과 「경찰관 직무집행법」은 **불가침의 기본적 인권보호를 명문화**하고 있다.

> **Tip** 관련 법령
>
> - 「**국가경찰과 자치경찰의 조직 및 운영에 관한 법률**」 제5조(**권한남용의 금지**) 경찰은 그 직무를 수행할 때 헌법과 법률에 따라 국민의 자유와 권리 및 모든 개인이 가지는 **불가침의 기본적 인권을 보호하고**, 국민 전체에 대한 봉사자로서 공정·중립을 지켜야 하며, 부여된 권한을 남용하여서는 아니 된다.
> - 「**경찰관 직무집행법**」 제1조(**목적**) ① 이 법은 국민의 자유와 권리 및 모든 개인이 가지는 **불가침의 기본적 인권을 보호하고** 사회공공의 질서를 유지하기 위한 경찰관의 직무 수행에 필요한 사항을 규정함을 목적으로 한다.

④ (○) 「경찰관 직무집행법」상 경찰관의 직권은 그 직무 수행에 **필요한 최소한도에서 행사**되어야 하며 **남용되어서는 아니 된다**(동법 제1조 제2항).

🔒 94 ③　95 ②

96 경찰 기본이념에 관한 설명으로 가장 적절하지 않은 것은?

● A급 25 순경2차

① 인권존중주의는 「국가경찰과 자치경찰의 조직 및 운영에 관한 법률」에는 관련된 규정이 없으나, 헌법 제10조와 제37조 제1항 등을 통하여 당연히 유추된다.

② 「경찰공무원법」은 경찰공무원이 정당이나 정치단체의 결성 또는 가입을 지원하거나 방해하는 행위를 정치활동에 관여하는 행위로 본다.

③ 「행정기본법」 제1조(목적)를 통하여 경영주의를 도출할 수 있다.

④ 「부패방지 및 국민권익위원회의 설치와 운영에 관한 법률」상 '국민감사청구제도'는 경찰의 대외적 민주화 방안이다.

해설

① (×) **인권존중주의**는 「**국가경찰과 자치경찰의 조직 및 운영에 관한 법률**」 **제5조**에 관련된 **규정이 있다**(없으나×). 또한 헌법 제10조와 제37조 제1항 등을 통하여 당연히 유추된다.

▶Tip 「국가경찰과 자치경찰의 조직 및 운영에 관한 법률」 **제5조(권한남용의 금지)** 경찰은 그 직무를 수행할 때 헌법과 법률에 따라 국민의 자유와 권리 및 모든 개인이 가지는 불가침의 **기본적 인권을 보호하고**, 국민 전체에 대한 봉사자로서 공정·중립을 지켜야 하며, 부여된 권한을 남용하여서는 아니 된다.

② (○) 「**경찰공무원법**」은 경찰공무원이 정당이나 정치단체의 결성 또는 가입을 지원하거나 방해하는 행위를 **정치활동에 관여**하는 행위로 본다.

③ (○) 「**행정기본법**」 **제1조(목적)**를 통하여 **경영주의**를 도출할 수 있다.

▶Tip 「**행정기본법**」 **제1조(목적)** 이 법은 행정의 원칙과 기본사항을 규정하여 행정의 민주성과 적법성을 확보하고 **적정성과 효율성을 향상**시킴으로써 국민의 권익 보호에 이바지함을 목적으로 한다.

④ (○) 「부패방지 및 국민권익위원회의 설치와 운영에 관한 법률」상 '**국민감사청구제도**'는 경찰의 **대외적** **민주화 방안**이다.

97 다음은 경찰활동의 기본이념과 관련된 법적 근거를 제시한 것이다. 이와 관련하여 〈보기 1〉과 〈보기 2〉의 내용이 가장 적절하게 연결된 것은?

● B급 22 순경2차

보기 1

(가) 헌법 제1조 제2항에서는 "대한민국 주권은 국민에게 있고, 모든 권력은 국민으로부터 나온다."라고 규정하고 있다.

(나) 헌법 제37조 제1항에서는 "국민의 자유와 권리는 헌법에 열거되지 아니한 이유로 경시되지 아니한다."라고 규정하고 있다.

(다) 「국가공무원법」 제65조 제1항에서는 "공무원은 정당이나 그 밖의 정치단체의 결성에 관여하거나 이에 가입할 수 없다."라고 규정하고 있다.

보기 2

ⓐ 인권존중주의   ⓑ 민주주의   ⓒ 법치주의   ⓓ 정치적 중립주의

	(가)	(나)	(다)			(가)	(나)	(다)
①	ⓑ	ⓓ	ⓐ		②	ⓒ	ⓑ	ⓓ
③	ⓑ	ⓐ	ⓓ		④	ⓒ	ⓐ	ⓓ

🔒 96 ① 97 ③

해설

(가) – ⓛ **민주주의** : 헌법 제1조 제2항에서는 "대한민국 **주권은 국민**에게 있고, **모든 권력은 국민으로부터 나온다.**"라고 규정하고 있다.

(나) – ㉠ **인권존중주의** : 헌법 제37조 제1항에서는 "**국민의 자유와 권리**는 헌법에 열거되지 아니한 이유로 **경시되지 아니한다.**"라고 규정하고 있다.

(다) – ㉣ **정치적 중립주의** : 「국가공무원법」 제65조 제1항에서는 "공무원은 **정당이나 그 밖의 정치단체의 결성에 관여하거나 이에 가입할 수 없다.**"라고 규정하고 있다.

98 다음은 경찰활동의 기본이념과 관련된 법적 근거이다. 이에 해당하지 않는 기본이념은? ●B급 24 특공

> • 헌법 제1조 ② 대한민국의 주권은 국민에게 있고, 모든 권력은 국민으로부터 나온다.
> • 「국가경찰과 자치경찰의 조직 및 운영에 관한 법률」 제1조(목적) 이 법은 경찰의 민주적인 관리·운영과 효율적인 임무 수행을 위하여 경찰의 기본조직 및 직무 범위와 그 밖에 필요한 사항을 규정함을 목적으로 한다.
> • 「국가경찰과 자치경찰의 조직 및 운영에 관한 법률」 제5조(권한 남용의 금지) 경찰은 그 직무를 수행할 때 헌법과 법률에 따라 국민의 자유와 권리 및 모든 개인이 가지는 불가침의 기본적 인권을 보호하고, 국민 전체에 대한 봉사자로서 공정·중립을 지켜야 하며, 부여된 권한을 남용하여서는 아니 된다.

① 민주주의
② 혁신주의
③ 경영주의
④ 인권존중주의

해설

'혁신주의'는 보기의 내용과 관련이 없는 이념이다.

• **민주주의** : 헌법 제1조 ② 대한민국의 **주권은 국민**에게 있고, **모든 권력은 국민으로부터 나온다.**
• **경영주의** : 「국가경찰과 자치경찰의 조직 및 운영에 관한 법률」 제1조(목적) 이 법은 경찰의 **민주적인 관리·운영**과 **효율적인 임무 수행**을 위하여 경찰의 기본조직 및 직무 범위와 그 밖에 필요한 사항을 규정함을 목적으로 한다.
• **인권존중주의** : 「국가경찰과 자치경찰의 조직 및 운영에 관한 법률」 제5조(권한 남용의 금지) 경찰은 그 직무를 수행할 때 헌법과 법률에 따라 **국민의 자유와 권리** 및 모든 개인이 가지는 불가침의 기본적 **인권을 보호**하고, 국민 전체에 대한 **봉사자**로서 **공정·중립**을 지켜야 하며, 부여된 **권한을 남용하여서는 아니 된다.**

99 경찰의 기본이념에 관한 설명으로 가장 적절하지 않은 것은? ●A급 25 승진

① 경찰조직에서 중앙경찰과 자치경찰 사이의 적절한 권한 분배, 경찰관의 민주적 리더십 함양을 통한 민주주의 의식 확립은 대내적 민주화 방안에 해당한다.

② 「공공기관의 정보공개에 관한 법률」, 「행정절차법」 등을 통한 경찰활동의 공개는 대외적 민주화 방안에 해당한다.

③ 「경찰관 직무집행법」 제1조(목적)는 경찰의 기본이념 중 정치적 중립주의의 법적 근거에 해당한다.

④ 「국가경찰과 자치경찰의 조직 및 운영에 관한 법률」 제1조(목적)는 경찰의 기본이념 중 경영주의의 법적 근거에 해당한다.

🔒 98 ② 99 ③

① (○) 경찰조직에서 중앙경찰과 자치경찰 사이의 적절한 **권한 분배**, 경찰관의 민주적 리더십 함양을 통한 **민주주의 의식 확립**은 **대내적 민주화 방안**에 해당한다.
② (○) 「공공기관의 정보공개에 관한 법률」, 「행정절차법」 등을 통한 경찰활동의 **공개**는 **대외적 민주화 방안**에 해당한다.
③ (×) 「**경찰관 직무집행법**」 제1조(목적)는 경찰의 기본이념 중 **인권존중주의**(정치적 중립주의×)의 **법적 근거**에 해당한다.
④ (○) 「**국가경찰과 자치경찰의 조직 및 운영에 관한 법률**」 제1조(목적)는 경찰의 기본이념 중 **경영주의의 법적 근거**에 해당한다.

100 경찰의 기본이념에 대한 설명으로 옳은 것은?
● B급 21 경위

① 경찰의 중앙과 지방간의 권한 분배, 경찰행정정보의 공개, 성과급제도 확대는 경찰의 민주성 확보방안이다.
② 인권존중주의는 비록 「국가경찰과 자치경찰의 조직 및 운영에 관한 법률」에서는 언급이 없으나, 「헌법」상 기본권 조항 등을 통하여 당연히 유추된다.
③ 국가경찰위원회제도, 「부패방지 및 국민권익 위원회의 설치와 운영에 관한 법률」상 국민감사청구제도, 경찰책임의 확보 등은 경찰의 민주성을 확보하기 위한 대내적 민주화 방안이다.
④ 국민의 모든 자유와 권리는 국가안전보장・질서유지 또는 공공복리를 위하여 필요한 경우에 한하여 법률로써 제한할 수 있으며 제한하는 경우에도 자유와 권리의 본질적인 내용을 침해할 수 없다.

① (×) 경찰의 중앙과 지방간의 **권한 분배**, 경찰행정**정보의 공개**, **성과급제도 확대**(×)는 경찰의 **민주성 확보방안**이다.
　　Tip 성과급제도 확대는 **경영주의** 확보방안에 해당한다.
② (×) **인권존중주의**는 비록 「**국가경찰과 자치경찰의 조직 및 운영에 관한 법률**」에서는 **언급이 있으며**(없으나×), 「**헌법**」상 기본권 조항 등을 통하여 당연히 유추된다.
③ (×) **국가경찰위원회제도**, 「부패방지 및 국민권익 위원회의 설치와 운영에 관한 법률」상 **국민감사청구제도**는 **대외적**(대내적×) 민주화 방안이고, **경찰책임의 확보**는 경찰의 민주성을 확보하기 위한 **대내적 민주화 방안**이기도 하고 **대외적 민주화 방안**이기도 하다.
④ (○) **국민의 모든 자유와 권리는 국가안전보장・질서유지 또는 공공복리**를 위하여 필요한 경우에 한하여 **법률**로써 **제한**할 수 있으며 제한하는 경우에도 자유와 권리의 본질적인 내용을 침해할 수 없다.

101 경찰의 기본이념에 관한 설명으로 가장 적절하지 않은 것은?
● B급 24 순경2차

① 법치주의 : 자치경찰제도를 도입하여 중앙정부의 경찰권을 자치단체에 위임하고, 국가경찰위원회 및 시・도자치경찰위원회 제도, 행정정보공개제도 등을 통해 경찰에 대한 민주적 통제와 참여장치를 마련한다.
② 정치적 중립주의 : 공무원은 국민 전체의 봉사자이며 국민에 대하여 책임을 진다. 경찰공무원을 비롯한 공무원의 신분과 정치적 중립성은 제도적으로 보장된다.
③ 민주주의 : 국민의 자유와 권리를 보호하고 공공의 안녕과 질서를 유지하는 경찰의 임무수행은 국민을 위하여 행하는 것이며, 경찰권은 국민에게서 부여받은 것이다.
④ 인권 존중주의 : 경찰은 직무를 수행할 때 헌법과 법률에 따라 국민의 자유와 권리 및 모든 개인이 가지는 불가침의 기본적 인권을 보호한다.

🔒 100 ④　101 ①

① (×) **민주주의(법치주의×)** : **자치경찰제도**를 도입하여 중앙정부의 경찰권을 자치단체에 위임하고, **국가경찰위원회 및 시·도자치경찰위원회 제도, 행정정보공개제도** 등을 통해 경찰에 대한 **민주적 통제와 참여장치**를 마련한다.

② (○) **정치적 중립주의** : 공무원은 **국민 전체의 봉사자**이며 국민에 대하여 책임을 진다. 경찰공무원을 비롯한 **공무원의 신분과 정치적 중립성**은 제도적으로 보장된다.

③ (○) **민주주의** : 국민의 자유와 권리를 보호하고 공공의 안녕과 질서를 유지하는 경찰의 임무수행은 **국민을 위하여** 행하는 것이며, 경찰권은 **국민에게서 부여받은 것**이다.

④ (○) **인권 존중주의** : 경찰은 직무를 수행할 때 헌법과 법률에 따라 국민의 자유와 권리 및 모든 개인이 가지는 **불가침의 기본적 인권을 보호**한다.

102 경찰 기본이념에 관한 설명으로 가장 적절하지 않은 것은? ●B급 25 경위

① 민주주의 이념은 국가조직과 국민과의 관계에서만이 아니라 조직구성원 상호관계에서도 중요하다.

② 법치행정의 원칙은 「행정기본법」에는 규정이 없으나 헌법 제37조 제2항 등을 통하여 당연히 유추된다.

③ 중앙경찰과 자치경찰 사이의 적절한 권한분배 및 경찰관의 민주주의 의식 확립 등은 경찰의 민주주의 확보를 위한 대내적 방안이다.

④ 헌법 제10조와 「국가경찰과 자치경찰의 조직 및 운영에 관한 법률」 제5조(권한남용의 금지)는 인권존중 이념과 관련된 규정이다.

① (○) **민주주의** 이념은 **국가조직과 국민**과의 관계에서만이 아니라 **조직구성원 상호관계**에서도 중요하다.

② (×) **법치행정의 원칙**은 「행정기본법」 **제8조에 규정이 있고(없으나×)** 헌법 제37조 제2항 등을 통하여 당연히 유추된다.

③ (○) 중앙경찰과 자치경찰 사이의 **적절한 권한분배** 및 경찰관의 **민주주의 의식 확립** 등은 경찰의 **민주주의 확보**를 위한 **대내적 방안**이다.

Tip 민주주의 확보방안

대외적 민주화 방안	대내적 민주화 방안
• 국가경찰위원회, 시·도자치경찰위원회 • 국민감사청구제도 • 행정절차법 • 공공기관의 정보공개에 관한 법률	• 조직 내부 적절한 권한분배 • 경찰관의 개인의 민주의식 확립

④ (○) **헌법 제10조**와 「국가경찰과 자치경찰의 조직 및 운영에 관한 법률」 제5조(권한남용의 금지)는 **인권존중 이념**과 관련된 규정이다.

Tip 헌법 제10조 : 모든 국민은 인간으로서의 존엄과 가치를 가지며, 행복을 추구할 권리를 가진다. 국가는 개인이 가지는 불가침의 기본적 인권을 확인하고 이를 보장할 의무를 진다.

102 ②

제7절 경찰 인권보호 규칙

103 「경찰 인권보호 규칙」에 대한 설명으로 옳지 않은 것은? ●A급 19 순경1차

① 경찰청 인권위원회는 위원장 1명을 포함하여 7명 이상 13명 이하의 위원으로 구성한다. 이때, 특정 성별이 전체 위원 수의 10분의 6을 초과하지 아니해야 한다.

② 위원장과 위촉 위원의 임기는 위촉된 날로부터 2년으로 하며 위촉 위원은 두 차례만 연임할 수 있다.

③ 경찰청장은 매년 인권교육종합계획을 수립하여 시행하여야 한다.

④ 경찰관서의 장은 경찰청 인권교육종합계획의 내용을 반영하여 매년 인권교육계획을 수립·시행하여야 한다.

해설

① (○) **경찰청 인권위원회**는 위원장 1명을 포함하여 **7명 이상 13명 이하의 위원**으로 구성한다. 이때, 특정 성별이 전체 위원 수의 10분의 6을 초과하지 아니해야 한다.

② (○) **위원장과 위촉 위원**의 임기는 위촉된 날로부터 **2년**으로 하며 위촉 위원은 **두 차례만 연임**할 수 있다.

③ (×) **경찰청장**은 **3년(매년×)** 단위로 **인권교육종합**계획을 수립하여 시행하여야 한다.

  🚩**Tip** 경찰청장은 국민의 인권보호와 증진을 위하여 경찰 **인권정책 기본계획**을 **5년마다** 수립해야 한다.

④ (○) **경찰관서의 장**은 경찰청 인권교육종합계획의 내용을 **반영하여 매년** 인권교육계획을 수립·시행하여야 한다.

104 「경찰 인권보호 규칙」상의 경찰청 및 시·도경찰청 인권위원회에 대한 설명 중 가장 적절하지 않은 것은? ●A급 20 법학

① 경찰활동 전반에 걸친 민주적 통제를 구현하여 경찰력 오·남용을 예방하기 위해 경찰청과 시·도경찰청에 인권보호와 관련한 정책 심의의결기구로서 각각 경찰청 인권위원회, 시·도경찰청 인권위원회를 두고 있다.

② 경찰청 및 시·도경찰청 인권위원회는 위원장 1명을 포함하여 7명 이상 13명 이하의 위원으로 구성한다.

③ 위원장과 위촉 위원의 임기는 위촉된 날로부터 2년으로 하며 위원장의 직은 연임할 수 없고, 위촉 위원에 결원이 생긴 경우 새로 위촉할 수 있으며, 이 경우 새로 위촉된 위원의 임기는 위촉된 날부터 기산한다.

④ 경찰청장은 경찰관 등이 근무하는 동안 지속적·체계적으로 교육을 받을 수 있도록 3년 단위로 인권교육종합계획을 수립하여 시행하여야 한다.

해설

① (×) 경찰활동 전반에 걸친 **민주적 통제**를 구현하여 경찰력 오·남용을 예방하고, 경찰행정의 인권지향성을 높여 인권을 존중하는 경찰활동을 정립하기 위해 경찰청장 및 시·도경찰청장의 **자문기구**(심의의결기구×)로서 각각 **경찰청 인권위원회, 시·도경찰청 인권위원회를 설치**하여 운영한다.

② (○) 경찰청 및 시·도경찰청 **인권위원회**는 위원장 1명을 포함하여 **7명 이상 13명 이하**의 위원으로 구성한다.

🔒 103 ③ 104 ①

③ (○) **위원장과 위촉 위원**의 임기는 위촉된 날로부터 **2년**으로 하며 **위원장의 직은 연임할 수 없고**, 위촉 위원에 결원이 생긴 경우 새로 위촉할 수 있으며, 이 경우 새로 위촉된 위원의 임기는 위촉된 날부터 기산한다.

④ (○) **경찰청장**은 경찰관등이 근무하는 동안 지속적·체계적으로 교육을 받을 수 있도록 **3년** 단위로 **인권교육종합**계획을 수립하여 시행하여야 한다.

105 「경찰 인권보호 규칙」에 관한 설명 중 가장 적절하지 않은 것은? ●A급 22 순경1차

① '인권침해'란 경찰관등이 직무를 수행하는 과정에서 모든 사람에게 보장된 인권을 침해하는 것을 말한다.

② 경찰활동 전반에 걸친 민주적 통제를 구현하여 경찰력 오·남용을 예방하고, 경찰행정의 인권지향성을 높여 인권을 존중하는 경찰활동을 정립하기 위해 시·도경찰청장 및 경찰서의 심의·의결기구로서 각각 시·도경찰청 인권위원회, 경찰서 인권위원회를 설치하여 운영한다.

③ 경찰청장은 경찰관등이 근무하는 동안 지속적·체계적으로 교육을 받을 수 있도록 3년 단위로 인권교육종합계획을 수립하여 시행하여야 한다.

④ 인권보호담당관은 인권침해를 예방하고 제도를 개선하기 위해 연 1회 이상 인권 관련 정책 이행 실태, 인권교육 추진 현황, 경찰청과 소속기관의 청사 및 부속 시설 전반의 인권침해적 요소의 존재 여부를 진단하여야 한다.

해설

① (○) '**인권침해**'란 경찰관등이 직무를 수행하는 과정에서 **모든 사람**에게 보장된 인권을 침해하는 것을 말한다.

② (×) 경찰활동 전반에 걸친 **민주적 통제**를 구현하여 경찰력 오·남용을 예방하고, 경찰행정의 인권지향성을 높여 인권을 존중하는 경찰활동을 정립하기 위해 **경찰청장 및 시·도경찰청장(경찰서×)의 자문기구(심의·의결기구×)**로서 각각 경찰청 인권위원회, **시·도경찰청(경찰서×) 인권위원회**를 설치하여 운영한다(동규칙 제3조).

③ (○) **경찰청장**은 경찰관등이 근무하는 동안 지속적·체계적으로 교육을 받을 수 있도록 **3년** 단위로 **인권교육종합**계획을 수립하여 시행하여야 한다.

④ (○) **인권보호담당관**은 인권침해를 예방하고 제도를 개선하기 위해 **연 1회 이상** 인권 관련 정책 이행 실태, 인권교육 추진 현황, 경찰청과 소속기관의 청사 및 부속 시설 전반의 인권침해적 요소의 존재 여부를 **진단하여야 한다**.

106 「경찰 인권보호 규칙」에 관한 설명으로 가장 적절하지 않은 것은? ●A급 23 순경1차

① "경찰관등"이란 경찰청과 그 소속기관의 경찰공무원, 일반직 공무원을 말한다(단, 무기계약근로자 및 기간제근로자는 제외한다).

② 경찰활동 전반에 걸친 민주적 통제를 구현하여 경찰력 오·남용을 예방하고, 경찰행정의 인권지향성을 높여 인권을 존중하는 경찰활동을 정립하기 위해 경찰청장 및 시·도경찰청장의 자문기구로서 각각 경찰청 인권위원회, 시·도경찰청 인권위원회를 설치하여 운영한다.

③ 경찰청장은 국민의 인권보호와 증진을 위하여 경찰 인권정책기본계획을 5년마다 수립해야 한다.

④ 인권보호담당관은 인권침해를 예방하고 제도를 개선하기 위해 연 1회 이상 인권 관련 정책 이행 실태, 인권교육 추진 현황, 경찰청과 소속기관의 청사 및 부속 시설 전반의 인권침해적 요소의 존재 여부를 진단하여야 한다.

🔒 105 ② 106 ①

---

107 「경찰 인권보호 규칙」상 경찰청 및 시·도경찰청 인권위원회에 관한 설명으로 가장 적절한 것은?

• A급 23 순경2차

① 당연직 위원은 경찰청은 청문감사인권담당관, 시·도경찰청은 감사관으로 한다.

② 경찰청 인권위원회와 시·도경찰청 인권위원회 각각의 위원장과 위촉 위원의 임기는 위촉된 날로부터 2년으로 하며 위원장의 직은 연임할 수 없고, 위촉 위원은 세 차례만 연임할 수 있다.

③ 경찰청 인권위원회와 시·도경찰청 인권위원회의 정기회의는 각각 분기 1회 개최한다.

④ 경찰의 직에 있거나 그 직에서 퇴직한 날부터 3년이 지나지 아니한 사람은 경찰청 인권위원회나 시·도경찰청 인권위원회의 위촉 위원이 될 수 없다.

---

108 「경찰 인권보호 규칙」상 경찰청 및 시·도경찰청 인권위원회에 관한 설명으로 가장 적절하지 않은 것은?

• A급 25 순경1차

① 경찰활동 전반에 걸친 민주적 통제를 구현하여 경찰력 오·남용을 예방하고, 경찰행정의 인권지향성을 높여 인권을 존중하는 경찰활동을 정립하기 위해 경찰청장 및 시·도경찰청장의 자문기구로서 각각 경찰청 인권위원회, 시·도경찰청 인권위원회를 설치하여 운영한다.

② 위원회의 당연직 위원은 경찰청은 감사관, 시·도경찰청은 청문감사인권담당관으로 한다.

③ 위원장과 위촉 위원의 임기는 위촉된 날로부터 2년으로 하며 위원장과 위촉 위원은 한 차례만 연임할 수 있다.

④ 회의에 출석한 위원에게는 예산의 범위 안에서 수당 또는 여비를 지급할 수 있다.

① (○) 경찰활동 전반에 걸친 **민주적 통제**를 구현하여 경찰력 오·남용을 예방하고, 경찰행정의 **인권지향성**을 높여 인권을 존중하는 경찰활동을 정립하기 위해 경찰청장 및 시·도경찰청장의 **자문기구**로서 각각 **경찰청** 인권위원회, **시·도경찰청** 인권위원회를 설치하여 운영한다(동규칙 제3조).

② (○) 위원회의 **당연직 위원**은 경찰청은 감사관, 시·도경찰청은 **청문감사인권담당관**으로 한다(동규칙 제5조 제3항).

③ (✕) **위원장과 위촉 위원의 임기는** 위촉된 날로부터 **2년**으로 하며 **위원장의 직은 연임할 수 없고**, **위촉 위원은 두 차례만** **(한 차례만✕) 연임**할 수 있다(동규칙 제7조 제1항).

④ (○) 회의에 출석한 위원에게는 예산의 범위 안에서 수당 또는 여비를 **지급할 수 있다**(동규칙 제16조).

109 「경찰 인권보호 규칙」상 경찰청 및 시·도경찰청 인권위원회에 관한 설명으로 가장 적절한 것은?

• A급 23 법학

① 위원회는 위원장 1명을 포함하여 7명 이상 15명 이하의 위원으로 구성한다. 이때, 특정 성별이 전체위원 수의 10분의 6을 초과하지 아니해야 한다. 위원장은 위원회에서 호선(互選)하며, 위원은 당연직 위원과 위촉 위원으로 구분한다.

② 청장(경찰청장 또는 시·도경찰청장)은 위원회의 위원이 특별한 사유 없이 연속적으로 임시회의에 2회 불참 등 직무를 태만히 한 경우 직권으로 위원을 해촉할 수 있다.

③ 위촉 위원 중 「공직선거법」에 따라 실시하는 선거에 의하여 취임한 공무원이거나 그 직에서 퇴직한 날부터 5년이 지나지 아니한 사람은 결격사유에 해당한다.

④ 위원회의 회의는 정기회의와 임시회의로 구분하며, 재적위원 과반수의 출석으로 개의(開議)하고, 출석위원 과반수의 찬성으로 의결한다.

① (✕) **인권위원회**는 위원장 1명을 포함하여 **7명 이상 13명**(15명✕) **이하**의 위원으로 구성한다. 이때, 특정 성별이 전체위원 수의 **10분의 6을 초과하지 아니해야 한다**. **위원장**은 위원회에서 **호선**(互選)하며, **위원은 당연직 위원과 위촉 위원으로 구분**한다(동규칙 제5조 제1항, 제2항).

② (✕) 청장은 위원회의 위원이 특별한 사유 없이 **연속적으로** 정기회의(임시회의✕)에 **3회**(2회✕) **불참** 등 직무를 태만히 한 경우 **위원회의 의견을 들어**(직권으로✕) 위원을 **해촉할 수 있다**(동규칙 제8조).

③ (✕) 위촉 위원 중 「공직선거법」에 따라 실시하는 선거에 의하여 취임한 공무원이거나 그 직에서 **퇴직한 날부터 3년**(5년✕) **이 지나지 아니한 사람**은 **결격사유**에 해당한다(동규칙 제6조 제2항).

④ (○) 위원회의 회의는 정기회의와 임시회의로 구분하며, **재적위원 과반수의 출석**으로 개의하고, **출석위원 과반수의 찬성**으로 의결한다.

110 「경찰 인권보호 규칙」상 경찰청 및 시·도경찰청 인권위원회에 관한 설명으로 가장 적절하지 않은 것은?

• A급 25 승진

① 경찰청 및 시·도경찰청 인권위원회는 인권과 관련되는 경찰의 제도·정책·관행의 개선을 명령할 수 있다.

② 경찰청 및 시·도경찰청 인권위원회 위원의 임기는 위촉된 날로부터 2년으로 하며 위촉 위원은 두 차례만 연임할 수 있다.

🔒 109 ④ 110 ①

③ 특별한 사유 없이 연속으로 정기회의에 3회 불참 등 직무를 태만히 한 경우, 경찰청장 또는 시·도경찰청장은 위원회의 의견을 들어 위원을 해촉할 수 있다.

④ 경찰활동 전반에 걸친 민주적 통제를 구현하여 경찰력 오·남용을 예방하고, 경찰행정의 인권지향성을 높여 인권을 존중하는 경찰활동을 정립하기 위해 경찰청장 및 시·도경찰청장의 자문기구로서 각각 경찰청 인권위원회, 시·도경찰청 인권위원회를 설치하여 운영한다.

해설

① (×) 경찰청 및 시·도경찰청 인권위원회는 인권과 관련되는 경찰의 제도·정책·관행의 개선에 대한 **권고 또는 의견 표명을 할 수 있다(명령할 수 있다×)**(동규칙 제4조 제1호).

② (○) 경찰청 및 시·도경찰청 인권위원회 위원의 임기는 위촉된 날로부터 **2년**으로 하며 위촉 위원은 **두 차례만 연임**할 수 있다(동규칙 제7조 제1항).

③ (○) 특별한 사유 없이 **연속으로 정기회의에 3회 불참** 등 직무를 태만히 한 경우, 경찰청장 또는 시·도경찰청장은 **위원회의 의견을 들어** 위원을 **해촉할 수 있다**(동규칙 제8조).

④ (○) 경찰활동 전반에 걸친 민주적 통제를 구현하여 경찰력 오·남용을 예방하고, 경찰행정의 인권지향성을 높여 인권을 존중하는 경찰활동을 정립하기 위해 경찰청장 및 시·도경찰청장의 **자문기구**로서 각각 **경찰청** 인권위원회, **시·도경찰청** 인권위원회를 설치하여 운영한다(동규칙 제3조).

---

111 「경찰 인권보호 규칙」(경찰청 훈령)에 대한 설명으로 가장 적절하지 않은 것은? ●A급 21 승진

① 간사는 반기 1회 이상 인권영향평가의 이행 여부를 점검하고, 이를 소속 위원회에 제출해야 한다.

② 경찰청장은 경찰관등이 근무하는 동안 지속적·체계적으로 교육을 받을 수 있도록 매년 인권교육종합계획을 수립·시행하여야 한다.

③ 조사담당자는 인권침해 사건을 조사하는 과정에서 감사원의 조사, 경찰·검찰 등 수사기관에서 조사 또는 수사가 개시되어 사건 조사를 진행할 수 없는 경우에는 조사를 중지할 수 있다. 다만, 확인된 인권침해 사실에 대한 구제 절차는 계속하여 이행할 수 있다.

④ 조사담당자는 제출자가 보관 중인 물건의 반환을 요구하는 경우에는 반환하여야 하며, 사건이 종결되어 더 이상 보관할 필요가 없는 경우에는 제출자가 요구하지 않더라도 반환할 수 있다.

해설

① (○) 간사는 **반기 1회 이상** 인권영향평가의 이행 여부를 점검하고, 이를 **소속 위원회에 제출해야 한다**(동규칙 제24조).

Tip 제13조(간사) ① 간사는 의안에 대한 자료 수집, 조사 연구, 각 위원과의 연락, 회의의 소집 통지, 개최 준비, 회의록 작성 및 그 밖에 위원회의 운영에 관한 사무를 총괄한다.
→ 간사는 다음과 같이 정한다. **경찰청: 인권보호담당관, 시·도경찰청: 인권업무 담당 계장**

② (×) **경찰청장**은 경찰관등이 근무하는 동안 지속적·체계적으로 교육을 받을 수 있도록 **3년 단위(매년×)로 인권교육종합계획**을 수립하여 **시행하여야 한다**(동규칙 제18조의2 제1항).

③ (○) **조사담당자는** 인권침해 사건을 조사하는 과정에서 **감사원의 조사, 경찰·검찰 등 수사기관에서 조사 또는 수사가 개시되어 사건 조사를 진행할 수 없는 경우에는 조사를 중지할 수 있다.** 다만, 확인된 인권침해 사실에 대한 구제 절차는 계속하여 이행할 수 있다(동규칙 제35조 제1항 제4호).

④ (○) **조사담당자는** 제출자가 보관 중인 물건의 반환을 요구하는 경우에는 반환하여야 하며, 사건이 종결되어 더 이상 보관할 필요가 없는 경우에는 **제출자가 요구하지 않더라도 반환할 수 있다**(동규칙 제32조 제4항 제2호).

 111 ②

112 「경찰 인권보호 규칙」에 대한 설명 중 가장 적절하지 않은 것은?  22 경위

① "경찰관등"이란 경찰청과 그 소속기관의 경찰공무원, 일반직 공무원, 무기계약근로자 및 기간제근로자를 의미한다.

② 경찰활동 전반에 걸친 민주적 통제를 구현하여 경찰력 오·남용을 예방하고, 경찰행정의 인권지향성을 높여 인권을 존중하는 경찰활동을 정립하기 위해 인권문제에 대한 심의기구로서 각각 경찰청 인권위원회, 시·도경찰청 인권위원회를 설치하여 운영한다.

③ "인권침해"란 경찰관등이 직무를 수행하는 과정에서 모든 사람에게 보장된 인권을 침해하는 것을 말한다.

④ "조사담당자"란 인권침해를 내용으로 하는 진정을 조사하고 이에 따른 구제 업무 등을 수행하는 경찰청과 그 소속기관에 근무하는 공무원을 말한다.

> **해설**
> ① (○) **"경찰관등"**이란 경찰청과 그 소속기관의 경찰공무원, 일반직 공무원, 무기계약근로자 및 기간제근로자를 의미한다.
> ② (×) 경찰활동 전반에 걸친 **민주적 통제**를 구현하여 경찰력 오·남용을 예방하고, 경찰행정의 인권지향성을 높여 인권을 존중하는 경찰활동을 정립하기 위해 경찰청장 및 시·도경찰청장의 **자문기구**(**심의기구×**)로서 각각 **경찰청 인권위원회, 시·도경찰청 인권위원회**를 설치하여 운영한다(동규칙 제3조).
> ③ (○) **"인권침해"**란 경찰관등이 직무를 수행하는 과정에서 모든 사람에게 보장된 인권을 침해하는 것을 말한다.
> ④ (○) **"조사담당자"**란 인권침해를 내용으로 하는 **진정을 조사**하고 이에 따른 **구제 업무** 등을 수행하는 **경찰청과 그 소속기관에 근무하는 공무원**을 말한다.

113 다음 중 「경찰 인권보호 규칙」상 경찰청 및 그 소속기관의 장이 진정을 기각할 수 있는 경우로 가장 적절한 것은? ●A급 21 순경2차

① 진정인이 진정을 취소한 경우

② 사건 해결과 진상 규명에 핵심적인 중요 참고인의 소재를 알 수 없는 경우

③ 진정 내용이 사실이 아니거나 사실 여부를 확인하는 것이 불가능한 경우

④ 진정의 원인이 된 사실이 공소시효, 징계시효 및 민사상 시효 등이 모두 완성된 경우

> **해설**
> ① (×) 진정인이 **진정을 취소**한 경우 – 진정의 **각하**
> ② (×) 사건 해결과 진상 규명에 **핵심적인 중요 참고인의 소재를 알 수 없는 경우** – **조사중지**
> ③ (○) 진정 내용이 사실이 아니거나 **사실 여부를 확인**하는 것이 **불가능**한 경우 – **진정의 기각**
> ④ (×) 진정의 원인이 된 사실이 공소시효, 징계시효 및 민사상 **시효 등이 모두 완성**된 경우 – 진정의 **각하**
>
> **Tip 진정의 기각사유**(경찰 인권보호 규칙 제37조)
>
> ┌───
> │ 경찰청 및 그 소속기관의 장은 진정 내용을 조사한 결과 다음 각 호의 어느 하나에 해당하는 경우에는 그 진정을 **기각할 수 있다.**
> │
> │ 1. 진정 내용이 사실이 아니거나 **사실 여부를 확인**하는 것이 **불가능**한 경우
> │ 2. 진정 내용이 **이미 피해회복**이 이루어지는 등 따로 **구제조치가 필요하지 아니하다**고 인정되는 경우
> │ 3. 진정 내용은 사실이나 **인권침해에 해당하지 아니하는 경우**
> └───

🔒 112 ② 113 ③

114 「경찰 인권보호 규칙」에 대한 설명이다. 아래 가.부터 라.까지 설명 중 옳고 그름의 표시(○, ×)가 바르게 된 것은?

●A급 23 경위

> 가. 인권위원회 간사는 분기별 1회 이상 인권영향평가의 이행 여부를 점검하고, 이를 소속 위원회에 제출해야 한다.
> 나. 경찰청장은 경찰관등이 근무하는 동안 지속적·체계적으로 교육을 받을 수 있도록 매년 단위로 인권교육종합계획을 수립하여 시행하여야 한다.
> 다. 경찰활동 전반에 걸친 민주적 통제를 구현하여 경찰력 오·남용을 예방하고, 경찰행정의 인권 지향성을 높여 인권을 존중하는 경찰활동을 정립하기 위해 경찰청장 및 시·도경찰청장, 경찰서장의 자문기구로서 각각 경찰청 인권위원회, 시·도경찰청 인권위원회, 경찰서 인권위원회를 설치하여 운영한다.
> 라. 조사담당자는 인권침해 사건을 조사하는 과정에서 감사원의 조사, 경찰·검찰 등 수사기관에서 조사 또는 수사가 개시된 경우에는 조사를 중지하여야 한다. 다만, 확인된 인권침해 사실에 대한 구제 절차는 계속하여 이행할 수 있다.

① 가.(○)　　나.(×)　　다.(○)　　라.(×)
② 가.(×)　　나.(×)　　다.(○)　　라.(○)
③ 가.(×)　　나.(×)　　다.(×)　　라.(○)
④ 가.(×)　　나.(×)　　다.(×)　　라.(×)

해설

가. (×) **인권위원회 간사는 반기**(분기별×) **1회 이상** 인권영향평가의 이행 여부를 점검하고, 이를 소속 **위원회에 제출해야 한다**(동규칙 제24조).
나. (×) **경찰청장**은 경찰관등이 근무하는 동안 지속적·체계적으로 교육을 받을 수 있도록 **3년**(매년×) 단위로 **인권교육종합계획**을 수립하여 **시행하여야 한다**(동규칙 제18조의2 제1항).
다. (×) 경찰활동 전반에 걸친 민주적 통제를 구현하여 경찰력 오·남용을 예방하고, 경찰행정의 인권 지향성을 높여 인권을 존중하는 경찰활동을 정립하기 위해 경찰청장 및 시·도경찰청장(**경찰서장**×)의 **자문기구**로서 각각 **경찰청** 인권위원회, **시·도경찰청**(경찰서×) **인권위원회를 설치하여 운영한다**(동규칙 제3조).
라. (×) 조사담당자는 인권침해 사건을 조사하는 과정에서 **감사원의 조사, 경찰·검찰 등 수사기관에서 조사 또는 수사가 개시된 경우에는 조사를 중지할 수 있다**(중지하여야 한다×). 다만, 확인된 인권침해 사실에 대한 구제 절차는 계속하여 이행할 수 있다(동규칙 제35조 제1항 제4호).

115 「경찰 인권보호 규칙」상 경찰청 인권위원회에 대한 설명으로 가장 적절하지 않은 것은?

●A급 24 경위

① 위원회는 위원장 1명을 포함하여 7명 이상 13명 이하의 위원으로 구성한다. 이때, 특정 성별이 전체 위원 수의 10분의 6을 초과하지 아니해야 한다.
② 위원은 경찰의 직에 있거나 그 직에서 퇴직한 날부터 3년이 지나지 아니한 사람은 위원이 될 수 없다.
③ 위원장과 위촉 위원의 임기는 위촉된 날로부터 3년으로 하며 위원장의 직은 연임할 수 없고, 위촉 위원은 두 차례만 연임할 수 있다.

 114 ④　115 ③

④ 입건 전 조사·수사 중인 사건에 청탁 또는 경찰 인사에 관여하는 행위를 하거나 기타 직무 관련 비위사실이 있는 경우 청장은 위원회의 의견을 들어 위원을 해촉할 수 있다.

해설

① (○) **인권위원회**는 위원장 1명을 포함하여 **7명 이상 13명 이하**의 위원으로 구성한다. 이때, 특정 성별이 전체 위원 수의 **10분의 6을 초과하지 아니해야 한다**(동규칙 제5조 제1항).
② (○) 위원은 경찰의 직에 있거나 그 직에서 **퇴직한 날부터 3년이 지나지 아니한 사람**은 위원이 **될 수 없다**(동규칙 제6조 제1항 제3호).
③ (×) **위원장과 위촉 위원의 임기는 위촉된 날로부터 2년(3년×)**으로 하며 **위원장의 직은 연임할 수 없고**, **위촉 위원**은 **두 차례만 연임**할 수 있다(동규칙 제7조 제1항).
④ (○) 입건 전 조사·수사 중인 사건에 청탁 또는 경찰 인사에 관여하는 행위를 하거나 기타 직무 관련 비위사실이 있는 경우 **청장은 위원회의 의견을 들어 위원을 해촉할 수 있다**(동규칙 제8조).

116 「경찰 인권보호 규칙」상 경찰청 및 시·도경찰청 인권위원회에 관한 설명으로 적절한 것은 모두 몇 개인가?

●A급 26 경위

가. 경찰청 인권위원회는 인권을 존중하는 경찰활동을 정립하기 위해 설치된 국가경찰위원회 소속의 의결기구이다.
나. 위원장은 위원회에서 호선하며, 위원은 당연직 위원과 위촉 위원으로 구분한다.
다. 당연직 위원은 경찰청과 시·도경찰청 모두 청문감사인권담당관으로 한다.
라. 위원장과 위촉 위원의 임기는 위촉된 날로부터 2년으로 하며 위원장의 직은 연임할 수 없고, 위촉 위원은 한 차례만 연임할 수 있다.
마. 위원회의 회의는 정기회의와 임시회의로 구분하며, 재적위원 과반수 출석으로 개의하고, 출석위원 과반수 찬성으로 의결한다.
바. 임시회의는 위원장이 필요하다고 인정하거나 청장 또는 재적위원 3인 이상이 소집을 요구하는 경우 위원장이 소집한다.

① 2개 ② 3개
③ 4개 ④ 5개

해설

옳은 설명은 **나, 마, 2개**이다.
가. (×) 경찰청 인권위원회는 인권을 존중하는 경찰활동을 정립하기 위해 **경찰청장 및 시·도경찰청장의 자문기구**(의결기구×)로서 **각각 경찰청 인권위원회, 시·도경찰청 인권위원회를 설치**(국가경찰위원회 소속×)하여 운영한다(동규칙 제3조).
나. (○) **위원장**은 위원회에서 **호선**하며, 위원은 당연직 위원과 위촉 위원으로 구분한다(동규칙 제5조 제2항).
다. (×) 당연직 위원은 **경찰청은 감사관**, **시·도경찰청은 청문감사인권담당관**(모두 청문감사인권담당관×)으로 한다(동규칙 제5조 제3항).
라. (×) 위원장과 위촉 위원의 임기는 위촉된 날로부터 **2년**으로 하며 **위원장의 직은 연임할 수 없고**, 위촉 위원은 **두 차례만**(한 차례만×) **연임**할 수 있다(동규칙 제7조 제1항).
마. (○) 위원회의 회의는 정기회의와 임시회의로 구분하며, **재적위원 과반수 출석으로 개의하고, 출석위원 과반수 찬성으로 의결**한다(동규칙 제11조).
바. (×) 임시회의는 **위원장이 필요**하다고 인정하거나 **청장** 또는 **재적위원 3분의 1 이상**(3인 이상×)이 소집을 요구하는 경우 위원장이 소집한다(동규칙 제5조).

🔒 116 ①

117 「경찰 인권보호 규칙」에 관한 설명으로 가장 적절하지 않은 것은?

① 경찰청장은 국민의 인권보호와 증진을 위하여 경찰 인권정책기본계획을 3년마다 수립해야 한다.

② 간사는 반기 1회 이상 인권영향평가의 이행 여부를 점검하고, 이를 소속 위원회에 제출해야 한다.

③ 경찰청 및 그 소속기관의 장은 진정의 원인이 된 사실이 공소시효, 징계시효 및 민사상 시효 등이 모두 완성된 경우에 그 진정을 각하할 수 있다.

④ 경찰활동 전반에 걸친 민주적 통제를 구현하여 경찰력 오·남용을 예방하고, 경찰행정의 인권지향성을 높여 인권을 존중하는 경찰활동을 정립하기 위해 경찰청장 및 시·도경찰청장의 자문기구로서 각각 경찰청 인권위원회, 시·도경찰청 인권위원회를 설치하여 운영한다.

해설

① (×) **경찰청장**은 국민의 인권보호와 증진을 위하여 경찰 인권정책기본계획을 **5년**(3년×)마다 수립해야 한다(동규칙 제18조 제1항).

② (○) **간사는 반기 1회 이상** 인권영향평가의 이행 여부를 **점검**하고, 이를 **소속 위원회에 제출**해야 한다.

③ (○) 경찰청 및 그 소속기관의 장은 진정의 원인이 된 사실이 공소시효, 징계시효 및 민사상 **시효 등이 모두 완성된 경우**에 그 진정을 **각하**할 수 있다.

④ (○) 경찰활동 전반에 걸친 **민주적 통제**를 구현하여 경찰력 오·남용을 예방하고, 경찰행정의 인권지향성을 높여 인권을 존중하는 경찰활동을 정립하기 위해 경찰청장 및 시·도경찰청장의 **자문기구**로서 각각 **경찰청 인권위원회**, **시·도경찰청 인권위원회**를 설치하여 운영한다.

118 인권과 관련한 다음 설명 중 가장 적절하지 않은 것은?

① 「경찰관 인권행동강령」상 경찰관은 직무를 수행하는 과정에서 합리적인 이유 없이 성별, 종교, 장애 등을 이유로 누구도 차별하여서는 아니 되고, 신체적·정신적·경제적·문화적인 차이 등으로 특별한 보호가 필요한 사람의 인권을 보호하여야 한다.

② 「경찰 인권보호 규칙」상 간사는 분기 1회 이상 인권영향평가의 이행 여부를 점검하고, 이를 소속 위원회에 제출해야 한다.

③ 참가인원, 내용, 동원 경력의 규모, 배치 장비 등을 고려하여 인권침해 가능성이 높다고 판단되는 집회 및 시위의 경우는 「경찰 인권보호 규칙」상 인권영향평가 실시 대상에 해당한다.

④ 「경찰 인권보호 규칙」상 인권침해사건 조사절차에서 사건이 종결되어 더 이상 물건을 보관할 필요가 없는 경우, 조사담당자는 사건 조사 과정에서 진정인이 임의로 제출한 물건을 제출자가 요구하지 않더라도 반환할 수 있다.

해설

① (○) 「**경찰관 인권행동강령**」상 경찰관은 직무를 수행하는 과정에서 합리적인 이유 없이 성별, 종교, 장애 등을 이유로 누구도 차별하여서는 아니 되고, 신체적·정신적·경제적·문화적인 차이 등으로 특별한 보호가 필요한 사람의 **인권을 보호하여야 한다**.

② (×) 「경찰 인권보호 규칙」상 **인권위원회 간사는 반기**(분기×) **1회 이상** 인권영향평가의 **이행 여부를 점검**하고, 이를 **소속 위원회에 제출해야 한다**(동규칙 제24조).

③ (○) 참가인원, 내용, 동원 경력의 규모, 배치 장비 등을 고려하여 **인권침해 가능성이 높다고 판단되는 집회 및 시위의 경우**는 「경찰 인권보호 규칙」상 **인권영향평가 실시 대상에 해당한다.**

④ (○) 「경찰 인권보호 규칙」상 인권침해사건 조사절차에서 사건이 종결되어 더 이상 물건을 보관할 필요가 없는 경우, 조사담당자는 사건 조사 과정에서 **진정인이 임의로 제출한 물건을 제출자가 요구하지 않더라도 반환할 수 있다.**

119 「경찰 인권보호 규칙」상 인권침해사건 조사절차에 관한 설명으로 가장 적절하지 않은 것은?

●A급 23 승진

① 조사담당자는 사건 조사 과정에서 진정인·피진정인 또는 참고인 등이 임의로 제출한 물건 중 사건 조사에 필요한 물건은 보관할 수 있다.

② 조사담당자는 제출받은 물건에 사건번호와 표제, 제출자 성명, 물건 번호, 보관자 성명 등을 적은 표지를 붙인 후 봉투에 넣거나 포장하여 안전하게 보관하여야 한다.

③ 진정인이 진정을 취소한 사건에서 진정인이 제출한 물건이 있는 경우에는 진정인이 요구하는 경우에 한하여 반환할 수 있다.

④ 조사담당자는 사건을 조사하는 과정에서 동일한 사건에 대하여 경찰·검찰 등의 수사가 시작된 경우에는 사건 조사를 중지할 수 있다. 다만, 확인된 인권침해 사실에 대한 구제 절차는 계속하여 이행할 수 있다.

해설

① (○) **조사담당자는** 사건 조사 과정에서 진정인·피진정인 또는 참고인 등이 **임의로 제출한 물건 중 사건 조사에 필요한 물건은 보관할 수 있다.**

② (○) **조사담당자는 제출받은 물건**에 사건번호와 표제, 제출자 성명, 물건 번호, 보관자 성명 등을 적은 표지를 붙인 후 봉투에 넣거나 포장하여 **안전하게 보관하여야 한다.**

③ (×) 진정인이 **진정을 취소한 사건**에서 **진정인이 제출한 물건**이 있는 경우에는 **진정인이 요구하지 않더라도(요구하는 경우에 한하여×) 반환할 수 있다**(동규칙 제32조 제4항 제1호).

④ (○) 조사담당자는 사건을 조사하는 과정에서 **동일한 사건**에 대하여 **경찰·검찰 등의 수사가 시작된 경우**에는 사건 조사를 **중지할 수 있다.** 다만, **확인된 인권침해** 사실에 대한 **구제 절차는 계속하여 이행할 수 있다.**

🔒 119 ③

02 경찰과 윤리

120 존 클라이니히(J. Kleinig)가 주장한 경찰윤리 교육의 목적에 대한 설명으로 가장 적절하지 않은 것은?

•A급 24 경위

① 도덕적 결의의 강화 – 경찰이 업무를 수행하면서 내부 및 외부로부터의 여러 압력과 유혹에도 굴복하지 않고 자신의 소신과 직업의식에 따라 일을 처리하는 것이다.

② 도덕적 감수성의 배양 – 경찰이 다양한 계층의 사람들을 모두 인간으로서 존중하고 공평하게 봉사하는 것이다.

③ 도덕적 연대책임 향상 – 경찰윤리 교육의 가장 중요한 목적은 경찰의 조직적 연대책임을 강화하도록 하는 것이다.

④ 도덕적 전문능력 함양 – 경찰이 비판적·반성적 사고방식을 배양하여 조직 내에 관습적으로 내려오는 관행을 비판적으로 검토하여 수행하는 것이다.

> **해설**
>
> ① (○) **도덕적 결의의 강화** : 경찰이 업무를 수행하면서 내부 및 외부로부터의 여러 압력과 유혹에도 굴복하지 않고 자신의 **소신과 직업의식에 따라** 일을 처리하는 것이다.
> ② (○) **도덕적 감수성의 배양** : 경찰이 다양한 계층의 사람들을 모두 **인간으로서 존중**하고 **공평하게 봉사**하는 것이다.
> ③ (×) **도덕적 전문능력**(연대책임×) **함양** : 경찰윤리 교육의 **가장 중요한 목적**은 경찰의 **도덕적 전문능력**(조직적 연대책임×)을 함양하도록 하는 것이다.
> ④ (○) **도덕적 전문능력 함양** : 경찰이 **비판적·반성적 사고방식**을 배양하여 조직 내에 관습적으로 내려오는 **관행을 비판적으로 검토**하여 수행하는 것이다.
>
> **Tip** 존 클라이니히(J. Kleinig)의 경찰윤리 교육의 목적
>
> | 도덕적 결의의 강화 | 여러 압력과 유혹으로부터 굴복하지 않고 자신의 **소신**과 **직업의식**에 따라 일을 처리하는 것 |
> | --- | --- |
> | 도덕적 감수성의 배양 | 모든 사람들에게 인간으로서 **존중**하고 **공평하게 봉사**하는 것 |
> | 도덕적 전문능력 함양 | 비판적·반성적 사고방식을 배양하여 **잘못된 조직의 관행을 비판적으로 검토**하여 **수용**하는 것 |

🔒 120 ③

121 경찰과 윤리에 대한 설명 중 가장 적절하지 않은 것은?

●A급 21 법학

① 클라이니히(J. Kleinig)는 도덕적 감수성의 배양이란 경찰관이 비판적 사고방식을 배양하여 잘못된 관행을 비판적으로 검토하여 수용하는 것이라고 한다.

② 돈을 주며 사건무마를 청탁하는 의뢰인의 요구를 결국 거절하도록 하는 경찰교육의 목적은 도덕적 결의의 강화에 있다.

③ 바람직한 경찰의 역할모델과 관련하여 '치안서비스 제공자로서의 경찰모델'은 시민에 대한 서비스활동과 사회봉사활동의 측면이 강조되어 지역사회 경찰활동과 일맥상통하는 측면이 있다.

④ '범죄와 싸우는 경찰모델'은 경찰의 역할을 명확하게 인식시켜 전문직화에 기여하지만 법집행에 있어 흑백논리에 따른 이분법적 오류에 빠질 우려가 있다.

해설

① (×) 클라이니히(J. Kleinig)는 **도덕적 전문능력 함양(감수성의 배양×)**이란 경찰관이 **비판적 사고방식**을 배양하여 잘못된 관행을 비판적으로 검토하여 수용하는 것이라고 한다.

② (○) 돈을 주며 사건무마를 **청탁**하는 의뢰인의 요구를 결국 **거절**하도록 하는 경찰교육의 목적은 **도덕적 결의의 강화**에 있다.

③ (○) 바람직한 경찰의 역할모델과 관련하여 '**치안서비스 제공자**로서의 경찰모델'은 시민에 대한 **서비스활동**과 **사회봉사활동**의 측면이 강조되어 **지역사회 경찰활동**과 **일맥상통**하는 측면이 있다.

④ (○) '**범죄와 싸우는 경찰모델**'은 경찰의 **역할을 명확하게 인식**시켜 **전문직화에 기여**하지만 **법집행에 있어 흑백논리**에 따른 **이분법적 오류**에 빠질 우려가 있다.

제2절 **바람직한 경찰의 역할모델과 전문직업화**

---

122 바람직한 경찰의 역할모델 중 '범죄와 싸우는 경찰모델'에 관한 설명으로 가장 적절하지 않은 것은?

① 경찰활동의 전 부분을 포괄하는 용어로 가장 바람직한 모델이다.

●A급 24 순경1차

② 경찰역할을 뚜렷이 인식시켜 '전문직화'에 기여한다.

③ 수사, 형사 등 법 집행을 통한 범법자 제압 측면을 강조한 모델로서 시민들은 범인을 제압하는 것이 경찰의 주된 임무라고 인식한다.

④ 범법자는 적이고, 경찰은 정의의 사자라는 흑백논리에 따른 이분법적 오류에 빠질 경우 인권침해 등의 우려가 있다.

해설

① (×) **경찰활동의 전 부분을 포괄**하는 용어로 **가장 바람직한 모델**이다. – **치안서비스 제공자로서의 경찰모델**

② (○) 경찰역할을 뚜렷이 인식시켜 '**전문직화**'에 기여한다. – 범죄와 싸우는 경찰모델

③ (○) 수사, 형사 등 법 집행을 통한 **범법자 제압 측면을 강조**한 모델로서 시민들은 범인을 제압하는 것이 경찰의 주된 임무라고 인식한다. – 범죄와 싸우는 경찰모델

④ (○) 범법자는 적이고, 경찰은 정의의 사자라는 **흑백논리**에 따른 **이분법적 오류**에 빠질 경우 **인권침해 등의 우려**가 있다. – 범죄와 싸우는 경찰모델

🔒 121 ① 122 ①

123 다음 사례에서 나타나는 전문직업인으로서 경찰의 윤리적 문제점으로 가장 적절한 것은?

·A급 22 순경2차

○○경찰서 경비과 소속 경찰관 甲은 집회 현장에서 시위대가 질서유지선을 침범해 경찰관을 폭행하자 교통, 정보, 생활안전 등 다른 전체적인 분야에 대한 고려 없이 경비분야만 생각하고 검거 결정을 하였다.

① 부권주의
② 소외
③ 차별
④ 사적 이익을 위한 이용

해설

사안에서 **다른 전체적인 분야에 대한 고려 없이 자신이 속한 경비분야만 생각하고** 검거 결정을 하였다면 경찰 전문직화의 문제점 중 '**소외**'에 해당한다.

124 다음은 경찰의 전문직업화에 관한 설명이다. 이에 해당하는 전문직업화의 문제점으로 가장 적절한 것은?

·A급 25 순경2차, 25 특공

일반적으로 전문직은 장기간의 교육을 통해 역량이 함양되며 그로 인한 비용도 발생된다. 이러한 이유로 교육적·경제적으로 불리한 위치에 있는 집단은 경찰직군으로 진입하는 기회가 박탈되는 문제가 있다.

① 권위주의
② 차별
③ 부권주의
④ 사적인 이익을 위한 이용

해설

설문은 전문직업화의 문제점 중 "**차별**"과 관련이 깊은 내용이다.

125 다음에서 설명하는 경찰 전문직업화의 단점으로 가장 적절한 것은?

·A급 25 승진

전문가가 우월적 지식에 근거하여, 비전문가의 판단을 전혀 고려하지 않고 자신의 판단으로 그것을 대신하려는 윤리적 문제점이다. 예컨대, 경찰관이 신고자의 의견을 전혀 고려하지 않고 자신의 형사법 지식만을 고려하며 신고된 사건의 해결방법을 일방적으로 결정하는 경우이다.

① 소외
② 부권주의
③ 차별
④ 사적인 이익을 위한 이용

해설

② (○) **부권주의** – **전문가가 우월적 지식에 근거**하여, **비전문가의 판단을 전혀 고려하지 않고** 자신의 판단으로 그것을 대신하려는 윤리적 문제점이다. 예컨대, 경찰관이 신고자의 의견을 전혀 고려하지 않고 자신의 형사법 지식만을 고려하며 신고된 사건의 해결방법을 **일방적으로 결정**하는 경우이다.

 123 ② 124 ② 125 ②

Tip 경찰 전문직업화의 단점

부권주의	① 전문직업적 부권주의란 아버지가 자식의 문제를 결정하듯이 전문가 **우월적 지식에 근거하여 비전문가의 판단을 전혀 고려하지 않고** 자신의 판단으로 **일방적으로 결정**하려는 윤리적 문제점 ② 부권주의는 **치안서비스의 질을 저하**시킬 수 있다.
차별	① 전문직이 되는 데 **장기간의 교육과 비용이 들어 경제적 약자인 가난한 사람은 전문가가 되는 기회를 상실**하는 것 ② 자신의 이익을 추구함에 따라 경제적·교육적 약자에게 경찰에의 접근을 차단하는 현상이 발생한 경우
소외	나무는 보고 숲은 보지 못하듯 전문가가 **자신의 국지적 분야만** 보고 전체적인 맥락을 보지 못하는 것
사적인 이익을 위한 이용	전문직들은 그들의 지식과 기술로 **상당한 사회적 힘을 소유**한다. 그러나 이러한 힘을 때로로 공익보다는 **사적인 이익을 위해서만 이용**하기도 한다.

126 경찰의 전문직업화에 대한 설명으로 가장 적절한 것은?  22 경위

① 미국의 서덜랜드(Edwin H. Sutherland)는 경찰의 높은 사회적 지위를 확보하기 위하여 전문직업화를 추진하였다.
② 경찰의 전문직업화는 경찰이 시민의 입장을 고려하지 않고 전문지식을 바탕으로 일방적으로 의사결정을 하므로 치안서비스의 질이 향상된다.
③ 경찰의 전문직업화는 경제적·사회적 약자가 경찰에 진출할 기회를 증대시켜 준다.
④ 경찰의 전문직업화는 경찰위상과 사기제고, 치안서비스 질의 향상 등의 이점이 있다.

해설

① (×) **미국**의 **오거스트볼머**(August Vollmer)**(서덜랜드×)**는 경찰의 **높은 사회적 지위를 확보**하기 위하여 **전문직업화를 추진**하였다.
② (×) 경찰의 전문직업화는 경찰이 **시민의 입장을 고려하지 않고** 전문지식을 바탕으로 **일방적으로 의사결정**을 하게 되면 **치안서비스의 질이 저하(향상×)**된다.
③ (×) 경찰의 전문직업화는 경제적·사회적 **약자가 경찰에 진출할 기회를 감소(증대×)**하게 만든다.
④ (○) 경찰의 전문직업화는 **경찰위상과 사기제고, 치안서비스 질의 향상** 등의 이점이 있다.

127 경찰시험을 준비하는 甲은 언론에서 경찰공무원의 부정부패 기사를 보고 '나는 경찰이 되면 저런 행위를 하지 않겠다'는 생각을 가졌다. 이런 현상에 대한 설명으로 가장 적절하지 않은 것은?

① 이런 현상을 침묵의 규범이라고 한다. ● A급 22 경위
② 개인적 성향과 조직 내 사회화 과정은 상호보완적 관계에 있다.
③ 경찰공무원의 사회화는 경찰이 되기 전의 가치관에 의해 영향을 받는다.
④ 경찰공무원은 공식적 사회화 과정보다 비공식적 사회화 과정의 영향을 더 많이 받는다.

해설

① (×) 이런 현상을 '**예기적 사회화 과정**'(**침묵의 규범×**)이라고 한다.
② (○) **개인적 성향**과 **조직 내 사회화** 과정은 **상호보완적 관계**에 있다.
③ (○) 경찰공무원의 사회화는 **되기 전의 가치관**에 의해 **영향을 받는다**.
④ (○) 경찰공무원은 공식적 사회화 과정보다 **비공식적 사회화 과정의 영향을 더 많이 받는다**.

🔒 **126** ④ **127** ①

128 경찰 전문직업화의 문제점에 관한 설명으로 가장 적절하지 않은 것은?  25 경위

① 전문가가 상대방의 입장을 고려하지 않고 일방적으로 결정하는 부권주의가 발생할 우려가 있다.

② 전문가가 자신의 국지적 분야만 보고 전체적인 맥락을 보지 못하는 소외의 문제가 발생할 수 있다.

③ 전문직들은 그들의 지식과 기술로 상당한 사회적 힘을 소유하지만, 이러한 힘을 공적 이익에만 이용하는 문제점이 있다.

④ 전문직업화를 위해 고학력을 요구할 경우, 경제적 약자 등은 교육기회를 갖지 못하게 되어 공직 진출이 제한되는 등 차별을 야기할 수 있다.

해설

① (○) 전문가가 상대방의 입장을 고려하지 않고 **일방적으로 결정**하는 '**부권주의**'가 발생할 우려가 있다.

② (○) 전문가가 **자신의 국지적 분야만 보고** 전체적인 맥락을 보지 못하는 '**소외**'의 문제가 발생할 수 있다.

③ (✕) 전문직들은 그들의 지식과 기술로 상당한 **사회적 힘을 소유**하지만, 이러한 힘을 공익보다는 **사익을 위해서(공적 이익에만✕) 이용**하는 문제점이 있다.

④ (○) 전문직업화를 위해 고학력을 요구할 경우, **경제적 약자** 등은 교육기회를 갖지 못하게 되어 **공직 진출이 제한**되는 등 '**차별**'을 야기할 수 있다.

제3절 **경찰 부패원인(일탈)과 경찰문화**

129 경찰의 부패원인가설에 대한 설명이 가장 적절하게 짝지어진 것은?  22 승진

> ㉠ P경찰관은 부서에서 많은 동료들이 단독 출장을 가면서도 공공연하게 두 사람의 출장비를 청구하고 퇴근 후 잠깐 들러서 시간외 근무를 한 것으로 퇴근시간을 허위 기록되게 하는 것을 보고, P경찰관도 동료들과 같은 행동을 하였다.
>
> ㉡ 경찰관은 순찰 중 주민으로부터 피로회복 음료를 무상으로 받았고, 그 다음 주는 식사대접을 받았다. 순찰나갈 때마다 주민들에게 뇌물을 받는 습관이 들었고, 주민들도 경찰관이 순찰을 나가면 마음의 선물이라며 뇌물을 주는 것이 관례가 되어버렸다.

① ㉠ − 전체사회가설   ㉡ − 구조원인가설

② ㉠ − 썩은사과가설   ㉡ − 구조원인가설

③ ㉠ − 구조원인가설   ㉡ − 전체사회가설

④ ㉠ − 구조원인가설   ㉡ − 썩은사과가설

해설

㉠ **구조원인가설** : P경찰관은 부서에서 많은 동료들이 단독 출장을 가면서도 공공연하게 두 사람의 출장비를 청구하고 퇴근 후 잠깐 들러서 시간외 근무를 한 것으로 퇴근시간을 **허위 기록**되게 하는 것을 보고, P경찰관도 동료들과 같은 행동을 하였다.

㉡ **전체사회가설** : 경찰관은 순찰 중 주민으로부터 피로회복 음료를 무상으로 받았고, 그 다음 주는 식사대접을 받았다. 순찰나갈 때마다 주민들에게 **뇌물을 받는 습관이 들었고**, 주민들도 경찰관이 순찰을 나가면 마음의 선물이라며 **뇌물을 주는 것이 관례가 되어버렸다**.

🔒 128 ③   129 ③

130 경찰부패의 원인에 관한 설명으로 가장 적절하지 않은 것은?  23 순경1차

① 윌슨은 '시카고 시민이 경찰을 부패시켰다.'고 주장하였는데, 이는 시민사회의 부패가 경찰부패의 주원인이라고 보는 입장이다.

② 구조원인가설은 신임경찰관들이 그들의 선배경찰관들에 의해 조직의 부패한 전통 내에서 사회화됨으로써 부패의 길로 들어선다는 이론이다.

③ '미끄러운 경사로 이론'은 사회전체가 경찰의 부패를 묵인하거나 조장할 때 경찰관은 자연스럽게 부패행위를 하게 되며, 초기 단계에는 설령 불법적인 행위를 하지 않더라도 작은 호의에 길들여져 나중에는 명백한 부정부패로 빠져들게 된다는 것이다.

④ 전체사회가설은 니더호퍼, 로벅, 바커 등이 주장한 가설이다.

해설

① (○) **윌슨**(O. W. Wilson)은 '시카고 시민이 경찰을 부패시켰다.'고 주장하였는데, 이는 **시민사회의 부패**가 경찰부패의 주원인이라고 보는 입장이다.

② (○) **구조원인가설**은 신임경찰관들이 그들의 선배경찰관들에 의해 **조직의 부패한 전통** 내에서 사회화됨으로써 부패의 길로 들어선다는 이론이다.

③ (○) '**미끄러운 경사로 이론**'은 사회전체가 경찰의 부패를 묵인하거나 조장할 때 경찰관은 자연스럽게 부패행위를 하게 되며, 초기 단계에는 설령 불법적인 행위를 하지 않더라도 작은 호의에 길들여져 **나중에는 명백한 부정부패로 빠져들게 된다**는 것이다.

④ (×) '**구조원인가설**'(전체사회가설×)은 **니더호퍼, 로벅, 바커** 등이 주장한 가설이다.

🔵**Tip** 전체사회가설은 **윌슨**(O. W. Wilson)이 주장한 이론이다.

131 경찰부패의 원인으로 제시한 전체사회가설에 대한 설명으로 가장 적절하지 않은 것은? A급 23 특공

① 시민사회의 부패가 경찰부패의 주된 원인이라고 주장한다.

② 공짜 피로해소음료 등 작은 호의에 길들여져 나중에는 명백한 부정부패에 빠져들게 된다는 '미끄러지기 쉬운 경사로 이론'과 유사하다.

③ 부패의 원인을 개인적 결함으로 이해한다.

④ 사회 전체가 경찰부패를 묵인하거나 조장할 때, 경찰관은 부패 행위를 하게 된다고 주장한다.

해설

① (○) **시민사회의 부패**가 경찰부패의 **주된 원인**이라고 주장한다.

② (○) 공짜 피로해소음료 등 작은 호의에 길들여져 나중에는 명백한 부정부패에 빠져들게 된다는 '**미끄러지기 쉬운 경사로 이론**'과 유사하다.

③ (×) 부패의 원인을 **시민사회의 부패를 주원인**(개인적 결함×)으로 이해한다.

🔵**Tip** 부패의 원인을 **개인적 결함**으로 이해하는 것은 '**썩은 사과 가설**'이다.

④ (○) **사회 전체가 경찰부패를 묵인**하거나 조장할 때, **경찰관은 부패 행위를 하게 된다**고 주장한다.

🔒 130 ④　131 ③

132 다음은 경찰의 부패원인에 대한 설명이다. 아래 ㉠부터 ㉣까지의 설명 중 옳고 그름의 표시(○, ×)가 바르게 된 것은? ● A급 20 승진

> ㉠ '전체사회가설'은 시민사회의 부패가 경찰부패의 주요 원인이라고 보는 이론이다.
> ㉡ '썩은사과가설'은 선배경찰의 부패행태로부터 신임경찰이 차츰 사회화되어 신임경찰도 기존 경찰처럼 부패로 물들게 된다고 보는 이론이다.
> ㉢ 셔먼의 '미끄러지기 쉬운 경사로 이론'에 대해 펠드버그는 작은 호의를 받았다고 해서 반드시 경찰이 큰 부패를 범하는 것은 아니라고 비판한다.
> ㉣ '구조원인가설'은 부패에 해당하지 않는 작은 호의가 습관화될 경우 더 큰 부패와 범죄로 빠진다고 보는 이론이다.

① ㉠ (○) ㉡ (×) ㉢ (○) ㉣ (×)
② ㉠ (○) ㉡ (○) ㉢ (○) ㉣ (×)
③ ㉠ (×) ㉡ (○) ㉢ (○) ㉣ (×)
④ ㉠ (○) ㉡ (×) ㉢ (○) ㉣ (○)

해설

㉠ (○) '**전체사회가설**'은 **시민사회의 부패**가 경찰부패의 **주요 원인**이라고 보는 이론이다.
㉡ (×) '**구조원인가설**'(썩은사과가설×)은 **선배경찰의 부패**행태로부터 신임경찰이 차츰 사회화되어 신임경찰도 기존 경찰처럼 부패로 물들게 된다고 보는 이론이다.
㉢ (○) **셔먼**의 '**미끄러지기 쉬운 경사로 이론**'에 대해 **펠드버그**는 작은 호의를 받았다고 해서 반드시 경찰이 큰 부패를 범하는 것은 **아니라고** 비판한다.
㉣ (×) '**미끄러지기 쉬운 경사로 이론**'(구조원인가설×)은 부패에 해당하지 않는 작은 호의가 **습관화**될 경우 **더 큰 부패와 범죄로 빠진다**고 보는 이론이다.

133 경찰부패 문제의 해결을 위해 다음과 같이 「경찰청 공무원 행동강령」을 개정하였다고 가정한다면, 이와 같은 개정의 근거가 된 경찰부패이론(가설)으로 가장 적절한 것은? ● A급 19 순경2차, 21 특공

현행	개정안
공무원은 직무 관련 여부 및 기부·후원·증여 등 그 명목에 관계없이 동일인으로부터 1회에 100만 원 또는 매 회계연도에 300만 원을 초과하는 금품 등을 받거나 요구 또는 약속해서는 아니 된다.	공무원은 직무 관련 여부 및 기부·후원·증여 등 그 명목에 관계없이 어떠한 금품 등도 받거나 요구 또는 약속해서는 아니 된다.

① 썩은사과가설 ② 미끄러지기 쉬운 경사로 이론
③ 형성재론 ④ 구조원인가설

해설

② (○) **미끄러지기 쉬운 경사로 이론** : '어떠한 금품도 받거나 요구 또는 약속해서는 아니 된다.'는 것은 **부패에 해당되지 않는 작은 호의라도** 습관화될 경우에는 미끄러운 경사로를 타고 내려오듯 **점점 더 큰 부패와 범죄로 빠진다**는 '미끄러지기 쉬운 경사로 이론'에 근거를 둔 개정안으로 볼 수 있다.

🔒 132 ① 133 ②

134 다음은 경찰부패에 대한 설명이다. 빈칸 ㉠부터 ㉣까지 들어갈 것으로 가장 적절하게 짝지어진 것은?

- (㉠)은 니더호퍼, 로벅, 바커 등이 제시한 이론으로 부패의 사회화를 통하여 신임경찰이 기존의 부패한 경찰에 물들게 된다는 입장이다.
- (㉡)은(는) 남의 비행에 대하여 일일이 참견하면서 도덕적 충고를 하는 것을 의미한다.
- (㉢)은 공짜 커피, 작은 선물 등의 사소한 호의가 나중에는 큰 부패로 이어질 수 있다는 점을 강조한다.
- (㉣)은(는) 도덕적 가치관이 붕괴되어 동료의 부패를 부패라고 인식하지 못하는 것을 의미하며, 부패를 잘못된 행위로 인식하고 있지만 동료라서 모르는 척하는 침묵의 규범과는 구별되는 개념이다.

㉠	㉡	㉢	㉣
① 전체사회가설	Whistle blowing	사회 형성재이론	Moral hazard
② 구조원인가설	Whistle blowing	미끄러지기 쉬운 경사로 이론	Deep throat
③ 전체사회가설	Busy bodiness	사회 형성재이론	Deep throat
④ 구조원인가설	Busy bodiness	미끄러지기 쉬운 경사로 이론	Moral hazard

해설

- (㉠ **구조원인가설**)은 **니더호퍼, 로벅, 바커** 등이 제시한 이론으로 부패의 사회화를 통하여 신임경찰이 기존의 부패한 경찰에 물들게 된다는 입장이다.
- (㉡ **Busy bodiness**)는 남의 비행에 대하여 **일일이 참견**하면서 **도덕적 충고**를 하는 것을 의미한다.
- (㉢ **미끄러지기 쉬운 경사로 이론**)은 공짜 커피, 작은 선물 등의 **사소한 호의**가 나중에는 큰 부패로 이어질 수 있다는 점을 강조한다.
- (㉣ **Moral hazard**)는 **도덕적 가치관이 붕괴**되어 동료의 부패를 **부패라고 인식하지 못하는 것**을 의미하며, 부패를 **잘못된 행위로 인식**하고 있지만 동료라서 **모르는 척**하는 '**침묵의 규범**'과는 구별되는 개념이다.

135 경찰의 부패에 관한 설명 중 가장 적절하지 않은 것은?

① 'Dirty Harry 문제'는 도덕적으로 선한 목적을 위해 윤리적, 정치적, 혹은 법적으로 더러운 수단을 동원하는 것이 적절한가와 관련된 딜레마적 상황이다.

② 구조화된 조직적 부패는 서로가 문제점을 알면서도 눈감아주는 침묵의 규범 형성의 가능성을 높인다.

③ 셔먼(1985)의 미끄러운 경사(slippery slope) 개념은 작은 호의를 받는 것에 익숙해진 경찰관들이 결국 부패에 연루될 수 있음을 경고한다.

④ 전체사회가설은 신임경찰관이 조직의 부패 전통 내에서 고참동료들에 의해 사회화됨으로써 부패의 길로 들어선다는 입장이다.

 134 ④ 135 ④

해설

① (○) 'Dirty Harry 문제'는 도덕적으로 **선한 목적을 위해** 윤리적, 정치적, 혹은 법적으로 **더러운 수단**을 동원하는 것이 **적절한가**와 관련된 딜레마적 상황이다.

  Tip 'Dirty Harry 문제'는 1972년 개봉된 미국 액션영화로서 형사물 가운데 가장 논쟁적이고 영향력이 넘치는 이 영화는 '법의 사회적 기능'에 관해 역설하고 있다. 죄질이 나쁜 범죄자를 소탕하기 위해 그 보다 더 큰 불법적 폭력으로 제압하는 형사 해리(Harry)는 범죄자들 사이에서 '더러운 해리'라는 별명으로 불릴 만큼 범인 체포와 응징에서 무자비한 모습을 보인다. 이런 **불법적 법집행**의 과정에서 '**목적이 선하다 하더라도 방법이 옳지 못하다면 괜찮은 것인가**'라는 윤리적, 정치적 혹은 법적 문제가 제기되었다.

② (○) **구조화된 조직적 부패**는 서로가 **문제점을 알면서도** 눈감아주는 **침묵의 규범** 형성의 가능성을 높인다.

③ (○) 셔먼(1985)의 **미끄러운 경사(slippery slope)** 개념은 **작은 호의를 받는 것에 익숙**해진 경찰관들이 결국 부패에 연루될 수 있음을 경고한다.

④ (×) **구조원인가설(전체사회가설×)**은 신임경찰관이 **조직의 부패 전통** 내에서 **고참동료들에 의해 사회화**됨으로써 부패의 길로 들어선다는 입장이다.

---

136 다음은 경찰의 부정부패 이론(가설)에 관한 설명이다. 주장한 학자와 이론이 가장 적절하게 연결된 것은?

●A급 22 순경2차

> ㉠ 부패의 사회화를 통하여 신임경찰이 기존의 부패한 경찰에게 물들게 된다는 것으로 부패의 원인을 개인적 결함이 아닌 조직의 체계적 원인으로 보고 있다.
> ㉡ 시카고 경찰의 부패 원인 중 하나로 '시카고 시민이 경찰을 부패시켰다.'라는 주장이 거론된 것처럼 시민사회가 경찰관의 부패를 묵인하거나 용인할 때 경찰관이 부패 행위에 빠져 들게 된다.

① ㉠ 델라트르(Delattre) - 미끄러지기 쉬운 경사로 이론

   ㉡ 니더호퍼(Neiderhoffer), 로벅(Roebuck), 바커(Barker) - 구조원인가설

② ㉠ 셔먼(Sherman) - 구조원인가설

   ㉡ 델라트르(Delattre) - 미끄러지기 쉬운 경사로 이론

③ ㉠ 니더호퍼(Neiderhoffer), 로벅(Roebuck), 바커(Barker) - 구조원인가설

   ㉡ 윌슨(Wilson) - 전체사회가설

④ ㉠ 윌슨(Wilson) - 전체사회가설

   ㉡ 펠드버그(Feldberg) - 구조원인가설

해설

㉠ 부패의 사회화를 통하여 **신임경찰이 기존의 부패한 경찰에게 물들게 된다**는 것으로 부패의 원인을 개인적 결함이 아닌 **조직의 체계적 원인**으로 보고 있다. - **니더호퍼, 로벅, 바커 - '구조원인가설'**

㉡ 시카고 경찰의 부패 원인 중 하나로 '시카고 **시민이** 경찰을 **부패시켰다**.'라는 주장이 거론된 것처럼 **시민사회가 경찰관의 부패를 묵인하거나 용인할 때** 경찰관이 부패 행위에 빠져 들게 된다. - **윌슨 - '전체사회가설'**

🔒 136 ③

137 경찰부패에 관한 설명으로 가장 적절하지 않은 것은?　 A급 25 승진

① Dirty Harry 문제는 남의 비행에 대하여 일일이 참견하여 도덕적으로 충고하는 것을 의미한다.

② 펠드버그(Feldberg)는 경찰관이 지역주민으로부터 작은 호의를 받는다고 해서 큰 부패로 이어지는 것은 아니라고 주장했다.

③ 델라트르(Delattre)는 경찰관이 지역주민으로부터 작은 호의를 받는 것을 금지해야 한다고 주장했다.

④ 사회 형성재 이론은 주민의 작은 호의를 통하여 경찰관이 지역주민들과 친해질 수 있다고 본다.

> **해설**
>
> ① (×) 'Dirty Harry' 문제는 도덕적으로 선한 목적을 위해 윤리적, 정치적 혹은 법적으로 **더러운 수단을 동원하는 것이 적절한가**와 관련된 **딜레마적 상황**을 의미한다.
>
> 　🅣ip 남의 비행에 대하여 **일일이 참견하여 도덕적으로 충고**하는 것은 'Busy Bodiness'라고 한다.
>
> ② (○) **펠드버그(Feldberg)**는 경찰관이 지역주민으로부터 작은 호의를 받는다고 해서 큰 부패로 이어지는 것은 아니라고 주장했다.
>
> ③ (○) **델라트르(Delattre)**는 경찰관이 지역주민으로부터 작은 호의를 받는 것을 금지해야 한다고 주장했다.
>
> ④ (○) **사회 형성재 이론**은 주민의 작은 호의를 통하여 경찰관이 지역주민들과 친해질 수 있다고 본다. '사회 형성재 이론'은 **작은 호의가** 경찰관과 지역주민들의 관계에 **긍정적인 효과를 주는 형성재 역할을 한다**고 강조하는 이론이다.

138 다음 중 경찰부패 원인으로 제시한 구조원인가설에 대한 설명으로 가장 적절한 것은?　 A급 22 특공

① 신입 경찰관들이 그들의 선임 동료들에 의해 부패한 조직 전통 속에서 사회화됨으로써 부패의 길로 들어선다는 입장이다.

② 미국 시카고 경찰의 부패원인을 분석한 윌슨이 내린 결론으로 시카고 시민들이 경찰을 부패시켰다고 주장하였다.

③ 부패의 원인은 자질이 없는 경찰관들이 모집단계에서 배제되지 못하고 조직 내에 유입됨으로써 경찰의 부패가 나타난다는 이론이다.

④ 부패에 해당하지 않는 작은 사례·호의가 습관화 될 경우 미끄러운 경사로를 타고 내려오듯이 점점 더 큰 부패와 범죄로 빠진다는 이론이다.

> **해설**
>
> ① (○) 신입 경찰관들이 그들의 선임 동료들에 의해 **부패한 조직 전통** 속에서 사회화됨으로써 부패의 길로 들어선다는 입장이다. – **구조원인가설**
>
> ② (×) **미국 시카고 경찰**의 부패원인을 분석한 **윌슨**이 내린 결론으로 시카고 **시민들이** 경찰을 **부패시켰다**고 주장하였다. – **전체사회가설**
>
> ③ (×) 부패의 원인은 **자질이 없는 경찰관**들이 모집단계에서 배제되지 못하고 **조직 내에 유입**됨으로써 경찰의 부패가 나타난다는 이론이다. – **썩은사과가설**
>
> ④ (×) **부패에 해당하지 않는 작은 사례·호의가 습관화** 될 경우 미끄러운 경사로를 타고 내려오듯이 점점 **더 큰 부패와 범죄로 빠진다**는 이론이다. – **미끄러지기 쉬운 경사로 이론**

🔒 **137** ① **138** ①

139 경찰부패에 대한 설명으로 가장 적절하지 않은 것은? ●A급 22 경위

① 미끄러지기 쉬운 경사로 이론(Slippery slope theory)은 공짜 커피, 작은 선물 등의 사소한 호의가 나중에는 큰 부패로 이어질 수 있다는 점을 강조한다.

② 썩은 사과 이론(Rotten apple theory)은 부패의 원인을 개인적 결함보다는 조직의 체계적 원인으로 보고 있으며 조직차원의 경찰윤리교육의 중요성을 강조한다.

③ 구조원인가설(Structural hypothesis)은 신임경찰들이 선배경찰에 의해 조직의 부패전통 내에서 사회화되어 신임경찰도 기존경찰처럼 부패로 물들게 된다는 이론이다.

④ 윤리적 냉소주의가설(Ethical cynicism hypothesis)은 경찰에 대한 외부통제기능을 수행하는 정치권력, 대중매체, 시민단체의 부패는 경찰의 냉소주의를 부채질하고 부패의 전염효과를 가져온다고 한다.

> **해설**
>
> ① (○) **미끄러지기 쉬운 경사로 이론**(Slippery slope theory)은 공짜 커피, 작은 선물 등의 사소한 호의가 나중에는 큰 부패로 이어질 수 있다는 점을 강조한다.
> ② (✕) 썩은사과이론(Rotten apple theory)은 부패의 원인을 **조직의 체계적 원인(개인적 결함✕)**보다는 **개인적 결함(조직의 체계적 원인✕)**을 원인으로 보고 있으며 **개인(조직✕)**차원의 경찰윤리교육의 중요성을 강조한다.
> ③ (○) **구조원인가설**(Structural hypothesis)은 신임경찰들이 **선배경찰**에 의해 **조직의 부패전통** 내에서 사회화되어 신임경찰도 기존경찰처럼 부패로 물들게 된다는 이론이다.
> ④ (○) **윤리적 냉소주의가설**(Ethical cynicism hypothesis)은 경찰에 대한 외부통제기능을 수행하는 **정치권력, 대중매체, 시민단체의 부패**는 경찰의 냉소주의를 부채질하고 **부패의 전염효과**를 가져온다고 한다.

140 경찰의 부패원인가설 중 '구조원인가설'에 관한 설명으로 가장 적절하지 않은 것은? ●A급 23 법학

① 부패의 관행이 경찰조직 내부에서 '침묵의 규범'으로 받아들여진다.

② 니더호퍼(Niederhoffer), 로벅(Roebuck), 바커(Barker) 등이 주장하였다.

③ 정직하고 청렴한 신임순경 A가 상사인 B로부터 관내 유흥업소 업자들을 소개받고, 이후 B와 함께 근무를 하면서 B가 유흥업소 업자들로부터 정기적으로 금품을 받는 것을 보고, 점차 부패 관행을 학습한 경우로 설명할 수 있다.

④ 경찰의 부패원인을 조직의 체계적 원인보다는 개인적 결함으로 보고 있다.

> **해설**
>
> ① (○) **부패의 관행**이 경찰조직 내부에서 '**침묵의 규범**'으로 받아들여진다.
> ② (○) **니더호퍼**(Niederhoffer), **로벅**(Roebuck), **바커**(Barker) 등이 주장하였다.
> ③ (○) 정직하고 청렴한 신임순경 A가 상사인 B로부터 관내 유흥업소 업자들을 소개받고, 이후 B와 함께 근무를 하면서 B가 유흥업소 업자들로부터 정기적으로 금품을 받는 것을 보고, 점차 **부패 관행을 학습**한 경우로 설명할 수 있다.
> ④ (✕) 경찰의 부패원인을 **개인적 결함이 아니라 조직의 체계적 원인(조직의 체계적 원인보다는 개인적 결함✕)**으로 보고 있다.

🔒 139 ② 140 ④

141 경찰부패의 원인을 설명할 수 있는 학설에 관한 설명으로 가장 적절하지 않은 것은? ●A급 24 승진

① '전체사회가설'은 윌슨(Wilson)이 주장한 이론으로, 사회 전체가 경찰의 부패를 묵인하거나 조장할 때 경찰관은 자연스럽게 부패행위를 하게 된다고 설명한다.

② '미끄러지기 쉬운 경사로 이론'은 셔먼(Sherman)이 주장한 이론으로, 부패에 해당하지 않는 작은 호의를 허용하면 나중에는 엄청난 부패로 이어진다는 이론이다.

③ '썩은사과가설'은 일부 부패경찰이 조직 전체를 부패로 물들게 한다는 이론으로, 부패의 원인을 조직의 체계적 결함으로 보고 있으며, 신임경찰 채용단계의 중요성을 강조한다.

④ '구조원인가설'은 니더호퍼(Niederhoffer), 로벅(Roebuck), 바커(Barker) 등이 주장한 이론으로, 조직의 부패전통 내에서 청렴한 신임경찰이 선배경찰에 의해 사회화되어 신임경찰도 부패로 물들게 된다는 이론이다.

> **해설**
> ① (O) **전체사회가설**은 **윌슨**(Wilson)이 주장한 이론으로, 사회 전체가 경찰의 부패를 묵인하거나 조장할 때 경찰관은 자연스럽게 부패행위를 하게 된다고 설명한다.
> ② (O) **미끄러지기 쉬운 경사로 이론**은 **셔먼**(Sherman)이 주장한 이론으로, **부패에 해당하지 않는 작은 호의**를 허용하면 **나중에는 엄청난 부패로 이어진다**는 이론이다.
> ③ (×) **썩은사과가설**은 일부 부패경찰이 조직 전체를 부패로 물들게 한다는 이론으로, 부패의 원인을 **경찰관 개인적(조직의 체계적×)** 결함으로 보고 있으며, **신임경찰 채용단계의 중요성을 강조**한다.
> ④ (O) **구조원인가설**은 **니더호퍼**(Niederhoffer), **로벅**(Roebuck), **바커**(Barker) 등이 주장한 이론으로, **조직의 부패전통** 내에서 청렴한 신임경찰이 선배경찰에 의해 사회화되어 신임경찰도 부패로 물들게 된다는 이론이다.

142 경찰의 일탈과 부패에 대한 설명으로 가장 적절하지 않은 것은? ●A급 23 경위

① 펠드버그는 경찰이 시민의 작은 호의를 받았다고 해서 반드시 큰 부패를 범하는 것은 아니라고 하였다.

② 델라트르는 '미끄러지기 쉬운 경사로 이론'에 따라 시민의 작은 호의를 받은 경찰관 중 큰 부패로 이어지는 경찰관은 일부에 불과하므로 시민의 작은 호의를 금지할 필요는 없다고 하였다.

③ 윌슨(O. W. Wilson)은 '경찰은 어떤 작은 호의, 심지어 한 잔의 공짜 커피도 받도록 허용되어서는 안된다.'라고 주장하였다.

④ 셔먼의 '미끄러지기 쉬운 경사로 이론'은 부패에 해당하지 않는 작은 선물 등의 사소한 호의를 허용하면 나중에는 엄청난 부패로 이어진다는 이론이다.

> **해설**
> ① (O) **펠드버그**는 경찰이 시민의 작은 호의를 받았다고 해서 **반드시 큰 부패를 범하는 것은 아니라**고 하였다.
> ② (×) **펠드버그**(델라트르×)는 '미끄러지기 쉬운 경사로 이론'에 따라 시민의 작은 호의를 받은 경찰관 중 큰 부패로 이어지는 경찰관은 일부에 불과하므로 **시민의 작은 호의를 금지할 필요는 없다**고 주장하였다.
> > **Tip** '**델라트르**'는 경찰조직이 **모든 작은 호의를 금지해야 한다**고 주장하면서 펠드버그의 주장에 반대하는 입장이다. 공짜 커피를 한잔 마신다고해서 모든 경찰인이 미끄러지기 쉬운 경사로를 통해 더 큰 부패행위에 빠지는 것은 아니지만, 일부 경찰인이 그렇게 되는 것은 사실이므로 비록 일부라 하더라도 결코 무시하거나 간과할 수 없다는 것이다. 또한 경찰이 작은 호의를 수용한다는 것은 전문가로서의 대우를 받고자 하는 경찰의 직업적 희망에 역행한다고 주장하였다.

 141 ③ 142 ②

③ (○) **윌슨**(O.W.Wilson)은 '경찰은 **어떤 작은 호의**, 심지어 한 잔의 공짜 커피도 받도록 **허용되어서는 안된다**.'라고 주장하였다.

④ (○) **셔먼**의 '미끄러지기 쉬운 경사로 이론'은 **부패에 해당하지 않는 작은 선물** 등의 사소한 호의를 허용하면 **나중에는 엄청난 부패로 이어진다**는 이론이다.

143 경찰의 부패이론과 내부고발에 대한 설명으로 가장 옳은 것은?
 ●A급 21 경위

① '구조원인설'은 니더호퍼, 로벅, 바커, 윌슨 등이 주장한 이론으로서 신임경찰들이 선배경찰에 의해 조직의 부패전통 내에서 사회화되어 신임경찰도 기존경찰처럼 부패로 물들게 된다는 이론이다.

② '썩은사과가설'은 부패의 원인을 개인적 결함보다는 조직의 체계적 원인으로 보고 있으며 신임경찰 채용단계의 중요성을 강조한다.

③ '미끄러지기 쉬운 경사로 이론'은 필드버그가 주장한 이론으로 공짜 커피나 작은 선물 등의 사소한 호의가 나중에 엄청난 부패로 이어진다는 이론이다.

④ 내부고발의 정당화 요건으로 적절한 도덕적 동기, 최후수단성, 성공 가능성, 중대성, 급박성 등이 있다.

해설

① (×) '**구조원인설**'은 **니더호퍼, 로벅, 바커, (윌슨×)** 등이 주장한 이론으로서 신임경찰들이 선배경찰에 의해 조직의 부패전통 내에서 사회화되어 신임경찰도 기존경찰처럼 부패로 물들게 된다는 이론이다.

② (×) '**썩은사과가설**'은 부패의 원인을 **조직의 체계보다는 개인적 결함을 원인**(개인적 결함보다는 조직의 체계적 원인×)으로 보고 있으며 신임경찰 채용단계의 중요성을 강조한다.

③ (×) '**미끄러지기 쉬운 경사로 이론**'은 **셔먼(필드버그×)**가 주장한 이론으로 공짜 커피나 작은 선물 등의 사소한 호의가 나중에 엄청난 부패로 이어진다는 이론이다.

④ (○) **존 클라이니히**(J. Kleinig)의 '**내부고발의 정당화 요건**'으로 적절한 도덕적 동기, 최후수단성, 성공 가능성, 중대성, 급박성 등이 있다.

144 경찰의 일탈과 부패의 원인가설로 바르게 짝지어지지 않은 것은?
●A급 26 경위

① 셔먼(Sherman)은 경찰부패와 관련된 미끄러운 경사라는 용어를 제시하고, 부패에 해당하는 작은 호의가 나중에 심각한 부패로 발전할 수 있다고 주장하였다.

② 윌슨(Wilson)은 시민사회의 부패가 경찰부패의 주원인이라고 주장하였다.

③ 니더호퍼(Niederhoffer)는 경찰부패의 원인은 시스템의 부패에서 기인한다는 구조원인이론을 주장하였다.

④ 밀러(Miller)는 경찰부패는 엄격한 채용, 부패 기회의 감소, 부패조사 및 억제, 부패방지를 위한 도덕적 노력 및 동기부여의 강화라는 4가지 기본원칙에 의해 감소될 수 있다고 주장하였다.

해설

① (×) **셔먼**(Sherman)은 경찰부패와 관련된 미끄러운 경사라는 용어를 제시하고, **부패에 해당하지 않는**(해당하는×) **작은 호의**가 나중에 심각한 부패로 발전할 수 있다고 주장하였다.

② (○) **윌슨**(Wilson)은 **시민사회의 부패**가 경찰부패의 주원인이라고 주장하였다.

③ (○) **니더호퍼**(Niederhoffer)는 경찰부패의 원인은 **시스템(조직구조)의 부패**에서 기인한다는 **구조원인이론**을 주장하였다.

④ (○) **밀러**(Miller)는 경찰부패는 1) **엄격한 채용**, 2) **부패 기회의 감소**, 3) **부패조사 및 억제**, 4) 부패방지를 위한 **도덕적 노력 및 동기부여의 강화**라는 **4가지 기본원칙**에 의해 **감소될 수 있다고 주장**하였다.

 🔒 143 ④ 144 ①

145 존 클라이니히(J. Kleinig)의 내부고발의 윤리적 정당화 요건으로 가장 적절하지 않은 것은?

●A급 24 순경1차

① 내부고발자는 특별한 경우를 제외하고는 공표 전 자신의 이견을 표시하기 위한 내부적 채널을 모두 사용했어야 한다.
② 내부고발자는 부적절한 행동을 하도록 지시되었다는 자신의 신념이 합리적 증거에 근거하였는지 확인해야 한다.
③ 적절한 도덕적 동기에 의해 내부고발이 이루어져야 하며, 성공가능성은 불문한다.
④ 도덕적 위반이 얼마나 중대한가, 도덕적 위반이 얼마나 급박한가 등에 대한 세심한 고려가 있어야 한다.

> **해설**
> ① (○) 내부고발자는 특별한 경우를 제외하고는 **공표 전** 자신의 이견을 표시하기 위한 **내부적 채널을 모두 사용했어야 한다**.
> ② (○) 내부고발자는 부적절한 행동을 하도록 지시되었다는 자신의 신념이 **합리적 증거에 근거하였는지 확인해야 한다**.
> ③ (×) **적절한 도덕적 동기**에 의해 내부고발이 이루어져야 하며, **성공가능성**이 **어느 정도 있어야 한다(불문한다×)**.
> ④ (○) 도덕적 위반이 **얼마나 중대한가**, 도덕적 위반이 **얼마나 급박한가** 등에 대한 **세심한 고려**가 있어야 한다.

146 경찰조직의 냉소주의에 관한 설명으로 가장 적절한 것은?

●A급 23 순경2차

① 니더호퍼(Niederhoffer)는 사회체계에 대한 기존의 신념체제가 붕괴된 후 새로운 신념체제에 의해 급하게 대체될 때 냉소주의가 나타날 수 있다고 하였다.
② 조직 내 팽배한 냉소주의는 경찰의 전문직업화를 저해하는 기제로 작동할 수 있다.
③ 회의주의와 비교할 때, 냉소주의는 조직 내 특정한 대상을 합리적 의심을 통해 신뢰하지 않는 것과 관련이 있다.
④ 냉소주의 극복을 위한 가장 효과적인 조직관리방안은 인간을 본래 게으르고 생리적 욕구 또는 안전의 욕구에 자극을 주는 금전적 보상이나 제재 등 외재적 유인에 반응한다고 상정하여 조직이 권위적으로 관리할 필요가 있다는 맥그리거(McGregor)의 인간모형에 기초한다.

> **해설**
> ① (×) **니더호퍼**(Niederhoffer)는 사회체계에 대한 **기존의 신념체제가 붕괴**된 후 새로운 신념체제에 의해 **대체되지 않았을 때(급하게 대체될 때×)** 사람이 경험하는 소외, 즉 아노미(극도의 혼란)에 의한 **냉소주의**가 **나타날 수 있다**고 하였다.
> ② (○) 조직 내 팽배한 **냉소주의**는 경찰의 **전문직업화를 저해**하는 기제로 작동할 수 있다.
> ③ (×) 냉소주의와 비교할 때, **회의주의(회의주의와 비교할 때, 냉소주의×)**는 조직 내 **특정한 대상을 합리적 의심**을 통해 신뢰하지 않는 것과 관련이 있다.
> ④ (×) **냉소주의 극복**을 위한 가장 효과적인 조직관리방안은 **인간을 본래 일하기를 싫어하지 않고 이타적이며 상호협조적** 성향을 지녔으며, 창의성과 도전성, 책임감이 있고 자기규제능력이 있는 존재(게으르고 생리적 욕구 또는 안전의 욕구에 자극을 주는 금전적 보상이나 제재 등 외재적 유인에 반응한다고×)라고 상정하여 조직이 **자율적**이고 **창의적**으로 일할 수 있도록 **민주적(권위적×)**으로 관리할 필요가 있다는 **맥그리거**(McGregor)의 **Y형 인간모형**에 기초한다.

 145 ③ 146 ②

147 다음에서 설명하는 경찰문화를 극복하기 위한 방안으로 가장 적절하지 않은 것은? ●A급 24 순경2차

> 경찰청에서 새로운 성과평가제도를 시행하겠다고 발표하자, A순경은 '나랑 상관없어. 이런 건 전시행정이야'라고 비웃었다. 평소 그는 기존의 사회체계에 대한 신뢰가 없으며 개선시키겠다는 의지도 없는 사람이다.

① 의사결정과정에 일선 경찰관들의 참여를 확대시킨다.
② 업무량과 성과에 대한 적절한 보상을 강조하며, 관리층이 적극적으로 개입하고 통제하는 임무를 맡아야 한다.
③ 상사와 부하의 신뢰를 회복하기 위해 노력한다.
④ 상급자의 일방적 지시와 명령을 줄이고 상의하달의 의사소통과정을 개선한다.

해설
① (○) 의사결정과정에 일선 경찰관들의 **참여를 확대**시킨다. − Y이론에 입각한 민주적 관리
② (×) 업무량과 성과에 대한 적절한 **보상**을 강조하며, **관리층이 적극적으로 개입하고 통제**하는 임무를 맡아야 한다.
　　 − **X이론에 입각한 권위적·강압적·명령적 관리**
③ (○) 상사와 부하의 **신뢰를 회복**하기 위해 노력한다. − Y이론에 입각한 민주적 관리
④ (○) 상급자의 일방적 지시와 명령을 줄이고 상의하달의 의사소통과정을 **개선**한다. − Y이론에 입각한 민주적 관리

148 다음은 하이덴하이머(A. J. Heidenheimer)의 부정부패 개념 정의 및 분류에 관한 것이다. ㉠부터 ㉢까지 들어갈 말로 옳은 것은? ●A급 22 법학

> ㉠ : 고객들은 잘 알려진 위험을 감수하고라도 원하는 이익을 받는 것을 확실히 하기 위하여 높은 가격(뇌물)을 지불하는 결과로 부패가 발생한다.
> ㉡ : 부패는 뇌물수수행위와 특히 결부되어 있지만, 반드시 금전적인 형태일 필요가 없는 사적 이익을 고려한 결과로 권위를 남용하는 경우를 포괄하는 용어이다.
> ㉢ : 공직자가 법적으로 규정되어 있지 않은 금전적인 또는 다른 형태의 보수에 의하여 그 보수를 제공한 사람들에게 이로운 행위를 함으로써 공중의 이익에 손해를 끼칠 때 부패가 발생한다.

	㉠	㉡	㉢
①	시장중심적 정의	관직중심적 정의	공익중심적 정의
②	관직중심적 정의	시장중심적 정의	공익중심적 정의
③	시장중심적 정의	공익중심적 정의	관직중심적 정의
④	관직중심적 정의	공익중심적 정의	시장중심적 정의

해설
㉠ **시장중심적 정의** : 고객들은 잘 알려진 **위험을 감수**하고라도 원하는 **이익을** 받는 것을 **확실히 하기 위하여** **높은 가격**(뇌물)을 **지불**하는 결과로 부패가 발생한다.
㉡ **관직중심적 정의** : 부패는 **뇌물수수행위와 특히 결부**되어 있지만, 반드시 금전적인 형태일 필요가 없는 **사적 이익을 고려**한 결과로 **권위를 남용**하는 경우를 포괄하는 용어이다.
㉢ **공익중심적 정의** : 공직자가 법적으로 규정되어 있지 않은 금전적인 또는 다른 형태의 보수에 의하여 **그 보수를 제공한 사람들에게 이로운 행위**를 함으로써 **공중의 이익에 손해를 끼칠 때** 부패가 발생한다.

🔒 147 ② 148 ①

149 부정부패에 관한 설명으로 가장 적절하지 않은 것은?

① 작은 호의를 제공받은 경찰관이 도덕적 부채를 느껴 이를 보충하기 위해 결과적으로 선한 후속행위를 하는 상황은 미끄러운 경사(slippery slope) 가설의 맥락에서 이해할 수 있다.

② 대의명분 있는 부패(noble cause corruption)와 Dirty Harry 문제는 부패의 개념적 징표를 개인적 이익 추구를 넘어 조직 혹은 사회적 차원의 이익 추구로 확대하고자 하는 시도라고 볼 수 있다.

③ 고객이 위험을 감수하고서라도 원하는 이익을 확실히 취하기 위해 높은 가격의 뇌물을 지불하는 상황을 부패로 이해한다면, 이는 하이덴하이머(Heidenheimer)가 제시한 세 가지 유형의 부정부패 정의 중 시장중심적 정의와 가장 관련이 크다.

④ 공직자가 직무와 관련하여 그 지위 또는 권한을 남용하거나 법령을 위반하여 자기 또는 제3자의 이익을 도모하는 행위는 「부패방지 및 국민권익위원회의 설치와 운영에 관한 법률」상 부패행위에 해당한다.

> **해설**
>
> ① (×) **작은 호의**를 제공받은 경찰관이 도덕적 부채를 느껴 이를 보충하기 위해 결과적으로 **부정한**(선한×) **후속행위**를 하는 상황은 미끄러운 경사(slippery slope) 가설의 맥락에서 이해할 수 있다.
>
> ② (○) **대의명분 있는 부패**(noble cause corruption)와 Dirty Harry 문제는 부패의 개념적 징표를 개인적 이익 추구를 넘어 조직 혹은 사회적 차원의 이익 추구로 **확대**하고자 하는 시도라고 볼 수 있다.
>
> ③ (○) 고객이 **위험을 감수**하고서라도 원하는 **이익을 확실히 취하기 위해** 높은 **가격의 뇌물을 지불**하는 상황을 부패로 이해한다면, 이는 **하이덴하이머**(Heidenheimer)가 제시한 세 가지 유형의 부정부패 정의 중 '**시장중심적 정의**'와 가장 관련이 크다.
>
> ④ (○) 공직자가 직무와 관련하여 그 **지위 또는 권한**을 **남용**하거나 법령을 위반하여 **자기 또는 제3자의 이익**을 **도모하는 행위**는 「부패방지 및 국민권익위원회의 설치와 운영에 관한 법률」상 **부패행위에 해당한다.**

150 하이덴하이머(Heidenheimer)의 경찰부패에 관한 설명으로 가장 적절하지 않은 것은?

① 백색부패는 선의의 목적으로 행해지는 부패행위를 말한다.

② 회색부패는 사회 전체에 명백하고 심각한 해를 끼치는 부패이며 흑색부패로 악화될 수 있다.

③ 업무와 관련된 대가성 있는 뇌물을 받는 경우는 흑색부패에 해당한다.

④ 관직중심적 부패는 관료들이 직무를 수행하는 과정에서 사적 이익의 추구를 위하여 권한을 악용하여 조직의 규범을 일탈하는 행위를 말한다.

> **해설**
>
> ① (○) **백색부패**는 **선의의 목적**(관례화된 부패)으로 행해지는 부패행위를 말한다.
>
> ② (×) **흑색부패**(회색부패×)는 사회 전체에 **명백하고 심각한 해**를 끼치는 부패를 말한다.
>
> > **Tip** **회색부패**는 얼마든지 흑색부패로 악화될 수 있는 **잠재성**을 지닌 것으로 **엘리트를 중심**으로 일부 집단은 처벌을 원하지만, 다른 일부 집단은 처벌을 원하지 않는 경우의 부패를 말한다.
>
> ③ (○) **업무와 관련된 대가성 있는 뇌물**을 받는 경우는 **흑색부패**에 해당한다.
>
> ④ (○) **관직중심적 부패**는 관료들이 직무를 수행하는 과정에서 **사적 이익의 추구**를 위하여 **권한을 악용**하여 조직의 규범을 일탈하는 행위를 말한다.

🔒 149 ① 150 ②

151 장자크 루소(Jean Jacques Rousseau)가 주장한 사회계약론의 내용으로 가장 적절하지 않은 것은?

●C급　24 경위

① 공동체의 구성원 전체가 개별적인 의지를 초월하는 일반의지에 따를 것을 약속함으로써 국가가 탄생하였으며 일반의지의 표현이 법이고 일반의지의 행사가 주권이 된다.

② 사회계약은 개인들이 문명사회의 현실을 벗어나 하나의 새로운 사회질서를 창출하는 공동행위이다.

③ 공동체 구성원은 사회계약을 통해서 자연적 자유대신에 사회적 자유를 얻게 된다.

④ 시민들이 기본권을 보호받기 위해 계약을 통해 정부를 구성했으므로 국가가 시민의 기본권을 침해하는 경우 시민은 저항하고 나아가 그 정부를 해산할 수 있는 권리가 있다.

해설

① (○) 공동체의 구성원 전체가 개별적인 의지를 초월하는 **일반의지**(공동체 모두의 이익을 지향하는 마음)에 따를 것을 약속함으로써 '**국가**'가 탄생하였으며 일반의지의 표현이 **법**이고 일반의지의 행사가 **주권**이 된다.

② (○) **사회계약**은 개인들이 문명사회의 현실을 벗어나 하나의 **새로운 사회질서를 창출**하는 공동행위이다.

③ (○) 공동체 구성원은 **사회계약**을 통해서 자연적 자유대신에 **사회적 자유**를 얻게 된다.

④ (×) **루소**는 시민들이 기본권을 보호받기 위해 사회계약을 통해 '**국가**'(정부×)를 구성하였고, '**정부**'는 일반의지에 따라 제정된 **법을 집행하기 위한 기관에 불과하다**고 보았다. 단순히 집행기관에 불과한 **정부(국가×)**가 시민의 기본권을 침해하는 경우 **시민은** 저항하고 나아가 그 **정부를 해산할 수 있는 권리가 있다.**

152 코헨(Cohen)과 펠드버그(Feldberg)의 경찰활동의 기준 및 사회계약론에 관한 설명으로 적절하지 않은 것은 모두 몇 개인가?

●A급　26 경위

가. 로크(Locke)는 자연상태에서 힘이 없는 개인은 생명과 재산에 대한 안전이 결여되어 있으며, 자연법이 존재하지 않아 공동의 척도가 존재하지 않는다고 보았다.

나. 루소(Rousseau)는 일반의지의 표현인 법을 통하여 인간의 자연권 및 정의를 실현해야 한다고 보았다.

다. 사회계약설에 기초할 때 경찰활동의 궁극적인 목적은 시민의 생명과 재산의 보호에 있고 법집행 자체는 경찰권발동의 목적이 아니다.

라. 경찰은 사회 일부분이 아닌 사회 전체의 이익을 염두에 두어야 한다는 내용은 냉정하고 객관적인 자세와 관련이 있다.

마. 경찰이 직무수행 과정에서 권한을 남용하거나 물리력을 과도하게 사용하지 않을 것을 신뢰하는 것은 공정한 접근과 관련이 있다.

바. 협력은 경찰이 대외적으로 지켜야 할 의무일 뿐만 아니라 내부적으로도 지켜야 할 의무이다.

① 0개　　　　　　　　② 1개

③ 2개　　　　　　　　④ 3개

🔒 151 ④　152 ③

틀린 설명은 **가, 마, 2개**이다.

가. (×) **로크(Locke)**는 자연상태에서 힘이 없는 개인은 생명과 재산에 대한 안전이 결여되어 있으며, **자연법이 존재하기는 하지만**(존재하지 않아×) 개인들은 자신의 이익을 위하여 편견을 가지고 해석을 하기 때문에 **공동의 척도가 존재하지 않는다**고 보았다.

> ⓣip **로크**는 생명, 자유, 재산에 대한 권리를 지키기 위해 사회계약을 맺는다고 보았는데, 여기서 **자연권의 일부 양도**라는 것은 자연권의 침해에 대한 처벌권을 말한다.

나. (○) **루소(Rousseau)**는 **일반의지**의 표현인 **법**을 통하여 인간의 자연권 및 정의를 실현해야 한다고 보았다.

다. (○) **사회계약설**에 기초할 때 경찰활동의 **궁극적인 목적**은 **시민의 생명과 재산의 보호**에 있고 법집행 자체는 경찰권발동의 목적이 아니다.

라. (○) 경찰은 사회 일부분이 아닌 **사회 전체의 이익을 염두에 두어야 한다**는 내용은 '**냉정하고 객관적인 자세**'와 관련이 있다.

마. (×) 경찰이 직무수행 과정에서 **권한을 남용하거나 물리력을 과도하게 사용하지 않을 것**을 신뢰하는 것은 **공공의 신뢰 확보**(공정한 접근×)와 관련이 있다.

바. (○) **협력**은 경찰이 **대외적**으로 지켜야 할 의무일 뿐만 아니라 **내부적**으로도 지켜야 할 의무이다.

---

153 코헨(Cohen)과 펠드버그(Feldberg)는 사회계약설로부터 도출한 경찰활동의 기준(윤리표준)을 제시하였다. 이와 관련된 〈보기 1〉과 〈보기 2〉의 내용이 가장 적절하게 연결된 것은? ●A급 21 순경1차

보기 1

(가) 경찰은 사회 전체의 필요에 의해 생겨난 조직으로, 경찰서비스에 대한 동등한 필요를 가진 사람들이 그것을 받을 동등한 기회를 가져야 한다.

(나) 경찰관은 자의적으로 권한을 행사해서는 안 되고, 물리력의 행사는 필요최소한에 그쳐야 하며, 시민의 신뢰에 합당한 방식으로 권한을 행사해야 한다.

(다) 경찰은 그들에게 부여된 사회적 역할 범위 내에서 활동을 하여야 하며, 이러한 범위 내의 활동을 함에 있어서도 상호협력을 통해 경찰목적을 달성해야 한다.

보기 2

㉠ 공공의 신뢰 확보　　　　　㉡ 생명과 재산의 안전보호
㉢ 공정한 접근의 보장　　　　㉣ 협동과 역할 한계 준수

	(가)	(나)	(다)			(가)	(나)	(다)
①	㉠	㉡	㉣		②	㉠	㉣	㉡
③	㉢	㉡	㉣		④	㉢	㉠	㉣

(가) 경찰은 사회 전체의 필요에 의해 생겨난 조직으로, 경찰서비스에 대한 **동등한 필요**를 가진 사람들이 그것을 받을 **동등한 기회**를 가져야 한다. – ㉢ **공정한 접근의 보장**

(나) 경찰관은 **자의적으로 권한을 행사**해서는 안 되고, 물리력의 행사는 **필요최소한**에 그쳐야 하며, 시민의 **신뢰에 합당한 방식**으로 권한을 행사해야 한다. – ㉠ **공공의 신뢰 확보**

(다) 경찰은 그들에게 부여된 사회적 **역할 범위 내에서 활동**을 하여야 하며, 이러한 범위 내의 활동을 함에 있어서도 **상호협력**을 통해 경찰목적을 달성해야 한다. – ㉣ **협동과 역할 한계 준수**

🔒 153 ④

154 다음 중 사회계약설로부터 도출되는 경찰활동의 기준(코헨과 펠드버그)에 대한 설명으로 가장 적절하지 않은 것은?

• A급 22 특공

① 치안서비스는 일종의 사회적 공공재로서 누구나 차별 없이 제공받아야 한다.

② 시민들이 자신의 권리행사를 제한하고 치안을 경찰에게 믿고 맡겼다는 것을 인식하고 경찰이 거기에 부응해야 한다.

③ 경찰은 상호협력의 팀웍(teamwork)을 고려하지 않고 경찰에게 부여된 사회적 역할 범위 안에서 활동해야 한다.

④ 경찰활동의 목적이 시민의 생명과 재산의 보호에 있으므로 경찰은 이 목적을 행위의 지표로 삼아야 한다.

> **해설**
>
> ① (○) **치안서비스**는 일종의 **사회적 공공재**로서 누구나 **차별 없이 제공받아야** 한다.
> ② (○) 시민들이 자신의 권리행사를 제한하고 치안을 **경찰에게 믿고 맡겼다**는 것을 인식하고 **경찰이 거기에 부응해야 한다.**
> ③ (×) 경찰은 상호협력의 **팀웍**(teamwork)을 **고려하여(하지 않고×)** 경찰에게 부여된 사회적 **역할 범위 안에서 활동**해야 한다.
> ④ (○) 경찰활동의 **목적**이 시민의 **생명과 재산의 보호**에 있으므로 경찰은 이 목적을 행위의 지표로 삼아야 한다.

155 코헨(Cohen)과 펠드버그(Feldberg)가 사회계약설로부터 도출한 경찰활동의 기준과 그 내용의 연결이 가장 적절하지 않은 것은?

• A급 23 순경2차

① 생명과 재산의 안전보호 – 경찰활동은 시민의 생명과 재산의 보호가 궁극적인 목적이며 법집행 자체가 목적은 아니다.

② 냉정하고 객관적인 자세 – 과거 아버지의 가정폭력을 경험한 甲경찰관이 가정폭력 사건을 처리하면서 모든 문제는 남편에게 있다고 단정지어 생각하는 경우는 이 기준에 어긋난다.

③ 공공의 신뢰 – 乙경찰관이 공명심이 앞서서 상부에 보고도 없이 탈주범을 혼자서 검거하려다 실패하였다면 이 기준에 어긋난다.

④ 공정한 접근 보장 – 경찰의 법집행 과정에서 발생하는 차별과 편들기는 이 기준에 어긋난다.

> **해설**
>
> ① (○) **생명과 재산의 안전보호** : 경찰활동은 시민의 생명과 재산의 보호가 **궁극적인 목적**이며 **법집행 자체가 목적은 아니다.**
> ② (○) **냉정하고 객관적인 자세** : 과거 아버지의 가정폭력을 경험한 甲경찰관이 가정폭력 사건을 처리하면서 **모든 문제는 남편에게 있다고 단정지어 생각하는 경우**는 이 기준에 어긋난다.
> ③ (×) **협동(역할한계 준수와 팀워크)(공공의 신뢰×)** : 乙경찰관이 공명심이 앞서서 상부에 보고도 없이 탈주범을 **혼자서 검거하려다 실패**하였다면 이 기준에 어긋난다.
> ④ (○) **공정한 접근 보장** : 경찰의 법집행 과정에서 발생하는 **차별과 편들기**는 이 기준에 어긋난다.

🔒 **154** ③ **155** ③

156 코헨(Cohen)과 필드버그(Feldberg)가 제시한 사회계약설로부터 도출되는 경찰활동의 기준을 제시하였다. 다음 각 사례와 가장 관련 깊은 경찰활동의 기준을 연결한 것 중 옳지 않은 것은 모두 몇 개인가?

●A급 21 경위

> 가. 김순경은 절도범을 추격하던 중 도주하는 범인의 등 뒤에서 권총을 쏘아 사망하게 하였다.
> － [공공의 신뢰]
> 나. 1주일간 출장을 마치고 집에 돌아온 A는 자신의 TV가 없어진 것을 발견하였다. 그래서 여기저기 찾아보던 중에 평소부터 사이가 좋지 않던 옆집의 B가 A의 TV를 몰래 훔쳐가 사용 중인 것을 창문너머로 확인하였다. 이때 A는 몽둥이를 들고 가서 직접 자기의 TV를 찾아오려다가 그만두고, 경찰에 신고하여 TV를 되찾았다. － [공공의 신뢰]
> 다. 박순경은 순찰 근무 중 달동네는 가려하지 않고 부자 동네인 구역으로만 순찰을 다니려고 하였다.
> － [공정한 접근]
> 라. 이순경은 어렸을 적 아버지로부터 가정폭력을 경험하였는데, 가정폭력 사건을 처리하면서 모든 잘못은 남편에게 있다고 단정 지었다. － [냉정하고 객관적인 자세]
> 마. 최순경은 경찰입직 전 집에 도둑을 맞은 경험이 있었다. 그런데 경찰에 임용되어 절도범을 검거하자, 과거의 도둑맞은 경험이 생각나 피의자에게 욕설과 가혹행위를 하였다. － [냉정하고 객관적인 자세]
> 바. 탈주범이 자기 관내에 있다는 첩보를 입수한 한순경이 상부에 보고하지 않고 공명심에 단독으로 검거하려다 탈주범 검거에 실패하였다. － [협동]
> 사. 은행강도가 어린이를 인질로 잡고 차량도주를 하고 있다면 경찰은 주위 시민들의 안전에 대한 위험에도 불구하고 추격(법집행)을 하여야 한다. － [생명과 재산의 안전확보]

① 0개　　　　② 1개　　　　③ 2개　　　　④ 3개

해설

틀린 설명은 **0개**이다.
가. (○) 김순경은 절도범을 추격하던 중 도주하는 범인의 **등 뒤에서 권총을 쏘아** 사망하게 하였다. － **적법절차 및 필요최소한의 물리력 행사 위반 － [공공의 신뢰]를 위반한 사례**
나. (○) 1주일간 출장을 마치고 집에 돌아온 A는 자신의 TV가 없어진 것을 발견하였다. 그래서 여기저기 찾아보던 중에 평소부터 사이가 좋지 않던 옆집의 B가 A의 TV를 몰래 훔쳐가 사용 중인 것을 창문너머로 확인하였다. 이때 A는 몽둥이를 들고 가서 직접 자기의 TV를 찾아오려다가 그만두고, 경찰에 신고하여 TV를 되찾았다. － **시민스스로 자력구제 안 됨, 경찰에게 믿고 맡겨야 함 － [공공의 신뢰]와 관련된 사례**
다. (○) 박순경은 순찰 근무 중 달동네는 가려하지 않고 부자 동네인 구역으로만 순찰을 다니려고 하였다. － **차별적인 순찰 － [공정한 접근]을 위반한 사례**
라. (○) 이순경은 어렸을 적 아버지로부터 가정폭력을 경험하였는데, 가정폭력 사건을 처리하면서 모든 잘못은 남편에게 있다고 단정 지었다. － **주관적·개인적 경험에 의한 사건처리 － [냉정하고 객관적인 자세]를 위반한 사례**
마. (○) 최순경은 경찰입직 전 집에 도둑을 맞은 경험이 있었다. 그런데 경찰에 임용되어 절도범을 검거하자, 과거의 도둑맞은 경험이 생각나 피의자에게 욕설과 가혹행위를 하였다. － **주관적·개인적 경험에 의한 사건처리 － [냉정하고 객관적인 자세]를 위반한 사례**
바. (○) 탈주범이 자기 관내에 있다는 첩보를 입수한 한순경이 상부에 보고하지 않고 공명심에 단독으로 검거하려다 탈주범 검거에 실패하였다. － **상호협력을 안함 － [협동]을 위반한 사례**
사. (○) 은행강도가 어린이를 인질로 잡고 차량도주를 하고 있다면 경찰은 주위 시민들의 안전에 대한 위험에도 불구하고 추격(법집행)을 하여야 한다. － **주위 시민들의 잠재적 위험보다는 현재 위험에 처해 있는 인질의 안전확보가 더 심각하고 급박하므로 추격을 하여야 한다. － [생명과 재산의 안전확보]가 우선시되는 사례**

 156 ①

157 코헨(Cohen)과 펠드버그(Feldberg)가 제시한 경찰활동의 윤리적 표준에 대한 설명으로 가장 적절하지 않은 것은?

•A급 22 승진

① 경찰관이 절도범을 추격하던 중 도주하는 범인의 등 뒤에서 권총을 쏘아 사망하게 하는 경우는 '공공의 신뢰' 위반에 해당한다.

② 경찰관이 우범지역인 A지역과 B지역의 순찰업무를 맡았으나, A지역에 가족이 산다는 이유로 A지역에서 순찰 근무시간을 대부분 할애한 경우는 '공정한 접근' 위반에 해당한다.

③ 불법 개조한 오토바이를 단속하던 경찰관이 정지명령에 불응하는 오토바이를 향하여 과도하게 추격한 결과 운전자가 전신주를 들이받고 사망한 경우는 '시민의 생명과 재산의 안전' 위반에 해당한다.

④ 경찰이 사익을 위해 공권력을 사용하거나 필요한 최소한의 강제력을 초과하여 사용하였다면 '공정한 접근' 위반에 해당한다.

해설

① (○) 경찰관이 절도범을 추격하던 중 도주하는 범인의 **등 뒤에서 권총을 쏘아 사망**하게 하는 경우는 '**공공의 신뢰**' 위반에 해당한다.

② (○) 경찰관이 우범지역인 A지역과 B지역의 순찰업무를 맡았으나, **A지역에 가족이 산다**는 이유로 A지역에서 **순찰 근무시간을 대부분 할애**한 경우는 '**공정한 접근**' 위반에 해당한다.

③ (○) 불법 개조한 오토바이를 단속하던 경찰관이 정지명령에 불응하는 오토바이를 향하여 **과도하게 추격**한 결과 운전자가 전신주를 들이받고 사망한 경우는 '**시민의 생명과 재산의 안전**' 위반에 해당한다.

④ (×) 경찰이 **사익을 위해** 공권력을 사용하거나 **필요한 최소한의 강제력을 초과**하여 사용하였다면 '**공공의 신뢰**'(공정한 접근×) 위반에 해당한다.

158 경찰의 윤리에 관한 설명으로 옳은 것은 모두 몇 개인가?

•A급 25 순경1차

㉠ 셔먼(Sherman)의 미끄러지기 쉬운 경사로 이론은 사소한 부패가 습관화되면 나중에는 커다란 부패로 이어진다는 이론이다.

㉡ 클라이니히(Kleinig)는 내부고발의 윤리적 정당화 요건에 대해 내부고발자는 특별한 경우를 제외하고는 외부에 공표한 후 자신의 이견을 표시하기 위한 내부적 채널을 모두 사용하여야 한다고 주장하였다.

㉢ 회의주의는 불특정대상에 대하여 합리적인 근거를 바탕으로 의심하고 비판하며 개선의 의지가 있다는 점에서 냉소주의와 차이가 있다.

㉣ 사회계약설을 토대로 코헨(Cohen)과 펠드버그(Feldberg)가 제시하는 경찰활동의 기준에 따르면, 오토바이로 도주하는 절도범이 전신주를 들이받자, 이를 발견한 경찰관이 도망가지 못하도록 총을 발사해 절도범을 사망하게 한 경우는 '공공의 신뢰 확보'에 위배된다.

① 0개　　　　　　　　　② 1개

③ 2개　　　　　　　　　④ 3개

157 ④　158 ②

옳은 설명은 ㄹ, 1개이다.

㉠ (×) **셔먼**(Sherman)의 미끄러지기 쉬운 경사로 이론은 **부패에 해당하지 않는 작은 호의**(**사소한 부패×**)가 습관화되면 나중에는 커다란 부패로 이어진다는 이론이다.

㉡ (×) **클라이니히**(J. Kleinig)는 내부고발의 윤리적 정당화 요건에 대해 내부고발자는 특별한 경우를 제외하고는 **외부에 공표하기 전에**(**공표한 후×**) 자신의 이견을 표시하기 위한 **내부적 채널을 모두 사용하여야 한다**고 주장하였다.

㉢ (×) 회의주의는 **특정대상**(**불특정대상×**)에 대하여 **합리적인 근거**를 바탕으로 의심하고 비판하며 **개선의 의지가 있다**는 점에서 냉소주의와 차이가 있다.

㉣ (○) 사회계약설을 토대로 **코헨**(Cohen)과 **펠드버그**(Feldberg)가 제시하는 경찰활동의 기준에 따르면, 오토바이로 도주하는 절도범이 전신주를 들이받자, 이를 발견한 경찰관이 도망가지 못하도록 총을 발사해 절도범을 사망하게 한 경우는 **과잉진압**으로 인한 **적법절차의 준수와 비례의 원칙을 위반**한 것으로 '**공공의 신뢰 확보**'에 위배된다.

---

159 다음 우리나라 경찰윤리강령들을 제정된 연도가 빠른 것부터 느린 순으로 바르게 연결한 것은?

●A급 23 경위

가. 새경찰신조	나. 경찰헌장
다. 경찰윤리헌장	라. 경찰서비스헌장

① 가 → 나 → 다 → 라
② 나 → 가 → 다 → 라
③ 나 → 라 → 가 → 다
④ 다 → 가 → 나 → 라

다. **경찰윤리헌장(1966)** → 가. **새경찰신조(1980)** → 나. **경찰헌장(1991)** → 라. **경찰서비스헌장(1998)**

---

160 경찰윤리강령에 따라 발생할 수 있는 문제점에 관한 설명으로 가장 적절하지 않은 것은?

●A급 23 법학

① 냉소주의 : 직원의 참여에 의하여 이루어지는 것이 아니라 상부에서 제정하여 하달되기 때문에 발생할 수 있는 문제

② 비진정성 : 전문직업인의 내부규율로서 선언적 효력을 가질 뿐 법적인 강제력이 없기 때문에 이를 위반했을 경우 제재할 방법이 미흡하며, 지나친 이상추구의 성격 때문에 발생할 수 있는 문제

③ 행위중심적 성격 : 행위중심적으로 규정되어 있어서 행위 이전의 의도나 동기를 소홀히 하기 때문에 발생할 수 있는 문제

④ 최소주의 위험 : 경찰관이 최선을 다하여 헌신과 봉사를 하려다가도 경찰윤리강령에 포함된 정도의 수준으로만 근무를 하려 하기 때문에 발생할 수 있는 문제

🔒 159 ④　160 ②

해설

① (○) **냉소주의** : 직원의 참여에 의하여 이루어지는 것이 아니라 **상부에서** 제정하여 **하달**되기 때문에 발생할 수 있는 문제
② (×) **실행가능성(비진정성×)** : 전문직업인의 내부규율로서 **선언적 효력**을 가질 뿐 **법적인 강제력이 없기 때문에** 이를 위반했을 경우 제재할 방법이 미흡하며, **지나친 이상추구**의 성격 때문에 발생할 수 있는 문제

> 🅣ip **비진정성(비자발성)의 조장** – 경찰윤리강령은 경찰관의 **도덕적 자각에 따른 자발적인 행동이 아니라 외부로부터 요구된** 것으로서 타율성으로 인해 진정한 봉사가 이루어지지 않을 수 있다.

③ (○) **행위중심적 성격** : 행위중심적으로 규정되어 있어서 **행위 이전의 의도나 동기를 소홀**히 하기 때문에 발생할 수 있는 문제
④ (○) **최소주의 위험** : 경찰관이 최선을 다하여 헌신과 봉사를 하려다가도 **경찰윤리강령에 포함된 정도의 수준으로만 근무**를 하려 하기 때문에 발생할 수 있는 문제

161 경찰윤리강령에 따라 발생할 수 있는 문제점으로 가장 적절하지 않은 것은?  25 특공

① 경찰윤리강령은 직원의 참여에 의하여 제정되는 것이 아니라 상부에서 하달되기 때문에 '우선순위 미결정' 문제가 발생할 수 있다.
② 경찰윤리강령은 '행위중심적'으로 규정되어 있어서 강령에서 요구하는 행위의 의도나 동기를 소홀히 하는 문제가 발생할 수 있다.
③ 경찰관이 윤리강령의 내용을 도덕적 울타리로 삼아 경찰윤리강령 수준으로만 근무를 하려하기 때문에 '최소주의 위험'이 발생할 수 있다.
④ 경찰윤리강령은 법적 강제력이 없기 때문에 위반하였을 경우 제재할 방법이 미흡하여 '낮은 실행가능성' 문제가 발생할 수 있다.

해설

① (×) 경찰윤리강령은 직원의 참여에 의하여 제정되는 것이 아니라 **상부에서 하달**되기 때문에 '**냉소주의**(**우선순위 미결정×) 문제**가 발생할 수 있다.
② (○) 경찰윤리강령은 '**행위중심적**'으로 규정되어 있어서 강령에서 요구하는 행위의 **의도나 동기를 소홀**히 하는 문제가 발생할 수 있다.
③ (○) 경찰관이 윤리강령의 내용을 도덕적 울타리로 삼아 **경찰윤리강령 수준으로만 근무**를 하려하기 때문에 '**최소주의 위험**'이 발생할 수 있다.
④ (○) 경찰윤리강령은 **법적 강제력이 없기 때문에** 위반하였을 경우 **제재할 방법이 미흡**하여 '**낮은 실행가능성**' 문제가 발생할 수 있다.

162 경찰윤리에 대한 설명으로 가장 적절한 것은?  19 승진

① 사회계약설로부터 도출되는 경찰활동의 기준으로 볼 때 경찰관이 사회의 일부분이 아닌 사회 전체의 이익을 염두에 두어야 한다는 것은 '냉정하고 객관적인 자세'에 해당한다.
② 경찰 전문직업화의 문제점으로 '소외'는 전문직이 되는 데 장기간의 교육이 필요하고 비용이 들어, 가난한 사람은 전문가가 되는 기회를 상실하는 것을 말한다.
③ 「경찰청 공무원 행동강령」에 따라 공무원은 「범죄수사규칙」 제30조에 따른 경찰관서 내 수사지휘에 대한 이의제기와 관련하여 행동강령책임관에게 상담을 요청하여야 한다.
④ 경찰윤리강령의 문제점으로 '비진정성의 조장'은 강령의 내용을 행위의 울타리로 삼아 강령에 제시된 바람직한 행위 그 이상의 자기희생을 하지 않으려는 경향을 의미한다.

🔒 161 ① 162 ①

163 「경찰헌장」의 내용 중 괄호 안에 들어갈 가장 적절한 표현은?　　●A급　23 승진

> 우리는 조국 광복과 함께 태어나 나라와 겨레를 위하여 충성을 다하며 오늘의 자유민주사회를 지켜온 대한민국 경찰이다. (중략)
> 1. 우리는 정의의 이름으로 진실을 추구하며 어떠한 불의나 불법과 타협하지 않는 (㉠) 경찰이다.
> 1. 우리는 국민의 신뢰를 바탕으로 오직 양심에 따라 법을 집행하는 (㉡) 경찰이다.
> 1. 우리는 화합과 단결 속에 항상 규율을 지키며 검소하게 생활하는 (㉢) 경찰이다.

① ㉠ 의로운 – ㉡ 공정한 – ㉢ 깨끗한
② ㉠ 의로운 – ㉡ 깨끗한 – ㉢ 친절한
③ ㉠ 공정한 – ㉡ 깨끗한 – ㉢ 근면한
④ ㉠ 공정한 – ㉡ 의로운 – ㉢ 깨끗한

해설

> 우리는 조국 광복과 함께 태어나 나라와 겨레를 위하여 충성을 다하며 오늘의 자유민주사회를 지켜온 대한민국 경찰이다. (중략)
> 1. 우리는 **정의**의 이름으로 진실을 추구하며 어떠한 **불의**나 불법과 타협하지 않는 (㉠ **의로운**) 경찰이다.
> 1. 우리는 국민의 신뢰를 바탕으로 **오직 양심에 따라 법을 집행**하는 (㉡ **공정한**) 경찰이다.
> 1. 우리는 화합과 단결 속에 항상 규율을 지키며 **검소**하게 생활하는 (㉢ **깨끗한**) 경찰이다.

 163 ①

164 경찰윤리강령에 관한 설명으로 가장 적절하지 않은 것은?  24 순경1차

① 법적 강제력이 없기 때문에 위반했을 경우 제재할 방법이 미흡하다.

② 민주적 참여에 의한 제정보다는 상부에서 제정되고 일방적으로 하달되어 냉소주의를 불러일으키는 단점이 있다.

③ 우리나라의 경찰윤리강령은 경찰윤리헌장 – 새경찰신조 – 경찰헌장 – 경찰서비스헌장 순서로 제정되었다.

④ 1945년 10월 21일 국립경찰의 탄생 시 이념적 지표가 된 경찰정신은 대륙법계의 영향으로 '봉사'와 '질서'를 경찰의 행동강령으로 삼았다.

해설

① (○) 경찰윤리강령은 **법적 강제력이 없기 때문에** 위반했을 경우 제재할 방법이 미흡하다. – **실행가능성의 문제**

② (○) 경찰윤리강령은 민주적 참여에 의한 제정보다는 **상부에서** 제정되고 **일방적으로 하달**되어 '**냉소주의**'를 불러일으키는 단점이 있다.

③ (○) 우리나라의 경찰윤리강령은 **경찰윤리헌장(1966)** – **경찰신조(1980)** – **경찰헌장(1991)** – **경찰서비스헌장(1998)** 순서로 제정되었다.

④ (×) **1945년 10월 21일** 국립경찰의 탄생 시 이념적 지표가 된 경찰정신은 **영미법계(대륙법계×)**의 영향으로 '**봉사**'와 '**질서**'를 경찰의 행동강령으로 삼았다.

165 경찰과 윤리에 대한 설명으로 가장 적절한 것은?  21 승진

① 1945년 국립경찰의 탄생 시 경찰의 이념적 좌표가 된 경찰정신은 대륙법계의 영향을 받은 '봉사와 질서'이다.

② 경찰헌장에서는 "우리는 화합과 단결 속에 항상 규율을 지키며 검소하게 생활하는 근면한 경찰이다."라는 목표를 제시하였다.

③ 「경찰청 공무원 행동강령」에 따르면 공무원은 직무의 범위를 벗어나 사적 이익을 위하여 소속기관의 명칭이나 직위를 공표·게시하는 등의 방법으로 이용하거나 이용하게 하여서는 아니된다.

④ 경찰윤리강령의 문제점 중 '냉소주의 문제'란, 경찰관의 도덕적 자각에 따른 자발적인 행동이 아니라 외부로부터 요구된 타율성으로 인해 진정한 봉사가 이루어지지 않을 수 있다는 것을 의미한다.

해설

① (×) 1945년 국립경찰의 탄생 시 경찰의 이념적 좌표가 된 경찰정신은 **영미법계(대륙법계×)**의 영향을 받은 '**봉사와 질서**'이다.

② (×) 경찰헌장에서는 "우리는 화합과 단결 속에 항상 규율을 지키며 **검소**하게 생활하는 **깨끗한 경찰(근면한 경찰×)**이다."라는 목표를 제시하였다.

③ (○) **「경찰청 공무원 행동강령」**에 따르면 공무원은 직무의 범위를 벗어나 **사적 이익을 위하여** 소속기관의 **명칭이나 직위를** 공표·게시하는 등의 방법으로 이용하거나 **이용하게 하여서는 아니 된다.**

④ (×) 경찰윤리강령의 문제점 중 '**비진정성(냉소주의×)의 문제**'란, 경찰관의 도덕적 자각에 따른 자발적인 행동이 아니라 **외부로부터 요구된** 타율성으로 인해 진정한 봉사가 이루어지지 않을 수 있다는 것을 의미한다.

🔷**Tip** '냉소주의 문제'는 경찰윤리강령이 직원들의 참여에 의하여 이루어지는 것이 아니라 **상부에서** 제정하여 **하달**하였기 때문에 타율성으로 인해 진정한 봉사가 이루어지지 않을 수 있다는 것을 의미한다.

 🔒 164 ④   165 ③

166 「부정청탁 및 금품등 수수의 금지에 관한 법률」에 대한 설명으로 가장 적절하지 않은 것은?

●A급 24 순경1차

① 공직자등은 부정청탁을 받았을 때에는 부정청탁을 한 자에게 부정청탁임을 알리고 이를 거절하는 의사를 명확히 표시하여야 한다. 그럼에도 불구하고 동일한 부정청탁을 다시 받은 경우에는 이를 소속기관장에게 서면(전자문서를 포함한다)으로 신고하여야 한다.

② 누구든지 동법의 위반행위가 발생하였거나 발생하고 있다는 사실을 알게 된 때에는 자신의 인적사항을 밝히지 아니하고 변호사를 선임하여 신고를 대리하게 할 수 있다.

③ 공직자등은 외부기관(국가 및 지방자치단체를 포함한다)의 요청으로 사례금을 받는 외부강의등을 할 때에는 소속기관장에게 그 외부강의등을 마친 날부터 10일 이내에 서면으로 신고하여야 한다.

④ 공공기관의 장은 공직자등에게 부정청탁 금지 및 금품등의 수수금지에 관한 내용을 정기적으로 교육하여야 하며, 교육의 실시를 위하여 필요하면 국민권익위원회에 지원을 요청할 수 있다.

해설

① (○) **공직자등은** 부정청탁을 받았을 때에는 부정청탁을 한 자에게 부정청탁임을 알리고 이를 **거절하는 의사를 명확히 표시하여야 한다**. 그럼에도 불구하고 동일한 부정청탁을 다시 받은 경우에는 이를 **소속기관장에게 서면(전자문서를 포함한다)으로 신고하여야 한다**(동법 제7조 제1항, 제2항).

② (○) **누구든지** 동법의 위반행위가 발생하였거나 발생하고 있다는 사실을 알게 된 때에는 **자신의 인적사항을 밝히지 아니하고** 변호사를 선임하여 신고를 대리하게 할 수 있다(동법 제13조의2 제1항).

③ (✕) 공직자등은 외부기관(**국가 및 지방자치단체를 제외**(포함✕)한다)의 요청으로 사례금을 받는 **외부강의등**을 할 때에는 소속기관장에게 그 외부강의등을 **마친 날부터 10일 이내**에 서면으로 **신고하여야 한다**(동법 제10조 제2항).

④ (○) 공공기관의 장은 공직자등에게 부정청탁 금지 및 금품등의 수수금지에 관한 내용을 **정기적으로 교육하여야 하며**, 교육의 실시를 위하여 **필요하면 '국민권익위원회'에 지원을 요청할 수 있다**(동법 제19조 제1항, 제3항).

167 「부정청탁 및 금품등 수수의 금지에 관한 법률」 및 동법 시행령에 관한 설명으로 가장 적절하지 않은 것은?

●A급 23 순경2차

① 공직자등은 직무 관련 여부 및 기부·후원·증여 등 그 명목에 관계없이 동일인으로부터 1회에 100만원 또는 매 회계연도에 300만원을 초과하는 금품등을 받거나 요구 또는 약속해서는 아니 된다.

② 경찰청에서 근무하는 甲총경은 A전자회사의 요청으로 시간 당 30만원의 사례금을 약속받고 A전자회사의 직원을 대상으로 자신의 직무와 관련된 3시간짜리 강의를 월 1회, 총 3개월간 진행하였다. 이 경우 甲총경이 지급받을 수 있는 최대사례금 총액은 270만원이다.

🔒 166 ③ 167 ②

③ B자동차회사의 요청으로 자신의 직무와 관련된 외부강의를 마치고 소정의 사례금을 약속받은 乙경무관은 대통령령으로 정하는 바에 따라 외부강의의 요청 명세 등을 소속기관장에게 그 외부강의를 마친 날부터 10일 이내에 서면으로 신고하여야 한다.

④ 사단법인 C학회가 주관 및 개최한 토론회에 참석하여 자신의 직무와 관련된 토론을 한 丙경감이 상한액을 초과하는 사례금을 받은 경우 초과사례금을 받은 사실을 안 날부터 2일 이내에 동법 시행령이 정한 사항을 적은 서면으로 소속기관장에게 신고하여야 한다.

해설

① (○) 공직자등은 **직무 관련 여부** 및 기부·후원·증여 등 **그 명목에 관계없이** 동일인으로부터 **1회에 100만원 또는 매 회계연도에 300만원을 초과하는** 금품등을 받거나 요구 또는 약속해서는 **아니 된다**(동법 제8조 제1항).

② (×) 경찰청에서 근무하는 甲총경은 A전자회사의 요청으로 시간 당 30만원의 사례금을 약속받고 A전자회사의 직원을 대상으로 자신의 직무와 관련된 3시간짜리 강의를 월 1회, 총 3개월간 진행하였다. 이 경우 甲총경이 지급받을 수 있는 최대사례금 총액은 **180만원(270만원×)**이다(동법 시행령 [별표2]).

　🔵**Tip** 1회에 3시간짜리 강의를 하였더라도, 1회에 받을 수 있는 최대 사례금은 60만원이므로 월 1회, 총 3개월 진행되었다면, 최대 180만원을 받을 수 있다.

③ (○) B자동차회사의 요청으로 자신의 직무와 관련된 외부강의를 마치고 소정의 사례금을 약속받은 乙경무관은 대통령령으로 정하는 바에 따라 **외부강의의 요청 명세 등을 소속기관장에게** 그 외부강의를 **마친 날부터 10일 이내에 서면으로 신고하여야 한다**(동법 제10조 제2항).

④ (○) 사단법인 C학회가 주관 및 개최한 토론회에 참석하여 자신의 직무와 관련된 토론을 한 丙경감이 **상한액을 초과하**는 **사례금을 받은 경우 초과사례금을 받은 사실을 안 날부터 2일 이내**에 동법 시행령이 정한 사항을 적은 **서면으로 소속기관장에게 신고하여야 한다**(동법 시행령 제27조 제1항).

168 「부정청탁 및 금품등 수수의 금지에 관한 법률」에 대한 설명으로 가장 적절하지 않은 것은?

● A급 21 순경2차

① 공직자등 자신이 수수 금지 금품등을 받거나 그 제공의 약속 또는 의사표시를 받은 경우에는 소속기관장에게 지체 없이 서면 또는 구두로 신고하여야 한다.

② 공직자등은 사례금을 받는 외부강의등을 할 때에는 대통령령으로 정하는 바에 따라 외부강의등의 요청 명세 등을 소속기관장에게 그 외부강의등을 마친 날부터 10일 이내에 서면으로 신고하여야 한다. 다만, 외부강의등을 요청한 자가 국가나 지방자치단체인 경우에는 그러하지 아니하다.

③ 「부정청탁 및 금품등 수수의 금지에 관한 법률」에 따라 국회, 법원, 헌법재판소, 선거관리위원회, 감사원, 국가인권위원회, 고위공직자 범죄수사처, 중앙행정기관(대통령 소속 기관과 국무총리 소속 기관을 포함한다)과 그 소속 기관 및 지방자치단체는 공공기관에 해당한다.

④ 공직자등은 직무 관련 여부 및 기부·후원·증여 등 그 명목에 관계없이 동일인으로부터 1회에 100만원 또는 매 회계연도에 300만원을 초과하는 금품등을 받거나 요구 또는 약속해서는 아니 된다.

 168 ①

제2장 경찰과 윤리 105

① (×) 공직자등 자신이 수수 금지 금품등을 받거나 그 제공의 약속 또는 의사표시를 받은 경우에는 **소속기관장에게 지체 없이 서면**(구두×)**으로 신고**하여야 한다(동법 제9조 제1항 제1호).

② (○) 공직자등은 **사례금을 받는 외부강의등**을 할 때에는 대통령령으로 정하는 바에 따라 외부강의등의 요청 명세 등을 **소속기관장에게** 그 외부강의등을 **마친 날부터 10일 이내**에 **서면으로 신고**하여야 한다. 다만, 외부강의등을 요청한 자가 **국가나 지방자치단체**인 경우에는 **그러하지 아니하다**(동법 제10조 제2항).

③ (○) 「부정청탁 및 금품등 수수의 금지에 관한 법률」에 따라 국회, 법원, 헌법재판소, 선거관리위원회, 감사원, 국가인권위원회, 고위공직자 범죄수사처, 중앙행정기관(대통령 소속 기관과 국무총리 소속 기관을 **포함한다**)과 그 소속 기관 및 지방자치단체는 공공기관에 해당한다(동법 제2조 제1호).

④ (○) 공직자등은 **직무 관련** 여부 및 기부·후원·증여 등 그 **명목에 관계없이** 동일인으로부터 **1회에 100만원** 또는 매 **회계연도에 300만원**을 **초과하는 금품**등을 받거나 요구 또는 약속해서는 **아니 된다**(동법 제8조 제1항).

169 「부정청탁 및 금품등 수수의 금지에 관한 법률」에 대한 설명으로 가장 적절하지 않은 것은?

• A급 25 순경2차

① 소속기관장은 부정청탁이 있었던 사실을 알게 된 경우 부정청탁을 받은 공직자등에 대하여 직무 참여 일시중지, 직무 대리자의 지정, 전보의 조치 등을 하여야 한다.

② 공직자등은 자신의 직무와 관련된 외부강의등의 대가로서 대통령령으로 정하는 금액을 초과하는 사례금을 받은 경우에는 대통령령으로 정하는 바에 따라 소속기관장에게 신고하고, 제공자에게 그 초과금액을 지체 없이 반환하여야 한다.

③ 증여를 제외한 사적 거래로 인한 채무의 이행 등 정당한 권원에 의하여 제공되는 금품등은 이 법 제8조에서 규정하는 수수가 금지된 금품등에 해당하지 않는다.

④ 공직자등의 직무와 관련된 공식적인 행사에서 주최자가 참석자에게 통상적인 범위에서 일률적으로 제공하는 교통, 숙박, 음식물 등의 금품등은 이 법 제8조에서 규정하는 수수가 금지된 금품등에 해당하지 않는다.

① (×) **소속기관장**은 부정청탁이 있었던 사실을 알게 된 경우 부정청탁을 받은 공직자등에 대하여 **직무 참여 일시중지, 직무 대리자의 지정, 전보**의 **조치 등을 할 수 있다**(하여야 한다×)(동법 제7조 제4항).

② (○) 공직자등은 자신의 직무와 관련된 외부강의등의 대가로서 대통령령으로 정하는 금액을 **초과하는 사례금을 받은 경우**에는 대통령령으로 정하는 바에 따라 **소속기관장에게 신고**하고, **제공자에게** 그 초과금액을 **지체 없이 반환**하여야 한다(동법 제10조 제5항).

③ (○) **증여를 제외**한 **사적 거래**로 인한 채무의 이행 등 **정당한 권원**에 의하여 제공되는 금품등은 이 법 제8조에서 규정하는 수수가 **금지된 금품등에 해당하지 않는다.**

④ (○) 공직자등의 직무와 관련된 공식적인 행사에서 주최자가 참석자에게 **통상적인 범위에서 일률적으로 제공**하는 교통, 숙박, 음식물 등의 금품등은 이 법 제8조에서 규정하는 수수가 **금지된 금품등에 해당하지 않는다.**

🔒 169 ①

170 「부정청탁 및 금품등 수수의 금지에 관한 법률」에 대한 설명으로 가장 적절하지 않은 것은?

● A급 19 순경1차

① 원활한 직무수행 목적으로 제공되는 음식물·경조사비·선물 등으로서 대통령령으로 정하는 가액 범위 안의 금품등은 수수 금지의 예외 사유이다.

② 사회상규에 따라 허용되는 금품등은 수수 금지의 예외 사유이다.

③ 공직자등은 직무 관련 여부 및 기부·후원·증여 등 그 명목에 관계없이 동일인으로부터 1회에 100만원 또는 매 회계연도에 300만원을 초과하는 금품등을 받거나 요구 또는 약속해서는 아니 된다.

④ 사적 거래(증여 포함)로 인한 채무의 이행 등 정당한 권원(權原)에 의하여 제공되는 금품등은 수수 금지의 예외 사유이다.

해설

① (○) 원활한 직무수행 목적으로 제공되는 **음식물·경조사비·선물** 등으로서 대통령령으로 정하는 가액 범위 안의 금품등은 수수 **금지의 예외 사유**이다(동법 제8조 제3항 제2호).

② (○) **사회상규**에 따라 허용되는 금품등은 수수 **금지의 예외 사유**이다(동법 제8조 제3항 제8호).

③ (○) 공직자등은 직무 관련 여부 및 기부·후원·증여 등 **그 명목에 관계없이** 동일인으로부터 **1회에 100만원** 또는 매 **회계연도에 300만원**을 **초과**하는 금품등을 받거나 요구 또는 약속해서는 **아니 된다**(동법 제8조 제1항).

④ (×) **사적 거래[증여 제외(포함×)]**로 인한 채무의 이행 등 **정당한 권원**(權原)에 의하여 제공되는 금품등은 수수 **금지의 예외 사유**이다(동법 제8조 제3항 제3호).

171 「부정청탁 및 금품등 수수의 금지에 관한 법률」에 대한 설명으로 가장 적절하지 않은 것은?

● A급 19 승진

① 누구든지 「부정청탁 및 금품등 수수의 금지에 관한 법률」의 위반행위가 발생하였거나 발생하고 있다는 사실을 알게 된 경우에는 이 법의 위반행위가 발생한 공공기관 또는 그 감독기관, 감사원 또는 수사기관, 국민권익위원회에 신고할 수 있다.

② '공직자등'은 부정청탁을 받았을 때에는 부정청탁을 한 자에게 부정청탁임을 알리고 이를 거절하는 의사를 명확히 표시하여야 한다.

③ 부정청탁을 받은 '공직자등'이 그에 따라 직무를 수행한 경우 2년 이하의 징역 또는 2천만원 이하의 벌금에 처한다.

④ '공직자등'은 외부강의등을 할 때에는 대통령령으로 정하는 바에 따라 외부강의등의 요청 명세 등을 소속기관장에게 미리 서면으로 신고할 수 있다. 다만, 외부강의등을 요청한 자가 국가나 지방자치단체인 경우에는 그러하지 아니하다.

해설

① (○) 누구든지 「부정청탁 및 금품등 수수의 금지에 관한 법률」의 위반행위가 발생하였거나 발생하고 있다는 사실을 알게 된 경우에는 이 법의 **위반행위가 발생한 공공기관** 또는 **그 감독기관, 감사원** 또는 **수사기관, 국민권익위원회**에 신고할 수 있다(동법 제13조 제1항).

② (○) '**공직자등**'은 부정청탁을 받았을 때에는 부정청탁을 한 자에게 부정청탁임을 알리고 이를 **거절하는 의사를 명확히 표시하여야 한다**(동법 제7조 제1항).

 170 ④ 171 ④

③ (○) **부정청탁**을 받은 '공직자등'이 **그에 따라 직무를 수행**한 경우 2년 이하의 징역 또는 2천만원 이하의 벌금에 처한다(동법 제22조 제2항 제1호).

④ (×) '공직자등'은 사례금을 받는 외부강의등을 할 때에는 대통령령으로 정하는 바에 따라 외부강의등의 요청 명세 등을 **소속기관장에게 그 외부강의등을 마친 날부터 10일 이내**(미리×)에 서면으로 **신고하여야 한다**(신고할 수 있다×). 다만, 외부강의등을 요청한 자가 국가나 지방자치단체인 경우에는 그러하지 아니하다(동법 제10조 제2항).

172 「부정청탁 및 금품등 수수의 금지에 관한 법률」 제8조에서 규정하는 '금품등의 수수 금지'에 대한 설명으로 가장 적절하지 않은 것은? ● A급 19 승진

① 공직자등은 직무 관련 여부 및 기부·후원·증여 등 그 명목에 관계없이 동일인으로부터 1회에 100만원 또는 매 회계연도에 300만원을 초과하는 금품등을 받거나 요구 또는 약속해서는 아니 된다.

② 공직자등은 직무와 관련하여 대가성 여부를 불문하고 1회에 100만원 또는 매 회계연도에 300만원 이하의 금품등을 받거나 요구 또는 약속해서는 아니 된다.

③ 공직자등과 관련된 직원상조회·동호인회·동창회·향우회·친목회·종교단체·사회단체 등이 정하는 기준에 따라 구성원에게 제공하는 금품등은 수수를 금지하는 금품등에 해당하지 아니한다.

④ 공직자등의 직무와 관련된 공식적인 행사에서 주최자가 참석자에게 통상적인 범위에서 일률적으로 제공하는 교통, 숙박, 음식물 등의 금품등은 수수를 금지하는 금품등에 해당한다.

해설

① (○) 공직자등은 **직무 관련 여부** 및 기부·후원·증여 등 **그 명목에 관계없이** 동일인으로부터 1회에 100만원 또는 매 회계연도에 300만원을 **초과**하는 금품등을 받거나 요구 또는 약속해서는 **아니 된다**(동법 제8조 제1항).

② (○) 공직자등은 **직무와 관련하여** 대가성 여부를 불문하고 1회에 100만원 또는 매 회계연도에 300만원 이하의 금품등을 받거나 요구 또는 약속해서는 **아니 된다**(동법 제8조 제2항).

③ (○) 공직자등과 관련된 **직원상조회·동호인회·동창회·향우회·친목회·종교단체·사회단체** 등이 **정하는 기준에 따라 구성원에게 제공**하는 금품등은 수수를 **금지하는 금품등에 해당하지 아니한다**(동법 제8조 제3항 제5호).

④ (×) 공직자등의 직무와 관련된 공식적인 행사에서 주최자가 참석자에게 **통상적인 범위에서 일률적으로 제공**하는 교통, 숙박, 음식물 등의 금품등은 수수를 **금지하는 금품등에 해당하지 아니한다**(해당한다×)(동법 제8조 제3항 제6호).

173 「부정청탁 및 금품등 수수의 금지에 관한 법률」에 대한 설명으로 가장 적절하지 않은 것은?

● A급 20 승진

① 부정청탁을 받은 공직자등이 그에 따라 직무를 수행한 경우 2년 이하의 징역 또는 2천만원 이하의 벌금에 처한다.

② 공직자등은 직무 관련 여부 및 기부·후원·증여 등 그 명목에 관계없이 동일인으로부터 1회에 100만원 또는 매 회계연도에 300만원을 초과하는 금품등을 받거나 요구 또는 약속해서는 아니 된다.

③ 사적 거래(증여는 제외한다)로 인한 채무의 이행 등 정당한 권원에 의하여 제공되는 금품등은 동법 제8조(금품등의 수수 금지)에서 규정하는 수수가 금지된 금품등에 해당하지 않는다.

🔒 172 ④ 173 ④

④ 공직자등과 관련된 직원상조회 · 동호인회 · 동창회 · 향우회 · 친목회 · 종교단체 · 사회단체 등이 정하는 기준에 따라 구성원에게 제공하는 금품등은 동법 제8조(금품등의 수수 금지)에서 규정하는 수수를 금지하는 금품등에 해당한다.

해설

① (○) **부정청탁을 받은** 공직자등이 그에 따라 **직무를 수행**한 경우 2년 이하의 징역 또는 2천만원 이하의 벌금에 처한다(동법 제22조 제2항 제1호).

② (○) 공직자등은 **직무 관련 여부** 및 기부 · 후원 · 증여 등 **그 명목에 관계없이** 동일인으로부터 1회에 **100만원** 또는 매 회계연도에 **300만원**을 초과하는 금품등을 받거나 요구 또는 약속해서는 **아니 된다**(동법 제8조 제1항).

③ (○) 사적 거래(**증여는 제외**한다)로 인한 채무의 이행 등 **정당한 권원에 의하여** 제공되는 금품등은 동법 제8조(금품등의 수수 금지)에서 규정하는 수수가 **금지된 금품**등에 해당하지 않는다(동법 제8조 제3항 제3호).

④ (×) 공직자등과 관련된 직원상조회 · 동호인회 · 동창회 · 향우회 · 친목회 · 종교단체 · 사회단체 등이 정하는 기준에 따라 구성원에게 제공하는 금품등은 동법 제8조(금품등의 수수 금지)에서 규정하는 수수를 **금지하는 금품등에 해당하지 아니한다(해당한다×)**(동법 제8조 제3항 제5호).

174 「부정청탁 및 금품등 수수의 금지에 관한 법률」 및 그 시행령상 외부강의 등의 사례금 수수 제한에 대한 설명 중 옳지 않은 것은? ● A급 20 경위

① 공직자등은 자신의 직무와 관련되거나 그 지위 · 직책 등에서 유래되는 사실상의 영향력을 통하여 요청받은 교육 · 홍보 · 토론회 · 세미나 · 공청회 또는 그 밖의 회의 등에서 한 강의 · 강연 · 기고 등(이하 "외부강의등"이라 한다)의 대가로서 대통령령으로 정하는 금액을 초과하는 사례금을 받아서는 아니 된다.

② 공직자등은 국가나 지방자치단체의 요청에 의해 외부강의등을 할 때에는 대통령령으로 정하는 바에 따라 외부강의등의 요청 명세 등을 소속기관장에게 그 외부강의등을 마친 날부터 10일 이내에 서면으로 신고하여야 한다.

③ 공직자등은 법 제10조 제1항에 따른 금액을 초과하는 사례금(이하 "초과사례금"이라 한다)을 받은 경우에는 법 제10조 제5항에 따라 초과사례금을 받은 사실을 안 날부터 2일 이내에 일정한 사항을 적은 서면으로 소속기관장에게 신고하여야 한다.

④ 소속기관장은 공직자등이 신고한 외부강의등이 공정한 직무수행을 저해할 수 있다고 판단하는 경우에는 그 공직자등의 외부강의등을 제한할 수 있다.

해설

① (○) 공직자등은 **자신의 직무와 관련되거나** 그 지위 · 직책 등에서 유래되는 **사실상의 영향력**을 통하여 요청받은 교육 · 홍보 · 토론회 · 세미나 · 공청회 또는 그 밖의 회의 등에서 한 강의 · 강연 · 기고 등(이하 "**외부강의등**"이라 한다)의 대가로서 **대통령령으로 정하는 금액**을 초과하는 사례금을 받아서는 **아니 된다**(동법 제10조 제1항).

② (×) 공직자등은 사례금을 받는 외부강의등을 할 때에는 대통령령으로 정하는 바에 따라 외부강의등의 요청 명세 등을 소속기관장에게 그 외부강의등을 마친 날부터 10일 이내에 서면으로 신고하여야 한다. 다만, 외부강의등을 요청한 자가 **국가나 지방자치단체인 경우에는 그러하지 아니하다**(동법 제10조 제2항).

③ (○) 공직자등은 법 제10조 제1항에 따른 금액을 **초과하는 사례금**을 받은 경우에는 법 제10조 제5항에 따라 초과사례금을 받은 사실을 **안 날부터 2일 이내**에 일정한 사항을 적은 **서면으로 소속기관장에게 신고하여야 한다**(동법 시행령 제27조 제1항).

④ (○) **소속기관장**은 공직자등이 신고한 외부강의등이 공정한 직무수행을 저해할 수 있다고 판단하는 경우에는 그 공직자등의 **외부강의등을 제한할 수 있다**(동법 제10조 제4항).

 174 ②

175 「부정청탁 및 금품등 수수의 금지에 관한 법률」 제8조 '금품들의 수수 금지'에 대한 설명으로 가장 적절하지 않은 것은? ●A급 21 승진

① 경찰서장이 소속경찰서 경무계 직원들에게 격려의 목적으로 제공하는 회식비는 '수수를 금지하는 금품등'에 해당하지 아니한다.

② A경위가 휴일날 인근 대형마트 행사에서 추첨권에 당첨되어 수령한 수입차는 '수수를 금지하는 금품등'에 해당하지 아니한다.

③ 공직자등이 8촌 이내의 혈족, 4촌 이내의 인척, 배우자로부터 제공받는 금품등은 '수수를 금지하는 금품등'에 해당하지 아니한다.

④ 공직자등은 직무 관련 여부 및 기부·후원·증여 등 그 명목에 관계없이 동일인으로부터 1회에 100만원 또는 매 회계연도에 200만원을 초과하는 금품등을 받거나 요구 또는 약속해서는 아니 된다.

> **해설**
> ① (○) 경찰서장이 소속경찰서 경무계 직원들에게 **격려의 목적**으로 제공하는 **회식비**는 '수수를 금지하는 금품등'에 해당하지 아니한다(동법 제8조 제3항 제1호).
> ② (○) A경위가 휴일날 인근 대형마트 행사에서 **추첨권에 당첨**되어 수령한 수입차는 '수수를 금지하는 금품등'에 해당하지 아니한다(동법 제8조 제3항 제7호).
> ③ (○) 공직자등이 **8촌 이내의 혈족, 4촌 이내의 인척, 배우자**로부터 제공받는 금품등은 '수수를 금지하는 금품등'에 해당하지 아니한다(동법 제8조 제3항 제4호).
> ④ (✕) 공직자등은 직무 관련 여부 및 기부·후원·증여 등 그 명목에 관계없이 동일인으로부터 **1회**에 100만원 또는 매 **회계연도에 300만원(200만원✕)을 초과**하는 금품등을 받거나 요구 또는 약속해서는 **아니 된다**(동법 제8조 제1항).

176 「부정청탁 및 금품등 수수의 금지에 관한 법률」에 대한 설명 중 가장 적절한 것은? ●A급 22 승진

① 공직자등은 직무 관련 여부 및 기부·후원·증여 등 그 명목에 관계없이 동일인으로부터 1회에 100만원 또는 매 회계연도에 300만원을 초과하는 금품을 받거나 요구 또는 약속해서는 아니 된다.

② 이 법의 위반행위가 발생하였거나 발생하고 있다는 사실을 알게 된 경우에는 이해관계인만 수사기관에 신고할 수 있다.

③ 직급에 상관없이 모든 공직자의 외부강의 사례금 상한액은 1시간당 30만원이며 1시간을 초과하면 상한액은 45만원이다.

④ 부정청탁을 받은 공직자등은 부정청탁을 한 자에게 부정청탁임을 알렸다면 이와 별도로 거절하는 의사는 명확하지 않아도 된다.

> **해설**
> ① (○) 공직자등은 직무 관련 여부 및 **기부·후원·증여** 등 그 명목에 **관계없이** 동일인으로부터 1회에 100만원 또는 매 **회계연도에 300만원을 초과**하는 금품을 받거나 요구 또는 약속해서는 **아니 된다**(동법 제8조 제1항).
> ② (✕) 이 법의 위반행위가 발생하였거나 발생하고 있다는 사실을 알게 된 경우에는 **누구든지(이해관계인만✕)** 수사기관에 **신고할 수 있다**(동법 제13조 제1항).
> ③ (✕) **직급에 상관없이** 각급 학교의 장과 교직원 및 학교법인 임직원, 언론사 대표자와 그 임직원을 제외한 공직자등은 외부강의 사례금 상한액은 **1시간당 40만원(30만원✕)**이며 **1시간을 초과**하면 **상한액은 60만원(45만원✕)**이다(동시행령 [별표2]).
> ④ (✕) 공직자등은 부정청탁을 받았을 때에는 부정청탁을 한 자에게 부정청탁임을 알리고 이를 **거절하는 의사를 명확히 표시하여야 한다(명확하지 않아도 된다✕)**(동법 제7조 제1항).

 175 ④ 176 ①

177 「부정청탁 및 금품등 수수의 금지에 관한 법률」 및 동법 시행령에 따른 외부강의등의 사례금 수수제한에 관한 내용으로 가장 적절하지 않은 것은? ●A급 26 경위

① 공직자등은 사례금을 받는 외부강의등을 할 때에는 대통령령으로 정하는 바에 따라 외부강의등의 요청 명세 등을 소속기관장에게 그 외부강의등을 마친 날부터 10일 이내에 서면으로 신고하여야 한다. 다만, 외부강의등을 요청한 자가 국가나 지방자치단체인 경우에는 그러하지 아니하다.

② 공무원 및 유관단체 등의 외부강의 시간당 상한액은 직급 구분없이 40만원이다.

③ 소속기관장은 공직자등이 신고한 외부강의등이 공정한 직무수행을 저해할 수 있다고 판단하는 경우에는 그 공직자등의 외부강의등을 제한할 수 있다.

④ 공직자등은 초과사례금을 받은 경우에 초과사례금을 받은 날부터 2일 이내에 서면 또는 구두로 소속기관장에게 신고하여야 한다.

> **해설**
>
> ① (○) 공직자등은 사례금을 받는 **외부강의등**을 할 때에는 대통령령으로 정하는 바에 따라 외부강의등의 요청 명세 등을 **소속기관장에게** 그 외부강의등을 **마친 날부터 10일 이내**에 서면으로 신고하여야 한다. 다만, 외부강의등을 요청한 자가 **국가나 지방자치단체인 경우에는 그러하지 아니하다**(동법 제10조 제2항).
> ② (○) 공무원 및 유관단체 등의 **외부강의 시간당 상한액**은 **직급 구분없이 40만원**이다(동법 시행령 [별표2]).
> ③ (○) **소속기관장은** 공직자등이 신고한 **외부강의등**이 공정한 직무수행을 저해할 수 있다고 판단하는 경우에는 그 공직자등의 외부강의등을 **제한할 수 있다**(동법 제10조 제4항).
> ④ (✕) 공직자등은 **초과사례금**을 받은 경우에 초과사례금을 받은 사실을 **안 날부터**(받은 날부터✕) **2일 이내**에 **서면**(또는 구두✕)로 소속기관장에게 **신고**하여야 한다(동법 시행령 제27조 제1항).

178 「부정청탁 및 금품등 수수의 금지에 관한 법률」에 위반되는 사례로 가장 적절한 것은? ●A급 22 승진

① 예술의 전당 소속 공연 관련 업무 담당공무원이 예술의 전당 초청 공연작으로 결정된 뮤직드라마의 공연제작사 대표이사 甲 등과 저녁식사를 하고 30만원 상당(1인당 6만원)의 음식값을 甲이 지불한 경우

② 경찰서장이 소속부서 직원들에게 위로 격려 포상의 목적으로 회식비를 제공한 경우

③ 결혼식을 앞두고 있는 경찰관이 4촌 형으로부터 500만원 상당의 냉장고를 선물 받은 경우

④ 경찰관이 홈쇼핑에서 물품을 구매한 후 구매자를 대상으로 경품을 추첨하는 행사에서 당첨되어 300만원 상당의 안마의자를 받은 경우

> **해설**
>
> ① (○) 예술의 전당 소속 공연 관련 업무 담당공무원이 예술의 전당 초청 공연작으로 결정된 뮤직드라마의 공연제작사 대표이사 甲 등과 저녁식사를 하고 **30만원 상당**(1인당 6만원)의 **음식값**을 甲이 지불한 경우 – **1인당 5만원을 초과**하여 위반 사례에 해당한다.
> 🄫ip **음식물**(제공자와 공직자등이 함께 하는 식사, 다과, 주류, 음료, 그 밖에 이에 준하는 것을 말한다) : **5만원**
> [개정시행 2024.8.27.]

🔒 **177** ④ **178** ①

② (×) 경찰서장이 소속부서 직원들에게 위로 **격려 포상**의 목적으로 **회식비**를 제공한 경우 – 상급자의 격려 목적 금품등은 금지대상에서 제외되므로 적법한 사례이다.

③ (×) 결혼식을 앞두고 있는 경찰관이 **4촌** 형으로부터 500만원 상당의 냉장고를 선물 받은 경우 – 친족이 제공하는 금품등은 금지대상에서 제외되므로 적법한 사례이다.

④ (×) 경찰관이 홈쇼핑에서 물품을 구매한 후 구매자를 대상으로 경품을 **추첨**하는 행사에서 **당첨**되어 300만원 상당의 안마의자를 받은 경우 – 추첨을 통해 받는 상품은 금지대상에서 제외되므로 적법한 사례이다.

179 「부정청탁 및 금품등 수수의 금지에 관한 법률」에 대한 설명으로 가장 적절하지 않은 것은?

•A급 23 경위

① 공직자등은 사례금을 받는 외부강의를 할 때에는 대통령령으로 정하는 바에 따라 외부강의 요청 명세 등을 소속 기관장에게 그 외부강의를 마친 날부터 10일 이내에 서면으로 신고하여야 한다. 다만, 외부강의를 요청한 자가 국가나 지방자치단체인 경우에는 그러하지 아니한다.

② 공직자등은 부정청탁을 받았을 때에는 부정청탁을 한 자에게 부정청탁임을 알리고 이를 거절하는 의사를 명확히 표시하여야 한다.

③ 증여를 포함한 사적 거래로 인한 채무의 이행 등 정당한 권원(權原)에 의하여 제공되는 금품등은 수수를 금지하는 금품등에 해당하지 아니한다.

④ 공직자등은 직무 관련 및 기부·후원·증여 등 그 명목에 관계없이 동일인으로부터 1회에 100만원 또는 매 회계연도에 300만원을 초과하는 금품등을 받거나 요구 또는 약속해서는 아니 된다.

해설

① (○) 공직자등은 사례금을 받는 외부강의를 할 때에는 대통령령으로 정하는 바에 따라 외부강의 요청 명세 등을 **소속 기관장에게** 그 외부강의를 **마친 날부터 10일 이내에** 서면으로 **신고**하여야 한다. 다만, 외부강의를 요청한 자가 **국가나 지방자치단체**인 경우에는 그러하지 **아니한다.**

② (○) 공직자등은 **부정청탁을 받았을 때**에는 부정청탁을 한 자에게 부정청탁임을 알리고 이를 **거절하는 의사를 명확히 표시하여야** 한다.

③ (×) **증여를 제외**한(포함한×) 사적 거래로 인한 채무의 이행 등 **정당한 권원**(權原)에 의하여 제공되는 금품등은 수수를 **금지**하는 금품등에 해당하지 **아니한다.**

④ (○) 공직자등은 직무 관련 및 기부·후원·증여 등 **그 명목에 관계없이** 동일인으로부터 **1회에 100만원** 또는 매 **회계연도에 300만원을 초과**하는 금품등을 받거나 요구 또는 약속해서는 **아니 된다.**

180 「부정청탁 및 금품등 수수의 금지에 관한 법률」에 대한 설명으로 가장 적절하지 않은 것은?

•A급 24 승진

① 공직자등은 직무 관련 여부 및 기부·후원·증여 등 그 명목에 관계없이 동일인으로부터 1회에 100만원 또는 매 회계연도에 300만원을 초과하는 금품등을 받거나 요구 또는 약속해서는 아니 된다.

② 공공기관이 소속 공직자등이나 파견 공직자등에게 지급하거나 상급 공직자등이 위로·격려·포상 등의 목적으로 하급 공직자등에게 제공하는 금품등은 수수를 금지하는 금품등에 해당하지 아니한다.

🔒 179 ③ 180 ④

③ 공직자등은 사례금을 받는 외부강의등을 할 때에는 대통령령으로 정하는 바에 따라 외부강의등의 요청 명세 등을 소속기관장에게 그 외부강의등을 마친 날부터 10일 이내에 서면으로 신고하여야 한다. 다만, 외부강의등을 요청한 자가 국가나 지방자치단체인 경우에는 그러하지 아니하다.

④ 기관장이 소속 직원에게 업무추진비로 10만원 상당의 화환을 보내고, 별도 사비로 10만원의 경조사비를 주는 것은 이 법 위반이다.

해설

① (○) 공직자등은 직무 관련 여부 및 기부·후원·증여 등 **그 명목에 관계없이** 동일인으로부터 **1회에 100만원** 또는 매 **회계연도에 300만원을 초과**하는 금품등을 받거나 요구 또는 약속해서는 **아니 된다.**

② (○) 공공기관이 소속 공직자등이나 파견 공직자등에게 지급하거나 상급 공직자등이 **위로·격려·포상 등의 목적**으로 하급 공직자등에게 제공하는 금품등은 수수를 **금지**하는 금품등에 **해당하지 아니한다.**

③ (○) 공직자등은 사례금을 받는 외부강의등을 할 때에는 대통령령으로 정하는 바에 따라 외부강의등의 요청 명세 등을 **소속기관장에게 그 외부강의등을 마친 날부터 10일 이내에 서면으로 신고**하여야 한다. 다만, 외부강의등을 요청한 자가 **국가나 지방자치단체**인 경우에는 그러하지 **아니하다.**

④ (×) 기관장이 소속 직원에게 **업무추진비로 10만원 상당의 화환**을 보내고, 별도 **사비로 10만원의 경조사비**를 주는 것은 동법 제8조 제3항 제1호에 근거하여 상급 공직자가 **위로·격려·포상 등의 목적**으로 하급 공직자에게 제공하는 금품등에 해당하므로 이 법 **위반이 아니다(위반이다×).**

Tip 경조사비와 관련하여 축의금·조의금을 대신하는 화환·조화는 10만원까지 가능하므로 설문의 내용은 적법이다. 또한 **상급 공직자등이 위로·격려·포상 등의 목적으로 하급 공직자등에게 제공하는 금품등은 수수를 금지하는 금품등에 해당하지 않으므로** 설문에서 **별도 사비로 10만원의 경조사비**를 주는 것은 상급 공직자등이 **위로의 목적**으로 하급 공직자등에 제공하는 금품등에 해당하므로 **적법**하다(동법 제8조 제3항 제1호).

제6절 경찰청 공무원 행동강령

181 「경찰청 공무원 행동강령」 제17조(경조사의 통지 제한)에 따르면 공무원은 직무관련자나 직무관련 공무원에게 경조사를 알려서는 아니 된다. 다음 중 그 예외로 규정하지 않은 것은? **A급** 24 순경2차

① 친족(「민법」 제767조에 따른 친족)에게 알리는 경우
② 현재 근무하고 있거나 과거에 근무하였던 기관의 소속 직원에게 알리는 경우
③ 공무원 자신의 배우자가 소속된 친목단체 회원에게 알리는 경우
④ 신문, 방송 등을 통하여 알리는 경우

해설

① (○) **친족**(「민법」 제767조에 따른 친족)에게 알리는 경우 – 알려도 되는 예외 규정이다.
② (○) 현재 근무하고 있거나 과거에 근무하였던 기관의 소속 직원에게 알리는 경우 – 알려도 되는 예외 규정이다.
③ (×) **공무원 자신의 배우자가 소속된 친목단체 회원에게 알리는 경우** – 알려서는 아니 된다. 즉, **예외 규정이 아니다.**
    Tip **공무원 자신이 소속된** 친목단체 회원에게는 **알려도 되는** 예외 규정이다.
④ (○) 신문, 방송 등을 통하여 알리는 경우 – 알려도 되는 예외 규정이다.

 181 ③

182 「경찰청 공무원 행동강령」에 해당하지 않는 것은?  23 순경1차

① 공무원은 상급자가 자기 또는 타인의 부당한 이익을 위하여 공정한 직무수행을 현저하게 해치는 지시를 하였을 때에는 그 사유를 상급자에게 소명하고 지시에 따르지 아니하거나 행동강령책임관과 상담할 수 있다.

② 공무원은 수사·단속의 대상이 되는 업소 중 경찰청장이 지정하는 유형의 업소 관계자와 부적절한 사적 접촉을 하여서는 아니 되며, 공적 또는 사적으로 접촉한 경우 경찰청장이 정하는 방법에 따라 신고하여야 한다.

③ 공무원은 직무수행 중 알게 된 정보를 이용하여 유가증권, 부동산 등과 관련된 재산상 거래 또는 투자를 하거나 타인에게 그러한 정보를 제공하여 재산상 거래 또는 투자를 돕는 행위를 해서는 아니 된다.

④ 경찰공무원은 정당이나 정치단체에 가입하거나 정치활동에 관여하는 행위를 하여서는 아니 된다.

> **해설**
> ① (○) 공무원은 상급자가 자기 또는 타인의 부당한 이익을 위하여 공정한 직무수행을 현저하게 **해치는 지시를 하였을 때**에는 그 사유를 **상급자에게 소명**하고 지시에 따르지 아니하거나 **행동강령책임관과 상담할 수 있다**(동강령 제4조 제1항).
> ② (○) 공무원은 **수사·단속의 대상이 되는 업소 중 경찰청장**이 지정하는 유형의 업소 관계자와 부적절한 **사적 접촉**을 하여서는 **아니 되며, 공적 또는 사적으로 접촉한 경우** 경찰청장이 정하는 방법에 따라 **신고하여야 한다**(동강령 제5조의2 제1항).
> ③ (○) 공무원은 **직무수행 중 알게 된 정보를 이용하여** 유가증권, 부동산 등과 관련된 재산상 거래 또는 투자를 하거나 타인에게 그러한 정보를 제공하여 재산상 **거래 또는 투자를 돕는 행위를 해서는 아니 된다**(동강령 제12조).
> ④ (×) '경찰공무원은 정당이나 정치단체에 가입하거나 정치활동에 관여하는 행위를 하여서는 아니 된다.'라는 것은 「**경찰공무원법**」(경찰청 공무원 행동강령×)에 규정된 '**정치관여금지**'에 관한 내용이다.

183 「경찰청 공무원 행동강령」에 관한 설명 중 가장 적절하지 않은 것은?  22 순경1차

① 공무원은 「범죄수사규칙」 제30조에 따른 경찰관서 내 수사지휘에 대한 이의제기와 관련하여 행동강령책임관에게 상담을 요청할 수 있다.

② 공무원은 수사·단속의 대상이 되는 업소 중 경찰청장이 지정하는 유형의 업소 관계자와 부적절한 사적 접촉을 하여서는 아니 되며, 사적으로 접촉한 경우에만 경찰청장이 정하는 방법에 따라 신고하여야 한다.

③ 공무원은 동창회 등 친목단체에 직무관련자가 있어 부득이 골프를 하는 경우에는 소속관서 행동강령책임관에게 사전에 신고하여야 하며 사전에 신고하기 어려운 특별한 사유가 있는 경우에는 사후에 즉시 신고하여야 한다.

④ 공무원은 직무관련자나 직무관련공무원에게 경조사를 알려서는 아니 되나, 공무원 자신이 소속된 종교단체·친목단체 등의 회원에게 알리는 경우에는 경조사를 알릴 수 있다.

🔒 182 ④ 183 ②

해설

① (○) 공무원은 「범죄수사규칙」 제30조에 따른 경찰관서 내 **수사지휘에 대한 이의제기**와 관련하여 **행동강령책임관에게 상담을 요청할 수 있다**(동강령 제4조의2).

② (×) 공무원은 수사·단속의 대상이 되는 업소 중 경찰청장이 지정하는 유형의 업소 관계자와 부적절한 사적 접촉을 하여서는 아니 되며, **공적 또는 사적으로 접촉한 경우**(사적으로 접촉한 경우에만×) 경찰청장이 정하는 방법에 따라 **신고하여야 한다**(동강령 제5조의2 제1항).

③ (○) 공무원은 직무관련자와는 **비용 부담 여부와 관계없이 골프를 같이 하여서는 아니 된다.** 다만, 공무원은 동창회 등 **친목단체에 직무관련자가 있어 부득이 골프를 하는 경우**에는 소속관서 **행동강령책임관에게 사전에 신고하여야 하며** 사전에 신고하기 어려운 특별한 사유가 있는 경우에는 **사후에 즉시 신고하여야 한다**(동강령 제16조의3 제1항).

④ (○) 공무원은 직무관련자나 직무관련공무원에게 경조사를 알려서는 아니 되나, **공무원 자신이 소속된 종교단체·친목단체** 등의 회원에게 알리는 경우에는 경조사를 **알릴 수 있다**(동강령 제17조 제4호).

---

184 「경찰청 공무원 행동강령」에 관한 설명으로 가장 적절하지 않은 것은?   ●A급 25 순경2차

① 공무원은 상급자가 자기 또는 타인의 부당한 이익을 위하여 공정한 직무수행을 현저하게 해치는 지시를 하였을 때에는 소속기관의 장과 상담하여야 한다.

② 공무원은 자신의 직무권한을 행사하거나 지위·직책 등에서 유래되는 사실상 영향력을 행사하여 직무관련자 또는 직무관련공무원으로부터 사적 노무를 제공받거나 요구 또는 약속해서는 아니 된다. 다만, 다른 법령 또는 사회상규에 따라 허용되는 경우에는 그러하지 아니하다.

③ 공무원은 다른 공무원에게 또는 그 공무원의 배우자나 직계존속·비속에게 수수 금지 금품 등을 제공하거나 그 제공의 약속 또는 의사표시를 해서는 아니 된다.

④ 공무원이 대가를 받고 수행하는 외부강의등은 월 3회를 초과할 수 없다. 국가나 지방자치단체에서 요청하거나 겸직허가를 받고 수행하는 외부강의등은 그 횟수에 포함하지 아니한다. 그럼에도 불구하고 월 3회를 초과하여 대가를 받고 외부강의등을 하려는 경우에는 미리 소속기관의 장의 승인을 받아야 한다.

해설

① (×) 공무원은 상급자가 자기 또는 타인의 부당한 이익을 위하여 공정한 직무수행을 현저하게 해치는 지시를 하였을 때에는 별지 제1호 서식 또는 전자우편 등의 방법으로 그 사유를 상급자에게 소명하고 지시에 따르지 아니하거나, 별지 제2호 서식 또는 전자우편 등의 방법으로 **행동강령책임관**(소속기관의 장×)**과 상담할 수 있다**(상담하여야 한다×)(동강령 제4조 제1항).

② (○) 공무원은 자신의 직무권한을 행사하거나 지위·직책 등에서 유래되는 **사실상 영향력**을 행사하여 직무관련자 또는 직무관련공무원으로부터 **사적 노무를 제공받거나 요구 또는 약속해서는 아니 된다.** 다만, 다른 법령 또는 사회상규에 따라 허용되는 경우에는 그러하지 아니하다.

③ (○) 공무원은 다른 공무원에게 또는 그 공무원의 배우자나 직계존속·비속에게 수수 금지 금품 등을 제공하거나 그 제공의 약속 또는 의사표시를 해서는 아니 된다.

④ (○) 공무원이 대가를 받고 수행하는 **외부강의등은 월 3회를** 초과할 수 없다. 국가나 지방자치단체에서 요청하거나 **겸직허가를 받고 수행하는 외부강의등은 그 횟수에 포함하지 아니한다.** 그럼에도 불구하고 **월 3회를 초과하여** 대가를 받고 외부강의등을 하려는 경우에는 **미리 소속기관의 장의 승인**을 받아야 한다.

 184 ①

185 「경찰청 공무원 행동강령」에 대한 설명 중 가장 적절하지 않은 것은?

① 이 규칙은 경찰청 소속 공무원과 경찰청에 파견된 공무원에게 적용한다.

② 공무원은 상급자가 자기 또는 타인의 부당한 이익을 위하여 공정한 직무수행을 현저하게 해치는 지시를 하였을 때에는 그 사유를 상급자에게 소명하고 지시에 따르지 아니하거나, 행동강령책임관과 상담할 수 있다.

③ 위 ②와 관련 소명 후 지시를 이행하지 아니하였는데도 같은 지시가 반복될 때에는 즉시 행동강령책임관과 상담하여야 한다.

④ 위 ②, ③과 관련 상담 요청을 받은 행동강령책임관은 지시 내용을 확인하는 과정에서 부당한 지시를 한 상급자가 스스로 그 지시를 취소하거나 변경하였을 때에는 소속 기관의 장에게 보고하여야 한다.

해설

① (○) 이 규칙은 경찰청 소속 공무원과 경찰청에 **파견된 공무원에게 적용한다**(동강령 제3조).

② (○) 공무원은 상급자가 자기 또는 타인의 부당한 이익을 위하여 공정한 직무수행을 현저하게 **해치는 지시**를 하였을 때에는 그 사유를 **상급자에게 소명**하고 지시에 따르지 아니하거나, **행동강령책임관과 상담할 수 있다**(동강령 제4조 제1항).

③ (○) 위 ②와 관련 소명 후 지시를 이행하지 아니하였는데도 같은 지시가 반복될 때에는 **즉시 행동강령책임관과 상담하여야 한다**(동강령 제4조 제2항).

④ (×) 위 ②, ③과 관련 상담 요청을 받은 행동강령책임관은 지시 내용을 확인하는 과정에서 **부당한 지시를 한 상급자가 스스로 그 지시를 취소하거나 변경하였을 때에는 소속 기관의 장에게 보고하지 아니할 수 있다**(보고하여야 한다 ×)(동강령 제4조 제3항).

186 「경찰청 공무원 행동강령」에 대한 설명으로 옳지 않은 것은 모두 몇 개인가?

가. 공무원은 수사·단속의 대상이 되는 업소 중 경찰청장이 지정하는 유형의 업소 관계자와 부적절한 사적 접촉을 하여서는 아니 되며, 공적 또는 사적으로 접촉한 경우 경찰청장이 정하는 방법에 따라 신고하여야 한다.

나. 공무원은 수사 중인 사건의 관계자(해당 사건의 처리와 법률적·경제적 이해관계가 있는 자로서 경찰청장이 지정하는 자를 말한다)와 부적절한 사적 접촉을 해서는 아니 되며, 소속 경찰관서 내에서만 접촉하여야 한다. 다만, 현장 조사 등 공무상 필요한 경우 외부에서 접촉할 수 있으며, 이 경우에는 수사서류 등 공문서에 기록하여야 한다.

다. 공무원은 자신의 직위를 간접 이용하여 부당한 이익을 얻거나 타인이 부당한 이익을 얻도록 해서는 아니 된다.

라. 경찰유관단체원이 직무와 관련하여 알게 된 비밀을 누설한 경우 행동강령책임관은 해당 경찰유관단체 운영 부서장과 협의하여 소속 기관장에게 경찰유관단체원의 해촉 등 필요한 조치를 건의하여야 하며, 보고를 받은 소속 기관장은 적절한 조치를 취할 수 있다.

마. 공무원은 정치인이나 정당 등으로부터 부당한 직무수행을 강요받거나 청탁을 받은 경우에는 별지 제9호 서식 또는 전자우편 등의 방법으로 소속 기관의 장에게 보고하거나 행동강령책임관과 상담할 수 있다.

① 1개　　　　② 2개　　　　③ 3개　　　　④ 4개

🔒 185 ④　186 ③

해설

틀린 설명은 **다, 라, 마, 3개**이다.

가. (○) 공무원은 수사·단속의 대상이 되는 업소 중 경찰청장이 지정하는 유형의 업소 관계자와 부적절한 사적 접촉을 하여서는 아니 되며, **공적 또는 사적으로 접촉한 경우** 경찰청장이 정하는 방법에 따라 **신고하여야 한다**(동강령 제5조의2 제1항).

나. (○) 공무원은 **수사 중인 사건의 관계자**(해당 사건의 처리와 법률적·경제적 이해관계가 있는 자로서 경찰청장이 지정하는 자를 말한다)와 부적절한 사적 접촉을 해서는 아니 되며, **소속 경찰관서 내에서만 접촉하여야 한다**. 다만, 현장 조사 등 공무상 필요한 경우 **외부에서 접촉**할 수 있으며, 이 경우에는 수사서류 등 공문서에 **기록하여야 한다**(동강령 제5조의2 제2항).

다. (×) 공무원은 **자신의 직위를 직접**(간접×) **이용**하여 부당한 이익을 얻거나 타인이 **부당한 이익**을 얻도록 해서는 **아니 된다**(동강령 제10조).

라. (×) 경찰유관단체원이 **직무와 관련하여 알게 된 비밀을 누설한 경우** 행동강령책임관은 해당 **경찰유관단체 운영 부서장과 협의하여** 소속 기관장에게 경찰유관단체원의 해촉 등 **필요한 조치를 건의하여야 하며**, 보고를 받은 **소속 기관장**은 적절한 조치를 **취하여야 한다**(취할 수 있다×)(동강령 제8조의2 제4호).

마. (×) 공무원은 **정치인이나 정당** 등으로부터 부당한 직무수행을 **강요받거나 청탁을 받은 경우**에는 별지 제9호 서식 또는 전자우편 등의 방법으로 소속 기관의 장에게 보고하거나 행동강령책임관과 **상담하여야 한다**(상담할 수 있다×)(동강령 제8조 제1항).

187 「경찰청 공무원 행동강령」에 대한 설명으로 가장 적절하지 않은 것은? **A급** 22 승진변형

① 공무원은 여비, 업무추진비 등 공무 활동을 위한 예산을 목적 외의 용도로 사용하여 소속 기관에 재산상 손해를 입혀서는 아니 된다.

② 공무원은 직무를 수행함에 있어 지연·혈연·학연·종교 등을 이유로 특정인에게 특혜를 주어서는 아니 된다.

③ 공무원은 직무관련자에게 직위를 이용하여 행사 진행에 필요한 직·간접적 경비, 장소, 인력 또는 물품 등의 협찬을 요구할 수 있다.

④ 공무원은 자신의 직무권한을 행사하거나 지위·직책 등에서 유래되는 사실상 영향력을 행사하여 인가·허가 등을 담당하는 공무원이 그 신청인에게 불이익을 주거나 제3자에게 이익 또는 불이익을 주기 위하여 부당하게 그 신청의 접수를 지연하거나 거부하는 행위를 해서는 안 된다.

해설

① (○) 공무원은 여비, 업무추진비 등 공무 활동을 위한 예산을 **목적 외의 용도**로 사용하여 소속 기관에 재산상 손해를 입혀서는 **아니 된다**(동강령 제7조).

② (○) 공무원은 직무를 수행함에 있어 지연·혈연·학연·종교 등을 이유로 **특정인에게 특혜**를 주어서는 **아니 된다**(동강령 제6조).

③ (×) 공무원은 직무관련자에게 **직위를 이용**하여 행사 진행에 필요한 **직·간접적 경비**, 장소, 인력 또는 물품 등의 **협찬을 요구하여서는 아니 된다**(요구할 수 있다×)(동강령 제16조의2).

④ (○) 공무원은 자신의 직무권한을 행사하거나 지위·직책 등에서 유래되는 **사실상 영향력**을 행사하여 **인가·허가 등을 담당하는 공무원이** 그 신청인에게 불이익을 주거나 제3자에게 이익 또는 불이익을 주기 위하여 부당하게 그 신청의 **접수를 지연하거나 거부하는 행위**를 해서는 안 된다(동강령 제13조의3).

 187 ③

188 「경찰청 공무원 행동강령」에 규정된 내용으로 가장 적절하지 않은 것은?  24 특공

① 공무원은 수사·단속의 대상이 되는 업소 중 경찰청장이 지정하는 유형의 업소 관계자와 부적절한 사적 접촉을 하여서는 아니 되며, 공적 또는 사적으로 접촉한 경우 경찰청장이 정하는 방법에 따라 신고하여야 한다.

② 공무원은 정치인이나 정당 등으로부터 부당한 직무수행을 강요받거나 청탁을 받은 경우에는 별지 제9호 서식 또는 전자우편 등의 방법으로 소속 기관의 장에게 보고하거나 행동강령책임관과 상담하여야 한다.

③ 공무원은 직무수행 중 알게 된 정보를 이용하여 유가증권, 부동산 등과 관련된 재산상 거래 또는 투자를 하거나 타인에게 그러한 정보를 제공하여 재산상 거래 또는 투자를 돕는 행위를 해서는 아니 된다.

④ 공무원은 직무 관련 여부 및 기부·후원·증여 등 그 명목에 관계 없이 어떠한 금품등을 받거나 요구 또는 약속해서는 아니 된다.

해설

① (○) 공무원은 **수사·단속의 대상이 되는 업소** 중 경찰청장이 지정하는 유형의 업소 관계자와 부적절한 **사적 접촉을 하여서는 아니 되며**, 공적 또는 사적으로 접촉한 경우 경찰청장이 정하는 방법에 따라 **신고하여야 한다.**

② (○) 공무원은 **정치인이나 정당** 등으로부터 **부당한 직무수행을 강요받거나 청탁**을 받은 경우에는 별지 제9호 서식 또는 전자우편 등의 방법으로 **소속 기관의 장에게 보고**하거나 **행동강령책임관과 상담하여야 한다.**

③ (○) 공무원은 **직무수행 중 알게 된 정보를 이용**하여 유가증권, 부동산 등과 관련된 **재산상 거래 또는 투자**를 하거나 타인에게 그러한 정보를 제공하여 **재산상 거래 또는 투자를 돕는 행위**를 해서는 **아니 된다.**

④ (×) 공무원은 직무 관련 여부 및 기부·후원·증여 등 **그 명목에 관계 없이 동일인으로부터 1회에 100만원 또는 매회계연도에 300만원을 초과하는 금품등**(어떠한 금품등×)을 받거나 요구 또는 약속해서는 **아니 된다.**

🔘**Tip** 직무와 관련이 없는 경우라면 위 금액을 **초과하지 않는 금품등**에 대해서 **기부나 후원** 등을 받을 수 있다.

189 「경찰청 공무원 행동강령」에 대한 설명으로 가장 적절하지 않은 것은?  23 경위변형

① 공무원이 대가를 받고 수행하는 외부강의등은 월 3회를 초과할 수 없다. 다만, 국가나 지방자치단체에서 요청하거나 겸직 허가를 받고 수행하는 외부강의등은 그 횟수에 포함하지 아니한다.

② 공무원은 「범죄수사규칙」 제30조에 따른 경찰관서 내 수사 지휘에 대한 이의제기와 관련하여 행동강령책임관에게 상담을 요청할 수 있다.

③ 감독·감사·조사·평가를 하는 기관("감독기관")에 소속된 공무원은 자신이 소속된 기관의 출장·행사·연수 등과 관련하여 감독·감사·조사·평가를 받는 기관("피감기관")에 법령에 근거가 있더라도 예산의 목적·용도에 부합하지 않는 금품등의 제공 요구를 해서는 안 된다.

④ 공무원은 직무관련자에게 직위를 이용하여 행사 진행에 필요한 직·간접적 경비, 장소, 인력, 또는 물품 등의 협찬을 요구하여서는 아니 된다.

🔒 188 ④ 189 ③

해설

① (O) 공무원이 **대가를 받고** 수행하는 **외부강의등**은 **월 3회를 초과할 수 없다**. 다만, **국가**나 **지방자치단체에서 요청**하거나 **겸직 허가**를 받고 수행하는 외부강의등은 그 **횟수에 포함하지 아니한다**(동강령 제15조 제4항).

② (O) 공무원은 「범죄수사규칙」 제30조에 따른 경찰관서 내 **수사 지휘**에 대한 **이의제기**와 관련하여 **행동강령책임관에게 상담**을 **요청할 수 있다**(동강령 제4조의2).

③ (×) 감독·감사·조사·평가를 하는 기관("감독기관")에 소속된 공무원은 자신이 소속된 기관의 출장·행사·연수 등과 관련하여 감독·감사·조사·평가를 받는 기관("피감기관")에 **법령에 근거가 없거나(있더라도×)** 예산의 **목적·용도에 부합하지 않는 금품등**의 제공 **요구**를 해서는 **안 된다**(동강령 제14조의2 제1항 제1호).

④ (O) 공무원은 직무관련자에게 **직위를 이용**하여 행사 진행에 필요한 **직·간접적 경비**, 장소, 인력 또는 물품 등의 **협찬**을 **요구하여서는 아니 된다**(동강령 제16조의2).

---

190 「경찰청 공무원 행동강령」에 대한 설명으로 가장 적절한 것은? ●A급 24 경위

① 공무원은 어떠한 경우에도 자신의 직무권한을 행사하여 직무관련자로부터 사적 노무를 제공받거나 요구해서는 안된다.

② 공무원은 정치인이나 정당 등으로부터 부당한 직무수행을 강요받거나 청탁을 받은 경우에는 별지 제9호 서식 또는 전자우편 등의 방법으로 소속 기관장에게 보고하거나 행동강령책임관과 상담할 수 있다.

③ 경찰유관단체원이 경찰 업무와 관련하여 경찰관에게 금품을 제공한 경우 행동강령책임관은 해당 경찰유관단체 운영 부서장과 협의하여 소속 기관장에게 경찰유관단체원의 해촉 등 필요한 조치를 건의하여야 하며, 보고를 받은 소속 기관장은 적절한 조치를 취해야 한다.

④ 공무원은 사례금을 받는 외부강의(외부강의등을 요청한 자가 국가나 지방자치단체를 포함함)를 할 때에는 외부강의의 요청 명세 등을 외부강의등 신고서에 따라 소속 기관의 장에게 그 외부강의등을 마친 날부터 10일 이내에 신고하여야 한다.

해설

① (×) 공무원은 **다른 법령 또는 사회상규에 따라 허용되는 경우를 제외하고는(어떠한 경우에도×)** 자신의 직무권한을 행사하여 직무관련자로부터 **사적 노무를 제공받거나 요구**해서는 **안된다**(동강령 제13조의2).

② (×) 공무원은 **정치인이나 정당** 등으로부터 **부당한 직무수행**을 강요받거나 **청탁**을 받은 경우에는 별지 제9호 서식 또는 전자우편 등의 방법으로 **소속 기관장에게 보고**하거나 **행동강령책임관과 상담하여야 한다(할 수 있다×)**(동강령 제8조 제1항).

③ (O) **경찰유관단체원이 경찰 업무와 관련**하여 **경찰관에게 금품을 제공한 경우** 행동강령책임관은 해당 경찰유관단체 운영 부서장과 협의하여 **소속 기관장에게** 경찰유관단체원의 해촉 등 필요한 조치를 **건의하여야 하며, 보고를 받은 소속 기관장은 적절한 조치를 취해야 한다**(동강령 제8조의2).

④ (×) 공무원은 사례금을 받는 외부강의[외부강의등을 요청한 자가 **국가나 지방자치단체를 제외함(포함함×)**]를 할 때에는 외부강의의 요청 명세 등을 외부강의등 **신고서**에 따라 소속 기관의 장에게 그 외부강의등을 **마친 날부터 10일 이내**에 신고하여야 한다(동강령 제15조 제2항).

🔒 190 ③

191 「공직자의 이해충돌 방지법」에 관한 설명으로 가장 적절하지 않은 것은?  ●A급 24 순경1차

① 이 법은 공직자의 직무수행과 관련한 사적 이익추구를 금지함으로써 공직자의 직무수행 중 발생할 수 있는 이해충돌을 방지하여 공정한 직무수행을 보장하고 공공기관에 대한 국민의 신뢰를 확보하는 것을 목적으로 한다.

② 「초·중등교육법」, 「고등교육법」 또는 그 밖의 다른 법령에 따라 설치된 각급 국립·공립학교는 '공공기관'에 해당한다.

③ 경무관인 세종특별자치시경찰청장은 '고위공직자'에 해당하지 않는다.

④ 최근 2년 이내에 퇴직한 공직자로서 퇴직일 전 2년 이내에 사적이해관계 신고 대상 직무를 수행하는 공직자와 같은 부서에서 근무하였던 사람은 사적이해관계자에 포함된다.

해설

① (○) 이 법은 공직자의 **직무수행과 관련**한 사적 이익추구를 금지함으로써 공직자의 직무수행 중 발생할 수 있는 이해충돌을 방지하여 공정한 직무수행을 보장하고 공공기관에 대한 국민의 신뢰를 확보하는 것을 목적으로 한다(동법 제1조).

② (○) 「초·중등교육법」, 「고등교육법」 또는 그 밖의 다른 법령에 따라 설치된 **각급 국립·공립학교는 '공공기관'에 해당한다**(동법 제2조 제1호 바목).

③ (×) **경무관인 세종특별자치시경찰청장**은 '고위공직자'에 **해당한다(해당하지 않는다×)**.

　　Tip "**고위공직자**"란 경찰공무원의 경우 **치안감 이상**의 경찰공무원 및 특별시·광역시·특별자치시·도·특별자치도의 **시·도경찰청장**을 말한다(동법 제2조 제3호 아목). 따라서 세종특별자치시경찰청장은 특별자치시경찰청장에 해당하므로 고위공직자에 해당한다.

④ (○) 최근 **2년 이내**에 퇴직한 공직자로서 **퇴직일 전 2년 이내**에 사적이해관계 신고 대상 직무를 수행하는 공직자와 같은 부서에서 근무하였던 사람은 **사적이해관계자**에 **포함된다**(동법 제2조 제6호 사목).

192 「공직자의 이해충돌 방지법」과 「부정청탁 및 금품등 수수의 금지에 관한 법률」에 관한 설명 중 가장 적절한 것은? ●A급 22 순경2차

① 「공직자의 이해충돌 방지법」상 부동산을 직접 또는 간접으로 취급하는 대통령령으로 정한 공공기관의 공직자가 소속 공공기관의 업무와 관련된 부동산을 보유하고 있거나 매수하는 경우 소속 기관장에게 그 사실을 구두 또는 서면으로 신고하여야 한다.

② 「부정청탁 및 금품등 수수의 금지에 관한 법률」상 '공직자등'이 부정청탁을 받았을 때에는 부정청탁을 한 자에게 부정청탁임을 알리고 이를 거절하는 의사를 명확히 표시하여야 하며, 이러한 조치를 하였음에도 불구하고 동일한 부정청탁을 다시 받은 경우에는 이를 소속 기관장에게 구두 또는 서면(전자서면을 포함)으로 신고하여야 한다.

③ 「부정청탁 및 금품등 수수의 금지에 관한 법률」에 따르면 ○○경찰서 소속 경찰관 甲이 모교에서 자신의 직무와 관련된 강의를 요청받아 1시간 동안 강의를 하고 50만원의 사례금을 받았다면 대통령령이 정하는 바에 따라 소속 기관장에게 신고하고 그 초과금액을 소속 기관장에게 지체없이 반환하여야 한다.

 🔒 191 ③　192 ④

④ 「부정청탁 및 금품등 수수의 금지에 관한 법률」상 「국가공무원법」 또는 「지방공무원법」에 따른 공무원과 그 밖에 다른 법률에 따라 그 자격·임용·교육훈련·복무·보수·신분보장 등에 있어서 공무원으로 인정된 사람은 '공직자등' 개념에 포함된다.

해설

① (×) 「공직자의 이해충돌 방지법」상 **부동산을 직접적(간접×)으로 취급하는** 대통령령으로 정한 공공기관의 공직자가 소속 공공기관의 업무와 관련된 부동산을 보유하고 있거나 매수하는 경우 소속 기관장에게 그 사실을 **서면(구두 또는×)으로 신고하여야 한다**(동법 제6조 제1항 제1호).

② (×) 「부정청탁 및 금품등 수수의 금지에 관한 법률」상 '공직자등'이 부정청탁을 받았을 때에는 부정청탁을 한 자에게 부정청탁임을 알리고 이를 거절하는 의사를 명확히 표시하여야 하며, 이러한 조치를 하였음에도 불구하고 **동일한 부정청탁을 다시 받은 경우에**는 이를 소속 기관장에게 **서면(전자서면을 포함)(구두 또는×)으로 신고하여야 한다** (동법 제7조 제2항).

③ (×) 「부정청탁 및 금품등 수수의 금지에 관한 법률」에 따르면 ○○경찰서 소속 경찰관 甲이 모교에서 자신의 직무와 관련된 강의를 요청받아 1시간 동안 강의를 하고 50만원의 사례금을 받았다면 대통령령이 정하는 바에 따라 **소속 기관장에게 신고**하고 그 **초과금액을 제공자(소속 기관장×)에게 지체없이 반환**하여야 한다(동법 제10조 제5항).

④ (○) 「부정청탁 및 금품등 수수의 금지에 관한 법률」상 「국가공무원법」 또는 「지방공무원법」에 따른 공무원과 그 밖에 다른 법률에 따라 그 **자격·임용·교육훈련·복무·보수·신분보장 등**에 있어서 **공무원으로 인정된 사람은 '공직자등' 개념에 포함된다**(동법 제2조 제2호 가목).

193 「공직자의 이해충돌 방지법」에 관한 내용 중 적절한 것은 모두 몇 개인가?  **●A급** 23 승진

> ㉠ 공직자는 배우자가 공직자 자신의 직무관련자(「민법」 제777조에 따른 친족 제외)와 토지 또는 건축물 등 부동산을 거래하는 행위(다만, 공개모집에 의하여 이루어지는 분양이나 공매·경매·입찰을 통한 재산상 거래 행위는 제외)를 한다는 것을 사전에 안 경우에는 안 날부터 14일 이내에 소속 기관장에게 그 사실을 서면으로 신고하여야 한다.
>
> ㉡ 공직자는 직무관련자에게 사적으로 노무 또는 조언·자문 등을 제공하고 대가를 받는 행위를 해서는 아니 된다(단, 「국가공무원법」 등 타 법령·기준에 따라 허용되는 경우는 제외).
>
> ㉢ 공직자는 사회상규에 따라 허용되는 경우라 할지라도 직무관련자인 소속 기관의 퇴직자(공직자가 아니게 된 날부터 2년이 지나지 아니한 사람만 해당)와 사적 접촉(골프, 여행, 사행성 오락을 같이 하는 행위)시 소속기관장에게 신고해야 한다.
>
> ㉣ 사적이해관계자에 공직자 자신 또는 그 가족(「민법」 제779조에 따른 가족)도 해당된다.

① 1개 　　② 2개 　　③ 3개 　　④ 4개

해설

옳은 설명은 ㉠, ㉡, ㉣, **3개**이다.

㉠ (○) 공직자는 **배우자가 공직자 자신의 직무관련자**(「민법」 제777조에 따른 **친족 제외**)와 토지 또는 건축물 등 **부동산을 거래하는** 행위(다만, **공개모집**에 의하여 이루어지는 분양이나 공매·경매·입찰을 통한 재산상 거래 행위는 **제외**)를 한다는 것을 **사전에 안 경우**에는 **안 날부터 14일 이내**에 소속 **기관장**에게 그 사실을 **서면으로 신고하여야 한다** (동법 제9조 제1항 제2호).

㉡ (○) 공직자는 직무관련자에게 **사적으로 노무** 또는 조언·자문 등을 제공하고 **대가를 받는 행위**를 해서는 **아니 된다** (단, 「국가공무원법」 등 타 법령·기준에 따라 허용되는 경우는 제외).

㉢ (×) 공직자는 **사회상규에 따라 허용되는 경우를 제외하고(사회상규에 따라 허용되는 경우라 할지라도×)** 직무관련자인 소속 기관의 **퇴직자**(공직자가 아니게 된 날부터 2년이 지나지 아니한 사람만 해당)와 **사적 접촉**(골프, 여행, 사행성 오락을 같이 하는 행위)시 **소속 기관장에게 신고해야 한다**(동법 제15조 제1항).

㉣ (○) "**사적이해관계자**"에 **공직자 자신** 또는 **그 가족**(「민법」 제779조에 따른 가족)도 **해당된다**(동법 제2조 제6호 가목).

 193 ③

194 「공직자의 이해충돌 방지법」에 관한 설명으로 옳은 것을 모두 고른 것은?

> ㉠ 동법 제2조 제2항에 따른 공직자로부터 직무상 비밀 또는 소속 공공기관의 미공개정보임을 알면서도 제공받거나 부정한 방법으로 취득하여 이를 이용함으로써 재물 또는 재산상의 이익을 취득한 자는 5년 이하의 징역 또는 5천만원 이하의 벌금에 처한다.
>
> ㉡ "고위공직자"에는 치안감 이상의 경찰공무원 및 특별시·광역시·특별자치시·도·특별자치도의 시·도경찰청장이 해당된다.
>
> ㉢ 사건의 수사·재판·심판·결정·조정·중재·화해 또는 이에 준하는 직무를 수행하는 공직자는 직무관련자(직무관련자의 대리인을 포함한다)가 사적이해관계자임을 안 경우 안 날부터 14일 이내에 소속 기관장에게 그 사실을 서면(전자문서를 포함한다) 또는 구두로 신고하고 회피를 신청하여야 한다.
>
> ㉣ "이해충돌"이란 공직자가 직무를 수행할 때에 자신의 사적 이해관계가 관련되어 공정하고 청렴한 직무수행이 저해되거나 저해될 우려가 있는 상황을 말한다.

① ㉠, ㉡, ㉢   ② ㉢, ㉣

③ ㉠, ㉡, ㉣   ④ ㉠, ㉢

해설

옳은 설명은 ㉠, ㉡, ㉣, **3개**이다.

㉠ (○) 동법 제2조 제2항에 따른 **공직자로부터 직무상 비밀** 또는 소속 공공기관의 **미공개정보**임을 알면서도 제공받거나 **부정한 방법**으로 **취득**하여 이를 **이용**함으로써 재물 또는 재산상의 **이익**을 **취득**한 자는 **5년 이하의 징역 또는 5천만원 이하의 벌금**에 처한다(동법 제27조 제2항).

㉡ (○) "**고위공직자**"에는 **치안감 이상**의 경찰공무원 및 특별시·광역시·특별자치시·도·특별자치도의 **시·도경찰청장**이 해당된다(동법 제2조 제3호 아목).

㉢ (×) 사건의 수사·재판·심판·결정·조정·중재·화해 또는 이에 준하는 직무를 수행하는 공직자는 직무관련자(직무관련자의 대리인을 포함한다)가 **사적이해관계자임을 안 경우** 안 날부터 **14일 이내**에 소속 기관장에게 그 사실을 **서면(전자문서를 포함한다)(또는 구두로×)**으로 신고하고 **회피를 신청하여야 한다**(동법 제5조 제1항 제8호).

㉣ (○) "**이해충돌**"이란 공직자가 직무를 수행할 때에 **자신의** 사적 이해관계가 관련되어 공정하고 청렴한 직무수행이 저해되거나 저해될 우려가 있는 상황을 말한다(동법 제2조 제4호).

195 「공직자의 이해충돌 방지법」에 대한 설명으로 가장 적절한 것은?

① 공직자가 소속된 공공기관과 계약을 체결하거나 체결하려는 것이 명백한 개인이나 법인 또는 단체는 직무관련자에 해당한다.

② 고위공직자는 그 직위에 임용되거나 임기를 개시하기 전 3년 이내에 민간 부문에서 업무활동을 한 경우, 그 활동 내역을 그 직위에 임용되거나 임기를 개시한 다음 날부터 30일 이내에 소속 기관장에게 제출하여야 한다.

③ 직무와 관련된 다른 직위에 취임한 공직자는 3천만원 이하의 과태료를 부과한다.

④ 공직자로 채용·임용되기 전 3년 이내에 공직자 자신이 대리하거나 고문·자문 등을 제공했던 개인이나 법인 또는 단체는 사적이해관계자에 해당한다.

🔒 **194** ③ **195** ①

해설

① (○) **공직자가 소속된 공공기관과 계약**을 체결하거나 체결하려는 것이 **명백한 개인이나 법인 또는 단체**는 '**직무관련자**'에 해당한다(동법 제2조 제5호 다목).

② (×) **고위공직자는** 그 직위에 임용되거나 **임기를 개시하기 전 3년 이내에 민간 부문에서 업무활동**을 한 경우, **그 활동 내역**을 그 직위에 임용되거나 **임기를 개시한 날부터**(다음 날부터×) **30일 이내**에 소속 **기관장에게 제출**하여야 **한다**(동법 제8조 제1항).

③ (×) **직무와 관련된 다른 직위에 취임**하여 **직무 관련 외부활동**을 한 공직자는 **2천만원**(3천만원×) 이하의 '**과태료**'를 부과한다(동법 제28조 제2항 제4호).

④ (×) 공직자로 **채용·임용되기 전 2년**(3년×) 이내에 공직자 자신이 대리하거나 고문·자문 등을 제공했던 개인이나 법인 또는 단체는 **사적이해관계자**에 해당한다(동법 제2조 제6호 마목).

196 「공직자의 이해충돌 방지법」에 관한 설명으로 가장 적절하지 않은 것은?  25 경위

① 누구든지 신고자등에게 신고등을 이유로 불이익조치(「공익신고자 보호법」 제2조 제6호에 따른 불이익조치를 말한다)를 하여서는 아니 된다.

② 이 법의 위반행위를 한 자가 위반사실을 자진하여 신고하거나 신고자등이 신고등을 함으로 인하여 자신이 한 이 법의 위반행위가 발견된 경우에는 그 위반행위에 대한 형사처벌, 과태료 부과, 징계처분, 그 밖의 행정처분 등을 감경하거나 면제할 수 있다.

③ 국민권익위원회는 이 법의 위반행위에 대한 신고로 인하여 공공기관에 직접적인 수입의 회복·증대 또는 비용의 절감을 가져온 경우에는 그 신고자의 신청에 의하여 보상금을 지급할 수 있다.

④ 국민권익위원회는 이 법의 위반행위에 대한 신고로 인하여 공공기관에 재산상 이익을 가져오거나 손실을 방지한 경우 또는 공익을 증진시킨 경우에는 그 신고자에게 포상금을 지급할 수 있다.

해설

① (○) **누구든지** 신고자등에게 **신고등을 이유로 불이익조치**(「공익신고자 보호법」 제2조 제6호에 따른 불이익조치를 말한다)를 하여서는 **아니 된다**(동법 제20조 제2항).

② (○) 이 법의 위반행위를 한 자가 위반사실을 **자진하여 신고**하거나 신고자등이 신고등을 함으로 인하여 자신이 한 이 법의 위반행위가 발견된 경우에는 그 위반행위에 대한 형사처벌, 과태료 부과, 징계처분, 그 밖의 행정처분 등을 **감경하거나 면제할 수 있다**(동법 제20조 제3항).

③ (×) **국민권익위원회**는 이 법의 위반행위에 대한 신고로 인하여 공공기관에 **직접적인 수입**의 회복·증대 또는 비용의 절감을 가져온 경우에는 그 **신고자의 신청**에 의하여 **보상금을 지급하여야 한다**(할 수 있다×)(동법 제20조 제6항).

④ (○) **국민권익위원회**는 이 법의 위반행위에 대한 신고로 인하여 공공기관에 **재산상 이익**을 가져오거나 **손실을 방지**한 경우 또는 **공익을 증진**시킨 경우에는 그 신고자에게 **포상금을 지급할 수 있다**(동법 제20조 제5항).

🔒 196 ③

197 「적극행정 운영규정 및 경찰청 적극행정 면책제도 운영규정」에 관한 설명으로 가장 적절하지 않은 것은? ●A급 23 순경2차

① 「적극행정 운영규정」상 공무원이 적극행정을 추진한 결과에 대해 그의 행위에 고의 또는 중대한 과실이 없는 경우에는 징계 관련 법령에 따라 징계의결 또는 징계부가금 부과의결을 하지 않는다.

② 「경찰청 적극행정 면책제도 운영규정」에 의한 면책은 경찰청 및 그 소속 기관의 공무원 또는 산하단체의 임·직원 등에게 적용된다.

③ 「경찰청 적극행정 면책제도 운영규정」 제5조 제1항 제3호의 요건을 적용하는 경우 자체감사를 받는 사람이 '대상 업무를 처리하면서 중대한 절차상의 하자가 없었을 것'과 '자체감사를 받는 사람과 대상 업무 사이에 사적인 이해관계가 없을 것'이라는 요건을 모두 갖추어 업무를 처리한 것으로 인정되는 경우에는 그 행위에 고의나 중대한 과실이 없는 경우에 해당하는 것으로 추정한다.

④ 「적극행정 운영규정」 제18조의3은 "누구든지 공무원의 소극행정을 국가인권위원회가 운영하는 소극행정 신고센터에 신고할 수 있다."고 규정하고 있다.

> **해설**
> ① (○) 「적극행정 운영규정」상 공무원이 적극행정을 추진한 결과에 대해 그의 행위에 **고의 또는 중대한 과실이 없는 경우**에는 징계 관련 법령에 따라 징계의결 또는 징계부가금 **부과의결을 하지 않는다**(동규정 제17조).
> ② (○) 「경찰청 적극행정 면책제도 운영규정」에 의한 **면책은** 경찰청 및 그 소속 기관의 공무원 또는 **산하단체의 임·직원 등에게 적용된다**(동규정 제4조).
> ③ (○) 「경찰청 적극행정 면책제도 운영규정」 제5조 제1항 제3호의 요건을 적용하는 경우 자체감사를 받는 사람이 '대상 업무를 처리하면서 **중대한 절차상의 하자가 없었을 것**'과 '자체감사를 받는 사람과 대상 업무 사이에 **사적인 이해관계가 없을 것**'이라는 요건을 모두 갖추어 업무를 처리한 것으로 인정되는 경우에는 그 행위에 **고의나 중대한 과실이 없는 경우**에 해당하는 것으로 **추정**한다(동규정 제5조 제2항).
> ④ (✕) 「적극행정 운영규정」 제18조의3은 "**누구든지** 공무원의 소극행정을 **국민권익위원회**(국가인권위원회✕)가 운영하는 소극행정 신고센터에 **신고할 수 있다.**"고 규정하고 있다(동규정 제18조의3 제1항).

198 「경찰청 적극행정 면책제도 운영규정」에 대한 설명으로 가장 적절하지 않은 것은? ●A급 24 경위

① 적극행정이란 경찰청 및 그 소속 기관의 공무원 또는 산하단체의 임·직원이 국가 또는 공공의 이익을 증진하기 위해 성실하고 능동적으로 업무를 처리하는 행위를 말한다.

② 면책이란 적극행정 과정에서 발생한 부분적인 절차상 하자 또는 비효율, 손실 등과 관련하여 그 업무를 처리한 경찰청 소속 공무원 등에 대하여 「경찰청 감사규칙」 제10조 제1호부터 제3호까지 및 제6호와 「경찰공무원 징계령」에 따른 징계 및 징계부가금의 어느 하나에 해당하는 책임을 묻지 않거나 감면하는 것을 말한다.

🔒 197 ④　198 ③

③ 법령·행정규칙 등의 해석에 대한 이견 등으로 인하여 능동적인 업무처리가 곤란한 경우와 행정심판, 수사 중인 사안 등은 사전컨설팅 감사의 대상이다.

④ 사전컨설팅 감사란 불합리한 제도 등으로 인해 적극적인 업무 수행이 어려운 경우, 해당 업무의 수행에 앞서 업무처리 방향 등에 대하여 미리 감사의 의견을 듣고 이를 업무처리에 반영하여 적극행정을 추진하는 것을 말한다.

해설

① (○) **적극행정**이란 경찰청 및 그 소속 기관의 공무원 또는 산하단체의 임·직원이 국가 또는 공공의 이익을 증진하기 위해 **성실하고 능동적으로** 업무를 처리하는 행위를 말한다(동규정 제2조 제1호).

② (○) **면책**이란 **적극행정 과정에서 발생**한 부분적인 절차상 하자 또는 비효율, 손실 등과 관련하여 그 업무를 처리한 경찰청 소속 공무원 등에 대하여 「경찰청 감사규칙」 제10조 제1호부터 제3호까지 및 제6호와 「경찰공무원 징계령」에 따른 징계 및 징계부가금의 어느 하나에 해당하는 **책임을 묻지 않거나 감면**하는 것을 말한다(동규정 제2조 제2호).

③ (✕) 법령·행정규칙 등의 해석에 대한 이견 등으로 인하여 **능동적인 업무처리가 곤란한 경우(행정심판, 수사 중인 사안✕)** 등은 사전컨설팅 감사의 대상이다.

> 📌**Tip** 행정심판, 소송, 수사 또는 타 기관에서 감사 중인 사항, 타 법령에서 정하고 있는 **재심의 절차를 거친 사항** 등은 **사전컨설팅 감사 대상에서 제외**한다(동규정 제15조).

④ (○) **사전컨설팅 감사**란 불합리한 제도 등으로 인해 **적극적인 업무 수행이 어려운 경우**, 해당 업무의 수행에 앞서 업무처리 방향 등에 대하여 **미리 감사의 의견을 듣고** 이를 업무처리에 반영하여 적극행정을 추진하는 것을 말한다(동규정 제2조 제4호).

---

199 「경찰청 적극행정 면책제도 운영규정」에 관한 설명으로 가장 적절하지 않은 것은? ●A급 25 경위

① "사전컨설팅 감사"란 불합리한 제도 등으로 인해 적극적인 업무 수행이 어려운 경우, 해당 업무의 수행에 앞서 업무 처리 방향 등에 대하여 미리 감사의견을 듣고 이를 업무처리에 반영하여 적극행정을 추진하는 것을 말한다.

② "사전컨설팅 대상 기관 및 대상 부서의 장"이란 경찰청장, 각 시·도경찰청장, 부속기관의 장을 말한다.

③ 사전컨설팅 감사 의견서를 통보받은 사전컨설팅 대상 기관 등의 장은 특별한 사정이 없으면 사전컨설팅 감사 의견을 반영하여 해당 업무를 처리하여야 한다.

④ 감사관은 사전컨설팅 감사 의견을 반영하여 적극행정을 추진한 결과에 대하여 자체감사규정에 따른 감사 시 책임을 묻지 아니한다.

해설

① (○) "**사전컨설팅 감사**"란 불합리한 제도 등으로 인해 **적극적인 업무 수행이 어려운 경우**, 해당 업무의 수행에 앞서 업무 처리 방향 등에 대하여 **미리 감사의견을 듣고** 이를 업무처리에 **반영하여 적극행정을 추진**하는 것을 말한다(동규정 제2조 제4호).

② (✕) "**사전컨설팅 대상 기관 및 대상 부서의 장**"이란 (**경찰청장✕**), 각 시·도경찰청장, 부속기관의 장, **경찰청 관·국의 장**을 말한다(동규정 제2조 제5호).

③ (○) 사전컨설팅 감사 의견서를 통보받은 사전컨설팅 대상 기관 등의 장은 특별한 사정이 없으면 **사전컨설팅 감사 의견을 반영하여 해당 업무를 처리하여야 한다**(동규정 제19조 제2항).

④ (○) 감사관은 **사전컨설팅 감사 의견을 반영하여 적극행정을 추진한 결과**에 대하여 자체감사규정에 따른 감사 시 **책임을 묻지 아니한다**(동규정 제20조 제1항).

 199 ②

200 「경찰청 적극행정 면책제도 운영규정」에 관한 설명으로 가장 적절하지 않은 것은? ●A급 25 순경1차

① "적극행정"이란 경찰청 및 그 소속기관의 공무원 또는 산하단체의 임·직원이 국가 또는 공공의 이익을 증진하기 위해 성실하고 능동적으로 업무를 처리하는 행위를 말한다.

② "사전컨설팅 감사"란 불합리한 제도 등으로 인해 적극적인 업무수행이 어려운 경우, 해당 업무의 수행에 앞서 업무처리 방향 등에 대하여 미리 감사의견을 듣고 이를 업무처리에 반영하여 적극행정을 추진하는 것을 말한다.

③ 사전컨설팅 감사는 현지 확인 등 실지감사를 원칙으로 하되, 부득이한 사유가 발생할 경우 서면감사로 할 수 있다.

④ 행정심판, 소송, 수사 또는 타 기관에서 감사 중인 사항, 타 법령에서 정하고 있는 재심의 절차를 거친 사항 등은 사전컨설팅 감사 대상에서 제외한다.

> **해설**
> ① (○) **"적극행정"**이란 경찰청 및 그 소속기관의 공무원 또는 산하단체의 임·직원이 국가 또는 공공의 이익을 증진하기 위해 **성실하고 능동적으로** 업무를 처리하는 행위를 말한다(동규정 제2조 제1호).
> ② (○) **"사전컨설팅 감사"**란 불합리한 제도 등으로 인해 적극적인 업무수행이 어려운 경우, 해당 업무의 수행에 앞서 업무처리 방향 등에 대하여 **미리 감사의견을 듣고** 이를 업무처리에 반영하여 적극행정을 추진하는 것을 말한다(동규정 제2조 제4호).
> ③ (✕) **사전컨설팅 감사**는 **서면감사(실지감사✕)**를 **원칙**으로 하되, 현지 확인 등 **실지감사를 함께 할 수 있다**(동규정 제18조 제1항).
> ④ (○) **행정심판, 소송, 수사** 또는 타 기관에서 **감사 중인 사항**, 타 법령에서 정하고 있는 **재심의 절차를 거친 사항** 등은 **사전컨설팅 감사 대상에서 제외**한다(동규정 제15조 제2항).

201 「경찰청 적극행정 면책제도 운영규정」에 관한 설명으로 가장 적절하지 않은 것은? ●A급 25 순경2차

① 이 규정에 의한 면책은 경찰청 및 그 소속기관의 공무원 또는 산하단체의 임·직원 등에게 적용된다.

② 적극행정 면책심사의 신청은 감사 대상자만 가능하며, 면책사유에 해당하는 증빙자료를 구비하여 감사 책임자에게 면책심사를 신청할 수 있다.

③ 적극행정 면책신청에 대한 심사를 위하여 경찰청에 적극행정 면책심사위원회를 둔다.

④ 적극행정 면책심사위원회는 위원장 1명을 포함하여 5명 이상 7명 이내로 성별을 고려하여 구성하며 위원장은 감사관으로 한다.

> **해설**
> ① (○) 이 규정에 의한 면책은 **경찰청 및 그 소속기관의 공무원 또는 산하단체의 임·직원** 등에게 **적용된다**(동규정 제4조).
> ② (✕) **적극행정 면책심사의 신청은 감사 대상자**뿐만 아니라 **감사대상기관의 장** 또는 **감사대상자의 소속 부서장(감사대상자만✕)**이 감사를 받은 소속 직원 중에서 특별히 면책조치가 필요할 경우에는 면책사유에 해당하는 증빙자료를 구비하여 감사 책임자에게 **면책심사를 신청할 수 있다**(동규정 제10조 제1항, 제2항).
> ③ (○) **경찰청 소속 공무원** 등의 적극행정 면책신청에 대한 심사를 위하여 **경찰청에 '적극행정 면책심사위원회'**를 둔다(동규정 제7조 제1항).
> > 🅣ip 시·도경찰청, 부속기관, 경찰서, 직할대의 경우 **각 기관에서 별도로 적극행정 면책심사위원회를 설치한다**(동규정 제12조 제1항).
> ④ (○) **적극행정 면책심사위원회**는 위원장 1명을 포함하여 **5명 이상 7명 이내**로 성별을 고려하여 구성하며 **위원장은 감사관**으로 한다(동규정 제7조 제2항).

 🔒 200 ③ 201 ②

202 경찰의 적극행정에 관한 내용 중 가장 적절하지 않은 것은?

① 「경찰청 적극행정 면책제도 운영규정」상 자체감사를 받는 사람은 적극행정 면책요건에 해당 된다 하더라도 자의적인 법 해석 및 집행으로 법령의 본질적인 사항을 위반한 경우 면책대상 에서 제외된다.

② 「공공감사에 관한 법률」상 자체감사를 받는 사람이 불합리한 규제의 개선 등 공공의 이익을 위하여 업무를 적극적으로 처리한 결과에 대하여 그의 행위에 고의나 중대한 과실이 없는 경 우에는 징계 요구 또는 문책 요구 등 책임을 묻지 아니한다.

③ 「공무원 징계령 시행규칙」상 징계위원회는 징계등 혐의자와 비위 관련 직무 사이에 사적인 이 해관계가 없었고 대상 업무를 처리하면서 중대한 절차상 하자가 없었을 경우 해당 비위가 고 의 또는 중과실에 의하지 않은 것으로 추정한다.

④ 「적극행정 운영규정」상 "적극행정"이란, 공무원이 불합리한 규제를 개선하는 등 공공의 이익 을 위해 창의성과 신속성을 바탕으로 적극적으로 업무를 처리하는 행위를 말한다.

해설

① (○) 「경찰청 적극행정 면책제도 운영규정」상 자체감사를 받는 사람은 적극행정 면책요건에 해당된다 하더라도 **자의적 인 법 해석 및 집행**으로 법령의 **본질적인 사항을 위반**한 경우 **면책대상에서 제외된다**(동규정 제6조 제3호).

② (○) 「공공감사에 관한 법률」상 자체감사를 받는 사람이 불합리한 규제의 개선 등 공공의 이익을 위하여 업무를 **적극적 으로 처리한 결과**에 대하여 그의 행위에 **고의나 중대한 과실이 없는 경우**에는 징계 요구 또는 문책 요구 등 **책임을 묻지 아니한다**(동법 제23조의2 제1항).

③ (○) 「공무원 징계령 시행규칙」상 징계위원회는 징계등 혐의자와 비위 관련 직무 사이에 **사적인 이해관계가 없었고** 대 상 업무를 처리하면서 **중대한 절차상 하자가 없었을 경우** 해당 비위가 **고의 또는 중과실에 의하지 않은 것으로 추정한다**(동규칙 제3조의2).

④ (×) 「적극행정 운영규정」상 **"적극행정"이란**, 공무원이 불합리한 규제를 개선하는 등 공공의 이익을 위해 **창의성**과 **전문성**(**신속성×**)을 바탕으로 적극적으로 업무를 처리하는 행위를 말한다(동규정 제2조 제1호).

203 경찰의 적극행정에 관한 내용으로 옳은 것을 모두 고른 것은?

> ㉠ 국가인권위원회는 중앙행정기관 소속 공무원의 소극행정 예방 및 근절을 위해 소극행정 신고센터 를 운영하고, 중앙행정기관의 장에게 신고사항에 대해 적절한 조치를 하도록 권고할 수 있다.
>
> ㉡ 「경찰청 적극행정 면책제도 운영규정」상 '적극행정'이란 경찰청 및 그 소속 기관의 공무원 또는 산 하단체의 임·직원이 국가 또는 공공의 이익을 증진하기 위해 성실하고 능동적으로 업무를 처리하 는 행위를 말한다.
>
> ㉢ 「적극행정 운영규정」상 '소극행정'이란 공무원이 부작위 또는 직무태만 등 소극적 업무행태로 국민 의 권익을 침해하거나 국가 재정상 손실을 발생하게 하는 행위를 말한다.
>
> ㉣ '적당편의'는 법령이나 지침 등의 변화에도 불구하고 과거 규정에 따라 업무를 처리하거나, 기존의 불합리한 업무관행을 그대로 답습하는 형태를 말한다.

① ㉠, ㉡   ② ㉠, ㉣   ③ ㉡, ㉢   ④ ㉢, ㉣

 202 ④ **203** ③

옳은 설명은 ⓒ, ⓒ, **2개**이다.

㉠ (×) **국민권익위원회**(국가인권위원회×)는 중앙행정기관 소속 공무원의 소극행정 예방 및 근절을 위해 **소극행정 신고 센터를 운영**하고, 중앙행정기관의 장에게 신고사항에 대해 적절한 조치를 하도록 **권고할 수 있다**(적극행정 운영규 정 제18조의3 제3항).

㉡ (○) 「경찰청 적극행정 면책제도 운영규정」상 **'적극행정'이란** 경찰청 및 그 소속 기관의 공무원 또는 **산하단체의 임·직원**이 국가 또는 공공의 이익을 증진하기 위해 **성실**하고 **능동적**으로 업무를 처리하는 행위를 말한다(동규정 제2 조 제1호).

㉢ (○) 「적극행정 운영규정」상 **'소극행정'이란** 공무원이 부작위 또는 직무태만 등 소극적 업무행태로 **국민의 권익**을 **침해**하거나 **국가 재정상 손실**을 발생하게 하는 행위를 말한다(동규정 제2조 제2호).

㉣ (×) **'탁상행정'**(적당편의×)은 법령이나 지침 등의 변화에도 불구하고 **과거 규정에 따라** 업무를 처리하거나, **기존의 불합리한 업무관행을 그대로 답습**하는 형태를 말한다.

Tip 소극행정의 유형(경찰공제회 실무종합 총론Ⅱ, 2023년판, p.214)

적당편의	문제해결을 위해 노력하지 않고, **적당히 형식만 갖추어 부실하게 처리**하는 행태
업무해태	합리적인 이유 없이 주어진 업무를 **게을리 하거나 불이행**하는 행위
탁상행정	법령이나 지침 등의 **변화에도 불구하고** 과거 규정에 따라 업무를 처리하거나, 기존의 불합리한 업무관 행을 **그대로 답습하는 형태**
관중심 행정	**직무권한을 이용하여** 부당하게 업무를 처리하거나, 국민 편익을 위해서가 아닌 **자신의 조직이나 이익**만을 중시하여 **자의적으로 처리**하는 행태

03 범죄이론

제1절 범죄의 개념

204 화이트칼라범죄(white-collar crimes)에 관한 설명으로 가장 적절하지 않은 것은? ●A급 23 순경1차

① 초기 화이트칼라범죄를 정의한 학자는 서덜랜드(Sutherland)이다.

② 화이트칼라범죄는 직업활동과 관련하여 높은 지위를 가지고 있는 사람에 의해 저질러지는 범죄이다.

③ 일반적으로 살인·강도·강간범죄는 화이트칼라범죄로 분류된다.

④ 화이트칼라범죄는 상류계층의 경제범죄에 대한 사회적 심각성을 연구하는 과정에서 등장한 개념이다.

해설

① (○) 초기 화이트칼라범죄를 정의한 학자는 **1939년 미국**의 범죄학자 서덜랜드(Sutherland)이다.

② (○) **화이트칼라범죄**는 **부유한 사람과 권력이 있는 사람**들에 의해 저질러지는 범죄활동을 설명하기 위해 처음 사용한 것으로, 직업활동과 관련하여 **높은 지위를 가지고 있는 사람**에 의해 저질러지는 범죄이다.

③ (×) 일반적으로 기업범죄, 경제범죄, 환경범죄, 공무원부패범죄(**살인·강도·강간범죄×**)는 화이트칼라범죄로 분류된다.

🔵Tip **살인·강도·강간범죄**는 전통적인 강력범죄로서 **블루칼라범죄**로 분류된다.

④ (○) **화이트칼라범죄**는 **상류계층의 경제범죄**에 대한 사회적 심각성을 연구하는 과정에서 등장한 개념이다.

🔒 204 ③

205 범죄원인에 관한 학설의 설명으로 가장 적절하지 않은 것은?  24 순경1차

① 뒤르켐(Durkheim)은 사회규범이 붕괴되어 규범에 대한 억제력이 상실된 상태를 아노미(Anomie)라고 하고 이러한 무규범상태에서 범죄가 발생한다고 주장하였다.

② 글레이저(Glaser)는 차별적 동일시이론을 통해 범죄의 원인이 개인이 아닌 사회구조의 변화에 있다고 설명하였다.

③ 탄넨바움(Tannenbaum)은 낙인이론을 통해 범죄자라는 낙인이 어떠한 결과를 낳는가에 관심을 가졌다.

④ 코헨(Cohen)은 목표와 수단이 괴리된 하류계층 청소년들이 중산층에 대한 저항으로 비행을 저지르며 목표달성의 어려움을 극복하기 위해 자신들의 하위문화를 만들게 된다고 주장하였다.

해설

① (○) **뒤르켐**(Durkheim)은 사회규범이 붕괴되어 규범에 대한 억제력이 상실된 상태를 **아노미**(Anomie)라고 하고 이러한 **무규범상태에서 범죄가 발생**한다고 주장하였다.

② (×) **글레이저**(Glaser)는 **차별적 동일시**이론을 통해 범죄의 원인이 **사회구조의 변화가 아닌 개인의 사회적 학습차이**(개인이 아닌 사회구조의 변화×)에 있다고 설명하였다.

　🇹ip 글레이저의 '**차별적 동일시 이론**'은 청소년들이 **영화의 주인공**을 모방하고 자신과 동일시하여 **범죄를 학습**하게 된다는 이론으로 **개인의 사회적 학습**에 의해 범죄가 발생한다고 보았다.

③ (○) **탄넨바움**(Tannenbaum)은 **낙인이론**을 통해 범죄자라는 낙인이 어떠한 결과를 낳는가에 관심을 가졌다.

④ (○) **코헨**(Cohen)은 목표와 수단이 괴리된 **하류계층 청소년들이 중산층에 대한 저항으로** 비행을 저지르며 목표달성의 어려움을 극복하기 위해 **자신들의 하위문화를 만들게 된다**고 주장하였다.

206 다음 경찰활동 예시의 근거가 되는 범죄원인이론으로 가장 관련성이 높은 것은?  22 순경1차

> A경찰서는 관내에서 폭행으로 적발된 청소년을 형사입건하는 대신, 학교전담경찰관이 외부 전문가와 함께 3일 동안 다양한 활동으로 구성된 선도프로그램을 제공함으로써 해당 청소년에게 스스로 잘못을 뉘우치고 장차 지역사회로 다시 통합될 수 있는 기회를 제공하였다.

① 낙인이론　　　　　　　② 일반긴장이론

③ 깨진 유리창 이론　　　④ 일상활동이론

해설

예시의 내용은 범죄원인이론 중 하나인 '**낙인이론**'에 관련된 것으로, 특히 청소년 범죄자에 있어서 '**낙인효과**'를 **방지**하기 위해 형사처벌 대신 봉사와 보호처분 등으로 **전환**(Police Diversion of the Juvenile offenders)하는 제도에 대한 내용이다.

　🇹ip '**일반긴장이론**'이란 **애그뉴**(Robert Agnew)가 주장한 긴장이론 중 하나이다. 이 이론은 과거 **머튼**(Merton)이 제시했던 '**긴장이론**'에 뿌리를 두고 있지만, 머튼의 이론과는 달리 사회적 계층과 상관없는 긴장의 개인적, 사회심리학적 원인에 대해 다루고 있다(신현기, 2012, p.328).

🔒 **205** ② 　**206** ①

207 범죄예방 관련 이론에 대한 설명으로 가장 적절하지 않은 것은?

① 합리적 선택이론은 거시적 범죄예방모델에 입각한 특별예방효과에 중점을 둔다.

② 깨진유리창이론에 이론적 근거를 두고 있는 무관용 경찰활동은 처벌의 확실성을 높여 범죄를 억제하는 전략이다.

③ 범죄패턴이론은 지리적 프로파일링을 통한 범행지역 예측 활성화에 기여할 수 있다.

④ 집합효율성은 지역사회 구성원 간의 연대감, 그리고 문제 상황 발생 시 구성원의 적극적인 개입의지를 결합한 개념이다.

해설

① (✕) **합리적 선택이론**은 **미시적(거시적✕)** 범죄예방모델에 입각한 **일반예방효과(특별예방효과✕)**에 중점을 둔다.
② (○) **깨진유리창이론**에 이론적 근거를 두고 있는 **무관용 경찰활동**은 **처벌의 확실성**을 높여 범죄를 억제하는 전략이다.
③ (○) **범죄패턴이론**은 **지리적 프로파일링**을 통한 범행지역 예측 활성화에 기여할 수 있다.
④ (○) **집합효율성**은 지역사회 구성원 간의 연대감, 그리고 문제 상황 발생 시 **구성원의 적극적인 개입의지를 결합**한 개념이다.

208 범죄원인론에 대한 설명으로 가장 적절하게 연결되지 않은 것은?

① 쇼와 맥케이(Shaw & Mckay)의 사회해체이론 − 빈민(slum)지역에서 범죄발생률이 높은 것은 도시의 산업화·공업화 과정에서 지역사회의 제도나 규범 등이 극도로 해체되기 때문으로, 이 지역에서는 비행적 전통과 가치관이 사회통제를 약화시켜서 일탈이 야기되며 이러한 지역은 구성원이 바뀌더라도 비행발생률은 감소하지 않는다.

② 레클리스(Reckless)의 견제(봉쇄)이론 − 고전주의 범죄학 이론에 기반을 둔 것으로, 인간은 범죄로부터 얻을 수 있는 이익보다 더 큰 고통을 받게 되면, 범죄를 저지르지 않을 것이라는 전제를 하고 있다. 범죄통제를 위해서는 처벌의 엄격성, 신속성, 확실성이 요구되며 이 중 처벌의 확실성이 가장 중요하다.

③ 버제스와 에이커스(Burgess & Akers)의 차별적 강화이론 − 범죄행위의 결과로서 보상이 취득되고 처벌이 회피될 때 그 행위는 강화되는 반면, 보상이 상실되고 처벌이 강화되면 그 행위는 약화된다.

④ 머튼(Merton)의 긴장(아노미)이론 − 목표와 그 목표를 이루기 위한 수단과의 간극이 커지면서 아노미 조건이 유발되어 분노와 좌절이라는 긴장이 초래되고, 그 목적을 달성하기 위한 수단으로서 범죄를 선택한다.

해설

① (○) **쇼와 맥케이**(Shaw & Mckay)의 **사회해체이론** : 빈민(slum)지역에서 범죄발생률이 높은 것은 도시의 **산업화·공업화** 과정에서 지역사회의 제도나 규범 등이 **극도로 해체**되기 때문으로, 이 지역에서는 비행적 전통과 가치관이 사회통제를 약화시켜서 일탈이 야기되며 이러한 **지역은 구성원이 바뀌더라도 비행발생률은 감소하지 않는다.**
② (✕) **억제이론(레클리스의 견제이론✕)** : **고전주의** 범죄학 이론에 **기반**을 둔 것으로, 인간은 범죄로부터 얻을 수 있는 이익보다 더 큰 고통을 받게 되면, 범죄를 저지르지 않을 것이라는 전제를 하고 있다. 범죄통제를 위해서는 **처벌의 엄격성, 신속성, 확실성**이 요구되며 이 중 **처벌의 확실성이 가장 중요**하다.

🔒 **207** ① **208** ②

Tip '레클리스(Reckless)의 **견제(봉쇄)이론**'이란 **좋은 자아관념**이 주변의 범죄적 환경에도 불구하고 비행행위에 가담하지 않도록 하는 중요한 요소로 보는 이론이다.

③ (○) **버제스와 에이커스**(Burgess & Akers)의 **차별적 강화이론** : 범죄행위의 결과로서 **보상이 취득되고 처벌이 회피될 때 그 범죄행위는 강화된다**. 반면, 보상이 상실되고 처벌이 강화되면 그 행위는 약화된다.

④ (○) **머튼**(Merton)의 **긴장(아노미)이론** : **목표**와 그 목표를 이루기 위한 **수단과의 간극**이 커지면서 **아노미 조건이 유발**되어 **분노와 좌절**이라는 **긴장**이 초래되고, 그 목적을 달성하기 위한 수단으로서 **범죄를 선택**한다.

---

209 다음은 관할지역 내 범죄문제 해결을 위해 경찰서별로 실시하고 있는 활동들이다. 각 활동들의 근거가 되는 범죄원인이론을 가장 적절하게 연결한 것은?

●A급 19 순경2차

> ㉠ A경찰서는 관내에서 음주소란과 폭행 등으로 적발된 청소년들을 형사입건하는 대신 지역사회 축제에서 실시되는 행사에 보안요원으로 봉사할 수 있는 기회를 제공하였다.
> ㉡ B경찰서는 지역사회에 만연해 있는 경미한 주취소란에 대해서도 예외 없이 엄격한 법집행을 실시하였다.
> ㉢ C경찰서는 관내 자전거 절도사건이 증가하자 관내 자전거 소유자들을 대상으로 자전거에 일련번호를 각인해 주는 서비스를 제공하였다.
> ㉣ D경찰서는 관내 청소년 비행 문제가 증가하자 청소년들을 대상으로 폭력 영상물의 폐해에 관한 교육을 실시하고, 해당 유형의 영상물에 대한 접촉을 삼가도록 계도하였다.

① ㉠ – 낙인이론 　　　　　　㉡ – 깨진 유리창 이론
　 ㉢ – 상황적 범죄예방 이론　㉣ – 차별적 동일시 이론
② ㉠ – 낙인이론 　　　　　　㉡ – 깨진 유리창 이론
　 ㉢ – 상황적 범죄예방 이론　㉣ – 차별적 접촉 이론
③ ㉠ – 상황적 범죄예방 이론　㉡ – 깨진 유리창 이론
　 ㉢ – 낙인이론 　　　　　　㉣ – 차별적 접촉 이론
④ ㉠ – 상황적 범죄예방 이론　㉡ – 낙인이론
　 ㉢ – 깨진 유리창 이론 　　㉣ – 차별적 동일시 이론

해설

㉠ A경찰서는 관내에서 음주소란과 폭행 등으로 적발된 청소년들을 형사입건하는 대신 지역사회 축제에서 실시되는 행사에 보안요원으로 봉사할 수 있는 기회를 제공하였다. – '**낙인이론**'의 비판을 의식하여 무조건 범죄자로 낙인 찍지말고 **봉사활동으로 전환하여 기회를 준다.**
㉡ B경찰서는 지역사회에 만연해 있는 경미한 주취소란에 대해서도 예외 없이 엄격한 법집행을 실시하였다. – '**깨진 유리창 이론**'의 원칙대로 사소한 무질서 행위에 대하여 무관용 이론이 적용되어 엄격한 법집행을 실시하였다.
㉢ C경찰서는 관내 자전거 절도사건이 증가하자 관내 자전거 소유자들을 대상으로 자전거에 일련번호를 각인해 주는 서비스를 제공하였다. – '**상황적 범죄예방 이론**'을 적용하여 범죄를 저지르기 어려운 상황을 만들어 범죄의 기회를 차단하였다.
㉣ D경찰서는 관내 청소년 비행 문제가 증가하자 청소년들을 대상으로 폭력 영상물의 폐해에 관한 교육을 실시하고, 해당 유형의 영상물에 대한 접촉을 삼가도록 계도하였다. – '**차별적 동일시 이론**'에 의거하여 영상물을 보고 따라하는 모방범죄를 예방하고자 하였다.

🔒 209 ①

210 범죄원인론에 대한 설명으로 가장 적절하지 않은 것은?   A급 19 승진

① 고전주의 범죄학에 따르면 범죄는 인간의 자유의지에 의한 것이 아니고, 외적 요소에 의해 강요되는 것이다.

② 마짜(Matza)와 싸이크스(Sykes)는 청소년은 비행의 과정에서 합법적·전통적 관습, 규범, 가치관 등을 중화시킨다고 주장하였다.

③ 허쉬(Hirshi)는 범죄의 원인은 사회적인 유대가 약화되어 통제되지 않기 때문이라고 주장하였다.

④ 글레이저(Glaser)는 청소년들이 영화의 주인공을 모방하고 자신과 동일시하면서 범죄를 학습한다고 주장하였다.

해설

① (×) **실증주의(고전주의×)** 범죄학에 따르면 범죄는 인간의 **자유의지**에 의한 것이 **아니고, 외적 요소(범죄환경)에 의해 강요**되는 것이다.
　　Tip 고전주의 범죄학에 따르면 범죄는 인간의 **자유의지**에 의한 것으로 그에 대한 책임은 전적으로 **개인(범죄자)**에게 있다고 주장한다. 범죄의 동기나 원인, 사회 환경 등 **외적 요소에는 관심이 없었다.**

② (○) **마짜**(Matza)와 **싸이크스**(Sykes)는 **청소년은 비행**의 과정에서 합법적·전통적 관습, 규범, 가치관 등을 **중화시킨다**고 주장하였다.

③ (○) **허쉬**(Hirshi)는 범죄의 원인은 **사회적인 유대**가 **약화**되어 통제되지 않기 때문이라고 주장하였다.

④ (○) **글레이저**(Glaser)는 청소년들이 영화의 주인공을 **모방**하고 자신과 **동일시**하면서 범죄를 **학습**한다고 주장하였다.

211 범죄원인론에 대한 설명으로 가장 적절하지 않은 것은?   A급 23 특공

① 고전주의 범죄학에 따르면 범죄는 인간의 자유의지에 의한 것이 아니고, 외적 요소에 의해 강요되는 것이다.

② 실증주의 범죄학에서는 범죄의 원인을 설명하는 데 있어 실증적이고 경험적인 실험이나 연구를 중시한다.

③ 사회유대이론은 비행 또는 범죄를 예방할 수 있는 사회적 통제 또는 유대의 약화로 인해 범죄가 발생한다고 주장한다.

④ 차별동일시이론은 청소년들이 영화의 주인공을 모방하고 자신과 동일시하면서 범죄를 학습한다고 주장한다.

해설

① (×) **고전주의** 범죄학에 따르면 범죄는 인간의 **자유의지**에 의한 **것이고(아니고×), 외적 요소**에 의해 강요되는 것이 **아니다(것이다×).**

② (○) **실증주의** 범죄학에서는 범죄의 원인을 설명하는 데 있어 **실증적**이고 **경험적인 실험**이나 연구를 중시한다.

③ (○) **사회유대이론**은 비행 또는 범죄를 예방할 수 있는 **사회적 통제 또는 유대의 약화**로 인해 범죄가 발생한다고 주장한다.

④ (○) **차별동일시이론**은 청소년들이 영화의 주인공을 **모방**하고 자신과 **동일시**하면서 범죄를 **학습**한다고 주장한다.

 210 ① 211 ①

212 범죄원인이론에 대한 설명 중 가장 적절하지 않은 것은?  ●A급 20 승진

① Miller는 범죄는 하위문화의 가치와 규범이 정상적으로 반영된 것이라고 하였다.

② Cohen은 하류계층의 청소년들이 목표와 수단의 괴리로 인해 중류계층에 대한 저항으로 비행을 저지르며, 목표달성의 어려움을 극복하기 위해 자신들만의 하위문화를 만들게 되는데 범죄는 이러한 하위문화에 의해 저질러진다고 한다.

③ '사회해체론'과 '아노미이론'은 범죄의 원인을 사회적 구조의 특성에서 찾는 사회적 수준의 범죄원인이론이다.

④ Durkheim은 좋은 자아관념이 주변의 범죄적 환경에도 불구하고 비행행위에 가담하지 않도록 하는 중요한 요소라고 한다.

해설

① (○) **Miller**는 범죄는 **하위문화**의 **가치와 규범**이 **정상적으로 반영**된 것이라고 하였다.

② (○) **Cohen**은 하류계층의 청소년들이 **목표와 수단의 괴리**로 인해 **중류계층에 대한 저항**으로 비행을 저지르며, 목표달성의 어려움을 극복하기 위해 **자신들만의 하위문화**를 만들게 되는데 범죄는 이러한 하위문화에 의해 저질러진다고 한다.

③ (○) '**사회해체론**'과 '**아노미이론**'은 범죄의 원인을 **사회적 구조**의 특성에서 찾는 **사회적 수준**의 **범죄원인이론**이다.

④ (×) **Reckless(Durkheim×)**는 **좋은 자아관념**이 주변의 범죄적 환경에도 불구하고 비행행위에 가담하지 않도록 하는 중요한 요소라고 한다.

🔵Tip Durkheim은 '**아노미이론**'을 주장하였다.

213 사이크스와 맛짜(Sykes & Matza)의 중화기술이론에 관한 설명으로 가장 적절하지 않은 것은?

●A급 25 순경1차

① 사회구조원인론 중에서도 사회학습이론에 해당하는 중화기술이론은 인간에게 내면화되어 있는 합법적 규범이나 가치관을 중화시킴으로써 범죄에 이르게 된다는 이론을 말한다.

② 친구에게 돈을 빌려주었는데 돈을 갚지 않자 벌을 받아야 하는 사람이라고 정당화하며 폭력을 행사한 경우 '피해자의 부정'에 해당한다.

③ 돈을 훔친 자신의 행위에 대해 "그들은 돈이 많으니 괜찮아"라고 합리화하는 것은 '피해의 부정'에 해당한다.

④ 중화기술이론은 비행청소년이 범행 전후를 기준으로 언제 중화를 하는지 설명이 어렵고, 설령 비행행위 이전에 중화를 주장하여도 이후 비행으로 나아가는 청소년과 그렇지 않은 청소년 간의 개인적 차이를 설명하지 못한다는 비판이 제기되고 있다.

해설

① (×) **사회과정원인론(사회구조원인론×)** 중에서도 사회학습이론에 해당하는 중화기술이론은 인간에게 내면화되어 있는 **합법적 규범**이나 **가치관을 중화시킴으로써 범죄에 이르게 된다**는 이론을 말한다.

② (○) 친구에게 돈을 빌려주었는데 돈을 갚지 않자 **벌을 받아야 하는 사람**이라고 정당화하며 폭력을 행사한 경우 '**피해자의 부정**'에 해당한다.

③ (○) 돈을 훔친 자신의 행위에 대해 "그들은 **돈이 많으니 괜찮아**"라고 합리화하는 것은 '**피해의 부정**'에 해당한다.

🔵Tip 돈이 많으니까 그 정도는 피해라고 볼 수 없다.

④ (○) **중화기술이론**은 비행청소년이 범행 전후를 기준으로 언제 중화를 하는지 설명이 어렵고, 설령 비행행위 이전에 중화를 주장하여도 이후 비행으로 나아가는 청소년과 그렇지 않은 청소년 간의 개인적 차이를 설명하지 못한다는 비판이 제기되고 있다.

🔵Tip 범죄발생 후에 중화가 일어난다면, 범죄원인론으로서의 가치를 상실하게 된다.

🔒 212 ④ 213 ①

214 범죄원인에 대한 이론을 설명한 것이다. 옳은 것은 모두 몇 개인가?

● A급 21 경위

가. 아노미이론은 Cohen에 의해 주장되었으며 '범죄는 정상적인 것이며 불가피한 사회적 행위'라는 입장에서 사회 규범의 붕괴로 인해 범죄가 발생한다고 보고 있다.

나. J. F. Sheley가 주장한 범죄유발의 4요소는 범죄의 동기, 사회적 제재로부터의 자유, 범죄피해자, 범행의 기술이다.

다. 사회학습이론 중 Burgess & Akers의 차별적 강화이론에 의하면 청소년들이 영화의 주인공을 모방하고 자신과 동일시하면서 범죄를 학습한다고 한다.

라. Hirschi는 범죄의 원인은 사회적인 유대가 약화되어 통제되지 않기 때문이라고 보고, 비행을 통제할 수 있는 사회적 통제의 결속을 애착, 전념, 기회, 참여라고 하였다.

마. 합리적 선택이론에서는 인간의 자유의지를 인정하는 결정론적 인간관에 입각하여 범죄자는 비용과 이익을 계산하고 자신에게 유리한 경우에 범죄를 행한다고 본다.

바. 일상생활이론은 범죄자의 입장에서 범행을 결정하는데 고려되는 4가지 요소로 가치, 이동의 용이성, 가시성, 접근성을 들고 있다.

사. 범죄패턴이론은 지역사회 구성원들이 범죄문제를 해결하기 위해 적극적으로 참여하는 것이 중요한 범죄예방의 열쇠라고 한다.

① 0개   ② 1개
③ 2개   ④ 3개

해설

옳은 설명은 **바, 1개**이다.

가. (×) **아노미이론**은 Durkheim(Cohen×)에 의해 주장되었으며 '**범죄는 정상적인 것**이며 **불가피한 사회적 행위**'라는 입장에서 **사회 규범의 붕괴**로 인해 범죄가 발생한다고 보고 있다.

나. (×) J. F. Sheley가 주장한 **범죄유발의 4요소**는 범죄의 동기, 사회적 제재로부터의 **자유, 범행의 기회(범죄피해자×)**, 범행의 **기술**이다.

다. (×) **사회학습**이론 중 Burgess & Akers의 **차별적 강화이론**에 의하면 청소년의 비행행위는 **처벌이 없거나 칭찬을 받게 되면 반복적으로 저질러진다**고 한다.

 👉**Tip** 청소년들이 영화의 주인공을 **모방**하고 자신과 **동일시**하면서 범죄를 **학습**한다는 것은 **글레이져**(Glaser)의 '**차별적 동일시이론**'에 근거한다.

라. (×) Hirschi는 범죄의 원인은 사회적인 **유대가 약화**되어 통제되지 않기 때문이라고 보고, 비행을 통제할 수 있는 사회적 통제의 결속을 **애착, 전념, 신념**(기회×), **참여**라고 하였다.

마. (×) **합리적 선택이론**에서는 인간의 **자유의지를 인정**하는 **비결정론적**(결정론적×) 인간관에 입각하여 범죄자는 비용과 이익을 계산하고 자신에게 유리한 경우에 범죄를 행한다고 본다.

바. (○) **일상생활이론**은 범죄자의 입장에서 범행을 결정하는데 고려되는 **4가지 요소**로(VIVA모델)로 **가치, 이동의 용이성, 가시성, 접근성**을 들고 있다.

사. (×) **집합효율성이론**(범죄패턴 이론×)은 **지역사회 구성원**들이 범죄문제를 해결하기 위해 **적극적으로 참여**하는 것이 중요한 범죄예방의 열쇠라고 한다.

🔒 **214** ②

215 다음에서 설명하는 범죄원인이론과 학자를 바르게 연결한 것은?　

> 이 이론은 특정 지역에서의 범죄가 다른 지역에 비해서 많이 발생하는 이유를 규명하고자 하였으며, 연구결과 전이지역(transitional zone)은 타 지역에 비해 범죄율이 상대적으로 높게 나타났다. 또한 '낮은 경제적 지위', '민족적 이질성', '거주 불안정성'을 중요한 3요소로 제시하였으며, 이로 인해 지역 주민은 서로를 모르기 때문에 공동체 의식이 발달하지 못하고 사회적 통제가 약화된다고 보았다.

① 뒤르켐(Durkheim) ― 아노미이론
② 코헨(Cohen) ― 하위문화이론
③ 갓프레드슨과 허쉬(Gottfredson & Hirschi) ― 자기통제이론
④ 쇼와 맥케이(Shaw & Mckay) ― 사회해체이론

해설
보기의 설명은 ④ **쇼와 맥케이(Shaw & Mckay)** : **사회해체이론**에 관한 내용이다.
① (×) **뒤르켐(Durkheim)**의 '**아노미이론**'은 **범죄는 정상적인 것**이며 **불가피한 사회적 행위**라는 입장에서 사회 규범이 붕괴된 '**아노미 상태**'에서 **억제력 상실**로 인해 범죄가 발생한다고 보았다.
② (×) **코헨(Cohen)** : '**하위문화이론**'은 하류계층의 청소년들이 **목표와 수단의 괴리**로 인해 **중류계층에 대한 저항**으로 비행을 저지르며, 목표달성의 어려움을 극복하기 위해 **자신들만의 하위문화를** 만들게 **되며** 범죄는 이러한 하위문화에 의해 저질러진다고 보았다.
③ (×) **갓프레드슨과 허쉬(Gottfredson & Hirschi)** : '**자기통제이론**'은 **자기통제력**이 낮은 사람은 그렇지 않은 사람에 비해 범죄 및 일탈행동에 관여할 가능성이 더 높다고 보는 이론이다.
④ (○) **쇼와 맥케이(Shaw & Mckay)** : '**사회해체이론**'은 빈민지역에서 범죄발생률이 높은 것은 도시의 **산업화 · 공업화** 과정에서 지역사회의 제도나 규범 등이 **극도로 해체**되기 때문으로, 이 지역에서는 **비행적 전통과 가치관이 사회통제를 약화**시켜서 일탈이 야기되며 이러한 지역은 구성원이 바뀌더라도 비행발생률은 감소하지 않는다는 이론이다.

---

216 사회적 수준의 범죄원인이론 중 '사회과정원인'에 해당하지 않는 것은?　

① Sutherland의 차별적 접촉이론에 따르면, 범죄는 범죄적 전통을 가진 사회에서 많이 발생하며, 이러한 사회에서 개인은 범죄에 접촉 · 동조하면서 학습한다.
② Cohen은 하류계층의 청소년들이 목표달성의 어려움을 극복하기 위해 자신들만의 하위문화를 만들고, 범죄는 이러한 하위문화에 의해 저질러진다고 주장하였다.
③ Matza & Sykes에 따르면, 소년은 비행 지점에서 '책임의 회피', '피해자의 부정', '피해 발생의 부인', '비난자에 대한 비난', '충성심에의 호소' 등 5가지 중화기술을 통해 규범, 가치관 등을 중화시킨다.
④ Hirshi에 따르면, 범죄는 사회적인 유대가 약화되어 통제되지 않기 때문에 발생하고, 사회적 결속은 애착, 참여, 전념, 신념의 4가지 요소에 영향을 받는다.

해설
① (○) **Sutherland**의 **차별적 접촉이론**에 따르면, 범죄는 범죄적 전통을 가진 사회에서 많이 발생하며, 이러한 사회에서 **개인**은 **범죄에 접촉 · 동조**하면서 **학습**한다.
② (×) **Cohen**은 하류계층의 청소년들이 목표달성의 어려움을 극복하기 위해 **자신들만의 하위문화를 만들고**, 범죄는 이러한 하위문화에 의해 저질러진다고 주장하였다. – **사회구조원인**에 해당하는 이론이다.

215 ④　216 ②

③ (○) **Matza & Sykes**에 따르면, 소년은 비행 지점에서 '**책임의 회피**', '**피해자의 부정**', '**피해 발생의 부인**', '**비난자에 대한 비난**', '**충성심에의 호소**' 등 5가지 **중화기술**을 통해 규범, 가치관 등을 중화시킨다.

④ (○) **Hirshi**의 '**사회유대이론**'에 따르면, 범죄는 **사회적인 유대가 약화**되어 통제되지 않기 때문에 발생하고, 사회적 결속은 **애착, 참여, 전념, 신념**의 4가지 요소에 영향을 받는다.

Tip 사회구조원인과 사회과정원인에 따른 분류

개인적 차원	고전주의	(형벌을 통한) **억제이론**		
	실증주의	**치료 및 갱생이론**		
사회적 차원	사회**구조**원인론	• **아노미(긴장)**이론 • **하위문화**이론 • **문화갈등**이론	• **사회해체론** • **문화전파**이론	
	사회**과정**원인론	사회**학습**이론	• 차별적 **접촉**이론 • 차별적 **강화**이론	• 차별적 **동일시**이론 • **중화기술**이론
		사회**통제**이론	• 견제이론 • 사회유대이론	• 동조성 전념이론
		낙인이론		

---

217 사회학적 범죄학 이론 중에서 사회구조원인론으로 분류하기에 가장 적절하지 않은 이론을 설명한 것은?

•A급 24 순경2차

① 사람들을 '잠재적 범죄자'로 간주하고 사회적 결속과 유대의 약화로 인해 비행이 발생한다고 주장한다.

② 하류계층 청소년들은 '지위좌절'이라는 갈등의 형태를 경험하면서 중류계층의 가치관에 대한 적대적 반응을 갖게 되고, 목표달성의 어려움을 극복하기 위해 자신들만의 하위문화를 만들게 된다고 주장한다.

③ 사회규범의 붕괴로 무규범 상태가 되고 이러한 무규범 상태에서 범죄가 발생한다고 주장한다.

④ 산업화 및 도시화 과정에서 그 지역의 사회조직이 극도로 해체되었기 때문에 범죄와 비행이 발생한다고 주장한다.

해설

① (×) 사람들을 '잠재적 범죄자'로 간주하고 사회적 결속과 **유대의 약화**로 인해 비행이 발생한다고 주장한다. - **사회'과정'원인론** 중 허쉬의 '**사회유대이론**'

② (○) 하류계층 청소년들은 '**지위좌절**'이라는 갈등의 형태를 경험하면서 **중류계층의 가치관에 대한 적대적 반응**을 갖게 되고, 목표달성의 어려움을 극복하기 위해 **자신들만의 하위문화**를 만들게 된다고 주장한다. - 사회'**구조**'원인론 중 코헨의 '**비행하위문화이론**'

③ (○) 사회규범의 붕괴로 **무규범 상태**가 되고 이러한 무규범 상태에서 범죄가 발생한다고 주장한다. - 사회'**구조**'원인론 중 뒤르켐의 '**아노미이론**'

④ (○) **산업화 및 도시화** 과정에서 그 지역의 사회조직이 **극도로 해체**되었기 때문에 범죄와 비행이 발생한다고 주장한다. - 사회'**구조**'원인론 중 쇼와 맥케이의 '**사회해체이론**'

🔒 217 ①

218 무관용 경찰활동(Zero-Tolerance Policing)에 관한 설명으로 가장 적절하지 않은 것은?

① 깨진유리창이론(Broken Window Theory)에 근거를 두고 있다. ●A급 22 법학

② 범죄해결에 집중하는 전통적 경찰활동의 전략을 계승하였다.

③ 무관용 개입으로 낙인효과를 유발할 수 있다는 비판이 있다.

④ 일선 경찰관들의 재량권 수준이 낮다.

해설

① (○) 무관용 경찰활동은 **깨진유리창이론**(Broken Window Theory)에 근거를 두고 있다.

② (×) **무관용 경찰활동은** 중요범죄해결에만 집중하는 **전통적 경찰활동 전략이 효과가 없다고 비판하면서**(계승하였다 ×), 범죄에 이르지 않은 **사소한 무질서 행위에 대해서도** 관용을 베풀지 않고 **강경한 대응을 하겠다**고 나온 **현대적 경찰활동**의 전략이다.

③ (○) **무관용 개입**으로 인해 (사소한 행위로도 범죄자로 찍히게 되는) **낙인효과를** 유발할 수 있다는 비판이 있다.

④ (○) (사소한 행위라고 봐주는 재량없이 무조건 잡아들이므로) 일선 경찰관들의 **재량권 수준이 낮다.**

219 무관용 경찰활동(Zero Tolerance Policing)에 관한 설명으로 가장 적절하지 않은 것은?

① 사소한 무질서에 관대하게 대응했던 전통적 경찰활동의 전략을 계승하였다. ●A급 23 순경1차

② 무관용 경찰활동은 1990년대 뉴욕에서 본격적으로 시행되었다.

③ 윌슨(Wilson)과 켈링(Kelling)의 '깨어진 창 이론'에 기초하였다.

④ 경미한 비행자에 대한 무관용 개입은 낙인효과를 유발할 수 있다는 비판이 있다.

해설

① (×) **무관용 경찰활동**(Zero Tolerance Policing)은 사소한 무질서에 관대하게 대응했던 **전통적 경찰활동의 전략을 계승한 것이 아니라**(계승하였다×) 비판하면서 등장한 것으로, 직접적 피해자가 없는 경미한 무질서 행위에 대해서도 강경하게 대응함으로써 더 큰 범죄나 사고를 예방하려는 **현대적 경찰활동**이다.

② (○) **무관용 경찰활동은 1990년대 뉴욕**에서 본격적으로 시행되어 범죄예방에 큰 성과를 거두었다.

③ (○) **무관용 경찰활동은 윌슨**(J. Q. Wilson)**과 켈링**(G. L. Kelling)의 '**깨어진 창 이론**'에 기초하였다.

④ (○) 경미한 비행자에 대한 무관용 개입은 **낙인효과를 유발**할 수 있다는 비판이 있다.

220 상황적 범죄예방과 관련된 이론에 대한 설명으로 가장 적절하지 않은 것은? ●A급 22 경위

① 일상활동이론을 주장한 코헨(Cohen)과 펠슨(Felson)은 절도 범죄를 설명하면서 VIVA모델을 제시했는데, 알파벳 I는 Inertia의 약자로서 '이동의 용이성'을 의미한다.

② 범죄패턴이론은 브랜팅험(Brantingham)이 제시한 이론으로서 지리적 프로파일링의 이론적 배경이 되었다.

③ 상황적 범죄예방이론은 범죄 전이효과가 있다는 비판이 있다.

④ 상황적 범죄예방이론은 개인의 범죄성에 초점을 맞춘 이론으로서 범죄성향이 높은 개인들에게 범죄예방 역량을 집중할 것을 주장한다.

 218 ② 219 ① 220 ④

① (○) **일상활동이론**을 주장한 **코헨과 펠슨**(cohen & felson) 1979년 범죄의 적절한 대상을 설명하는 '**VIVA모델**'을 제시했다. VIVA모델은 **대상의 가치**(Value), **이동의 용이성**(Inertia), **가시성**(Visibility), **접근성**(Accessbility)의 4가지 요소가 있다.

② (○) **범죄패턴이론**은 브랜팅험(Brantingham)이 제시한 이론으로서 **지리적 프로파일링**의 이론적 배경이 되었다.

③ (○) **상황적 범죄예방이론**은 **범죄 전이효과**가 있다는 비판이 있다.

④ (×) **상황적 범죄예방이론**은 범죄기회(개인의 범죄성×)에 초점을 맞춘 이론으로서 **범죄자, 범죄대상, 범죄기회**로 구분하고 범죄가 발생하는 **상황적 요인**(범죄성향이 높은 개인들×)을 통제하는데 범죄예방 역량을 집중할 것을 주장한다.

221 현대적 범죄예방이론에 관한 설명으로 가장 적절한 것은?  ●A급 25 순경1차

① 깨진 유리창 이론에 따르면 사소한 무질서라도 그대로 방치할 경우 주민들의 범죄에 대한 두려움이 증가하거나 범죄와 무질서가 더욱 심각해질 수 있다고 보기 때문에 낙인효과를 최소화하기 위한 무관용 경찰활동이 필요하다.

② 일상활동이론에 의하면 범죄자가 범행을 결정하는 데 고려하는 4가지 요소(VIVA 모델)에는 대상의 가치(Value), 이동의 용이성(Inertia), 가시성(Visibility), 보호자의 부재(Absence)가 있다.

③ 환경설계를 통한 범죄예방(CPTED) 전략은 제프리(C. R. Jeffery)의 범죄통제모델 3가지 중 범죄억제모델에 해당한다.

④ 상황적 범죄예방이론의 경우 범죄를 예방하는 장치 또는 수단을 통해 범죄 기회를 줄여도, 풍선효과에 따라 범죄가 다른 곳으로 전이되어 결국 전체 범죄는 감소하지 않는다는 비판이 제기된다.

① (×) **윌슨과 켈링의 깨진 유리창 이론**에 따르면 사소한 무질서라도 그대로 방치할 경우 주민들의 범죄에 대한 두려움이 증가하거나 범죄와 무질서가 더욱 심각해질 수 있다고 보기 때문에 직접적인 피해자가 없는 **사소한 무질서행위에 대한 강경한 대응을 강조하는**(낙인효과를 최소화하기 위한×) **무관용 경찰활동**이 필요하다. 다만, 이러한 무관용 경찰활동으로 인해 **낙인효과를 유발한다는 비판**이 있다.

② (×) **코헨과 펠슨의 일상활동이론**에 의하면 범죄자가 범행을 결정하는 데 고려하는 4가지 요소(VIVA 모델)에는 **대상의 가치**(Value), **이동의 용이성**(Inertia), **가시성**(Visibility), **접근성**(Accessibility)[보호자의 부재(Absence)×]이 있다.

③ (×) **환경설계를 통한 범죄예방(CPTED)** 전략은 **제프리**(C. R. Jeffery)의 범죄통제모델 3가지 중 **범죄예방모델**(범죄억제모델×)에 해당한다.

Tip 제프리(C. R. Jeffery)의 범죄통제모델 3가지

범죄억제모델	**형벌**을 통해서 범죄를 억제한다.
사회복귀모델	범죄자의 **치료와 갱생**을 통한 **사회복귀**를 도모한다.
범죄예방모델	**사회환경개선**을 통해 범죄예방(CPTED)을 한다.

④ (○) **상황적 범죄예방이론**의 경우 범죄를 예방하는 장치 또는 수단을 통해 범죄 기회를 줄여도, **풍선효과**에 따라 범죄가 다른 곳으로 전이되어 **결국 전체 범죄는 감소하지 않는다**는 비판이 제기된다. 또한 모든 사람을 잠재적 범죄인으로 보기 때문에 국가가 과도하게 통제하여 기본적 **인권이 침해될 가능성이 높다**는 비판도 있다.

 221 ④

222 다음 중 범죄예방이론에 대한 기술로 가장 적절한 것은?  22 특공

① 일상활동이론은 범죄는 범죄자, 범죄에 적당한 대상, 감시의 부재라는 세 가지 조건이 충족될 때 발생하는 것으로 본다.

② 합리적 선택이론은 억제이론과 같이 인간의 자유의지를 인정하지 않는 결정론적 세계관을 전제로 한다.

③ 환경범죄학에서는 환경적 요소의 변화보다는 범죄자의 범행동기 약화에 중점을 두고 범죄예방을 달성하고자 한다.

④ 고전학파의 억제이론은 범죄에 대한 책임을 개인보다 사회에 두고 사회방위를 통해 범죄예방을 달성하고자 한다.

해설

① (○) **일상활동이론**은 범죄는 **범죄자**, 범죄에 **적당한 대상**, **감시의 부재**라는 세 가지 조건이 충족될 때 발생하는 것으로 본다.

② (×) **합리적 선택이론**은 억제이론과 같이 인간의 **자유의지**를 **인정**하는 **비결정론적**(인정하지 않는 결정론적×) 세계관을 전제로 한다.

③ (×) **환경범죄학**에서는 **범죄자의 범행동기 약화**보다는 **환경적 요소의 변화에 중점을 두고**(환경적 요소의 변화보다는 범죄자의 범행동기 약화에 중점을 두고×) 범죄예방을 달성하고자 한다.

④ (×) **고전학파**의 **억제이론**은 범죄에 대한 책임을 **사회보다** **개인**에 **두고**(개인보다 사회에 두고×) **형벌**(사회방위×)을 통해 범죄예방을 달성하고자 한다.

223 범죄통제이론에 대한 설명으로 가장 적절하지 않은 것은?  19 승진

① '억제이론'은 강력하고 확실한 처벌을 통하여 범죄를 억제할 수 있다고 보며, 범죄의 동기나 원인, 사회적 환경에는 관심이 없다.

② '일상활동이론'은 지역사회 구성원들이 범죄문제를 해결하기 위해 적극적으로 참여하는 것이 중요한 범죄예방의 열쇠라고 한다.

③ '합리적 선택이론'은 인간이 자유 의지를 가지고 있다고 가정하고 합리적인 인간관을 전제로 하므로 비결정론적 인간관에 바탕을 두고 있다.

④ '치료 및 갱생이론'은 비용이 많이 들고 범죄자를 대상으로 하므로 일반예방효과에 한계가 있다는 비판이 존재한다.

해설

① (○) '**억제이론**'은 **강력하고 확실한 처벌**을 통하여 **범죄를 억제**할 수 있다고 보며, 범죄의 **동기나 원인, 사회적 환경에는 관심이 없다.**

② (×) '**집합효율성이론**'(일상활동이론×)은 지역사회 구성원들이 범죄문제를 해결하기 위해 **적극적으로 참여**하는 것이 중요한 범죄예방의 열쇠라고 한다.

   Tip '**일상활동이론**'은 동기가 부여된 **범죄자, 적절한 범행대상, 보호능력의 부재**라는 3가지 범죄유발요건이 존재할 때 범죄가 발생한다고 주장하는 이론으로 이 3가지 **범죄유발요건이 언제, 어떻게, 어떤 모습으로 나타나는지는 개인의 일상활동에 따라 달라진다**고 설명한다.

③ (○) '**합리적 선택이론**'은 인간이 **자유 의지**를 가지고 **있다**고 가정하고 합리적인 인간관을 전제로 하므로 **비결정론적 인간관**에 바탕을 두고 있다.

④ (○) '**치료 및 갱생이론**'은 비용이 많이 들고 **범죄자를 대상**(특별예방효과)으로 하므로, (일반인을 대상으로 하는) **일반예방효과에 한계가 있다**는 비판이 존재한다.

🔒 222 ①   223 ②

224 범죄학적 이론에 대한 설명 중 가장 적절하지 않은 것은? ●A급 20 법학

① 환경설계를 통한 범죄예방(CPTED)의 기본원리들 중 거리의 눈을 활용한 자연적 감시와 접근 통제의 기능을 확대하는 원리는 활용성의 증대이며, 그 예로 공원 조성 시 벤치 혹은 체육기구의 위치에 대한 설계를 들 수 있다.

② 일상활동이론은 잠재적 범죄자, 적절한 범행대상, 감시(보호)의 부재라는 요소들이 충족될 때 누구라도 범죄를 저지를 수 있다고 가정한다.

③ 깨진 유리창 이론은 경미한 무질서에 대한 무관용 정책의 확산을 통해 시민들 사이의 집합적 효율성을 감소시키는 것에 중점을 둔다.

④ 합리적 선택이론은 기본적으로 비결정론적 인간관을 따른다고 할 수 있고, 이 이론의 관점에서는 체포의 위험성과 처벌의 확실성을 높이는 것이 효과적인 범죄예방 전략으로 여겨질 수 있다.

해설

① (○) **환경설계를 통한 범죄예방**(CPTED)의 **기본원리**들 중 **거리의 눈**을 활용한 자연적 감시와 접근통제의 기능을 확대하는 원리는 **활용성의 증대**이며, 그 예로 **공원 조성 시 벤치** 혹은 **체육기구의 위치**에 대한 설계를 들 수 있다.

② (○) **일상활동이론**은 잠재적 **범죄자, 적절한 범행대상, 감시(보호)의 부재**라는 요소들이 충족될 때 누구라도 범죄를 저지를 수 있다고 가정한다.

③ (×) **깨진 유리창 이론**은 경미한 무질서에 대한 **무관용 정책의 확산**을 통해 시민들 사이의 **집합적 효율성**을 **강화(감소×)** 시키는 것에 중점을 둔다.

④ (○) **합리적 선택이론**은 기본적으로 **비결정론적 인간관**을 따른다고 할 수 있고, 이 이론의 관점(고전주의 억제이론에 기반을 둠)에서는 **체포의 위험성과 처벌의 확실성을 높이는 것**이 효과적인 범죄예방 전략으로 여겨질 수 있다.

225 다음은 '범죄 통제'를 설명한 것이다. 가장 적절하지 않은 것은? ●A급 20 특공

① '일상활동이론'의 범죄의 4요소는 '범행의 동기', '사회적 제재로부터의 자유', '범행의 기술', '범행의 기회'이다.

② 제프리(Jeffery)의 범죄억제모델은 형벌을 통해 범죄를 통제한다.

③ '치료 및 갱생이론'은 결정론적 인간관에 입각하여 특별예방효과에 중점을 둔다.

④ '억제이론'은 폭력과 같은 충동적 범죄에 적용하는데 한계가 있다는 비판이 있다.

해설

① (×) '**실라**'(일상활동이론×)의 범죄의 **4요소**는 '**범행의 동기**', '**사회적 제재로부터의 자유**', '**범행의 기술**', '**범행의 기회**'이다. 일상활동이론은 범죄의 3요소로 '동기가 부여된 잠재적 가해자', '범행의 대상', '보호자의 부재'를 주장한다.

　🄣ip 제프리(Jeffery)는 **범죄억제모델**(형벌), **사회복귀모델**(치료와 갱생), **범죄예방모델**(환경개선)을 주장하였다.

② (○) **제프리**(Jeffery)의 **범죄억제모델**은 **형벌**을 통해 범죄를 통제한다.

③ (○) '**치료 및 갱생이론**'은 **결정론적 인간관**에 입각하여 **특별예방효과**에 중점을 둔다.

④ (○) '**억제이론**'은 폭력과 같은 **충동적 범죄**에 적용하는데 **한계가 있다**는 비판이 있다.

 224 ③　225 ①

226 현대적 범죄예방이론에 대한 설명 중 가장 적절하지 않은 것은?  A급 21 법학

① 브랜팅햄(Brantingham)의 범죄패턴이론 – 범죄에는 일정한 장소적 패턴이 있으므로 지리적 프로파일링을 통해 범죄발생을 예측하여 범죄를 예방할 수 있다.

② 뉴먼(Newman)의 방어공간이론 – 주거에 대한 영역성의 강화를 통해 주민들이 살고 있는 지역이나 장소를 자신들의 영역이라 생각하고 감시를 게을리 하지 않으면 어떤 지역이든 범죄로부터 안전할 수 있다.

③ 코헨과 펠슨(Cohen & Felson)의 일상활동이론 – 지역사회의 차등적 범죄율과 그 변화를 지역사회의 구조적 특성에서 찾지 않고 범죄자의 속성에서 찾으며 같은 범죄 기회가 주어져도 누구나 범죄를 저지르지는 않는다.

④ 클락과 코니쉬(Clarke & Cornish)의 합리적 선택이론 – 인간은 자유의지를 전제로 행동을 결정하므로 체포의 위험성과 처벌의 확실성을 높이면 효과적으로 범죄를 예방할 수 있다.

해설

① (O) **브랜팅햄**(Brantingham)의 **범죄패턴이론** : 범죄에는 일정한 **장소적 패턴**이 있으므로 **지리적 프로파일링**을 통해 범죄발생을 예측하여 범죄를 예방할 수 있다.

② (O) **뉴먼**(Newman)의 **방어공간이론** : 주거에 대한 **영역성의 강화**를 통해 주민들이 살고 있는 지역이나 장소를 **자신들의 영역이라 생각하고 감시를 게을리 하지 않으면** 어떤 지역이든 범죄로부터 **안전**할 수 있다.

③ (×) **코헨과 펠슨**(Cohen & Felson)의 **일상활동이론** : 지역사회의 **차등적 범죄율**과 그 변화를 지역사회의 구조적 특성에서 찾지 않고 **개인의 일상생활의 변화(범죄자의 속성×)에서 찾으며**, 같은 범죄 기회가 주어지면 **누구나 범죄를 저지를 수 있다고 본다(않는다×)**.

④ (O) **클락과 코니쉬**(Clarke & Cornish)의 **합리적 선택이론** : 인간은 **자유의지를 전제로** 행동을 결정하므로 **체포의 위험성과 처벌의 확실성을 높이면** 효과적으로 범죄를 예방할 수 있다.

227 고전주의 범죄학의 억제이론(Deterrence Theory)은 베카리아(Beccaria)와 벤담(Bentham)의 주장에 근거한다. 기본전제는 인간이 자유의지를 가지고 합리적인 판단에 의해 행동한다는 것이다. 이를 기반으로 한 처벌은 계량된 처벌의 고통과 범죄로 인한 이익 사이의 함수관계로 설명되는데 이 이론의 핵심적인 내용에 해당되는 것은? A급 24 순경1차

① 처벌의 확실성, 처벌의 엄격성, 처벌의 신속성

② 처벌의 확실성, 처벌의 엄격성, 처벌의 신중성

③ 처벌의 엄격성, 처벌의 신속성, 처벌의 신중성

④ 처벌의 엄격성, 처벌의 신속성, 처벌의 지속성

해설

고전주의 범죄학자인 **베카리아**(1764)와 **벤담**(1789)의 주장에 근거한 **억제이론**은 범죄통제를 위해서는 **처벌의 확실성, 신속성, 엄격성**이 요구되며 이 중에 **처벌의 확실성**이 **가장 중요**한 요소라고 보았다.

🇹ip 고전주의 범죄학은 **의사비결정론(자유의지 긍정), 객관주의(합리적 이익추구), 일반예방주의(일반인에 대한 예방)**를 그 특징으로 하며 범죄예방이론 중 **억제이론**과 **합리적 선택이론**에 영향을 미쳤다.

🔒 226 ③ 227 ①

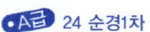

228 범죄예방이론에 관한 설명으로 가장 적절하지 않은 것은?   ●A급 24 순경1차

① 일상활동이론(Routine Activity Theory), 합리적 선택이론(Rational Choice Theory), 범죄 패턴이론(Crime Pattern Theory) 등은 상황적 범죄예방(Situational Crime Prevention)의 중요한 이론적 배경이 되고 있다.

② 환경설계를 통한 범죄예방(CPTED : Crime Prevention Through Environmental Design)은 물리적 환경설계 또는 재설계를 통해 범죄기회를 차단하고 시민의 범죄에 대한 불안을 감소시키는 전략이다.

③ 특별예방이론이 잠재적 범죄자인 일반인에 대한 형벌의 예방기능을 강조한 것이라면, 일반예방이론은 형벌을 구체적인 범죄자 개인에 대한 영향력의 행사라고 보고, 범죄자를 교화함으로써 재범하지 않도록 하는 것이다.

④ 범죄예방에 질병의 예방과 치료의 개념을 도입하여 소개한 브랜팅햄(P. J. Brantingham)과 파우스트(F. L. Faust)는 범죄예방을 1차적 범죄예방, 2차적 범죄예방, 3차적 범죄예방으로 나누고 있다. 1차적 범죄예방은 일반대중, 2차적 범죄예방은 범죄우범자나 집단, 그리고 3차적 범죄예방은 범죄자가 주요 대상이라고 할 수 있다.

> **해설**
>
> ① (○) **일상활동이론**(Routine Activity Theory), **합리적 선택이론**(Rational Choice Theory), **범죄패턴이론**(Crime Pattern Theory) 등은 '**상황적 범죄예방**'(Situational Crime Prevention)의 중요한 이론적 배경이 되고 있다.
>
> ② (○) **환경설계를 통한 범죄예방**(CPTED : Crime Prevention Through Environmental Design)은 물리적 환경설계 또는 재설계를 통해 **범죄기회를 차단**하고 시민의 범죄에 대한 불안을 감소시키는 전략이다.
>
> ③ (×) **일반예방(특별예방×)**이론이 잠재적 범죄자인 **일반인**에 대한 형벌의 **예방기능**을 강조한 것이라면, **특별예방(일반예방×)**이론은 형벌을 구체적인 **범죄자** 개인에 대한 **영향력**의 행사라고 보고, **범죄자를 교화함으로써 재범하지 않도록 하는** 것이다.
>
> ④ (○) 범죄예방에 질병의 예방과 치료의 개념을 도입하여 소개한 **브랜팅햄**(P. J. Brantingham)과 **파우스트**(F. L. Faust)는 범죄예방을 1차적 범죄예방, 2차적 범죄예방, 3차적 범죄예방으로 나누고 있다. **1차적** 범죄예방은 **일반대중**, **2차적** 범죄예방은 범죄**우범자**나 집단, 그리고 **3차적** 범죄예방은 **범죄자**가 주요 대상이라고 할 수 있다.

229 뉴먼(1972)은 방어공간의 구성요소를 구분하였다. 이와 관련된 〈보기 1〉의 설명과 〈보기 2〉의 구성 요소가 가장 적절하게 연결된 것은?   ●A급 22 순경1차

> **보기 1**
>
> (가) 지역의 외관이 다른 지역과 고립되어 있지 않고, 보호되고 있으며, 주민의 적극적 행동의지를 보여줌
> (나) 지역에 대한 소유의식은 일상적이지 않은 일이 있을 때 주민으로 하여금 행동을 취하도록 자극함
> (다) 특별한 장치의 도움 없이 실내와 실외의 활동을 관찰할 수 있는 능력임

> **보기 2**
>
> ㉠ 영역성   ㉡ 자연적 감시   ㉢ 이미지   ㉣ 환경

	(가)	(나)	(다)		(가)	(나)	(다)
①	㉢	㉣	㉠	②	㉢	㉠	㉡
③	㉣	㉠	㉢	④	㉣	㉢	㉡

🔒 228 ③ 229 ②

(가) 지역의 **외관**이 다른 지역과 고립되어 있지 않고, 보호되고 있으며, 주민의 적극적 행동의지를 **보여줌** – ⓒ **이미지**

(나) 지역에 대한 **소유의식**은 일상적이지 않은 일이 있을 때 주민으로 하여금 행동을 취하도록 **자극함** – ⊙ **영역성**

(다) **특별한 장치의 도움 없이** 실내와 실외의 활동을 **관찰**할 수 있는 능력임 – ⓛ **자연적 감시**

Tip 오스카 뉴먼(O. Newman)의 방어공간이론(Defensible Space) 구성요소

영역성	자기 소유의 관념, 공적·사적공간의 명확한 **구분**과 인식 **(사례)** 공간의 침해가 있을 때 주민들이 행동을 취하도록 자극한다.
자연적 감시	자기 영역을 **감시**할 수 있는 주민의 능력 **(사례)** 특별한 장치나 도움 없이도 관찰할 수 있는 능력을 의미한다.
이미지	건물에 관련된 낙인여부, 이웃지역의 **외관** **(사례)** 지역의 외관이 다른 지역과 고립되어 있지 않고, 보호되고 있으며, 주민의 적극적 행동의지를 보여준다.
환경(안전지대)	주변, 공원, 다른 인근환경의 특징, 이웃지역의 **주위환경(입지조건)** **(사례)** 범죄가 적은 지역에 주택, 건물, 지역사회가 위치하는 것을 말한다.

230 다음은 브랜팅햄(P. J. Brantingham)과 파우스트(F. L. Faust)의 3가지 범죄예방 접근법에 관한 내용이다. 〈보기 1〉과 〈보기 2〉의 연결이 가장 적절한 것은? ●A급 25 순경1차

보기 1

〈주요대상〉

가. 범죄자 　　　　　 나. 우범자 　　　　　 다. 일반대중

보기 2

〈예방전략 및 내용〉

⊙ 상습범 대책을 수립하거나 재범을 방지하는 전략

ⓛ 잠재적 범죄자를 초기에 발견하여 개입하는 전략

ⓒ 물리적·사회적 환경 중에서 범죄의 기회를 제공하는 원인 또는 조건을 찾아 개입하는 전략

ⓔ 지역사회 교정프로그램

ⓜ CCTV·비상벨 설치

① 가 – ⊙, ⓔ 　　　　　 ② 나 – ⓒ, ⓜ

③ 다 – ⓛ, ⓔ 　　　　　 ④ 다 – ⓛ, ⓜ

옳게 연결하면 **가 – ⊙, ⓔ** / 나 – ⓛ / 다 – ⓒ, ⓜ

⊙ **상습범 대책**을 수립하거나 **재범을 방지**하는 전략 – **가. 범죄자**를 대상으로 하는 범죄예방

ⓛ **잠재적 범죄자**를 초기에 발견하여 개입하는 전략 – **나. 우범자**를 대상으로 하는 범죄예방

ⓒ 물리적·사회적 환경 중에서 범죄의 기회를 제공하는 원인 또는 조건을 찾아 개입하는 전략 – 다. 일반대중을 대상으로 하는 범죄예방

ⓔ **지역사회 교정프로그램** – **가. 범죄자**를 대상으로 하는 범죄예방

ⓜ CCTV·비상벨 설치 – 다. 일반대중을 대상으로 하는 범죄예방

🔒 230 ①

231 범죄예방에 관한 설명으로 옳고 그름의 표시(○, ×)가 바르게 된 것은? ●A급 25 순경2차

> ㉠ 브랜팅햄(Brantingham)과 파우스트(Faust)의 2차적 범죄예방은 범죄자들이 더 이상 범죄를 저지르지 못하도록 상습범 대책 및 재범억제를 지향하는 범죄예방 전략을 말하며, 교화·개선·전환 제도에 중점을 둔다.
> ㉡ 뉴먼(Newman)이 주장한 방어공간이론은 영역성, 감시, 이미지, 입지조건(환경)을 구성요소로 하고 있다.
> ㉢ 샘슨 등(Sampson et al.)이 주장한 집합효율성이론은 공식적 사회통제, 즉 경찰 등 법집행기관의 중요성을 간과하고 있다는 한계가 있다.
> ㉣ 코헨(Cohen)과 펠슨(Felson)의 일상활동이론에서는 동기가 부여된 잠재적 범죄자, 범행의 기술, 보호자(감시자)의 부재를 범행발생의 3요소로 하고 있다.

	㉠	㉡	㉢	㉣		㉠	㉡	㉢	㉣
①	(×)	(○)	(○)	(×)	②	(×)	(○)	(×)	(×)
③	(○)	(○)	(○)	(×)	④	(○)	(×)	(×)	(○)

해설

㉠ (×) 브랜팅햄(Brantingham)과 파우스트(Faust)의 **3차적(2차적×) 범죄예방**은 범죄자들이 더 이상 범죄를 저지르지 못하도록 **상습범** 대책 및 **재범억제**를 지향하는 범죄예방 전략을 말하며, **교화·개선·전환 제도**에 중점을 둔다.
㉡ (○) **뉴먼**(Newman)이 주장한 **방어공간이론은 영역성, 감시, 이미지, 입지조건(환경)**을 구성요소로 하고 있다.
㉢ (○) **샘슨** 등(Sampson et al.)이 주장한 **집합효율성이론**은 공식적 사회통제, 즉 경찰 등 법집행기관의 중요성을 간과하고 있다는 한계가 있다.
㉣ (×) **코헨**(Cohen)과 펠슨(Felson)의 **일상활동이론**에서는 동기가 부여된 **잠재적 범죄자, 적절한 범행대상(범행의 기술×)**, **보호자(감시자)의 부재**를 범행발생의 3요소로 하고 있다.

232 환경설계를 통한 범죄예방(CPTED)에 대한 설명으로 가장 적절하지 않은 것은? ●A급 22 경위

① 뉴먼(O. Newman)과 제프리(C. R. Jeffery)가 주장하였다.
② 방어공간(Defensible Space)과 관련하여 영역성, 감시, 이미지, 안전지대의 4가지 관점을 제시하였다.
③ 기본원리 중 자연적 접근통제란 건축물이나 시설을 설계함에 있어서 가시권을 최대한 확보하고, 외부침입에 대한 감시기능을 확대하여 범죄기회를 감소시키는 원리이다.
④ 우리나라에서는 서울시 마포구 염리동에서 적용한 사례가 있고, 자치단체 조례로 서울특별시 마포구 범죄예방을 위한 도시환경 디자인 조례가 2018년 제정되어 시행되고 있다.

해설

① (○) **뉴먼**(O. Newman)과 **제프리**(C. R. Jeffery)가 환경설계를 통한 범죄예방을 주장하였다.
② (○) **방어공간**(Defensible Space)과 관련하여 **영역성, 감시, 이미지, 안전지대(환경, 입지조건)**의 4가지 관점을 제시하였다.
③ (×) 기본원리 중 **자연적 감시(접근통제×)**란 건축물이나 시설을 설계함에 있어서 **가시권을 최대한 확보**하고, 외부침입에 대한 **감시기능을 확대**하여 범죄기회를 감소시키는 원리이다.
④ (○) 우리나라에서는 서울시 **마포구 염리동**에서 적용한 사례가 있고, 자치단체 조례로 서울특별시 마포구 범죄예방을 위한 **도시환경 디자인 조례**가 2018년 제정되어 시행되고 있다.

🔒 **231** ① **232** ③

233 다음은 환경설계를 통한 범죄예방(CPTED)에 대한 설명이다. 〈보기 1〉과 〈보기 2〉의 내용이 가장 적절하게 연결된 것은?

●A급 20 순경1차

보기 1

(가) 사적 공간에 대한 경계를 표시하여 주민들의 책임의식과 소유의식을 증대함으로써 사적 공간에 대한 관리권과 권리를 강화시키고, 외부인들에게는 침입에 대한 불법사실을 인식시켜 범죄기회를 차단하는 원리

(나) 건축물이나 시설물 설계 시 가시권을 최대한 확보, 외부침입에 대한 감시기능을 확대함으로써 범죄행위의 발견 가능성을 증가시키고 범죄기회를 감소시킬 수 있다는 원리

(다) 일정한 지역에 접근하는 사람들을 정해진 공간으로 유도하거나 외부인의 출입을 통제하도록 설계함으로써 접근에 대한 심리적 부담을 증대시켜 범죄를 예방하는 원리

(라) 지역사회 설계 시 주민들이 모여서 상호의견을 교환하고 유대감을 증대할 수 있는 공공장소를 설치하고 이용하도록 함으로써 '거리의 눈'을 활용한 자연적 감시와 접근통제의 기능을 확대하는 원리

보기 2

㉠ 조명, 조경, 가시권 확대를 위한 건물의 배치

㉡ 체육시설의 접근성과 이용의 증대, 벤치·정자의 위치 및 활용성에 대한 설계

㉢ 울타리·펜스의 설치, 사적·공적 공간의 구분

㉣ 잠금장치, 통행로의 설계, 출입구의 최소화

	(가)	(나)	(다)	(라)
①	㉢	㉡	㉣	㉠
②	㉣	㉠	㉢	㉡
③	㉢	㉠	㉣	㉡
④	㉣	㉡	㉢	㉠

해설

(가) 사적 공간에 대한 **경계를 표시**하여 주민들의 **책임의식과 소유의식을 증대**함으로써 사적 공간에 대한 관리권과 **권리를 강화**시키고, 외부인들에게는 침입에 대한 불법사실을 **인식**시켜 범죄기회를 차단하는 원리 - ㉢ **울타리·펜스의 설치, 사적·공적 공간의 구분(영역성 강화)**

(나) 건축물이나 시설물 설계 시 **가시권을 최대한 확보**, 외부침입에 대한 **감시기능을 확대**함으로써 범죄행위의 발견 가능성을 증가시키고 범죄기회를 감소시킬 수 있다는 원리 - ㉠ **조명, 조경, 가시권 확대를 위한 건물의 배치(자연적 감시)**

(다) 일정한 지역에 접근하는 사람들을 **정해진 공간으로 유도**하거나 **외부인의 출입을 통제**하도록 설계함으로써 접근에 대한 심리적 부담을 증대시켜 범죄를 예방하는 원리 - ㉣ **잠금장치, 통행로의 설계, 출입구의 최소화(자연적 접근통제)**

(라) 지역사회 설계 시 주민들이 모여서 상호의견을 교환하고 유대감을 증대할 수 있는 **공공장소**를 설치하고 이용하도록 함으로써 **'거리의 눈'**을 활용한 자연적 감시와 접근통제의 기능을 확대하는 원리 - ㉡ **체육시설의 접근성과 이용의 증대, 벤치·정자의 위치 및 활용성에 대한 설계(활동성의 활성화)**

🔒 233 ③

234 환경설계를 통한 범죄예방(CPTED)에 관한 설명이다. 이에 관한 ㉠부터 ㉣까지의 설명 중 옳고 그름의 표시(O, ×)가 모두 바르게 된 것은? ●A급 22 순경2차

㉠ 건축물이나 시설물의 설계 시 가시권의 최대 확보, 외부침입에 대한 감시기능을 확대하여 범죄행위의 발견 가능성은 증가시키고 범죄기회는 감소시킬 수 있다는 원리를 자연적 감시라고 하며, 이에 대한 종류로는 조명, 조경, 가시권 확대를 위한 건물의 배치 등이 있다.

㉡ 지역사회의 설계 시 주민들이 모여서 상호의견을 교환하고 유대감을 증대할 수 있는 공공장소를 설치하고 이용하도록 함으로써 '거리의 눈'을 활용한 자연적 감시와 접근통제의 기능을 확대하는 원리를 활동의 활성화(활용성의 증대)라고 하며, 이에 대한 종류로는 놀이터·공원의 설치, 벤치·정자의 위치 및 활용성에 대한 설계, 통행로의 설계 등이 있다.

㉢ 사적 공간에 대한 경계를 표시하여 주민들의 책임의식과 소유의식을 증대함으로써 사적 공간에 대한 관리권과 권리를 강화시키고, 외부인들에게는 침입에 대한 불법사실을 인식시켜 범죄기회를 차단하는 원리를 자연적 접근통제라고 하며, 이에 대한 종류로는 방범창, 출입구의 최소화 등이 있다.

㉣ 처음 설계된 대로 혹은 개선한 의도대로 기능을 지속적으로 유지하도록 관리함으로써 범죄예방을 위한 환경설계의 장기적이고 지속적인 효과를 유지하는 원리를 유지관리라고 하며, 이에 대한 종류로는 청결유지, 파손의 즉시보수, 조명의 관리 등이 있다.

① ㉠ (O)   ㉡ (×)   ㉢ (×)   ㉣ (O)
② ㉠ (O)   ㉡ (O)   ㉢ (×)   ㉣ (O)
③ ㉠ (×)   ㉡ (×)   ㉢ (O)   ㉣ (O)
④ ㉠ (O)   ㉡ (O)   ㉢ (O)   ㉣ (×)

해설

㉠ (O) 건축물이나 시설물의 설계 시 **가시권의 최대 확보**, 외부침입에 대한 **감시기능을 확대**하여 범죄행위의 발견 가능성은 증가시키고 범죄기회는 감소시킬 수 있다는 원리를 **자연적 감시**라고 하며, 이에 대한 종류로는 **조명, 조경, 가시권 확대를 위한 건물의 배치** 등이 있다.

㉡ (×) 지역사회의 설계 시 주민들이 모여서 상호의견을 교환하고 유대감을 증대할 수 있는 **공공장소**를 설치하고 이용하도록 함으로써 '**거리의 눈**'을 활용한 자연적 감시와 접근통제의 기능을 확대하는 원리를 **활동의 활성화(활용성의 증대)**라고 하며, 이에 대한 종류로는 **놀이터·공원의 설치, 벤치·정자**의 위치 및 활용성에 대한 설계(**통행로의 설계×**) 등이 있다.

　　🄣ip **통행로의 설계**는 '**자연적 접근 통제**'의 예에 해당한다.

㉢ (×) 사적 공간에 대한 **경계를 표시**하여 주민들의 **책임의식과 소유의식을 증대**함으로써 사적 공간에 대한 관리권과 권리를 강화시키고, 외부인들에게는 침입에 대한 불법사실을 **인식**시켜 범죄기회를 차단하는 원리를 **영역성의 강화**(**자연적 접근통제×**)라고 하며, 이에 대한 종류로는 **울타리·펜스의 설치, 사적·공적 공간의 구분** 등(**방범창, 출입구의 최소화×**) 등이 있다.

　　🄣ip **방범창, 출입구의 최소화** 등은 '**자연적 접근 통제**'의 예에 해당한다.

㉣ (O) 처음 설계된 대로 혹은 개선한 의도대로 기능을 지속적으로 **유지**하도록 **관리**함으로써 범죄예방을 위한 환경설계의 **장기적이고 지속적인 효과를 유지**하는 원리를 **유지관리**라고 하며, 이에 대한 종류로는 **청결유지, 파손의 즉시보수, 조명의 관리** 등이 있다.

🔒 234 ①

235 환경설계를 통한 범죄예방(CPTED)에 관한 설명으로 가장 적절하지 않은 것은? **●A급** 23 순경1차

① CPTED는 근본적이고 효과적인 범죄예방을 위한 방안으로 물리적 환경설계 또는 재설계를 통해 범죄기회를 차단하는 것이 핵심이다.

② '자연적 감시(natural surveillance)'는 건축물이나 시설물의 설계 시 가시권을 확보하여 외부 침입에 대한 감시기능을 확대함으로써 범죄행위 발견 가능성을 증가시켜 범죄의 기회를 감소시킬 수 있다는 원리이다.

③ '영역성 강화(territorial reinforcement)'는 사적 공간에 대한 경계 표시로 주민들의 책임의식과 소유의식을 증대함으로써 사적 공간에 대한 관리권과 권리를 강화시키는 원리이다.

④ '유지관리(maintenance and management)'는 차단기, 방범창, 잠금장치의 파손을 수리하지 않고 유지하는 원리이다.

> **해설**
>
> ① (○) **CPTED**는 근본적이고 효과적인 범죄예방을 위한 방안으로 **물리적 환경설계 또는 재설계를 통해 범죄기회를 차단**하는 것이 핵심이다.
>
> ② (○) '**자연적 감시**(natural surveillance)'는 건축물이나 시설물의 설계 시 **가시권을 확보**하여 외부침입에 대한 **감시기능을 확대**함으로써 범죄행위 발견 가능성을 증가시켜 범죄의 기회를 감소시킬 수 있다는 원리이다. 이에 대한 종류로는 **조명, 조경, 가시권 확대를 위한 건물의 배치** 등이 있다.
>
> ③ (○) '**영역성 강화**(territorial reinforcement)'는 사적 공간에 대한 **경계 표시**로 주민들의 **책임의식과 소유의식을 증대**함으로써 사적 공간에 대한 관리권과 권리를 강화시키는 원리이다. 이에 대한 종류로는 **울타리·펜스의 설치, 사적·공적 공간의 구분** 등이 있다.
>
> ④ (×) '**유지관리**(maintenance and management)'는 처음 설계된 대로 혹은 개선된 의도대로 기능을 지속적으로 유지·관리함으로써 범죄예방을 위한 환경설계의 **장기적·지속적 효과를 유지**하기 위한 것으로 **차단기, 방범창, 잠금장치의 파손을 즉시 수리하여(수리하지 않고×)** 기능을 유지하는 원리이다.

236 범죄예방 환경설계(CPTED : Crime Prevention Through Environmental Design)에 관한 설명으로 가장 적절하지 않은 것은? **●A급** 24 순경2차

① 접근통제(Access control) 전략의 주요 기능은 보행로, 조경 등을 통해 일정 공간으로 유도함과 동시에 허가받지 않은 사람들의 진·출입을 차단하여 목표물로의 접근을 막고 대상물의 강화를 통해 범죄자에게 심리적 부담과 위험을 인지시키는 것이다.

② 영역성(Territoriality) 전략의 물리적 디자인은 사용자들이 소유권과 점유권의 개념을 발전시키고 잠재적 범죄자들은 영역성의 영향을 인지하게 되어 정당한 사용자들의 권리와 재산권에 대한 관념을 강화하는 개념이다.

③ 자연적 감시(Natural surveillance) 전략은 공공장소의 활발한 사용을 유도하여 일상활동의 활성화를 위해 거리에 더 많은 눈(more eyes)을 통해 자연스러운 감시 기능을 강화하여 범죄 위험을 감소시키고 주민들의 안전감을 향상시키는 것이다.

④ 유지관리(Maintenance) 전략은 어떤 시설물이나 공공장소를 처음 디자인하거나 이를 개선한 의도대로 범죄예방 기능을 지속적으로 발휘하도록 하여, 공간을 의도한 목적에 맞게 지속적으로 사용하도록 하는 것이다.

🔒 235 ④ 236 ③

해설

① (O) **접근통제**(Access control) 전략의 주요 기능은 보행로, 조경 등을 통해 **일정 공간으로 유도**함과 동시에 허가받지 않은 사람들의 **진·출입을 차단**하여 목표물로의 접근을 막고 대상물의 강화를 통해 범죄자에게 **심리적 부담과 위험을 인지**시키는 것이다. – **차단기, 방범창, 잠금장치, 통행로 설계, 출입구 최소화**

② (O) **영역성**(Territoriality) 전략의 물리적 디자인은 사용자들이 **소유권과 점유권**의 개념을 발전시키고 잠재적 범죄자들은 **영역성**의 영향을 **인지**하게 되어 정당한 사용자들의 권리와 재산권에 대한 관념을 강화하는 개념이다. – **사적· 공적 공간의 분리, 울타리·펜스의 설치**

③ (×) **활동성의 활성화**(자연적 감시×) 전략은 **공공장소**의 활발한 사용을 유도하여 일상활동의 활성화를 위해 **거리에 더 많은 눈**(more eyes)을 통해 자연스러운 감시 기능을 강화하여 범죄 위험을 감소시키고 주민들의 안전감을 향상시키는 것이다.

🔵Tip **자연적 감시** – 조명, 조경, 가시권 확대를 위한 **위치선정**

④ (O) **유지관리**(Maintenance) 전략은 어떤 시설물이나 공공장소를 처음 디자인하거나 이를 개선한 의도대로 범죄예방 기능을 지속적으로 발휘하도록 하여, 공간을 의도한 목적에 맞게 **지속적으로 사용**하도록 하는 것이다. – **파손 즉시 보수, 청결유지, 조명 및 조경의 관리**

237 환경설계를 통한 범죄예방(CPTED)의 기본원리에 대한 설명으로 가장 옳은 것은?  21 경위

① 자연적 감시는 건축물이나 시설물의 설계 시 가시권을 최대한 확보하고 외부침입에 대한 감시 기능을 확대함으로써 범죄 발각 위험을 증가시켜 기회를 감소시킬 수 있다는 원리이다. 종류로는 조명·조경·가시권 확대, 방범창 등이 있다.

② 영역성 강화는 사적 공간에 대한 경계를 표시함으로써 주민들의 책임의식과 소유의식을 증대함으로써 사적 공간에 대한 관리권과 권리를 강화시키고 외부인들에게는 침입에 대한 불법사실을 인식시켜 범죄의 기회를 차단하는 원리이다. 종류로는 울타리·펜스의 설치, 청결유지 등이 있다.

③ 자연적 접근통제는 일정한 지역에 접근하는 사람들을 정해진 공간으로 유도하거나 외부인의 출입을 통제하도록 설계함으로써 접근에 대한 심리적 부담을 증대시켜 범죄를 예방한다는 원리이다. 종류로는 차단기, 통행로의 설계 등이 있다.

④ 유지관리는 처음 설계된 대로 혹은 개선한 의도대로 기능을 지속적으로 유지하도록 관리함으로써 범죄예방을 위한 환경설계의 장기적이고 지속적 효과를 유지하는 원리이다. 종류로는 파손의 즉시 수리, 잠금장치, 조명·조경의 관리 등이 있다.

해설

① (×) **자연적 감시**는 건축물이나 시설물의 설계 시 **가시권을 최대한 확보**하고 외부침입에 대한 **감시기능을 확대**함으로써 범죄 **발각 위험을 증가**시켜 기회를 감소시킬 수 있다는 원리이다. 종류로는 조명·조경·가시권 확대, **방범창(×)** 등이 있다.

🔵Tip **방범창 설치**는 '자연적 **접근통제**'에 해당한다.

② (×) **영역성 강화**는 사적 공간에 대한 **경계를 표시**함으로써 주민들의 **책임의식과 소유의식을 증대**함으로써 사적 공간에 대한 관리권과 권리를 강화시키고 외부인들에게는 침입에 대한 불법사실을 **인식**시켜 범죄의 기회를 차단하는 원리이다. 종류로는 울타리·펜스의 설치, **청결유지(×)** 등이 있다.

🔵Tip **청결유지**는 '유지관리'에 해당한다.

③ (O) **자연적 접근통제**는 일정한 지역에 접근하는 사람들을 **정해진 공간으로 유도하거나 외부인의 출입을 통제하도록 설계**함으로써 접근에 대한 심리적 부담을 증대시켜 범죄를 예방한다는 원리이다. 종류로는 **차단기, 통행로의 설계** 등이 있다.

 237 ③

④ (×) **유지관리**는 처음 설계된 대로 혹은 개선한 의도대로 기능을 지속적으로 유지하도록 관리함으로써 범죄예방을 위한 환경설계의 **장기적이고 지속적 효과를 유지**하는 원리이다. 종류로는 파손의 즉시 수리, **잠금장치(×)**, 조명·조경의 관리 등이 있다.

    ⓣip 잠금장치는 '자연적 **접근통제**'에 해당한다.

238 환경설계를 통한 범죄예방(CPTED)의 기본원리에 관한 설명으로 가장 적절한 것은? ●A급 24 승진

① '활동의 활성화'는 주민들이 모여서 상호의견을 교환하고 유대감을 증대할 수 있는 공공장소를 설치하여 이를 이용하도록 함으로써, '거리의 눈'에 의한 자연적인 감시와 접근통제의 기능을 확대하는 것이다. 놀이터와 공원의 설치, 벤치·정자의 위치 및 활용성에 대한 설계를 예로 들 수 있다.

② '영역성의 강화'는 일정한 지역에 접근하는 사람들을 정해진 공간으로 유도하거나 외부인의 출입을 통제하도록 설계함으로써, 접근에 대한 심리적 부담을 증대시켜 범죄를 예방하는 것이다. 출입구의 최소화, 통행로의 설계, 울타리 및 표지판의 설치를 예로 들 수 있다.

③ '유지관리'는 시설물이나 공공장소의 기능을 처음 설계되거나 개선한 의도대로 지속적으로 이용될 수 있도록 관리함으로써, 범죄예방을 위한 환경설계의 장기적이고 지속적 효과를 유지하는 것이다. 청결유지, 파손의 즉시 보수, 체육시설의 접근성 및 이용의 증대를 예로 들 수 있다.

④ '자연적 접근통제'는 건축물이나 시설물의 설계 시 가시권을 최대한 확보하고 외부 침입에 대한 감시기능을 확대함으로써, 범죄 발각 위험을 증가시키고 범행 기회를 감소시키는 것이다. 가시권 확대를 위한 건물의 배치, 조명 및 조경 설치를 예로 들 수 있다.

해설

① (○) '**활동의 활성화**'는 주민들이 모여서 상호의견을 교환하고 유대감을 증대할 수 있는 **공공장소**를 설치하여 이를 이용하도록 함으로써, '**거리의 눈**'에 의한 자연적인 감시와 접근통제의 기능을 확대하는 것이다. **놀이터와 공원의 설치, 벤치·정자의 위치** 및 활용성에 대한 설계를 예로 들 수 있다.

② (×) '**자연적 접근통제**'(**영역성의 강화×**)는 일정한 지역에 접근하는 사람들을 **정해진 공간으로 유도**하거나 외부인의 **출입을 통제**하도록 설계함으로써, 접근에 대한 심리적 부담을 증대시켜 범죄를 예방하는 것이다. **출입구의 최소화, 통행로의 설계(울타리 및 표지판의 설치×)**를 예로 들 수 있다.

    ⓣip 울타리 및 표지판의 설치는 '영역성의 강화'에 관한 사례이다.

③ (×) '**유지관리**'는 시설물이나 공공장소의 기능을 처음 설계되거나 개선한 의도대로 지속적으로 이용될 수 있도록 관리함으로써, 범죄예방을 위한 환경설계의 **장기적이고 지속적 효과를 유지**하는 것이다. **청결유지, 파손의 즉시 보수(체육시설의 접근성 및 이용의 증대×)**를 예로 들 수 있다.

    ⓣip 체육시설의 접근성 및 이용의 증대는 '활동성의 활성화'에 관한 사례이다.

④ (×) '**자연적 감시**'(**자연적 접근통제×**)는 건축물이나 시설물의 설계 시 **가시권을 최대한 확보**하고 외부 침입에 대한 **감시기능을 확대**함으로써, 범죄 **발각 위험을 증가**시키고 범행 기회를 감소시키는 것이다. 가시권 확대를 위한 **건물의 배치, 조명 및 조경 설치**를 예로 들 수 있다.

🔒 **238** ①

239 다음은 경찰이 수행하는 범죄예방활동 사례(〈보기 1〉)와 톤리와 패링턴(Tonry & Farrington)의 구분에 따른 범죄예방 전략 유형(〈보기 2〉)이다. 〈보기 1〉과 〈보기 2〉의 내용이 가장 적절하게 연결된 것은?

●A급 23 순경2차

보기 1

(가) 경찰서의 여성청소년 담당부서에서 운영하고 있는 학교전담경찰관(SPO)은 학교에 배치되어 학교폭력예방교육 등 학교폭력 관련 예방과 가해학생 선도 등 사후관리 역할을 담당하고, 학대예방경찰관(APO)은 미취학 혹은 장기결석 아동에 대해 점검하고 학대피해 우려가 높은 아동에 대해 지속적으로 모니터링을 실시함으로써 아동학대의 위험성을 감소시키고 아동의 안전 등을 확인하는 역할을 담당하고 있다.

(나) 여성 1인 가구 밀집지역에 대한 경찰순찰을 확대함으로써 공식적 감시기능을 강화하거나 혹은 아파트 입구 현관문에 반사경을 부착함으로써 출입자의 익명성을 감소시켜 범행에 수반되는 발각 위험을 증대하기 위한 조치를 취하고 있다.

(다) 위법 행위에 대한 단속을 강화하는 무관용 경찰활동을 지향함으로써 처벌의 확실성을 높여 범죄를 억제하고자 노력하고 있다.

보기 2

㉠ 상황적 범죄예방 ㉡ 지역사회 기반 범죄예방
㉢ 발달적 범죄예방 ㉣ 법집행을 통한 범죄억제

	(가)	(나)	(다)
①	㉡	㉣	㉠
②	㉢	㉡	㉣
③	㉡	㉢	㉠
④	㉢	㉠	㉣

해설

(가) 경찰서의 여성청소년 담당부서에서 운영하고 있는 **학교전담경찰관(SPO)**은 학교에 배치되어 학교폭력예방교육 등 학교폭력 관련 예방과 가해학생 선도 등 사후관리 역할을 담당하고, 학대예방경찰관(APO)은 미취학 혹은 장기결석 아동에 대해 점검하고 학대피해 우려가 높은 **아동에 대해 지속적으로 모니터링**을 실시함으로써 아동학대의 위험성을 감소시키고 아동의 안전 등을 확인하는 역할을 담당하고 있다. – ㉢ **발달적 범죄예방**

(나) 여성 1인 가구 **밀집지역**에 대한 경찰순찰을 확대함으로써 공식적 감시기능을 강화하거나 혹은 아파트 입구 현관문에 반사경을 부착함으로써 출입자의 익명성을 감소시켜 범행에 수반되는 **발각 위험을 증대**하기 위한 조치를 취하고 있다. – ㉠ **상황적 범죄예방**

(다) 위법 행위에 대한 **단속을 강화**하는 **무관용 경찰활동**을 지향함으로써 **처벌의 확실성**을 높여 범죄를 억제하고자 노력하고 있다. – ㉣ **법집행을 통한 범죄억제**

🔒 239 ④

240 멘델존(Mendelsohn)의 피해자 유형 분류 중 가해자와 같은 정도의 책임이 있는 피해자에 해당하는 사례로 가장 적절하지 않은 것은? ●A급 24 순경1차

① 동반자살 피해자
② 부모에게 살해된 패륜아
③ 자살미수 피해자
④ 촉탁살인에 의한 피살자

해설

① (○) **동반자살** 피해자 – 가해자와 **같은 정도**의 책임이 있는 피해자
② (×) **부모에게 살해된 패륜아** – 가해자보다 더 **책임이** 있는 피해자(피해자인 패륜아가 가해자인 부모보다 더 나쁘다.)
③ (○) **자살미수** 피해자 – 가해자와 **같은 정도**의 책임이 있는 피해자
④ (○) **촉탁살인**에 의한 피살자 – 가해자와 **같은 정도**의 책임이 있는 피해자

🔵**Tip** 멘델존(Mendelsohn)의 피해자 유형 분류

피해자 유형	피해자 개념	사례
완전히 **책임 없는 피해자**	**순수**한 피해자	• **영아살해**에 있어서의 영아 • 약취 · 유인된 유아
책임이 조금 있는 피해자	**무지**에 의해 책임이 적은 피해자	• 무지에 의한 **낙태 여성** • 인공유산 시도하다가 사망한 임산부
가해자와 같은 정도의 책임 있는 피해자	**자발적**인 피해자	• **촉탁살인**에 의한 피살자 • **자살미수** 피해자 • **동반자살** 피해자
가해자보다 더 **책임이** 있는 피해자	피해자의 행위가 범죄자의 가해행위를 **유발시킨** 피해자	• 자신의 부주의로 인한 피해자 • **부모에게 살해된 패륜아**
가장 책임이 높은 피해자	타인을 **공격하다가** 반격을 당한 피해자	• 공격을 가한 자신이 피해자가 되는 가해적 피해자 • **무고죄**의 범인같은 기만적 피해자

241 프로파일링(Profiling)에 대한 설명으로 가장 옳은 것은? ●A급 21 경위

① 프로파일링은 범죄자의 유형(type)을 파악하는 것이 아니라 신원(identity)을 파악하는 것이다.
② 프로파일링은 범죄현장에는 범인의 성향이 반영된다는 것과 범인의 성격은 쉽게 변하지 않는다는 전제를 지니고 있다.
③ 심리학적 프로파일링은 범행 위치 및 피해자의 거주지 등 범죄와 관련된 정보를 계량화하여 범인이 생활하는 근거지를 확인하는 방법이다.
④ 한국은 도시 간의 간격이 협소하고 거주지역 내 인구가 밀집되어 있어 지리학적 프로파일링에 최적화된 환경을 제공한다.

해설

① (×) **프로파일링**은 범죄자의 **신원**(유형×)을 파악하는 것이 아니라 **유형**(신원×)을 **파악**하는 것이다.
② (○) **프로파일링**은 범죄현장에는 **범인의 성향**이 반영된다는 것과 범인의 **성격은 쉽게 변하지 않는다**는 전제를 지니고 있다.
③ (×) **지리학적**(심리학×) **프로파일링**은 범행 위치 및 피해자의 거주지 등 범죄와 관련된 정보를 계량화하여 **범인이 생활하는 근거지를 확인하는 방법**이다.
④ (×) **한국은** 도시 간의 간격이 **협소**하고 거주지역 내 인구가 **밀집**되어 있어 **지리학적 프로파일링**에 최적화된 환경을 제공하기 **어렵다(제공한다×)**.

 240 ② 241 ②

04 지역사회 경찰활동

제1절 전통적 경찰활동과 지역사회 경찰활동

242 지역사회 경찰활동(Community Policing)에 대한 설명으로 가장 적절하지 않은 것은? ●A급 21 법학

① 전통적인 경찰활동과는 달리 지역사회와 경찰 사이의 새로운 관계를 증진시키는 조직적 전략이자 원리이다.

② 정책결정과정에서 주민의 참여를 증대하고 경찰의 권한을 분산하는 것을 기본요소로 하고 있다.

③ 지역사회에서 발생하는 범죄와 무질서가 얼마나 감소하였는지가 업무평가의 기준이며 사전예방을 강조한다.

④ 지역사회에서의 범죄는 공식적 사회통제의 약화에서 발생한다고 보고 엄격한 법준수와 책임을 강조한다.

> **해설**
> ① (○) **지역사회 경찰활동은** 전통적인 경찰활동과는 달리 **지역사회와 경찰 사이의 새로운 관계를 증진**시키는 조직적 전략이자 원리이다.
> ② (○) 정책결정과정에서 **주민의 참여를 증대**하고 **경찰의 권한을 분산**하는 것을 기본요소로 하고 있다.
> ③ (○) 지역사회에서 발생하는 **범죄와 무질서가 얼마나 감소하였는지**가 업무평가의 기준이며 **사전예방**을 강조한다.
> ④ (×) 지역사회에서의 범죄는 **공식적 사회통제**의 약화에서 발생한다고 보고 **엄격한 법준수와 책임을 강조**한다. – 전통적 경찰활동에 대한 설명이다.

243 다음은 전통적 경찰활동과 지역사회 경찰활동에 관한 비교 설명이다(Sparrow, 1988). 질문과 답변의 연결이 가장 적절하지 않은 것은? ●A급 22 순경1차

① 경찰은 누구인가? – 전통적 경찰활동의 관점에서는 법집행을 주로 책임지는 정부기관이라고 답변할 것이며, 지역사회 경찰활동의 관점에서는 경찰이 시민이고 시민이 경찰이라고 답변할 것이다.

② 언론 접촉부서의 역할은 무엇인가? – 전통적 경찰활동의 관점에서는 현장경찰관들에 대한 비판적 여론을 차단하는 것이라고 답변할 것이며, 지역사회 경찰활동의 관점에서는 지역사회와의 원활한 소통창구라고 답변할 것이다.

🔒 242 ④ 243 ④

③ 경찰의 효과성은 무엇이 결정하는가? - 전통적 경찰활동의 관점에서는 경찰의 대응시간이라고 답변할 것이며, 지역사회 경찰활동의 관점에서는 시민의 협조라고 답변할 것이다.

④ 가장 중요한 정보란 무엇인가? - 전통적 경찰활동의 관점에서는 범죄자 정보(개인 또는 집단의 활동사항 관련 정보)라고 답변할 것이며, 지역사회 경찰활동의 관점에서는 범죄사건 정보(특정 범죄사건 또는 일련의 범죄사건 관련 정보)라고 답변할 것이다.

해설

① (○) **경찰은 누구인가?** - **전통적** 경찰활동의 관점에서는 **법집행**을 주로 책임지는 **정부기관**이라고 답변할 것이며, **지역사회** 경찰활동의 관점에서는 **경찰이 시민이고 시민이 경찰**이라고 답변할 것이다.

② (○) **언론 접촉부서의 역할은 무엇인가?** - **전통적** 경찰활동의 관점에서는 현장경찰관들에 대한 **비판적 여론을 차단하는 것**이라고 답변할 것이며, **지역사회** 경찰활동의 관점에서는 지역사회와의 **원활한 소통창구**라고 답변할 것이다.

③ (○) **경찰의 효과성은 무엇이 결정하는가?** - **전통적** 경찰활동의 관점에서는 **경찰의 대응시간**이라고 답변할 것이며, **지역사회** 경찰활동의 관점에서는 **시민의 협조**라고 답변할 것이다.

④ (×) **가장 중요한 정보란 무엇인가?** - **전통적** 경찰활동의 관점에서는 **범죄'사건' 정보**(특정 범죄사건 또는 일련의 범죄사건 관련 정보)(범죄자 정보×)라고 답변할 것이며, **지역사회** 경찰활동의 관점에서는 **범죄자 정보**(개인 또는 집단의 활동사항 관련 정보)(범죄사건 정보×)라고 답변할 것이다.

Tip 전통적 경찰활동과 지역사회 경찰활동의 비교(Sparrow, 1988)

질문	대답	
	전통적 경찰활동	지역사회 경찰활동
경찰은 누구인가?	법집행에 대해 주로 책임을 지고 있는 정부기관	• 경찰이 시민이고 시민이 곧 경찰 • 경찰은 모든 시민의 활동에 대해 항상 관심을 제공하기 위하여 급료를 받는 사람
경찰과 다른 공공기관의 관계는 어떠한가?	우선사항이 종종 갈등을 일으킨다.	경찰은 삶의 질을 향상시키는데 책임이 있는 여러 부서 중 하나이다.
경찰의 역할은 무엇인가?	범죄진압에 중점(사후진압)	광범위한 문제해결에 중점(사전예방)
경찰능률성 측정방법은?	체포율	범죄와 무질서의 부재
최고의 우선사항은 무엇인가?	폭력과 관련이 있는 범죄	지역사회를 매우 괴롭히는 모든 문제
경찰이 특별히 다루는 것은?	사건	시민의 문제와 관심사
경찰효과성을 결정하는 것은?	출동시간	시민의 협조
경찰은 서비스 요청에 대해서 무슨 견해를 취하는가?	경찰이 해야 할 업무가 없을 때만 취급	중요한 기능이며 훌륭한 기회
경찰전문성은 무엇인가?	중요범죄에 신속하고 효과적으로 대응	지역사회와 긴밀한 관계유지
가장 중요한 정보는?	범죄 정보	범죄자 정보
경찰책임의 본질적인 성격은 무엇인가?	중앙집권성을 강조	지역사회의 욕구에 대한 지방의 책임을 강조
경찰본부의 역할은 무엇인가?	필요한 규율과 정책 제공	조직의 가치를 설명
공보부서의 역할은 무엇인가?	업무수행을 위해 현장운용 경찰관과 떨어져 비밀 유지	지역사회와 필수적인 의사소통 채널을 조정
기소를 무엇으로 여기는가?	중요한 목표로	많은 법집행수단 중 하나로

244 Sparrow(1988)가 전통적 경찰활동과 비교하여 제시한 지역사회 경찰활동에 관한 설명으로 가장 적절하지 않은 것은? ●A급 24 특공

① 경찰의 효과성은 시민의 협조에 의해 결정된다.

② 경찰의 역할은 범죄진압에 중점을 둔다.

③ 시민의 문제와 관심사(걱정거리)를 특별히 다룬다.

④ 서비스 요청에 대해 경찰업무의 중요한 기능으로 인식하여 가능하면 수용한다.

해설

① (○) 지역사회 경찰의 **효과성**은 **시민의 협조**에 의해 결정된다.

② (×) 지역사회 경찰의 **역할**은 광범위한 **문제해결(범죄진압×)**에 중점을 둔다.

③ (○) 지역사회 경찰활동에서는 **시민의 문제와 관심사(걱정거리)**를 특별히 다룬다.

④ (○) 지역사회 경찰활동에서 경찰은 **주민들의 서비스 요청**에 대해 경찰업무의 **중요한 기능이며 훌륭한 기회로 인식하여 가능하면 수용한다.**

245 지역사회 경찰활동(COP)에 관한 설명으로 가장 적절하지 않은 것은? ●A급 23 순경1차

① 경찰과 시민 모두 지역문제 해결을 위한 치안주체로서 인정하고 협력을 강조한다.

② 업무평가의 주요한 척도는 사전예방을 강조한 범죄나 무질서의 감소율이다.

③ 프로그램으로는 전략지향적 경찰활동(Strategy Oriented Policing : SOP), 이웃지향적 경찰활동(Neighborhood Oriented Policing : NOP) 등이 있다.

④ 범죄신고에 대한 출동소요시간을 바탕으로 효과성을 평가한다.

해설

① (○) **경찰과 시민 모두** 지역문제 해결을 위한 **치안주체로서 인정**하고 **협력**을 강조한다.

② (○) **업무평가**의 주요한 척도는 **사전예방**을 강조한 **범죄나 무질서의 감소율**이다.

③ (○) 프로그램으로는 **전략지향적** 경찰활동(Strategy Oriented Policing : SOP), **이웃지향적** 경찰활동(Neighborhood Oriented Policing : NOP) 등이 있다.

④ (×) 범죄신고에 대한 **출동소요시간**을 바탕으로 **효과성을 평가**하는 것은 **전통적 경찰활동**에 대한 설명이다. **지역사회 경찰활동**은 경찰에 대한 **시민들의 협력정도**에 의해 업무 효과성을 평가한다.

246 '지역사회 경찰활동'(Community Policing)에 관한 설명으로 가장 적절하지 않은 것은?

●A급 23 순경2차

① 범죄가 자주 발생하는 지점에 경찰력을 집중적으로 배치하여 범죄예방효과를 극대화하는 데 중점을 둔다.

② 경찰활동의 목적과 우선순위를 결정할 때 시민의 참여가 중요하다.

③ 사후적 대응보다 사전적 예방 중심의 경찰활동 전개에 주력한다.

④ 경찰은 지역사회 내 지방자치단체, 학교 등 공적 주체들은 물론 시민단체 등 사적 주체들과도 파트너십을 형성할 필요가 있다.

🔒 244 ② 245 ④ 246 ①

① (×) **범죄**가 자주 발생하는 지점에 경찰력을 **집중적으로 배치**하여 범죄예방효과를 극대화하는 데 중점을 둔다. – **전통적 경찰활동의 특징**

🇹ip '**지역사회 경찰활동**'은 범죄에만 집중하는 것이 아니라 적극적으로 지역사회의 문제를 파악하고 **지역사회와의 협력**을 통해 **문제의 근본적 해결**을 하고자 한다.

② (○) 경찰활동의 목적과 우선순위를 결정할 때 **시민의 참여**가 중요하다.

③ (○) 사후적 대응보다 **사전적 예방 중심**의 경찰활동 전개에 주력한다.

④ (○) 경찰은 지역사회 내 지방자치단체, 학교 등 공적 주체들은 물론 시민단체 등 **사적 주체들과도 파트너십**을 형성할 필요가 있다.

247 지역사회 경찰활동(Community Policing)에 대한 설명으로 가장 적절하지 않은 것은? ●A급 20 순경1차

① 업무평가의 주요한 척도는 사후진압을 강조한 범인검거율이 아닌 사전예방을 강조한 범죄나 무질서의 감소율이다.

② 지역사회 경찰활동의 프로그램으로 이웃지향적 경찰활동, 전략지향적 경찰활동, 문제지향적 경찰활동 등이 있다.

③ 타 기관과는 권한과 책임 문제로 인한 갈등구조가 아닌 지역사회 문제해결의 공동목적 수행을 위한 협력구조를 이룬다.

④ 지역사회 문제해결을 위한 경찰업무 영역의 확대로 일선 경찰관에 대한 감독자의 지휘·통제가 강조된다.

해설

① (○) **업무평가의 주요한 척도는** 사후진압을 강조한 범인검거율이 아닌 **사전예방**을 강조한 **범죄나 무질서의 감소율**이다.

② (○) 지역사회 경찰활동의 프로그램으로 **이웃지향적** 경찰활동, **전략지향적** 경찰활동, **문제지향적** 경찰활동 등이 있다.

③ (○) 타 기관과는 권한과 책임 문제로 인한 갈등구조가 아닌 지역사회 문제해결의 공동목적 수행을 위한 **협력구조**를 이룬다.

④ (×) 지역사회 문제해결을 위한 경찰업무 영역의 확대로 **일선 경찰관에 대한 감독자의 지휘·통제가 축소(강조×)**되고 있다.

248 지역사회 경찰활동에 관한 설명으로 가장 적절하지 않은 것은? ●A급 25 순경2차, 25 특공

① 지역사회 경찰활동은 범죄 및 무질서에 대한 문제를 해결함에 있어서 경찰과 지역사회 양자를 참여시키는 협력관계를 중요하게 여긴다.

② 지역사회 경찰활동은 지역사회와의 협력, 경찰조직의 분권화 등을 중요하게 여긴다.

③ 지역사회 경찰활동 프로그램에는 경찰과 주민사이에 의사소통을 강화하는 이웃지향적 경찰활동이 있다.

④ 지역사회 경찰활동의 효과성은 신고에 대한 경찰의 출동시간으로 결정하며, 능률성은 체포율과 적발건수로 결정한다.

247 ④ 248 ④

해설

① (○) 지역사회 경찰활동은 범죄 및 무질서에 대한 **문제를 해결**함에 있어서 경찰과 지역사회 양자를 **참여**시키는 **협력관계**를 **중요**하게 여긴다.
② (○) 지역사회 경찰활동은 지역사회와의 협력, 경찰조직의 **분권화** 등을 중요하게 여긴다.
③ (○) 지역사회 경찰활동 프로그램에는 **경찰과 주민사이에 의사소통을 강화**하는 **이웃지향적** 경찰활동이 있다.
④ (×) 지역사회 경찰활동의 **효과성**은 **시민의 협력**(신고에 대한 경찰의 출동시간×)으로 결정하며, **능률성**은 **범죄와 무질서의 부재**(체포율과 적발건수×)로 결정한다.

249 지역사회 경찰활동에 관한 설명으로 가장 적절하지 않은 것은?  ●A급 23 법학

① 지역사회 경찰활동은 지역사회에서 발생하는 범죄와 무질서보다 체포율과 적발 건수가 얼마나 감소하였는지가 업무평가의 기준이 된다.
② 지역사회 경찰활동에서 경찰의 역할은 폭넓은 지역문제를 해결하는 것이다.
③ 정보 주도적 경찰활동은 범죄자의 활동, 조직범죄집단, 중범죄자 등에 관한 관리, 예방 등에 초점을 두고, 증가하는 범죄를 감소시키기 위해 범죄정보를 통합한 법집행 위주의 경찰활동을 말한다.
④ 문제지향적 경찰활동의 목표는 특정한 문제들을 해결하기 위해서 경찰과 지역사회가 함께 노력하고 적절한 대응방안을 개발함으로써, 문제해결에 대한 특별한 관심을 이끌어 내는 것이다.

해설

① (×) **전통적인 경찰활동**(지역사회 경찰활동×)은 지역사회에서 발생하는 범죄와 무질서보다 **체포율과 적발 건수**가 얼마나 **증가**(감소×)하였는지가 **업무평가의 기준**이 된다.
② (○) **지역사회 경찰활동**에서 경찰의 역할은 **폭넓은 지역문제를 해결**하는 것이다.
③ (○) **정보 주도적 경찰활동**은 범죄자의 활동, 조직범죄집단, 중범죄자 등에 관한 관리, 예방 등에 초점을 두고, 증가하는 범죄를 감소시키기 위해 **범죄정보를 통합한 법집행** 위주의 경찰활동을 말한다.
④ (○) **문제지향적 경찰활동**의 목표는 특정한 문제들을 해결하기 위해서 경찰과 지역사회가 **함께 노력**하고 **적절한 대응방안을 개발**함으로써, 문제해결에 대한 특별한 관심을 이끌어 내는 것이다.

250 지역사회 경찰활동에 관한 설명으로 옳은 것을 모두 고른 것은?  ●A급 24 순경2차

ㄱ 이웃지향적 경찰활동(NOP)은 경찰과 지역주민 사이에 좋은 관계를 유지하고 경찰활동을 널리 지역주민에게 이해시키고, 범죄예방활동에 지역주민을 적극적으로 참여시켜 협력해 주도록 하는 경찰활동을 말한다.
ㄴ 문제지향적 경찰활동(POP)은 반복된 사건을 야기하는 근본적인 원인을 해결해야 한다고 주장하며, 현장 경찰관에게 자유재량을 부여하고, 범죄분석자료를 제공, 대중정보와 비평을 적극적으로 수용한다.
ㄷ 전략지향적 경찰활동(SOP)은 치안유지를 위한 각 기관들의 정보 취합과 활용 그리고 지역사회 참여를 업무 처리 방식의 틀로 사용하고, 사건 분석을 위해 지리정보시스템을 활용하여 분석기법을 사용한 법집행 위주의 경찰활동이다.
ㄹ 증거기반 경찰활동(evidence-based policing)은 경찰정책과 의사결정에 있어서 과학적·의학적 증거에 기반하여 증거의 개발, 검토, 활용을 위해 경찰관 및 직원이 연구기관과 함께 활동하는 접근방법이다.

① ㄱ, ㄴ   ② ㄱ, ㄷ   ③ ㄴ, ㄹ   ④ ㄷ, ㄹ

249 ① 250 ③

옳은 설명은 ⓒ, ⓔ, **2개**이다.

⊙ (×) **경찰-지역사회 관계**(Police-Community Relations)**(이웃지향적 경찰활동×)**는 **경찰과 지역주민 사이에 좋은 관계를 유지**하고 경찰활동을 널리 **지역주민에게 이해시키고**, 범죄예방활동에 **지역주민을 적극적으로 참여시켜 협력해 주도록 하는 경찰활동**을 말한다.

   🅣ip 전통적 경찰활동(1930년대 이후) → 경찰-지역사회 관계(PCR : 1960년대 이후) → 지역사회 경찰활동(CP : 1980년대 이후)

ⓒ (○) **문제지향적 경찰활동**(POP)은 반복된 사건을 야기하는 **근본적인 원인을 해결해야** 한다고 주장하며, **현장 경찰관에게 자유재량을 부여**하고, 범죄분석자료를 제공, **대중정보와 비평을 적극적으로 수용**한다.

ⓒ (×) **정보주도적 경찰활동**(Intelligence-Led Policing)**(전략지향적 경찰활동×)**은 치안유지를 위한 각 기관들의 **정보취합**과 활용 그리고 지역사회 참여를 업무 처리 방식의 **틀**로 사용하고, 사건 분석을 위해 지리정보시스템을 활용하여 **분석기법**을 사용한 **법집행 위주**의 경찰활동이다.

ⓔ (○) **증거기반 경찰활동**(evidence-based policing)은 경찰정책과 의사결정에 있어서 과학적·의학적 **증거에 기반하여** 증거의 개발, 검토, 활용을 위해 **경찰관 및 직원이 연구기관과 함께 활동**하는 접근방법이다.

제2절 **지역사회 경찰활동 프로그램**

251 지역사회 경찰활동(Community Oriented Policing)에 대한 설명으로 가장 적절하지 않은 것은?

●A급 23 특공

① 경찰의 역할을 이해하는 데 있어 범죄를 해결하는 범죄투사(Crime Fighter)의 역할보다 지역사회의 다양한 문제를 해결하는 문제해결자(Problem Solver)로서의 역할에 중점을 둔다.

② 전통적인 경찰활동과는 달리 지역사회와 경찰 사이의 새로운 관계를 증진시키는 조직적 전략이자 원리이다.

③ 지역사회 경찰활동은 전략지향 경찰활동(Strategic Oriented Pol icing), 문제지향 경찰활동(Problem Oriented Policing), 이웃지향 경찰활동(Neighborhood Oriented Policing) 등으로 구성되어 있다.

④ 사후대응적 경찰활동을 사전예방적 경찰활동보다 우선시한다.

① (○) 경찰의 역할을 이해하는 데 있어 범죄를 해결하는 범죄투사(Crime Fighter)의 역할보다 지역사회의 다양한 문제를 해결하는 **문제해결자**(Problem Solver)로서의 역할에 중점을 둔다.

② (○) 전통적인 경찰활동과는 달리 **지역사회와 경찰 사이의 새로운 관계를 증진**시키는 조직적 전략이자 원리이다.

③ (○) 지역사회 경찰활동은 **전략지향** 경찰활동(Strategic Oriented Pol icing), **문제지향** 경찰활동(Problem Oriented Policing), **이웃지향** 경찰활동(Neighborhood Oriented Policing) 등으로 구성되어 있다.

④ (×) **사전예방적(사후대응적×)** 경찰활동을 **사후대응적(사전예방적×)** 경찰활동보다 우선시한다.

🔒 251 ④

252 문제지향 경찰활동에 대한 설명으로 가장 적절하지 않은 것은? ●A급 20 순경2차

① 일선경찰관에게 문제해결 권한과 필요한 시간을 부여하고 범죄분석자료를 제공한다.

② 조사 − 분석 − 대응 − 평가로 이루어진 문제해결과정을 제시한다.

③「형법」의 적용은 여러 대응 수단 중 하나에 불과하다.

④ 거주자들에게 지역에 관한 정보를 제공하며, 주민들은 민간순찰을 실시한다.

해설

① (○) **일선경찰관에게** 문제해결 **권한과** 필요한 **시간을 부여**하고 범죄분석**자료를 제공**한다. − **문제지향** 경찰활동
② (○) **조사 − 분석 − 대응 − 평가**로 이루어진 문제해결과정을 제시한다. − **문제지향** 경찰활동
③ (○)「형법」의 적용은 **여러 대응 수단 중 하나**에 불과하다. − **문제지향** 경찰활동
④ (×) **거주자들에게** 지역에 관한 **정보를 제공**하며, 주민들은 **민간순찰을 실시**한다. − **이웃지향 경찰활동**

253 문제지향 경찰활동에 대한 설명으로 가장 옳지 않은 것은? ●A급 21 경위

① 문제지향 경찰활동은 경찰활동이 단순한 법집행자의 역할에서 지역사회 범죄문제의 근원적 원인을 확인하고 해결하는 역할로 전환할 것을 추구한다.

② 지역사회 문제해결을 위해 SARA모형이 강조되며 이는 조사(Scanning) − 평가(Assessment) − 대응(Response) − 분석(Analysis)으로 진행되는 문제해결 단계를 제시한다.

③ 문제지향 경찰활동에서는 문제들에 대한 효과적인 대응전략들을 마련하면서 필요한 경우 경찰과 지역사회가 협력할 수 있는 대응전략들에 보다 높은 가치를 부여한다.

④ 문제지향 경찰활동은 종종 지역사회 경찰활동과 병행되어 실시되곤 한다.

해설

① (○) **문제지향** 경찰활동은 경찰활동이 단순한 법집행자의 역할에서 지역사회 범죄문제의 **근원적 원인을 확인**하고 **해결**하는 역할로 전환할 것을 추구한다.
② (×) 지역사회 문제 해결을 위해 **SARA모형**이 강조되며 이는 **조사**(Scanning) − **분석(Analysis) − 대응**(Response) − **평가**(Assessment)로 진행되는 문제해결 단계를 제시한다.
③ (○) **문제지향** 경찰활동에서는 문제들에 대한 효과적인 대응전략들을 마련하면서 필요한 경우 경찰과 지역사회가 **협력**할 수 있는 **대응전략**들에 보다 **높은 가치**를 **부여**한다.
④ (○) **문제지향** 경찰활동은 종종 **지역사회 경찰활동과 병행되어 실시**되곤 한다.

254 경찰활동 전략별 주요 내용에 대한 설명으로 가장 적절하지 않은 것은? ●A급 22 승진

① 지역중심 경찰활동(community-oriented policing)은 경찰이 지역 사회 구성원과 함께 지역이 당면한 문제를 확인하고 우선순위를 정하여 해결하고자 노력하는 것을 의미한다.

② 지역중심 경찰활동과 문제지향적 경찰활동(problem-oriented policing)은 병행되어 실시될 때 효과성이 제고된다.

③ 무관용 경찰활동(zero tolerance policing)은 지역사회 문제해결을 위해 SARA모형이 강조되는데, 이 모형은 조사(Scanning) − 분석(Analysis) − 대응(Response) − 평가(Assessment)로 진행된다.

🔒 252 ④ 253 ② 254 ③

④ 문제지향적 경찰활동은 지역문제들에 대한 효과적인 대응 전략들을 고려하면서, 필요시에는 경찰과 지역사회의 협력 전략에 보다 높은 가치를 부여한다.

해설

① (○) **지역중심** 경찰활동(community-oriented policing)은 경찰이 **지역 사회 구성원과 함께** 지역이 당면한 **문제를 확인**하고 **우선순위를 정하여** 해결하고자 노력하는 것을 의미한다.
② (○) **지역중심** 경찰활동과 **문제지향적** 경찰활동(problem-oriented policing)은 **병행**되어 실시될 때 **효과성이 제고된다.**
③ (×) **문제지향적 경찰활동(무관용 경찰활동×)**은 지역사회 문제해결을 위해 SARA모형이 강조되는데, 이 모형은 **조사**(Scanning) – **분석**(Analysis) – **대응**(Response) – **평가**(Assessment)로 진행된다.
④ (○) **문제지향적 경찰활동**은 지역문제들에 대한 효과적인 **대응 전략**들을 고려하면서, 필요시에는 경찰과 지역사회의 **협력 전략에 보다 높은 가치를 부여한다.**

255 지역사회 경찰활동(Community Policing)의 프로그램에 관한 설명으로 가장 적절하지 않은 것은?

•A급 22 법학

① 문제지향적 경찰활동은 경찰활동이 단순한 법집행자의 역할에서 지역사회 범죄문제의 근원적 원인을 확인하고 해결하는 역할로 전환될 것을 추구하며 지역사회 문제해결을 위해 조사 (Scanning) – 분석(Analysis) – 대응(Response) – 평가(Assessment)로 진행되는 문제해결 단계를 제시한다.
② 사건지향적 경찰활동은 범죄를 감소시키기 위해서 범죄의 정보와 분석기법을 통합한 법집행 위주의 경찰활동을 말하며, 범죄의 분석 등을 통해 정보에 입각한 범죄다발지역에 대한 강력한 순찰 등이 있다.
③ 전략지향적 경찰활동은 전통적 경찰활동 및 절차들을 이용하여 범죄요소나 무질서의 원인을 제거하고 효과적으로 범죄를 진압·통제하려는 경찰활동을 말하며 지역사회 참여가 경찰임무의 중요한 측면이라 인식한다.
④ 이웃지향적 경찰활동은 경찰과 주민 사이의 의사소통 라인을 개설하는 모든 프로그램을 말하고 거주자들에게 지역에 관한 정보를 제공하며, 주민들은 민간순찰을 실시한다.

해설

① (○) **문제지향적** 경찰활동은 경찰활동이 단순한 법집행자의 역할에서 지역사회 범죄문제의 **근원적 원인**을 확인하고 해결하는 역할로 전환될 것을 추구하며 지역사회 문제 해결을 위해 **조사**(Scanning) – **분석**(Analysis) – **대응**(Response) – **평가**(Assessment)로 진행되는 문제해결 단계를 제시한다.
② (×) **정보주도적 경찰활동(사건지향적 경찰활동×)**은 범죄를 감소시키기 위해서 **범죄의 정보와 분석기법**을 통합한 **법집행 위주**의 경찰활동을 말하며, 범죄의 분석 등을 통해 정보에 입각한 범죄다발지역에 대한 강력한 순찰 등이 있다.
　　⑪ip 사건지향적 경찰활동은 범죄사건에만 집중하는 **전문적·전통적 경찰활동**을 말한다. 이런 경찰활동에 대한 불만족으로 인해 정보에 바탕을 두고 경찰과 지역사회가 함께 노력하는 문제지향적 경찰활동이 1970년대 후반(골드슈타인 – 1979년 논문발표)부터 대두되었다.
③ (○) **전략지향적 경찰활동**은 **전통적 경찰활동 및 절차들을 이용하여** 범죄요소나 무질서의 원인을 제거하고 **효과적으로 범죄를 진압·통제**하려는 경찰활동을 말하며 **지역사회 참여가 경찰임무의 중요한 측면이라 인식**한다.
④ (○) **이웃지향적 경찰활동**은 경찰과 주민 사이의 **의사소통 라인을 개설**하는 모든 프로그램을 말하고 **거주자들에게** 지역에 관한 **정보를 제공**하며, **주민들은 민간순찰**을 실시한다.

🔒 255 ②

256 지역사회 경찰활동 프로그램 중 이웃지향적 경찰활동(Neighborhood – Oriented Policing)에 관한 설명으로 가장 적절한 것은?

●A급 25 경위

① 확인된 문제에 대응하기 위해 전략적으로 경찰인력과 자원을 배치하여 범죄나 무질서에 대한 예방을 강조한다.

② 시민의 서비스 요청에 반응하는 경찰활동의 반응적 기능, 경찰관들이 확인된 범죄문제에 대해 조직화된 순찰전략을 개발·기획하는 사전적 기능과 범죄와 무질서 문제를 확인하고 알려주기 위한 경찰과 시민 사이의 적극적인 협력적 기능을 연결하고자 시도한다.

③ 범죄자의 활동과 조직범죄집단·중범죄자 등에 대한 관리·예방 등에 초점을 두며 증가되는 범죄를 감소시키기 위해 범죄정보를 통합한 법집행 위주의 경찰활동을 강조한다.

④ 형법에 지나치게 의존하는 것 대신에 문제해결에 대한 합리적·분석적 접근법을 강조한다.

> **해설**
> ① (×) 확인된 문제에 대응하기 위해 **전략적으로 경찰인력과 자원을 배치**하여 범죄나 무질서에 대한 예방을 강조한다. **– 전략지향적 경찰활동**
> ② (○) **시민의 서비스 요청에 반응**하는 경찰활동의 반응적 기능, 경찰관들이 확인된 범죄문제에 대해 조직화된 순찰전략을 개발·기획하는 사전적 기능과 범죄와 무질서 문제를 확인하고 알려주기 위한 **경찰과 시민 사이의 적극적인 협력적 기능을 연결**하고자 시도한다. **– 이웃지향적 경찰활동**
> ③ (×) 범죄자의 활동과 조직범죄집단·중범죄자 등에 대한 관리·예방 등에 초점을 두며 증가되는 범죄를 감소시키기 위해 **범죄정보를 통합**한 **법집행 위주**의 경찰활동을 강조한다. **– 정보주도적 경찰활동**
> ④ (×) 형법에 지나치게 의존하는 것 대신에 **문제해결에 대한 합리적·분석적 접근법**을 강조한다. **– 문제지향적 경찰활동**

257 지역사회 경찰활동(Community Oriented Policing)에 대한 설명으로 가장 적절하지 않은 것은?

●A급 22 경위

① 전략지향 경찰활동(Strategic Oriented Policing), 문제지향 경찰활동(Problem Oriented Policing), 이웃지향 경찰활동(Neighborhood Oriented Policing) 등으로 구성되어 있다.

② 경찰의 역할에서 범죄투사(Crime fighter)의 역할보다 문제해결자(Problem solver)로서의 역할에 중점을 둔다.

③ 범죄의 진압·수사 같은 사후대응적 경찰활동(Reactive Policing)보다는 범죄예방과 같은 사전예방적 경찰활동(Proactive Policing)을 강조한다.

④ 윌슨(W. Wilson)과 사이몬(H. A. Simon)이 연구한 경찰활동 개념이다.

> **해설**
> ① (○) **전략지향** 경찰활동(Strategic Oriented Policing), **문제지향** 경찰활동(Problem Oriented Policing), **이웃지향** 경찰활동(Neighborhood Oriented Policing) 등으로 구성되어 있다.
> ② (○) 경찰의 역할에서 범죄투사(Crime fighter)의 역할보다 **문제해결자**(Problem solver)로서의 역할에 **중점**을 둔다.
> ③ (○) 범죄의 진압·수사 같은 사후대응적 경찰활동(Reactive Policing)보다는 **범죄예방**과 같은 **사전예방적 경찰활동**(Proactive Policing)을 **강조**한다.
> ④ (×) 일반적으로 지역사회 경찰활동은 **윌슨(James Quinn. Wilson)과 켈링(George Lee. Kelling)[윌슨(W. Wilson)과 사이몬(H. A. Simon) ×]**의 1982년 논문인 「깨진 유리창 : 경찰과 지역안전」에서 시작되었다고 여겨진다(임창호·정세종·라광현 최신경찰학 제4판, p.581).
> **Tip** 우드로 윌슨(Woodrow Wilson)은 미국 28대 대통령을 지낸 미국의 정치인이자 학자이고, 허버트 알렉산더 사이먼(Herbert Alexander Simon)은 의사결정 모델에 관한 이론으로 1978년 노벨 경제학상을 수상한 미국의 심리학·경제학자이다.

🔒 256② 257④

258 지역사회 내의 각종 기관 및 주민들과 유기적인 연락 및 협조체계를 구축하여 지역사회 각계 각층의 문제·요구·책임을 발견하고 지역사회의 문제해결과 적극적인 지역사회 프로그램을 위해 경찰과 지역사회가 공동으로 노력하는 것을 무엇이라고 하는가?   ●A급 22 경위

① Public Relations(PR : 공공관계)
② Police-Press Relations(PPR : 경찰과 언론관계)
③ Police-Media Relations(PMR : 경찰과 대중매체관계)
④ Police-Community Relations(PCR : 경찰과 지역사회관계)

> **해설**
>
> 설문은 **경찰과 지역사회관계(PCR : Police-Community Relations)**를 말하고 있다.

259 에크와 스펠만(Eck & Spelman)은 경찰관서에서 문제지향 경찰활동을 지역문제의 해결에 보다 쉽게 적용할 수 있도록 4단계의 문제해결과정(이른바 SARA 모델)을 제시하였다. 개별 단계에 관한 설명으로 가장 적절하지 않은 것은?   ●A급 23 순경2차

① 조사단계(scanning)는 일반적으로 지역사회에서 일회적으로 발생하지만 대중의 이목을 집중시키는 심각한 중대범죄 사건을 우선적으로 조사대상화하는 데에서 출발한다.
② 분석단계(analysis)에서는 각종 통계자료 등 수집된 자료를 활용하여 심층적인 분석을 실시하며, 당면문제의 성격을 정확하게 파악하기 위해 문제분석 삼각모형(problem analysis triangle)을 유용한 분석도구로 활용할 수 있다.
③ 대응단계(response)에서는 경찰이 보유한 자원과 역량만으로는 한계가 있으므로 지역사회 내의 여러 다른 기관들과의 협력을 통한 대응방안을 추구하며, 상황적 범죄예방에서 제시하는 25가지 범죄예방기술을 적용해 볼 수도 있다.
④ 평가단계(assessment)는 과정평가와 효과평가의 두 단계로 구성되며, 이전 문제해결과정에의 환류를 통해 각 단계가 지속적인 순환 과정으로 작동할 수 있도록 한다는 점에서 중요한 의미를 가진다.

> **해설**
>
> ① (×) 일반적으로 지역사회에서 **일회적**으로 발생하지만 **대중의 이목을 집중**시키는 심각한 **중대범죄 사건을 우선적으로 조사대상화**하는 데에서 출발하는 것은 **전통적 경찰활동**에 대한 특징을 설명한 것이다.
>
>> 🔵**Tip** 문제지향 경찰활동에서 **조사단계**(scanning)는 일반시민과 경찰에 고민거리가 되는 **재발성 문제를 확인**하는 단계로서 지역사회에서 일반적으로 발생하는 **문제나 쟁점사항들을 인식하는 활동**을 말한다. 이는 단순한 사고나 범죄의 구분을 넘어서 **문제들의 범주를 넓히는 과정**이다.
>
> ② (○) **분석단계**(analysis)에서는 각종 통계자료 등 수집된 자료를 활용하여 **심층적인 분석**을 실시하며, 당면문제의 성격을 정확하게 파악하기 위해 **문제분석 삼각모형**(problem analysis triangle)을 유용한 분석도구로 활용할 수 있다.
> ③ (○) **대응단계**(response)에서는 경찰이 보유한 자원과 역량만으로는 한계가 있으므로 **지역사회 내의 여러 다른 기관들과의 협력을 통한 대응방안을 추구**하며, 상황적 범죄예방에서 제시하는 25가지 범죄예방기술을 적용해 볼 수도 있다.
> ④ (○) **평가단계**(assessment)는 **과정평가**와 **효과평가**의 두 단계로 구성되며, 이전 문제해결과정에의 **환류**를 통해 각 단계가 지속적인 순환 과정으로 작동할 수 있도록 한다는 점에서 중요한 의미를 가진다.

🔒 **258** ④ **259** ①

260 문제해결과정인 'SARA 모형'에 관한 설명으로 가장 적절하지 않은 것은? ● A급 24 순경2차

① 조사단계(Scanning)는 지역에서 반복적으로 발생하고 있는 문제를 파악하는 데에서 출발하여 문제라고 여겨지는 개인과 관련된 사건을 분류하고, 정확하고 유용한 용어를 활용하여 이러한 문제를 조사한다.

② 분석단계(Analysis)는 지역사회와 경찰이 협력하는 등의 방법으로 문제의 원인을 파악하고, 분석하는 단계이다.

③ 대응단계(Response)는 경찰이 보유한 자원과 역량만으로는 한계가 있기 때문에 경찰관은 지역사회 내의 여러 다른 기관들과 협력을 통한 대응방안을 추구한다.

④ 평가단계(Assessment)는 대응의 적절성을 평가하며, 효과평가와 결과평가의 두 단계로 이루어진다.

해설

① (○) **조사단계**(Scanning)는 지역에서 **반복적으로 발생**하고 있는 **문제를 파악**하는 데에서 **출발**하여 문제라고 여겨지는 개인과 관련된 **사건을 분류**하고, 정확하고 유용한 용어를 활용하여 이러한 문제를 **조사**한다.

② (○) **분석단계**(Analysis)는 **지역사회와 경찰이 협력**하는 등의 방법으로 **문제의 원인을** 파악하고, **분석**하는 단계이다.

③ (○) **대응단계**(Response)는 경찰이 보유한 자원과 역량만으로는 한계가 있기 때문에 경찰관은 **지역사회 내의 여러 다른 기관들과 협력을 통한 대응**방안을 추구한다.

④ (×) **평가단계**(Assessment)는 **대응의 적절성**을 평가하며, **효과평가**와 **과정평가**(**결과평가×**)의 두 단계로 이루어진다.

261 '지역사회 경찰활동(Community Policing)'에 관한 설명으로 가장 적절하지 않은 것은? ● A급 25 순경1차

① '지역사회 경찰활동'은 이미 발생한 범죄를 사후 진압 및 검거하는 역할에서 벗어나 사전적 예방과 지역사회 문제를 해결하는 문제해결자로서의 경찰 역할을 강조한다.

② '이웃 지향적 경찰활동'은 범죄 발생 원인에 대해 비공식적 사회통제의 약화 및 경제적 궁핍이 소외를 당하기 때문이라고 보아, 경찰과 주민과의 의사소통 라인을 개방하고 서로를 위해 감시하는 민간순찰을 강조한다.

③ '전략 지향적 경찰활동'은 전통적 관행과 절차를 배제하여 범죄요인이나 사회 무질서의 원인을 제거하기 위해 경찰자원을 재분배하고 범죄나 무질서를 예방하는 경찰활동을 말한다.

④ '정보기반 경찰활동'은 경찰의 효과성 향상을 위한 전략으로 범죄자 정보 및 분석기법을 활용한 법집행 위주의 경찰활동을 말한다.

해설

① (○) '**지역사회 경찰활동**'은 이미 발생한 범죄를 사후 진압 및 검거하는 역할에서 벗어나 **사전적 예방**과 지역사회 문제를 해결하는 **문제해결자**로서의 경찰 역할을 강조한다.

② (○) '**이웃 지향적 경찰활동**'은 범죄 발생 원인에 대해 비공식적 사회통제의 약화 및 경제적 궁핍이 소외를 당하기 때문이라고 보아, 경찰과 주민과의 **의사소통 라인을 개방**하고 서로를 위해 감시하는 **민간순찰을 강조**한다.

③ (×) '**전략 지향적 경찰활동**'은 **전통적 관행과 절차**를 **이용하여**(배제하여×) 범죄요인이나 사회 무질서의 원인을 제거하기 위해 경찰자원을 재분배하고 범죄나 무질서를 예방하는 경찰활동을 말한다.

④ (○) '**정보기반 경찰활동**'은 경찰의 효과성 향상을 위한 전략으로 **범죄자 정보 및 분석기법**을 활용한 **법집행 위주**의 경찰활동을 말한다.

🔒 **260** ④　**261** ③

262 지역사회 경찰활동의 구성요소에 관한 설명으로 가장 적절하지 않은 것은?  24 순경1차

① 지역중심적 경찰활동(COP : Community Oriented Policing) – 지역사회에서의 전반적인 삶의 질 향상을 목표로, 지역사회와 경찰사이의 새로운 관계를 증진시키는 조직적인 전략원리를 말한다.

② 전략지향적 경찰활동(SOP : Strategic Oriented Policing) – 확인된 문제에 대한 전략적 대응을 위해 경찰자원을 배분하고, 전통적인 경찰활동과 절차를 통해 범죄적 요소나 사회무질서의 원인을 효과적으로 제거하는 경찰활동을 말한다.

③ 이웃지향적 경찰활동(NOP : Neighborhood Oriented Policing) – 지역사회경찰활동을 위하여 경찰과 주민의 의사소통라인을 개설하려는 모든 프로그램을 말한다.

④ 문제지향적 경찰활동(POP : Problem Oriented Policing) – 지역조직은 거주자들에게 지역에 관한 정보를 제공하며 경찰과 협동하여 범죄를 억제하는 기능을 수행한다.

> **해설**
>
> ① (○) **지역중심적 경찰활동**(COP : Community Oriented Policing) – 지역사회에서의 전반적인 **삶의 질 향상**을 목표로, **지역사회와 경찰사이의 새로운 관계를 증진**시키는 조직적인 전략원리를 말한다.
> ② (○) **전략지향적 경찰활동**(SOP : Strategic Oriented Policing) – 확인된 문제에 대한 전략적 대응을 위해 **경찰자원을 배분**하고, **전통적인 경찰활동과 절차를 통해** 범죄적 요소나 사회무질서의 원인을 효과적으로 제거하는 경찰활동을 말한다.
> ③ (○) **이웃지향적 경찰활동**(NOP : Neighborhood Oriented Policing) – 지역사회경찰활동을 위하여 **경찰과 주민의** 의사소통라인을 개설하려는 모든 프로그램을 말한다.
> ④ (×) **이웃지향적 경찰활동(문제지향적 경찰활동×)** – 지역조직은 **거주자들에게** 지역에 관한 정보를 제공하며 경찰과 협동하여 범죄를 억제하는 기능을 수행한다.

263 지역사회 경찰활동(Community Policing)에 대한 설명으로 가장 적절하지 않은 것은? A급 24 경위

① 지역중심적 경찰활동(Community Oriented Policing) – 경찰과 지역사회가 협력하여 길거리 범죄, 물리적 무질서 등을 확인하고 해결함으로써 주민들의 삶의 질을 개선하고자 노력한다.

② 문제지향적 경찰활동(Problem Oriented Policing) – 경찰과 지역사회가 전통적인 경찰업무로 해결할 수 없거나 그것의 해결을 위하여 특별히 관심을 필요로 하는 사안들에 있어서 그 상황에 맞는 대안을 개발하기 위해 노력하는 활동에 주력한다.

③ 이웃지향적 경찰활동(Neighborhood Oriented Policing) – 경찰과 주민의 의사소통을 활성화하고 주민들에 의한 순찰을 실시하는 등 지역사회에 기초를 둔 범죄예방활동 등을 위해 노력한다.

④ 관용중심적 경찰활동(Tolerance Oriented Policing) – 소규모 지역공동체 모임의 활성화를 통해 상호감시를 증대하고 단속 중심의 경찰활동을 전개함으로써 범죄에 대응하는 전략을 추진한다.

🔒 262 ④　263 ④

해설

① (○) **지역중심적 경찰활동**(Community Oriented Policing) – 경찰과 지역사회가 협력하여 길거리 범죄, 물리적 무질서 등을 확인하고 해결함으로써 **주민들의 삶의 질을 개선**하고자 노력한다.

② (○) **문제지향적 경찰활동**(Problem Oriented Policing) – 경찰과 지역사회가 전통적인 경찰업무로 해결할 수 없거나 그 것의 해결을 위하여 특별히 관심을 필요로 하는 사안들에 있어서 그 상황에 맞는 **대안을 개발**하기 위해 노력하는 활동에 주력한다.

③ (○) **이웃지향적 경찰활동**(Neighborhood Oriented Policing) – **경찰과 주민의 의사소통을 활성화**(의사소통 라인 개설)하고 **주민들에 의한 순찰**(민간순찰)을 실시하는 등 지역사회에 기초를 둔 범죄예방활동 등을 위해 노력한다.

④ (×) **무관용 경찰활동**(관용중심적 경찰활동×) – 단속 중심의 경찰활동을 전개함으로써 범죄에 대응하는 전략을 추진한다.

　🄣ip **소규모 지역공동체 모임의 활성화를 통한 상호감시**는 '**이웃지향적 경찰활동**'에 해당한다.

제3절 **순찰**

---

264 생활안전 경찰활동의 이론적 · 경험적 근거에 대한 설명으로 가장 적절하지 않은 것은?　●A급 20 법학

① 지역사회 경찰활동(COP)은 경찰−주민 간 파트너십의 강화, 지역사회 문제에 대한 근본적 해결, 경찰 조직 내 권한의 이양 등을 강조한다.

② 문제지향적 경찰활동(POP)의 대표적인 문제해결과정으로 '조사 → 분석 → 대응 → 평가' 모형이 알려져 있다.

③ 뉴왁시 도보순찰 실험과 플린트 도보순찰 프로그램 모두에서 도보순찰이 주민의 심리적 안전감은 물론 실제 범죄율 감소에도 긍정적인 영향을 미치는 것으로 밝혀졌다.

④ 사무엘 워커는 순찰의 기능 중 하나로 주민의 심리적 안전감을 제고할 수 있다는 측면을 언급한 바 있으나, 캔자스시의 차량 예방순찰 실험에서는 해당 주장이 지지받지 못하였다.

해설

① (○) **지역사회 경찰활동**(COP)은 **경찰−주민 간 파트너십의 강화**, 지역사회 문제에 대한 **근본적 해결**, 경찰 조직 내 **권한의 이양** 등을 강조한다.

② (○) **문제지향적 경찰활동**(POP)의 대표적인 문제해결과정으로 '**조사 → 분석 → 대응 → 평가**' 모형이 알려져 있다.

③ (×) **뉴왁시 도보순찰** 실험과 **플린트 도보순찰** 프로그램 모두에서 도보순찰이 주민의 **심리적 안전감에는 긍정적인 영향**을 미치나 **실제 범죄율 감소에도 긍정적인 영향을 미치지 않는**(미치는×) 것으로 밝혀졌다.

　🄣ip **사무엘 워커**는 순찰의 기능으로 **범죄의 억제, 대민서비스 제공, 공공안정감**(심리적 안전감) 증진을 주장하였다.

④ (○) **사무엘 워커**는 순찰의 기능 중 하나로 **주민의 심리적 안전감을 제고**할 수 있다는 측면을 언급한 바 있으나, **캔자스시의 차량 예방순찰** 실험에서는 **해당 주장이 지지받지 못하였다.**

　🄣ip **캔자스시 차량 예방순찰** 실험에서 차량순찰의 수준을 증가하여도 범죄가 감소하지 않았고, 차량순찰을 생략해도 범죄는 증가하지 않았다. 또한 **차량순찰의 증감**이 시민들의 심리적 안전감에도 **영향을 미치지 못하였다.**

 264 ③

265 경찰순찰에 대한 설명으로 가장 적절한 것은? A급 21 순경1차

① 뉴왁(Newark)시 도보순찰실험은 도보순찰을 강화하여도 해당 순찰구역의 범죄율을 낮추지는 못하였으나, 도보순찰을 할 때 시민이 경찰서비스에 더 높은 만족감을 드러냈음을 확인하였다.

② 「지역경찰의 조직 및 운영에 관한 규칙」상 순찰팀장은 일근근무를 원칙으로 하며, 휴게시간, 휴무횟수 등 구체적인 사항은 「국가공무원 복무규정」 및 「경찰기관 상시근무 공무원의 근무시간 등에 관한 규칙」이 규정한 범위 안에서 지역경찰관서장이 정한다.

③ 「지역경찰의 조직 및 운영에 관한 규칙」상 순찰근무를 지정받은 지역경찰은 지정된 근무구역에서 경찰사범의 단속 및 검거, 경찰방문 및 방범진단, 시설 및 장비의 작동여부 확인, 각종 현황, 통계, 자료 부책 관리와 같은 업무를 수행한다.

④ 워커(Samuel Walker)는 순찰의 3가지 기능으로 범죄의 억제, 대민 서비스 제공, 교통지도단속을 언급하였다.

해설

① (○) **뉴왁**(Newark)시 도보순찰실험은 **도보순찰을 강화하여도** 해당 순찰구역의 **범죄율을 낮추지는 못하였으나**, 도보순찰을 할 때 **시민이 경찰서비스에 더 높은 만족감을** 드러냈음을 확인하였다.

② (×) 「지역경찰의 조직 및 운영에 관한 규칙」상 **순찰팀장이나 순찰팀원은 상시·교대근무(일근근무×)**를 원칙으로 하며, 휴게시간, 휴무횟수 등 **구체적인 사항은** 「국가공무원 복무규정」 및 「경찰기관 상시근무 공무원의 근무시간 등에 관한 규칙」이 규정한 범위 안에서 **시·도경찰청장(지역경찰관서장×)**이 정한다.

③ (×) 「지역경찰의 조직 및 운영에 관한 규칙」상 **순찰근무**를 지정받은 지역경찰은 지정된 근무구역에서 **경찰사범의 단속 및 검거, 경찰방문 및 방범진단(시설 및 장비의 작동여부 확인, 각종 현황, 통계, 자료 부책 관리×)**의 업무를 수행한다.

　　Tip 시설 및 장비의 작동여부 확인은 '**상황근무자**'의 업무이고, 각종 현황, 통계, 자료 부책 관리는 '**행정근무자**'의 업무이다.

④ (×) **워커**(Samuel Walker)는 **순찰의 3가지 기능**으로 **범죄의 억제, 대민 서비스 제공, 공공안전감 증진(교통지도단속×)**을 언급하였다.

266 순찰에 관한 설명으로 가장 적절하지 않은 것은? A급 25 순경1차

① 순찰은 노선에 따라 정선순찰, 난선순찰, 요점순찰, 구역순찰 등으로 구분할 수 있다.

② 캔자스(Kansas)시 예방순찰실험의 경우 도보순찰을 증가시켜도 실제 범죄는 감소하지 않아 도보순찰과 범죄율의 연관성에 대해 부정하는 결과가 도출되었다.

③ 플린트(Flint)시 도보순찰실험의 경우 도보순찰을 증가시켜도 실제 범죄는 감소하지 않았으나 오히려 시민들은 안전하다고 느꼈다.

④ 해일(C. D. Hale)과 워커(S. Walker)는 순찰의 기능에 대민서비스 제공을 공통적으로 포함시켰다.

🔒 265 ① 266 ②

① (O) 순찰은 **노선**에 따라 **정선**순찰, **난선**순찰, 요점순찰, **구역**순찰 등으로 구분할 수 있다.

② (×) **캔자스**(Kansas)시 예방순찰실험의 경우 **차량(도보×)순찰**을 증가시켜도 실제 범죄는 감소하지 않아 차량순찰과 범죄율의 연관성에 대해 부정하는 결과가 도출되었다.

③ (O) **플린트**(Flint)시 도보순찰실험의 경우 **도보순찰**을 증가시켜도 실제 범죄는 감소하지 않았으나(실험기간 동안 범죄가 증가한 지역도 일부 있었음) 오히려 시민들은 **안전하다고 느꼈다.**

④ (O) **해일**(C. D. Hale)과 **워커**(S. Walker)는 순찰의 기능에 대민서비스 제공을 공통적으로 포함시켰다.

Tip 순찰의 기능

구분	해일(C. D. Hale)	워커(S. Walker)
내용	• 범죄예방과 범인검거 • 법집행 • 질서유지 • 교통지도단속 • **대민서비스 제공**	• 범죄의 억제 • 공공안전감의 증진 • **대민서비스 제공** ※ 순찰은 경찰활동의 핵심이다.

267 순찰활동에 관한 설명으로 가장 적절하지 않은 것은?   •A급 26 경위

① 뉴왁(Newark)시의 도보순찰실험에서는 도보순찰 경찰관들의 태도에는 변화가 없는 것으로 밝혀졌으나, 주민들의 범죄에 대한 두려움 감소와 경찰에 대한 우호적인 태도 형성에는 긍정적인 영향을 미치는 것으로 나타났다.

② 캔자스(Kansas)시 예방순찰실험을 통해 차량순찰 수준을 증가하여도 범죄는 감소하지 않았고, 시민의 안전감에도 영향을 미치지 않는 것으로 나타났다.

③ 난선순찰은 불규칙적으로 이루어지기 때문에, 범죄자의 경찰 순찰에 대한 예측을 교란하여 범죄예방 효과를 증대할 수 있다는 장점이 있다.

④ 워커(Walker)는 범죄의 억제, 공공 안전감의 증진, 대민서비스 제공 등을 순찰의 기능으로 제시하고 있다.

① (×) **뉴왁**(Newark)시의 **도보순찰실험**에서는 도보순찰 **경찰관들의 태도에 변화가 있는(없는×)** 것으로 밝혀졌고, **주민들의** 범죄에 대한 **두려움 감소**와 경찰에 대한 우호적인 태도 형성에 **긍정적인 영향**을 미치는 것으로 나타났다.

　　Tip 뉴왁시 도보순찰실험을 통해 **주민과 경찰 모두에게 심리적으로 매우 긍정적인 효과**가 있었고 이로 인해 **경찰과 주민간의 관계가 개선**되었다.

② (O) **캔자스**(Kansas)시 **차량순찰실험**을 통해 **차량순찰 수준을 증가하여도 범죄는 감소하지 않았고, 시민의 안전감에도 영향을 미치지 않는** 것으로 나타났다.

③ (O) **난선순찰**은 불규칙적으로 이루어지기 때문에, 범죄자의 경찰 순찰에 대한 **예측을 교란하여 범죄예방 효과를 증대할 수 있다는** 장점이 있다.

④ (O) **워커**(Walker)는 **범죄의 억제, 공공 안전감의 증진, 대민서비스 제공** 등을 순찰의 기능으로 제시하고 있다.

 267 ①

김민철 경찰학
기출 1000제

이 단원의
출제 비중

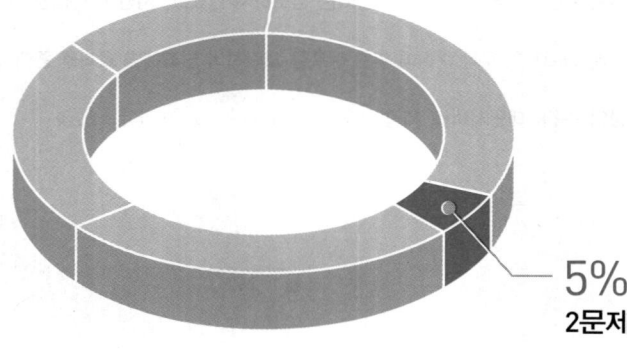

5%
2문제

PART

2

한국경찰의 역사와 비교경찰

01 한국경찰의 역사

CHAPTER

김민철 경찰학
기출 1000제

제1절 **갑오개혁 이전부터 일제강점기까지 경찰**

268 갑오개혁 이전 조선시대 경찰제도에 대한 설명으로 옳지 않은 것은 모두 몇 개인가? •C급 21 경위

> 가. 의금부는 고려의 순군만호부를 개칭한 것으로 왕명을 받들고 국사범이나 왕족관련 범죄, 사형죄 등 중요한 특별범죄를 담당하였다.
> 나. 포도청은 우리나라 최초의 전문적·독립된 경찰기관으로 도적의 횡포를 막기 위해 만들어졌다.
> 다. 사헌부는 풍속경찰을 주관하고 민정을 살피어 정사(政事)에 반영하는 등 행정경찰 업무도 담당하였다.
> 라. 초기의 암행어사는 정보경찰 활동을 주로 수행했으며, 이후에는 지방관리에 대한 감찰이나 민생을 암암리에 조사하여 국왕에게 보고하는 등 주로 감독·감찰기관으로서의 업무도 동시에 수행하였다.
> 마. 형조(刑曹)는 법률, 형사처벌, 소송 등의 업무를 관장하였다.
> 바. 관비인 '다모'는 여성범죄나 양반가의 수색 등을 담당하였다.

① 0개 ② 1개
③ 2개 ④ 3개

해설

틀린 설명은 **0개**이다.
가. (○) **의금부**는 **고려의 순군만호부를 개칭**한 것으로 **왕명을 받들고** 국사범이나 왕족관련 범죄, 사형죄 등 중요한 **특별범죄를 담당**하였다.
나. (○) **포도청**은 **우리나라 최초의 전문적·독립된 경찰기관**으로 도적의 횡포를 막기 위해 만들어졌다.
다. (○) **사헌부**는 **풍속경찰**을 주관하고 민정을 살피어 정사(政事)에 반영하는 등 **행정경찰 업무도 담당**하였다.
라. (○) 초기의 **암행어사**는 **정보경찰 활동**을 주로 수행했으며, 이후에는 **지방관리에 대한 감찰**이나 민생을 암암리에 조사하여 국왕에게 보고하는 등 주로 감독·감찰기관으로서의 업무도 동시에 수행하였다.
마. (○) **형조**(刑曹)는 법률, **형사처벌**, 소송 등의 업무를 관장하였다.
바. (○) 관비인 **'다모'**는 **여성범죄**나 양반가의 수색 등을 담당하였다.

 268 ①

269 조선시대 경찰사에 관한 설명으로 가장 적절하지 않은 것은? ●A급 26 경위

① 조선후기에는 포도청의 업무가 증가하여 좌포도청은 조운·세미·방납에 관하여, 우포도청은 잠상·인삼매매에 관한 치죄가 많아졌다.

② 조선시대 형사절차는 탄핵주의가 아닌 규문주의를 택하였다.

③ 오가통(五家統) 제도의 목적은 상호감시 및 예방경찰의 효과를 갖는 것이었으나 국가에 의하여 강제로 조직된 국가조직이라는 점에서 한계를 가지고 있었다.

④ 조선시대 평시서(平市署)는 도량형을 단속하고 물가의 폭등과 폭락을 막는 경제경찰의 임무를 수행하였다.

해설

① (O) **조선후기**에는 **포도청의 업무가 증가**하여 좌포도청은 조운·세미·방납에 관하여, 우포도청은 잠상·인삼매매에 관한 치죄가 많아졌다.

② (O) **조선시대 형사절차**는 탄핵주의가 아닌 **규문주의**를 택하였다.

　　Tip '**규문주의**'란 **재판기관인 법원이 동시에 소추기관으로도 기능**하여 검사의 기소없이 스스로 절차를 개시하고 심리·재판하는 것을 말한다. 즉, **심리개시와 재판의 권한이 법관에게 집중되어 있는 제도**이다. 이와 반대로 **재판기관과 소추기관을 분리**하여 진행하는 것을 '**탄핵주의**'라고 한다. 탄핵주의에서 법원은 공소제기된 사건에 대하여만 심판할 수 있다는 불고불리의 원칙이 적용된다.

③ (×) **오가통(五家統)** 제도의 목적은 상호감시 및 예방경찰의 효과를 갖는 것이었으나 **주민자치로 조직된 지방자치조직** (국가에 의하여 강제로 조직된 국가조직×)이라는 점에서 한계를 가지고 있었다.

④ (O) **조선시대 평시서**(平市署)는 **도량형을 단속**하고 물가의 폭등과 폭락을 막는 **경제경찰**의 임무를 수행하였다.

270 갑오개혁 및 광무개혁 당시 경찰제도에 관한 설명 중 옳지 않은 것은 모두 몇 개인가? ●B급 20 경위

> 가. 일본의 「행정경찰규칙」(1875년)과 「위경죄즉결례」(1885년)를 혼합하여 만든 「행정경찰장정」에서 영업·시장·회사 및 소방·위생, 결사·집회, 신문잡지·도서 등 광범위한 영역의 사무가 포함되었다.
>
> 나. 광무개혁 당시인 1900년에는 중앙관청으로서 경부(警部)가 한성 및 개항시장의 경찰업무와 감옥사무를 통할하였고, 궁내경찰서와 한성부 내 5개 경찰서, 3개 분서를 두고, 이를 지휘하는 경부감독소를 두었다.
>
> 다. 1895년 「내부관제」의 제정을 통해 내부대신의 경찰에 대한 지휘감독권을 정비하였고, 1896년 「지방경찰규칙」을 제정하여 지방경찰의 작용법적 근거를 마련하였다.
>
> 라. 「경무청관제직장」에 의해 당시의 좌우포도청을 합하여 경무청을 신설하고(장으로 경무관을 둠), 한성부 내 일체의 경찰사무를 관장하게 하였다.
>
> 마. 1900년 경부(警部) 신설 이후 잦은 대신 교체 등으로 문제가 많아 경무청이 경부의 업무를 관리하게 되었다.

① 1개　　　　　　　　　　② 2개

③ 3개　　　　　　　　　　④ 4개

🔒 269 ③　270 ②

틀린 설명은 **나, 라, 2개**이다.

가. (○) 일본의 「**행정경찰규칙**」(1875년)과 「**위경죄즉결례**」(1885년)를 **혼합**하여 만든 「**행정경찰장정**」에서 영업 · 시장 · 회사 및 소방 · 위생, 결사 · 집회, 신문잡지 · 도서 등 **광범위한 영역의 사무가 포함**되었다.

나. (×) **광무개혁** 당시인 **1900년**에는 중앙관청으로서 **경부**가 한성 및 개항시장의 경찰업무와 감옥사무를 통합하였고, 궁내경찰서와 한성부 내 5개 경찰서, 3개 분서를 두고, 이를 지휘하는 **경무감독소(경부감독소×)**를 두었다. 한편 한성부 이외의 각 관찰부에 총순을 두었다.

다. (○) **1895년** 「**내부관제**」의 제정을 통해 내부대신의 **경찰에 대한 지휘감독권**을 정비하였고, **1896년** 「**지방경찰규칙**」을 제정하여 **지방경찰의 작용법적 근거**를 마련하였다.

라. (×) 「**경무청관제직장**」에 의해 당시의 좌우포도청을 합하여 **경무청**을 **신설**하고(장으로 **경무사**(경무관×)을 둠), 한성부 내 **일체의 경찰사무**를 관장하게 하였다.

마. (○) **1900년 경부** 신설 이후 잦은 대신 교체 등으로 문제가 많아 **경무청이 경부의 업무를 관리하게 되었다.**

---

271 1894년 갑오개혁 당시 추진되었던 경찰제의 내용으로 적절한 것을 모두 고른 것은? **•B급** 22 경위

> 가. 좌우포도청을 통합하여 경무청을 신설하고 전국의 경찰 사무를 관장토록 하였다.
> 나. 경무청은 최초에 법무아문 소속으로 설치하였으나, 곧 내무아문 소속으로 변경되었다.
> 다. 「경무청관제직장」은 일본의 「행정경찰규칙」을 모방한 것이다.
> 라. 한성부의 5부 내에 경찰지서를 설치하고 서장을 경무사로 보하였다.
> 마. 경무청은 영업 · 소방 · 전염병 등 광범위한 직무를 담당하였다.

① 가, 나　　　　　　　　　　② 나, 다
③ 나, 마　　　　　　　　　　④ 라, 마

옳은 설명은 **나, 마, 2개**이다.

가. (×) 좌우포도청을 통합하여 **경무청**을 신설하고 **한성부 내(전국×)**의 경찰 사무를 관장토록 하였다.

나. (○) **경무청**은 최초에 **법무아문 소속**으로 **설치**하였으나, 곧 **내무아문 소속으로 변경**되었다.

다. (×) 「**경무청관제직장**」은 일본의 「**경시청관제**」(행정경찰규칙×)을 모방한 것이다.

라. (×) **한성부**의 5부 내에 **경찰지서**를 설치하고 서장을 **경무관**(경무사×)으로 보하였다.

마. (○) **경무청**은 영업 · 소방 · 전염병 등 **광범위한 직무를 담당하였다.**

---

272 근대 한국의 경찰개념 형성에 대한 설명으로 가장 적절하지 않은 것은? **•C급** 22 경위

① 유길준은 경찰의 기본 업무로 치안에 집중할 것을 강조하면서 '위생'을 경찰업무에서 제외할 것을 주장하였다.

② 유길준은 「서유견문」 '제10편 순찰의 규제'를 통해 경찰제도 개혁을 주장하였다.

③ 유길준은 경찰제도를 행정경찰과 사법경찰로 구분할 것을 주장하였다.

④ 김옥균, 박영효 등이 일본의 경찰제도로부터 영향을 받은 반면, 유길준은 영국의 경찰제도로부터 영향을 받았다.

271 ③　272 ①

① (×) 유길준은 경찰의 기본 업무로 **치안에 집중**할 것을 강조하면서 인민의 건강을 위한 '**위생**'을 **경찰업무에 포함**(제외 ×)**하여 강조**하였다.

② (○) 유길준은 「서유견문」 '제10편 순찰의 규제'를 통해 **경찰제도 개혁**을 주장하였다.

③ (○) 유길준은 경찰제도를 **행정경찰과 사법경찰로 구분**할 것을 주장하였다.

④ (○) 김옥균, 박영효 등이 일본의 경찰제도로부터 영향을 받은 반면, **유길준**은 **영국**의 **경찰제도로부터 영향을 받았다.**

---

273 갑오개혁부터 일제강점기 이전의 경찰에 대한 설명으로 가장 적절하지 않은 것은? ●A급 19 승진

① 일본각의의 결정에 따라, '각아문관제'에서 처음으로 경찰이라는 용어를 사용하였다.

② '경무청관제직장'에 의해 당시의 좌우포도청을 합하여 경무청을 신설하고(장으로 경무사를 둠) 내무아문에 예속되어 한성부 내 일체의 경찰사무를 관장하였다.

③ 광무개혁에 따라 중앙관청으로서 경부가 한성 및 개항시장의 경찰업무와 감옥사무를 통할하였다.

④ 을사조약에 의거 통감부에 의한 통감정치가 시작되면서 경무청을 전국을 관할하는 기관으로 확대하여 사실상 한국경찰을 장악하였다.

① (○) 일본각의의 결정에 따라, '**각아문관제**'에서 **처음으로 경찰이라는 용어를 사용**하였다.

② (○) '**경무청관제직장**'에 의해 당시의 좌우포도청을 합하여 **경무청을 신설**하고(장으로 **경무사**를 둠) **내무아문에 예속**되어 한성부 내 일체의 경찰사무를 관장하였다.

③ (○) **광무개혁(1900)**에 따라 중앙관청으로서 **경부**가 **한성 및 개항시장**의 경찰업무와 감옥사무를 통합하였다.

④ (×) **을사조약(1905)**에 의거 **통감부**(설치 1906. 2. 1)에 의한 통감정치가 시작되면서 **경무청**을 기존의 전국경찰을 관할하는 기관에서 **한성부 내의 경찰업무**를 담당하는 기관으로 **축소(확대×)**하여 사실상 한국경찰을 장악하였다.

---

274 갑오개혁 이후부터 일제강점기까지 시행된 법령 등에 대한 아래 가.부터 라.까지 설명 중 옳고 그름의 표시(○, ×)가 바르게 된 것은? ●C급 24 경위

> 가. 「행정경찰장정」은 최초의 경찰작용법으로서 행정경찰의 업무와 목적, 과잉단속 엄금, 순검 채용과 징계 등의 내용으로 구성되어 있다.
> 나. 「순검직무세칙」에는 순검이 근무 중 다치거나 순직했을 때 치료비와 장례비의 지급규정을 명시하고 있다.
> 다. 「범죄즉결례」는 일상생활과 관련된 97개의 행위를 처벌하는 조항으로 이루어져 있다.
> 라. 「치안유지법」은 반정부·반체제운동을 막기 위해 1925년에 제정되었다.

① 가.(×)   나.(○)   다.(○)   라.(×)

② 가.(×)   나.(○)   다.(×)   라.(×)

③ 가.(○)   나.(×)   다.(○)   라.(○)

④ 가.(○)   나.(×)   다.(×)   라.(○)

🔒 273 ④   274 ④

가. (○) 「**행정경찰장정**」은 **최초의 경찰작용법**으로서 행정경찰의 업무와 목적이 **광범위**하게 규정되어 있으며 과잉단속 엄금, 순검 채용과 징계 등의 내용으로 구성되어 있다.

나. (×) 「**순검직무세칙**」(1896)에는 일선에서 직접 경찰업무를 집행하는 순검의 임용과 직무와 관련한 규정으로 민(民)의 피해예방, 건강보호, 방탕음일 제지, 국법 위반자에 대한 탐지와 포착 등을 규정하고 있다. 하지만 **순검이 근무 중 다치거나 순직했을 때 치료비와 장례비의 지급규정**에 대해서는 **명시하고 있지 않다(명시하고 있다×)**.

다. (×) 「**범죄즉결례**」(1910)는 일본이 조선에 대한 지배력을 강화하기 위하여 일상생활과 관련된 **87개(97개×)**의 행위에 대하여 **재판을 거치지 아니하고 바로 처벌**하도록 제정한 법령이다.

라. (○) 「**치안유지법**」은 반정부·반체제운동(천황제나 사유재산제를 부정하는 운동)을 막기 위해 **일본에서 1925년에 제정되었다.** 이러한 일본 제정의 치안유지법을 당시 조선총독부에서는 독립운동을 처벌하는데 적용하였다.

> 🔵ip 위 지문은 출제당시, 출제지문에서 법제정의 주체가 일본이라고 표현되지 않았다는 이유로 논란이 있었으나, 옳은 지문으로 처리되었다.

제2절 **대한민국 임시정부경찰**

275 대한민국 임시정부의 경찰에 대한 설명으로 가장 적절하지 않은 것은? 🔵B급 22 경위

① 상해임시정부는 1919년 4월 25일 '대한민국임시정부장정' 공포로 임시정부 경찰조직인 경무국직제와 분장사무가 처음으로 규정되었다.

② 상해 교민단 산하에 의경대를 설치하여 교민단의 치안을 보전하고 밀정을 색출하는 역할을 수행하였다.

③ 상해임시정부는 연통제를 실시하여 도(道)에 경무사를 두었다.

④ 중경임시정부에는 내무부 아래에 경무국을 두었고, 별도로 경위대를 설치하였다.

① (○) **상해임시정부**는 **1919년 4월 25일** '**대한민국임시정부장정**' 공포로 임시정부 경찰조직인 **경무국직제**와 **분장사무**가 처음으로 규정되었다.

② (○) 상해 교민단 산하에 **의경대**를 설치하여 **교민단의 치안**을 보전하고 **밀정을 색출**하는 역할을 수행하였다.

③ (○) **상해임시정부**는 **연통제**를 실시하여 도(道)에 **경무사**를 두었다.

> 🔵ip 상해임시정부 – 내무부 아래에 **경무국, 연통제, 의경대**를 두었다.

④ (×) **중경임시정부(1940~1945)**에는 내무부 아래에 **경무과(경무국×)**를 두었고, 별도로 **경위대**를 설치하였다.

---

276 한국경찰의 역사(일제강점기~미군정시기)에 대한 설명 중 가장 적절하지 않은 것은? 🔵B급 21 법학

① 3·1운동을 계기로 헌병경찰제도에서 보통경찰제도로 전환하였지만 헌병이 담당하던 임무를 보통경찰이 그대로 담당하는 등 경찰의 직무와 권한에는 큰 변화가 없었다.

② 상해임시정부시기 경찰기구로 내무부 아래 경무국, 연통제 및 경위대를 설치·운영하였고, 정식예산이 편성되어 소정의 월급을 지급하였다.

③ 충칭(중경)임시정부시기 경무과는 일반경찰사무, 인구조사, 징병 및 징발, 국내 정보수집 등의 업무를 수행하였다.

④ 미군정시기 「법무국 검사에 관한 훈령 제3호」로 '수사는 경찰, 기소는 검사' 체제가 도입되어 경찰의 독자적 수사권이 인정되었다.

해설

① (○) **3·1운동을 계기로** 헌병경찰제도에서 **보통경찰제도로 전환**하였지만 헌병이 담당하던 임무를 보통경찰이 그대로 담당하는 등 **경찰의 직무와 권한에는 큰 변화가 없었다.**

② (×) **상해임시정부**시기(1919~1932) 경찰기구로 내무부 아래 **경무국, 연통제** 및 **의경대(경위대×)**를 설치·운영하였고, 정식예산이 편성되어 소정의 월급을 지급하였다.

> **Tip** '**경위대**'(1941)는 **충칭(중경)임시정부**시기(1940~1945)에 설치된 내무부 직속 기관으로 임시정부 **청사를 경비**하고 임시정부 **요인을 보호**하는 것을 주임무로 하는 경찰조직이었다.

③ (○) **충칭(중경)임시정부**시기 **경무과**는 **일반경찰사무**, 인구조사, 징병 및 징발, 국내 정보수집 등의 업무를 수행하였다.

④ (○) **미군정시기** 「법무국 검사에 관한 훈령 제3호」로 '**수사는 경찰, 기소는 검사**' 체제가 도입되어 **경찰의 독자적 수사권이 인정되었다.**

제3절 미군정하의 경찰

277 일제강점기와 미군정시기의 한국경찰에 대한 설명으로 가장 적절하지 않은 것은? ●A급 23 경위

① 미군정하에서는 조직법적, 작용법적 정비가 이루어지고 경찰제도의 개혁이 이루어져 경찰의 활동영역이 확대되었다.

② 광복 이후 신규경찰 채용과정에서 일제강점기 경찰경력자들이 다수 임용되었으나, 독립운동가 출신들도 상당히 많이 채용되었다.

③ 의경대는 상해임시정부시기 운영된 경찰기구로서 교민사회의 안녕과 질서유지, 호구조사 등을 담당하였다.

④ 3·1운동을 계기로 헌병경찰제도에서 보통경찰제도로 전환되었다.

해설

① (×) **미군정하**에서는 **조직법적, 작용법적 정비**가 이루어지고 **경찰제도의 개혁**(비경찰화 작업)이 이루어져 **경찰의 활동영역이 축소(확대×)**되었다.

② (○) **광복 이후 신규경찰 채용**과정에서 일제강점기 경찰경력자들이 다수 임용되었으나, **독립운동가 출신**들도 상당히 **많이 채용되었다.**

③ (○) **의경대**는 **상해임시정부**시기 운영된 경찰기구로서 교민사회의 안녕과 질서유지, 호구조사 등을 담당하였다.

④ (○) **3·1운동**을 계기로 헌병경찰제도에서 **보통경찰제도로 전환**되었다.

🔒 277 ①

278 미군정시기의 경찰에 대한 설명으로 가장 적절하지 않은 것은? A급 21 순경1차

① 경무국을 경무부로 승격 · 개편하였다.

② 소방업무를 민방위본부로 이관하고 경제경찰과 고등경찰을 폐지하는 등 비경찰화를 단행하였다.

③ 「정치범처벌법」, 「치안유지법」, 「예비검속법」이 폐지되었다.

④ 여자경찰제도를 신설하였다.

> **해설**
>
> ① (○) 미군정시기에 **경무국**을 **경무부**로 승격 · 개편하였다.
> ② (×) 미군정시기에 경제경찰과 고등경찰을 폐지하는 등 비경찰화를 단행은 했으나, **소방업무를 민방위본부로 이관**한 것은 **미군정시기(1945~1948) 이후인 1975년에** 이루어졌다.
> ③ (○) 「**정**치범처벌법」, 「**치**안유지법」, 「**예**비검속법」이 폐지되었다.
>   **Tip** 1948년 4월에 보안법이 가장 마지막으로 폐지됨
> ④ (○) 미군정시기에 **여자경찰제도를 신설(1946)**하였다.

---

279 미군정시기 경찰에 관한 설명으로 가장 적절하지 않은 것은? A급 24 순경1차

① 경찰이 담당하였던 위생사무 등 행정경찰사무가 경찰관할에서 분리되는 비경찰화 작업이 진행되었다.

② 일제강점기 치안입법이 정리된 시기로 1945년 「보안법」이 폐지되었고, 1948년 「예비검속법」이 순차적으로 폐지되었다.

③ 1946년 여자경찰제도가 신설되었다.

④ 1947년 6인의 위원으로 구성된 중앙경찰위원회를 설치하였다.

> **해설**
>
> ① (○) 미군정시기에 경찰이 담당하였던 **위생사무 등 행정경찰사무가 경찰관할에서 분리**되는 비경찰화 작업이 진행되었다.
> ② (×) 미군정시기는 일제강점기 **치안입법이 비교적 철저히 정리**된 시기로서, 1945년 10월 경무국이 설치된 후 「**정**치범처벌법」, 「**치**안유지법」, 「**예**비검속법」(보안법×)이 폐지되었고, 1948년 4월에는 「**보안법**」(예비검속법×)이 순차적으로 폐지되었다.
> ③ (○) **1946년 여자경찰제도**가 신설되었다.
> ④ (○) **1947년 6인**의 위원으로 구성된 **중앙경찰위원회**를 설치하였다.

---

280 미군정시기 경찰에 관한 설명으로 가장 적절하지 않은 것은? A급 24 순경2차

① 예비검속법, 치안유지법 등이 폐지되는 등 법적 정비가 이루어졌다.

② 1945년 '법무국 검사에 관한 훈령 제3호'가 발령되어 '수사는 경찰, 기소는 검사' 체제가 도입되어 경찰의 독자적 수사권이 인정되었다.

③ 1946년 경무국을 경무부로 승격시키고, 기존 경무국의 과(課)를 국(局)으로 승격시켰다.

④ '태평양미군총사령부포고 제1호'를 통해 미군정을 실시하였으며, 일제강점기 시대의 경찰 인력을 현직에서 청산함으로써 경찰의 인적 구성원을 대거 쇄신하였다.

해설

① (○) 예비검속법, 치안유지법 등이 폐지되는 등 **법적 정비**가 이루어졌다.
② (○) 1945년 '**법무국 검사에 관한 훈령 제3호**'가 발령되어 '**수사는 경찰, 기소는 검사**' 체제가 도입되어 **경찰의 독자적 수사권이 인정**되었다.
③ (○) **1946년 경무국을 경무부로 승격**시키고, 기존 경무국의 과(課)를 국(局)으로 승격시켰다.
④ (×) '**태평양미군총사령부포고 제1호**'를 통해 미군정을 실시하였으며, 일제강점기 시대의 경찰 인력을 **현직에 그대로 유지하여**(청산함으로써×) 경찰의 **인적 구성원을 쇄신하지 못하였다**(대거 쇄신하였다×).

> **Tip** 동포고 제2조에 따라 현직을 그대로 유지하였으며, 특히 경찰간부급은 80%가량 친일경찰이 잔존하였고, 이는 국민의 경찰조직에 대한 부정적 인식에 큰 영향을 끼쳤다.

제4절   정부수립 이후 경찰

281 치안국시대의 경찰에 관한 설명으로 가장 적절하지 않은 것은?   ●A급 26 경위

① 1953년 휴전 이후 전후 복구와 교통안정을 위하여 철도경찰대를 확대 운영하게 된다.
② 1953년「경찰관 직무집행법」이 제정되어 국민의 생명·신체·재산의 보호를 명문으로 규정하여 영미법적 사고가 반영되게 된다.
③ 1966년 자율적이고 적극적인 봉사자로서 경찰관이 갖추어야 할 '기본정신'과 실천하여야 할 윤리적인 '행동지표'를 제시하는「경찰윤리헌장」이 제정된다.
④ 1969년「경찰공무원법」이 제정되어 경찰관 직무에 있어서 직능별 전문화를 기하기 위한 경과제를 채택하였다.

해설

① (×) **1963년**(1953년×)에 전후 복구와 교통안정을 위하여 **철도경찰대를 다시 설치하고 확대 운영**하게 된다.

> **Tip** 1949년 철도경찰대 설치령에 따라 철도경찰을 운영하다가 **1953년 7월 철도경찰대가 해체**되고 해당 대원들을 일반경찰로 편입시킨다.

② (○) **1953년 「경찰관 직무집행법」이 제정**되어 **국민의 생명·신체·재산의 보호**를 명문으로 규정하여 **영미법적 사고가** 반영되게 된다.
③ (○) **1966년** 자율적이고 적극적인 봉사자로서 경찰관이 갖추어야 할 '기본정신'과 실천하여야 할 윤리적인 '행동지표'를 제시하는 「**경찰윤리헌장」이 제정**된다.

> **Tip** 경찰윤리헌장(1966년) – 새경찰신조(1980년) – 경찰헌장(1991년) – 경찰서비스헌장(1998년)

④ (○) **1969년 「경찰공무원법」이 제정**되어 경찰관 직무에 있어서 직능별 전문화를 기하기 위한 **경과제를 채택**하였다. 또한, **경정 및 경장 계급을 신설**하고 **경감 이상의 계급정년제를 도입**하였다.

🔒 281 ①

282 정부수립 이후 경찰과 관련된 설명으로 가장 적절하지 않은 것은?

① 1953년 경찰작용에 관한 기본법으로 제정된 「경찰관 직무집행법」에는 국민의 생명, 신체, 재산의 보호라는 영미법적 사고가 반영되었다.

② 1968년 '무장공비 침투사건(1·21 사태)' 당시 종로경찰서 자하문 검문소에서 무장공비를 온몸으로 막아내고 순국한 최규식 경무관과 정종수 경사는 호국경찰, 인본경찰, 문화경찰의 표상이다.

③ 1980년 '5·18 민주화 운동' 당시 안병하 전남경찰국장과 이준규 목포서장은 신군부의 무장 강경진압 방침을 거부하였다.

④ 1987년 '6월 민주항쟁' 이후 경찰 내부에서는 정치적 중립을 지키지 못한 과오를 반성하고 경찰 중립화를 요구하는 성명 발표 등 자성의 목소리가 나왔다.

> **해설**
>
> ① (○) **1953년** 경찰작용에 관한 기본법으로 제정된 「**경찰관 직무집행법**」에는 국민의 생명, 신체, 재산의 보호라는 **영미법적 사고**가 반영되었다.
>
> ② (✕) **1968년** '**무장공비 침투사건(1·21 사태)**' 당시 종로경찰서 자하문 검문소에서 무장공비를 온몸으로 막아내고 순국한 **최규식 경무관과 정종수 경사**는 **호국경찰**(인본경찰✕, 문화경찰✕)**의 표상**이다.
>
> 🗨**Tip** **인본경찰**의 표상은 **안병하** 치안감이고, **문화경찰**의 표상은 **차일혁** 경무관이다.
>
> ③ (○) **1980년** '**5·18 민주화 운동**' 당시 **안병하** 전남경찰국장과 **이준규** 목포서장은 신군부의 **무장 강경진압 방침을 거부**(시민의 안전과 인권보호)하였다.
>
> ④ (○) **1987년** '**6월 민주항쟁**' 이후 경찰 내부에서는 정치적 중립을 지키지 못한 과오를 반성하고 **경찰 중립화를 요구**하는 성명 발표 등 자성의 목소리가 나왔다.

283 정부수립 이후 1991년 이전의 경찰의 특징으로 옳지 않은 것은 모두 몇 개인가?

> 가. 종래 식민지배에 이용되거나 또는 군정통치로 주권이 없는 상태 하에서 활동하던 경찰이 비로소 주권국가 대한민국의 존립과 안녕, 대한민국 국민의 생명과 신체 및 재산의 보호라는 경찰 본연의 임무를 수행하였다.
>
> 나. 독립국가로서 한국 역사상 최초로 자주적인 입장에서 경찰을 운용하였다.
>
> 다. 경찰작용에 관한 기본법으로서 「경찰관 직무집행법」이 제정되었다.
>
> 라. 경찰의 부정선거 개입 등으로 정치적 중립이 경찰에 대한 국민의 요청이었던 바, 그 연장선상에서 경찰의 기구독립이 조직의 숙원이었다.
>
> 마. 해양경찰업무, 전투경찰업무가 경찰의 업무범위에 추가되었다.
>
> 바. 1969년 1월 7일 「경찰법」이 처음으로 제정되어 그동안 「국가공무원법」에서 의거하던 경찰공무원을 특별법으로 규율하게 되었다.

① 1개 ② 2개
③ 3개 ④ 4개

🔒 282 ② 283 ①

해설

틀린 설명은 **바**, 1개이다.

가. (O) 종래 식민지배에 이용되거나 또는 군정통치로 주권이 없는 상태 하에서 활동하던 경찰이 **정부수립 이후** 주권국가 대한민국의 존립과 안녕, 대한민국 국민의 생명과 신체 및 재산의 보호라는 **경찰 본연의 임무를 수행**하였다.

나. (O) **정부수립 이후** 독립국가로서 한국 역사상 최초로 **자주적인 입장에서 경찰을 운용**하였다.

다. (O) 정부수립(1948년) 이후 경찰작용에 관한 기본법으로서 「경찰관 직무집행법」이 제정(1953년)되었다.

라. (O) **경찰의 부정선거(1960. 3. 15) 개입** 등으로 **정치적 중립**이 경찰에 대한 **국민의 요청**이었던 바, 그 연장선상에서 **경찰의 기구독립**이 조직의 숙원이었다.

마. (O) **해양경찰업무(1953년), 전투경찰업무(1968년)**가 경찰의 업무범위에 추가되었다.

바. (X) 1969년 1월 7일 「**경찰공무원법**」(경찰법X)이 처음으로 제정되어 그동안 「국가공무원법」에서 의거하던 경찰공무원을 특별법으로 규율하게 되었다.

---

284 다음은 1991년 제정된 「경찰법」의 의의 및 평가이다. 이와 관련된 설명으로 가장 적절하지 않은 것은?

●A급 25 순경2차

> • 경찰민주화 및 정치적 중립성 확보에 대한 국민적 열망을 반영하여 제정되었으며, 이를 통하여 정부수립 이후 최초로 독립적인 경찰기구가 만들어졌다.
> • 기존보다 경찰의 독립성 및 경찰에 대한 민주적 통제가 강화되었으며 지방행정과의 연계를 위한 여건이 조성되었으나 경찰이 선거부처로부터 완전히 독립하지는 못하였다는 평가를 동시에 받는다.

① 경찰의 정치적 중립성 및 독립성 확보를 위하여 경찰청을 내무부의 외청으로 설치하였다.

② 분단국가로서 특수한 안보상황을 고려하여 보안경찰업무는 국가안전기획부로 이양하였다.

③ 경찰에 대한 민주적 통제를 위하여 경찰위원회 제도를 도입하였다.

④ 치안행정과 지방행정 간의 협조를 위하여 치안행정협의회를 설치하였다.

해설

① (O) 1991년 제정된 「경찰법」에 따라 경찰의 **정치적 중립성 및 독립성 확보**를 위하여 **경찰청을 내무부의 외청으로 설치**하였다.

② (X) **분단국가로서 특수한 안보상황**을 고려하여 **보안경찰업무(대공경찰업무)**는 국가안전기획부로 **이양하지 않았다**(이양하였다X).

> **Tip** 여기서 보안경찰업무란 **대간첩업무**로서 **대공경찰업무**라고도 한다. **대간첩 관련 업무**는 **경찰의 직무범위에 지금도 포함되어 있다.**

③ (O) 1991년 제정된 「경찰법」에 따라 경찰에 대한 **민주적 통제**를 위하여 **경찰위원회 제도를 도입**하였다.

> **Tip** 1991년 「경찰법」에 의해 도입된 경찰위원회 제도는 2021년 「국가경찰과 자치경찰의 조직 및 운영에 관한 법률」로 전부개정 되면서 국가경찰위원회와 시·도자치경찰위원회로 분리·운영되고 있다.

④ (O) 1991년 제정된 「경찰법」에 따라 치안행정과 지방행정 간의 협조를 위하여 **치안행정협의회를 설치**하였다.

> **Tip** 2021년 시·도자치경찰위원회가 생기면서 치안행정협의회는 폐지되었다.

 284 ②

285 우리나라 경찰의 역사적 사실을 오래된 것부터 바르게 나열한 것은? ●A급 21 순경2차

> ○ 경찰윤리헌장 제정
> ○ 내무부 민방위본부 소방국으로 소방업무 이관
> ○ 경찰공무원법 제정
> ○ 경찰서비스헌장 제정
> ○ 치안본부에서 경찰청으로 승격

① ⓒ － ㉠ － ㉣ － ㉡ － ㉤
② ㉠ － ㉡ － ⓒ － ㉣ － ㉤
③ ㉠ － ⓒ － ㉡ － ㉤ － ㉣
④ ㉡ － ㉤ － ㉠ － ⓒ － ㉣

해설

오래된 것부터 ㉠ － ⓒ － ㉡ － ㉤ － ㉣ 순이다.
㉠ 경찰윤리헌장 제정 － 1966년
ⓒ 경찰공무원법 제정 － 1969년
㉡ 내무부 민방위본부 소방국으로 소방업무 이관 － 1975년
㉤ 치안본부에서 경찰청으로 승격 － 1991년
㉣ 경찰서비스헌장 제정 － 1998년

286 한국경찰의 역사적 사실을 과거에서부터 현재순으로 바르게 나열한 것은? ●A급 23 순경2차

> ㉠ 경찰청 사이버테러대응센터 신설 ㉡ 경찰서비스헌장 제정
> ⓒ 국가수사본부 신설 ㉣ 「경찰법」 제정
> ㉤ 제주특별자치도 자치경찰단 설치

① ㉣ － ㉡ － ㉠ － ㉤ － ⓒ
② ㉡ － ㉣ － ㉤ － ㉠ － ⓒ
③ ㉡ － ㉣ － ㉠ － ⓒ － ㉤
④ ㉣ － ㉠ － ㉡ － ㉤ － ⓒ

해설

과거에서부터 현재순으로 ㉣ － ㉡ － ㉠ － ㉤ － ⓒ 순이다
㉣ 「경찰법」 제정 － 1991년
㉡ 경찰서비스헌장 제정 － 1998년
㉠ 경찰청 사이버테러대응센터 신설 － 2000년
㉤ 제주특별자치도 자치경찰단 설치 － 2006년
ⓒ 국가수사본부 신설 － 2021년

 285 ③ 286 ①

287 우리나라 경찰제도의 역사적 변화 과정을 시대순으로 바르게 나열한 것은? ● A급 23 · 24 특공

> ㉠ 국립과학수사연구소 설립　　　　　　㉡「경찰공무원법」제정
> ㉢ 치안본부에서 경찰청으로 승격　　　　㉣ 시 · 도자치경찰위원회 설치

① ㉠ → ㉡ → ㉢ → ㉣　　　　　　② ㉡ → ㉢ → ㉠ → ㉣

③ ㉢ → ㉡ → ㉠ → ㉣　　　　　　④ ㉣ → ㉠ → ㉢ → ㉡

해설

시대순으로 ㉠ – ㉡ – ㉢ – ㉣이다.
㉠ 국립과학수사연구소 설립**(1955)**
㉡「경찰공무원법」제정**(1969)**
㉢ 치안본부에서 경찰청으로 승격**(1991)**
㉣ 시 · 도자치경찰위원회 설치**(2021)**

제6절　한국경찰사에 길이 빛날 경찰의 표상

288 자랑스러운 경찰의 표상에 관하여 인물과 업적에 대한 설명으로 가장 적절하지 않은 것은?

● A급 25 특공

① 문형순 : 예비검속 된 보도연맹원들에 대한 총살명령에 대해 '내가 죽더라도 방면하겠으니 국가를 위해 충성해 달라.'고 말한 후 전원 방면함
② 차일혁 : 구례 화엄사 등 문화재를 수호한 인물로 '보관문화훈장'을 수여 받음
③ 안병하 : 5 · 18 광주 민주화 운동 당시 무장 강경진압 방침이 내려오자 '분산되는 자는 너무 추적하지 말 것, 부상자가 발생하지 않도록 할 것' 등을 지시함
④ 김구 : 대한민국 임시정부 경무국의 초대경무국장으로 임시정부의 성공적 정착에 기여함

해설

① (×) **안종삼**(문형순×) : 예비검속 된 **보도연맹원**들에 대한 총살명령에 대해 '**내가 죽더라도 방면하겠으니 국가를 위해 충성해 달라.**'고 말한 후 전원 방면함

　　🄣ip **문형순 경감** : **성산포경찰서장** 재직 시 계엄군으로부터 **예비검속자**들을 총살 집해 후 보고하라는 공문을 받고, 그 공문에 직접 '**부당함으로 불이행**'이라 쓰고 지시를 거부하였다.

② (○) **차일혁** : **구례 화엄사** 등 **문화재를 수호**한 인물로 '보관문화훈장'을 수여 받음
③ (○) **안병하** : **5 · 18 광주 민주화 운동** 당시 무장 강경진압 방침이 내려오자 '분산되는 자는 너무 추적하지 말 것, 부상자가 발생하지 않도록 할 것' 등을 지시함
④ (○) **김구** : 대한민국 **임시정부 경무국의 초대경무국장**으로 임시정부의 성공적 정착에 기여함

 287 ①　**288** ①

289 다음은 자랑스러운 경찰의 표상에 대한 서술이다. 해당 인물을 바르게 나열한 것은? ●A급 20 순경2차

> ㉠ 성산포경찰서장 재직 시 계엄군의 예비검속자 총살 명령에 '부당함으로 불이행'한다고 거부하고 주민들을 방면함
> ㉡ 1946년 5월 미군정하 제1기 여자경찰간부로 임용되며 국립경찰에 투신하였고 1952년부터 2년간 서울여자경찰서장을 역임하며 풍속·소년·여성보호 업무를 담당함(여자경찰제도는 당시 권위적인 사회 속에서 선진적이고 민주적인 제도였음)
> ㉢ 5·18 광주 민주화운동 당시 무장 강경진압 방침이 내려오자 '분산되는 자는 너무 추적하지 말 것, 부상자가 발생하지 않도록 할 것' 등을 지시하여 비례의 원칙에 입각한 경찰권 행사 및 인권보호를 강조함
> ㉣ 임시정부 경무국 경호원 및 의경대원으로 활동하였고 1926년 12월 식민수탈의 심장인 식산은행과 동양척식회사에 폭탄을 투척하였음

① ㉠ 안맥결 ㉡ 문형순 ㉢ 최규식 ㉣ 나석주
② ㉠ 문형순 ㉡ 안맥결 ㉢ 안병하 ㉣ 나석주
③ ㉠ 안병하 ㉡ 문형순 ㉢ 나석주 ㉣ 이준규
④ ㉠ 문형순 ㉡ 안맥결 ㉢ 안병하 ㉣ 이준규

해설
- ㉠ **문형순** – **성산포경찰서장** 재직 시 계엄군의 **예비검속자 총살 명령**에 '**부당함으로 불이행**'한다고 **거부**하고 주민들을 **방면**함
- ㉡ **안맥결** – 1946년 5월 미군정하 **제1기 여자경찰간부**로 임용되며 국립경찰에 투신하였고 1952년부터 2년간 **서울여자경찰서장**을 역임하며 풍속·소년·여성보호 업무를 담당함(여자경찰제도는 당시 권위적인 사회 속에서 선진적이고 민주적인 제도였음)
- ㉢ **안병하** – **5·18 광주 민주화운동** 당시 무장 강경진압 방침이 내려오자 '분산되는 자는 너무 추적하지 말 것, 부상자가 발생하지 않도록 할 것' 등을 지시하여 **비례의 원칙**에 입각한 경찰권 행사 및 **인권보호**를 강조함
- ㉣ **나석주** – **임시정부** 경무국 경호원 및 의경대원으로 활동하였고 1926년 12월 식민수탈의 심장인 **식산은행과 동양척식회사**에 **폭탄**을 **투척**하였음

290 다음은 한국경찰사에 있어서 자랑스러운 경찰의 표상에 관한 설명이다. ㉠~㉣에 해당하는 인물을 가장 바르게 나열한 것은? ●A급 19 순경2차

> ㉠ 1919년 대한민국 임시정부의 초대 경무국장이다.
> ㉡ 5·18 광주 민주화운동 당시 전남도경국장으로서, 과격한 진압을 지시했던 군과 달리 '분산되는 자는 너무 추격하지 말 것, 부상자 발생치 않도록 할 것' 등과 '연행과정에서 학생의 피해가 없도록 유의하라'고 지시하였다. 신군부의 명령을 어겼다는 이유로 직위해제를 당했다.
> ㉢ 공비들의 근거지가 될 수 있는 사찰을 불태우라는 상부의 명령에 대해 현명하게 대처하여 화엄사(구례), 선운사(고창), 백양사(장성) 등 여러 사찰과 문화재를 보호하였다.
> ㉣ 1968년 1·21 무장공비침투사건 당시 군 방어선이 뚫린 상황에서 격투 끝에 청와대를 사수하였으며, 순국으로 대한민국을 지켜내고 조국의 발전을 가능하게 한 영웅적인 사례로 평가받고 있다.

289 ② 290 ①

① ㉠ 김구   ㉡ 안병하   ㉢ 차일혁   ㉣ 정종수
② ㉠ 김원봉   ㉡ 안병하   ㉢ 최규식   ㉣ 정종수
③ ㉠ 김구   ㉡ 차일혁   ㉢ 안병하   ㉣ 최규식
④ ㉠ 김구   ㉡ 최규식   ㉢ 안병하   ㉣ 차일혁

해설

㉠ **김구** – 1919년 대한민국 **임시정부**의 **초대 경무국장**(1919년 8월 12일 임명)이다.

㉡ **안병하** – 5 · 18 **광주 민주화운동** 당시 **전남도경국장**으로서, 과격한 진압을 지시했던 군과 달리 '분산되는 자는 **너무 추격하지 말 것, 부상자 발생치 않도록 할 것**' 등과 '연행과정에서 학생의 피해가 없도록 유의하라'고 지시하였다. 신군부의 명령을 어겼다는 이유로 직위해제를 당했다.

㉢ **차일혁** – 공비들의 근거지가 될 수 있는 사찰을 불태우라는 상부의 명령에 대해 현명하게 대처하여 화엄사(구례), 선운사(고창), 백양사(장성) 등 여러 **사찰과 문화재를 보호**하였다.

㉣ **정종수** – 1968년 1 · 21 **무장공비침투사건** 당시 군 방어선이 뚫린 상황에서 격투 끝에 청와대를 사수하였으며, **순국으로 대한민국을 지켜내고** 조국의 발전을 가능하게 한 영웅적인 사례로 평가받고 있다.

---

291 다음은 자랑스러운 경찰의 표상에 관한 서술이다. 해당 인물을 바르게 나열한 것은? ●A급 23 순경1차

㉠ 성산포경찰서장 재직 시 계엄군의 예비검속자 총살 명령에 '부당함으로 불이행'한다고 거부하고 주민들을 방면함

㉡ 5 · 18 광주 민주화운동 당시 무장 강경진압 방침이 내려오자 '분산되는 자는 너무 추적하지 말 것, 부상자가 발생하지 않도록 할 것' 등을 지시하여 비례의 원칙에 입각한 경찰권 행사 및 인권보호를 강조함

㉢ 임시정부 경무국 경호원 및 의경대원으로 활동하였고 1926년 12월 식민수탈의 심장인 식산은행과 동양척식회사에 폭탄을 투척함

㉣ 구례경찰서장 재임 당시, 재판을 받지 않고 수감된 보도 연맹원 480명을 방면하였으며, '내가 만일 반역으로 몰려 죽는다면 나의 혼이 여러분 각자의 가슴에 들어가 지킬 것이니 새 사람이 되어주십시오.'라고 당부함

㉠	㉡	㉢	㉣
① 문형순	안병하	차일혁	안종삼
② 이준규	최규식	안맥결	나석주
③ 문형순	안병하	나석주	안종삼
④ 이준규	최규식	정종수	나석주

해설

㉠ **문형순** – **성산포경찰서** 재직 시 계엄군의 **예비검속자 총살 명령**에 '**부당함으로 불이행**'한다고 **거부**하고 주민들을 **방면**함

㉡ **안병하** – 5 · 18 **광주 민주화운동** 당시 무장 강경진압 방침이 내려오자 '분산되는 자는 너무 추적하지 말 것, 부상자가 발생하지 않도록 할 것' 등을 지시하여 **비례의 원칙**에 입각한 경찰권 행사 및 **인권보호**를 강조함

㉢ **나석주** – **임시정부 경무국 경호원 및 의경대원**으로 활동하였고 1926년 12월 식민수탈의 심장인 **식산은행과 동양척식회사에 폭탄을 투척**함

㉣ **안종삼** – **구례경찰서장** 재임 당시, 재판을 받지 않고 수감된 **보도 연맹원 480명을 방면**하였으며, '내가 만일 반역으로 몰려 죽는다면 나의 혼이 여러분 각자의 가슴에 들어가 지킬 것이니 **새 사람이 되어주십시오.**'라고 당부함

 291 ③

292 한국경찰사에 길이 빛날 경찰의 표상에 대한 설명으로 가장 적절한 것은?

① 안맥결 총경은 1950년 8월 30일 성산포경찰서장 재직 시 계엄군의 예비검속자 총살 명령에 '부당함으로 불이행'한다고 거부하였다.

② 이준규 총경은 1957년 국립경찰전문학교 교수로 발령 받아 후배 경찰교육에 힘쓰다 1961년 5·16 군사정변이 일어나자 군사정권에 협력할 수 없다며 사표를 제출하였다.

③ 문형순 경감은 1990년 5·18 광주 민주화운동 당시 비례의 원칙에 입각한 경찰권 행사 및 시위대의 인권보호를 강조하였다.

④ 백범 김구 선생은 1919년 상하이에 수립된 대한민국 임시정부의 초대 경무국장으로 취임 후 임시정부 경찰을 지휘하며 임시정부의 성공적 정착에 이바지하였다.

> **해설**
>
> ① (×) **문형순 경감(안맥결 총경×)**은 1950년 8월 30일 성산포경찰서장 재직 시 계엄군의 예비검속자 총살 명령에 '부당함으로 불이행'한다고 거부하였다.
>
> > **Tip 안맥결 총경** – 1946년 5월 미군정하 제1기 **여자경찰간부**로 임용되며 국립 경찰에 투신하였고 1952년부터 2년간 **서울여자경찰서장**을 역임하며 풍속·소년·여성보호 업무를 담당함(여자경찰제도는 당시 권위적인 사회 속에서 선진적이고 민주적인 제도였음)
>
> ② (×) **안맥결 총경(이준규 총경×)**은 1957년 국립경찰전문학교 교수로 발령 받아 후배 경찰교육에 힘쓰다 1961년 5·16 군사정변이 일어나자 군사정권에 협력할 수 없다며 사표를 제출하였다.
>
> > **Tip 이준규 총경** – 1980년 5·18 당시 **목포경찰서장**으로 재임하면서 **안병하 국장의 방침에 따라** 경찰 총기 대부분을 군부대 등으로 사전에 이동시켰으며, 자체 방호를 위해 가지고 있던 소량의 총기마저 격발할 수 없도록 방아 쇠뭉치를 모두 제거해 경찰관들과 함께 고하도 섬으로 이동시키는 등 원천적으로 **시민들과의 유혈충돌을 피하도록 조치**하여 광주와 달리 목포에서는 사상자가 거의 나오지 않았다고 한다.
>
> ③ (×) **안병하 치안감(문형순 경감×)**은 1980년 5·18 광주 민주화운동 당시 비례의 원칙에 입각한 경찰권 행사 및 시위대의 **인권보호**를 강조하였다.
>
> ④ (○) **백범 김구 선생**은 1919년 상하이에 수립된 대한민국 **임시정부의 초대 경무국장(1919년 8월 12일 임명)**으로 취임 후 임시정부 경찰을 지휘하며 임시정부의 성공적 정착에 이바지하였다.

293 자랑스런 경찰의 표상에 대한 설명으로 그 인물과 내용이 옳지 않은 것은?

① 차일혁 경무관 – 빨치산 토벌의 주역이며 구례 화엄사 등 문화재를 수호한 인물로 '보관문화훈장'을 수여받은 호국경찰의 영웅이자 인본경찰·인권경찰·문화경찰의 표상이다.

② 안병하 치안감 – 5·18 광주 민주화운동 당시 과격한 진압을 지시했던 군과 달리, '분산되는 자는 너무 추격하지 말 것, 부상자 발생치 않도록 할 것, 기타 학생은 연행할 것' 등을 지시하고, '연행과정에서 학생의 피해가 없도록 유의'하라고 지시하였다.

③ 최규식 경무관, 정종수 경사 – 1968년 무장공비 침투사건(1·21 사태) 당시 종로경찰서 자하문 검문소에서 무장공비를 온몸으로 막아내고 순국함으로써 청와대를 사수하고 대한민국을 위기에서 건져 올린 호국경찰의 표상이다.

④ 안맥결 총경 – 1980. 5. 18. 당시 목포경찰서장으로 재임하면서 안병하 국장의 방침에 따라 경찰총기 대부분을 군부대 등으로 사전에 이동시켰으며 자체 방호를 위해 가지고 있던 소량의 총기마저 격발할 수 없도록 방아쇠 뭉치를 모두 제거해 원천적으로 시민들과의 유혈충돌을 피하도록 조치하여 광주와 달리 목포에서는 사상자가 거의 나오지 않았다.

292 ④   293 ④

① (O) **차일혁 경무관** – **빨치산 토벌**의 주역이며 **구례 화엄사** 등 **문화재를 수호**한 인물로 '보관문화훈장'을 수여받은 **호국경찰**의 영웅이자 **인본경찰·인권경찰·문화경찰**의 표상이다.

② (O) **안병하 치안감** – **5·18 광주 민주화운동** 당시 과격한 진압을 지시했던 군과 달리, '**분산되는 자는 너무 추격하지 말 것**, **부상자 발생치 않도록** 할 것, 기타 학생은 연행할 것' 등을 지시하고, '연행과정에서 **학생의 피해가 없도록** 유의'하라고 지시하였다.

③ (O) **최규식 경무관, 정종수 경사** – 1968년 무장공비 침투사건(1·21 사태) 당시 종로경찰서 자하문 검문소에서 **무장공비를 온몸으로 막아내고 순국**함으로써 청와대를 사수하고 대한민국을 위기에서 건져 올린 **호국경찰**의 표상이다.

④ (×) **이준규(안맥결×) 총경** – 1980. 5. 18. 당시 목포경찰서장으로 재임하면서 안병하 국장의 방침에 따라 경찰총기 대부분을 군부대 등으로 사전에 이동시켰으며 자체 방호를 위해 가지고 있던 소량의 총기마저 격발할 수 없도록 방아쇠 뭉치를 모두 제거해 원천적으로 **시민들과의 유혈충돌을 피하도록 조치**하여 광주와 달리 목포에서는 사상자가 거의 나오지 않았다.

---

294 우리나라 경찰의 표상이 되는 인물과 활동에 대한 설명이다. 아래 가.부터 라.까지의 설명 중 옳고 그름의 표시(O, ×)가 바르게 된 것은?

●A급 24 경위

> 가. **차일혁 경무관** – 일제 강점기에 항일투쟁을 하였고 6·25전쟁 기간 제18전투경찰대장으로 부임하여 빨치산 토벌작전에서 탁월한 전공을 세웠으며, 1954년 충주경찰서장으로서 충주직업청소년학교를 설립하여 전쟁고아들에게 학교공부와 직업교육의 기회를 주었다.
>
> 나. **안종삼 총경** – 1950년 7월 24일 구례경찰서 서장으로서 경찰서에 구금 중이던 480명의 국민보도연맹원들을 사살하라는 상부의 명령을 받았으나, 이를 거부하고 전원 석방함으로써 국가범죄의 비극적 살육을 막아냈다.
>
> 다. **박재표 경위** – 1956년 8월 13일 제2대 지방의원 선거 당시 정읍 소성지서에서 순경으로 근무하던 중 투표함을 바꿔치기 하는 부정선거를 목격하고 이를 기자회견을 통해 세상에 알리는 양심적 행동을 하였다.
>
> 라. **이준규 총경** – 1980년 5·18 민주화운동 당시 목포경찰서장으로서 시민과의 유혈충돌을 방지하기 위해 보유 중인 총기들을 목포 인근에 위치한 섬으로 이동시켰고 신군부의 강경한 시위진압에 거부하는 등 시민을 보호하였다.

① 가.(O)　　나.(O)　　다.(O)　　라.(O)

② 가.(O)　　나.(O)　　다.(O)　　라.(×)

③ 가.(×)　　나.(O)　　다.(O)　　라.(×)

④ 가.(×)　　나.(×)　　다.(O)　　라.(×)

가. (O) **차일혁 경무관** – 일제 강점기에 항일투쟁을 하였고 6·25전쟁 기간 제18전투경찰대장으로 부임하여 **빨치산 토벌작전**에서 탁월한 전공을 세웠으며, 1954년 충주경찰서장으로서 충주직업청소년학교를 설립하여 전쟁고아들에게 학교공부와 직업교육의 기회를 주었다.

나. (O) **안종삼 총경** – 1950년 7월 24일 **구례경찰서 서장**으로서 경찰서에 구금 중이던 **480명의 국민보도연맹원들**을 사살하라는 상부의 명령을 받았으나, 이를 거부하고 **전원 석방**함으로써 국가범죄의 비극적 살육을 막아냈다.

다. (O) **박재표 경위** – 1956년 8월 13일 제2대 지방의원 선거 당시 정읍 소성지서에서 순경으로 근무하던 중 투표함을 바꿔치기 하는 **부정선거를** 목격하고 이를 기자회견을 통해 **세상에 알리는 양심적 행동을** 하였다.

라. (O) **이준규 총경** – 1980년 **5·18 민주화운동** 당시 **목포경찰서장**으로서 시민과의 유혈충돌을 방지하기 위해 보유 중인 총기들을 목포 인근에 위치한 섬으로 이동시켰고 신군부의 **강경한 시위진압에 거부**하는 등 **시민을 보호하였다.**

 294 ①

295 자랑스러운 경찰의 표상에 관한 인물과 활동내용에 대한 설명으로 적절하지 않은 것은 모두 몇 개인가?   ●A급 25 경위

> 가. 나석주 : 임시정부 경무국 경호원 및 의경대원으로 활동하면서 식민수탈의 심장인 식산은행과 동양척식주식회사에 폭탄을 투척하였다.
> 나. 김 석 : 의경대원으로 활동하면서 윤봉길 의사를 배후 지원하였다.
> 다. 김용원 : 김구 선생의 뒤를 이어 경무국장을 역임하였고, 귀국 후 군자금 모금, 체포와 병보석을 반복하다가 순국하였다.
> 라. 김 철 : 의경대 심판을 역임하였으며, 상하이 프랑스 조계에 잠입하였다가 일제 경찰에 체포되어 감금당하였다.

① 0개   ② 1개   ③ 2개   ④ 3개

해설

틀린 설명은 **0개**이다.
가. (O) **나석주** : **임시정부 경무국 경호원** 및 **의경대원**으로 활동하면서 식민수탈의 심장인 **식산은행과 동양척식주식회사에 폭탄을 투척**하였다.
나. (O) **김 석** : **의경대원**으로 활동하면서 **윤봉길 의사를 배후 지원**하였다.
다. (O) **김용원** : 김구 선생의 뒤를 이어 **경무국장(제2대)**을 역임하였고, 귀국 후 군자금 모금, 체포와 병보석을 반복하다가 순국(1934)하였다.
라. (O) **김 철** : **의경대 심판**을 역임하였으며, **상하이 프랑스 조계에 잠입**하였다가 일제 경찰에 체포되어 감금당하였다.

296 자랑스러운 경찰의 표상에 관한 내용과 인물이 바르게 연결된 것은?   ●A급 24 승진

> ㉠ 성산포경찰서장 재직 시, 계엄군으로부터 예비검속자들을 총살 집행 후 보고하라는 공문을 받고, 그 공문에 직접 "부당함으로 불이행"이라 쓰고 지시를 거부하였다. 자신의 목숨이 위태로울 수 있음에도 용기있는 결단으로 예비검속자들의 목숨을 구해냈다.
> ㉡ 5·18 광주 민주화운동 당시 전남지역 치안의 총책임자로서 무장 강경진압 방침이 내려오자, '데모 저지에 임하는 경찰의 방침'(주동자 외는 연행 금지, 경찰봉 사용 유의, 절대 희생자가 발생하지 않도록 할 것 등)이라는 근무지침을 전파하여 시민과 경찰 양측의 안전을 우선시하고 인권에 유의한 집회 시위 관리를 강조하였다.
> ㉢ 1946년 여자경찰간부 1기로 경찰에 투신하여 1952년 서울 여자경찰서장에 취임하였다. 5·16 군사정변 당시 군부로부터 정권에 합류를 권유받았으나, 민주주의를 부정한 군사정권에 협력할 수 없다며 거부하고 경찰에서 퇴직하였다.
> ㉣ 1950년 순경으로 임용, 1986년 총경으로 승진하였지만, 수사현장을 끝까지 지킨다는 의지로 경찰서장 보직을 희망하지 않고 수사·형사과장으로만 재직하였다. MBC 드라마 수사반장의 실제 모델이며, 1963년, 1968년, 1969년에 치안국의 포도왕(검거왕)으로 선정되었다.

	㉠	㉡	㉢	㉣		㉠	㉡	㉢	㉣
①	문형순	안병하	안맥결	최중락	②	노종해	안종삼	안맥결	이준규
③	문형순	안병하	김해수	이준규	④	노종해	안종삼	김해수	최중락

🔒 295 ① 296 ①

해설

㉠ **문형순 경감** – **성산포경찰서장** 재직 시, 계엄군으로부터 예비검속자들을 총살 집행 후 보고하라는 공문을 받고, 그 공문에 직접 "**부당함으로 불이행**"이라 쓰고 지시를 거부하였다. 자신의 목숨이 위태로울 수 있음에도 용기있는 결단으로 **예비검속자들의 목숨을 구해냈다.**

㉡ **안병하 치안감** – **5 · 18 광주 민주화운동** 당시 전남지역 치안의 총책임자로서 무장 강경진압 방침이 내려오자, '데모 저지에 임하는 경찰의 방침'(주동자 외는 연행 금지, 경찰봉 사용 유의, 절대 희생자가 발생하지 않도록 할 것 등)이라는 근무지침을 전파하여 시민과 경찰 양측의 **안전을 우선시**하고 **인권**에 유의한 집회 시위 관리를 강조하였다.

㉢ **안맥결 총경** – 1946년 **여자경찰간부 1기**로 경찰에 투신하여 1952년 **서울 여자경찰서장**에 취임하였다. 5 · 16 군사정변 당시 군부로부터 정권에 합류를 권유받았으나, 민주주의를 부정한 **군사정권에 협력할 수 없다며** 거부하고 경찰에서 **퇴직**하였다.

㉣ **최중락 총경** – 1950년 순경으로 임용, 1986년 총경으로 승진하였지만, **수사현장을 끝까지 지킨다는 의지로** 경찰서장 보직을 희망하지 않고 **수사 · 형사과장으로만 재직**하였다. MBC 드라마 **수사반장의 실제 모델**이며, 1963년, 1968년, 1969년에 치안국의 **포도왕(검거왕)**으로 선정되었다.

297 자랑스러운 경찰의 표상에 관하여 인물과 내용에 대한 설명으로 가장 적절하지 않은 것은?

●A급 25 순경1차

① 차일혁 : 구례 화엄사 등 문화재를 수호한 인물로 '보관문화훈장'을 수여 받음
② 김학재 : 1998년 강도강간 신고출동 현장에서 피의자로부터 좌측 흉부를 칼로 피습당한 상태에서도 격투를 벌여 범인검거 후 순직하였으며, 2018년 '경찰영웅'으로 선정됨
③ 안종삼 : 예비검속 된 보도연맹원들에 대한 총살명령에 대해 '내가 죽더라도 방면하겠으니 국가를 위해 충성해 달라'고 말한 후 전원 방면함
④ 최중락 : 1968년 무장공비 침투사건 당시 자하문검문소에서 무장공비를 온몸으로 막아내고 청와대를 사수하였으며, 호국경찰의 표상이 됨

해설

① (○) **차일혁 경무관** : 구례 화엄사 등 **문화재를 수호**한 인물로 '보관문화훈장'을 수여 받음
② (○) **김학재 경사** : 당시 부천남부경찰서 형사였던 김학재 경사는 **1998년 강도강간 신고출동 현장**에서 피의자로부터 좌측 흉부를 칼로 피습당한 상태에서도 **격투를 벌여 범인검거 후 순직**하였으며, 2018년 '경찰영웅'으로 선정됨
③ (○) **안종삼 서장** : 1950년 7월 24일 **480명의 예비검속 된 보도연맹원**들에 대한 총살명령에 대해 '내가 죽더라도 방면하겠으니 국가를 위해 충성해 달라'고 말한 후 **전원 방면**함
④ (✕) **최규식 경무관과 정종수 경사**(**최중락 총경✕**) : 1968년 무장공비 침투사건 당시 자하문검문소에서 무장공비를 온몸으로 막아내고 청와대를 사수하였으며, **호국경찰**의 표상이 됨

Tip **최중락 총경** : 치안국의 검거왕으로 선정되었고 재직 중 1,300여명의 범인을 검거하는 등 **수사경찰의 상징적인 존재**로 여겨짐(MBC드라마 '수사반장'의 실제 모델)

 297 ④

298 대한민국 경찰의 법제도 연혁에 관한 설명으로 가장 적절하지 않은 것은?  25 순경1차

① 자치경찰제의 도입, 다양한 치안서비스 제공, 국민부담 경감 등을 위하여 2020년에 「경찰법」을 「국가경찰과 자치경찰의 조직 및 운영에 관한 법률」로 법제명을 변경하는 등 전부 개정하였다.

② 「경찰법」은 내무부 치안국을 경찰청으로 개편하기 위하여 1991년에 제정하였다.

③ 「경찰공무원법」은 경찰직무의 특수성에 비추어 경찰질서의 확립과 경찰인사의 합리화를 위하여 기존 「국가공무원법」에 포함되어 있는 경찰인사에 관한 규정을 분리하여 별도로 독립된 법으로 1969년에 제정하였다.

④ 「경찰관 직무집행법」은 경찰관이 국민에 대한 생명·신체·재산의 보호, 범죄의 예방, 공안의 유지, 기타 법령집행등의 직무를 충실히 수행하도록 필요한 사항을 정하기 위하여 1953년에 제정하였다.

해설

① (○) **자치경찰제의 도입**, 다양한 치안서비스 제공, 국민부담 경감 등을 위하여 **2020년**에 「경찰법」을 「**국가경찰과 자치경찰의 조직 및 운영에 관한 법률**」로 **법제명을 변경**하는 등 전부 개정하였다.

② (✕) 「**경찰법**」은 내무부 **치안본부**(치안국✕)를 **경찰청**으로 **개편**하기 위하여 **1991년에 제정**하였다.

③ (○) 「**경찰공무원법**」은 경찰직무의 특수성에 비추어 경찰질서의 확립과 경찰인사의 합리화를 위하여 기존 「국가공무원법」에 포함되어 있는 경찰인사에 관한 규정을 분리하여 별도로 독립된 법으로 **1969년에 제정**하였다.

④ (○) 「**경찰관 직무집행법**」은 경찰관이 국민에 대한 생명·신체·재산의 보호, 범죄의 예방, 공안의 유지, 기타 법령집행 등의 직무를 충실히 수행하도록 필요한 사항을 정하기 위하여 **1953년에 제정**하였다.

299 다음에서 설명하고 있는 구국경찰활동에 해당되는 전투는 무엇인가?  25 승진

> ㉠ 미 해병 1사단에 배속된 한국경찰 '화랑부대' 1개 소대(기관총 부대)가 뛰어난 전공을 거둠으로써 미 해병의 극찬을 받았다.
> ㉡ '화랑부대'는 미군으로부터 별도 정예훈련을 받고 부대단위로 편제된 경찰관 부대를 통칭하였다.
> ㉢ 미군으로부터 인정받은 전투력을 바탕으로 수색·정찰임무 및 전투를 공동으로 수행하였다.

① 장진호전투　　　　　　　　　② 다부동전투
③ 춘천내평전투　　　　　　　　④ 함안전투

해설

① (○) **장진호전투**

② (✕) **다부동전투** – 대구 북방 22km에 위치한 **경북 칠곡군 다부동**은 **낙동강 방어**의 성패를 좌우하는 가장 중요한 전술적 요충지였는데, 55일간의 치열한 전투 끝에 낙동강 방어선을 사수할 수 있었다. 당시 불리한 전황에 정부와 군 지휘부가 부산으로 이동하자 대구는 일대 혼란이 가중됐는데, **경찰만은 끝까지 대구 사수를 결의하고 대구에 남아 대구 시민을 보호**하였다. 이는 군대가 일방적으로 패퇴하는 상황에서 **국민들 곁에 위치하면서 생활 안정을 위한 사회유지 활동을 전개**하여 **정부가 건재하고 있음을 국민들에게 증명했다는** 점에서 중요한 의의를 가진다.

③ (✕) **춘천내평전투** – 1950년 6월 25일 **양구경찰서 내평지서장 노종해 경감** 등은 불과 10여명의 인력으로 **춘천으로 가는 길목을 지키고** 북한군 1만명의 진격을 1시간 이상 지연시킨 후 전사하였다. 국군이 방어선을 구축할 수 있도록 함으로써 **6·25전쟁 최초 승전인 춘천지구 전투 승리의 결정적 역할**을 하였다.

④ (✕) **함안전투** – 전남·북 및 경남 3개 도 경찰관 **6,800명**과 미군 25사단 일부는 1950년 8월 18일부터 9월 15일까지 수없이 많은 전투를 이겨내면서 북한군 4개 사단을 격퇴하고 끝내 방어선을 지켜냈다. 당시 경남경찰 3,400여 명을 지휘한 **경남경찰국장**은 독립운동가 출신 **최천 경무관**이다.

🔒 298 ② 299 ①

제7절 한국경찰의 역사 종합문제

300 우리나라 경찰의 역사에 관한 설명 중 가장 적절하지 않은 것은? ●A급 22 순경2차

① 고려시대 중앙에는 형부, 병부, 어사대, 금오위 등이 경찰업무를 수행하였고, 이 중 어사대는 관리의 비리를 규탄하고 풍속교정을 담당하는 등 풍속경찰의 임무를 수행하였다.

② 이준규 서장은 보도연맹원들에 대한 총살명령이 내려오자 480명의 예비검속자 앞에서 "내가 죽더라도 방면하겠으니 국가를 위해 충성해 달라."라는 연설 후 전원 방면하였다.

③ 정부수립 이후 1991년 이전 경찰의 특징을 살펴보면, 전투경찰 업무가 경찰의 업무 범위에 추가되었고 소방업무가 경찰의 업무 범위에서 배제되는 등 경찰활동의 영역에 변화가 있었다.

④ 구 「경찰법」이 「국가경찰과 자치경찰의 조직 및 운영에 관한 법률」로 개정됨에 따라 자치경찰 사무를 관장하게 하기 위하여 특별시장·광역시장·특별자치시장·도지사·특별자치도지사 소속으로 시·도자치경찰위원회를 두었다.

해설

① (○) **고려시대** 중앙에는 형부, 병부, 어사대, 금오위 등이 경찰업무를 수행하였고, 이 중 **어사대**는 관리의 비리를 규탄하고 풍속교정을 담당하는 등 **풍속경찰**의 임무를 수행하였다.

② (×) 1950년 7월 24일 **구례경찰서 안종삼**(이준규×) 서장은 보도연맹원들에 대한 총살명령이 내려오자 480명의 예비검속자 앞에서 "내가 죽더라도 방면하겠으니 국가를 위해 충성해 달라."라는 연설한 후 전원 방면하였다.

③ (○) **정부수립 이후** 1991년 이전 경찰의 특징을 살펴보면, **전투경찰 업무가 경찰의 업무 범위에 추가(1968년)**되었고 **소방업무가 경찰의 업무 범위에서 배제(1975년)**되는 등 경찰활동의 영역에 변화가 있었다.

④ (○) 구 「경찰법」이 「국가경찰과 자치경찰의 조직 및 운영에 관한 법률」로 개정됨에 따라 자치경찰사무를 관장하게 하기 위하여 **특별시장·광역시장·특별자치시장·도지사·특별자치도지사 소속으로 시·도자치경찰위원회**를 두었다.

301 한국경찰의 역사에 대한 설명으로 가장 옳지 않은 것은? ●A급 21 경위

① 1894년 6월 일본각의에서 한국경찰의 창설을 결정하여 내정 개혁의 방안으로서 조선에 경찰 창설을 요구하였다. 이에 김홍집 내각은 「각아문관제」에서 경찰을 법무아문 소속으로 설치할 것을 결정하였다. 그러나 곧 경찰을 내무아문 소속으로 변경하였다.

② 구한말(舊韓末) 일본이 한국경찰권을 강탈해 가는 과정은 경찰사무에 관한 취극서, 재한국 외국인에 대한 경찰에 관한 한일협정, 한국 사법 및 감옥사무 위탁에 관한 각서, 한국 경찰사무 위탁에 관한 각서의 순으로 진행되었다.

③ 미군정시대에는 경찰의 이념에 민주적인 요소가 도입되면서 최초로 1947년 9인으로 구성된 중앙경찰위원회가 설치되었으며 경제경찰, 고등경찰 등의 사무가 강화되었다.

④ 일제강점기 헌병경찰은 첩보의 수집, 의병의 토벌 등에 그치지 않고 민사소송의 조정, 집달리 업무, 국경세관 업무, 일본어의 보급, 부업의 장려 등 광범위한 영향력을 미치고 있었으며 특히, 지방에서는 한국민의 생사여탈권을 쥐고 있었다.

 300 ② 301 ③

① (○) **1894년 6월 일본각의에서** 한국경찰의 창설을 결정하여 내정 개혁의 방안으로서 **조선에 경찰 창설을 요구**하였다. 이에 김홍집 내각은 「**각아문관제**」에서 경찰을 법무아문 소속으로 설치할 것을 결정하였다. 그러나 **곧 경찰을 내무아문 소속으로 변경**하였다.

② (○) 구한말(舊韓末) 일본이 한국경찰권을 강탈해 가는 과정은 **경찰사무에 관한 취극서(1908)**, 재한국 **외국인**에 대한 경찰에 관한 한일협정(1909년 3월), 한국 사법 및 **감옥**사무 위탁에 관한 각서(1909년 7월), 한국 경찰사무 **위탁**에 관한 각서(1910)의 순으로 진행되었다.

③ (✕) **미군정시대**에는 경찰의 이념에 **민주적인 요소가 도입**되면서 최초로 1947년 **6인**(9인✕)으로 구성된 **중앙경찰위원회**가 설치되었으며 **경제경찰, 고등경찰** 등의 사무가 **폐지**(강화✕)되었다.

④ (○) **일제강점기 헌병경찰**은 첩보의 수집, 의병의 토벌 등에 그치지 않고 민사소송의 조정, 집달리 업무, 국경세관 업무, 일본어의 보급, 부업의 장려 등 **광범위한 영향력**을 미치고 있었으며 특히, 지방에서는 한국민의 생사여탈권을 쥐고 있었다.

---

302 갑오개혁 이후 한국경찰의 역사와 제도에 대한 설명으로 가장 적절한 것은?  A급 **19 승진**

① 1894년에 제정된 행정경찰장정은 일본의 행정경찰규칙(1875년)과 위경죄즉결례(1885년)를 혼합하여 만든 한국경찰 최초의 경찰작용법으로 영업·시장·회사 및 소방·위생, 결사·집회, 신문잡지·도서 등 광범위한 영역의 사무가 포함되었다.

② 1919년 3·1운동을 계기로 보통경찰제도로 전환되면서 경찰의 업무영역에 많은 변화가 발생하였으며, 이를 기화로 정치범처벌법을 제정하여 단속체계를 갖추었다.

③ 미군정시대에는 경찰의 이념에 민주적인 요소가 도입되면서 최초로 6인으로 구성된 '중앙경찰위원회'가 설치되었으며 경제경찰, 정보경찰 등의 사무가 폐지되는 등 비경찰화가 이루어졌다.

④ 최규식 경무관은 1968년 무장공비침투사건 당시 공비들의 근거지가 될 수 있는 사찰들을 불태우라는 상부의 명령에도 불구하고 화엄사, 천은사, 선운사 등 우리 문화재를 수호한 문화경찰의 표본이다.

① (○) **1894년**에 제정된 **행정경찰장정**은 일본의 행정경찰규칙(1875년)과 위경죄즉결례(1885년)를 혼합하여 만든 한국경찰 **최초의 경찰작용법**으로 영업·시장·회사 및 소방·위생, 결사·집회, 신문잡지·도서 등 **광범위한 영역의 사무가** 포함되었다.

② (✕) **1919년 3·1운동을 계기로** **보통경찰제도로 전환**되었지만, 기본적인 **경찰의 업무영역인 직무와 권한에는 변화가 없었고**(많은 변화가 발생하였으며✕) 오히려 이를 기화로 **정치범처벌법을 제정(1919년 4월)**하여 단속체계를 갖추었다.

③ (✕) **미군정시대**에는 경찰의 이념에 **민주적인 요소가 도입**되면서 최초로 **6인**으로 구성된 '**중앙경찰위원회**'가 설치되었으며 **경제경찰, (정보경찰✕)** 등의 사무가 **폐지**되는 등 비경찰화가 이루어졌다.
  Tip **정보경찰**은 미군정시기에 **신설**된 조직이다.

④ (✕) **최규식 경무관**은 1968년 무장공비침투사건 당시에 청와대를 끝까지 사수한 **호국경찰(문화경찰✕)**의 표상이다.
  Tip **차일혁 경무관**은 공비들의 근거지가 될 수 있는 사찰들을 불태우라는 상부의 명령에도 불구하고 화엄사, 천은사, 선운사 등 우리 **문화재를 수호한 문화경찰**의 표본이다.

 302 ①

303 한국의 경찰사에 대한 설명 중 가장 적절하지 않은 것은?  ● A급 20 법학

① 상해임시정부시기 경무국을 설치하여 초대 경무국장으로 백범 김구 선생이 임명되어 활동하였다.

② 광복 이후 미군정시기에는 경찰검을 경찰봉으로 대체하였고, 1945년 「정치범처벌법」, 「치안유지법」 및 「예비검속법」을 폐지하였다.

③ 1948년 대한민국 정부수립 시 중앙경찰조직으로 치안국, 지방경찰조직으로 시도경찰국을 두었으며 각각 독립관청의 권한을 부여하였다.

④ 1953년 경찰작용의 기본법인 「경찰관 직무집행법」을 제정하였고, 1969년 「경찰공무원법」을 제정하여 경정 및 경장 계급을 신설하고 경감 이상의 계급정년제를 도입하였다.

> **해설**
> ① (○) **상해임시정부시기 경무국**을 설치하여 **초대 경무국장**으로 **백범 김구 선생**이 임명(1919. 8. 12)되어 활동하였다.
> ② (○) 광복 이후 **미군정**시기에는 경찰검을 **경찰봉**으로 대체하였고, **1945년 「정치범처벌법」, 「치안유지법」** 및 **「예비검속법」**을 **폐지**하였다.
> ③ (×) **1948년 대한민국 정부수립 시** 중앙경찰조직으로 **치안국**, 지방경찰조직으로 **시도경찰국**을 두었으며 **모두 보조기관화**(각각 독립관청×)하였다.
> ④ (○) **1953년** 경찰**작용**의 기본법인 **「경찰관 직무집행법」**을 제정하였고, **1969년 「경찰공무원법」**을 제정하여 **경정 및 경장 계급을 신설**하고 **경감 이상의 계급정년제를 도입**하였다.

304 한국경찰사에 대한 설명 중 가장 적절하지 않은 것은?  ● A급 20 특공

① 일제강점기 경찰은 총독에게 주어진 제령권과 경무총장·경무부장 등의 명령권 등을 통해 전제주의적 경찰권을 행사하였다.

② 미군정하에서 경찰제도·인력 등 식민 경찰체제 청산은 전체적으로 미흡했으나, 정치범처벌법, 치안유지법, 예비검속법, 보안법은 폐지되었다.

③ 1953년 경찰관 직무집행에 대한 근거법령으로 제정된 「경찰관 직무집행법」은 국민의 생명, 신체, 재산의 보호라는 대륙법적 사고가 반영되었다.

④ 1919년 상하이에서 수립된 대한민국 임시정부의 초대 경무국장은 백범 김구이다.

> **해설**
> ① (○) **일제강점기** 경찰은 **총독**에게 주어진 **제령권**과 **경무총장·경무부장** 등의 **명령권** 등을 통해 **전제주의적 경찰권을 행사**하였다.
> ② (○) **미군정**하에서 경찰제도·인력 등 **식민 경찰체제 청산**은 전체적으로 **미흡**했으나, **정치범처벌법, 치안유지법, 예비검속법, 보안법은 폐지**되었다.
> ③ (×) **1953년** 경찰관 직무집행에 대한 근거법령으로 제정된 **「경찰관 직무집행법」**은 국민의 생명, 신체, 재산의 보호라는 **영미법적**(대륙법적×) **사고가 반영되었다**.
> ④ (○) **1919년** 상하이에서 수립된 대한민국 **임시정부의 초대 경무국장**은 **백범 김구**이다.

🔒 303 ③ 304 ③

305 경찰의 역사와 제도에 대한 설명으로 가장 적절하지 않은 것은?  20 승진

① 대한민국 임시정부 초대 경무국장은 백범 김구이며, 대한민국 경찰 역시 임시정부의 경찰활동 또는 경찰정신을 계승하고 있다고 보아야 할 것이다.

② 미군정시기에는 경찰작용에 관한 기본법인 「경찰관 직무집행법」이 제정되는 등 조직·작용법적 정비가 이루어졌다.

③ 1946년 이후 중앙행정기관이었던 경무부(警務部)가 1948년 「정부조직법」상에서 내무부 산하의 국(局)으로 격하되었다.

④ 1969년 「국가공무원법」의 특별법인 「경찰공무원법」이 제정되었다.

> **해설**
> ① (○) 대한민국 **임시정부 초대 경무국장은 백범 김구**이며, 대한민국 경찰 역시 임시정부의 경찰활동 또는 경찰정신을 계승하고 있다고 보아야 할 것이다.
> ② (×) 미군정시기는 **1945년부터 1948년 정부수립 전까지**를 말하는 것이므로, 이 시기에 경찰**작용**에 관한 기본법인 「**경찰관 직무집행법**」이 제정(1953년)되었다는 것은 틀린 설명이다.
> ③ (○) **1946년** 이후 중앙행정기관이었던 **경무부(警務部)**가 **1948년** 「정부조직법」상에서 내무부 산하의 **국(局)으로 격하**되었다.
> ④ (○) **1969년** 「국가공무원법」의 특별법인 「**경찰공무원법**」이 **제정**되었다.

306 다음 설명 중 가장 적절한 것은?  22 순경1차

① 1919년 3·1운동을 계기로 헌병경찰제도에서 보통경찰제도로의 전환은 이루어졌으나, 일본에서 제정된 「정치범처벌법」을 우리나라에 적용하는 등 일제의 탄압적 지배체제가 강화되었다.

② 미군정기에 고등경찰제도가 폐지되었으며, 경찰에 정보업무를 담당하는 정보과와 경제사범단속을 위한 경제경찰이 신설되었다.

③ 1953년 경찰작용의 기본법인 「경찰관 직무집행법」이 제정되어 경감 이상의 계급정년제가 도입되었고, 1969년 「경찰공무원법」이 제정되어 경정 및 경장 계급이 신설되었다.

④ 대한민국 정부수립 이후 1974년 내무부 치안국이 치안본부로 개편되었고, 2006년 제주특별자치도 '자치경찰단'이 창설되었다.

> **해설**
> ① (×) 1919년 3·1운동을 계기로 헌병경찰제도에서 보통경찰제도로의 전환은 이루어졌으나, **일본에서 제정된** 「**치안유지법**」 (정치범처벌법×)을 우리나라에 적용하는 등 **일제의 탄압**적 지배체제가 **강화**되었다.
> ② (×) 미군정기에 고등경찰제도가 **폐지**되었으며, 경제사범단속을 위한 경제경찰도 **폐지(신설×)**되었다. 반면 경찰에 **정보업무**를 담당하는 **정보과는 신설**되었다.
> ③ (×) 1969년 「**경찰공무원법**」(경찰관 직무집행법×)이 제정되어 **경감 이상의 계급정년제가 도입**되었고, **경정 및 경장 계급이 신설**되었다.
> 　**Tip** 1953년 제정된 **경찰관 직무집행법**은 계급정년제도와 상관없는 **경찰작용의 기본법**이다.
> ④ (○) 대한민국 정부수립 이후 **1974년** 내무부 **치안국이 치안본부로 개편**되었고, **2006년 제주특별자치도 '자치경찰단'이 창설**되었다.

305 ② **306** ④

307 한국경찰사에 관한 설명으로 가장 적절하지 않은 것은?  A급 23 법학

① 우리나라에 근대적 의미의 경찰개념이 도입된 것은 갑오개혁 이후로 이 시기에 처음으로 경찰이라는 용어를 사용하였다.

② 한국경찰사 주요 인물 중 1936년 임시정부 군자금 조달 혐의로 5개월간 구금된 인물은 도산 안창호 선생의 조카딸인 안종삼이다.

③ 미군정시기에는 광범위하게 이루어지던 행정경찰사무가 경찰의 관할에서 분리되는 비경찰화 작업이 진행되었다.

④ 1953년 「경찰관 직무집행법」이 제정되었으며, 국민의 생명·신체·재산의 보호라는 영·미법적 사고가 반영되었다.

해설

① (○) 우리나라에 근대적 의미의 경찰개념이 도입된 것은 **갑오개혁 이후**로 이 시기에 **처음으로 경찰이라는 용어를 사용**하였다.

② (×) 한국경찰사 주요 인물 중 **1936년 임시정부 군자금 조달 혐의로 5개월간 구금된 인물**은 **도산 안창호 선생의 조카딸인 안맥결 총경**(안종삼×)이다.

> **Tip** '안종삼 서장'은 **구례경찰서장**으로 재직 시 **예비검속된 보도연맹원**들에 대한 총살 명령이 내려지자 480명의 예비검속자 앞에서 "내가 죽더라도 방명하겠으니, 국가를 위해 충성해 달라."고 연설한 후 **전원을 방면**하여 구명하였다.

③ (○) **미군정시기**에는 광범위하게 이루어지던 **행정경찰사무가 경찰의 관할에서 분리**되는 '**비경찰화**' 작업이 진행되었다.

④ (○) **1953년 「경찰관 직무집행법」이 제정**되었으며, 국민의 생명·신체·재산의 보호라는 **영·미법적 사고가 반영**되었다.

308 한국경찰의 역사에 관한 설명으로 옳지 않은 것은 모두 몇 개인가?  B급 22 법학

> ㉠ 여성경찰제도는 1946년에 도입되었고 여성경찰은 여성과 15세 미만 아동 대상 사건 등 풍속·소년·여성 보호 업무를 담당하였다.
> ㉡ 상해시기 초대 경무국장인 백범 김구 선생이 지휘한 임시정부경찰은 우리 역사상 최초 민주공화제 경찰로 정식예산은 편성되지 않았지만, 규정에 의해 소정의 월급이 지급되었다.
> ㉢ 미군정하의 경찰의 경우 1947년 7인으로 구성된 중앙경찰위원회가 법령 제157호로 설치되었다.
> ㉣ 임시정부경찰은 임시정부를 수호하고 일제 밀정을 방지하는 임무를 통해서, 임시정부의 항일투쟁을 수행하는데 핵심적 역할을 수행하였다.

① 1개   ② 2개   ③ 3개   ④ 4개

해설

틀린 설명은 ㉠, ㉡, ㉢, **3개**이다.

㉠ (×) **여성경찰제도는 1946년에 도입**되었고 여성경찰은 **여성과 14세**(15세×) **미만 아동 대상** 사건 등 풍속·소년·여성 보호 업무를 담당하였다.

㉡ (×) **상해시기 초대 경무국장인 백범 김구 선생**이 지휘한 임시정부경찰은 우리 역사상 최초 민주공화제 경찰로 **정식예산이 편성되었고**(편성되지 않았지만×), 규정에 의해 **계급별로 소정의 월급이 지급되었다.**

㉢ (×) 미군정하의 경찰의 경우 **1947년 6인**(7인×)으로 구성된 **중앙경찰위원회**가 법령 제157호로 설치되었다.

㉣ (○) **임시정부경찰**은 임시정부를 수호하고 **일제 밀정을 방지**하는 임무를 통해서, 임시정부의 항일투쟁을 수행하는데 **핵심적 역할**을 수행하였다.

🔒 **307** ②   **308** ③

> 가. 광복 이후 미군정은 일제가 운용하던 비민주적 형사제도를 상당 부분 개선하고, 영미식 형사제도를 도입하기도 하였는데, 1945년 미군정 법무국 검사에 대한 훈령 제3호가 발령되어 수사는 경찰, 기소는 검사 체제가 도입되며 경찰의 독자적 수사권이 인정되었다.
> 나. 경찰작용에 관한 기본법으로서 「경찰관 직무집행법」은 정부수립 이후 1948년 제정되었다.
> 다. 경찰법이 제정될 때까지 경찰체제의 근거가 되는 법률은 「정부조직법」이었다.
> 라. 한국경찰 최초의 작용법은 행정경찰장정이고, 한국경찰 최초의 조직법은 경무청관제직장이다.
> 마. 1969년 「경찰공무원법」이 처음으로 제정되어 그동안 「국가공무원법」에 의거하던 경찰공무원을 특별법으로 규율하게 되었다.

① 1개   ② 2개   ③ 3개   ④ 4개

해설

옳은 설명은 **가, 다, 라, 마,** 4개이다.

가. (○) 광복 이후 미군정은 일제가 운용하던 비민주적 형사제도를 상당 부분 개선하고, 영미식 형사제도를 도입하기도 하였는데, 1945년 미군정 법무국 검사에 대한 훈령 제3호가 발령되어 수사는 경찰, 기소는 검사 체제가 도입되며 경찰의 독자적 수사권이 인정되었다.

나. (✕) 경찰작용에 관한 기본법으로서 「경찰관 직무집행법」은 정부수립 이후 1953년(1948년✕) 제정되었다.

다. (○) 경찰법이 제정될 때까지 경찰체제의 근거가 되는 법률은 「정부조직법」이었다.

라. (○) 한국경찰 최초의 작용법은 행정경찰장정이고, 한국경찰 최초의 조직법은 경무청관제직장이다.

마. (○) 1969년 「경찰공무원법」이 처음으로 제정되어 그동안 「국가공무원법」에 의거하던 경찰공무원을 특별법으로 규율하게 되었다.

309 ④

02 비교경찰

제1절 영국·미국의 경찰

310 1829년 런던수도경찰청을 창설한 로버트 필 경(Sir Robert Peel)이 경찰조직을 운영하기 위하여 제시한 기본적인 원칙 중 가장 적절하지 않은 것은?

●A급 20 순경1차

① 경찰의 기본적인 임무는 범죄에 대한 신속한 대응이다.
② 경찰의 성공은 시민의 인정에 의존한다.
③ 적절한 경찰관들을 확보하기 위한 교육훈련은 필수적인 것이다.
④ 경찰은 군대식으로 조직되어야 한다.

해설

① (×) 경찰의 기본적인 임무는 **범죄와 무질서의 예방**(신속한 대응×)이라고 주장하였다.
② (○) 경찰의 성공은 **시민의 인정**에 의존한다.
③ (○) 적절한 경찰관들을 확보하기 위한 **교육훈련은 필수적**인 것이다.
④ (○) 경찰은 **군대식으로 조직**되어야 한다.

Tip 로버트 필 경(Sir Robert Peel)의 경찰개혁안 12가지

> 1828년 당시 잉글랜드 내무장관이었던 로버트 필이 **수도경찰법**(the Metropolitan Police Act)를 국회에 제출, 1829년 법안이 통과됨으로써 **급여를 지급받고, 공적이고, 정규적으로 근무하는 경찰력이 창설**하게 된다. 그와 함께 필경은 다음과 같은 12가지 경찰개혁안을 제시하였다.
> ① 경찰은 안정되고, 능률적이고, **군대식으로 조직**화되어야 한다.
> ② 경찰은 **정부의 통제하에 있어야** 한다.
> ③ 경찰의 능률성은 **범죄의 부재(absence of crime)**에 의해 가장 잘 나타날 것이다.
> ④ **범죄발생** 사항은 반드시 **전파되어야 한다**.
> ⑤ **시간과 지역에 따른 경찰력의 배치**가 필요하다.
> ⑥ **자기감정을 조절**할 줄 아는 것이 가장 중요한 경찰관의 자질이다.
> ⑦ **단정한 외모**가 시민의 존중을 산다.
> ⑧ 적임자를 선발하여 **적절한 훈련**을 시키는 것이 능률성의 근간이다.
> ⑨ 공공의 안전을 위해 **모든 경찰관에게는 식별할 수 있도록 번호가 부여**되어야 한다.
> ⑩ 경찰서는 **시내중심지에 위치**하여야 하며, **주민의 접근이 용이**해야 한다.
> ⑪ 경찰은 반드시 **시보기간**을 거친 후에 **채용**되어야 한다.
> ⑫ 경찰은 항상 **기록**을 남겨 차후 경찰력 배치를 위한 기준으로 삼아야 한다.

🔒 310 ①

311 1829년 런던수도경찰청을 창설한 로버트 필 경(Sir. Robert Peel)이 경찰조직을 운영하기 위하여 제시한 기본적인 원칙에 해당하지 않는 것은? ●A급 22 경위

① 경찰은 안정되고 능률적이며, 군대식으로 조직되어야 한다.
② 경찰의 기본적인 임무는 범죄와 무질서의 예방이다.
③ 모방범죄 예방을 위해 범죄정보는 유출되어서는 안된다.
④ 적합한 경찰관들의 선발과 교육은 필수적인 것이다.

> **해설**
> ① (○) 경찰은 안정되고 능률적이며, **군대식**으로 조직되어야 한다.
> ② (○) 경찰의 기본적인 임무는 범죄와 무질서의 **예방**이다.
> ③ (×) **범죄발생 사항은 반드시 전파되어야 한다**(유출되어서는 안된다×).
> ④ (○) 적합한 경찰관들의 선발과 **교육은 필수적**인 것이다.

312 런던수도경찰청을 창시(1829년)한 로버트 필 경(Sr. Robert Peel)이 경찰조직을 운영하기 위하여 제시한 기본적인 원칙(경찰개혁안 포함)에 대한 설명으로 가장 적절하지 않은 것은? ●A급 23 경위

① 경찰은 정부의 통제하에 있어야 한다.
② 범죄발생 사항은 반드시 전파되어야 한다.
③ 단정한 외모가 시민의 존중을 산다.
④ 경찰의 효율성은 항상 범죄나 무질서를 진압하는 가시적인 모습으로 판단하는 것이다.

> **해설**
> ① (○) **경찰은 정부의 통제하에 있어야 한다.**
> ② (○) **범죄발생 사항은 반드시 전파되어야** 한다.
> ③ (○) **단정한 외모**가 시민의 존중을 산다.
> ④ (×) **경찰의 효율성**은 **범죄와 무질서의 감소나 부재**(진압하는 가시적인 모습×)로 판단하는 것이다.

313 영국경찰에 관한 설명으로 가장 적절하지 않은 것은? ●A급 25 경위

① 1829년 근대경찰의 아버지로 불리는 로버트 필 경(Sir Robert Peel)의 제의로 영국 최초의 근대 경찰조직인 수도경찰청이 창설되었다.
② 1964년 「경찰법」을 통해 내무부장관, 지방경찰위원회, 지방경찰청장을 중심으로 하는 경찰 3원 체제를 설정하였다.
③ 2002년 「경찰개혁법」이 제정되어 지방경찰위원회 및 지방경찰청장에 대한 내무부장관의 권한이 약화되었다.
④ 2011년 「경찰개혁 및 사회책임법」은 지역치안위원장, 지역치안평의회, 지방경찰청장, 내무부장관을 중심으로 하는 4원 체제로의 변화를 통해 자치경찰의 성격을 강화하였다.

 311 ③ 312 ④ 313 ③

해설

① (○) 1829년 영국 근대경찰의 아버지로 불리는 로버트 필 경(Sir Robert Peel)의 제의로 영국 최초의 근대 경찰조직인 수도경찰청이 창설되었다.

② (○) 1964년 「경찰법」을 통해 내무부장관, 지방경찰위원회, 지방경찰청장을 중심으로 하는 경찰 3원 체제를 설정하였다.

③ (✕) 2002년 「경찰개혁법」이 제정되어 지방경찰위원회 및 지방경찰청장에 대한 내무부장관의 권한이 강화(약화✕)되었다.

> **Tip** 2002년 「경찰개혁법」이 제정되면서, 내무부장관의 지방경찰에 대한 중앙집권적 통제가 강화되었고, 3원 체제에서 지방경찰위원회의 역할이 축소되고 가장 약한 구성요소로 전락하게 되었다는 비판이 제기되었다. 이러한 비판을 극복하기 위해 2011년 「경찰개혁 및 사회책임법」을 제정하여 다시 견제와 균형에 방점을 두고 자치경찰의 성격을 강화하게 된다. 이 법에서 지역치안위원장은 경찰을 통제하고 지역의 치안업무에 대한 책임을 지게 되었고, 지역치안평의회는 지역치안위원장을 견제하는 역할을 담당하게 되었다.

④ (○) 2011년 「경찰개혁 및 사회책임법」은 지역치안위원장, 지역치안평의회, 지방경찰청장, 내무부장관을 중심으로 하는 4원 체제로의 변화를 통해 자치경찰의 성격을 강화하였다.

314 영미법계 국가의 경찰개념 형성 및 발달과정 중 미국경찰의 20세기 초 경찰개혁시대에 관한 설명으로 가장 적절하지 않은 것은? **●A급** 22 법학

① 미국경찰은 지나친 분권화와 정치적 영향으로 정치와 경찰의 분리를 추진하였다.

② 개혁을 이끈 대표적 인물로 볼머(August Vollmer), 윌슨(O. W. Wilson) 등이 있다.

③ 경찰의 전문직화를 추진·확립하였다.

④ 시민과의 협력을 위해 도보순찰을 강조하였다.

해설

① (○) 20세기 초 미국의 경찰개혁시대에 미국경찰은 지나친 분권화와 정치적 영향으로 정치와 경찰의 분리를 추진하였다.

② (○) 20세기 초 미국의 경찰개혁시대 개혁을 이끈 대표적 인물로 오거스트 볼머(August Vollmer), 올랜도 윌슨(O. W. Wilson) 등이 있다.

③ (○) 20세기 초 미국의 경찰개혁시대에 경찰의 전문직화를 추진·확립하였다.

④ (✕) 20세기 초에는 차량(도보✕)순찰을 강조하다가, 20세기 후반(1970년대 이후)부터 시민과의 협력과 안정감을 위해 도보순찰을 강조하기 시작하였다.

315 20세기 초 미국경찰에 대한 설명으로 적절하지 않은 것은 모두 몇 개인가? **●B급** 24 경위

> 가. 위커샴 위원회(Wickersham Commission) 보고서에서는 경찰전문성 향상을 위해 경찰관 채용기준 강화, 임금 및 복지개선, 교육훈련 증대의 필요성이 제기되었다.
>
> 나. 오거스트 볼머(August Vollmer)는 경찰관 선발을 지원하기 위해서 지능·정신병·신경학 검사를 도입했다.
>
> 다. 윌슨(O. W. Wilson)은 1인 순찰제의 효과성에 관한 체계적인 연구를 수행했다.
>
> 라. 루즈벨트(F. D. Roosevelt) 대통령의 지시로 1903년 최초의 연방수사 기구가 재무부에 창설되었다.

① 1개　　　　② 2개　　　　③ 3개　　　　④ 4개

 314 ④　315 ①

가. (○) **위커샴 위원회**(Wickersham Commission)는 **1929년 후버 대통령**이 경찰전문성 향상과 형사사법제도를 연구하기 위하여 설치한 것으로, **위원회 보고서(1931년)**에서는 경찰**전문성 향상**을 위해 경찰에 대한 **정치적 간섭의 배제**, **경찰관 채용기준 강화, 임금 및 복지개선, 교육훈련 증대**의 필요성, **직업경찰제도의 필요성**이 제기되었다.

나. (○) 현대 **미국경찰의 아버지**라 불리우는 **오거스트 볼머**(August Vollmer)는 **직업경찰관제도 확립**에 중요한 역할을 하였으며, **경찰관 선발**을 지원하기 위해서 **지능 · 정신병 · 신경학 검사를 도입**했다.

다. (○) **올랜도 윈필드 윌슨**(O. W. Wilson)은 경찰의 조직구조, **1인 순찰제의 효과성**, 통신의 효율성 제고에 관한 체계적인 연구를 통해 **경찰업무의 혁신**과 **전문직화를 주장**하였다.

라. (×) 미국 제26대 대통령 **시어도어 루즈벨트**(Theodore Roosevelt)의 지시로 **1908년 최초의 연방수사 기구인 법무부 수사국이 창설**되었으며(**1903년 최초의 연방수사 기구가 재무부에 창설×**), 이후 미국 제32대 대통령 **프랭클린 델라노 루스벨트**(Franklin Delano Roosevelt)가 재임하던 1935년에 **연방 수사국(FBI)**으로 개편되었다.

제2절 독일 · 프랑스의 경찰

316 프랑스 경찰개념의 발달과정에 대한 설명으로 가장 적절하지 않은 것은?    22 경위

① 11세기경 프랑스에서는 법원과 경찰기능을 가진 프레보(Prévôt)가 파리에 도입되었고, 프레보는 왕이 임명하였다.

② 프랑스에서 경찰권이론은 14세기에 등장하였는데, 이 이론에 따르면 군주는 개인 간의 결투와 같은 자구행위를 억제하기 위하여 공동체의 원만한 질서를 보호할 권리와 의무를 갖고 있으며, 이를 위한 필수불가결한 조치를 경찰권에 근거하여 갖고 있다고 보았다.

③ 14세기 프랑스 경찰권 개념은 라 폴리스(La Police)라는 단어에 의해 대표 되었는데, 이 단어의 뜻은 초기에는 '공동체의 질서 있는 상태'를 의미했다가 나중에는 '국가목적 또는 국가작용'을 의미하였다.

④ 15세기 말 프랑스에서 독일로 도입된 경찰권이론은 '국민의 공공복리를 위해 강제력을 동원할 수 있는 통치자의 권한'으로 인정되어 절대적 국가권력의 기초를 제공하였다.

 316 ③

제3절 일본의 경찰

317 일본경찰에 대한 설명으로 가장 적절하지 않은 것은? ●A급 07 · 08 · 09 순경변형

① 1954년 신경찰법(현행경찰법)에서는 경찰에 대한 민주화의 요청으로 경찰운영의 단위를 도도부현으로 하고, 경찰조직을 도도부현경찰로 일원화하였다.

② 1954년 신경찰법에 의해 경찰조직을 도도부현경찰로 일원화하였으나, 현재는 국가경찰인 경찰청과 관구경찰국, 도도부현경찰인 동경도 경시청과 도부현 경찰본부로 이원적 체제로 운영되고 있다.

③ 경찰청은 독립적인 관청으로 국가공안위원회의 보조기관이 아니다.

④ 국가공안위원회는 위원장을 포함한 6인으로 구성되며 경찰비리에 대한 감찰지시권을 가지고 있다.

해설

① (×) 1954년 신경찰법(현행경찰법)에서는 경찰에 대한 능률화(민주화×)의 요청으로 경찰운영의 단위를 도도부현으로 하고, 경찰조직을 도도부현경찰로 일원화하였다.

② (○) 1954년 신경찰법에 의해 경찰조직을 도도부현경찰로 일원화하였으나, 현재는 절충적 형태인 국가경찰인 경찰청과 관구경찰국, 도도부현경찰인 동경도 경시청과 도부현 경찰본부로 이원적 체제로 운영되고 있다.

③ (○) 일본의 경찰청은 독립적인 관청으로 국가공안위원회의 보조기관이 아니다.

④ (○) 국가공안위원회는 위원장을 포함한 6인으로 구성되며 경찰비리에 대한 감찰지시권을 가지고 있다.

318 일본의 '국가공안위원회'에 대한 설명으로 가장 적절하지 않은 것은? ●A급 09 승진변형

① 경찰행정의 민주성과 정치적 중립성 확보를 위해 1947년 (구)경찰법에 의해 처음 설치되었다.

② 경찰의 권한남용과 정치적 영향력을 배제하기 위하여 내각 총리대신 산하에 설치된 합의제 행정관청인 행정위원회의 성격을 갖는 비상설기관이다.

③ 위원장을 대신(장관)으로 하여 정부의 치안에 대한 책임을 명확히 하고 있으며, 위원장은 표결권이 있으며, 가부동수인 경우 결정권을 갖는다.

④ 중앙에서 통일적으로 하는 것이 적당한 일반적 업무, 대규모 재해, 소요사태 및 경찰행정의 조정 및 감찰활동을 한다.

해설

① (○) 경찰행정의 민주성과 정치적 중립성 확보를 위해 1947년 (구)경찰법에 의해 처음 설치되었다.

② (○) 일본의 '국가공안위원회'는 경찰의 권한남용과 정치적 영향력을 배제하기 위하여 내각 총리대신 산하에 설치된 합의제 행정관청인 행정위원회의 성격을 갖는 비상설기관이다.

③ (×) 위원장을 대신(장관)으로 하여 정부의 치안에 대한 책임을 명확히 하고 있으며, 위원장은 표결권이 없으며(있으며 ×), 가부동수인 경우에만 결정권을 갖는다.

④ (○) 중앙에서 통일적으로 하는 것이 적당한 일반적 업무, 대규모 재해, 소요사태 및 경찰행정의 조정 및 감찰활동을 한다.

🔷Tip 일본의 국가공안위원회는 업무수행에 필요한 감찰업무를 별도의 기관에 맡기지 않고 자체적으로 실시한다.

317 ① 318 ③

319 다른 나라의 경찰제도에 대한 설명으로 적절하지 않은 것은 모두 몇 개인가?　　A급 22 경위

> 가. 일본의 관구경찰국은 동경 경시청과 북해도 경찰본부 관할 구역을 제외하고 전국에 7개가 설치되어 있다.
> 나. 프랑스의 군인경찰(La Gendamerie Nationale)은 국립경찰이 배치되지 않는 소규모 인구의 소도시와 농촌지역에서 경찰 업무를 수행한다.
> 다. 독일의 연방헌법보호청은 경찰기관의 하나로서 법집행업무를 수행하는데, 헌법위반과 관련된 사안에 대해서만 구속·압수·수색 등 강제수사를 할 수 있다.
> 라. 미국의 군 보안관(County Sheriff)은 범죄수사 및 순찰 등 모든 경찰권을 행사하며, 대부분의 주(State)에서 군 보안관 선출은 지역주민의 선거로 이루어진다.
> 마. 영국의 지방경찰은 기존의 3원 체제(지방경찰청장, 지방경찰위원회, 내무부장관)에서 4원 체제(지역치안위원장, 지역치안평의회, 지방경찰청장, 내무부장관)로 변경하면서 자치경찰의 성격을 강화하였다.

① 없음
② 1개
③ 2개
④ 3개

해설

틀린 설명은 **가, 다, 2개**이다.

가. (×) **일본의 관구경찰국**은 동경 경시청과 북해도(홋카이도) 경찰본부 관할 구역을 제외하고 전국에 **6개(7개×)**가 설치되어 있다.

　　Tip 일본의 경찰제도는 국가경찰로 국가공안위원회 ↔ 경찰청 ↔ 관구경찰국으로 이어지며, 관구경찰국은 **도호쿠, 간토, 주부, 간사이, 규슈, 주고쿠시코쿠**로 6개(원래는 주고쿠, 시코쿠 두 지역에 관구경찰국이 각각 있어서 총 7개였으나, 2019년 주고쿠시코쿠로 통합되어 현재는 6개이다.)가 설치되어 있으며 해당 지역의 경찰을 감찰하고 광역사건의 조정 및 연락을 맡으며 실질적으로 지휘한다. **단, 경시청(동경)과 홋카이도(북해도) 경찰본부는 경찰청이 직접 관할한다.**

나. (○) **프랑스의 군인경찰**(La Gendamerie Nationale)은 국립경찰이 배치되지 않는 **소규모 인구의 소도시와 농촌지역**에서 경찰 업무를 수행한다.

다. (×) **독일의 연방헌법보호청**은 경찰기관의 하나로서 **국가방첩임무 및 반국가단체 감시업무와 정보수집·분석·배포 업무(법집행업무×)**를 담당하는 기관으로 **법집행권한은 가지고 있지 않다.** 헌법위반과 관련된 사안에 대해서 정보를 수집하여 경찰에게 이첩하며, 수사는 경찰이 행한다. 구속·압수·수색 등 **강제수사를 할 수 없다(있다×).**

　　Tip 독일 연방헌법보호청은 경찰강제권을 행사하지 않는 **단순 정보수집·처리기관**이다.

라. (○) **미국의 군 보안관**(County Sheriff)은 범죄수사 및 순찰 등 **모든 경찰권을 행사**하며, 대부분의 주(State)에서 군 보안관 선출은 **지역주민의 선거**로 이루어진다.

　　Tip 미국은 지방자치단체의 **지방경찰(군보안관, 도시경찰, 특별구경찰)**이 사실상 **광범위한 경찰권을 행사**하고 있다.

마. (○) **영국의 지방경찰**은 기존의 3원 체제(지방경찰청장, 지방경찰위원회, 내무부장관)에서 **4원 체제(지역치안위원장, 지역치안평의회, 지방경찰청장, 내무부장관)**로 변경하면서 **자치경찰의 성격을 강화**하였다.

 319 ③

320 외국의 경찰에 대한 설명으로 가장 적절하지 않은 것은? ●A급 23 경위

① 미국은 경찰업무의 집행에 있어 범죄대응의 효율성보다는 인권보장에 중점을 두어 적법절차 (Due Process of Law)를 강조하는데, 이는 연방대법원의 판결을 통해 확립되어 있다.

② 프랑스 군경찰은 군인의 신분으로 국방임무를 수행하면서, 행정경찰과 사법경찰의 기능을 수행한다.

③ 일본경찰은 일반적으로 수사의 개시·진행권 및 종결권을 가지고 있으며, 검찰과 상호대등한 협력관계를 이룬다.

④ 독일경찰은 연방차원에서는 각 주(州)가 경찰권을 가지고 있는 자치경찰이지만, 주(州)의 관점에서 본다면 주(州) 내무부장관을 정점으로 하는 주(州)단위의 국가경찰체제이다.

> **해설**
> ① (○) **미국은** 경찰업무의 집행에 있어 범죄대응의 효율성보다는 **인권보장에 중점을 두어 적법절차를 강조**하는데, 이는 **연방대법원의 판결을 통해 확립**되어 있다.
> ② (○) **프랑스 군경찰은** 군인의 신분으로 **국방임무**를 수행하면서, **행정경찰**과 **사법경찰**의 기능을 수행한다.
> ③ (✕) **일본경찰은** 일반적으로 **수사의 개시·진행권(종결권✕)**을 가지고 있으며, 경찰과 검찰은 각자 독립된 수사기관으로 규정하여 양자의 관계를 **상호대등한 협력관계**라는 것을 **명문화**하고 있다.
> > 🛈**Tip** 일본에서 **수사의 종결권과 구류청구권(구속영장구권)**은 검사에게만 인정되고 있다.
> ④ (○) **독일경찰은 연방차원에서는** 각 주(州)가 경찰권을 가지고 있는 **자치경찰**이지만, **주(州)의 관점에서 본다면** 주(州) 내무부장관을 정점으로 하는 **주(州)단위의 국가경찰체제**이다.

321 각 국의 수사기관에 관한 설명으로 가장 적절하지 않은 것은? ●A급 23 순경1차

① 영국의 국립범죄청(NCA)은 2013년 중대조직범죄청(SOCA)과 아동범죄대응센터(CEOPC)를 통합하여 출범하였다.

② 미국의 연방수사국(FBI)은 2001년 9·11 테러 이후 테러예방과 수사에 많은 역량을 집중시키고 있다.

③ 독일의 연방범죄수사청(BKA)은 연방헌법기관 요인들에 대한 신변경호도 담당한다.

④ 한국의 국가수사본부는 고위공직자범죄등에 관한 수사를 독립적으로 수행하기 위하여 법무부장관 소속으로 설치되었다.

> **해설**
> ① (○) **영국의 국립범죄청**(NCA)은 **2013년** 중대조직범죄청(SOCA)과 아동범죄대응센터(CEOPC)를 통합하여 **출범**하였다.
> ② (○) **미국의 연방수사국**(FBI)은 2001년 9·11 테러 이후 테러예방과 수사에 많은 역량을 집중시키고 있다.
> > 🛈**Tip** 9·11 테러사건을 계기로 **대테러 임무를 총괄**하도록 '**국토안보부**(Department of Homeland Security)'를 설치하였다. 현재 국토안보부는 연방, 주, 그리고 지방 법집행기관의 대테러 임무를 통합조정하고 있다.
> ③ (○) **독일의 연방범죄수사청**(BKA)은 연방헌법기관 요인들에 대한 **신변경호도 담당**한다.
> > 🛈**Tip** 독일 연방범죄수사청은 수사경찰의 총본부는 아니지만(실질적·일반적 수사지휘권 없음), **반국가적·국제적·광역적·조직범죄 수사업무**를 담당하고 **각 주의 경찰 수사활동을 지원**한다. 또한 **인터폴의 독일국가중앙사무국**으로서 외국과의 수사협조업무를 수행한다.
> ④ (✕) **한국의 국가수사본부는** 경찰청 소속(법무부장관 소속✕)으로 설치되었다.
> > 🛈**Tip** 고위공직자범죄등에 관한 수사를 독립적으로 수행하기 위하여 별도의 '**고위공직자범죄수사처**'를 설치·운영하고 있다.

🔒 **320** ③ **321** ④

322 외국경찰에 관한 설명으로 가장 적절하지 않은 것은?  A급 24 순경1차

① 11세기경 프랑스의 앙리 1세는 파리의 치안을 유지하기 위해 법원과 경찰기능을 가진 프레보(Prévôt)를 창설하였다.

② 독일경찰은 1949년 「기본법」의 제정으로 대부분의 주(州)에서 주(州)단위 국가경찰제도를 채택하였다.

③ 영국의 지방경찰은 2011년 「경찰개혁 및 사회책임법」 제정을 통해 기존의 3원 체제(지방경찰청장, 지방경찰위원회, 내무부장관)에서 4원 체제(지역치안위원장, 지역치안평의회, 지방경찰청장, 내무부장관)로 변화하면서 자치경찰의 성격이 약화되었다.

④ 미국의 20세기 초 경찰개혁을 이끈 대표적 인물로 1인 순찰제의 효과성을 연구한 윌슨(O. W. Wilson)과 대학에 경찰 관련 교육과정을 개설한 어거스트 볼머(August Vollmer)가 있다.

> **해설**
> ① (○) **11세기경 프랑스**의 앙리 1세는 파리의 치안을 유지하기 위해 **법원과 경찰기능을 가진 프레보**(Prévôt)를 창설하였다.
> ② (○) **독일경찰은** 1949년 「기본법」의 제정으로 대부분의 주(州)에서 **주(州)단위 국가경찰제도를** 채택하였다.
>> **Tip** **독일**의 **연방경찰과 주경찰은 상호 독자적**인 지위를 가지며, 연방경찰은 국경경비 등 특수임무를 수행하고 **사실상의 지역치안은 주경찰이 담당한다.**
> ③ (✕) **영국의 지방경찰**은 기존에 **심각하게 중앙집권화된 기존 3원 체제**(지방경찰청장, 지방경찰위원회, 내무부장관)에 대한 비판으로, 2011년 **「경찰개혁 및 사회책임법」** 제정을 통해 **4원 체제**(지역치안위원장, 지역치안평의회, 지방경찰청장, 내무부장관)로 변화하면서 **자치경찰의 성격이 강화(약화✕)**되었다.
> ④ (○) **미국의 20세기 초 경찰개혁을** 이끈 대표적 인물로 **1인 순찰제의 효과성을** 연구한 **올랜도 윌슨**(O. W. Wilson)과 대학에 **경찰 관련 교육과정을 개설한 어거스트 볼머**(August Vollmer)가 있다.

323 외국경찰제도에 관한 설명으로 가장 적절하지 않은 것은?  A급 25 순경2차

① 영국에서는 로버트 필 경(Sir Robert Peel)의 제안으로 1829년 수도경찰청(Metropolitan Police Service)이 설립되었다.

② 독일에서는 제2차 세계대전 이후 연합국에 의하여 협의의 행정경찰사무를 경찰로부터 분리하는 비(탈)경찰화가 추진되었다.

③ 일본에서는 1차적 수사기관인 경찰과 2차적 수사기관인 검사가 대등적·협력적 관계를 이루고 있다.

④ 미국에서는 중앙집권적인 경찰제도를 운영하고 있으며, 경찰조직은 일반적으로 연방, 주, 시·군 수준에 설치되어 있다.

> **해설**
> ① (○) **영국에서는 로버트 필 경**의 제안으로 1829년 **수도경찰청이 설립**되었다.
> ② (○) **독일에서는 제2차 세계대전 이후** 연합국에 의하여 **협의의 행정경찰사무를 경찰로부터 분리**하는 **비(탈)경찰화가** 추진되었다.
> ③ (○) **일본에서는 1차**적 수사기관인 **경찰**과 **2차적 수사기관인 검사**가 **대등적·협력적 관계를** 이루고 있다.
> ④ (✕) **미국에서는 지방분권적(중앙집권적✕)**인 경찰제도를 운영하고 있으며, 경찰조직은 일반적으로 연방, 주, 시·군 수준에 설치되어 있다.

🔒 322 ③   323 ④

324 외국경찰제도에 관한 설명으로 가장 적절한 것은? ●A급 24 순경2차

① 일본의 사법경찰(직원)은 1차적 수사기관으로 인정받고 있어, 수사를 개시·진행·종결까지 독자적으로 한 이후 검사에게 송치하는 것이 원칙이다.

② 프랑스에서는 수사의 주체가 수사판사 또는 검사이고, 국립경찰 소속 사법경찰뿐만 아니라 사법경찰활동을 하는 군경찰도 수사판사 또는 검사의 수사지휘를 받아야 한다.

③ 독일에서는 주별로 법률이 독자적으로 제정·운영되고 있어 주 경찰 중심으로 일반적 경찰권을 행사하나, 수사권에 있어서는 통일적 업무수행을 위해 연방(범죄)수사청이 주 소속 수사경찰을 지휘·감독한다.

④ 미국경찰에는 기본적으로 지방경찰, 주 경찰, 연방경찰이 존재하며, 이 중 광범위한 경찰권을 행사하여 법집행의 범위가 가장 넓은 것은 주 경찰이다.

> **해설**

① (×) **일본의 사법경찰(직원)은 1차적 수사기관**으로 인정받고 있어, **수사를 개시·진행·(종결×)**까지 독자적으로 한 이후 검사에게 송치하는 것이 원칙이다.

  Tip 일본에서 **수사종결권은 검찰에게만 있다**.

② (○) **프랑스에서는 수사의 주체가 수사판사 또는 검사**이고, 국립경찰 소속 사법경찰뿐만 아니라 사법경찰활동을 하는 군경찰도 수사판사 또는 검사의 수사지휘를 받아야 한다.

③ (×) **독일**에서는 주별로 법률이 독자적으로 제정·운영되고 있어 **주 경찰 중심**으로 일반적 경찰권을 행사하며 **수사권**에 있어서도 **주 경찰이 독자적으로 진행한다(연방(범죄)수사청이 주 소속 수사경찰을 지휘·감독한다×)**.

  Tip **연방(범죄)수사청은 연방 관련 주요 사건만 담당**하는 것을 원칙으로 하고, 주 경찰의 요청이나 위임, 연방내무부장관의 지시, 연방검사의 요청이 있을 경우에만 제한적으로 수사업무를 담당하게 된다.

④ (×) **미국경찰**에는 기본적으로 지방경찰, 주 경찰, 연방경찰이 존재하며, 이 중 **광범위한 경찰권을 행사**하여 법집행의 **범위가 가장 넓은 것은 지방경찰(주 경찰×)**이다.

  Tip **미국은 지방분권화가 가장 발달된 국가**로서 미국 정부는 주 경찰의 규모 및 활동범위 등을 제한하고 있으며, **실질적인 치안유지(범죄수사와 순찰 등)는 지방경찰(군경찰, 도시경찰, 특별구경찰)이 대부분 담당**하고 있다.

Tip 경찰과 검찰의 관계

구분	영국·미국	독일·프랑스	일본
경찰과 검찰의 관계	**대등협력** 관계	**수직적** 관계	**대등협력** 관계
기소권	검찰		
수사종결권	경찰	검찰	**검찰**
영장청구권			**경찰** 및 검찰
수사권			**경찰(1차)**, 검찰(2차)

🔒 324 ②

325 각국 경찰에 관한 설명으로 가장 적절하지 않은 것은?

① 프랑스에서는 앙리 1세에 의해 법원과 경찰기능을 가진 프레보(Prévôt)가 도입되었다.
② 영국의 「윈체스터법」에는 치안관(Constable)을 임명해서 각 도시에 야경제도를 조직하고 유지하는 책임을 갖도록 하는 내용이 포함되어 있다.
③ 일본에서는 1871년 동경부에 나졸 3,000인이 창설되면서 근대 경찰의 기반이 마련되었고, 나졸은 1872년부터 사법성 관할로 이관되었다.
④ 미국에서 지나친 지방분권화와 정치적 영향으로 효과적인 범죄대처가 불가능해지자 1835년에 최초의 주경찰로 펜실베니아 주경찰이 창설되었다.

해설

① (○) **프랑스**에서는 앙리 1세에 의해 법원과 경찰기능을 가진 **프레보**(Prévôt)가 도입되었다.
② (○) **영국의 「윈체스터법」**에는 **치안관**(Constable)을 임명해서 각 도시에 **야경제도**를 조직하고 유지하는 책임을 갖도록 하는 내용이 포함되어 있다.
③ (○) **일본**에서는 1871년 동경부에 나졸 3,000인이 창설되면서 근대 경찰의 기반이 마련되었고, 나졸은 1872년부터 사법성 관할로 이관되었다.
④ (×) **미국**에서 **지나친 지방분권화**와 **정치적 영향**으로 효과적인 범죄대처가 불가능해지자 **1835년에 최초의 주경찰로 텍사스 레인저스(펜실베니아 주경찰×)**가 창설되었다.

🄫ip 미국 최초의 **현대적인** 주경찰은 1905년 창설된 **펜실베니아 주**의 치안관이다.

325 ④

김민철 경찰학
기출 1000제

김민철 경찰학
기출 1000제

이 단원의
출제 비중

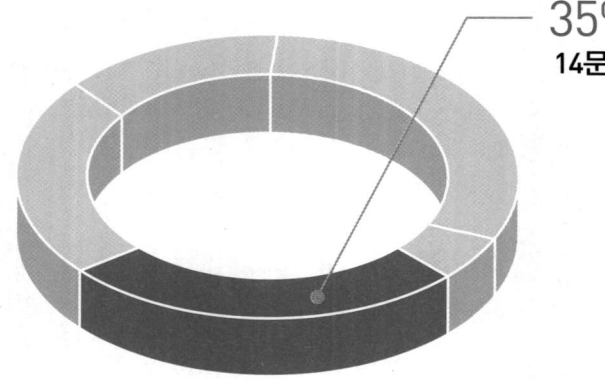

35%
14문제

경찰행정법

제1절 **경찰법의 법원**

326 다음은 경찰행정법의 법원(法源)의 유형에 관한 설명이다. 이러한 유형에 해당하는 법원은?

● A급 25 특공

- 경찰행정법에서 차지하는 비중이 크다.
- 법규창조력 및 법률유보의 원칙과 관련이 깊다.

① 판례법   ② 헌법
③ 관습법   ④ 조리

해설

설문의 내용은 법원의 유형 중 **성문법에 대한 설명**을 하고 있다. 그러므로 보기 중에서 성문법에 해당하는 것은 ② **헌법**이 이혜 해당한다.

327 경찰행정법의 법원(法源)에 관한 설명으로 가장 적절하지 않은 것은? (다툼이 있는 경우 판례에 의함)

● A급 23 순경1차

① 경찰행정법의 법원(法源)은 일반적으로 성문법원과 불문법원으로 나눌 수 있으며 헌법, 법률, 조례와 규칙은 성문법원에 해당한다.
② 대통령령, 총리령 및 부령은 특별한 규정이 없으면 공포한 날부터 20일이 경과함으로써 효력을 발생한다.
③ 지방자치단체의 장은 법령의 범위에서 그 사무에 관하여 조리(條理)를 제정할 수 있다.
④ 사회의 거듭된 관행으로 생성한 사회생활규범이 사회의 법적 확신과 인식에 의하여 법적 규범으로 승인·강행되기에 이른 것을 관습법이라 한다.

 326 ②   327 ③

해설

① (○) 경찰행정법의 법원(法源)은 일반적으로 성문법원과 불문법원으로 나눌 수 있으며 **헌법, 법률, 조례와 규칙**은 **성문법원**에 해당한다.

② (○) **대통령령, 총리령 및 부령**은 특별한 규정이 없으면 **공포한 날부터 20일이 경과**함으로써 **효력을 발생**한다(법령 등 공포에 관한 법률 제13조).

③ (×) **지방자치단체의 장**은 법령 또는 조례의 범위에서 그 권한에 속하는 사무에 관하여 '**규칙**'(조리×)을 제정할 수 있다(지방자치법 제29조).

　　Tip **지방자치단체**는 법령의 범위에서 그 사무에 관하여 '**조례**'를 제정할 수 있다(지방자치법 제28조 제1항).

④ (○) 사회의 **거듭된 관행**으로 생성한 사회생활규범이 사회의 **법적 확신**과 인식에 의하여 법적 규범으로 승인·강행되기에 이른 것을 **관습법**이라 한다.

---

328 「법령 등 공포에 관한 법률」에 대한 설명으로 가장 적절하지 않은 것은?　　●B급　24 순경2차

① 「법령 등 공포에 관한 법률」상 법률, 대통령령, 총리령 및 부령은 특별한 규정이 없으면 공포한 날부터 20일이 경과함으로써 효력을 발생한다.

② 「국회법」 제98조 제3항 전단에 따라 하는 국회의장의 법률 공포는 서울특별시에서 발행되는 둘 이상의 일간신문에 게재함으로써 한다.

③ 법령 등의 공포일 또는 공고일은 해당 법령 등을 게재한 관보 또는 신문이 발행된 날로 한다.

④ 헌법개정·법률·조약·대통령령·총리령 및 부령의 공포와 헌법개정안·예산 및 예산 외 국고부담계약의 공고는 관보에 게재함으로써 한다.

해설

① (×) 「법령 등 공포에 관한 법률」상 (**법률×**), **대통령령, 총리령 및 부령**은 특별한 규정이 없으면 공포한 날부터 **20일**이 경과함으로써 효력을 발생한다(동법 제13조).

Tip

> • **헌법** 제53조 ⑦ **법률**은 특별한 규정이 없는 한 공포한 날로부터 **20일**을 경과함으로써 효력을 발생한다.
> • **법령 등 공포에 관한 법률** 제13조의2(법령의 시행유예기간) 국민의 **권리 제한 또는 의무 부과와 직접 관련**되는 **법률**, 대통령령, 총리령 및 부령은 긴급히 시행하여야 할 특별한 사유가 있는 경우를 제외하고는 공포일부터 적어도 **30일이 경과**한 날부터 **시행**되도록 하여야 한다.

② (○) 「국회법」 제98조 제3항 전단에 따라 하는 **국회의장의 법률 공포**는 **서울특별시**에서 발행되는 **둘 이상의 일간신문**에 게재함으로써 한다(동법 제11조 제2항).

③ (○) **법령 등의 공포일 또는 공고일**은 해당 법령 등을 게재한 **관보 또는 신문이 발행된 날**로 한다(동법 제12조).

④ (○) 헌법개정·법률·조약·대통령령·총리령 및 부령의 공포와 헌법개정안·예산 및 예산 외 국고부담계약의 공고는 **관보에 게재**함으로써 한다(동법 제11조 제1항).

🔒 **328 ①**

329 법률과 법규명령의 공포 및 효력발생시기에 관한 설명으로 가장 적절하지 않은 것은?  23 승진

① 국회에서 의결된 법률안은 정부에 이송되어 15일 이내에 대통령이 공포한다.

② 법률은 특별한 규정이 없는 한 공포한 날로부터 20일을 경과함으로써 효력을 발생한다.

③ 대통령령, 총리령 및 부령은 특별한 규정이 없으면 공포한 날부터 20일이 경과함으로써 효력을 발생한다.

④ 국민의 권리 제한 또는 의무 부과와 직접 관련되는 법률, 대통령령, 총리령 및 부령은 긴급히 시행하여야 할 특별한 사유가 있는 경우를 제외하고는 공포일로부터 적어도 20일이 경과한 날부터 시행되도록 하여야 한다.

> **해설**
>
> ① (○) **국회에서 의결**된 법률안은 **정부에 이송**되어 **15일 이내에 대통령이 공포**한다(헌법 제53조 제1항).
> ② (○) 「헌법」상 **법률**은 특별한 규정이 없는 한 **공포한 날로부터 20일을 경과**함으로써 **효력을 발생**한다(헌법 제53조 제7항).
> ③ (○) **대통령령, 총리령 및 부령**은 특별한 규정이 없으면 **공포한 날부터 20일이 경과**함으로써 **효력을 발생**한다(법령공포법 제13조).
> ④ (×) 국민의 **권리 제한** 또는 **의무 부과**와 직접 관련되는 **법률**, 대통령령, **총리령 및 부령**은 긴급히 시행하여야 할 특별한 사유가 있는 경우를 제외하고는 **공포일로부터 적어도 30일**(20일×)**이 경과**한 날부터 **시행**되도록 하여야 한다(법령공포법 제13조의2).

330 경찰법의 법원(法源)에 관한 설명으로 가장 적절하지 않은 것은? ●A급 19 순경2차

① 행정입법이란 행정부가 제정하는 법을 의미하며, 행정조직 내부의 사무처리기준에 관한 법규명령과 국민을 구속하는 효력이 있는 행정규칙으로 구분된다.

② 법규명령은 특별한 규정이 없는 한 공포일로부터 20일 경과 후 효력이 발생하나, 행정규칙은 공포를 요하지 않는다.

③ 최후의 보충적 법원으로서 조리는 일반적·보편적 정의를 의미하는 바, 경찰관청의 행위가 형식상 적법하더라도 조리에 위반할 경우 위법이 될 수 있다.

④ 판례에 의할 때 운전면허 취소사유에 해당하는 음주운전을 적발한 경찰관의 소속 경찰서장이 사무착오로 위반자에게 운전면허정지처분을 한 상태에서 위반자의 주소지 관할 시·도경찰청장이 위반자에게 운전면허취소처분을 한 경우 이는 법의 일반원칙인 조리에 반하여 허용될 수 없다.

> **해설**
>
> ① (×) **행정입법**이란 행정부가 제정하는 법을 의미하며, 행정조직 내부의 사무처리기준에 관한 **행정규칙(법규명령×)**과 국민을 구속하는 효력이 있는 **법규명령(행정규칙×)**으로 구분된다.
> ② (○) **법규명령**(대통령령, 총리령, 부령)은 특별한 규정이 없는 한 **공포일로부터 20일 경과 후 효력**이 **발생**하나, **행정규칙은 공포를 요하지 않는다.**
> ③ (○) **최후의 보충적 법원**으로서 **조리**는 일반적·보편적 정의를 의미하는 바, 경찰관청의 행위가 **형식상 적법하더라도 조리에 위반할 경우 위법**이 될 수 있다.
> ④ (○) 판례에 의할 때 운전면허 취소사유에 해당하는 음주운전을 적발한 경찰관의 소속 경찰서장이 사무착오로 위반자에게 운전면허정지처분을 한 상태에서 위반자의 주소지 관할 시·도경찰청장이 위반자에게 운전면허취소처분을 한 경우 이는 **법의 일반원칙인 조리에 반하여** (선행처분에 대한 당사자의 신뢰 및 법적 안정성을 저해하므로) **허용될 수 없다**(대법원 99두10520).

 329 ④   330 ①

331 행정법상 신뢰보호의 원칙에 관한 설명으로 가장 적절하지 않은 것은? (다툼이 있는 경우 판례에 의함)

●A급 25 순경2차

① 이 원칙은 법치국가의 원리 및 그 구성부분으로서의 법적 안정성으로부터 이론적 근거를 도출할 수 있다.

② 신뢰보호의 원칙을 위반한 행정청의 행위는 위헌·위법의 문제가 발생하는데 위법의 효과는 해당 행정행위를 취소할 수 있으며 그 위법성이 중대·명백한 경우 무효가 된다.

③ 운전면허 취소사유에 해당하는 음주운전을 적발한 경찰관의 소속경찰서장이 사무착오로 위반자에게 운전면허정지처분을 한 상태에서 위반자의 주소지 관할지방경찰청장이 위반자에게 운전면허취소처분을 한 것은 선행처분에 대한 당사자의 신뢰 및 법적 안정성을 저해하는 것으로서 허용될 수 없다.

④ 헌법재판소의 위헌결정은 신뢰의 대상이 되는 공적인 견해이므로 신뢰보호의 원칙이 적용된다.

> **해설**
>
> ① (○) 이 원칙은 법치국가의 원리 및 그 구성부분으로서의 **법적 안정성**으로부터 이론적 근거를 도출할 수 있다.
>
> ② (○) **신뢰보호의 원칙을 위반**한 행정청의 행위는 **위헌·위법**의 문제가 **발생**하는데 위법의 효과는 해당 행정행위를 **취소**할 수 있으며 그 위법성이 중대·명백한 경우 **무효**가 된다.
>
> ③ (○) 운전면허 취소사유에 해당하는 음주운전을 적발한 경찰관의 소속경찰서장이 사무착오로 위반자에게 **운전면허정지처분을 한 상태에서** 위반자의 주소지 관할지방경찰청장이 위반자에게 **운전면허취소처분을 한 것은** 선행처분에 대한 당사자의 신뢰 및 법적 안정성을 저해하는 것으로서 **허용될 수 없다**(대법원 99두10520).
>
> ④ (×) **헌법재판소의 위헌결정은** (특정인에게 신뢰를 주는 행위가 아니므로) 신뢰의 대상이 되는 **공적인 견해로 볼 수 없고**(공적인 견해이므로×) **신뢰보호의 원칙이 적용되지 않는다**(신뢰보호의 원칙이 적용된다×).

332 경찰법의 법원에 대한 설명 중 옳지 않은 것을 모두 고른 것은?

●B급 20 승진

> ㉠ 경찰법의 법원은 일반적으로 성문법원과 불문법원으로 나눌 수 있으며, 헌법, 법률, 조약과 국제법규, 조리와 규칙은 성문법원이다.
>
> ㉡ 국회의 의결을 거치지 않고 행정기관에 의하여 제정된 성문 법규를 법규명령이라고 한다.
>
> ㉢ 국무총리는 직권으로 총리령을 발할 수 있으나, 행정각부의 장은 직권으로 부령을 발할 수 없다.
>
> ㉣ 지방의회가 법령의 범위에서 제정하는 자치법규를 규칙이라고 한다.

① ㉠, ㉡   ② ㉠, ㉢

③ ㉠, ㉡, ㉣   ④ ㉠, ㉢, ㉣

> **해설**
>
> 틀린 설명은 ㉠, ㉢, ㉣, **3개**이다.
>
> ㉠ (×) 경찰법의 법원은 일반적으로 성문법원과 불문법원으로 나눌 수 있으며, 헌법, 법률, 조약과 국제법규, **조례(조리×)**와 규칙은 **성문법원**이다.
>
> ㉡ (○) **국회의 의결을 거치지 않고** 행정기관에 의하여 제정된 **성문 법규**를 **법규명령**이라고 한다.
>
> ㉢ (×) 국무총리는 직권으로 총리령을 발할 수 있으나, **행정각부의 장은** 직권으로 **부령을 발할 수 있다**(없다×)(헌법 제95조).
>
> ㉣ (×) **지방의회**(지방자치단체)가 법령의 범위에서 제정하는 자치법규를 **조례(규칙×)**라고 한다(지방자치법 제28조 제1항).
>
> **Tip** '**규칙**'은 **자치단체장**이 법령 또는 조례의 범위에서 제정하는 자치법규를 말한다(지방자치법 제29조).

 331 ④ 332 ④

333 경찰행정법의 법원(法源)에 대한 설명으로 가장 적절하지 않은 것은?  ●B급 24 경위

① 헌법에 의하여 체결·공포된 조약과 일반적으로 승인된 국제법규도 경찰행정법의 법원으로 볼 수 있다.
② 헌법재판소의 위헌결정은 국가경찰 및 자치경찰을 기속하므로 법원성이 인정된다.
③ 경찰행정법의 일반원칙인 평등의 원칙, 비례의 원칙, 권한남용금지의 원칙, 신뢰보호의 원칙은 「행정기본법」에는 규정되어 있지 않다.
④ 신의성실의 원칙은 「민법」뿐만 아니라 경찰행정법을 포함한 모든 법의 일반원칙이며 법원으로 인정된다.

> **해설**
>
> ① (○) 헌법에 의하여 체결·공포된 **조약**과 일반적으로 승인된 **국제법규**도 **경찰행정법의 법원**으로 볼 수 있다.
> ② (○) **헌법재판소의 위헌결정**은 국가경찰 및 자치경찰을 기속하므로(따라야 하므로) **법원성이 인정**된다.
> ③ (×) 경찰행정법의 일반원칙인 **평등의 원칙**(행정기본법 제9조), **비례의 원칙**(행정기본법 제10조), **권한남용금지의 원칙**(행정기본법 제11조 제2항), **신뢰보호의 원칙**(행정기본법 제12조)은 「**행정기본법**」에 **규정되어 있다**(있지 않다×).
> ④ (○) **신의성실의 원칙**은 「민법」뿐만 아니라 경찰행정법을 포함한 모든 법의 일반원칙이며 **법원으로 인정**된다.
> > **Tip** 행정기본법에는 사법(私法)상의 원칙인 '신의성실의 원칙'을 행정법상 행정청의 '**성실의무의 원칙**'으로 수정하여 **명시적으로 규정**하고 있다.

334 경찰법의 법원(法源)에 관한 설명이다. 아래 가.부터 라.까지 설명 중 옳고 그름의 표시(○, ×)가 바르게 된 것은? ●B급 23 경위

> 가. 헌법은 국가의 기본적인 통치구조를 정한 기본법으로서 행정의 조직이나 작용의 기본원칙을 정한 부분은 그 한도 내에서 경찰법의 법원이 된다.
> 나. 경찰권 발동은 법률에 근거해야 하므로, 법률은 경찰법상의 법률관계에 있어서 중요한 법원이다.
> 다. 불문법원으로서 일반적으로 정의에 합치되는 보편적 원리로서 인정되고 있는 모든 원칙을 조리라 하고, 경찰관청의 행위가 형식상 적법하면 조리에 위반하더라도 위법이 될 수 없다.
> 라. 경찰법의 법원은 일반적으로 성문법원과 불문법원으로 나눌 수 있으며 헌법, 법률, 조약과 국제법규, 규칙은 성문법원이다.

① 가.(○) 나.(×) 다.(×) 라.(○)
② 가.(○) 나.(○) 다.(×) 라.(×)
③ 가.(○) 나.(○) 다.(×) 라.(○)
④ 가.(×) 나.(○) 다.(×) 라.(○)

> **해설**
>
> 가. (○) **헌법**은 국가의 기본적인 통치구조를 정한 기본법으로서 행정의 조직이나 작용의 기본원칙을 정한 부분은 그 한도 내에서 **경찰법의 법원이 된다**.
> 나. (○) 경찰권 발동은 법률에 근거해야 하므로, **법률**은 경찰법상의 법률관계에 있어서 **중요한 법원이다**.
> 다. (×) **불문법원**으로서 일반적으로 정의에 합치되는 **보편적 원리**로서 인정되고 있는 모든 원칙을 '**조리**'라 하고, **경찰관청의 행위가 형식상 적법하더라도 조리에 위반하면 위법이 될 수 있다**(없다×).
> 라. (○) 경찰법의 법원은 일반적으로 성문법원과 불문법원으로 나눌 수 있으며 **헌법, 법률, 조약과 국제법규, 규칙**은 성문법원이다.

🔒 333 ③   334 ③

335 경찰법의 법원(法源)에 대한 설명이다. 옳은 것은 모두 몇 개인가? ● B급 21 경위

> 가. 경찰법의 법원은 일반적으로 성문법원과 불문법원으로 나눌 수 있으며 헌법, 법률, 조약과 국제법규, 조리와 규칙은 성문법원이다.
> 나. 국회에서 의결을 거치지 않고 행정기관에 의하여 제정된 법규를 법규명령이라고 한다.
> 다. 조례와 규칙은 지방의회가 정한다.
> 라. 헌법은 국가의 기본적인 통치구조를 정한 기본법으로 행정의 조직이나 작용의 기본원칙을 정한 부분은 그 한도 내에서 경찰법의 법원이 된다.
> 마. 위임명령은 법규명령이고 집행명령은 행정규칙이다.
> 바. 헌법재판소의 위헌결정은 법원이나 기타 국가기관 및 지방자치단체를 기속(羈束)하므로 법원성이 인정된다.
> 사. 조리는 평등의 원칙, 비례의 원칙, 금반언의 원칙, 신의성실의 원칙, 신뢰보호의 원칙 등으로 구성되어 있으며 오늘날 법의 일반원칙은 성문화되어 가는 추세에 있다.

① 1개   ② 2개   ③ 3개   ④ 4개

해설

옳은 설명은 **나, 라, 바, 사, 4개**이다.
가. (×) 경찰법의 법원은 일반적으로 성문법원과 불문법원으로 나눌 수 있으며 **헌법, 법률, 조약과 국제법규, 조례(조리×)** 와 규칙은 **성문법원**이다.
나. (○) 국회에서 의결을 거치지 않고 **행정기관에 의하여 제정된 법규**를 **법규명령**이라고 한다.
다. (×) **조례**는 **지방의회**가 정하고, **규칙**은 **지방자치단체장(지방의회×)**이 정한다.
라. (○) **헌법**은 국가의 기본적인 통치구조를 정한 기본법으로 행정의 조직이나 작용의 기본원칙을 정한 부분은 그 한도 내에서 **경찰법의 법원이 된다.**
마. (×) **위임명령**은 법규명령이고, **집행명령도 법규명령(행정규칙×)**이다.
바. (○) **헌법재판소의 위헌결정**은 법원이나 기타 국가기관 및 지방자치단체를 **기속하므로 법원성이 인정된다.**
사. (○) 조리는 평등의 원칙, 비례의 원칙, 금반언의 원칙, 신의성실의 원칙, 신뢰보호의 원칙 등으로 구성되어 있으며 **오늘날 법의 일반원칙은 성문화되어 가는 추세에** 있다.

336 「지방자치법」상 자치법규에 관한 설명으로 가장 적절한 것은? ● A급 25 순경2차

① 지방자치단체의 장은 법령의 범위에서 그 사무에 관하여 조례를 제정할 수 있다. 다만, 주민의 권리 제한 또는 의무 부과에 관한 사항이나 벌칙을 정하는 때에는 법률의 위임이 있어야 한다.
② 지방자치단체는 조례를 위반한 행위에 대하여 조례로써 1천만원 이하의 벌금을 정할 수 있고, 해당 지방자치단체의 장이 부과·징수한다.
③ 조례안이 지방의회에서 의결되면 지방의회의 의장은 의결된 날부터 7일 이내에 그 지방자치단체의 장에게 이송하여야 한다.
④ 법령에서 조례로 정하도록 위임한 사항은 그 법령의 하위법령에서 그 위임의 내용과 범위를 제한하거나 직접 규정할 수 없다.

 335 ④   336 ④

① (×) **지방자치단체**(지방자치단체의 장×)는 법령의 범위에서 그 사무에 관하여 **조례**를 제정할 수 있다. 다만, **주민의 권리 제한 또는 의무 부과**에 관한 사항이나 **벌칙**을 정하는 때에는 **법률의 위임이 있어야 한다**(동법 제28조 제1항).
② (×) 지방자치단체는 **조례를 위반한 행위**에 대하여 조례로써 **1천만원 이하**의 **과태료**(**벌금×**)를 정할 수 있고, 해당 지방자치단체의 장이 부과·징수한다(동법 제34조 제1항, 제2항).
③ (×) **조례안**이 지방의회에서 의결되면 **지방의회의 의장**은 의결된 날부터 **5일**(7일×) **이내**에 **그 지방자치단체의 장에게 이송**하여야 한다(동법 제32조 제1항).
④ (○) 법령에서 **조례로 정하도록 위임한 사항**은 그 법령의 **하위법령에서** 그 위임의 내용과 범위를 **제한하거나 직접 규정할 수 없다**(동법 제28조 제2항).

337 행정규칙과 법규명령에 대한 설명으로 가장 적절하지 않은 것은?  ·B급 19 승진

① 법규명령은 대외적 구속력을 갖기 때문에 그에 반하는 행정권 행사는 위법하다.
② 법규명령은 특별한 규정이 없는 한 공포한 날로부터 20일을 경과함으로써 효력을 발생한다.
③ 위임명령은 법규명령이고, 집행명령은 행정규칙이다.
④ 법규명령의 형식(부령)을 취하고 있지만 그 내용이 행정규칙의 실질을 가지는 경우 판례는 당해 규범을 행정규칙으로 보고 있다.

① (○) **법규명령**은 대외적 **구속력**을 갖기 때문에 **그에 반하는 행정권 행사는 위법**하다.
② (○) **법규명령**은 특별한 규정이 없는 한 **공포한 날로부터 20일을 경과**함으로써 **효력을 발생**한다.
③ (×) **위임명령도 법규명령**이고, **집행명령도 법규명령(행정규칙×)**이다.
④ (○) **법규명령의 형식(부령)**을 취하고 있지만 **그 내용이 행정규칙의 실질을 가지는 경우** 판례는 당해 규범을 **행정규칙으로 보고 있다**(대법원 96누5773).

338 법규명령과 행정규칙에 대한 설명 중 가장 적절하지 않은 것은?  ·B급 21 승진

① 행정규칙에 따른 종래의 행정관행이 위법한 경우에는 행정청은 자기구속을 당하지 않는다.
② 법규명령이란 국회의 의결을 거치지 않고 행정기관에 의하여 제정된 성문법규를 말하며, 그 종류에는 위임명령과 집행명령이 있다.
③ 국민의 권리 제한 또는 의무 부과와 직접 관련되는 법률, 대통령령, 총리령 및 부령은 긴급히 시행하여야 할 특별한 사유가 있는 경우를 제외하고는 공포일로부터 적어도 30일이 경과한 날부터 시행되도록 하여야 한다.
④ 위임명령은 상위법령의 집행 시 필요한 절차나 형식을 정하는 데 그쳐야 하며 새로운 법규사항을 정하여서는 안 된다.

337 ③   338 ④

해설

① (○) 행정규칙에 따른 **종래의 행정관행이** 위법한 경우에는 행정청은 자기구속을 당하지 않는다.

② (○) **법규명령**이란 **국회의 의결을 거치지 않고 행정기관에 의하여 제정된 성문법규**를 말하며, 그 종류에는 **위임명령과 집행명령**이 있다.

③ (○) 국민의 권리 제한 또는 의무 부과와 직접 관련되는 **법률, 대통령령, 총리령 및 부령**은 긴급히 시행하여야 할 특별한 사유가 있는 경우를 제외하고는 **공포일로부터 적어도 30일이 경과한 날부터 시행**되도록 하여야 한다(법령등 공포에 관한 법률 제13조의2).

④ (×) **집행명령(위임명령×)**은 상위법령의 집행 시 필요한 절차나 형식을 정하는 데 그쳐야 하며 **새로운 법규사항을 정하여서는 안 된다.**

> 🕐**Tip** 위임명령은 상위법령에 의해 개별적·구체적으로 위임받은 사항을 보충하기 위해 발하는 명령으로서 위임된 범위 내에서는 국민의 권리·의무에 관한 **새로운 입법사항을 정할 수 있다.**

339 법규명령과 행정규칙에 대한 설명으로 가장 옳은 것은? (판례에 의함) ●B급 21 경위

① 법령 규정이 특정 행정기관에 그 법령 내용의 구체적 사항을 정할 수 있는 권한을 부여하면서 그 권한 행사의 절차나 방법을 특정하고 있지 않아 수임행정기관이 행정규칙의 형식으로 그 내용을 구체적으로 정하고 있다면 그 행정규칙은 대외적 구속력이 있는 법규명령으로서의 효력을 가진다.

② 행정입법이란 행정부가 제정하는 법을 의미하며, 행정조직 내부의 사무처리기준에 관한 법규명령과 국민을 구속하는 효력이 있는 행정규칙으로 구분된다.

③ 법규명령의 제정에는 헌법·법률 또는 상위명령의 근거가 필요하지 않아 독자적인 행정입법 작용이 허용된다.

④ 법규명령은 특별한 규정이 없는 한 공포일로부터 30일이 경과해야 효력이 발생하나 행정규칙은 공포를 요하지 않는다.

해설

① (○) **법령 규정이 특정 행정기관에 그 법령** 내용의 구체적 사항을 정할 수 있는 권한을 부여하면서 그 권한 행사의 절차나 방법을 특정하고 있지 않아 **수임행정기관이 행정규칙의 형식으로 그 내용을 구체적으로 정하고 있다면,** 그 행정규칙은 **대외적 구속력이 있는 법규명령으로서의 효력을 가진다.**

② (×) **행정입법**이란 행정부가 제정하는 법을 의미하며, 행정조직 **내부의 사무처리기준에 관한 행정규칙(법규명령×)과 국민을 구속**하는 효력이 있는 **법규명령(행정규칙×)**으로 구분된다.

③ (×) 행정규칙(법규명령×)의 제정에는 헌법·법률 또는 상위명령의 근거가 필요하지 않아 **독자적인 행정입법 작용이 허용된다.**

④ (×) **법규명령**은 특별한 규정이 없는 한 **공포일로부터 20일(30일×)이 경과해야 효력이 발생**하나 **행정규칙은 공포를 요하지 않는다.**

🔒 339 ①

340 법규명령과 행정규칙에 대한 설명으로 가장 적절하지 않은 것은?

① 법규명령은 국민과 행정청을 동시에 구속하는 양면적 구속력을 가짐으로써 재판규범이 된다.

② 법규명령의 한계로 행정권에 대한 입법권의 일반적 · 포괄적 위임은 인정될 수 없으며, 국회 전속적 법률사항의 위임은 원칙적으로 금지된다.

③ 행정규칙의 종류로는 고시 · 훈령 · 예규 · 일일명령 등이 있다.

④ 행정규칙은 행정기관이 법률의 수권 없이 권한 범위 내에서 만든 일반적 · 추상적 명령을 말하며 대내적 구속력을 갖고 있으므로 경찰관이 이를 위반하면 반드시 위법이 된다.

해설

① (○) **법규명령**은 **국민과 행정청**을 동시에 구속하는 **양면적 구속력**을 가짐으로써 **재판규범**이 된다.

② (○) **법규명령의 한계**로 행정권에 대한 입법권의 **일반적 · 포괄적 위임**은 인정될 수 없으며, 국회 전속적 법률사항의 **위임**은 원칙적으로 **금지**된다.

③ (○) **행정규칙**의 종류로는 **고시 · 훈령 · 예규 · 일일명령** 등이 있다.

④ (×) **행정규칙**은 행정기관이 **법률의 수권 없이** 권한 범위 내에서 만든 **일반적 · 추상적 명령**을 말하며 **대내적 구속력만**을 갖고 있으므로 **경찰관이 이를 위반하더라도 반드시 위법이 되는 것은 아니다**(위법이 된다×). 다만, 내부적으로 **징계사유**에 해당된다.

341 행정입법에 관한 설명으로 가장 적절하지 않은 것은? (다툼이 있는 경우 판례에 의함)

① 국무총리 또는 행정각부의 장은 소관사무에 관하여 법률이나 대통령령의 위임 또는 직권으로 총리령 또는 부령을 발할 수 있다.

② 「도로교통법시행규칙」 제53조 제1항이 정한 [별표 16]의 운전면허행정처분기준은 부령의 형식으로 되어 있으나, 행정청 내부의 사무처리준칙을 규정한 것에 지나지 아니하므로 대외적으로 국민이나 법원을 기속하는 효력이 없다.

③ 법규명령의 위임의 근거가 되는 법률에 대하여 위헌결정이 선고되더라도 그 위임규정에 근거하여 제정된 법규명령은 원칙적으로 효력을 유지한다.

④ 국민의 권리 제한 또는 의무 부과와 직접 관련되는 대통령령, 총리령 및 부령은 긴급히 시행하여야 할 특별한 사유가 있는 경우를 제외하고는 공포일부터 적어도 30일이 경과한 날부터 시행되도록 하여야 한다.

해설

① (○) 국무총리 또는 행정각부의 장은 소관사무에 관하여 **법률이나 대통령령의 위임 또는 직권으로** 총리령 또는 부령을 발할 수 있다(헌법 제95조).

② (○) 「도로교통법시행규칙」 제53조 제1항이 정한 [별표 16]의 운전면허행정처분기준은 부령의 형식으로 되어 있으나, 행정청 **내부의 사무처리준칙**을 규정한 것에 지나지 아니하므로 **대외적으로** 국민이나 법원을 **기속하는 효력이 없다**.

③ (×) 법규명령의 위임의 **근거가 되는 법률**에 대하여 **위헌결정이 선고되면** 그 위임규정에 근거하여 제정된 **법규명령**도 원칙적으로 **효력을 상실한다**(유지한다×)(대법원 2000다18547).

④ (○) 국민의 **권리 제한** 또는 **의무 부과**와 **직접 관련**되는 법률, 대통령령, 총리령 및 부령은 긴급히 시행하여야 할 특별한 사유가 있는 경우를 제외하고는 공포일부터 **적어도 30일**이 경과한 날부터 시행되도록 하여야 한다(법령등 공포에 관한 법률 제13조의2).

 340 ④ 341 ③

342 경찰행정법의 법원(法源)에 관한 설명으로 가장 적절하지 않은 것은? ●A급 25 순경2차

① 헌법에 의하여 체결·공포된 조약이나 일반적으로 승인된 국제법규도 국내법과 같은 효력을 가지므로 경찰행정법의 법원이 된다.

② 법규명령은 국민과 행정청을 동시에 구속하는 양면적 구속력을 가짐으로써 재판규범성이 있다.

③ 대통령령, 총리령 및 부령은 특별한 규정이 없으면 공포한 날부터 15일이 경과함으로써 효력이 발생한다.

④ 법규명령의 한계로 행정권에 대한 입법권의 일반적·포괄적 위임은 인정될 수 없고, 국회 전속적 법률사항의 위임은 금지되며 법률에 의하여 위임된 사항을 전부 하위명령으로 재위임 하는 것은 금지된다.

> **해설**
>
> ① (○) 헌법에 의하여 체결·공포된 **조약**이나 일반적으로 승인된 **국제법규**도 **국내법과 같은 효력**을 가지므로 **경찰행정법의 법원**이 된다.
>
> ② (○) **법규명령**은 국민과 행정청을 동시에 구속하는 **양면적 구속력**을 가짐으로써 **재판규범성**이 있다.
>
> ③ (×) **대통령령, 총리령 및 부령**은 특별한 규정이 없으면 공포한 날부터 **20일**(15일×)이 경과함으로써 효력이 발생한다 (법령공포에 관한 법률 제13조).
>
> ④ (○) **법규명령의 한계**로 행정권에 대한 입법권의 **일반적·포괄적 위임**은 인정될 수 없고, **국회 전속적 법률사항의 위임**은 금지되며 **법률에 의하여 위임된 사항을 전부 하위명령으로 재위임** 하는 것은 금지된다.

🔒 **342** ③

제1절 국가경찰과 자치경찰의 조직 및 운영에 관한 법률

343 「국가경찰과 자치경찰의 조직 및 운영에 관한 법률」상 자치경찰사무에 관한 내용 중 가장 적절하지 않은 것은?
●A급 22 순경2차

① 생활안전을 위한 순찰 및 시설의 운영, 주민참여 방범활동의 지원 및 지도, 주민의 일상생활과 관련된 사회질서의 유지 및 그 위반행위의 지도·단속 등 지역 내 주민의 생활안전 활동에 관한 사무는 자치경찰의 사무에 포함된다.

② 교통법규 위반에 대한 지도·단속, 교통안전시설 및 무인 교통 단속용 장비의 심의·설치·관리 등 지역 내 교통활동에 관한 사무는 자치경찰사무에 포함된다.

③ 학교폭력 등 소년범죄, 가정폭력, 아동학대 범죄, 「형법」 제245조에 따른 공연음란 및 「성폭력범죄의 처벌 등에 관한 특례법」 제11조에 따른 공중밀집 장소에서의 추행행위에 관한 범죄는 자치경찰사무에 포함된다.

④ 지역 내 주민의 생활안전 활동에 관한 사무, 지역 내 교통 활동에 관한 사무, 지역 내 다중운집 행사 관련 혼잡 교통 및 안전 관리의 자치경찰사무에 관한 구체적인 사항 및 범위 등은 대통령령으로 정하는 기준에 따라 시·도 조례로 정한다.

해설

① (O) 생활안전을 위한 **순찰** 및 시설의 운영, 주민참여 **방범활동**의 지원 및 지도, 주민의 일상생활과 관련된 **사회질서의 유지** 및 그 위반행위의 지도·단속 등 **지역 내 주민의 생활안전 활동**에 관한 사무는 **자치경찰의 사무에 포함**된다.

② (O) **교통법규 위반**에 대한 지도·단속, **교통안전시설 및 무인 교통 단속용 장비의 심의·설치·관리** 등 지역 내 교통 활동에 관한 사무는 **자치경찰사무에 포함**된다.

③ (×) 학교폭력 등 **소년범죄, 가정폭력, 아동학대 범죄,** 「형법」 제245조에 따른 **공연음란** 및 「성폭력범죄의 처벌 등에 관한 특례법」 **제12조에 따른** 성적 목적을 위한 다중이용장소 침입행위에 관한 범죄(제11조에 따른 공중밀집 장소에서의 추행행위에 관한 범죄×)는 **자치경찰사무에 포함**된다.

④ (O) 지역 내 주민의 생활안전 활동에 관한 사무, 지역 내 교통 활동에 관한 사무, 지역 내 다중운집 행사 관련 혼잡 교통 및 안전 관리의 **자치경찰사무에 관한 구체적인 사항 및 범위** 등은 **대통령령으로 정하는** 기준에 따라 시·도 조례로 정한다.

 343 ③

344 다음 경찰과 관련한 대화 중 가장 적절하지 않은 설명을 하고 있는 사람은? ●A급 24 순경2차

① 민희 : "우리 지역에 파출소 하나만 생기면 밤길이 안전할 거 같은데, 파출소 설치의 승인권자
　　　는 경찰청장이라고 하네."

② 지율 : "경찰청장, 국가수사본부장, 국가경찰위원회 위원, 시·도자치경찰위원회 위원 모두 연
　　　임이 불가능해. 단, 시·도자치경찰위원회 보궐위원의 경우 전임자의 남은 임기가 1년 미만인
　　　경우 한 차례만 연임할 수 있어."

③ 수연 : "우리 동네에 요즘 가정폭력사건이 자주 발생하네. 「국가경찰과 자치경찰의 조직 및 운
　　　영에 관한 법률」을 보면 가정폭력의 예방은 자치경찰사무에 해당하여 시·도자치경찰위원회
　　　의 소관사무이지만, 가정폭력범죄의 수사사무는 국가경찰사무로 규정되어 있어."

④ 윤우 : "한국의 자치경찰제도는 법률에서 자치경찰사무와 국가경찰사무를 구분하고 있지만,
　　　자치경찰사무를 담당하는 경찰관의 신분은 기존 그대로 국가공무원이더라고. 단, 제주특별자
　　　치도 자치경찰단 소속의 자치경찰공무원은 지방공무원이야."

해설

① (O) **시·도경찰청장**은 경찰서장의 소관사무를 분장하기 위하여 행정안전부령으로 정하는 바에 따라 **경찰청장의 승인**
을 받아 **지구대** 또는 **파출소를 둘 수 있다**(경찰청과 그 소속기관 직제 제43조 제1항).

> **Tip 경찰청과 그 소속기관 직제 제43조(지구대 등)**
>
> - **시·도경찰청장**은 사무분장이 임시로 필요한 경우에는 **출장소를 둘 수 있다.**
> - **지구대·파출소 및 출장소의 명칭·위치 및 관할구역**과 그 밖에 필요한 사항은 **시·도경찰청장**이 정한다.

② (O) 지율 : "경찰청장(2년, 중임할 수 없다), 국가수사본부장(2년, 중임할 수 없다), 국가경찰위원회 위원(3년, 연임할 수
없다), 시·도자치경찰위원회 위원(3년, 연임할 수 없다) **모두 연임이 불가능**해. 단, 시·도자치경찰위원회 보궐위
원의 경우 전임자의 남은 임기가 1년 미만인 경우 한 차례만 연임할 수 있어."

> **Tip** 위 지문이 **법조문과 관련**해서 출제가 되었다면, '**중임**'과 '**연임**'을 엄격히 **구별**해야한다. 다만, 해당 문제에서
> 는 **전체 대화의 맥락상 가장 적절하지 않은 것을 고르는 것**이 출제 포인트이므로 해당 지문은 옳은 설명으로
> 볼 수 있다.

③ (×) 수연 : "우리 동네에 요즘 가정폭력사건이 자주 발생하네. 「국가경찰과 자치경찰의 조직 및 운영에 관한 법률」을
보면 **가정폭력의 예방**은 자치경찰사무에 해당하여 시·도자치경찰위원회의 소관사무이고, **가정폭력범죄의 수사
사무도 자치경찰사무(국가경찰사무×)**로 규정되어 있어."

④ (O) 윤우 : "한국의 자치경찰제도는 법률에서 자치경찰사무와 국가경찰사무를 구분하고 있지만, 자치경찰사무를 담당
하는 경찰관의 신분은 기존 그대로 국가공무원이더라고. 단, 제주특별자치도 자치경찰단 소속의 자치경찰공무원은
지방공무원이야."

> **Tip** 2021년 1월 1일 전면 **개정되어 시행**되고 있는 「국가경찰과 자치경찰의 조직 및 운영에 관한 법률」에 따라
> **자치경찰제도가 도입**되었으나, 시행 초기 단계의 혼란을 피하고자 '**과도기적 형태의 자치경찰제도**'라 볼 수
> 있고 이를 단적으로 보여주는 것이 **국가공무원 신분의 유지**이다. 다만, **제주특별자치도 자치경찰단**은 「제주
> 특별자치도 설치 및 국제자유도시 조성을 위한 특별법」에 따라 **지방공무원**으로 본다.

🔒 **344 ③**

345 「국가경찰과 자치경찰의 조직 및 운영에 관한 법률」상 자치경찰사무에 대한 설명으로 가장 적절하지 않은 것은?

●A급 23 경위

① 국가는 지방자치단체가 이관받은 사무를 원활히 수행할 수 있도록 인력, 장비 등에 소요되는 비용에 대하여 재정적 지원을 하여야 한다.

② 자치경찰사무의 수행에 필요한 예산은 관할 시·도경찰청장의 의견을 들어 시·도자치경찰위원회의 심의·의결을 거쳐 시·도지사가 수립한다.

③ 시·도지사는 자치경찰사무 담당 공무원에게 조례에서 정하는 예산의 범위에서 재정적 지원 등을 할 수 있다.

④ 시·도의회는 관련 예산의 효율적인 관리를 위하여 의결로써 자치경찰사무에 대해 시·도자치경찰위원장의 출석 및 자료 제출을 요구할 수 있다.

해설

① (○) **국가는** 지방자치단체가 이관받은 사무를 원활히 수행할 수 있도록 인력, 장비 등에 소요되는 비용에 대하여 **재정적 지원을 하여야 한다**(동법 제34조).

② (×) **자치경찰사무**의 수행에 필요한 **예산**은 **경찰청장(시·도경찰청장×)의** 의견을 들어 **시·도자치경찰위원회의 심의·의결**을 거쳐 **시·도지사가 수립**한다(동법 제35조 제1항).

③ (○) **시·도지사는** 자치경찰사무 담당 공무원에게 조례에서 정하는 예산의 범위에서 **재정적 지원 등을 할 수 있다**(동법 제35조 제2항).

④ (○) **시·도의회는** 관련 예산의 효율적인 관리를 위하여 의결로써 자치경찰사무에 대해 **시·도자치경찰위원장의 출석 및 자료 제출을 요구할 수 있다**(동법 제35조 제3항).

346 「국가경찰과 자치경찰의 조직 및 운영에 관한 법률」에 대한 설명으로 가장 적절하지 않은 것은?

●A급 25 순경1차

① 경찰공무원은 상관의 지휘·감독을 받아 직무를 수행하고, 그 직무수행에 관하여 서로 협력하여야 한다.

② 국가는 지방자치단체가 이관받은 사무를 원활히 수행할 수 있도록 인력, 장비 등에 소요되는 비용에 대하여 재정적 지원을 하여야 한다.

③ 경찰공무원은 구체적 사건수사와 관련된 상관의 지휘·감독의 정당성에 대하여 이견이 있더라도 이의를 제기할 수 없다.

④ 국가와 지방자치단체는 국민의 생명·신체 및 재산을 보호하고 공공의 안녕과 질서유지에 필요한 시책을 수립·시행하여야 한다.

해설

① (○) 경찰공무원은 상관의 지휘·감독을 받아 직무를 수행하고, 그 직무수행에 관하여 **서로 협력하여야 한다**(동법 제6조 제1항).

② (○) 국가는 지방자치단체가 이관받은 사무를 원활히 수행할 수 있도록 인력, 장비 등에 소요되는 **비용**에 대하여 **재정적 지원을 하여야 한다**(동법 제34조).

③ (×) 경찰공무원은 구체적 사건수사와 관련된 상관의 지휘·감독의 적법성 또는 정당성에 대하여 이견이 있을 때에는 **이의를 제기할 수 있다**(**없다×**)(동법 제6조 제2항).

④ (○) 국가와 지방자치단체는 국민의 생명·신체 및 재산을 보호하고 공공의 안녕과 질서유지에 필요한 시책을 **수립·시행하여야 한다**(동법 제2조).

 345 ② 346 ③

347 「국가경찰과 자치경찰의 조직 및 운영에 관한 법률」 제10조에 따른 국가경찰위원회의 심의·의결사항에 관한 내용으로 가장 적절하지 않은 것은?　●A급 23 순경1차

① 국가경찰사무에 관한 인사, 예산, 장비, 통신 등에 관한 주요 정책 및 경찰 업무 발전에 관한 사항

② 국가경찰사무에 관한 인권보호와 관련되는 경찰의 운영·개선에 관한 사항

③ 지방행정과 치안행정의 업무조정에 관한 사항

④ 제주특별자치도의 자치경찰에 대한 경찰의 지원·협조 및 협약 체결의 조정 등에 관한 주요 정책사항

> **해설**
> ① (○) **국가경찰사무에 관한** 인사, 예산, 장비, 통신 등에 관한 주요 정책 및 경찰 업무 발전에 관한 사항 – **국가경찰위원회** 심의·의결사항
> ② (○) **국가경찰사무에 관한** 인권보호와 관련되는 경찰의 운영·개선에 관한 사항 – **국가경찰위원회** 심의·의결사항
> ③ (×) **지방행정**과 치안행정의 업무조정에 관한 사항 – **시·도자치경찰위원회** 심의·의결사항
> ④ (○) 제주특별자치도의 **자치경찰에 대한 경찰의 지원·협조 및 협약 체결의 조정** 등에 관한 주요 정책사항 – **국가경찰위원회** 심의·의결사항

348 「국가경찰과 자치경찰의 조직 및 운영에 관한 법률」에서 규정하고 있는 국가경찰위원회에 대한 설명으로 가장 적절하지 않은 것은?　●A급 23 특공

① 국가경찰행정에 관하여 중요 정책 사항을 심의·의결하기 위하여 행정안전부에 설치한다.

② 위원장 1명을 포함한 7명의 위원으로 구성하되, 위원장 및 5명의 위원은 비상임으로 하고, 1명의 위원은 상임으로 한다. 이때 상임위원은 정무직으로 한다.

③ 위원은 경찰청장의 제청으로 행정안전부장관이 임명한다.

④ 위원은 특정 성(性)이 10분의 6을 초과하지 아니하도록 노력하여야 한다.

> **해설**
> ① (○) **국가경찰위원회**는 국가경찰행정에 관하여 중요 정책 사항을 심의·의결하기 위하여 **행정안전부에 설치**한다.
> ② (○) 위원장 1명을 포함한 **7명**의 위원으로 구성하되, **위원장 및 5명의 위원은 비상임**으로 하고, **1명의 위원은 상임**으로 한다. 이때 **상임위원은 정무직**으로 한다.
> ③ (×) **위원은 행정안전부장관(경찰청장×)의 제청**으로 **국무총리**를 거쳐 **대통령(행정안전부장관×)이** 임명한다.
> ④ (○) 위원은 특정 성(性)이 **10분의 6**을 초과하지 아니하도록 노력하여야 한다.

349 「국가경찰과 자치경찰의 조직 및 운영에 관한 법률」상 다음 (　) 안에 들어갈 숫자의 합은?　●A급 20 순경1차

> ⊙ 국가경찰위원회는 위원장 1명을 포함한 (　)명의 위원으로 구성한다.
> ⓛ 국가경찰위원회 위원 중 (　)명은 법관의 자격이 있는 사람이어야 한다.
> ⓒ 국가경찰위원회 위원의 임기는 (　)년으로 하며, 연임할 수 없다.
> ⓔ 경찰청장의 임기는 (　)년으로 하고, 중임할 수 없다.

① 13　　　　② 14　　　　③ 15　　　　④ 16

🔒 **347** ③　**348** ③　**349** ②

350 「국가경찰과 자치경찰의 조직 및 운영에 관한 법률」과 「국가경찰위원회 규정」상 국가경찰위원회에 대한 설명으로 가장 적절한 것은? ●A급 21 승진

① 행정안전부장관은 위원 임명을 동의할 때, 경찰의 정치적 중립이 보장되도록 하여야 한다.

② 위원장은 필요한 경우 임시회의를 소집할 수 있으며, 위원 3인 이상과 행정안전부장관 또는 경찰청장은 위원장에게 임시회의의 소집을 요구할 수 있다.

③ 경찰, 검찰, 법관, 군인의 직에서 퇴직한 날부터 3년이 지나지 아니한 사람은 위원으로 선임될 수 없다.

④ 「국가경찰위원회 규정」에 규정된 사항 외에 위원회의 운영을 위하여 필요한 사항은 위원회의 의결을 거쳐 행정안전부장관이 정한다.

351 「국가경찰과 자치경찰의 조직 및 운영에 관한 법률」 및 「국가경찰위원회 규정」상 국가경찰위원회에 관한 설명으로 가장 적절하지 않은 것은? ●A급 26 경위

① 경찰, 검찰, 국가정보원 직원 또는 군인의 직에 있거나 그 직에서 퇴직한 날부터 3년이 지나지 아니한 사람은 위원이 될 수 없다.

② 위원장은 필요한 경우 임시회의를 소집할 수 있으며, 위원 3인 이상과 행정안전부장관 또는 경찰청장은 위원장에게 임시회의의 소집을 요구할 수 있다.

③ 행정안전부장관은 국가경찰위원회가 심의·의결한 내용이 적정하지 아니하다고 판단할 때에는 재의를 요구하여야 하며, 이 경우 의결한 날부터 10일 이내에 재의요구서를 위원회에 제출하여야 한다.

④ 위원이 중대한 심신상의 장애로 직무를 수행할 수 없게 되어 면직하는 경우에는 위원회의 의결이 있어야 하며, 이에 관한 의결요구는 위원장 또는 행정안전부장관이 한다.

🔒 350 ② 351 ③

해설

① (○) **경찰, 검찰, 국가정보원 직원 또는 군인**의 직에 있거나 그 직에서 **퇴직한 날부터 3년**이 지나지 아니한 사람은 위원이 될 수 없다.
② (○) 위원장은 필요한 경우 임시회의를 소집할 수 있으며, **위원 3인 이상**과 행정안전부장관 또는 경찰청장은 위원장에게 임시회의의 소집을 요구할 수 있다.
③ (×) 행정안전부장관은 국가경찰위원회가 심의·의결한 **내용이 적정하지 아니하다고 판단**할 때에는 **재의를 요구할 수 있으며**(요구하여야 하며×), 이 경우 **의결한 날부터 10일 이내**에 재의요구서를 위원회에 제출하여야 한다.
④ (○) **위원이 중대한 심신상의 장애**로 직무를 수행할 수 없게 되어 **면직**하는 경우에는 **위원회의 의결**이 있어야 하며, 이에 관한 **의결요구는 위원장 또는 행정안전부장관**이 한다.

352 「국가경찰과 자치경찰의 조직과 운영에 관한 법률」상 국가경찰위원회에 대한 설명으로 적절한 것은 모두 몇 개인가? ●A급 23 경위

> 가. 국가경찰위원회는 위원장 1명을 포함한 7명의 위원으로 구성하되, 위원장은 당연직 상임이며, 5명의 위원은 비상임으로 하고, 1명의 위원은 상임으로 한다.
> 나. 위원의 임기는 3년으로 하며, 연임할 수 있다. 이 경우 보궐위원의 임기는 전임자 임기의 남은 기간으로 한다.
> 다. 국가경찰위원회의 사무는 자체에서 수행한다.
> 라. 국가경찰위원회의 회의는 재적위원 과반수의 출석과 출석위원 과반수의 찬성으로 의결한다.

① 0개 ② 1개 ③ 2개 ④ 3개

해설

옳은 설명은 **라, 1개**이다.
가. (×) 국가경찰위원회는 위원장 1명을 포함한 **7명**의 위원으로 구성하되, **위원장은 비상임**(당연직 상임×)이며, **5명의 위원도 비상임**으로 하고, **1명의 위원은 상임**으로 한다.
나. (×) 위원의 임기는 **3년**으로 하며, **연임할 수 없다**(있다×). 이 경우 **보궐위원**의 임기는 **전임자 임기의 남은 기간**으로 한다.
다. (×) 국가경찰위원회의 사무는 **경찰청**(자체×)에서 수행한다.
라. (○) 국가경찰위원회의 회의는 **재적위원 과반수의 출석과 출석위원 과반수의 찬성으로 의결**한다.

353 「국가경찰과 자치경찰의 조직 및 운영에 관한 법률」과 「국가경찰위원회 규정」에 따른 국가경찰위원회에 대한 설명으로 적절하지 않은 것은 모두 몇 개인가? ●A급 21 법학

> ㉠ 위원장 1명을 포함한 7명의 위원으로 구성하되, 위원장과 1명의 위원은 상임으로 하고 5명의 위원은 비상임으로 한다.
> ㉡ 위원 중 2명은 법관의 자격이 있어야 하며, 특정 성(性)이 10분의 6을 초과하지 아니하도록 노력하여야 한다.
> ㉢ 위원이 중대한 심신상의 장애로 직무를 수행할 수 없게 되어 면직하는 경우에는 당연퇴직한다.
> ㉣ 정기회의는 특별한 사유가 있는 경우를 제외하고는 매월 2회 위원장이 소집한다.
> ㉤ 국가경찰위원회의 사무는 경찰청에서 수행하며, 경찰청장은 심의·의결된 내용이 적정하지 아니하다고 판단할 때에는 재의를 요구할 수 있다.

① 1개 ② 2개 ③ 3개 ④ 4개

 352 ② 353 ③

틀린 설명은 ㉠, ㉢, ㉤, 3개이다.

㉠ (×) 위원장 1명을 포함한 **7명**의 위원으로 구성하되, **1명**(위원장×)의 위원은 **상임**으로 하고 **위원장 및 5명**의 위원은 **비상임**으로 한다(동법 제7조 제2항).

㉡ (○) 위원 중 **2명은 법관의 자격**이 있어야 하며, 특정 성(性)이 10분의 6을 초과하지 아니하도록 노력하여야 한다.

㉢ (×) 위원이 **중대한 심신상의 장애**로 직무를 수행할 수 없게 되어 **면직**하는 경우에는 **위원회의 의결**(당연퇴직×)이 있어야 한다(국가경찰위원회 규정 제4조 제1항).

㉣ (○) **정기회의**는 특별한 사유가 있는 경우를 제외하고는 **매월 2회** 위원장이 소집한다.

㉤ (×) 국가경찰위원회의 사무는 **경찰청에서 수행**하며, **행정안전부장관**(경찰청장×)은 심의 · 의결된 내용이 적정하지 아니하다고 판단할 때에는 **재의를 요구할 수 있다**(동법 제10조 제2항).

354 경찰청장에 대한 설명으로 가장 적절하지 않은 것은?

 22 특공

① 경찰청장은 국가경찰위원회의 동의를 받아 행정안전부장관의 제청으로 국무총리를 거쳐 대통령이 임명한다.

② 경찰청장이 직무를 집행하면서 헌법이나 법률을 위배하였을 때에는 국회는 탄핵 소추를 의결할 수 있다.

③ 경찰청장은 원칙적으로 경찰의 수사에 관한 사무의 경우에는 개별 사건의 수사에 대하여 구체적으로 지휘 · 감독할 수 있다.

④ 경찰청장의 임기는 2년으로 하고, 중임(重任)할 수 없다.

① (○) **경찰청장**은 **국가경찰위원회의 동의**를 받아 **행정안전부장관의 제청**으로 **국무총리**를 거쳐 **대통령이 임명**한다.

② (○) 경찰청장이 직무를 집행하면서 **헌법**이나 **법률을 위배**하였을 때에는 **국회는 탄핵 소추를 의결할 수 있다**.

③ (×) **경찰청장**은 원칙적으로 경찰의 수사에 관한 사무의 경우에는 **개별 사건의 수사에 대하여 구체적으로 지휘 · 감독할 수 없다**(있다×).

④ (○) **경찰청장**의 임기는 2년으로 하고, **중임(重任)할 수 없다**.

355 「국가경찰과 자치경찰의 조직 및 운영에 관한 법률」상 경찰청장에 관한 설명 중 옳지 않은 것은 모두 몇 개인가?

●A급 22 법학

㉠ 경찰청장은 전시 · 사변, 천재지변, 그 밖에 이에 준하는 국가 비상사태, 대규모의 테러 또는 소요 사태가 발생하였거나 발생할 우려가 있어 전국적인 치안유지를 위하여 긴급한 조치가 필요하다고 인정할 만한 충분한 사유가 있는 경우 자치경찰사무를 수행하는 경찰공무원(제주특별자치도의 자치경찰공무원을 포함한다)을 직접 지휘 · 명령할 수 있다.

㉡ 경찰청장은 ㉠에 따른 조치가 필요한 경우에는 시 · 도자치경찰위원회에 자치경찰사무를 담당하는 경찰공무원을 직접 지휘 · 명령하려는 사유 및 내용 등을 구체적으로 제시하여 통보하여야 한다.

㉢ 경찰청장은 국민의 생명 · 신체 · 재산 또는 공공의 안전 등에 중대한 위험을 초래하는 긴급하고 중요한 사건의 수사에 있어서 경찰의 자원을 대규모로 동원하는 등 통합적으로 현장 대응할 필요가 있다고 판단할 만한 상당한 이유가 있는 때에는 직접 개별 사건의 수사에 대하여 구체적으로 지휘 · 감독할 수 있다.

㉣ 경찰청장은 개별 사건의 수사에 대한 구체적 지휘 · 감독을 개시한 때에는 이를 국가수사본부장에게 통보하여야 한다.

① 1개   ② 2개   ③ 3개   ④ 4개

 354 ③   355 ②

해설

틀린 설명은 ⓒ, ⓔ, **2개**이다.

㉠ (○) **경찰청장**은 전시·사변, 천재지변, 그 밖에 이에 준하는 **국가 비상사태**, 대규모의 테러 또는 소요사태가 발생하였거나 발생할 우려가 있어 **전국적인 치안유지**를 위하여 **긴급한 조치가 필요**하다고 인정할 만한 충분한 사유가 있는 경우 **자치경찰사무를 수행하는 경찰공무원(제주특별자치도의 자치경찰공무원을 포함한다)을 직접 지휘·명령할 수 있다**(경찰법 제32조 제1항 제1호).

㉡ (○) **경찰청장**은 ㉠에 따른 조치가 필요한 경우에는 **시·도자치경찰위원회**에 자치경찰사무를 담당하는 경찰공무원을 **직접 지휘·명령하려는 사유 및 내용 등을 구체적으로 제시하여 통보하여야 한다**(경찰법 제32조 제2항).

㉢ (×) **경찰청장**은 국민의 생명·신체·재산 또는 공공의 안전 등에 중대한 위험을 초래하는 긴급하고 중요한 사건의 수사에 있어서 경찰의 자원을 대규모로 동원하는 등 통합적으로 현장 대응할 필요가 있다고 판단할 만한 상당한 이유가 있는 때에는 **국가수사본부장을 통하여(직접×)** 개별 사건의 수사에 대하여 **구체적으로 지휘·감독할 수 있다.**

㉣ (×) **경찰청장**은 개별 사건의 수사에 대한 구체적 지휘·감독을 개시한 때에는 이를 **국가경찰위원회에 보고(국가수사본부장에게 통보×)하여야 한다.**

---

356 「국가경찰과 자치경찰의 조직 및 운영에 관한 법률」상 경찰청장의 개별 사건의 수사에 대한 구체적 지휘·감독에 관한 설명으로 가장 적절하지 않은 것은?   ●A급 26 경위

① 경찰청장은 국민의 생명·신체·재산 또는 공공의 안전 등에 중대한 위험을 초래하는 긴급하고 중요한 사건의 수사에 있어서 경찰의 자원을 대규모로 동원하는 등 통합적으로 현장 대응할 필요가 있다고 판단할 만한 상당한 이유가 있는 때에는 국가수사본부장을 통하여 개별 사건의 수사에 대하여 구체적으로 지휘·감독할 수 있다.

② 경찰청장은 개별 사건의 수사에 대한 구체적 지휘·감독을 개시한 때에는 이를 국회 소관 상임위원회에 보고하여야 한다.

③ 경찰청장은 국가수사본부장이 그 사유가 해소되었다고 판단하여 개별 사건의 수사에 대한 구체적 지휘·감독의 중단을 건의하는 경우 특별한 이유가 있다면 이를 거부할 수 있다.

④ 경찰청장은 국가수사본부장에게 개별 사건의 수사에 대한 구체적 지휘를 하는 경우 서면 지휘가 불가능하거나 현저히 곤란한 경우를 제외하고는 서면으로 지휘하여야 한다.

해설

① (○) **경찰청장은** 국민의 생명·신체·재산 또는 공공의 안전 등에 중대한 위험을 초래하는 **긴급하고 중요한 사건의 수사**에 있어서 경찰의 자원을 **대규모로 동원하는 등 통합적으로 현장 대응할 필요**가 있다고 판단할 만한 상당한 이유가 있는 때에는 **국가수사본부장을 통하여** 개별 사건의 수사에 대하여 구체적으로 **지휘·감독할 수 있다.**

② (×) **경찰청장은** 개별 사건의 수사에 대한 구체적 지휘·감독을 개시한 때에는 이를 **국가경찰위원회(국회 소관 상임위원회×)에 보고**하여야 한다.

③ (○) 경찰청장은 국가수사본부장이 그 사유가 해소되었다고 판단하여 개별 사건의 수사에 대한 구체적 지휘·감독의 중단을 건의하는 경우 **특별한 이유가 있다면 이를 거부할 수 있다.** 즉, 특별한 이유가 없다면 이를 거부할 수 없다.

④ (○) **경찰청장은 국가수사본부장에게** 개별 사건의 수사에 대한 구체적 지휘를 하는 경우 서면 지휘가 불가능하거나 현저히 곤란한 경우를 제외하고는 **서면으로 지휘**하여야 한다.

 356 ②

357 「국가경찰 및 자치경찰의 조직 및 운영에 관한 법률」상 비상사태 등 전국적 치안유지에 대한 설명으로 가장 적절하지 않은 것은? •A급 23 경위

① 경찰청장은 비상사태 등 전국적 치안유지를 위한 지휘·명령이 필요한 경우에는 시·도자치경찰위원회에 자치경찰사무를 담당하는 경찰공무원을 직접 지휘·명령하려는 사유 및 내용 등을 구체적으로 제시하여 통보하여야 한다.

② 경찰청장이 비상사태 등 전국적 치안유지를 위한 지휘·명령을 하는 경우에는 국가경찰위원회에 즉시 보고하여야 하지만, 국민안전에 중대한 영향을 미치는 사안에 대하여 다수의 시·도에 동일하게 적용되는 치안정책을 시행할 필요가 있다고 인정할 만한 충분한 사유가 있는 경우에는 미리 국가경찰위원회의 의결을 거쳐야 하며 긴급한 경우에는 우선 조치 후 지체 없이 국가경찰위원회의 의결을 거쳐야 한다.

③ 경찰청장은 비상사태 등 전국적 치안유지를 위한 지휘·명령할 수 있는 사유가 해소된 때에는 경찰공무원에 대한 지휘·명령을 즉시 중단하여야 한다.

④ 시·도자치경찰위원회는 자치경찰사무와 관련하여 해당 시·도의 경찰력으로는 국민의 생명·신체·재산의 보호 및 공공의 안녕과 질서유지가 어려워 경찰청장의 지원·조정이 필요하다고 인정할 만한 충분한 사유가 있는 경우 의결로 지원·조정의 범위·기간 등을 정하여 경찰청장에게 지원·조정을 요청할 수 있다.

> **해설**
>
> ① (○) **경찰청장은** 비상사태 등 **전국적 치안유지를 위한 지휘·명령이 필요**한 경우에는 **시·도자치경찰위원회**에 자치경찰사무를 담당하는 경찰공무원을 **직접 지휘·명령하려는 사유 및 내용 등을 구체적으로 제시하여 통보하여야 한다.**
>
> ② (×) **경찰청장**이 비상사태 등 전국적 치안유지를 위한 **지휘·명령을 하는 경우**에는 **국가경찰위원회에 즉시 보고**하여야 하지만, 자치경찰사무와 관련하여 해당 시·도의 경찰력으로는 국민의 생명·신체·재산의 보호 및 공공의 안녕과 질서유지가 어려워 **경찰청장의 지원·조정이 필요**하다고 인정할 만한 충분한 사유가 있는 경우(국민안전에 중대한 영향을 미치는 사안에 대하여 다수의 시·도에 동일하게 적용되는 치안정책을 시행할 필요가 있다고 인정할 만한 충분한 사유가 있는 경우×)에는 **미리 국가경찰위원회의 의결을 거쳐야** 하며 **긴급한 경우에는 우선 조치 후 지체 없이 국가경찰위원회의 의결**을 **거쳐야** 한다(동법 제32조 제4항).
>
> ③ (○) **경찰청장은** 비상사태 등 전국적 치안유지를 위한 지휘·명령할 수 있는 **사유가 해소된 때에는** 경찰공무원에 대한 **지휘·명령을 즉시 중단하여야** 한다.
>
> ④ (○) **시·도자치경찰위원회는** 자치경찰사무와 관련하여 해당 시·도의 경찰력으로는 국민의 생명·신체·재산의 보호 및 공공의 안녕과 질서유지가 어려워 **경찰청장의 지원·조정이 필요**하다고 인정할 만한 충분한 사유가 있는 경우 의결로 지원·조정의 범위·기간 등을 정하여 **경찰청장에게 지원·조정을 요청할 수 있다.**

358 경찰청장에 대한 설명으로 가장 적절한 것은? •A급 20 순경2차

① 징계위원회의 의결을 거친 경무관 이상의 강등 및 정직과 경정 이상의 파면 및 해임을 한다.

② 임기는 2년이 보장되나, 직무 수행 중 헌법이나 법률을 위배하였을 때에는 국회는 탄핵할 수 있다.

③ 소속 공무원뿐만 아니라 제주특별자치도의 자치경찰공무원도 언제나 직접 지휘·명령할 수 있다.

④ 경찰청장은 대통령령으로 정하는 바에 따라 경찰공무원의 임용에 관한 권한의 일부를 특별시장·광역시장·도지사·특별자치시장 또는 특별자치도지사(이하 "시·도지사"라 한다), 국가수사본부장, 소속 기관의 장, 시·도경찰청장에게 위임할 수 있다.

 357 ② 358 ④

해설

① (×) 징계위원회 의결을 거친 **경무관 이상의 강등 및 정직과 경정 이상의 파면 및 해임**은 **경찰청장** 또는 해양경찰청장의 **제청**으로 행정안전부장관 또는 해양수산부장관과 **국무총리**를 거쳐 **대통령이 한다**(**경찰청장이 한다×**)(경찰공무원법 제33조).

② (×) 임기는 **2년이 보장**되나, 직무 수행 중 **헌법이나 법률을 위배**하였을 때에는 **국회는 탄핵 소추를 의결할 수 있다**(**탄핵할 수 있다×**)(경찰법 제14조 제4항, 제5항).

③ (×) 경찰청장은 **법률에서 규정한 특별한 경우에 한하여**(**언제나×**) 자치경찰사무를 수행하는 경찰공무원(제주특별자치도의 자치경찰공무원을 포함한다)을 **직접 지휘·명령할 수 있다**(경찰법 제32조 제1항).

④ (○) **경찰청장**은 대통령령으로 정하는 바에 따라 경찰공무원의 **임용에 관한 권한의 일부**를 특별시장·광역시장·도지사·특별자치시장 또는 특별자치도지사(이하 "시·도지사"라 한다), 국가수사본부장, 소속 기관의 장, 시·도경찰청장에게 **위임할 수 있다**(경찰공무원법 제7조 제3항).

359 「국가경찰과 자치경찰의 조직 및 운영에 관한 법률」에서 국가수사본부장에 대한 설명으로 가장 적절한 것은?
●A급 21 순경2차

① 국가수사본부장은 치안감으로 보하며, 임기가 끝나면 당연히 퇴직한다.

② 국가수사본부장의 임기는 2년으로 하며, 중임할 수 있다.

③ 국가수사본부장은 국가경찰사무를 총괄하고 경찰청 업무를 관장하며 소속 공무원 및 각급 경찰기관의 장을 지휘·감독한다.

④ 국가수사본부장이 직무를 집행하면서 헌법이나 법률을 위배하였을 때에는 국회는 탄핵 소추를 의결할 수 있다.

해설

① (×) **국가수사본부장**은 **치안정감**(**치안감×**)으로 보하며, 임기가 끝나면 당연히 퇴직한다.

② (×) **국가수사본부장**의 임기는 **2년**으로 하며, **중임할 수 없다**(**있다×**).

③ (×) **경찰청장**(**국가수사본부장×**)은 **국가경찰사무를 총괄**하고 경찰청 업무를 관장하며 소속 공무원 및 **각급 경찰기관의 장을 지휘·감독**한다.

> 🎁ip **국가수사본부장**은 「형사소송법」에 따른 **경찰의 수사에 관하여** 각 시·도경찰청장과 경찰서장 및 수사부서 소속 공무원을 **지휘·감독한다**.

④ (○) **국가수사본부장**이 직무를 집행하면서 **헌법이나 법률을 위배**하였을 때에는 **국회는 탄핵 소추를 의결**할 수 있다.

360 「국가경찰과 자치경찰의 조직 및 운영에 관한 법률」상 국가수사본부장에 관한 설명으로 가장 적절하지 않은 것은?
●A급 23 순경2차

① 국가수사본부장은 치안정감으로 보한다.

② 국가수사본부장을 경찰청 외부를 대상으로 모집하여 임용하는 경우 정당의 당원이거나 당적을 이탈한 날부터 3년이 지나지 아니한 사람은 국가수사본부장이 될 수 없다.

③ 국가수사본부장이 직무를 집행하면서 헌법이나 법률을 위배하였을 때에는 국회는 대통령에게 해임을 건의할 수 있다.

④ 국가수사본부장의 임기는 2년으로 하며, 중임할 수 없다.

🔒 359 ④ 360 ③

① (○) **국가수사본부장**은 치안정감으로 보한다.

② (○) 국가수사본부장을 경찰청 외부를 대상으로 모집하여 임용하는 경우 정당의 당원이거나 **당적을 이탈한 날부터 3년이 지나지 아니한 사람**은 **국가수사본부장이 될 수 없다.**

③ (×) 국가수사본부장이 직무를 집행하면서 **헌법이나 법률을 위배**하였을 때에는 **국회는 탄핵 소추를 의결**(대통령에게 **해임을 건의×**)할 수 있다(동법 제16조 제5항).

④ (○) 국가수사본부장의 임기는 **2년**으로 하며, **중임할 수 없다.**

361 「국가경찰과 자치경찰의 조직과 운영에 관한 법률」상 다음 (　) 안에 들어갈 숫자의 합은?

 ●A급 22 경위

> 가. 시·도자치경찰위원회는 위원장 1명을 포함한 (　)명의 위원으로 구성하되, 위원장과 (　)명의 위원은 상임으로 하고, (　)명의 위원은 비상임으로 한다.
> 나. 시·도자치경찰위원회 위원 중 (　)명은 인권문제에 관하여 전문적인 지식과 경험이 있는 사람이 임명될 수 있도록 노력하여야 한다.
> 다. 시·도자치경찰위원회 위원장과 위원의 임기는 (　)년으로 하며, 연임할 수 없다.

① 17 　　　　② 18 　　　　③ 19 　　　　④ 20

7 + 1 + 5 + 1 + 3 = 17

가. 시·도자치경찰위원회는 위원장 1명을 포함한 **(7)명**의 위원으로 구성하되, 위원장과 **(1)명**의 위원은 상임으로 하고, **(5)명**의 위원은 비상임으로 한다.

나. 시·도자치경찰위원회 위원 중 **(1)명**은 인권문제에 관하여 전문적인 지식과 경험이 있는 사람이 임명될 수 있도록 노력하여야 한다.

다. 시·도자치경찰위원회 위원장과 위원의 임기는 **(3)년**으로 하며, 연임할 수 없다.

362 「국가경찰과 자치경찰의 조직 및 운영에 관한 법률」상 시·도자치경찰위원회에 대한 설명으로 가장 적절하지 않은 것은?

●A급 24 순경1차

① 합의제 행정기관으로서 그 권한에 속하는 업무를 독립적으로 수행한다.

② 위원은 시·도의회가 추천하는 2명, 국가경찰위원회가 추천하는 1명, 해당 시·도 교육감이 추천하는 1명, 시·도자치경찰위원회 위원추천위원회가 추천하는 2명, 시·도지사가 지명하는 1명의 사람을 시·도지사가 임명한다.

③ 시·도지사는 시·도자치경찰위원회의 의결이 적정하지 아니하다고 판단할 때에는 재의를 요구할 수 있다.

④ 경찰청장은 시·도자치경찰위원회의 의결이 적정하지 아니하다고 판단되면 국가경찰위원회와 행정안전부장관을 거쳐 시·도지사에게 재의를 요구하게 할 수 있다.

361 ① 　362 ④

해설

① (○) 시·도자치경찰위원회는 **합의제 행정기관**으로서 그 권한에 속하는 **업무를 독립적으로 수행**한다.

② (○) 시·도자치경찰위원회 위원은 **시·도의회**가 추천하는 **2명**, **국가경찰위원회**가 추천하는 **1명**, 해당 **시·도 교육감**이 추천하는 **1명**, 시·도자치경찰위원회 **위원추천위원회**가 추천하는 **2명**, **시·도지사**가 지명하는 **1명**의 사람을 시·도지사가 임명한다.

③ (○) **시·도지사는** 시·도자치경찰위원회의 의결이 '**적정하지 아니하다**'고 판단할 때에는 **재의를 요구할 수 있다.**

④ (✕) **경찰청장은** 시·도자치경찰위원회의 의결이 '**법령**'에 위반되거나 공익을 현저히 해친다고(적정하지 아니하다고✕) 판단되면 **국가경찰위원회와 행정안전부장관을 거쳐** 시·도지사에게 **재의를 요구하게 할 수 있다**(동법 제25조 제4항).

---

363 「국가경찰과 자치경찰의 조직 및 운영에 관한 법률」상 시·도자치경찰위원회 위원의 결격사유에 해당하지 않는 사람은?　　●A급 25 경위

① 정당의 당적을 이탈한 날부터 1년이 지나지 아니한 사람

② 군인의 직에서 퇴직한 날부터 2년이 지나지 아니한 사람

③ 공립대학의 부교수의 직에서 퇴직한 날부터 3년이 지나지 아니한 사람

④ 선거에 의하여 취임하는 공직에서 퇴직한 날부터 3년이 지나지 아니한 사람

해설

③ (✕) **공립대학의 부교수**의 직에서 퇴직한 날부터 3년이 지나지 아니한 사람 – '**국립 또는 공립대학의 조교수 이상**의 직에 있는 사람은 **결격사유에서 제외한다**'는 규정에 의해 해당 사례는 시·도자치경찰위원회 위원의 결격사유에 해당하는 사람이 아니므로 **위원이 될 수 있다.**

Tip 시·도자치경찰위원회 위원의 결격사유(동법 제20조)

> ⑦ 다음 각 호의 어느 하나에 해당하는 사람은 **위원이 될 수 없다.** 위원이 각 호의 어느 하나에 **해당한 경우에는 당연퇴직**한다.
>
> 1. **정당의 당원**이거나 **당적을 이탈**한 날부터 **3년이 지나지 아니한 사람**
> 2. **선거**에 의하여 **취임**하는 **공직**에 있거나 그 공직에서 **퇴직한 날부터 3년이 지나지 아니한 사람**
> 3. **경찰, 검찰, 국가정보원 직원** 또는 **군인**의 직에 있거나 그 직에서 **퇴직한 날부터 3년이 지나지 아니한 사람**
> 4. 국가 및 지방자치단체의 **공무원**(국립 또는 공립대학의 조교수 이상의 직에 있는 사람은 제외한다.)이거나 공무원이 었던 사람으로서 **퇴직한 날부터 3년이 지나지 아니한 사람.** 다만, 제20조 제3항 후단에 따라 위원장과 상임위원이 지방자치단체의 공무원이 된 경우에는 당연퇴직하지 아니한다.

---

364 「국가경찰과 자치경찰의 조직 및 운영에 관한 법률」상 시·도자치경찰위원회의 소관사무에 관한 설명으로 가장 적절하지 않은 것은?　　●A급 23 승진

① 자치경찰사무 담당 공무원의 고충심사 및 사기진작

② 국가경찰사무·자치경찰사무의 협력·조정과 관련하여 시·도경찰청장과 협의

③ 국가경찰위원회에 대한 심의·조정·요청

④ 그 밖에 시·도지사, 시·도경찰청장이 중요하다고 인정하여 시·도자치경찰위원회의 회의에 부친 사항에 대한 심의·의결

🔒 363 ③　364 ②

365 「국가경찰과 자치경찰의 조직 및 운영에 관한 법률」상 시·도자치경찰위원회의 소관사무로 가장 적절하지 않은 것은?

•A급 25 순경2차, 25 특공

① 자치경찰사무에 관한 인사, 예산, 장비, 통신 등에 관한 주요 정책 및 그 운영지원
② 자치경찰사무 담당 공무원의 부패 방지와 청렴도 향상에 관한 주요정책 및 인권침해 또는 권한남용 소지가 있는 규칙, 제도, 정책, 관행 등의 개선
③ 시·도경찰청장의 임용과 관련한 시·도지사와의 협의
④ 정기적으로 경찰서장의 자치경찰사무 수행에 관한 평가결과를 경찰청장에게 통보

366 「국가경찰과 자치경찰의 조직 및 운영에 관한 법률」상 시·도자치경찰위원회의 설명에 관한 내용 중 가장 적절하지 않은 것은?

•A급 22 순경1차

① 공무원이 아닌 위원에 대해서는 「국가공무원법」 제55조 및 제57조를 준용한다.
② 위원 중 1명은 인권문제에 관하여 전문적인 지식과 경험이 있는 사람이 임명될 수 있도록 노력하여야 한다.
③ 위원은 정치적 중립을 지켜야 하며, 권한을 남용하여서는 아니 된다.
④ 시·도자치경찰위원회는 합의제 행정기관으로서 그 권한에 속하는 업무를 독립적으로 수행한다.

365 ③　366 ①

367 「국가경찰과 자치경찰의 조직 및 운영에 관한 법률」상 시·도자치경찰위원회에 관한 설명으로 가장 적절한 것은?　●A급 23 순경2차

① 동법 제18조 제1항 단서에 따라 2개의 시·도자치경찰위원회를 두는 경우 해당 시·도자치경찰위원회의 명칭, 관할구역, 사무분장, 그 밖에 필요한 사항은 행정안전부령으로 정한다.

② 시·도자치경찰위원회 비상임 위원은 특정 성(性)이 10분의 6을 초과하지 아니해야 한다.

③ 시·도자치경찰위원회 위원장과 위원의 임기는 3년으로 하되, 위원만 한 차례 연임할 수 있다.

④ 시·도자치경찰위원회의 회의는 정기적으로 개최하여야 한다. 다만 위원장이 필요하다고 인정하는 경우, 위원 2명 이상이 요구하는 경우 및 시·도지사가 필요하다고 인정하는 경우에는 임시회의를 개최할 수 있다.

해설

① (×) 동법 제18조 제1항 단서에 따라 **2개의 시·도자치경찰위원회를 두는 경우** 해당 시·도자치경찰위원회의 명칭, 관할구역, 사무분장, 그 밖에 필요한 사항은 **대통령령**(행정안전부령×)으로 **정한다**(동법 제18조 제3항).

② (×) **시·도자치경찰위원회 위원**(비상임 위원×)은 특정 성(性)이 **10분의 6을 초과하지 아니하도록 노력하여야 한다**(아니해야 한다×)(동법 제19조 제2항).

③ (×) **시·도자치경찰위원회 위원장과 위원**의 임기는 **3년**으로 하며, **연임할 수 없다**(위원만 한 차례 연임할 수 있다×)(동법 제23조 제1항).

④ (○) **시·도자치경찰위원회의 회의**는 정기적으로 개최하여야 한다. 다만 **위원장이 필요**하다고 인정하는 경우, **위원 2명 이상**이 요구하는 경우 및 **시·도지사가 필요**하다고 인정하는 경우에는 **임시회의**를 개최할 수 있다(동법 제26조 제1항).

368 「국가경찰과 자치경찰의 조직 및 운영에 관한 법률」상 시·도자치경찰위원회에 대한 설명으로 적절한 것만을 모두 고른 것은?　●A급 21 순경1차

ⓐ 위원장 1명을 포함한 7명의 위원으로 구성하되, 위원장과 1명의 위원은 상임으로 하고 5명의 위원은 비상임으로 한다.

ⓑ 위원 중 2명은 법관의 자격이 있는 사람이어야 한다.

ⓒ 위원은 시·도의회가 추천하는 2명, 국가경찰위원회가 추천하는 1명, 해당 시·도 교육감이 추천하는 1명, 시·도자치경찰위원회 위원추천위원회가 추천하는 2명, 시·도지사가 지명하는 1명을 시·도지사가 임명한다.

ⓓ 위원장은 비상임위원 중에서 호선하고, 상임위원은 시·도자치 경찰위원회의 의결을 거쳐 위원 중에서 위원장의 제청으로 시·도지사가 임명한다. 이 경우 위원장과 상임위원은 지방자치단체의 공무원으로 한다.

① ⓐ, ⓑ　　　　② ⓐ, ⓒ　　　　③ ⓑ, ⓒ　　　　④ ⓒ, ⓓ

해설

옳은 설명은 ⓐ, ⓒ, **2개**이다.

ⓐ (○) 시·도자치경찰위원회의 위원장 1명을 포함한 **7명**의 위원으로 구성하되, **위원장과 1명**의 위원은 **상임위원**으로 하고, **5명**의 위원은 **비상임**으로 한다.

🔒 367 ④　368 ②

ⓒ (×) 위원 중 **2명은 법관의 자격이 있는 사람**이어야 한다는 내용은 **국가경찰위원회**에 해당하는 내용이다.

ⓒ (○) 시 · 도자치경찰위원회의 위원은 **시 · 도의회**가 추천하는 **2명**, **국가경찰위원회**가 추천하는 **1명**, 해당 **시 · 도 교육감**이 추천하는 **1명**, 시 · 도경찰자치위원회 **위원추천위원회**가 추천하는 **2명**, **시 · 도지사**가 지명하는 **1명**을 **시 · 도지사가 임명**한다.

ⓔ (×) 시 · 도자치경찰위원회의 위원장은 **위원(비상임위원×) 중에서 시 · 도지사가 임명(호선×)**하고, **상임위원**은 시 · 도자치 경찰위원회의 의결을 거쳐 **위원 중에서 위원장의 제청으로 시 · 도지사가 임명한다**. 이 경우 위원장과 상임위원은 지방자치단체의 공무원으로 한다.

369 「국가경찰과 자치경찰의 조직 및 운영에 관한 법률」에서 규정하고 있는 시 · 도자치경찰위원회에 대한 설명으로 가장 적절하지 않은 것은? ●A급 21 특공

① 위원장 1명을 포함한 7명의 위원으로 구성하되, 위원장과 1명의 위원은 상임위원으로 하고, 5명의 위원은 비상임으로 한다.

② 위원 중 2명은 법관의 자격이 있는 사람이어야 한다.

③ 위원은 시 · 도의회가 추천하는 2명, 국가경찰위원회가 추천하는 1명, 해당 시 · 도 교육감이 추천하는 1명, 시 · 도경찰자치위원회 위원추천위원회가 추천하는 2명, 시 · 도지사가 지명하는 1명을 시 · 도지사가 임명한다.

④ 시 · 도자치경찰위원회 위원장은 위원 중에서 시 · 도지사가 임명한다.

해설

① (○) 위원장 1명을 포함한 **7명**의 위원으로 구성하되, **위원장과 1명의 위원은 상임위원**으로 하고, **5명의 위원은 비상임**으로 한다.

② (×) '**위원 중 2명은 법관의 자격**이 있는 사람이어야 한다.'라는 규정은 **국가경찰위원회에만 적용**되는 규정으로 시 · 도경찰자치위원회에 대한 설명으로 적절하지 않다.

③ (○) 위원은 **시 · 도의회**가 추천하는 **2명**, **국가경찰위원회**가 추천하는 **1명**, 해당 **시 · 도 교육감**이 추천하는 **1명**, 시 · 도경찰자치위원회 **위원추천위원회**가 추천하는 **2명**, **시 · 도지사**가 지명하는 **1명**을 **시 · 도지사가 임명**한다.

④ (○) 시 · 도자치경찰위원회 **위원장**은 **위원 중에서 시 · 도지사가 임명**한다.

370 「국가경찰과 자치경찰의 조직 및 운영에 관한 법률」상 시 · 도자치경찰위원회에 대한 설명으로 가장 적절하지 않은 것은? ●A급 25 순경1차

① 시 · 도자치경찰위원회는 위원장 1명을 포함한 7명의 위원으로 구성하되, 위원장과 1명의 위원은 상임으로 하고, 5명의 위원은 비상임으로 한다.

② 시 · 도자치경찰위원회 위원장은 위원 중에서 시 · 도지사가 임명하고, 상임위원은 시 · 도자치경찰위원회의 의결을 거쳐 위원 중에서 위원장의 제청으로 시 · 도지사가 임명한다.

③ 시 · 도자치경찰위원회 위원장과 위원의 임기는 3년으로 하며, 연임할 수 없다. 다만, 보궐위원의 임기는 전임자 임기의 남은 기간으로 하되, 전임자의 남은 임기가 1년 미만인 경우에는 한 차례만 연임할 수 있다.

④ 시 · 도자치경찰위원회의 위원장은 재의요구를 받은 날부터 7일 이내에 회의를 소집하여 재의결하여야 한다. 이 경우 재적위원 과반수의 출석과 출석위원 과반수 이상의 찬성으로 전과 같은 의결을 하면 그 의결사항은 확정된다.

 369 ② 370 ④

① (○) 시·도자치경찰위원회는 위원장 1명을 포함한 7명의 위원으로 구성하되, **위원장과 1명의 위원은 상임**으로 하고, **5명의 위원은 비상임**으로 한다(동법 제19조 제1항).

② (○) 시·도자치경찰위원회 **위원장**은 위원 중에서 **시·도지사가 임명**하고, **상임위원**은 시·도자치경찰위원회의 **의결을 거쳐** 위원 중에서 **위원장의 제청**으로 **시·도지사가 임명**한다(동법 제20조 제3항).

③ (○) 시·도자치경찰위원회 **위원장과 위원의 임기는 3년**으로 하며, **연임할 수 없다**. 다만, 보궐위원의 임기는 전임자 임기의 남은 기간으로 하되, **전임자의 남은 임기가 1년 미만인 경우에는 한 차례만 연임**할 수 있다(동법 제23조 제2항).

④ (×) 시·도자치경찰위원회의 위원장은 재의요구를 받은 날부터 **7일 이내**에 회의를 소집하여 **재의결**하여야 한다. 이 경우 **재적위원 과반수의 출석과 출석위원 3분의 2 이상**(과반수 이상×)의 **찬성**으로 전과 같은 의결을 하면 그 의결사항은 확정된다(동법 제25조 제5항).

---

371 「국가경찰과 자치경찰의 조직 및 운영에 관한 법률」상 시·도자치경찰위원회에 관한 내용의 설명으로 옳지 않은 것을 모두 고른 것은?

●A급 22 법학

> ㉠ 위원장은 위원 중에서 시·도지사가 임명하고, 상임위원은 시·도자치경찰위원회의 의결을 거쳐 위원 중에서 위원장의 제청으로 시·도지사가 임명한다.
> ㉡ 위원장이 필요하다고 인정하는 경우, 위원 2명 이상이 요구하는 경우 및 시·도지사가 필요하다고 인정하는 경우에는 임시회의를 개최할 수 있다.
> ㉢ 위원 중 1명은 국가경찰위원회가 추천하고 시·도지사가 임명한다.
> ㉣ 위원 중 1명은 인권문제에 관하여 전문적인 지식과 경험이 있는 사람이어야 한다.
> ㉤ 위원회의 의결된 내용이 법령에 위반되거나 공익을 현저히 해친다고 판단되면 행정안전부장관은 국가경찰위원회와 경찰청장을 거쳐 시·도지사에게 재의를 요구하게 할 수 있다.

① ㉠, ㉤

② ㉡, ㉢

③ ㉢, ㉣

④ ㉣, ㉤

틀린 설명은 ㉣, ㉤, 2개이다.

㉠ (○) **위원장**은 위원 중에서 **시·도지사가 임명**하고, **상임위원**은 시·도자치경찰위원회의 의결을 거쳐 위원 중에서 **위원장의 제청**으로 **시·도지사가 임명**한다.

㉡ (○) **위원장이 필요**하다고 인정하는 경우, **위원 2명 이상**이 요구하는 경우 및 **시·도지사가 필요**하다고 인정하는 경우에는 **임시회의를 개최할 수 있다**.

㉢ (○) 위원 중 **1명은 국가경찰위원회가 추천**하고 **시·도지사가 임명**한다.

㉣ (×) 위원 중 **1명**은 **인권문제**에 관하여 전문적인 지식과 경험이 있는 사람이 **임명될 수 있도록 노력하여야 한다**(이어야 한다×)(경찰법 제19조 제3항).

㉤ (×) 위원회의 의결된 내용이 **법령에 위반되거나 공익을 현저히 해친다**고 판단되면 **행정안전부장관**은 **미리 경찰청장의 의견을 들어 국가경찰위원회를 거쳐**(국가경찰위원회와 경찰청장을 거쳐×) **시·도지사에게 재의를 요구하게 할 수 있다**(경찰법 제25조 제4항).

🔒 371 ④

372 「국가경찰과 자치경찰의 조직 및 운영에 관한 법률」상 국가경찰위원회와 시·도자치경찰위원회에 공통적으로 적용되는 규정 중 가장 적절한 것은?

●A급 22 순경2차

① 위원장 및 1명의 위원은 상임위원으로 하고 나머지 5명의 위원은 비상임으로 한다.
② 경찰의 직에서 퇴직한 날로부터 3년이 지나지 아니한 사람은 위원이 될 수 없다.
③ 위원 2명이 회의를 요구하는 경우 임시회의를 개최할 수 있다.
④ 보궐위원은 전임자의 남은 임기가 1년 미만인 경우 한 차례에 한해서 연임할 수 있다.

해설

① (×) **위원장 및 1명**의 위원은 **상임위원**으로 하고 나머지 **5명**의 위원은 **비상임**으로 한다. – **시·도자치경찰위원회에만 해당하는 규정**이다.
  Tip 국가경찰위원회는 위원장 1명을 포함한 **7명**의 위원으로 구성하되, **위원장 및 5명**의 위원은 **비상임**으로 하고, **1명**의 위원은 **상임**으로 한다.

② (○) **경찰의 직**에서 **퇴직한 날로부터 3년**이 지나지 아니한 사람은 위원이 될 수 없다. – **공통적으로 적용되는 규정**이다.

③ (×) **위원 2명**이 회의를 요구하는 경우 임시회의를 개최할 수 있다. – **시·도자치경찰위원회에만 해당하는 규정**이다.
  Tip 국가경찰위원회 위원장은 필요한 경우 임시회의를 소집할 수 있으며, **위원 3인 이상**과 행정안전부장관 또는 경찰청장은 위원장에게 임시회의의 소집을 요구할 수 있다.

④ (×) **보궐위원**은 전임자의 **남은 임기가 1년 미만**인 경우 **한 차례**에 한해서 **연임할 수 있다.** – **시·도자치경찰위원회에만 해당하는 규정**이다.
  Tip 국가경찰위원회 위원의 임기는 3년으로 하며, **연임(連任)할 수 없다.** 이 경우 **보궐위원**의 임기는 **전임자 임기의 남은 기간**으로 한다.

---

373 「국가경찰과 자치경찰의 조직 및 운영에 관한 법률」에 관한 설명으로 가장 적절하지 않은 것은?

●A급 23 법학

① 경찰청장은 국가경찰위원회의 동의를 받아 행정안전부장관의 제청으로 국무총리를 거쳐 대통령이 임명한다. 이 경우 국회의 인사청문을 거쳐야 한다.
② 국가수사본부장을 경찰청 외부를 대상으로 모집하여 임용하는 경우, 정당의 당원이거나 당적을 이탈한 날부터 5년이 지나지 아니한 사람은 국가수사본부장이 될 수 없다.
③ 시·도자치경찰위원회의 위원은 특정 성(性)이 10분의 6을 초과하지 아니하도록 노력하여야 하며 위원 중 1명은 인권문제에 관하여 전문적인 지식과 경험이 있는 사람이 임명될 수 있도록 노력하여야 한다.
④ 시·도경찰위원회 위원의 임명은 시·도의회가 추천하는 2명, 국가경찰위원회가 추천하는 1명, 해당 시·도 교육감이 추천하는 1명, 시·도자치경찰위원회 위원추천위원회가 추천하는 2명, 시·도 지사가 지명하는 1명으로 시·도지사가 임명한다.

해설

① (○) **경찰청장**은 **국가경찰위원회의 동의**를 받아 **행정안전부장관의 제청**으로 **국무총리**를 거쳐 **대통령이 임명**한다. 이 경우 **국회의 인사청문을 거쳐야 한다.**

② (×) 국가수사본부장을 경찰청 외부를 대상으로 모집하여 임용하는 경우, 정당의 당원이거나 **당적을 이탈한 날부터 3년(5년×)이 지나지 아니한 사람**은 **국가수사본부장이 될 수 없다**(동법 제16조 제7항).

🔒 **372** ② **373** ②

③ (○) **시 · 도자치경찰위원회의 위원**은 **특정 성(性)**이 10분의 6을 초과하지 아니하도록 **노력**하여야 하며 위원 중 **1명**은 **인권문제**에 관하여 전문적인 지식과 경험이 있는 사람이 임명될 수 있도록 **노력**하여야 한다.

④ (○) 시 · 도경찰위원회 위원의 임명은 **시 · 도의회**가 추천하는 **2명**, **국가경찰위원회**가 추천하는 **1명**, 해당 **시 · 도 교육감**이 추천하는 **1명**, 시 · 도자치경찰위원회 **위원추천위원회**가 추천하는 **2명**, **시 · 도 지사**가 **지명**하는 1명으로 시 · 도지사가 임명한다.

374 「국가경찰과 자치경찰의 조직 및 운영에 관한 법률」상 국가수사본부장 및 시 · 도자치경찰위원회에 대한 설명으로 적절하지 않은 것은 모두 몇 개인가? ● A급 24 경위

> 가. 대학이나 공인된 연구기관에서 법률학 · 경찰학 분야에서 조교수 이상의 직이나 이에 상당하는 직에 10년 이상 있었던 사람은 국가수사본부장의 자격이 있다.
> 나. 국가수사본부장이 직무를 진행하면서 헌법이나 법률을 위배하였을 때에는 국회는 탄핵 소추를 의결할 수 있다.
> 다. 국가수사본부장의 임기는 2년으로 하며 중임할 수 없고, 임기가 끝나면 당연히 퇴직한다.
> 라. 시 · 도자치경찰위원회는 위원장 1명을 포함한 7명의 위원으로 구성하되, 위원장은 상임으로 하고, 나머지 위원은 비상임으로 한다.
> 마. 시 · 도자치경찰위원회 위원은 시 · 도의회가 추천하는 2명, 국가경찰위원회가 추천하는 2명, 해당 시 · 도 교육감이 추천하는 1명, 시 · 도자치경찰위원회 위원추천위원회가 추천하는 1명, 시 · 도지사가 지명하는 1명을 시 · 도지사가 임명한다.
> 바. 대학이나 공인된 연구기관에서 법률학 · 행정학 또는 경찰학 분야의 조교수 이상의 직이나 이에 상당하는 직에 5년 이상 있었던 사람은 시 · 도자치경찰위원회 위원의 자격이 있다.

① 1개 ② 2개
③ 3개 ④ 4개

해설

틀린 설명은 **라, 마, 2개**이다.

가. (○) 대학이나 공인된 연구기관에서 법률학 · 경찰학 분야에서 **조교수 이상**의 직이나 이에 상당하는 직에 **10년 이상** 있었던 사람은 **국가수사본부장의 자격**이 있다(동법 제16조 제6항 제4호).

나. (○) 국가수사본부장이 직무를 진행하면서 **헌법이나 법률을 위배**하였을 때에는 **국회는 탄핵 소추를 의결할 수 있다** (동법 제16조 제5항).

다. (○) 국가수사본부장의 임기는 **2년**으로 하며 **중임할 수 없고, 임기가 끝나면 당연히 퇴직**한다(동법 제16조 제3항, 제4항).

라. (✕) 시 · 도자치경찰위원회는 위원장 1명을 포함한 **7명**의 위원으로 구성하되, **위원장과 1명의 위원**은 **상임(위원장만 상임✕)**으로 하고, **5명의 위원(나머지 6명✕)**은 **비상임**으로 한다(동법 제19조 제1항).

마. (✕) 시 · 도자치경찰위원회 위원은 **시 · 도의회**가 추천하는 **2명**, **국가경찰위원회**가 추천하는 **1명(2명✕)**, 해당 **시 · 도 교육감**이 추천하는 1명, 시 · 도자치경찰위원회 **위원추천위원회**가 추천하는 **2명(1명✕)**, **시 · 도지사**가 **지명**하는 **1명**을 시 · 도지사가 임명한다(동법 제20조 제1항).

바. (○) 대학이나 공인된 연구기관에서 법률학 · 행정학 또는 경찰학 분야의 **조교수 이상**의 직이나 이에 상당하는 직에 **5년 이상** 있었던 사람은 **시 · 도자치경찰위원회 위원의 자격**이 있다(동법 제20조 제2항 제3호).

 374 ②

375 「국가경찰과 자치경찰의 조직 및 운영에 관한 법률」에 대한 설명으로 가장 적절하지 않은 것은?

● A급 24 승진

① 경찰의 민주적인 관리·운영과 효율적인 임무수행을 위하여 경찰의 기본조직 및 직무 범위와 그 밖에 필요한 사항을 규정함을 목적으로 한다.

② 국가와 지방자치단체는 국민의 생명·신체 및 재산을 보호하고 공공의 안녕과 질서유지에 필요한 시책을 수립·시행하여야 한다.

③ 국가는 지방자치단체가 이관받은 사무를 원활히 수행할 수 있도록 인력, 장비 등에 소요되는 비용에 대하여 재정적 지원을 하여야 한다.

④ 시·도자치경찰위원회는 자치경찰사무에 대해 심의·의결을 통하여 시·도경찰청장을 지휘·감독한다. 다만, 시·도자치경찰위원회가 심의·의결할 시간적 여유가 없거나 심의·의결이 곤란한 경우 대통령령으로 정하는 바에 따라 시·도자치경찰위원회의 지휘·감독권을 경찰청장에게 위임한 것으로 본다.

> **해설**
> ① (○) 경찰의 **민주적인 관리·운영**과 **효율적인 임무수행**을 위하여 경찰의 **기본조직 및 직무 범위**와 그 밖에 필요한 사항을 규정함을 목적으로 한다(제1조).
> ② (○) **국가와 지방자치단체는** 국민의 생명·신체 및 재산을 보호하고 공공의 안녕과 질서유지에 **필요한 시책을 수립·시행하여야 한다**(제2조).
> ③ (○) **국가는** 지방자치단체가 이관받은 사무를 원활히 수행할 수 있도록 인력, 장비 등에 소요되는 비용에 대하여 **재정적 지원을 하여야 한다**(동법 제34조).
> ④ (×) **시·도자치경찰위원회는** 자치경찰사무에 대해 심의·의결을 통하여 **시·도경찰청장을 지휘·감독한다**. 다만, 시·도자치경찰위원회가 심의·의결할 **시간적 여유가 없거나** 심의·의결이 **곤란한 경우** 대통령령으로 정하는 바에 따라 **시·도자치경찰위원회의 지휘·감독권을 시·도경찰청장(경찰청장×)에게 위임한 것으로 본다**(동법 제28조 제4항).

376 「국가경찰과 자치경찰의 조직 및 운영에 관한 법률」 제20조 시·도자치경찰위원회 위원의 임명 및 결격사유에 대한 설명으로 옳지 않은 것을 모두 고른 것은?

● A급 24 승진

> ⊙ 시·도자치경찰위원회 위원장은 위원 중에서 시·도지사가 임명하고, 상임위원은 시·도자치경찰위원회의 의결을 거쳐 위원 중에서 시·도경찰청장의 제청으로 시·도지사가 임명한다.
> ⓒ 경찰, 검찰, 국가정보원 직원 또는 군인의 직에 있거나 그 직에서 퇴직한 날부터 3년이 지나지 아니한 사람은 위원이 될 수 없다.
> ⓒ 공무원이 아닌 위원에 대해서는 「국가공무원법」 제52조 및 제57조를 준용한다.
> ② 공무원이 아닌 위원은 그 소관 사무와 관련하여 형법이나 그 밖의 법률에 따른 벌칙을 적용할 때에는 공무원으로 본다.

① ㉠, ㉡   ② ㉠, ㉢

③ ㉡, ㉢   ④ ㉢, ㉣

🔒 375 ④   376 ②

해설

틀린 설명은 ⊙, ©, **2개**이다.

⊙ (✕) 시·도자치경찰위원회 위원장은 위원 중에서 시·도지사가 임명하고, **상임위원은 시·도자치경찰위원회의 의결을 거쳐** 위원 중에서 **위원장**(시·도경찰청장✕)의 **제청**으로 시·도지사가 **임명**한다(동법 제20조 제3항).

© (○) **경찰, 검찰, 국가정보원 직원** 또는 **군인**의 직에 있거나 그 직에서 **퇴직한 날부터 3년**이 지나지 아니한 사람은 위원이 될 수 없다.

© (✕) **공무원이 아닌 위원**에 대해서는 「**지방공무원법**」(국가공무원법✕) 제52조 및 제57조를 **준용**한다(동법 제20조 제5항).

© (○) **공무원이 아닌 위원**은 그 소관 사무와 관련하여 형법이나 그 밖의 법률에 따른 **벌칙을 적용할 때에는 공무원으로 본다.**

---

377 「**국가경찰과 자치경찰의 조직 및 운영에 관한 법률**」에 대한 설명으로 가장 적절하지 않은 것은?

●A급 22 승진

① 시·도경찰청장은 경찰청장이 시·도자치경찰위원회와 협의하여 추천한 사람 중에서 행정안전부장관의 제청으로 국무총리를 거쳐 대통령이 임용한다.

② 시·도경찰청 차장은 시·도경찰청장을 보좌하여 소관 사무를 처리하고, 시·도경찰청장이 부득이한 사유로 직무를 수행할 수 없을 때에는 그 직무를 대행한다.

③ 국가수사본부장은 「형사소송법」에 따른 경찰의 수사에 관하여 각 시·도경찰청장과 경찰서장 및 수사부서 소속 공무원을 지휘·감독한다.

④ 국가수사본부장이 직무를 집행하면서 헌법이나 법률을 위배하였더라도 국회는 탄핵 소추를 의결할 수 없다.

해설

① (○) **시·도경찰청장은 경찰청장이 시·도자치경찰위원회와 협의하여 추천**한 사람 중에서 **행정안전부장관의 제청**으로 국무총리를 거쳐 **대통령이 임용**한다.

② (○) **시·도경찰청 차장**은 시·도경찰청장을 보좌하여 소관 사무를 처리하고, 시·도경찰청장이 부득이한 사유로 직무를 수행할 수 없을 때에는 **그 직무를 대행한다**(법정대리 중 **협의의 법정대리**).

③ (○) **국가수사본부장**은 「**형사소송법**」에 따른 경찰의 **수사**에 관하여 각 **시·도경찰청장과 경찰서장 및 수사부서 소속 공무원을 지휘·감독**한다.

④ (✕) **국가수사본부장이** 직무를 집행하면서 **헌법**이나 **법률**을 위배하였을 때에는 **국회는 탄핵 소추를 의결할 수 있다**(없다✕)(동법 제16조 제5항).

---

378 「**국가경찰과 자치경찰의 조직 및 운영에 관한 법률**」에 대한 설명으로 적절한 것은 모두 몇 개인가?

●A급 25 경위

> 가. 국회의 탄핵 소추 의결의 대상자로는 경찰청장과 국가수사본부장이 규정되어 있다.
> 나. 세종특별자치시자치경찰위원회에 대해서는 위원장 및 상임위원을 비상임으로 할 수 있다.
> 다. 시·도지사가 시·도자치경찰위원회의 의결에 대해 재의를 요구하려면 해당 의결이 법령에 위반되거나 공익을 현저히 해친다고 판단되어야 한다.
> 라. 자치경찰사무의 수행에 필요한 예산은 시·도자치경찰위원회의 심의·의결을 거쳐 시·도지사가 수립한다. 이 경우 시·도자치경찰위원회는 시·도경찰청장의 의견을 들어야 한다.

① 1개　　　　② 2개　　　　③ 3개　　　　④ 4개

🔒 377 ④　378 ①

옳은 설명은 **가, 1개**이다.

가. (○) **국회의 탄핵 소추 의결의 대상자**로는 **경찰청장**과 **국가수사본부장**이 규정되어 있다.

나. (×) 세종특별자치시자치경찰위원회에 대해서는 위원장 및 상임위원은 **지방자치단체 공무원**(비상임×)**으로 한다**(동법 제20조 제3항).

다. (×) 시·도지사가 시·도자치경찰위원회의 의결에 대해 재의를 요구하려면 해당 의결이 **적정하지 아니한다고**(법령에 위반되거나 공익을 현저히 해친다고×) 판단되어야 한다(동법 제25조 제3항).

> 🔵**Tip** 행정안전부장관 또는 경찰청장이 시·도자치경찰위원회의 의결에 대해 **재의를 요구**하려면 해당 의결이 **법령에 위반되거나 공익을 현저히 해친다고 판단**되어야 한다(동법 제25조 제4항).

라. (×) **자치경찰사무**의 수행에 필요한 **예산**은 **시·도자치경찰위원회의 심의·의결**을 거쳐 **시·도지사가 수립**한다. 이 경우 **시·도자치경찰위원회는 경찰청장**(시·도경찰청장×)**의 의견을 들어야 한다**(동법 제35조 제1항).

---

379 다음 중 「국가경찰과 자치경찰의 조직 및 운영에 관한 법률」상 국가경찰위원회와 시·도자치경찰위원회에 공통적으로 적용되는 규정은 모두 몇 개인가?   ●A급 25 승진

> ㉠ 위원은 특정 성(性)이 10분의 6을 초과하지 아니하도록 노력하여야 한다.
> ㉡ 위원은 중대한 신체상 또는 정신상의 장애로 직무를 수행할 수 없게 된 경우를 제외하고는 그 의사에 반하여 면직되지 아니한다.
> ㉢ 정당의 당원이거나 당적을 이탈한 날부터 3년이 지나지 아니한 사람은 위원이 될 수 없다.
> ㉣ 선거에 의하여 취임하는 공직에 있거나 그 공직에서 퇴직한 날부터 3년이 지나지 아니한 사람은 위원이 될 수 없다.
> ㉤ 경찰, 검찰, 국가정보원 직원 또는 군인의 직에 있거나 그 직에서 퇴직한 날부터 3년이 지나지 아니한 사람은 위원이 될 수 없다.
> ㉥ 위원 중 2명은 법관의 자격이 있는 사람이어야 한다.
> ㉦ 위원장 및 5명의 위원은 비상임으로 하고, 1명의 위원은 상임으로 한다.

① 2개   ② 3개   ③ 4개   ④ 5개

공통으로 적용되는 규정은 ㉠, ㉡, ㉢, ㉣, ㉤, **5개**이다.

㉠ (○) 위원은 특정 성(性)이 10분의 6을 초과하지 아니하도록 **노력하여야 한다.** – **공통**

㉡ (○) 위원은 중대한 신체상 또는 정신상의 장애로 직무를 수행할 수 없게 된 경우를 제외하고는 **그 의사에 반하여 면직되지 아니한다.** – **공통**

㉢ (○) 정당의 당원이거나 당적을 **이탈한 날부터 3년이 지나지 아니한 사람**은 위원이 될 수 없다. – **공통**

㉣ (○) 선거에 의하여 취임하는 공직에 있거나 그 공직에서 **퇴직한 날부터 3년이 지나지 아니한 사람**은 위원이 될 수 없다. – **공통**

㉤ (○) 경찰, 검찰, 국가정보원 직원 또는 군인의 직에 있거나 그 직에서 **퇴직한 날부터 3년이 지나지 아니한 사람**은 위원이 될 수 없다. – **공통**

㉥ (×) 위원 중 2명은 법관의 자격이 있는 사람이어야 한다. – **국가경찰위원회에만 적용**

㉦ (×) 위원장 및 5명의 위원은 비상임으로 하고, 1명의 위원은 상임으로 한다. – **국가경찰위원회에만 적용**

🔒 379 ④

| 제2절 | 경찰관청 상호간의 관계(훈령과 직무명령, 대리와 위임) |

[경찰행정기관의 종류와 행정관청]

380 경찰행정기관 중 행정관청의 의사를 구속하는 의결을 행하는 행정기관으로 적절한 것은? ●A급 23 특공

① 행정관청   ② 의결기관

③ 자문기관   ④ 집행기관

해설

① (×) **행정관청** – 국가의 의사를 **결정**하고 **국민에게 그 의사를 표시할 수 있는 권능**을 부여받은 국가기관

② (○) **의결기관** – 행정관청의 의사를 '**구속**'하는 **의결**을 행하는 **합의제 행정기관**으로서 의결을 자기 이름으로 국민에게 (대외적으로) 표시할 권한은 없다.

④ (×) **집행기관** – 행정관청의 **의결에 따라** 행정목적을 실현하기 위해 **실력을 행사**하는 행정기관

③ (×) **자문기관** – 행정관청의 **자문**에 응하여 또는 자진하여 **의견을 제시**하는 기관을 말한다. 다만, 자문기관의 **의견은 행정관청을 구속하지 못한다.**

Tip 행정기관의 종류와 개념

구분		개념
행정관청 (행정청)	개념	소속 **행정주체를 위하여** 그 **의사를 결정**하고 이를 **자기의 명의로 대외적으로 표시**할 수 있는 **권한**을 가진 행정기관을 말한다.
	사례	각부장관, 지방자치단체의 장, **경찰청장, 시·도경찰청장, 경찰서장** 등 독임제를 원칙적으로 하며, 예외적으로 **행정심판위원회, 소청심사위원회,** 감사원 등 합의제로 조직되는 경우도 있다.
의결기관	개념	**행정주체의 의사를 결정할 권한**은 있지만, **대외적으로 표시할 권한은 없는** 행정기관을 말한다.
	사례	**국가경찰위원회,** 징계위원회, 보안관찰심의위원회 등 의결기관의 결정은 **행정청을 법적으로 구속**한다.
자문기관	개념	행정청의 자문에 응하여 참고가 될 의견을 제시하는 행정기관을 말한다.
	사례	**경찰공무원인사위원회, 경찰청인권위원회, 시·도경찰청인권위원회,** 고충심사위원회, 정보공개심의회 등 자문기관의 **의견·권고**는 **행정청을 법적으로 구속하지 않는다.**
보조기관	개념	행정청에 소속되어 행정청의 권한행사를 보조함을 임무로 하는 행정기관
	사례	행정각부의 **차관, 차장, 실장, 국장, 부장, 과장** 등이나 지방자치단체의 부지사, 부시장, 과장 등이 이에 해당한다.
보좌기관	개념	행정청 또는 그 보조기관을 보좌하는 행정기관
	사례	대통령**비서**실장, 국무총리**비서**실장 및 행정각부의 차관보 및 담당관 등이 그 예이다. **참모기관**이라고도 한다.
집행기관	개념	행정청의 명을 받아 **실력**으로 이를 **사실상 집행**하는 기관을 말한다.
	사례	**경찰공무원,** 소방공무원, 세무공무원 및 집행관 등이 이에 해당한다.
부속기관	개념	행정권한의 직접적인 행사를 임무로 하는 기관에 부속하여 그 기관을 **지원**하는 기관을 말한다.
	사례	**교육훈련기관(경찰대학, 경찰인재개발원, 중앙경찰학교, 경찰수사연수원),** 문화기관, 관리보존기관, 복지기관(경찰병원) 등이 있다.

※ 시·도자치경찰위원회 – 합의제 행정기관

🔒 380 ②

381 경찰행정기관의 종류와 그에 대한 설명으로 가장 적절하지 않은 것은?  22 특공

① 행정관청 – 행정주체의 법률상 의사를 결정하여 외부에 표시하는 권한을 가지는 기관
② 자문기관 – 행정청으로부터 자문을 요청받아 법적 구속력 있는 자문을 제시하는 기관
③ 의결기관 – 행정관청의 의사를 구속하는 의결을 행하는 행정기관
④ 집행기관 – 행정목적을 실현하기 위하여 필요한 실력을 행사하는 기관

> **해설**
> ① (O) **행정관청 – 행정주체의 법률상 의사를 결정**하여 **외부에 표시하는 권한**을 가지는 기관
> ② (×) **자문기관** – 행정청으로부터 자문을 요청받아 **법적 구속력 없는(있는×) 자문을 제시**하는 기관
> ③ (O) **의결기관 – 행정관청의 의사를 구속하는 의결**을 행하는 행정기관
> ④ (O) **집행기관 – 행정목적을 실현**하기 위하여 필요한 **실력을 행사**하는 기관

382 경찰행정기관에 관한 설명으로 가장 적절한 것은?  24 특공

① 시·도경찰청장은 경찰행정관청에 해당한다.
② 국가경찰위원회는 경찰행정관청으로서 경찰행정주체의 법률상 의사를 결정할 권한이 있다.
③ 경찰공무원인사위원회는 경찰의결기관에 해당한다.
④ 경찰서장은 경찰보조기관에 해당한다.

> **해설**
> ① (O) **시·도경찰청장**은 경찰행정관청에 해당한다.
> ② (×) **국가경찰위원회**는 경찰의결기관(경찰행정관청×)으로서 경찰행정주체(국가)의 **법률상 의사를 결정**할 권한이 있다. 다만, **자기(국가경찰위원회)의 명의로 대외적으로 표시할 권한은 없다.**
>   🔵**Tip** 국가경찰위원회의 **의결**은 행정관청인 **경찰청장을 법적으로 구속**한다. 즉, 경찰청장은 국가경찰위원회의 결정에 따라 경찰청장의 이름으로 대외적으로 표시하고 지휘·감독해야 한다는 뜻이다.
> ③ (×) **경찰공무원인사위원회**는 경찰자문기관(경찰의결기관×)에 해당한다.
>   🔵**Tip** 경찰공무원인사위원회(경찰공무원법 제5조, 경찰공무원임용령 제9조, 제10조, 제11조)
>
> | 의의 및 설치 | 경찰청장의 자문에 응하기 위해 경찰청에 둔다. |
> |---|---|
> | 구성 | 위원장을 포함하여 5명 이상 7명 이하의 위원으로 구성한다. |
> | 위원장 | 경찰청 인사담당국장 |
> | 위원 | 경찰청 소속 총경 이상 경찰공무원 중에서 경찰청장이 임명한다. |
> | 회의 및 의결 | 회의는 재적위원 과반수의 찬성으로 의결한다. |
>
> ④ (×) **경찰서장**은 경찰행정관청(경찰보조기관×)에 해당한다.

[훈령과 직무명령]

383 훈령의 형식적 요건에 해당하지 않는 것은?  20 승진, 23 법학

① 훈령권이 있는 상급관청이 발한 것일 것
② 직무상 독립한 범위에 속하는 사항이 아닌 것
③ 내용이 적법하고 타당할 것
④ 하급관청의 권한 내의 사항에 관한 것일 것

🔒 381 ② 382 ① 383 ③

해설

① (○) 훈령권이 있는 **상급관청**이 발한 것일 것 – **형식적** 요건
② (○) **직무상** 독립한 범위에 속하는 사항이 아닌 것 – **형식적** 요건
③ (×) **내용**이 적법하고 타당할 것 – **실질적 요건**
④ (○) **하급관청**의 권한 내의 사항에 관한 것일 것 – **형식적** 요건

384 훈령에 대한 설명으로 가장 적절하지 않은 것은?  20 승진

① 훈령의 형식적 요건으로는 훈령권이 있는 상급관청이 발한 것일 것, 하급관청의 권한 내의 사항에 관한 것일 것, 하급관청의 직무상 독립성이 보장된 사항일 것을 들 수 있다.
② 훈령의 실질적 요건으로는 내용이 실현 가능하고 명확할 것, 내용이 적법하고 타당할 것, 내용이 공익에 반하지 않을 것을 들 수 있다.
③ 훈령은 원칙적으로 일반적·추상적 사항에 대해서 발해야 하지만, 개별적·구체적 사항에 대해서도 발해질 수 있다.
④ 하급관청 구성원에 변동이 있더라도 훈령의 효력에는 영향이 없다.

해설

① (×) **훈령의 형식적 요건**으로는 훈령권이 있는 **상급관청**이 발한 것일 것, **하급관청**의 권한 내의 사항에 관한 것일 것, 하급관청의 **직무상 독립성이 보장된 사항이 아닐 것(사항일 것×)**을 들 수 있다.
② (○) **훈령의 실질적 요건**으로는 **내용이** 실현 가능하고 명확할 것, **내용이** 적법하고 타당할 것, **내용이** 공익에 반하지 않을 것을 들 수 있다.
③ (○) 훈령은 원칙적으로 **일반적·추상적 사항**에 대해서 발해야 하지만, **개별적·구체적 사항**에 대해서도 **발해질 수 있다.**
④ (○) 하급관청 **구성원에 변동**이 있더라도 **훈령의 효력에는 영향이 없다.**

385 훈령과 직무명령에 대한 설명으로 가장 적절하지 않은 것은?  19 승진

① 훈령이란 상급관청이 하급관청의 권한행사를 지휘하기 위하여 발하는 명령으로 구성원의 변동이 있는 경우에는 당연히 효력을 상실하게 된다.
② 직무명령이란 상관이 부하공무원에게 발하는 명령으로, 특별한 작용법적 근거 없이 발할 수 있다.
③ 훈령의 형식적 요건으로 훈령권이 있는 상급관청이 발한 것일 것, 하급관청의 권한 내의 사항에 관한 것일 것, 직무상 독립한 범위에 속하는 사항이 아닐 것을 들 수 있다.
④ 훈령은 원칙적으로 일반적·추상적 사항에 대해서 발해야 하지만, 개별적·구체적 사항에 대해서도 발해질 수 있다.

해설

① (×) **훈령**이란 **상급관청이** 하급관청의 권한행사를 지휘하기 위하여 발하는 명령으로 **구성원의 변동이 있는 경우라도 효력을 유지(상실×)**하게 된다.
② (○) **직무명령**이란 **상관이** 부하공무원에게 발하는 명령으로, **특별한 작용법적 근거 없이** 발할 수 있다.
③ (○) **훈령의 형식적 요건**으로 훈령권이 있는 **상급관청이** 발한 것일 것, **하급관청**의 권한 내의 사항에 관한 것일 것, **직무상 독립한 범위에** 속하는 사항이 **아닐 것**을 들 수 있다.
④ (○) 훈령은 원칙적으로 **일반적·추상적** 사항에 대해서 발해야 하지만, **개별적·구체적** 사항에 대해서도 **발해질 수 있다.**

🔒 384 ① 385 ①

386 훈령과 직무명령에 대한 설명으로 가장 옳지 않은 것은?  21 경위

① 훈령은 원칙적으로 일반적·추상적 사항에 대해서 발해지지만, 개별적·구체적 사항에 대해서도 발해질 수 있다.

② 훈령과 직무명령 모두 법령의 구체적 근거가 없어도 발할 수 있다.

③ 훈령은 법규의 성질을 갖지 않기에 하급경찰관청의 법적 행위가 훈령에 위반하여 행해진 경우에도 위법이 아니며 행위자체의 효력에도 영향이 없다.

④ 훈령의 실질적 요건으로는 훈령이 법규에 저촉되지 않을 것, 공익에 반하지 않을 것, 실현 가능성이 있을 것, 훈령권이 있는 상급관청이 발할 것 등이 있다.

> **해설**
> ① (○) 훈령은 원칙적으로 **일반적·추상적** 사항에 대해서 발해지지만, **개별적·구체적** 사항에 대해서도 **발해질 수 있다.**
> ② (○) **훈령과 직무명령** 모두 법령의 구체적 근거가 없어도 **발할 수 있다.**
> ③ (○) 훈령은 **법규의 성질을 갖지 않기에** 하급경찰관청의 법적 행위가 **훈령에 위반하여 행해진 경우에도 위법이 아니며** 행위자체의 효력에도 영향이 없다.
> ④ (×) **훈령의 실질적 요건으로는** 훈령이 **법규**에 저촉되지 않을 것, **공익**에 반하지 않을 것, **실현 가능성**이 있을 것, (**훈령권이 있는 상급관청이 발할 것×**) 등이 있다.
> 　　**ⓣip** 훈령권이 있는 **상급관청**이 발할 것은 '**형식적 요건**'에 해당한다.

387 훈령과 직무명령에 관한 설명으로 가장 적절하지 않은 것은? (단, 다툼이 있는 경우 통설·판례에 의함)
　　　●A급 22 법학

① 직무명령은 상관이 직무에 관하여 부하 공무원에게 발하는 명령으로 명령을 받은 당해 공무원만을 구속함에 따라 특별한 법적 근거 없이 발할 수 있다.

② 직무명령은 훈령의 성격을 가지지 못한다.

③ 직무명령과 훈령 모두 법규가 아니므로 대내외적 구속력이 없어 직무명령과 훈령을 위반한 경우 대내적으로도 징계책임을 지지 않는다.

④ 직무명령은 부하 공무원 개인을 구속함으로 수명 공무원의 변동이 있는 경우에는 당연히 효력을 상실하게 된다.

> **해설**
> ① (○) **직무명령**은 상관이 직무에 관하여 부하 공무원에게 발하는 명령으로 **명령을 받은 당해 공무원만을 구속함**에 따라 특별한 **법적 근거 없이** 발할 수 있다.
> ② (○) **직무명령**은 훈령의 성격을 가지지 못한다.
> ③ (×) **직무명령과 훈령** 모두 법규가 아니므로 대외적(대내외적×) **구속력이 없어** 이를 **위반한 행위는 위법이 아니다.** 다만, 직무명령과 훈령을 위반한 경우 **대내적으로는 징계책임을 부담할 수 있다**(지지 않는다×).
> ④ (○) **직무명령**은 부하 **공무원 개인을 구속함**으로 수명 **공무원의 변동**이 있는 경우에는 **당연히 효력**을 상실하게 된다.

🔒 386 ④　387 ③

388 훈령과 직무명령에 대한 설명으로 옳지 않은 것은?  A급 20 경위

① 상호 모순되는 둘 이상의 상급관청의 훈령이 경합할 경우 주관상급관청이 불명확한 때에는 직근상급행정관청의 훈령에 따른다.

② 훈령이란 상급관청이 하급관청의 권한행사를 지휘하기 위하여 발하는 명령으로 구성원의 변동이 있는 경우에도 효력에는 영향이 없다.

③ 훈령은 직무명령의 성격을 가지나 직무명령은 훈령의 성격을 갖지 못한다.

④ 훈령은 원칙적으로 일반적·추상적 사항에 대해서 발해야 하지만, 개별적·구체적 사항에 대해서도 발해질 수 있다.

해설

① (×) 상호 모순되는 **둘 이상의 상급관청의 훈령이 경합**할 경우 **주관 상급관청이 불명확**한 때에는 **주관쟁의의 방법**(직근 상급행정관청의 훈령×)으로 해결한다.
　　Tip '주관쟁의'란 행정청 상호간에 권한에 관한 분쟁이 있을 때 그 분쟁을 해결하는 절차를 말한다.

② (○) **훈령**이란 상급관청이 하급관청의 권한행사를 지휘하기 위하여 발하는 명령으로 **구성원의 변동이 있는 경우에도 효력에는 영향이 없다.**

③ (○) 훈령은 직무명령의 성격을 가지나 **직무명령은 훈령의 성격을 갖지 못한다.**

④ (○) **훈령**은 원칙적으로 **일반적·추상적** 사항에 대해서 발해야 하지만, **개별적·구체적** 사항에 대해서도 **발해질 수 있다.**

389 훈령과 직무명령에 관한 설명 중 옳지 않은 것을 모두 고른 것은?  A급 19 순경2차

> ㉠ 직무명령은 직무와 관련 없는 사생활에는 그 효력이 미치지 않는다.
> ㉡ 훈령은 일반적·추상적 사항에 대하여만 발할 수 있으며, 개별적·구체적 사항에 대해서는 발할 수 없다.
> ㉢ 훈령을 발하기 위해서는 법령의 구체적 근거를 요하나, 직무명령은 법령의 구체적 근거가 없이도 발할 수 있다.
> ㉣ 훈령의 종류에는 '협의의 훈령', '지시', '예규', '일일명령' 등이 있으며, 이 중 예규는 반복적 경찰사무의 기준을 제시하기 위하여 발하는 명령을 의미한다.
> ㉤ 훈령은 직무명령을 겸할 수 있으나, 직무명령은 훈령의 성질을 가질 수 없다.

① ㉠, ㉢　　　　　② ㉡, ㉢　　　　　③ ㉢, ㉤　　　　　④ ㉣, ㉤

해설

틀린 설명은 ㉡, ㉢, 2개이다.

㉠ (○) **직무명령**은 직무와 **관련 없는** 사생활에는 그 **효력이 미치지 않는다.**

㉡ (×) **훈령**은 **일반적·추상적** 사항에 대하여만 발할 수 있으며, **개별적·구체적** 사항에 대해서는 **발할 수 있다(없다×).**

㉢ (×) **훈령**을 발하기 위해서는 **법령의 구체적 근거를 요하지 아니하고(요하나×), 직무명령도 법령의 구체적 근거가 없이도 발할 수 있다.**

㉣ (○) 훈령의 종류에는 **'협의의 훈령', '지시', '예규', '일일명령'** 등이 있으며, 이 중 **'예규'**는 **반복적 경찰사무의 기준**을 제시하기 위하여 발하는 명령을 의미한다.

㉤ (○) 훈령은 직무명령을 겸할 수 있으나, **직무명령은 훈령의 성질을 가질 수 없다.**

🔒 388 ① 389 ②

[권한의 대리와 위임]

390 행정관청의 권한의 대리에 대한 설명 중 가장 적절하지 않은 것은?

① 권한의 대리에는 임의대리와 법정대리가 있는데, 보통 대리는 임의대리를 의미한다.

② 법정대리는 협의의 법정대리와 지정대리가 있는데, 협의의 법정대리는 일정한 법정 사유가 발생하면 당연히 대리권이 발생하는 경우를 말한다.

③ 권한의 대리는 피대리자의 권한의 전부 또는 일부를 대리자가 피대리자를 위한 것임을 표시하고 자기의 명의로 대행하는 것으로 그 행위는 대리자의 행위로서 효과가 발생한다.

④ 임의대리는 피대리관청의 대리자에 대한 지휘·감독이 가능하나, 법정대리는 원칙적으로 피대리관청의 대리자에 대한 지휘·감독이 불가능하다.

> **해설**
> ① (○) 권한의 대리에는 임의대리와 법정대리가 있는데, **보통 대리는 임의대리를 의미**한다.
> ② (○) 법정대리는 협의의 법정대리와 지정대리가 있는데, **협의의 법정대리**는 일정한 법정 사유가 발생하면 **당연히 대리권이 발생**하는 경우를 말한다.
> ③ (×) 권한의 **대리**는 피대리자의 권한의 전부 또는 일부를 대리자가 **피대리자를 위한 것임을 표시**하고 **자기(대리자)의 명의로 대행**하는 것으로 그 행위는 **피대리자(대리자×)의 행위로서 효과가 발생**한다.
> ④ (○) **임의대리는** 피대리관청의 **대리자에 대한 지휘·감독이 가능**하나, **법정대리**는 원칙적으로 피대리관청의 **대리자에 대한 지휘·감독이 불가능**하다.

391 권한의 위임과 대리에 관한 설명으로 가장 적절하지 않은 것은?

① 임의대리는 복대리가 허용되지 않는 것이 원칙이다.

② 복대리의 성격은 임의대리에 해당한다.

③ 원칙적으로 대리관청이 대리행위에 대한 행정소송의 피고가 된다.

④ 수임관청이 권한의 위임에서 쟁송의 당사자가 된다.

> **해설**
> ① (○) **임의대리는 복대리가 허용되지 않는 것**이 원칙이다.
> ② (○) **복대리의 성격은 임의대리**에 해당한다.
> ③ (×) 원칙적으로 **피대리관청(대리관청×)**이 대리행위에 대한 **행정소송의 피고가 된다.**
> ④ (○) **수임관청이** 권한의 위임에서 **쟁송의 당사자가 된다.**

392 경찰관청의 권한의 위임·대리에 대한 설명으로 가장 적절한 것은?

① 권한의 위임은 보조기관, 권한의 대리는 하급관청이 주로 상대방이 된다.

② 권한의 위임으로 인한 사무처리에 소요되는 인력·예산 등은 수임자 부담이 원칙이다.

③ 권한의 위임 시 수임기관의 사무처리가 위법·부당하다고 인정될 때에는 위임기관은 이를 취소 또는 정지할 수 있고, 수임기관에 대하여 사전승인을 받거나 협의할 것을 요구할 수 있다.

④ 임의대리는 원칙적으로 복대리가 허용되지 않으며 피대리관청은 대리자에 대한 지휘·감독이 가능하나, 법정대리는 복대리가 허용되며 피대리관청의 대리자에 대한 지휘·감독이 불가능하다.

🔒 390 ③ 391 ③ 392 ④

해설

① (×) 권한의 **위임**은 **하급관청(보조기관×)**, 권한의 대리는 **보조기관(하급관청×)**이 주로 상대방이 된다.
② (×) 권한의 **위임**으로 인한 사무처리에 소요되는 **인력·예산** 등은 **위임자(수임자×) 부담**이 원칙이다.
③ (×) 권한의 위임 시 **위임 및 위탁기관**은 수임 및 수탁기관의 수임 및 수탁사무 처리에 대하여 **지휘·감독하고**, 그 처리가 **위법하거나 부당**하다고 인정될 때에는 이를 **취소하거나 정지시킬 수 있다**. 수임 및 수탁사무의 처리에 관하여 위임 및 위탁기관은 수임 및 수탁기관에 대하여 **사전승인을 받거나 협의를 할 것을 요구할 수 없다(있다×)**(행정권한의 위임 및 위탁에 관한 규정 제6조, 제7조).
④ (○) **임의대리**는 원칙적으로 **복대리가 허용되지 않으며** 피대리관청은 대리자에 대한 **지휘·감독이 가능**하나, **법정대리는 복대리가 허용되며** 피대리관청의 대리자에 대한 **지휘·감독이 불가능**하다.

---

393 경찰관청의 '권한의 대리'와 '권한의 위임'에 관한 설명 중 가장 적절하지 않은 것은? (다툼이 있는 경우 판례에 의함)   ● A급 22 순경2차

① 권한을 위임받은 수임청은 자기의 이름 및 자기의 책임으로 권한을 행사한다.
② 수임청 및 피대리관청은 항고소송에서 피고가 된다.
③ 법정대리의 경우 피대리관청이 사고 등으로 인해 공석이므로 대리의 법적 효과는 대리관청에 귀속된다.
④ 「국가경찰과 자치경찰의 조직 및 운영에 관한 법률」상 "경찰청장이 부득이한 사유로 직무를 수행할 수 없을 때에는 경찰청 차장이 그 직무를 대행한다."는 대리방식을 '협의의 법정대리'라고 한다.

해설

① (○) 권한의 위임이 있으면 그 권한은 위임의 범위 내에서 위임을 받은 기관(수임기관)의 권한이 되고, **수임기관은 자신의 명의와 책임으로** 그 권한을 행사하게 된다.
② (○) 권한의 **위임**에서는 권한을 위임받은 **수임청(수임기관)이 항고소송의 피고가 되고**, 대리에서는 대리기관의 행위에 대한 효과가 귀속되는 **피대리관청이** 처분을 행한 실질적 권한이 있는 행정청이므로 **항고소송의 피고가 된다**.
③ (×) **법정대리**의 경우 피대리관청이 사고 등으로 인해 공석이므로 대리기관에 의해 법정대리가 이뤄지고, 그 대리행위의 **법적 효과는 피대리관청(대리관청×)에 귀속된다**.
④ (○) 「국가경찰과 자치경찰의 조직 및 운영에 관한 법률」상 "경찰청장이 부득이한 사유로 직무를 수행할 수 없을 때에는 **경찰청 차장이 그 직무를 대행**한다."는 대리방식을 '**협의의 법정대리**'라고 한다.
   Tip '협의의 법정대리'란 법령에 대리자가 구체적으로 명시되어 있기 때문에 법정사실이 발생한 경우, **다른 보조적 행위(예 대리자를 지정하는 행위)를 기다릴 필요없이** 법률상 **당연히 대리권이 발생**하는 경우를 말한다.

---

394 「행정권한의 위임 및 위탁에 관한 규정」에 관한 설명으로 가장 적절하지 않은 것은? (다툼이 있는 경우 판례에 의함)   ● A급 23 순경2차

① "위임"이란 법률에 규정된 행정기관의 장의 권한 중 일부를 다른 행정기관의 장에게 맡겨 그의 권한과 책임 아래 행사하도록 하는 것을 말한다.
② 위임 및 위탁기관은 수임 및 수탁기관의 수임 및 수탁사무 처리에 대하여 지휘·감독하고, 그 처리가 위법하거나 부당하다고 인정될 때에는 이를 취소하거나 정지시킬 수 있다.
③ 행정기관의 장은 행정권한을 위임 및 위탁할 때에는 위임 및 위탁하기 전에 단순한 사무인 경우를 제외하고는 수임 및 수탁기관에 대하여 수임 및 수탁사무 처리에 필요한 교육을 하여야 하며, 수임 및 수탁사무의 처리지침을 통보하여야 한다.

🔒 393 ③   394 ①

④ 수임 및 수탁사무의 처리가 부당한지 여부의 판단은 위법성 판단과 달리 합목적적·정책적 고려도 포함되므로, 위임 및 위탁기관이 그 사무처리에 관하여 일반적인 지휘·감독을 하는 경우는 물론이고 나아가 수임 및 수탁사무의 처리가 부당하다는 이유로 그 사무처리를 취소하는 경우에도 광범위한 재량이 허용된다고 보아야 한다.

해설

① (×) **"위탁"**(위임×)이란 법률에 규정된 행정기관의 장의 권한 중 **일부를 다른 행정기관의 장에게** 맡겨 그의 권한과 책임 아래 행사하도록 하는 것을 말한다.

　　Tip "위임"이란 법률에 규정된 행정기관의 장의 권한 중 **일부를** 그 **보조기관** 또는 **하급행정기관의 장**이나 **지방자치단체의 장에게** 맡겨 그의 권한과 책임 아래 행사하도록 하는 것을 말한다.

② (○) **위임 및 위탁기관**은 수임 및 수탁기관의 수임 및 수탁사무 처리에 대하여 **지휘·감독**하고, 그 처리가 **위법하거나 부당**하다고 인정될 때에는 이를 **취소하거나 정지시킬 수 있다.**

③ (○) 행정기관의 장은 행정권한을 위임 및 위탁할 때에는 **위임 및 위탁하기 전에** 단순한 사무인 경우를 제외하고는 수임 및 수탁기관에 대하여 수임 및 수탁사무 처리에 필요한 **교육을 하여야** 하며, 수임 및 수탁사무의 **처리지침을 통보하여야 한다.**

④ (○) **수임 및 수탁사무의 처리가 부당한지 여부의 판단은** 위법성 판단과 달리 합목적적·정책적 고려도 포함되므로, 위임 및 위탁기관이 그 사무처리에 관하여 **일반적인 지휘·감독**을 하는 경우는 물론이고 나아가 수임 및 수탁사무의 처리가 부당하다는 이유로 그 사무처리를 **취소하는 경우에도 광범위한 재량이 허용된다**고 보아야 한다(대법원 2016두55629).

395 「행정권한의 위임 및 위탁에 관한 규정」에 대한 설명으로 가장 적절하지 않은 것은? (다툼이 있는 경우 판례에 의함)
　　●A급 24 승진

① 행정기관의 장은 허가·인가·등록 등 민원에 관한 사무, 정책의 구체화에 따른 집행사무 및 일상적으로 반복되는 사무로서 그가 직접 시행하여야 할 사무를 제외한 일부 권한을 그 보조기관 또는 하급행정기관의 장, 다른 행정기관의 장, 지방자치단체의 장에게 위임 및 위탁한다.

② 행정기관의 장은 행정권한을 위임 및 위탁할 때에는 위임 및 위탁하기 전에 수임기관의 수임 능력 여부를 점검하고, 필요한 인력 및 예산을 이관하여야 한다.

③ 수임 및 수탁사무의 처리에 관하여 위임 및 위탁기관은 수임 및 수탁기관에 대하여 사전승인을 받거나 협의를 할 것을 요구할 수 있으나, 수임 및 수탁사무 처리상황은 감사할 수 없다.

④ 권한위임의 경우에는 수임관청이 자기의 이름으로 그 권한행사를 할 수 있지만 내부위임의 경우에는 수임관청은 위임관청의 이름으로만 그 권한을 행사할 수 있을 뿐 자기의 이름으로는 그 권한을 행사할 수 없다.

해설

① (○) 행정기관의 장은 허가·인가·등록 등 민원에 관한 사무, 정책의 구체화에 따른 집행사무 및 **일상적으로 반복되는 사무**로서 그가 직접 시행하여야 할 사무를 제외한 **일부** 권한을 그 **보조기관** 또는 **하급행정기관의 장, 다른 행정기관의 장, 지방자치단체의 장**에게 **위임 및 위탁**한다.

② (○) 행정기관의 장은 행정권한을 위임 및 위탁할 때에는 **위임 및 위탁하기 전에** 수임기관의 **수임능력 여부를 점검**하고, 필요한 **인력 및 예산을 이관하여야 한다.**

③ (×) 수임 및 수탁사무의 처리에 관하여 **위임 및 위탁기관**은 수임 및 수탁기관에 대하여 **사전승인을 받거나 협의를 할 것을 요구할 수 없으나**(있으나×), 수임 및 수탁사무 처리상황은 **수시로 감사할 수 있다**(없다×)(동규정 제9조).

④ (○) **권한위임**의 경우에는 **수임관청이 자기의 이름으로** 그 권한행사를 할 수 있지만, **내부위임**의 경우에는 수임관청은 **위임관청의 이름으로만** 그 권한을 행사할 수 있을 뿐 자기의 이름으로는 그 권한을 행사할 수 없다.

 395 ③

396 다음은 「행정권한의 위임 및 위탁에 관한 규정」에 대한 설명이다. 적절한 것만을 고른 것은 모두 몇 개인가? ●A급 21 순경1차

> ⑦ 위임 및 위탁기관은, 수임 및 수탁기관의 수임 및 수탁사무 처리에 대하여 지휘·감독하고, 그 처리가 위법하거나 부당하다고 인정될 때에는 이를 취소하거나 정지시킬 수 있다.
> ⓛ 수임 및 수탁사무의 처리에 관하여 위임 및 위탁기관은 수임 및 수탁기관에 대하여 사전승인을 받거나 협의를 할 것을 요구할 수 없다.
> ⓒ 수임 및 수탁사무의 처리에 관한 책임은 수임 및 수탁기관에 있으며, 위임 및 위탁기관은 그에 대한 감독책임을 진다.
> ② 수임 및 수탁사무에 관한 권한을 행사할 때에는 수임 및 수탁기관의 명의로 하여야 한다.

① 1개　　② 2개　　③ 3개　　④ 4개

해설
옳은 설명은 ⑦, ⓛ, ⓒ, ②, **4개**이다.
⑦ (O) **위임 및 위탁기관은**, 수임 및 수탁기관의 수임 및 수탁사무 처리에 대하여 **지휘·감독**하고, 그 처리가 **위법하거나 부당**하다고 인정될 때에는 이를 **취소하거나 정지시킬 수 있다**.
ⓛ (O) 수임 및 수탁사무의 처리에 관하여 **위임 및 위탁기관**은 수임 및 수탁기관에 대하여 **사전승인을 받거나 협의를 할 것을 요구할 수 없다**.
ⓒ (O) **수임 및 수탁사무의 처리에 관한 책임은 수임 및 수탁기관**에 있으며, 위임 및 위탁기관은 그에 대한 감독책임을 진다.
② (O) 수임 및 수탁사무에 관한 권한을 행사할 때에는 **수임 및 수탁기관의 명의로** 하여야 한다.

397 「행정권한의 위임 및 위탁에 관한 규정」상 행정기관 간 위임 및 위탁에 대한 설명 중 옳지 않은 것은 모두 몇 개인가? ●A급 20 경위

> 가. "위임"이란 법률에 규정된 행정기관의 장의 권한 중 일부를 그 보조기관 또는 하급행정기관의 장이나 지방자치단체의 장에게 맡겨 그의 권한과 책임 아래 행사하도록 하는 것을 말한다.
> 나. 행정기관의 장은 행정권한을 위임 및 위탁할 때에는 위임 및 위탁하기 전에 수임기관의 수임능력 여부를 점검하고, 필요한 인력 및 예산을 이관할 수 있다.
> 다. 위임 및 위탁기관은 수임 및 수탁기관의 수임 및 수탁사무 처리에 대하여 지휘·감독하고, 그 처리가 위법하거나 부당하다고 인정될 때에는 이를 취소하거나 정지시켜야 한다.
> 라. 수임 및 수탁사무의 처리에 관하여 위임 및 위탁기관은 수임 및 수탁기관에 대하여 사전승인을 받거나 협의를 할 것을 요구할 수 없다.
> 마. 수임 및 수탁사무의 처리에 관한 책임은 수임 및 수탁기관에 있으며, 위임 및 위탁기관은 그에 대한 감독책임을 진다.
> 바. 위임 및 위탁기관은 위임 및 위탁사무 처리의 적정성을 확보하기 위하여 필요한 경우에는 수임 및 수탁기관의 수임 및 수탁사무 처리 상황을 수시로 감사할 수 있다.

① 1개　　② 2개　　③ 3개　　④ 4개

 396 ④　397 ②

틀린 설명은 **나, 다, 2개**이다.

가. (○) "**위임**"이란 법률에 규정된 행정기관의 장의 권한 중 **일부**를 그 **보조기관** 또는 **하급행정기관의 장**이나 **지방자치단체의 장**에게 맡겨 그의 권한과 책임 아래 행사하도록 하는 것을 말한다.

나. (×) 행정기관의 장은 행정권한을 위임 및 위탁할 때에는 위임 및 위탁하기 전에 수임기관의 **수임능력 여부를 점검**하고, 필요한 **인력 및 예산을 이관하여야 한다**(할 수 있다×).

다. (×) **위임 및 위탁기관**은 수임 및 수탁기관의 수임 및 수탁사무 처리에 대하여 **지휘·감독**하고, 그 처리가 **위법하거나 부당**하다고 인정될 때에는 이를 **취소하거나 정지시킬 수 있다**(시켜야 한다×).

라. (○) 수임 및 수탁사무의 처리에 관하여 **위임 및 위탁기관**은 수임 및 수탁기관에 대하여 **사전승인을 받거나 협의를 할 것을 요구할 수 없다.**

마. (○) 수임 및 수탁**사무의 처리에 관한 책임은 수임 및 수탁기관**에 있으며, **위임 및 위탁기관**은 그에 대한 감독책임을 진다.

바. (○) **위임 및 위탁기관**은 위임 및 위탁사무 처리의 **적정성**을 확보하기 위하여 필요한 경우에는 수임 및 수탁기관의 수임 및 수탁사무 처리 상황을 **수시로 감사할 수 있다.**

---

398 「행정권한의 위임 및 위탁에 관한 규정」에 대한 설명으로 가장 적절하지 않은 것은? ●A급 21 승진

① 위탁이란 법률에 규정된 행정기관의 장의 권한 중 일부를 다른 행정기관의 장에게 맡겨 그의 권한과 책임 아래 행사하도록 하는 것을 말한다.

② 수임 및 수탁사무의 처리에 관한 책임은 수임 및 수탁기관에 있으며, 수임 및 수탁사무에 관한 권한을 행사할 때에는 위임 및 위탁기관의 명의로 하여야 한다.

③ 위임 및 위탁기관은 수임 및 수탁기관의 수임 및 수탁사무 처리에 대하여 지휘·감독하고, 그 처리가 위법하거나 부당하다고 인정될 때에는 이를 취소하거나 정지시킬 수 있다.

④ 행정기관의 장은 행정권한을 위임 및 위탁할 때에는 위임 및 위탁하기 전에 수임기관의 수임능력 여부를 점검하고, 필요한 인력 및 예산을 이관하여야 한다.

① (○) **위탁이란** 법률에 규정된 행정기관의 장의 권한 중 **일부**를 **다른 행정기관의 장에게** 맡겨 그의 권한과 책임 아래 행사하도록 하는 것을 말한다.

② (×) 수입 및 수탁사무의 **처리에 관한 책임은 수임 및 수탁기관**에 있으며, **위임 및 위탁기관은 그에 대한 감독책임을** 진다(동법 제8조 제1항). 수임 및 수탁사무에 관한 권한을 행사할 때에는 **수임 및 수탁기관**(위임 및 위탁기관×)**의 명의로** 하여야 한다(동법 제8조 제2항).

③ (○) **위임 및 위탁기관**은 수임 및 수탁기관의 수임 및 수탁사무 처리에 대하여 **지휘·감독**하고, 그 처리가 **위법**하거나 **부당**하다고 인정될 때에는 이를 **취소하거나 정지시킬 수 있다.**

④ (○) 행정기관의 장은 행정권한을 위임 및 위탁할 때에는 **위임 및 위탁하기 전에** 수임기관의 **수임능력 여부를 점검**하고, 필요한 **인력 및 예산을 이관하여야 한다.**

🔒 398 ②

399 행정관청의 권한의 위임과 대리에 대한 설명이다. 아래 ㉠부터 ㉣까지의 설명 중 옳고 그름의 표시 (○, ×)가 바르게 된 것은?

● A급 19 승진

㉠ 권한의 위임이란 상급관청이 하급관청에 권한의 전부를 이전하여 수임기관의 권한으로 행하도록 하는 것으로 위임의 범위에는 제한이 없는 것이 원칙이다.

㉡ 권한의 위임은 수임관청에 권한이 이전되므로 수임관청에 효과가 귀속되나, 권한의 대리는 직무의 대행에 불과하므로 임의대리든 법정대리든 피대리관청에 효과가 귀속된다.

㉢ 원칙적으로 임의대리는 권한의 일부에 대해서만 가능하고 복대리가 불가능하나, 법정대리는 권한의 전부에 대해서 가능하고 복대리가 가능하다.

㉣ 임의대리의 경우 피대리관청은 대리기관의 행위에 대한 지휘·감독상의 책임을 지나, 법정대리의 경우 피대리관청은 원칙적으로 지휘·감독상의 책임을 지지 않는다.

① ㉠ (○)　　㉡ (○)　　㉢ (×)　　㉣ (○)

② ㉠ (×)　　㉡ (○)　　㉢ (○)　　㉣ (×)

③ ㉠ (×)　　㉡ (○)　　㉢ (○)　　㉣ (○)

④ ㉠ (×)　　㉡ (×)　　㉢ (○)　　㉣ (×)

해설

㉠ (×) 권한의 **위임**이란 상급관청이 하급관청에 권한의 **일부**(전부×)를 이전하여 수임기관의 권한으로 행하도록 하는 것으로 **위임의 범위에 제한이 있는**(없는×) 것이 원칙이다.

㉡ (○) 권한의 **위임**은 수임관청에 권한이 이전되므로 **수임관청에 효과가 귀속**되나, 권한의 **대리는** 직무의 대행에 불과하므로 임의대리든 법정대리든 **피대리관청에 효과가 귀속**된다.

㉢ (○) 원칙적으로 **임의대리는** 권한의 **일부**에 대해서만 가능하고 **복대리가 불가능**하나, **법정대리는** 권한의 **전부**에 대해서 가능하고 **복대리가 가능**하다.

㉣ (○) **임의대리**의 경우 **피대리관청은** 대리기관의 행위에 대한 **지휘·감독상의 책임을** 지나, **법정대리의** 경우 **피대리관청은** 원칙적으로 **지휘·감독상의 책임을 지지 않는다.**

🔒 399 ③

03 경찰공무원법

제**1**절 **경찰공무원의 분류와 계급, 경과**

---

400 경과에 대한 설명으로 가장 적절하지 않은 것은? ●A급 22 특공

① 경과에는 일반·수사·안보수사·특수경과가 있다.

② 특수경과에는 항공경과와 정보통신경과가 있다.

③ 일반·수사경과는 총경 이하, 안보수사경과는 경정 이하 경찰공무원에게 부여한다.

④ 임용권자는 경찰공무원을 신규채용할 때에 경과를 부여해야 한다.

해설

① (○) 경과에는 **일반·수사·안보수사·특수경과**가 있다.

② (○) **특수**경과에는 **항공**경과와 **정보통신**경과가 있다.

③ (×) **일반경과와 특수경과(수사경과×)**는 **총경 이하** 경찰공무원에게 부여하고, **수사경과와 안보수사경과는 경정 이하** 경찰공무원에게만 부여한다(경찰공무원 임용령 제3조 제1항).

④ (○) 임용권자는 경찰공무원을 **신규채용할 때**에 **경과를 부여해야 한다.**

---

401 「경찰공무원 임용령」 및 동 시행규칙에 규정된 내용으로 가장 적절하지 않은 것은? ●A급 24 특공

① 일반경과는 기획·감사·경무·생활안전·교통·경비·작전·정보·외사나 그 밖에 수사경과·안보수사경과 및 특수경과에 속하지 않는 직무로 총경 이하 경찰공무원에게 부여한다.

② 수사경과는 범죄수사에 관한 직무로 경정 이하 경찰공무원에게만 부여한다.

③ 안보수사경과는 안보경찰에 관한 직무로 총경 이하 경찰공무원에게만 부여한다.

④ 정보통신경과는 경찰정보통신의 운영·관리에 관한 직무로 총경 이하 경찰공무원에게 부여한다.

해설

① (○) **일반경과**는 기획·감사·경무·생활안전·교통·경비·작전·정보·외사나 그 밖에 수사경과·안보수사경과 및 특수경과에 속하지 않는 직무로 **총경 이하** 경찰공무원에게 부여한다.

② (○) **수사경과**는 범죄수사에 관한 직무로 **경정 이하** 경찰공무원에게만 부여한다.

③ (×) **안보수사경과**는 안보경찰에 관한 직무로 **경정 이하(총경 이하×)** 경찰공무원에게만 부여한다(동령 제3조 제1항).

④ (○) **정보통신경과**는 경찰정보통신의 운영·관리에 관한 직무로 **총경 이하** 경찰공무원에게 부여한다.

🔒 **400** ③ **401** ③

402 「경찰공무원법」 및 「경찰공무원 임용령」에 대한 설명으로 가장 적절하지 않은 것은? ●A급 20 법학

① 경정 이하의 경찰공무원은 경찰청장 또는 해양경찰청장이 임용한다. 다만, 경정으로의 신규채용, 승진임용 및 면직은 경찰청장 또는 해양경찰청장의 제청으로 국무총리를 거쳐 대통령이 한다.

② 자격정지 이상의 형을 선고받거나 혹은 동일한 형의 선고유예를 선고받고 그 유예기간 중에 있는 사람은 경찰공무원으로 임용될 수 없다.

③ 일반경과, 수사경과, 안보수사경과, 항공경과, 정보통신경과 중 총경 계급의 경찰공무원에게 부여할 수 있는 경과의 수는 2개이다.

④ 경장 계급에서 5년 이상 근속자는 경사로 근속승진임용 할 수 있다.

> **해설**
>
> ① (○) **경정 이하**의 경찰공무원은 **경찰청장** 또는 해양경찰청장이 **임용한다**. 다만, **경정으로의 신규채용, 승진임용 및 면직은 경찰청장** 또는 해양경찰청장의 **제청으로 국무총리**를 거쳐 **대통령이 한다.**
>
> ② (○) 자격정지 이상의 형을 선고받거나 혹은 동일한 형의 **선고유예를 선고받고 그 유예기간 중에 있는 사람**은 경찰공무원으로 **임용될 수 없다.**
>
> ③ (×) 일반경과, 수사경과, 안보수사경과, 항공경과, 정보통신경과 중 총경 계급의 경찰공무원에게 부여할 수 있는 경과의 수는 **3개(일반경과, 항공경과, 정보통신경과)(2개×)**이다.
>
> > 🅣ip **수사경과와 안보수사경과**는 **경정 이하** 경찰공무원에게만 부여한다.
>
> ④ (○) **경장** 계급에서 **5년 이상** 근속자는 **경사로 근속승진임용 할 수 있다.**

<hr>

제2절 경찰공무원 근무관계 발생(임용)

403 「경찰공무원법」 제7조에 따른 임용권자에 관한 설명으로 가장 적절하지 않은 것은? ●A급 23 순경1차

① 총경 이상 경찰공무원은 경찰청장 또는 해양경찰청장의 추천을 받아 행정안전부장관 또는 해양수산부장관의 제청으로 국무총리를 거쳐 대통령이 임용한다.

② 총경의 전보, 휴직, 직위해제, 강등, 정직 및 복직은 행정안전부장관 또는 해양수산부장관이 임용한다.

③ 경정 이하의 경찰공무원은 경찰청장 또는 해양경찰청장이 임용한다. 다만, 경정으로의 신규채용, 승진임용 및 면직은 경찰청장 또는 해양경찰청장의 제청으로 국무총리를 거쳐 대통령이 한다.

④ 경찰청장은 대통령령으로 정하는 바에 따라 경찰공무원의 임용에 관한 권한의 일부를 특별시장·광역시장·도지사·특별자치시장 또는 특별자치도지사, 국가수사본부장, 소속 기관의 장, 시·도경찰청장에게 위임할 수 있다.

🔒 **402** ③ **403** ②

해설

① (○) **총경 이상** 경찰공무원은 **경찰청장** 또는 해양경찰청장의 **추천**을 받아 **행정안전부장관** 또는 해양수산부장관의 **제청**
으로 **국무총리**를 거쳐 **대통령이 임용한다**(경찰공무원법 제7조 제1항).
② (×) **총경의 전보, 휴직, 직위해제, 강등, 정직 및 복직**은 **경찰청장** 또는 해양경찰청장(행정안전부장관 또는 해양수산
부장관×)이 **임용한다**.
③ (○) **경정 이하**의 경찰공무원은 **경찰청장** 또는 해양경찰청장이 **임용한다**. 다만, **경정으로의 신규채용, 승진임용 및 면
직**은 **경찰청장** 또는 해양경찰청장의 **제청**으로 **국무총리**를 거쳐 **대통령**이 한다.
④ (○) **경찰청장은** 대통령령으로 정하는 바에 따라 경찰공무원의 임용에 관한 권한의 **일부**를 특별시장·광역시장·도지
사·특별자치시장 또는 특별자치도지사, 국가수사본부장, 소속 기관의 장, 시·도 경찰청장에게 **위임할 수 있다**.
이 경우 시·도지사는 위임받은 권한의 일부를 대통령령으로 정하는 바에 따라 「국가경찰과 자치경찰의 조직 및
운영에 관한 법률」 제18조에 따른 시·도자치경찰위원회, 시·도경찰청장에게 다시 위임할 수 있다(경찰공무원법
제7조 제3항).

404 다음은 「경찰공무원법」 제8조에서 규정하는 '경찰공무원 임용결격사유'이다. ㉠~㉤의 내용 중 옳고
그름의 표시(○, ×)가 모두 바르게 된 것은? ●A급 20 순경2차, 20 특공

> ㉠ 미성년자에 대한 다음 각 목의 어느 하나에 해당하는 죄를 저질러 형 또는 치료감호가 확정된 사람
> (집행유예를 선고받은 후 그 집행유예기간이 경과한 사람을 포함한다)
> 　가. 「성폭력범죄의 처벌 등에 관한 특례법」 제2조에 따른 성폭력범죄
> 　나. 「아동·청소년의 성보호에 관한 법률」 제2조 제2호에 따른 아동·청소년대상 성범죄
> ㉡ 벌금의 형을 선고받은 사람
> ㉢ 대한민국 국적을 가지지 아니한 사람
> ㉣ 공무원으로 재직기간 중 직무와 관련하여 「형법」 제355조 (횡령, 배임) 및 제356조(업무상의 횡령
> 과 배임)에 규정된 죄를 범한 사람으로서 300만원 이상의 벌금형을 선고받고 그 형이 확정된 후
> 2년이 지난 사람
> ㉤ 징계에 의하여 파면 또는 해임처분을 받은 사람

① ㉠ (○)　㉡ (○)　㉢ (○)　㉣ (×)　㉤ (○)
② ㉠ (○)　㉡ (×)　㉢ (○)　㉣ (○)　㉤ (×)
③ ㉠ (×)　㉡ (○)　㉢ (×)　㉣ (○)　㉤ (×)
④ ㉠ (○)　㉡ (×)　㉢ (○)　㉣ (×)　㉤ (○)

해설

㉠ (○) **미성년자**에 대한 **성폭력범죄, 아동·청소년대상 성범죄**를 저질러 형 또는 치료감호가 **확정된 사람**(집행유예를 선
고받은 후 그 **집행유예기간이 경과한 사람**을 포함한다)
㉡ (×) **자격정지**(벌금×) **이상**의 형을 **선고받은 사람**
㉢ (○) **대한민국 국적**을 가지지 **아니한 사람**
㉣ (×) 공무원으로 재직기간 중 직무와 관련하여 「**형법**」제355조 (횡령, 배임) 및 제356조(업무상의 횡령과 배임)에 규정된
죄를 범한 사람으로서 **300만원 이상**의 **벌금형**을 선고받고 그 형이 **확정된 후 2년이 지나지 아니한**(지난×) 사람
㉤ (○) 징계에 의하여 **파면 또는 해임**처분을 받은 사람

 404 ④

Tip 경찰공무원 임용자격 및 결격사유(경찰공무원법 제8조 제2항)

1. 대한민국 국적을 가지지 **아니한 사람**
2. **복수국적자**
3. **피성년후견인** 또는 **피한정후견인**
4. 파산선고를 받고 **복권되지 아니한 사람**
5. **자격정지 이상의 형(刑)을 선고받은 사람**
6. **자격정지 이상의 형의 선고유예**를 선고받고 **그 유예기간 중에 있는 사람**
7. 공무원으로 재직기간 중 직무와 관련하여 **「형법」**상 제355조(횡령, 배임) 및 제356조(업무상의 횡령과 배임)에 규정된 죄를 범한 사람으로서 **300만원 이상**의 벌금형을 선고받고 그 형이 확정된 후 **2년**이 지나지 아니한 사람
8. 다음 각 목의 어느 하나에 해당하는 죄를 범한 사람으로서 **100만원 이상의 벌금형**을 선고받고 그 형이 확정된 후 3년이 지나지 아니한 사람

   가. 「성폭력범죄의 처벌 등에 관한 특례법」 제2조에 따른 **성폭력범죄**
   나. 「정보통신망 이용촉진 및 정보보호 등에 관한 법률」 제74조 제1항 제2호 및 제3호에 따른 죄(**불법정보유통금지 위반죄**)
   다. 「스토킹범죄의 처벌 등에 관한 법률」 제2조 제2호에 따른 **스토킹범죄**

9. 미성년자에 대한 성폭력범죄, 아동·청소년대상 성범죄를 저질러 형 또는 치료감호가 **확정된 사람**(집행유예를 선고받은 후 그 집행유예기간이 경과한 사람을 포함한다)
10. 징계에 의하여 **파면** 또는 **해임**처분을 받은 사람

405 「경찰공무원법」상 경찰공무원 임용결격사유는 모두 몇 개인가? ●A급 21 경위

가. 「국적법」에 따른 복수국적자
나. 피한정후견인
다. 파산선고를 받고 복권된 사람
라. 「도로교통법」에 따른 음주운전 후 300만원 벌금형을 선고받고 그 형이 확정된 후 6개월이 지난 사람
마. 「성폭력범죄의 처벌 등에 관한 특례법」에 규정된 죄를 범한 후 100만원의 벌금형을 선고받고 그 형이 확정된 후 2년이 지난 사람
바. 징계로 해임처분을 받은 때부터 3년이 지난 사람

① 2개 ② 3개 ③ 4개 ④ 5개

해설

임용결격사유에 해당하는 것은 **가, 나, 마, 바, 4개**이다.
가. (○) **복수국적자** – **임용결격사유**
나. (○) **피한정후견인** – **임용결격사유**
다. (×) 파산선고를 받고 복권되지 아니한(복권된×) 사람
라. (×) 「도로교통법」에 따른 음주운전 후 300만원 벌금형을 선고받고 그 형이 확정된 후 6개월이 지난 사람 – 임용결격사유에 해당하지 않는다.
마. (○) 「성폭력범죄의 처벌 등에 관한 특례법」에 규정된 죄를 범한 후 100만원의 벌금형을 선고받고 그 형이 확정된 후 2년이 지난 사람 – 임용결격사유(아직 3년이 지나지 아니한 경우에 해당하므로 임용이 될 수 없다)
바. (○) 징계로 해임처분을 받은 때부터 3년이 지난 사람 – 임용결격사유

 405 ③

406 「경찰공무원법」과 「국가공무원법」상 공통된 임용결격사유가 아닌 것은?  **A급** 21 순경2차, 23 특공

① 피성년후견인 또는 피한정후견인
② 파산선고를 받고 복권되지 아니한 사람
③ 공무원으로 재직기간 중 직무와 관련하여 「형법」 제355조(횡령, 배임) 및 제356조(업무상의 횡령과 배임)에 규정된 죄를 범한 자로서 300만원 이상의 벌금형을 선고받고 그 형이 확정된 후 2년이 지나지 아니한 사람
④ 「성폭력범죄의 처벌 등에 관한 특례법」 제2조(성폭력범죄)에 규정된 죄를 범한 사람으로서 100만원 이상의 벌금형을 선고받고 그 형이 확정된 후 3년이 지나지 아니한 사람

해설

① (✕) 피성년후견인은 공통된 임용결격사유에 해당하지만, **피한정후견인은 「경찰공무원법」에만 적용**되는 임용결격사유이다.

　　Tip 경찰공무원에만 해당하는 임용결격사유

> • **대한민국 국적**을 가지지 **아니한 자**
> • **피한정후견인**
> • **복수국적**을 가진 자

② (○) **파산선고를 받고 복권되지 아니한 사람** – **공통**된 임용결격사유
③ (○) 공무원으로 재직기간 중 직무와 관련하여 「형법」 제355조(**횡령, 배임**) 및 제356조(**업무상의 횡령과 배임**)에 규정된 죄를 범한 자로서 **300만원 이상**의 벌금형을 선고받고 그 형이 확정된 후 **2년이 지나지 아니한 사람** – **공통된 임용결격사유**
④ (○) 「성폭력범죄의 처벌 등에 관한 특례법」 제2조(**성폭력범죄**)에 규정된 죄를 범한 사람으로서 **100만원 이상**의 벌금형을 선고받고 그 형이 확정된 후 **3년이 지나지 아니한 사람** – **공통**된 임용결격사유

407 경찰공무원 임용과 임용권자에 대한 설명으로 가장 적절하지 않은 것은? **A급** 22 특공

① 임용이란 신규채용·승진·전보·파견·휴직·직위해제·정직·강등·복직·면직·해임 및 파면을 말한다.
② 경정 이하(경정으로의 신규채용, 승진임용 및 면직은 제외)의 경찰공무원은 경찰청장 또는 해양경찰청장이 임용한다.
③ 총경의 전보, 휴직, 직위해제, 강등, 정직 및 복직은 경찰청장 또는 해양경찰청장이 한다.
④ 복직이란 휴직·직위해제 또는 정직(강등에 따른 정직은 제외) 중에 있는 경찰공무원을 직위에 복귀시키는 것을 말한다.

해설

① (○) **임용이란** 신규채용·승진·전보·파견·휴직·직위해제·정직·강등·복직·면직·해임 및 파면을 말한다.
　　Tip 감봉·견책은 임용에 **포함되지 않는다**.
② (○) **경정 이하(경정으로의 신규채용, 승진임용 및 면직은 제외)**의 경찰공무원은 **경찰청장** 또는 해양경찰청장이 **임용**한다.
③ (○) **총경의 전보, 휴직, 직위해제, 강등, 정직 및 복직은 경찰청장** 또는 해양경찰청장이 **한다**.
④ (✕) **복직이란** 휴직·직위해제 또는 정직[강등에 따른 정직 포함(제외✕)] 중에 있는 경찰공무원을 **직위에 복귀시키는** 것을 말한다.

 406 ① 407 ④

408 「경찰공무원법」상 경찰공무원의 임용에 관한 설명으로 가장 적절하지 않은 것은? ●A급 25 특공

① 경정으로의 신규채용, 승진임용 및 면직은 경찰청장 또는 해양경찰청장이 한다.

② 총경 이상 경찰공무원은 경찰청장 또는 해양경찰청장의 추천을 받아 행정안전부장관 또는 해양수산부장관의 제청으로 국무총리를 거쳐 대통령이 임용한다. 다만, 총경의 전보, 휴직, 직위해제, 강등, 정직 및 복직은 경찰청장 또는 해양경찰청장이 한다.

③ "임용"이란 신규채용·승진·전보·파견·휴직·직위해제·정직·강등·복직·면직·해임 및 파면을 말한다.

④ "복직"이란 휴직·직위해제 또는 정직(강등에 따른 정직을 포함한다) 중에 있는 경찰공무원을 직위에 복귀시키는 것을 말한다.

해설

① (×) **경정으로의 신규채용, 승진임용 및 면직은 경찰청장 또는 해양경찰청장의 제청**으로 국무총리를 거쳐 **대통령이 한다**(경찰청장 또는 해양경찰청장이 한다×)(동법 제7조 제2항).

② (○) **총경 이상 경찰공무원은 경찰청장 또는 해양경찰청장의 추천**을 받아 **행정안전부장관 또는 해양수산부장관의 제청**으로 국무총리를 거쳐 **대통령이 임용한다**. 다만, 총경의 전보, 휴직, 직위해제, 강등, 정직 및 복직은 경찰청장 또는 해양경찰청장이 한다.

③ (○) **"임용"**이란 신규채용·승진·전보·파견·휴직·직위해제·정직·강등·복직·면직·해임 및 파면을 말한다.

　🇹ip 감봉과 견책은 자리의 이동이 없으므로 '임용'의 개념에 포함되지 않는다.

④ (○) **"복직"**이란 휴직·직위해제 또는 정직(강등에 따른 정직을 **포함**한다) 중에 있는 경찰공무원을 직위에 복귀시키는 것을 말한다.

409 「경찰공무원 임용령」상 임용권의 위임에 대한 설명 중 가장 적절하지 않은 것은? ●A급 20 순경1차

① 소속기관등의 장은 경감 또는 경위를 신규채용하거나 경사 또는 경장을 승진시키려면 미리 경찰청장의 승인을 받아야 한다.

② 임용권을 위임받은 시·도경찰청장은 소속 경감 이하 경찰공무원에 대한 해당 경찰서 안에서의 전보권을 경찰서장에게 다시 위임할 수 있다.

③ 경찰청장은 법 제7조 제3항 전단에 따라 특별시장·광역시장·특별자치시장·도지사 또는 특별자치도지사(이하 "시·도지사"라 한다)에게 해당 특별시·광역시·특별자치시·도 또는 특별자치도(이하 "시·도"라 한다)의 자치경찰사무를 담당하는 경찰공무원[「국가경찰과 자치경찰의 조직 및 운영에 관한 법률」 제18조 제1항에 따른 시·도자치경찰위원회(이하 "시·도자치경찰위원회"라 한다), 시·도경찰청 및 경찰서(지구대 및 파출소는 제외한다)에서 근무하는 경찰공무원을 말한다] 중 경정의 전보·파견·휴직·직위해제 및 복직에 관한 권한과 경감 이하의 임용권(신규채용 및 면직에 관한 권한은 제외한다)을 위임한다.

④ 임용권의 위임 규정에도 불구하고 경찰청장은 경찰공무원의 정원 조정, 승진임용, 인사교류 또는 파견을 위하여 필요한 경우에는 임용권을 행사할 수 있다.

 408 ① 409 ①

410 「경찰공무원 임용령」에서 규정하고 있는 임용권의 위임에 대한 설명으로 가장 적절하지 않은 것은?

●A급 21 특공

① 소속기관등의 장은 경감 또는 경위를 신규채용하거나 경위 또는 경사를 승진시키려면 미리 경 찰청장의 승인을 받아야 한다.

② 임용권을 위임받은 시 · 도경찰청장은 소속 경감 이하 경찰공무원에 대한 해당 경찰서 안에서 의 전보권을 경찰서장에게 다시 위임할 수 있다.

③ 경찰청장은 경찰대학 · 경찰인재개발원 · 중앙경찰학교 · 경찰수사연수원 · 경찰병원 및 시 · 도경찰청의 장에게 그 소속 경찰공무원 중 경정의 전보 · 파견 · 휴직 · 직위해제 및 복직에 관 한 권한과 경감 이하의 임용권을 위임한다.

④ 임용권을 위임한 경우, 경찰청장은 어떠한 경우에도 임용권을 행사할 수 없다.

411 「경찰공무원 임용령」상 임용권의 위임 등에 관한 설명 중 옳은 것을 모두 고른 것은? ●A급 22 법학

ㄱ 경찰청장은 국가수사본부장에게 국가수사본부 안에서의 경정 이하에 대한 임용권을 위임한다.
ㄴ 임용권을 위임받은 시 · 도자치경찰위원회는 시 · 도지사와 경찰청장의 의견을 들어 그 권한의 일부 를 시 · 도경찰청장에게 다시 위임할 수 있다.
ㄷ 시 · 도경찰청장 및 경찰서장은 지구대장 및 파출소장을 보직하는 경우에는 시 · 도자치경찰위원회 의 추천을 받아야 한다.
ㄹ 경찰청장은 수사부서에서 총경을 보직하는 경우에는 국가수사본부장의 추천을 받아야 한다.
ㅁ 시 · 도자치경찰위원회는 임용권을 행사하는 경우에는 시 · 도경찰청장의 추천을 받아야 한다.

① ㄱ, ㄴ   ② ㄷ, ㄹ   ③ ㄹ, ㅁ   ④ ㄴ, ㄷ, ㅁ

🔒 410 ④ 411 ③

해설

옳은 설명은 ②, ⑩, 2개이다.
① (×) 경찰청장은 **국가수사본부장에게** 국가수사본부 안에서의 **경정 이하**에 대한 **전보권(임용권×)**을 **위임한다**(동령 제4조 제2항).
⑥ (×) 임용권을 위임받은 **시ㆍ도자치경찰위원회는 시ㆍ도지사와 시ㆍ도경찰청장(경찰청장×)**의 **의견을** 들어 그 권한의 **일부를 시ㆍ도경찰청장에게 다시 위임할 수 있다**(동령 제4조 제5항).
© (×) 시ㆍ도경찰청장 및 경찰서장은 **지구대장 및 파출소장을 보직하는 경우에는 시ㆍ도자치경찰위원회의 의견**을 사전에 **들어야 한다(추천을 받아야 한다×)**.
② (○) 경찰청장은 **수사부서에서 총경을 보직**하는 경우에는 **국가수사본부장의 추천**을 받아야 한다.
⑩ (○) **시ㆍ도자치경찰위원회는** 임용권을 행사하는 경우에는 **시ㆍ도경찰청장의 추천**을 받아야 한다.

412 「경찰공무원 임용령」상 임용시기에 대한 설명으로 가장 적절하지 않은 것은?  23 경위변형

① 경찰공무원은 임용장이나 임용통지서에 적힌 날짜에 임용된 것으로 보며, 임용일자를 원칙적으로 소급할 수 없다.
② 경찰공무원의 사망으로 인한 면직은 사망한 다음 날에 면직된 것으로 본다.
③ 경찰공무원이 재직 중 전사하거나 순직한 경우로서 특별승진 임용하는 경우에는 사망한 날을 임용일자로 본다.
④ 경찰공무원이 휴직 기간이 끝나거나 휴직 사유가 소멸된 후에도 직무에 복귀하지 아니하거나 직무를 감당할 수 없을 때 직권으로 면직시키는 경우에는 휴직기간의 만료일 또는 휴직사유의 소멸일을 임용일자로 본다.

해설

① (○) 경찰공무원은 임용장이나 임용통지서에 **적힌 날짜에 임용된 것**으로 보며, 임용일자를 **원칙적으로 소급해서는 아니 된다**(동령 제5조 제1항).
② (○) 경찰공무원의 사망으로 인한 면직은 **사망한 다음 날에 면직된 것**으로 본다(동령 제5조 제1항).
③ (×) 경찰공무원이 재직 중 **전사**하거나 **순직**한 경우로서 **특별승진 임용**하는 경우에는 **사망일의 전날(사망한 날×)**을 **임용일자로** 본다(동령 제6조 제1호).
④ (○) 경찰공무원이 휴직 기간이 끝나거나 휴직 사유가 소멸된 후에도 직무에 복귀하지 아니하거나 직무를 감당할 수 없을 때 직권으로 면직시키는 경우에는 휴직기간의 만료일 또는 휴직사유의 소멸일을 임용일자로 본다(동령 제6조 제3호).

413 경찰공무원 임용에 대한 설명으로 적절하지 않은 것은 모두 몇 개인가?  22 경위

가. 채용후보자 명부의 유효기간은 2년으로 하되, 경찰청장은 필요에 따라 1년의 범위에서 그 기간을 연장할 수 있다.
나. 임용권자 또는 임용제청권자는 채용후보자 명부에 등재된 채용후보자가 학업을 계속하는 경우 채용후보자 명부의 유효기간의 범위에서 기간을 정하여 임용 또는 임용제청을 유예할 수 있다. 다만, 유예기간 중이라도 그 사유가 소멸한 경우에는 임용 또는 임용제청을 할 수 있다.
다. 신규채용시험에 합격한 사람이 채용후보자 명부에 등재된 이후 그 유효기간 내에 「병역법」에 따른 병역 복무를 위하여 군에 입대한 경우(대학생 군사훈련 과정 이수자를 포함한다)의 의무복무 기간은 채용후보자 명부의 유효기간에 넣어 계산하지 아니한다.
라. 채용후보자가 임용 또는 임용제청에 응하지 아니한 경우에는 채용후보자로서의 자격을 상실한다.

① 없음   ② 1개   ③ 2개   ④ 3개

 412 ③   413 ①

틀린 설명은 없다.
가. (○) **채용후보자 명부**의 유효기간은 **2년**으로 하되, **경찰청장**은 필요에 따라 **1년**의 범위에서 그 기간을 **연장**할 수 있다.
나. (○) 임용권자 또는 임용제청권자는 채용후보자 명부에 등재된 채용후보자가 **학업을 계속**하는 경우 채용후보자 명부의 유효기간의 범위에서 기간을 정하여 임용 또는 임용제청을 **유예할 수 있다**. 다만, 유예기간 중이라도 그 사유가 소멸한 경우에는 임용 또는 임용제청을 할 수 있다.
다. (○) 신규채용시험에 합격한 사람이 채용후보자 명부에 등재된 이후 그 유효기간 내에 「병역법」에 따른 **병역 복무**를 위하여 군에 입대한 경우(대학생 군사훈련 과정 이수자를 포함한다)의 **의무복무 기간**은 채용후보자 명부의 유효기간에 넣어 **계산하지 아니한다**.
라. (○) 채용후보자가 임용 또는 임용제청에 **응하지 아니한 경우**에는 채용후보자로서의 **자격을 상실**한다.

414 「경찰공무원 임용령」에 관한 설명으로 옳은 것을 모두 고른 것은?  23 승진

㉠ 경찰공무원은 임용장이나 임용통지서에 적힌 날짜에 임용된 것으로 보며, 임용일자를 소급해서는 아니 된다. 사망으로 인한 면직은 사망한 날에 면직된 것으로 본다.
㉡ 「경찰공무원법」 제10조 제3항 제1호에 따라 재임용된 경찰공무원의 계급정년 연한은 재임용 전에 해당 계급의 경찰공무원으로 근무한 연수를 합하여 계산한다.
㉢ 종전의 재직기관에서 감봉 이상의 징계처분을 받은 사람은 경력경쟁채용등의 대상이 될 수 없다.
㉣ 임용권자 또는 임용제청권자는 채용후보자 명부에 등재된 채용후보자가 학업을 계속하는 경우 채용후보자 명부의 유효 기간의 범위에서 기간을 정하여 임용 또는 임용제청을 유예할 수 있다. 다만, 유예기간 중이라도 그 사유가 소멸한 경우에는 임용 또는 임용제청을 할 수 있다.

① ㉠, ㉡　　　② ㉡, ㉢　　　③ ㉡, ㉢, ㉣　　　④ ㉠, ㉢, ㉣

옳은 설명은 ㉡, ㉢, ㉣, **3개**이다.
㉠ (×) 경찰공무원은 임용장이나 임용통지서에 **적힌 날짜에 임용**된 것으로 보며, **임용일자를 소급해서는 아니 된다**. 사망으로 인한 면직은 **사망한 다음 날**(사망한 날×)에 면직된 것으로 본다(동령 제5조 제1항·제2항).
㉡ (○) 「경찰공무원법」 제10조 제3항 제1호에 따라 **재임용된** 경찰공무원의 **계급정년** 연한은 **재임용 전**에 해당 계급의 경찰공무원으로 **근무한 연수를 합하여 계산**한다(동령 제8조).
㉢ (○) 종전의 재직기관에서 **감봉 이상**의 징계처분을 받은 사람은 **경력경쟁채용등의 대상이 될 수 없다**(동령 제16조 제1항 제1호).
㉣ (○) 임용권자 또는 임용제청권자는 채용후보자 명부에 등재된 채용후보자가 **학업을 계속**하는 경우 채용후보자 명부의 유효 기간의 범위에서 기간을 정하여 임용 또는 임용제청을 **유예할 수 있다**. 다만, 유예기간 중이라도 그 사유가 소멸한 경우에는 임용 또는 임용제청을 할 수 있다(동령 제18조의2 제1항 제2호).

Tip 임용유예 사유(경찰공무원 임용령 제18조의2 제1항)

1. 「병역법」에 따른 **병역복무**를 위하여 징집 또는 소집되는 경우
2. **학업을 계속**하는 경우
3. **6개월 이상의 장기요양**이 필요한 질병이 있는 경우
4. **임신**하거나 **출산**한 경우
5. 그 밖에 임용 또는 임용제청의 유예가 **부득이하다고 인정**되는 경우

🔒 414 ③

415 「경찰공무원법」상 시보임용에 관한 설명으로 가장 적절하지 않은 것은?  ●A급 24 특공

① 자치경찰공무원을 그 계급에 상응하는 경찰공무원으로 임용하는 경우 시보임용을 거치지 아니한다.

② 휴직기간은 시보임용기간에 산입하지 아니한다.

③ 시보임용기간 중에 있는 경찰공무원이 근무성적이 불량할 때에는 면직시키거나 면직을 제청할 수 있다.

④ 경정 이하의 경찰공무원을 신규 채용할 때에는 1년간 시보로 임용하고, 그 기간이 만료된 날에 정규 경찰공무원으로 임용한다.

해설

① (○) **자치경찰공무원**을 그 계급에 상응하는 경찰공무원으로 임용하는 경우 **시보임용을 거치지 아니한다**(동법 제13조 제4항 제4호).

> **Tip** 시보임용 거치지 않는 사람(동법 제13조 제4항)
>
> 1. **경찰대학을 졸업**한 사람, **경위공개경쟁채용시험합격자**로서 정하여진 **교육훈련을 마친 사람**
> 2. **승진에 필요한 자격 요건**을 갖추고 임용예정 계급의 공개경쟁 채용시험에 합격한 사람
> 3. **퇴직한 경찰공무원**으로서 재임용하는 경우
> 4. **자치경찰공무원**을 그 계급에 상응하는 경찰공무원으로 임용하는 경우

② (○) **휴직기간, 직위해제기간** 및 징계에 의한 **정직처분** 또는 **감봉처분**을 받은 기간은 **시보임용기간에 산입하지 아니한다**(동법 제13조 제2항).

③ (○) 시보임용기간 중에 있는 경찰공무원이 **근무성적이 불량**할 때(또는 교육훈련성적이 불량할 때)에는 **면직시키거나 면직을 제청할 수 있다**(동법 제13조 제3항).

④ (×) **경정 이하**의 경찰공무원을 신규 채용할 때에는 **1년간** 시보로 임용하고, 그 기간이 **만료된 다음 날**(만료된 날×)에 **정규 경찰공무원으로 임용한다**(동법 제13조 제1항).

416 경찰공무원의 분류 및 관계에 관한 설명으로 가장 적절하지 않은 것은?  ●A급 24 순경2차

① 「경찰공무원 임용령」과 「경찰공무원 임용령 시행규칙」에서는 경과별 직무의 종류를 규정하고 있으며, 수사경과·안보수사경과·항공경과·정보통신경과에 속하지 아니하는 직무를 일반경과의 직무로 구분하고 있다.

② 「국적법」 제11조의2 제1항에 따른 복수국적자는 「경찰공무원법」에 규정된 임용의 결격사유에 해당한다.

③ 「경찰공무원법」에 따르면 경정 이하의 경찰공무원은 경찰청장 또는 해양경찰청장이 임용한다. 다만, 경정으로의 신규채용, 승진임용 및 면직은 경찰청장 또는 해양경찰청장의 제청으로 국무총리를 거쳐 대통령이 한다.

④ 「경찰공무원 임용령」에 따르면 임용권자 또는 임용제청권자는 시보임용경찰공무원의 생활기록이 극히 불량할 경우 임용심사위원회의 심사를 거쳐 면직시킬 수 있으나, 징계사유에 해당하는 경우에는 그러하지 아니한다.

🔒 415 ④ 416 ④

① (○) 「경찰공무원 임용령」과 「경찰공무원 임용령 시행규칙」에서는 경과별 직무의 종류를 규정하고 있으며, **수사경과 · 안보수사경과 · 항공경과 · 정보통신경과**에 속하지 아니하는 직무를 **일반경과**의 직무로 구분하고 있다(경찰공무원 임용령 시행규칙 제19조 제1호).

② (○) 「국적법」 제11조의2 제1항에 따른 **복수국적자**는 「**경찰공무원법**」에 규정된 **임용의 결격사유**에 해당한다(경찰공무원법 제8조 제2항).

③ (○) 「경찰공무원법」에 따르면 **경정 이하**의 경찰공무원은 **경찰청장** 또는 해양경찰청장이 임용한다. 다만, **경정으로의 신규채용, 승진임용** 및 **면직**은 **경찰청장** 또는 해양경찰청장의 **제청**으로 **국무총리**를 거쳐 **대통령이 한다**(경찰공무원법 제7조 제2항 단서).

④ (✕) 「경찰공무원 임용령」에 따르면 임용권자 또는 임용제청권자는 **시보임용경찰공무원**의 생활기록이 극히 불량할 경우 **임용심사위원회의 심사**를 거쳐 **면직시킬 수 있으며**, 징계사유에 해당하는 경우에도 **그러하다(그러하지 아니한다✕)**(경찰공무원 임용령 제20조 제4항).

---

417 「경찰공무원 임용령」 및 「경찰공무원 임용령 시행규칙」상 시보임용경찰공무원에 관한 설명으로 옳은 것을 모두 고른 것은?
●A급 24 승진변형

⊙ 임용권자 또는 임용제청권자는 시보임용경찰공무원의 근무사항을 항상 지도 · 감독하여야 한다.

ⓒ 임용권자 또는 임용제청권자는 시보임용경찰공무원의 교육훈련성적이 만점의 60퍼센트 미만 또는 근무성적 평정 제2평정 요소의 평정점이 만점의 50퍼센트 미만에 해당하여 정규 경찰공무원으로 임용하는 것이 부적당하다고 인정되는 경우 임용심사위원회의 심사를 거쳐 해당 시보임용경찰공무원을 면직시키거나 면직을 제청하여야 한다.

ⓒ 임용권자 또는 임용제청권자는 시보임용경찰공무원이 징계사유에 해당하여 정규 경찰공무원으로 임용하는 것이 부적당하다고 인정되는 경우 임용심사위원회의 심사를 거쳐 해당 시보임용경찰공무원을 면직시키거나 면직을 제청할 수 있다.

ⓒ 「경찰공무원 임용령 시행규칙」 제9조 제2항에서는 "경찰기관의 장은 시보임용경찰공무원에 관한 제1항 각 호의 자료를 제10조제5항제2호 · 제3호에 따른 임용심사위원회 회의일 15일 전까지 임용권자 또는 임용제청권자에게 제출하여야 한다."고 규정되어 있다.

① ⊙, ⓒ   ② ⊙, ⓒ   ③ ⓒ, ⓒ   ④ ⓒ, ⓒ

옳은 설명은 ⊙, ⓒ, **2개**이다.

⊙ (○) **임용권자 또는 임용제청권자는** 시보임용경찰공무원의 근무사항을 항상 지도 · 감독하여야 한다(경찰공무원 임용령 제20조 제1항).

ⓒ (✕) 임용권자 또는 임용제청권자는 **시보임용경찰공무원**의 **교육훈련성적**이 만점의 **60퍼센트 미만** 또는 **근무성적** 평정 제2평정 요소의 평정점이 만점의 **50퍼센트 미만**에 해당하여 정규 경찰공무원으로 임용하는 것이 부적당하다고 인정되는 경우 **임용심사위원회의 심사를 거쳐** 해당 시보임용경찰공무원을 **면직시키거나 면직을 제청할 수 있다**(하여야 한다✕)(경찰공무원 임용령 제20조 제4항).

ⓒ (○) 임용권자 또는 임용제청권자는 **시보임용경찰공무원이 징계사유에 해당**하여 정규 경찰공무원으로 임용하는 것이 부적당하다고 인정되는 경우 임용심사위원회의 심사를 거쳐 해당 시보임용경찰공무원을 **면직시키거나 면직을 제청할 수 있다**(경찰공무원 임용령 제20조 제2항 제1호).

ⓒ (✕) 「경찰공무원 임용령 시행규칙」 제9조 제2항에서는 "경찰기관의 장은 시보임용경찰공무원에 관한 제1항 각 호의 자료(시보임용 기간 중 근무실적 및 직무수행 태도, 소속 상사의 소견 등)를 제10조 제5항 제2호 · 제3호에 따른 임용심사위원회 회의일 **10일**(15일✕) 전까지 임용권자 또는 임용제청권자에게 **제출하여야 한다**."고 규정되어 있다.

🔒 417 ②

418 「경찰공무원법」 및 「경찰공무원 임용령」상 경찰공무원 채용에 관한 설명으로 가장 적절하지 않은 것은?

•A급 25 순경1차

① 채용후보자 등록을 하지 아니한 사람은 경찰공무원으로 임용될 의사가 없는 것으로 본다.

② 경찰청장 또는 해양경찰청장은 채용후보자 명부의 유효기간을 연장하기로 결정한 경우에는 그 사실을 공고하여야 한다.

③ 경찰청장 또는 해양경찰청장은 경찰공무원의 신규채용시험에서 대통령령으로 정하는 부정행위를 한 사람에 대하여 부정행위자에 대한 제재로서 해당 시험의 정지·무효 또는 합격 취소 처분을 할 때에는 미리 그 처분의 내용과 사유를 당사자에게 통지하여 소명할 기회를 주어야 한다.

④ 경찰공무원의 신규채용시험은 계급별로 실시한다. 다만, 결원 보충을 원활히 하기 위하여 필요하다고 인정될 때에는 직무 분야별·근무예정지역 또는 근무예정기관별로 구분하여 실시할 수 있다.

해설

① (○) 채용후보자 등록을 하지 아니한 사람은 경찰공무원으로 임용될 의사가 없는 것으로 본다(동령 제17조 제2항).

② (○) 경찰청장 또는 해양경찰청장은 채용후보자 명부의 유효기간을 연장하기로 결정한 경우에는 그 사실을 공고하여야 한다(동법 제12조 제5항).

③ (×) 경찰청장 또는 해양경찰청장은 경찰공무원의 신규채용시험에서 대통령령으로 정하는 부정행위를 한 사람에 대하여 부정행위자에 대한 제재로서 해당 **시험의 정지·무효 또는 합격 취소 처분을 할 수 있다**. 이 경우 **시험의 정지를 제외하고** 시험의 **무효 또는 합격 취소 처분을 할 때**(정지·무효 또는 합격 취소 처분을 할 때×)에는 미리 그 처분의 내용과 사유를 당사자에게 통지하여 **소명할 기회를 주어야 한다**.

Tip 부정행위자에 대한 제재(경찰공무원법 제11조)

> ① 경찰청장 또는 해양경찰청장은 경찰공무원의 신규채용시험(경위공개경쟁채용시험을 포함한다), 승진시험 또는 그 밖의 시험에서 다른 사람에게 대신하여 응시하게 하는 행위 등 대통령령으로 정하는 부정행위를 한 사람에 대하여 대통령령으로 정하는 바에 따라 해당 **시험의 정지·무효 또는 합격 취소 처분**을 할 수 있다.
> ② 제1항에 따른 처분을 받은 사람에 대해서는 처분이 있은 날부터 **5년**의 범위에서 대통령령으로 정하는 기간 동안 신규채용시험, 승진시험 또는 그 밖의 **시험의 응시자격을 정지**한다.
> ③ 경찰청장 또는 해양경찰청장은 제1항에 따른 처분(**시험의 정지는 제외한다**)을 할 때에는 미리 그 처분 내용과 사유를 당사자에게 통지하여 **소명할 기회를 주어야 한다**.

④ (○) 경찰공무원의 **신규채용시험은 계급별로 실시**한다. 다만, 결원 보충을 원활히 하기 위하여 필요하다고 인정될 때에는 직무 분야별·근무예정지역 또는 근무예정기관별로 구분하여 실시할 수 있다.

419 「경찰공무원 임용령」상 임용권자 또는 임용제청권자가 시보임용경찰공무원을 정규 경찰공무원으로 임용하는 것이 부적당하다고 인정되는 경우에 임용심사위원회의 의결을 거쳐 해당 시보임용경찰공무원을 면직시키거나 면직을 제청할 수 있는 사유로 가장 적절하지 않은 것은?

•A급 25 승진

① 징계사유에 해당하는 경우

② 제21조 제1항에 따른 교육훈련 중 질병, 병역 복무 또는 그 밖에 교육훈련을 계속할 수 없는 불가피한 사정 외의 사유로 퇴교처분을 받은 경우

③ 제21조 제1항에 따른 교육훈련성적이 만점의 60퍼센트 미만이거나 생활기록이 극히 불량한 경우

④ 「경찰공무원 승진임용 규정」 제7조 제2항에 따른 제2 평정 요소인 근무실적, 직무수행능력, 직무수행태도, 포상의 평정점이 만점의 50퍼센트 미만인 경우

 418 ③ 419 ④

① (○) **징계사유**에 해당하는 경우
② (○) 제21조 제1항에 따른 교육훈련 중 질병, 병역 복무 또는 그 밖에 교육훈련을 계속할 수 없는 **불가피한 사정 외의 사유로 퇴교처분**을 받은 경우
③ (○) 제21조 제1항에 따른 **교육훈련성적이 만점의 60퍼센트 미만**이거나 **생활기록이 극히 불량**한 경우
④ (×) 「경찰공무원 승진임용 규정」 제7조 제2항에 따른 **제2 평정 요소**인 **근무실적, 직무수행능력, 직무수행태도**, (포상×)
　　의 평정점이 **만점의 50퍼센트 미만**인 경우
　　Tip '**포상**' 실적은 제1 평정 요소에 해당한다.

제3절　경찰공무원 근무관계 변경

420 다음은 「경찰공무원법」에 대한 설명이다. ㉠～㉤의 내용 중 옳고 그름의 표시(○, ×)가 모두 바르게 된 것은?

●A급 20 순경1차

> ㉠ 경찰청장 또는 해양경찰청장은 경찰공무원의 신규채용시험(경위공개경쟁채용시험을 포함한다.), 승진시험 또는 그 밖의 시험에서 다른 사람에게 대신하여 응시하게 하는 행위 등 대통령령으로 정하는 부정행위를 한 사람에 대하여 대통령령으로 정하는 바에 따라 해당 시험의 정지·무효 또는 합격 취소 처분을 할 수 있다. 이에 따른 처분을 받은 사람에 대해서는 처분이 있은 날부터 5년의 범위에서 대통령령으로 정하는 기간 동안 신규채용시험, 승진시험 또는 그 밖의 시험의 응시자격을 정지한다.
> ㉡ 총경 이상 경찰공무원은 경찰청장 또는 해양경찰청장의 추천을 받아 행정안전부장관 또는 해양수산부장관의 제청으로 국무총리를 거쳐 대통령이 임용한다. 다만, 총경의 전보, 휴직, 직위해제, 강등, 정직 및 복직은 경찰청장 또는 해양경찰청장이 한다.
> ㉢ 경찰청장 또는 해양경찰청장은 전시·사변이나 그 밖에 이에 준하는 비상사태에서는 2년의 범위에서 계급정년을 연장할 수 있다. 이 경우 치안감의 경찰공무원에 대하여는 행정안전부장관 또는 해양수산부장관과 국무총리를 거쳐 대통령의 승인을 받아야 하고, 경무관·총경·경정의 경찰공무원에 대하여는 국무총리를 거쳐 대통령의 승인을 받아야 한다.
> ㉣ 경장을 경사로 근속승진임용하려는 경우에는 해당 계급에서 6년 이상 근속자이어야 한다.
> ㉤ 경찰공무원은 그 정년이 된 날이 1월에서 6월 사이에 있으면 6월 30일에 당연퇴직하고, 7월에서 12월 사이에 있으면 12월 31일에 당연퇴직한다.

① ㉠ (○)　㉡ (○)　㉢ (○)　㉣ (×)　㉤ (○)
② ㉠ (○)　㉡ (×)　㉢ (○)　㉣ (○)　㉤ (×)
③ ㉠ (×)　㉡ (○)　㉢ (×)　㉣ (○)　㉤ (×)
④ ㉠ (○)　㉡ (○)　㉢ (×)　㉣ (×)　㉤ (○)

 420 ④

해설

ㄱ (O) **경찰청장** 또는 해양경찰청장은 경찰공무원의 신규채용시험(경위공개경쟁채용시험을 포함한다.), 승진시험 또는 그 밖의 **시험에서** 다른 사람에게 대신하여 응시하게 하는 행위 등 대통령령으로 정하는 **부정행위**를 한 사람에 대하여 대통령령으로 정하는 바에 따라 해당 시험의 **정지·무효 또는 합격 취소 처분을 할 수 있다.** 이에 따른 처분을 받은 사람에 대해서는 **처분이 있은 날부터 5년**의 범위에서 대통령령으로 정하는 기간 동안 신규채용시험, 승진시험 또는 그 밖의 시험의 **응시자격을 정지한다.**

ㄴ (O) **총경 이상** 경찰공무원은 **경찰청장** 또는 해양경찰청장의 **추천**을 받아 **행정안전부장관** 또는 해양수산부장관의 **제청**으로 국무총리를 거쳐 **대통령이 임용**한다. 다만, **총경의 전보, 휴직, 직위해제, 강등, 정직 및 복직은 경찰청장** 또는 해양경찰청장이 **한다.**

ㄷ (X) 경찰청장 또는 해양경찰청장은 전시·사변이나 그 밖에 이에 준하는 **비상사태**에서는 **2년**의 범위에서 **계급정년을 연장**할 수 있다. 이 경우 **경무관 이상(치안감X)**의 경찰공무원에 대하여는 **행정안전부장관** 또는 해양수산부장관과 **국무총리**를 거쳐 **대통령의 승인**을 받아야 하고, **총경·경정(경무관X)**의 경찰공무원에 대하여는 **국무총리**를 거쳐 **대통령의 승인**을 받아야 한다.

ㄹ (X) **경장을 경사로 근속승진**임용하려는 경우에는 해당 계급에서 **5년(6년X) 이상** 근속자이어야 한다.

ㅁ (O) 경찰공무원은 그 정년이 된 날이 **1월에서 6월 사이**에 있으면 **6월 30일**에 당연퇴직하고, **7월에서 12월 사이**에 있으면 **12월 31일**에 **당연퇴직**한다.

---

421 「경찰공무원 승진임용 규정」상 승진에 관한 설명 중 가장 적절하지 않은 것은? ●A급 22 순경1차

① 경찰공무원의 승진임용은 심사승진임용·시험승진임용 및 특별승진임용으로 구분한다.

② 「경찰공무원 승진임용 규정」 제6조 제1항 제2호에 따르면 소극행정으로 감봉에 해당하는 징계처분을 받은 경찰공무원은 징계처분의 집행이 끝난 날부터 18개월이 지나지 아니하면 심사승진임용 될 수 없다.

③ 임용권자나 임용제청권자는 시험승진후보자 명부에 기록된 사람이 승진임용되기 전에 감봉 이상의 징계처분을 받은 경우에는 시험승진후보자 명부에서 그 사람을 제외하여야 한다.

④ 총경 이하의 경찰공무원에 대해서는 매년 근무성적을 평정하여야 하나 휴직·직위해제 등의 사유로 해당 연도의 평정기관에서 6개월 이상 근무하지 아니한 경찰공무원에 대해서는 근무성적을 평정하지 아니한다.

해설

① (O) 경찰공무원의 승진임용은 **심사승진**임용·**시험승진**임용 및 **특별승진**임용으로 구분한다(동규정 제3조).

② (O) **감봉** 징계처분을 받은 경찰공무원은 **원칙적으로 12개월간** 심사승진임용 될 수 없다. 다만, 징계사유가 **소극행정, 음주운전, 성관련, 돈관련**인 경우 **6개월이 추가**된다. 그러므로 해당 사례는 총 **18개월간 심사승진임용이 될 수 없다**(동규정 제6조 제1항 제2호).

③ (X) 임용권자나 임용제청권자는 **시험승진후보자 명부**에 기록된 사람이 승진임용되기 전에 **정직(감봉X) 이상의 징계처분**을 받은 경우에는 시험승진후보자 **명부에서** 그 사람을 **제외하여야 한다**(동규정 제24조 제3항).

④ (O) **총경 이하**의 경찰공무원에 대해서는 **매년 근무성적을 평정**하여야 하나, 휴직·직위해제 등의 사유로 해당 연도의 평정기관에서 **6개월 이상 근무하지 아니한 경찰공무원**에 대해서는 근무성적을 **평정하지 아니한다**(동규정 제8조 제1항).

🔒 421 ③

422 경찰의 근무성적 평정에 관한 설명 중 가장 적절하지 않은 것은?  22 순경2차

① 공무원에 대한 근무성적 평정은 현대에 이르러 조직발전의 기초로 작용하는 공무원의 능력개발과 행정제도개선의 수단으로도 활용될 수 있다.

② 전통적 근무성적 평정제도는 생산성과 능률성에 중점을 두어 공무원의 직무수행 능력을 측정하고 이를 인사행정의 표준화와 직무수행의 통제를 위한 수단으로 활용하였다.

③ 근무성적 평정과정에서 평정자에 의한 집중화·엄격화 등의 오류를 방지하기 위해 경찰서 수사과에서 고소·고발 등에 대한 조사업무를 직접 처리하는 경위 계급의 경찰공무원의 제2평정요소에 따른 근무성적 평정은 수 20%, 우 40%, 양 30%, 가 10%로 분배해야 한다.

④ 총경에 대한 근무성적 평정은 매년 하되, 근무실적, 직무수행 능력 및 직무수행 태도로만 평정한다.

해설

① (○) 공무원에 대한 **근무성적 평정**은 현대에 이르러 **조직발전**의 기초로 작용하는 공무원의 **능력개발**과 **행정제도개선**의 수단으로도 활용될 수 있다.

② (○) **전통적 근무성적 평정**제도는 **생산성과 능률성**에 중점을 두어 공무원의 직무수행 능력을 측정하고 이를 인사행정의 **표준화**와 직무수행의 **통제**를 위한 수단으로 활용하였다.

③ (×) 근무성적 평정과정에서 평정자에 의한 집중화·엄격화 등의 오류를 방지하기 위해 강제배분의 비율을 활용한다. 다만, 경찰서 **수사과**에서 고소·고발 **등**에 대한 조사업무를 직접 처리하는 **경위 계급**의 경찰공무원의 제2평정요소에 따른 근무성적 평정은 **수 20%, 우 40%, 양 30%, 가 10%의 비율을 적용하지 아니할 수 있다**(분배해야 한다 ×)(경찰공무원 승진임용 규정 제7조 제4항).

④ (○) **총경**에 대한 근무성적 평정은 **매년** 하되, **제2평정요소**(근무실적, 직무수행 능력 및 직무수행 태도)로만 평정한다.

423 경찰공무원의 근무성적 평정에 대한 내용 중 옳지 않은 것은 모두 몇 개인가?  21 경위

> 가. 총경 이하의 경찰공무원에 대해서는 매년 근무성적을 평정하여야 하며, 근무성적 평정의 결과는 승진 등 인사관리에 반영하여야 한다.
> 나. 근무성적 평정 시 제2평정(주관)요소들에 대한 평정은 수(20%), 우(40%), 양(30%), 가(10%)의 분포비율에 맞도록 하여야 한다.
> 다. 근무성적 평정 결과는 공개한다. 다만, 경찰청장은 근무성적 평정이 완료되기 전이라도 필요하면 평정 대상 경찰공무원에게 해당 근무성적 평정 예측결과를 통보할 수 있다.
> 라. 정기평정 이후에 신규채용되거나 승진임용된 경찰공무원에 대해서는 3개월이 지난 후부터 근무성적을 평정하여야 한다.
> 마. 근무성적 평정은 연 1회 실시하며, 근무성적 평정자는 3명으로 한다.

① 2개   ② 3개   ③ 4개   ④ 5개

해설

틀린 설명은 **다, 라, 2개**이다.

가. (○) **총경 이하**의 경찰공무원에 대해서는 **매년** 근무성적을 **평정**하여야 하며, 근무성적 평정의 결과는 승진 등 **인사관리에 반영하여야 한다**(경찰공무원 승진임용 규정 제7조 제1항).

나. (○) 근무성적 평정 시 **제2평정(주관)요소**들에 대한 평정은 **수(20%), 우(40%), 양(30%), 가(10%)**의 분포비율에 맞도록 하여야 한다(경찰공무원 승진임용 규정 제7조 제3항).

🔒 422 ③   423 ①

다. (×) 근무성적 평정 결과는 **공개하지 아니한다**(공개한다×). 다만, **경찰청장**은 근무성적 평정이 **완료되면**(완료되기 전
이라도 필요하면×) 평정 대상 **경찰공무원**에게 해당 근무성적 평정 결과를 **통보할 수 있다**(경찰공무원 승진임용
규정 제7조 제5항).

라. (×) 정기평정 이후에 **신규채용**되거나 **승진임용**된 경찰공무원에 대해서는 **2개월**(3개월×)이 **지난 후부터** 근무성적을
평정하여야 한다(경찰공무원 승진임용 규정 제8조 제5항).

마. (○) 근무성적 **평정은 연 1회 실시**하며(경찰공무원 승진임용 규정 시행규칙 제4조 제1항), 근무성적 **평정자는 3명으로**
한다(경찰공무원 승진임용 규정 시행규칙 제6조 제1항).

---

424 경찰공무원 관련 법령에 따를 때, 승진에 관한 설명 중 가장 적절하지 않은 것은? (다툼이 있는 경우
판례에 의함) ●A급 **22 순경2차**

① ○○지구대에 근무하는 순경 甲이 승진후보자명부에 등재된 후 경장으로 승진임용되기 전에
정직 3개월의 징계처분을 받아 임용권자가 순경 甲을 승진후보자명부에서 삭제함으로써 순경
甲이 승진임용의 대상에서 제외되었다면, 임용권자의 승진후보자명부에서의 삭제 행위 그 자
체는 행정처분에 해당한다.

② 만 7세인 초등학교 1학년 외동딸을 양육하기 위하여 1년간 휴직한 경사 乙의 위 휴직기간 1년
은 승진소요 최저근무연수에 포함된다.

③ 통상적인 근무시간보다 짧은 시간을 근무하는 시간선택제전환 경찰공무원으로 경위 계급에서
1년간 근무한 경위 丙의 위 근무기간 1년은 승진소요 최저근무연수에 포함된다.

④ 위법·부당한 처분과 직접적 관계없이 50만원의 향응을 받아 감봉 1개월의 징계처분을 받은
경감 丁이 그 징계처분을 받은 후 해당 계급에서 경찰청장 표창을 받은 경우(그 외 일체의 포상
을 받은 사실 없음)에는 징계처분의 집행이 끝난 날부터 18개월이 지나면 승진임용될 수 있다.

해설

① (×) ○○지구대에 근무하는 순경 甲이 **승진후보자명부에 등재된 후** 경장으로 승진임용되기 전에 **정직 3개월**의 징계처
분을 받아 임용권자가 순경 甲을 **승진후보자명부에서 삭제**함으로써 순경 甲이 승진임용의 대상에서 제외되었다
면, 임용권자의 **승진후보자명부에서의 삭제 행위** 그 자체는 **행정처분에 해당하지 않는다**(해당한다×).

🇹ip 시험승진후보자명부에 등재되어 있던 자가 그 명부에서 삭제됨으로써 승진임용의 대상에서 제외되었다 하
더라도, 그와 같은 시험승진후보자명부에서의 삭제행위는 결국 그 명부에 등재된 자에 대한 승진 여부를 결
정하기 위한 **행정청 '내부의 준비과정'에 불과**하고, 그 자체가 어떠한 **권리나 의무를 설정**하거나 **법률상 이
익**에 **직접적인 변동**을 **초래하는 별도의 행정처분이 된다고 할 수 없다**(대법원 97누7325).

② (○) **휴직 기간은 승진소요 최저근무 연수에 포함되지 아니한다.** 다만, **육아 휴직**에 따른 휴직 기간은 승진소요 **최저근
무 연수에 포함한다.** 이 경우 육아휴직을 대신하여 시간선택제전환경찰공무원으로 지정되어 근무한 기간과 합산
하여 자녀 1명당 3년을 초과할 수 없다.

🇹ip **육아 휴직**이란 만 8세 이하(취학 중인 경우에는 초등학교 **2학년 이하**)의 자녀를 양육하기 위하여 필요하거
나 여성공무원이 임신 또는 출산하게 된 때. **육아 휴직**을 신청하는 **경우**에는 대통령령으로 정하는 특별한
사정이 없는 한 **휴직을 명하여야 한다**(국가공무원법 제71조 제2항 제4호). 이 경우 **휴직 기간은 자녀 1명**에
대하여 **3년 이내**로 한다(국가공무원법 제72조 제7호).

③ (○) 통상적인 근무시간보다 짧은 시간을 근무하는 **시간선택제전환** 경찰공무원으로 경위 계급에서 1년간 근무한 경위
丙의 위 근무기간 **1년은 승진소요 최저근무연수에 포함**된다.

🇹ip 시간선택제전환 경찰공무원의 근무기간은 해당 계급에서 시간선택제전환 경찰공무원으로 근무한 **1년 이하
의 기간**은 그 기간 전부를 승진소요 **최저근무연수에 포함한다**(경찰공무원 승진임용 규정 제5조 제6항 제1호).

 🔒 **424** ①

④ (○) 위법·부당한 처분과 직접적 관계없이 50만원의 **향응**을 받아 **감봉 1개월**의 징계처분을 받은 경감 丁이 그 **징계처분을 받은 후** 해당 계급에서 **경찰청장 표창**을 받은 경우(그 외 일체의 포상을 받은 사실 없음)에는 징계처분의 집행이 끝난 날부터 **18개월**이 지나면 승진임용될 수 있다.

> **Tip** 경찰공무원이 **징계처분을 받은 후** 해당 계급에서 **훈장, 포장, 모범공무원 포상, 대통령표창 또는 국무총리 표창**, 제안이 채택·시행되어 포상을 받은 경우에는 승진임용 제한기간의 **2분의 1을 단축할 수 있다**(경찰공무원 승진임용 규정 제6조 제3항).

425 「경찰공무원 임용령」상 보직관리에 관한 설명으로 가장 적절하지 않은 것은? ●A급 26 경위

① 1년 이상의 교육훈련을 받은 경찰공무원은 특별한 사정이 없으면 그 교육훈련내용과 관련되는 직위에 보직해야 한다.

② 임용권자 또는 임용제청권자는 직무수행요건이 같은 직위 간의 전보 등 경찰청장이 정하는 경우를 제외하고는 전문직위에 임용된 경찰공무원을 해당 직위에 임용된 날부터 3년의 범위에서 경찰청장이 정하는 기간이 지나야 다른 직위에 전보할 수 있다.

③ 임용권자 또는 임용제청권자는 원칙적으로 소속 경찰공무원이 해당 직위에 임용된 날부터 2년 이내에 다른 직위에 전보할 수 없다.

④ 교육훈련기관의 교수요원으로 임용된 사람은 원칙적으로 그 임용일부터 1년 이상 3년 이하의 범위에서 경찰청장이 정하는 기간 안에는 다른 직위에 전보할 수 없다.

> **해설**
> ① (○) **1년 이상**의 교육훈련을 받은 **경찰공무원은** 특별한 사정이 없으면 그 교육훈련내용과 관련되는 **직위에 보직해야 한다**(경찰공무원 임용령 제24조 제1항).
> ② (○) 임용권자 또는 임용제청권자는 직무수행요건이 같은 직위 간의 전보 등 **경찰청장이 정하는 경우를 제외하고는 전문직위**에 임용된 경찰공무원을 해당 직위에 임용된 날부터 **3년의 범위**에서 **경찰청장이 정하는 기간이 지나야 다른 직위에 전보할 수 있다**(경찰공무원 임용령 제25조 제1항).
> ③ (×) 임용권자 또는 임용제청권자는 원칙적으로 소속 **경찰공무원이 해당 직위에 임용된 날부터 1년 이내**(2년 이내×)**에 다른 직위에 전보할 수 없다**(경찰공무원 임용령 제27조 제1항).
> ④ (○) 교육훈련기관의 **교수요원**으로 임용된 사람은 원칙적으로 그 임용일부터 **1년 이상 3년 이하**의 범위에서 **경찰청장이 정하는 기간 안에는 다른 직위에 전보할 수 없다**(경찰공무원 임용령 제27조 제2항).

426 「국가공무원법」상 휴직 사유와 휴직 기간에 대한 설명으로 가장 적절하지 않은 것은? ●A급 19 승진

① 중앙인사관장기관의 장이 지정하는 연구기관이나 교육기관 등에서 연수하게 된 때 휴직 기간은 3년 이내로 한다.

② 「병역법」에 따른 병역 복무를 마치기 위하여 징집 또는 소집된 때 휴직 기간은 그 복무 기간이 끝날 때까지로 한다.

③ 8세 이하 또는 초등학교 2학년 이하의 자녀를 양육하기 위하여 필요하거나 여성공무원이 임신 또는 출산하게 된 때 휴직 기간은 자녀 1명에 대하여 3년 이내로 한다.

④ 외국에서 근무·유학 또는 연수하게 되는 배우자를 동반하게 된 때 휴직 기간은 3년 이내로 하되, 부득이한 경우에는 2년의 범위에서 연장할 수 있다.

🔒 425 ③ 426 ①

① (×) 중앙인사관장기관의 장이 지정하는 **연구기관이나 교육기관** 등에서 **연수**하게 된 때 휴직 기간은 **2년**(3년×) 이내로 한다(동법 제72조 제6호).

② (○) 「병역법」에 따른 **병역 복무**를 마치기 위하여 징집 또는 소집된 때 휴직 기간은 **그 복무 기간이 끝날 때까지로** 한다.

③ (○) 8세 이하 또는 초등학교 2학년 이하의 **자녀를 양육**하기 위하여 필요하거나 여성공무원이 **임신** 또는 **출산**하게 된 때 휴직 기간은 **자녀 1명**에 대하여 **3년 이내**로 한다.

④ (○) **외국**에서 근무·유학 또는 연수하게 되는 배우자를 동반하게 된 때 휴직 기간은 **3년 이내**로 하되, 부득이한 경우에는 **2년**의 범위에서 **연장**할 수 있다.

---

427 「국가공무원법」상 휴직에 대한 설명으로 가장 적절하지 않은 것은?  ●A급 20 승진

① 공무원이 천재지변이나 전시·사변, 그 밖의 사유로 생사 또는 소재가 불명확하게 된 때의 휴직 기간은 3개월 이내로 한다.

② 공무원이 국외 유학을 하게 된 때 휴직을 원하면 임용권자는 휴직을 명할 수 있으며, 휴직 기간은 3년 이내로 하되, 부득이한 경우에는 2년의 범위에서 연장할 수 있다.

③ 휴직 기간 중 그 사유가 없어지면 지체 없이 임용권자 또는 임용제청권자에게 신고하여야 하며, 임용권자는 30일 이내에 복직을 명하여야 한다.

④ 대통령령등으로 정하는 기간 동안 재직한 공무원이 직무 관련 연구과제 수행 또는 자기개발을 위하여 학습·연구 등을 하게 된 때 휴직 기간은 1년 이내로 한다.

① (○) 공무원이 **천재지변**이나 전시·사변, 그 밖의 사유로 생사 또는 **소재가 불명**확하게 된 때의 휴직 기간은 **3개월 이내**로 한다.

② (○) 공무원이 **국외 유학**을 하게 된 때 **휴직을 원하면** 임용권자는 휴직을 **명할 수 있으며**, 휴직 기간은 **3년 이내**로 하되, 부득이한 경우에는 **2년**의 범위에서 **연장**할 수 있다.

③ (×) 휴직 기간 중 그 **사유가 없어지면 30일 이내**(지체 없이×)에 임용권자 또는 임용제청권자에게 **신고**하여야 하며, 임용권자는 **지체 없이**(30일 이내×) 복직을 **명하여야 한다**.

④ (○) 대통령령등으로 정하는 기간 동안(3년 이상) **재직한 공무원**이 직무 관련 연구과제 수행 또는 **자기개발**을 위하여 학습·연구 등을 하게 된 때 휴직 기간은 **1년 이내**로 한다.

---

428 경찰공무원의 임용에 대한 설명으로 가장 적절하지 않은 것은?  ●A급 22 승진

① 「경찰공무원 임용령」상 시·도경찰청장 및 경찰서장은 지구대장 및 파출소장을 보직하는 경우에는 시·도자치경찰위원회의 의견을 사전에 들어야 한다.

② 「국가공무원법」상 임용권자는 공무원이 중앙인사관장기관의 장이 지정하는 연구기관이나 교육기관 등에서 연수하게 된 때에는 공무원의 의사에도 불구하고 휴직을 명하여야 한다.

③ 「경찰공무원 임용령」상 임용권자 또는 임용제청권자는 경찰공무원을 신규채용 할 때에 경과를 부여해야 한다.

④ 「경찰공무원법」상 총경 이상 경찰공무원은 경찰청장 또는 해양경찰청장의 추천을 받아 행정안전부장관 또는 해양수산부장관의 제청으로 국무총리를 거쳐 대통령이 임용한다. 다만, 총경의 전보, 휴직, 직위해제, 강등, 정직 및 복직은 경찰청장 또는 해양경찰청장이 한다.

🔒 **427** ③ **428** ②

① (○) 「경찰공무원 임용령」상 **시·도경찰청장** 및 **경찰서장**은 지구대장 및 파출소장을 보직하는 경우에는 **시·도자치경찰위원회**의 **의견**을 사전에 들어야 한다.

② (×) 「국가공무원법」상 임용권자는 공무원이 중앙인사관장기관의 장이 지정하는 **연구기관**이나 **교육기관** 등에서 **연수**하게 된 때에는 휴직을 **원하면** 휴직을 **명할 수 있다**(공무원의 의사에도 불구하고 휴직을 명하여야 한다×)(동법 제71조 제2항 제3호).

③ (○) 「경찰공무원 임용령」상 임용권자 또는 임용제청권자는 경찰공무원을 **신규채용** 할 때에 **경과**를 부여해야 한다.

④ (○) 「경찰공무원법」상 **총경 이상** 경찰공무원은 **경찰청장** 또는 해양경찰청장의 **추천**을 받아 **행정안전부장관** 또는 해양수산부장관의 **제청**으로 국무총리를 거쳐 **대통령이 임용한다**. 다만, **총경의 전보, 휴직, 직위해제, 강등, 정직 및 복직**은 **경찰청장** 또는 해양경찰청장이 **한다**.

---

429 「국가공무원법」상 직위해제에 대한 설명 중 가장 적절하지 않은 것은?　　20 승진

① 임용권자는 직무수행 능력이 부족하거나 근무성적이 극히 나쁜 사유로 직위해제된 자에게 3개월 범위에서 대기를 명한다.

② 파면·해임·강등·정직 또는 감봉에 해당하는 징계 의결이 요구 중인 자는 직위해제 대상이다.

③ 직위해제 사유가 소멸한 때에는 임용권자는 지체 없이 직위를 부여하여야 한다.

④ 직위해제는 휴직과 달리 제재적 성격을 가지는 보직의 해제이며 복직이 보장되지 않는다.

① (○) 임용권자는 **직무수행 능력이 부족**하거나 **근무성적이 극히 나쁜 사유**로 **직위해제된 자**에게 **3개월 범위**에서 **대기**를 명한다.

② (×) **파면·해임·강등·정직·(감봉×)**에 해당하는 징계 의결이 요구 중인 자는 **직위해제 대상이다.**

　🚩Tip **감봉·견책**에 해당하는 **경징계** 사유는 **직위해제 대상이 아니다.**

③ (○) **직위해제 사유가 소멸**한 때에는 임용권자는 **지체 없이 직위를 부여하여야** 한다.

④ (○) **직위해제**는 휴직과 달리 **제재적 성격**을 가지는 보직의 해제이며 **복직이 보장되지 않는다.**

---

430 직위해제에 대한 설명으로 가장 적절하지 않은 것은?　　21 승진

① 직위해제는 휴직과 달리 제재적 성격을 가지는 보직의 해제이다.

② 직무수행 능력이 부족하여 직위해제를 한 경우 대기명령 기간 중 근무성적의 향상을 기대하기 어렵다고 인정된 때에는 징계위원회의 동의를 얻어 임용권자가 직권면직시킬 수 있다.

③ 직위해제 기간은 원칙적으로 승진소요 최저근무연수에 포함되지 않으나, 파면·해임·강등 또는 정직에 해당하는 징계 의결 요구로 직위해제된 사람에 대하여 관할 징계위원회가 징계하지 아니하기로 의결한 경우 등은 승진소요 최저근무연수에 포함된다.

④ 「국가공무원법」 제73조의3 제1항 제5호(고위공무원단에 속하는 일반직공무원으로서 제70조의2 제1항 제2호부터 제5호까지의 사유로 적격심사를 요구받은 자)에 따라 직위해제된 사람이 직위해제일부터 3개월이 지나도 지위를 부여받지 못한 경우에는 그 3개월이 지난 후의 기간 중에는 봉급의 50퍼센트를 지급한다.

🔒 **429** ②　**430** ④

① (○) **직위해제**는 휴직과 달리 **제재적 성격**을 가지는 **보직의 해제**이다.

② (○) **직무수행 능력**이 **부족**하여 **직위해제**를 한 경우 대기명령 기간 중 근무성적의 향상을 기대하기 어렵다고 인정된 때에는 **징계위원회의 동의**를 얻어 임용권자가 **직권면직시킬 수 있다.**

③ (○) **직위해제 기간**은 원칙적으로 승진소요 **최저근무연수에 포함되지 않으나**, 파면·해임·강등 또는 정직에 해당하는 징계 의결 요구로 직위해제된 사람에 대하여 관할 징계위원회가 **징계하지 아니하기로 의결한 경우** 등은 승진소요 **최저근무연수에 포함된다.**

④ (×) 「국가공무원법」 제73조의3 제1항 제5호(**고위공무원단**에 속하는 **일반직공무원**으로서 제70조의2 제1항 제2호부터 제5호까지의 사유로 적격심사를 요구받은 자)에 따라 직위해제된 사람이 직위해제일부터 **3개월이 지나도 직위**를 **부여받지 못한 경우**에는 그 **3개월이 지난 후**의 기간 중에는 봉급의 **40퍼센트(50퍼센트×)**를 **지급**한다.

---

431 「국가공무원법」상 직위해제에 관한 설명으로 가장 적절하지 않은 것은?  23 순경1차

① 임용권자는 직무수행 능력이 부족하거나 근무성적이 극히 나쁜 자에게 직위를 부여하지 아니할 수 있다.

② 형사사건으로 기소된 자(약식명령이 청구된 자는 제외한다)에게는 직위를 부여하지 아니할 수 있다.

③ 제73조의3 제1항에 따라 직위를 부여하지 아니한 경우에 그 사유가 소멸되면 임용권자는 7일 이내에 직위를 부여할 수 있다.

④ 임용권자는 제1항 제2호에 따라 직위해제된 자에게 3개월의 범위에서 대기를 명한다.

① (○) 임용권자는 **직무수행 능력이 부족**하거나 **근무성적이 극히 나쁜 자**에게 **직위를 부여하지 아니할 수 있다**(동법 제73조의3 제1항 제2호).

② (○) **형사사건으로 기소된 자**(**약식명령이 청구된 자는 제외**한다)에게는 **직위를 부여하지 아니할 수 있다**(동법 제73조의 3 제1항 제4호).

③ (×) 직위를 부여하지 아니한 경우에 **그 사유가 소멸되면** 임용권자는 **지체 없이(7일 이내×)** 직위를 **부여하여야 한다** (부여할 수 있다×)(동법 제73조의3 제2항).

④ (○) 임용권자는 직무수행 능력이 부족하거나 근무성적이 극히 나쁜 사유로 직위해제된 자에게 **3개월**의 범위에서 **대기를 명한다**(동법 제73조의3 제3항).

---

432 「국가공무원법」상 직위해제에 대한 설명으로 가장 적절한 것은?  21 순경1차

① 임용권자는 형사사건으로 기소된 자(약식명령이 청구된 자를 포함한다)에게 직위를 부여하지 아니할 수 있다.

② 임용권자는 신체·정신상의 장애로 장기 요양이 필요한 자에게 직위를 부여하지 아니할 수 있다.

③ 임용권자는 직무수행 능력이 부족하거나 근무성적이 극히 나빠 직위해제된 자에게 3개월의 범위에서 대기를 명한다.

④ 「국가공무원법」 제73조의3 제1항에 따라 직위를 부여하지 아니한 경우에 그 직위해제 사유가 소멸되면 임용권자는 직위를 부여할 수 있다.

🔒 431 ③ 432 ③

① (×) 임용권자는 **형사사건으로 기소된 자**(약식명령이 청구된 자를 **제외**(포함×)한다)에게 **직위를 부여하지 아니할 수 있다.**

② (×) 임용권자는 **신체·정신상의 장애로 장기 요양이 필요한 자**에게는 본인의 의사에도 불구하고 **휴직을 명하여야 한다**(**직위를 부여하지 아니할 수 있다×**)(동법 제71조 제1항 제1호).

③ (○) 임용권자는 **직무수행 능력이 부족**하거나 **근무성적이 극히 나빠** 직위해제된 자에게 **3개월**의 범위에서 **대기를 명한다**(동법 제73조의3 제3항).

④ (×) 「국가공무원법」 제73조의3 제1항에 따라 직위를 부여하지 아니한 경우에 그 **직위해제 사유가 소멸되면** 임용권자는 지체 없이 **직위를 부여하여야 한다**(**할 수 있다×**)(동법 제73조의3 제2항).

제4절 경찰공무원 근무관계 소멸

433 「경찰공무원법」에 대한 설명으로 가장 적절하지 않은 것은?　　●A급 23 경위

① 경위 이하의 경찰공무원으로서 모든 경찰공무원의 귀감이 되는 공을 세우고 전사하거나 순직한 사람에 대하여는 2계급 특별승진시킬 수 있다.

② 경찰청장은 전시·사변이나 그 밖에 이에 준하는 비상사태에서는 2년의 범위에서 동법에 따른 계급정년을 연장할 수 있고, 이 경우 총경 이상의 경찰공무원에 대하여는 행정안전부장관과 국무총리를 거쳐 대통령의 승인을 받아야 한다.

③ 경찰청 소속 경무관 이상의 강등 및 정직과 경정 이상의 파면 및 해임은 경찰청장의 제청으로 행정안전부장관과 국무총리를 거쳐 대통령이 한다.

④ 경무관 이상의 경찰공무원에 대한 징계의결은 「국가공무원법」에 따라 국무총리 소속으로 설치된 징계위원회에서 한다.

① (○) **경위 이하**의 경찰공무원으로서 모든 경찰공무원의 귀감이 되는 **공을 세우고 전사**하거나 **순직**한 사람에 대하여는 **2계급 특별승진시킬 수 있다**(경찰공무원법 제19조 제1항).

② (×) 경찰청장은 전시·사변이나 그 밖에 이에 준하는 **비상사태**에서는 **2년**의 범위에서 동법에 따른 **계급정년을 연장**할 수 있고, 이 경우 **경무관**(총경×) **이상**의 경찰공무원에 대하여는 **행정안전부장관과 국무총리를 거쳐 대통령의 승인을 받아야 한다.**

③ (○) 경찰청 소속 **경무관 이상의 강등 및 정직**과 **경정 이상의 파면 및 해임**은 **경찰청장의 제청**으로 행정안전부장관과 **국무총리**를 거쳐 **대통령**이 한다.

④ (○) **경무관 이상**의 경찰공무원에 대한 **징계의결**은 「국가공무원법」에 따라 **국무총리 소속으로 설치된 징계위원회**에서 한다(경찰공무원법 제32조 제1항).

 433 ②

434 경찰공무원의 직권면직 사유 가운데, 직권면직 처분을 위해서 징계위원회의 동의가 필요한 경우가 아닌 것은? ●A급 19 승진

① 휴직기간이 끝나거나 휴직사유가 소멸된 후에도 직무에 복귀하지 아니하거나 직무를 감당할 수 없을 때

② 경찰공무원으로서 부적합할 정도로 직무수행 능력 또는 성실성이 현저하게 결여된 사람으로서 대통령령이 정하는 사유에 해당한다고 인정될 때

③ 「국가공무원법」 제73조의3 제3항에 따라 대기 명령을 받은 자가 그 기간에 능력 또는 근무성적의 향상을 기대하기 어렵다고 인정된 때

④ 직무를 수행하는 데에 위험을 일으킬 우려가 있을 정도의 성격적 또는 도덕적 결함이 있는 사람으로서 대통령령이 정하는 사유에 해당한다고 인정될 때

해설

① (×) **휴직기간이 끝나**거나 **휴직사유가 소멸**된 후에도 직무에 **복귀하지 아니하거나** 직무를 감당할 수 없을 때 – 징계위원회의 **동의 필요 없음**

② (○) 경찰공무원으로서 부적합할 정도로 직무**수행 능력** 또는 **성실성**이 현저하게 결여된 사람으로서 대통령령이 정하는 사유에 해당한다고 인정될 때 – 징계위원회 **동의 필요**

③ (○) 「국가공무원법」 제73조의3 제3항에 따라 대기 명령을 받은 자가 그 기간에 **능력** 또는 **근무성적**의 향상을 기대하기 어렵다고 인정된 때 – 징계위원회 **동의 필요**

④ (○) 직무를 수행하는 데에 위험을 일으킬 우려가 있을 정도의 **성격적 또는 도덕적 결함**이 있는 사람으로서 대통령령이 정하는 사유에 해당한다고 인정될 때 – 징계위원회 **동의 필요**

435 「경찰공무원법」상 경찰공무원의 직권면직 사유 중 직권면직 처분을 위해 징계위원회의 동의가 필요한 사유로 옳은 것은 모두 몇 개인가? ●A급 22 순경1차

㉠ 해당 경과에서 직무를 수행하는 데 필요한 자격증의 효력이 상실되거나 면허가 취소되어 담당 직무를 수행할 수 없게 되었을 때

㉡ 직무를 수행하는 데에 위험을 일으킬 우려가 있을 정도의 성격적 또는 도덕적 결함이 있는 사람으로서 대통령령으로 정하는 사유에 해당된다고 인정될 때

㉢ 경찰공무원으로는 부적합할 정도로 직무수행 능력이나 성실성이 현저하게 결여된 사람으로서 대통령령으로 정하는 사유에 해당된다고 인정될 때

㉣ 휴직 기간이 끝나거나 휴직 사유가 소멸된 후에도 직무에 복귀하지 아니하거나 직무를 감당할 수 없을 때

① 1개　　　　② 2개　　　　③ 3개　　　　④ 4개

해설

징계위원회의 **동의가 필요한 사유**로 옳은 것은 ㉡, ㉢, **2개**이다.

㉠ (×) 해당 경과에서 직무를 수행하는 데 필요한 **자격증의 효력이 상실**되거나 **면허가 취소**되어 담당 직무를 수행할 수 없게 되었을 때 – 징계위원회의 **동의가 필요 없다.**

㉡ (○) 직무를 수행하는 데에 위험을 일으킬 우려가 있을 정도의 **성격적 또는 도덕적 결함**이 있는 사람으로서 대통령령으로 정하는 사유에 해당된다고 인정될 때 – 징계위원회의 **동의가 필요하다.**

 434 ① 435 ②

© (○) 경찰공무원으로는 부적합할 정도로 **직무수행 능력**이나 **성실성**이 현저하게 결여된 사람으로서 대통령령으로 정하는 사유에 해당된다고 인정될 때 – 징계위원회의 **동의가 필요하다.**

② (✕) **휴직 기간이 끝나**거나 휴직 사유가 소멸된 후에도 **직무에 복귀하지 아니하거나 직무를 감당할 수 없을 때** – 징계위원회의 **동의가 필요 없다.**

436 「국가공무원법」 제70조에 따른 직권면직 요건으로 가장 적절한 것은?  A급 24 승진

① 전직시험에서 세 번 이상 불합격한 자로서 직무수행 능력이 부족하다고 인정된 때
② 직무수행 능력이 부족하거나 근무성적이 극히 나쁜 자
③ 파면·해임·강등 또는 정직에 해당하는 징계 의결이 요구 중인 자
④ 형사사건으로 기소된 자(약식명령이 청구된 자는 제외한다)

해설

① (○) 전직시험에서 세 번 이상 불합격한 자로서 **직무수행 능력이 부족**하다고 인정될 때 – **직권면직** 사유(동법 제70조 제1항 제6호)
② (✕) **직무수행 능력이 부족**하거나 **근무성적이 극히 나쁜 자** – 직위해제 사유
③ (✕) **파면·해임·강등 또는 정직**에 해당하는 **징계 의결이 요구 중인 자** – 직위해제 사유
④ (✕) **형사사건으로 기소된 자**(약식명령이 청구된 자는 제외한다) – 직위해제 사유

437 「경찰공무원법」상 경찰공무원의 당연퇴직사유이다. 적절하지 않은 것은 모두 몇 개인가?  A급 25 경위

> 가. 「국적법」 제11조의2 제1항에 따른 복수국적자
> 나. 자격정지 이상의 형(刑)을 선고받은 사람
> 다. 「형법」 제357조에 규정된 배임수증죄를 범한 사람으로서 자격정지 이상의 형의 선고유예를 받고 그 유예기간 중에 있는 사람
> 라. 미성년자에 대한 「성폭력범죄의 처벌 등에 관한 특례법」 제2조에 따른 성폭력범죄를 저질러 형 또는 치료감호가 확정된 사람(집행유예를 선고받은 후 그 집행유예기간이 경과한 사람을 포함한다)

① 0개   ② 1개   ③ 2개   ④ 3개

해설

틀린 설명은 **다, 1개**이다.
가. (○) 「국적법」 제11조의2 제1항에 따른 복수국적자 – 임용결격사유이면서 당연퇴직사유에 해당한다.
나. (○) 자격정지 이상의 형(刑)을 선고받은 사람 – 임용결격사유이면서 당연퇴직사유에 해당한다.
다. (✕) 「형법」 제357조에 규정된 '**배임수증죄**'를 범한 사람으로서 자격정지 이상의 형의 선고유예를 받고 그 유예기간 중에 있는 사람 – **임용결격사유에는 해당하지만, 당연퇴직사유는 아니다.**

> **Tip** 수뢰·사전수뢰, 제3자뇌물제공, 수뢰후부정처사, 사후수뢰, 알선수뢰, **횡령·배임(형법 제355조), 업무상의 횡령과 배임(형법 제356조), 성폭력범죄, 아동·청소년대상 성범죄, 정보통신망 이용범죄, 스토킹범죄**를 범한 사람으로서 자격정지 이상의 형의 선고유예를 받은 **경우에만 당연퇴직사유에 해당**한다(동법 제27조).

> **Tip** 파산선고를 받은 사람으로서 신청기한 내에 **면책신청을 하지 아니하였거나 면책불허가 결정 또는 면책 취소가 확정된 경우**에만 당연퇴직사유에 해당한다(동법 제27조).

라. (○) **미성년자**에 대한 「성폭력범죄의 처벌 등에 관한 특례법」 제2조에 따른 **성폭력범죄**를 저질러 형 또는 치료감호가 **확정된 사람**(집행유예를 선고받은 후 그 집행유예기간이 경과한 사람을 포함한다) – 임용결격사유이면서 당연퇴직사유에 해당한다.

436 ①   437 ②

제5절 경찰공무원의 권리와 의무

438 경찰공무원의 의무 중 그 근거 법령이 나머지 셋과 다른 하나는?  A급 19 순경2차 변형

① 법령을 준수하며 성실히 직무를 수행하여야 한다.
② 직무를 수행할 때 소속 상관의 직무상 명령에 복종하여야 한다.
③ 직무에 관하여 거짓으로 보고나 통보를 하여서는 아니 된다.
④ 소속 상관의 허가 또는 정당한 사유가 없으면 직장을 이탈하지 못한다.

해설

① (○) 법령을 준수하며 성실히 직무를 수행하여야 한다. – 국가공무원법
② (○) 직무를 수행할 때 소속 상관의 직무상 명령에 복종하여야 한다. – 국가공무원법
③ (✕) 직무에 관하여 거짓으로 보고나 통보를 하여서는 아니 된다. **경찰공무원법**
④ (○) 소속 상관의 허가 또는 정당한 사유가 없으면 직장을 이탈하지 못한다. – 국가공무원법

439 「경찰공무원법」상 경찰공무원의 의무는 모두 몇 개인가? A급 22 경위 변형

가. 영리업무종사금지 의무	나. 거짓 보고 등의 금지 의무
다. 품위유지 의무	라. 법령준수의 의무
마. 제복착용 의무	바. 집단행위금지 의무
사. 비밀엄수 의무	아. 지정장소 외에서의 직무수행금지 의무

① 2개   ② 3개
③ 4개   ④ 5개

해설

「경찰공무원법」상 경찰공무원의 **의무**는 **나, 마, 2개**이다.
가. (✕) 영리업무종사금지 의무 – 국가공무원법
나. (○) **거짓 보고 등의 금지 의무 – 경찰공무원법**
다. (✕) 품위유지 의무 – 국가공무원법
라. (✕) 법령준수의 의무 – 국가공무원법
마. (○) **제복착용 의무 – 경찰공무원법**
바. (✕) 집단행위금지 의무 – 국가공무원법
사. (✕) 비밀엄수 의무 – 국가공무원법
아. (✕) 지정장소 외에서의 직무수행금지 의무 – 경찰공무원 복무규정

🔒 438 ③   439 ①

440 경찰공무원 의무와 근거 법령이다. 옳지 않은 것은?

●A급 21 경위

①	경찰공무원법	• 거짓보고 및 직무유기금지 의무 • 지휘권남용금지 의무 • 제복착용 의무
②	국가공무원법	• 법령준수 의무 • 친절공정 의무 • 종교중립 의무
③	경찰공무원 복무규정	• 근무시간 중 음주금지 의무 • 품위유지 의무(직무 내외 불문) • 민사분쟁에 부당개입금지 의무
④	공직자윤리법	• 재산의 등록과 공개 의무 • 선물신고 의무 • 취업금지 의무(퇴직공직자 취업제한)

해설

③ (×) **품위유지 의무**(직무 내외 불문) - **국가공무원법**(경찰공무원 복무규정×)

441 「국가공무원법」상 공무원의 의무에 관한 설명으로 가장 적절하지 않은 것은?

① 공무원은 재직 중은 물론 퇴직 후에도 직무상 알게 된 비밀을 엄수(嚴守)하여야 한다.
② 공무원은 직무와 관련하여 간접적인 사례·증여 또는 향응을 주거나 받을 수 있다.
③ 공무원이 외국 정부로부터 영예나 증여를 받을 경우에는 대통령의 허가를 받아야 한다.
④ 공무원은 종교에 따른 차별 없이 직무를 수행하여야 한다.

해설

① (○) 공무원은 **재직 중**은 물론 **퇴직 후에도** 직무상 알게 된 **비밀을 엄수**하여야 한다(동법 제60조).
② (×) 공무원은 **직무와 관련**하여 **직접적이든 간접적이든**(간접적인×) 사례·증여 또는 향응을 **주거나 받을 수 없다**(있다×)(동법 제61조 제1항).
③ (○) 공무원이 **외국 정부로부터 영예나 증여를** 받을 경우에는 **대통령의 허가를** 받아야 한다(동법 제62조).
④ (○) 공무원은 **종교에 따른 차별 없이** 직무를 수행하여야 한다(동법 제59조의2 제1항).

442 「국가공무원법」상 공무원의 의무에 대한 설명으로 가장 적절하지 않은 것은?

●A급 22 특공

① 공무원이 외국 정부로부터 증여를 받을 경우에는 대통령의 허가를 받아야 한다.
② 공무원은 취임할 때에 소속 기관장 앞에서 대통령령 등으로 정하는 바에 따라 선서하여야 한다. 다만, 불가피한 사유가 있으면 취임 후에 선서하게 할 수 있다.
③ 공무원은 소속 상관의 허가 또는 정당한 사유가 없으면 직장을 이탈하지 못한다.
④ 공무원은 직무와 관련하여 간접적인 경우를 제외하고는 사례·증여 또는 향응을 주거나 받을 수 없다.

해설

① (○) 공무원이 **외국 정부로부터 증여**를 받을 경우에는 **대통령의 허가**를 받아야 한다.

② (○) 공무원은 취임할 때에 **소속 기관장 앞에서** 대통령령 등으로 정하는 바에 따라 **선서**하여야 한다. 다만, 불가피한 사유가 있으면 취임 후에 선서하게 할 수 있다.

③ (○) 공무원은 **소속 상관의 허가** 또는 정당한 사유가 **없으면 직장을 이탈하지 못한다.**

④ (×) 공무원은 **직무와 관련하여** 간접적인 경우를 포함하여(제외하고×) 사례·증여 또는 향응을 **주거나 받을 수 없다.**

---

443 경찰공무원의 「국가공무원법」상 의무에 대한 설명으로 가장 적절한 것은?  19 승진

① 공무원의 직무상 의무로서 직무전념의 의무, 친절·공정의 의무, 법령준수의 의무, 종교중립의 의무, 비밀엄수의 의무, 복종의 의무를 규정하고 있다.

② 복종의 의무와 관련하여 국가경찰공무원은 구체적 사건수사와 관련하여 상관의 지휘·감독의 적법성 또는 정당성에 대하여 이견이 있을 때에는 이의를 제기할 수 있다.

③ 공무원은 공무 외에 영리를 목적으로 하는 업무에 종사하지 못하며 소속 기관장의 허가 없이 다른 직무를 겸할 수 없다.

④ 공무원은 종교에 따른 차별 없이 직무를 수행하여야 하며, 소속 상관이 종교중립의 의무에 위배되는 직무상 명령을 한 경우에는 이에 따르지 아니하여야 한다.

해설

① (×) 「국가공무원법」상 공무원의 **직무상 의무**로서 **직무전념**의 의무, **친절·공정**의 의무, **법령준수**의 의무, **종교중립**의 의무, **복종**의 의무, **비밀엄수의 의무(×)**를 규정하고 있다.

Tip 비밀엄수의 의무는 「국가공무원법」상 **신분상 의무**에 해당한다.

② (×) **복종의 의무와 관련하여** '국가경찰공무원은 **구체적 사건수사와 관련하여** 상관의 지휘·감독의 적법성 또는 정당성에 대하여 이견이 있을 때에는 **이의를 제기할 수 있다.**'라는 내용은 「국가공무원법」에 규정된 의무가 아니라 **「경찰법」상에 규정된 국가경찰공무원의 권리**에 대한 설명이다.

③ (○) 공무원은 공무 외에 **영리를 목적으로** 하는 업무에 종사하지 못하며 **소속 기관장의 허가** 없이 다른 직무를 **겸할 수 없다.**

④ (×) 공무원은 종교에 따른 차별 없이 직무를 수행하여야 하며, 소속 상관이 **종교중립의 의무에 위배되는 직무상 명령**을 한 경우에는 이에 **따르지 아니할 수 있다(아니하여야 한다×).**

---

444 「국가공무원법」과 「경찰공무원법」상 경찰공무원의 의무에 대한 설명 중 가장 적절한 것은?  20 승진

① '성실 의무'는 공무원의 기본적 의무로서 모든 의무의 원천이 되므로 법률에 명시적 규정이 없다.

② '비밀엄수의 의무', '청렴의 의무', '친절·공정의 의무'는 신분상의 의무에 해당한다.

③ '거짓 보고 등의 금지', '지휘권 남용 등의 금지', '제복 착용'은 「경찰공무원법」에 규정되어 있다.

④ 「국가공무원법」상 수사기관이 현행범으로 체포한 공무원을 구속하려면 그 소속 기관의 장에게 미리 통보하여야 한다.

🔒 443 ③ 444 ③

① (×) '성실 의무'는 공무원의 기본적 의무로서 모든 의무의 원천이 되므로 법률에 **명시적 규정이 있다**(없다×).

② (×) '**비밀엄수의 의무**', '**청렴의 의무**'(친절·공정의 의무×)는 **신분상의 의무**에 해당한다.

   Tip 친절·공정의 의무는 「국가공무원법」상 **직무상 의무**에 해당한다.

③ (○) '**거짓 보고 등의 금지**', '**지휘권 남용 등의 금지**', '**제복 착용**'은 「경찰공무원법」에 규정되어 있다.

④ (×) 「국가공무원법」상 수사기관이 **공무원을 구속**하려면 그 소속 **기관의 장에게 미리 통보**하여야 한다. 다만, **현행범으로 체포한 경우**는 그러하지 아니하다.

445 경찰공무원의 권리와 의무를 규정하는 법령에 대한 설명으로 가장 적절하지 않은 것은?

● A급 21 승진

① 「공직자윤리법」상 공무원 또는 공직유관단체의 임직원은 외국으로부터 선물(대가 없이 제공되는 물품 및 그 밖에 이에 준하는 것을 말하되, 현금은 제외한다. 이하 같다)을 받거나 그 직무와 관련하여 외국인(외국단체 포함)에게 선물을 받으면 지체없이 소속 기관·단체의 장에게 신고하고 그 선물을 인도하여야 한다.

② ①에 따라 「공직자윤리법 시행령」상 신고하여야 할 선물은 그 선물 수령 당시 증정한 국가 또는 외국인이 속한 국가의 시가로 미국화폐 100달러 이상이거나 국내 시가로 10만원 이상인 선물로 한다.

③ 「공직자윤리법」상 취업심사대상자는 퇴직일부터 3년간 취업심사대상기관에 취업할 수 없다. 다만, 관할 공직자윤리위원회로부터 취업심사대상자가 퇴직 전 5년 동안 소속하였던 부서 또는 기관의 업무와 취업심사대상기관 간에 밀접한 관련성이 없다는 확인을 받으면 취업할 수 있다.

④ 「공무원 재해보상법」에 따른 급여를 받을 권리는 그 급여의 사유가 발생한 날부터 요양급여·재활급여·간병급여·부조급여는 5년간, 그 밖의 급여는 3년간 행사하지 아니하면 시효로 인하여 소멸한다.

① (○) 「공직자윤리법」상 공무원 또는 공직유관단체의 임직원은 **외국으로부터 선물**(대가 없이 제공되는 물품 및 그 밖에 이에 준하는 것을 말하되, **현금은 제외한다**.)을 받거나 그 직무와 관련하여 외국인(외국단체 포함)에게 **선물을 받으면** 지체없이 소속 **기관·단체의 장에게 신고**하고 그 선물을 **인도하여야 한다.**

② (○) ①에 따라 「공직자윤리법 시행령」상 신고하여야 할 선물은 그 선물 수령 당시 증정한 국가 또는 외국인이 속한 국가의 시가로 미국화폐 **100달러 이상**이거나 국내 시가로 **10만원 이상**인 선물로 한다.

③ (○) 「공직자윤리법」상 **취업심사대상자는 퇴직일부터 3년간** 취업심사대상기관에 **취업할 수 없다.** 다만, 관할 공직자윤리위원회로부터 취업심사대상자가 **퇴직 전 5년 동안 소속**하였던 **부서 또는 기관의 업무**와 취업심사대상기관 간에 **밀접한 관련성이 없다는** 확인을 받으면 **취업할 수 있다**(동법 제17조 제1항).

④ (×) 「공무원 재해보상법」에 따른 급여를 받을 권리는 그 급여의 사유가 발생한 날부터 **요양급여·재활급여·간병급여·부조급여는 3년간**(5년간×), **그 밖의 급여는 5년간**(3년간×) 행사하지 아니하면 시효로 인하여 소멸한다(동법 제54조 제1항).

445 ④

446 경찰공무원의 권리와 의무에 대한 설명으로 가장 적절하지 않은 것은? ●A급 22 승진

① 「경찰공무원법」상 모든 계급의 경찰공무원은 형의 선고, 징계 처분 또는 「국가공무원법」 및 「경찰공무원법」에 정하는 사유에 따르지 아니하고는 본인의 의사에 반하여 휴직·강임 또는 면직을 당하지 아니한다.

② 「경찰공무원 복무규정」상 경찰공무원은 직위 또는 직권을 이용하여 부당하게 타인의 민사분쟁에 개입하여서는 아니 된다.

③ 「경찰공무원법」상 경찰공무원을 지휘하는 사람은 전시·사변, 그 밖에 이에 준하는 비상사태이거나 작전수행 중인 경우 또는 많은 인명손상이나 국가재산 손실의 우려가 있는 위급한 사태가 발생한 경우, 정당한 사유 없이 그 직무수행을 거부 또는 유기하거나 경찰공무원을 지정된 근무지에서 진출·퇴각 또는 이탈하게 하여서는 아니 된다.

④ 「공직자윤리법」은 총경(자치총경 포함) 이상의 경찰공무원을 재산등록의무자로 규정하고 있고, 「공직자윤리법 시행령」은 경찰공무원 중 경정, 경감, 경위, 경사와 자치경찰공무원 중 자치경정, 자치경감, 자치경위, 자치경사를 재산등록의무자로 규정하고 있다.

해설

① (×) 「경찰공무원법」상 **치안총감과 치안정감을 제외한(모든 계급×)** 경찰공무원은 형의 선고, 징계 처분 또는 「국가공무원법」 및 「경찰공무원법」에 정하는 사유에 따르지 아니하고는 본인의 의사에 반하여 **휴직·강임** 또는 **면직을 당하지 아니한다.**

　　Tip '**강임**'이란 같은 직렬 내에서 **하위 직급에 임명**하거나 하위 직급이 없어 다른 직렬의 하위 직급으로 임명하는 것으로 **경찰공무원에게는 적용하지 아니한다**(국가공무원법 제5조 제4호).

② (○) **「경찰공무원 복무규정」**상 경찰공무원은 직위 또는 직권을 이용하여 부당하게 타인의 **민사분쟁에 개입**하여서는 **아니 된다.**

③ (○) **「경찰공무원법」**상 **경찰공무원을 지휘하는 사람은** 전시·사변, 그 밖에 이에 준하는 비상사태이거나 작전수행 중인 경우 또는 많은 인명손상이나 국가재산 손실의 우려가 있는 위급한 사태가 발생한 경우, 정당한 사유 없이 그 **직무수행을 거부 또는 유기**하거나 경찰공무원을 **지정된 근무지에서 진출·퇴각 또는 이탈하게 하여서는 아니 된다.**

④ (○) **「공직자윤리법」**은 **총경(자치총경 포함) 이상**의 경찰공무원을 **재산등록의무자**로 규정하고 있고, 「**공직자윤리법 시행령**」은 경찰공무원 중 **경정, 경감, 경위, 경사**와 자치경찰공무원 중 자치경정, 자치경감, 자치경위, 자치경사를 **재산등록의무자로 규정**하고 있다.

447 「경찰공무원 복무규정」상 경찰공무원의 의무에 대한 설명으로 가장 적절하지 않은 것은?

●A급 21 순경1차

① 경찰공무원은 상사의 허가를 받거나 그 명령에 의한 경우를 제외하고는 직무와 관계없는 장소에서 직무수행을 하여서는 아니 된다.

② 경찰공무원은 신규채용·승진·전보·파견·출장·연가·교육훈련기관에의 입교, 기타 신분관계 또는 근무관계 또는 근무관계의 변동이 있는 때에는 소속 상관에게 신고를 하여야 한다.

③ 경찰공무원은 직위 또는 직권을 이용하여 부당하게 타인의 민사분쟁에 개입하여서는 아니 된다.

④ 경찰공무원은 휴무일 또는 근무시간 외에 2시간 이내에 직무에 복귀하기 어려운 지역으로 여행을 하고자 할 때에는 소속 상관의 허가를 받아야 한다.

🔒 446 ① 447 ④

해설

① (○) 경찰공무원은 **상사의 허가**를 받거나 그 명령에 의한 경우를 제외하고는 **직무와 관계없는 장소에서 직무수행을 하여서는 아니 된다.**

② (○) 경찰공무원은 신규채용·승진·전보·파견·출장·연가·교육훈련기관에의 입교, 기타 신분관계 또는 근무관계 또는 **근무관계의 변동이 있는 때**에는 **소속 상관**에게 신고를 하여야 한다.

③ (○) 경찰공무원은 직위 또는 직권을 이용하여 부당하게 **타인의 민사분쟁에 개입**하여서는 **아니 된다.**

④ (×) 경찰공무원은 휴무일 또는 근무시간 외에 **2시간 이내**에 직무에 **복귀하기 어려운 지역**으로 여행을 하고자 할 때에는 **소속 경찰기관의 장에게 신고(소속 상관의 허가×)**를 하여야 한다.

448 「경찰공무원 복무규정」 및 「경찰 비상업무 규칙」에 관한 설명으로 가장 적절한 것은? ●A급 25 경위

① 경찰기관의 장은 근무성적이 탁월하거나 다른 경찰공무원의 모범이 될 공적이 있는 경찰공무원에 대하여 1회 15일 이내의 포상휴가를 허가할 수 있다. 이 경우의 포상휴가 기간은 연가일수에 산입하지 아니한다.

② 경찰기관의 장은 특별한 사정이 없는 한 연일 근무자 및 철야 근무자에 대하여는 그 다음날 1일의 휴무를 허가하여야 한다.

③ 비상근무 을호가 발령된 때에는 부득이한 경우를 제외하고는 연가를 억제하고 가용경력 30%까지 동원할 수 있고, 지휘관과 참모는 정위치 근무 또는 지휘선상 위치 근무를 원칙으로 한다.

④ "지휘선상 위치 근무"란 비상연락체계를 유지하며 유사시 1시간 이내에 현장지휘 및 현장근무가 가능한 장소에 위치하는 것을 말한다.

해설

① (×) 경찰기관의 장은 근무성적이 탁월하거나 다른 경찰공무원의 모범이 될 공적이 있는 경찰공무원에 대하여 **1회 10일(15일×) 이내의 포상휴가**를 허가할 수 있다. 이 경우의 포상휴가 기간은 **연가일수에 산입하지 아니한다.**

② (×) 경찰기관의 장은 특별한 사정이 없는 한 **연일 근무자 및 공휴일 근무자(철야 근무자×)**에 대하여는 **그다음 날 1일의 휴무**를 **허가하여야 한다.**

> 🔖**Tip** 당직 또는 철야 근무자에 대하여는 **다음 날 오후 2시를 기준**으로 하여 **오전 또는 오후의 휴무**를 **허가하여야 한다.**

③ (×) 비상근무 을호가 발령된 때에는 **(부득이한 경우를 제외하고×)** 연가를 **중지(억제×)**하고 가용경력 **50%(30%×)**까지 **동원**할 수 있고, 지휘관과 참모는 **정위치 근무(또는 지휘선상 위치 근무×)**를 원칙으로 한다.

④ (○) **"지휘선상 위치 근무"**란 비상연락체계를 유지하며 유사시 **1시간 이내**에 현장지휘 및 **현장근무가 가능한 장소**에 위치하는 것을 말한다.

449 다음은 甲총경과 친족의 재산 현황이다. 「공직자윤리법」을 기준으로 甲총경이 등록해야 하는 재산의 총액으로 가장 적절한 것은? (단, 제시한 자료 이외의 친족 및 재산은 없음) ●A급 24 경위

> 가. 甲총경이 소유한 미국에 있는 5천만원 상당의 아파트
> 나. 甲총경의 성년아들이 소유한 합계액 500만원의 예금
> 다. 甲총경의 배우자가 소유한 합계액 2천만원의 채권
> 라. 甲총경의 부친이 소유한 합계액 500만원의 현금
> 마. 甲총경의 외조모가 소유한 합계액 3천만원의 주식
> 바. 甲총경의 혼인한 딸이 소유한 합계액 5천만원의 현금

① 7천만원 ② 7천 500만원 ③ 8천만원 ④ 8천 500만원

🔒 448 ④ 449 ①

해설

등록해야 하는 재산은 **가, 다, 2개**이다.

가. (○) **甲총경이 소유**한 **미국**에 있는 **5천만원** 상당의 아파트 – 외국에 있는 재산은 등록대상에 해당한다.

나. (×) 甲총경의 **성년아들**이 소유한 합계액 **500만원의 예금** – 소유자별 합계액이 1천만원 이상의 예금인 경우에 등록대상이 되므로, 이 경우는 등록대상이 아니다.

다. (○) 甲총경의 **배우자**가 소유한 합계액 **2천만원**의 채권 – 소유자별 합계액 1천만원 이상의 채권은 등록대상에 해당한다.

라. (×) 甲총경의 **부친**이 소유한 합계액 **500만원의 현금** – 소유자별 합계액이 1천만원 이상의 현금인 경우에 등록대상이 므로, 이 경우는 등록대상이 아니다.

마. (×) 甲총경의 **외조모**가 소유한 합계액 3천만원의 주식 – **외조부모는 등록대상에서 제외**한다.

바. (×) 甲총경의 **혼인한 딸**이 소유한 합계액 5천만원의 현금 – **혼인한 직계비속인 여성은 등록대상에서 제외**한다.

ⓣip 등록의무자 및 등록대상재산(공직자윤리법 제3조, 제4조)

등록의무자	법률상 총경 이상(시행령상 경사 이상)	
등록대상재산	• 등록의무자가 등록할 재산은 **본인, 배우자**(사실상의 혼인관계에 있는 사람을 포함), 본인의 **직계존속·직계비속의 재산을 포함**한다. 다만, **혼인한 직계비속인 여성과 외증조부모, 외조부모, 외손자녀 및 외증손자녀는 제외**한다. • **소유 명의와 관계없이 사실상 소유하는 재산, 비영리법인에 출연한 재산과 외국에 있는 재산을 포함**한다. • 부동산에 관한 소유권·지상권 및 전세권 • 자동차·건설기계·선박 및 항공기 • 합명회사·합자회사 및 유한회사의 출자지분 • 가상자산	
등록가액	원칙	1,000만원 이상(현금·예금·주식·증권·**채권**·채무 및 지식재산권)
	예외	500만원 이상(금, 보석류, 골동품, 예술품, 회원권)

450 「공직자윤리법」상 등록재산의 공개대상자에 해당하지 않는 경찰공무원은? ●A급 25 순경2차

① 충청북도경찰청장 치안감 A

② 세종특별자치시경찰청장 경무관 B

③ 경찰청 국제협력관 경무관 C

④ 경찰청 기획조정관 치안감 D

해설

「공직자윤리법」상 등록재산의 공개대상자로 **치안감 이상**의 경찰공무원 및 특별시·광역시·특별자치시·도·특별자치도의 **시·도경찰청장**이 해당된다(동법 제10조 제1항 제8호).

① (○) 충청북도경찰청장 **치안감** A

② (○) 세종**특별자치시경찰청장** 경무관 B

③ (×) 경찰청 국제협력관 경무관 C

④ (○) 경찰청 기획조정관 **치안감** D

 450 ③

451 경찰공무원의 징계에 대한 설명으로 가장 적절하지 않은 것은?　 ●A급　23 특공

① 파면은 경찰관의 신분이 박탈되고 향후 경찰공무원 임용이 불가하며, 향후 5년간 일반공무원 임용이 제한된다.

② 해임은 경찰관의 신분이 박탈되고 향후 경찰공무원 임용이 불가하며, 향후 3년간 일반공무원 임용이 제한된다.

③ 정직은 1개월 이상 3개월 이하의 기간으로 하고, 정직 처분을 받은 자는 그 기간 중 공무원의 신분은 보유하나 직무에 종사하지 못하며 보수는 전액을 감한다.

④ 감봉은 1개월 이상 3개월 이하의 기간 동안 보수의 3분의 2를 감한다.

> **해설**
> ① (○) **파면**은 경찰관의 신분이 박탈되고 향후 **경찰공무원 임용이 불가**하며, 향후 **5년간 일반공무원 임용이 제한**된다.
> ② (○) **해임**은 경찰관의 신분이 박탈되고 향후 **경찰공무원 임용이 불가**하며, 향후 **3년간 일반공무원 임용이 제한**된다.
> ③ (○) **정직**은 **1개월 이상 3개월 이하의 기간**으로 하고, 정직 처분을 받은 자는 그 기간 중 공무원의 신분은 보유하나 직무에 종사하지 못하며 **보수는 전액을 감한다**(국가공무원법 제80조 제3항).
> ④ (✕) **감봉**은 **1개월 이상 3개월 이하의 기간** 동안 보수의 3분의 1(3분의 2✕)을 감한다.

452 「국가공무원법」, 「공무원연금법」 및 동법 시행령상 경찰공무원의 징계의 종류와 효과에 대한 설명 중 가장 적절하지 않은 것은?　●A급　20 승진

① 공무원의 징계는 파면 · 해임 · 강등 · 정직 · 감봉 · 견책으로 구분한다.

② 강등은 1계급 아래로 직급을 내리고 공무원신분은 보유하나 3개월간 직무에 종사하지 못하며 그 기간 중 보수는 전액을 감한다.

③ 징계에 의하여 파면된 경우, 재직기간이 5년 이상인 사람의 퇴직급여는 2분의 1을 감액하고, 재직기간이 5년 미만인 사람의 퇴직급여는 3분의 1을 감액한다.

④ 금품 및 향응 수수로 징계 해임된 자의 경우 재직기간이 5년 이상인 사람의 퇴직급여는 4분의 3을 지급하고, 재직기간이 5년 미만인 사람의 퇴직급여는 8분의 7을 지급한다.

> **해설**
> ① (○) 공무원의 징계는 **파면 · 해임 · 강등 · 정직 · 감봉 · 견책**으로 구분한다(국가공무원법 제79조).
> ② (○) **강등**은 **1계급 아래로** 직급을 내리고 공무원신분은 보유하나 **3개월간 직무에 종사하지 못하며** 그 기간 중 **보수는 전액을 감한다**(국가공무원법 제80조 제1항).
> ③ (✕) 징계에 의하여 **파면된 경우, 재직기간이 5년 이상인 사람의 퇴직급여는 2분의 1을 감액**하고, 재직기간이 5년 미만인 사람의 **퇴직급여는 4분의 1(3분의 1✕)을** 감액한다.
>   👍**ip** **퇴직수당은** 재직기간 상관없이 **2분의 1을 감액**한다.
> ④ (○) **금품 및 향응 수수로 징계 해임**된 자의 경우 **재직기간이 5년 이상**인 사람의 **퇴직급여는 4분의 3을 지급**(= 4분의 1 감액)하고, **재직기간이 5년 미만**인 사람의 **퇴직급여는 8분의 7을 지급**(= 8분의 1 감액)한다.
>   👍**ip** 금품 및 향응 수수로 징계 해임된 자의 경우, **퇴직수당은** 재직기간 상관없이 **4분의 1을 감액**한다.

🔒 451 ④　452 ③

453 경찰공무원의 징계에 대한 설명으로 가장 적절하지 않은 것은? ●A급 19 순경1차

① 파면 징계처분을 받은 자(재직기간 5년 미만)의 퇴직급여는 1/4을 감액한 후 지급한다.

② 성폭력, 성희롱 및 성매매에 따른 강등 징계처분을 받은 자는 그 처분의 집행이 끝난 날부터 24개월이 지나지 않은 경우 승진임용될 수 없다.

③ 정직 징계처분을 받은 자는 1개월 이상 3개월 이하의 기간 동안 직무에 종사하지 못하며, 정직 기간 중 보수는 1/3을 감한다.

④ 임용(제청)권자는 승진후보자 명부에 기록된 사람이 승진임용되기 전에 정직 이상 징계처분을 받은 경우에는 승진후보자 명부에서 그 후보자를 제외하여야 한다.

> **해설**
>
> ① (○) **파면** 징계처분을 받은 자(**재직기간 5년 미만**)의 **퇴직급여**는 **1/4**을 **감액**한 후 지급한다.
>
> ② (○) **성폭력, 성희롱 및 성매매**에 따른 **강등** 징계처분을 받은 자는 그 처분의 집행이 끝난 날부터 **24개월**이 지나지 않은 경우 **승진임용될 수 없다.**
>
> 🅣ip **강등**시 **18개월**간 승진제한 + **6개월** 추가(성관련, 돈관련, 음주, 소극행정)
>
> ③ (×) **정직** 징계처분을 받은 자는 **1개월 이상 3개월 이하의 기간** 동안 직무에 종사하지 못하며, 정직기간 중 **보수는 전액(1/3×)**을 감한다.
>
> ④ (○) 임용(제청)권자는 승진후보자 명부에 기록된 사람이 승진임용되기 전에 **정직 이상** 징계처분을 받은 경우에는 **승진후보자 명부**에서 그 후보자를 **제외하여야 한다.**

454 다음 중 경찰공무원 징계의 종류와 효력에 대한 설명으로 가장 적절하지 않은 것은? ●A급 22 특공

① 감봉은 1개월 이상 3개월 이하의 기간 동안 보수의 1/3을 감액당하는 징계처분이다.

② 해임은 경찰공무원으로서 신분이 박탈되고 3년간 공무원 임용이 제한되나 그 후에는 경찰공무원을 포함하여 공무원 임용이 가능한 징계처분이다.

③ 강등은 1계급 아래로 직급을 내리고 3개월간 직무에 종사하지 못하는 징계처분이다.

④ 정직은 경찰공무원의 신분은 보유하되 그 직무에 종사하지 못하게 하는 징계처분이다.

> **해설**
>
> ① (○) **감봉**은 **1개월 이상 3개월 이하의 기간** 동안 보수의 **1/3**을 **감액**당하는 징계처분이다.
>
> ② (×) **해임**은 경찰공무원으로서 신분이 박탈되고 **3년간 공무원 임용이 제한**되나 **그 후에는 경찰공무원을 제외하고(포함하여×) 공무원 임용이 가능**한 징계처분이다.
>
> ③ (○) **강등**은 **1계급 아래로** 직급을 내리고 **3개월간 직무에 종사하지 못하는** 징계처분이다.
>
> ④ (○) **정직**은 경찰공무원의 신분은 보유하되 그 **직무에 종사하지 못하게 하는** 징계처분이다.

455 「경찰공무원 징계령 세부시행규칙」상 감독자의 정상참작사유로 가장 적절하지 않은 것은?

●A급 20 승진

① 부임기간이 1개월 미만으로 부하직원에 대한 실질적인 감독이 곤란하다고 인정된 때

② 업무매뉴얼에 규정된 직무상의 절차를 충실히 이행한 때

③ 부하직원의 의무위반행위를 사전에 발견하여 적법 타당하게 조치한 때

④ 기타 부하직원에 대하여 평소 철저한 교양감독 등 감독자로서의 임무를 성실히 수행하였다고 인정된 때

🔒 **453** ③ **454** ② **455** ②

① (○) **부임기간**이 **1개월 미만**으로 **부하직원**에 대한 실질적인 감독이 곤란하다고 인정된 때 – **감독자의 정상참작**사유
② (×) **업무매뉴얼**에 규정된 직무상의 **절차를 충실히 이행**한 때 – **행위자 본인의 정상참작**사유
③ (○) **부하직원**의 의무위반행위를 사전에 발견하여 적법 타당하게 조치한 때 – **감독자의 정상참작**사유
④ (○) 기타 **부하직원**에 대하여 평소 철저한 교양감독 등 감독자로서의 임무를 성실히 수행하였다고 인정된 때 – **감독자의 정상참작**사유

456 경찰공무원의 징계와 관련된 규정에 대한 설명으로 가장 적절하지 않은 것은?  19 승진

① 경찰기관의 장은 소속 경찰공무원 중 징계사유가 있다고 인정할 때와 징계등 의결 요구의 신청을 받은 때에는 지체 없이 관할 징계위원회를 구성하여 징계등 의결을 요구하여야 한다.
② 강등 징계시 3개월간 직무에 종사하지 못하며 금품 또는 향응 수수로 강등의 징계처분을 받은 경우 그 처분의 집행이 끝난 날로부터 21개월이 지나지 않으면 승진임용을 할 수 없다.
③ 감독자의 부임 기간이 1개월 미만으로 부하직원에 대한 실질적 감독이 곤란하다고 인정된 때에는 정상을 참작할 수 있다.
④ 행위자가 간첩 또는 사회이목을 집중시킨 중요사건의 범인을 검거한 공로가 있을 때나 업무매뉴얼에 규정된 직무상의 절차를 충실히 이행한 때에는 정상을 참작할 수 있다.

① (○) 경찰기관의 장은 소속 경찰공무원 중 **징계사유가 있다고 인정할 때**와 징계등 의결 요구의 **신청을 받은 때**에는 **지체 없이 관할 징계위원회를 구성하여** 징계등 의결을 **요구하여야 한다.**
② (×) **강등 징계시 3개월간** 직무에 종사하지 **못하며, 금품 또는 향응 수수로** 강등의 징계처분을 받은 경우 그 처분의 집행이 끝난 날로부터 **24개월(21개월×)**이 지나지 않으면 **승진임용을 할 수 없다.**
   Tip 강등시 18개월간 승진제한 + 6개월 추가(성관련, 돈관련, 음주, 소극행정)
③ (○) **감독자의 부임 기간이 1개월 미만으로 부하직원에 대한 실질적 감독이 곤란하다고 인정된 때에는 정상을 참작할 수 있다.**
④ (○) **행위자가 간첩 또는 사회이목을 집중시킨 중요사건의 범인을 검거한 공로**가 있을 때나 **업무매뉴얼**에 규정된 직무상의 절차를 **충실히 이행**한 때에는 **정상을 참작할 수 있다.**

457 「경찰공무원 징계령」에 대한 설명으로 가장 적절하지 않은 것은?  20 승진

① 징계등 의결 요구를 받은 징계위원회는 그 요구서를 받은 날부터 30일 이내에 징계등에 관한 의결을 하여야 한다. 다만, 부득이한 사유가 있을 때에는 당해 징계심의대상자의 동의를 얻어 30일 이내의 범위에서 그 기간을 연기할 수 있다.
② 징계위원회가 징계등 심의 대상자의 출석을 요구할 때에는 별지 제2호서식의 출석통지서로 하되, 징계위원회 개최일 5일 전까지 그 징계등 심의 대상자에게 도달되도록 해야 한다.
③ 징계등 심의대상자의 소재가 분명하지 아니할 때에는 출석통지를 관보에 게재하고 그 게재일부터 10일이 지나면 출석통지가 송달된 것으로 본다.
④ 징계등 의결을 요구한 자는 경징계의 징계등 의결을 통지받았을 때에는 통지받은 날부터 15일 이내에 징계등을 집행하여야 한다.

해설

① (×) 징계등 의결 요구를 받은 **징계위원회**는 그 요구서를 받은 날부터 **30일 이내**에 징계등에 관한 **의결을 하여야 한다**. 다만, 부득이한 사유가 있을 때에는 **해당 징계등 의결을 요구한 경찰기관의 장의 승인을 받아**(당해 징계심의대상자의 동의를 얻어×) **30일 이내**의 범위에서 그 기간을 **연기할 수 있다**(동령 제11조 제1항).

② (○) 징계위원회가 징계등 심의 대상자의 출석을 요구할 때에는 별지 제2호서식의 **출석통지서**로 하되, 징계위원회 개최일 **5일 전까지** 그 징계등 심의 대상자에게 **도달**되도록 해야 한다(동령 제12조 제1항).

③ (○) 징계등 심의대상자의 **소재가 분명하지 아니할 때**에는 출석통지를 관보에 게재하고 그 게재일부터 **10일이 지나면** 출석통지가 **송달된 것으로 본다**(동령 제12조 제3항).

④ (○) 징계등 의결을 요구한 자는 **경징계**의 징계등 **의결**을 통지받았을 때에는 **통지받은 날부터 15일 이내**에 징계등을 **집행하여야 한다**(동령 제18조 제1항).

---

458 경찰공무원의 징계책임에 대한 설명으로 가장 적절한 것은? ●A급 21 순경2차

① 「경찰공무원 징계령」상 중징계에는 파면, 해임 및 강등이 있으며, 경징계에는 정직, 감봉 및 견책이 있다.

② 「경찰공무원 징계령」상 징계등 심의 대상자는 증인의 심문을 신청할 수 있다. 이 경우 징계위원회의 위원장이 그 채택 여부를 결정한다.

③ 「국가공무원법」상 정직은 1개월 이상 3개월 이하의 기간으로 하고, 정직 처분을 받은 자는 그 기간 중 공무원의 신분은 보유하나 직무에 종사하지 못하며 보수의 3분의 2를 감한다.

④ 「경찰공무원법」상 경무관 이상의 경찰공무원에 대한 징계의결은 「국가공무원법」에 따라 국무총리 소속으로 설치된 징계위원회에서 한다.

해설

① (×) 「경찰공무원 징계령」상 **중징계**에는 **파면, 해임, 강등 및 정직**이 있으며, **경징계**에는 **(정직×)**, **감봉 및 견책**이 있다.

② (×) 「경찰공무원 징계령」상 징계등 심의 대상자는 **증인의 심문을 신청할 수 있다.** 이 경우 **징계위원회는 의결로써**(징계위원회의 위원장이×) 그 채택 여부를 결정한다.

③ (×) 「국가공무원법」상 정직은 **1개월 이상 3개월 이하**의 기간으로 하고, 정직 처분을 받은 자는 그 기간 중 **공무원의 신분은 보유**하나 직무에 종사하지 못하며 보수는 **전액을 감한다**(3분의 2×).

④ (○) 「경찰공무원법」상 **경무관 이상**의 경찰공무원에 대한 징계의결은 「국가공무원법」에 따라 **국무총리 소속**으로 설치된 **징계위원회**에서 한다.

---

459 「경찰공무원 징계령」 및 「경찰공무원 임용령」에 대한 설명 중 가장 적절하지 않은 것은?

●A급 21 법학

① 징계등 심의 대상자의 소재가 분명하지 아니할 때에는 출석통지를 관보에 게재하고, 그 게재일부터 14일이 지나면 출석통지가 송달된 것으로 보아야 한다.

② 징계등 의결을 요구한 자는 경징계의 징계등 의결을 통지받았을 때 통지받은 날부터 15일 이내에 징계등을 집행하여야 한다.

③ 총경 이하 경찰공무원에게 부여하는 경과는 일반경과, 수사경과, 안보수사경과, 특수경과이지만, 경정 이하 경찰공무원에게만 부여할 수 있는 경과는 수사경과와 안보수사경과이다.

④ 경찰공무원은 임용장이나 임용통지서에 적힌 날짜에 임용된 것으로 보며, 임용일자를 소급해서는 아니 된다. 또한 사망으로 인한 면직은 사망한 다음 날에 면직된 것으로 본다.

 458 ④ 459 ①

① (×) 징계등 심의 대상자의 **소재가 분명하지 아니할 때**에는 출석통지를 관보에 게재하고, 그 게재일부터 **10일(14일×)**이 지나면 출석통지가 **송달된 것으로 보아야 한다**(징계령 제12조 제3항).

② (○) 징계등 의결을 요구한 자는 **경징계**의 징계등 의결을 통지받았을 때 **통지받은 날부터 15일 이내**에 징계 등을 **집행하여야 한다**.

③ (○) **총경 이하** 경찰공무원에게 부여하는 경과는 **일반경과, 수사경과, 안보수사경과, 특수경과**(항공, 정보통신)이지만, **경정 이하** 경찰공무원에게만 부여할 수 있는 경과는 **수사경과와 안보수사경과**이다.

④ (○) 경찰공무원은 임용장이나 임용통지서에 **적힌 날짜에 임용**된 것으로 보며, 임용일자를 **소급해서는 아니 된다**. 또한 사망으로 인한 면직은 **사망한 다음 날**에 면직된 것으로 본다.

460 경찰공무원 관련 법령에 따를 때, 다음 설명 중 가장 적절한 것은?  22 순경2차

① ○○경찰서 소속 지구대장 경감 甲과 동일한 지구대 소속 순경 乙이 관련된 징계등 사건(甲의 감독상 과실책임만으로 관련된 경우, 관련자에 대한 징계등 사건을 분리하여 심의 · 의결하는 것이 타당하다고 인정되는 경우는 제외)은 ○○경찰서에 설치된 징계위원회에서 심의 · 의결한다.

② 경찰공무원 임용 당시 임용결격사유가 있었더라도 국가의 과실에 의해 임용결격자임을 밝혀 내지 못했다면, 그 임용행위는 당연무효로 볼 수 없다.

③ 국가경찰사무를 담당하는 ○○경찰서 소속 경사 丙에 대한 정직처분은 소속기관장인 ○○경찰서장이 행하지만, 그 처분에 대한 행정소송의 피고는 경찰청장이다.

④ 징계의결이 요구된 경정 丁에게 국무총리 표창을 받은 공적이 있는 경우에 징계위원회는 징계를 감경할 수 있지만, 그 표창이 丁에게 수여된 표창이 아니라 丁이 속한 ○○경찰서에 수여된 단체표창이라면 감경할 수 없다.

① (×) ○○경찰서 소속 지구대장 **경감 甲**과 동일한 지구대 소속 **순경 乙이 관련된 징계등 사건**(甲의 감독상 과실책임만으로 관련된 경우, 관련자에 대한 징계등 사건을 분리하여 심의 · 의결하는 것이 타당하다고 인정되는 경우는 제외)은 ○○경찰서의 바로 위 상급 경찰기관인 시 · 도경찰청(**○○경찰서×**)에 설치된 보통징계위원회에서 심의 · 의결한다(경찰공무원 징계령 제4조 제2항, 제4항).

② (×) **임용 당시 공무원 임용결격사유가 있었다면**, 비록 국가의 과실에 의하여 임용결격자임을 밝혀내지 못하였다 하더라도 **임용행위는 당연무효로 보아야 하고(볼 수 없다×)**, 당연무효인 임용행위에 의하여 **공무원의 신분을 취득**한다거나 **근로고용관계가 성립할 수는 없다**. 따라서 임용결격자가 공무원으로 임용되어 **사실상 근무하여 왔다 하더라도** 적법한 공무원으로서의 신분을 취득하지 못한 자로서는 공무원연금법이나 근로자퇴직급여 보장법에서 정한 **퇴직급여를 청구할 수 없다**(대법원 2012다200486).

③ (×) 국가경찰사무를 담당하는 ○○경찰서 소속 **경사 丙**에 대한 **정직처분의 행사와 그 처분에 대한 행정소송의 피고는** 해당 시 · 도경찰청장(**○○경찰서장×**)이다.

🄣ip **경찰서장**은 소속 관서 내의 **경감 이하**에 대한 **전보권만** 행사한다.

④ (○) 징계의결이 **요구된 경정 丁**에게 **국무총리 표창**을 받은 공적이 있는 경우에 징계위원회는 징계를 **감경할 수 있지만**, 그 표창이 丁에게 수여된 표창이 아니라 丁이 속한 ○○경찰서에 수여된 **단체표창**이라면 감경할 수 없다.

🄣ip 징계위원회는 징계의결이 **요구된 자가 훈장, 포장, 모범공무원**으로 선발, **국무총리 이상의 표창**을 받은 공적 다만, **경감 이하**의 경찰공무원등은 **경찰청장** 또는 중앙행정기관 **차관급 이상 표창**을 받은 공적이 있는 경우 징계를 **감경할 수 있다**(경찰공무원 징계령 세부시행규칙 제8조 제1항).

🄣ip 경찰공무원이 **징계처분을 받은 후** 해당 계급에서 **훈장, 포장, 모범공무원 포상, 대통령표창** 또는 **국무총리 표창, 제안이 채택 · 시행**되어 포상을 받은 경우에는 **승진임용 제한기간의 2분의 1을 단축할 수 있다**(경찰공무원 승진임용 규정 제6조 제3항).

 460 ④

461 「경찰공무원 징계령 세부시행규칙」(경찰청예규)상 징계의 감경에 관한 설명으로 가장 적절하지 않은 것은?

● A급 25 승진

① 징계요구권자 또는 징계위원회는 과실로 인하여 발생한 의무위반행위가 다른 법령에 의해 처벌사유가 되지 않고 비난가능성이 없는 때에는 징계책임을 감경하여 징계의결 요구 또는 징계의결하거나 징계책임을 묻지 아니할 수 있다.

② 징계요구권자 또는 징계위원회는 감독자가 부하직원의 의무위반행위를 사전에 발견하여 적법 타당하게 조치한 때에는 징계책임을 감경하여 징계의결 요구 또는 징계의결하거나 징계책임을 묻지 아니할 수 있다.

③ 징계위원회는 「정부표창규정」에 따라 국무총리 이상의 표창을 받은 공적(다만, 경정 이하의 경찰공무원등은 경찰청장 또는 중앙행정기관 차관급 이상 표창을 받은 공적)이 있는 경우 징계를 감경할 수 있다.

④ 징계위원회는 「상훈법」에 따라 훈장 또는 포장을 받은 공적이 있는 경우 징계를 감경할 수 있다.

해설

① (○) 징계요구권자 또는 징계위원회는 과실로 인하여 발생한 의무위반행위가 다른 법령에 의해 처벌사유가 되지 않고 비난가능성이 없는 때에는 징계책임을 감경하여 징계의결 요구 또는 징계의결하거나 징계책임을 **묻지 아니할 수 있다.**

② (○) 징계요구권자 또는 징계위원회는 감독자가 부하직원의 의무위반행위를 사전에 발견하여 적법 타당하게 조치한 때에는 징계책임을 감경하여 징계의결 요구 또는 징계의결하거나 징계책임을 **묻지 아니할 수 있다.**

③ (×) 징계위원회는 「정부표창규정」에 따라 **국무총리 이상의 표창**을 받은 공적(다만, 경감 이하(경정 이하×)의 경찰공무원등은 **경찰청장** 또는 중앙행정기관 차관급 이상 표창을 받은 공적)이 있는 경우 징계를 **감경할 수 있다**(동규칙 제8조 제1항 제2호).

④ (○) 징계위원회는 「상훈법」에 따라 **훈장** 또는 **포장**을 받은 공적이 있는 경우 징계를 **감경할 수 있다**(동규칙 제8조 제1항 제1호).

Tip 징계의 감경(「경찰공무원 징계령 세부시행규칙」 제8조)

① 징계위원회는 **징계의결이 요구된 자**가 다음에 해당하는 공적이 있는 경우 **징계를 감경할 수 있다.**

1. 「상훈법」에 따라 **훈장** 또는 **포장**을 받은 공적
2. 「정부표창규정」에 따라 **국무총리 이상의 표창**을 받은 공적 **다만,** 경감 이하의 경찰공무원등은 **경찰청장** 또는 중앙행정기관 **차관급 이상 표창**을 받은 공적
3. 「모범공무원규정」에 따라 **모범공무원**으로 선발된 공적

462 「경찰공무원 징계령 세부시행규칙」에 관한 설명으로 가장 적절한 것은?

● A급 25 순경2차

① 징계의결요구권자는 공금횡령·유용 및 업무상 배임의 금액이 100만원 이상일 경우에는 중징계 의결을 요구하여야 한다.

② 징계요구권자 또는 징계위원회는 감독자가 부임기간이 3개월 미만으로 부하직원에 대한 실질적인 감독이 곤란하다고 인정된 때에는 징계책임을 감경하여 징계의결요구 또는 징계의결하거나 징계책임을 묻지 아니할 수 있다.

 461 ③ 462 ④

③ 징계의결요구권자 또는 징계위원회는 서로 관련이 없는 2개 이상의 의무위반행위가 경합될 때에는 그중 책임이 중한 의무위반행위에 해당하는 징계보다 2단계 위의 징계의결 요구 또는 징계의결을 할 수 있다.

④ 징계위원회는 징계의결이 요구된 자가 「모범공무원규정」에 따라 모범공무원으로 선발된 공적이 있어도 징계의결이 요구된 자의 의무위반행위가 직무상 미공개 정보를 이용한 부당행위에 해당하는 경우는 징계를 감경할 수 없다.

해설

① (×) 징계의결요구권자는 공금횡령·유용 및 업무상 배임의 금액이 **300만원**(100만원×) **이상**일 경우에는 **중징계 의결을 요구**하여야 한다(동규칙 제4조 제1항 단서).

② (×) 징계요구권자 또는 징계위원회는 **감독자가 부임기간이 1개월**(3개월×) **미만**으로 부하직원에 대한 실질적인 감독이 곤란하다고 인정된 때에는 징계책임을 **감경**하여 징계의결요구 또는 징계의결하거나 **징계책임을 묻지 아니할 수 있다**(동규칙 제5조 제2항 제3호).

③ (×) 징계의결요구권자 또는 징계위원회는 **서로 관련이 없는 2개 이상**의 의무위반행위가 **경합될 때**에는 그중 책임이 **중한** 의무위반행위에 해당하는 **징계보다 1단계**(2단계×) **위**의 징계의결 요구 또는 **징계의결을 할 수 있다**(동규칙 제7조 제1항).

④ (○) 징계위원회는 징계의결이 요구된 자가 「모범공무원규정」에 따라 **모범공무원으로 선발된 공적이 있어도** 징계의결이 요구된 자의 의무위반행위가 **직무상 미공개 정보를 이용한 부당행위**에 해당하는 경우는 **징계를 감경할 수 없다**(동규칙 제8조 제3항 제14호).

463 「경찰공무원법」상 경찰공무원의 징계에 관한 설명으로 가장 적절하지 않은 것은? ●A급 25 경위

① 경무관 이상의 경찰공무원에 대한 징계의결은 「국가공무원법」에 따라 행정안전부장관 소속으로 설치된 징계위원회에서 한다.

② 총경 이하의 경찰공무원에 대한 징계의결을 하기 위하여 대통령령으로 정하는 경찰기관 및 해양경찰관서에 경찰공무원징계위원회를 둔다.

③ 경찰청장이 대통령령으로 정하는 바에 따라 경찰공무원의 임용에 관한 권한의 일부를 시·도경찰청장에게 위임한 경우 징계처분에 대한 행정소송은 그 위임을 받은 자를 피고로 한다.

④ 경무관 이상의 강등 및 정직과 경정 이상의 파면 및 해임은 경찰청장 또는 해양경찰청장의 제청으로 행정안전부장관 또는 해양수산부장관과 국무총리를 거쳐 대통령이 한다.

해설

① (×) **경무관 이상**의 경찰공무원에 대한 징계의결은 「국가공무원법」에 따라 **국무총리**(행정안전부장관×) **소속**으로 설치된 **징계위원회**에서 한다(동법 제32조 제1항).

② (○) **총경 이하**의 경찰공무원에 대한 징계의결을 하기 위하여 **대통령령으로 정하는** 경찰기관 및 해양경찰관서에 **경찰공무원징계위원회**를 둔다(동법 제32조 제2항).

③ (○) **경찰청장이** 대통령령으로 정하는 바에 따라 경찰공무원의 임용에 관한 권한의 **일부를 시·도경찰청장에게 위임한 경우** 징계처분에 대한 **행정소송은 그 위임을 받은 자를 피고로 한다**(동법 제34조 단서조항).

④ (○) **경무관 이상의 강등 및 정직**과 **경정 이상의 파면 및 해임**은 **경찰청장** 또는 해양경찰청장의 **제청으로 행정안전부장관** 또는 해양수산부장관과 **국무총리**를 거쳐 **대통령이 한다**(동법 제33조 단서조항).

🔒 463 ①

464 경찰공무원의 징계에 관한 설명으로 가장 적절하지 않은 것은? (다툼이 있는 경우 판례에 의함)

●A급 23 순경2차

① 공무원인 피징계자에게 징계사유가 있어서 징계처분을 하는 경우 어떠한 처분을 할 것인가는 징계권자의 재량에 맡겨진 것이고, 다만 징계권자가 재량권의 행사로서 한 징계처분이 사회통념상 현저하게 타당성을 잃어 징계권자에게 맡겨진 재량권을 남용한 것이라고 인정되는 경우에 한하여 그 처분을 위법하다고 할 수 있다.

② 동료 경찰관에 대한 성희롱을 이유로 징계에 의하여 해임처분을 받은 경찰관은 해임처분을 받은 때부터 3년이 지나면 경찰공무원으로 임용될 수 있다.

③ 징계등 의결 요구를 받은 징계위원회는 그 요구서를 받은 날부터 30일 이내에 징계등에 관한 의결을 하여야 하나, 부득이한 사유가 있을 때에는 해당 징계등 의결을 요구한 경찰기관의 장의 승인을 받아 30일 이내의 범위에서 그 기한을 연기할 수 있다.

④ 징계위원회는 징계등 의결을 하였을 때에는 지체 없이 징계등 의결을 요구한 자에게 의결서 정본(正本)을 보내어 통지하여야 한다.

해설

① (O) 공무원인 피징계자에게 징계사유가 있어서 징계처분을 하는 경우 **어떠한 처분을 할 것인가**는 **징계권자의 재량**에 맡겨진 것이고, 다만 징계권자가 재량권의 행사로서 한 징계처분이 사회통념상 **현저하게 타당성을 잃어** 징계권자에게 맡겨진 재량권을 **남용한 것이라고 인정되는 경우**에 한하여 그 처분을 **위법**하다고 할 수 있다(대법원 2012두10895).

② (X) 동료 경찰관에 대한 **성희롱**을 이유로 징계에 의하여 **해임처분**을 받은 경찰관은 해임처분을 받은 때부터 **3년이 지나더라도 경찰공무원으로는 임용될 수 없다(있다×)**(경찰공무원법 제8조 제2항 제10호).

③ (O) **징계등 의결 요구를 받은 징계위원회**는 그 요구서를 받은 날부터 **30일 이내**에 징계등에 관한 **의결을 하여야** 하나, 부득이한 사유가 있을 때에는 **해당 징계등 의결을 요구한 경찰기관의 장의 승인을 받아** **30일 이내**의 범위에서 그 기한을 **연기할 수 있다**(동령 제11조 제1항).

④ (O) **징계위원회**는 징계등 **의결을 하였을 때에**는 **지체 없이** 징계등 의결을 요구한 자에게 의결서 **정본(正本)을 보내어 통지하여야 한다**(동령 제17조).

465 「경찰공무원 징계령」상 징계와 관련된 규정에 대한 설명으로 가장 적절하지 않은 것은? ●A급 22 경위

① 각 징계위원회는 위원장 1명을 포함하여 11명 이상 51명 이하의 공무원위원과 민간위원으로 구성한다.

② 징계위원회의 회의는 위원장과 징계위원회가 설치된 경찰기관의 장이 회의마다 지정하는 4명 이상 6명 이하의 위원으로 성별을 고려하여 구성하되, 민간위원의 수는 위원장을 포함한 위원 수의 2분의 1 이상이어야 한다.

③ 징계위원회가 징계등 심의 대상자의 출석을 요구할 때에는 출석통지서로 하되, 징계위원회 개최일 5일 전까지 그 징계등 심의 대상자에게 도달되도록 해야 한다.

 464 ② 465 ④

④ 징계등 의결을 요구한 자는 중징계의 징계등 의결을 통지받았을 때에는 통지받은 날부터 15일 이내에 징계등 처분 대상자의 임용권자에게 의결서 정본을 보내어 해당 징계등 처분을 제청하여야 한다. 다만, 경무관 이상의 강등 및 정직, 경정 이상의 파면 및 해임 처분의 제청, 총경 및 경정의 강등 및 정직의 집행은 경찰청장 또는 해양경찰청장이 한다.

해설

① (○) 각 **징계위원회는** 위원장 1명을 포함하여 **11명 이상 51명 이하**의 공무원위원과 민간위원으로 구성한다(동령 제6조 제1항).

② (○) 징계위원회의 **회의는** 위원장과 징계위원회가 **설치된 경찰기관의 장이 회의마다 지정**하는 **4명 이상 6명 이하**의 위원으로 성별을 고려하여 구성하되, **민간위원**의 수는 위원장을 포함한 위원 수의 **2분의 1 이상**이어야 한다(동령 제7조 제1항).

③ (○) 징계위원회가 징계등 심의 대상자의 출석을 요구할 때에는 **출석통지서**로 하되, 징계위원회 **개최일 5일 전까지** 그 징계등 심의 대상자에게 **도달**되도록 해야 한다(동령 제12조 제1항).

④ (×) 징계등 의결을 요구한 자는 **중징계의 징계등 의결**을 **통지**받았을 때에는 **지체 없이(15일 이내×)** 징계등 처분 대상자의 **임용권자에게 의결서 정본**을 보내어 해당 징계등 **처분을 제청하여야 한다**. 다만, **경무관 이상의 강등 및 정직, 경정 이상의 파면 및 해임** 처분의 **제청**, **총경 및 경정의 강등 및 정직**의 **집행은 경찰청장** 또는 해양경찰청장이 **한다**(동령 제19조 제1항).

466 「경찰공무원 징계령」에 관한 설명으로 가장 적절하지 않은 것은?  23 법학

① 경찰기관의 장은 그 소속 경찰공무원에 대한 징계등 사건이 상급 경찰기관에 설치된 징계위원회의 관할에 속한 경우에는 그 상급 경찰기관의 장에게 징계의결서등을 첨부하여 징계등 의결의 요구를 신청하여야 한다.

② 징계위원회 회의는 위원장과 징계위원회가 설치된 경찰기관의 장이 회의마다 지정하는 4명 이상 6명 이하의 위원으로 성별을 고려하여 구성하되, 「성폭력범죄의 처벌 등에 관한 특례법」에 따른 성폭력범죄, 「양성평등기본법」에 따른 성희롱에 해당하는 징계 사건이 속한 징계위원회의 회의를 구성하는 경우에는 피해자와 같은 성별의 위원이 위원장을 제외한 위원 수의 2분의 1 이상 포함되어야 한다.

③ 징계위원회는 징계등 심의 대상자가 그 징계위원회에 출석하여 진술하기를 원하지 아니할 때에는 진술권 포기서를 제출하게 하여 이를 기록에 첨부하고 서면심사로 징계등 의결을 할 수 있다.

④ 징계등 의결을 요구한 자 또는 징계등 의결의 요구를 신청한 자는 징계위원회에 출석하여 의견을 진술하거나 서면으로 의견을 진술할 수 있다. 다만, 중징계나 중징계 관련 징계부가금 요구 사건의 경우에는 특별한 사유가 없는 한 징계위원회에 출석하여 의견을 진술해야 한다.

466 ②

해설

① (O) 경찰기관의 장은 그 소속 경찰공무원에 대한 **징계등 사건이 상급 경찰기관에 설치된 징계위원회의 관할에 속한 경우**에는 **그 상급 경찰기관의 장에게** 징계의결서등을 첨부하여 징계등 의결의 **요구를 신청하여야 한다**(동령 제9조 제2항).

② (×) 징계위원회 회의는 위원장과 징계위원회가 **설치된 경찰기관의 장이** 회의마다 지정하는 **4명 이상 6명 이하의 위원**으로 성별을 고려하여 구성하되, 「성폭력범죄의 처벌 등에 관한 특례법」에 따른 **성폭력범죄**, 「양성평등기본법」에 따른 **성희롱**에 해당하는 징계 사건이 속한 징계위원회의 회의를 구성하는 경우에는 **피해자와 같은 성별**의 위원이 **위원장을 제외한** 위원 수의 **3분의 1 이상**(2분의 1 이상×) 포함되어야 한다(경찰공무원 징계령 제7조 제2항).

③ (O) 징계위원회는 **징계등 심의 대상자**가 그 징계위원회에 출석하여 진술하기를 원하지 아니할 때에는 **진술권 포기서**를 제출하게 하여 이를 기록에 첨부하고 **서면심사로 징계등 의결을 할 수 있다**(동령 제12조 제2항).

④ (O) 징계등 의결을 **요구한 자** 또는 징계등 의결의 **요구를 신청한 자**는 징계위원회에 출석하여 의견을 진술하거나 서면으로 **의견을 진술할 수 있다**. 다만, **중징계**나 중징계 관련 징계부가금 요구 사건의 경우에는 특별한 사유가 없는 한 징계위원회에 **출석하여 의견을 진술해야 한다**(동령 제13조 제4항).

---

467 「경찰공무원 징계령」상 징계위원회의 회의에 대한 설명으로 가장 적절하지 않은 것은?

●A급 24 경위

① 징계위원회의 회의는 위원장과 징계위원회가 설치된 경찰기관의 장이 회의마다 지정하는 4명 이상 6명 이하의 위원으로 성별을 고려하여 구성하되, 민간위원의 수는 위원장을 포함한 위원 수의 2분의 1 이상이어야 한다.

② 징계사유가 「성폭력범죄의 처벌 등에 관한 특례법」에 따른 성폭력범죄, 「양성평등기본법」에 따른 성희롱에 해당하는 징계 사건이 속한 징계위원회의 회의를 구성하는 경우에는 피해자와 같은 성별의 위원이 위원장을 포함한 위원 수의 3분의 1 이상 포함되어야 한다.

③ 위원장이 부득이한 사유로 직무를 수행할 수 없거나 위원장이 필요하다고 인정하는 경우에는 출석한 위원 중 최상위 계급 또는 이에 상응하는 직급에 있거나 최상위 계급 또는 이에 상응하는 직급에 먼저 승진임용된 공무원이 위원장이 된다.

④ 징계위원회의 위원장은 위원회의 사무를 총괄하며 위원회를 대표하고, 표결권을 가진다.

해설

① (O) 징계위원회의 **회의는** 위원장과 징계위원회가 설치된 **경찰기관의 장이 회의마다 지정**하는 **4명 이상 6명 이하의** 위원으로 성별을 고려하여 구성하되, **민간위원**의 수는 위원장을 포함한 위원 수의 **2분의 1 이상**이어야 한다(동령 제7조 제1항).

② (×) 징계사유가 「성폭력범죄의 처벌 등에 관한 특례법」에 따른 **성폭력범죄**, 「양성평등기본법」에 따른 **성희롱**에 해당하는 징계 사건이 속한 징계위원회의 회의를 구성하는 경우에는 **피해자와 같은 성별**의 위원이 **위원장을 제외한**(포함한×) 위원 수의 **3분의 1 이상 포함되어야 한다**(동령 제7조 제2항).

③ (O) 위원장이 부득이한 사유로 직무를 수행할 수 없거나 위원장이 필요하다고 인정하는 경우에는 출석한 위원 중 **최상위 계급** 또는 이에 상응하는 직급에 있거나 최상위 계급 또는 이에 상응하는 직급에 **먼저 승진임용된 공무원**이 **위원장이 된다**(동령 제7조 제6항).

④ (O) **징계위원회의 위원장**은 위원회의 사무를 총괄하며 위원회를 대표하고, **표결권을 가진다**(동령 제7조 제3항·제5항).

 467 ②

468 「경찰공무원 징계령」에 관한 설명으로 가장 적절하지 않은 것은?  23 승진

① 징계위원회는 위원과 징계등 심의 대상자, 징계등 의결을 요구하거나 요구를 신청한 자, 증인, 관계인 등 회의에 출석하는 사람이 동영상과 음성이 동시에 송수신되는 장치가 갖추어진 서로 다른 장소에 출석하여 진행하는 원격영상회의 방식으로 심의·의결할 수 있다.

② 징계위원회는 위원장 1명을 포함하여 11명 이상 51명 이하의 공무원위원과 민간위원으로 구성한다.

③ 징계등 의결 요구를 받은 징계위원회는 그 요구서를 받은 날로부터 30일 이내에 징계등에 관한 의결을 하여야 한다. 다만, 부득이한 사유가 있을 때에는 해당 징계심의대상자의 동의를 받아 30일 이내의 범위에서 그 기한을 연기할 수 있다.

④ 징계위원회가 설치된 경찰기관의 장은 위원 수의 2분의 1 이상을 자격이 있는 민간위원으로 위촉한다. 이 경우 특정 성별의 위원이 민간위원 수의 10분의 6을 초과하지 않도록 해야 한다.

해설

① (○) 징계위원회는 위원과 징계등 심의 대상자, 징계등 의결을 요구하거나 요구를 신청한 자, 증인, 관계인 등 회의에 출석하는 사람이 동영상과 음성이 **동시에** 송수신되는 장치가 갖추어진 **서로 다른 장소에 출석**하여 진행하는 **원격 영상회의 방식**으로 **심의·의결할 수 있다.**

② (○) **징계위원회는** 위원장 1명을 포함하여 **11명 이상 51명 이하의** 공무원위원과 민간위원으로 구성한다.

③ (×) 징계등 **의결 요구를 받은 징계위원회는** 그 요구서를 받은 날부터 **30일 이내에** 징계등에 관한 의결을 하여야 한다. 다만, 부득이한 사유가 있을 때에는 해당 **징계등 의결을 요구한 경찰기관의 장**의 승인(징계심의대상자의 동의×)을 받아 **30일 이내의** 범위에서 그 기한을 **연기할 수 있다**(동령 제11조 제1항).

④ (○) 징계위원회가 설치된 경찰기관의 장은 위원 수의 **2분의 1 이상을** 자격이 있는 **민간위원으로 위촉한다.** 이 경우 **특정 성별**의 위원이 **민간위원 수**의 10분의 6을 초과하지 않도록 해야 한다(동령 제6조 제3항).

469 「경찰공무원 징계령」에 규정된 내용으로 가장 적절하지 않은 것은?  24 특공

① 중징계란 파면, 해임, 강등 및 정직을 말하며, 경징계란 감봉 및 견책을 말한다.

② 경찰공무원 징계위원회는 경찰공무원 중앙징계위원회와 경찰공무원 보통징계위원회로 구분한다.

③ 징계사유가 「성폭력범죄의 처벌 등에 관한 특례법」에 따른 성폭력범죄, 「양성평등기본법」에 따른 성희롱에 해당하는 징계 사건이 속한 징계위원회의 회의를 구성하는 경우에는 피해자와 같은 성별의 위원이 위원장을 제외한 위원 수의 3분의 1 이상 포함되어야 한다.

④ 징계위원회의 위원장은 민간위원 중에서 호선한다.

해설

① (○) **중징계**란 **파면, 해임, 강등 및 정직**을 말하며, **경징계**란 **감봉 및 견책**을 말한다(동령 제2조).

② (○) 경찰공무원 징계위원회는 경찰공무원 **중앙징계위원회**와 경찰공무원 **보통징계위원회**로 구분한다(동령 제3조 제1항).

③ (○) 징계사유가 「성폭력범죄의 처벌 등에 관한 특례법」에 따른 **성폭력범죄**, 「양성평등기본법」에 따른 **성희롱에 해당하는 징계 사건**이 속한 징계위원회의 **회의를 구성**하는 경우에는 **피해자와 같은 성별의 위원**이 **위원장을 제외한 위원 수의 3분의 1 이상 포함**되어야 한다(동령 제7조 제2항).

④ (×) 징계위원회의 위원장은 **위원 중 최상위 계급** 또는 이에 상응하는 직급에 있거나 최상위 계급 또는 이에 상응하는 직급에 **먼저 승진임용된 공무원(민간위원 중에서 호선×)**이 된다(동령 제6조 제4항).

🔒 468 ③ 469 ④

470 「경찰공무원 징계령」상 경찰공무원 징계에 대한 설명으로 가장 적절한 것은? ● A급 **21 순경1차**

① 징계위원회는 징계등 사건을 의결할 때에는 징계등 심의 대상자의 비위행위 당시 계급 및 직위, 비위행위가 공직 내외에 미치는 영향, 평소 행실, 공적(功績), 뉘우치는 정도나 그 밖의 정상과 징계등 의결을 요구한 자의 의견을 고려할 수 있다.

② 징계등 의결 요구를 받은 징계위원회는 그 요구서를 받은 날부터 60일 이내에 징계등에 관한 의결을 하여야 한다. 다만, 부득이한 사유가 있을 때에는 해당 징계등 의결을 요구한 경찰기관의 장의 승인을 받아 30일 이내의 범위에서 그 기한을 연기할 수 있다.

③ 징계등 심의 대상자의 소재가 분명하지 아니할 때에는 출석 통지를 관보에 게재하고, 그 게재일부터 7일이 지나면 출석 통지가 송달된 것으로 보며, 징계등 의결을 할 때에는 관보게재의 사유와 그 사실을 기록에 분명히 적어야 한다.

④ 징계위원회의 의결은 위원장을 포함한 위원 과반수의 출석과 출석위원 과반수의 찬성으로 의결하되, 의견이 나뉘어 출석위원 과반수의 찬성을 얻지 못한 경우에는 출석위원 과반수가 될 때까지 징계등 심의 대상자에게 가장 불리한 의견을 제시한 위원의 수를 그 다음으로 불리한 의견을 제시한 위원의 수에 차례로 더하여 그 의견을 합의된 의견으로 본다.

해설

① (×) 징계위원회는 징계등 사건을 의결할 때에는 징계등 심의 대상자의 비위행위 당시 계급 및 직위, 비위행위가 공직 내외에 미치는 영향, **평소 행실, 공적, 뉘우치는 정도**나 그 밖의 정상과 징계등 의결을 **요구한 자의 의견**을 고려해야 한다(할 수 있다×).

② (×) 징계등 의결 **요구를 받은 징계위원회**는 그 요구서를 받은 날부터 **30일(60일×) 이내**에 징계등에 관한 **의결을 하여야 한다**. 다만, 부득이한 사유가 있을 때에는 해당 징계등 의결을 요구한 **경찰기관의 장의 승인**을 받아 **30일 이내**의 범위에서 그 기한을 **연기할 수 있다**(동령 제11조 제1항).

③ (×) 징계등 심의 대상자의 **소재가 분명하지 아니할 때**에는 출석 통지를 **관보에 게재**하고, **그 게재일부터 10일(7일×)**이 **지나면** 출석 통지가 **송달된 것으로 보며**, 징계등 의결을 할 때에는 관보게재의 사유와 그 사실을 기록에 분명히 적어야 한다(동령 제12조 제3항).

④ (○) 징계위원회의 의결은 위원장을 포함한 위원 **과반수의 출석**과 **출석위원 과반수의 찬성**으로 **의결**하되, 의견이 나뉘어 출석위원 과반수의 찬성을 얻지 못한 경우에는 출석위원 과반수가 될 때까지 징계등 심의 대상자에게 가장 불리한 의견을 제시한 위원의 수를 그 다음으로 불리한 의견을 제시한 위원의 수에 차례로 더하여 그 의견을 합의된 의견으로 본다(동령 제14조 제1항).

471 경찰공무원 관련 법령에 따를 때, 경찰공무원의 신분변동에 관한 설명 중 가장 적절한 것은?

● A급 **22 순경2차 변형**

① 중징계 의결이 요구 중인 경찰공무원 甲에 대해 직위해제처분을 할 경우, 임용권자는 3개월의 범위 내에서 대기를 명하고 능력 회복이나 근무성적의 향상을 위한 교육훈련 또는 특별한 연구 과제의 부여 등 필요한 조치를 하여야 한다.

② 위원장 포함 6명이 출석하여 구성된 징계위원회에서 정직 3월 1명, 정직 1월 1명, 감봉 3월 1명, 감봉 2월 1명, 감봉 1월 1명, 견책 1명으로 의견이 나뉜 경우, 감봉 2월로 의결해야 한다.

③ 자치경찰사무를 담당하는 ○○경찰서 소속 경위 乙의 경감으로의 승진임용을 시·도지사가 하므로, 경위 乙에 대한 휴직이나 복직도 시·도지사가 한다.

④ 순경 채용후보자명부에 등재된 채용후보자 丙이 학업을 계속 하고자 이를 증명할 수 있는 자료를 첨부하여 임용권자가 정하는 기간 내에 원하는 유예기간을 적어 신청할 경우, 임용권자는 채용후보자 명부의 유효기간 범위에서 기간을 정하여 임용을 유예해야 한다.

🔒 **470** ④ **471** ②

① (✕) **직무수행 능력이 부족하거나 근무성적이 극히 나쁜**(중징계 의결이 요구 중인✕) 경찰공무원 甲에 대해 직위해제 처분을 할 경우, 임용권자는 **3개월의 범위 내에서 대기를 명하고** 능력 회복이나 근무성적의 향상을 위한 교육훈련 또는 특별한 연구 과제의 부여 등 **필요한 조치를 하여야 한다**(국가공무원법 제73조의3 제3항·제4항).

> **Tip** 중징계 의결의 요구 중인 경찰공무원에 대해 **직위해제처분을 할 경우에는 대기 명령과 필요한 조치를 할 의무적 규정이 없다.**

② (○) 위원장 포함 **6명이 출석**하여 구성된 징계위원회 회의에서 **의결정족수인 출석위원 과반수 찬성**을 얻으려면 **4명 이상** 이 되어야 한다. 본 사례는 의견이 나뉘어 출석위원 과반수의 찬성을 얻지 못한 경우에 해당하므로, 출석위원 과반수 (4명)가 될 때까지 가장 불리한 의견인 **정직 3월 1명부터** 그 다음으로 불리한 의견(정직 1월 1명, 감봉 3월 1명, 감봉 2월 1명)을 **차례로 더하여 4명이 되는 그 의견(감봉 2월)**을 합의된 것으로 본다(경찰공무원 징계령 제14조 제1항).

③ (✕) **자치경찰**사무를 담당하는 ○○경찰서 소속 **경위 乙의 경감으로의 승진임용을 시·도지사**가 하고, **경위 乙에 대한 휴직이나 복직은 시·도자치경찰위원회**(시·도지사✕)가 한다(경찰공무원 임용령 제4조 제3항·제4항).

> **Tip** 자치경찰공무원 임용권 위임 : 경찰청장 → 시·도지사 → 시·도자치경찰위원회 → 시·도경찰청장
>
> 1. **경찰청장은 소속기관등의 장에게 경정의 전보·파견·휴직·직위해제·복직**에 관한 권한과 **경감 이하의 임용 권을 위임한다**(동령 제4조 제3항).
> 2. 위 임용권을 위임받은 **시·도지사는 경감** 또는 **경위로의 승진**임용에 관한 권한을 **제외**한 임용권을 **시·도자치 경찰위원회에 다시 위임한다**(동령 제4조 제4항).

④ (✕) **순경 채용후보자명부**에 등재된 채용후보자 丙이 학업을 계속 하고자 이를 증명할 수 있는 자료를 첨부하여 임용권 자가 정하는 기간 내에 원하는 **유예기간**을 적어 **신청**할 경우, 임용권자는 채용후보자 명부의 유효기간 범위에서 기간을 정하여 임용을 **유예할 수 있다(해야 한다✕)**(경찰공무원 임용령 제18조의2 제1항).

제**7**절 경찰공무원의 권익보장제도

472 소청심사에 대한 설명으로 가장 적절하지 않은 것은?  19 승진

① 소청심사란 징계처분 기타 그의 의사에 반하는 불이익처분을 받은 자가 관할 소청심사위원회 에 심사를 청구하는 행정심판의 일종이다.

② 경찰공무원이 징계처분 등 불리한 처분을 받았을 때 행정소송은 소청심사위원회의 심사·결 정을 거치지 아니하면 제기할 수 없다.

③ 소청심사위원회는 소청을 접수하면 지체 없이 심사하여야 하며, 심사할 때 필요하면 검증·감정, 그 밖의 사실조사를 하거나 증인을 소환하여 질문하거나 관계 서류를 제출하도록 명할 수 있다.

④ 3급 이상 공무원 또는 고위공무원단에 속하는 공무원으로 3년 이상 근무한 자는 비상임위원이 될 수 있다.

① (○) **소청심사**란 징계처분 기타 그의 의사에 반하는 불이익처분을 받은 자가 관할 소청심사위원회에 심사를 청구하는 **행정심판**의 일종이다.

② (○) 경찰공무원이 징계처분 등 불리한 처분을 받았을 때 **행정소송은 소청심사위원회의 심사·결정을 거치지 아니하면 제기할 수 없다.**

③ (○) **소청심사위원회는 소청을 접수하면 지체 없이 심사하여야** 하며, 심사할 때 필요하면 **검증·감정,** 그 밖의 사실조 사를 하거나 **증인을 소환**하여 **질문**하거나 관계 서류를 **제출하도록 명할 수 있다**(국가공무원법 제12조 제2항).

 472 ④

④ (×) **3급 이상** 공무원 또는 **고위공무원단**에 속하는 공무원으로 **3년 이상** 근무한 자는 **상임위원(비상임위원×)**이 **될 수 있다.** 다만, **비상임위원은 될 수 없다**(국가공무원법 제10조 제1항).

 **인사혁신처에 설치된 소청심사위원회 비상임위원 자격**(국가공무원법 제10조 제1항)

> 1. **법관 · 검사 · 변호사**의 직에 **5년 이상** 근무한 자
> 2. 대학에서 행정학 · 정치학 · 법률학을 담당한 **부교수 이상**의 직에 **5년 이상** 근무한 자

473 인사혁신처에 설치된 소청심사위원회에 대한 설명으로 가장 적절하지 않은 것은? ●A급 19 승진

① 소청심사위원회의 위원은 금고 이상의 형벌이나 장기의 심신 쇠약으로 직무를 수행할 수 없게 된 경우 외에는 본인의 의사에 반하여 면직되지 아니한다.

② 위원장 1명을 포함한 5명 이상 7명 이하의 상임위원과 상임위원 수의 2분의 1 이상인 비상임위원으로 구성되며, 위원은 인사혁신처장의 제청으로 국무총리를 거쳐 대통령이 임명한다.

③ 3급 이상 공무원 또는 고위공무원단에 속하는 공무원으로 3년 이상 근무한 자는 비상임위원은 될 수 있으나, 상임위원은 될 수 없다.

④ 소청심사위원회의 취소명령 또는 변경명령 결정은 그에 따른 징계나 그 밖의 처분이 있을 때까지는 종전에 행한 징계처분에 영향을 미치지 아니한다.

해설

① (○) 소청심사위원회의 위원은 **금고 이상**의 형벌이나 **장기의 심신 쇠약**으로 직무를 수행할 수 없게 된 경우 **외에는** 본인의 의사에 반하여 **면직되지 아니한다.**

② (○) 인사혁신처에 설치된 **소청심사위원회**는 위원장 1명을 포함한 **5명 이상 7명 이하의 상임위원**과 **상임위원 수의 2분의 1 이상인 비상임위원**으로 구성하되, **위원장은 정무직**으로 보한다(국가공무원법 제9조 제3항). **위원(위원장 포함)**은 **인사혁신처장의 제청**으로 국무총리를 거쳐 **대통령이 임명**한다(국가공무원법 제10조 제1항).

>  **국회**사무처, **법원**행정처, **헌법재판소**사무처 및 **중앙선거관리위원회**사무처에 설치된 소청심사위원회는 위원장 1명을 포함한 위원 **5명 이상 7명 이하**의 **비상임위원**으로 구성하고, 위원(위원장 포함)은 국회사무총장, 법원행정처장, 헌법재판소사무처장, 중앙선거관리위원회사무총장 제청으로 국회의장, 대법원장, 헌법재판소장, 중앙선거관리위원회위원장이 임명한다(국가공무원법 제10조 제1항).

③ (×) **3급 이상** 공무원 또는 **고위공무원단**에 속하는 공무원으로 **3년 이상** 근무한 자는 **상임위원(비상임위원×)**은 될 수 있으나, **비상임위원(상임위원×)**은 **될 수 없다**(국가공무원법 제10조 제1항).

④ (○) 소청심사위원회의 **취소명령** 또는 **변경명령 결정**은 그에 따른 징계나 그 밖의 **처분이 있을 때까지는** 종전에 행한 징계처분에 **영향을 미치지 아니한다**(국가공무원법 제14조 제7항).

474 「국가공무원법」에서 규정하고 있는 징계처분과 그 불복에 대한 설명으로 가장 적절하지 않은 것은? ●A급 21 특공

① 정직은 1개월 이상 3개월 이하의 기간으로 하고, 정직 처분을 받은 자는 그 기간 중 공무원 신분은 보유하나 직무에 종사하지 못하며 보수는 전액을 감한다.

② 소청심사위원회의 취소명령 또는 변경명령 결정은 그에 따른 징계나 그 밖의 처분이 있을 때까지는 종전에 행한 징계처분에 영향을 미치지 아니한다.

③ 소청심사위원회가 소청사건을 심사할 때에 대통령령으로 정하는 바에 따라 소청인 또는 대리인에게 진술 기회를 주어야 하고, 진술기회를 주지 아니한 결정은 취소할 수 있다.

④ 소청심사위원회는 심사 중 다른 비위사실이 발견되더라도 원처분보다 중한 징계를 부과하는 결정은 할 수 없다.

🔒 473 ③ 474 ③

① (○) **정직은 1개월 이상 3개월 이하**의 기간으로 하고, 정직 처분을 받은 자는 그 기간 중 공무원 **신분은 보유**하나 직무에 **종사하지 못하며 보수는 전액**을 **감한다**(동법 제80조 제3항).

② (○) 소청심사위원회의 **취소명령 또는 변경명령 결정**은 그에 따른 징계나 그 밖의 **처분이 있을 때까지는** 종전에 행한 징계처분에 **영향을 미치지 아니한다**(동법 제14조 제7항).

③ (✕) 소청심사위원회가 소청사건을 심사할 때에 대통령령으로 정하는 바에 따라 소청인 또는 대리인에게 진술 기회를 주어야 하고, 진술기회를 주지 아니한 결정은 **무효(취소✕)로 한다**(국가공무원법 제13조 제2항).

④ (○) 소청심사위원회는 심사 중 다른 비위사실이 발견되더라도 원처분보다 중한 징계를 부과하는 결정은 할 수 없다.

---

475 「국가공무원법」 및 관련 법령에 따를 때, 소청심사와 관련하여 아래 사례에 관한 설명 중 가장 적절하지 않은 것은?

●A급 22 순경2차

> ○○경찰서 소속 지구대에서 근무하는 순경 甲이 법령준수 의무 위반 등 각종 비위행위로 인하여 관련 절차를 거쳐 징계권자로부터 해임의 징계처분을 받았다. 이에 순경 甲은 소청심사를 제기하고자 한다.

① 소청심사위원회는 소청심사 결과 甲의 비위행위의 정도에 비해 해임의 징계처분이 경미하다는 판단에 이르더라도 파면의 징계처분으로 변경하는 결정을 할 수 없다.

② 소청심사위원회에서 해임처분 취소명령결정을 내릴 경우, 그 해임의 징계처분은 소청심사위원회의 결정에 따른 징계나 그 밖의 처분이 있기 전에 당연히 효력을 상실한다.

③ 소청심사위원회에서 해임처분을 취소 또는 변경하고자 할 경우에는 재적 위원 3분의 2 이상의 출석과 출석 위원 3분의 2 이상의 합의가 있어야 한다.

④ 甲이 징계처분사유 설명서를 받은 날부터 30일 이내(甲에게 책임이 없는 사유로 소청심사를 청구할 수 없는 기간은 없다고 전제한다) 소청심사를 제기하지 않은 경우에는 행정소송을 제기할 수 없다.

① (○) 소청심사위원회는 소청심사 결과 甲의 비위행위의 정도에 비해 해임의 징계처분이 경미하다는 판단에 이르더라도 파면의 징계처분으로 변경하는 결정을 할 수 없다.

Tip 불이익변경금지원칙 : 소청심사위원회가 징계처분 또는 징계부가금 부과처분을 받은 자의 청구에 따라 소청을 심사할 경우에는 원징계처분보다 무거운 징계 또는 원징계부가금 부과처분보다 무거운 징계부가금을 부과하는 결정을 하지 못한다(국가공무원법 제14조 제8항).

② (✕) 소청심사위원회에서 **해임처분 취소명령결정**을 내릴 경우, **그 해임의 징계처분**은 소청심사위원회의 **결정에 따른** 징계나 그 밖의 **처분이 있기 전**에 당연히 **효력을 상실하지 아니한다**(상실한다✕)(국가공무원법 제14조 제7항).

Tip 즉, 해임처분에 대한 취소명령결정을 내릴 경우, 그 결정에 따라 **해임취소처분을 하기 전까지는** 당연히 **해임처분의 효력이 유지**된다.

③ (○) 소청심사위원회에서 **해임처분을 취소 또는 변경**하고자 할 경우에는 **재적 위원 3분의 2 이상의 출석**과 출석 위원 **3분의 2 이상의 합의**가 있어야 한다(국가공무원법 제14조 제2항).

Tip 파면·해임·강등·정직에 해당하는 징계처분을 **취소 또는 변경하려는 경우**와 효력 유무 또는 존재 여부에 대한 확인을 하려는 경우에는 **재적 위원 3분의 2 이상의 출석**과 출석 위원 3분의 2 이상의 합의가 있어야 한다(국가공무원법 제14조 제2항).

④ (○) 甲이 **징계처분사유 설명서를 받은 날부터 30일 이내**(甲에게 책임이 없는 사유로 소청심사를 청구할 수 없는 기간은 없다고 전제한다) **소청심사를 제기**하지 않은 경우에는 행정소송을 제기할 수 없다.

 475 ②

476 경찰공무원 고충심사에 대한 설명으로 가장 적절하지 않은 것은?  ●C급 22 경위

① 계급이 경사인 경찰공무원이 종교를 이유로 불합리한 차별을 겪어 고충을 당한 사안일 경우, 보통고충심사위원회에서 고충을 심사하는 것이 부적당하다고 인정될 경우에는 중앙고충심사위원회에서 심사할 수 있다.

② 경찰공무원 고충심사위원회를 두는 경찰공무원법 제31조 제1항에서 "대통령령이 정하는 경찰기관"이라 함은 경찰대학·경찰인재개발원·중앙경찰학교·경찰수사연수원·경찰서·경찰기동대·경비함정 기타 경정 이상의 경찰공무원을 장으로 하는 기관 중 행정안전부장관 또는 해양수산부장관이 지정하는 경찰기관을 말한다.

③ 경찰공무원 고충심사위원회는 위원장 1명을 포함하여 7명 이상 15명 이하의 공무원위원과 민간위원으로 구성한다. 이 경우 민간위원의 수는 위원장을 제외한 위원 수의 2분의 1 이상이어야 한다.

④ 경찰공무원 고충심사위원회의 위원장은 설치기관 소속 공무원 중에서 인사 또는 감사 업무를 담당하는 과장 또는 이에 상당하는 직위를 가진 사람이 된다.

해설

① (○) 계급이 경사인 경찰공무원이 종교를 이유로 불합리한 차별을 겪어 고충을 당한 사안일 경우, **보통고충심사위원회에서 고충을 심사하는 것이 부적당하다고 인정될** 경우에는 **중앙고충심사위원회에서 심사할 수 있다.**

② (✕) **경찰공무원고충심사위원회**를 두는 경찰공무원법 제31조 제1항에서 "대통령령이 정하는 경찰기관"이라 함은 경찰대학·경찰인재개발원·중앙경찰학교·경찰수사연수원·경찰서·경찰기동대·경비함정 기타 **경감(경정✕) 이상의 경찰공무원을 장으로 하는 기관** 중 행정안전부장관 또는 해양수산부장관이 **지정하는 경찰기관**을 말한다(공무원고충처리규정 제3조의2 제1항).

③ (○) **경찰공무원고충심사위원회**는 위원장 1명을 포함하여 **7명 이상 15명 이하**의 공무원위원과 민간위원으로 구성한다. 이 경우 **민간위원의 수는 위원장을 제외한** 위원 수의 2분의 1 이상이어야 한다(공무원고충처리규정 제3조의2 제2항).
 경찰공무원고충심사위원회 **민간위원의 임기는 2년**으로 하며, **한 번만 연임**할 수 있다.

④ (○) 경찰공무원고충심사위원회의 **위원장**은 설치기관 소속 공무원 중에서 인사 또는 감사 업무를 담당하는 과장 또는 이에 상당하는 직위를 가진 사람이 된다(공무원고충처리규정 제3조의2 제3항).
 경찰공무원고충심사위원회의 **회의는** 위원장과 위원장이 회의마다 지정하는 **5명 이상 7명 이내**의 위원으로 **성별을 고려**하여 구성한다. 이 경우 **민간위원**이 **3분의 1 이상 포함**되어야 한다.

477 고충처리에 대한 설명으로 가장 적절하지 않은 것은? ●C급 22 승진

① 「국가공무원법」에 따라 공무원은 인사·조직·처우 등 각종 직무 조건과 그 밖에 신상 문제와 관련한 고충에 대하여 상담을 신청하거나 심사를 청구할 수 있다.

② 「경찰공무원법」에 따라 '경찰공무원 고충심사위원회'의 심사를 거친 재심청구와 경정 이상 경찰공무원의 인사상담 및 고충심사는 「국가공무원법」에 따라 설치된 중앙고충심사위원회에서 한다.

③ 「공무원고충처리규정」에 따라 고충심사위원회가 청구서를 접수한 때에는 30일 이내에 고충심사에 대한 결정을 하여야 한다. 다만, 부득이하다고 인정되는 경우에는 고충심사위원회의 의결로 30일을 연장할 수 있다.

🔒 476 ② 477 ④

④「국가공무원법」에 따라 중앙인사관장기관의 장, 임용권자 또는 임용제청자는 기관 내 성폭력 범죄 또는 성희롱 발생 사실의 신고를 받은 경우에는 지체 없이 사실 확인을 위한 조사를 하고 그에 따라 필요한 조치를 할 수 있다.

해설

① (○)「국가공무원법」에 따라 **공무원은** 인사·조직·처우 등 각종 직무 조건과 그 밖에 **신상 문제와 관련한 고충**에 대하여 **상담을 신청하거나 심사를 청구할 수 있다**(동법 제76조의2 제1항).
② (○)「경찰공무원법」에 따라 '경찰공무원 고충심사위원회'의 심사를 거친 **재심청구**와 **경정 이상** 경찰공무원의 **인사상담 및 고충심사**는 「국가공무원법」에 따라 설치된 **중앙**고충심사위원회에서 한다(동법 제31조 제2항).
③ (○)「공무원고충처리규정」에 따라 고충심사위원회가 청구서를 접수한 때에는 **30일 이내**에 **고충심사**에 대한 **결정**을 하여야 한다. 다만, 부득이하다고 인정되는 경우에는 **고충심사위원회의 의결로 30일을 연장**할 수 있다(동규정 제7조 제1항).
④ (×)「국가공무원법」에 따라 중앙인사관장기관의 장, 임용권자 또는 임용제청권자는 기관 내 **성폭력 범죄 또는 성희롱** 발생 사실의 신고를 받은 경우에는 **지체 없이** 사실 확인을 위한 **조사**를 하고 그에 따라 필요한 **조치를 하여야 한다(할 수 있다×)**(동법 제76조의2 제3항).

478 경찰공무원 고충심사에 관한 설명으로 적절한 것을 모두 고른 것은? ●C급 25 경위

> 가. 경찰공무원의 인사상담 및 고충을 심사하기 위하여 경찰공무원 고충심사위원회를 두어야 하는 기관에는 시·도자치경찰위원회도 포함된다.
> 나. 경찰공무원고충심사위원회의 공무원위원은 청구인보다 상위 계급 또는 이에 상당하는 소속 공무원 중에서 설치기관의 장이 임명한다.
> 다. 경찰공무원고충심사위원회의 민간위원의 수는 위원장을 제외한 위원 수의 2분의 1 이상이어야 한다.
> 라. 경찰공무원 고충심사위원회의 심사를 거친 재심청구와 경정 이상의 경찰공무원의 인사상담 및 고충심사는 「국가공무원법」에 따라 설치된 중앙고충심사위원회에서 한다.

① 가, 나
③ 나, 다, 라
② 가, 다, 라
④ 가, 나, 다, 라

해설

옳은 설명은 **가, 나, 다, 라, 4개**이다.
가. (○) 경찰공무원의 인사상담 및 고충을 심사하기 위하여 **경찰공무원 고충심사위원회를 두어야 하는** 기관에는 **시·도자치경찰위원회도 포함**된다(경찰공무원법 제31조 제1항).
나. (○) 경찰공무원고충심사위원회의 **공무원위원**은 **청구인보다 상위 계급** 또는 이에 상당하는 소속 공무원 중에서 **설치기관의 장이 임명**한다(공무원고충처리규정 제3조의2 제4항).
다. (○) **경찰공무원고충심사위원회의 민간위원**의 수는 **위원장을 제외한** 위원 수의 2분의 1 이상이어야 한다(공무원고충처리규정 제3조의2 제2항).
라. (○) 경찰공무원 고충심사위원회의 심사를 거친 **재심청구**와 **경정 이상**의 경찰공무원의 인사상담 및 고충심사는 「국가공무원법」에 따라 설치된 **중앙고충심사위원회**에서 한다(경찰공무원법 제31조 제2항).

 478 ④

479 다음은 경찰공무원 근무관계의 발생, 변동, 소멸에 대한 설명이다. 아래 ㉠부터 ㉣까지의 설명 중 옳고 그름의 표시(○, ×)가 바르게 된 것은?　●A급　22 승진

> ㉠ 「경찰공무원법」상 자치경찰공무원을 그 계급에 상응하는 경찰공무원으로 임용할 때에는 시보임용을 거친다.
> ㉡ 「경찰공무원 승진임용규정」상 임용권자나 임용제청권자는 심사승진후보자 명부에 기록된 사람이 승진임용되기 전에 정직 이상의 징계처분을 받은 경우에는 심사승진후보자 명부에서 그 사람을 제외하여야 한다.
> ㉢ 「국가공무원법」상 임용권자는 금품비위, 성범죄 등 대통령령으로 정하는 비위행위로 인하여 감사원 및 검찰·경찰 등 수사기관에서 조사나 수사 중인 자로서 비위의 정도가 중대하고 이로 인하여 정상적인 업무수행을 기대하기 현저히 어려운 자는 직위해제할 수 있다.
> ㉣ 「경찰공무원법」상 임용권자는 경찰공무원이 경찰공무원으로는 부적합할 정도로 직무수행 능력이나 성실성이 현저하게 결여된 사람으로서 대통령령으로 정하는 사유에 해당된다고 인정되는 사람을 직권으로 면직시킬 수 있다.

① ㉠(×)　　㉡(○)　　㉢(×)　　㉣(○)
② ㉠(○)　　㉡(×)　　㉢(○)　　㉣(○)
③ ㉠(×)　　㉡(○)　　㉢(○)　　㉣(○)
④ ㉠(×)　　㉡(○)　　㉢(○)　　㉣(×)

해설

㉠ (×) 「경찰공무원법」상 **자치경찰공무원을** 그 계급에 상응하는 (국가)**경찰공무원으로 임용할 때**에는 시보임용을 **거치지 아니한다(거친다×).**

㉡ (○) 「경찰공무원 승진임용규정」상 임용권자나 임용제청권자는 심사 **승진후보자 명부**에 기록된 사람이 **승진임용되기 전**에 **정직 이상**의 징계처분을 받은 경우에는 심사승진후보자 **명부에서** 그 사람을 **제외하여야 한다.**

㉢ (○) 「국가공무원법」상 임용권자는 금품비위, 성범죄 등 대통령령으로 정하는 비위행위로 인하여 감사원 및 검찰·경찰 등 **수사기관에서 조사나 수사 중인 자**로서 비위의 정도가 중대하고 이로 인하여 정상적인 업무수행을 기대하기 현저히 어려운 자는 **직위해제할 수 있다.**

㉣ (○) 「경찰공무원법」상 임용권자는 경찰공무원이 경찰공무원으로는 부적합할 정도로 **직무수행 능력이나 성실성이 현저하게 결여된 사람**으로서 대통령령으로 정하는 사유에 해당된다고 인정되는 사람을 **직권**으로 **면직**시킬 수 있다.

🔵**Tip** 위의 사유로 면직시키는 경우에는 **징계위원회의 동의**를 받아야 한다.

🔒 479 ③

480 「경찰공무원법」에 대한 설명으로 가장 적절한 것은?  A급 24 경위

① 경정 이하의 경찰공무원을 신규 채용할 때에는 1년간 시보로 임용하고, 그 기간이 만료된 날에 정규 경찰공무원으로 임용한다.

② 경찰공무원의 복제에 관한 사항은 대통령령으로 정한다.

③ 임용권자는 경찰공무원이 해당 경과에서 직무를 수행하는 데 필요한 자격증의 효력이 상실되거나 면허가 취소되어 담당 직무를 수행할 수 없게 되었을 때에는 직권으로 면직시킬 수 있으며, 이 경우에는 징계위원회의 동의를 받아야 한다.

④ 징계처분, 휴직처분, 면직처분, 그 밖에 의사에 반하여 불리한 처분에 대한 행정소송은 경찰청장을 피고로 하는 것이 원칙이며, 예외도 있다.

해설

① (×) **경정 이하**의 경찰공무원을 신규 채용할 때에는 **1년간 시보**로 임용하고, 그 기간이 **만료된 다음 날(만료된 날×)**에 정규 경찰공무원으로 임용한다(동법 제13조 제1항).

② (×) 경찰공무원의 **복제**에 관한 사항은 **행정안전부령** 또는 해양수산부령(**대통령령×**)으로 정한다(동법 제26조 제3항).
　🐵ip 경과의 **구분**에 필요한 사항은 **대통령령**으로 정한다(동법 제4조 제2항).

③ (×) 임용권자는 경찰공무원이 해당 경과에서 직무를 수행하는 데 필요한 **자격증의 효력이 상실**되거나 **면허가 취소**되어 담당 직무를 수행할 수 없게 되었을 때에는 **직권으로 면직**시킬 수 있으며, 이 경우에는 **징계위원회의 동의를 받을 필요가 없다(받아야 한다×)**(동법 제28조 제1항).

④ (○) 징계처분, 휴직처분, 면직처분, 그 밖에 의사에 반하여 불리한 처분에 대한 **행정소송**은 **경찰청장** 또는 해양경찰청장을 **피고로** 하는 것이 원칙이다. 다만, **임용권을 위임한 경우**에는 **그 위임을 받은 자**를 피고로 하는 예외도 있다(동법 제34조).

🔒 480 ④

제1절 **경찰권 발동의 근거와 한계**

481 「경찰관 직무집행법」 제2조 제7호의 개괄적 수권조항 인정 여부에 있어 찬성 측의 논거로 가장 적절하지 않은 것은?

●A급 16 순경2차

① 경찰권의 성질상 경찰권의 발동사태를 상정해서 경찰권 발동의 요건 · 한계를 입법기관이 일일이 규정한다는 것은 불가능하다.

② 개괄적 수권조항은 개별조항이 없는 경우에만 보충적으로 적용하면 된다.

③ 개괄적 수권조항으로 인한 경찰권 남용의 가능성은 조리상의 한계 등으로 충분히 통제가 가능하다.

④ 「경찰관 직무집행법」 제2조 제7호는 단지 경찰의 직무범위만을 정한 것으로서 본질적으로는 조직법적 성질의 규정이다.

해설

① (○) 경찰권의 성질상 경찰권의 발동사태를 상정해서 경찰권 발동의 요건 · 한계를 입법기관이 **일일이 규정한다는 것은 불가능**하다. – 개괄적 수권조항이 필요하다는 **찬성** 측 입장

② (○) **개괄적 수권조항**은 개별조항이 없는 경우에만 **보충적으로 적용**하면 된다. – 개괄적 수권조항이 필요하다는 **찬성** 측 입장

③ (○) 개괄적 수권조항으로 인한 경찰권 남용의 가능성은 **조리상의 한계 등으로 충분히 통제가 가능**하다. – 개괄적 수권조항이 필요하다는 **찬성** 측 입장

④ (×) "「경찰관 직무집행법」 제2조 제7호는 **단지 경찰의 직무범위만을 정한 것**으로서 본질적으로는 **조직법적 성질의 규정**이다."라는 주장은 「경찰관 직무집행법」 제2조 제7호를 개괄적 수권조항으로 인정하지 않는 **부정설 입장**의 논거이다.

Tip 「경찰관 직무집행법」 제2조 제7호의 개괄적(일반적) 수권조항 인정 여부

부정설	① 경찰작용은 성질상 명령 · 강제가 많으므로 **법률유보 원칙의 엄격한 적용**을 받으므로 경찰권의 발동에는 **구체적 · 개별적 수권조항이 요구**된다. ② 「경찰관 직무집행법」 제2조 제7호는 경찰권의 발동근거에 관한 개괄적 조항은 아니고 단지 경찰의 **직무범위만을 정한 것**으로, 본질적으로 **조직법적 성질의 규정**이다.
긍정설	① 입법기관이 미리 경찰권의 발동사태를 상정해서 **모든 발동요건을 법률에 규정하는 것은 입법기술상 불가능**하다. ② 일반(개괄)조항을 확대해석하거나 **남용한 경우는 법원의 심판**을 받는다. 즉, 일반조항의 내용을 이루는 불확정개념들은 **학설과 판례를 통해 특정이 가능**하다. ③ 일반조항으로 인한 경찰권의 **남용 가능성은 조리상의 한계 등으로 통제가 가능**하다. ④ **독일에서의 학설 · 판례가 일반조항을 인정**하고 있다. ⑤ **개괄적 수권조항**은 개별적 수권조항이 없는 때에 한하여 **2차적 · 보충적으로 적용**하면 된다. ⑥ 긍정설 지지자들은 **판례도 긍정설**을 취하고 있다고 주장한다.

🔒 481 ④

482 경찰권 발동의 근거와 한계에 관한 설명으로 가장 적절하지 않은 것은? (다툼이 있는 경우 판례에 의함)

● A급 23 순경2차

① 일반수권조항이란 경찰권의 발동근거가 되는 개별적인 작용법적 근거가 없을 때 경찰권 발동의 일반적·보충적 근거가 될 수 있도록 개괄적으로 수권된 일반조항을 말한다.

② 「경찰관 직무집행법」 제5조는 형식상 경찰관에게 재량에 의한 직무수행권한을 부여한 것처럼 되어 있으나, 경찰관에게 그러한 권한을 부여한 취지와 목적에 비추어 볼 때 구체적인 사정에 따라 경찰관이 그 권한을 행사하여 필요한 조치를 취하지 아니하는 것이 현저하게 불합리하다고 인정되는 경우에는 그러한 권한의 불행사는 직무상의 의무를 위반한 것이 되어 위법하게 된다.

③ 경찰청장과 해양경찰청장은 경찰관이 「경찰관 직무집행법」 제2조 각 호에 따른 직무의 수행으로 인하여 민·형사상 책임과 관련된 소송을 수행할 경우 변호인 선임 등 소송 수행에 필요한 지원을 할 수 있다.

④ 「경찰관 직무집행법」은 "경찰공무원은 직위 또는 직권을 이용하여 부당하게 타인의 사생활에 개입하여서는 아니 된다."고 규정하고 있다.

해설

① (○) 일반수권조항이란 경찰권의 발동근거가 되는 **개별적인 작용법적 근거가 없을 때** 경찰권 발동의 **일반적·보충적 근거가** 될 수 있도록 개괄적으로 수권된 일반조항을 말한다.

② (○) 「**경찰관 직무집행법**」 제5조는 **형식상** 경찰관에게 **재량**에 의한 직무수행권한을 부여한 것처럼 되어 있으나, 경찰관에게 그러한 권한을 부여한 취지와 목적에 비추어 볼 때 구체적인 사정에 따라 경찰관이 그 권한을 행사하여 **필요한 조치를 취하지 아니하는 것이 현저하게 불합리하다고 인정되는 경우에는** 그러한 **권한의 불행사는 직무상의 의무를 위반한 것이 되어 위법하게 된다**(대법원 98다16890).

> 💡Tip 경찰관이 농민들의 시위를 진압하고 **시위과정에 도로 상에 방치된 트랙터 1대**에 대하여 이를 도로 밖으로 옮기거나 후방에 안전표지판을 설치하는 것과 같은 **위험발생방지조치를 취하지 아니한 채 그대로 방치하고 철수하여** 버린 결과, 야간에 그 도로를 진행하던 운전자가 위 방치된 **트랙터를 피하려다가** 다른 트랙터에 부딪혀 **상해를 입은 사안**에서 **국가배상책임을 인정**하였다(대법원 98다16890).

③ (○) **경찰청장**과 해양경찰청장은 경찰관이 「경찰관 직무집행법」 제2조 각 호에 따른 **직무의 수행으로 인하여** 민·형사상 책임과 관련된 **소송을 수행할 경우** 변호인 선임 등 소송 수행에 필요한 **지원을 할 수 있다**(동법 제11조의4).

④ (✕) 「**경찰공무원 복무규정**」(경찰관 직무집행법✕)에 "경찰공무원은 직위 또는 직권을 이용하여 부당하게 타인의 사생활에 개입하여서는 아니 된다."고 규정하고 있다(동규정 제10조).

483 경찰재량에 관한 설명 중 가장 적절하지 않은 것은? (다툼이 있는 경우 판례에 의함) ● A급 22 순경2차

① 「도로교통법」상 교통단속임무를 수행하는 경찰공무원을 폭행한 사람의 운전면허를 취소하는 것은 행정청이 재량여지가 없으므로 재량권의 일탈·남용과는 관련이 없다.

② 재량을 선택재량과 결정재량으로 나눌 경우, 경찰공무원의 비위에 대해 징계처분을 하는 결정과 그 공무원의 건강 등 제반사정을 고려하여 징계처분을 하지 않는 결정 사이에서 선택권을 갖는 것을 결정재량이라 한다.

③ 재량의 일탈·남용뿐만 아니라 단순히 재량권 행사에서 합리성을 결하는 등 재량을 그르친 경우에도 행정심판의 대상이 된다.

🔒 482 ④ 483 ④

④ 재량권의 일탈이란 재량권의 내적 한계(재량권이 부여된 내재적 목적)를 벗어난 것을 말하며, 재량권의 남용이란 재량권의 외적 한계(법적·객관적 한계)를 벗어난 것을 의미한다.

해설

① (○) 「도로교통법」 제93조 제1항 제14호에 따르면 '교통단속임무를 수행하는 경찰공무원을 폭행한 사람의 운전면허는 **취소하여야 한다.**'라고 **규정**되어 있으므로 이 경우 시·도경찰청장이 운전면허를 취소하는 행위는 **기속행위**에 해당한다. 따라서 사례의 경우 운전면허를 취소하는 것은 행정청이 **재량여지가 없으므로** 재량권의 **일탈·남용과는 관련이 없다.**

② (○) 관계 법률상 행정청에 당해 행정행위를 **할 것인가 말 것인가**에 대한 자유가 부여되는 행정행위를 '**결정재량**'이라 하고, 법적으로 허용되는 **다수의 행위 중에서 어떠한 행위를 할 것인가**에 대하여 선택의 자유가 부여되는 행정행위를 '**선택재량**'이라고 말한다.

③ (○) 재량의 일탈·남용뿐만 아니라 단순히 재량권 행사에서 **합리성을 결하는 등 재량을 그르친 경우**, 즉 위법한 처분 또는 부작위뿐만 아니라 **부당한 처분 또는 부작위도 행정심판의 대상이 된다**는 점에서 행정소송과 구별된다.

⯈ Tip 행정소송은 **위법**한 것에 대한 **법적 판단**을 할 뿐, 부당한 것에 대한 판단은 하지 않는다.

④ (×) 재량권의 **남용(일탈×)**이란 **재량권의 내적 한계**(재량권이 부여된 내재적 목적)를 벗어난 것을 말하며, 재량권의 **일탈(남용×)**이란 **재량권의 외적 한계**(법적·객관적 한계)를 벗어난 것을 의미한다.

⯈ Tip 재량권의 외적·내적 한계

재량권의 **외적 한계**	재량권의 **법적·제도적·객관적 한계**를 말한다. 가령 **법규정을 위반한 재량권 행사**는 외적 한계를 벗어난 위법 행위가 된다.
재량권의 **내적 한계**	재량권에 부여된 내재적 목적을 말한다. 즉, **목적을 벗어난 재량권 행사**는 내적 한계를 일탈한 것이 된다.

484 경찰권 발동의 조리상 한계에 대한 설명으로 가장 적절하지 않은 것은?  ● A급 22 경위

① 경찰공공의 원칙이란 경찰권은 공공의 안녕 질서유지에 관계없는 사적관계에 대해서 발동되어서는 안 된다는 원칙을 의미한다.

② 경찰비례의 원칙 중 필요성의 원칙은 협의의 비례원칙이라고도 불리며 경찰기관의 조치는 그 목적을 달성하는데 적합하여야 한다는 원칙이다.

③ 경찰책임의 원칙이란 경찰권은 원칙적으로 경찰위반상태를 야기한 자, 즉 공공의 안녕 질서의 위험에 대하여 행위책임 또는 상태책임을 질 자에게만 발동될 수 있다는 원칙이다.

④ 경찰평등의 원칙이란 경찰권은 그 대상이 되는 모든 사람에게 차별 없이 평등하게 행사되어야 한다는 것을 의미한다.

해설

① (○) **경찰공공의 원칙**이란 경찰권은 공공의 안녕 질서유지에 관계없는 **사적관계**에 대해서 발동되어서는 **안 된다**는 원칙을 의미한다.

② (×) **경찰비례의 원칙** 중 **필요성**의 원칙은 **최소침해**의 원칙(협의의 비례원칙×)이라고도 불린다. 경찰기관의 조치는 그 목적을 달성하는데 적합하여야 한다는 것은 **적합성의 원칙**이다.

⯈ Tip 협의의 비례원칙 = **상당성**의 원칙 = 경찰권 행사로 얻어지는 공익이 침해되는 사익보다 **커야 한다.**

③ (○) **경찰책임의 원칙**이란 **경찰권**은 원칙적으로 경찰위반상태를 야기한 자, 즉 공공의 안녕 질서의 위험에 대하여 **행위책임 또는 상태책임을 질 자에게만 발동될 수 있다**는 원칙이다.

④ (○) **경찰평등의 원칙**이란 경찰권은 그 대상이 되는 **모든 사람에게 차별 없이 평등하게 행사되어야 한다**는 것을 의미한다.

 484 ②

485 경찰책임의 원칙에 관한 설명으로 가장 적절하지 않은 것은?

① 경찰책임의 원칙이란 경찰위반상태에 책임 있는 자에게만 경찰권이 발동되어야 한다는 원칙을 의미한다.

② 경찰책임의 예외로서 경찰긴급권은 급박성, 보충성 등의 요건이 충족되는 경우 경찰책임자가 아닌 제3자에게 경찰권 발동이 인정되는 경우를 의미한다. 법적근거는 요하지 않으나 제3자의 승낙이 있는 경우에 한하여 경찰긴급권의 발동이 허용된다. 다만, 이 경우에도 생명 · 건강 등 제3자의 중대한 법익에 대한 침해는 허용되지 않는다.

③ 경찰책임의 종류에는 행위책임, 상태책임, 복합적 책임이 있다. 먼저 행위책임은 사람의 행위로 인해 경찰위반상태가 발생한 경우를 의미하며, 상태책임은 물건 또는 동물의 소유자 · 점유자 · 관리자가 그 지배범위 안에 속하는 물건 · 동물로 인해 경찰위반상태가 발생한 경우를 의미한다. 마지막으로 복합적 책임은 다수인의 행위책임, 다수의 상태책임 또는 행위 · 상태 책임이 중복되는 경우를 의미한다.

④ 경찰책임은 사회 공공의 안녕과 질서에 대한 객관적 위험상황이 존재하면 인정되며, 자연인 · 법인, 고의 · 과실, 위법성 유무, 의사 · 행위 · 책임능력의 유무 등을 불문한다.

해설

① (○) **경찰책임의 원칙**이란 경찰위반상태에 **책임 있는 자에게만 경찰권이 발동되어야 한다**는 원칙을 의미한다.

② (×) **경찰책임의 예외**로서 **경찰긴급권**은 급박성, 보충성 등의 요건이 충족되는 경우 **경찰책임자가 아닌 제3자에게 경찰권 발동이 인정되는 경우**를 의미한다. **법적근거를 요하며**(요하지 않으나×) 제3자의 승낙이 없는 경우(있는 경우에 한하여×)에도 경찰긴급권의 발동이 허용된다. 다만, 이 경우에도 생명 · 건강 등 제3자의 중대한 법익에 대한 침해는 허용되지 않는다.

③ (○) 경찰책임의 종류에는 행위책임, 상태책임, 복합적 책임이 있다. 먼저 **행위책임**은 **사람의 행위로** 인해 경찰위반상태가 발생한 경우를 의미하며, **상태책임**은 물건 또는 동물의 소유자 · 점유자 · 관리자가 그 지배범위 안에 속하는 **물건 · 동물로 인해** 경찰위반상태가 발생한 경우를 의미한다. 마지막으로 **복합적 책임**은 다수인의 행위책임, 다수의 상태책임 또는 행위 · 상태 책임이 **중복**되는 경우를 의미한다.

④ (○) **경찰책임**은 사회 공공의 안녕과 질서에 대한 **객관적 위험상황이 존재하면 인정**되며, **자연인 · 법인, 고의 · 과실, 위법성 유무, 의사 · 행위 · 책임능력의 유무 등을 불문한다.**

Tip 객관적 위험상황이 존재한다면 그 위험을 제거하기 위해 경찰권을 발동할 수 있다. 즉, 위험제거가 급박한 상황에서 경찰권을 발동하려는 경우, 위험을 발생시킨 사람(경찰책임자)이 자연인이냐 법인이냐, 고의냐 과실이냐, 위법성이 있냐 없냐, 의사 · 행위 · 책임능력이 있는지 없는지 등을 먼저 따져 본 후에 발동할지 말지를 결정하는 게 아니라 **오로지 위험제거만 생각하고 발동한다**는 뜻이다.

486 경찰책임의 원칙에 대한 설명 중 옳지 않은 것은?

① 경찰책임의 주체는 모든 자연인이 될 수 있다. 또한 권리능력 유무에 관계없이 모든 사법인(私法人)도 경찰책임자가 될 수 있다.

② 경찰이 경찰긴급권에 의하여 예외적으로 경찰책임이 없는 자에게 경찰권을 발동함으로써 제3자에게 손실을 입히는 경우에는 그 손실을 보상하여야 한다.

③ 다수인의 행위 또는 다수인이 지배하는 물건의 상태로 인하여 하나의 질서위반상태가 발생한 경우, 일부 또는 전체에 대하여 경찰권 발동이 가능하다.

④ 타인을 보호 감독할 지위에 있는 자가 피지배자의 행위로 발생한 경찰위반에 대하여 경찰책임을 지는 경우, 자기의 지배범위 내에서 발생한 데에 대한 대위책임이다.

🔒 485 ② 486 ④

해설

① (○) **경찰책임의 주체는 모든 자연인**이 될 수 있다. 또한 **권리능력 유무에 관계없이 모든 사법인(私法人)도** 경찰책임자가 **될 수 있다.**

② (○) 경찰이 경찰긴급권에 의하여 예외적으로 경찰책임이 없는 자에게 경찰권을 발동함으로써 **제3자에게 손실**을 입히는 경우에는 그 손실을 **보상하여야 한다.**

③ (○) 다수인의 행위 또는 다수인이 지배하는 물건의 상태로 인하여 하나의 질서위반상태가 발생한 경우, **일부 또는 전체**에 대하여 경찰권 **발동이 가능**하다.

④ (×) 타인을 보호 감독할 지위에 있는 자가 **피지배자의 행위로 발생한 경찰위반**에 대하여 경찰책임을 지는 경우, 자기의 지배범위 내에서 발생한 데에 대한 **자기책임**(대위책임×)이다.

---

487 경찰상 긴급상태(경찰비책임자에 대한 경찰권발동)에 대한 설명으로 가장 적절하지 않은 것은?

● A급 23 경위

① 위험이 이미 현실화되었거나 위험의 현실화가 목전에 급박하여야 한다.

② 경찰상 긴급상태에 대한 일반적 근거는 「경찰관 직무집행법」에 규정되어 있다.

③ 경찰비책임자에 대한 경찰권발동을 위해서 보충성은 전제조건이므로 경찰책임자에 대한 경찰권발동 또는 경찰 자신의 고유한 수단으로는 위험방지가 불가능한지 여부를 먼저 심사하여야 한다.

④ 경찰권발동으로 인하여 손실을 입은 경찰비책임자에게는 정당한 보상이 행해져야 하며, 결과제거청구와 같은 구제수단이 마련되어야 한다.

해설

① (○) 위험이 이미 **현실화되었거나** 위험의 현실화가 **목전에 급박하여야** 한다.

② (×) **경찰상 긴급상태에 대한 일반적 근거로서 「경찰관 직무집행법」에는 규정이 없다**(있다×). **개별 법규에 규정**되어 있다.

　　🇹ip **경찰긴급권**이 규정된 개별법으로는 **소방기본법, 경범죄 처벌법, 수난구호법 등**이 있다.

③ (○) **경찰비책임자**에 대한 **경찰권발동**을 위해서 **보충성**은 **전제조건**이므로 경찰책임자에 대한 경찰권발동 또는 경찰 자신의 고유한 수단으로는 위험방지가 불가능한지 여부를 **먼저 심사하여야 한다.**

④ (○) 경찰권발동으로 인하여 **손실을 입은 경찰비책임자에게는** 정당한 **보상**이 행해져야 하며, 결과제거청구와 같은 **구제수단이 마련되어야 한다.**

---

488 경찰책임에 대한 설명으로 가장 적절하지 않은 것은?

● A급 23 경위

① 형사미성년자도 행위책임의 주체가 될 수 있다.

② 행위자의 고의나 과실에 무관하게 행위책임을 진다.

③ 행위자의 작위나 부작위에 상관없이 위험을 야기시키면 행위책임을 진다.

④ 경찰책임자에 대한 경찰의 경찰권발동으로 경찰책임자에게 재산적 손해가 발생한 경우, 그 경찰책임자에게 손실보상청구권이 인정된다.

해설

① (○) **형사미성년자도 행위책임의 주체가 될 수 있다.**

② (○) 행위자의 **고의나 과실에 무관**하게 행위**책임을 진다.**

③ (○) 행위자의 **작위나 부작위에 상관없이** 위험을 야기시키면 행위**책임을 진다.**

④ (×) 경찰책임자에 대한 경찰의 경찰권발동으로 **경찰책임자에게 재산적 손해가 발생한 경우,** 그 경찰책임자에게 **손실보상청구권이 인정되지 않는다**(인정된다×). 다만, 책임이 있는 자가 **자신의 책임**에 상응하는 정도를 **초과하는** 생명·신체 또는 재산상의 손실을 입은 경우에는 **손실보상청구권이 인정된다.**

🔒 487 ② 488 ④

> A는 자신이 운영하는 옷가게에서 여자모델 B에게 수영복만을 입게 하여 쇼윈도우에서 있도록 하였다. 지나가던 사람들이 이를 구경하기 위해 쇼윈도우 앞에 몰려들어 도로교통상의 심각한 장해가 발생하였다.

① 조건설에 의하면 군중, A, B 모두 경찰책임자가 된다.

② 의도적 간접원인제공자이론(목적적 원인제공자책임설)을 인정한다면 A에게 경찰권을 발동하여 A로 하여금 B를 쇼윈도우에서 나가도록 하라고 할 수 있다.

③ 직접원인설에 의할 때 경찰책임자는 B이다.

④ 교통장해가 그다지 중대하지 않다면 A를 경찰책임자로 보아서는 안 될 것이다.

해설

① (○) **조건설**에 의하면, **위험의 원인**이 되거나 **책임이 있는 모두가 경찰책임자가 된다**. 그러므로 **군중, A, B 모두 경찰책임자**가 된다.
> **Tip** 조건설에 의하면 **책임의 귀속이 무한히 확대**되기 때문에 적합하지 않다는 비판이 있다.

② (○) **의도적 간접원인제공자이론(목적적 원인제공자책임설)**을 인정한다면 A에게 **경찰권을 발동**하여 A로 하여금 B를 쇼윈도우에서 나가도록 하라고 할 수 있다.
> **Tip** A는 자신이 운영하는 옷가게를 홍보할 목적으로 B를 고용한 것이므로 A에게 책임을 물을 수 있다.

③ (×) **직접원인설**에 의할 때 경찰책임자는 **위험을 직접적으로 발생시킨 사람만**을 의미하므로, 쇼윈도우 앞에 **몰려들어 도로교통상의 심각한 장해를 직접적으로 발생시킨 구경하는 사람들(여자모델 B×)**이 경찰책임자가 된다.
> **Tip** 오늘날 **통설**적인 견해인 **직접원인설**에 따르면, 공공의 안녕과 질서에 대한 위해를 **직접 발생시키는 행위만**이 **경찰책임의 대상**이 된다. 결과발생의 간접적인 원인은 경찰책임과 관련 없는 것으로 배제되며, 일련의 인과관계의 고리 중에서 **마지막 그리고 결정적인 원인을 제공한 사람**이 원칙적으로 **행위책임자가 된다**.

④ (○) 교통장해가 **그다지 중대하지 않다면** A를 경찰책임자로 보아서는 안 될 것이다.

> 가. 경찰책임은 행위자의 고의·과실 유무, 의사능력·행위능력·책임능력 유무, 위험에 대한 인식 여부를 불문하고 인정된다.
> 나. 비책임자에 대한 경찰권 발동은 경찰상 긴급상태에서 허용될 수 있으며, 이 경우 법률의 근거가 없어도 된다.
> 다. 소유권자 등 정당한 권리자의 의사에 반하여 위법하게 물건을 사실상 지배하는 자는 상태책임자에 해당하지 않는다.
> 라. 행위책임은 작위뿐만 아니라 부작위에 의해서도 성립할 수 있다.
> 마. 다수의 경찰책임자가 존재하는 경우 경찰은 일부 또는 전체 경찰책임자에 대하여 경찰권을 행사할 수 있다.

① 2개   ② 3개   ③ 4개   ④ 5개

🔒 489 ③   490 ②

해설

적절한 설명은 **가, 라, 마, 3개**이다.

가. (○) **경찰책임은** 객관적으로 위험이 발생했다면 그 외에 행위자의 고의·과실 유무, 의사능력·행위능력·책임능력 유무, 위험에 대한 인식 여부를 **불문하고 인정된다**.

나. (×) **비책임자에 대한 경찰권 발동**은 경찰상 **긴급상태**에서 허용될 수 있으며, 이 경우 **법률의 근거가 반드시 있어야 한다**(없어도 된다×).

다. (×) 소유권자 등 정당한 권리자의 의사에 반하여 위법하게 **물건을 사실상 지배하는 자는 상태책임자에 해당한다**(해당하지 않는다×).

라. (○) **행위책임은** 작위뿐만 아니라 **부작위에 의해서도 성립**할 수 있다.

마. (○) **다수의 경찰책임자가 존재하는 경우** 경찰은 **일부 또는 전체 경찰책임자에 대하여 경찰권을 행사할 수 있다.**

491 경찰권 발동의 조리상 한계에 대한 설명으로 가장 적절하지 않은 것은?  19 순경1차

① 경찰비례의 원칙이란 경찰작용에 있어 목적 실현을 위한 수단과 당해 목적 사이에 합리적인 비례관계가 있어야 한다는 원칙이다.

② 경찰비례의 원칙의 내용 중 상당성의 원칙은 경찰권 발동에 따른 이익보다 사인의 피해가 더 큰 경우 경찰권을 발동해서는 안 된다는 원칙으로서 최소침해원칙이라고도 한다.

③ 경찰책임의 원칙이란 경찰권은 경찰위반상태에 책임이 있는 자에게만 발동되어야 한다는 원칙이다.

④ 경찰책임 원칙의 예외로서 긴급한 필요가 있는 경우 경찰책임 있는 자가 아닌 제3자에 대한 경찰권 발동이 허용되는 경우가 있다.

해설

① (○) 경찰비례의 원칙이란 경찰작용에 있어 목적 실현을 위한 **수단과 당해 목적 사이에** 합리적인 비례관계가 있어야 한다는 원칙이다.

② (×) 경찰비례의 원칙의 내용 중 **상당성의 원칙**은 경찰권 발동에 따른 **이익(공익)보다 사인의 피해가 더 큰 경우 경찰권을 발동해서는 안 된다는** 원칙으로서 **협의의 비례원칙(최소침해원칙×)**이라고도 한다.

③ (○) **경찰책임의 원칙**이란 경찰권은 경찰위반상태에 **책임이 있는 자에게만 발동되어야 한다는** 원칙이다.

④ (○) 경찰책임 원칙의 예외로서 **긴급한 필요가** 있는 경우 경찰책임 있는 자가 아닌 **제3자에 대한 경찰권 발동이 허용되는 경우가 있다.**

492 경찰비례의 원칙에 대한 설명으로 가장 적절하지 않은 것은?  20 순경2차

① 독일에서 경찰법상의 판례를 중심으로 발달하여 왔고 오늘날에는 행정법의 모든 영역에서 적용되는 원칙으로 이해되고 있다.

② 최소침해의 원칙은 협의의 비례원칙이라고도 불린다.

③ 「경찰관 직무집행법」 제1조 제2항이 명문으로 규정하고 있을 뿐만 아니라 헌법 제37조 제2항으로부터도 도출된다.

④ 적합성, 필요성, 상당성의 원칙으로 이루어져 있다.

 491 ② 492 ②

① (○) **독일**에서 경찰법상의 **판례를 중심으로 발달**하여 왔고 오늘날에는 **행정법의 모든 영역에서 적용**되는 원칙으로 이해되고 있다.

② (×) **최소침해**의 원칙은 **필요성**의 원칙(협의의 비례원칙×)이라고도 불린다.

③ (○) 「**경찰관 직무집행법**」 제1조 제2항이 **명문으로 규정**하고 있을 뿐만 아니라 **헌법 제37조 제2항**으로부터도 도출된다.

④ (○) **적합성**(수단의 적합성), **필요성**(최소침해), **상당성**(협의의 비례원칙)의 원칙으로 이루어져 있다.

---

493 경찰비례의 원칙에 대한 설명 중 가장 적절하지 않은 것은?   ● A급 20 승진

① 경찰작용에 있어 목적실현을 위한 수단과 당해 목적 사이에 합리적인 비례관계가 있어야 한다는 것으로 「경찰관 직무집행법」에 명시적으로 규정되어 있다.

② 경찰비례의 원칙의 내용으로서 '적합성의 원칙', '필요성의 원칙', '상당성의 원칙'이 있으며 적어도 하나는 충족해야 위법하지 않다.

③ 비례의 원칙을 위반한 국가작용은 행정소송의 대상이 되며, 국가배상책임이 성립할 수 있다.

④ '경찰은 대포로 참새를 쏘아서는 안 된다'는 법언은 상당성의 원칙을 잘 표현한 것이다.

① (○) 경찰작용에 있어 목적실현을 위한 수단과 당해 목적 사이에 **합리적인 비례관계가 있어야 한다**는 것으로 「**경찰관 직무집행법**」에 **명시적으로 규정**되어 있다.

② (×) 경찰비례의 원칙의 내용으로서 '**적합성의 원칙**', '**필요성의 원칙**', '**상당성의 원칙**'이 있으며 **모두(적어도 하나는×) 충족해야 위법하지 않다.**

③ (○) **비례의 원칙을 위반**한 국가작용은 **행정소송의 대상**이 되며, **국가배상책임이 성립**할 수 있다.

④ (○) '**경찰은 대포로 참새를 쏘아서는 안 된다**'는 법언은 '**상당성**'의 원칙을 잘 표현한 것이다.

🔵**Tip** 비례원칙 적용 사례연습 - '경찰은 대포로 참새를 쏘아서는 안 된다'

세부원칙 적용	내용
목적의 정당성	참새를 잡아서 농사피해를 막는 것(공익)은 **정당한 목적**이다.
수단의 적합성	• 목적을 달성하는데 **적합한 수단을 선택**해야 한다는 의미이다. 다만, 가장 적합한 수단일 필요는 없다. • 예컨대 참새를 잡는 수단으로 소총, 기관총, 대포, 활, 새총 등을 선택해야지 연필이나 수갑을 도구로 선택한다면 수단의 적합성에 어긋나게 된다.
필요성의 원칙 (최소침해원칙)	**목적을 달성할 수 있는** 여러 종류의 수단 중에 국민에게 그 **피해(부담)가 가장 적게 가는 수단을 선택**해야 한다.
상당성의 원칙 (협의의 비례원칙)	'법익의 균형성'을 따지는 것으로 어떤 수단이 적합성, 필요성을 충족하더라도 그 수단을 사용할 때 얻어지는 **이익(공익)이** 그로인한 **피해(불이익)보다 커야 한다.**
단계적 심사	적합성 → 필요성 → 상당성을 **순서대로 심사**하고, 이 **세 가지 원칙을 모두 충족해야** 위법하지 않다.
사례 적용	• 만일, 경찰이 여러 수단을 고려했으나, **다른 방법이 여의치 않아 '어쩔 수 없이'** 대포를 쏘기로 결정했다고 할 때(목적의 정당성, 수단의 적합성, 필요성을 충족했다고 **가정할 때**), • 대포를 쏴서 참새를 잡는 이익이 그로 인한 불이익보다 커야만 상당성을 충족하게 된다. • 그러나 **최종결과**를 살펴볼 때 대포를 쏴서 참새를 잡는 **이익이 그 피해보다 크지 않다면** 이는 '**상당성**'을 결여한 행위로써 위법한 행위가 된다. → 어떤 조치(대포)가 경찰목적 달성을 위해 **필요한 경우라고 하여도** 그 조치에 따른 **불이익이** 그 조치로 인해 발생하는 이익보다 **큰 경우에는** 경찰권을 발동해서는 안 된다.

🅐 493 ②

494 경찰비례의 원칙에 대한 설명으로 가장 적절하지 않은 것은?

● A급 22 승진

① 행정영역에서 적용되는 원칙으로서, 일반적 수권조항에 근거하여 경찰권을 발동하는 경우는 물론, 개별적 수권조항에 근거하여 경찰권을 발동하는 경우에도 적용된다.

② 경찰행정관청의 특정행위가 공적 목적 달성을 위해 적합하고, 국민에게 가장 피해가 적으며, 달성되는 공익이 침해되는 사익보다 더 커야 적법한 행정작용이 될 수 있다.

③ 상당성의 원칙(협의의 비례원칙)은 경찰기관의 어떤 조치가 경찰목적 달성을 위해 필요한 경우라고 하여도 그 조치에 따른 불이익이 그 조치로 인해 발생하는 이익보다 큰 경우에는 경찰권을 발동해서는 안 된다는 원칙이다.

④ 경찰비례의 원칙은 법률에 명문의 규정은 존재하지 않지만 이를 위반한 경찰작용은 위법한 것으로 평가되어 행정소송의 대상이 되며, 국가배상청구의 대상이 될 수 있다.

> **해설**
> ① (○) 행정영역에서 적용되는 원칙으로서, **일반적 수권조항에 근거**하여 **경찰권을 발동**하는 경우는 물론, **개별적 수권조항에 근거**하여 **경찰권을 발동**하는 경우에도 **적용된다.**
> ② (○) 경찰행정관청의 특정행위(수단)가 공적 목적 달성을 위해 **적합**하고, 국민에게 가장 **피해가 적으며,** 달성되는 **공익**이 침해되는 **사익보다 더 커야 적법**한 행정작용이 될 수 있다.
> ③ (○) **상당성의 원칙(협의의 비례원칙)**은 경찰기관의 어떤 조치가 경찰목적 달성을 위해 **필요한 경우라고 하여도** 그 조치에 따른 **불이익**이 그 조치로 인해 발생하는 이익보다 **큰 경우에는** 경찰권을 발동해서는 **안 된다**는 원칙이다.
> ④ (✕) **경찰비례의 원칙**은 법률에 **명문의 규정은 존재한다(존재하지 않지만✕).** 이를 위반한 경찰작용은 위법한 것으로 평가되어 행정소송의 대상이 되며, 국가배상청구의 대상이 될 수 있다.

495 경찰비례의 원칙에 관한 설명으로 가장 적절하지 않은 것은? (다툼이 있는 경우 판례에 의함)

● A급 23 순경1차

① 경찰비례의 원칙은 일반적 수권조항에 근거하여 경찰권을 발동하는 경우는 물론, 개별적 수권조항에 근거하여 경찰권을 발동하는 경우에도 적용된다.

② 적합성의 원칙은 경찰기관의 어떤 조치가 경찰목적 달성을 위해 필요한 경우라고 하여도 그 조치에 따른 불이익이 그 조치로 인해 발생하는 이익보다 큰 경우에는 경찰권을 발동해서는 안 된다는 원칙이다.

③ 필요성의 원칙(최소침해의 원칙)은 목적을 달성할 수 있는 수단이 여러 가지가 있는 경우에 적합한 여러 가지 수단 중에서 가장 적게 침해를 가져오는 수단을 선택해야 한다는 원칙이다.

④ 경찰비례의 원칙은 「행정기본법」 제10조, 「경찰관 직무집행법」 제1조 제2항 등에서 근거를 찾아볼 수 있다.

> **해설**
> ① (○) 경찰비례의 원칙은 **일반적 수권조항에 근거**하여 경찰권을 발동하는 경우는 물론, **개별적 수권조항에 근거**하여 경찰권을 발동하는 경우에도 **적용된다.**
> ② (✕) **상당성(적합성✕)의 원칙**은 경찰기관의 어떤 조치가 경찰목적 달성을 위해 **필요한 경우라고 하여도** 그 조치에 따른 **불이익**이 그 조치로 인해 발생하는 이익보다 **큰 경우에는** 경찰권을 발동해서는 **안 된다**는 원칙이다.
> ③ (○) **필요성의 원칙(최소침해의 원칙)**은 목적을 달성할 수 있는 수단이 여러 가지가 있는 경우에 적합한 여러 가지 수단 중에서 **가장 적게 침해를 가져오는 수단을 선택해야 한다**는 원칙이다.
> ④ (○) 경찰비례의 원칙은 「**행정기본법**」 제10조, 「**경찰관 직무집행법**」 제1조 제2항 등에서 **근거를 찾아볼 수 있다.**

 494 ④ 495 ②

496 행정법상 비례의 원칙에 관한 설명으로 가장 적절하지 않은 것은?  24 순경2차

① 비례의 원칙이란 행정작용에 있어서 행정목적과 행정수단 사이에는 합리적인 비례관계가 있어야 한다는 원칙을 말한다.

② 비례의 원칙은 헌법 제37조 제2항, 「행정기본법」 제10조, 「경찰관 직무집행법」 제1조 제2항에서 근거를 찾을 수 있다.

③ 적합성의 원칙은, 행정조치는 설정된 목적 달성을 위해 필요 최소한의 한도 내에서 이루어져야 한다는 것으로, 협의의 비례원칙이라고도 한다.

④ 행정조치를 취함에 따른 불이익이 그것에 의해 달성되는 이익보다 심히 큰 경우에는 그 행정조치를 취해서는 아니 된다는 원칙을 상당성의 원칙이라 한다.

해설

① (○) 비례의 원칙이란 행정작용에 있어서 행정**목적**과 행정**수단** 사이에는 **합리적인 비례관계**가 있어야 한다는 원칙을 말한다.

② (○) 비례의 원칙은 헌법 제37조 제2항, 「**행정기본법**」 제10조, 「**경찰관 직무집행법**」 제1조 제2항에서 근거를 찾을 수 있다.

③ (✕) **필요성의 원칙(적합성의 원칙✕)**은, 행정조치는 설정된 목적 달성을 위해 필요 최소한의 한도 내에서 이루어져야 한다는 것으로, **최소침해의 원칙(협의의 비례원칙✕)**이라고도 한다.

④ (○) 행정조치를 취함에 따른 **불이익이** 그것에 의해 달성되는 이익보다 심히 **큰 경우에는** 그 행정조치를 취해서는 **아니 된다**는 원칙을 상당성의 원칙(협의의 비례원칙)이라 한다.

497 경찰비례의 원칙에 관한 설명으로 가장 적절하지 않은 것은?  25 특공

① 경찰비례의 원칙은 헌법, 「행정기본법」, 「경찰관 직무집행법」에서 근거를 찾을 수 있다.

② 경찰비례의 원칙은 일반적 수권조항에 근거하여 경찰권을 발동하는 경우는 물론, 개별적 수권조항에 근거하여 경찰권을 발동하는 경우에도 적용된다.

③ 경찰기관은 그 목적을 달성하는 데 적합한 수단 및 조치를 사용해야 한다는 원칙을 필요성의 원칙(최소 침해의 원칙)이라 한다.

④ 행정조치를 취함에 따른 불이익이 그것에 의해 달성되는 이익보다 심히 큰 경우에는 그 행정조치를 취해서는 아니 된다는 원칙을 상당성의 원칙(협의의 비례원칙)이라 한다.

해설

① (○) 경찰비례의 원칙은 헌법, 「행정기본법」, 「경찰관 직무집행법」에서 근거를 찾을 수 있다.

② (○) 경찰비례의 원칙은 일반적 수권조항에 근거하여 경찰권을 발동하는 경우는 물론, 개별적 수권조항에 근거하여 경찰권을 발동하는 경우에도 적용된다.

③ (✕) 경찰기관은 그 **목적을 달성**하는 데 **적합한 수단 및 조치**를 사용해야 한다는 원칙을 적합성[필요성의 원칙(최소 침해의 원칙)✕]이라 한다.

④ (○) 행정조치를 취함에 따른 불이익이 그것에 의해 달성되는 이익보다 심히 큰 경우에는 그 행정조치를 취해서는 아니 된다는 원칙을 상당성의 원칙(협의의 비례원칙)이라 한다.

🔒 496 ③ 497 ③

498 경찰권의 발동과 한계에 대한 설명으로 가장 적절하지 않은 것은? (다툼이 있는 경우 판례에 의함)

●A급 24 경위

① 「경찰관 직무집행법」 제1조 제2항은 경찰비례의 원칙을 명시적으로 선언하고 있는 것이며, 이는 공공의 안녕과 질서유지라는 공익목적과 이를 실현하기 위하여 개인의 권리나 재산을 침해하는 수단 사이에는 합리적인 비례관계가 있어야 한다는 의미를 갖는다.

② 「경찰관 직무집행법」상 경찰장비 규정은 경찰관의 직무수행 중 경찰장비의 사용 여부, 용도, 방법 및 범위에 관하여 재량의 한계를 정한 것이라 할 수 있고, 특히 위해성 경찰장비는 그 사용의 위험성과 기본권 보호 필요성에 비추어 볼 때 본래의 사용방법에 따라 지정된 용도로 사용되어야 하며 다른 용도나 방법으로 사용하기 위해서는 반드시 법령에 근거가 있어야 한다.

③ 형법 제136조가 규정하는 공무집행방해죄는 공무원의 직무집행이 적법한 경우에 한하여 성립하는 것이고, 여기서 적법한 공무집행이라 함은 그 행위가 공무원의 추상적 권한에 속할 뿐 아니라, 구체적 직무집행에 관한 법률상 요건과 방식을 갖춘 경우를 가리키는 것이므로, 경찰관이 적법절차를 준수하지 아니한 채 실력으로 현행범인을 연행하려고 하였다면 적법한 공무집행이라고 할 수 없고, 현행범인이 그 경찰관에 대하여 이를 거부하는 방법으로써 폭행을 하였다고 하여 공무집행방해죄가 성립하는 것은 아니다.

④ 위법이나 비난의 정도가 미약한 사안을 포함한 모든 경우에 부정 취득하지 않은 운전면허까지 필요적으로 취소하고 이로 인해 2년 동안 해당 운전면허 역시 받을 수 없게 하는 것은, 공익의 중대성을 감안하더라도 지나치게 기본권을 제한하는 것이 아니므로 비례의 원칙에 위배되지 않는다.

해설

① (O) 「**경찰관 직무집행법**」 제1조 제2항은 **경찰비례의 원칙을 명시적으로 선언**하고 있는 것이며, 이는 공공의 안녕과 질서유지라는 공익목적과 이를 실현하기 위하여 개인의 권리나 재산을 침해하는 수단 사이에는 합리적인 비례관계가 있어야 한다는 의미를 갖는다.

② (O) 「**경찰관 직무집행법**」상 **경찰장비 규정**은 경찰관의 직무수행 중 경찰장비의 사용 여부, 용도, 방법 및 범위에 관하여 **재량의 한계를 정한 것**이라 할 수 있고, **특히 위해성 경찰장비**는 그 사용의 위험성과 기본권 보호 필요성에 비추어 볼 때 본래의 사용방법에 따라 지정된 용도로 사용되어야 하며 **다른 용도나 방법으로 사용**하기 위해서는 **반드시 법령에 근거가 있어야 한다.**

③ (O) 형법 제136조가 규정하는 **공무집행방해죄**는 공무원의 직무집행이 **적법한 경우에 한하여 성립**하는 것이고, 여기서 적법한 공무집행이라 함은 그 행위가 공무원의 추상적 권한에 속할 뿐 아니라 구체적 직무집행에 관한 법률상 요건과 방식을 갖춘 경우를 가리키는 것이므로, 경찰관이 **적법절차를 준수하지 아니한 채 실력으로** 현행범인을 연행하려고 하였다면 **적법한 공무집행이라고 할 수 없고,** 현행범인이 그 경찰관에 대하여 이를 **거부하는 방법으로써 폭행**을 하였다고 하여 **공무집행방해죄가 성립하는 것은 아니다**(대법원 99도4341).

④ (×) '**부정 취득하지 않은 운전면허**'까지 필요적으로 **취소하도록 한 것은,** 임의적 취소·정지 사유로 함으로써 구체적 사안의 개별성과 특수성을 고려하여 불법의 정도에 상응하는 제재수단을 선택하도록 하는 등 완화된 수단에 의해서도 입법목적을 같은 정도로 달성하기에 충분하므로, **피해의 최소성 원칙에 위배된다.** 나아가, 위법이나 비난의 정도가 미약한 사안을 포함한 **모든 경우에** 부정 취득하지 않은 운전면허까지 **필요적으로 취소**하고 이로 인해 **2년 동안** 해당 운전면허 역시 **받을 수 없게** 하는 것은, 공익의 중대성을 감안하더라도 **지나치게 기본권을 제한하는 것이므로(것이 아니므로×) 비례의 원칙에 위배된다(되지 않는다×)**(헌재 2019헌가9).

 498 ④

499 법치행정의 원칙에 관한 설명으로 가장 적절하지 않은 것은? (다툼이 있는 경우 판례에 의함)

● A급 25 순경1차

① 행정작용은 법률에 위배되어서는 아니 되며, 국민의 권리를 제한하거나 의무를 부과하는 경우와 그 밖에 국민생활에 중요한 영향을 미치는 경우에는 법률에 근거하여야 한다.

② 법률유보의 원칙에서 요구되는 법적 근거는 행정의 조직법적 근거이다.

③ 법률유보의 원칙은 '법률에 의한' 규율만을 뜻하는 것이 아니라 '법률에 근거한' 규율을 요청하는 것이다.

④ 경찰행정은 법에 따라 행하여져야 하며, 경찰행정권에 의하여 국민의 권익이 침해된 경우에는 이에 대한 구제제도가 보장되어야 한다.

해설

① (○) **행정작용은 법률에 위배되어서는 아니 되며,** 국민의 권리를 제한하거나 의무를 부과하는 경우와 그 밖에 국민생활에 중요한 영향을 미치는 경우에는 **법률에 근거하여야** 한다.

② (×) **법률유보의 원칙**에서 요구되는 법적 근거는 행정의 **작용법적(조직법적×) 근거**이다.

③ (○) **법률유보의 원칙**은 '법률에 의한' 규율만을 뜻하는 것이 아니라 '**법률에 근거한**' 규율을 요청하는 것이다.

④ (○) 경찰행정은 법에 따라 행하여져야 하며, 경찰행정권에 의하여 국민의 권익이 침해된 경우에는 이에 대한 구제제도가 보장되어야 한다.

500 법치행정의 원칙에 관한 설명으로 가장 적절하지 않은 것은? (다툼이 있는 경우 판례에 의함)

● A급 24 순경1차

① 법률우위원칙은 행정의 종류를 불문하고 모든 행정 영역에 적용된다.

② 법률유보원칙은 법률에 의한 규율을 뜻하므로 위임입법에 의해 기본권 제한을 할 수 없다.

③ 헌법상 보장된 국민의 자유나 권리를 제한할 때에는 적어도 그 제한의 본질적인 사항에 관하여 국회가 법률로써 스스로 규율하여야 한다.

④ 집회나 시위 해산을 위한 살수차 사용은 기본권에 대한 중대한 제한이므로, 살수차 사용요건이나 기준은 법률에 근거를 두어야 한다.

해설

① (○) **법률우위원칙**은 행정의 종류를 불문하고 **모든 행정 영역에 적용**된다.

② (×) **법률유보의 원칙**은 '법률에 의한' 규율만을 뜻하는 것이 아니라 '**법률에 근거한**' 규율을 요청하는 것이므로, **기본권 제한의 형식이 반드시 법률의 형식일 필요는 없고** 법률에 근거를 두면서 헌법 제75조가 요구하는 **위임의 구체성과 명확성을 구비**하기만 하면 위임입법에 의하여도 **기본권 제한을 할 수 있다(없다×)** 할 것이다(헌재 2003헌마289).

③ (○) 헌법상 보장된 국민의 자유나 권리를 제한할 때에는 적어도 그 제한의 **본질적인 사항**에 관하여 **국회가 법률로써 스스로 규율하여야 한다.**

④ (○) 집회나 시위 해산을 위한 **살수차 사용**은 기본권에 대한 중대한 제한이므로, 살수차 사용요건이나 기준은 **법률에 근거를 두어야 한다**(헌재 2015헌마476).

 499 ② 500 ②

501 행정의 법률적합성 원칙(법치행정의 원칙)에 관한 설명 중 가장 적절한 것은? (다툼이 있는 경우 판례에 의함)

●A급 22 순경2차

① 법치행정의 원칙에 관한 전통적 견해는 '법률의 지배', '법률의 우위', '법률의 유보'를 내용으로 한다.

② '법률의 우위'에서의 법률에는 형식적 의미의 법률뿐만 아니라 그 밖에 성문법과 불문법이 포함된다.

③ 법규명령에는 위임명령과 집행명령이 있으며, 모두 국민의 권리·의무에 관한 사항을 규정할 수 있다.

④ 법령의 구체적 위임 없이 최루액의 혼합·살수 방법 등을 규정한 경찰청장의 「살수차운용지침」(2014. 4. 3.)은 법률유보의 원칙에 위배되는 측면이 있으나, 그 지침에 따라 살수한 경찰관의 행위는 집회를 해산하기 위한 불가피한 조치라는 점에서 반드시 위헌·위법이라 할 수 없다.

해설

① (×) **법치행정**의 원칙에 관한 전통적 견해는 '**법률의 법규창조력**'(법률의 지배×), '**법률의 우위**', '**법률의 유보**'를 내용으로 한다.

② (O) '**법률의 우위**'에서 '**법률**'이란 헌법, 국회가 제정한 형식적 의미의 법률, 법률의 위임을 받은 법규명령, 자치법규로서 조례·규칙, 관습법, 행정법의 **일반원리를 포함하는 넓은 의미의 법규범을 뜻한다.**

③ (×) **법규명령**에는 위임명령과 집행명령이 있으며, **위임명령**은 성질상 **법령을 보충**하는 명령으로서 상위법령에서 위임받은 사항을 정하며 위임범위 내에서 **국민의 권리·의무에 관한 법규적인 사항을 규정할 수 있다.** 그러나 상위법 시행에 필요한 절차나 형식의 규율을 주된 내용으로 하는 **집행명령**은 상위법을 시행하기 위해 발해지는 명령이므로 **국민의 권리·의무에 관한 사항은 규정할 수 없다(모두 규정할 수 있다×).**

④ (×) 집회나 시위 해산을 위한 **살수차 사용**은 집회의 자유 및 신체의 자유에 대한 중대한 제한을 초래하므로 살수차 사용요건이나 기준은 **법률에 근거를 두어야** 하고, 살수차와 같은 위해성 경찰장비는 본래의 사용방법에 따라 지정된 용도로 사용되어야 하며 **다른 용도나 방법으로 사용**하기 위해서는 **반드시 법령에 근거가 있어야 한다.** 혼합살수방법은 법령에 열거되지 않은 새로운 위해성 경찰장비에 해당하고 이 사건 지침에 혼합살수의 근거 규정을 둘 수 있도록 **위임하고 있는 법령이 없으므로,** 이 사건 지침은 **법률유보원칙에 위배되고** 이 사건 지침만을 근거로 한 이 사건 혼합살수행위 역시 법률유보원칙에 위배된다. 따라서 **이 사건 혼합살수행위는 청구인들의 신체의 자유와 집회의 자유를 침해하므로 위헌·위법이라 할 수 있다(없다×)**(헌재 2015헌마476).

502 개인의 자유를 침해하거나 의무를 부과하는 행정은 반드시 법률의 근거가 있어야 한다는 원칙을 전제할 때, 법률의 근거 없이도 가능한 것을 모두 고른 것은? (다툼이 있는 경우 판례에 의함)

●A급 22 순경2차

㉠ 경찰관의 학교 앞 등교지도	㉡ 주민을 상대로 한 교통정책홍보
㉢ 기초생활수급자에 대한 생계비지원	㉣ 공무원에 대해 특정종교를 금지하는 훈령
㉤ 자살을 시도하는 사람에 대한 경찰관서 보호	㉥ 붕괴위험시설에 대한 예방적 출입금지

① ㉠, ㉡, ㉢　　　　　　　　　② ㉠, ㉡, ㉤

③ ㉠, ㉢, ㉤　　　　　　　　　④ ㉡, ㉢, ㉣, ㉥

🔒 501 ② 502 ①

법률의 근거 없이도 가능한 것은 ㉠, ㉡, ㉢, **3개**이다.

개인의 자유를 침해하거나 의무를 부과하는 **권력적 작용(명령·강제)**을 하는 경우에는 **반드시 법률의 근거가 있어야** 하지만, **비권력적 작용(서비스활동)**을 하는 경우에는 **법률의 근거 없이도 가능하다.**

㉠ 경찰관의 학교 앞 등교지도 – **행정지도(비권력적 작용)**

㉡ 주민을 상대로 한 교통정책홍보 – **홍보활동(비권력적 작용)**

㉢ 기초생활수급자에 대한 생계비지원 – **급부행정(비권력적 작용)**

㉣ 공무원에 대해 특정종교를 금지하는 훈령 – 종교의 자유제한(권력적 작용)

㉤ 자살을 시도하는 사람에 대한 경찰관서 보호 – 대인적 즉시강제(권력적 작용)

㉥ 붕괴위험시설에 대한 예방적 출입금지 – 부작위(금지)의무 부과하는 하명(권력적 작용)

제3절 **반사적 이익과 경찰개입청구권**

503 다음 설명과 가장 관련이 깊은 것은 무엇인가?  15 승진

> 오늘날 복지국가적 행정을 요구하고 있는 시대적 상황에 따라 경찰행정 분야에서도 각 개인이 경찰권의 발동을 요청할 수 있는 권리인 경찰개입청구권을 인정하기에 이르렀다.

① 재량권의 0으로의 수축이론   ② 비례의 원칙

③ 상당성의 원칙   ④ 보충성의 원칙

① (○) 오늘날 국민들이 국가에 대해 요구하는 내용들이 많아지면서 **경찰개입청구권의 인정**하기에 이르렀다. 이런 현상은 **국가의 재량이 줄어들고 국민의 권리를 확대·인정**하는 '**재량권의 0으로의 수축이론**'과 가장 관련이 깊다.

Tip **보충성의 원칙** : 경찰권 발동 이외의 **다른 수단이 없는 경우에만** 경찰개입이 허용된다. 즉, 다른 수단이 있다면 먼저 적용을 하고 경찰의 개입(공권력의 투입)은 **최후의 수단**으로 한다.

---

504 경찰개입청구권에 대한 설명으로 가장 적절하지 않은 것은?  18 특공

① 독일에서 경찰개입청구권을 인정한 판결의 효시로 띠톱판결이 있다.

② 경찰권 행사로 국민이 받는 이익이 반사적 이익인 경우에도 인정된다.

③ 경찰재량이 0으로 수축되는 경우를 전제로 함이 보통이다.

④ 오늘날 사회적 법치국가에서는 경찰개입청구권이 인정될 여지가 점점 확대되어가고 있는 경향이다.

🔒 **503** ①   **504** ②

해설

① (○) **독일**에서 **경찰개입청구권을 인정**한 판결의 효시로 **띠톱판결**이 있다.

Tip 띠톱판결(1960, 독일 연방행정재판소)

내용	주거지역에 설치된 **석탄제조업체**에서 사용하는 띠톱에서 배출되는 먼지와 소음으로 **피해를 받고 있던** 인근주민이 행정청에 조업금지처분을 내려달라고 청구한 것이었다.
쟁점	**인근주민(국민)이 행정청(국가)의 재량권행사에 대하여 요구할 권리가 있느냐, 없느냐**. 즉 주민에게 **행정에 개입할 권리를 인정해 줄 것인가, 말 것인가**의 문제
진행	이에 대하여 소관행정청은 이 업소의 조업은 관계법규에 위반되지 않는 것이라 하여 그 인근주민의 신청을 기각하였던 바, 이 기각처분에 대한 취소소송를 제기하였으나 베를린 고등법원은 원고에게는 행정청에 대하여 건축경찰행정법에 기한 특정처분을 청구할 수 있는 권리가 없다고 보아 그 인근주민의 신청을 다시 기각하였다.
결론	그러나 **연방재판소**는 이 사건에서 경찰법상의 일반수권조항의 해석에 있어 먼저 **인근주민의 무하자재량 행사청구권을 인정**하고, 이어서 **재량권의 영으로의 수축이론에** 의거하여 **원고의 청구를 인용**하였다.
의미	첫째, 경찰법규의 목적은 **공익의 보호**뿐만 아니라 국민 개개인의 사익도 보호하려는 것이다. 둘째, **경찰개입 여부는** 원칙적으로 **행정청의 재량이지만**, 일정한 상황 하에서는 재량권이 0으로 수축되고, 이때 **개인은 경찰당국에 대해 당해 조치를 취할 것을 청구할 수 있는 권리를 가진다**고 판단하였다는 점에서 종래의 판례에 대한 획기적인 전환점을 이룬 것으로 평가되고 있다.

② (✕) 경찰권 행사로 국민이 받는 이익이 **반사적 이익인 경우에는 국민들에게 경찰개입청구권이 인정되지 않는다**(인정된다✕).

Tip 경찰권 행사로 국민이 받는 이익이 **법률상 이익과 같은 정도로 인정되는 경우에 한하여** 국민들에게 **경찰개입청구권이 인정**된다.

③ (○) **경찰개입청구권이 인정**되려면 **경찰재량이 0으로 수축**되는 경우를 전제로 함이 보통이다.

④ (○) 오늘날 사회적 법치국가에서는 **경찰개입청구권이 인정**될 여지가 점점 **확대**되어가고 있는 경향이다.

---

505 다음 중 경찰개입청구권을 인정한 판례와 관련이 없는 것은 몇 개인가? •B급 09 경위

> ㉠ 띠톱판결　　　　　　　　㉡ Kreuzberg 판결
> ㉢ Miranda 판결　　　　　　㉣ Escobedo 판결
> ㉤ 김신조 무장공비사건 판결

① 1개　　　　　　　　　　② 2개
③ 3개　　　　　　　　　　④ 4개

해설

경찰개입청구권을 인정한 판례와 관련 없는 것은 ㉡, ㉢, ㉣, **3개**이다.

㉠ (○) **띠톱판결** – 1960년 독일 연방행정법원, 무하자재량행사청구권과 재량권의 영으로의 수축이론에 의거하여 **경찰개입청구권을 인정**하였다.

㉡ (✕) **Kreuzberg 판결** – **1882년 독일**의 프로이센 고등행정법원이 베를린의 크로이쯔베르크 언덕에 있는 전승기념비 조망을 확보하기 위하여 주변 토지에 대한 **건축물의 높이를 제한한 베를린 경찰청장의 명령**에 대하여 그러한 명령은 심미적 이유로 내려진 것으로 **적극적인 복지의 증진을 목적으로 하는 것**이므로 **무효**라고 함으로써 **경찰의 임무는 소극적 위험방지에 한정된다**고 하는 사상이 법해석상 확정되는 계기를 만든 판결이다.

㉢ (✕) **Miranda 판결**(1966) – 변호인선임권, 접견교통권 및 진술거부권을 **고지하지 않은 상태**에서 이루어진 **자백의 증거능력을 부정**하여, 자백의 임의성과 관계없이 채취과정에 위법이 있는 자백을 배제하게 되는 계기가 되었다.

㉣ (✕) **Escobedo 판결**(1964) – 변호인과의 **접견교통권을 침해**하여 획득한 **자백의 증거능력을 부정**하였다.

 505 ③

ⓜ (○) **김신조 무장공비사건**(1968.1.21.) **판결** – 이 사건에 관해 행정법학계에서 **행정개입청구권**과 관련한 중요한 판례가 생기는 **이용선 피살 사건**이 발생했는데, 민간인 희생자 중 하나로 당시 체신부 공무원 이용선 씨는 **자신의 집에 들어온 무장공비들을 혼자 대적**하였고 그동안 **가족**이 얼마 떨어지지 않은 **파출소로 가서** 출동을 요청했으나 소장이라는 작자가 군경이 출동하고 안 하고는 자신들 재량에 달려 있다며 개입을 거부하다가 무려 15분이나 지난 **뒤에야 출동**하는 일이 벌어졌다. 이씨는 용감하게 격투를 벌이다가 **결국 살해당했고** 늑장대응한 파출소장은 며칠 뒤 파면당했다. 가족들은 당연히 **국가손해배상 재판**을 걸었는데 많은 이들이 군경의 늑장대응에 의문을 표하는 과정을 거치면서 결국 이용선 씨의 **유족들이 재판에서 승리**했다. 당시 판결에 따라 '**아무리 경찰이 출동하고 마는 일이 재량에 달려 있을지라도**, 위급 · 긴급한 상황이 발생함에 따라 재량이 0으로 수축되면 즉시 개입해야 한다.'는 원칙이 확정되어 오늘날까지 이르고 있다(대법원 71다124).

제4절 행정행위(행정처분)

506 행정행위에 대한 설명으로 옳지 않은 것은? ●A급 21 경위

① 경찰하명이란 일반통치권에 기인하여 경찰목적을 달성하기 위해 국민에 대하여 작위 · 부작위 · 급부 · 수인 등 의무의 일체를 명하는 법률행위적 행정행위를 말하며, 경찰관의 수신호나 교통신호등의 신호도 의무를 부과하는 행위로서 경찰하명에 해당한다.

② 부작위 하명의 유형으로는 절대적 금지와 상대적 금지가 있으며, 청소년에게 술이나 담배 판매금지는 절대적 금지이고, 유흥업소의 영업금지는 상대적 금지에 해당한다.

③ 법률행위적 행정행위는 명령적 행정행위(하명 · 허가 · 면제 등)와 형성적 행정행위(특허 · 인가 · 대리)로 구분할 수 있고, 준법률행위적 행정행위는 확인, 공증, 통지, 수리 등으로 구분할 수 있다.

④ 경찰하명에 위반하여 이루어진 행위는 원칙적으로 그 법적 효력에는 아무런 영향을 받지 않는다. 그러나 영업정지 명령에 위반하여 영업을 계속하였을 경우는 당해 영업에 대한 거래 행위의 효력이 부인된다.

해설

① (○) **경찰하명**이란 **일반통치권**에 기인하여 경찰목적을 달성하기 위해 국민에 대하여 작위 · 부작위 · 급부 · 수인 등 의무의 일체를 명하는 **법률행위적 행정행위**를 말하며 **경찰관의 수신호나 교통신호등의 신호**도 의무를 부과하는 행위로서 **경찰하명에 해당한다.**

② (○) **부작위 하명**의 유형으로는 절대적 금지와 상대적 금지가 있으며, 청소년에게 술이나 담배 판매금지는 **절대적 금지**이고, 유흥업소의 영업금지는 **상대적 금지**에 해당한다.

③ (○) **법률행위적 행정행위**는 **명령적 행정행위**(하명 · 허가 · 면제 등)와 형성적 행정행위(특허 · 인가 · 대리)로 구분할 수 있고, **준법률행위적 행정행위**는 확인, 공증, 통지, 수리 등으로 구분할 수 있다.

④ (×) **경찰하명에 위반하여 이루어진 행위**는 원칙적으로 그 **법적 효력**에는 아무런 **영향을 받지 않는다.** 그러므로 영업정지 명령에 위반하여 영업을 계속하였을 경우에 그 **영업행위 자체는 위법**한 것이지만, 당해 영업에 대한 **거래 행위의 효력**이 **인정**(부인×)된다.

🔒 506 ④

507 행정청이 행하는 구체적 사실에 관한 법 집행으로서 공권력의 행사 또는 그 거부와 그 밖에 이에 준하는 행정작용에 해당하는 것은 모두 몇 개인가? (다툼이 있는 경우 판례에 의함) ●A급 22 순경2차

> ㉠ 도로점용허가
> ㉡ 주민등록번호 변경신청 거부
> ㉢ 교통경찰관의 수신호
> ㉣ 교통신호등에 의한 신호
> ㉤ 경찰청장의 횡단보도 설치 기본계획 수립

① 1개
② 2개
③ 3개
④ 4개

해설

행정작용(처분)에 해당하는 것은 ㉠, ㉡, ㉢, ㉣, **4개**이다.

🔵**Tip** '행정청이 행하는 **구체적 사실에 관한 법 집행**으로서 공권력의 행사 또는 그 거부와 그 밖에 이에 준하는 행정작용'이라는 것은 행정청의 공법상의 행위로서 특정사항에 대하여 **국민의 구체적 권리·의무에 직접적인 변동을 초래**하는 행위를 말한다.

㉠ (○) 도로점용허가 – 강학상 **특허**(형성적 행정행위)
㉡ (○) 주민등록번호 변경신청 거부 – **처분성 인정**(대법원 2013두2945)
㉢ (○) 교통경찰관의 수신호 – **하명**(명령적 행정행위)
㉣ (○) 교통신호등에 의한 신호 – **하명**
㉤ (✕) 경찰청장의 횡단보도 설치 기본계획 수립 – **횡단보도의 설치**는 국민의 권리·의무에 변동을 가져오므로 **처분성이 인정**되나, 횡단보도의 설치 기본**계획의 수립** 자체는 외부에 대해 구속력이 없는 행정계획일 **뿐**이므로 **처분성이 인정되지 않는다.**

> 🔵**Tip** 국민의 구체적 권리·의무에 **직접적인 변동을 초래**하는 경우에 '**처분성**'(대외적 강제력)이 있는 행정작용이라 한다.

508 행정상 법률관계에 관한 설명으로 가장 적절하지 않은 것은? (다툼이 있는 경우 판례에 의함)
●A급 23 순경2차

① 국유재산의 관리청이 그 무단점유자에 대하여 하는 변상금부과 처분은 순전히 사경제 주체로서 행하는 사법상의 법률행위이다.
② 국가나 지방자치단체에 근무하는 청원경찰은 「국가공무원법」이나 「지방공무원법」상의 공무원은 아니지만 그 근무관계를 사법상의 고용계약관계로 보기는 어렵다.
③ 원천징수의무자가 비록 과세관청과 같은 행정청이라 하더라도 그의 원천징수행위는 법령에서 규정된 징수 및 납부의무를 이행하기 위한 것에 불과한 것이지, 공권력의 행사로서의 행정처분을 한 경우에 해당되지 아니한다.
④ 국립 교육대학 학생에 대한 퇴학처분은 행정처분이다.

🔒 507 ④ 508 ①

① (✕) 국유재산법 제51조 제1항은 국유재산의 **무단점유자에 대하여**는 대부 또는 사용, 수익허가 등을 받은 경우에 납부하여야 할 대부료 또는 사용료 상당액 외에도 그 **징벌적 의미**에서 국가측이 일방적으로 그 2할 상당액을 추가하여 변상금을 징수토록 하고 있으며 동조 제2항은 변상금의 체납 시 국세징수법에 의하여 강제징수토록 하고 있는 점 등에 비추어 보면 국유재산의 관리청이 그 무단점유자에 대하여 하는 **변상금부과처분은** 순전히 **사경제 주체로서 행하는 사법상의 법률행위라 할 수 없고**(사법상 법률행위이다✕) 이는 관리청이 공권력을 가진 우월적 지위에서 행한 것으로서 **행정소송의 대상이 되는 행정처분이라고 보아야 한다**(대법원 87누1046).

② (○) **국가나 지방자치단체에 근무하는 청원경찰**은 「국가공무원법」이나 「지방공무원법」상의 공무원은 아니지만, 다른 청원경찰과는 달리 그 임용권자가 행정기관의 장이고, 국가나 지방자치단체로부터 보수를 받으며, 산업재해보상보험법이나 근로기준법이 아닌 **공무원연금법에 따른 재해보상과 퇴직급여를 지급받고,** 직무상 불법행위에 대하여도 민법이 아닌 국가배상법이 적용되는 등의 특질이 있으며 그 외 임용자격, 직무, 복무의무 내용 등을 종합하여 볼 때, **그 근무관계를 사법상의 고용계약관계로 보기는 어렵다.** 따라서 그에 대한 징계처분의 시정을 구하는 소는 **행정소송의 대상**이지 **민사소송의 대상이 아니다**(대법원 92다47564).

③ (○) **원천징수하는 소득세**에 있어서는 납세의무자의 신고나 과세관청의 부과결정이 없이 법령이 정하는 바에 따라 **그 세액이 자동적으로 확정되고, 원천징수의무자는** 소득세법 제142조 및 제143조의 규정에 의하여 이와 같이 자동적으로 확정되는 세액을 수급자로부터 징수하여 과세관청에 납부하여야 할 의무를 부담하고 있으므로, 원천징수의무자가 비록 과세관청과 같은 행정청이더라도 그의 **원천징수행위는 법령에서 규정된 징수 및 납부의무를 이행하기 위한 것에 불과한 것**이지, 공권력의 행사로서의 행정처분을 한 경우에 해당되지 아니한다(대법원 89누4789).

④ (○) **국립 교육대학 학생에 대한 퇴학처분은,** 국가가 설립·경영하는 교육기관인 동 대학의 교무를 통할하고 학생을 지도하는 지위에 있는 학장이 교육목적실현과 학교의 내부질서유지를 위해 학칙 위반자인 재학생에 대한 구체적 법집행으로서 국가공권력의 하나인 징계권을 발동하여 학생으로서의 **신분을 일방적으로 박탈하는 국가의 교육행정에 관한 의사를 외부에 표시한 것**이므로, **행정처분임이 명백하다**(대법원 91누2144).

509 다음 중 행정행위의 무효로 볼 수 있는 경우가 아닌 것은? (다툼이 있는 경우 판례에 의함)

① 음주운전을 단속한 경찰관 명의로 행한 운전면허정지처분의 효력

·A급 24 순경2차

② 임용권자의 과실에 의한 임용결격자에 대한 경찰공무원 임용행위의 효력

③ 행정처분의 처분 방식에 관한 「행정절차법」 제24조 제1항을 위반한 처분의 효력

④ 임면권자가 아닌 국가정보원장이 5급 이상의 국가정보원직원에 대하여 한 의원면직처분의 효력

① (○) 운전면허에 대한 정지처분권한은 경찰청장으로부터 경찰서장에게 권한위임된 것이므로 음주운전자를 적발한 단속 경찰관으로서는 관할 경찰서장의 명의로 운전면허정지처분을 대행처리할 수 있을지는 몰라도 자신의 명의로 이를 할 수는 없다 할 것이므로, **단속 경찰관이 자신의 명의로** 운전면허행정처분통지서를 작성·교부하여 행한 **운전면허정지처분**은 비록 그 처분의 내용·사유·근거 등이 기재된 서면을 교부하는 방식으로 행하여졌다고 하더라도 **권한 없는 자**에 의하여 행하여진 점에서 **무효**의 처분에 해당한다(대법원 97누2313).

② (○) 경찰공무원법에 규정되어 있는 **경찰관임용 결격사유**는 경찰관으로 임용되기 위한 **절대적인 소극적 요건**으로서 **임용 당시 경찰관 임용결격사유가 있었다면** 비록 임용권자의 과실에 의하여 임용결격자임을 밝혀내지 못하였다 하더라도 그 임용행위는 **당연무효로** 보아야 한다(대법원 2003두469).

③ (○) 행정처분의 처분 방식에 관한 「행정절차법」 제24조 제1항에 따라 행정청이 처분을 하는 때에는 다른 법령 등에 특별한 규정이 있는 경우를 제외하고는 문서로 하여야 하고 **전자문서로 하는 경우에는 당사자 등의 동의가 있어야** 하며, 다만 신속을 요하거나 사안이 경미한 경우에는 구술 기타 방법으로 할 수 있다고 규정하고 있는데, 이는 행정의 공정성·투명성 및 신뢰성을 확보하고 국민의 권익을 보호하기 위한 것이므로 **위 규정을 위반**하여 행하여진 행정청의 처분은 **하자가 중대하고 명백하여 원칙적으로 무효**이다.

④ (✕) 5급 이상의 국가정보원직원에 대한 의원면직처분이 임면권자인 대통령이 아닌 **국가정보원장에 의해 행해진 것으로 위법하고,** 나아가 국가정보원직원의 명예퇴직원 내지 사직서 제출이 직위해제 후 1년여에 걸친 국가정보원장 측의 종용에 의한 것이었다는 사정을 감안한다 하더라도 **그러한 하자가 중대한 것이라고 볼 수는 없으므로,** 대통령의 내부결재가 있었는지에 관계없이 **당연무효는 아니다**(대법원 2005두15748).

 509 ④

510 무효에 관한 설명으로 가장 적절하지 않은 것은? (다툼이 있는 경우 판례에 의함) A급 25 순경1차

① 하자 있는 행정처분이 당연무효가 되기 위하여는 그 하자가 법규의 중요한 부분을 위반한 중대한 것으로서 객관적으로 명백한 것이어야 하며, 하자가 중대하고 명백한 것인지 여부를 판별함에 있어서는 그 법규의 목적, 의미·기능 등을 목적론적으로 고찰함과 동시에 구체적 사안 자체의 특수성에 관하여도 합리적으로 고찰함을 요한다.

② 경찰공무원에 대한 징계위원회의 심의과정에 감경사유에 해당하는 공적 사항이 제시되지 아니한 경우에는 그 징계양정이 결과적으로 적정한지와 상관없이 이는 관계 법령이 정한 징계절차를 지키지 아니한 것으로서 당연무효이다.

③ 임용 당시 공무원임용 결격사유가 있었다면 비록 국가의 과실에 의하여 임용결격자임을 밝혀 내지 못하였다고 하더라도 그 임용행위는 당연무효이다.

④ 적법한 건축물에 대한 철거명령은 그 하자가 중대하고 명백하여 당연무효이고, 그 후행행위인 건축물철거 대집행계고처분 역시 당연무효이다.

해설

① (○) 하자 있는 행정처분이 **당연무효가 되기 위하여는** 그 하자가 법규의 중요한 부분을 위반한 **중대한 것으로서** 객관적으로 **명백한 것**이어야 하며, 하자가 중대하고 명백한 것인지 여부를 판별함에 있어서는 그 법규의 목적, 의미·기능 등을 **목적론적으로 고찰**함과 동시에 **구체적 사안 자체의 특수성**에 관하여도 **합리적으로 고찰**함을 요한다.

② (×) 경찰공무원에 대한 징계위원회의 심의과정에 감경사유에 해당하는 공적 사항이 제시되지 아니한 경우에는 **그 징계양정이 결과적으로 적정한지와 상관없이** 이는 관계 법령이 정한 **징계절차를 지키지 아니한 것으로서 위법하다(당연무효이다×)**(대법원 2012두13245). **단순 위법으로 취소 사유에 해당한다고 본 판례이다.**

③ (○) **임용 당시 공무원임용 결격사유가 있었다면** 비록 국가의 과실에 의하여 임용결격자임을 밝혀 내지 못하였다고 하더라도 그 임용행위는 **당연무효**이다.

④ (○) **적법한 건축물에 대한 철거명령**은 그 하자가 중대하고 명백하여 **당연무효**이고, 그 후행행위인 건축물철거 **대집행계고처분 역시 당연무효**이다.

511 경찰허가의 효과를 제한 또는 보충하기 위하여 주된 의사표시에 부가된 종된 의사표시를 부관이라고 한다. 부관에 대한 설명으로 옳지 않은 것은? A급 21 경위

① 법정부관의 경우 처분의 효과제한이 직접 법규에 의해서 부여되는 부관으로서 이는 행정행위의 부관과는 구별되는 개념으로 원칙적으로 부관의 개념에 속하지 않는다.

② 부담은 그 자체가 하나의 행정행위이다. 즉, 하명으로서의 성격을 지니기 때문에 분리가 가능하지만, 그 자체가 독립적으로 행정쟁송 및 경찰강제의 대상이 될 수 없다.

③ 부담과 정지조건의 구별이 불분명한 경우에는 최소침해의 원칙에 따라 부담으로 보아야 한다.

④ 수정부담은 새로운 의무를 부가하는 것이 아니라 상대방이 신청한 것과는 다르게 행정행위의 내용을 정하는 부관을 말하며 상대방의 동의가 있어야 효력이 발생한다.

해설

① (○) **법정부관**의 경우 **처분의 효과제한이 직접 법규에 의해서 부여되는 부관**으로서 이는 행정행위의 부관과는 **구별되는 개념으로 원칙적으로 부관의 개념에 속하지 않는다.**

② (×) **부담**은 그 자체가 **하나의 행정행위**이다. 즉, **하명으로서의 성격**을 지니기 때문에 **분리가 가능**하고, 그 자체가 **독립적으로 행정쟁송 및 경찰강제의 대상이 될 수 있다(없다×).**

③ (○) **부담과 정지조건의 구별이 불분명한 경우**에는 **최소침해의 원칙**에 따라 **부담으로 보아야** 한다.

④ (○) **수정부담**은 새로운 의무를 부가하는 것이 아니라 **상대방이 신청한 것과는 다르게 행정행위의 내용을 정하는 부관**을 말하며 **상대방의 동의가 있어야 효력이 발생**한다.

 510 ② 511 ②

512 행정행위의 부관은 ( )인 경우를 제외하고는 독립하여 행정소송의 대상이 될 수 없다. 빈칸에 들어갈 말로 가장 적절한 것은? (다툼이 있는 경우 판례에 의함) ●A급 23 순경2차

① 부담　　　　　　　　　　　② 조건
③ 기한　　　　　　　　　　　④ 기간

> **해설**
>
> 행정행위의 부관은 (**부담**)인 경우를 제외하고는 독립하여 행정소송의 대상이 될 수 없다.
>
> **Tip** 행정행위의 부관은 행정행위의 일반적인 효력이나 효과를 제한하기 위하여 의사표시의 주된 내용에 부가되는 **종된 의사표시**이지 **그 자체로서 직접 법적 효과를 발생하는 독립된 처분이 아니므로** 현행 행정쟁송제도 아래서는 부관 **그 자체만을 독립된 쟁송의 대상으로 할 수 없는 것이** 원칙이나 행정행위의 부관 중에서도 행정행위에 부수하여 그 행정행위의 상대방에게 일정한 의무를 부과하는 행정청의 의사표시인 **부담**의 경우에는 다른 부관과는 달리 행정행위의 **불가분적인 요소가 아니고** 그 존속이 본체인 행정행위의 존재를 전제로 하는 것일 뿐이므로 **부담 그 자체로서 행정쟁송의 대상이 될 수 있다**(대법원 91누1264).

513 행정행위의 부관에 관한 설명으로 가장 적절한 것은? (다툼이 있는 경우 판례에 의함) ●A급 24 순경2차

① 행정청은 처분에 재량이 없는 경우에는 법률에 근거가 있더라도 부관을 붙일 수 없다.
② 기한은 법률행위 효력의 발생 또는 소멸을 장래의 불확실한 사실의 성부에 의존하게 하는 법률행위의 부관이다.
③ 장래의 사실이더라도 그것이 장래 반드시 실현되는 사실이면 실현되는 시기가 비록 확정되지 않더라도 이는 조건으로 보아야 한다.
④ 행정청이 종교단체에 대하여 기본재산전환인가를 함에 있어 인가조건을 부가하고 그 불이행 시 인가를 취소할 수 있도록 한 경우, 그 인가조건의 의미를 철회권의 유보로 본다.

> **해설**
>
> ① (×) 행정청은 처분에 **재량이 없는 경우**에는 **법률에 근거가 있다면** 부관을 붙일 수 **있다(없다×)**(행정기본법 제17조 제2항).
>
> ② (×) **기한**은 법률행위 효력의 발생 또는 소멸을 장래의 **확실한(불확실한×) 사실**의 성부에 의존하게 하는 법률행위의 부관이다.
>
> > **Tip** **조건**은 법률행위 효력의 발생 또는 소멸을 장래의 **불확실한 사실**에 의존하게 하는 법률행위의 부관이다.
>
> ③ (×) 장래의 사실이더라도 그것이 장래 **반드시 실현되는 사실**이면 실현되는 시기가 비록 확정되지 않더라도 이는 **기한 (조건×)**으로 보아야 하고, 그 실현되는 시기가 확정되지 않았다면 '**불확정 기한**'이라고 한다.
>
> ④ (○) 행정행위의 '**취소**'는 일단 유효하게 성립한 행정행위를 그 행위에 위법 또는 부당한 하자가 있음을 이유로 **소급하여 그 효력을 소멸시키는 별도의 행정처분**이고, 행정행위의 '**철회**'는 적법요건을 구비하여 완전히 효력을 발하고 있는 행정행위를 사후적으로 그 행위의 효력의 전부 또는 일부를 **장래에 향해 소멸시키는 행정처분**이므로, 행정행위의 **취소사유는 행정행위의 성립 당시에 존재하였던 하자**를 말하고, **철회사유는 행정행위가 성립된 이후에 새로이 발생한 것**으로서 행정행위의 효력을 존속시킬 수 없는 사유를 말한다. 행정청이 종교단체에 대하여 기본재산전환인가를 함에 있어 인가조건을 부가하고 **그 불이행시 인가를 취소할 수 있도록 한 경우**, 인가조건의 의미는 '**철회권을 유보**'한 것이라고 보았다(대법원 2003다6422).

🔒 512 ① 513 ④

514 다음 행정행위 중 강학상 특허에 해당하는 것은? (다툼이 있는 경우 판례에 의함) **A급** 22 순경1차

① 자동차운전면허
② 재단법인의 정관변경 허가
③ 한의사 면허
④ 국유재산 등의 관리청이 행정재산의 사용·수익에 대하여 하는 허가

해설

① (×) 자동차운전면허 – **허가**
② (×) 재단법인의 정관변경 허가 – **인가**(대법원 95누4810)
③ (×) 한의사 면허 – **허가**(대법원 97누4289)
④ (○) 국유재산 등의 관리청이 행정재산의 사용·수익에 대하여 하는 허가 – **특허**

Tip 특허와 인가

특허	개념	신청인에게 **새로운** 권리나 능력을 **설정**해 주는 행정행위
	허가와 구별	• 허가는 주로 기속행위, **특허**는 **주로 재량행위**라는 점 • 허가는 신청이 없이도 가능, **특허**는 **반드시 신청이 있어야** 함 • 허가는 불특정 다수인에게도 가능, **특허**는 **특정인만**을 대상으로 함
	판례	• **공유수면매립면허** 및 변경승인 • **하천점용허가, 도로점용허가** • **공무원 임용** • **귀화허가, 체류자격 변경허가** • **시내버스** 운송사업면허, **개인택시** 운송사업면허 • **주택재건축정비사업조합의 설립인가** • **공증인 인가·임명처분**
인가	개념	제3자의 법률적 행위를 **보충**하여 그 법률상 **효과**를 **완성**시키는 행정행위
	판례	• **재단법인의 정관변경허가** • **학교법인의 임원**에 대한 **감독청의 취임승인** • **토지거래허가** • 재개발조합의 사업시행계획인가

515 공정력에 관한 설명으로 가장 적절하지 않은 것은? (다툼이 있는 경우 판례에 의함) **A급** 25 순경1차

① 처분은 권한이 있는 기관이 취소 또는 철회하거나 기간의 경과 등으로 소멸되기 전까지는 유효한 것으로 통용된다. 다만, 무효인 처분은 처음부터 그 효력이 발생하지 아니한다.
② 연령미달의 결격자인 피고인이 소외인의 이름으로 운전면허시험에 응시, 합격하여 교부받은 운전면허는 취소되지 않는 한 유효하므로 피고인의 운전행위는 무면허운전에 해당하지 아니한다.
③ 행정처분이 위법임을 이유로 배상을 청구하는 경우에는 미리 그 행정처분의 취소판결이 있어야만 그 행정처분의 위법임을 이유로 피고에게 배상을 청구할 수 있다.
④ 과세처분이 당연무효라고 볼 수 없는 한 과세처분에 취소할 수 있는 위법사유가 있다 하더라도 그 과세처분은 행정행위의 공정력 또는 집행력에 의하여 그것이 적법하게 취소되기 전까지는 유효하다 할 것이므로, 민사소송절차에서 그 과세처분의 효력을 부인할 수 없다.

 514 ④ 515 ③

① (○) 처분은 권한이 있는 기관이 취소 또는 철회하거나 기간의 경과 등으로 **소멸되기 전까지는 유효**한 것으로 통용된다. 다만, 무효인 처분은 처음부터 그 효력이 발생하지 아니한다.

② (○) 연령미달의 결격자인 피고인이 소외인의 이름으로 운전면허시험에 응시, 합격하여 교부받은 운전면허는 **취소되지 않는 한 유효**하므로 피고인의 운전행위는 무면허운전에 해당하지 아니한다.

③ (×) 행정처분이 위법임을 이유로 배상을 청구하는 경우에는 **미리 그 행정처분의 취소판결이 있어야만** 그 행정처분의 위법임을 이유로 피고에게 **배상을 청구할 수 있는 것은 아니다(있다×)**(대법원 72다337).

④ (○) 과세처분이 당연무효라고 볼 수 없는 한 과세처분에 취소할 수 있는 위법사유가 있다 하더라도 그 과세처분은 행정행위의 공정력 또는 집행력에 의하여 그것이 **적법하게 취소되기 전까지는 유효**하다 할 것이므로, 민사소송절차에서 그 과세처분의 효력을 부인할 수 없다.

제5절 행정기본법

516 다음 〈보기〉의 내용 중 공통된 행정의 법 원칙은 무엇인가?

●A급 22 순경1차

보기

- 「행정기본법」 제12조 제1항 "행정청은 공익 또는 제3자의 이익을 현저히 해칠 우려가 있는 경우를 제외하고는 행정에 대한 국민의 정당하고 합리적인 신뢰를 보호하여야 한다."
- 「행정절차법」 제4조 제2항 "행정청은 법령등의 해석 또는 행정청의 관행이 일반적으로 국민들에게 받아들여졌을 때에는 공익 또는 제3자의 정당한 이익을 현저히 해칠 우려가 있는 경우를 제외하고는 새로운 해석 또는 관행에 따라 소급하여 불리하게 처리하여서는 아니 된다."

① 비례의 원칙 ② 평등의 원칙

③ 신뢰보호의 원칙 ④ 부당결부금지의 원칙

〈보기〉에서 설명하고 있는 공통된 행정의 원칙은 '**신뢰보호의 원칙**'이다.

Tip 신뢰보호의 원칙 : 행정을 신뢰하여 일정한 법적 지위를 형성한 경우, 국가는 그러한 법적 지위와 관련하여 국민의 정당하고 합리적인 신뢰를 보호해야 한다는 원칙이다.

517 행정법의 일반원칙에 관한 설명 중 가장 적절하지 않은 것은? (다툼이 있는 경우 판례에 의함)

●A급 22 순경2차

① 폐기물처리업에 대하여 사전에 관할 관청으로부터 적정통보를 받고 막대한 비용을 들여 허가요건을 갖춘 다음 허가신청을 하였음에도 관할 관청으로부터 '다수 청소업자의 난립으로 안정적이고 효율적인 청소업무의 수행에 지장이 있다.'는 이유로 불허가처분을 받은 경우, 그 처분은 신뢰보호원칙 위반으로 인한 위법한 처분에 해당된다.

516 ③ 517 ④

② 지방자치단체장이 사업자에게 주택사업계획승인을 하면서 그 주택사업과는 아무런 관련이 없는 토지를 기부채납하도록 하는 부관을 주택사업계획승인에 붙인 경우, 그 부관은 부당 결부금지 원칙에 위반되어 위법하다.

③ 같은 정도의 비위를 저지른 자들 사이에 있어서도 그 직무의 특성, 비위의 성격 및 정도를 고려하여 징계종류의 선택과 양정을 차별적으로 취급하는 것은 합리적 차별로서 평등원칙에 반하지 아니한다.

④ 적법 및 위법을 불문하고 재량준칙에 따른 행정관행이 성립한 경우라면, 행정의 자기구속 원칙이 적용될 수 있다.

해설

① (○) 폐기물처리업에 대하여 사전에 관할 **관청으로부터** 적정통보를 받고 막대한 비용을 들여 허가요건을 갖춘 다음 허가신청을 하였음에도 다수 청소업자의 난립으로 안정적이고 효율적인 청소업무의 수행에 지장이 있다는 이유로 한 불허가처분이 **신뢰보호의 원칙 및 비례의 원칙에 반하는** 것으로서 **재량권을 남용한 위법한 처분이라고 보았다.** 또한 폐기물처리업에 대한 불허가처분의 취소가 현저히 공공복리에 적합하지 아니하는 때에 해당한다고 볼 수 없어 사정판결을 할 대상이 되지 아니한다고 인정한 사례이다(대법원 98두4061).

② (○) 지방자치단체장이 사업자에게 **주택사업계획승인**을 하면서 그 주택사업과는 아무런 관련이 없는 토지를 기부채납하도록 하는 부관을 주택사업계획승인에 붙인 경우, 그 부관은 **부당 결부금지 원칙에 위반되어** 위법하다(대법원 96다49650).

③ (○) 같은 정도의 비위를 저지른 자들 사이에 있어서도 그 직무의 특성, 비위의 성격 및 정도를 **고려하여** 징계종류의 선택과 양정을 차별적으로 취급하는 것은 **합리적 차별**로서 이를 자의적 취급이라고 할 수 없는 것이어서 **평등원칙 내지 형평에 반하지 아니한다.** 학습지 채택료를 수루하고 담당 경찰관에게 수사무마비를 전달하려고 한 비위를 저지른 사립중학교 교사들 중 **잘못을 시인한 교사들**은 정직 또는 감봉에, **잘못을 시인하지 아니한 교사들**은 파면에 처한 것이 그 직무의 특성 등에 비추어 **재량권의 범위를 일탈·남용한 것이 아니라고 보았다**(대법원 99두2611).

④ (×) 적법한(적법 및 위법을 불문하고×) 재량준칙에 따른 행정관행이 성립한 경우라면, 행정의 **자기구속 원칙이 적용**될 수 있다. 재량준칙(행정규칙)에 따른 **종래의 행정관행이** 위법한 경우에는 행정청은 **자기구속의 원칙이 적용받지 않는다**(대판 2008두13132).

---

518 부당결부금지의 원칙에 관한 설명으로 가장 적절한 것은? (다툼이 있는 경우 판례에 의함)

●A급 23 순경2차

① 행정청은 행정작용을 할 때 상대방에게 해당 행정작용과 실질적인 관련이 없는 의무를 부과해서는 아니 된다는 원칙이다.

② 현행법상 명시적인 규정은 없지만 법치국가의 원리와 자의금지의 원칙으로부터 도출되는 행정법의 일반원칙이다.

③ 지방자치단체장이 사업자에게 주택사업계획승인을 하면서 그 주택사업과는 아무런 관련이 없는 토지를 기부채납하도록 하는 부관을 붙인 경우에는, 기부채납한 토지 가액이 그 주택사업계획의 100분의 1 상당의 금액에 불과하고 사업자가 이의를 제기하지 아니하다가 지방자치단체장이 업무착오로 기부채납한 토지에 대하여 보상협조요청서를 보내자 그때서야 비로소 부관의 하자를 들고 나왔다고 하더라도 그 부관은 당연무효이다.

518 ①

④ 甲이 혈중알코올농도 0.140%의 주취상태로 배기량 125cc 이륜자동차를 운전하였다는 이유로 甲의 자동차운전면허[제1종 대형, 제1종 보통, 제1종 특수(대형견인·구난), 제2종 소형]를 취소한 것은 甲이 음주상태에서 운전을 하지 않으면 안 되는 부득이한 사정이 없었더라도 재량권을 일탈·남용한 것이다.

① (○) **부당결부금지의 원칙**이란 행정청은 행정작용을 할 때 상대방에게 해당 행정작용과 **실질적인 관련이 없는 의무를 부과해서는 아니 된다**는 원칙이다(행정기본법 제13조).
② (×) 현행 「행정기본법」 제13조에서 **부당결부금지의 원칙을 명시적으로 규정하고 있다**(현행법상 명시적인 규정은 없지만×).
③ (×) 지방자치단체장이 사업자에게 주택사업계획승인을 하면서 그 주택사업과는 **아무런 관련이 없는 토지를 기부채납하도록 하는 부관**을 주택사업계획승인에 붙인 경우, 그 부관은 부당결부금지의 원칙에 위반되어 **위법**하지만, 지방자치단체장이 승인한 사업자의 주택사업계획은 상당히 큰 규모의 사업임에 반하여, 사업자가 기부채납한 토지 가액은 그 100분의 1 상당의 금액에 불과한 데다가, 사업자가 그 동안 그 부관에 대하여 **아무런 이의를 제기하지 아니하다가** 지방자치단체장이 업무착오로 기부채납한 토지에 대하여 **보상협조요청서를 보내자** 그때서야 비로소 **부관의 하자를 들고 나온 사정에 비추어 볼 때** 부관의 하자가 중대하고 명백하여 **당연무효라고는 볼 수 없다**(당연무효이다×)(대법원 96다49650).
④ (×) 甲이 혈중알코올농도 **0.140%**의 주취상태로 배기량 **125cc 이륜자동차를 운전**하였다는 이유로 甲의 자동차운전면허[제1종 대형, 제종 보통, 제1종 특수(대형견인·구난), 제2종 소형]를 취소한 사안에서, **갑에 대하여 제1종 대형, 제1종 보통, 제1종 특수(대형견인·구난) 운전면허를 취소하지 않는다면, 갑이 각 운전면허로 배기량 125cc 이하 이륜자동차를 계속 운전할 수 있어 실질적으로는 아무런 불이익을 받지 않게 되는 점**, 갑의 혈중알코올농도는 0.140%로서 도로교통법령에서 정하고 있는 운전면허 취소처분 기준인 0.100%를 훨씬 초과하고 있고 갑에 대하여 특별히 감경해야 할 만한 사정을 찾아볼 수 없는 점, 갑이 음주상태에서 운전을 하지 않으면 안 되는 부득이한 사정이 있었다고 보이지 않는 점, 처분에 의하여 달성하려는 행정목적 등에 비추어 볼 때, **처분이 사회통념상 현저하게 타당성을 잃어 재량권을 남용하거나 한계를 일탈한 것이라고 단정하기에 충분하지 않다고 보았다**(일탈·남용한 것이다×)(대법원 2017두67476).

---

519 「행정기본법」상 신뢰보호의 원칙에 해당하는 것은? ●A급 23 승진

① 행정청은 권한 행사의 기회가 있음에도 불구하고 장기간 권한을 행사하지 아니하여 국민이 그 권한이 행사되지 아니할 것으로 믿을 만한 정당한 사유가 있는 경우에는 그 권한을 행사해서는 아니 된다. 다만, 공익 또는 제3자의 이익을 현저히 해칠 우려가 있는 경우는 예외로 한다.
② 행정청은 합리적 이유 없이 국민을 차별해서는 아니 된다.
③ 행정청의 행정작용은 행정목적을 달성하는 데 유효하고 적절해야 하며, 필요한 최소한도에 그칠 것이고, 행정작용으로 인한 국민의 이익 침해가 그 행정작용이 의도하는 공익보다 크지 아니해야 한다.
④ 행정청은 행정작용을 할 때 상대방에게 해당 행정작용과 실질적인 관련이 없는 의무를 부과해서는 아니 된다.

① (○) **신뢰보호의 원칙** – 행정청은 권한 행사의 기회가 있음에도 불구하고 장기간 권한을 행사하지 아니하여 **국민이 그 권한이 행사되지 아니할 것으로 믿을 만한 정당한 사유가 있는 경우**에는 그 권한을 **행사해서는 아니 된다.** 다만, 공익 또는 제3자의 이익을 현저히 해칠 우려가 있는 경우는 예외로 한다(동법 제12조 제2항).

🔒 519 ①

② (×) **평등의 원칙** – 행정청은 **합리적 이유 없이** 국민을 **차별해서는 아니 된다**(동법 제9조).
③ (×) **비례의 원칙** – 행정청의 행정작용은 **행정목적을 달성**하는 데 **유효하고 적절**해야 하며, **필요한 최소한도에 그칠 것이고**, 행정작용으로 인한 **국민의 이익 침해가** 그 행정작용이 의도하는 **공익보다 크지 아니해야 한다**(동법 제10조).
④ (×) **부당결부금지의 원칙** – 행정청은 행정작용을 할 때 상대방에게 해당 행정작용과 **실질적인 관련이 없는 의무를 부과해서는 아니 된다**(동법 제13조).

520 「행정기본법」에 관한 설명으로 가장 적절한 것은? ●A급 23 순경2차

① 행정에 관한 나이는 다른 법령등에 특별한 규정이 있는 경우에도 출생일을 산입하지 않고 만(滿) 나이로 계산하고, 연수(年數)로 표시하되, 1세에 이르지 아니한 경우에는 월수(月數)로 표시할 수 있다.
② 행정작용은 그 행정작용이 의도하는 공익이 행정작용으로 인한 국민의 이익 침해보다 크지 않아야 한다.
③ 행정청은 법률로 정하는 바에 따라 완전히 자동화된 시스템(인공지능 기술을 적용한 시스템을 포함)으로 처분을 할 수 있으나, 처분에 재량이 있는 경우는 그러하지 아니하다.
④ 공익 또는 제3자의 이익을 현저히 해칠 우려가 있는 경우에도 행정청은 권한 행사의 기회가 있음에도 불구하고 장기간 권한을 행사하지 아니하여 국민이 그 권한이 행사되지 아니할 것으로 믿을 만한 정당한 사유가 있는 경우에는 그 권한을 행사해서는 아니 된다.

해설

① (×) **행정에 관한 나이는** 다른 법령등에 특별한 규정이 있는 경우를 제외하고는(경우에도×) 출생일을 산입하여(산입하지 않고×) **만(滿) 나이로 계산**하고, 연수(年數)로 표시하되, 1세에 이르지 아니한 경우에는 월수(月數)로 표시할 수 있다(행정기본법 제7조의2).
② (×) 행정작용은 그 행정작용이 의도하는 **공익이** 행정작용으로 인한 국민의 이익 침해보다 **커야 한다(크지 않아야 한다×)** (행정기본법 제10조 제3호).
③ (○) 행정청은 법률로 정하는 바에 따라 **완전히 자동화된 시스템(인공지능 기술을 적용한 시스템을 포함)으로 처분을 할 수 있다.** 다만, **처분에 재량이 있는 경우는 그러하지 아니하다**(행정기본법 제20조).
④ (×) **공익 또는 제3자의 이익을 현저히 해칠 우려가 있는 경우에는** 행정청은 권한 행사의 기회가 있음에도 불구하고 장기간 권한을 행사하지 아니하여 국민이 그 권한이 행사되지 아니할 것으로 **믿을 만한 정당한 사유가 있는 경우라 하더라도** 그 권한을 **행사할 수 있다(행사해서는 아니 된다×)**(행정기본법 제12조 제2항).

521 「행정기본법」상 부관에 관한 설명으로 가장 적절하지 않은 것은? ●A급 23 순경1차

① 행정청은 처분에 재량이 있는 경우에는 부관을 붙일 수 있다.
② 행정청은 처분에 재량이 없는 경우에는 법률에 근거가 있는 경우에 부관을 붙일 수 있다.
③ 행정청은 부관을 붙일 수 있는 처분이 당사자의 동의가 있는 경우에는 그 처분을 한 후에도 부관을 새로 붙이거나 종전의 부관을 변경할 수 있다.
④ 부관은 해당 처분의 목적에 위배되지 아니하고, 실질적 관련이 없을 것을 요건으로 한다.

🔒 **520** ③ **521** ④

① (○) 행정청은 **처분에 재량이 있는** 경우에는 **부관을 붙일 수 있다**(동법 제17조 제1항).

② (○) 행정청은 **처분에 재량이 없는** 경우에는 **법률에 근거가 있는** 경우에 부관을 붙일 수 있다(동법 제17조 제2항).

③ (○) 행정청은 부관을 붙일 수 있는 처분이 **당사자의 동의가 있는** 경우에는 그 **처분을 한 후에도** 부관을 **새로 붙이거나** 종전의 부관을 **변경할 수 있다**(동법 제17조 제3항 제2호).

> **Tip** 처분을 한 후에도 부관을 새로 붙이거나 종전의 부관을 변경할 수 있는 경우
>
> 1. **법률에 근거**가 있는 경우
> 2. **당사자의 동의**가 있는 경우
> 3. **사정이 변경**되어 부관을 새로 붙이거나 종전의 부관을 변경하지 아니하면 해당 처분의 목적을 달성할 수 없다 고 인정되는 경우

④ (×) 부관은 해당 처분의 목적에 위배되지 아니하고, **실질적 관련이 있을 것**을(없을 것을×) 요건으로 한다(동법 제17조 제4항 제2호).

> **Tip** 부관의 요건(동법 제17조 제4항)
>
> 1. 해당 처분의 **목적**에 위배되지 아니할 것
> 2. 해당 처분과 **실질적인 관련**이 있을 것
> 3. 해당 처분의 목적을 달성하기 위하여 **필요한 최소한의 범위**일 것

522 「행정기본법」상 이의신청에 관한 설명으로 가장 적절하지 않은 것은?  24 순경1차

① 행정청의 처분에 이의가 있는 당사자는 처분을 받은 날부터 30일 이내에 해당 행정청에 이의 신청을 할 수 있다.

② 행정청은 이의신청을 받으면 부득이한 사유가 있는 경우를 제외하고는 그 이의신청을 받은 날 부터 14일 이내에 그 이의신청에 대한 결과를 신청인에게 통지하여야 한다.

③ 이의신청을 한 경우에도 그 이의신청과 관계없이 「행정심판법」에 따른 행정심판 또는 「행정소 송법」에 따른 행정소송을 제기할 수 있다.

④ 이의신청에 대한 결과를 통지받은 후 행정심판 또는 행정소송을 제기하려는 자는 그 결과를 통지받은 날부터 60일 이내에 행정심판 또는 행정소송을 제기하여야 한다.

① (○) 행정청의 처분에 이의가 있는 **당사자는 처분을 받은 날부터 30일 이내**에 해당 행정청에 **이의신청**을 할 수 있다 (동법 제36조 제1항).

② (○) 행정청은 이의신청을 받으면 그 신청을 받은 날부터 **14일 이내**에 그 이의신청에 대한 결과를 신청인에게 통지하여 야 한다. 다만, 부득이한 사유로 14일 이내에 통지할 수 없는 경우에는 그 기간을 **만료일 다음 날부터 기산**하여 **10일의 범위**에서 **한 차례 연장**할 수 있으며, 연장 사유를 신청인에게 통지하여야 한다(동법 제36조 제2항).

③ (○) **이의신청을 한 경우에도** 그 **이의신청과 관계없이** 「행정심판법」에 따른 **행정심판** 또는 「행정소송법」에 따른 **행정 소송을 제기할 수 있다**(동법 제36조 제3항).

④ (×) 이의신청에 대한 **결과를 통지받은 후** 행정심판 또는 행정소송을 **제기**하려는 자는 그 결과를 **통지받은 날부터 90일** **(60일×) 이내**에 제1항의 처분(이의신청 결과 처분이 변경된 경우에는 변경된 처분으로 한다)에 대하여 행정심판 또는 행정소송을 **제기할 수 있다(하여야 한다×)**(행정기본법 제36조 제4항).

🔒 522 ④

523 「행정기본법」상 행정상 강제에 관한 설명 중 가장 적절하지 않은 것은?  ●A급 22 법학

① 행정대집행은 의무자가 행정상 의무를 이행하지 아니하는 경우 행정청이 의무자의 신체나 재산에 실력을 행사하여 그 행정상 의무의 이행이 있었던 것과 같은 상태를 실현하는 것이다.

② 이행강제금의 부과는 의무자가 행정상 의무를 이행하지 아니하는 경우 행정청이 적절한 이행기간을 부여하고, 그 기한까지 행정상 의무를 이행하지 아니하면 금전급부의무를 부과하는 것이다.

③ 즉시강제는 현재의 급박한 행정상의 장해를 제거하기 위하여 행정청이 미리 행정상 의무 이행을 명할 시간적 여유가 없는 경우 또는 그 성질상 행정상 의무의 이행을 명하는 것만으로는 행정목적 달성이 곤란한 경우에 행정청이 곧바로 국민의 신체 또는 재산에 실력을 행사하여 행정목적을 달성하는 것이다.

④ 강제징수는 의무자가 행정상 의무 중 금전급부의무를 이행하지 아니하는 경우 행정청이 의무자의 재산에 실력을 행사하여 그 행정상 의무가 실현된 것과 같은 상태를 실현하는 것이다.

해설

① (×) **직접강제(행정대집행×)**은 의무자가 행정상 **의무를 이행하지 아니하는 경우** 행정청이 의무자의 신체나 재산에 **실력을 행사**하여 그 행정상 의무의 이행이 있었던 것과 같은 상태를 실현하는 것이다.

② (○) **이행강제금**의 부과는 의무자가 행정상 **의무를 이행하지 아니하는 경우** 행정청이 적절한 **이행기간을 부여하고**, 그 기한까지 행정상 의무를 이행하지 아니하면 **금전급부의무를 부과**하는 것이다.

③ (○) **즉시강제**는 현재의 급박한 행정상의 장해를 제거하기 위하여 행정청이 미리 행정상 **의무 이행을 명할 시간적 여유가 없는 경우** 또는 그 성질상 행정상 의무의 이행을 명하는 것만으로는 행정목적 달성이 곤란한 경우에 행정청이 **곧바로** 국민의 신체 또는 재산에 **실력을 행사**하여 행정목적을 달성하는 것이다.

④ (○) **강제징수**는 의무자가 행정상 의무 중 **금전급부의무**를 **이행하지 아니하는 경우** 행정청이 의무자의 **재산에** 실력을 **행사**하여 그 행정상 의무가 실현된 것과 같은 상태를 실현하는 것이다.

524 「행정기본법」상 행정상 강제에 관한 설명으로 가장 적절하지 않은 것은? ●A급 25 순경1차

① 행정상 직접강제란 의무자가 행정상 의무를 이행하지 아니하는 경우 행정청이 의무자의 신체나 재산에 실력을 행사하여 그 행정상 의무의 이행이 있었던 것과 같은 상태를 실현하는 것이다.

② 행정상 강제징수란 의무자가 행정상 의무 중 금전급부의무를 이행하지 아니하는 경우 행정청이 의무자의 재산에 실력을 행사하여 그 행정상 의무가 실현된 것과 같은 상태를 실현하는 것이다.

③ 행정상 즉시강제란 현재의 급박한 행정상의 장해를 제거하기 위한 경우로서 행정청이 미리 행정상 의무 이행을 명할 시간적 여유가 없는 경우 또는 그 성질상 행정상 의무의 이행을 명하는 것만으로는 행정목적 달성이 곤란한 경우 경우에 행정청이 곧바로 국민의 신체 또는 재산에 실력을 행사하여 행정목적을 달성하는 것이다.

④ 이행강제금의 부과란 의무자가 행정상 의무를 이행하지 아니하는 경우 행정청이 적절한 이행기간을 부여하고, 그 기한까지 행정상 의무를 이행하지 아니하면 금전급부의무를 부과하는 것으로서, 행정상 의무를 이행하지 않더라도 반복하여 부과할 수 없다.

 523 ① 524 ④

해설

① (○) 행정상 **직접강제**란 의무자가 행정상 의무를 이행하지 아니하는 경우 행정청이 의무자의 신체나 재산에 실력을 행사하여 그 행정상 의무의 이행이 있었던 것과 같은 상태를 실현하는 것이다(동법 제30조 제1항 제3호).

② (○) 행정상 **강제징수**란 의무자가 행정상 의무 중 금전급부의무를 이행하지 아니하는 경우 행정청이 의무자의 재산에 실력을 행사하여 그 행정상 의무가 실현된 것과 같은 상태를 실현하는 것이다(동법 제30조 제1항 제4호).

③ (○) 행정상 **즉시강제**란 현재의 급박한 행정상의 장해를 제거하기 위한 경우로서 행정청이 미리 행정상 의무 이행을 명할 시간적 여유가 없는 경우 또는 그 성질상 행정상 의무의 이행을 명하는 것만으로는 행정목적 달성이 곤란한 경우 경우에 행정청이 곧바로 국민의 신체 또는 재산에 실력을 행사하여 행정목적을 달성하는 것이다(동법 제30조 제1항).

④ (×) **이행강제금**의 부과란 의무자가 행정상 의무를 이행하지 아니하는 경우 행정청이 적절한 이행기간을 부여하고, 그 기한까지 행정상 의무를 이행하지 아니하면 금전급부의무를 부과하는 것으로서, 행정상 의무를 이행하지 않는다면 **이행할 때까지 이행강제금을 반복하여 부과할 수 있다(없다×)**(동법 제31조 제5항).

---

525 경찰상 강제집행의 수단에 대한 설명이다. 다음 중 옳은 것은?  21 경위

① 대집행의 절차는 계고 → 통지 → 비용의 징수 → 실행 순이다.

② 집행벌은 경찰벌과 병과해서 행할 수 없다.

③ 강제징수 절차는 독촉 → 체납처분(압류−매각−청산) 순으로 진행한다.

④ 강제집행과 즉시강제는 선행의무 불이행을 전제하지 않는다.

해설

① (×) **대집행**의 절차는 **계고** → **통지** → **실행**(비용의 징수×) → **비용의 징수**(실행×) 순이다.

② (×) **집행벌**은 **경찰벌**과 **병과**해서 행할 수 **있다(없다×)**.

③ (○) **강제징수** 절차는 **독촉** → 체납처분(**압류 − 매각 − 청산**) 순으로 진행한다.

④ (×) **즉시강제**는 선행의무 불이행을 전제하지 않고 행정상 **긴급한 필요와 급박성**을 전제로 한다. 이에 반해 **강제집행**은 **선행의무 불이행을 전제로 한다(선행의무 불이행을 전제로 하지 않는다×)**.

제**6**절 **경찰하명과 허가 및 면제**

---

526 경찰하명에 관한 설명으로 가장 적절하지 않은 것은? (다툼이 있는 경우 판례에 의함) ●A급 23 순경1차

① 경찰하명은 경찰상의 목적을 위하여 국가의 일반통치권에 의거, 개인에게 특정한 작위·부작위·수인 또는 급부의 의무를 명하는 행정행위이다.

② 부작위하명은 적극적으로 어떤 행위를 하지 말 것을 명하는 것으로 '면제'라 부르기도 한다.

③ 경찰하명에 위반한 행위는 강제집행이나 처벌의 대상이 되지만, 원칙적으로 사법(私法)상의 법률적 효력까지 부인하는 것은 아니다.

④ 위법한 경찰하명으로 인하여 권리·이익이 침해된 자는 행정쟁송 또는 손해배상을 청구할 수 있다.

🔒 525 ③ 526 ②

① (○) **경찰하명**은 경찰상의 목적을 위하여 국가의 일반통치권에 의거, 개인에게 특정한 작위·부작위·수인 또는 급부의 **의무를 명하는 행정행위**이다.

② (×) **부작위하명**은 소극적(적극적×)으로 어떤 행위를 하지 말 것을 명하는 것으로 '**금지**'(면제×)라 부르기도 한다.

③ (○) **경찰하명에 위반한 행위**는 강제집행이나 처벌의 대상이 되지만, 원칙적으로 **사법(私法)상의 법률적 효력은 인정**된다.

④ (○) **위법한 경찰하명**으로 인하여 권리·이익이 침해된 자는 **행정쟁송** 또는 **손해배상**을 청구를 통해 권리를 **구제받을 수 있다.**

527 경찰하명에 대한 설명으로 가장 적절하지 않은 것은? ●A급 19 순경1차

① 경찰하명이란 경찰목적을 달성하기 위해 상대방에게 일정한 작위·부작위·수인·급부의 의무를 명하는 행정행위이다.

② 경찰하명 위반 시에는 경찰상 강제집행의 대상이 되거나 경찰벌이 과해질 수 있으나, 하명을 위반한 행위의 법적 효력에는 원칙적으로 영향을 미치지 않는다.

③ 경찰하명의 상대방인 수명자는 수인의무를 지므로 경찰하명이 위법하더라도 손해배상을 청구할 수 없다.

④ 경찰하명이 있는 경우, 상대방은 행정주체에 대하여만 의무를 이행할 책임이 있고 그 이외의 제3자에 대하여 법상 의무를 부담하는 것은 아니다.

① (○) **경찰하명**이란 경찰목적을 달성하기 위해 상대방에게 일정한 작위·부작위·수인·급부의 **의무를 명하는 행정행위**이다.

② (○) **경찰하명 위반** 시에는 경찰상 **강제집행**의 대상이 되거나 **경찰벌**(형벌 또는 질서벌-과태료)이 과해질 수 있으나, 하명을 위반한 행위의 **법적 효력**(사법적 효력=개인 간의 거래행위)에는 원칙적으로 **영향을 미치지 않는다.**

　Tip 예를 들어, 허가를 받고 영업을 하라는 하명을 위반하여 허가 없이 음식점 영업을 한다면 경찰벌이 과해질 수 있다. 하지만 **개인 간의 거래행위**(사법상 법적 효력)은 **유효**하므로 하명을 위반한 음식점 주인이라 하더라도 **손님에게 음식값은 받을 권리**가 인정된다.

③ (×) 경찰하명의 상대방인 수명자는 수인의무를 지므로 **경찰하명이 위법한 경우**에는 **손해배상을 청구할 수 있다**(없다×).

④ (○) **경찰하명이 있는 경우**, 상대방은 행정주체에 대하여만 의무를 이행할 책임이 있고 그 이외의 **제3자에 대하여 법상 의무를 부담하는 것은 아니다.**

528 경찰하명에 대한 설명 중 가장 적절하지 않은 것은? ●A급 20 승진

① 경찰하명은 경찰목적을 위하여 국가의 일반통치권에 의거 개인에게 특정한 작위·부작위·수인 또는 급부의 의무를 명하는 행정행위이다.

② 부작위하명은 소극적으로 어떤 행위를 하지 말 것을 명하는 것으로 '금지'라 부르기도 한다.

③ 공공시설에서 공중의 건강을 위하여 흡연행위를 금지하는 것은 부작위하명이다.

④ 위법한 하명으로 인하여 권리·이익이 침해된 자는 손실보상을 청구할 수 있다.

 527 ③　528 ④

① (○) **경찰하명**은 경찰목적을 위하여 국가의 일반통치권에 의거 개인에게 특정한 작위·부작위·수인 또는 급부의 **의무를 명하는 행정행위**이다.

② (○) **부작위하명**은 **소극적**으로 어떤 행위를 **하지 말 것**을 명하는 것으로 '**금지**'라 부르기도 한다.

③ (○) 공공시설에서 공중의 건강을 위하여 **흡연행위를 금지**하는 것은 **부작위하명**이다.

④ (×) **위법한 하명**으로 인하여 권리·이익이 침해된 자는 **손해배상(손실보상×)**을 **청구할 수 있다.**

529 경찰하명에 대한 설명으로 가장 적절하지 않은 것은?

① 법규하명은 국민에 대한 의무 부과가 행정기관의 별도 행정처분을 기다리지 않고 이루어지는 하명이다.

② 경찰하명이 무효라면 이를 위반하여도 처벌할 수 없고, 저항하여도 공무집행방해죄가 성립하지 않는다.

③ 경찰하명에 위반하여 이루어진 사법상의 행위는 원칙적으로 그 사법적 효력에는 아무런 영향을 미치지 않는다.

④ 위법한 하명으로 인하여 권리나 이익이 침해된 자는 고소, 고발, 정당방위 및 손실보상 청구를 통하여 구제받는다.

① (○) **법규하명**은 국민에 대한 의무 부과가 행정기관의 별도 행정처분을 기다리지 않고, **법령에 의하여 직접 일정한 의무가 발생**되는 경찰하명을 말한다.

② (○) **경찰하명이 무효라면** 이를 위반하여도 처벌할 수 없고, **저항하여도 공무집행방해죄가 성립하지 않는다.**

③ (○) **경찰하명에 위반**하여 이루어진 사법상(민법상)의 행위는 원칙적으로 그 **사법적(개인간) 효력에는 아무런 영향을 미치지 않는다.**

④ (×) **위법한 하명**으로 인하여 권리나 이익이 침해된 자는 고소, 고발, 정당방위 및 **손해배상(손실보상×)** 청구를 통하여 구제받는다.

530 강학상 경찰허가에 관한 설명 중 가장 적절한 것은? (다툼이 있는 경우 판례에 의함) A급 22 순경2차

① 특별한 규정이 없는 한, 허가를 받게 되면 다른 법령상의 제한들도 모두 해제되는 것이 원칙이다.

② 특별한 규정이 없는 한, 허가는 법령이 부과한 작위의무, 부작위 의무 및 급부의무를 모두 해제하는 것이다.

③ 강학상 허가와 강학상 특허는 당사자의 신청이 없어도 가능하다는 점에서 공통점이 있다.

④ 일반적으로 영업허가를 받지 아니한 상태에서 행한 사법상 법률행위는 유효하다.

① (×) 특별한 규정이 없는 한, 허가를 받게 되면 다른 법령상의 제한들도 **모두 해제되는 것은 아니다(해제되는 것이 원칙이다×).**

  Tip 만일 공무원이 음식점영업허가를 받았다고 해서, 공무원의 영리업무 금지의무가 해제되는 것은 아니다.

② (×) 특별한 규정이 없는 한, **허가**는 법령이 부과한 **부작위 의무(작위 의무×, 급부 의무×)를 해제**하는 것이다.

  Tip **작위의무·수인의무·급부의무를 해제**하는 것은 '**면제**'라고 한다.

🔒 529 ④ 530 ④

③ (×) 강학상 **허가**는 당사자의 신청에 의하여 행하여지는 것이 보통이나 예외적으로 **신청이 없어도 가능**한 경우가 있다. 이와 달리 강학상 **특허는 반드시 당사자의 신청이 있어야** 하는 점에서 허가와 다른점(공통점×)이 있다.

④ (○) 일반적으로 영업허가를 받지 아니한 상태에서 행한 **사법상 법률행위는 유효하다**.

Tip 예를 들어, 영업허가를 받지 아니한 상태에서 일반음식점 영업을 했을지라도 손님들에 음식 값을 받을 권리가 있고 손님들은 음식 값을 지급할 의무가 있다. 즉, **개인 간의 거래행위(사법상 법률행위)는 유효하다.**

531 허가에 대한 설명으로 가장 적절한 것은? ●A급 19 승진

① 허가란 법령에 의하여 과하여진 작위·급부·수인의무를 특정한 경우에 해제하여 주는 행정행위이다.

② 허가는 행위의 '적법요건'이지만 '유효요건'은 아니므로, 무허가행위는 행정상 강제집행 또는 행정벌의 대상은 되지만, 행위 자체의 법적 효력은 영향을 받지 않는 것이 원칙이다.

③ 허가는 허가가 유보된 상대적 금지뿐만 아니라 절대적 금지의 경우에도 인정된다.

④ 허가는 상대방의 신청에 의하여 행하여지는 것으로 신청에 의하지 않고는 행하여질 수 없다.

해설

① (×) **허가**란 법령에 의하여 과하여진 **부작위 의무**(작위·급부·수인의무×)를 특정한 경우에 **해제**하여 주는 행정행위이다.

Tip **면제**란 작위·급부·수인의무를 특정한 경우에 **해제**하여 주는 행정행위이다.

② (○) **허가**는 행위의 '**적법요건**'이지만 '**유효요건**'은 아니므로, 무허가행위는 행정상 강제집행 또는 행정벌의 대상은 되지만, **행위 자체의 법적 효력은 영향을 받지 않는 것이** 원칙이다.

③ (×) 허가는 허가가 유보된 **상대적 금지만 허가의 대상**이 되고, 절대적 금지의 경우에는 허가가 **인정되지 아니한다**(인정된다×).

④ (×) **허가**는 원칙적으로 상대방의 **신청**에 의하여 행하여지는 **쌍방적 행정행위**이다. 다만, **예외적으로 신청 없이 직권으로 불특정다수인**에게 일반허가를 하는 경우도 있다(행하여질 수 없다×).

532 경찰작용에 관한 설명으로 가장 적절하지 않은 것은? ●A급 23 승진

① 행정목적을 위하여 국가의 일반통치권에 의거 개인에게 특정한 작위·부작위·수인 또는 급부의 의무를 명하는 행정행위, 개인에게 특정의무를 명하는 명령적 행정행위를 하명이라 한다.

② 법령에 의한 일반적·절대적 금지를 특정한 경우에 해제하여 적법하게 일정한 행위를 할 수 있게 하는 행정행위를 허가라 한다.

③ 부관은 조건·기한·부담·철회권의 유보 등과 같이 주된 처분에 부가되는 종된 규율로서, 주된 처분의 효과를 제한하거나 의무를 부과함으로써 국민의 권리·의무에 영향을 미치는 효과가 있다.

④ 행정지도는 일정한 행정목적을 달성하기 위해 상대방인 국민에게 임의적인 협력을 요청하는 비권력적 사실행위를 말한다.

🔒 531 ② 532 ②

① (O) 행정목적을 위하여 국가의 일반통치권에 의거 개인에게 특정한 작위·부작위·수인 또는 급부의 의무를 명하는 행정행위, 개인에게 특정의무를 명하는 **명령적 행정행위**를 "하명"이라 한다.

> **Tip** 형성적 행정행위 – **특허, 인가, 대리**

② (X) 법령에 의한 **일반적·상대적(절대적×)** 금지를 특정한 경우에 **해제**하여 적법하게 일정한 행위를 할 수 있게 하는 행정행위를 "**허가**"라 한다.

③ (O) "**부관**"은 조건·기한·부담·철회권의 유보 등과 같이 주된 처분에 부가되는 **종된 규율**로서, 주된 처분의 **효과를 제한**하거나 **의무를 부과**함으로써 **국민의 권리·의무에 영향을 미치는 효과**가 있다.

④ (O) "**행정지도**"는 일정한 행정목적을 달성하기 위해 상대방인 **국민에게 임의적인 협력을 요청하는 비권력적 사실행위**를 말한다.

---

533 경찰하명에 대한 설명으로 가장 적절한 것은 모두 몇 개인가? ●A급 24 경위

> 가. 「경찰관 직무집행법」 제4조의 강제보호조치 대상자에 대한 응급을 요하는 구호조치에 따른 수인의무는 하명이 아니다.
>
> 나. 대간첩 지역이나 국가중요시설에 대한 접근제한명령이나 통행제한명령은 수인의무를 명하는 행위로서 하명의 성질이 아니다.
>
> 다. 「경찰관 직무집행법」 제5조 제1항 제3호의 관계인에게 '필요한 조치를 하게 하는 것'은 상대방이 필요한 조치를 하도록 명하는 행위이더라도 하명의 성질은 아니다.
>
> 라. 도로교통법 위반에 의한 과태료납부의무는 하명이 아니다.

① 없음 ② 1개
③ 2개 ④ 3개

옳은 설명 **없음**

가. (X) 「경찰관 직무집행법」 **제4조의 강제보호조치** 대상자에 대한 응급을 요하는 **구호조치에 따른 수인의무**를 행하게 하는 **하명에 해당한다(아니다×)**.

나. (X) 대간첩 지역이나 국가중요시설에 대한 **접근제한명령이나 통행제한명령**은 접근이나 통행을 금지하는 것으로 **부작위의무(수인의무×)**를 명하는 **하명의 성질을 가진다(아니다×)**.

다. (X) 「경찰관 직무집행법」 제5조 제1항 제3호의 관계인에게 '**필요한 조치를 하게 하는 것**'은 상대방이 필요한 조치를 하도록 명령하는 행위이므로 **작위의무를 명하는 하명의 성질을 가진다(아니다×)**.

라. (X) 도로교통법 위반에 의한 **과태료납부의무**는 행정청이 금전을 납부하도록 명하는 **급부의무로서 하명에 해당한다(아니다×)**.

 533 ①

제7절 행정상 의무이행(실효성) 확보수단

534 경찰상 의무이행 확보수단을 전통적 수단과 새로운 수단으로 구분할 때, 전통적 수단에 해당하지 않는 것은? ●A급 20 경위

① 대집행 　　　　　　② 집행벌

③ 과징금 　　　　　　④ 강제징수

해설

① (○) 대집행 – 전통적 수단　　② (○) 집행벌 – 전통적 수단

③ (×) **과징금 – 새로운 수단**　　④ (○) 강제징수 – 전통적 수단

Tip 의무이행 확보수단의 구분

전통적 수단	경찰강제	강제집행(대집행, 집행벌, 강제징수, 직접강제), 즉시강제
	경찰벌	형벌, 통고처분(범칙금`,`), 질서벌(과태료)
새로운 수단		• 과징금, 가산금, 부당이득세 • 공급거부 • 명단공표 • 관허사업제한 • 국외여행제한

535 경찰상 의무이행 확보수단을 전통적 의무이행 확보수단과 새로운 의무이행 확보수단으로 구분할 때, 새로운 의무이행 확보수단에 해당하지 않는 것은? ●A급 23 법학

① 과징금 　　　　　　② 수익적 행정행위의 취소·철회

③ 공급거부 　　　　　　④ 행정질서벌

해설

① (○) **과징금 – 새로운 의무이행 확보수단**

　　Tip '**과징금**'이란 행정청이 일정한 행정법상의 의무를 위반한 사업자 또는 개인에 대하여 의무 이행을 확보하기 위해 **사업 또는 면허의 취소나 정지처분에 대신하여 부과**하는 금전적 제재를 말한다. 과태료(질서벌)와 다른 것은 **부당이득에 대한 환수 조치의 성격**이 있다. 벌금(형벌)에 더해 과징금까지 부과할 수 있다.

　　　예 허위·과장광고로 부당한 이익을 얻은 회사에게 사업의 취소나 영업정지 처분을 하지 않는 대신에 '**과징금**'을 부과하여 **그 동안의 부당이득에 대한 환수 조치**를 한다.

② (○) **수익적 행정행위의 취소·철회(영업허가·면허 취소) – 새로운 의무이행 확보수단**

③ (○) **공급거부(수도·전기공급거부) – 새로운 의무이행 확보수단**

④ (×) **행정질서벌(과태료) – 전통적 의무이행 확보수단**

🔒 534 ③　535 ④

536 경찰상 강제집행 및 그 수단에 대한 설명으로 가장 적절하지 않은 것은?

●A급 21 순경1차

① 경찰상 강제집행은 경찰하명에 의한 의무의 존재 및 그 불이행을 전제로 한다는 점에서 의무불이행을 전제로 하지 않는 경찰상 즉시강제와 구별된다.

② 경찰상 강제집행은 장래에 향하여 의무이행을 강제한다는 점에서 과거의 의무위반에 대한 제재인 경찰벌과 구별된다.

③ 강제징수란 의무자가 관련 법령상의 대체적 작위의무를 이행하지 않을 경우, 당해 경찰관청이 스스로 행하거나 또는 제3자로 하여금 의무자가 하여야 할 행위를 하게 함으로써 의무의 이행이 있는 것과 같은 상태를 실현시킨 후 그 비용을 의무자로부터 징수하는 것이다.

④ 대집행의 근거가 되는 일반법으로는 「행정대집행법」이 있다.

해설

① (○) 경찰상 **강제집행**은 경찰하명에 의한 **의무의 존재 및 그 불이행을 전제로 한다는 점**에서 의무불이행을 전제로 하지 않는 경찰상 **즉시강제와 구별된다.**

② (○) 경찰상 **강제집행**은 **장래에 향하여** 의무이행을 **강제한다는 점**에서 과거의 의무위반에 대한 제재인 **경찰벌과 구별**된다.

③ (×) **대집행(강제징수×)**란 의무자가 관련 법령상의 **대체적 작위의무를 이행하지 않을 경우**, 당해 경찰관청이 스스로 행하거나 또는 제3자로 하여금 의무자가 하여야 할 행위를 하게 함으로써 의무의 이행이 있는 것과 같은 상태를 실현시킨 후 그 비용을 의무자로부터 징수하는 것이다.

④ (○) **대집행의 근거**가 되는 일반법으로는 「**행정대집행법**」이 있다.

537 행정의 실효성 확보수단에 관한 설명 중 가장 적절한 것은? (다툼이 있는 경우 판례에 의함)

① 통고처분은 형식적 의미의 행정이며 실질적 의미의 사법이다.

●A급 22 순경2차

② 작위의무를 부과한 행정처분의 법적 근거가 있다면 행정대집행은 별도의 법적 근거를 요하지 아니하며, 즉시강제는 법률의 근거가 없더라도 일반긴급권에 기초하여 행사할 수 있다.

③ 행정대집행과 행정상 즉시강제는 제3자에 의해 집행될 수 없고 행정청이 직접 행사해야 한다.

④ 「관세법」상 통고처분 여부는 관세청장의 재량에 맡겨져 있지만, 「경범죄 처벌법」 및 「도로교통법」상 통고처분은 재량의 여지가 없다.

해설

① (○) **통고처분**(범칙금)은 실정법에 의해 **행정부가 행하는** 행정작용이므로 **형식적 의미의 행정**이라 할 수 있다. 동시에 **형사재판을 대신**하여 간이 · 신속한 처리를 목적으로 상대방의 동의하에 행정청이 벌금 또는 과료에 상당하는 금액인 범칙금의 납부를 통고하는 준사법적 행위이므로 **실질적 의미의 사법**에 해당한다.

② (×) 작위의무를 부과한 행정처분의 법적 근거가 있더라도 이후에 **행정대집행을 하려면** 「**행정대집행법**」이라는 **별도의 법적 근거를 요한다**(요하지 아니하며×). 또한 **즉시강제도 실정법적 근거가 있어야만**(법률의 근거가 없더라도×) 일반긴급권에 기초하여 행사할 수 있다.

> **Tip** 경찰관의 **일반긴급권**에 대한 **일반법적 근거는 존재하지 않으며**, **개별법으로는** 소방기본법 · 감염병의 예방 및 관리에 관한 법률 · 식품위생법 등이 **존재한다.**

③ (×) **행정대집행은 제3자에 의해 집행될 수 있고**(없고×) 행정청이 **직접 행사하지 않아도 된다**(직접 행사해야 한다×). 하지만 행정상 **즉시강제는 제3자에 의해 집행될 수 없고** 행정청이 **직접 행사**해야 한다.

④ (×) 「**관세법**」상 통고처분 여부는 관세청장의 **재량**에 맡겨져 있고, 「**경범죄 처벌법**」 및 「**도로교통법**」상 통고처분도 **재량의 여지가 있다**(없다×).

> **Tip** 통고처분에 관한 조문을 보면 범칙자로 인정되는 사람에 대하여 그 이유를 명백히 나타낸 서면으로 범칙금을 부과하고 이를 납부할 것을 통고'**할 수 있다**'고 규정하여 **재량의 여지를 두고 있다**(경범죄 처벌법 제7조 제1항, 도로교통법 제163조).

🔒 536 ③ 537 ①

538 행정상 의무이행 확보수단에 관한 설명으로 가장 적절하지 않은 것은? (다툼이 있는 경우 판례에 의함)

●A급 23 순경1차

① 과징금은 원칙적으로 행정법상의 의무를 위반한 자에 대하여 당해 위반행위로 얻게 된 경제적 이익을 박탈하기 위한 목적으로 부과하는 금전적인 제재이다.

② 「경찰관 직무집행법」 제6조 "경찰관은 범죄행위가 목전에 행하여지려고 하고 있다고 인정될 때에는 이를 예방하기 위하여 관계인에게 필요한 경고를 하고, 그 행위로 인하여 사람의 생명·신체에 위해를 끼치거나 재산에 중대한 손해를 끼칠 우려가 있는 긴급한 경우에는 그 행위를 제지할 수 있다."규정은 행정상 즉시강제에 해당한다.

③ 「경찰관 직무집행법」 제4조 제1항 제1호에서 규정하는 술에 취한 상태로 인하여 자기 또는 타인의 생명·신체와 재산에 위해를 미칠 우려가 있는 피구호자에 대한 보호조치는 행정상 강제집행에 해당한다.

④ 가산세는 개별 세법이 과세의 적정을 기하기 위하여 정한 의무의 이행을 확보할 목적으로 그 의무 위반에 대하여 세금의 형태로 가하는 행정상 제재이다.

해설

① (○) **과징금**은 원칙적으로 행정법상의 의무를 위반한 자에 대하여 당해 위반행위로 얻게 된 **경제적 이익을 박탈**하기 위한 목적으로 부과하는 금전적인 제재이다.

Tip 과징금과 과태료 구별

과징금	**의무위반**에 대해 영업이나 면허의 취소·철회 대신 **부당이득**한 **경제적 이익의 환수조치**를 말한다.
과태료	**질서위반행위규제법**상 **의무이행을 위반**하는 자에 대한 벌칙으로 형벌이 아니라 **행정벌**에 해당한다.
과료	**형벌**의 일종으로 2,000원 이상 50,000원 미만의 금전을 납부해야 한다.
범칙금	도로교통법이나 경범죄 처벌법상 경미한 범칙행위에 대해 법원의 판결없이 행정청이 부과하는 **벌금의 성격**을 가진 **행정처분**이다. 정식재판에 의해 벌금을 받으면 전과에 남지만 범칙금은 납부하면 전과에 남지 않는다. 즉, 형벌 받을 것을 행정처분으로 전환해 주는 특례조항이다.

② (○) **「경찰관 직무집행법」** 제6조**(범죄의 예방과 제지)** "경찰관은 범죄행위가 목전에 행하여지려고 하고 있다고 인정될 때에는 이를 예방하기 위하여 관계인에게 필요한 **경고**를 하고, 그 행위로 인하여 사람의 생명·신체에 위해를 끼치거나 재산에 중대한 손해를 끼칠 우려가 있는 긴급한 경우에는 그 행위를 **제지**할 수 있다." 규정은 행정상 **즉시강제**에 해당한다.

③ (×) **「경찰관 직무집행법」** 제4조**(보호조치등)** 제1항 제1호에서 규정하는 술에 취한 상태로 인하여 자기 또는 타인의 생명·신체와 재산에 위해를 미칠 우려가 있는 피구호자에 대한 **보호조치**는 행정상 **즉시강제(강제집행×)**에 해당한다.

④ (○) **가산세**는 개별 세법이 **과세의 적정을 기하기 위하여** 정한 의무의 이행을 확보할 목적으로 그 의무 위반에 대하여 **세금의 형태**로 가하는 행정상 제재이다.

Tip 가산세와 가산금의 구별

가산세	**세법**에 따라 **적정**하게 소득을 **신고**하고 납세 의무를 **위반**하거나 정상적으로 이행하지 않는 경우에 산출된 세액에 가산하여 징수한다.
가산금	**납부기한까지 내지 않는 경우** 원래의 금액에 일정 비율로 가산하여 징수하는 금액으로 일종의 **지연이자**라고 말할 수 있다.

538 ③

539 행정상 의무이행 확보수단에 관한 설명으로 가장 적절하지 않은 것은? (다툼이 있는 경우 판례에 의함)

●A급 23 순경2차

① 질서위반행위에 대하여 과태료 부과의 근거 법률이 개정되어 행위 시의 법률에 의하면 과태료 부과대상이었지만 재판 시의 법률에 의하면 과태료 부과대상이 아니게 된 때에는 개정 법률의 부칙에서 종전 법률 시행 당시에 행해진 질서위반행위에 대해서는 행위 시의 법률을 적용하도록 특별한 규정을 두지 않은 이상 재판 시의 법률을 적용하여야 하므로 과태료를 부과할 수 없다.

② 경찰서장이 범칙행위에 대하여 통고처분을 한 이상 통고처분에서 정한 범칙금 납부기간까지는 원칙적으로 경찰서장은 즉결심판을 청구할 수 없다.

③ 피고인이 즉결심판에 대하여 제출한 정식재판청구서에 피고인의 자필로 보이는 이름이 기재되어 있고 그 옆에 서명이 되어 있어 위 서류가 작성자 본인인 피고인의 진정한 의사에 따라 작성되었다는 것을 명백하게 확인할 수 있더라도 피고인의 인장이나 지장이 찍혀 있지 않다면 정식재판청구는 부적법하다고 보아야 한다.

④ 「질서위반행위규제법」에 따르면 고의 또는 과실이 없는 질서위반행위는 과태료를 부과하지 아니한다.

> **해설**
>
> ① (○) 질서위반행위에 대하여 과태료 부과의 근거 **법률이 개정되어** 행위 시의 법률에 의하면 과태료 부과대상이었지만 **재판 시의 법률에 의하면 과태료 부과대상이 아니게 된** 때에는 개정 법률의 부칙에서 종전 법률 시행 당시에 행해진 질서위반행위에 대해서는 행위 시의 법률을 적용하도록 특별한 규정을 두지 않은 이상 **재판 시의 법률을 적용**하여야 하므로 **과태료를 부과할 수 없다**(질서위반행위규제법 제3조 제3항)(대법원 2020마5594).
>
> ② (○) 경찰서장이 범칙행위에 대하여 **통고처분을 한 이상**, 범칙자의 절차적 지위를 보장하기 위하여 통고처분에서 정한 범칙금 **납부기간까지는** 원칙적으로 경찰서장은 **즉결심판을 청구할 수 없고**, 검사도 동일한 범칙행위에 대하여 **공소를 제기할 수 없다**(대법원 2017도13409).
>
> ③ (×) 피고인이 즉결심판에 대하여 제출한 **정식재판청구서**에 피고인의 자필로 보이는 이름이 기재되어 있고 그 옆에 서명이 되어 있어 위 서류가 작성자 **본인인 피고인의 진정한 의사에 따라 작성되었다**는 것을 **명백**하게 확인할 수 있으며 형사소송절차의 명확성과 안정성을 저해할 우려가 없으므로, 피고인의 **인장이나 지장이 찍혀 있지 않다**하더라도 정식재판청구는 **적법**(부적법×)하다고 보아야 한다(대법원 2017모3458).
>
> ④ (○) 「질서위반행위규제법」에 따르면 **고의 또는 과실이 없는 질서위반행위**는 과태료를 **부과하지 아니한다**(동법 제7조).

540 경찰행정의 실효성 확보수단에 관한 설명으로 가장 적절하지 않은 것은? (다툼이 있는 경우 판례에 의함)

●A급 24 순경1차

① 행정대집행은 대체적 작위의무 불이행에 대하여 다른 수단으로는 그 이행을 확보하기 곤란하고 불이행을 방치하면 공익을 크게 해칠 것으로 인정될 때에 행정청이 의무자가 하여야 할 행위를 스스로 하거나 제3자에게 하게하고 그 비용을 의무자로부터 징수하는 것을 말한다.

② 행정청은 의무자가 행정상 의무를 이행할 때까지 이행강제금을 반복하여 부과할 수 있으나, 의무자가 의무를 이행하면 이미 부과한 이행강제금을 징수하여서는 안 된다.

③ 직접강제는 행정대집행이나 이행강제금 부과로는 행정상 의무이행을 확보할 수 없거나 그 실현이 불가능한 경우에 실시하여야 한다.

🔒 **539** ③   **540** ②

④ 경찰행정상 즉시강제는 눈앞의 급박한 경찰상 장해를 제거하여야 할 필요가 있고 의무를 명할 시간적 여유가 없거나 의무를 명하는 방법으로는 그 목적을 달성하기 어려운 상황에서 의무불이행을 전제로 하지 않고 경찰이 직접 실력을 행사하여 경찰상 필요한 상태를 실현하는 권력적 사실행위이다.

해설

① (○) **행정대집행은 대체적 작위의무 불이행**에 대하여 다른 수단으로는 그 이행을 확보하기 곤란하고 불이행을 방치하면 공익을 크게 해칠 것으로 인정될 때에 **행정청이** 의무자가 하여야 할 행위를 **스스로** 하거나 **제3자에게 하게하고** 그 비용을 의무자로부터 징수하는 것을 말한다.

② (×) 행정청은 의무자가 행정상 의무를 이행할 때까지 **이행강제금을 반복하여 부과할 수 있다.** 다만, 의무자가 의무를 **이행하면 새로운 이행강제금의 부과를 즉시 중지**하되, **이미 부과한 이행강제금은 징수하여야 한다(**하여서는 안 **된다×)**(행정기본법 제31조 제5항).

③ (○) **직접강제는 행정대집행**이나 **이행강제금 부과**로는 행정상 의무이행을 확보할 수 없거나 그 실현이 **불가능한 경우에 실시하여야** 한다.

④ (○) 경찰행정상 **즉시강제**는 눈앞의 급박한 경찰상 장해를 제거하여야 할 필요가 있고 의무를 명할 시간적 여유가 없거나 의무를 명하는 방법으로는 그 목적을 달성하기 어려운 상황에서 **의무불이행을 전제로 하지 않고** 경찰이 **직접 실력을 행사**하여 경찰상 필요한 상태를 실현하는 **권력적 사실행위**이다.

541 경찰상 즉시강제에 대한 설명으로 가장 적절하지 않은 것은? ●A급 20 순경1차

① 경찰상 즉시강제는 권력적 사실행위인 처분이기 때문에 행정쟁송이 가능하다.

② 즉시강제의 절차적 한계에 있어서 영장주의의 적용 여부에 대하여 영장필요설이 통설과 판례이다.

③ 경찰상 즉시강제 시 필요 이상으로 실력을 행사하여 경찰책임자 이외의 자에게 유형력을 행사하는 것은 위법이 된다.

④ 적법한 즉시강제에 대한 구제로 손실보상을 청구할 수 있으며, 일정한 요건하에서 「형법」상 위법성조각사유에 해당하는 긴급피난도 가능하다.

해설

① (○) 경찰상 **즉시강제는 권력적 사실행위**인 처분이기 때문에 **행정쟁송이 가능**하다.

② (×) **즉시강제**의 절차적 한계에 있어서 **영장주의의 적용** 여부에 대하여 **절충설(영장필요설×)이 통설과 판례**이다.

> 🔵Tip 현행 「헌법」은 영장주의의 적용 여부에 대하여 **적법절차조항을 신설**하였다. 영장제도는 권력의 남용을 억제하고 기본권 보장을 목적으로 하므로 경찰상 즉시강제에도 **영장주의를 적용하는 것이 원칙**이다. 다만, 행정목적의 달성을 위해 불가피하다고 인정할 만한 합리적인 이유가 있는 경우에 한하여 **예외적으로 영장주의의 적용이 배제될 수 있다는** '**절충설**'이 통설과 판례의 입장이다.

③ (○) 경찰상 즉시강제 시 **필요 이상으로 실력을 행사**하여 경찰책임자 이외의 자에게 유형력을 행사하는 것은 **위법이 된다.**

④ (○) **적법한 즉시강제**에 대한 구제로 **손실보상**을 청구할 수 있으며, 일정한 요건하에서 「형법」상 위법성조각사유에 해당하는 **긴급피난도 가능**하다.

 541 ②

542 행정상 즉시강제에 해당하는 것을 모두 고른 것은? (다툼이 있는 경우 판례에 의함) ●A급 22 순경1차

> ㉠ 「경찰관 직무집행법」 제6조 범죄의 예방을 위한 제지
> ㉡ 「경찰관 직무집행법」 제4조 제1항 제1호에서 규정하는 술에 취한 상태로 인하여 자기 또는 타인의 생명·신체와 재산에 위해를 미칠 우려가 있는 피구호자에 대한 보호조치
> ㉢ 「행정대집행법」 제2조 대집행
> ㉣ 「국세징수법」 제24조 강제징수

① ㉠, ㉢   ② ㉡, ㉢   ③ ㉠, ㉡   ④ ㉡, ㉣

해설

행정상 즉시강제에 해당하는 것은 ㉠, ㉡, **2개**이다.
㉠ (○) 「경찰관 직무집행법」 제6조 범죄의 예방을 위한 **제지** – 긴급성을 전제로 하는 **즉시강제**
㉡ (○) 「경찰관 직무집행법」 제4조 제1항 제1호에서 규정하는 술에 취한 상태로 인하여 자기 또는 타인의 생명·신체와 재산에 위해를 미칠 우려가 있는 피구호자에 대한 **보호조치** – 긴급성을 전제로 하는 **즉시강제**
㉢ (×) 「행정대집행법」 제2조 **대집행** – 대체적 작위의무불이행을 전제로 하는 **강제집행**
㉣ (×) 「국세징수법」 제24조 **강제징수** – 금전급부 의무불이행을 전제로 하는 **강제집행**

543 경찰상 강제집행의 수단에 대한 설명으로 가장 적절하지 않은 것은? ●A급 20 승진

① 직접강제란 의무의 불이행이 있는 경우 직접 의무자의 신체·재산에 실력을 가하여 의무의 이행이 있었던 것과 같은 상태를 실현하는 작용을 말한다.
② 강제징수의 일반법으로서 「국세징수법」이 있다.
③ 집행벌은 반복적으로 부과하는 것도 가능하다.
④ 대집행이란 비대체적 작위의무의 불이행이 있는 경우 행정청이 의무자의 작위의무를 스스로 행하거나 또는 제3자로 하여금 이를 행하게 하고 그 비용을 의무자로부터 징수하는 것을 말한다.

해설

① (○) **직접강제**란 **의무의 불이행이 있는 경우** 직접 의무자의 **신체·재산에 실력을 가하여** 의무의 이행이 있었던 것과 같은 상태를 실현하는 작용을 말한다.
② (○) **강제징수**의 일반법으로서 「**국세징수법**」이 있다.
③ (○) **집행벌(이행강제금)**은 반복적으로 **부과**하는 것도 **가능**하다.
④ (×) **대집행**이란 **대체적(비대체적×) 작위의무의 불이행**이 있는 경우 행정청이 의무자의 작위의무를 스스로 행하거나 또는 제3자로 하여금 이를 행하게 하고 그 비용을 의무자로부터 징수하는 것을 말한다.

544 경찰의무의 이행확보수단에 대한 설명으로 가장 적절한 것은? ●A급 23 경위

① 형사처벌과 이행강제금을 병과하는 것은 헌법상의 이중처벌금지의 원칙에 위반된다.
② 경찰상의 강제집행의 실정법적 근거로는 「경찰관 직무집행법」이 유일하다.
③ 즉시강제는 경찰상의 이행을 확보하기 위한 가장 효과적인 수단이며, 공공의 안녕 또는 질서에 대한 급박한 위해가 존재하는 경우에는 국가는 그 위해를 제거하여 공공의 안녕과 질서를 유지할 자연법적 권리와 의무를 가지므로, 특별한 법률적 근거가 없다 하더라도 경찰상의 즉시강제가 가능하다.

 542 ③   543 ④   544 ④

④ 경찰상의 강제집행을 하기 위해서는 경찰의무를 부과하는 경찰하명의 근거가 되는 법률 이외에 경찰상의 강제집행을 위한 별도의 법적 근거가 있어야 한다.

해설

① (×) **형사처벌과 이행강제금을 병과**하는 것은 헌법상의 **이중처벌금지**의 원칙에 **위반되지 않는다(위반된다×)**.
    **Tip** 형사처벌은 **과거의 위반**에 대한 제재를 주된 목적으로 하고, **이행강제금은** 행정상 강제집행의 수단으로 **장래를 향한 의무이행**을 확보하기 위한 것으로 양자가 목적이 다르기 때문에 **이중처벌이 아니다.**

② (×) 경찰상의 **즉시강제(강제집행×)의 실정법적 근거**로는 「**경찰관 직무집행법」**이 **유일한 것은 아니고(유일하다×),** 소방기본법, 식품위생법 등의 **개별법이 있다.**

③ (×) **즉시강제**는 경찰상의 이행을 확보하기 위한 가장 효과적인 수단이며, 공공의 안녕 또는 질서에 대한 **급박한 위해가 존재하는 경우**에는 국가는 그 위해를 제거하여 공공의 안녕과 질서를 유지할 **실정법적(자연법적×) 권리와 의무를 가지므로, 특별한 법률적 근거가 있어야만(없다 하더라도×)** 경찰상의 **즉시강제가 가능**하다.

④ (○) 경찰상의 **강제집행**을 하기 위해서는 경찰의무를 부과하는 **경찰하명의 근거가 되는 법률** 이외에 경찰상의 **강제집행을 위한 별도의 법적 근거가 있어야 한다.**

---

545 경찰상 의무이행 확보 수단에 대한 설명으로 가장 적절한 것은?   ●A급 21 승진

① 경찰상 강제집행은 경찰하명에 따른 경찰의무의 불이행이 있는 경우에 상대방의 신체 또는 재산이나 주거 등에 실력을 행사하여 경찰상 필요한 상태를 실현하는 작용으로 간접적 의무이행 확보 수단이다.

② 강제징수란 국민이 국가 또는 공공단체에 대해 부담하고 있는 공법상의 금전급부의무를 이행하지 않는 경우에 행정이 강제적으로 의무가 이행된 것과 동일한 상태를 실현하는 작용으로 새로운 의무이행 확보 수단이다.

③ 집행벌은 의무이행을 위한 강제집행이라는 점에서 의무위반에 대한 제재인 경찰벌과 구별되며, 경찰벌과 병과해서 행할 수 있고, 의무이행될 때까지 반복적으로 부과하는 것도 가능하다.

④ 해산명령 불이행에 따른 해산조치, 불법영업소의 폐쇄조치, 감염병 환자의 즉각적인 강제격리는 모두 즉시강제에 해당한다.

해설

① (×) 경찰상 **직접강제(강제집행×)**은 경찰하명에 따른 경찰**의무의 불이행**이 있는 경우에 상대방의 **신체 또는 재산이나 주거 등에 실력을 행사**하여 경찰상 필요한 상태를 실현하는 작용으로 **직접적(간접적×) 의무이행 확보 수단**이다.

② (×) **강제징수**란 국민이 국가 또는 공공단체에 대해 부담하고 있는 공법상의 **금전급부의무를 이행하지 않는 경우**에 행정이 강제적으로 의무가 이행된 것과 동일한 상태를 실현하는 작용으로 **전통적(새로운×) 의무이행 확보 수단**이다.

③ (○) **집행벌(이행강제금)**은 **장래의 의무이행**을 위한 **강제집행**이라는 점에서 **과거의 의무위반**에 대한 제재인 **경찰벌과 구별**되며, **경찰벌과 병과**해서 행할 수 있고, 의무이행될 때까지 **반복적으로 부과**하는 것도 **가능**하다.

④ (×) **감염병 환자의 즉각적인 강제격리**는 **긴급한 상황**에 대한 **즉시강제에 해당**하지만, **해산명령 불이행에 따른 해산조치, 불법영업소의 폐쇄조치**는 **비대체적 작위의무의 불이행**이 있는 경우에 해당하므로 신체 또는 재산이나 주거 등에 실력을 행사하여 경찰상 필요한 상태를 실현하는 '**직접강제**'에 해당한다.

🔒 545 ③

제1절 경찰관 직무집행법

[연혁]

546 「경찰관 직무집행법」에 실정법상 경찰의 직무가 규정되어 있다. 이러한 직무의 범위는 사회환경 또는 범죄양상의 변화 등으로 인해서 확장될 수 있다. 다음 중 「경찰관 직무집행법」 제2조에 명시적으로 규정된 직무 중에서 가장 최근에 신설된 것은 무엇인가? ●A급 24 순경2차

① 경비, 주요인사 경호 및 대간첩·대테러 작전 수행
② 외국 정부기관 및 국제기구와의 국제협력
③ 교통 단속과 교통 위해의 방지
④ 범죄피해자 보호

해설

① (×) 경비, 주요인사 경호 및 대간첩·대테러 작전 수행 – 2018. 4. 17. 이전 규정
② (×) 외국 정부기관 및 국제기구와의 국제협력 – 2018. 4. 17. 이전 규정
③ (×) 교통 단속과 교통 위해의 방지 – 2018. 4. 17. 이전 규정
④ (○) **범죄피해자 보호** – **2018. 4. 17. 전부 신설**된 규정

⬆Tip 공공안녕에 대한 위험의 예방과 대응을 위한 정보의 수집·작성 및 배포 – 2021. 1. 1. **일부 개정된 규정**

[목적 및 직무의 범위]

547 「경찰관 직무집행법」 제2조에 규정된 경찰관의 직무로 가장 적절하지 않은 것은? ●A급 24 특공

① 경비, 주요 인사(人士) 경호 및 대간첩·대테러 작전 수행
② 외국 정부기관 및 국제기구와의 국제협력
③ 공공안녕에 대한 위험의 예방과 대응을 위한 정보의 수집·작성 및 배포
④ 교통 단속과 도로시설의 안전 확보

해설

① (○) 경비, 주요 인사(人士) 경호 및 대간첩·대테러 작전 수행(동법 제2조 제3호)
② (○) 외국 정부기관 및 국제기구와의 국제협력(동법 제2조 제6호)
③ (○) 공공안녕에 대한 위험의 예방과 대응을 위한 정보의 수집·작성 및 배포(동법 제2조 제4호)
④ (×) **교통 단속과 교통 위해의 방지**(도로시설의 안전 확보×)(동법 제2조 제5호)

🔒 546 ④ 547 ④

548 「경찰관 직무집행법」에 대한 설명으로 가장 적절하지 않은 것은?  20 승진

① 동법에 규정된 경찰관의 직권은 그 직무 수행에 필요한 최소한도에서 행사되어야 하며 남용되어서는 아니 된다.

② 제2조 직무 범위에서는 범죄피해자 보호도 경찰의 직무로 규정하고 있다.

③ 경찰관은 수상한 행동이나 그 밖의 주위 사정을 합리적으로 판단하여 볼 때 어떠한 죄를 범하였거나 범하려 하고 있다고 의심할 만한 상당한 이유가 있는 사람을 정지시켜 질문할 수 있다.

④ 최근 「경찰관 직무집행법」 개정(2019. 6. 25. 시행)을 통해 불심검문 시 제복을 착용한 경찰관의 신분증명을 면제하는 규정이 신설되었다.

해설

① (O) 동법에 규정된 경찰관의 직권은 그 직무 수행에 **필요한 최소한도에서 행사**되어야 하며 **남용되어서는 아니 된다**(동법 제1조 제2항).

② (O) 제2조 직무 범위에서는 **범죄피해자 보호**(시행 2018. 4. 17.)도 경찰의 직무로 **규정하고 있다**(동법 제2조 제2의2호).

③ (O) 경찰관은 **수상한 행동**이나 그 밖의 주위 사정을 합리적으로 판단하여 볼 때 어떠한 **죄를 범하였거나 범하려 하고 있다고 의심할 만한** 상당한 이유가 있는 사람을 **정지시켜 질문할 수 있다**(동법 제3조 제1항 제1호).

④ (×) 최근 「경찰관 직무집행법」 개정(2019. 6. 25. 시행)을 통해 불심검문 시 제복을 착용한 경찰관의 **신분증명을 면제하는 규정**이 **신설되지도 않았고**(신설되었다×), 원래부터 그런 규정이 없다.

[불심검문]

549 「경찰관 직무집행법」상 불심검문에 대한 설명으로 가장 적절한 것은?  19 순경1차

① 경찰관은 상대방의 신원확인이 불가능하거나 교통에 방해된다고 인정될 때에는 임의동행을 요구할 수 있다.

② 경찰관은 임의동행한 사람의 가족이나 친지 등에게 동행한 경찰관의 신분, 동행 장소, 동행 목적과 이유를 알리거나 본인으로 하여금 즉시 연락할 수 있는 기회를 주어야 하며, 변호인의 도움을 받을 권리가 있음을 알려야 한다.

③ 경찰관은 질문을 하거나 임의동행을 요구할 경우 자신의 신분을 표시하는 증표를 제시하면서 소속과 성명을 밝혀야 한다. 이때 증표는 경찰공무원증뿐만 아니라 흉장도 포함된다.

④ 경찰관이 불심검문 시 흉기조사뿐 아니라, 흉기 이외의 일반소지품 조사도 할 수 있다고 규정하고 있다.

해설

① (×) 경찰관은 **사람을 정지시킨 장소에서 질문**을 하는 것이 그 사람에게 **불리하거나**(상대방의 신원확인이 불가능하거나×) **교통에 방해**된다고 인정될 때에는 임의동행을 요구할 수 있다.

② (O) **경찰관**은 임의동행한 사람의 가족이나 친지 등에게 동행한 경찰관의 신분, 동행 장소, 동행 목적과 이유를 **알리거나 본인으로 하여금 즉시 연락할 수 있는 기회를 주어야 하며**, 변호인의 도움을 받을 권리가 있음을 **알려야 한다**.

③ (×) 경찰관은 질문을 하거나 임의동행을 요구할 경우 자신의 **신분을 표시하는 증표를 제시하면서** 소속과 성명을 **밝혀야 한다**. 이때 증표는 경찰공무원증뿐만 아니라 **흉장은 포함되지 아니한다**(포함된다×).

④ (×) 경찰관이 **불심검문 시** 흉기조사뿐 아니라, **흉기 이외의 일반소지품 조사도 할 수 있다는 규정은 없다**(있다×).

 **548** ④ **549** ②

550 「경찰관 직무집행법」에 규정된 불심검문에 대한 설명으로 가장 적절하지 않은 것은? ●A급 23 특공

① 경찰관은 수상한 행동이나 그 밖의 주위 사정을 합리적으로 판단하여 볼 때 어떠한 죄를 범하였거나 범하려 하고 있다고 의심할 만한 상당한 이유가 있는 사람을 정지시켜 질문할 수 있다.

② 경찰관은 정지시킨 장소에서 질문을 하는 것이 불심검문 대상자에게 불리하거나 교통에 방해가 된다고 인정될 때에는 가까운 경찰서 지구대 파출소 또는 출장소(지방해양경찰관서를 포함, 이하 "경찰관서")로 동행할 것을 요구할 수 있다.

③ 경찰관은 불심검문 대상자가 흉기를 가지고 있는지를 조사할 수 있다.

④ 경찰관은 불심검문 대상자를 경찰관서에 임의동행한 경우 변호인의 도움을 받을 권리와 진술을 거부할 수 있는 권리가 있음을 알려야 한다.

> **해설**
> ① (○) 경찰관은 **수상한 행동**이나 그 밖의 주위 사정을 합리적으로 판단하여 볼 때 **어떠한 죄를 범하였거나 범하려 하고 있다고 의심**할 만한 상당한 이유가 있는 사람을 **정지시켜 질문할 수 있다.**
> ② (○) 경찰관은 정지시킨 장소에서 질문을 하는 것이 불심검문 대상자에게 **불리하거나 교통에 방해가 된다고 인정될 때**에는 가까운 **경찰서·지구대·파출소** 또는 **출장소**(지방해양경찰관서를 포함, 이하 "**경찰관서**")로 **동행**할 것을 **요구할 수 있다.**
> ③ (○) 경찰관은 **불심검문** 대상자가 **흉기**를 가지고 있는지를 **조사할 수 있다.**
> ④ (×) 경찰관은 **불심검문** 대상자를 경찰관서에 **임의동행한 경우 변호인의 도움을 받을 권리**(진술을 거부할 수 있는 권리×)가 **있음을 알려야 한다**(동법 제3조 제5항).

551 「경찰관 직무집행법」상 불심검문에 대한 설명으로 적절한 것은 모두 몇 개인가? (다툼이 있는 경우 판례에 따름) ●A급 23 경위

> 가. 경찰관은 동행한 사람의 가족이나 친지 등에게 동행한 경찰관의 신분, 동행 장소, 동행 목적과 이유를 알리거나 다른 사람으로 하여금 즉시 연락할 수 있는 기회를 주어야 하며, 변호인의 도움을 받을 권리가 있음을 알려야 한다.
> 나. 검문하는 사람이 경찰관이고 검문하는 이유가 범죄행위에 관한 것임을 충분히 알고 있었다고 보이는 경우에 신분증을 제시하지 않았다 하더라도 그 불심검문을 위법한 공무집행이라고 할 수 없다.
> 다. 경찰관은 불심검문 시 그 장소에서 질문을 하는 것이 그 사람에게 불리하거나 교통에 방해가 된다고 인정될 때에는 질문을 하기 위하여 가까운 경찰청·경찰서·지구대·파출소 또는 출장소(해양경찰관서 미포함)로 동행할 것을 요구할 수 있다. 이 경우 동행을 요구받은 사람은 그 요구를 거절할 수 있다.
> 라. 경찰관은 질문을 하거나 동행을 요구할 경우 자신의 신분을 표시하는 증표를 제시하면서 소속과 성명을 밝히고 질문이나 동행의 목적과 이유를 설명할 수 있으며, 동행을 요구하는 경우에는 동행 장소를 밝힐 수 있다.

① 0개 ② 1개
③ 2개 ④ 3개

🔒 550 ④ 551 ②

해설

옳은 설명은 **나, 1개**이다.

가. (×) **경찰관은** 동행한 사람의 가족이나 친지 등에게 동행한 경찰관의 신분, 동행 장소, 동행 목적과 이유를 **알리거나 본인(다른 사람×)**으로 하여금 **즉시 연락**할 수 있는 **기회를 주어야 하며**, 변호인의 도움을 받을 권리가 있음을 알려야 한다.

나. (○) 경찰관 직무집행법 제3조 제4항은 경찰관이 **불심검문을 하고자 할 때**에는 자신의 신분을 표시하는 **증표를 제시하여야 한다**고 규정하고, 경찰관 직무집행법 시행령 제5조는 위 법에서 규정한 신분을 표시하는 증표는 경찰관의 **공무원증**이라고 규정하고 있는데, **불심검문을 하게 된 경위, 불심검문 당시의 현장상황**과 검문을 하는 **경찰관들의 복장**, 피고인이 공무원증 제시나 신분 확인을 요구하였는지 여부 등을 **종합적으로 고려하여**, 검문하는 사람이 경찰관이고 검문하는 이유가 범죄행위에 관한 것임을 **피고인이 충분히 알고 있었다고 보이는 경우**에는 **신분증을 제시하지 않았다**고 하여 그 불심검문이 **위법한 공무집행이라고 할 수 없다**(대법원 2014도7976).

다. (×) 경찰관은 불심검문 시 그 장소에서 질문을 하는 것이 그 사람에게 **불리하거나 교통에 방해**가 된다고 인정될 때에는 질문을 하기 위하여 가까운 **(경찰청×)·경찰서·지구대·파출소 또는 출장소(해양경찰서 포함(미포함×))**로 **동행할 것을 요구할 수 있다**. 이 경우 동행을 요구받은 사람은 그 요구를 **거절할 수 있다**.

라. (×) 경찰관은 **질문을 하거나 동행을 요구할 경우** 자신의 신분을 표시하는 증표를 **제시하면서** 소속과 성명을 **밝히고** 질문이나 동행의 목적과 이유를 **설명하여야 하며(할 수 있으며×)**, 동행을 요구하는 경우에는 **동행 장소를 밝혀야 한다(밝힐 수 있다×)**.

---

552 「**경찰관 직무집행법**」 제3조에 규정된 불심검문에 관한 설명 중 옳고 그름의 표시(○, ×)가 바르게 된 것은?

●A급 24 승진

⊙ 경찰관은 수상한 행동이나 그 밖의 주위 사정을 합리적으로 판단하여 볼 때 어떠한 죄를 범하였거나 범하려 하고 있다고 의심할 만한 상당한 이유가 있는 사람을 정지시켜 질문하여야 한다.

ⓒ 불심검문을 하던 중 정지시킨 장소에서 질문하는 것이 그 사람에게 불리하거나 교통에 방해가 된다고 인정될 때에는 질문을 하기 위하여 가까운 경찰서·지구대·파출소 또는 출장소(지방해양경찰관서 포함)로 동행할 것을 요구할 수 있다.

ⓒ 경찰관은 동행한 사람의 가족이나 친지 등에게 동행한 경찰관의 신분, 동행 장소, 동행 목적과 이유를 알리거나 본인으로 하여금 즉시 연락할 수 있는 기회를 주어야 하나, 변호인의 도움을 받을 권리가 있음을 알릴 필요는 없다.

ⓔ 경찰관은 불심검문 대상자를 임의동행한 경우 동행한 사람을 6시간을 초과하여 경찰관서에 머물게 할 수 없다.

① ⊙(○)　　ⓒ(○)　　ⓒ(×)　　ⓔ(×)

② ⊙(×)　　ⓒ(○)　　ⓒ(○)　　ⓔ(○)

③ ⊙(○)　　ⓒ(×)　　ⓒ(○)　　ⓔ(×)

④ ⊙(×)　　ⓒ(○)　　ⓒ(×)　　ⓔ(○)

🔒 552 ④

⊙ (×) 경찰관은 **수상한 행동**이나 그 밖의 주위 사정을 합리적으로 판단하여 볼 때 어떠한 **죄**를 범하였거나 범하려 하고 있다고 의심할 만한 상당한 이유가 있는 사람을 **정지시켜 질문할 수 있다**(하여야 한다×).

ⓛ (○) 불심검문을 하던 중 정지시킨 장소에서 질문하는 것이 그 사람에게 불리하거나 교통에 방해가 된다고 인정될 때에는 질문을 하기 위하여 가까운 경찰서・지구대・파출소 또는 출장소(지방해양경찰관서 포함)로 **동행할 것을 요구할 수 있다.**

ⓒ (×) 경찰관은 동행한 사람의 가족이나 친지 등에게 동행한 경찰관의 신분, 동행 장소, 동행 목적과 이유를 알리거나 본인으로 하여금 **즉시 연락**할 수 있는 **기회를 주어야** 하고, **변호인의 도움을 받을 권리가 있음을 알려야 한다**(알릴 필요는 없다×).

ⓔ (○) 경찰관은 **불심검문** 대상자를 **임의동행**한 경우 동행한 사람을 **6시간**을 **초과**하여 경찰관서에 머물게 **할 수 없다.**

553 「경찰관 직무집행법」상 불심검문에 대한 설명으로 가장 적절하지 않은 것은? (다툼이 있는 경우 판례에 의함)

ⓐA급 24 경위

① 미리 입수된 용의자에 대한 인상착의와 일부 일치되지 않는 부분이 있다고 하더라도 그것만으로 경찰관이 불심검문 대상자로 삼은 조치가 위법하다고 볼 수 없다.

② 경찰관은 불심검문 대상자에게 질문을 하기 위하여 범행의 경중, 범행과의 관련성, 상황의 긴박성, 혐의의 정도, 질문의 필요성 등에 비추어 목적 달성에 필요한 최소한의 범위 내에서 사회통념상 용인될 수 있는 상당한 방법으로 대상자를 정지시킬 수 있고 질문에 수반하여 흉기의 소지 여부도 조사할 수 있다.

③ 경찰관이 신분증을 제시하지 않고 불심검문을 하였으나, 검문하는 사람이 경찰관이고 검문하는 이유가 범죄행위에 관한 것임을 피고인이 알고 있었던 경우, 그 불심검문이 위법한 공무집행이라고 할 수 없다.

④ 경찰관이 불심검문 대상자 해당 여부를 판단할 때에는 불심검문 당시의 구체적 상황은 물론 사전에 얻은 정보나 전문적 지식 등에 기초하여 불심검문 대상자인지를 객관적・합리적인 기준에 따라 판단하여야 하며, 불심검문 대상자에게 「형사소송법」에 의한 체포나 구속에 이를 정도의 혐의가 있을 것을 요한다.

① (○) 미리 입수된 용의자에 대한 **인상착의와 일부 일치되지 않는 부분이 있다고 하더라도** 그것만으로 경찰관이 **불심검문** 대상자로 삼은 조치가 **위법하다고 볼 수 없다**(대법원 2011도13999).

② (○) 경찰관은 **불심검문 대상자에게** 질문을 하기 위하여 범행의 경중, 범행과의 관련성, 상황의 긴박성, 혐의의 정도, 질문의 필요성 등에 비추어 목적 달성에 필요한 최소한의 범위 내에서 **사회통념상 용인될 수 있는 상당한 방법**으로 대상자를 **정지시킬 수 있고** 질문에 수반하여 **흉기의 소지 여부도 조사할 수 있다**(대법원 2011도13999).

③ (○) 경찰관이 **신분증을 제시하지 않고 불심검문을 하였으나**, 불심검문을 하게 된 경우, 불심검문 당시의 현장상황과 검문을 하는 경찰관들의 복장, 피고인이 공무원증 제시나 신분 확인을 요구하였는지 여부 등을 **종합적으로 고려하여**, 검문하는 사람이 경찰관이고 검문하는 이유가 범죄행위에 관한 것임을 **피고인이 알고 있었던 경우**, 그 불심검문이 **위법한 공무집행이라고 할 수 없다**(대법원 2014도7976).

④ (×) 경찰관이 **불심검문 대상자 해당 여부를 판단할 때**에는 불심검문 당시의 구체적 상황은 물론 사전에 얻은 정보나 전문적 지식 등에 기초하여 불심검문 대상자인지를 객관적・합리적인 기준에 따라 판단하여야 하며, **불심검문 대상자에게 「형사소송법」에 의한** 체포나 구속에 이를 정도의 혐의가 있을 것을 요한다고 할 수는 없다(요한다×)(대법원 2011도13999).

 553 ④

554 「경찰관 직무집행법」상 불심검문에 관한 설명으로 가장 적절하지 않은 것은? (다툼이 있는 경우 판례에 의함)

●A급 25 경위

① 불심검문을 하게 된 경위, 불심검문 당시의 현장상황과 검문을 하는 경찰관들의 복장, 불심검문 대상자가 공무원증 제시나 신분 확인을 요구하였는지 여부 등을 종합적으로 고려하여, 검문하는 사람이 경찰관이고 검문하는 이유가 범죄행위에 관한 것임을 불심검문 대상자가 충분히 알고 있었다고 보이는 경우라고 하더라도 신분증을 제시하지 않고서 한 불심검문은 위법한 공무집행에 해당한다.

② 「경찰관 직무집행법」은 경찰관이 불심검문 대상자에게 질문을 할 때에 그 사람이 흉기를 가지고 있는지를 조사할 수 있다는 규정을 두고 있다.

③ 불심검문 대상자를 정지시킨 장소에서 질문을 하는 것이 그 사람에게 불리하거나 교통에 방해가 된다고 인정될 때에는 질문을 하기 위하여 가까운 경찰서·지구대·파출소 또는 출장소(지방해양경찰관서를 포함한다)로 동행할 것을 요구할 수 있다. 이 경우 동행을 요구받은 사람은 그 요구를 거절할 수 있다.

④ 경찰관은 임의동행한 사람의 가족이나 친지 등에게 동행한 경찰관의 신분, 동행 장소, 동행 목적과 이유를 알리거나 본인으로 하여금 즉시 연락할 수 있는 기회를 주어야 하며, 변호인의 도움을 받을 권리가 있음을 알려야 한다.

해설

① (✕) 불심검문을 하게 된 경위, 불심검문 당시의 현장상황과 검문을 하는 경찰관들의 복장, 불심검문 대상자가 공무원증 제시나 신분 확인을 요구하였는지 여부 등을 **종합적으로** 고려하여, 검문하는 사람이 경찰관이고 검문하는 이유가 범죄행위에 관한 것임을 **불심검문 대상자가 충분히 알고 있었다고 보이는 경우**라면, 신분증을 제시하지 않고서 불심검문을 했더라도 **위법한 공무집행이라고 할 수 없다(해당한다✕)**(대법원 2014도7976).

② (○) 「경찰관 직무집행법」은 경찰관이 **불심검문** 대상자에게 **질문을 할 때**에 그 사람이 **흉기**를 가지고 있는지를 **조사할 수 있다**는 규정을 두고 있다(동법 제3조).

③ (○) 불심검문 대상자를 정지시킨 장소에서 질문을 하는 것이 그 사람에게 **불리**하거나 **교통에 방해**가 된다고 인정될 때에는 질문을 하기 위하여 가까운 **경찰서·지구대·파출소 또는 출장소**(지방해양경찰관서를 포함한다)로 **동행**할 것을 **요구할 수 있다.** 이 경우 동행을 요구받은 사람은 **그 요구를 거절할 수 있다**(동법 제3조 제2항).

④ (○) **경찰관은 임의동행한 사람의 가족**이나 친지 등에게 동행한 경찰관의 신분, 동행 장소, 동행 목적과 이유를 **알리거나 본인으로 하여금 즉시 연락할 수 있는 기회를 주어야 하며**, 변호인의 도움을 받을 권리가 있음을 알려야 한다(동법 제3조 제5항).

[보호조치]

555 「경찰관 직무집행법」 제4조의 보호조치에 대한 설명으로 가장 적절하지 않은 것은? ●A급 20 순경2차

① 경찰관은 정신착란을 일으키거나 술에 취하여 자신 또는 다른 사람의 생명·신체·재산에 위해를 끼칠 우려가 있음이 명백하고 응급구호가 필요하다고 믿을 만한 상당한 이유가 있는 사람을 발견하였을 때 보건의료기관이나 공공구호기관에 긴급구호를 요청하거나 경찰관서에 보호할 수 있다.

② 미아, 병자, 부상자 등으로서 적당한 보호자가 없으며 응급구호가 필요하다고 인정되는 사람이 구호를 거절하지 않는 경우 경찰관은 보호조치를 할 수 있다.

🔒 554 ① 555 ③

③ 경찰관은 보호조치를 하였을 때에는 지체 없이 구호대상자의 가족, 친지 또는 그 밖의 연고자에게 그 사실을 알려야 하며, 구호 대상자를 경찰관서에서 보호하는 기간은 6시간을 초과할 수 없다.

④ 경찰관은 보호조치를 하는 경우에 구호대상자가 휴대하고 있는 무기·흉기 등 위험을 일으킬 수 있는 것으로 인정되는 물건을 경찰관서에 임시로 영치할 수 있다.

해설

① (○) 경찰관은 **정신착란**을 일으키거나 **술에 취하여** 자신 또는 다른 사람의 **생명·신체·재산**에 위해를 끼칠 우려가 있음이 명백하고 응급구호가 필요하다고 믿을 만한 상당한 이유가 있는 사람을 발견하였을 때 보건의료기관이나 공공구호기관에 **긴급구호를 요청**하거나 **경찰관서에 보호할 수 있다.**

② (○) **미아, 병자, 부상자** 등으로서 적당한 **보호자가 없으며** 응급구호가 필요하다고 인정되는 사람이 구호를 **거절하지 않는 경우** 경찰관은 **보호조치를 할 수 있다.**

③ (×) 경찰관은 **보호조치를 하였을 때**에는 **지체 없이** 구호대상자의 **가족**, 친지 또는 그 밖의 연고자에게 그 사실을 **알려야 하며**, 구호 대상자를 **경찰관서에서 보호**하는 기간은 **24시간**(6시간×)을 **초과할 수 없다.**

④ (○) 경찰관은 **보호조치를 하는 경우**에 구호대상자가 휴대하고 있는 **무기·흉기** 등 위험을 일으킬 수 있는 것으로 인정되는 물건을 경찰관서에 **임시로 영치할 수 있다.**

556 「경찰관 직무집행법」에서 보호조치 등에 대한 설명으로 가장 적절한 것은? ●A급 21 순경2차

① 「경찰관 직무집행법」 제4조 제1항에 따라 긴급구호를 요청받은 보건의료기관이나 공공구호기관은 정당한 이유 없이 긴급구호를 거절할 수 없다. 만약, 긴급구호를 요청받은 응급의료종사자가 정당한 이유 없이 거절한 경우 「경찰관 직무집행법」에 따라 처벌한다.

② 경찰관은 「경찰관 직무집행법」 제4조 제1항의 조치를 하였을 때에는 지체 없이 구호대상자의 가족, 친지 또는 그 밖의 연고자에게 그 사실을 알려야 하며, 연고자가 발견되지 아니할 때에는 구호대상자를 적당한 관할경찰관서에 즉시 인계하여야 한다.

③ 경찰관은 「경찰관 직무집행법」 제4조 제1항의 조치를 하는 경우에, 구호대상자가 휴대하고 있는 무기·흉기 등 위험을 일으킬 수 있는 것으로 인정되는 물건을 경찰관서에 임시로 영치하여 놓을 수 있다. 물건을 경찰관서에 임시로 영치하는 기간은 10일을 초과할 수 없다.

④ 미아, 병자, 부상자 등으로서 적당한 보호자가 없으며 응급구호가 필요한 경우 본인이 구호를 거절하더라도 보호조치할 수 있다.

해설

① (×) 「경찰관 직무집행법」 제4조 제1항에 따라 **긴급구호를 요청받은 보건의료기관이나 공공구호기관은 정당한 이유 없이 긴급구호를 거절할 수 없다.** 만약, 긴급구호를 요청받은 응급의료종사자가 **정당한 이유 없이 거절한 경우** 「**응급의료에 관한 법률**」(경찰관 직무집행법×)에 따라 **처벌한다.**

② (×) 경찰관은 「경찰관 직무집행법」 제4조 제1항의 조치(**보호조치**)를 하였을 때에는 **지체 없이** 구호대상자의 **가족, 친지** 또는 그 밖의 **연고자에게** 그 사실을 **알려야 하며**, 연고자가 **발견되지 아니할 때**에는 구호대상자를 적당한 **공공보건의료기관이나 공공구호기관**(관할 경찰관서×)에 **즉시 인계하여야 한다.**

③ (○) 경찰관은 「경찰관 직무집행법」 제4조 제1항의 조치(**보호조치)를 하는 경우**에, 구호대상자가 휴대하고 있는 **무기·흉기 등 위험을 일으킬 수 있는 것**으로 인정되는 물건을 경찰관서에 **임시로 영치**하여 놓을 수 있다. 물건을 경찰관서에 임시로 영치하는 기간은 **10일**을 **초과할 수 없다.**

④ (×) **미아, 병자, 부상자** 등으로서 **적당한 보호자가 없으며** 응급구호가 필요한 경우라 하더라도 **본인이 구호를 거절하면 보호조치할 수 없다**(있다×).

 556 ③

557 「경찰관 직무집행법」상 보호조치 등에 관한 설명으로 가장 적절한 것은?  **●A급** 23 순경1차

① 긴급구호를 요청받은 공공보건의료기관이나 공공구호기관은 정당한 이유 없이 긴급구호를 거절할 수 있다.

② 경찰관은 보호조치를 하는 경우에 구호대상자가 휴대하고 있는 무기·흉기 등 위험을 일으킬 수 있는 것으로 인정되는 물건을 공공보건의료기관이나 공공구호기관에 임시로 영치하여 놓을 수 있다.

③ 경찰관은 보호조치를 하였을 때에는 지체 없이 구호대상자의 가족, 친지 또는 그 밖의 연고자에게 그 사실을 알려야 하며, 연고자가 발견되지 아니할 때에는 구호대상자를 적당한 공공보건의료기관이나 공공구호기관에 즉시 인계하여야 한다.

④ 구호대상자를 경찰관서에서 보호하는 기간은 48시간을 초과할 수 없고, 물건을 공공보건의료기관이나 공공구호기관에 임시로 영치하는 기간은 10일을 초과할 수 없다.

> **해설**
> ① (×) **긴급구호를 요청받은 공공보건의료기관이나 공공구호기관은 정당한 이유 없이 긴급구호를 거절할 수 없다**(있다×).
> ② (×) 경찰관은 보호조치를 하는 경우에 **구호대상자가 휴대하고 있는 무기·흉기 등 위험을 일으킬 수 있는 것으로 인정**되는 물건을 **경찰관서(공공보건의료기관이나 공공구호기관×)**에 임시로 영치하여 놓을 수 있다.
> ③ (○) 경찰관은 **보호조치를 하였을 때에는 지체 없이 구호대상자의 가족, 친지 또는 그 밖의 연고자에게 그 사실을 알려야 하며**, 연고자가 **발견되지 아니할 때에는 구호대상자를 적당한 공공보건의료기관이나 공공구호기관에 즉시 인계하여야 한다.**
> ④ (×) 구호대상자를 **경찰관서에서 보호**하는 기간은 **24시간**(48시간×)을 초과할 수 없고, 물건을 **경찰관서(공공보건의료기관이나 공공구호기관×)**에 임시로 영치하는 기간은 **10일**을 초과할 수 없다.

558 「경찰관 직무집행법」상 보호조치에 대한 설명 중 가장 적절한 것은? **●A급** 20 승진

① 경찰관은 구호대상자를 발견하였을 때 보건의료기관이나 공공구호기관에 긴급구호를 요청할 수 있고, 긴급구호를 요청받은 기관이 정당한 이유 없이 이를 거절하는 경우 「경찰관 직무집행법」상 이에 대한 처벌규정이 있다.

② 본인이 구호를 거절하더라도 구호대상자 중 미아, 병자, 부상자에 대해 보호조치를 할 수 있다.

③ 경찰관은 보호조치를 하는 경우 구호대상자가 휴대하고 있는 무기·흉기 등 위험을 일으킬 수 있는 것으로 인정되는 물건을 임시로 영치할 수 있고, 임시로 영치할 수 있는 기간은 15일을 초과할 수 없다.

④ 경찰관은 보호조치를 하였을 때에는 지체 없이 구호대상자의 가족, 친지 또는 그 밖의 연고자에게 그 사실을 알려야 하고, 구호대상자를 경찰관서에서 보호하는 기간은 24시간을 초과할 수 없다.

 557 ③ 558 ④

① (×) 경찰관은 구호대상자를 발견하였을 때 보건의료기관이나 공공구호기관에 긴급구호를 요청할 수 있고, **긴급구호를 요청받은 기관이 정당한 이유 없이 이를 거절**하는 경우 「**응급의료에 관한 법률」(경찰관 직무집행법×)상** 이에 대한 **처벌규정이 있다.**

② (×) **본인이 구호를 거절**하게 되면 구호대상자 중 **미아, 병자, 부상자**에 대해 **보호조치를 할 수 없다(있다×).**

③ (×) 경찰관은 **보호조치를** 하는 경우 **구호대상자가 휴대**하고 있는 무기·흉기 등 **위험을 일으킬 수 있는 것**으로 인정되는 **물건을 임시로 영치**할 수 있고, 임시로 영치할 수 있는 기간은 **10일(15일×)**을 초과할 수 없다.

④ (○) 경찰관은 **보호조치를** 하였을 때에는 **지체 없이** 구호대상자의 가족, 친지 또는 그 밖의 **연고자에게 그 사실을 알려야** 하고, 구호대상자를 **경찰관서에서 보호**하는 기간은 **24시간을 초과할 수 없다.**

559 「**경찰관 직무집행법」 제4조 보호조치**에 대한 설명 중 옳지 않은 것은 모두 몇 개인가? •A급 20 경위

> 가. 경찰관이 구호대상자를 경찰관서에 보호조치 하는 경우 지체 없이 해당 구호대상자의 가족, 친지 또는 그 밖의 연고자에게 그 사실을 알려야 하며, 연고자가 발견되지 아니할 때에는 구호대상자를 적당한 공공보건의료기관이나 공공구호기관에 즉시 인계하여야 한다.
>
> 나. 경찰관이 구호대상자를 공공보건의료기관이나 공공구호기관에 인계하였을 때에는 해당 경찰관이 즉시 그 사실을 해당 공공보건의료기관 또는 공공구호기관의 장 및 그 감독행정청에 통보하여야 한다.
>
> 다. 경찰관이 구호대상자를 경찰관서에 보호조치 하는 경우에 구호대상자가 휴대하고 있는 무기·흉기 등 위험을 일으킬 수 있는 것으로 인정되는 물건을 경찰관서에 임시로 영치하여 놓을 수 있다.
>
> 라. 구호대상자를 경찰관서에서 보호하는 기간은 24시간을 초과할 수 없고, 물건을 경찰관서에 임시로 영치하는 기간은 10일을 초과할 수 없다.
>
> 마. 경찰관은 자살을 시도하는 것이 명백하고 응급구호가 필요하다고 믿을 만한 상당한 이유가 있는 구호대상자에 대하여 해당 구호대상자의 동의 여부와 관계없이 보호조치를 실시할 수 있다.

① 1개   ② 2개   ③ 3개   ④ 4개

틀린 설명은 **나, 1개**이다.

가. (○) 경찰관이 구호대상자를 **경찰관서에 보호조치** 하는 경우 **지체 없이** 해당 구호대상자의 가족, 친지 또는 그 밖의 **연고자에게 그 사실을 알려야** 하며, 연고자가 **발견되지 아니할 때**에는 구호대상자를 적당한 공공보건의료기관이나 공공구호기관에 **즉시** 인계하여야 한다.

나. (×) **경찰관**이 구호대상자를 공공보건의료기관이나 공공구호기관에 **인계하였을 때**에는 즉시 그 사실을 **소속 경찰서장이나 해양경찰서장에게 보고(공공보건의료기관 또는 공공구호기관의 장 및 그 감독행정청에 통보×)하여야** 한다(동법 제4조 제5항).

> 🔵Tip 공공보건의료기관 또는 공공구호기관의 장 및 그 **감독행정청에 통보**하는 것은 **경찰서장(경찰관×)이나 해양경찰서장의 임무**이다(동법 제4조 제6항).

다. (○) 경찰관이 구호대상자를 **경찰관서에 보호조치** 하는 경우에 구호대상자가 휴대하고 있는 **무기·흉기 등 위험**을 일으킬 수 있는 것으로 인정되는 **물건을 경찰관서에 임시로 영치**하여 놓을 수 있다.

라. (○) 구호대상자를 **경찰관서에서 보호**하는 기간은 **24시간**을 초과할 수 없고, 물건을 경찰관서에 **임시로 영치**하는 기간은 **10일**을 초과할 수 없다.

마. (○) 경찰관은 **자살**을 **시도**하는 것이 명백하고 응급구호가 필요하다고 믿을 만한 상당한 이유가 있는 구호대상자에 대하여 해당 구호대상자의 **동의 여부와 관계없이 보호조치**를 실시할 수 있다.

 🔒 559 ①

560 「경찰관 직무집행법」 제4조 '보호조치 등'에 대한 설명으로 가장 적절한 것은?  21 승진

① 경찰관은 자살기도자를 발견하여 경찰관서에 보호할 경우 지체없이 구호대상자의 가족, 친지 또는 그 밖의 연고자에게 그 사실을 알려야 하며, 연고자가 발견되지 아니할 때에는 구호대상자의 의사와 상관없이 공공보건의료기관이나 공공구호기관에 인계할 수 있다.

② 경찰관은 보호조치 등을 하는 경우에 구호대상자가 휴대하고 있는 무기·흉기 등 위험을 일으킬 수 있는 것으로 인정되는 물건을 경찰관서에 임시로 영치하여 놓을 수 있고, 그 기간은 10일을 초과할 수 없다.

③ 긴급구호요청을 받은 응급의료종사자가 정당한 이유 없이 긴급구호요청을 거절할 경우, 「경찰관 직무집행법」에 따라 3년 이하의 징역 또는 3천만원 이하의 벌금에 처한다.

④ 보호조치는 경찰관서에서 일시 보호하여 구호의 방법을 강구하는 것으로 경찰관의 재량행위에 해당하기 때문에 국가배상 책임이 인정되는 경우는 없다.

해설

① (×) 경찰관은 **자살기도자**를 발견하여 **경찰관서에 보호**할 경우 지체없이 구호대상자의 가족, 친지 또는 그 밖의 **연고자에게 그 사실을 알려야** 하며, 연고자가 발견되지 아니할 때에는 구호대상자를 적당한 공공보건의료기관이나 공공구호기관에 **즉시 인계하여야 한다**(인계할 수 있다×).

② (○) 경찰관은 **보호조치** 등을 하는 경우에 구호대상자가 휴대하고 있는 **무기·흉기** 등 위험을 일으킬 수 있는 것으로 인정되는 **물건**을 경찰관서에 **임시로 영치하여** 놓을 수 있고, 그 기간은 **10일을 초과할 수 없다**.

③ (×) 긴급구호요청을 받은 응급의료종사자가 **정당한 이유 없이** 긴급구호요청을 **거절**할 경우, 「**응급의료에 관한 법률**」(경찰관 직무집행법×)에 따라 **3년 이하의 징역** 또는 **3천만원 이하의 벌금**에 처한다.

④ (×) 보호조치는 **경찰관서에서 일시 보호**하여 구호의 방법을 강구하는 것으로 **경찰관의 재량행위**에 해당한다. 다만, **재량권의 남용이나 일탈**이 있는 경우에는 국가배상 책임이 **인정되는 경우가 있다**(없다×).

561 다음 설명으로 가장 적절하지 않은 것은? (다툼이 있는 경우 판례에 의함)  22 승진

① 「경찰관 직무집행법 시행령」상 경찰관의 적법한 직무집행으로 인하여 발생한 손실을 보상받으려는 사람은 별지 제4호서식의 보상금 지급 청구서에 손실내용과 손실금액을 증명할 수 있는 서류를 첨부하여 경찰청장·해양경찰청장이나 손실보상청구 사건 발생지를 관할하는 시·도경찰청, 지방해양경찰청의 장 또는 경찰관서의 장에게 제출해야 한다.

② 「경찰관 직무집행법」에 따라 경찰관은 미아, 병자, 부상자 등으로서 적당한 보호자가 없으며 응급구호가 필요하다고 인정되는 사람은 본인이 구호를 거절하는 경우에도 보호조치를 할 수 있다.

③ 「경찰관 직무집행법」에 따라 경찰관이 불심검문을 하던 중 정지시킨 장소에서 질문하는 것이 불심자에게 불리하거나 교통에 방해가 된다고 인정될 때에는 질문을 하기 위하여 경찰관서로 동행할 것을 요구할 수 있다.

④ 「경찰관 직무집행법」상 '제지'는 행정상 즉시강제에 해당하며, 필요한 최소한도 내에서 행해져야 하므로 해당 집회 참가가 불법 행위라도, 집회 장소와 시간적·장소적으로 근접하지 않은 경우에는 이를 제지할 수 없다.

 560 ② 561 ②

① (O) 「경찰관 직무집행법 시행령」상 경찰관의 적법한 직무집행으로 인하여 발생한 손실을 보상받으려는 사람은 별지 제4호서식의 보상금 지급 청구서에 손실내용과 손실금액을 증명할 수 있는 서류를 첨부하여 경찰청장·해양경찰청장이나 손실보상청구 사건 발생지를 관할하는 시·도경찰청, 지방해양경찰청의 장 또는 경찰관서의 장에게 제출해야 한다.

② (X) 「경찰관 직무집행법」에 따라 경찰관은 **미아, 병자, 부상자** 등으로서 적당한 보호자가 없으며 응급구호가 필요하다고 인정되는 사람이라 하더라도 본인이 구호를 거절하는 경우에는 **보호조치를 할 수 없다(있다×)**(동법 제4조 제1항 제3호).

③ (O) 「경찰관 직무집행법」에 따라 경찰관이 **불심검문**을 하던 중 정지시킨 장소에서 질문하는 것이 불심자에게 **불리**하거나 **교통에 방해**가 된다고 인정될 때에는 **질문을 하기 위하여** 경찰관서로 **동행할 것을 요구할 수 있다**.

④ (O) 「경찰관 직무집행법」상 '제지'는 행정상 **즉시강제**에 해당하며, 필요한 최소한도 내에서 행해져야 하므로, 비록 장차 특정 지역에서 구 집회 및 시위에 관한 법률에 의하여 금지되어 그 주최 또는 참가행위가 형사처벌의 대상이 되는 **위법한 집회·시위가 개최될 것이 예상된다고 하더라도**, 이와 **시간적·장소적으로 근접하지 않은 다른 지역에서** 그 집회·시위에 참가하기 위하여 출발 또는 이동하는 행위를 **함부로 제지하는 것은** 경찰관 직무집행법 제6조에 의한 행정상 **즉시강제인 경찰관의 제지의 범위를 명백히 넘어서는 것이어서 허용될 수 없으므로**, 이러한 제지행위는 공무집행방해죄의 보호대상이 되는 공무원의 **적법한 직무집행에 포함될 수 없다**(대법원 2009도2114).

562 「경찰관 직무집행법」상 보호조치에 대한 설명으로 적절하지 않은 것만을 모두 고른 것은?

•A급 23 경위

> 가. 경찰관은 적당한 보호자가 없는 부상자에 대해 응급구호가 필요하다고 인정할 만한 사유가 있다면 본인이 구호를 거절하더라도 보호조치를 할 수 있다.
>
> 나. 경찰관은 보호조치를 하였을 때에는 지체 없이 구호대상자의 가족, 친지 또는 그 밖의 연고자에게 그 사실을 알려야 하며, 연고자가 발견되지 아니할 때에는 구호대상자를 적당한 공공보건의료기관이나 공공구호기관에 즉시 인계할 수 있다.
>
> 다. 경찰관이 구호대상자를 공공보건의료기관이나 공공구호기관에 인계하였을 때에는 해당 경찰관이 즉시 그 사실을 해당 공공보건의료기관 또는 공공구호기관의 장 및 그 감독행정청에 통보하여야 한다.
>
> 라. 경찰관은 구호대상자를 발견하였을 때 보건의료기관이나 공공구호기관에 긴급구호를 요청할 수 있고, 긴급구호를 요청받은 기관이 정당한 이유없이 이를 거절하는 경우 「경찰관 직무집행법」에 따라 처벌하도록 규정되어 있다.

① 가, 나

② 나, 다

③ 나, 다, 라

④ 가, 나, 다, 라

틀린 설명은 **가, 나, 다, 라, 4개**이다.

가. (X) 경찰관은 적당한 **보호자가 없는 부상자**에 대해 응급구호가 필요하다고 인정할 만한 사유가 있다하더라도 본인이 구호를 **거절하면 보호조치를 할 수 없다(있다×)**.

나. (X) 경찰관은 **보호조치**를 하였을 때에는 **지체 없이** 구호대상자의 가족, 친지 또는 그 밖의 **연고자에게 그 사실을 알려야 하며**, 연고자가 **발견되지 아니할 때**에는 구호대상자를 적당한 공공보건의료기관이나 공공구호기관에 **즉시 인계하여야 한다(할 수 있다×)**.

다. (X) 경찰관이 구호대상자를 공공보건의료기관이나 공공구호기관에 **인계하였을 때**에는 해당 **경찰관이 즉시 그 사실을 소속 경찰서장이나 해양경찰서장에게 보고하여야 한다**(해당 공공보건의료기관 또는 공공구호기관의 장 및 그 감독행정청에 통보하여야 한다×).

 562 ④

> **Tip** 해당 경찰관으로부터 보고를 받은 소속 **경찰서장**이나 **해양경찰서장**은 대통령령으로 정하는 바에 따라 구호대상자를 인계한 사실을 **지체 없이** 해당 공공보건의료기관 또는 공공구호기관의 장 및 **그 감독행정청에 통보하여야 한다**(동법 제4조 제6항).

라. (×) 경찰관은 구호대상자를 발견하였을 때 보건의료기관이나 공공구호기관에 긴급구호를 요청할 수 있고, 긴급구호를 요청받은 기관이 **정당한 이유없이 이를 거절하는 경우** 「**응급의료에 관한 법률**」(경찰관 직무집행법×)에 따라 **처벌하도록 규정**되어 있다.

563 「경찰관 직무집행법」 제4조(보호조치 등)에 관한 설명으로 괄호 안의 내용을 가장 적절하게 연결한 것은? ●A급 23 승진

> 경찰관이 보호조치 등을 하였을 때에는 (㉠) 구호대상자의 가족, 친지 또는 그 밖의 연고자에게 그 사실을 알려야 하며, 연고자가 발견되지 아니할 때에는 구호대상자를 적당한 공공 보건의료기관이나 공공구호기관에 즉시 인계하여야 한다. 구호대상자를 경찰관서에서 보호하는 기간은 (㉡)시간을 초과할 수 없고, 물건을 경찰관서에 임시로 영치하는 기간은 (㉢)일을 초과할 수 없다.

① ㉠ - 24시간 이내에   ㉡ - 12   ㉢ - 20
② ㉠ - 지체없이   ㉡ - 24   ㉢ - 10
③ ㉠ - 24시간 이내에   ㉡ - 24   ㉢ - 10
④ ㉠ - 지체없이   ㉡ - 12   ㉢ - 20

해설

경찰관이 **보호조치** 등을 하였을 때에는 (㉠ **지체없이**) 구호대상자의 가족, 친지 또는 그 밖의 **연고자에게** 그 사실을 **알려야** 하며, 연고자가 발견되지 아니할 때에는 구호대상자를 적당한 공공 보건의료기관이나 **공공구호기관에 즉시 인계하여야 한다.** 구호 대상자를 **경찰관서에서 보호**하는 기간은 (㉡ **24**)**시간**을 초과할 수 없고, 물건을 경찰관서에 **임시로 영치**하는 기간은 (㉢ **10**)일을 초과할 수 없다.

564 A 경찰서 소속 경찰관 甲은, 정신착란을 일으켜 타인의 생명·신체에 위해를 끼칠 우려가 있는 乙을 발견하였다. 甲은 「경찰관 직무집행법」에 따라 乙에 대한 응급구호가 필요하다고 판단하여 B 보건의료기관에 긴급구호를 요청하였다. 이에 관한 설명으로 적절하지 않은 것은 모두 몇 개인가? ●A급 25 경위

> 가. 甲으로부터 긴급구호를 요청받은 B 보건의료기관은 정당한 이유 없이 긴급구호를 거절할 수 없다.
> 나. 甲은 乙이 휴대하고 있는 흉기를 발견하였을 경우 경찰관서에 이를 임시로 영치하여 놓을 수 있다.
> 다. 乙의 연고자가 발견되지 아니할 때에는 甲은 乙을 적당한 공공보건의료기관이나 공공구호기관에 즉시 인계하여야 하고, 인계 즉시 그 사실을 A 경찰서장에게 보고하여야 한다.
> 라. 甲이 乙을 적당한 공공보건의료기관이나 공공구호기관에 인계한 사실을 보고받은 A 경찰서장은 대통령령으로 정하는 바에 따라 乙을 인계한 사실을 지체없이 해당 공공보건의료기관 또는 공공구호기관의 장 및 그 감독행정청에 통보하여야 한다.

① 0개   ② 1개   ③ 2개   ④ 3개

🔒 563 ②   564 ①

틀린 설명은 0개이다.

가. (O) 甲으로부터 긴급구호를 요청받은 B 보건의료기관은 **정당한 이유 없이 긴급구호를 거절할 수 없다.**

나. (O) 甲은 乙이 휴대하고 있는 **흉기**를 발견하였을 경우 경찰관서에 이를 **임시로 영치하여 놓을 수 있다.**

다. (O) 乙의 **연고자가 발견되지 아니할 때**에는 甲은 乙을 적당한 공공보건의료기관이나 공공구호기관에 **즉시 인계하여야 하고**, 인계 **즉시 그 사실**을 A 경찰서장에게 **보고하여야 한다.**

라. (O) 甲이 乙을 적당한 공공보건의료기관이나 공공구호기관에 인계한 사실을 **보고받은 A 경찰서장**은 대통령령으로 정하는 바에 따라 乙을 인계한 사실을 **지체없이** 해당 공공보건의료기관 또는 공공구호기관의 장 및 그 **감독행정청에 통보하여야 한다.**

565 다음 상황에 대한 설명으로 가장 적절하지 않은 것은? (다툼이 있는 경우 판례에 의함) ⟨A급⟩ 21 순경1차

> 甲은 음주 후 자신의 처(처는 술을 마시지 않음)와 동승한 채 화물차를 운전하여 가다가 음주단속을 당하게 되자 경찰관이 들고 있던 경찰용 불봉을 충격하고 그대로 도주하였다. 단속현장에서 약 3km 떨어진 지점까지 교통사고를 내지 않고 운전하며 진행하던 중 다른 차량에 막혀 더 이상 진행하지 못하게 되자 스스로 차량을 세운 후 운전석에서 내려 도주하려 하였으나, 결국 甲은 경찰관에게 제지되어 체포의 절차에 따르지 않고 甲과 그의 처의 의사에 반하여 지구대로 보호조치 되었다. 이후 2회에 걸친 경찰관의 음주측정요구를 거부하였다는 이유로 甲은 「도로교통법」 위반(음주측정거부) 혐의로 기소되었다.

① 경찰관이 甲에 대하여 「경찰관 직무집행법」 제4조에 따른 보호조치를 하고자 하였다면, 당시 옆에 있었던 처에게 甲을 인계하였어야 했고, 특별한 사정이 없는 한 지구대에서 甲을 보호하는 것은 허용되지 않는다.

② 甲은 음주측정거부에 관한 「도로교통법」 위반죄로 처벌될 수 없다.

③ 구 「도로교통법」 제44조 제2항 및 제148조의2 제2호 규정들이 음주측정을 위한 강제처분의 근거가 될 수 있으므로, 위와 같은 음주측정을 위하여 운전자를 강제로 연행하기 위해서는 수사상 강제처분에 관한 「형사소송법」상 절차에 따를 필요가 없다.

④ 경찰관이 甲에 대하여 행한 음주측정요구는 「형법」 제136조에 따른 공무집행방해죄의 보호 대상이 될 수 없다.

① (O) 경찰관이 甲에 대하여 「경찰관 직무집행법」 제4조에 따른 보호조치를 하고자 하였다면, 당시 옆에 있었던 **처에게 甲을 인계하였어야 했고**, 특별한 사정이 없는 한 **지구대에서 甲을 보호하는 것은 허용되지 않는다**(대법원 2012도 11162).

② (O) 甲은 **음주측정거부**에 관한 「도로교통법」 위반죄로 **처벌될 수 없다**(대법원 2012도11162).

③ (×) 구 「도로교통법」 제44조 제2항 및 제148조의2 제2호 규정들이 음주측정을 위한 **강제처분의 근거가 될 수 없으므로(있으므로×)**, 위와 같은 음주측정을 위하여 운전자를 **강제로 연행하기 위해서는** 수사상 강제처분에 관한 「**형사소송법」상 절차에 따를 필요가 있다(없다×)**(대법원 2012도11162).

④ (O) 경찰관이 甲에 대하여 행한 **음주측정요구**는 「형법」 제136조에 따른 **공무집행방해죄의 보호 대상이 될 수 없다**(대법원 2012도11162).

 565 ③

Tip

[1] 경찰관 직무집행법 제4조(보호조치) 제1항 제1호에서 규정하는 술에 취한 상태로 인하여 자기 또는 타인의 생명·신체와 재산에 위해를 미칠 우려가 있는 피구호자에 대한 **보호조치**는 경찰 행정상 **즉시강제에 해당하므로**, 그 조치가 불가피한 최소한도 내에서만 행사되도록 발동·행사 요건을 신중하고 **엄격하게 해석하여야 한다**. 따라서 이 사건 조항의 '**술에 취한 상태**'란 피구호자가 술에 만취하여 **정상적인 판단능력이나 의사능력을 상실할 정도**에 이른 것을 말하고, 이 사건 조항에 따른 보호조치를 필요로 하는 피구호자에 해당하는지는 구체적인 상황을 고려하여 **경찰관 평균인을 기준으로 판단**하되, 그 판단은 보호조치의 취지와 목적에 비추어 현저하게 불합리하여서는 아니 되며, **피구호자의 가족 등에게 피구호자를 인계할 수 있다면** 특별한 사정이 없는 한 **경찰관서에서 피구호자를 보호하는 것은 허용되지 않는다**(대법원 2012도11162).

[2] 경찰관 직무집행법 제4조 제1항 제1호의 **보호조치 요건이 갖추어지지 않았음에도**, 경찰관이 실제로는 **범죄수사를 목적**으로 피의자에 해당하는 사람을 이 사건 조항의 피구호자로 삼아 그의 의사에 반하여 **경찰관서에 데려간 행위**는, 달리 **현행범체포나 임의동행 등의 적법 요건을 갖추었다고 볼 사정이 없다면**, **위법한 체포에 해당한다**고 보아야 한다(대법원 2012도11162).

[3] **교통안전과 위험방지를 위한 필요가 없음에도** 주취운전을 하였다고 인정할 만한 **상당한 이유가 있다는 이유만으로** 이루어지는 음주측정은 이미 행하여진 주취운전이라는 범죄행위에 대한 **증거 수집을 위한 수사절차로서 의미**를 가지는데, **도로교통법상 규정들이 음주측정을 위한 강제처분의 근거가 될 수 없으므로** 위와 같은 **음주측정을 위하여 운전자를 강제로 연행하기 위해서는** 수사상 강제처분에 관한 **형사소송법상 절차에 따라야 하고**, 이러한 **절차를 무시한 채 이루어진 강제연행은 위법한 체포에 해당한다**. 이와 같은 위법한 체포 상태에서 음주측정요구가 이루어진 경우, 음주측정요구를 위한 위법한 체포와 그에 이은 음주측정요구는 주취운전이라는 범죄행위에 대한 증거 수집을 위하여 연속하여 이루어진 것으로서 개별적으로 적법 여부를 평가하는 것은 적절하지 않으므로 **일련의 과정을 전체적으로 보아 위법한 음주측정요구가 있었던 것**으로 볼 수밖에 없고, 운전자가 주취운전을 하였다고 인정할 만한 상당한 이유가 있다 하더라도 운전자에게 경찰공무원의 이와 같은 **위법한 음주측정요구**까지 응할 의무가 있다고 보아 이를 강제하는 것은 부당하므로 **그에 불응하였다고 하여 음주측정거부에 관한 도로교통법 위반죄로 처벌할 수 없다**(대법원 2012도11162).

[4] 화물차 운전자인 피고인이 경찰의 음주단속에 불응하고 도주하였다가 다른 차량에 막혀 더 이상 진행하지 못하게 되자 운전석에서 내려 다시 도주하려다 경찰관에게 검거되어 지구대로 보호조치 된 후 2회에 걸쳐 음주측정요구를 거부하였다고 하여 도로교통법 위반(음주측정거부)으로 기소된 사안에서, 당시 피고인이 술에 취한 상태이기는 하였으나 술에 만취하여 정상적인 판단능력이나 의사능력을 **상실할 정도에 있었다고 보기 어려운 점**, 당시 상황에 비추어 평균적인 경찰관으로서는 피고인이 경찰관 직무집행법 제4조 제1항 제1호의 보호조치를 필요로 하는 상태에 있었다고 판단하지 않았을 것으로 보이는 점, 경찰관이 피고인에 대하여 이 사건 조항에 따른 **보호조치를 하고자 하였다면, 당시 옆에 있었던 피고인 처에게 피고인을 인계하였어야 하는데도**, 피고인 처의 의사에 반하여 지구대로 데려간 점 등 제반 사정을 종합할 때, 경찰관이 피고인과 피고인 처의 의사에 반하여 피고인을 지구대로 데려간 행위를 **적법한 보호조치라고 할 수 없고**, 나아가 달리 적법 요건을 갖추었다고 볼 자료가 없는 이상 경찰관이 피고인을 지구대로 데려간 행위는 **위법한 체포에 해당하므로**, 그와 같이 **위법한 체포 상태에서 이루어진 경찰관의 음주측정요구도 위법하다**고 볼 수밖에 없어 그에 불응하였다고 하여 피고인을 **음주측정거부에 관한 도로교통법 위반죄로 처벌할 수는 없다**(대법원 2012도11162).

---

566 아래의 상황에 대한 설명으로 가장 적절하지 않은 것은? (다툼이 있는 경우 판례에 의함)

● A급 20 법학

○○경찰서 △△ 지구대에 근무 중인 경찰관 P는 순찰근무 중 112신고를 받고 20××. 11. 3. 00 : 30경 현장에 출동한 바, 햄버거 가게 앞 도로의 편도 2차로 중 1차로에서 자신의 차량에 시동을 켠 채로 그대로 정차하여 운전석에 잠들어 있는 甲을 발견하였다. 경찰관 P는 당시 甲이 술냄새가 나고, 혈색이 붉으며, 말을 할 때 혀가 심하게 꼬이고 비틀거리며 걷는 등 술에 취한 것으로 보여 甲을 순찰차 뒷자리에 태운 뒤 △△ 지구대로 데려와, 도착한 직후인 00 : 47부터 같은 날 01 : 09까지 甲에게 3회에 걸쳐 음주측정을 요구하였으나, 甲은 이에 불응하였다.

🔒 566 ②

① P는 甲을 「경찰관 직무집행법」 제4조 제1항에 따른 보호조치 대상자로 판단하였다.

② 지구대에서 음주측정을 요구한 시점에 P의 甲에 대한 보호조치는 종료되었다.

③ 만일 출동 현장에 甲의 배우자가 있었으나 인계하지 않고 배우자의 의사에 반하여 지구대로 데려왔다면, 이는 적법한 조치라고 할 수 없다.

④ P의 음주측정 요구에 불응한 甲에게는 도로교통법상 음주측정 불응죄가 성립한다.

해설

① (○) 경찰관 P는 甲을 「경찰관 직무집행법」 제4조 제1항에 따른 **보호조치 대상자로 판단**하였다.

② (×) 지구대에서 **음주측정을 요구한 시점**에 P의 甲에 대한 **보호조치는 종료되었다고 볼 수 없다**(종료되었다×).

③ (○) 만일 출동 현장에 甲의 **배우자가 있었으나** 인계하지 않고 배우자의 의사에 반하여 지구대로 데려왔다면, 이는 **적법한 조치라고 할 수 없다.**

④ (○) 경찰관 P의 음주측정 요구에 불응한 甲에게는 도로교통법상 **음주측정 불응죄가 성립**한다.

Tip

> [1] 경찰공무원은 교통의 안전과 위험방지를 위하여 필요하다고 인정하거나 운전자가 술에 취한 상태에서 자동차 등을 운전하였다고 인정할 만한 상당한 이유가 있고 운전자의 음주운전 여부를 확인하기 위하여 필요한 경우에는 사후의 음주측정에 의하여 음주운전 여부를 확인할 수 없음이 명백하지 않는 한 운전자에 대하여 **음주측정을 요구할 수 있고, 운전자가 이에 불응한 경우에는 음주측정불응죄가 성립**한다. 이와 같은 법리는 운전자가 경찰관 직무집행법 제4조에 따라 보호조치 된 사람이라고 하여 달리 볼 것이 아니므로, 경찰공무원이 **보호조치 된 운전자에 대하여 음주측정을 요구하였다는 이유만으로 음주측정 요구가 당연히 위법하다거나 보호조치가 당연히 종료된 것으로 볼 수는 없다**(대법원 2011도4328).
> [2] 경찰관이 술에 취한 상태에서 자동차를 운전한 것으로 보이는 피고인을 경찰관 직무집행법 제4조 제1항에 따른 **보호조치 대상자로 보아 경찰서 지구대로 데려온 직후 3회에 걸쳐 음주측정을 요구**하였는데 피고인이 **불응하여** 구 도로교통법상 음주측정불응죄로 기소된 사안에서, 경찰관이 지구대로 보호조치 된 피고인에게 음주측정을 요구한 것은 도로교통법에 따른 것으로서, **위법한 보호조치 상태를 이용하여 음주측정 요구가 이루어졌다는 등의 특별한 사정이 없는 한** 이에 불응한 피고인의 행위는 **음주측정불응죄에 해당한다**(대법원 2011도4328).

567 「경찰관 직무집행법」에 관한 설명으로 가장 적절하지 않은 것은? (다툼이 있는 경우 판례에 의함)

●A급 24 순경1차

① 경찰관이 불심검문 대상자 해당 여부를 판단할 때에는 불심검문 당시의 구체적 상황은 물론 사전에 얻은 정보나 전문적 지식 등에 기초하여 불심검문 대상자인지를 객관적·합리적인 기준에 따라 판단하여야 하나, 반드시 불심검문 대상자에게 「형사소송법」상 체포나 구속에 이를 정도의 혐의가 있을 것을 요한다고 할 수는 없다.

② 술에 취한 상태로 인하여 자기 또는 타인의 생명·신체와 재산에 위해를 미칠 우려가 있는 피구호자에 대한 보호조치는 경찰 행정상 즉시강제에 해당하므로, 그 조치가 불가피한 최소한도 내에서만 행사되도록 발동·행사 요건을 신중하고 엄격하게 해석하여야 한다.

③ 경찰관의 경고나 제지는 범죄행위가 목전에 행하여지려고 하고 있다고 인정될 때에 이를 예방하기 위하여 이루어지는 조치로서, 범죄행위가 계속되는 중 그 진압을 위해서는 행하여질 수 없다.

④ 경찰관은 「경범죄 처벌법」상 경범죄에 해당하는 행위에 대해서도 필요한 경우 제지할 수 있다.

 567 ③

해설

① (○) 경찰관이 **불심검문 대상자 해당 여부를 판단할 때**에는 불심검문 당시의 구체적 상황은 물론 사전에 얻은 정보나 전문적 지식 등에 기초하여 불심검문 대상자인지를 객관적·합리적인 기준에 따라 판단하여야 하나, 반드시 불심검문 대상자에게 「**형사소송법**」상 체포나 구속에 이를 정도의 혐의가 있을 것을 요한다고 할 수는 없다(대법원 2011도13999).

② (○) **술에 취한 상태**로 인하여 자기 또는 타인의 생명·신체와 재산에 위해를 미칠 우려가 있는 피구호자에 대한 **보호조치**는 경찰 행정상 **즉시강제**에 해당하므로, 그 조치가 불가피한 최소한도 내에서만 행사되도록 발동·행사 **요건을 신중하고 엄격하게 해석**하여야 한다(대법원 2012도11162).

③ (×) 「경찰관 직무집행법」에 규정된 경찰관의 **경고나 제지**는 그 문언과 같이 범죄의 예방을 위하여 범죄행위에 관한 **실행의 착수 전**에 행하여질 수 있을 뿐만 아니라, **이후 범죄행위가 계속되는 중**에 그 진압을 위하여도 **당연히 행하여질 수 있다**(없다×)고 보아야 한다(대법원 2013도643).

> 🄣ip 공사현장 출입구 앞 도로 한복판을 점거하고 공사차량의 출입을 방해하던 피고인의 **팔과 다리를 잡고 도로 밖으로 옮기려고 한 경찰관의 행위를 적법한 공무집행**으로 보고 경찰관의 팔을 물어뜯은 피고인에 대한 **공무집행방해 및 상해**의 공소사실을 모두 **유죄**로 인정한 원심의 판단은 정당하다(대법원 2013도643).

④ (○) 주거지에서 음악 소리를 크게 내거나 큰 소리로 떠들어 이웃을 시끄럽게 하는 행위는 경범죄 처벌법 제3조 제1항 제21호에서 경범죄로 정한 '**인근소란 등**'에 해당한다. 경찰관은 「경찰관 직무집행법」에 따라 **경범죄에 해당하는 행위**를 예방·진압·수사하고, 필요한 경우 **제지할 수 있다**(대법원 2016도19417).

> 🄣ip
>
> [1] 경찰관 직무집행법 제6조에 따른 경찰관의 **제지 조치가 적법한 직무집행으로 평가되기 위해서는, 형사처벌의 대상**이 되는 행위가 **눈앞에서 막 이루어지려고 하는 것이 객관적**으로 인정될 수 있는 상황이고, 그 행위를 **당장 제지하지 않으면 곧 인명·신체에 위해를 미치거나 재산에 중대한 손해를 끼칠 우려**가 있는 상황이어서, **직접 제지하는 방법** 외에는 위와 같은 결과를 **막을 수 없는** 절박한 사태이어야 한다. 다만 경찰관의 **제지 조치가 적법한지는 제지 조치 당시의 구체적 상황을 기초로 판단하여야** 하고 사후적으로 순수한 객관적 기준에서 판단할 것은 **아니다**(대법원 2016도19417).
>
> [2] 주거지에서 음악 소리를 크게 내거나 큰 소리로 떠들어 이웃을 시끄럽게 하는 행위는 경범죄 처벌법 제3조 제1항 제21호에서 경범죄로 정한 '**인근소란 등**'에 해당한다. 경찰관은 경찰관 직무집행법에 따라 **경범죄에 해당하는 행위**를 예방·진압·수사하고, 필요한 경우 **제지할 수 있다**(대법원 2016도19417).
>
> [3] 피고인이 자정에 가까운 한밤중에 음악을 크게 켜놓거나 소리를 지른 것은 경범죄 처벌법 제3조 제1항 제21호에서 금지하는 **인근소란행위에 해당**하고, 그로 인하여 인근 주민들이 잠을 이루지 못하게 될 수 있으며, 갑과 을이 112신고를 받고 출동하여 눈앞에서 벌어지고 있는 범죄행위를 막고 주민들의 피해를 예방하기 위해 피고인을 만나려 하였으나 피고인은 **문조차 열어주지 않고 소란행위를 멈추지 않았던 상황**이라면 피고인의 행위를 **제지하고 수사하는 것은 경찰관의 직무상 권한이자 의무**라고 볼 수 있으므로, 위와 같은 상황에서 갑과 을이 피고인의 집으로 통하는 **전기를 일시적으로 차단한 것**은 피고인을 집 밖으로 나오도록 유도한 것으로서, 피고인의 범죄행위를 진압·예방하고 수사하기 위해 **필요하고도 적절한 조치**로 보이고, 경찰관 직무집행법 제1조의 목적에 맞게 제2조의 직무 범위 내에서 제6조에서 정한 **즉시강제의 요건을 충족한 적법한 직무집행으로 볼 여지가 있다**(대법원 2016도19417).

568 「**경찰관 직무집행법**」상 보호조치에 대한 설명으로 가장 적절하지 않은 것은? (다툼이 있는 경우 판례에 의함)   ●A급 24 경위

① 「경찰관 직무집행법」에서 규정하는 술에 취한 상태로 인하여 자기 또는 타인의 생명·신체와 재산에 위해를 미칠 우려가 있는 피구호자에 대한 보호조치는 경찰 행정상 즉시강제에 해당한다.

② 술에 취한 상태란 피구호자가 술에 만취하여 정상적인 판단능력이나 의사능력을 상실할 정도에 이른 것을 말하지 않는다.

③ 경찰공무원이 보호조치 된 운전자에 대하여 음주측정을 요구하였다는 이유만으로 음주측정요구가 당연히 위법하거나 보호조치가 당연히 종료된 것으로 볼 수는 없다.

④ 술에 취한 피구호자의 가족 등에게 인계할 수 있다면 특별한 사정이 없는 한 경찰관서에서 피구호자를 보호하는 것은 허용되지 않는다.

 🔒 568 ②

① (○) 「경찰관 직무집행법」에서 규정하는 **술에 취한 상태**로 인하여 자기 또는 타인의 생명·신체와 재산에 위해를 미칠 우려가 있는 피구호자에 대한 **보호조치**는 경찰 행정상 **즉시강제에 해당한다**(대법원 2012도11162).

② (×) 술에 취한 상태란 피구호자가 술에 **만취**하여 **정상적인 판단능력이나 의사능력을 상실**할 정도에 이른 것을 **말한다(말하지 않는다×)**(대법원 2012도11162).

③ (○) 경찰관이 **술에 취한 상태에서 자동차를 운전한 것으로 보이는** 피고인을 경찰관 직무집행법 제4조 제1항에 따른 **보호조치 대상자로 보아 경찰관서로 데려온 직후 음주측정**을 요구하였는데 피고인이 불응하여 구 도로교통법상 음주측정불응죄로 기소된 사안에서, **위법한 보호조치 상태를 이용하여 음주측정요구가 이루어졌다는 등의 특별한 사정이 없는 한** 피고인의 행위는 **음주측정불응죄에 해당한다**(대법원 2011도4328).

④ (○) **보호조치를 필요로** 하는 피구호자에 해당하는지는 구체적인 상황을 고려하여 **경찰관 평균인을 기준으로 판단**하되, 그 판단은 보호조치의 취지와 목적에 비추어 현저하게 불합리하여서는 아니 되며, 술에 취한 피구호자의 **가족 등에게 인계할 수 있다면** 특별한 사정이 없는 한 **경찰관서에서 피구호자를 보호하는 것은 허용되지 않는다**(대법원 2012도11162).

569 「경찰관 직무집행법」상 보호조치에 관한 설명으로 가장 적절하지 않은 것은? (다툼이 있는 경우 판례에 의함)

●A급 26 경위

① 보호조치를 필요로 하는 피구호자에 해당하는지는 구체적인 상황을 고려하여 사회 평균인을 기준으로 판단하되, 그 판단은 보호조치의 취지와 목적에 비추어 현저하게 불합리하여서는 아니 된다.

② 경찰공무원이 보호조치된 운전자에 대하여 음주측정을 요구하였다는 이유만으로 음주측정 요구가 당연히 위법하다거나 보호조치가 당연히 종료된 것으로 볼 수 없다.

③ 「경찰관 직무집행법」상 정신착란자, 주취자, 자살기도자 등 응급의 구호를 요하는 자를 24시간을 초과하지 아니하는 범위 내에서 경찰관서에 보호조치할 수 있는 시설로 제한적으로 운영되는 경우를 제외하고는 구속영장을 발부받음 없이 경찰서 조사대기실에 유치하는 것은 영장주의에 위배되는 위법한 구금에 해당한다.

④ 주취 상태에서의 운전은 「도로교통법」에 의하여 금지되어 있는 범죄행위임이 명백하고 그로 인하여 자기 또는 타인의 생명이나 신체에 위해를 미칠 위험이 큰 점을 감안하면, 주취운전을 적발한 경찰관은 운전자의 주취 정도가 심한 경우에는 경찰관서에 일시 보호하는 조치를 할 수 있다.

① (×) 보호조치를 필요로 하는 **피구호자에 해당하는지**는 구체적인 상황을 고려하여 **경찰관 평균인(사회 평균인×)을 기준으로 판단**하되, 그 판단은 보호조치의 취지와 목적에 비추어 현저하게 불합리하여서는 아니 된다(대법원 2012도11162).

② (○) 경찰공무원이 **보호조치된 운전자에 대하여 음주측정을 요구**하였다는 이유만으로 음주측정 요구가 **당연히 위법하다거나 보호조치가 당연히 종료된 것으로 볼 수 없다**(대법원 2011도4328).

③ (○) **경찰서 조사대기실**이 조사대기자 등의 도주방지와 경찰업무의 편의 등을 위한 수용시설로서 그 안에 대기하고 있는 사람들의 출입이 제한되는 시설이라면, 일단 그 장소에 유치되는 사람은 그 의사에 기하지 아니하고 일정장소에 구금되는 결과가 되므로 「경찰관 직무집행법」상 정신착란자, 주취자, 자살기도자 등 응급의 구호를 요하는 자를 24시간을 초과하지 아니하는 범위 내에서 경찰관서에 **보호조치할 수 있는 시설로 제한적으로 운영되는 경우를** 제외하고는 구속영장을 발부받음이 없이 **'조사대기실'에 유치**하는 것은 **영장주의에 위배되는 위법한 구금**이라고 하지 않을 수 없다(대법원 94다37226).

④ (○) **주취 상태에서의 운전**은 「도로교통법」에 의하여 금지되어 있는 **범죄행위임이 명백하고** 그로 인하여 자기 또는 타인의 생명이나 신체에 위해를 미칠 위험이 큰 점을 감안하면, 주취운전을 적발한 경찰관은 운전자의 **주취 정도가 심한 경우에는 경찰관서에 일시 보호하는 조치를 할 수 있다**(대법원 97다54482).

569 ①

[위험 발생의 방지 등]

570 「경찰관 직무집행법」 제5조(위험 발생의 방지 등)에 관한 내용 중 가장 적절하지 않은 것은?

•A급 23 승진

① 경찰관은 위험 발생의 방지 등에 관한 조치 중 긴급한 경우에 위해를 입을 우려가 있는 사람을 필요한 한도에서 이동을 제한하거나 대피시킬 수 있다.

② 경찰관은 위험 발생의 방지 등에 관한 조치를 하였을 때에는 지체없이 그 사실을 소속 경찰관서의 장에게 보고하여야 한다.

③ 경찰관서의 장은 대간첩 작전의 수행이나 소요 사태의 진압을 위하여 필요하다고 인정되는 상당한 이유가 있을 때에는 대간첩 작전지역이나 경찰관서·무기고 등 다중이용시설에 대한 접근 또는 통행을 제한하거나 금지할 수 있다.

④ 경찰관은 위험한 동물 등의 출현으로 인해 사람의 생명 또는 신체에 위해를 끼치거나 재산에 중대한 손해를 끼칠 우려가 있는 경우 위험 발생 방지 등의 조치를 할 수 있다.

해설

① (○) 경찰관은 위험 발생의 방지 등에 관한 조치 중 **긴급**한 경우에 **위해를 입을 우려가 있는 사람**을 필요한 한도에서 이동을 제한하거나 대피시킬 수 있다.

② (○) 경찰관은 위험 발생의 방지 등에 관한 **조치를 하였을 때**에는 **지체없이** 그 사실을 소속 **경찰관서의 장에게 보고**하여야 한다.

③ (✕) **경찰관서의 장은** 대간첩 작전의 수행이나 소요 사태의 진압을 위하여 필요하다고 인정되는 상당한 이유가 있을 때에는 **대간첩 작전지역**이나 경찰관서·무기고 등 **국가중요시설(다중이용시설✕)**에 대한 **접근 또는 통행을 제한하거나 금지할 수 있다.**

④ (○) **경찰관**은 **위험한 동물 등의 출현**으로 인해 사람의 생명 또는 신체에 위해를 끼치거나 재산에 중대한 손해를 끼칠 우려가 있는 경우 위험 발생 방지 등의 **조치를 할 수 있다.**

571 2025. 7. 14. 13:00경 지역주민 甲이 대형쇼핑몰 4층에 흉기를 들고 난동을 부려 같은 층에 있는 사람들의 생명·신체에 중대한 위해를 끼칠 우려가 있는 상황이다. 인근에서 도보순찰을 하던 경찰관 乙이 이러한 사실을 인지하고 해당 상황에 개입하고자 한다. 경찰관 乙이 「경찰관 직무집행법」 제5조 제1항에 따라 할 수 있는 조치와 그 근거로 적절한 것은 모두 몇 개인가? (각 조치의 비례성, 보충성, 긴급성, 수인가능성은 모두 충족한 것으로 봄)

•A급 26 경위

> 가. 해당 건물에 모인 사람들에게 흉기 난동 사건이 발생하였음을 경고하는 것(제1호)
> 나. 흉기 난동을 부리는 甲을 필요한 한도에서 이동을 제한하는 것(제2호)
> 다. 4층에 있는 사람들을 안전한 장소로 대피시키는 것(제2호)
> 라. 쇼핑몰 관리자에게 사람들이 4층으로 진입하지 않도록 유도하게 하는 것(제4호)
> 마. 쇼핑몰 손님에게 사람들이 4층으로 진입하지 않도록 유도하게 하는 것(제4호)

① 2개   ② 3개   ③ 4개   ④ 5개

 570 ③   571 ③

적절한 것은 **가, 다, 라, 마, 4개**이다.

가. (○) 해당 건물에 **모인 사람들**에게 흉기 난동 사건이 발생하였음을 **경고**하는 것(제1호).

나. (×) **이동을 제한하거나 대피의 대상**이 되는 사람은 '**위해를 입을 우려가 있는 사람**'이다(제2호). 해당 사례에서 **흉기 난동을 부리는 甲**은 위해를 입을 우려가 있는 사람이 아니라 **위험한 상황의 원인을 제공한 사람**이므로 그 장소에 서 **퇴거시키거나 그 장소에의 접근을 금지시켜야 할 대상**이다(제3호).

다. (○) 4층에 **있는 사람**들을 안전한 장소로 **대피시키는 것**(제2호).

라. (○) 쇼핑몰 **관리자**에게 사람들이 4층으로 진입하지 않도록 **유도하게 하는 것**(제4호).

마. (○) 쇼핑몰 **손님**에게 사람들이 4층으로 진입하지 않도록 **유도하게 하는 것**(제4호).

[범죄예방과 제지, 위험 방지를 위한 출입]

572 「**경찰관 직무집행법**」상 즉시강제에 해당하는 것은 모두 몇 개인가? (다툼이 있는 경우 판례에 의함)

 22 순경2차

> ㉠ 주택가에서 흉기를 들고 난동을 부리며 경찰관의 중지명령에 항거하는 사람에 대해 전자충격기를 사용하여 강제로 제압하는 것
>
> ㉡ 음주운전 등 교통법규 위반자에 대해 운전면허를 취소하는 것
>
> ㉢ 불법집회로 인한 공공시설의 안전에 대한 위해를 억제하기 위해 최루탄을 사용하는 것
>
> ㉣ 위험물의 폭발로 인해 매우 긴급한 경우에 위해를 입을 우려가 있는 사람을 억류하거나 피난시키는 것
>
> ㉤ 지정된 기한까지 체납액을 완납하지 않은 국세체납자의 재산을 압류하는 것
>
> ㉥ 무허가건물의 철거 명령을 받고도 이를 불이행하는 사람의 불법건축물을 철거하는 것

① 3개 　　　② 4개 　　　③ 5개 　　　④ 6개

즉시강제에 해당하는 것은 ㉠, ㉢, ㉣, **3개**이다.

㉠ 주택가에서 **흉기를 들고 난동을 부리며** 경찰관의 중지명령에 항거하는 사람에 대해 전자충격기를 사용하여 강제로 제 압하는 것 – **즉시강제**

㉡ 음주운전 등 교통법규 위반자에 대해 **운전면허를 취소**하는 것 – 강학상 **철회**(하명)

㉢ **불법집회로 인한 공공시설의 안전**에 대한 위해를 억제하기 위해 최루탄을 사용하는 것 – **즉시강제**

㉣ 위험물의 폭발로 인해 **매우 긴급한 경우**에 위해를 입을 우려가 있는 사람을 억류하거나 피난시키는 것 – **즉시강제**

㉤ 지정된 기한까지 체납액을 완납하지 않은 국세체납자의 **재산을 압류**하는 것 – **강제징수**(강제집행)

㉥ 무허가건물의 철거 명령을 받고도 이를 불이행하는 사람의 **불법건축물을 철거**하는 것 – **대집행**(강제집행)

573 「**경찰관 직무집행법**」상 범죄의 예방과 제지에 관한 설명으로 가장 적절하지 않은 것은? (다툼이 있 는 경우 판례에 의함)

● A급 26 경위

① 경찰관이 주거지에서 음악 소리를 크게 내거나 큰 소리로 떠들어 이웃을 시끄럽게 하는 등 「경 범죄 처벌법」상 경범죄에 해당하는 행위를 제지하고 수사하기 위하여 피고인의 집으로 통하는 전기를 일시적으로 차단한 것은 「경찰관 직무집행법」 제6조에서 정한 즉시강제의 요건을 충족 한 적법한 직무집행으로 볼 여지가 있다.

② 노동조합 조합원들이 어떠한 범죄행위를 목전에서 저지르려고 하거나 이들의 행위로 인하여 인명·신체에 위해를 미치거나 재산에 중대한 손해를 끼칠 우려 등 긴급한 사정이 있는 경우

🔒 572 ① 　573 ④

가 아닌데도 방패를 든 전투경찰대원들이 위 조합원들을 둘러싸고 이동하지 못하게 가둔 행위
는 「경찰관 직무집행법」 제6조 제1항에 근거한 제지 조치라고 볼 수 없고, 이는 형사소송법상
체포에 해당한다.

③ 위법한 집회·시위가 장차 특정지역에서 개최될 것이 예상된다고 하더라도, 이와 시간적·장
소적으로 근접하지 않은 다른 지역에서 그 집회·시위에 참가하기 위하여 출발 또는 이동하는
행위를 제지하는 것은 「경찰관 직무집행법」 제6조 제1항의 경찰관의 제지의 범위를 명백히 넘
어 허용될 수 없다.

④ 「경찰관 직무집행법」 제6조에 의한 경찰관의 경고나 제지는 그 문언과 같이 범죄의 예방을 위
하여 범죄행위에 관한 실행의 착수 전에 행하여질 수 있으며, 이후 범죄행위가 계속되는 중에
그 진압을 위하여는 행하여질 수 없다.

해설

① (○) 경찰관이 **주거지에서 음악 소리를 크게 내거나 큰 소리로 떠들어 이웃을 시끄럽게 하는** 등 「경범죄 처벌법」상
경범죄에 해당하는 행위를 제지하고 수사하기 위하여 피고인의 집으로 통하는 **전기를 일시적으로 차단**한 것은
「경찰관 직무집행법」 제6조에서 정한 **즉시강제의 요건을 충족한 적법한 직무집행**으로 볼 여지가 있다(대법원
2016도19417).

② (○) 노동조합 조합원들이 어떠한 범죄행위를 목전에서 저지르려고 하거나 이들의 행위로 인하여 인명·신체에 위해를
미치거나 재산에 중대한 손해를 끼칠 우려 등 **긴급한 사정이 있는 경우가 아닌데도 방패를 든 전투경찰대원들이
위 조합원들을 둘러싸고 이동하지 못하게 가둔 행위는** 「경찰관 직무집행법」 제6조 제1항에 근거한 **제지 조치라고
볼 수 없고, 이는** 형사소송법상 체포에 해당한다(대법원 2013도2168).

③ (○) 위법한 집회·시위가 장차 특정지역에서 개최될 것이 예상된다고 하더라도, 이와 시간적·장소적으로 근접하지
않은 다른 지역에서 그 집회·시위에 참가하기 위하여 출발 또는 이동하는 행위를 제지하는 것은 「경찰관 직무집
행법」 제6조 제1항의 경찰관의 제지의 범위를 명백히 넘어 허용될 수 없다(대법원 2007도9794).

④ (×) 「경찰관 직무집행법」 제6조에 의한 **경찰관의 경고나 제지는** 그 문언과 같이 범죄의 예방을 위하여 범죄행위에
관한 실행의 착수 전에 행하여질 수 있으며, 이후 범죄행위가 계속되는 중에 그 진압을 위하여도 당연히 행하여질
수 있다(행하여질 수 없다×)(대법원 2013도643).

574 다음은 「경찰관 직무집행법」상 범죄의 예방과 제지에 관한 사례이다. 이와 관련한 설명 중 가장 적절
한 것은? (다툼이 있는 경우 판례에 의함) **●A급** 22 순경2차

> 甲은 평소 집에서 심한 고성과 욕설, 시끄러운 음악 소리 등으로 이웃 주민들로부터 수 회에 걸쳐 112
> 신고가 있어 왔던 사람이다. 사건 당일에도 甲이 자정에 가까운 한밤중에 집안에서 음악을 크게 켜놓
> 고 심한 고성을 지른다는 112신고를 받고 경찰관이 출동하였다. 출동한 경찰관이 인터폰으로 甲에게
> 문을 열어달라고 하였으나, 甲은 심한 욕설을 할 뿐 출입문을 열어주지 않은 채, 소란행위를 멈추지
> 않았다. 이에 경찰관들이 甲을 만나기 위해 甲의 집으로 통하는 전기를 일시적으로 차단하여 甲이 집
> 밖으로 나오도록 유도하였다.

① 「경찰관 직무집행법」상 경찰관의 제지에 관한 부분은 눈앞의 급박한 경찰상 장해를 제거하여
야 할 필요가 있고 의무를 명할 시간적 여유가 없거나 의무를 명하는 방법으로는 그 목적을
달성하기 어려운 상황에서 의무이행을 전제로 하지 않고 경찰이 직접 실력을 행사하여 경찰상
필요한 상태를 실현하는 비권력적 사실행위에 관한 근거조항이다.

 574 ②

② 甲의 행위는 「경범죄 처벌법」상 '인근소란 등'에 해당하고 이로 인하여 인근 주민들이 잠을 이루지 못할 수 있으며 출동한 경찰관들을 만나지 않고 소란행위를 지속하고 있으므로, 甲의 행위를 제지하는 것은 경찰관의 직무상 권한이자 의무로 볼 수 있다.

③ 「경찰관 직무집행법」상 경찰관의 제지 조치의 위법 여부는 사후적으로 순수한 객관적 기준에서 판단해야 하고 제지 조치 당시의 구체적 상황을 기초로 판단하는 것은 아니다.

④ 경찰관의 조치는 사람의 생명·신체에 위해를 끼치거나 재산에 중대한 손해를 끼칠 우려가 있는 긴급한 경우로 보기는 어려워 즉시강제가 아니라 직접강제의 요건에 부합한다.

해설

① (×) 「경찰관 직무집행법」 제6조 경찰관의 제지에 관한 부분은 눈앞의 급박한 경찰상 장해를 제거하여야 할 필요가 있고 의무를 명할 시간적 여유가 없거나 의무를 명하는 방법으로는 그 목적을 달성하기 어려운 상황에서 의무이행을 전제로 하지 않고 경찰이 직접 실력을 행사하여 경찰상 필요한 상태를 실현하는 권력적(비권력적×) 사실행위에 관한 근거조항이다(대법원 2016도19417).

② (○) 甲의 행위는 「경범죄 처벌법」상 '인근소란 등'에 해당하고 이로 인하여 인근 주민들이 잠을 이루지 못할 수 있으며 출동한 경찰관들을 만나지 않고 소란행위를 지속하고 있으므로, 甲의 행위를 제지하는 것은 경찰관의 직무상 권한이자 의무로 볼 수 있다(대법원 2016도19417).

③ (×) 「경찰관 직무집행법」상 경찰관의 제지 조치가 적법한지는 제지 조치 당시의 구체적 상황을 기초로 판단하여야 하고 사후적으로 순수한 객관적 기준에서 판단할 것은 아니다(대법원 2016도19417).

④ (×) 경찰관의 조치는 사람의 생명·신체에 위해를 끼치거나 재산에 중대한 손해를 끼칠 우려가 있는 긴급한 경우로 보기는 어려우나 경범죄 처벌법 제3조 제1항 제21호에서 금지하는 정한 '인근소란 등' 행위에 해당한다. 이 경우 경찰관은 경찰관 직무집행법에 따라 경범죄에 해당하는 행위를 예방·진압·수사하고, 필요한 경우 제지할 수 있다. 따라서 해당 사례에서 경찰관의 조치는 사람의 생명·신체에 위해를 끼치거나 재산에 중대한 손해를 끼칠 우려가 있는 긴급한 경우로 볼 수 있어 즉시강제(즉시강제가 아니라 직접강제×)의 요건에 부합한다(대법원 2016도19417).

575 「경찰관 직무집행법」 제6조(이하 '제6조')는 범죄의 예방과 제지에 관하여 규정하고 있다. 이에 관한 설명으로 적절한 것은 모두 몇 개인가? (다툼이 있는 경우 판례에 의함) ●A급 25 경위

> 가. 경찰관은 범죄행위가 목전(目前)에 행하여지려고 하고 있다고 인정될 때에는 이를 예방하기 위하여 관계인에게 필요한 경고를 하고, 그 행위로 인하여 사람의 생명·신체에 위해를 끼치거나 재산에 중대한 손해를 끼칠 우려가 있는 긴급한 경우에는 그 행위를 제지할 수 있다.
>
> 나. 제6조 중 경찰관의 제지에 관한 부분은 범죄의 예방을 위한 경찰행정상 즉시강제에 관한 근거조항이다.
>
> 다. 제6조에 의한 경찰관의 제지 조치는 그러한 조치가 불가피한 최소한도 내에서만 행사되도록 그 발동·행사 요건을 신중하고 엄격하게 해석하여야 하고, 그러한 해석·적용의 범위 내에서만 우리 헌법상 신체의 자유 등 기본권 보장 조항과 그 정신 및 해석 원칙에 합치될 수 있다.
>
> 라. 경찰관은 형사처벌의 대상이 되는 행위가 눈앞에서 막 이루어지려고 하는 것이 객관적으로 인정될 수 있는 상황이고 그 행위를 당장 제지하지 않으면 곧 인명·신체에 위해를 미치거나 재산에 중대한 손해를 끼칠 우려가 있는 상황이어서, 직접 제지하는 방법 외에는 위와 같은 결과를 막을 수 없는 급박한 상태일 때에만 제6조에 의하여 적법하게 그 행위를 제지할 수 있고, 그 범위 내에서만 경찰관의 제지조치가 적법하다고 평가될 수 있다.

① 1개 　　　　② 2개 　　　　③ 3개 　　　　④ 4개

 575 ④

해설

옳은 설명은 **가, 나, 다, 라, 4개**이다.

가. (○) 경찰관은 범죄행위가 **목전(目前)에** 행하여지려고 하고 있다고 인정될 때에는 이를 **예방**하기 위하여 관계인에게 필요한 **경고**를 하고, 그 행위로 인하여 사람의 **생명·신체에** 위해를 끼치거나 **재산에 중대한 손해**를 끼칠 우려가 있는 **긴급한 경우에는 그 행위를 제지할 수 있다**(대법원 2016도19417).

나. (○) 제6조 중 경찰관의 **제지**에 관한 부분은 범죄의 예방을 위한 경찰행정상 **즉시강제**에 관한 **근거조항이다**(대법원 2016도19417).

다. (○) 제6조에 의한 경찰관의 **제지 조치**는 그러한 조치가 불가피한 최소한도 내에서만 행사되도록 그 발동·행사 **요건을 신중하고 엄격하게 해석하여야 하고**, 그러한 해석·적용의 범위 내에서만 우리 헌법상 신체의 자유 등 기본권 보장 조항과 그 정신 및 해석 원칙에 합치될 수 있다(대법원 2007도9794).

라. (○) 경찰관은 형사처벌의 대상이 되는 행위가 눈앞에서 막 이루어지려고 하는 것이 객관적으로 인정될 수 있는 상황이고 그 행위를 당장 제지하지 않으면 곧 인명·신체에 위해를 미치거나 재산에 중대한 손해를 끼칠 우려가 있는 상황이어서, **직접 제지하는 방법 외에는 위와 같은 결과를 막을 수 없는 급박한 상태일 때에만** 제6조에 의하여 적법하게 그 행위를 제지할 수 있고, 그 범위 내에서만 경찰관의 **제지조치가 적법하다**고 평가될 수 있다(대법원 2018다288631).

---

576 「경찰관 직무집행법」상 위험방지를 위한 출입에 관한 설명으로 가장 적절하지 않은 것은?

● A급 26 경위

① 경찰관은 인공구조물의 파손 등 위험한 사태가 발생하여 사람의 생명·신체 또는 재산에 대한 위해가 임박한 때에 그 위해를 방지하거나 피해자를 구조하기 위하여 부득이하다고 인정하면 합리적으로 판단하여 필요한 한도에서 다른 사람의 토지·건물·배 또는 차에 출입할 수 있다.

② 여관, 음식점 등 많은 사람이 출입하는 장소의 관리자는 경찰관이 범죄나 사람의 생명·신체·재산에 대한 위해를 예방하기 위하여 해당 장소의 영업시간에 그 장소에 출입하겠다고 요구하면 정당한 이유 없이 그 요구를 거절할 수 없다.

③ 경찰관이 위험방지를 위하여 필요한 장소에 출입할 때에는 그 신분을 표시하는 증표를 제시하여야 하며, 함부로 관계인이 하는 정당한 업무를 방해해서는 아니 된다.

④ 정당한 사유 없이 경찰관의 토지·건물·배 또는 차에의 출입을 거부 또는 방해한 자에게는 300만 원 이하의 과태료를 부과한다.

해설

① (○) **경찰관**은 인공구조물의 파손 등 위험한 사태가 발생하여 사람의 **생명·신체 또는 재산에 대한 위해가 임박한 때에** 그 **위해를 방지하거나 피해자를 구조하기 위하여** 부득이하다고 인정하면 합리적으로 판단하여 필요한 한도에서 다른 사람의 **토지·건물·배 또는 차**에 **출입할 수 있다**(경찰관 직무집행법 제7조 제1항).

② (○) 여관, 음식점 등 **많은 사람이 출입하는 장소의 관리자**는 경찰관이 범죄나 사람의 생명·신체·재산에 대한 위해를 예방하기 위하여 해당 장소의 **영업시간에** 그 장소에 출입하겠다고 요구하면 **정당한 이유 없이 그 요구를 거절할 수 없다**(경찰관 직무집행법 제7조 제2항).

③ (○) 경찰관이 위험방지를 위하여 필요한 장소에 출입할 때에는 그 **신분을 표시하는 증표를 제시하여야 하며**, 함부로 관계인이 하는 **정당한 업무를 방해해서는 아니 된다**(경찰관 직무집행법 제7조 제4항).

④ (×) 「경찰관 직무집행법」상에는 토지·건물·배 또는 차에의 **출입을 거부 또는 방해한 자에 대한 처벌규정이 없다**.

  Tip 정당한 사유 없이 경찰관의 토지·건물·배 또는 차에의 출입을 거부 또는 방해한 자에게는 **300만 원 이하의 과태료**를 부과한다(「112신고의 운영 및 처리에 관한 법률」 제18조 제2항).

 576 ④

577 「경찰관 직무집행법」상 위험방지를 위한 출입에 대한 설명으로 가장 적절하지 않은 것은?

① 위험방지를 위한 출입의 성질은 대가택적 즉시강제이다.  **A급** 19 승진

② 경찰공무원은 여관에 불이 나서 객실에 쓰러져 있는 사람이 있는 경우에는 주인이 허락하지 않더라도 들어갈 수 있다.

③ 새벽 3시에 영업이 끝난 식당에서 주인만 머무르는 경우라도, 경찰공무원은 범죄의 예방을 위해 출입을 요구할 수 있고, 상대방은 이를 거절할 수 없다.

④ 경찰공무원은 위험방지를 위해 여관에 출입할 경우에는 그 신분을 표시하는 증표를 제시하여야 하며, 함부로 관계인이 하는 정당한 업무를 방해해서는 아니 된다.

해설

① (○) **위험방지를 위한 출입**의 성질은 **대가택적 즉시강제**이다.

② (○) 경찰공무원은 여관에 **불이 나서** 객실에 쓰러져 있는 사람이 있는 경우에는 주인이 **허락하지 않더라도 들어갈 수 있다.**

③ (×) 새벽 3시에 **영업이 끝난** 식당에서 주인만 머무르는 경우라면, 경찰공무원은 **범죄의 예방을 위해 출입**을 요구할 수 **없고**(있고×), 상대방은 이를 **거절할 수 있다**(없다×).

　Tip 「경찰관 직무집행법」 제7조 제2항에 따라 경찰관이 **범죄의 예방을 위하여 출입**을 요구하려면 해당 장소의 **영업시간**이나 해당 장소가 **일반인에게 공개된 시간**에 요구를 하여야 하고, **정당한 이유가 있다면** 요구를 거절할 수도 있다.

④ (○) 경찰공무원은 **위험방지를 위해 여관에 출입할 경우**에는 그 신분을 표시하는 **증표를 제시하여야 하며**, 함부로 관계인이 하는 정당한 **업무를 방해해서는 아니 된다.**

578 「경찰관 직무집행법」에 대한 설명으로 가장 적절하지 않은 것은?

A급 22 승진

① 국민의 자유와 권리 및 모든 개인이 가지는 불가침의 기본적 인권을 보호하고 사회공공의 질서를 유지하기 위한 경찰관의 직무수행에 필요한 사항을 규정함을 목적으로 한다.

② 경찰관은 범죄행위가 목전에 행하여지려고 하고 있다고 인정될 때에는 이를 예방하기 위하여 관계인에게 필요한 경고를 할 수 있다.

③ 경찰관이 위험방지를 위한 출입할 때에는 그 신분을 표시하는 증표의 제시의무는 없다.

④ 경찰관은 위험한 사태가 발생하여 사람의 생명·신체 또는 재산에 대한 위해가 임박한 때에 그 위해를 방지하거나 피해자를 구조하기 위하여 부득이하다고 인정하면 합리적으로 판단하여 필요한 한도에서 다른 사람의 토지·건물·배 또는 차에 출입할 수 있다.

해설

① (○) 국민의 자유와 권리 및 모든 개인이 가지는 **불가침의 기본적 인권을 보호**하고 **사회공공의 질서를 유지**하기 위한 **경찰관의 직무수행에 필요한 사항을 규정**함을 **목적으로** 한다(동법 제1조 제1항).

② (○) 경찰관은 범죄행위가 **목전에** 행하여지려고 하고 있다고 인정될 때에는 이를 **예방**하기 위하여 관계인에게 필요한 **경고를 할 수 있다**(동법 제6조).

③ (×) 경찰관이 위험방지를 위한 **출입할 때**에는 그 신분을 표시하는 **증표의 제시의무가 있다**(없다×). 경찰관은 제1항부터 제3항까지의 규정에 따라 필요한 장소에 출입할 때에는 그 신분을 표시하는 **증표를 제시하여야 하며**, 함부로 관계인이 하는 정당한 **업무를 방해해서는 아니 된다**(동법 제7조 제4항).

④ (○) 경찰관은 위험한 사태가 발생하여 사람의 생명·신체 또는 재산에 대한 위해가 **임박한 때**에 그 위해를 방지하거나 피해자를 구조하기 위하여 **부득이하다고 인정**하면 합리적으로 판단하여 필요한 한도에서 다른 사람의 **토지·건물·배** 또는 **차**에 출입할 수 있다(동법 제7조 제1항).

 577 ③　578 ③

579 「경찰관 직무집행법」 제6조(범죄예방과 제지) 및 제7조(위험 방지를 위한 출입)에 관한 내용 중 가장 적절하지 않은 것은? (다툼이 있는 경우 판례에 의함)   ●A급 23 승진

① 경찰관의 제지 조치가 적법한지는 제지 조치 당시의 구체적 상황을 기초로 판단하여야 하고 사후적으로 순수한 객관적 기준에서 판단할 것은 아니다.

② 경찰관은 위험 방지를 위해 필요한 장소에 출입할 때에는 그 신분을 표시하는 증표를 제시하여야 하며, 함부로 관계인이 하는 정당한 업무를 방해해서는 아니 된다.

③ 경찰관의 경고나 제지는 범죄의 예방을 위하여 범죄행위에 관한 실행의 착수 전에 행하여질 수 있을 뿐만 아니라, 이후 범죄 행위가 계속되는 중에 그 진압을 위하여도 당연히 행하여질 수 있다고 보아야 한다.

④ 경찰관은 범죄행위가 목전(目前)에 행하여지려고 하고 있다고 인정될 경우 이를 예방하기 위하여 관계인에게 필요한 제지를 하여야 한다.

> **해설**
> ① (○) 경찰관의 제지 조치가 적법한 직무집행으로 평가되기 위해서는, **형사처벌의 대상이 되는 행위가 눈앞에서 막 이루어지려고 하는 것이 객관적으로 인정될 수 있는 상황**이고, 그 행위를 당장 제지하지 않으면 곧 **인명·신체에 위해**를 미치거나 **재산에 중대한 손해**를 끼칠 우려가 있는 상황이어서, **직접 제지하는 방법 외에는** 위와 같은 결과를 **막을 수 없는 절박한 사태**이어야 한다. 다만, **경찰관의 제지 조치가 적법한지**는 제지 조치 **당시의 구체적 상황을 기초로 판단하여야** 하고 **사후적으로 순수한 객관적 기준에서 판단할 것은 아니다**(대법원 2016도19417).
> ② (○) 경찰관은 위험 방지를 위해 필요한 장소에 출입할 때에는 그 신분을 표시하는 **증표를 제시하여야 하며**, 함부로 관계인이 하는 정당한 **업무를 방해해서는 아니 된다**(동법 제7조 제4항).
> ③ (○) 경찰관의 **경고나 제지**는 범죄의 예방을 위하여 범죄행위에 관한 **실행의 착수 전**에 행하여질 수 있을 뿐만 아니라, **이후 범죄 행위가 계속되는 중에 그 진압을 위하여도 당연히 행하여질 수 있다**고 보아야 한다(대법원 2013도643).
> ④ (×) 경찰관은 범죄행위가 목전(目前)에 행하여지려고 하고 있다고 인정될 경우 이를 **예방**하기 위하여 관계인에게 필요한 **경고(제지×)**를 하고, 그 행위로 인하여 사람의 **생명·신체**에 위해를 끼치거나 **재산에 중대한 손해**를 끼칠 우려가 있는 **긴급한 경우**에는 그 행위를 **제지**할 수 있다(하여야 한다×).

[경찰장비의 사용]

580 경찰장비 중 「경찰관 직무집행법」과 「총포·도검·화약류 등의 안전관리에 관한 법률」 및 동법 시행령에 따를 때 공무집행에 대한 항거 제지를 위해 사용할 수 없는 경찰장비는 모두 몇 개인가?   ●A급 20 법학

> ⊙ 총포형 분사기   ⊙ 수갑   © 권총   @ 경찰봉   @ 방패

① 0개   ② 1개   ③ 2개   ④ 3개

> **해설**
> 공무집행에 대한 항거 제지를 위해 사용할 수 없는 경찰장비는 ⊙ **총포형 분사기**, 1개이다.
> 🄣ip 「경찰관 직무집행법」상 '**경찰장구**'와 '**무기**'는 공무집행에 대한 항거 제지를 위해서 사용할 수 있으나, '**분사기등**'에 대해서는 공무집행에 대한 항거 제지를 위해서 사용할 수 있다는 **규정이 없다**. 그러므로 보기에서 '분사기'에 해당하는 '⊙ **총포형 분사기**'는 공무집행에 대한 항거 제지를 위해 사용할 수 없는 장비에 해당한다.

🔒 579 ④   580 ②

581 「경찰관 직무집행법」상 '경찰장비'에 대한 설명으로 옳지 않은 것은?  20 경위

① 경찰관은 직무수행 중 경찰장비를 사용할 수 있다. 다만, 사람의 생명이나 신체에 위해를 끼칠 수 있는 경찰장비를 사용할 때에는 필요한 안전교육과 안전검사를 받은 후 사용하여야 한다.

② "경찰장구"란 무기, 최루제와 그 발사장치, 살수차, 감식기구, 해안 감시기구, 통신기기, 차량·선박·항공기 등 경찰이 직무를 수행할 때 필요한 장치와 기구를 말한다.

③ 경찰청장은 사람의 생명이나 신체에 위해를 끼칠 수 있는 경찰장비를 새로 도입하려는 경우에는 대통령령으로 정하는 바에 따라 안전성 검사를 실시하여 그 안전성 검사의 결과보고서를 국회 소관 상임위원회에 제출하여야 한다. 이 경우 안전성 검사에는 외부 전문가를 참여시켜야 한다.

④ 경찰관은 경찰장비를 함부로 개조하거나 경찰장비에 임의의 장비를 부착하여 일반적인 사용법과 달리 사용함으로써 다른 사람의 생명·신체에 위해를 끼쳐서는 아니 된다.

해설

① (○) 경찰관은 직무수행 중 **경찰장비를 사용할 수 있다.** 다만, 사람의 생명이나 신체에 위해를 끼칠 수 있는 경찰장비를 사용할 때에는 필요한 **안전교육과 안전검사를 받은 후** 사용하여야 한다.

② (×) **"경찰장비"**(경찰장구×)란 무기, **경찰장구**, 경찰착용기록장치, 최루제와 그 발사장치, 살수차, 감식기구, 해안 감시기구, 통신기기, 차량·선박·항공기 등 경찰이 직무를 수행할 때 필요한 장치와 기구를 말한다(동법 제10조 제2항).

③ (○) **경찰청장은** 사람의 생명이나 신체에 위해를 끼칠 수 있는 경찰장비를 **새로 도입하려는 경우**에는 **대통령령으로** 정하는 바에 따라 **안전성 검사**를 실시하여 그 안전성 검사의 **결과보고서를 국회 소관 상임위원회에 제출하여야 한다.** 이 경우 안전성 검사에는 **외부 전문가를 참여시켜야 한다**(동법 제10조 제5항).

④ (○) 경찰관은 경찰장비를 함부로 **개조**하거나 경찰장비에 임의의 **장비를 부착**하여 일반적인 사용법과 달리 사용함으로써 다른 사람의 생명·신체에 위해를 끼쳐서는 **아니 된다**(동법 제10조 제3항).

582 경찰장비에 대한 설명이다. 아래 ㉠부터 ㉣까지의 설명 중 옳고 그름의 표시(○, ×)가 바르게 된 것은? ●A급 22 승진

㉠ 「경찰관 직무집행법」상 경찰청장은 위해성 경찰장비를 새로 도입하려는 경우에는 대통령령으로 정하는 바에 따라 안전성 검사를 실시하여 그 안전성 검사의 결과보고서를 행정안전부장관에게 제출하여야 한다.

㉡ 「위해성 경찰장비의 사용기준 등에 관한 규정」상 경찰관은 14세 미만의 자 또는 65세 이상의 고령자에 대하여 전자충격기를 사용하여서는 아니 된다.

㉢ 「경찰관 직무집행법」상 경찰관은 범인의 체포 또는 범인의 도주 방지를 위하여 부득이한 경우에는 현장책임자가 판단하여 필요한 최소한의 범위에서 「총포·도검·화약류 등의 안전관리에 관한 법률」에 따른 분사기를 사용할 수 있다.

㉣ 「경찰관 직무집행법」상 경찰관은 범인의 체포, 범인의 도주 방지, 자신이나 다른 사람의 생명·신체의 방어 및 보호, 공무집행에 대한 항거의 제지를 위하여 필요하다고 인정되는 상당한 이유가 있을 때에는 그 사태를 합리적으로 판단하여 필요한 한도에서 무기를 사용할 수 있다.

🔒 581 ② 582 ④

① ㉠(×)　　② ㉡(○)　　㉢(○)　　㉣(×)

② ㉠(○)　　㉡(×)　　㉢(○)　　㉣(×)

③ ㉠(×)　　㉡(×)　　㉢(×)　　㉣(○)

④ ㉠(×)　　㉡(×)　　㉢(○)　　㉣(○)

해설

㉠ (×) 「경찰관 직무집행법」상 경찰청장은 **위해성 경찰장비를 새로 도입**하려는 경우에는 **대통령령**으로 정하는 바에 따라 안전성 검사를 실시하여 그 **안전성 검사의 결과보고서**를 **국회 소관 상임위원회**(행정안전부장관×)에 제출하여야 한다.

㉡ (×) 「위해성 경찰장비의 사용기준 등에 관한 규정」상 경찰관은 **14세 미만의 자** 또는 **임산부**(65세 이상의 고령자×)에 대하여 **전자충격기**를 사용하여서는 **아니 된다.**

㉢ (○) 「경찰관 직무집행법」상 경찰관은 범인의 **체포** 또는 범인의 **도주 방지**를 위하여 부득이한 경우에는 **현장책임자가 판단**하여 필요한 최소한의 범위에서 「총포·도검·화약류 등의 안전관리에 관한 법률」에 따른 **분사기를 사용할 수 있다.**

㉣ (○) 「경찰관 직무집행법」상 경찰관은 범인의 **체포**, 범인의 **도주 방지**, 자신이나 다른 사람의 **생명·신체의 방어 및 보호**, 공무집행에 대한 **항거의 제지**를 위하여 필요하다고 인정되는 상당한 이유가 있을 때에는 그 사태를 합리적으로 판단하여 필요한 한도에서 **무기를 사용할 수 있다.**

583 「경찰관 직무집행법」상 경찰장비에 대한 설명으로 적절한 것은 모두 몇 개인가?  23 경위

> 가. 경찰관은 현행범이나 사형·무기 또는 장기 3년 이상의 징역이나 금고에 해당하는 죄를 범한 범인의 체포 또는 도주 방지의 직무를 수행하기 위하여 필요하다고 인정되는 상당한 이유가 있을 때에는 그 사태를 합리적으로 판단하여 필요한 한도에서 경찰장구를 사용할 수 있다.
>
> 나. 경찰관은 직무수행 중 경찰장비를 사용할 수 있다. 다만, 재산의 침해 또는 생명이나 신체에 위해를 끼칠 수 있는 경찰장비를 긴급하게 사용할 때에는 안전검사 없이 안전교육을 받은 후 사용할 수 있다.
>
> 다. 위해성 경찰장비는 필요한 최소한도에서 사용하여야 하며, 위해성 경찰장비의 종류 및 그 사용기준, 안전교육·안전검사의 기준 등은 행정안전부령으로 정한다.
>
> 라. 경찰청장은 위해성 경찰장비를 새로 도입하려는 경우에는 대통령령으로 정하는 바에 따라 안전교육을 실시하여 그 안전교육의 결과보고서를 국회 소관 상임위원회에 제출하여야 한다. 이 경우 안전교육에는 외부 전문가를 참여시킬 수 있다.

① 0개　　② 1개　　③ 2개　　④ 3개

해설

옳은 설명은 **가, 1개**이다.

가. (○) 경찰관은 **현행범**이나 **사형·무기 또는 장기 3년 이상**의 징역이나 금고에 해당하는 죄를 범한 범인의 **체포** 또는 **도주 방지**의 직무를 수행하기 위하여 필요하다고 인정되는 상당한 이유가 있을 때에는 그 사태를 합리적으로 판단하여 필요한 한도에서 **경찰장구**를 **사용할 수 있다.**

나. (×) 경찰관은 직무수행 중 경찰장비를 사용할 수 있다. 다만, **사람의 생명이나 신체**(재산의 침해×)에 위해를 끼칠 수 있는 **경찰장비**를 긴급하게 사용할 때에라도 **안전검사**(안전검사 없이×)와 **안전교육을 받은 후 사용하여야 한다**(사용할 수 있다×).

다. (×) **위해성 경찰장비**는 필요한 최소한도에서 사용하여야 하며, 위해성 경찰장비의 종류 및 그 사용기준, 안전교육·안전검사의 기준 등은 **대통령령**(행정안전부령×)으로 정한다.

라. (×) 경찰청장은 **위해성 경찰장비를 새로 도입**하려는 경우에는 대통령령으로 정하는 바에 따라 **안전성 검사**(안전교육×)를 실시하여 그 **안전성 검사**(안전교육×)의 결과보고서를 **국회 소관 상임위원회**에 제출하여야 한다. 이 경우 **안전성 검사**(안전교육×)에는 **외부 전문가를 참여시켜야 한다**(시킬 수 있다×).

 583 ②

584 「경찰관 직무집행법」상 경찰장비와 장구에 관한 설명으로 가장 적절하지 않은 것은? ●A급 24 순경2차

① "경찰장비"란 무기, 경찰장구, 경찰착용기록장치, 최루제와 그 발사장치, 살수차, 감식기구, 해안 감시기구, 통신기기, 차량·선박·항공기 등 경찰이 직무를 수행할 때 필요한 장치와 기구를 말한다.

② "경찰착용기록장치"란 경찰관이 신체에 착용 또는 휴대하여 직무수행 과정을 근거리에서 영상·음성으로 기록할 수 있는 기록장치 또는 그 밖에 이와 유사한 기능을 갖춘 기계장치를 말한다.

③ 경찰청장, 시·도경찰청장 및 경찰서장은 경찰착용기록장치로 기록한 영상·음성을 저장하고 데이터베이스로 관리하는 영상음성기록정보 관리체계를 구축·운영하여야 한다.

④ 경찰관은 경찰장비를 함부로 개조하거나 경찰장비에 임의의 장비를 부착하여 일반적인 사용법과 달리 사용함으로써 다른 사람의 생명·신체에 위해를 끼쳐서는 아니 된다.

> **해설**
> ① (○) **"경찰장비"**란 무기, 경찰장구, **경찰착용기록장치**, 최루제와 그 발사장치, 살수차, 감식기구, 해안 감시기구, 통신기기, **차량·선박·항공기** 등 경찰이 직무를 수행할 때 필요한 **장치와 기구**를 말한다(동법 제10조 제2항).
> ② (○) **"경찰착용기록장치"**란 경찰관이 신체에 착용 또는 휴대하여 직무수행 과정을 근거리에서 **영상·음성으로 기록**할 수 있는 기록장치 또는 그 밖에 이와 유사한 기능을 갖춘 기계장치를 말한다(동법 제10조의5 제2항).
> ③ (×) **경찰청장** 및 **해양경찰청장(시·도경찰청장×, 경찰서장×)**은 경찰착용기록장치로 기록한 영상·음성을 저장하고 **데이터베이스로 관리하는 영상음성기록정보 관리체계를 구축·운영하여야** 한다(동법 제10조의7).
> ④ (○) 경찰관은 경찰장비를 함부로 개조하거나 경찰장비에 임의의 장비를 부착하여 **일반적인 사용법과 달리 사용**함으로써 다른 사람의 생명·신체에 위해를 끼쳐서는 **아니 된다**(동법 제10조 제3항).

585 경찰장비와 그 사용에 관한 설명으로 가장 적절하지 않은 것은? (다툼이 있는 경우 판례에 의함)
●A급 24 순경1차

① 경찰관은 경찰장비에 임의의 장비를 부착하여 일반적인 사용법과 달리 사용함으로써 다른 사람의 생명·신체에 위해를 끼쳐서는 안 된다.

② 경찰청장은 위해성 경찰장비를 새로 도입하려는 경우에는 대통령령으로 정하는 바에 따라 안전성 검사를 실시하여 그 안전성 검사의 결과보고서를 국회 소관 상임위원회에 제출하여야 한다. 이 경우 안전성 검사에는 외부 전문가를 참여시켜야 한다.

③ 경찰관이 농성 진압 과정에서 경찰장비를 적법하게 사용하였더라도, 상대방이 그로 인한 생명·신체에 대한 위해를 면하기 위하여 대항하는 과정에서 경찰장비를 손상시켰다면 이는 현재의 부당한 침해에서 벗어나기 위한 행위로서 정당방위에 해당한다.

④ 수사기관에서 구속된 피의자의 도주, 항거 등을 억제하는 데 필요하다고 인정할 상당한 이유가 있는 경우에는 필요한 한도 내에서 포승이나 수갑을 사용할 수 있으며, 이러한 조치가 무죄추정의 원칙에 위배되는 것이라고 할 수 없다.

🔒 **584** ③   **585** ③

해설

① (○) 경찰관은 경찰장비에 **임의의 장비를 부착**하여 일반적인 사용법과 달리 사용함으로써 다른 사람의 생명·신체에 위해를 끼쳐서는 **안 된다.**

② (○) 경찰청장은 **위해성 경찰장비를 새로 도입**하려는 경우에는 **대통령령**으로 정하는 바에 따라 **안전성 검사**를 실시하여 그 안전성 검사의 **결과보고서를 국회 소관 상임위원회에 제출**하여야 한다. 이 경우 안전성 검사에는 **외부 전문가를 참여시켜야 한다.**

③ (×) **경찰관이** 농성 진압의 과정에서 **경찰장비를 위법하게(적법하게×) 사용함**으로써 그 직무수행이 적법한 범위를 벗어난 것으로 볼 수밖에 없다면, 상대방이 **그로 인한** 생명·신체에 대한 **위해를 면하기 위하여** 직접적으로 대항하는 과정에서 **경찰장비를 손상시켰더라도** 이는 위법한 공무집행으로 인한 신체에 대한 현재의 **부당한 침해에서 벗어나기 위한** 행위로서 **정당방위에 해당한다**(대법원 2016다26662).

> 🅣ip **위해성 경찰장비**는 그 사용의 위험성과 기본권 보호 필요성에 비추어 볼 때 본래의 사용방법에 따라 지정된 용도로 사용되어야 하며 **다른 용도나 방법으로 사용**하기 위해서는 **반드시 법령에 근거가 있어야 한다**(대법원 2016다26662).

④ (○) **무죄추정을 받는 피의자라고 하더라도** 그에게 구속의 사유가 있어 **구속영장이 발부, 집행된 이상 신체의 자유가 제한되는 것은 당연한 것이고,** 특히 수사기관에서 구속된 피의자의 도주, 항거 등을 억제하는데 필요하다고 인정할 상당한 이유가 있는 경우에는 필요한 한도 내에서 **포승이나 수갑을 사용할 수 있는 것**이며, 이러한 조치가 **무죄추정의 원칙에 위배되는 것이라고 할 수는 없다**(대법원 96도561).

---

586 경찰관의 직무수행 및 경찰장비의 사용과 관련한 재량의 범위 및 한계에 대한 설명으로 가장 적절하게 나열한 것은? (다툼이 있는 경우 판례에 의함) ●A급 24 경위

> 불법적인 농성을 진압하는 방법 및 그 과정에서 어떤 경찰장비를 사용할 것인지는 (가)인 상황과 예측되는 피해 발생의 (나) 위험성의 내용 등에 비추어 경찰관이 그 재량의 범위 내에서 정할 수 있다. 그러나 그 직무수행 중 특정한 경찰장비를 필요한 최소한의 범위를 넘어 관계 법령에서 정한 통상의 용법과 달리 사용함으로써 타인의 생명·신체에 위해를 가하였다면, 불법적인 농성의 진압을 위하여 그러한 방법으로라도 해당 경찰장비를 사용할 필요가 있고 그로 인하여 발생할 우려가 있는 타인의 생명·신체에 대한 위해의 정도가 (다)으로 예견되는 범위 내에 있다는 등의 특별한 사정이 없는 한 그 직무수행은 위법하다고 보아야 한다. 나아가 경찰관이 농성 진압의 과정에서 경찰장비를 위법하게 사용함으로써 그 직무수행이 적법한 범위를 벗어난 것으로 볼 수밖에 없다면, 상대방이 그로 인한 생명·신체에 대한 위해를 면하기 위하여 (라)으로 대항하는 과정에서 그 경찰장비를 손상시켰더라도 이는 위법한 공무집행으로 인한 신체에 대한 현재의 부당한 침해에서 벗어나기 위한 행위로서 정당방위에 해당한다.

	가	나	다	라
①	구체적	추상적	특수적	간접적
②	추상적	구체적	통상적	직접적
③	구체적	추상적	통상적	직접적
④	구체적	구체적	통상적	직접적

🔒 586 ④

해설

불법적인 농성을 진압하는 방법 및 그 과정에서 어떤 경찰장비를 사용할 것인지는 (**가. 구체적**)인 상황과 예측되는 피해 발생의 (**나. 구체적**) 위험성의 내용 등에 비추어 경찰관이 그 **재량의 범위 내에서 정할 수 있다.** 그러나 그 직무수행 중 특정한 경찰장비를 **필요한 최소한의 범위를 넘어 관계 법령에서 정한 통상의 용법과 달리 사용함으로써 타인의 생명·신체에 위해를 가하였다면,** 불법적인 농성의 진압을 위하여 그러한 방법으로라도 해당 경찰장비를 사용할 필요가 있고 그로 인하여 발생할 우려가 있는 타인의 생명·신체에 대한 위해의 정도가 (**다. 통상적**)으로 예견되는 범위 내에 있다는 등의 특별한 사정이 없는 한 **그 직무수행은 위법하다**고 보아야 한다. 나아가 경찰관이 농성 진압의 과정에서 경찰장비를 위법하게 사용함으로써 그 직무수행이 적법한 범위를 벗어난 것으로 볼 수밖에 없다면, 상대방이 그로 인한 생명·신체에 대한 **위해를 면하기 위하여** (**라. 직접적**)으로 **대항**하는 과정에서 그 경찰장비를 손상시켰더라도 이는 **위법한 공무집행**으로 인한 신체에 대한 **현재의 부당한 침해에서 벗어나기 위한 행위**로서 **정당방위에 해당한다**(대법원 2016다26662).

[무기의 사용]

587 「경찰관 직무집행법」에서 규정하고 있는 경찰관의 무기사용시 위해수반이 허용되는 경우로 가장 적절하지 않은 것은?

●A급 23 특공

① 「형법」에 규정된 정당방위와 긴급피난에 해당할 때
② 자신이나 다른 사람의 재산에 대한 방어 및 보호
③ 체포·구속영장과 압수·수색영장을 집행하는 과정에서 경찰관의 직무집행에 항거하거나 도주하려고 할 때
④ 대간첩 작전 수행 과정에서 무장간첩이 항복하라는 경찰관의 명령을 받고도 따르지 아니할 때

해설

① (○) 「형법」에 규정된 정당방위와 긴급피난에 해당할 때 – 위해수반 허용됨
② (×) 자신이나 다른 사람의 **재산**에 대한 방어 및 보호 – **위해수반 허용 안됨**

> **Tip** 위해수반이 허용되지 않는 무기사용요건(경찰관 직무집행법 제10조의4 제1항)
>
> - 범인의 **체포**, 범인의 **도주 방지**
> - 자신이나 다른 사람의 **생명·신체**의 **방어 및 보호**
> - 공무집행에 대한 **항거의 제지**

③ (○) 체포·구속영장과 압수·수색영장을 집행하는 과정에서 경찰관의 직무집행에 항거하거나 도주하려고 할 때 – 위해수반 **허용됨**
④ (○) 대간첩 작전 수행 과정에서 무장간첩이 항복하라는 경찰관의 명령을 받고도 따르지 아니할 때 – 위해수반 **허용됨**

> **Tip** 무기사용시 위해수반이 허용되는 경우(경찰관 직무집행법 제10조의4 제1항)
>
> 1. 「형법」에 규정된 **정당방위**와 **긴급피난**에 해당할 때
> 2. 다음 각 목의 어느 하나에 해당하는 때에 그 행위를 **방지**하거나 그 행위자를 **체포**하기 위하여 **무기를 사용하지 아니하고는 다른 수단이 없다고 인정되는 상당한 이유가 있을 때**(보충성)
>
> > 가. **사형·무기** 또는 **장기 3년 이상**의 징역이나 금고에 해당하는 죄를 범하거나 범하였다고 의심할 만한 충분한 이유가 있는 사람이 경찰관의 직무집행에 **항거**하거나 **도주**하려고 할 때
> > 나. 체포·구속영장과 압수·수색**영장을 집행**하는 과정에서 경찰관의 직무집행에 **항거**하거나 **도주**하려고 할 때
> > 다. **제3자**가 가목 또는 나목에 해당하는 사람을 **도주시키려고** 경찰관에게 **항거**할 때
> > 라. 범인이나 소요를 일으킨 사람이 무기·흉기 등 **위험한 물건**을 지니고 경찰관으로부터 **3회 이상** 물건을 버리라는 명령이나 항복하라는 **명령을 받고도 따르지 아니하면서 계속 항거**할 때
>
> 3. 대간첩 작전 수행 과정에서 **무장간첩**이 항복하라는 경찰관의 **명령**을 받고도 따르지 아니할 때

 587 ②

588 경찰관 무기사용에 대한 설명으로 적절한 것은 모두 몇 개인가? (다툼이 있는 경우 판례에 의함)

● A급 24 경위

> 가. 경찰관이 신호위반을 이유로 정지명령에 불응하고 도주하던 차량에 탑승한 동승자를 추격하던 중 수차례에 걸쳐 경고하고 공포탄을 발사했음에도 불구하고 계속 도주하자 실탄을 발사하여 사망케 한 경우, 위 총기사용 행위는 허용범위를 벗어난 위법행위이다.
>
> 나. 경찰관의 무기사용이 특히 사람에게 위해를 가할 위험성이 큰 권총의 사용에 있어서는 그 요건을 더욱 엄격하게 판단하여야 한다.
>
> 다. 「경찰관 직무집행법」상 무기란 사람의 생명이나 신체에 위해를 끼칠 수 있도록 제작된 권총·소총·도검 등을 말하며, 대간첩·대테러 작전 등 국가안전에 관련되는 작전을 수행할 때에는 개인화기 외에 공용화기를 사용할 수 있다.
>
> 라. 경찰관이 길이 40cm가량의 칼로 반복적으로 위협하며 도주하는 차량 절도 혐의자를 추적하던 중, 도주하기 위하여 등을 돌린 혐의자의 몸쪽을 향하여 약 2m 거리에서 실탄을 발사하여 혐의자를 복부관통상으로 사망케 한 경우, 경찰관의 총기사용은 사회통념상 허용범위를 벗어난 위법행위이다.

① 1개
② 2개
③ 3개
④ 4개

해설

옳은 설명은 **가, 나, 다, 라, 4개**이다.

가. (○) 경찰관이 **신호위반을 이유로** 한 정지명령에 불응하고 도주하던 차량에 탑승한 동승자를 추격하던 중 몸에 지닌 각종 장비 때문에 거리가 점점 멀어져 추격이 힘들게 되자 **수차례에 걸쳐 경고하고 공포탄을 발사**했음에도 불구하고 **계속 도주하자 실탄을 발사**하여 **사망케** 한 경우, 위 사망자가 아무런 흉기를 휴대하지 아니한 상태에서 경찰관을 공격하거나 위협하는 등 **거칠게 항거하지 않고 단지 계속하여 도주하였다면** 그러한 상황은 형법에 규정된 **정당방위나 긴급피난의 요건에 해당한다고 보기 어렵고**, 위 사망자가 경찰관의 정지명령에 응하지 아니하고 **계속 도주하였다는** 사실만으로 경찰관 직무집행법에서 규정하는 **범죄를 범하였거나 범하였다고 의심할 충분한 이유가 있다고 보기도 어려우며**, 동료 경찰관이 **총기를 사용하지 않고도 함께 도주하던 다른 일행을 계속 추격하여 체포한 점**에 비추어 볼 때, 경찰관이 추격에 불필요한 장비를 일단 놓아둔 채 계속 추격을 하거나 공포탄을 다시 발사하는 방법으로 충분히 위 사망자를 제압할 여지가 있었다고 보이므로, 경찰관이 그러한 방법을 택하지 아니하고 실탄을 발사한 행위는 경찰관 직무집행법에 정해진 **총기사용의 허용범위를 벗어난 위법행위라고 보았다**(대법원 98다61470).

나. (○) 경찰관의 무기사용이 특히 사람에게 위해를 가할 위험성이 큰 **권총의 사용**에 있어서는 그 **요건을 더욱 엄격하게 판단**하여야 한다(대법원 2003다57956).

> **Tip** 50cc 소형 오토바이 1대를 절취하여 운전 중인 15~16세의 절도 혐의자 3인이 경찰관의 **검문에 불응**하며 **도주**하자, 경찰관이 **체포 목적으로** 오토바이의 바퀴를 조준하여 **실탄을 발사**하였으나 오토바이에 타고 있던 **1인이 총상을 입게 된 경우**, 제반 사정에 비추어 경찰관의 총기사용이 사회통념상 허용범위를 벗어나 **위법하다**고 보았다(대법원 2003다57956).

다. (○) 「경찰관 직무집행법」상 '**무기**'란 사람의 생명이나 신체에 위해를 끼칠 수 있도록 제작된 **권총·소총·도검 등**을 말하며(동법 제10조의4 제2항), 대간첩·대테러 작전 등 국가안전에 관련되는 작전을 수행할 때에는 **개인화기 외에 공용화기를 사용할 수 있다**(동법 제10조의4 제3항).

라. (○) 경찰관이 길이 40cm가량의 칼로 반복적으로 위협하며 **도주하는 차량 절도 혐의자**를 추적하던 중, 도주하기 위하여 **등을 돌린 혐의자의 몸쪽을 향하여 약 2m 거리**에서 **실탄을 발사**하여 혐의자를 **복부관통상으로 사망**케 한 경우, 경찰관의 총기사용은 사회통념상 허용범위를 벗어난 **위법**행위이다(대법원 98다63445).

🔒 **588** ④

589 「경찰관 직무집행법」에 관한 설명으로 가장 적절하지 않은 것은? (다툼이 있는 경우 판례에 의함)

● A급 23 법학

① 경찰관은 범인의 체포 또는 범인의 도주 방지, 불법집회 · 시위로 인한 자신이나 다른 사람의 생명 · 신체와 재산 및 공공시설 안전에 대한 현저한 위해의 발생 억제를 위해서 부득이한 경우에는 현장사용자가 판단하여 최소한의 범위에서 「총포 · 도검 · 화약류 등의 안전관리에 관한 법률」에 따른 분사기를 사용할 수 있다.

② 경찰관이 「경찰관 직무집행법」 제3조 제1항에 규정된 불심검문 대상자 해당 여부를 판단함에 있어서는 불심검문 당시의 구체적 상황은 물론 사전에 얻은 정보나 전문적 지식 등에 기초하여 불심검문 대상자인지 여부를 객관적 · 합리적인 기준에 따라 판단하여야 할 것이나, 반드시 불심검문 대상자에게 형사소송법상 체포나 구속에 이를 정도의 혐의가 있을 것을 요한다고 할 수는 없다.

③ 경찰관은 현행범이나 사형 · 무기 또는 장기 3년 이상의 징역이나 금고에 해당하는 죄를 범한 범인의 체포 또는 도주 방지를 위해서 필요하다고 인정되는 상당한 이유가 있을 때에는 그 사태를 합리적으로 판단하여 필요한 한도에서 수갑, 포승, 경찰봉, 방패 등을 사용할 수 있다.

④ 경찰관의 제지 조치가 적법한지 여부는 제지 조치 당시의 구체적 상황을 기초로 판단하여야 하고 사후적으로 순수한 객관적 기준에서 판단할 것은 아니다.

해설

① (×) 경찰관은 범인의 체포 또는 범인의 도주 방지, 불법집회 · 시위로 인한 자신이나 다른 사람의 생명 · 신체와 재산 및 공공시설 안전에 대한 현저한 위해의 발생 억제를 위해서 부득이한 경우에는 **현장책임자(사용자×)가 판단**하여 최소한의 범위에서 「총포 · 도검 · 화약류 등의 안전관리에 관한 법률」에 따른 **분사기를 사용할 수 있다**(동법 제10조의3).

② (○) 경찰관이 불심검문 대상자 해당 여부를 판단할 때에는 불심검문 당시의 구체적 상황은 물론 사전에 얻은 정보나 전문적 지식 등에 기초하여 불심검문 대상자인지를 객관적 · 합리적인 기준에 따라 판단하여야 하나, 반드시 **불심검문 대상자**에게 **형사소송법상 체포나 구속에 이를 정도의 혐의가 있을 것을 요한다고 할 수는 없다**(대법원 2011도13999).

🅣ip 경찰관은 **불심검문 대상자에게** 질문을 하기 위하여 범행의 경중, 범행과의 관련성, 상황의 긴박성, 혐의의 정도, 질문의 필요성 등에 비추어 목적 달성에 필요한 최소한의 범위 내에서 **사회통념상 용인될 수 있는 상당한 방법으로 대상자를 정지시킬 수 있고** 질문에 수반하여 **흉기의 소지 여부도 조사할 수 있다**(대법원 2011도13999).

③ (○) 경찰관은 **현행범**이나 **사형 · 무기** 또는 **장기 3년 이상**의 징역이나 금고에 해당하는 죄를 범한 범인의 **체포** 또는 **도주 방지**를 위해서 필요하다고 인정되는 상당한 이유가 있을 때에는 그 사태를 합리적으로 판단하여 필요한 한도에서 **경찰장구(수갑, 포승, 경찰봉, 방패 등)을 사용할 수 있다**(동법 제10조의2 제1항 제1호).

④ (○) 경찰관의 **제지 조치가 적법한지**는 제지 조치 **당시의 구체적 상황을 기초로 판단하여야** 하고 **사후적으로 순수한 객관적 기준에서 판단할 것은 아니다**(대법원 2016도19417).

🔒 589 ①

590 다음은 경찰관 무기사용과 관련된 사건이다. 이에 대한 설명으로 가장 적절하지 않은 것은?

●A급 11 순경2차

> ㉠ 경찰관 A는 동료 경찰관 B와 함께 순찰차를 타고 관내를 순찰하고 있었다. 이때 경찰서 상황실로부터 신고에 의하면 K라는 사람이 한 술집에서 술병으로 타인을 찌르고, 자신의 집인 꽃집으로 가서 아들을 칼로 위협하는 사건이 발생하였으니 이에 대응하라는 무선지령을 받고 지원 출동하였다.
>
> ㉡ 용의자의 꽃집에 도착하여, 동료 경찰관 B는 주위에 있는 막대기를 들고 앞장서고, A는 권총을 꺼내 안전장치를 풀고 B의 뒤에 서서 엄호하며 집안으로 걸어 들어갔다. 이때 용의자 K가 세면장에서 나오면서 경찰관 A와 B에게 소리를 지르며 달려들었다. 일반부 씨름선수에서 우승할 정도의 건장한 체격을 가진 K는 이에 굴복하지 않고 계속 경찰관 B의 몸 위에서 그의 목을 누르는 등의 물리력을 행사하여 일어나지 못하게 하였다.
>
> ㉢ 이를 본 경찰관 A는 넘어져 있는 상태에서 소지하고 있던 권총으로 공포탄 1발을 발사하였다. 그러나 K는 이에 굴복하지 않고 계속 경찰관 B의 몸 위에서 그의 목을 누르는 등의 물리력을 행사하여 일어나지 못하게 하였다.
>
> ㉣ 이에 경찰관 A는 K를 향하여 실탄 1발을 발사하였고, 그 실탄은 K의 우측 흉부 하단 늑간 부위를 관통하였다. K는 즉시 병원에 후송되어 입원치료를 받았으나 간파열 등으로 인한 패혈증으로 며칠 뒤에 사망하였다. 나중에 확인하여 보니 K는 경찰관과 격투를 할 당시 칼을 소지하지 않고 있었던 것으로 밝혀졌다.

① 경찰관은 범인이 무기·흉기 등 위험한 물건을 소지하고, 경찰관으로부터 3회 이상의 투기 명령 또는 투항명령을 받고도 이에 불응하면서 계속 항거하여 이를 방지 또는 체포하기 위하여 무기를 사용하지 아니하고는 다른 수단이 없다고 인정되는 상당한 이유가 있을 경우에는 총기를 사용할 수 있다.

② 사망한 K의 유가족은 경찰관 A를 상대로 「형법」 제268조의 업무상 과실치사를 주장할 수 있다.

③ 경찰관 A는 자기 또는 동료 경찰관 B의 현재의 부당한 침해를 방위하기 위한 행위로서 상당성이 있기 때문에 「형법」 제21조상의 정당방위를 주장할 수 있다.

④ 이 사건에서 경찰관 A의 정당방위가 인정된다면, 민사상에 있어서 국가의 국가배상책임 역시 면책된다고 할 수 있다.

해설

① (O) 경찰관은 범인이 무기·흉기 등 위험한 물건을 소지하고, 경찰관으로부터 3회 이상의 투기 명령 또는 투항명령을 받고도 이에 불응하면서 계속 항거하여 이를 방지 또는 체포하기 위하여 무기를 사용하지 아니하고는 다른 수단이 없다고 인정되는 상당한 이유가 있을 경우에는 **총기를 사용할 수 있다.**

② (O) 사망한 K의 **유가족은** 경찰관 A를 상대로 「형법」 제268조의 **업무상 과실치사를 주장할 수 있다.**

③ (O) **경찰관 A는** 자기 또는 동료 경찰관 B의 현재의 부당한 침해를 방위하기 위한 행위로서 상당성이 있기 때문에 「형법」 제21조상의 **정당방위를 주장할 수 있다.**

④ (×) 경찰관이 총기사용에 이르게 된 동기나 목적, 경위 등을 고려하여 경찰관 A의 정당방위가 인정되어 **형사사건에서 무죄판결이 확정되었더라도** 민사상에 있어서 국가의 국가배상책임까지 면책된다고 할 수 없다(있다×)(대법원 2006다6713).

🔒 590 ④

591 「경찰관 직무집행법」상 무기사용에 관한 설명으로 가장 적절하지 않은 것은? (다툼이 있는 경우 판례에 의함)
●A급 26 경위

① 경찰관은 범인의 체포, 도주의 방지, 자기 또는 타인의 생명·신체에 대한 방호, 공무집행에 대한 항거의 억제를 위하여 무기를 사용할 수 있으나, 이 경우에도 무기는 목적 달성에 필요하다고 인정되는 상당한 이유가 있을 때 그 사태를 합리적으로 판단하여 필요한 한도 내에서 사용하여야 한다.

② 경찰관이 총기사용에 이르게 된 동기나 목적, 경위 등을 고려하여 형사사건에서 무죄판결이 확정되었다면 민사상 불법행위 책임은 인정될 수 없다.

③ 경찰관의 무기 사용이 그 요건을 충족하는지는 범죄의 종류, 죄질, 피해법익의 경중, 위해의 급박성, 저항의 강약, 범인과 경찰관의 수 등을 고려하여 사회통념상 상당하다고 평가되는지 여부에 따라 판단하여야 한다.

④ 경찰관은 사람을 향하여 권총 또는 소총을 발사하고자 하는 때에는 미리 구두 또는 공포탄에 의한 사격으로 상대방에게 경고하여야 하지만, 경찰관을 급습하거나 타인의 생명·신체에 대한 중대한 위험을 야기하는 범행이 목전에 실행되고 있는 등 상황이 급박하여 특히 경고할 시간적 여유가 없는 경우로서 부득이한 때에는 경고하지 않을 수 있다.

> **해설**
> ① (○) 경찰관은 **범인의 체포, 도주의 방지, 자기 또는 타인의 생명·신체에 대한 방호, 공무집행에 대한 항거의 억제**를 위하여 **무기를 사용할 수 있으나**, 이 경우에도 무기는 목적 달성에 필요하다고 인정되는 상당한 이유가 있을 때 그 사태를 합리적으로 판단하여 **필요한 한도 내에서 사용하여야 한다**(대법원 2006다6713).
> ② (×) **경찰관이 총기사용**에 이르게 된 동기나 목적, 경위 등을 고려하여 **형사사건에서 무죄판결이 확정되었더라도 민사상 불법행위 책임은 인정될 수 있다(없다×)**(대법원 2006다6713).
> ③ (○) **경찰관의 무기 사용**이 그 요건을 충족하는지는 범죄의 종류, 죄질, 피해법익의 경중, 위해의 급박성, 저항의 강약, 범인과 경찰관의 수 등을 **고려하여 사회통념상 상당하다고 평가되는지 여부에 따라 판단하여야 한다**(대법원 2006다6713).
> ④ (○) 경찰관은 사람을 향하여 권총 또는 소총을 발사하고자 하는 때에는 미리 구두 또는 공포탄에 의한 사격으로 상대방에게 경고하여야 하지만, 경찰관을 **급습**하거나 타인의 **생명·신체에 대한 중대한 위험**을 야기하는 범행이 **목전에 실행되고 있는 등 상황이 급박하여 특히 경고할 시간적 여유가 없는 경우**로서 부득이한 때에는 **경고하지 않을 수 있다**(위해성경찰장비규정 제9조).

[경찰착용기록장치]

592 「경찰관 직무집행법」 및 「경찰착용기록장치 운영 등에 관한 규정」에 대한 설명으로 가장 적절하지 않은 것은?
●A급 25 순경1차

① 경찰착용기록장치로 기록한 영상음성기록의 보관기간은 해당 기록을 법 제10조의6 제3항에 따라 영상음성기록정보 데이터베이스에 전송·저장한 날부터 30일(해당 영상음성기록이 수사 중인 범죄와 관련된 경우 등 경찰청장 또는 해양경찰청장이 정하는 사항에 해당하는 경우에는 90일)로 한다.

② 경찰청장 및 해양경찰청장은 경찰착용기록장치로 기록한 영상·음성을 저장하고 데이터베이스로 관리하는 영상음성기록정보 관리체계를 구축·운영하여야 한다.

🔒 591 ② 592 ④

③ 경찰청장 또는 해양경찰청장은 경찰착용기록장치를 사용하는 경찰관을 대상으로 경찰착용기록장치 조작 방법, 사용 지침, 개인정보 보호 등에 관한 내용이 포함된 교육을 실시해야 한다.

④ 경찰착용기록장치로 기록을 마친 영상음성기록은 10일 이내로 영상음성기록정보 관리체계를 이용하여 영상음성기록정보 데이터베이스에 전송·저장할 수 있으며, 영상음성기록을 임의로 편집·복사하거나 삭제하여서는 아니 된다.

해설

① (○) **경찰착용기록장치**로 기록한 **영상음성기록의 보관기간**은 해당 기록을 법 제10조의6제3항에 따라 영상음성기록정보 데이터베이스에 전송·저장한 날부터 **30일**(해당 영상음성기록이 **수사 중인 범죄와 관련**된 경우 등 경찰청장 또는 해양경찰청장이 정하는 사항에 해당하는 경우에는 **90일**)로 한다(동규정 제5조 제1항).

② (○) **경찰청장** 및 해양경찰청장은 경찰착용기록장치로 기록한 영상·음성을 저장하고 데이터베이스로 관리하는 **영상음성기록정보 관리체계를 구축·운영하여야 한다**(동법 제10조의7).

③ (○) **경찰청장** 또는 해양경찰청장은 경찰착용기록장치를 사용하는 경찰관을 대상으로 경찰착용기록장치 조작 방법, 사용 지침, 개인정보 보호 등에 관한 내용이 포함된 **교육을 실시해야 한다**(동규정 제4조).

④ (×) 경찰착용기록장치로 **기록을 마친 영상음성기록**은 **지체 없이**(10일 이내×) 영상음성기록정보 관리체계를 이용하여 영상음성기록정보 데이터베이스에 전송·저장하도록 **하여야 하며**(할 수 있으며×), 영상음성기록을 임의로 편집·복사하거나 삭제하여서는 아니 된다(동법 제10조의6 제3항).

593 「경찰관 직무집행법」 및 「경찰착용기록장치 운영 등에 관한 규정」상 경찰착용기록장치의 사용에 관한 설명으로 적절한 것은 모두 몇 개인가?   ●A급 26 경위

> 가. 경찰관은 범행 중이거나 범행 직전·직후 또는 증거보전의 필요성 및 긴급성이 있는 경우로서 범죄수사를 위하여 필요한 경우에는 필요한 최소한의 범위에서 경찰착용기록장치를 사용할 수 있다.
> 나. 경찰착용기록장치로 기록을 마친 영상음성기록은 지체 없이 영상음성기록정보 관리체계를 이용하여 영상음성기록정보 데이터베이스에 전송·저장하도록 하여야 한다.
> 다. 경찰착용기록장치로 기록한 영상음성기록의 보관기간은 해당 기록을 영상음성기록정보 데이터베이스에 전송·저장한 날부터 90일로 한다.
> 라. 경찰관이 개별적으로 구매한 것으로서 신체에 착용 또는 휴대하여 직무수행 과정을 근거리에서 영상·음성으로 기록할 수 있는 기록장치를 시·도경찰청 또는 지방해양경찰청에 등록한 경우에는 2028년 7월 31일까지 해당 장치를 경찰착용기록장치로 본다.

① 1개   ② 2개   ③ 3개   ④ 4개

해설

적절한 것은 **나, 1개**이다.

가. (×) 경찰관은 **범행 중이거나 범행 직전·직후에 해당하고**(또는×) 증거보전의 필요성 및 긴급성이 있는 경우로서 **범죄 수사를 위하여 필요한 경우**에는 필요한 최소한의 범위에서 **경찰착용기록장치를 사용**할 수 있다(동법 제10조의5 제1항).

나. (○) **경찰착용기록장치로 기록을 마친 영상음성기록은 지체 없이** 영상음성기록정보 관리체계를 이용하여 영상음성기록정보 **데이터베이스에 전송·저장**하도록 하여야 한다(동법 제10조의6 제3항).

다. (×) 경찰착용기록장치로 기록한 **영상음성기록의 보관기간**은 해당 기록을 영상음성기록정보 데이터베이스에 **전송·저장한 날부터 30일**(90일×)로 한다(동규정 제5조 제1항).

 593 ①

Tip 해당 영상음성기록이 **수사 중인 범죄**와 관련된 경우 등 경찰청장 또는 해양경찰청장이 정하는 사항에 해당하는 경우에는 **90일**로 한다. 이 경우 **범죄수사를 위한 증거 보전**이 필요한 경우 등 영상음성기록을 계속하여 보관할 필요가 있다고 인정하는 경우에는 **90일**의 범위에서 **한 차례만** 보관기간을 연장할 수 있다(동규정 제5조 제1항·제2항).

라. (×) 경찰관이 개별적으로 구매한 것으로서 신체에 착용 또는 휴대하여 직무수행 과정을 근거리에서 영상·음성으로 기록할 수 있는 기록장치를 **소속 경찰관서** 또는 **해양경찰관서에(시·도경찰청 또는 지방해양경찰청×)** 등록한 경우에는 **2028년 7월 31일까지** 해당 장치를 경찰착용기록장치로 본다(동규정 부칙 제2조 제1항).

[손실보상]

594 「경찰관 직무집행법」 및 「경찰관 직무집행법 시행령」상 손실보상에 관한 설명으로 가장 적절하지 않은 것은? ●A급 24 순경1차

① 국가는 경찰관의 적법한 직무집행으로 인하여 손실발생의 원인에 대하여 책임이 있는 자가 자신의 책임에 상응하는 정도를 초과하는 생명·신체 또는 재산상의 손실을 입은 경우 정당한 보상을 하여야 한다.

② 경찰관의 적법한 직무집행으로 인하여 발생한 손실을 보상받으려는 사람은 보상금 지급 청구서에 손실내용과 손실금액을 증명할 수 있는 서류를 첨부하여 경찰청장 또는 해양경찰청장, 손실보상청구 사건 발생지를 관할하는 시·도경찰청, 지방해양경찰청 또는 경찰관서의 장에게 제출해야 한다. 다만, 직무를 집행한 경찰관이 손실보상청구 사건 발생지를 관할하는 시·도경찰청, 지방해양경찰청 또는 경찰관서 소속이 아닌 경우에는 해당 경찰관이 소속된 시·도경찰청, 지방해양경찰청 또는 경찰관서의 장을 포함한다.

③ 손실보상 결정권자는 특별한 사유가 없으면 보상금을 지급하기로 결정한 날부터 30일 이내에 이를 지급하되, 지급방법은 그 보상금을 지급받을 사람이 지정하는 예금계좌에 입금하는 방법으로 한다.

④ 소속 경찰관의 직무집행으로 인하여 발생한 손실보상청구 사건을 심의하기 위하여 시·도경찰청, 지방해양경찰청, 경찰서 및 해양경찰서에 손실보상심의위원회를 설치한다.

해설

① (○) 국가는 경찰관의 **적법한 직무집행**으로 인하여 손실발생의 원인에 대하여 책임이 있는 자가 자신의 책임에 상응하는 정도를 **초과**하는 **생명·신체** 또는 **재산**상의 **손실**을 입은 경우 **정당한 보상을 하여야 한다**(동법 제11조의2 제1항).

② (○) 경찰관의 적법한 직무집행으로 인하여 발생한 손실을 보상받으려는 사람은 보상금 지급 청구서에 손실내용과 손실금액을 증명할 수 있는 서류를 첨부하여 **경찰청장** 또는 **해양경찰청장, 손실보상청구 사건 발생지를 관할**하는 **시·도경찰청, 지방해양경찰청** 또는 **경찰관서의 장에게 제출**해야 한다. **다만,** 직무를 집행한 경찰관이 손실보상청구 사건 발생지를 관할하는 시·도경찰청, 지방해양경찰청 또는 경찰관서 **소속이 아닌 경우**에는 해당 경찰관이 소속된 시·도경찰청, 지방해양경찰청 또는 경찰관서의 장을 **포함한다**(동시행령 제10조 제1항).

③ (○) 손실보상 결정권자는 특별한 사유가 없으면 보상금을 **지급하기로 결정한 날부터 30일 이내에 이를 지급**하되, 지급방법은 그 보상금을 지급받을 사람이 지정하는 **예금계좌에 입금**하는 방법으로 한다(동시행령 제10조 제9항).

④ (×) 소속 경찰관의 직무집행으로 인하여 발생한 손실보상청구 사건을 심의하기 위하여 **경찰청, 해양경찰청, 시·도경찰청 및 지방해양경찰청(경찰서 및 해양경찰서×)**에 **손실보상심의위원회를 설치한다**(동시행령 제11조 제1항).

🔒 594 ④

595 「경찰관 직무집행법」 및 「경찰관 직무집행법 시행령」상 손실보상에 대한 설명으로 가장 적절한 것은?

●A급 21 순경1차

① 손실발생의 원인에 대하여 책임이 없는 자가 경찰관의 적법한 직무집행으로 인하여 생명·신체 또는 재산상의 손실을 입은 경우(손실발생의 원인에 대하여 책임이 없는 자가 경찰관의 직무집행에 자발적으로 협조하거나 물건을 제공하여 생명·신체 또는 재산상의 손실을 입은 경우를 제외한다), 국가는 그 손실을 입은 자에 대하여 정당한 보상을 하여야 한다.

② 경찰청장, 해양경찰청장, 시·도경찰청장 또는 지방해양경찰청장은 손실보상심의위원회의 심의·의결에 따라 보상금을 지급하고, 거짓 또는 부정한 방법으로 보상금을 받은 사람에 대하여는 해당 보상금을 환수할 수 있다.

③ 손실보상심의위원회는 위원장 1명을 포함한 7명 이상 9명 이내의 위원으로 성별을 고려하여 구성하며, 위원장이 부득이한 사유로 직무를 수행할 수 없는 때에는 상임위원, 위원 중 연장자 순으로 위원장의 직무를 대행한다.

④ 보상금을 지급하기로 결정한 경우 손실보상 결정권자는 「경찰관 직무집행법 시행령」 제10조 제4항에 따른 결정일부터 10일 이내에 그 결정 내용을 청구인에게 통지해야 한다.

> **해설**
>
> ① (×) 손실발생의 원인에 대하여 **책임이 없는 자**가 경찰관의 **적법한 직무집행**으로 인하여 **생명·신체** 또는 **재산**상의 **손실을 입은 경우**(손실발생의 원인에 대하여 책임이 없는 자가 경찰관의 직무집행에 **자발적으로** 협조하거나 물건을 제공하여 생명·신체 또는 재산상의 **손실을 입은 경우를 포함**(제외×)한다), 국가는 그 손실을 입은 자에 대하여 **정당한 보상**을 **하여야 한다**(동법 제11조의2 제1항 제1호).
>
> ② (×) **경찰청장, 해양경찰청장, 시·도경찰청장 또는 지방해양경찰청장**은 **손실보상심의위원회**의 심의·의결에 따라 보상금을 지급하고, **거짓** 또는 **부정한 방법**으로 보상금을 받은 사람에 대하여는 해당 **보상금을 환수하여야 한다**(**할 수 있다×**)(동법 제11조의2 제4항).
>
> ③ (×) **손실보상심의위원회**는 위원장 1명을 포함한 **7명 이상 9명 이내의 위원**으로 성별을 고려하여 구성하며, 위원장이 부득이한 사유로 직무를 수행할 수 없는 때에는 **보상위원장이 미리 지명한 위원**(상임위원, 위원 중 연장자순으로×)이 위원장의 직무를 대행한다(동시행령 제11조 제2항, 제12조 제3항).
>
> ④ (○) **보상금을 지급하기로 결정**한 경우 손실보상 결정권자는 「경찰관 직무집행법 시행령」 제10조 제4항에 따른 **결정일부터 10일 이내**에 그 결정 내용을 청구인에게 **통지해야 한다**(동시행령 제10조 제7항 제1호).

596 「경찰관 직무집행법」 및 동법 시행령상 손실보상에 관한 내용 중 가장 적절하지 않은 것은?

●A급 22 순경1차

① 소속 경찰관의 직무집행으로 인하여 발생한 손실보상청구 사건을 심의하기 위하여 경찰청, 해양경찰청, 시·도경찰청 및 지방해양경찰청에 손실보상심의위원회를 설치한다.

② 손실보상을 청구할 수 있는 권리는 손실이 있음을 안 날부터 3년, 손실이 발생한 날부터 5년간 행사하지 아니하면 시효의 완성으로 소멸한다.

③ 손실보상금 지급 청구서를 받은 손실보상 결정권자는 손실보상심의위원회의 심의·의결에 따라 손실보상 여부 및 손실보상금액을 결정하되 손실보상 청구가 요건과 절차를 갖추지 못한 경우(다만, 그 잘못된 부분을 시정할 수 있는 경우는 제외한다) 그 청구를 기각하는 결정을 해야 한다.

🔒 595 ④ 596 ③

④ 손실보상금은 일시불로 지급하되, 예산 부족 등의 사유로 일시불로 지급할 수 없는 특별한 사정이 있는 경우에는 그 보상금을 지급받을 사람의 동의를 받아 분할하여 지급할 수 있다.

> **해설**
>
> ① (○) 소속 경찰관의 직무집행으로 인하여 발생한 손실보상청구 사건을 심의하기 위하여 **경찰청**, 해양경찰청, **시·도경찰청** 및 지방해양경찰청에 **손실보상심의위원회를 설치한다**(동시행령 제11조 제1항).
>
> ② (○) 손실보상을 청구할 수 있는 권리는 손실이 있음을 **안 날부터 3년**, 손실이 **발생한 날부터 5년간** 행사하지 아니하면 **시효의 완성으로 소멸한다**(동법 제11조의2 제2항).
>
> ③ (×) **손실보상금 지급 청구서**를 받은 **손실보상 결정권자는** 손실보상심의위원회의 심의·의결에 따라 손실보상 여부 및 손실보상금액을 결정하되 손실보상 청구가 **요건과 절차를 갖추지 못한 경우**(다만, 그 잘못된 부분을 **시정할 수 있는 경우는 제외**한다) 그 청구를 **각하(기각×)**하는 **결정을 해야 한다**(동시행령 제10조 제6항 제2호).
>
> ④ (○) 손실보상금은 **일시불**로 지급하되, 예산 부족 등의 사유로 일시불로 지급할 수 없는 특별한 사정이 있는 경우에는 **그 보상금을 지급받을 사람의 동의**를 받아 **분할**하여 **지급할 수 있다**(동시행령 제10조 제10항).

597 「경찰관 직무집행법」 및 동법 시행령상 손실보상에 관한 설명으로 가장 적절하지 않은 것은?

●A급 25 순경1차

① 국가는 경찰관의 적법한 직무집행으로 인하여 손실발생의 원인에 대하여 책임이 없는 자가 생명·신체 또는 재산상의 손실을 입은 경우 또는 손실발생의 원인에 대하여 책임이 있는 자가 자신의 책임에 상응하는 정도를 초과하는 생명·신체 또는 재산상의 손실을 입은 경우에 정당한 보상을 하여야 한다.

② 경찰청장, 해양경찰청장, 시·도경찰청장 또는 지방해양경찰청장은 제3항의 손실보상심의위원회의 심의·의결에 따라 보상금을 지급하고, 거짓 또는 부정한 방법으로 보상금을 받은 사람에 대하여는 해당 보상금을 환수하여야 한다.

③ 손실보상금이 지급된 경우 손실보상심의위원회는 국가경찰위원회 또는 해양경찰위원회에 심사자료와 결과를 반기별로 보고하여야 한다. 이 경우 국가경찰위원회 또는 해양경찰위원회는 손실보상의 적법성 및 적정성 확인을 위하여 필요한 자료의 제출을 요구할 수 있다.

④ 손실보상심의위원회의 위원은 소속 경찰관과 판사·검사 또는 변호사로 5년 이상 근무한 사람, 「고등교육법」 제2조에 따른 학교에서 법학, 행정학 및 경찰학을 가르치는 조교수 이상으로 5년 이상 재직한 사람, 경찰 업무와 손실보상에 관하여 학식과 경험이 풍부한 사람 중에서 위촉하거나 임명한다.

> **해설**
>
> ① (○) 국가는 경찰관의 **적법한 직무집행**으로 인하여 손실발생의 원인에 대하여 책임이 없는 자가 생명·신체 또는 재산상의 손실을 입은 경우 또는 손실발생의 원인에 대하여 책임이 있는 자가 자신의 책임에 상응하는 정도를 **초과하는** 생명·신체 또는 재산상의 손실을 입은 경우에 **정당한 보상을 하여야 한다**(동법 제11조의2 제1항).
>
> ② (○) 경찰청장, 해양경찰청장, 시·도경찰청장 또는 지방해양경찰청장은 제3항의 손실보상심의위원회의 심의·의결에 따라 보상금을 지급하고, **거짓 또는 부정한 방법**으로 보상금을 받은 사람에 대하여는 해당 보상금을 **환수하여야 한다**(동법 제11조의2 제4항).

🔒 597 ④

③ (○) 손실보상금이 지급된 경우 손실보상심의위원회는 **국가경찰위원회** 또는 해양경찰위원회에 심사자료와 결과를 **반기별로 보고**하여야 한다(동법 시행령 제17조의3 제1항). 이 경우 국가경찰위원회 또는 해양경찰위원회는 손실보상의 적법성 및 적정성 확인을 위하여 필요한 자료의 제출을 요구할 수 있다(동법 제11조의2 제5항).

④ (×) 손실보상심의위원회의 위원은 소속 경찰관과 **판사·검사** 또는 **변호사**로 **5년 이상** 근무한 사람, 「고등교육법」 제2조에 따른 학교에서 **법학** 또는 **행정학(경찰학×)**을 가르치는 **부교수(조교수×) 이상**으로 **5년 이상** 재직한 사람, 경찰 업무와 손실보상에 관하여 학식과 경험이 풍부한 사람 중에서 손실보상결정권자가 위촉하거나 임명한다(동법 시행령 제11조 제3항).

598 「경찰관 직무집행법」 및 동법 시행령상 손실보상에 대한 설명이다. 옳고 그름의 표시(○, ×)가 모두 바르게 된 것은?

●A급 20 법학

> ㉠ 경찰관의 적법한 직무집행으로 인하여 손실발생의 원인에 대하여 책임이 있는 자가 자신의 책임에 상응하는 정도를 초과하는 생명·신체 또는 재산상의 손실을 입은 경우, 국가는 해당하는 손실을 입은 자에 대하여 정당한 보상을 하여야 한다.
>
> ㉡ 손실보상심의위원회가 설치된 경찰청, 해양경찰청, 시·도경찰청 및 지방해양경찰청의 장은 손실보상심의위원회의 심의·의결에 따라 보상금을 지급하기로 결정한 경우, 해당 결정일로부터 7일 이내에 그 결정 내용을 청구인에게 통지해야 한다.
>
> ㉢ 보상금은 다른 법률에 특별한 규정이 있는 경우를 제외하고는 현금으로 지급하여야 하며, 또한 보상금의 추가 지급을 원활히 하기 위해 분할하여 지급하는 것을 원칙으로 한다.
>
> ㉣ 경찰청장, 해양경찰청장, 시·도경찰청장 또는 지방해양경찰청장은 동법 제11조의2 제4항에 따라 보상금을 반환하여야 할 사람이 대통령령으로 정한 기한까지 그 금액을 납부하지 아니한 때에는 국세강제징수의 예에 따라 징수할 수 있다.

① ㉠(○)　㉡(○)　㉢(×)　㉣(○)
② ㉠(○)　㉡(×)　㉢(×)　㉣(○)
③ ㉠(○)　㉡(×)　㉢(○)　㉣(○)
④ ㉠(×)　㉡(○)　㉢(×)　㉣(×)

해설

㉠ (○) 경찰관의 **적법한 직무집행**으로 인하여 손실발생의 원인에 대하여 책임이 있는 자가 자신의 **책임**에 상응하는 정도를 **초과**하는 **생명·신체** 또는 **재산**상의 **손실**을 입은 경우, 국가는 해당하는 손실을 입은 자에 대하여 **정당한 보상을 하여야 한다**(동법 제11조의2 제1항).

㉡ (×) 손실보상 결정권자는 손실보상심의위원회의 심의·의결에 따라 **보상금을 지급하기로 결정한 경우**, 해당 **결정일부터 10일(7일×) 이내**에 그 결정 내용을 청구인에게 통지해야 한다(동법 시행령 제10조 제7항 제1호).

㉢ (×) 손실보상 결정권자는 특별한 사유가 없으면 보상금을 지급하기로 결정한 날부터 **30일 이내**에 이를 지급하되, 지급방법은 그 보상금을 지급받을 사람이 지정하는 **예금계좌에 입금하는 방법(현금×)**으로 한다. 이 경우 보상금은 **일시불(분할지급 원칙×)**로 지급하는 것을 원칙으로 하되, 예산 부족 등의 사유로 일시불로 지급할 수 없는 특별한 사정이 있는 경우에는 그 보상금을 지급받을 사람의 **동의를 받아 분할하여 지급할 수 있다**(동법 시행령 제10조 제9항, 제10항).

㉣ (○) 경찰청장, 해양경찰청장, 시·도경찰청장 또는 지방해양경찰청장은 동법 제11조의2 제4항에 따라 **보상금을 반환하여야 할 사람이 대통령령으로 정한 기한까지** 그 금액을 **납부하지 아니한 때에는 국세강제징수의 예에 따라 징수할 수 있다**(동법 제11조의2 제6항).

 598 ②

599 「경찰관 직무집행법」 및 동법 시행령상 손실보상에 대한 설명 중 가장 적절한 것은? ●A급 20 승진

① 국가는 손실 발생의 원인에 대하여 책임이 있는 자가 자신의 책임에 상응하는 정도를 초과하는 생명·신체 또는 재산상의 손실을 입은 경우 보상을 하지 않을 수 있다.

② 손실보상을 청구할 수 있는 권리는 손실이 있음을 안 날부터 5년, 손실이 발생한 날부터 3년간 행사하지 아니하면 시효의 완성으로 소멸한다.

③ 손실보상청구 사건을 심의하기 위하여 경찰청장, 해양경찰청장, 시·도경찰청장 또는 지방해양경찰청장은 손실보상심의위원회를 설치한다. 위원회는 위원장 1명을 포함한 7명 이상 9명 이내의 위원으로 성별을 고려하여 구성하며, 위원장은 위원 중에서 호선한다.

④ 보상금은 일시불로 지급하되, 예산 부족 등의 사유로 일시불로 지급할 수 없는 특별한 사정이 있는 경우에는 그 보상금을 지급받을 사람의 동의를 받아 분할하여 지급할 수 있다.

> **해설**
> ① (×) 국가는 손실 발생의 원인에 대하여 책임이 있는 자가 자신의 **책임**에 상응하는 정도를 **초과하는 생명·신체** 또는 **재산상의 손실**을 입은 경우 **정당한 보상을 하여야 한다**(보상을 하지 않을 수 있다×)(동법 제11조의2 제1항).
> ② (×) 손실보상을 **청구할 수 있는 권리**는 손실이 있음을 안 날부터 3년(5년×), 손실이 발생한 날부터 5년(3년×)간 행사하지 아니하면 시효의 완성으로 소멸한다(동법 제11조의2 제2항).
> ③ (×) 손실보상청구 사건을 심의하기 위하여 **경찰청, 해양경찰청, 시·도경찰청** 또는 지방해양경찰청에 **손실보상심의위원회를 설치한다**(동법 시행령 제11조 제1항). 위원회는 위원장 1명을 포함한 **7명 이상 9명 이내의 위원**으로 성별을 고려하여 구성하며(동법 시행령 제11조 제2항), **위원장은** 제11조 제3항 제1호에 따른 위원 중에서 **손실보상 결정권자가 지명한 사람**(호선×)이 된다(동법 시행령 제12조 제1항).
> ④ (○) 보상금은 **일시불**로 지급하되, 예산 부족 등의 사유로 일시불로 지급할 수 없는 특별한 사정이 있는 경우에는 그 보상금을 지급받을 사람의 **동의를 받아 분할하여 지급**할 수 있다(동법 시행령 제10조 제10항).

600 「경찰관 직무집행법」 및 「경찰관 직무집행법 시행령」상 손실보상에 대한 설명으로 옳지 않은 것은 모두 몇 개인가? ●A급 20 경위

> 가. 국가는 경찰관의 적법한 직무집행으로 인하여 손실발생의 원인에 대하여 책임이 없는 자가 생명·신체 또는 재산상의 손실을 입은 경우 손실을 입은 자에게 정당한 보상을 하여야 한다.
> 나. 손실을 입은 물건을 수리할 수 있는 경우에는 수리비에 상당하는 금액으로 보상한다.
> 다. 손실을 입은 물건을 수리할 수 없는 경우에는 보상 당시의 해당물건의 교환 가액으로 보상한다.
> 라. 영업자가 손실을 입은 물건의 수리나 교환으로 인하여 영업을 계속할 수 없는 경우에는 기간 중 영업상 이익에 상당하는 금액으로 보상한다.
> 마. 물건의 멸실·훼손으로 인한 손실 외의 재산상 손실에 대해서는 직무집행과 상당한 인과관계가 있는 범위에서 보상한다.
> 바. 손실보상 결정권자는 특별한 사유가 없으면 보상금을 지급하기로 결정한 날부터 30일 이내에 이를 지급하되, 지급방법은 그 보상금을 지급받을 사람이 지정하는 예금계좌에 입금하는 방법으로 한다.

① 1개　　　　　② 2개　　　　　③ 3개　　　　　④ 4개

🔒 599 ④　600 ①

해설

틀린 설명은 **다**, 1개이다.

가. (○) 국가는 경찰관의 **적법한** 직무집행으로 인하여 손실발생의 원인에 대하여 **책임이 없는 자**가 생명·신체 또는 재산상의 **손실**을 입은 경우 손실을 입은 자에게 **정당한 보상**을 하여야 한다(동법 제11조의2 제1항 제1호).

나. (○) 손실을 입은 물건을 **수리할 수 있는 경우**에는 **수리비**에 상당하는 금액으로 보상한다(동법 시행령 제9조 제1항 제1호).

다. (×) 손실을 입은 물건을 **수리할 수 없는 경우**에는 **손실을 입은 당시**(보상 당시×)의 해당 물건의 **교환 가액**으로 보상한다(동법 시행령 제9조 제1항 제2호).

라. (○) 영업자가 손실을 입은 물건의 수리나 교환으로 인하여 **영업을 계속할 수 없는 경우**에는 기간 중 **영업상 이익**에 **상당하는 금액**으로 보상한다(동법 시행령 제9조 제1항 제3호).

마. (○) **물건의 멸실·훼손**으로 인한 손실 **외의** 재산상 손실에 대해서는 직무집행과 **상당한 인과관계가** 있는 범위에서 **보상한다**(동법 시행령 제9조 제2항).

바. (○) 손실보상 결정권자는 특별한 사유가 없으면 **보상금을 지급하기로 결정한 날부터** **30일 이내에 이를 지급**하되, 지급방법은 그 보상금을 지급받을 사람이 지정하는 **예금계좌**(「우체국예금·보험에 관한 법률」에 따른 체신관서 또는 「은행법」에 따른 은행의 계좌를 말한다)에 **입금하는 방법**으로 한다. **다만, 부득이한 사유**가 있는 경우에는 그 보상금을 지급받을 사람의 **신청**에 따라 **현금**으로 지급할 수 있다(동법 시행령 제10조 제9항).

---

601 「경찰관 직무집행법」 및 동법 시행령상 손실보상에 대한 설명으로 가장 적절하지 않은 것은?

● **A급** 20 승진

① 국가는 경찰관의 적법한 직무집행으로 인하여 손실발생의 원인에 대하여 책임이 없는 자가 생명·신체 또는 재산상의 손실을 입은 경우 정당한 보상을 하여야 한다.

② 물건의 멸실·훼손으로 인한 손실 외의 재산상 손실에 대해서는 직무집행과 상당한 인과관계가 있는 범위에서 보상한다.

③ 손실보상을 청구할 수 있는 권리는 손실이 있음을 안 날부터 1년, 손실이 발생한 날부터 3년간 행사하지 아니하면 시효의 완성으로 소멸한다.

④ 손실보상심의위원회는 위원장 1명을 포함한 7명 이상 9명 이내의 위원으로 성별을 고려하여 구성한다. 다만, 청구금액이 100만원 이하인 사건에 대해서는 제3항제1호에 해당하는 위원 3명으로만 구성할 수 있다.

해설

① (○) 국가는 경찰관의 **적법한 직무집행**으로 인하여 손실발생의 원인에 대하여 **책임이 없는 자**가 생명·신체 또는 재산상의 **손실**을 입은 경우 **정당한 보상**을 하여야 한다(동법 제11조의2 제1항 제1호).

② (○) **물건의 멸실·훼손**으로 인한 손실 **외의** 재산상 손실에 대해서는 직무집행과 **상당한 인과관계가** 있는 범위에서 **보상한다**(동법 시행령 제9조 제2항).

③ (×) **손실보상을 청구**할 수 있는 권리는 손실이 있음을 **안 날부터** **3년**(1년×), 손실이 발생한 **날부터** **5년간**(3년간×) 행사하지 아니하면 시효의 완성으로 소멸한다(동법 시행령 제9조 제2항).

④ (○) 손실보상심의위원회는 위원장 1명을 포함한 **7명 이상 9명 이내의 위원**으로 성별을 고려하여 구성한다. **다만, 청구금액이 100만원 이하인 사건**에 대해서는 제3항 제1호에 해당하는 **위원 3명으로만 구성**할 수 있다(동법 시행령 제11조 제2항).

 601 ③

602 「경찰관 직무집행법」상 손실보상에 대한 설명으로 가장 적절하지 않은 것은?  24 경위

① 손실보상의 원인에 대하여 책임이 없는 자가 경찰관의 직무집행에 자발적으로 협조하거나 물건을 제공하여 생명·신체 또는 재산상의 손실을 입은 경우 정당한 보상을 하여야 한다.

② 손실발생의 원인에 대하여 책임이 있는 자가 자신의 책임에 상응하는 정도를 초과하는 생명·신체 또는 재산상의 손실을 입은 경우 정당한 보상을 하여야 한다.

③ 손실보상을 청구할 수 있는 권리는 손실이 발생한 날부터 3년, 손실이 있음을 안 날부터 5년간 행사하지 아니하면 시효의 완성으로 소멸한다.

④ 보상금이 지급된 경우 손실보상심의위원회는 대통령령으로 정하는 바에 따라 국가경찰위원회 또는 해양경찰위원회에 심사자료와 결과를 보고하여야 한다.

해설

① (○) 손실보상의 원인에 대하여 **책임이 없는 자**가 경찰관의 직무집행에 **자발적으로 협조**하거나 물건을 제공하여 **생명·신체** 또는 재산상의 **손실**을 입은 경우 **정당한 보상을 하여야 한다**(동법 제11조의2 제1항 제1호).

② (○) 손실발생의 원인에 대하여 **책임이 있는 자**가 자신의 책임에 상응하는 정도를 **초과**하는 **생명·신체** 또는 재산상의 **손실**을 입은 경우 **정당한 보상을 하여야 한다**(동법 제11조의2 제1항 제2호).

③ (✕) **손실보상을 청구**할 수 있는 권리는 손실이 있음을 **안 날부터**(발생한 날부터✕) **3년**, 손실이 **발생한 날부터**(안 날부터✕) **5년간** 행사하지 아니하면 시효의 완성으로 소멸한다(동법 제11조의2 제2항).

④ (○) **보상금이 지급된 경우** 손실보상심의위원회는 **대통령령**(경찰관 직무집행법 시행령)으로 정하는 바에 따라 **국가경찰위원회 또는 해양경찰위원회**에 심사자료와 결과를 **보고하여야 한다**. 이 경우 **국가경찰위원회** 또는 해양경찰위원회는 손실보상의 적법성 및 적정성 확인을 위하여 필요한 **자료의 제출을 요구할 수 있다**(동법 제11조의2 제5항).

[직무수행으로 인한 형의 감면]

603 「경찰관직무집행법」 제11조의5에 따른 '직무 수행으로 인한 형의 감면'의 대상이 되는 범죄에 해당하는 것은 모두 몇 개인가?  25 순경2차

> ㉠ 「형법」 제2편 제4장 살인의 죄
> ㉡ 「형법」 제2편 제32장 강간과 추행의 죄 중 강제추행에 관한 범죄
> ㉢ 「아동학대범죄의 처벌 등에 관한 특례법」에 따른 아동학대범죄
> ㉣ 「가정폭력범죄의 처벌 등에 관한 특례법」에 따른 가정폭력범죄

① 1개 ② 2개
③ 3개 ④ 4개

해설

감면의 대상이 되는 범죄는 ㉠, ㉢, ㉣, **3개**이다.
㉠ (○) 「형법」 제2편 제4장 **살인의 죄**
㉡ (✕) 「형법」 제2편 제32장 강간과 추행의 죄 중 **강간**(강제추행✕)에 관한 범죄
㉢ (○) 「아동학대범죄의 처벌 등에 관한 특례법」에 따른 **아동학대범죄**
㉣ (○) 「가정폭력범죄의 처벌 등에 관한 특례법」에 따른 **가정폭력범죄**

🔒 602 ③ 603 ③

 **직무수행으로 인한 형의 감면**(경찰관직무집행법 제11조의5)

> **제11조의5(직무수행으로 인한 형의 감면)** 다음 각 호의 범죄가 행하여지려고 하거나 행하여지고 있어 타인의 생명·신체에 대한 위해 발생의 우려가 명백하고 **긴급한 상황**에서, 경찰관이 그 위해를 예방하거나 진압하기 위한 행위 또는 범인의 **검거 과정에서** 경찰관을 향한 **직접적인 유형력 행사에 대응**하는 행위를 하여 그로 인하여 **타인에게 피해가 발생한 경우**, 그 경찰관의 직무수행이 불가피한 것이고 필요한 최소한의 범위에서 이루어졌으며 해당 **경찰관에게 고의 또는 중대한 과실이 없는 때**에는 **그 정상을 참작하여 형을** 감경하거나 면제할 수 있다.
>
> 1. 「형법」 제2편 제24장 **살인**의 죄, 제25장 **상해와 폭행**의 죄, 제32장 강간과 추행의 죄 중 **강간**에 관한 범죄, 제38장 절도와 강도의 죄 중 **강도**에 관한 범죄 및 이에 대하여 다른 법률에 따라 가중처벌하는 범죄
> 2. 「가정폭력범죄의 처벌 등에 관한 특례법」에 따른 **가정폭력범죄**, 「아동학대범죄의 처벌 등에 관한 특례법」에 따른 **아동학대범죄**

[경찰관 직무집행법 종합문제]

604 「경찰관 직무집행법」에 대한 설명으로 가장 적절한 것은?　　　　●A급 19 승진

① 경찰관은 이미 행하여진 범죄나 행하여지려고 하는 범죄행위에 관한 사실을 안다고 인정되는 사람에 대하여 질문을 하는 경우 자신의 신분을 표시하는 증표를 제시하면서 소속과 성명을 밝히고 질문의 목적과 이유를 설명하여야 하며 변호인의 도움을 받을 권리가 있음을 알려야 한다.

② 경찰관은 수상한 행동이나 그 밖의 주위 사정을 합리적으로 판단해 볼 때 구호대상자에 해당함이 명백하여 응급의 구호를 요한다고 믿을 만한 상당한 이유가 있는 자를 발견한 때에는 보건의료기관이나 공공구호기관에 긴급구호를 요청하거나 경찰관서에 보호하는 등 적절한 조치를 하여야 한다.

③ 경찰관은 범죄행위가 목전에 행하여지려고 하고 있다고 인정될 때에는 이를 예방하기 위하여 관계인에게 필요한 경고를 하고 즉시 그 행위를 제지할 수 있다.

④ 경찰관은 자신이나 다른 사람의 생명·신체의 방어 및 보호를 위하여 필요하다고 인정되는 상당한 이유가 있을 때에는 그 사태를 합리적으로 판단하여 필요한 한도에서 경찰장구를 사용할 수 있다.

> **해설**
>
> ① (×) 경찰관은 이미 행하여진 범죄나 행하여지려고 하는 범죄행위에 관한 사실을 안다고 인정되는 사람에 대하여 **질문을 하는 경우** 자신의 신분을 표시하는 **증표를 제시**하면서 소속과 성명을 밝히고 질문의 목적과 이유를 **설명하여야** 한다. **단순히 질문을 하는 경우**에는 **변호인의 도움을 받을 권리가 있음은 알리지 않아도 된다**(알려야 한다×).
>
> 　　 **변호인의 도움을 받을 권리가 있음을 알려야** 하는 것은 **동행을 한 경우에만** 해당하는 내용으로 단순히 질문을 하는 경우에는 알려야 할 의무가 없다.
>
> ② (×) 경찰관은 수상한 행동이나 그 밖의 주위 사정을 합리적으로 판단해 볼 때 구호대상자에 해당함이 명백하여 **응급의 구호를 요한다**고 믿을 만한 상당한 이유가 있는 자를 발견한 때에는 보건의료기관이나 공공구호기관에 **긴급구호를 요청**하거나 **경찰관서에 보호**하는 등 적절한 **조치를 할 수 있다**(하여야 한다×).
>
> ③ (×) 경찰관은 범죄행위가 **목전에** 행하여지려고 하고 있다고 인정될 때에는 이를 **예방**하기 위하여 관계인에게 필요한 **경고**를 하고, 그 행위로 인하여 사람의 **생명·신체에 위해**를 끼치거나 **재산에 중대한 손해**를 끼칠 우려가 있는 **긴급한 경우에는**(즉시×) 그 행위를 **제지할 수 있다**.
>
> ④ (○) 경찰관은 자신이나 다른 사람의 **생명·신체의 방어 및 보호**를 위하여 필요하다고 인정되는 상당한 이유가 있을 때에는 그 사태를 합리적으로 판단하여 필요한 한도에서 **경찰장구를 사용할 수 있다**.

🔒 604 ④

605 「경찰관 직무집행법」에 대한 내용으로 옳지 않은 것은 모두 몇 개인가?

A급 20 순경1차

> ⊙ 일반적 수권조항의 존재를 부정하는 학자들에 따르면 「경찰관 직무집행법」 제2조 제7호는 경찰의 직무범위만을 정한 것으로서 본질적으로 조직법적 성질의 규정에 해당한다고 주장한다.
> ⓛ 경찰관은 수상한 행동이나 그 밖의 주위 사정을 합리적으로 판단해 볼 때 보호조치대상자에 해당하는 것이 명백하고 응급구호가 필요하다고 믿을 만한 상당한 이유가 있는 사람을 발견하였을 때에는 보건의료기관이나 공공구호기관에 긴급 구호를 요청하거나 경찰관서에 보호하는 등 적절한 조치를 하여야 한다.
> ⓒ 구호대상자를 경찰관서에서 보호하는 기간은 24시간을 초과할 수 없고, 물건을 경찰관서에 임시로 영치하는 기간은 10일을 초과할 수 없다.
> ⓔ 경찰관은 '현행범이나 사형·무기 또는 장기 3년 이상의 징역이나 금고에 해당하는 죄를 범한 범인의 체포 또는 도주 방지', '자신이나 다른 사람의 생명·신체 및 재산의 보호', '공무집행에 대한 항거 제지'의 직무를 수행하기 위하여 필요하다고 인정되는 상당한 이유가 있을 때에는 그 사태를 합리적으로 판단하여 필요한 한도 내에서 경찰장구를 사용할 수 있다.
> ⓜ 경찰청장, 해양경찰청장, 시·도경찰청장 또는 지방해양경찰청장은 손실보상심의위원회의 심의·의결에 따라 보상금을 지급하고, 거짓 또는 부정한 방법으로 보상금을 받은 사람에 대하여는 해당 보상금을 환수할 수 있다.

① 1개   ② 2개   ③ 3개   ④ 4개

해설

틀린 설명은 ⓛ, ⓔ, ⓜ, 3개이다.

⊙ (○) 일반적 수권조항의 존재를 부정하는 학자들에 따르면 「경찰관 직무집행법」 제2조 제7호는 경찰의 직무범위만을 정한 것으로서 본질적으로 조직법적 성질의 규정에 해당한다고 주장한다.

> **Tip** 단순히 직무범위만을 규정한 조직법적 성질의 규정이므로 이 규정만을 근거로 구체적인 작용을 할 수 없다. 결국 구체적인 작용을 하려면 구체적·개별적으로 규정된 작용법적 성질의 규정이 있어야 한다는 뜻이다.

ⓛ (×) 경찰관은 수상한 행동이나 그 밖의 주위 사정을 합리적으로 판단해 볼 때 보호조치대상자에 해당하는 것이 명백하고 응급구호가 필요하다고 믿을 만한 상당한 이유가 있는 사람을 발견하였을 때에는 보건의료기관이나 공공구호기관에 긴급 구호를 요청하거나 경찰관서에 보호하는 등 적절한 조치를 할 수 있다(하여야 한다×).

ⓒ (○) 구호대상자를 경찰관서에서 보호하는 기간은 24시간을 초과할 수 없고, 물건을 경찰관서에 임시로 영치하는 기간은 10일을 초과할 수 없다.

ⓔ (×) 경찰관은 '현행범이나 사형·무기 또는 장기 3년 이상의 징역이나 금고에 해당하는 죄를 범한 범인의 체포 또는 도주 방지', '자신이나 다른 사람의 생명·신체(재산×)의 방어 및 보호', '공무집행에 대한 항거 제지'의 직무를 수행하기 위하여 필요하다고 인정되는 상당한 이유가 있을 때에는 그 사태를 합리적으로 판단하여 필요한 한도 내에서 경찰장구를 사용할 수 있다.

ⓜ (×) 경찰청장, 해양경찰청장, 시·도경찰청장 또는 지방해양경찰청장은 손실보상심의위원회의 심의·의결에 따라 보상금을 지급하고, 거짓 또는 부정한 방법으로 보상금을 받은 사람에 대하여는 해당 보상금을 환수하여야 한다(할 수 있다×).

606 「경찰관 직무집행법」에 관한 설명으로 가장 적절하지 않은 것은?

A급 25 특공

① 위해성 경찰장비의 종류 및 그 사용기준, 안전교육·안전검사의 기준 등은 대통령령으로 정한다.
② 국가는 손실발생의 원인에 대하여 책임이 있는 자가 자신의 책임에 상응하는 생명·신체 또는 재산상의 손실을 입은 경우 손실을 입은 자에 대하여 정당한 배상을 하여야 한다.

🔒 605 ③   606 ②

③ 제2조 직무의 범위에 "대간첩·대테러 작전 수행"을 명시하고 있다.

④ 경찰청장과 해양경찰청장은 경찰관이 제2조 각 호에 따른 직무의 수행으로 인하여 민·형사상 책임과 관련된 소송을 수행할 경우 변호인 선임 등 소송수행에 필요한 지원을 할 수 있다.

해설

① (○) 위해성 경찰장비의 종류 및 그 사용기준, 안전교육·안전검사의 기준 등은 **대통령령**으로 정한다.

② (×) 국가는 손실발생의 원인에 대하여 책임이 있는 자가 **자신의 책임에 상응하는 정도를 초과하는**(상응하는 정도×) **생명·신체** 또는 **재산**상의 손실을 입은 경우 손실을 입은 자에 대하여 정당한 배상을 하여야 한다(동법 제11조의2 제1항 제2호).

③ (○) 제2조 직무의 범위에 "**대간첩·대테러 작전 수행**"을 명시하고 있다.

④ (○) 경찰청장과 해양경찰청장은 경찰관이 **제2조 각 호에 따른 직무**의 수행으로 인하여 민·형사상 책임과 관련된 소송을 수행할 경우 변호인 선임 등 **소송수행**에 **필요한 지원을 할 수 있다.**

---

607 「경찰관 직무집행법」에 대한 설명 중 적절한 것은 모두 몇 개인가?  ●A급 21 법학

> ㉠ 경찰관은 수상한 행동 등 의심할 만한 상당한 이유가 있는 자가 신원확인이 불가능한 경우에도 가까운 경찰관서로 동행하여 6시간을 초과하지 않는 범위 내에서 조사를 할 수 있다.
>
> ㉡ 경찰관은 미아, 병자, 부상자 등이 응급구호를 거절하지 않는 경우에는 보건의료기관이나 공공구호기관에 긴급구호를 요청하거나 경찰관서에서 보호조치를 할 수 있다. 이때 구호 대상자가 휴대하고 있는 무기·흉기는 10일을 초과하여 임시로 영치할 수 있다.
>
> ㉢ 체포·구속된 사람 또는 신체의 자유를 제한하는 판결이나 처분을 받은 사람을 수용하기 위하여 시·도경찰청, 경찰서, 지방해양경찰청, 해양경찰서에 유치장을 둔다.
>
> ㉣ 경찰관이 휴대하여 범인 검거와 범죄 진압 등의 직무수행에 사용하는 수갑, 포승, 경찰봉 등의 경찰장구는 현행범이나 사형·무기 또는 장기 3년 이상의 징역이나 금고에 해당하는 죄를 범한 범인의 체포 또는 도주 방지, 자신이나 다른 사람의 생명·신체 및 재산의 보호, 공무집행에 대한 항거 제지를 위해 사용할 수 있다.
>
> ㉤ 살수차, 최루탄, 경찰장구, 무기를 사용하는 경우 그 책임자는 사용 일시·장소·대상, 현장책임자, 종류, 수량 등을 기록하여 보관하여야 한다.

① 없음   ② 1개   ③ 2개   ④ 3개

해설

옳은 설명은 **없음**

㉠ (×) 경찰관은 수상한 행동 등 의심할 만한 상당한 이유가 있는 자가 그 사람에게 **불리하거나 교통에 방해가 된다고 인정될 때**(신원확인이 불가능한 경우×) 가까운 **경찰관서로 동행**하여 6시간을 초과하지 않는 범위 내에서 **조사를 할 수 있다.**

㉡ (×) 경찰관은 **미아, 병자, 부상자** 등이 응급구호를 **거절하지 않는 경우**에는 보건의료기관이나 공공구호기관에 긴급구호를 요청하거나 경찰관서에서 **보호조치를 할 수 있다.** 이때 구호 대상자가 휴대하고 있는 **무기·흉기는 10일을 초과하여 임시로 영치할 수 없다**(있다×).

㉢ (×) **체포·구속된 사람** 또는 신체의 자유를 제한하는 판결이나 처분을 받은 사람을 수용하기 위하여 **경찰서와 해양경찰서**(시·도경찰청×, 지방해양경찰청×)에 유치장을 둔다.

㉣ (×) 경찰관이 휴대하여 범인 검거와 범죄 진압 등의 직무수행에 사용하는 **수갑, 포승, 경찰봉** 등의 **경찰장구**는 현행범이나 **사형·무기** 또는 장기 3년 이상의 징역이나 금고에 해당하는 죄를 범한 범인의 **체포 또는 도주 방지**, 자신이나 다른 사람의 **생명·신체**(재산×)의 방어 및 보호, 공무집행에 대한 **항거 제지**를 위해 사용할 수 있다.

㉤ (×) **살수차, 최루탄, 분사기**(경찰장구×), **무기**를 사용하는 경우 **그 책임자는** 사용 일시·장소·대상, **현장책임자**, 종류, 수량 등을 **기록하여 보관하여야 한다.**

 🔒 607 ①

608 「경찰관 직무집행법」에 대한 설명으로 옳은 것은 모두 몇 개인가?　 A급 21 특공

> ㉠ 경찰관은 수상한 행동이나 그 밖의 주위 사정을 합리적으로 판단해 볼 때 보호조치대상자에 해당하는 것이 명백하고 응급구호가 필요하다고 믿을 만한 상당한 이유가 있는 사람을 발견하였을 때에는 보건의료기관이나 공공구호기관에 긴급구호를 요청하거나 경찰관서에 보호하는 등 적절한 조치를 하여야 한다.
> ㉡ 구호대상자를 경찰관서에 보호하는 기간은 24시간을 초과할 수 없고, 물건을 경찰관서에 임시로 영치하는 기간은 10일을 초과할 수 없다.
> ㉢ 경찰청장, 해양경찰청장, 시·도경찰청장 또는 지방해양경찰청장은 손실보상심의위원회의 심의·의결에 따라 보상금을 지급하고, 거짓 또는 부정한 방법으로 보상금을 받은 사람에 대하여는 해당 보상금을 환수할 수 있다.

① 없음　　　　② 1개　　　　③ 2개　　　　④ 3개

해설

옳은 설명은 ㉡, **1개**이다.

㉠ (×) 경찰관은 수상한 행동이나 그 밖의 주위 사정을 합리적으로 판단해 볼 때 **보호조치대상자**에 해당하는 것이 명백하고 응급구호가 필요하다고 믿을 만한 상당한 이유가 있는 사람을 발견하였을 때에는 보건의료기관이나 공공구호기관에 **긴급구호를 요청**하거나 **경찰관서에 보호**하는 등 적절한 **조치를 할 수 있다(하여야 한다×)**(동법 제4조 제1항).
㉡ (○) 구호대상자를 **경찰관서에 보호**하는 기간은 **24시간**을 초과할 수 없고, 물건을 경찰관서에 **임시로 영치**하는 기간은 **10일**을 초과할 수 없다(동법 제4조 제7항).
㉢ (×) 경찰청장, 해양경찰청장, 시·도경찰청장 또는 지방해양경찰청장은 **손실보상심의위원회**의 심의·의결에 따라 보상금을 지급하고, **거짓 또는 부정한 방법**으로 보상금을 받은 사람에 대하여는 해당 **보상금을 환수하여야 한다(할 수 있다×)**(동법 제11조의2 제4항).

609 「경찰관 직무집행법」에 관한 내용 중 가장 적절하지 않은 것은?　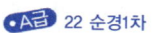 A급 22 순경1차

① 경찰서의 장은 직무수행에 필요하다고 인정되는 상당한 이유가 있을 때에는 국가기관이나 공사(公私) 단체 등에 직무수행에 관련된 사실을 조회할 수 있다. 다만, 긴급한 경우에는 소속 경찰관으로 하여금 현장에 나가 해당 기관 또는 단체의 장의 협조를 받아 그 사실을 확인하게 할 수 있다.

② 국가경찰위원회 위원장은 경찰관이 「경찰관 직무집행법」 제2조(직무의 범위) 각 호에 따른 직무의 수행으로 인하여 민·형사상 책임과 관련된 소송을 수행할 경우 변호인 선임 등 소송 수행에 필요한 지원을 하여야 한다.

③ 경찰청장, 해양경찰청장, 시·도경찰청장 또는 지방해양경찰청장, 경찰서장 또는 해양경찰서장("경찰청장등")은 「경찰관 직무집행법」 제11조의3 제2항에 따른 보상금심사위원회의 심사·의결에 따라 보상금을 지급하고, 거짓 또는 부정한 방법으로 보상금을 받은 사람에 대하여는 해당 보상금을 환수한다.

④ 보상금심사위원회는 위원장 1명을 포함한 5명 이내의 위원으로 구성한다.

🔒 608 ② 　609 ②

해설

① (○) **경찰관서의 장**은 직무수행에 필요하다고 인정되는 상당한 이유가 있을 때에는 국가기관이나 공사(公私) 단체 등에 직무수행에 관련된 **사실을 조회할 수 있다**. 다만, **긴급한 경우**에는 **소속 경찰관**으로 하여금 **현장**에 나가 해당 기관 또는 단체의 장의 협조를 받아 그 **사실을 확인하게 할 수 있다**(동법 제8조 제1항).

② (×) **경찰청장과 해양경찰청장**(국가경찰위원회 위원장×)은 경찰관이 「경찰관 직무집행법」 제2조(직무의 범위) 각 호에 따른 직무의 수행으로 인하여 민·형사상 책임과 관련된 소송을 수행할 경우 변호인 선임 등 **소송 수행**에 **필요한 지원을 할 수 있다**(하여야 한다×)(동법 제11조의4).

③ (○) 경찰청장, 해양경찰청장, 시·도경찰청장 또는 지방해양경찰청장, 경찰서장 또는 해양경찰서장("경찰청장등")은 「경찰관 직무집행법」 **제11조의3(범인검거 등 공로자 보상)** 제2항에 따른 **보상금심사위원회**의 심사·의결에 따라 보상금을 지급하고, 거짓 또는 부정한 방법으로 보상금을 받은 사람에 대하여는 해당 보상금을 **환수한다**(동법 제11조의3 제5항).

> **Tip** 제11조의2(손실보상)과 제11조의3(범인검거 등 공로자 보상)을 구별하자. 이 문제의 지문처럼 조문번호만 출제되기도 한다.

④ (○) **보상금심사위원회**는 위원장 1명을 포함한 **5명 이내**의 위원으로 구성한다(동법 제11조의3 제3항).

Tip

구분	손실보상(제11조의2)	범인검거 등 공로자 보상(제11조의3)
명칭	손실보상심의위원회	보상금심사위원회
구성	위원회는 위원장 1명을 포함한 **7명 이상 9명 이내**의 위원으로 성별을 고려하여 구성한다(이 경우 위원의 과반수는 경찰관이 아닌 사람으로 해야 한다). 다만, 청구금액이 **100만원 이하**인 사건에 대해서는 **제3항 제1호(소속 경찰관)**에 해당하는 **위원 3명**으로만 구성할 수 있다.	위원장 1명을 포함한 **5명 이내**의 위원
위원	위원회의 위원은 다음에 해당하는 사람 중에서 손실보상 결정권자가 위촉하거나 임명한다. (위촉위원의 임기는 2년) 1. **소속 경찰관** 2. **판사·검사** 또는 변호사로 **5년 이상** 3. **법학** 또는 **행정학**을 가르치는 **부교수** 이상으로 **5년 이상** 4. 경찰 업무와 손실보상에 관하여 학식과 경험이 풍부한 사람	**소속 경찰공무원** 중에서 **경찰청장등**(경찰청장, 해양경찰청장, 시·도경찰청장 또는 지방해양경찰청장, 경찰서장 또는 해양경찰서장)이 임명
위원장	제11조 제3항 제1호(소속 경찰관)에 따른 위원 중에서 손실보상 결정권자가 **지명**	소속 **과장급 이상**의 경찰관 중에서 **경찰청장등**이 **임명**
의결	재적위원 과반수의 출석으로 개의하고, 출석위원 과반수의 찬성으로 의결	**재적위원 과반수의 찬성**으로 의결
기타	보상위원장이 부득이한 사유로 직무를 수행할 수 없는 때에는 보상위원장이 **미리 지명한 위원이 그 직무를 대행**한다.	보상금의 **최고액은 5억원**으로 하며, **구체적인 보상금 지급 기준**은 **경찰청장** 또는 해양경찰청장이 정하여 고시한다.
지급	정당한 보상을 **하여야 한다**.	**보상금을 지급할 수 있다**.

610 「경찰관 직무집행법」에 관한 설명으로 가장 적절한 것은? ●A급 23 순경2차

① 「경찰관 직무집행법」에 따르면 경찰관은 유실물을 인수할 권리자 확인의 직무를 수행하기 위하여 필요하면 관계인에게 출석하여야 하는 사유·일시 및 장소를 명확히 적은 출석 요구서를 보내 경찰관서에 출석할 것을 요구할 수 있다.

② 「경찰관 직무집행법」에 따르면 위해성 경찰장비의 종류 및 그 사용기준, 안전교육·안전검사의 기준 등은 행정안전부령으로 정한다.

③ 「경찰관 직무집행법」 제11조의2 제1항에 따른 손실보상을 청구할 수 있는 권리는 손실이 있음을 안 날부터 3년, 손실보상이 확정된 때부터 5년간 행사하지 아니하면 시효의 완성으로 소멸한다.

④ 「경찰관 직무집행법」 제2조 직무의 범위에 "테러경보 발령·대테러 작전 수행"을 명시하고 있다.

해설

① (○) 「경찰관 직무집행법」에 따르면 경찰관은 **유실물을 인수할 권리자 확인의 직무를 수행하기 위하여 필요하면 관계인**에게 출석하여야 하는 사유·일시 및 장소를 명확히 적은 **출석 요구서**를 보내 경찰관서에 **출석할 것을 요구할 수 있다**(동법 제8조 제2항 제2호).

② (×) 「경찰관 직무집행법」에 따르면 **위해성 경찰장비의 종류 및 그 사용기준, 안전교육·안전검사의 기준** 등은 **대통령령(행정안전부령×)**으로 정한다(동법 제10조 제6항).

③ (×) 「경찰관 직무집행법」 제11조의2 제1항에 따른 **손실보상을 청구할 수 있는 권리**는 손실이 있음을 안 **날부터** 3년, **손실이 발생한 날(손실보상이 확정된 때×)부터 5년**간 행사하지 아니하면 시효의 완성으로 소멸한다(동법 제11조의2 제2항).

④ (×) 「경찰관 직무집행법」 제2조 직무의 범위에 **"경비, 주요 인사 경호 및 대간첩·대테러 작전 수행"**(테러경보 발령·대테러 작전 수행×)을 명시하고 있다.

제**2**절 **경찰관의 정보수집 및 처리 등에 관한 규정**

611 「경찰관 직무집행법」 및 「경찰관의 정보수집 및 처리 등에 관한 규정(대통령령)」상 경찰관이 정보활동을 위해 필요한 경우에 한정하여 일시적으로만 출입이 가능한 곳은 모두 몇 개인가?

●A급 22 순경2차

㉠ 언론기관	㉡ 종교시설	㉢ 민간기업
㉣ 정당의 사무소	㉤ 시민사회 단체	

① 2개   ② 3개   ③ 4개   ④ 5개

해설

일시적으로만 출입이 가능한 곳은 ㉠, ㉡, ㉢, ㉣, ㉤, **5개**이다.

Tip **일시적으로만 출입**해야 하는 장소 – **언론·교육·종교·시민사회 단체 등 민간단체, 민간기업, 정당의 사무소**

🔒 610 ① 611 ④

612 「경찰관의 정보수집 및 처리 등에 관한 규정」상 경찰관이 정보 수집을 위해 상시적으로 출입해서는 안되며, 정보활동을 위해 필요한 경우에 한정하여 일시적으로 출입할 수 있는 장소에 포함되지 않는 곳은?

① 언론·교육·종교·시민사회 단체 등 민간단체 ● A급 22 경위
② 민간기업
③ 정당의 사무소
④ 공기업

> **해설**
>
> ④ (×) 경찰관은 **언론·교육·종교·시민사회 단체 등 민간단체, 민간기업, 정당의 사무소(공기업×)**에 상시적으로 출입해서는 안 되며, 정보활동을 위해 필요한 경우에 한정하여 **일시적으로만** 출입해야 한다(동규정 제5조).

613 「경찰관의 정보수집 및 처리 등에 관한 규정」에 대한 설명으로 가장 적절하지 않은 것은?

● A급 23 승진

① 경찰관의 정보수집·작성·배포에 있어 정보의 구체적인 범위에는 범죄의 예방과 대응에 필요한 정보가 포함된다.
② 경찰관은 정보를 수집하거나 정보의 수집·작성·배포에 수반되는 사실을 확인하려는 경우에는 상대방에게 자신의 신분을 밝히고 정보수집 또는 사실 확인의 목적을 설명해야 한다.
③ ②의 경우 강제적인 방법을 사용할 수 있다.
④ 범죄의 대응을 위한 정보활동에 현저한 지장을 초래할 우려가 있는 경우에는 ②의 절차를 생략할 수 있다.

> **해설**
>
> ① (○) 경찰관의 정보수집·작성·배포에 있어 정보의 구체적인 범위에는 **범죄의 예방과 대응에 필요한 정보가 포함된다**(동규정 제3조 제1호).
> ② (○) 경찰관은 정보를 수집하거나 정보의 수집·작성·배포에 수반되는 사실을 확인하려는 경우에는 상대방에게 자신의 **신분을 밝히고** 정보수집 또는 사실 확인의 **목적을 설명해야 한다**(동규정 제4조 제1항 전단).
> ③ (×) ②의 경우 **강제적인 방법**을 사용해서는 **안 된다(할 수 있다×)**(동규정 제4조 제1항 후단).
> ④ (○) 범죄의 대응을 위한 정보활동에 **현저한 지장을 초래할 우려**가 있는 경우에는 ② **(신분 밝히고 목적설명)**의 절차를 **생략할 수 있다**(동규정 제4조 제2항 제2호).
>
> **⬛Tip 수집 등 대상 정보의 구체적 범위**(동규정 제3조)
>
> | |
> |---|
> | 1. **범죄의 예방과 대응**에 필요한 정보 |
> | 2. **수형자·가석방자의 재범방지 및 피해자의 보호**에 필요한 정보 |
> | 3. **국가중요시설의 안전 및 주요 인사(人士)의 보호**에 필요한 정보 |
> | 4. **방첩·대테러활동** 등 국가안전을 위한 활동에 필요한 정보 |
> | 5. **재난·안전사고** 등으로부터 국민안전을 확보하기 위한 정보 |
> | 6. **집회·시위** 등으로 인한 공공갈등과 다중운집에 따른 질서 및 안전 유지에 필요한 정보 |
> | 7. 국민의 **생명·신체·재산의 보호**와 **공공안녕**에 대한 위험의 예방과 대응을 위한 **정책**에 관한 정보[해당 **정책의 입안·집행·평가를 위해** 객관적이고 필요한 사항에 관한 정보로 한정하며, 이와 **직접적·구체적으로 관련이 없는 사생활·신조** 등에 관한 정보는 **제외**한다] |
> | 8. **도로 교통의 위해 방지·제거** 및 원활한 소통 확보를 위한 정보 |
> | 9. **경찰청장이 위탁받은 신원조사** 또는 **공공기관의 장이 법령에 근거하여 요청한 사실의 확인**을 위한 정보 |

🔒 612 ④ 613 ③

614 「경찰관의 정보수집 및 처리 등에 관한 규정」에 대한 설명으로 가장 적절하지 않은 것은?

●A급 24 승진

① 경찰관이 「경찰관 직무집행법」 제8조의2 제1항에 따라 수집 작성·배포할 수 있는 정보의 범위에는 국가중요시설의 안전 및 주요 인사(人士)의 보호에 필요한 정보가 포함된다.

② 경찰관은 정보활동과 관련하여 직무와 무관한 비공식적 직함을 사용하는 행위를 해서는 안 된다.

③ 경찰관은 언론·교육·종교·시민사회 단체 등 민간단체, 지방자치단체, 정당의 사무소에 상시적으로 출입해서는 안 되며 정보활동을 위해 필요한 경우에 한정하여 일시적으로만 출입해야 한다고 규정되어 있다.

④ 경찰관은 명백히 위법한 지시라고 판단되는 경우에는 그 집행을 거부할 수 있다.

해설

① (○) 경찰관이 「경찰관 직무집행법」 제8조의2 제1항에 따라 수집 작성·배포할 수 있는 정보의 범위에는 **국가중요시설의 안전 및 주요 인사(人士)의 보호에 필요한 정보가 포함된다**(동규정 제3조 제3호).

② (○) 경찰관은 정보활동과 관련하여 **직무와 무관한 비공식적 직함을 사용하는 행위를 해서는 안 된다**.

③ (×) 경찰관은 **언론·교육·종교·시민사회 단체 등 민간단체**(지방자치단체×), **정당의 사무소에 상시적으로 출입해서는 안 되며 정보활동을 위해 필요한 경우에 한정하여 일시적으로만 출입해야 한다**고 규정되어 있다(동규정 제5조).

④ (○) 경찰관은 **명백히 위법한 지시**라고 판단되는 경우에는 그 집행을 **거부할 수 있다**(동규정 제8조 제2항).

615 「경찰관 직무집행법」 및 「경찰관의 정보수집 및 처리 등에 관한 규정」에 따른 경찰의 정보활동에 관한 설명으로 가장 적절하지 않은 것은?

●A급 24 순경1차

① 경찰관은 범죄 재난 공공갈등 등 공공안녕과 공공질서에 대한 위험의 예방과 대응을 위한 정보의 수집·작성·배포와 이에 수반되는 사실의 확인을 할 수 있다.

② 경찰관은 정치에 관여하기 위해 정보를 수집·작성·배포하는 행위를 해서는 안 된다.

③ 경찰관은 민간기업에 상시적으로 출입해서는 안 되며, 정보활동을 위해 필요한 경우에 한정하여 일시적으로만 출입해야 한다.

④ 경찰관은 수집·작성한 정보가 그 목적이 달성되어 불필요하게 되었을 때에는 다른 법령에 따라 보존해야 하는 경우를 제외하고는 지체없이 그 정보를 폐기해야 한다.

해설

① (×) 경찰관은 **범죄·재난·공공갈등 등 공공안녕**(공공질서×)에 대한 **위험의 예방과 대응을 위한 정보의 수집·작성·배포**와 이에 수반되는 **사실의 확인을 할 수 있다**(동법 제8조의2 제1항).

 Tip 위에 따른 정보의 구체적인 범위와 처리 기준, 정보의 수집·작성·배포에 수반되는 사실의 확인 절차와 한계는 **대통령령**으로 정한다(동법 제8조의2 제2항).

② (○) 경찰관은 **정치에 관여**하기 위해 정보를 수집·작성·배포하는 행위를 해서는 **안 된다**(동규정 제2조 제1호).

③ (○) 경찰관은 **민간기업**에 상시적으로 출입해서는 안 되며, 정보활동을 위해 필요한 경우에 한정하여 **일시적으로만 출입**해야 한다.

④ (○) 경찰관은 수집·작성한 정보가 그 목적이 달성되어 불필요하게 되었을 때에는 다른 법령에 따라 보존해야 하는 경우를 제외하고는 **지체 없이 그 정보를 폐기**해야 한다.

 614 ③ 615 ①

Tip 정보활동의 기본원칙 등(동규정 제2조)

② 경찰관은 정보활동과 관련하여 다음 각 호의 **행위를 해서는 안 된다.**
1. **정치에 관여**하기 위해 정보를 수집 · 작성 · 배포하는 행위
2. 법령의 **직무 범위**를 벗어나 개인의 동향 등을 **파악**하기 위해 **사생활에 관한 정보**를 수집 · 작성 · 배포하는 행위
3. **상대방의 명시적 의사에 반해** 자료 제출이나 의견 표명을 **강요하는 행위**
4. **부당한 민원이나 청탁**을 직무 관련자에게 전달하는 행위
5. **직무상 알게 된 정보를 누설**하거나 **개인의 이익을 위해 사용**하는 행위
6. **직무와 무관한 비공식적 직함을 사용**하는 행위

---

616 「경찰관의 정보수집 및 처리 등에 관한 규정」에 대한 설명으로 가장 적절하지 않은 것은?

●A급 25 순경2차

① 공공안녕에 대한 위험의 예방과 대응을 위한 정보의 수집 · 작성 · 배포와 이에 수반되는 사실의 확인을 위해 경찰관이 수행하는 활동은 국가의 존립과 기능을 보호하는 것을 목적으로 해야 하며, 필요 최소한의 범위에 그쳐야 한다.

② 경찰관이 「경찰관 직무집행법」 제8조의2 제1항에 따라 수집 · 작성 · 배포할 수 있는 정보의 구체적인 범위에는 도로교통의 위해 방지 · 제거 및 원활한 소통확보를 위한 정보가 포함된다.

③ 경찰관은 정보를 제공하거나 사실을 확인해 준 자가 신분이나 처우와 관련하여 불이익을 받지 않도록 비밀유지 등 필요한 조치를 해야 한다.

④ 경찰관은 공공안녕에 대한 위험의 예방과 대응을 위해 필요한 경우에는 수집 · 작성한 정보를 관계기관 등에 통보할 수 있다.

해설

① (×) 공공안녕에 대한 위험의 예방과 대응을 위한 정보의 수집 · 작성 · 배포와 이에 수반되는 사실의 확인을 위해 경찰관이 수행하는 활동은 **국민의 자유와 권리를 보호(국가의 존립과 기능을 보호×)하는 것을 목적**으로 해야 하며, 필요 최소한의 범위에 그쳐야 한다(동규정 제2조 제1항).

② (○) 경찰관이 「경찰관 직무집행법」 제8조의2 제1항에 따라 수집 · 작성 · 배포할 수 있는 정보의 구체적인 범위에는 **도로교통의 위해 방지 · 제거 및 원활한 소통확보를 위한 정보**가 포함된다(동규정 제3조 제8호).

③ (○) 경찰관은 정보를 제공하거나 사실을 확인해 준 자가 신분이나 처우와 관련하여 **불이익을 받지 않도록** 비밀유지 등 **필요한 조치를 해야 한다**(동규정 제4조 제3항).

④ (○) 경찰관은 공공안녕에 대한 위험의 예방과 대응을 위해 필요한 경우에는 수집 · 작성한 정보를 **관계기관 등에 통보할 수 있다**(동규정 제7조 제2항).

 616 ①

617 「위해성 경찰장비의 사용기준 등에 관한 규정」에 대한 설명으로 가장 적절한 것은?　●A급 25 특공

① 경찰관(경찰공무원으로 한정한다)은 체포·구속영장을 집행하거나 신체의 자유를 제한하는 판결 또는 처분을 받은 자를 법률이 정한 절차에 따라 호송하거나 수용하기 위하여 필요한 때에는 최소한의 범위 안에서 수갑·포승 또는 호송용 포승을 사용할 수 있다.

② 근접분사기·가스분사기·가스발사총 및 폭약류는 분사기에 해당한다.

③ 권총·소총·기관총·함포·크레모아·수류탄 및 석궁은 무기에 해당한다.

④ 테러사건에 있어서 은밀히 작전을 수행하는 경우 경찰관은 사람을 향하여 권총 또는 소총을 발사하기 전 반드시 공포탄에 의한 사격으로 상대방에게 경고하여야 한다.

> **해설**
>
> ① (○) **경찰관(경찰공무원으로 한정한다)**은 체포·구속**영장을 집행**하거나 신체의 자유를 제한하는 판결 또는 처분을 받은 자를 법률이 정한 절차에 따라 **호송하거나 수용**하기 위하여 필요한 때에는 최소한의 범위 안에서 **수갑·포승 또는 호송용 포승을 사용할 수** 있다.
>
> ② (×) 근접분사기·가스분사기·가스발사총은 **(폭약류×)** 분사기에 해당한다.
> 🄣ip 폭약류는 무기에 해당한다.
>
> ③ (×) 권총·소총·기관총·함포·크레모아·수류탄은 **(석궁×)** 무기에 해당한다.
> 🄣ip 석궁은 기타장비에 해당한다.
>
> ④ (×) 인질·간첩 또는 **테러사건**에 있어서 **은밀히 작전을 수행**하는 경우 경찰관은 사람을 향하여 권총 또는 소총을 발사하고자 하는 때에는 경고하지 아니할 수 있다(발사하기 전 반드시 공포탄에 의한 사격으로 상대방에게 경고하여야 한다×)(동규정 제9조 제2호).

618 「위해성 경찰장비의 사용기준 등에 관한 규정」에 관한 설명 중 가장 적절하지 않은 것은?

　●A급 22 순경1차

① 권총·소총·기관총·함포·크레모아·수류탄·가스발사총은 무기에 해당한다.

② 경찰관은 14세 미만의 자 또는 임산부에 대하여 전자충격기 또는 전자방패를 사용하여서는 아니 된다.

③ 경찰관은 전극침(電極針) 발사장치가 있는 전자충격기를 사용하는 경우 상대방의 얼굴을 향하여 전극침을 발사하여서는 아니 된다.

④ 경찰관(경찰공무원으로 한정한다)은 체포·구속영장을 집행하거나 신체의 자유를 제한하는 판결 또는 처분을 받은 자를 법률이 정한 절차에 따라 호송하거나 수용하기 위하여 필요한 때에는 최소한의 범위 안에서 수갑·포승 또는 호송용포승을 사용할 수 있다.

🔒 617 ① 　618 ①

① (×) 권총·소총·기관총·함포·크레모아·수류탄·(가스발사총×)은 **무기**에 해당한다.

    Tip 가스발사총은 **분사기·최루탄**등에 해당한다(동규정 제2조 제3호).

② (○) 경찰관은 **14세 미만의 자** 또는 **임산부**에 대하여 **전자충격기 또는 전자방패**를 사용하여서는 **아니 된다**(동규정 제8조 제1항).

③ (○) 경찰관은 **전극침 발사장치가 있는 전자충격기**를 사용하는 경우 상대방의 **얼굴을 향하여** 전극침을 발사하여서는 **아니 된다**(동규정 제8조 제2항).

④ (○) 경찰관(경찰공무원으로 한정한다)은 **체포·구속영장**을 집행하거나 **신체의 자유를 제한하는 판결 또는 처분**을 받은 자를 법률이 정한 절차에 따라 **호송하거나 수용**하기 위하여 필요한 때에는 최소한의 범위 안에서 **수갑·포승 또는 호송용포승**을 사용할 수 있다(동규정 제4조).

619 「위해성 경찰장비의 사용기준 등에 관한 규정」에 대한 설명으로 가장 적절하지 않은 것은?

●**A급** 21 승진

① 경찰관은 불법집회·시위로 인하여 발생할 수 있는 경찰관의 생명·신체의 위해와 재산·공공시설의 위험을 방지하기 위해서는 경찰봉 또는 호신용경봉을 사용할 수 없다.

② 경찰관은 범인·술에 취한 사람 또는 정신착란자의 자살 또는 자해기도를 방지하기 위하여 필요한 때에는 수갑·포승 또는 호송용포승을 사용할 수 있다.

③ 경찰청장은 위해성 경찰장비를 새로 도입하려는 경우에는 신규도입 장비에 대한 안전성 검사를 실시한 후 3개월 이내에 안전성 검사 결과보고서를 국회 소관 상임위원회에 제출하여야 한다.

④ 경찰관은 가스차·살수차 또는 특수진압차의 최루탄발사대로 최루탄을 발사하는 경우에는 15도 이상의 발사각을 유지하여야 하고, 최루탄발사기로 최루탄을 발사하는 경우 30도 이상의 발사각을 유지하여야 한다.

① (×) 경찰관은 **불법집회·시위**로 인하여 발생할 수 있는 타인 또는 경찰관의 **생명·신체**의 위해와 **재산·공공시설**의 위험을 방지하기 위하여 필요한 때에는 최소한의 범위 안에서 **경찰봉 또는 호신용경봉**을 사용할 수 **있다(없다×)** (동규정 제6조).

    Tip 「경찰관 직무집행법」상의 장구사용 원칙에는 재산과 공공시설의 위험방지에 대한 규정이 없지만, 장구 중에서 **예외적으로 경찰봉**과 **호신용경봉**은 **재산과 공공시설의 위험방지**를 위해 사용할 수 있도록 **대통령령(위해성경찰장비규정)에** 규정하고 있다.

> **경찰관 직무집행법 제10조의2(경찰장구 사용)**
> 1. **현행범**이나 **사형·무기** 또는 **장기 3년 이상**의 징역이나 금고에 해당하는 죄를 범한 범인의 **체포** 또는 **도주 방지**
> 2. 자신이나 다른 사람의 **생명·신체(재산·공공시설×)의** 방어 및 보호
> 3. 공무집행에 대한 **항거 제지**

② (○) 경찰관은 **범인·술에 취한 사람** 또는 **정신착란자**의 **자살** 또는 **자해기도**를 방지하기 위하여 필요한 때에는 **수갑·포승 또는 호송용포승**을 사용할 수 있다(동규정 제5조).

③ (○) **경찰청장**은 **위해성 경찰장비**를 새로 도입하려는 경우에는 신규도입 장비에 대한 **안전성 검사를 실시한 후 3개월 이내**에 안전성 검사 결과보고서를 **국회 소관 상임위원회에 제출**하여야 한다(동규정 제18조의2 제4항).

④ (○) 경찰관은 가스차·살수차 또는 특수진압차의 **최루탄발사대**로 최루탄을 발사하는 경우에는 **15도 이상**의 발사각을 유지하여야 하고, **최루탄발사기**로 최루탄을 발사하는 경우 **30도 이상**의 발사각을 유지하여야 한다(동규정 제12조 제1항).

 619 ①

620 「위해성 경찰장비의 사용기준 등에 관한 규정」에 대한 설명으로 가장 적절하지 않은 것은?

●A급 19 승진

① 직무수행 중 위해성 경찰장비를 사용하는 경찰관은 위해성 경찰장비 사용을 위한 안전교육을 받아야 한다.

② 위해성 경찰장비를 사용하는 경찰관이 소속한 국가경찰관서의 장은 소속 경찰관이 사용할 위해성 경찰장비에 대한 안전검사를 실시하여야 한다.

③ 경찰청장은 위해성 경찰장비를 새로 도입하려는 경우에는 안전성 검사를 실시하여 새로 도입하려는 장비가 사람의 생명이나 신체에 미치는 영향을 평가하여야 한다.

④ 위해성 경찰장비를 새로 도입하려는 경우에 안전성 검사에 참여한 외부 전문가는 안전성 검사를 실시한 후 3개월 이내에 안전성 검사 결과보고서를 국회 소관 상임위원회에 제출하여야 한다.

해설

① (○) 직무수행 중 위해성 경찰장비를 사용하는 **경찰관**은 위해성 경찰장비 사용을 위한 **안전교육을 받아야 한다**(동규정 제17조).

② (○) 위해성 경찰장비를 사용하는 경찰관이 **소속한 국가경찰관서의 장**은 소속 경찰관이 사용할 위해성 경찰장비에 대한 **안전검사를 실시**하여야 한다(동규정 제18조).

③ (○) **경찰청장**은 위해성 **경찰장비**를 새로 도입하려는 경우에는 안전성 검사를 실시하여 새로 도입하려는 장비가 사람의 생명이나 신체에 미치는 **영향을 평가**하여야 한다(동규정 제18조의2 제1항).

④ (×) 위해성 경찰장비를 새로 도입하려는 경우에 **경찰청장(외부전문가×)**은 안전성 검사를 실시한 후 **3개월 이내**에 안전성 검사 결과보고서를 **국회 소관 상임위원회에 제출**하여야 한다(동규정 제18조의2 제4항).

Tip 신규 도입 장비의 안전성 검사(동규정 제18조의2)

> ② 안전성 검사는 신규 도입 장비와 관련된 분야의 **외부 전문가가** 신규 도입 장비의 주요 특성이나 작동원리에 기초하여 **제시하는 검사방법 및 기준에 따라 실시**하되, 신규 도입 장비에 대하여 **일반적으로 인정되는** 합리적인 검사방법이나 기준이 있을 경우 그 검사**방법이나 기준에 따라 안전성 검사를 실시할 수 있다.**
> ③ 안전성 검사에 참여한 **외부 전문가는** 안전성 **검사가 끝난 후 30일 이내에** 신규 도입 장비의 **안전성 여부에 대한 의견을 경찰청장에게 제출**하여야 한다.

---

621 「위해성 경찰장비의 사용기준 등에 관한 규정」(대통령령)에 대한 설명으로 가장 적절하지 않은 것은?

●A급 25 승진

① 경찰관은 14세 미만의 사람 또는 임산부에 대하여 전자충격기 또는 전자방패를 사용하여서는 아니 된다.

② 경찰관은 최루탄발사기로 최루탄을 발사하는 경우 15도 이상의 발사각을 유지하여야 한다.

③ 직무수행 중 위해성 경찰장비를 사용하는 경찰관은 위해성 경찰장비 사용을 위한 안전교육을 받아야 한다.

④ 가스발사총을 사용할 경우 경찰관은 1미터 이내의 거리에서 상대방의 얼굴을 향하여 이를 발사하여서는 아니 된다.

🔒 620 ④ 621 ②

해설

① (○) 경찰관은 **14세 미만의 사람** 또는 **임산부**에 대하여 **전자충격기** 또는 **전자방패**를 사용하여서는 **아니 된다.**
② (×) 경찰관은 최루탄**발사기**로 최루탄을 발사하는 경우 **30도**(15도×) 이상의 발사각을 유지하여야 한다.
③ (○) 직무수행 중 위해성 경찰장비를 사용하는 경찰관은 위해성 경찰장비 사용을 위한 **안전교육을 받아야 한다.**
④ (○) **가스발사총**을 사용할 경우 경찰관은 **1미터 이내**의 거리에서 상대방의 **얼굴**을 향하여 이를 발사하여서는 **아니 된다.**

---

622 「경찰관 직무집행법」 및 「위해성 경찰장비의 사용기준 등에 관한 규정」상 경찰장비의 사용에 대한 설명으로 가장 적절한 것은?　　●A급 20 순경2차

① 경찰관은 범인의 체포 또는 도주의 방지, 자신이나 다른 사람의 생명·신체의 방어 및 보호, 공무집행에 대한 항거의 제지를 위하여 필요한 상당한 이유가 있는 경우 경찰장구를 사용할 수 있다.
② 경찰관은 불법집회·시위 또는 소요사태로 인하여 발생할 수 있는 타인 또는 경찰관의 생명·신체의 위해와 재산 및 공공시설의 위험을 억제하기 위하여 부득이한 경우에는 시·도경찰청장의 명령에 따라 필요한 최소한의 범위에서 가스차를 사용할 수 있다.
③ 제11조(사용기록의 보관)에 따라 살수차, 분사기, 전자충격기 및 전자방패, 무기를 사용하는 경우 그 책임자는 사용 일시 장소 대상, 현장책임자, 종류, 수량 등을 기록하여 보관하여야 한다.
④ 경찰관은 범인·술에 취한 사람 또는 정신착란자의 자살 또는 자해기도를 방지하기 위하여 필요한 때에는 수갑·포승 또는 호송용포승을 사용할 수 있다. 이 경우 경찰관은 소속 국가경찰관서의 장에게 그 사실을 보고하여야 한다.

해설

① (×) 경찰관은 '**현행범이나 사형·무기 또는 장기 3년 이상의 징역이나 금고에 해당하는 죄를 범한**' 범인의 체포 또는 도주의 방지, 자신이나 다른 사람의 생명·신체의 방어 및 보호, 공무집행에 대한 항거의 제지를 위하여 필요한 상당한 이유가 있는 경우 **경찰장구**를 사용할 수 있다(동법 제10조의2 제1항).
② (×) 경찰관은 **불법집회·시위** 또는 소요사태로 인하여 발생할 수 있는 타인 또는 경찰관의 **생명·신체**의 위해와 **재산·공공시설**의 위험을 억제하기 위하여 부득이한 경우에는 **현장책임자의 판단**(시·도경찰청장의 명령×)에 의하여 필요한 최소한의 범위에서 **가스차**를 사용할 수 있다(동규정 제13조 제1항).
③ (×) 제11조(사용기록의 보관)에 따라 **살수차, 분사기, 최루탄**(전자충격기 및 전자방패×), **무기**를 사용하는 경우 그 **책임자는** 사용 일시 장소 대상, **현장책임자**, 종류, 수량 등을 **기록하여 보관하여야 한다**(동법 제11조).
④ (○) 경찰관은 **범인·술에 취한 사람 또는 정신착란자의 자살 또는 자해기도를 방지**하기 위하여 필요한 때에는 **수갑·포승 또는 호송용포승**을 사용할 수 있다. 이 경우 경찰관은 소속 **국가경찰관서의 장에게** 그 사실을 **보고**하여야 한다(동규정 제5조).

622 ④

623 다음은 「위해성 경찰장비의 사용기준 등에 관한 규정」에 대한 설명이다. 적절한 것만을 고른 것은 모두 몇 개인가?

●A급 21 순경1차

> ⊙ 경찰관은 소요사태로 인해 타인의 법익이나 공공의 안녕질서에 대한 직접적인 위험이 명백하게 초래되어 살수차 외의 경찰장비로는 그 위험을 제거·완화시키는 것이 현저히 곤란한 경우에는 시·도경찰청장의 명령에 따라 살수차를 배치·사용할 수 있다.
> ⓛ 경찰관은 총기 또는 폭발물을 가지고 대항하는 경우를 제외하고는 14세 미만의 자 또는 임산부에 대하여 권총 또는 소총을 발사하여서는 아니 된다.
> ⓒ 「경찰관 직무집행법」 제10조 제5항 후단에 따라 안전성 검사에 참여한 외부 전문가는 안전성 검사가 끝난 후 3개월 이내에 신규 도입 장비의 안전성 여부에 대한 의견을 경찰청장에게 제출하여야 한다.
> ⓡ 국가경찰관서의 장(경찰청장·해양경찰청장·시·도경찰청장·지방해양경찰청장·경찰서장 또는 해양경찰서장 기타 경무관·총경·경정 또는 경감을 장으로 하는 국가경찰관서의 장을 말한다)은 폐기대상인 위해성 경찰장비 또는 성능이 저하된 위해성 경찰장비를 개조할 수 있으며, 소속경찰관으로 하여금 이를 본래의 용법에 준하여 사용하게 할 수 있다.
> ⓜ 「위해성 경찰장비의 사용기준 등에 관한 규정」 제2조 제2호부터 제4호까지의 위해성 경찰장비(제4호의 경우에는 가스차만 해당한다)를 사용하는 경우 그 현장책임자 또는 사용자는 사용보고서를 작성하여 직근상급 감독자에게 보고하고, 직근상급 감독자는 이를 3년간 보관하여야 한다.

① 1개　　　　② 2개　　　　③ 3개　　　　④ 4개

해설

옳은 설명은 ⊙, ⓛ, ⓡ, **3개**이다.
⊙ (○) 경찰관은 **소요사태**로 인해 타인의 법익이나 공공의 안녕질서에 대한 **직접적인 위험이 명백하게 초래되어** 살수차 **외의 경찰장비로는** 그 위험을 제거·완화시키는 것이 현저히 **곤란한 경우에는 시·도경찰청장의 명령**에 따라 **살수차**를 배치·**사용할 수 있다**(동규정 제13조의2 제1항 제1호).
ⓛ (○) 경찰관은 **총기 또는 폭발물을 가지고 대항하는 경우를** 제외하고는 14세 미만의 자 또는 **임산부**에 대하여 **권총** 또는 **소총**을 발사하여서는 **아니 된다**(동규정 제8조 제1항).
ⓒ (×) 「경찰관 직무집행법」 제10조 제5항 후단에 따라 안전성 검사에 참여한 **외부 전문가는** 안전성 **검사가 끝난 후 30일** **(3개월×) 이내에** 신규 도입 장비의 **안전성 여부에 대한 의견**을 **경찰청장에게 제출**하여야 한다(동규정 제18조의2 제3항).
ⓡ (○) **국가경찰관서의 장**(경찰청장·해양경찰청장·시·도경찰청장·지방해양경찰청장·경찰서장 또는 해양경찰서장 기타 경무관·총경·경정 또는 경감을 장으로 하는 국가경찰관서의 장을 말한다)은 **폐기대상인 위해성 경찰장비 또는 성능이 저하된 위해성 경찰장비를** 개조할 수 있으며, 소속 경찰관으로 하여금 이를 본래의 용법에 준하여 **사용하게 할 수 있다**(동규정 제19조).
ⓜ (×) 「위해성 경찰장비의 사용기준 등에 관한 규정」 제2조 **제2호부터 제4호까지**의 위해성 경찰장비(**제4호(기타장비)**의 경우에는 **살수차(가스차×)만 해당한다**)를 사용하는 경우 그 현장책임자 또는 **사용자**는 사용보고서를 **작성**하여 **직근상급 감독자에게 보고**하고, 직근상급 감독자는 이를 **3년간 보관하여야 한다**.

⑪ip 위해성 경찰장비의 종류(동규정 제2조)

제1호	경찰장구	수갑·포승·호송용포승·경찰봉·호신용경봉·전자충격기·방패·전자방패
제2호	무기	권총·소총·기관총(기관단총 포함)·산탄총·유탄발사기·박격포·3인치포·함포·크레모아·수류탄·폭약류·도검
제3호	분사기·최루탄등	근접분사기·가스분사기·가스발사총(고무탄 발사겸용 포함) 및 최루탄(그 발사장치를 포함)
제4호	기타장비	가스차·**살수차**·특수진압차·물포·석궁·다목적발사기 및 도주차량차단장비

 623 ③

624 「위해성 경찰장비의 사용기준 등에 관한 규정」에 대한 설명으로 가장 적절한 것은? ● A급 25 순경1차

① 경찰관은 범인의 체포 또는 도주방지, 타인 또는 경찰관의 생명·신체에 대한 방호, 공무집행에 대한 항거의 억제를 위하여 필요한 때에는 최소한의 범위안에서 가스발사총을 사용할 수 있다. 이 경우 경찰관은 1미터 이내의 거리에서 상대방의 얼굴을 향하여 이를 발사하여서는 아니 된다.

② 경찰관은 전극침 발사장치가 있는 전자충격기를 사용하는 경우 상대방의 신체 및 얼굴을 향하여 전극침을 발사할 수 있다.

③ 경찰장구에는 수갑·포승·호송용포승·경찰봉·호신용경봉·방패·전자방패·근접분사기 및 가스분사기가 있다.

④ 기타장비에는 가스차·살수차·특수진압차·물포·석궁·다목적발사기·전자충격기 및 크레모아가 있다.

> **해설**
> ① (○) 경찰관은 범인의 체포 또는 도주방지, 타인 또는 경찰관의 생명·신체에 대한 방호, 공무집행에 대한 항거의 억제를 위하여 필요한 때에는 최소한의 범위안에서 **가스발사총**을 사용할 수 있다. 이 경우 경찰관은 **1미터 이내**의 거리에서 상대방의 **얼굴**을 향하여 이를 발사하여서는 **아니 된다**(동규정 제12조 제1항).
> ② (×) 경찰관은 **전극침 발사장치**가 있는 전자충격기를 사용하는 경우 상대방의 **얼굴(신체×)**을 향하여 전극침을 발사할 수 있다(동규정 제8조 제2항).
> ③ (×) **경찰장구**에는 수갑·포승·호송용포승·경찰봉·호신용경봉·방패·전자방패·**(근접분사기×, 가스분사기×)**가 있다(동규정 제2조 제1호).
> ④ (×) **기타장비**에는 가스차·살수차·특수진압차·물포·석궁·다목적발사기·**(전자충격기×, 크레모아×)**가 있다(동규정 제2조 제4호).

625 「위해성 경찰장비의 사용기준 등에 관한 규정」에 대한 설명 중 가장 적절한 것은? ● C급 21 법학

① 무기의 종류에는 권총·소총·기관총·산탄총·가스발사총 등이 있다.

② 경찰관을 급습하거나 인질 사건에 있어서 은밀히 작전을 수행하는 경우에 사람을 향하여 권총 또는 소총을 발사하고자 하는 때에는 미리 구두 또는 공포탄에 의한 사격으로 상대방에게 경고하여야 한다.

③ 수갑을 사용하는 경위 이하 소속 경찰관은 경찰장비사용기관에서 사용요건과 사용방법에 대하여 부서발령 시 1회, 연간 1회 안전교육을 받아야 한다.

④ 경찰관은 체포·구속영장을 집행하거나 신체의 자유를 제한하는 판결 또는 처분을 받은 자를 호송하거나 수용하기 위하여 수갑·포승 또는 호송용포승을 사용하여야 한다.

> **해설**
> ① (×) **무기**의 종류에는 **권총·소총·기관총·산탄총(가스발사총×)** 등이 있다.
> **Tip** 가스발사총은 무기가 아니라 '**분사기·최루탄등**'에 포함된다.
> ② (×) 경찰관을 **급습**하거나 인질 사건에 있어서 **은밀히** 작전을 수행하는 경우에 사람을 향하여 권총 또는 소총을 발사하고자 하는 때에는 미리 구두 또는 공포탄에 의한 사격으로 상대방에게 부득이한 때에는 **경고하지 아니할 수 있다(하여야 한다×)**(동규정 제9조 제2호).

🔒 624 ① 625 ③

③ (○) **수갑**을 사용하는 **경위 이하** 소속 경찰관은 경찰장비사용기관에서 **사용요건과 사용방법**에 대하여 **부서발령 시 1회, 연간 1회** 안전교육을 받아야 한다(동규정 [별표1]).

> 🔵Tip **위해성경찰장비 안전교육기준**(동규정 [별표1])

구분	교육 대상	교육 빈도
수갑	**경위** 이하	**부서발령시 1회, 연간 1회**
그 외 경찰장구	경위 이하	부서발령시 1회, 운용요원 반기 1회
권총	**경정** 이하	**반기별 1회, 외근요원 분기 1회**
소총 · 수류탄	**경감** 이하	부서발령시 1회, 운용요원 반기 1회
근접분사기 · 가스분사기 · 가스발사총 · 최루탄	**경감** 이하	부서발령시 1회, 운용요원 반기 1회

④ (×) 경찰관은 체포 · 구속**영장을 집행하거나** 신체의 자유를 제한하는 판결 또는 처분을 받은 자를 **호송하거나 수용하기 위하여** 필요한 때에는 최소한의 범위 안에서 **수갑 · 포승** 또는 **호송용포승**을 **사용할 수 있다**(하여야 한다×)(동규정 제4조).

---

626 집회나 시위 해산을 위한 살수차의 사용에 관한 설명으로 가장 적절하지 않은 것은? (다툼이 있는 경우 판례에 의함)

●C급 25 경위

① 경찰관이 직사살수의 방법으로 집회나 시위 참가자들을 해산시키려면, 먼저 「집회 및 시위에 관한 법률」에서 정한 해산사유를 구체적으로 고지하는 적법한 절차에 따른 해산명령을 시행한 후에 직사살수의 방법을 사용할 수 있다.

② 집회나 시위 해산을 위한 살수차 사용요건이나 기준은 법률에 근거를 두어야 한다.

③ 살수차를 사용하는 경우 그 책임자가 기록하여 보관하여야 하는 사항에는 사용 일시 · 장소 · 대상, 현장책임자, 종류, 수량 등이 포함된다.

④ 살수거리가 10미터 초과 20미터 이하인 경우 수압기준은 7바(bar) 이하라야 한다. 이 경우 사람의 생명 또는 신체에 치명적인 위해를 가하지 않도록 필요한 최소한의 범위에서 살수해야 한다.

해설

① (○) 경찰관이 **직사살수**의 방법으로 집회나 시위 참가자들을 해산시키려면, 먼저 집회 및 시위에 관한 법률에서 정한 **해산 사유를 구체적으로 고지**하는 적법한 절차에 따른 '**해산명령을 시행한 후에**' 직사살수의 방법을 **사용할 수 있다**고 보아야 한다(대법원 2015다236196).

> 🔵Tip 경찰청 훈령인 '**물포운용지침**'에서도 '직사살수'의 사용요건 중 하나로서 '도로 등을 무단점거하여 일반인의 통행 또는 교통소통을 방해하고 **경찰의 '해산명령'에 따르지 아니하는 경우**'라고 규정하여, **사전에 적법한 '해산명령'**이 있어야 함을 요구하고 있다(대법원 2015다236196).

② (○) 집회나 시위 해산을 위한 살수차 사용은 집회의 자유 및 신체의 자유에 대한 중대한 제한을 초래하므로 **살수차 사용요건이나 기준은 법률에 근거를 두어야 하고**, 살수차와 같은 위해성 경찰장비는 본래의 사용방법에 따라 지정된 용도로 사용되어야 하며 **다른 용도나 방법으로 사용**하기 위해서는 **반드시 법령에 근거가 있어야 한다**(헌재 2015헌마476).

> 🔵Tip **혼합살수방법**은 법령에 열거되지 않은 **새로운 위해성 경찰장비에 해당**하고 이 사건 지침(**살수차운용지침**)에 혼합살수의 근거 규정을 둘 수 있도록 위임하고 있는 법령이 없으므로, 이 사건 지침은 **법률유보원칙에 위배**되고 이 사건 지침만을 근거로 한 이 사건 **혼합살수행위** 역시 **법률유보원칙에 위배**된다. 따라서 이 사건 혼합살수행위는 청구인들의 신체의 자유와 집회의 자유를 침해한다(헌재 2015헌마476).

🔒 626 ④

③ (○) **살수차를 사용**하는 경우 **그 책임자가 기록하여 보관**하여야 하는 사항에는 사용 일시·장소·대상, 현장책임자, 종류, 수량 등이 포함된다(경찰관 직무집행법 제11조).

④ (×) **살수거리가 10미터 초과 20미터 이하인 경우 수압기준은 5바(7바×)(bar) 이하**라야 한다. 이 경우 사람의 생명 또는 신체에 치명적인 위해를 가하지 않도록 필요한 최소한의 범위에서 살수해야 한다.

Tip 살수거리별 수압기준(「위해성 경찰장비의 사용기준 등에 관한 규정」 [별표3])

살수거리	수압기준
10미터 이하	3바(bar) 이하
10미터 초과 20미터 이하	**5바(bar) 이하**
20미터 초과 25미터 이하	7바(bar) 이하
25미터 초과	13바(bar) 이하

제4절 경찰 물리력 행사의 기준과 방법에 관한 규칙

627 「경찰 물리력 행사의 기준과 방법에 관한 규칙」에 대한 설명으로 가장 적절하지 않은 것은?

●A급 23 특공

① 경찰관이 물리력 사용 시 준수하여야 할 기본원칙, 물리력 사용의 정도, 각 물리력 수단의 사용 한계 및 유의사항을 규정함으로써 국민과 경찰관의 생명·신체를 보호하고 인권을 보장하며 경찰 법집행의 정당성을 확보하는 데에 그 목적이 있다.

② 경찰관은 대상자의 신체 및 건강상태, 장애유형 등을 고려하여 물리력을 사용하여야 한다.

③ 경찰관은 대상자를 징벌하거나 복수할 목적으로 물리력을 사용하여서는 아니 된다.

④ 경찰관은 오직 상황의 빠른 종결 또는 직무수행의 편의를 위한 목적으로 물리력을 사용할 수 있다.

해설

① (○) 경찰관이 물리력 사용 시 준수하여야 할 기본원칙, 물리력 사용의 정도, 각 물리력 수단의 사용 한계 및 유의사항을 규정함으로써 **국민과 경찰관의 생명·신체를 보호**하고 **인권을 보장**하며 경찰 **법집행의 정당성**을 확보하는 데에 그 목적이 있다.

② (○) 경찰관은 대상자의 **신체 및 건강상태, 장애유형** 등을 **고려하여** 물리력을 **사용하여야** 한다.

③ (○) 경찰관은 대상자를 **징벌하거나 복수할 목적**으로 물리력을 사용하여서는 **아니 된다**.

④ (×) 경찰관은 오직 상황의 빠른 종결 또는 직무수행의 편의를 위한 목적으로 물리력을 사용할 수 **없다(있다×)**.

🔒 627 ④

628 「경찰 물리력 행사의 기준과 방법에 관한 규칙」에 대한 설명으로 가장 적절하지 않은 것은?

●A급 21 특공

① 경찰관이 물리력 사용 시 준수하여야 할 기본원칙, 물리력 사용의 정도, 각 물리력 수단의 사용 한계 및 유의사항을 규정하고 있다.
② 경찰관은 성별, 장애, 인종, 종교 및 성정체성 등에 따라 차별적으로 물리력을 사용할 수 있다.
③ 경찰관은 이미 경찰목적을 달성하여 더 이상 물리력을 사용할 필요가 없는 경우에는 물리력 사용을 즉시 중단하여야 한다.
④ 대상자가 경찰관의 지시, 통제를 따르지 않고 비협조적이지만 경찰관 또는 제3자에 대해 직접적인 위해를 가하지 않는 경우에는 경찰봉 양 끝 또는 방패를 잡고 대상자의 신체에 안전하게 밀착한 상태에서 대상자를 특정 방향으로 밀거나 잡아당기기를 할 수 있다.

해설

① (○) 경찰관이 물리력 사용 시 준수하여야 할 기본원칙, 물리력 사용의 정도, 각 물리력 수단의 사용 한계 및 유의사항을 규정하고 있다.
② (×) 경찰관은 성별, 장애, 인종, 종교 및 성정체성 등에 대한 선입견을 가지고 **차별적으로** 물리력을 사용하여서는 **아니 된다(사용할 수 있다×)**.
③ (○) 경찰관은 **이미 경찰목적을 달성**하여 더 이상 물리력을 **사용할 필요가 없는 경우**에는 물리력 사용을 **즉시 중단하여야 한다.**
④ (○) 대상자가 경찰관의 지시, 통제를 따르지 않고 **비협조적**이지만 경찰관 또는 제3자에 대해 **직접적인 위해를 가하지 않는 경우(소극적 저항상태)**에는 경찰봉 양 끝 또는 방패를 잡고 대상자의 신체에 안전하게 **밀착한 상태**에서 대상자를 특정 방향으로 **밀거나 잡아당기기(접촉 통제)**를 할 수 있다.

Tip 대상자의 행위와 경찰관의 대응

대상자 행위	경찰관의 대응 수준	경찰관의 대응 방법
순응	협조적 통제	• 현장 임장, **언어적** 통제 • 체포 등을 위한 **수갑 사용** • 안내 · 체포 등에 수반한 신체적 물리력
소극적 저항	접촉 통제	• 신체 일부 **잡기 · 밀기 · 잡아끌기, 쥐기 · 누르기 · 비틀기** • 경찰봉 양 끝 또는 방패를 잡고 대상자의 신체에 **안전하게 밀착한 상태**에서 대상자를 특정 방향으로 **밀거나 잡아당기기**
적극적 저항	저위험 물리력	• **목을 압박하여 제압**하거나 관절을 꺾는 방법 • 팔 · 다리를 이용해 **움직이지 못하도록 조르는** 방법 • 다리를 걸거나 들쳐 매는 등 **균형을 무너뜨려 넘어뜨리는** 방법 • 대상자가 넘어진 상태에서 **움직이지 못하게 위에서 눌러 제압**하는 방법 • **분사기 사용**(다른 저위험 물리력 이하의 수단으로 제압이 어렵고, 경찰관이나 대상자의 부상 등의 방지를 위해 필요한 경우)
폭력적 공격	중위험 물리력	• 손바닥, 주먹, 발 등 신체 부위를 이용한 **가격** • 경찰봉으로 **중요 부위가 아닌** 신체 부위를 **찌르거나 가격** • 방패로 강하게 압박하거나 **세게 미는 행위**
치명적 공격	고위험 물리력	• 권총 등 **총기류 사용** • 경찰봉, 방패, 신체적 물리력으로 대상자의 **신체 중요 부위** 또는 **급소 부위 가격** • 대상자의 **목을 강하게 조르거나** 신체를 **강한 힘으로 압박**하는 행위

🔒 628 ②

629 「경찰 물리력 행사의 기준과 방법에 관한 규칙」상 각 대상자의 행위에 대해 사용 가능한 최고 수준의 경찰 물리력으로 적절하게 짝지어지지 않는 것은?

●A급 24 특공

① 순응 – 협조적 통제
② 소극적 저항 – 접촉 통제
③ 적극적 저항 – 중위험 물리력
④ 치명적 공격 – 고위험 물리력

해설

① (○) 순응 – 협조적 통제
② (○) 소극적 저항 – 접촉 통제
③ (×) **적극적 저항 – 저위험(중위험×) 물리력**
④ (○) 치명적 공격 – 고위험 물리력

630 「경찰 물리력 행사의 기준과 방법에 관한 규칙」에 대한 설명으로 가장 적절하지 않은 것은?

●A급 20 순경1차

① 경찰관이 물리력 사용 시 준수하여야 할 기본원칙, 물리력 사용의 정도, 각 물리력 수단의 사용 한계 및 유의사항을 규정함으로써 국민과 경찰관의 생명·신체를 보호하고 인권을 보장하며 경찰 법집행의 정당성을 확보하는 데에 그 목적이 있다.
② 경찰관은 성별, 장애, 인종, 종교 및 성정체성 등에 대한 선입견을 가지고 차별적으로 물리력을 사용하여서는 아니 된다.
③ 경찰관은 이미 경찰목적을 달성하여 더 이상 물리력을 사용할 필요가 없는 경우에는 물리력 사용을 즉시 중단하여야 한다.
④ 대상자가 경찰관의 지시, 통제를 따르지 않고 비협조적이지만 경찰관 또는 제3자에 대해 직접적인 위해를 가하지 않는 경우에 경찰봉이나 방패 등으로 대상자의 신체 중요 부위 또는 급소 부위를 가격할 수 있다.

해설

① (○) 경찰관이 물리력 사용 시 준수하여야 할 기본원칙, 물리력 사용의 정도, 각 물리력 수단의 사용 한계 및 유의사항을 규정함으로써 **국민과 경찰관의 생명·신체를 보호**하고 **인권을 보장**하며 경찰 **법집행의 정당성**을 확보하는 데에 그 목적이 있다.
② (○) 경찰관은 성별, 장애, 인종, 종교 및 성정체성 등에 대한 선입견을 가지고 **차별적으로 물리력을 사용**하여서는 **아니 된다.**
③ (○) 경찰관은 **이미 경찰목적을 달성**하여 더 이상 물리력을 **사용할 필요가 없는 경우**에는 물리력 사용을 **즉시 중단**하여야 한다.
④ (×) 대상자가 경찰관의 지시, 통제를 따르지 않고 **비협조적**이지만 경찰관 또는 제3자에 대해 **직접적인 위해를 가하지 않는 경우(소극적 저항)**에 경찰봉이나 방패 등으로 대상자의 **신체 중요 부위 또는 급소를 가격(고위험 물리력)**할 수 없다(있다×).

  Tip '소극적 저항' → '접촉 통제' : '신체 일부 잡기·밀기·잡아끌기, 쥐기·누르기·비틀기, 경찰봉 양 끝 또는 방패를 잡고 대상자의 **신체에 안전하게 밀착한 상태**에서 대상자를 특정 방향으로 **밀거나 잡아당기기**' 등을 할 수 있다.

🔒 629 ③ 630 ④

631 「경찰 물리력 행사의 기준과 방법에 관한 규칙」제2장에 따른 대상자 행위에 대한 설명이다. 각 단계와 내용의 연결이 가장 적절하지 않은 것은? ●A급 22 순경1차

① 소극적 저항 − 대상자가 경찰관의 지시, 통제를 따르지 않고 비협조적이지만 경찰관 또는 제3자에 대해 직접적인 위해를 가하지 않는 상태

② 적극적 저항 − 대상자가 자신에 대한 경찰관의 체포·연행 등 정당한 공무집행을 방해하지만 경찰관 또는 제3자에 대해 위해수준이 낮은 행위만을 하는 상태

③ 폭력적 공격 − 대상자가 경찰관 또는 제3자에 대해 신체적 위해를 가하는 상태

④ 치명적 공격 − 대상자가 경찰관에게 폭력을 행사하려는 자세를 취하여 그 행사가 임박한 상태, 주먹·발 등을 사용해서 경찰관에 대해 신체적 위해를 초래하고 있는 상태

해설

① (○) **소극적 저항** − 대상자가 경찰관의 지시, 통제를 따르지 않고 **비협조적**이지만 경찰관 또는 제3자에 대해 **직접적인 위해를 가하지 않는** 상태

② (○) **적극적 저항** − 대상자가 자신에 대한 경찰관의 체포·연행 등 **정당한 공무집행을 방해**하지만 경찰관 또는 제3자에 대해 **위해수준이 낮은 행위만을** 하는 상태

③ (○) **폭력적 공격** − 대상자가 경찰관 또는 제3자에 대해 **신체적 위해를 가하는** 상태

④ (×) **폭력적 공격(치명적 공격×)** − 대상자가 경찰관에게 **폭력을 행사하려는 자세**를 취하여 그 행사가 임박한 상태, **주먹·발 등을 사용**해서 경찰관에 대해 신체적 위해를 초래하고 있는 상태

🅣ip '**치명적 공격**' : **총기류, 흉기, 둔기를 이용**하여 경찰관, 제3자에 대해 **위력을 행사**하고 있거나 위해 발생이 임박한 경우, 경찰관이나 제3자의 **목을 세게 조르거나 무차별 폭행**하는 등 **생명·신체에 대해 중대한 위해**가 발생할 정도의 위험한 폭력을 행사하는 경우가 이에 해당한다.

632 「경찰 물리력 행사의 기준과 방법에 관한 규칙」상 경찰 물리력 수준에 관한 설명으로 가장 적절하지 않은 것은? ●A급 23 순경1차

① 협조적 통제는 '순응' 이상의 상태인 대상자에 대해 사용할 수 있는 물리력 수준으로서, 대상자의 협조를 유도하거나 협조에 따른 물리력을 말한다.

② 접촉 통제는 '소극적 저항' 이상의 상태인 대상자에 대해 사용할 수 있는 물리력 수준으로서, 대상자 신체 접촉을 통해 경찰목적 달성을 강제하지만 신체적 부상을 야기할 가능성은 극히 낮은 물리력을 말한다.

③ 저위험 물리력은 '적극적 저항' 이상의 상태인 대상자에 대해 사용할 수 있는 물리력 수준으로서, 대상자가 통증을 느낄 수 있으나 신체적 부상을 당할 가능성은 낮은 물리력을 말한다.

④ 중위험 물리력은 '치명적 공격' 상태의 대상자로 인해 경찰관 또는 제3자의 생명·신체에 급박하고 중대한 위해가 초래될 가능성이 있는 경우 최후의 수단으로 사용할 수 있는 물리력 수준으로서, 대상자의 사망 또는 심각한 부상을 초래할 수 있는 물리력을 말한다.

🔒 631 ④ 632 ④

해설

① (○) **협조적 통제**는 '**순응**' 이상의 상태인 대상자에 대해 사용할 수 있는 물리력 수준으로서, 대상자의 협조를 유도하거나 협조에 따른 물리력을 말한다.

② (○) **접촉 통제**는 '**소극적 저항**' 이상의 상태인 대상자에 대해 사용할 수 있는 물리력 수준으로서, 대상자 **신체 접촉**을 통해 경찰목적 달성을 강제하지만 신체적 부상을 야기할 가능성은 **극히 낮은 물리력**을 말한다.

③ (○) **저위험 물리력**은 '**적극적 저항**' 이상의 상태인 대상자에 대해 사용할 수 있는 물리력 수준으로서, 대상자가 **통증**을 느낄 수 있으나 신체적 부상을 당할 가능성은 **낮은 물리력**을 말한다.

④ (✕) **고위험 물리력**(중위험 물리력✕)은 '**치명적 공격**' 상태의 대상자로 인해 경찰관 또는 제3자의 **생명·신체에 급박**하고 **중대한 위해**가 초래될 가능성이 있는 경우 **최후의 수단**으로 사용할 수 있는 물리력 수준으로서, 대상자의 **사망 또는 심각한 부상**을 초래할 수 있는 물리력을 말한다.

　🔵**Tip** 중위험 물리력은 '**폭력적 공격**' 이상의 상태의 대상자에 대해 사용할 수 있는 물리력 수준으로서, 대상자에게 **신체적 부상**을 입힐 수 있으나 **생명·신체에 대한 중대한 위해 발생 가능성은 낮은 물리력**을 말한다.

633 「경찰 물리력 행사의 기준과 방법에 관한 규칙」상 '**적극적 저항**'을 하는 대상자에 대하여 경찰관이 사용할 수 있는 물리력의 종류로 가장 적절하지 않은 것은? (규칙 제2장 2.2.의 설명에 따름)

① 언어적 통제　　　　　　　　　　　　　　　　　　　　　　●A급 24 순경1차
② 체포 등을 위한 수갑 사용
③ 손바닥, 주먹, 발 등 신체 부위를 이용한 가격
④ 분사기 사용

해설

'**적극적 저항**'을 하는 대상자에 대하여 경찰관이 사용할 수 있는 물리력의 종류로는 **협조적 통제, 접촉 통제, 저위험 물리력** 사용이 있다.

① (○) **언어적 통제** – '**순응**' 이상의 상태인 대상자(협조적 통제)
② (○) 체포 등을 위한 **수갑 사용** – '**순응**' 이상의 상태인 대상자(협조적 통제)
③ (✕) 손바닥, 주먹, 발 등 **신체 부위를 이용한 가격** – '**폭력적 공격**' 이상의 상태인 대상자(중위험 물리력)
④ (○) **분사기 사용** – '**적극적 저항**' 이상의 상태인 대상자(저위험 물리력)

634 「경찰 물리력 행사의 기준과 방법에 관한 규칙」에서 정하는 대상자의 행위에 따른 경찰관의 대응 수준 중 중위험 물리력의 종류로 가장 적절하지 않은 것은?　　　　　　●A급 23 법학

① 손바닥, 주먹, 발 등 신체 부위를 이용한 가격
② 경찰봉으로 중요 부위가 아닌 신체 부위를 찌르거나 가격
③ 분사기 사용
④ 방패로 강하게 압박하거나 세게 미는 행위

해설

① (○) 손바닥, 주먹, 발 등 **신체 부위를 이용한 가격** – 중위험 물리력
② (○) 경찰봉으로 **중요 부위가 아닌** 신체 부위를 **찌르거나 가격** – 중위험 물리력
③ (✕) **분사기 사용 – 저위험 물리력**
④ (○) 방패로 강하게 압박하거나 **세게 미는 행위** – 중위험 물리력

🔒 **633** ③　**634** ③

635 「경찰 물리력 행사의 기준과 방법에 관한 규칙」상 대상자의 행위와 내용의 연결이 가장 적절하지 않은 것은?

●A급 24 승진

① 순응 - 대상자가 경찰관의 지시, 통제에 따르는 상태를 말한다. 다만, 대상자가 경찰관의 요구에 즉각 응하지 않고 약간의 시간만 지체하는 경우는 '순응'으로 본다.

② 소극적 저항 - 대상자가 경찰관의 지시, 통제를 따르지 않고 비협조적이지만 경찰관 또는 제3자에 대해 직접적인 위해를 가하지 않는 상태를 말한다. 경찰관이 정당한 이동 명령을 발하였음에도 가만히 서 있거나 앉아 있는 등 전혀 움직이지 않는 상태, 일부러 몸의 힘을 모두 빼거나, 고정된 물체를 꽉 잡고 버팀으로써 움직이지 않으려는 상태 등이 이에 해당한다.

③ 적극적 저항 - 대상자가 자신에 대한 경찰관의 체포·연행 등 정당한 공무집행을 방해하지만 경찰관 또는 제3자에 대해 위해 수준이 낮은 행위만을 하는 상태를 말한다. 대상자가 자신을 체포·연행하려는 경찰관으로부터 물리적으로 이탈하거나 도주하려는 행위, 체포·연행을 위해 팔을 잡으려는 경찰관의 손을 뿌리치거나, 경찰관을 밀고 잡아끄는 행위, 경찰관에게 침을 뱉거나 경찰관을 밀치는 행위 등이 이에 해당한다.

④ 폭력적 공격 - 대상자가 경찰관 또는 제3자에 대해 사망 또는 심각한 부상을 초래할 수 있는 행위를 하는 상태를 말한다. 흉기(칼·도끼·낫 등)를 이용하여 경찰관, 제3자에 대해 위력을 행사하고 있거나 위해 발생이 임박한 경우, 경찰관이나 제3자의 목을 세게 조르거나 무차별 폭행하는 등 생명·신체에 대해 중대한 위해가 발생할 정도의 위험한 폭력을 행사하는 경우가 이에 해당한다.

해설

① (○) 순응 - 대상자가 경찰관의 **지시, 통제에 따르는 상태**를 말한다. 다만, 대상자가 경찰관의 요구에 **즉각 응하지 않고 약간의 시간만 지체하는 경우**는 '순응'으로 본다.

② (○) 소극적 저항 - 대상자가 경찰관의 **지시, 통제를 따르지 않고 비협조적**이지만 경찰관 또는 제3자에 대해 **직접적인 위해를 가하지 않는 상태**를 말한다. 경찰관이 정당한 이동 명령을 발하였음에도 **가만히 서있거나 앉아 있는** 등 전혀 **움직이지 않는 상태**, 일부러 **몸의 힘을 모두 빼거나**, 고정된 물체를 **꽉 잡고 버팀**으로써 **움직이지 않으려는 상태** 등이 이에 해당한다.

③ (○) 적극적 저항 - 대상자가 자신에 대한 경찰관의 체포·연행 등 **정당한 공무집행을 방해**하지만 경찰관 또는 제3자에 대해 **위해 수준이 낮은 행위만을** 하는 상태를 말한다. 대상자가 자신을 체포·연행하려는 경찰관으로부터 물리적으로 **이탈하거나 도주하려는 행위**, 체포·연행을 위해 팔을 잡으려는 경찰관의 **손을 뿌리치거나**, 경찰관을 **밀고 잡아끄는 행위**, 경찰관에게 **침을 뱉거나 경찰관을 밀치는 행위** 등이 이에 해당한다.

④ (×) 치명적(폭력적×) 공격 - 대상자가 경찰관 또는 제3자에 대해 **사망** 또는 심각한 **부상을 초래**할 수 있는 행위를 하는 상태를 말한다. **흉기(칼·도끼·낫 등)를 이용**하여 경찰관, 제3자에 대해 위력을 행사하고 있거나 위해 발생이 임박한 경우, 경찰관이나 제3자의 **목을 세게 조르거나 무차별 폭행**하는 등 **생명·신체에 대해 중대한 위해가 발생**할 정도의 위험한 폭력을 행사하는 경우가 이에 해당한다.

🔒 635 ④

636 「경찰 물리력 행사의 기준과 방법에 관한 규칙」(경찰청예규)상 경찰봉 사용에 관한 설명으로 가장 적절하지 않은 것은? ●A급 25 승진

① 경찰관은 '소극적 저항' 이상인 상태의 대상자에게 경찰봉을 대상자의 신체에 안전하게 밀착한 상태로 밀거나 끌어당길 수 있다.

② 경찰관은 '폭력적 저항' 이상인 상태의 대상자의 신체를 경찰봉으로 찌르거나 가격할 수 있으며, 이 경우 가급적 대상자의 머리, 얼굴, 목, 흉부, 복부 등 신체 중요 부위를 피하여야 한다.

③ 현행범, 사형·무기 또는 장기 3년 이상의 징역이나 금고에 해당하는 죄를 범한 대상자가 도주하는 경우 경찰관은 최후의 수단으로서 경찰봉으로 대상자의 신체 중요 부위 또는 급소 부위를 찌르거나 가격할 수 있다.

④ 경찰관이 '중위험 물리력' 이상의 경찰봉을 사용한 경우 신속히 사용보고서를 작성하여 소속기관의 장에게 보고하여야 한다.

해설

① (○) 경찰관은 '**소극적 저항**' 이상인 상태의 대상자에게 경찰봉을 대상자의 신체에 안전하게 **밀착한 상태로 밀거나 끌어당길 수 있다.**

② (○) 경찰관은 '**폭력적 저항**' 이상인 상태의 대상자의 신체를 경찰봉으로 **찌르거나 가격할 수 있으며,** 이 경우 가급적 대상자의 머리, 얼굴, 목, 흉부, 복부 등 **신체 중요 부위를 피하여야 한다.**

③ (×) 현행범, 사형·무기 또는 장기 3년 이상의 징역이나 금고에 해당하는 죄를 범한 대상자가 도주하는 경우 체포를 위해서 **경찰봉으로 찌르거나 가격할 수 있다.** 이 경우 가급적 신체 중요 부위를 피하여야 한다(신체 중요 부위 또는 급소 부위를 찌르거나 가격할 수 있다×).

④ (○) 경찰관이 '**중위험 물리력**' 이상의 **경찰봉**을 사용한 경우 신속히 사용보고서를 작성하여 소속기관의 장에게 **보고하여야 한다.**

⚑ip 경찰 물리력 사용 후 조치사항(제4장. 4.2. 사용보고)

4.2.1. 경찰관이 권총, 전자충격기(스턴 방식 사용 포함), 분사기, '**중위험 물리력**' 이상의 **경찰봉·방패,** 기타 사람에게 위해를 끼칠 수 있는 **장비를 사용한 경우** 신속히 별지 서식의 사용보고서를 작성하여 소속기관의 장에게 보고하여야 한다.

4.2.2. **수갑**을 사용한 때에는 일시·장소·사용경위·사용방식·사용시간 등을 근무일지 또는 **수사보고서에 기재하여야** 한다.

4.2.3. 수갑 또는 신체적 물리력을 사용하여 **대상자에게 부상이 발생한 경우** 별지 서식의 **사용보고서를 작성하여 보고하여야 한다.**

4.2.4. 경찰관이 **권총을 사용한 경우** 또는 권총 이외의 물리력 수단을 사용하여 대상자에게 **사망 또는 심각한 부상이 발생한 경우** 소속기관의 장은 그 내용을 **상급 경찰기관의 장을 경유하여** 경찰청장에게 보고하여야 한다.

⚑ip 경찰봉, 방패, 분사기, 전자충격기의 사용 가능 상황

경찰봉, 방패	대상자의 행위가 소극적 저항 이상일 때 사용 가능
분사기	대상자의 행위가 적극적 저항 이상일 때 사용 가능
전자충격기	대상자의 행위가 폭력적 저항 이상일 때 사용 가능

🔒 636 ③

637 「범인검거 등 공로자 보상에 관한 규정」에 대한 내용으로 가장 적절하지 않은 것은? ●B급 18 순경1차

① 사형, 무기징역 또는 무기금고, 장기 10년 이상의 징역 또는 금고에 해당하는 범죄에 대한 보상금 지급기준 금액은 500만원 이하이다.

② 장기 10년 미만의 징역 또는 금고에 해당하는 범죄에 대한 보상금 지급기준 금액은 300만원 이하이고, 벌금형 범죄에 대한 보상금 지급기준 금액은 50만원 이하이다.

③ 동일한 사람에게 지급결정일을 기준으로 연간(1월 1일부터 12월 31일까지를 말한다) 5회를 초과하여 보상금을 지급할 수 없다.

④ 보상금 지급 심사·의결을 거쳐 지급이 이루어진 이후에는 동일한 사건에 대하여 보상금을 지급할 수 없다.

해설

① (○) 사형, 무기징역 또는 무기금고, 장기 **10년 이상**의 징역 또는 금고에 해당하는 범죄에 대한 보상금 지급기준 금액은 **500만원 이하**이다(동규정 제6조 제1항).

② (×) 장기 **10년 미만**의 징역 또는 금고에 해당하는 범죄에 대한 보상금 지급기준 금액은 **300만원 이하**이고 **벌금형** 범죄에 대한 보상금 지급기준 금액은 **100만원 이하(50만원×)**이다(동규정 제6조 제1항).

③ (○) **동일한 사람**에게 지급결정일을 기준으로 **연간**(1월 1일부터 12월 31일까지를 말한다) **5회**를 **초과**하여 보상금을 **지급할 수 없다**(동규정 제6조 제5항).

④ (○) 보상금 지급 심사·의결을 거쳐 **지급이 이루어진 이후**에는 **동일한 사건**에 대하여 보상금을 **지급할 수 없다**(동규정 제9조 – 보상금 이중 지급의 제한).

Tip 범인검거 보상금의 지급 기준(동규정 제6조 제1항)

보상금	내용
500만원 이하	사형, 무기징역 또는 무기금고, 장기 **10년 이상**의 징역 또는 금고에 해당하는 범죄
300만원 이하	장기 **10년 미만**의 징역 또는 금고에 해당하는 범죄
100만원 이하	장기 **5년 미만**의 징역 또는 금고, 장기 10년 이상의 **자격정지** 또는 **벌금형**

638 「경찰관 직무집행법」상 범인검거 등 공로자 보상에 대한 ㉠부터 ㉣까지의 내용 중 옳은 것을 모두 고른 것은? ●B급 19 승진

> 제11조의3(범인검거 등 공로자 보상) ① 경찰청장, 해양경찰청장, 시·도경찰청장, 지방해양경찰청장, 경찰서장 또는 해양경찰서장("경찰청장등")은 다음 각 호의 어느 하나에 해당하는 사람에게 ㉠ 보상금을 지급하여야 한다.
> 1. 범인 또는 범인의 소재를 신고하여 검거하게 한 사람
> ㉡ 2. 범인을 검거하여 경찰공무원에게 인도한 사람
> ㉢ 3. 테러범죄의 예방활동에 현저한 공로가 있는 사람
> ② 경찰청장등은 제1항에 따른 보상금 지급의 심사를 위하여 대통령령으로 정하는 바에 따라 각각 보상금심사위원회를 설치·운영하여야 한다.
> ③ 제2항에 따른 보상금심사위원회는 ㉣ 위원장 1명을 제외한 5명 이내의 위원으로 구성한다.

① ㉠, ㉡   ② ㉠, ㉣   ③ ㉡, ㉢   ④ ㉡, ㉣

 637 ② 638 ③

옳은 설명은 ⓒ, ⓒ, **2개**이다.

제11조의3(범인검거 등 공로자 보상) ① 경찰청장, 해양경찰청장, 시·도경찰청장, 지방해양경찰청장, 경찰서장 또는 해양경찰서장("경찰청장등")은 다음 각 호의 어느 하나에 해당하는 사람에게 ㉠ 보상금을 **지급할 수 있다(하여야 한다×)**.
   1. 범인 또는 범인의 소재를 **신고하여** 검거하게 한 사람
   ⓒ 2. 범인을 검거하여 경찰공무원에게 **인도한 사람**
   ⓒ 3. 테러범죄의 예방활동에 **현저한 공로가 있는 사람**
   ② **경찰청장등**은 제1항에 따른 보상금 지급의 심사를 위하여 **대통령령**으로 정하는 바에 따라 각각 **보상금심사위원회**를 **설치·운영하여야 한다.**
   ③ 제2항에 따른 보상금심사위원회는 ㉢ **위원장 1명을 포함한(제외한×) 5명 이내의 위원**으로 구성한다.

---

639 「경찰관 직무집행법」 및 동법 시행령상 범인검거 등 공로자 보상에 관한 설명이다. (   ) 안에 들어갈 숫자의 합은? •C급 25 경위

> 가. 보상금의 최고액은 (   )억원으로 하며, 구체적인 보상금 지급 기준은 경찰청장이 정하여 고시한다.
> 나. 보상금심사위원회는 위원장 1명을 포함한 (   )명 이내의 위원으로 구성한다.
> 다. 부정한 방법으로 보상금을 지급받은 사람이 보상금 환수통지를 받은 경우, 보상금 환수통지일부터 (   )일 이내의 범위에서 경찰청장등이 정하는 기한까지 환수금액을 납부하지 아니한 때에는 국세강제징수의 예에 따라 징수할 수 있다.

① 35   ② 40   ③ 45   ④ 50

괄호 안의 숫자를 모두 합하면 **가. (5) + 나. (5) + 다. (40) = 50**
가. **보상금의 최고액은 (5)억원**으로 하며, 구체적인 보상금 **지급 기준은 경찰청장 또는 해양경찰청장**이 정하여 고시한다 (동법 시행령 제20조).
나. **보상금심사위원회**는 위원장 1명을 포함한 **(5)명 이내**의 **위원**으로 구성한다(동법 제11조의3 제3항).
다. **부정한 방법으로 보상금을 지급받은 사람**이 보상금 환수통지를 받은 경우, 보상금 **환수통지일부터 (40)일 이내**의 범위에서 경찰청장등이 정하는 기한까지 환수금액을 **납부하지 아니한 때에는 국세강제징수의 예에 따라 징수할 수 있다**(동법 제11조의3 제6항, 동시행령 제21조의2 제2항).

---

640 「경찰관 직무집행법」 및 동법 시행령상 범인검거 등 공로자 보상에 관한 설명으로 가장 적절하지 않은 것은? •A급 25 순경2차, 25 특공

① 경찰청장, 해양경찰청장, 시·도경찰청장, 지방해양경찰청장, 경찰서장 또는 해양경찰서장은 범인검거와 관련하여 경찰수사활동에 협조한 사람 중 보상금 지급대상자에 해당한다고 보상금심사위원회가 인정하는 사람에게 보상금을 지급할 수 있다.

② 경찰청장, 해양경찰청장, 시·도경찰청장, 지방해양경찰청장, 경찰서장 또는 해양경찰서장은 보상금지급사유가 발생한 경우에는 직권으로 또는 보상금을 지급받으려는 사람의 신청에 따라 소속 보상금심사위원회의 심사·의결을 거쳐 보상금을 지급한다.

🔒 **639** ④   **640** ③

③ 보상금심사위원회 위원의 과반수는 경찰관이 아닌 사람으로 해야 한다.

④ 경찰청장, 해양경찰청장, 시·도경찰청장, 지방해양경찰청장, 경찰서장 또는 해양경찰서장은 보상금심사위원회의 심사·의결에 따라 보상금을 지급하고 거짓 또는 부정한 방법으로 보상금을 받은 사람에 대하여는 해당 보상금을 환수한다.

해설

① (○) **경찰청장**, 해양경찰청장, **시·도경찰청장**, 지방해양경찰청장, **경찰서장** 또는 해양경찰서장은 **범인검거와 관련**하여 경찰수사활동에 협조한 사람 중 보상금 지급대상자에 해당한다고 보상금심사위원회가 인정하는 사람에게 **보상금을 지급할 수 있다**(동법 제11조의3 제1항).

② (○) 경찰청장, 해양경찰청장, 시·도경찰청장, 지방해양경찰청장, 경찰서장 또는 해양경찰서장은 보상금지급사유가 발생한 경우에는 **직권**으로 또는 보상금을 지급받으려는 사람의 **신청**에 따라 소속 **보상금심사위원회의 심사·의결을 거쳐** 보상금을 지급한다.

③ (×) 보상금심사위원회는 위원장 1명을 포함한 **5명 이내**의 위원으로 구성한다. 이 경우 위원은 **소속 경찰공무원 중에서 경찰청장등이 임명**한다(위원의 **과반수는 경찰관이 아닌 사람으로 해야 한다×**)(동법 제11조의3 제3항·제4항).

Tip 위원의 **과반수는 경찰관이 아닌 사람**으로 해야 하는 것은 **손실보상심의위원회**이다. 손실보상심위원회는 위원장 1명을 포함한 **7명 이상 9명 이내**의 위원으로 성별을 고려하여 구성한다. 다만, 청구금액이 **100만원 이하**인 사건에 대해서는 **소속 경찰관 위원 3명으로만 구성**할 수 있다.

④ (○) 경찰청장, 해양경찰청장, 시·도경찰청장, 지방해양경찰청장, 경찰서장 또는 해양경찰서장은 보상금심사위원회의 심사·의결에 따라 보상금을 지급하고 **거짓 또는 부정한 방법**으로 보상금을 받은 사람에 대하여는 해당 **보상금을 환수한다**(동법 제11조의3 제5항).

제6절 경찰작용에 대한 판례

641 「경찰관 직무집행법」에 관한 설명으로 가장 적절한 것은? (다툼이 있는 경우 판례에 의함)

● **A급** 23 순경2차

① 경찰 병력이 행정대집행 직후 "A자동차 희생자 추모와 해고자 복직을 위한 범국민대책위원회"(이하 'A차 대책위'라 함)가 또다시 같은 장소를 점거하고 물건을 다시 비치하는 것을 막기 위해 당해 사건 장소를 미리 둘러싼 뒤 'A차 대책위'가 같은 장소에서 기자회견 명목의 집회를 개최하려는 것을 불허하면서 소극적으로 제지한 것은 범죄행위 예방을 위한 경찰 행정상 즉시 강제로서 적법한 공무집행에 해당한다.

② 「아동학대범죄의 처벌 등에 관한 특례법」에 따른 아동학대범죄가 행하여지려고 하거나 행하여지고 있어 타인의 생명·신체에 대한 위해 발생의 우려가 명백하고 긴급한 상황에서, 경찰관이 그 위해를 예방하거나 진압하기 위한 행위 또는 범인의 검거 과정에서 경찰관을 향한 직접적인 유형력 행사에 대응하는 행위를 하여 그로 인하여 타인에게 피해가 발생한 경우, 그 경찰관의 직무 수행이 불가피한 것이고 필요한 최소한의 범위에서 이루어졌으며 해당 경찰관에게 고의 또는 중대한 과실이 없는 때에는 형을 감경하거나 면제한다.

🔒 641 ①

③ 경찰관은 형사처벌의 대상이 되는 행위가 눈앞에서 막 이루어지려고 하는 것이 주관적으로 인정될 수 있는 상황이고 그 행위를 당장 제지하지 않으면 곧 인명·신체에 중대한 위해를 미치거나 재산에 손해를 끼칠 우려가 있는 상황이어서, 직접 제지하는 방법 외에는 위와 같은 결과를 막을 수 없는 급박한 상태일 때에만 「경찰관 직무집행법」 제6조에 의하여 적법하게 그 행위를 제지할 수 있다.

④ 「경찰관 직무집행법」은 제1조 제2항에서 "경찰관의 직권은 그 직무 수행에 필요한 최소한도에서 행사되어야 하며 남용되어서는 아니 된다."라고 선언하여 경찰비례의 원칙을 명시적으로 규정하고 있는데, 이는 경찰행정 영역에서의 헌법상 과소보호금지원칙을 표현한 것이다.

해설

① (○) 피고인들을 포함한 '갑 주식회사 희생자 추모와 해고자 복직을 위한 범국민대책위원회'(약칭 '대책위')가 덕수궁 대한문 화단 앞 인도('농성 장소')를 **불법적으로 점거**한 뒤 **천막·분향소 등을 설치**하고 **농성을 계속**하다가 관할 **구청이 행정대집행으로** 농성 장소에 있던 **물건을 치웠음**에도 대책위 관계자들이 이에 대한 항의의 일환으로 기자회견 명목의 집회를 개최하려고 하자, 출동한 경찰 병력이 농성 장소를 둘러싼 채 대책위 관계자들의 **농성 장소 진입을 제지**하는 과정에서 피고인들이 경찰관을 밀치는 등으로 공무집행을 방해하였다는 내용으로 기소된 사안에서, 경찰 병력이 행정대집행 직후 대책위가 **또다시 같은 장소를 점거하고 물건을 다시 비치하는 것을 막기 위해** 농성 장소를 미리 둘러싼 뒤 대책위가 같은 장소에서 기자회견 명목의 **집회를 개최하려는 것을 불허하면서 소극적으로 제지**한 것은 구 경찰관직무집행법 제6조 제1항의 **범죄행위 예방을 위한 경찰 행정상 즉시강제로서 적법한 공무집행에 해당한다**(대법원 2018도2993).

② (×) 「아동학대범죄의 처벌 등에 관한 특례법」에 따른 **아동학대범죄**가 행하여지려고 하거나 행하여지고 있어 타인의 생명·신체에 대한 위해 발생의 우려가 명백하고 긴급한 상황에서, 경찰관이 그 위해를 예방하거나 진압하기 위한 행위 또는 범인의 **검거 과정에서 경찰관을 향한 직접적인 유형력 행사에 대응하는 행위**를 하여 그로 인하여 **타인에게 피해가 발생한 경우,** 그 경찰관의 직무 수행이 불가피한 것이고 필요한 최소한의 범위에서 이루어졌으며 **해당 경찰관에게 고의 또는 중대한 과실이 없는 때**에는 형을 감경하거나 면제할 수 있다(감경하거나 면제한다×) (동법 제11조의5).

Ⓣip 직무수행으로 인한 형의 감면대상 범죄(경찰관 직무집행법 제11조의5) : **살인, 상해·폭행, 강간, 강도, 가정폭력범죄, 아동학대범죄**

③ (×) 경찰관의 **제지 조치**가 적법한 직무집행으로 평가될 수 있기 위해서는, 형사처벌의 대상이 되는 행위가 눈앞에서 막 이루어지려고 하는 것이 **객관적**(주관적×)으로 인정될 수 있는 상황이고, 그 행위를 **당장 제지하지 않으면** 곧 인명·신체에 위해를 미치거나 재산에 **중대한 손해를 끼칠 우려**가 있는 상황이어서, **직접 제지하는 방법 외에는** 위와 같은 결과를 **막을 수 없는** 절박한 사태이어야 한다(대법원 2012도9937).

Ⓣip 경찰관의 제지 조치가 적법한지 여부는 제지 조치 **당시의 구체적 상황을 기초로 판단하여야** 하고 **사후적으로 순수한 객관적 기준에서 판단할 것은 아니다**(대법원 2012도9937).

④ (×) 「경찰관 직무집행법」은 제1조 제2항에서 "경찰관의 직권은 그 직무수행에 **필요한 최소한도에서 행사**되어야 하며 **남용되어서는 아니 된다.**"라고 선언하여 **경찰비례의 원칙**을 명시적으로 규정하고 있는데, 이는 경찰행정 영역에서의 **헌법상 과잉금지원칙(과소보호금지원칙×)**을 표현한 것이다.

642 경찰작용에 대한 판례의 설명으로 가장 적절하지 않은 것은?  24 경위

① 경찰관이 구체적 상황에 비추어 인적 및 물적 능력의 범위 내에서 적절한 조치라는 판단에 따라 범죄의 진압 및 수사에 관한 직무를 수행한 경우에는 그러한 직무수행이 객관적 정당성을 상실하여 현저하게 불합리한 것으로 인정되지 않는 한 이를 위법하다고 할 수는 없다.

② 본래 범의를 가지지 아니한 자에 대하여 수사기관이 사술이나 계략 등을 써서 범의를 유발케 하여 범죄인을 검거하는 함정수사는 위법함을 면할 수 없고, 범의를 가진 자에 대하여 단순히 범행의 기회를 제공하는 것에 불과한 경우라도 위법한 함정수사이다.

③ 「경찰관 직무집행법」 제6조 제1항의 '경찰관의 제지에 관한 부분'은 범죄의 예방을 위한 경찰 행정상 즉시강제, 즉 눈앞의 급박한 경찰상 장해를 제거하여야 할 필요가 있고 의무를 명할 시간적 여유가 없거나 의무를 명하는 방법으로는 그 목적을 달성하기 어려운 상황에서 의무불이행을 전제로 하지 않고 경찰이 직접 실력을 행사하여 경찰상 필요한 상태를 실현하는 권력적 사실행위에 관한 근거조항이다.

④ 주거지에서 음악 소리를 크게 내거나 큰 소리로 떠들어 이웃을 시끄럽게 하는 행위는 「경범죄 처벌법」 제3조 제1항 제21호에서 경범죄로 정한 '인근소란 등'에 해당하고, 경찰관은 「경찰관 직무집행법」에 따라 경범죄에 해당하는 행위를 예방·진압·수사하고, 필요한 경우 제지할 수 있다.

> **해설**
>
> ① (○) 범죄의 예방·진압 및 수사는 경찰관의 직무에 해당하며, 그 직무행위의 구체적 내용이나 방법 등이 경찰관의 **전문적 판단**에 기한 **합리적인 재량에 위임**되어 있으므로, 경찰관이 구체적 상황하에서 그 인적·물적 능력의 범위 내에서의 적절한 조치라는 판단에 따라 범죄의 진압 및 수사에 관한 직무를 수행한 경우, 경찰관에게 그와 같은 권한을 부여한 취지와 목적, 경찰관이 다른 조치를 취하지 아니함으로 인하여 침해된 국민의 법익 또는 국민에게 발생한 손해의 심각성 내지 그 절박한 정도, 경찰관이 그와 같은 결과를 예견하여 그 결과를 회피하기 위한 조치를 취할 수 있는 가능성이 있는지 여부 등을 **종합적으로 고려**하여 볼 때, 그것이 '**객관적 정당성을 상실하여 현저하게 불합리하다고 인정되지 않는다면**' 그와 다른 조치를 취하지 아니한 부작위를 내세워 국가배상책임의 요건인 **법령 위반에 해당한다고 할 수 없다**(대법원 2005다23438).
>
> ② (×) **수사기관과 직접 관련이 있는 유인자**가 피유인자와의 개인적인 친밀관계를 이용하여 피유인자의 동정심이나 감정에 호소하거나, 금전적·심리적 압박이나 위협 등을 가하거나, 거절하기 힘든 유혹을 하거나, 또는 범행방법을 구체적으로 제시하고 범행에 사용할 금전까지 제공하는 등으로 과도하게 개입함으로써 피유인자로 하여금 **범의를 일으키게 하는 것**은 **위법한 함정수사(범의유발형)**에 해당하여 허용되지 아니하지만, **유인자가 수사기관과 직접적인 관련을 맺지 아니한 상태**에서 피유인자를 상대로 단순히 수차례 반복적으로 범행을 부탁하였을 뿐 **수사기관이 사술이나 계략 등을 사용하였다고 볼 수 없는 경우(기회제공형)**는, 설령 그로 인하여 피유인자의 범의가 유발되었다 하더라도 **위법한 함정수사에 해당하지 아니한다(위법한 함정수사이다×)**(대법원 2006도2339).
>
> ③ (○) 「경찰관 직무집행법」 제6조 제1항의 '경찰관의 제지에 관한 부분'은 범죄의 예방을 위한 경찰행정상 **즉시강제**, 즉 눈앞의 급박한 경찰상 장해를 제거하여야 할 필요가 있고 의무를 명할 시간적 여유가 없거나 의무를 명하는 방법으로는 그 목적을 달성하기 어려운 상황에서 **의무불이행을 전제로 하지 않고** 경찰이 **직접 실력을 행사**하여 경찰상 필요한 상태를 실현하는 **권력적 사실행위**에 관한 근거조항이다(대법원 2016도19417).
>
> ④ (○) 주거지에서 음악 소리를 크게 내거나 큰 소리로 떠들어 이웃을 시끄럽게 하는 행위는 「경범죄 처벌법」 제3조 제1항 제21호에서 경범죄로 정한 '**인근소란 등**'에 해당하고, 경찰관은 「경찰관 직무집행법」에 따라 **경범죄에 해당하는 행위**를 예방·진압·수사하고, 필요한 경우 **제지할 수 있다**(대법원 2016도19417).

🔒 642 ②

06 기타 경찰작용 관련법 및 구제

03

제**1**절　질서위반행위규제법

643 「질서위반행위규제법」에 관한 설명 중 가장 적절하지 않은 것은?　●A급 22 순경1차

① 행정청의 과태료 처분이나 법원의 과태료 재판이 확정된 후 법률이 변경되어 그 행위가 질서
위반행위에 해당하지 아니하게 된 때에는 변경된 법률에 특별한 규정이 없는 한 과태료의 징
수 또는 집행을 면제한다.

② 고의 또는 과실이 없는 질서위반행위는 과태료를 부과하지 아니한다.

③ 자신의 행위가 위법하지 아니한 것으로 오인하고 행한 질서위반행위는 그 오인에 정당한 이유
가 있는 때에도 과태료를 부과한다.

④ 과태료는 행정청의 과태료 부과처분이나 법원의 과태료 재판이 확정된 후 5년간 징수하지 아
니하거나 집행하지 아니하면 시효로 인하여 소멸한다.

해설

① (○) 행정청의 과태료 처분이나 법원의 과태료 재판이 확정된 후 **법률이 변경되어** 그 행위가 질서위반행위에 **해당하지
아니하게 된 때**에는 변경된 법률에 특별한 규정이 없는 한 과태료의 징수 또는 집행을 **면제한다.**

② (○) **고의 또는 과실이 없는** 질서위반행위는 과태료를 **부과하지 아니한다.**

③ (×) 자신의 행위가 **위법하지 아니한 것으로** 오인하고 행한 질서위반행위는 **그 오인에 정당한 이유가 있는 때**에 한하여
과태료를 **부과하지 아니한다(부과한다×)**(동법 제8조).

④ (○) 과태료는 행정청의 과태료 부과처분이나 법원의 과태료 재판이 확정된 후 **5년간** 징수하지 아니하거나 집행하지
아니하면 **시효로 인하여 소멸한다.**

644 「질서위반행위규제법」상 행정청의 과태료 부과 및 징수에 관한 설명으로 가장 적절하지 않은 것은?
　●A급 23 순경1차

① 행정청은 법 제16조 제2항에 따라 당사자가 제출한 의견에 상당한 이유가 있는 경우에는 과태
료를 부과하지 아니하거나 통지한 내용을 변경할 수 있다.

② 법 제20조 제1항에 따른 이의제기가 있는 경우에는 행정청의 과태료 부과처분은 그 효력을
상실하지 않는다.

🔒 643 ③　644 ②

③ 당사자가 법 제18조 제1항에 따라 감경된 과태료를 납부한 경우에는 해당 질서위반행위에 대한 과태료 부과 및 징수절차는 종료한다.

④ 행정청은 당사자가 납부기한까지 과태료를 납부하지 아니한 때에는 납부기한을 경과한 날부터 체납된 과태료에 대하여 100분의 3에 상당하는 가산금을 징수한다.

해설

① (○) 행정청은 법 제16조 제2항에 따라 **당사자가 제출한 의견에 상당한 이유가 있는 경우**에는 과태료를 **부과하지 아니하거나** 통지한 내용을 **변경할 수 있다.**

② (×) 법 제20조 제1항에 따른 **이의제기가 있는 경우**에는 행정청의 **과태료 부과처분은 그 효력을 상실한다(상실하지 않는다×).**

③ (○) 당사자가 법 제18조 제1항에 따라 **감경된 과태료를 납부한 경우**에는 해당 질서위반행위에 대한 과태료 **부과 및 징수절차는 종료한다.**

④ (○) 행정청은 당사자가 납부기한까지 과태료를 납부하지 아니한 때에는 **납부기한을 경과한** 날부터 체납된 과태료에 대하여 **100분의 3**에 상당하는 **가산금**을 징수한다.

645 「질서위반행위규제법」에 관한 설명으로 가장 적절하지 않은 것은?  24 순경2차

① 질서위반행위의 성립과 과태료 처분은 행위 시의 법률에 따른다.

② 심신장애로 인하여 행위의 옳고 그름을 판단할 능력이 없거나 그 판단에 따른 행위를 할 능력이 없는 자의 질서위반행위는 과태료를 감경한다.

③ 이 법은 대한민국 영역 밖에서 질서위반행위를 한 대한민국의 국민에게 적용한다.

④ 법률에 따르지 아니하고는 어떤 행위도 질서위반행위로 과태료를 부과하지 아니한다.

해설

① (○) 질서위반행위의 성립과 과태료 처분은 **행위 시의 법률**에 따른다(동법 제3조 제1항).

② (×) 심신장애로 인하여 행위의 옳고 그름을 판단할 능력이 **없거나** 그 판단에 따른 행위를 할 **능력이 없는 자**의 질서위반행위는 과태료를 **부과하지 아니한다(감경한다×)**(동법 제10조 제1항).

③ (○) 이 법은 **대한민국 영역 밖**에서 질서위반행위를 한 **대한민국의 국민에게 적용**한다(동법 제4조 제2항).

④ (○) **법률**에 따르지 아니하고는 어떤 행위도 질서위반행위로 과태료를 부과하지 아니한다(동법 제6조).

646 「질서위반행위규제법」에 관한 내용으로 가장 적절하지 않은 것은?  22 법학

① 법률에 규정되지 않은 행위는 질서위반행위의 과태료 대상이 될 수 없다.

② 행정청의 과태료 처분이나 법원의 과태료 재판이 확정된 후 법률이 변경되어 그 행위가 질서위반행위에 해당하지 아니하게 된 때에는 변경된 법률에 특별한 규정이 없는 한 과태료의 징수 또는 집행을 면제한다.

③ 행정청은 당사자가 동법 제24조의3 제1항 각 호의 어느 하나에 해당하여 과태료(체납된 과태료와 가산금, 중가산금 및 체납처분비를 포함한다)를 납부하기가 곤란하다고 인정되면 1년의 범위에서 대통령령으로 정하는 바에 따라 과태료의 분할납부나 납부기일의 연기를 결정할 수 있다.

④ 심신(心神)장애로 인하여 행위의 옳고 그름을 판단할 능력이 미약하거나 그 판단에 따른 행위를 할 능력이 미약한 자의 질서위반행위는 과태료를 부과하지 아니한다.

 645 ② 646 ④

해설

① (○) **법률에 규정되지 않은 행위**는 질서위반행위의 **과태료 대상이 될 수 없다.**

② (○) 행정청의 과태료 처분이나 법원의 과태료 재판이 확정된 후 **법률이 변경되어** 그 행위가 질서위반행위에 **해당하지 아니하게 된 때**에는 변경된 법률에 특별한 규정이 없는 한 과태료의 **징수 또는 집행을 면제한다.**

③ (○) 행정청은 당사자가 동법 제24조의3 제1항 각 호의 어느 하나에 해당하여 과태료(체납된 과태료와 가산금, 중가산금 및 체납처분비를 포함한다)를 납부하기가 곤란하다고 인정되면 **1년의 범위**에서 대통령령으로 정하는 바에 따라 과태료의 **분할납부**나 납부기일의 **연기**를 결정**할 수 있다.**

④ (×) 심신장애로 인하여 행위의 옳고 그름을 판단할 능력이 **미약**하거나 그 판단에 따른 행위를 할 능력이 **미약**한 자의 질서위반행위는 과태료를 **감경한다(부과하지 아니한다×)**(동법 제10조 제2항).

Tip 심신장애로 인하여 행위의 옳고 그름을 판단할 능력이 **없거나** 그 판단에 따른 행위를 할 능력이 **없는 자**의 질서위반행위는 과태료를 **부과하지 아니한다**(동법 제10조 제1항).

---

647 「질서위반행위규제법」에 대한 설명으로 가장 적절하지 않은 것은?  19 승진

① 고의 또는 과실이 없는 질서위반행위는 과태료를 부과하지 아니한다.

② 과태료는 행정청의 과태료 부과처분이나 법원의 과태료 재판이 확정된 후 3년간 징수하지 아니하거나 집행하지 아니하면 시효로 인하여 소멸한다.

③ 행정청이 질서위반행위에 대하여 과태료를 부과하고자 하는 때에는 미리 당사자에게 대통령령으로 정하는 사항을 통지하고, 10일 이상의 기간을 정하여 의견을 제출할 기회를 주어야 한다. 이 경우 지정된 기일까지 의견 제출이 없는 경우에는 의견이 없는 것으로 본다.

④ 행정청의 과태료 부과에 불복하는 당사자는 과태료 부과 통지를 받은 날로부터 60일 이내에 해당 행정청에 서면으로 이의제기를 할 수 있다.

해설

① (○) **고의 또는 과실이 없는** 질서위반행위는 과태료를 **부과하지 아니한다.**

② (×) 과태료는 행정청의 과태료 부과처분이나 법원의 과태료 재판이 확정된 후 **5년간(3년간×) 징수하지 아니하거나 집행하지 아니하면** 시효로 인하여 **소멸한다**(동법 제15조 제1항).

③ (○) 행정청이 질서위반행위에 대하여 **과태료를 부과하고자 하는 때**에는 **미리** 당사자에게 대통령령으로 정하는 사항을 **통지**하고, 10일 이상의 기간을 정하여 의견을 제출할 기회를 주어야 한다. 이 경우 지정된 기일까지 의견 제출이 없는 경우에는 의견이 없는 것으로 본다.

④ (○) 행정청의 과태료 부과에 **불복**하는 당사자는 **과태료 부과 통지를 받은 날로부터 60일 이내**에 해당 행정청에 **서면으로 이의제기**를 할 수 있다.

---

648 「질서위반행위규제법」에 관한 설명으로 가장 적절한 것은?  25 순경1차

① 행정청의 과태료 처분이나 법원의 과태료 재판이 확정된 후 법률이 변경되어 그 행위가 질서위반행위에 해당하지 아니하게 된 때에는 변경된 법률에 특별한 규정이 없는 한 과태료를 감경한다.

② 자신의 행위가 위법하지 아니한 것으로 오인하고 행한 질서위반행위는 그 오인에 정당한 이유가 있는 때에 한하여 과태료를 감경한다.

🔒 647 ② 648 ④

③ 행정청이 질서위반행위에 대하여 과태료를 부과하고자 하는 때에는 미리 당사자에게 대통령령으로 정하는 사항을 통지하고, 30일 이상의 기간을 정하여 의견을 제출할 기회를 주어야 한다.

④ 행정청의 과태료 부과에 불복하는 당사자는 과태료 부과 통지를 받은 날부터 60일 이내에 해당 행정청에 서면으로 이의제기를 할 수 있다.

해설

① (×) 행정청의 과태료 처분이나 법원의 과태료 재판이 확정된 후 법률이 변경되어 **그 행위가 질서위반행위에 해당하지 아니하게 된 때에는** 변경된 법률에 특별한 규정이 없는 한 과태료의 징수 또는 집행을 **면제한다**(감경한다×)(동법 제3조 제3항).

② (×) 자신의 행위가 위법하지 아니한 것으로 오인하고 행한 질서위반행위는 **그 오인에 정당한 이유가 있는 때에 한하여** 과태료를 **부과하지 아니한다**(감경한다×)(동법 제8조).

③ (×) 행정청이 질서위반행위에 대하여 과태료를 부과하고자 하는 때에는 미리 당사자에게 대통령령으로 정하는 사항을 통지하고, **10일(30일×) 이상**의 기간을 정하여 **의견을 제출할 기회를 주어야 한다**(동법 제16조 제1항).

④ (○) 행정청의 **과태료 부과에 불복**하는 당사자는 과태료 부과 통지를 받은 날부터 **60일 이내**에 해당 행정청에 **서면**으로 **이의제기**를 할 수 있다(동법 제20조 제2항).

649 「질서위반행위규제법」에 대한 설명이다. 옳지 않은 것은?  21 경위

① 심신장애로 인하여 행위의 옳고 그름을 판단할 능력이 없거나 그 판단에 따른 행위를 할 능력이 없는 자의 질서위반행위는 과태료를 부과하지 아니한다.

② 2인 이상이 질서위반행위에 가담한 때에는 각자가 질서위반행위를 한 것으로 본다. 또한 신분에 의하여 성립하는 질서위반행위에 신분이 없는 자가 가담한 때에는 신분이 없는 자에 대하여도 질서위반행위가 성립한다.

③ 하나의 행위가 2 이상의 질서위반행위에 해당하는 경우에는 각 질서위반행위에 대하여 정한 과태료 중 가장 중한 과태료를 부과한다.

④ 과태료는 행정청의 과태료 부과처분이나 법원의 과태료 재판이 확정된 후 3년간 징수하지 아니하거나 집행하지 아니하면 시효로 인하여 소멸된다.

해설

① (○) 심신장애로 인하여 행위의 옳고 그름을 판단할 능력이 **없거나** 그 판단에 따른 행위를 할 능력이 **없는 자**의 질서위반행위는 과태료를 **부과하지 아니한다.**

② (○) **2인 이상**이 질서위반행위에 가담한 때에는 **각자**가 **질서위반행위를 한 것으로 본다.** 또한 신분에 의하여 성립하는 질서위반행위에 **신분이 없는 자가 가담한 때**에는 신분이 없는 자에 대하여도 질서위반행위가 **성립한다.**

③ (○) **하나의 행위가 2 이상의 질서위반행위에 해당**하는 경우에는 각 질서위반행위에 대하여 정한 과태료 중 **가장 중한 과태료를 부과**한다.

④ (×) 과태료는 행정청의 과태료 부과처분이나 법원의 과태료 재판이 확정된 후 **5년간**(3년간×) 징수하지 아니하거나 **집행하지 아니하면** 시효로 인하여 **소멸된다.**

🔒 649 ④

650 다음 「질서위반행위규제법」 및 「질서위반행위규제법 시행령」에 대한 내용에서 괄호 안에 들어갈 숫자를 모두 더한 값은?

●A급 21 승진

> ㉠ 과태료는 행정청의 과태료 부과처분이나 법원의 과태료, 재판이 확정된 후 (   )년간 징수하지 아니하거나 집행하지 아니하면 시효로 인하여 소멸한다.
> ㉡ 동법 제19조 제1항에 따라 행정상은 질서위반행위가 종료된 날부터 (   )년이 경과한 경우에는 해당 질서위반행위에 대하여 과태료를 부과할 수 없다.
> ㉢ (   )세가 되지 아니한 자의 질서위반행위는 과태료를 부과하지 아니한다.
> ㉣ 행정청은 당사자가 동법 제24조의3 제1항에 따라 과태료를 납부하기가 곤란하다고 인정되면 (   )년의 범위에서 과태료의 분할납부나 납부기일의 연기를 결정할 수 있다.
> ㉤ 행정청은 ㉣에 따라 과태료의 분할납부나 납부기일의 연기(이하 "징수유예등"이라 한다)를 결정하는 경우 그 기간을 그 징수유예등을 결정한 날의 다음 날부터 (   )개월 이내로 하여야 한다.

① 26   ② 28   ③ 33   ④ 34

해설

괄호 안의 숫자를 모두 합하면 ㉠ (5) + ㉡ (5) + ㉢ (14) + ㉣ (1) + ㉤ (9) = 34

㉠ 과태료는 행정청의 과태료 부과처분이나 법원의 과태료, 재판이 **확정된 후 (5)년간 징수**하지 아니하거나 **집행**하지 **아니하면** 시효로 인하여 **소멸한다.** – 소멸시효

㉡ 동법 제19조 제1항에 따라 행정상은 질서위반**행위가 종료된 날부터 (5)년**이 경과한 경우에는 해당 질서위반행위에 대하여 과태료를 **부과할 수 없다.** – 제척기간

㉢ (14)**세**가 **되지 아니한 자**의 질서위반행위는 과태료를 **부과하지 아니한다.**

㉣ 행정청은 당사자가 동법 제24조의3 제1항에 따라 과태료를 납부하기가 곤란하다고 인정되면 (1)**년**의 **범위**에서 과태료의 **분할납부**나 납부기일의 **연기**를 결정할 수 있다.

㉤ 행정청은 ㉣에 따라 과태료의 **분할납부**나 납부기일의 **연기**("징수유예등")를 결정하는 경우 그 기간을 그 징수유예등을 **결정한 날의 다음 날부터 (9)개월 이내**로 하여야 한다.

651 「질서위반행위규제법」 제3조 법 적용의 시간적 범위와 제4조 법 적용의 장소적 범위에 관한 내용으로 가장 적절하지 않은 것은?

●A급 24 승진

① 질서위반행위의 성립과 과태료 처분은 행위 시의 법률에 따른다.
② 질서위반행위 후 법률이 변경되어 그 행위가 질서위반행위에 해당하지 아니하게 되거나 과태료가 변경되기 전의 법률보다 가볍게 된 때에는 법률에 특별한 규정이 없는 한 변경된 법률을 적용한다.
③ 이 법은 대한민국 영역 밖에 있는 대한민국의 선박 또는 항공기 안에서 질서위반행위를 한 외국인에게는 적용하지 아니한다.
④ 이 법은 대한민국 영역 안에서 질서위반행위를 한 자에게 적용한다.

해설

① (○) 질서위반행위의 성립과 과태료 처분은 **행위 시의 법률에 따른다.**

② (○) 질서위반행위 후 **법률이 변경되어** 그 행위가 질서위반행위에 해당하지 아니하게 되거나 과태료가 변경되기 전의 법률보다 **가볍게 된 때에는** 법률에 특별한 규정이 없는 한 **변경된 법률을 적용**한다.

③ (×) 이 법은 **대한민국 영역 밖에 있는 대한민국의 선박 또는 항공기 안**에서 질서위반행위를 한 **외국인**에게 **적용한다(하지 아니한다×).**

④ (○) 이 법은 **대한민국 영역 안**에서 질서위반행위를 한 자에게 **적용**한다.

 **650** ④   **651** ③

652 「행정절차법」상 행정지도에 대한 설명으로 가장 적절하지 않은 것은?  A급 19 순경1차

① 반드시 문서의 형식으로 하여야만 한다.

② 임의성 원칙을 명문화하고 있다.

③ 행정기관이 그 소관 사무의 범위에서 일정한 행정목적을 실현하기 위하여 특정인에게 일정한 행위를 하거나 하지 아니하도록 지도, 권고, 조언 등을 하는 행정작용을 말한다.

④ 행정지도의 상대방은 해당 행정지도의 방식·내용 등에 관하여 행정기관에 의견제출을 할 수 있다.

해설

① (×) 행정지도는 말 또는 문서(반드시 문서×)의 형식으로 할 수 있다.

② (○) 「행정절차법」상 행정지도는 임의성 원칙을 명문화하고 있다.

> 🎯Tip **행정지도의 원칙**(동법 제48조)
>
> ① 행정지도는 그 목적 달성에 필요한 최소한도에 그쳐야 하며, 행정지도의 **상대방의 의사에 반하여 부당하게 강요하여서는 아니 된다.**
> ② 행정기관은 행정지도의 상대방이 행정지도에 **따르지 아니하였다는 것을 이유로 불이익한 조치를 하여서는 아니 된다.**

③ (○) '행정지도'란 행정기관이 그 소관 사무의 범위에서 일정한 행정목적을 실현하기 위하여 특정인에게 일정한 행위를 하거나 하지 아니하도록 **지도, 권고, 조언** 등을 하는 행정작용을 말한다.

④ (○) **행정지도의 상대방은** 해당 행정지도의 방식·내용 등에 관하여 **행정기관에 의견제출을 할 수 있다**(동법 제50조).

653 「행정절차법」상 행정지도에 관한 설명 중 가장 적절하지 않은 것은? A급 22 순경1차

① 행정지도는 그 목적 달성에 필요한 최소한도에 그쳐야 하며, 행정지도의 상대방의 의사에 반하여 부당하게 강요하여서는 아니 된다.

② 행정기관은 행정지도의 상대방이 행정지도에 따르지 아니하였다는 것을 이유로 불이익한 조치를 하여서는 아니 된다.

③ 행정지도가 말로 이루어지는 경우에 상대방이 행정지도의 취지 및 내용과 신분의 사항을 적은 서면의 교부를 요구하면 그 행정지도를 하는 자는 직무수행에 특별한 지장이 없으면 이를 교부하여야 한다.

④ 행정지도의 상대방은 해당 행정지도의 방식·내용 등에 관하여 행정기관에 의견제출을 할 수 없다.

해설

① (○) 행정지도는 그 목적 달성에 필요한 최소한도에 그쳐야 하며, 행정지도의 상대방의 의사에 반하여 **부당하게 강요하여서는 아니 된다.**

② (○) 행정기관은 행정지도의 상대방이 행정지도에 **따르지 아니하였다는 것을 이유로 불이익한 조치를 하여서는 아니 된다.**

③ (○) 행정지도가 말로 이루어지는 경우에 상대방이 행정지도의 취지 및 내용과 신분의 사항을 적은 **서면의 교부를 요구**하면 그 행정지도를 하는 자는 직무수행에 특별한 지장이 없으면 이를 **교부하여야 한다.**

④ (×) 행정지도의 상대방은 해당 **행정지도의 방식·내용 등에 관하여** 행정기관에 **의견제출을 할 수 있다(없다×)**(동법 제50조).

 652 ① 653 ④

654 「행정절차법」상 행정청이 처분을 할 때 청문을 하여야 하는 경우가 아닌 것은? ●A급 23 순경1차

① 다른 법령등에서 청문을 하도록 규정하고 있는 경우
② 해당 처분의 영향이 광범위하여 널리 의견을 수렴할 필요가 있다고 행정청이 인정하는 경우
③ 인허가 등의 취소의 처분을 하는 경우
④ 법인이나 조합 등의 설립허가의 취소의 처분을 하는 경우

해설
① (○) 다른 법령등에서 **청문을 하도록 규정**하고 있는 경우 – **청문 개최사유**
② (✕) 해당 처분의 영향이 광범위하여 **널리 의견을 수렴할 필요**가 있다고 행정청이 인정하는 경우 – **공청회 개최사유** (동법 제22조 제2항 제2호)
③ (○) **인허가 등의 취소의 처분**을 하는 경우 – **청문 개최사유**
④ (○) **법인이나 조합 등의 설립허가의 취소의 처분**을 하는 경우 – **청문 개최사유**

Tip 청문과 공청회 사유(동법 제22조)

구분	청문	공청회
사유	1. 다른 법령등에서 **청문을 하도록 규정**하고 있는 경우 2. **행정청이 필요**하다고 인정하는 경우 3. **인허가 등의 취소 처분**을 하는 경우 4. **신분·자격의 박탈 처분**을 하는 경우 5. **법인이나 조합 등의 설립허가의 취소 처분**을 하는 경우	1. 다른 법령등에서 **공청회를 개최하도록 규정**하고 있는 경우 2. 해당 **처분의 영향이 광범위하여 널리 의견을 수렴할 필요**가 있다고 행정청이 인정하는 경우 3. **국민생활에 큰 영향을 미치는 처분**으로서 대통령령으로 정하는 처분에 대하여 대통령령으로 정하는 수(**30명**) 이상의 당사자등이 **공청회 개최를 요구**하는 경우

655 「행정절차법」 제8조에 따른 행정응원에 관한 설명으로 가장 적절하지 않은 것은? ●A급 24 순경1차

① 행정청은 다른 행정청의 응원을 받아 처리하는 것이 보다 능률적이고 경제적인 경우 다른 행정청에 행정응원을 요청할 수 있다.
② 행정응원을 요청받은 행정청은 행정응원으로 인하여 고유의 직무수행이 현저히 지장받을 것으로 인정되는 명백한 이유가 있는 경우에는 응원을 거부할 수 있다.
③ 행정응원을 위하여 파견된 직원은 다른 법령 등에 특별한 규정이 있는 경우를 제외하고는 원 소속 행정청의 지휘·감독을 받는다.
④ 행정응원에 드는 비용은 응원을 요청한 행정청이 부담하며, 그 부담금액 및 부담방법은 응원을 요청한 행정청과 응원을 하는 행정청이 협의하여 결정한다.

해설
① (○) 행정청은 다른 행정청의 응원을 받아 처리하는 것이 보다 **능률적이고 경제적인 경우 다른 행정청에 행정응원을 요청할 수 있다.**
② (○) 행정응원을 요청받은 행정청은 행정응원으로 인하여 **고유의 직무수행이 현저히 지장받을 것으로 인정**되는 명백한 이유가 있는 경우에는 **응원을 거부할 수 있다.**
③ (✕) **행정응원을 위하여 파견된 직원**은 다른 법령 등에 특별한 규정이 있는 경우를 제외하고는 **응원을 요청한 행정청**(원 소속 행정청✕)의 **지휘·감독을 받는다**(동법 제8조 제5항).
④ (○) 행정응원에 드는 **비용**은 **응원을 요청한 행정청**이 **부담**하며, 그 부담금액 및 부담방법은 응원을 요청한 행정청과 응원을 하는 행정청이 **협의하여 결정**한다.

 654 ② 655 ③

656 「행정절차법」상 처분에 관한 설명으로 가장 적절한 것은?  24 순경2차

① 의견제출기한에 따른 기한은 의견제출에 필요한 기간을 10일 이상으로 고려하여 정하여야 한다.

② 행정청이 정당한 처리기간 내에 처리하지 아니하였을 때에도 신청인은 해당 행정청 또는 그 감독 행정청에 신속한 처리를 요청할 수 없다.

③ 행정청에 처분을 구하는 신청은 구두 또는 문서로 하여야 한다. 다만, 다른 법령등에 특별한 규정이 있는 경우와 행정청이 미리 다른 방법을 정한 경우에는 그러하지 아니하다.

④ 행정청이 인허가 등의 취소처분을 하는 경우 공청회를 개최한다.

해설

① (○) **의견제출기한**에 따른 기한은 의견제출에 필요한 기간을 **10일 이상**으로 고려하여 정하여야 한다(동법 제21조 제3항).

② (×) 행정청이 **정당한 처리기간 내에 처리하지 아니하였을 때**에도 **신청인은** 해당 행정청 또는 그 감독 행정청에 **신속한 처리를 요청할 수 있다**(없다×)(동법 제19조 제4항).

③ (×) 행정청에 **처분을 구하는 신청**은 **문서**(또는 구두×)로 하여야 한다. 다만, 다른 법령등에 특별한 규정이 있는 경우와 행정청이 미리 다른 방법을 정한 경우에는 그러하지 아니하다(동법 제17조 제1항).

④ (×) 행정청이 **인허가 등의 취소처분**을 하는 경우 **청문**(공청회×)을 한다.

657 「행정절차법」에 관한 설명으로 가장 적절하지 않은 것은?  25 순경1차

① 이 법은 행정절차에 관한 공통적인 사항을 규정하여 국민의 행정 참여를 도모함으로써 행정의 공정성·투명성 및 신뢰성을 확보하고 국민의 권익을 보호함을 목적으로 한다.

② 행정청의 관할이 분명하지 아니한 경우에는 해당 행정청을 공통으로 감독하는 상급 행정청이 그 관할을 결정하며, 공통으로 감독하는 상급 행정청이 없는 경우에는 각 상급 행정청이 협의하여 그 관할을 결정한다.

③ 송달은 우편 또는 정보통신망을 이용한 방법으로만 하되, 송달받을 자의 주소·거소·영업소·사무소 또는 전자우편주소로 한다.

④ 행정청이 처분을 할 때에는 다른 법령등에 특별한 규정이 있는 경우를 제외하고는 문서로 하여야 하며, 당사자등의 동의가 있거나 당사자가 전자문서로 처분을 신청한 경우에는 전자문서로 할 수 있다.

해설

① (○) 이 법은 행정절차에 관한 공통적인 사항을 규정하여 국민의 행정 참여를 도모함으로써 행정의 **공정성·투명성** 및 **신뢰성**을 확보하고 국민의 권익을 보호함을 목적으로 한다(동법 제1조).

② (○) **행정청의 관할이 분명하지 아니한 경우**에는 해당 행정청을 **공통으로 감독하는 상급 행정청이 그 관할을 결정**하며, **공통으로 감독하는 상급 행정청이 없는 경우**에는 **각 상급 행정청이 협의하여** 그 관할을 결정한다(동법 제6조 제2항).

③ (×) 송달은 **우편, 교부 또는 정보통신망 이용 등의 방법으로**(방법으로만×) 하되, 송달받을 자(대표자 또는 대리인을 포함한다.)의 주소·거소·영업소·사무소 또는 전자우편주소로 한다. 다만, 송달받을 자가 동의하는 경우에는 그를 만나는 장소에서 송달할 수 있다(동법 제14조 제1항).

④ (○) 행정청이 처분을 할 때에는 다른 법령등에 특별한 규정이 있는 경우를 제외하고는 **문서**로 하여야 하며, 당사자등의 **동의**가 있거나 당사자가 전자문서로 처분을 **신청**한 경우에는 **전자문서로 할 수 있다**(동법 제24조 제1항).

🔒 **656** ① **657** ③

658 「행정절차법」상 처분에 관한 설명으로 가장 적절하지 않은 것은? ●A급 25 순경2차

① 행정청은 신청에 구비서류의 미비 등 흠이 있는 경우에는 보완에 필요한 상당한 기간을 정하여 지체 없이 신청인에게 보완을 요구하여야 한다.

② 행정청은 당사자에게 의무를 부과하거나 권익을 제한하는 처분을 하는 경우에는 미리 당사자 등에게 통지하여야 한다. 다만, 공공의 안전 또는 복리를 위하여 긴급히 처분을 할 필요가 있는 경우에는 통지하지 아니할 수 있다.

③ 행정청은 처분 후 2년 이내에 당사자등이 요청하는 경우에는 청문·공청회 또는 의견제출을 위하여 제출받은 서류나 그 밖의 물건을 반환할 수 있다.

④ 행정청은 청문·공청회 또는 의견제출을 거쳤을 때에는 신속히 처분하여 해당처분이 지연되지 아니하도록 하여야 한다.

해설

① (○) 행정청은 신청에 **구비서류**의 미비 등 **흠이 있는 경우**에는 **보완에 필요한 상당한 기간**을 정하여 **지체 없이 신청인에게 보완을 요구하여야 한다**(동법 제17조 제5항).

② (○) 행정청은 당사자에게 **의무를 부과**하거나 **권익을 제한**하는 **처분**을 하는 경우에는 **미리** 당사자등에게 **통지하여야 한다**(동법 제21조 제1항). 다만, **공공의 안전** 또는 복리를 위하여 긴급히 처분을 할 필요가 있는 경우에는 **통지하지 아니할 수 있다**(동법 제21조 제4항 제1호).

③ (×) 행정청은 처분 후 **1년**(2년×) **이내**에 당사자등이 요청하는 경우에는 청문·공청회 또는 의견제출을 위하여 제출받은 서류나 그 밖의 물건을 **반환하여야 한다(반환할 수 있다×)**(동법 제22조 제6항).

④ (○) 행정청은 **청문·공청회** 또는 **의견제출을 거쳤을 때**에는 신속히 처분하여 **해당처분이 지연되지 아니하도록 하여야 한다**(동법 제22조 제5항).

659 「행정절차법」에 대한 설명으로 가장 적절하지 않은 것은? ●A급 19 승진

① 행정청이 당사자에게 의무를 부과하거나 권익을 제한하는 처분을 할 때 다른 법령에 특별한 규정이 없으면 청문을 거쳐야 한다.

② 행정청은 청문을 하려면 청문이 시작되는 날부터 10일 전까지 처분의 제목 등 일정한 사항을 당사자등에게 통지하여야 한다.

③ 행정지도는 그 목적 달성에 필요한 최소한도에 그쳐야 하며, 행정지도의 상대방의 의사에 반하여 부당하게 강요하여서는 아니 된다.

④ 행정지도를 하는 자는 그 상대방에게 그 행정지도의 취지 및 내용과 신분을 밝혀야 하며, 행정지도의 상대방은 해당 행정지도의 방식·내용 등에 관하여 행정기관에 의견제출을 할 수 있다.

해설

① (×) 행정청이 당사자에게 의무를 부과하거나 권익을 제한하는 **처분을 할 때 다른 법령등에서 청문을 하도록** 특별한 규정이 **있으면(없으면×) 청문을 거쳐야 한다**(동법 제22조 제1항 제1호).

　Tip 행정청이 당사자에게 의무를 부과하거나 권익을 제한하는 처분을 할 때 **청문 또는 공청회 개최의 경우 외에는** 당사자등에게 **의견제출의 기회를 주어야 한다**(동법 제22조 제3항).

② (○) 행정청은 **청문을 하려면 청문이 시작되는 날부터 10일 전까지** 처분의 제목 등 일정한 사항을 당사자등에게 **통지하여야 한다**(동법 제21조 제2항).

🔒 **658** ③ **659** ①

③ (○) **행정지도는** 그 목적 달성에 **필요한 최소한도**에 그쳐야 하며, 행정지도의 **상대방의 의사에 반하여 부당하게 강요하여서는 아니 된다**(동법 제48조 제1항).
④ (○) **행정지도를 하는 자는** 그 상대방에게 그 행정지도의 취지 및 내용과 **신분을 밝혀야 하며**, 행정지도의 **상대방은** 해당 행정지도의 방식·내용 등에 관하여 행정기관에 **의견제출을 할 수 있다**(동법 제49조 제1항, 제50조).

| 제**3**절 | 행정조사기본법과 행정조사 |

660 행정조사에 관한 설명 중 가장 적절한 것은? (다툼이 있는 경우 판례에 의함)

① 「행정조사기본법」상 조사대상자의 자발적 협조를 얻어 조사를 실시하는 경우에는 법령의 근거를 요하지 아니하며 조직법상의 권한 범위 밖에서도 가능하다.
② 조사대상자의 자발적 협조로 조사가 이루어지는 경우일지라도 행정의 적법성 및 공공성 등을 높이기 위해서 조사목적 등을 반드시 서면으로 통보하여야 한다.
③ 경찰작용은 행정작용의 일환이므로 경찰의 수사에도 「행정조사 기본법」이 적용되는 것이 원칙이다.
④ 행정조사는 행정기관이 향후 행정작용에 필요한 자료 및 정보를 얻기 위한 준비적·보조적 작용이다.

해설

① (×) 「행정조사기본법」상 조사대상자의 **자발적 협조**를 얻어 조사를 실시하는 경우에는 **법령의 근거를 요하지 아니하나**, **조직법상의 권한 범위 밖에서는 불가능(가능×)하다.**
② (×) 조사대상자의 **자발적 협조**로 조사가 이루어지는 경우라면 행정조사의 목적 등을 **조사대상자에게 구두로**(반드시 서면으로×) 통지할 수 있다.
③ (×) 경찰작용은 행정작용의 일환이기는 하나, **경찰의 수사에는** 「**형사소송법**」(행정조사기본법×)이 적용되는 것이 원칙이다.

  Tip **조세·형사·행형·보안처분**에 관한 사항에 대하여는 「**행정조사기본법**」**을 적용하지 아니한다**(행정조사기본법 제3조 제2항 제5호).

④ (○) "**행정조사**"란 행정기관이 정책을 결정하거나 직무를 수행하는 데 **필요한 정보나 자료를 수집**하기 위하여 **현장조사·문서열람·시료채취** 등을 하거나 조사대상자에게 보고요구·자료제출요구 및 출석·진술요구를 행하는 활동을 말한다(행정조사기본법 제2조 제1호).

661 행정조사에 관한 설명으로 가장 적절한 것은? (다툼이 있는 경우 판례에 의함) ●A급 24 승진

① 「고용보험법」상 '실업인정대상기간 중의 취업 사실'에 대한 행정조사 절차에는 수사절차에서의 진술거부권 고지의무에 관한 「형사소송법」 규정이 준용되지 않는다.
② 경찰공무원이 「도로교통법」 규정에 따라 호흡측정 또는 혈액검사 등의 방법으로 운전자가 술에 취한 상태에서 운전하였는지를 조사하는 것은 수사로서의 성격을 갖지만, 행정조사의 성격을 가지는 것은 아니다.

🔒 **660** ④ **661** ①

③ 조사대상자의 자발적 협조로 조사가 이루어지는 경우일지라도 행정의 적법성 및 공공성 등을 높이기 위해서 조사목적 등을 반드시 서면으로 통보하여야 한다.

④ 「행정조사기본법」상 행정기관은 행정조사를 통하여 알게 된 정보를 어떠한 경우에도 원래의 조사목적 이외의 용도로 이용할 수 없다.

해설

① (○) 「고용보험법」상 '실업인정대상기간 중의 취업 사실'에 대한 **행정조사 절차에는** 수사절차에서의 **진술거부권 고지 의무에 관한 「형사소송법」 규정이 준용되지 않는다.**

② (×) 국가경찰공무원이 도로교통법 규정에 따라 호흡측정 또는 혈액검사 등의 방법으로 운전자가 **술에 취한 상태에서 운전하였는지를 조사하는 것은**, 수사기관과 경찰행정조사자의 지위를 겸하는 주체가 **형사소송에서 사용될 증거를 수집**하기 위한 **수사로서의 성격**을 가짐과 아울러 교통상 위험의 방지를 목적으로 하는 **운전면허 정지·취소의 행정처분을 위한 자료를 수집**하는 **행정조사의 성격을 동시**에 **가지고 있다(아니다×)**(대법원 2014두46850).

③ (×) 조사대상자의 **자발적 협조**로 조사가 이루어지는 경우에는 행정조사의 개시와 동시에 출석요구서등을 조사대상자에게 제시하거나 행정조사의 목적 등을 조사대상자에게 **구두로 통지할 수 있다(반드시 서면으로 통보하여야 한다×)** (행정조사기본법 제17조 제1항 단서).

④ (×) 「행정조사기본법」상 행정기관은 행정조사를 통하여 알게 된 정보를 **다른 법률에 따라 내부에서 이용하거나 다른 기관에 제공하는 경우를 제외하고는(어떠한 경우에도×)** 원래의 조사목적 이외의 용도로 이용하거나 타인에게 제공하여서는 아니 된다(행정조사기본법 제4조 제6항).

제**4**절 **국가배상(손해배상)제도**

662 국가배상에 관한 설명 중 가장 적절하지 않은 것은? (다툼이 있는 경우 판례에 의함) ·A급 22 순경2차

① 일반적으로 공무원이 직무를 집행함에 있어서 법령에 대한 해석이 그 문언 자체만으로는 명백하지 아니하여 여러 견해가 있을 수 있는 데다가 이에 대한 선례나 학설, 판례 등도 귀일된 바 없어 이의(異義)가 없을 수 없는 경우, 관계 국가공무원이 그 나름대로 신중을 다하여 합리적인 근거를 찾아 그중 어느 한 견해를 따라 내린 해석이 후에 대법원이 내린 입장과 같지 않아 결과적으로 잘못된 해석에 돌아가고, 이에 따른 처리가 역시 결과적으로 위법하게 되어 그 법령의 부당집행이라는 결과를 가져오게 되었다고 하더라도 「국가배상법」상 공무원의 과실을 인정할 수는 없다.

② 국가공무원이 고의 또는 과실로 직무상 의무를 위반하였을 경우라고 하더라도 국가는 그러한 직무상의 의무 위반과 피해자가 입은 손해 사이에 상당인과관계가 인정되는 범위 내에서만 배상책임을 지는 것이고, 이 경우 상당인과관계가 인정되기 위하여는 공무원에게 부과된 직무상 의무의 내용이 단순히 공공 일반의 이익을 위한 것이거나 행정기관 내부의 질서를 규율하기 위한 것이 아니고 전적으로 또는 부수적으로 사회구성원 개인의 안전과 이익을 보호하기 위하여 설정된 것이어야 한다.

③ 외국인이 피해자인 경우 국가배상청구권은 해당 국가와 상호 보증이 있을 때에만 인정되므로, 그 상호 보증은 외국의 법령, 판례 및 관례 등에 의한 발생요건을 비교하여 인정되는 것이 아니라 반드시 당사국과의 조약이 체결되어 있어야 한다.

 662 ③

④ 국민의 생명, 신체 및 재산의 보호, 범죄의 예방·진압 및 수사, 기타 공공의 안녕과 질서유지 등의 직무를 수행하는 경찰은 「경찰관 직무집행법」, 「형사소송법」 등 관련 법령에서 부여한 여러 권한을 제반 상황에 대응하여 적절하게 행사하여 필요한 조치를 취할 수 있고, 그 권한은 일반적으로 경찰관의 전문적 판단에 기한 합리적인 재량에 위임되어 있지만, 경찰관에게 권한을 부여한 취지와 목적에 비추어 볼 때 구체적인 사정에 따라 경찰관이 그 권한을 행사하여 필요한 조치를 취하지 아니하는 것이 현저하게 불합리하다고 인정되는 경우에는 그러한 권한의 불행사는 직무상의 의무를 위반한 것이 되어 위법하게 된다.

해설

① (○) 일반적으로 공무원이 직무를 집행함에 있어서 관계 법규를 알지 못하거나 필요한 지식을 갖추지 못하여 법규의 해석을 그르쳐 잘못된 행정처분을 하였다면 그가 법률전문가가 아닌 행정직 공무원이라고 하여 과실이 없다고 할 수 없으나, **법령에 대한 해석이 그 문언 자체만으로는 명백하지 아니하여 여러 견해가 있을 수 있는데다가** 이에 대한 선례나 학설, 판례 등도 귀일된 바 없어 이의가 없을 수 없는 경우에 관계 공무원이 그 **나름대로 신중을 다하여 합리적인 근거를 찾아** 그중 어느 한 견해를 따라 **내린 해석이 후에 대법원이 내린 입장과 같지 않아** 결과적으로 잘못된 해석에 돌아가고, 이에 따른 처리가 역시 **결과적으로 위법하게 되어 그 법령의 부당집행이라는 결과를 가져오게 되었다고 하더라도** 그와 같은 처리방법 이상의 것을 성실한 평균적 공무원에게 기대하기는 어려운 일이고, 따라서 이러한 경우에까지 **공무원의 과실을 인정할 수는 없다**(대법원 2019다277126).

② (○) 공무원에게 부과된 **직무상 의무의 내용이 단순히 공공 일반의 이익을 위한 것이거나 행정기관 내부의 질서를 규율하기 위한 것이 아니고 전적으로 또는 부수적으로 사회구성원 개인의 안전과 이익을 보호하기 위하여 설정된 것이라면**, 공무원이 그와 같은 직무상 의무를 위반함으로 인하여 피해자가 입은 손해에 대하여는 상당인과관계가 인정되는 범위 내에서 **국가가 배상책임을 진다**(대법원 2017다228083).

③ (×) 「국가배상법」 제7조에 따르면 외국인이 피해자인 경우에는 해당 국가와 **상호 보증**이 있을 때에만 적용한다. 여기서 상호보증은 외국의 법령, 판례 및 관례 등에 의하여 발생요건을 비교하여 **인정되면 충분하고**(인정되는 것이 아니라×) 반드시 당사국과의 **조약이 체결되어 있을 필요는 없으며**(반드시 당사국과의 조약이 체결되어 있어야 한다×), 당해 외국에서 구체적으로 우리나라 국민에게 국가배상청구를 인정한 사례가 없더라도 **실제로 인정될 것이라고 기대할 수 있는 상태이면 충분하다**(대법원 2013다208388).

Tip 우리나라와 외국 사이에 국가배상청구권의 발생 요건이 현저히 균형을 상실하지 아니하고 외국에서 정한 요건이 우리나라에서 정한 그것보다 전체로서 과중하지 아니하여 **중요한 점에서 실질적으로 거의 차이가 없는 정도라면** 국가배상법 제7조가 정하는 **상호보증의 요건을 구비하였다고 봄**이 타당하다(대법원 2013다208388).

④ (○) 경찰은 범죄의 예방, 진압 및 수사와 함께 국민의 생명, 신체 및 재산의 보호 기타 공공의 안녕과 질서유지를 직무로 하고 있고, 직무의 원활한 수행을 위하여 경찰관 직무집행법, 형사소송법 등 관계 법령에 의하여 여러 가지 권한이 부여되어 있으므로, 구체적인 직무를 수행하는 경찰관으로서는 제반 상황에 대응하여 자신에게 부여된 여러 가지 권한을 적절하게 행사하여 필요한 조치를 취할 수 있는 것이고, 그러한 권한은 일반적으로 **경찰관의 전문적 판단에 기한 합리적인 재량에 위임되어 있는 것**이나, 경찰관에게 권한을 부여한 취지와 목적에 비추어 볼 때 구체적인 사정에 따라 **경찰관이 권한을 행사하여 필요한 조치를 취하지 아니하는 것이 현저하게 불합리하다고 인정되는 경우에는** 그러한 **권한의 불행사는 직무상의 의무를 위반**한 것이 되어 **위법하게 된다**(대법원 2017다228083).

663 국가배상에 관한 설명으로 가장 적절하지 않은 것은? (다툼이 있는 경우 판례에 의함)

● A급 24 순경1차

① 경찰관의 부작위를 이유로 한 국가배상책임을 인정하기 위한 요건으로서의 '법령 위반'이란 형식적 의미의 법령에 명시적으로 공무원의 작위의무가 규정되어 있는데도 이를 위반하는 경우를 의미하며, 인권존중·권력남용금지·신의성실과 같이 공무원으로서 마땅히 지켜야 할 준칙이나 규범을 지키지 않고 위반한 경우는 포함하지 않는다.

663 ①

② 경찰관의 직무집행이 법령이 정한 요건과 절차에 따라 이루어진 것이라면 특별한 사정이 없는 한 이는 법령에 적합한 것이고 그 과정에서 개인의 권리가 침해되었다고 하여 그 법령적합성이 곧바로 부정되는 것은 아니다.

③ 공무원에게 부과된 직무상 의무의 내용이 전적으로 또는 부수적으로 사회구성원 개인의 구체적 안전과 이익을 보호하기 위하여 설정된 것이라면, 공무원이 그와 같은 직무상 의무를 위반함으로써 개인이 입게 된 손해는 상당인과관계가 인정되는 범위 안에서 국가가 그에 대한 배상책임을 부담하여야 한다.

④ 시위진압이 불필요하거나 또는 불법시위의 태양 및 시위 장소의 상황 등에서 예측되는 피해발생의 구체적 위험성의 내용에 비추어 시위진압의 계속 수행 내지 그 방법 등이 현저히 합리성을 결하였다면 경찰관의 직무집행이 법령에 위반한 것이라고 할 수 있다.

해설

① (×) 경찰관의 부작위를 이유로 한 국가배상책임을 인정하기 위한 요건으로서의 '**법령 위반**'이란 엄격하게 **형식적 의미의 법령**에 명시적으로 공무원의 작위의무가 규정되어 있는데도 이를 위반하는 경우만을 의미하는 것은 아니고, 인권존중·권력남용금지·신의성실과 같이 공무원으로서 **마땅히 지켜야 할 준칙이나 규범을 지키지 않고 위반한 경우를 포함하여 널리 객관적인 정당성이 없는 행위를 한 경우를 포함한다**(포함하지 않는다×)(대법원 2017다290538).

② (○) 국가배상책임은 공무원의 직무집행이 법령에 위반한 것임을 요건으로 하는 것으로서, 공무원의 직무집행이 법령이 정한 요건과 절차에 따라 이루어진 것이라면 특별한 사정이 없는 한 이는 법령에 적합한 것이고 그 과정에서 개인의 권리가 침해되는 일이 생긴다고 하여 그 법령 적합성이 곧바로 부정되는 것은 아니라고 할 것인바, 불법시위를 진압하는 경찰관들의 직무집행이 법령에 위반한 것이라고 하기 위하여는 그 시위진압이 불필요하거나 또는 불법시위의 태양 및 시위 장소의 상황 등에서 예측되는 피해 발생의 구체적 위험성의 내용에 비추어 시위진압의 계속 수행 내지 그 방법 등이 현저히 합리성을 결하여 이를 위법하다고 평가할 수 있는 경우이어야 한다(대법원 94다2480).

  🅣ip 경찰관들의 시위진압에 대항하여 **시위자들이 던진 화염병**에 의하여 발생한 화재(**약국화재사건**)로 인하여 손해를 입은 주민의 **국가배상청구를 부정하였다**(대법원 94다2480).

③ (○) 공무원에게 부과된 **직무상 의무의 내용이** 단순히 공공 일반의 이익을 위한 것이거나 행정기관 내부의 질서를 규율하기 위한 것이 아니고 **전적으로 또는 부수적으로 사회구성원 개인의 구체적 안전과 이익을 보호하기 위하여 설정된 것이라면**, 공무원이 그와 같은 직무상 의무를 위반함으로써 **개인이 입게 된 손해는 상당인과관계가 인정되는 범위 안에서 국가가** 그에 대한 **배상책임을 부담하여야 한다**(대법원 2017다228083).

④ (○) 불법시위를 진압하는 경찰관들의 **직무집행이 법령에 위반**한 것이라고 하기 위하여는 그 시위진압이 불필요하거나 또는 불법시위의 태양 및 시위 장소의 상황 등에서 예측되는 피해 발생의 구체적 위험성의 내용에 비추어 시위진압의 계속 수행 내지 그 방법 등이 **현저히 합리성을 결하여** 이를 **위법하다고 평가할 수 있는 경우**이어야 할 것이다(대법원 94다2480).

664 국가배상에 관한 설명으로 가장 적절하지 않은 것은? (다툼이 있는 경우 판례에 의함) ●A급 26 경위

① 공무원에게 부과된 직무상 의무의 내용이 사회구성원 개인의 안전과 이익을 보호하기 위하여 설정된 것이 아니고 전적으로 공공 일반의 이익을 위한 것이더라도, 공무원이 그와 같은 직무상 의무를 위반함으로 인하여 피해자가 입은 손해에 대하여는 상당인과관계가 인정되는 범위 내에서 국가가 배상책임을 진다.

② 경찰관이 범인을 검거하면서 안면 부위를 향하여 가스총을 근접 발사하여 가스와 함께 발사된 고무마개가 범인의 눈에 맞아 실명한 경우 국가배상책임이 인정될 수 있다.

 664 ①

③ 경찰관이 음주운전 단속시 운전자의 요구에 따라 곧바로 채혈을 실시하지 않은 채 호흡측정기에 의한 음주측정을 하고 1시간 12분이 경과한 후에야 채혈을 하였다는 사정만으로는 위 행위가 법령에 위배된다거나 객관적 정당성을 상실하여 운전자가 음주운전 단속과정에서 받을 수 있는 권익이 현저하게 침해되었다고 단정하기 어렵다.

④ 경찰관에게 권한을 부여한 취지와 목적에 비추어 볼 때 구체적인 사정에 따라 경찰관이 그 권한을 행사하여 필요한 조치를 취하지 아니하는 것이 현저하게 불합리하다고 인정되는 경우에는 그러한 권한의 불행사는 직무상의 의무를 위반한 것이 되어 위법하게 된다.

해설

① (×) 공무원이 고의 또는 과실로 그에게 부과된 직무상 의무를 위반하였을 경우라고 하더라도 국가는 그러한 직무상의 의무 위반과 피해자가 입은 손해 사이에 상당인과관계가 인정되는 범위 내에서만 배상책임을 지는 것이고, 이 경우 **상당인과관계가 인정되기 위하여는** 공무원에게 부과된 직무상 의무의 내용이 공무원에게 부과된 직무상 의무의 내용이 **단순히 공공 일반의 이익을 위한 것이거나 행정기관 내부의 질서를 규율하기 위한 것이 아니고 전적으로 또는 부수적으로 사회구성원 개인의 안전과 이익을 보호하기 위하여 설정된 것이어야 한다**(대법원 2011다34521).

Tip 사회구성원 개인의 안전과 이익을 보호하기 위하여 설정된 것이 아니고 **전적으로 공공 일반의 이익을 위한 것이라면, 국가가 배상책임을 지지 않는다(진다×).**

② (○) 경찰관이 범인을 검거하면서 안면 부위를 향하여 가스총을 근접 발사하여 가스와 함께 발사된 **고무마개가 범인의 눈에 맞아 실명**한 경우 **국가배상책임이 인정**될 수 있다(대법원 2002다57218).

③ (○) 경찰관이 음주운전 단속시 운전자의 요구에 따라 곧바로 채혈을 실시하지 않은 채 호흡측정기에 의한 음주측정을 하고 **1시간 12분이 경과**한 **후에야 채혈**을 하였다는 사정만으로는 위 행위가 법령에 위배된다거나 객관적 정당성을 상실하여 운전자가 음주운전 단속과정에서 받을 수 있는 **권익이 현저하게 침해되었다고 단정하기 어렵다**(대법원 2006다32132).

④ (○) 경찰관에게 권한을 부여한 취지와 목적에 비추어 볼 때 구체적인 사정에 따라 경찰관이 그 권한을 행사하여 **필요한 조치를 취하지 아니하는 것이 현저하게 불합리하다고 인정되는** 경우에는 그러한 권한의 **불행사는 직무상의 의무를 위반한 것**이 되어 **위법**하게 **된다**(대법원 2013다20427).

---

665 「국가배상법」상 손해배상에 관한 설명으로 가장 적절한 것은?　　　●A급 24 순경2차

① 군인·군무원·경찰공무원 또는 예비군대원이 전투·훈련 등 직무집행과 관련하여 전사·순직하거나 공상을 입은 경우에 본인이나 그 유족이 다른 법령에 따라 재해보상금·유족연금·상이연금 등의 보상을 지급받을 수 있을 때에도 「국가배상법」 및 「행정기본법」에 따른 손해배상을 청구할 수 있다.

② 생명·신체에 대한 침해와 물건의 멸실·훼손으로 인한 손해 외의 손해는 불법행위와 상당한 인과관계가 있는 범위에서 배상한다.

③ 국가나 지방자치단체에 대한 배상신청사건을 심의하기 위하여 행정안전부에 본부심의회를 둔다. 다만, 군인이나 군무원이 타인에게 입힌 손해에 대한 배상신청사건을 심의하기 위하여 국방부에 특별심의회를 둔다.

④ 결정서의 송달에 관하여는 「행정소송법」의 송달에 관한 규정을 준용한다.

 665 ②

해설

① (×) 군인·군무원·경찰공무원 또는 예비군대원이 전투·훈련 등 직무집행과 관련하여 전사·순직하거나 공상을 입은 경우에 본인이나 그 유족이 다른 법령에 따라 재해보상금·유족연금·상이연금 등의 **보상을 지급받을 수 있을 때**에는 「**국가배상법**」 및 「**민법**」(행정기본법×)에 따른 **손해배상을 청구할 수 없다**(있다×)(동법 제2조 제1항).

  Tip 이중배상금지 : 군인·군무원·경찰공무원 또는 예비군대원이 직무 중 죽거나 다쳐도 **국가에 손해배상을 청구할 수 없고 법정보상금만 받는 제도**이다. 즉, **민간인과 일반 공무원은 보상금도 받고** 국가에 대해 **손해배상도 따로 청구할 수 있으나** 군인·군무원·경찰공무원 또는 예비군대원은 손해배상을 따로 청구할 수 없다.

② (○) **생명·신체**에 대한 침해와 **물건의 멸실·훼손**으로 인한 손해 **외의 손해**는 불법행위와 **상당한 인과관계가 있는 범위**에서 배상한다(동법 제3조 제4항).

③ (×) **국가나 지방자치단체**에 대한 **배상신청사건을 심의**하기 위하여 **법무부**(행정안전부×)에 **본부심의회**를 둔다. 다만, **군인이나 군무원**이 타인에게 입힌 손해에 대한 배상신청사건을 심의하기 위하여 **국방부**에 **특별심의회를 둔다**(동법 제10조 제1항).

④ (×) 결정서의 **송달**에 관하여는 「**민사소송법**」(행정소송법×)의 송달에 관한 **규정을 준용**한다(동법 제14조 제2항).

  Tip 심의회는 배상결정을 하면 그 **결정을 한 날부터 1주일 이내**에 그 **결정정본**을 신청인에게 **송달하여야 한다**(국가배상법 제14조 제1항).

666 「국가배상법」에 대한 설명으로 적절한 것은 모두 몇 개인가? (다툼이 있는 경우 판례에 따름)

● **A급** 23 경위

> 가. 경찰관들의 시위진압에 대항하여 시위자들이 던진 화염병에 의하여 발생한 화재로 인하여 손해를 입은 주민이 국가를 상대로 국가배상을 청구한 경우에는 국가의 배상책임이 인정되지 않는다.
> 나. 시위진압 과정에서 가해공무원인 전투경찰이 특정되지 않더라도 손해배상책임이 인정된다.
> 다. 전투경찰순경은 「국가배상법」 제2조 제1항 단서에 따라 손해배상청구가 제한되는 군인·군무원·경찰공무원 또는 예비군대원에 해당한다.
> 라. 경찰공무원이 전투·훈련 등 직무집행과 관련하여 순직한 경우에는 전투·훈련 또는 이에 준하는 직무집행뿐만 아니라 일반 직무집행에 관하여도 국가나 지방자치단체의 배상책임이 제한된다.
> 마. 「국가배상법」 제5조에 따라 도로나 하천은 물론 경찰견도 영조물에 포함된다.

① 2개　　　② 3개　　　③ 4개　　　④ 5개

해설

옳은 설명은 **가, 나, 다, 라, 마, 5개**이다.

가. (○) 경찰관들의 시위진압에 대항하여 **시위자들이 던진 화염병**에 의하여 **발생한 화재**로 인하여 손해를 입은 주민이 국가를 상대로 국가배상을 청구한 경우에는 **국가의 배상책임이 인정되지 않는다**(대법원 94다2480).

나. (○) 시위진압 과정에서 **가해공무원인 전투경찰이 특정되지 않더라도 손해배상책임이 인정된다**(대법원 95다23897).

다. (○) **전투경찰순경**은 「국가배상법」 제2조 제1항 단서에 따라 **손해배상청구가 제한**되는 군인·군무원·경찰공무원 또는 예비군대원에 **해당한다**.

라. (○) 경찰공무원이 낙석사고 현장 주변 교통정리를 위하여 **사고현장 부근으로 이동하던 중**(일반 직무수행) 대형 낙석이 순찰차를 덮쳐 사망하자, 도로를 관리하는 **지방자치단체가** 국가배상법 제2조 제1항 단서(이중배상금지)에 따른 **면책을 주장**한 사안에서, 경찰공무원 등이 '전투·훈련 등 직무집행과 관련하여' 순직 등을 한 경우 국가배상법 및 민법에 의한 손해배상책임을 청구할 수 없다고 정한 면책조항(이중배상금지)은 **전투·훈련** 또는 이에 준하는 **직무집행뿐만 아니라 '일반 직무집행'에 관하여도** 국가나 지방자치단체의 **배상책임을 제한**하는 것이라고 해석하여 국가나 지방자치단체에 대해 **손해배상을 청구할 수 없다**고 하였다(대법원 2010다85942).

 666 ④

Tip 경찰공무원이 낙석사고 현장 주변 교통정리를 위하여 사고현장 부근으로 순찰차를 운전하고 가다가 산에서 떨어진 대형 낙석이 순찰차를 덮쳐 사망한 사안에서, 사망이 **지방자치단체의 도로에 관한 설치·관리상 하자로 인하여 발생**하였다고 보았다(대법원 2010다85942).

마. (○) **「국가배상법」 제5조**에서의 **공공의 영조물**에는 물건의 집합체로써 유체물인 **도로·하천·항만·상하수도·관공서청사·국공립학교건물** 등의 **부동산**은 물론 개개의 유체물인 **관용차·항공기·경찰견·경찰마** 등의 **동산도 포함한다.**

Tip **특별시장·광역시장·시장·군수의 권한**으로 규정되어 있는 도로에서의 **신호기 및 안전표지의 설치·관리**에 관한 권한은 시행령에 의하여 **시·도경찰청장 또는 경찰서장에게 위탁되었으나,** 이와 같은 권한의 위탁은 이른바 **기관위임**으로서 경찰서장 등은 권한을 위임한 시장 등이 속한 지방자치단체의 산하 행정기관의 지위에서 그 사무를 처리하는 것이므로, 경찰서장 등이 설치·관리하는 **신호기의 하자로** 인한 국가배상법 제5조 소정의 **배상책임**은 그 사무의 귀속 주체인 **시장 등이 속한 지방자치단체가 부담한다**(대법원 99다24201).

---

667 「국가배상법」상 경찰공무원의 배상책임에 대한 설명으로 가장 적절하지 않은 것은? (다툼이 있는 경우 판례에 의함)

● A급 24 경위

① 경찰공무원이 공무를 수행하는 과정에서 위법행위로 타인에게 손해를 가한 경우에 국가 등이 손해배상책임을 지는 것 외에 그 개인은 고의 또는 중과실이 있는 경우에는 손해배상책임을 진다.

② 경찰공무원의 중과실이란 공무원에게 통상 요구되는 정도의 상당한 주의를 하지 않더라도 약간의 주의를 한다면 손쉽게 위법·위해한 결과를 예견할 수 있는 경우임에도 만연히 이를 간과한 경우와 같이, 거의 고의에 가까운 현저한 주의를 결여한 상태를 의미한다.

③ 경찰공무원이 직무를 수행함에 있어 경과실로 타인에게 손해를 입힌 경우에는 그로 인하여 발생한 손해에 대하여 경찰공무원 개인에게 배상책임을 부담시키지 아니하는 것은 공무원의 공무집행의 안정성을 확보하려는 데 있다.

④ 국민의 생명·신체·재산 등을 보호하는 것을 본래의 사명으로 하는 국가는 형식적 의미의 법령에 근거가 없다면 경찰공무원에 대하여 위험을 배제할 작위의무를 인정할 수 없으므로, 경찰공무원의 부작위를 이유로 국가배상책임을 인정할 수 없다.

해설

① (○) **경찰공무원**이 **공무를 수행**하는 과정에서 **위법행위**로 타인에게 손해를 가한 경우에 **국가 등이 손해배상책임**을 지는 것 외에 **그 개인**은 **고의 또는 중과실이 있는** 경우에는 **손해배상책임을 진다**(대법원 95다38677).

② (○) **경찰공무원의 중과실**이란 공무원에게 통상 요구되는 정도의 상당한 주의를 하지 않더라도 **약간의 주의**를 한다면 손쉽게 위법·위해한 결과를 예견할 수 있는 경우임에도 **만연히 이를 간과**한 경우와 같이, **거의 고의에 가까운 현저한 주의를 결여한 상태를** 의미한다(대법원 2011다34521).

③ (○) 경찰공무원이 직무를 수행함에 있어 **경과실**로 타인에게 손해를 입힌 경우에는 그로 인하여 발생한 손해에 대하여 **경찰공무원 개인에게 배상책임을 부담시키지 아니하는 것**은 공무원의 공무집행의 안정성을 확보하려는 데 있다(대법원 95다38677).

④ (×) 국민의 생명·신체·재산 등을 보호하는 것을 본래적 사명으로 하는 국가가 초법규적, 일차적으로 그 위험 배제에 나서지 않으면 국민의 생명·신체·재산 등을 보호할 수 없는 경우에는 **형식적 의미의 법령에 근거가 없더라도** 국가나 관련 공무원에 대하여 그러한 **위험을 배제할 작위의무를 인정할 수 있으므로(없으므로×),** 경찰공무원의 **부작위를 이유로 국가배상책임을 인정할 수도 있다(없다×)**(대법원 2017다290538).

 667 ④

668 국가배상에 관한 설명으로 가장 적절하지 않은 것은? (다툼이 있는 경우 판례에 의함) ●A급 25 경위

① 지방자치단체의 도로에 관한 설치·관리상 하자로 인하여 대형낙석이 교통정리를 위해 이동 중이던 순찰차를 덮쳐 경찰공무원이 사망한 경우, 「국가배상법」제2조 제1항 단서의 면책 조항은 '일반 직무집행'에 관하여는 지방자치단체의 배상책임을 제한하지 않으므로, 위 지방자치단체의 국가배상책임은 면책되지 아니한다.

② 경찰관이 교통법규 등을 위반하고 도주하는 차량을 순찰차로 추적하는 직무를 집행하는 중에 그 도주차량의 주행에 의하여 제3자가 손해를 입었다고 하더라도 그 추적이 당해 직무 목적을 수행하는 데에 불필요하다거나 또는 도주차량의 도주의 태양 및 도로교통상황 등으로부터 예측되는 피해발생의 구체적 위험성의 유무 및 내용에 비추어 추적의 개시·계속 혹은 추적의 방법이 상당하지 않다는 등의 특별한 사정이 없는 한 그 추적행위를 위법하다고 할 수는 없다.

③ 지방자치단체가 '교통할아버지 봉사활동 계획'을 수립한 후 관할 동장으로 하여금 '교통할아버지'를 선정하게 하여 어린이 보호, 교통안내, 거리질서 확립 등의 공무를 위탁하여 집행하게 하던 중 '교통할아버지'로 선정된 노인이 위탁받은 업무 범위를 넘어 교차로 중앙에서 교통정리를 하다가 교통사고를 발생시킨 경우, 지방자치단체가 「국가배상법」제2조 소정의 배상책임을 부담한다.

④ 집회참가자들이 집회에서 사용할 조형물을 차량에 싣고 와 집회 장소 인근 도로에 정차한 후 내려놓으려고 하자 경찰관이 「도로교통법」위반을 이유로 조형물이 실린 채로 차량을 견인하려고 하였고 이에 집회참가자들이 스스로 차량을 옮기겠다고 하였음에도 경찰관이 위 차량을 견인한 행위는 「경찰관 직무집행법」제6조에 따른 적법한 행위라고 평가할 수 없다.

해설

① (×) 지방자치단체의 도로에 관한 설치·관리상 하자로 인하여 대형낙석이 교통정리를 위해 이동 중이던 순찰차를 덮쳐 경찰공무원이 사망한 경우, 「국가배상법」제2조 제1항 단서의 면책 조항은 전투·훈련 또는 이에 준하는 직무집행 뿐만 아니라 **'일반 직무집행'에 관하여도 국가나 지방자치단체의 배상책임을 제한**하는 것이라고 해석하여(제한하지 않으므로×), 위 **지방자치단체의 국가배상책임은 면책된다**(면책되지 아니한다×)(대법원 2010다85942).

② (○) 경찰관이 교통법규 등을 위반하고 **도주하는 차량을 순찰차로 추적하는 직무를 집행**하는 중에 그 도주차량의 주행에 의하여 제3자가 손해를 입었다고 하더라도 그 추적이 당해 직무 목적을 수행하는 데에 불필요하다거나 또는 도주차량의 도주의 태양 및 도로교통상황 등으로부터 예측되는 피해발생의 구체적 위험성의 유무 및 내용에 비추어 추적의 개시·계속 혹은 추적의 방법이 상당하지 않다는 등의 특별한 사정이 없는 한 그 **추적행위를 위법하다고 할 수는 없다**(대법원 2000다26807).

③ (○) 지방자치단체가 '교통할아버지 봉사활동 계획'을 수립한 후 관할 동장으로 하여금 '교통할아버지'를 선정하게 하여 어린이 보호, 교통안내, 거리질서 확립 등의 **공무를 위탁**하여 **집행**하게 하던 중 '**교통할아버지**'로 선정된 노인이 위탁받은 업무 범위를 넘어 교차로 중앙에서 교통정리를 하다가 **교통사고를 발생시킨 경우, 지방자치단체가** 「국가배상법」제2조 소정의 **배상책임을 부담한다**(대법원 98다39060).

🔵**Tip** 국가배상 공무원 인정 여부

공무원 긍정(국가배상 인정)	공무원 부정(국가배상 부정)
• **향토예비군**, 카투사 • **교통할아버지**, 통장 • 청원경찰	• 자진협력하는 개인 • 의용소방대원 • 시영버스운전수

④ (○) 집회참가자들이 집회에서 사용할 조형물을 차량에 싣고 와 집회 장소 인근 도로에 정차한 후 내려놓으려고 하자 경찰관이 「도로교통법」위반을 이유로 조형물이 실린 채로 차량을 견인하려고 하였고 이에 집회참가자들이 **스스로 차량을 옮기겠다고 하였음에도** 경찰관이 위 **차량을 견인한 행위**는 「경찰관 직무집행법」제6조에 따른 **적법한 행위라고 평가할 수 없다**(대법원 2017다218475).

 668 ①

669 국가배상에 관한 설명으로 가장 적절하지 않은 것은? (다툼이 있는 경우 판례에 의함)

● A급 25 순경2차

① 지방자치단체가 '교통할아버지 봉사활동 계획'을 수립한 후 관할동장으로 하여금 '교통할아버지'를 선정하게 하여 어린이 보호, 교통안내, 거리질서 확립 등의 공무를 위탁하여 집행하게 하던 중 '교통할아버지'로 선정된 노인이 위탁받은 업무 범위를 넘어 교차로 중앙에서 교통정리를 하다가 교통사고를 발생시킨 경우, 지방자치단체가 「국가배상법」 제2조 소정의 배상책임을 부담한다.

② 지방자치단체장이 설치하여 관할 지방경찰청장에게 관리권한이 위임된 교통신호기의 고장으로 인하여 교통사고가 발생한 경우, 지방자치단체뿐만 아니라 경찰관들의 봉급을 부담하는 국가도 손해배상책임이 인정된다.

③ 음주운전으로 적발된 주취운전자가 도로 밖으로 차량을 이동하겠다며 단속경찰관으로부터 보관 중이던 차량열쇠를 반환받아 몰래 차량을 운전하여 가던 중 사고를 일으킨 경우 국가배상책임을 인정한다.

④ 군인·군무원·경찰공무원 또는 예비군대원이 전투·훈련 등 직무 집행과 관련하여 전사·순직하거나 공상을 입은 경우, 유족이 다른 법령에 따라 재해보상금·유족연금·상이연금 등의 보상을 지급받을 수 있을 때에는 「국가배상법」 및 「민법」에 따른 손해배상 및 위자료를 청구할 수 없다.

해설

① (O) 지방자치단체가 '교통할아버지 봉사활동 계획'을 수립한 후 관할동장으로 하여금 '교통할아버지'를 선정하게 하여 어린이 보호, 교통안내, 거리질서 확립 등의 공무를 위탁하여 집행하게 하던 중 **교통할아버지**로 선정된 노인이 위탁받은 업무 범위를 넘어 교차로 중앙에서 교통정리를 하다가 교통사고를 발생시킨 경우, **지방자치단체가** 「국가배상법」 제2조 소정의 **배상책임을 부담한다**(대법원 98다39060).

② (O) 지방자치단체장이 설치하여 관할 지방경찰청장에게 관리권한이 위임된 **교통신호기의 고장으로 인하여 교통사고가 발생한 경우, 지방자치단체뿐만 아니라** 경찰관들의 봉급을 부담하는 **국가도 손해배상책임이 인정된다**(대법원 99다11120).

③ (O) 음주운전으로 적발된 주취운전자가 도로 밖으로 차량을 이동하겠다며 **단속경찰관으로부터 보관 중이던 차량열쇠를 반환받아** 몰래 **차량을 운전**하여 가던 중 사고를 일으킨 경우 **국가배상책임을 인정**한다(대법원 97다54482).

④ (×) 군인·군무원·경찰공무원 또는 예비군대원이 전투·훈련 등 직무 집행과 관련하여 전사·순직하거나 공상을 입은 경우, **유족이** 다른 법령에 따라 재해보상금·유족연금·상이연금 등의 보상을 지급받을 수 있을 때에는 「국가배상법」 및 「민법」에 따른 **손해배상(위자료×)을 청구할 수 없다**(국가배상법 제2조 제1항). **다만, 유족 자신의 정신적 고통에 대한 위자료는 청구할 수 있다(없다×)**(국가배상법 제2조 제3항).

🔵Tip 군인·군무원·경찰공무원 또는 예비군대원에 대한 **이중배상금지 원칙에도 불구하고** 전사하거나 순직한 군인·군무원·경찰공무원 또는 예비군대원의 **유족은** 자신의 정신적 고통에 대한 **위자료를 청구할 수 있다**(국가배상법 제2조 제3항).

🔒 669 ④

행정심판과 행정소송

670 「행정소송법」상 항고소송에 해당하지 않는 것은?　　　　●A급 22 순경1차

① 국가 또는 공공단체의 기관이 법률에 위반되는 행위를 한 때에 직접 자기의 법률상 이익과 관계없이 그 시정을 구하기 위하여 제기하는 민중소송
② 행정청의 처분등의 효력 유무 또는 존재여부를 확인하는 무효등 확인소송
③ 행정청의 부작위가 위법하다는 것을 확인하는 부작위위법확인소송
④ 행정청의 위법한 처분등을 취소 또는 변경하는 취소소송

해설

① (×) 국가 또는 공공단체의 기관이 법률에 위반되는 행위를 한 때에 직접 자기의 법률상 이익과 관계없이 그 시정을 구하기 위하여 제기하는 **민중소송 – 객관소송으로** 항고소송에 해당하지 않는다.
② (○) 행정청의 처분등의 효력 유무 또는 존재여부를 확인하는 무효등 확인소송 – **항고소송에 해당한다.**
③ (○) 행정청의 부작위가 위법하다는 것을 확인하는 부작위위법확인소송 – **항고소송에 해당한다.**
④ (○) 행정청의 위법한 처분등을 취소 또는 변경하는 취소소송 – **항고소송에 해당한다.**

Tip '**항고소송**'이란 행정청이 우월한 의사의 주체로서 행한 **행정작용에 대한 불복의 소송**을 총칭하는 것

Tip 행정소송의 종류

항고소송	**취소소송**	행정청의 위법한 처분등을 취소 또는 변경하는 소송
	무효등확인소송	행정청의 처분등의 효력 유무 또는 존재여부를 확인하는 소송
	부작위위법확인소송	행정청의 부작위가 위법하다는 것을 확인하는 소송
당사자소송		행정청의 처분등을 원인으로 하는 법률관계에 관한 소송 그 밖에 **공법상의 법률관계**에 관한 소송으로서 그 법률관계의 한쪽 당사자를 피고로 하는 소송
민중소송		국가 또는 공공단체의 기관이 법률에 위반되는 행위를 한 때에 **직접 자기의 법률상 이익과 관계없이** 그 시정을 구하기 위하여 제기하는 소송
기관소송		국가 또는 공공단체의 **기관상호간에 있어서의** 권한의 존부 또는 그 행사에 관한 다툼이 있을 때에 이에 대하여 제기하는 소송. 다만, 헌법재판소법 제2조의 규정에 의하여 헌법재판소의 관장사항으로 되는 소송은 제외한다.

671 다음 빈칸에 들어갈 말로 가장 적절한 것은? (다툼이 있는 경우 판례에 의함)　　●A급 23 순경2차

> 명예퇴직한 법관이 미지급 명예퇴직수당액에 대하여 가지는 권리는 명예퇴직수당 지급대상자 결정 절차를 거쳐 명예퇴직 수당규칙에 의하여 확정된 공법상 법률관계에 관한 권리로서, 그 지급을 구하는 소송은 「행정소송법」의 (　　)에 해당하며, 그 법률관계의 당사자인 국가를 상대로 제기하여야 한다.

① 취소소송　　　　　　　　　② 부작위위법확인소송
③ 기관소송　　　　　　　　　④ 당사자소송

 670 ① 671 ④

위 법관이 이미 수령한 수당액이 위 규정에서 정한 정당한 명예퇴직수당액에 미치지 못한다고 주장하며 차액의 지급을 신청함에 대하여 **법원행정처장이 거부하는 의사**를 표시했더라도, 그 의사표시는 명예퇴직수당액을 형성·확정하는 행정처분이 아니라 공법상의 법률관계의 한쪽 당사자로서 지급의무의 존부 및 범위에 관하여 **자신의 의견을 밝힌 것에 불과하므로 행정처분으로 볼 수 없다**. 결국 명예퇴직한 법관이 미지급 명예퇴직수당액에 대하여 가지는 권리는 명예퇴직수당 지급대상자 결정 절차를 거쳐 **명예퇴직수당규칙에 의하여 확정된 공법상 법률관계에 관한 권리**로서, 그 지급을 구하는 소송은 행정소송법의 (**당사자소송**)에 해당하며, 그 법률관계의 **당사자인 국가를 상대로 제기**하여야 한다(대법원 2013두14863).

672 「행정소송법」상 행정소송의 종류에 관한 설명이다. 아래 ⊙~㉣에 들어갈 내용으로 가장 적절한 것은?

● A급 25 순경1차

(⊙)소송 : 행정청의 처분등이나 부작위에 대하여 제기하는 소송
(ⓒ)소송 : 국가 또는 공공단체의 기관이 법률에 위반되는 행위를 한 때에 직접 자기의 법률상 이익과 관계없이 그 시정을 구하기 위하여 제기하는 소송
(ⓒ)소송 : 행정청의 처분등을 원인으로 하는 법률관계에 관한 소송 그 밖에 공법상의 법률관계에 관한 소송으로서 그 법률관계의 한쪽 (㉣)를 피고로 하는 소송

	⊙	ⓒ	ⓒ	㉣
①	항고	민중	당사자	대표자
②	부작위	항고	기관	대표자
③	항고	민중	당사자	당사자
④	항고	기관	민중	당사자

(⊙ **항고**)**소송** : 행정청의 처분등이나 부작위에 대하여 제기하는 소송
(ⓒ **민중**)**소송** : 국가 또는 공공단체의 기관이 법률에 위반되는 행위를 한 때에 직접 자기의 법률상 이익과 관계없이 그 시정을 구하기 위하여 제기하는 소송
(ⓒ **당사자**)**소송** : 행정청의 처분등을 원인으로 하는 법률관계에 관한 소송 그 밖에 공법상의 법률관계에 관한 소송으로서 그 법률관계의 한쪽 (㉣ **당사자**)를 피고로 하는 소송

673 「행정심판법」상 사정재결에 관한 설명 중 가장 적절하지 않은 것은? (다툼이 있는 경우 판례에 의함)

① 사정재결은 인용재결의 일종이다.

● A급 22 순경2차

② 무효등확인심판에서는 사정재결을 할 수 없다.
③ 사정재결을 하는 경우 반드시 재결주문에 그 처분 또는 부작위가 위법하다는 것을 명시해야 한다.
④ 사정재결 이후에도 행정심판의 대상인 처분등의 효력은 유지된다.

672 ③ 673 ①

해설

① (×) **사정재결**은 **기각재결**(**인용재결×**)의 일종이다.

  Tip **사정재결**은 예외적 재결로서 행정심판위원회는 심판청구가 이유가 있다고 인정하는 경우에도 이를 **인용하는 것이 공공복리에 크게 위배된다고 인정**하면 그 심판청구를 **기각하는 재결**을 할 수 있다(행정심판법 제44조 제1항 전단).

② (○) **사정재결**에 관한 규정은 **취소심판과 의무이행심판에만 적용**하고, **무효등확인심판에는 적용하지 아니한다**(행정심판법 제44조 제3항).

③ (○) 위원회는 사정재결을 하는 경우 반드시 재결의 주문에 **그 처분 또는 부작위가 위법하거나 부당하다는 것을 구체적으로 명시해야 한다**(행정심판법 제44조 제1항 후단).

④ (○) **사정재결**은 **기각재결이므로** 행정심판의 대상인 **처분등의 효력은 그대로 유지**된다.

---

674 「행정심판법」상 재결에 관한 설명으로 가장 적절하지 않은 것은? (다툼이 있는 경우 판례에 의함)

① 재결은 서면으로 한다.   ●A급 23 순경1차

② 위원회는 심판청구가 이유가 없다고 인정하면 그 심판청구를 기각한다.

③ 위원회는 지체없이 당사자에게 재결서의 등본을 송달하여야 하며, 재결서가 청구인에게 발송되었을 때에 그 효력이 생긴다.

④ 재결의 기속력은 재결의 주문 및 그 전제가 된 요건사실의 인정과 판단, 즉 처분 등의 구체적 위법사유에 관한 판단에만 미친다고 할 것이고, 종전 처분이 재결에 의하여 취소되었다 하더라도 종전 처분 시와는 다른 사유를 들어서 처분을 하는 것은 기속력에 저촉되지 않는다.

해설

① (○) **재결**은 **서면**으로 한다(동법 제46조 제1항).

  Tip 재결서에 적는 이유에는 주문 내용이 정당하다는 것을 인정할 수 있는 정도의 **판단을 표시하여야 한다**(동법 제46조 제3항).

② (○) 위원회는 **심판청구가 이유가 없다**고 인정하면 그 심판청구를 **기각**한다.

③ (×) 위원회는 **지체없이** 당사자에게 **재결서의 정본**(**등본×**)을 **송달**하여야 하며, 재결은 재결서 정본이 청구인에게 **송달**(**발송×**)되었을 때에 그 **효력**이 **생긴다**.

④ (○) **재결의 기속력**은 재결의 주문 및 그 전제가 된 요건사실의 인정과 판단, 즉 처분 등의 **구체적 위법사유에 관한 판단에만 미친다**고 할 것이고, 종전 처분이 재결에 의하여 취소되었다 하더라도 종전 처분 시와는 **다른 사유를 들어서 처분을 하는 것은 기속력에 저촉되지 않는다**.

  Tip 예를 들어, 영업허가취소처분에 대한 청구가 인용되어 면허취소처분이 취소되었다 하더라도 종전 처분 시와는 **다른 사유를 들어서 처분을 하는 것**은 기속력에 저촉되지 않으므로 다른 사유를 들어서 **종전과 같은 처분**(면허취소처분)을 할 수 있다.

🔒 674 ③

675 「행정심판법」에 관한 설명으로 가장 적절한 것은?

 A급 23 순경2차

① 대통령의 처분 또는 부작위에 대하여는 다른 법률에서 행정심판을 청구할 수 있도록 정한 경우 외에는 행정심판을 청구할 수 없다.

② 취소심판은 당사자의 신청에 대한 행정청의 위법 또는 부당한 거부처분이나 부작위에 대하여 일정한 처분을 하도록 하는 행정심판이다.

③ 처분 또는 부작위에 대한 행정심판은 청구서를 제출하거나 말로써 청구할 수 있다.

④ 행정심판위원회는 심판청구가 이유가 있다고 인정하는 경우에도 이를 인용(認容)하는 것이 공공복리에 크게 위배된다고 인정하면 그 심판청구를 기각하는 재결을 하여야 한다.

해설

① (○) **대통령의 처분 또는 부작위**에 대하여는 다른 법률에서 행정심판을 청구할 수 있도록 정한 경우 외에는 **행정심판을 청구할 수 없다.**

② (×) **의무이행심판**(취소심판×)은 당사자의 신청에 대한 행정청의 위법 또는 부당한 거부처분이나 부작위에 대하여 **일정한 처분을 하도록 하는** 행정심판이다.

　Tip '**취소심판**'은 행정청의 위법 또는 부당한 처분을 **취소하거나 변경하는** 행정심판이다.

③ (×) 처분 또는 부작위에 대한 **행정심판은 청구는 서면**(말로써×)으로 하여야 한다(행정심판법 제28조 제1항).

④ (×) 행정심판위원회는 심판청구가 이유가 있다고 인정하는 경우에도 이를 **인용하는 것이 공공복리에 크게 위배된다고 인정하면** 그 심판청구를 **기각**하는 재결을 **할 수 있다**(하여야 한다×).

676 「행정심판법」상 행정심판에 관한 설명으로 가장 적절하지 않은 것은?

 A급 24 순경1차

① 심판청구는 서면으로 하여야 하며, 심판청구서를 작성하여 피청구인 또는 행정심판위원회에 제출하여야 한다.

② 시·도경찰청장의 처분 또는 부작위에 대한 행정심판의 청구에 대해서는 경찰청에 두는 행정심판위원회에서 심리·재결한다.

③ 행정심판위원회는 처분, 처분의 집행 또는 절차의 속행 때문에 중대한 손해가 생기는 것을 예방할 필요성이 긴급하다고 인정할 때에는 직권으로 또는 당사자의 신청에 의하여 처분의 효력, 처분의 집행 또는 절차의 속행의 전부 또는 일부의 정지를 결정할 수 있다.

④ 행정심판위원회는 심판청구가 이유가 있다고 인정하는 경우에도 이를 인용하는 것이 공공복리에 크게 위배된다고 인정하면 심판청구를 기각하는 재결을 할 수 있다.

해설

① (○) **심판청구는 서면으로** 하여야 하며, 심판청구서를 작성하여 **피청구인 또는 행정심판위원회에 제출**하여야 한다.

② (×) **시·도경찰청장의 처분 또는 부작위에 대한 행정심판의 청구**에 대해서는 **국민권익위원회**(경찰청×)**에 두는 중앙행정심판위원회**에서 심리·재결한다(동법 제6조 제2항).

③ (○) **행정심판위원회는** 처분, 처분의 집행 또는 절차의 속행 때문에 **중대한 손해가** 생기는 것을 **예방할 필요성이** 긴급하다고 인정할 때에는 **직권으로 또는 당사자의 신청에 의하여** 처분의 효력, **처분의 집행 또는 절차의 속행의 전부 또는 일부의 정지를 결정할 수 있다.**

④ (○) 행정심판위원회는 심판청구가 이유가 있다고 인정하는 경우에도 이를 **인용하는 것이 공공복리에 크게 위배된다고 인정하면** 심판청구를 **기각하는 재결을 할 수 있다.**

 675 ① 676 ②

677 「행정심판법」상 재결에 관한 설명으로 가장 적절하지 않은 것은?  25 순경1차

① 행정심판위원회는 사정재결을 할 때에는 청구인에 대하여 상당한 구제방법을 취하거나 상당한 구제방법을 취할 것을 청구인과 피청구인에게 명한다.

② 행정심판위원회는 무효등확인심판의 청구가 이유가 있다고 인정하면 처분의 효력 유무 또는 처분의 존재 여부를 확인한다.

③ 행정심판위원회는 의무이행심판의 청구가 이유가 있다고 인정하면 지체 없이 신청에 따른 처분을 하거나 처분을 할 것을 피청구인에게 명한다.

④ 행정심판위원회는 심판청구가 이유가 있다고 인정하는 경우에도 이를 인용하는 것이 공공복리에 크게 위배된다고 인정하면 그 심판청구를 기각하는 재결을 할 수 있다.

해설

① (×) 행정심판위원회는 **사정재결을 할 때에는** 청구인에 대하여 상당한 구제방법을 취하거나 상당한 구제방법을 취할 것을 **피청구인**(청구인×)**에게 명할 수 있다**(명한다×)(동법 제44조 제2항).

② (○) 행정심판위원회는 **무효등확인심판의 청구가 이유가 있다고 인정하면 처분의 효력 유무 또는 처분의 존재 여부를 확인한다**(동법 제43조 제4항).

③ (○) 행정심판위원회는 **의무이행심판의 청구가 이유가 있다고 인정하면 지체없이 신청에 따른 처분을 하거나 처분을 할 것을 피청구인에게 명한다.**

④ (○) 행정심판위원회는 심판청구가 **이유가 있다고 인정하는 경우에도** 이를 인용하는 것이 공공복리에 크게 위배된다고 인정하면 그 심판청구를 **기각**하는 재결을 **할 수 있다**(사정재결). 이 경우 위원회는 **재결의 주문(主文)**에서 그 처분 또는 부작위가 위법하거나 부당하다는 것을 **구체적으로 밝혀야 한다**(동법 제44조 제1항).

678 「행정심판법」에 관한 설명으로 가장 적절하지 않은 것은?  25 순경2차

① 행정청의 처분 또는 부작위에 대하여는 다른 법률에 특별한 규정이 있는 경우 외에는 이법에 따라 행정심판을 청구할 수 있다. 다만, 대통령의 처분 또는 부작위에 대하여는 다른 법률에 특별한 규정이 있는 경우 외에는 행정심판을 청구할 수 없다.

② 행정심판위원회는 무효등확인심판의 청구가 이유가 있다고 인정하면 처분의 효력 유무 또는 처분의 존재여부를 확인한다.

③ 심판청구는 처분의 효력이나 그 집행 또는 절차의 속행에 영향을 주지 아니한다.

④ 행정심판의 재결은 행정심판위원회 또는 피청구인의 행정청이 심판청구서를 받은 날부터 60일 이내에 하여야 한다. 다만, 부득이한 사정이 있는 경우에는 위원장이 직권으로 60일을 연장할 수 있다.

해설

① (○) 행정청의 처분 또는 부작위에 대하여는 다른 법률에 특별한 규정이 있는 경우 외에는 이법에 따라 행정심판을 청구할 수 있다(동법 제3조 제1항). 다만, **대통령의 처분 또는 부작위**에 대하여는 다른 법률에 특별한 규정이 있는 경우 외에는 **행정심판을 청구할 수 없다**(동법 제3조 제2항).

② (○) 행정심판위원회는 **무효등확인심판**의 청구가 **이유가 있다고** 인정하면 **처분의 효력 유무 또는 처분의 존재여부를 확인한다**(제43조 제4항).

③ (○) **심판청구는** 처분의 효력이나 **그 집행 또는 절차의 속행에 영향을 주지 아니한다**(동법 제30조 제1항).

④ (×) **행정심판의 재결은** 행정심판위원회 또는 피청구인의 행정청이 **심판청구서를 받은 날부터 60일 이내에** 하여야 한다. 다만, 부득이한 사정이 있는 경우에는 **위원장이** 직권으로 **30일**(60일×)을 연장할 수 있다(동법 제45조 제1항).

Tip 위원장은 **재결 기간을 연장**할 경우에는 재결 기간이 끝나기 **7일 전까지 당사자에게 알려야 한다**(동법 제45조 제2항).

🔒 677 ① 678 ④

679 「행정심판법」상 중앙행정심판위원회에 관한 내용 중 가장 적절하지 않은 것은?  ●B급 22 법학

① 위원장 1명을 포함하여 70명 이내의 위원으로 구성하되, 위원 중 상임위원은 4명 이내로 한다.

② 위원장은 국민권익위원회의 부위원장 중 1명이 된다.

③ 비상임위원은 제7조 제4항 각 호의 어느 하나에 해당하는 사람 중에서 중앙행정심판위원회 위원장의 제청으로 국무총리가 성별을 고려하여 위촉한다.

④ 비상임위원의 임기는 2년으로 하되, 1차에 한하여 연임할 수 있다.

> **해설**
> ① (○) **중앙행정심판위원회**는 위원장 1명을 포함하여 **70명 이내의 위원**으로 구성하되, 위원 중 **상임위원은 4명 이내로** 한다.
> ② (○) **위원장**은 **국민권익위원회의 부위원장 중 1명**이 된다.
> ③ (○) **비상임위원**은 제7조 제4항 각 호의 어느 하나에 해당하는 사람 중에서 **중앙행정심판위원회 위원장의 제청으로 국무총리가** 성별을 고려하여 **위촉**한다.
> ④ (×) **비상임위원의 임기**는 2년으로 하되, **2차**(1차×)에 한하여 **연임할 수 있다**(행정심판법 제9조 제3항).

680 경찰작용에 있어서 행정소송에 대한 설명으로 가장 적절한 것은 모두 몇 개인가? (다툼이 있는 경우 판례에 의함) ●C급 24 경위

> 가. 관할 경찰청장은 운전면허와 관련된 처분권한을 각 경찰서장에게 위임하였고, 이에 따라 A 경찰서장은 자신의 명의로 甲에게 운전면허정지처분을 하였다면, 甲의 운전면허정지처분 취소소송의 피고적격자는 A 경찰서장이 아니라 관할 경찰청장이다.
> 나. 혈중알코올농도 0.13%의 주취상태에서 차량을 운전하다가 적발된 乙에게 관할 경찰청장이 「도로교통법」에 의거 운전면허취소처분을 하였을 경우, 乙은 행정심판을 거치지 않고 바로 행정소송을 제기할 수 있다.
> 다. 도로 외의 곳에서의 음주운전·음주측정거부 등에 대해서는 형사처벌도 가능하고 운전면허취소처분도 부과할 수 있다.
> 라. 경찰청장을 피고로 하여 취소소송을 제기하는 경우, 대법원 소재지를 관할하는 행정법원이 제1심 관할 법원으로 될 수 있다.

① 1개   ② 2개   ③ 3개   ④ 4개

> **해설**
> 옳은 설명은 **라, 1개**이다.
> 가. (×) 관할 경찰청장은 운전면허와 관련된 처분권한을 **각 경찰서장에게 위임**하였고, 이에 따라 A 경찰서장은 자신의 명의로 甲에게 운전면허정지처분을 하였다면, 甲의 운전면허정지처분 **취소소송의 피고적격자는 A 경찰서장**(관할 경찰청장×)이다.
> 나. (×) 혈중알코올농도 0.13%의 주취상태에서 차량을 운전하다가 적발된 乙에게 **관할 경찰청장이** 「도로교통법」에 의거 **운전면허취소처분**을 하였을 경우, 乙은 **행정심판을 거치지 않고 바로 행정소송을 제기할 수 없다**(있다×)(도로교통법 제142조).
> 💡**Tip** 필요적 행정심판 전치주의 적용 – **도로교통법상의 처분, 공무원에 대한 징계처분, 과세처분** 등은 행정심판의 재결을 거쳐야만 행정소송을 제기할 수 있도록 규정하고 있다.
> 다. (×) **도로 외의 곳에서의 음주운전·음주측정거부** 등에 대해서는 **형사처벌은 가능**하지만, **운전면허취소처분**(행정처분)은 부과할 수 없다(있다×)(대법원 2018두42771).
> 라. (○) **경찰청장을 피고로 하여 취소소송을 제기**하는 경우, 대법원 소재지를 관할하는 행정법원이 제1심 관할 법원으로 될 수 있다(행정소송법 제9조).

🔒 679 ④ 680 ①

681 현행 우리나라 「행정심판법」과 「행정소송법」에 관한 설명으로 가장 적절하지 않은 것은?

•B급 23 법학

① 「행정소송법」은 행정소송을 항고소송, 당사자소송, 민중소송, 기관소송으로 구분하고 있다.

② 「행정심판법」은 행정심판의 종류로 취소심판, 무효등확인심판, 의무이행심판을 규정하고 있다.

③ 「행정심판법」상 중앙행정심판위원회는 위원장 1명을 포함하여 70명 이내의 위원으로 구성하되, 위원 중 상임위원은 4명 이내로 한다.

④ 「행정심판법」상 중앙행정심판위원회 상임위원의 임기는 2년으로 하며, 연임할 수 없다.

해설

① (○) 「행정소송법」은 행정소송을 **항고소송, 당사자소송, 민중소송, 기관소송**으로 구분하고 있다.

② (○) 「행정심판법」은 행정심판의 종류로 **취소심판, 무효등확인심판, 의무이행심판**을 규정하고 있다.

③ (○) 「행정심판법」상 **중앙행정심판위원회**는 위원장 1명을 포함하여 **70명 이내**의 위원으로 구성하되, 위원 중 **상임위원은 4명 이내**로 한다.

④ (×) 「행정심판법」상 **중앙행정심판위원회 상임위원**의 임기는 **3년**(2년×)으로 하며, **1차**에 한하여 **연임할 수 있다**(없다×).

Tip 중앙행정심판위원회의 **위촉된 위원**의 임기는 **2년**으로 하되, **2차**에 한하여 **연임할 수 있다**(행정심판법 제9조 제3항).

제6절 **범죄피해자 보호**

682 「범죄피해자 보호법」에 관한 설명 중 가장 적절하지 않은 것은?

•B급 22 순경1차

① '범죄피해자'란 타인의 범죄행위로 피해를 당한 사람과 그 배우자, 직계친족 및 형제자매를 말한다. 다만, 배우자의 경우 사실상의 혼인관계는 제외한다.

② 국가는 범죄피해자가 해당 사건과 관련하여 수사담당자와 상담하거나 재판절차에 참여하여 진술하는 등 형사절차상의 권리를 행사할 수 있도록 보장하여야 한다.

③ 국가는 범죄피해자가 요청하면 가해자에 대한 수사 결과, 공판기일, 재판 결과, 형 집행 및 보호관찰 집행 상황 등 형사절차 관련 정보를 대통령령으로 정하는 바에 따라 제공할 수 있다.

④ 국가 및 지방자치단체는 범죄피해자가 형사소송절차에서 한 진술이나 증언과 관련하여 보복을 당할 우려가 있는 등 범죄피해자를 보호할 필요가 있을 경우에는 적절한 조치를 마련하여야 한다.

해설

① (×) '**범죄피해자**'란 타인의 범죄행위로 **피해를 당한 사람과 그 배우자, 직계친족 및 형제자매**를 말한다. 다만, 배우자의 경우 **사실상의 혼인관계는 포함**(제외×)한다(동법 제3조 제1항 제1호).

② (○) **국가**는 범죄피해자가 해당 사건과 관련하여 수사담당자와 상담하거나 재판절차에 참여하여 진술하는 등 형사절차상의 권리를 행사할 수 있도록 **보장하여야 한다**(동법 제8조 제1항).

③ (○) **국가는 범죄피해자가 요청하면** 가해자에 대한 수사 결과, 공판기일, 재판 결과, 형 집행 및 보호관찰 집행 상황 등 **형사절차 관련 정보를** 대통령령으로 정하는 바에 따라 **제공할 수 있다**(동법 제8조 제2항).

④ (○) **국가 및 지방자치단체는** 범죄피해자가 형사소송절차에서 한 **진술이나 증언과 관련하여 보복을 당할 우려가 있는** 등 범죄피해자를 보호할 필요가 있을 경우에는 **적절한 조치를 마련하여야 한다**(동법 제9조 제2항).

 681 ④ 682 ①

683 「범죄피해자 보호법」에 관한 설명 중 가장 적절하지 않은 것은?  22 법학

① "범죄피해자 보호·지원"이란 복지 증진을 제외한 범죄피해자의 손실 복구, 정당한 권리 행사에 기여하는 행위를 말한다. 다만, 수사·변호 또는 재판에 부당한 영향을 미치는 행위는 포함되지 아니한다.

② 국가는 구조피해자나 유족이 해당 구조대상 범죄피해를 원인으로 하여 손해배상을 받았으면 그 범위에서 구조금을 지급하지 아니한다.

③ 구조피해자 또는 그 유족이 외국인인 때에는 해당 국가의 상호 보증이 있는 경우, 해당 외국인이 구조대상 범죄피해 발생 당시 대한민국 국민의 배우자이거나 대한민국 국민과 혼인관계(사실상의 혼인관계를 포함한다)에서 출생한 자녀를 양육하고 있는 자로서 「출입국관리법」 제10조 제2호의 영주자격 또는 「출입국관리법」 제10조의2 제1항 제2호의 장기체류자격으로서 법무부령으로 정하는 체류자격을 가지고 있는 경우에만 이 법을 적용한다.

④ 구조금을 받으려는 사람은 법무부령으로 정하는 바에 따라 그 주소지, 거주지 또는 범죄 발생지를 관할하는 지구심의회에 신청하여야 한다.

> **해설**
>
> ① (×) "범죄피해자 보호·지원"이란 **범죄피해자의 손실 복구, 정당한 권리 행사 및 복지 증진에 기여하는**(복지 증진을 제외한×) 행위를 말한다. 다만, 수사·변호 또는 재판에 부당한 영향을 미치는 행위는 포함되지 아니한다(동법 제3조 제1항 제2호).
>
> ② (○) 국가는 구조피해자나 유족이 해당 구조대상 범죄피해를 원인으로 하여 **손해배상을 받았으면 그 범위에서 구조금을 지급하지 아니한다**(동법¹ 제21조 제1항).
>
> ③ (○) 구조피해자 또는 그 유족이 외국인인 때에는 해당 국가의 **상호 보증**이 있는 경우, 해당 외국인이 구조대상 **범죄피해 발생 당시** 대한민국 국민의 배우자이거나 대한민국 국민과 혼인관계(사실상의 혼인관계를 포함한다)에서 출생한 자녀를 양육하고 있는 자로서 「출입국관리법」 제10조 제2호의 영주자격 또는 「출입국관리법」 제10조의2 제1항 제2호의 장기체류자격으로서 법무부령으로 정하는 체류자격을 가지고 있는 경우에만 이 법을 적용한다(동법 제23조 제1호, 제2호 가목 또는 나목).
>
> ④ (○) 구조금을 받으려는 사람은 **법무부령**으로 정하는 바에 따라 그 주소지, 거주지 또는 범죄 발생지를 관할하는 **지구심의회**에 신청하여야 한다(동법 제25조 제1항).

684 「범죄피해자 보호법」에 관한 설명으로 가장 적절하지 않은 것은?  23 법학

① 범죄피해자는 범죄피해 상황에서 빨리 벗어나 인간의 존엄성을 보장받을 권리가 있다.

② 범죄피해 방지 및 범죄피해자 구조 활동으로 피해를 당한 사람도 범죄피해자로 본다.

③ 국민은 범죄피해자의 명예와 사생활의 평온을 해치지 아니하도록 유의하여야 하고, 국가 및 지방자치단체가 실시하는 범죄피해자를 위한 정책의 수립과 추진에 최대한 협력하여야 한다.

④ 구조금을 받을 권리는 그 구조결정이 해당 신청인에게 발송된 날부터 1년간 행사하지 아니하면 시효로 인하여 소멸된다.

> **해설**
>
> ① (○) 범죄피해자는 범죄피해 상황에서 빨리 벗어나 인간의 존엄성을 **보장받을 권리가 있다**(동법 제2조 제1항).
>
> ② (○) **범죄피해 방지** 및 **범죄피해자 구조** 활동으로 **피해를 당한 사람도 범죄피해자로 본다**(동법 제3조 제2항).
>
> ③ (○) **국민은** 범죄피해자의 명예와 사생활의 평온을 해치지 아니하도록 유의하여야 하고, 국가 및 지방자치단체가 실시하는 범죄피해자를 위한 정책의 수립과 추진에 **최대한 협력하여야 한다**(동법 제6조).

 683 ① 684 ④

④ (×) **구조금을 받을 권리는** 그 구조 결정이 해당 신청인에게 **송달**(발송×)**된 날부터 2년간**(1년간×) **행사하지 아니하면** 시효로 인하여 소멸된다(동법 제31조).

🅣ip 구조금을 받을 권리는 **양도하거나** **담보로 제공하거나** **압류할 수 없다**(동법 제32조).

685 「범죄피해자 보호법」에 관한 설명으로 가장 적절하지 않은 것은?
●A급 25 순경2차, 25 특공

① "범죄피해자"란 타인의 범죄행위로 피해를 당한 사람과 그 배우자(사실상의 혼인관계를 포함한다), 직계친족 및 형제자매를 말한다.

② 구조금은 유족구조금·장해구조금 및 중상해구조금으로 구분한다.

③ 범죄행위 당시 구조피해자와 가해자 사이가 4촌 이내의 친족인 경우에는 구조금을 지급하지 아니한다.

④ 구조피해자가 과도한 폭행·협박 또는 중대한 모욕 등 해당 범죄행위를 유발하는 행위를 한 때에는 구조금의 일부를 지급하지 아니한다.

해설

① (○) **"범죄피해자"란** 타인의 범죄행위로 피해를 당한 사람과 그 **배우자(사실상의 혼인관계를 포함한다)**, **직계친족 및 형제자매를 말한다.**

② (○) 구조금은 **유족구조금·장해구조금 및 중상해구조금**으로 구분한다.

③ (○) 범죄행위 당시 구조피해자와 가해자 사이가 **4촌 이내의 친족**인 경우에는 **구조금을 지급하지 아니한다**(동법 제19조 제1항 제3호).

🅣ip 4촌 이내의 친족이 아니거나 동거친족이 아닌 친족의 경우에는 **구조금의 일부를 지급하지 아니한다**(동법 제19조 제2항).

④ (×) 구조피해자가 **과도한 폭행·협박 또는 중대한 모욕** 등 해당 범죄행위를 **유발하는 행위**를 한 때에는 **구조금의 (일부를×) 지급하지 아니한다**(동법 제19조 제3항 제2호).

🅣ip 구조피해자가 **폭행·협박 또는 모욕** 등 해당 범죄행위를 **유발하는 행위**를 한 때에는 구조금의 **일부를 지급하지 아니한다**(동법 제19조 제4항 제1호).

686 「피해자 보호 및 지원에 관한 규칙」(경찰청훈령)상 2차 피해 방지에 관한 설명으로 가장 적절하지 않은 것은?
●B급 25 승진

① 성폭력, 아동학대, 가정폭력 피해자 등 피해자에 대한 특별한 배려가 필요한 사건을 접수한 경찰관은 담당 부서의 피해자보호관 등에게 인계하여 상담을 받을 수 있도록 조치한다.

② 경찰관은 피해사실을 접수한 때에 한하여 피해자가 원하는 경우 피해자지원제도 및 유관 기관·단체에 대한 정보를 제공하고 인계하도록 노력한다.

③ 경찰관은 조사 시작 전 피해자에게 가족 등 피해자와 신뢰관계에 있는 자를 참여시킬 수 있음을 고지하여야 한다.

④ 경찰관은 피해자가 심리적으로 심각한 불안감을 느끼는 등 피의자와의 대질조사를 하기 어렵다고 인정되는 경우에는 피해자를 피의자와 분리하여 조사하는 등 2차 피해 방지를 위한 조치를 취하여야 한다.

🔒 685 ④ 686 ②

① (○) 성폭력, 아동학대, 가정폭력 피해자 등 **피해자에 대한 특별한 배려**가 필요한 사건을 접수한 경찰관은 담당 부서의 피해자보호관 등에게 인계하여 **상담을 받을 수 있도록 조치한다**(동규칙 제20조 제2항).

② (×) 경찰관은 피해사실의 **접수 여부와 관계없이**(접수한 때에 한하여×), **피해자가 원하는 경우** 피해자지원제도 및 유관 기관·단체에 대한 정보를 제공하고 **인계하도록 노력한다**(동규칙 제20조 제3항).

③ (○) 경찰관은 **조사 시작 전 피해자에게** 가족 등 피해자와 **신뢰관계에 있는 자를 참여시킬 수 있음을 고지하여야 한다**(동규칙 제22조 제1항).

④ (○) 경찰관은 피해자가 심리적으로 심각한 불안감을 느끼는 등 피의자와의 **대질조사를 하기 어렵다고 인정되는 경우**에는 피해자를 피의자와 **분리하여 조사**하는 등 **2차 피해 방지를 위한 조치를 취하여야 한다**(동규칙 제22조 제4항).

김민철 경찰학
기출 1000제

**김민철 경찰학
기출 1000제**

이 단원의
출제 비중

15%
6문제

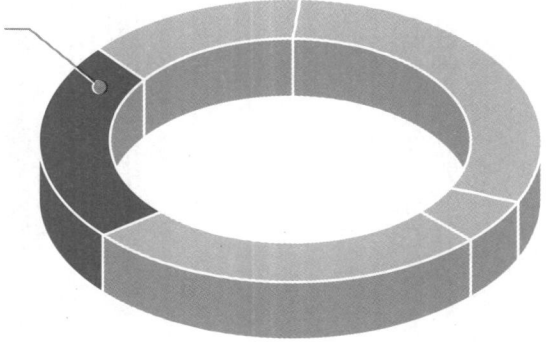

경찰행정학

01 경찰관리

제 1 절 경찰관리의 의의

687 귤릭 & 어윅(Gulick & Urwick)은 조직 내 관리자의 역할을 POSDCoRB로 정의하였다. 옳은 것으로 짝지어진 것은?

● A급 26 경위

① 정책(Policy) − 조직화(Organizing) − 인사(Staffing) − 지시(Directing) − 조정(Coordinating) − 보고(Reporting) − 예산(Budgeting)

② 정책(Policy) − 순서(Ordering) − 인사(Staffing) − 지시(Directing) − 조정(Coordinating) − 보고(Reporting) − 완충(Buffering)

③ 기획(Planning) − 조직화(Organizing) − 인사(Staffing) − 지시(Directing) − 조정(Coordinating) − 보고(Reporting) − 예산(Budgeting)

④ 기획(Planning) − 순서(Ordering) − 인사(Staffing) − 지시(Directing) − 조정(Coordinating) − 합리성(Rationality) − 완충(Buffering)

해설

① (×) 정책(Policy) − 조직화(Organizing) − 인사(Staffing) − 지시(Directing) − 조정(Coordinating) − 보고(Reporting) − 예산(Budgeting)

② (×) 정책(Policy) − 순서(Ordering) − 인사(Staffing) − 지시(Directing) − 조정(Coordinating) − 보고(Reporting) − 완충(Buffering)

③ (○) **기획(Planning)** − **조직화(Organizing)** − **인사(Staffing)** − **지시(Directing)** − **조정(Coordinating)** − **보고(Reporting)** − **예산(Budgeting)**

④ (×) 기획(Planning) − 순서(Ordering) − 인사(Staffing) − 지시(Directing) − 조정(Coordinating) − 합리성(Rationality) − 완충(Buffering)

Tip **루터 귤릭**(Luther Halsey Gulick, 1892년~1993년)과 **린들 어윅**(Lyndall Fownes Urwick, 1891년~1983년) 은 행정의 과학화에 가장 크게 기여한 학자이다. 특히 다양한 행정기구의 보직을 맡았었던 **귤릭**은 **행정이란 결정적으로 최고관리자의 능력**에 **달려있다고** 했다. 그리고 **3가지 원칙**으로 **명령과 통일의 원칙, 계층제의 원리, 통솔범위의 원칙**을 제시하며, 행정을 전문화하고 능률적으로 실행하는 데 있어 행정관리 요소를 '**7가지 요소(POSDCoRB)**'로 확대하고 발전시켰다. '**POSDCoRB**'는 **계획**(Planning), **조직**(Organizing), **인사**(Staffing), **지휘**(Direction), **조정**(Coordinating), **보고**(Reporting), **예산 편성**(Budgeting)의 첫머리 글자를 조립한 합성 단어로 **최고관리자의 기능**에 대해 **설명**하고 있다.

 687 ③

688 막스 베버(M. Weber)의 '이상적 관료제'의 구조적 특성에 대한 설명 중 가장 적절하지 않은 것은?

① 관료의 권한과 직무 범위는 법규와 관례에 의해 규정된다. ·C급 20 승진

② 직무의 수행은 서류에 의해 이루어진다.

③ 직무조직은 계층제적 구조로 구성된다.

④ 구성원 간 또는 직무 수행상 감정의 배제가 필요하다.

해설

① (×) **관료의 권한과 직무 범위는 법규**(관례×)에 의해 규정된다.
② (○) **직무의 수행은 서류**에 의해 이루어진다.
③ (○) **직무조직은 계층제적 구조**로 구성된다.
④ (○) **구성원 간 또는 직무 수행상 감정의 배제**가 **필요**하다.

689 경찰관료제의 병리현상에 관한 설명으로 가장 적절하지 않은 것은? ·A급 26 경위

① 관료는 목표가 아닌 수단에 지나치게 동조함으로써 목표와 수단의 전도나 창의력 결여 등의 부작용인 동조과잉이 나타나게 된다.

② 문제해결에 적극적·쇄신적 태도를 취하지 않으려 하고, 정책결정을 지연시키며, 상급자의 명령·지시에만 영합하며, 책임을 회피하기 위하여 상급자의 권위에 의존하는 무사안일주의와 상급자 권위에의 의존이 발생하게 된다.

③ 관료적 서열구조인 조직 안에서 구성원은 자신의 무능력 수준에 도달할 때까지 승진하게 된다는 할거주의가 나타나게 된다.

④ 관료가 한 가지 지식 또는 기술에 대해 훈련을 받고 기존 규칙을 준수하도록 길들여져서 다른 대안을 생각하지 못하는 훈련된 무능이 발생할 수 있다.

해설

① (○) 관료는 **목표가 아닌 수단에 지나치게 동조**함으로써 목표와 수단의 전도나 창의력 결여 등의 부작용인 **동조과잉**이 나타나게 된다.
② (○) 문제해결에 적극적·쇄신적 태도를 취하지 않으려 하고, 정책결정을 지연시키며, 상급자의 명령·지시에만 영합하며, 책임을 회피하기 위하여 상급자의 권위에 의존하는 무사안일주의와 **상급자 권위에의 의존**이 발생하게 된다.
③ (×) 관료적 서열구조인 조직 안에서 구성원은 **자신의 무능력 수준에 도달할 때까지 승진하게 된다**는 '**무능력자의 승진**(피터의 원리)'(할거주의×)가 나타나게 된다.

Tip '**할거주의**'란 자신이 소속된 기관과 부서만을 생각하고 다른 부서에 대해 배려하지 않는 **편협한 태도**를 말하는 것으로 '**부서이기주의**'라고도 한다.

④ (○) 관료가 **한 가지 지식** 또는 기술에 대해 훈련을 받고 기존 규칙을 준수하도록 **길들여져서 다른 대안을 생각하지 못하는 훈련된 무능**이 발생할 수 있다.

 688 ① 689 ③

690 경찰조직편성의 원리에 관한 설명으로 가장 적절하지 않은 것은?  A급 19 순경2차

① 통솔범위는 신설부서보다는 오래된 부서, 지리적으로 근접한 부서보다는 분산된 부서, 복잡한 업무보다는 단순한 업무의 경우에 넓어진다.

② 계층제는 조직의 경직화를 가져와 환경변화에 대한 조직의 신축적 대응을 어렵게 한다.

③ 조정의 원리는 구성원이나 단위기관의 활동을 전체적인 관점에서 통일하여 조직의 목표달성도를 높이려는 원리를 말한다.

④ 분업의 원리란 업무를 성질과 종류별로 구분하여 한 사람에게 한 가지의 동일한 업무만을 전담토록 하는 원리를 말한다.

> **해설**
>
> ① (×) **통솔범위**는 신설부서보다는 **오래된 부서**, 지리적으로 **분산된(근접한×)** 부서보다는 **근접한(분산된×)** 부서, 복잡한 업무보다는 **단순한 업무**의 경우에 **넓어진다.**
>
> ② (○) **계층제**는 조직의 **경직화**를 가져와 **환경변화**에 대한 조직의 **신축적 대응을 어렵게 한다.**
>
> ③ (○) **조정의 원리**는 구성원이나 단위기관의 활동을 **전체적인 관점에서 통일**하여 조직의 목표달성도를 높이려는 원리를 말한다.
>
> ④ (○) **분업의 원리**란 업무를 성질과 종류별로 구분하여 한 사람에게 한 가지의 **동일한 업무만을 전담**토록 하는 원리를 말한다.

691 경찰조직편성의 원리에 대한 설명으로 가장 적절하지 않은 것은?  A급 20 순경1차

① 계층제의 원리의 무리한 적용은 행정능률과 횡적 조정을 저해한다.

② 통솔범위의 원리에서 통솔범위는 계층 수, 업무의 복잡성, 조직 규모의 크기와 반비례 관계이다.

③ 관리자의 공백 등에 의한 업무의 공백에 대비하기 위하여 조직은 권한의 위임·대리 또는 유고관리자의 사전지정 등을 활용하여 명령통일의 한계를 완화할 수 있다.

④ 분업화의 정도가 높아질수록 조정과 통합이 어려워져서 할거주의가 초래될 수 있다.

> **해설**
>
> ① (×) **계층제**의 원리의 **무리한 적용**은 행정능률과 **종적(횡적×) 조정을 저해한다.**
>
> > 🇹ip 계층제의 원리는 역할의 수직적 분담체계로서 권한과 책임에 따라 직무를 등급화하고 상하명령에 의한 **복종 관계**를 확립하려는 것이다. 그러므로 이런 계층제의 원리를 **무리하게 적용**한다는 것은 **복종을 더욱 강요하는 것으로 상하 계층간의 의사소통이 차단**되어 종적 조정을 **저해**하게 된다.
>
> ② (○) **통솔범위의 원리**에서 통솔범위는 **계층 수**, 업무의 **복잡성**, **조직 규모**의 크기와 **반비례** 관계이다.
>
> > 🇹ip '**반비례 관계**'란 한쪽이 **올라갈수록(+)** 다른 쪽은 **반대로 내려가는(−) 관계**를 말한다. 따라서 계층의 수가 **많을수록**, 업무의 복잡성이 **높을수록**, 조직규모가 **클수록**, 통솔범위는 **반대로 좁아진다**는 것은 서로 방향이 반대인 '**반비례 관계**'에 해당한다.
>
> ③ (○) 관리자의 공백 등에 의한 **업무의 공백에 대비**하기 위하여 조직은 **권한의 위임·대리** 또는 유고관리자의 사전지정 등을 활용하여 **명령통일의 한계를 완화할 수 있다.**
>
> ④ (○) 분업화의 정도가 높아질수록 조정과 통합이 어려워져서 **할거주의**가 **초래**될 수 있다.
>
> > 🇹ip 할거주의란 **자신이 속한 부서의 이익만을 우선**하고 다른 부서를 배척하는 '**부서 이기주의**'를 말한다.

🔒 690 ① 691 ①

692 경찰조직편성의 원리에 관한 설명 중 가장 적절하지 않은 것은? ●A급 22 순경1차

① '통솔의 범위'는 한 사람의 상관이 효과적으로 감독할 수 있는 최대한의 부하의 수를 말한다.

② '계층제'는 권한과 책임의 정도에 따라 직무를 등급화 함으로써 상·하계층 간 직무상 지휘·감독관계에 놓이게 하는 것을 말한다.

③ '명령통일의 원리'는 조직구성원들은 한 사람의 상관으로부터만 명령을 받고, 보고도 그 상관에게만 하여야 한다는 것을 의미한다.

④ '할거주의'는 타기관 및 타부처에 대한 횡적인 조정과 협조를 용이하게 만드는 대표적인 요인으로 조정·통합의 원리에 필수적인 요소이다.

> **해설**
> ① (○) **통솔의 범위**는 **한 사람**의 상관이 효과적으로 **감독할 수 있는 최대한의 부하의 수**를 말한다.
> ② (○) **계층제**는 권한과 책임의 정도에 따라 직무를 **등급화** 함으로써 **상·하 계층** 간 직무상 **지휘·감독관계**에 놓이게 하는 것을 말한다.
> ③ (○) **명령통일의 원리**는 조직구성원들은 **한 사람의 상관으로부터만 명령을 받고, 보고도 그 상관에게만 하여야 한다**는 것을 의미한다.
> ④ (✕) **'할거주의'**는 부서이기주의로써 **자기부서의 이익만을 우선**시하는 관료제의 역기능 중 하나이다. 이로 인해 타기관 및 타부처에 대한 **횡적인 조정과 협조를 어렵게**(용이하게✕) 만드는 대표적인 요인으로 **조정·통합의 원리가 필요한 이유**(필수적인 요소✕)가 된다.

693 경찰조직편성의 원리에 관한 설명으로 가장 적절하지 않은 것은? ●A급 23 순경1차

① 할거주의는 조정과 통합의 원리를 실현시키는 필수적 요소이다.

② 계층제는 조직의 경직화를 초래하여 환경변화에 대한 조직의 신축적 대응을 어렵게 한다.

③ 명령통일의 원리는 부하직원이 한 사람의 상관으로부터만 명령을 받고, 보고도 그 상관에게만 하도록 하는 것을 의미한다.

④ 통솔의 범위는 한 사람의 상관이 효과적으로 감독할 수 있는 최대한의 부하의 수를 의미한다.

> **해설**
> ① (✕) **할거주의**는 **조정과 통합**의 원리 실현을 **저해하는**(필수적✕) 요소이다.
> ② (○) **계층제**는 조직의 경직화를 초래하여 환경변화에 대한 조직의 **신축적 대응을 어렵게** 한다.
> ③ (○) **명령통일의 원리**는 부하직원이 **한 사람의 상관으로부터만 명령을 받고, 보고도 그 상관에게만 하도록 하는** 것을 의미한다.
> ④ (○) **통솔의 범위**는 **한 사람의 상관**이 효과적으로 감독할 수 있는 **최대한의 부하의 수**를 의미한다.

694 경찰조직편성의 원리에 관한 설명으로 가장 적절하지 않은 것은? ●A급 23 순경2차

① 분업의 원리 - 가급적 한 사람에게 동일한 업무를 분담시킴으로써 특정 분야에 대한 업무의 전문화 확보를 가능하게 한다.

② 계층제의 원리 - 권한과 책임의 정도에 따라 직무를 계층화함으로써 상·하 계층 간에 직무상 지휘·감독 관계에 있도록 한다.

🔒 692 ④ 693 ① 694 ④

③ 조정과 통합의 원리 - 구성원의 노력과 행동을 질서있게 배열하고 통일시키는 작용을 함으로써 경찰행정의 목표를 효율적으로 달성할 수 있게 한다.

④ 통솔범위의 원리 - 1인의 상관 또는 감독자가 직접 통솔할 수 있는 부하직원의 수를 의미하며, 무니(Mooney)는 이러한 통솔범위의 원리를 조직편성 제1의 원리라고 하였다.

> **해설**
> ① (○) **분업의 원리** - 가급적 한 사람에게 동일한 **업무를 분담**시킴으로써 특정 분야에 대한 업무의 **전문화** 확보를 가능하게 한다.
> ② (○) **계층제의 원리** - 권한과 책임의 정도에 따라 직무를 계층화함으로써 **상·하** 계층 간에 직무상 **지휘·감독 관계**에 있도록 한다.
> ③ (○) **조정과 통합의 원리** - 구성원의 노력과 행동을 **질서있게 배열하고 통일**시키는 작용을 함으로써 경찰행정의 목표를 효율적으로 달성할 수 있게 한다.
> ④ (×) **통솔범위의 원리** - 1인의 상관 또는 감독자가 **직접 통솔**할 수 있는 **부하직원의 수**를 의미한다. 반면, **무니(Mooney)**는 **조정과 통합의 원리(통솔 범위의 원리×)**를 조직편성 제1의 원리라고 하였다.

---

695 다음에서 설명하는 조직편성의 원리와 가장 관계가 깊은 것은?

 **A급** 24 순경1차

> • 업무를 그 종류와 성질별로 구분하여 구성원에게 가능한 한 한가지의 주된 업무를 부담시킴으로써 조직 관리상의 능률을 향상시키려는 원리이다.
> • 한 사람이 수행할 수 있는 업무의 양과 시간에는 한계가 있고, 서로 다른 특성을 가진 업무를 한 사람이 맡아서 하는 것은 비효율적이다.
> • 다수가 일을 함에 있어서 각자의 임무를 나누어서 분명하게 부과하고 협력을 하도록 하는 것으로, 인간능력의 한계를 극복하고 업무를 효율적으로 수행하기 위한 것이다.

① 이 원리는 구조조정의 문제와 깊은 관련성이 있다.

② 이 원리에 따르면 업무에 대한 신속결단과 결단내용의 지시가 단일한 명령계통이어야 한다.

③ 이 원리의 장점은 권한과 책임을 계층에 따라 분배하여 의사결정의 검토가 이루어져 신중한 업무처리가 가능하다는 것이다.

④ 이 원리의 단점은 정형적·반복적 업무수행에 기인하여 작업에 대한 흥미 상실과 노동의 소외화나 인간기계화를 심화시키며, 부처 간의 할거주의가 초래될 수 있다는 것이다.

> **해설**
> 보기 설명은 '**분업(전문화)의 원리**'와 가장 관계가 깊다.
> ① (×) '**통솔범위의 원리**'는 **구조조정**의 문제와 깊은 관련성이 있다.
> ② (×) '**명령통일의 원리**'에 따르면 업무에 대한 신속결단과 결단내용의 지시가 **단일한 명령계통**이어야 한다.
> ③ (×) '**계층제의 원리**'의 **장점**은 권한과 책임을 계층에 따라 분배하여 의사결정의 검토가 이루어져 **신중한 업무처리가 가능하다**는 것이다.
> ④ (○) '**분업(전문화)의 원리**'의 **단점**은 정형적·반복적 업무수행에 기인하여 작업에 대한 **흥미 상실**과 노동의 소외화나 **인간기계화**를 심화시키며, **부처 간의 할거주의가 초래**될 수 있다는 것이다.

🔒 695 ④

696 다음에서 설명하는 조직편성원리에 관한 내용과 가장 관계가 깊은 것은?  A급 24 순경2차

> 한 사람이 직접적으로 감독할 수 있는 부하의 수는 업무의 성질, 고용기술, 작업성과 기준에 달려 있으며, 모든 조직은 일반적으로 상관보다 부하가 더 많다. 이러한 이유 때문에 경찰 조직은 사다리 모양보다는 피라미드 모양을 취하고 있다.

① 조직의 경직화를 초래하여 환경변화에 따른 새로운 기술의 신속한 도입이 어렵다.

② 부하들을 직접 감독하지 않는 참모 및 계선조직이 부하들에게 유익한 자문을 하는 것을 허용하지 않는다.

③ 경과 제도를 통한 특정업무의 세분화 및 시간과 경비를 절약할 수 있다.

④ 구조조정의 문제와 깊은 관련성이 있다.

해설

보기의 설명은 '**통솔범위의 원리**'와 관계가 깊다.

① (×) **조직의 경직화**를 초래하여 환경변화에 따른 **새로운 기술의 신속한 도입이 어렵다.** – **계층제의 원리**

② (×) 부하들을 직접 감독하지 않는 **참모 및 계선조직**이 부하들에게 유익한 **자문**을 하는 것을 **허용하지 않는다.** – **명령통일의 원리**

③ (×) **경과 제도**를 통한 **특정업무의 세분화** 및 시간과 경비를 절약할 수 있다. – **분업화 · 전문화의 원리**

④ (○) **구조조정의 문제**와 깊은 관련성이 있다. – **통솔범위의 원리**

> **Tip** 한사람의 상관이 직접 통솔하기 어려운 과도한 수의 부하가 배치되어 있거나 반대로 부하의 수가 적어서 관리 · 감독에 여유가 있는 경우라면, **효과적으로 통솔할 수 있는 적정한 수준**으로 구조조정이 요구된다. 이런 의미에서 통솔범위의 원리는 구조조정의 문제와 깊은 관련성이 있다.

697 경찰조직편성의 원리에 관한 설명으로 가장 적절하지 않은 것은?  A급 25 순경1차

① 계층제 원리 – 권한과 책임의 배분을 통해 신중한 업무처리가 가능하며, 수직적 분화와 집권화 현상이 나타나 구성원의 동기부여를 향상시킨다.

② 통솔범위의 원리 – 업무의 종류가 단순할수록 통솔의 범위는 넓어지며, 계층의 수가 많아질수록 통솔의 범위가 좁아진다.

③ 분업의 원리 – 분업의 원리는 업무를 그 종류와 성질별로 구분하여 구성원에게 가능한 한 한 가지의 주된 업무를 분담시킴으로써 조직 관리상의 능률을 향상시키려는 것을 말한다.

④ 조정과 통합의 원리 – 구성원의 노력과 행동을 질서있게 배열하고 통일시키는 작용을 함으로써 경찰행정의 목표를 효율적으로 달성할 수 있게 한다.

해설

① (×) **계층제 원리** – 권한과 책임의 배분을 통해 신중한 업무처리가 가능하나, 수직적 분화와 **집권화** 현상이 나타나 구성원의 동기부여를 **저하**(향상×)시킨다.

② (○) **통솔범위의 원리** – 업무의 종류가 단순할수록 통솔의 범위는 넓어지며, 계층의 수가 많아질수록 통솔의 범위가 좁아진다.

③ (○) **분업의 원리** – 분업의 원리는 업무를 그 종류와 성질별로 구분하여 구성원에게 가능한 한 한가지의 주된 업무를 분담시킴으로써 조직 관리상의 능률을 향상시키려는 것을 말한다.

④ (○) **조정과 통합의 원리** – 구성원의 노력과 행동을 질서있게 배열하고 통일시키는 작용을 함으로써 경찰행정의 목표를 효율적으로 달성할 수 있게 한다.

🔒 696 ④ 697 ①

698 다음에 설명하는 내용을 볼 때, 경찰조직에 필요한 조직편성의 원리로 가장 적절한 것은?

• A급 22 경위

경찰은 대부분의 경우 예기치 못한 사태가 돌발적으로 발생하며, 시급히 해결하지 않으면 피해를 회복하기 곤란한 경우가 많아 신속한 집행을 필요로 하는데, 이때 지시가 분산되고 여러 사람으로부터 지시를 받는다면, 범인을 놓친다든지 사고처리가 늦어 인명이나 재산의 피해에 신속한 대응이 불가능하다.

① 계층제의 원리(Hierarchy)
② 통솔범위의 원리(Span of Control)
③ 명령통일의 원리(Unity of Command)
④ 조정과 통합의 원리(Coordination)

해설

③ (O) **'명령통일의 원리'** – 경찰은 대부분의 경우 예기치 못한 사태가 돌발적으로 발생하며, 시급히 해결하지 않으면 피해를 회복하기 곤란한 경우가 많아 **신속한 집행**을 필요로 하는데, 이때 **지시가 분산되고 여러 사람으로부터 지시를 받는다면**, 범인을 놓친다든지 **사고처리가 늦어** 인명이나 재산의 피해에 **신속한 대응이 불가능하다.**

699 한정된 인력이나 예산을 가지고 갈등이 생기는 경우에 업무추진의 우선순위를 지정하는 등의 방법으로 갈등을 해결하는 조직편성원리로 가장 적절한 것은?

• A급 21 승진

① 조정과 통합의 원리
② 명령통일의 원리
③ 계층제의 원리
④ 통솔범위의 원리

해설

① (O) **조정과 통합의 원리** – 한정된 인력이나 예산을 가지고 **갈등이 생기는 경우**에 업무추진의 **우선순위를 지정**하는 등의 방법으로 **갈등을 해결**하는 조직편성원리를 말한다.

700 경찰조직 편성원리에 대한 설명으로 가장 적절하지 않은 것은?

• A급 20 승진

① 통솔범위의 원리란 조직목적수행을 위한 구성원의 임무를 책임과 난이도에 따라 상위로 갈수록 권한과 책임이 무거운 임무를 수행하도록 편성하는 것을 말한다.
② 명령통일의 원리란 조직 구성원 간에 지시나 보고를 주고받는 과정에서 지시는 한 사람만이 할 수 있고, 보고도 한 사람에게만 하여야 한다는 원칙을 말한다.
③ 명령통일의 원리에 따르면 관리자의 공백 등을 대비하여 대리, 위임, 유고관리자 사전지정 등이 필요하다.
④ 계층제의 원리는 권한과 책임의 배분을 통하여 신중한 업무처리가 가능하다는 장점이 있다.

 698 ③　699 ①　700 ①

해설

① (×) **계층제(통솔범위×)**의 원리란 조직목적수행을 위한 구성원의 임무를 **책임과 난이도**에 따라 **상위로 갈수록** 권한과 책임이 **무거운 임무**를 수행하도록 편성하는 것을 말한다.

② (○) **명령통일의 원리**란 조직 구성원 간에 **지시나 보고**를 주고받는 과정에서 지시는 **한 사람만**이 할 수 있고, 보고도 한 사람에게만 하여야 한다는 원칙을 말한다.

③ (○) **명령통일의 원리**에 따르면 **관리자의 공백 등을 대비**하여 대리, 위임, 유고관리자 사전지정 등이 필요하다.

④ (○) **계층제의 원리**는 권한과 책임의 배분을 통하여 **신중한 업무처리가 가능하다**는 장점이 있다.

---

701 조직편성의 원리에 대한 설명으로 가장 적절하지 않은 것은?  **·A급** 19 승진

① 계층제의 원리 − 직무를 책임과 난이도에 따라 등급화하고 계층 간에 명령복종관계를 적용하는 원리로, 지휘계통을 확립하고 조직의 업무수행에 통일을 기할 수 있다.

② 통솔범위의 원리 − 1인의 상관 또는 감독자가 효과적으로 직접 통솔할 수 있는 부하의 수를 정하는 원리로, 통솔범위는 신설부서보다는 오래된 부서, 지리적으로 분산된 부서보다는 근접 부서, 복잡한 업무보다는 단순한 업무의 경우에 넓어진다.

③ 명령통일의 원리 − 조직의 집단적 노력을 질서 있게 배열하는 과정으로서 개별적인 활동을 전체적인 관점에서 통일하여 조직의 목표달성도를 높이려는 원리로, 관리자의 공백 등을 대비하여 대리, 위임, 유고관리자 사전지정 등이 필요하다.

④ 조정의 원리 − 조직편성의 각각의 원리는 장단점을 가지고 있는 바, 이러한 장단점을 조화롭게 승화시키는 원리로, 문제해결이 어려운 경우 관리자가 갈등을 초래할 수 있는 결정을 보류 또는 회피하는 방식을 사용할 수 있다.

해설

① (○) **계층제의 원리** − 직무를 책임과 난이도에 따라 등급화하고 **계층 간에 명령복종관계**를 적용하는 원리로, 지휘계통을 확립하고 조직의 업무수행에 통일을 기할 수 있다.

② (○) **통솔범위의 원리** − **1인의 상관** 또는 감독자가 효과적으로 **직접 통솔할 수 있는** 부하의 수를 정하는 원리로, **통솔범위**는 신설부서보다는 **오래된 부서**, 지리적으로 분산된 부서보다는 **근접 부서**, 복잡한 업무보다는 **단순한 업무**의 경우에 **넓어진다.**

③ (×) **명령통일의 원리** − 조직체의 구성원 간에 **지시나 보고**를 주고받는 과정에서 지시는 **한 사람만**이 할 수 있고, 보고도 한 사람에게만 하여야 한다는 원리로, **관리자의 공백 등을 대비**하여 대리, 위임, 유고관리자 사전지정 등이 필요하다.

　　🇹ip 조직의 집단적 노력을 질서 있게 배열하는 과정으로서 개별적인 활동을 전체적인 관점에서 통일하여 조직의 목표달성도를 높이려는 원리는 '조정과 통합의 원리'이다.

④ (○) **조정의 원리** − 조직편성의 각각의 원리는 장단점을 가지고 있는 바, 이러한 장단점을 조화롭게 승화시키는 원리로, 문제해결이 어려운 경우 관리자가 갈등을 초래할 수 있는 결정을 보류 또는 회피하는 방식을 사용할 수 있다.

🔒 701 ③

702 경찰조직편성의 원리에 관한 설명 중 가장 적절하지 않은 것은?  23 특공

① '통솔의 범위'는 한 사람의 상관이 효과적으로 감독할 수 있는 최대한의 부하의 수를 말한다.
② '분업의 원리'는 다수가 일을 함에 있어서 각자의 임무를 나누어서 분명하게 부과하고 협력을 하도록 하는 것이다.
③ Mooney는 조정의 원리를 '제1의 원리'라고 하였다.
④ 계층제는 권한의 책임과 배분을 통하여 업무의 신중을 기할 수 있으므로 새로운 지식·기술의 도입이 용이하다.

> **해설**
> ① (○) **통솔의 범위**는 한 사람의 상관이 **효과적으로 감독할 수 있는** 최대한의 부하의 수를 말한다.
> ② (○) **분업의 원리**는 다수가 일을 함에 있어서 **각자의 임무를 나누어서** 분명하게 부과하고 협력을 하도록 하는 것이다.
> ③ (○) Mooney는 **조정의 원리를 '제1의 원리'**라고 하였다.
> ④ (×) **계층제**는 권한의 책임과 배분을 통하여 **업무의 신중**을 기할 수 있으나, **새로운 지식·기술의 도입은 어렵다(용이하다×).**

703 경찰조직편성의 원리에 대한 설명 중 가장 적절하지 않은 것은 모두 몇 개인가?  20 법학

> ㉠ 계층제의 원리는 구성원의 임무를 책임과 난이도에 따라 상하로 나누어 배치하여 조직의 일체감, 통일성을 유지하므로 조직의 환경변화에 신축적으로 대응하기 용이하다.
> ㉡ 통솔범위의 원리에 의하면 통솔범위는 부하직원의 능력이 높을수록, 신설부서일수록, 근접한 부서일수록, 단순 업무일수록, 계층의 수가 적을수록 넓어진다.
> ㉢ 분업의 원리는 구성원의 부품화, 반복업무에 따른 흥미상실, 비밀증가 등 지나친 전문화로 인하여 문제가 발생할 경우, 조정의 원리 등의 적용을 통하여 해결할 수 있다.
> ㉣ 조정의 원리는 조직의 목적달성을 위해 구성원의 행동이 통일을 기하도록 집단적 노력을 질서 있게 배열하는 과정이다.
> ㉤ 조정과 통합의 원리에서 갈등의 원인이 지나치게 세분화된 업무 처리에 있다면 관리자는 조직의 전문화 강화에 더욱 힘써야 한다.

① 1개　　　　② 2개　　　　③ 3개　　　　④ 4개

> **해설**
> 틀린 설명은 ㉠, ㉡, ㉤, **3개**이다.
> ㉠ (×) **계층제의 원리**는 구성원의 임무를 책임과 난이도에 따라 **상하**로 나누어 배치하여 조직의 일체감, 통일성을 유지하나 조직의 **환경변화에 신축적으로 대응하기는 어렵다(용이하다×).**
> ㉡ (×) **통솔범위의 원리**에 의하면 통솔범위는 **부하직원의 능력이 높을수록, 오래된 부서(신설부서×)**일수록, 근접한 부서일수록, **단순 업무일수록, 계층의 수가 적을수록** 넓어진다.
> ㉢ (○) **분업의 원리**는 구성원의 부품화, 반복업무에 따른 흥미상실, 비밀증가 등 지나친 **전문화로 인하여** 문제가 발생할 경우, **조정의 원리 등의 적용을 통하여 해결**할 수 있다.
> ㉣ (○) **조정의 원리**는 조직의 목적달성을 위해 구성원의 행동이 **통일**을 기하도록 **집단적 노력을 질서 있게 배열**하는 과정이다.
> ㉤ (×) **조정과 통합의 원리**에서 **갈등의 원인**이 지나치게 **세분화된 업무 처리**에 있다면 관리자는 조직의 **조정과 통합**(전문화 강화×)에 **더욱 힘써야 한다.**

🔒 **702** ④　**703** ③

704 경찰조직편성의 원리에 대한 설명으로 가장 적절하지 않은 것은? ●A급 21 법학

① 계층제의 원리는 지휘감독을 통해 조직의 질서와 통일을 확보하지만, 무리한 적용으로 구성원 간의 인간관계 저해, 기관장의 독단화 등으로 조직의 경직성을 초래할 수 있다.

② 통솔범위의 원리에서 통솔범위는 조직의 역사, 교통통신의 발달, 관리자의 리더십, 부하의 능력과 정비례 관계이다.

③ 전문화와 분업화의 정도가 높아질수록 조정과 통합의 필요성이 높아지므로 양자는 정비례 관계이다.

④ 명령통일의 원칙은 한 사람의 상관이 직접 통솔할 수 있는 부하의 합리적인 수를 말한다.

> **해설**
>
> ① (○) **계층제의 원리**는 **지휘감독을 통해 조직의 질서와 통일을 확보**하지만, **무리한 적용으로 구성원간의 인간관계 저해**, **기관장의 독단화** 등으로 **조직의 경직성을 초래**할 수 있다.
>
> ② (○) **통솔범위의 원리**에서 통솔범위는 조직의 **역사**, **교통통신의 발달**, 관리자의 **리더십**, 부하의 **능력**과 **정비례 관계**이다.
>
> 🎈Tip '**정비례 관계**'란 한쪽이 **올라갈수록(+)** 다른 쪽도 **함께 올라가는(+) 관계**를 말한다. 그러므로 조직의 역사가 **오래될수록**, 교통통신이 **발달할수록**, 관리자의 리더십이 **좋을수록**, 부하의 능력이 **높을수록** 통솔범위도 함께 **넓어지는 것**은 '**정비례 관계**'에 해당한다.
>
> ③ (○) **전문화와 분업화**의 정도가 **높아질수록** 조정과 통합의 필요성이 **높아지므로** 양자는 '**정비례 관계**'이다.
>
> ④ (✕) **통솔범위의 원리**(명령통일의 원칙✕)은 한 사람의 상관이 **직접 통솔할 수 있는 부하의 합리적인 수**를 말한다.

705 경찰조직편성의 원리에 관한 설명으로 가장 적절한 것은? ●A급 25 순경2차, 25 특공

① 계층제의 원리에 의하면 계층이 많을수록 업무처리가 신속하고 계층 간의 갈등이 감소한다.

② 통솔범위의 원리에 의하면 계층의 수, 업무의 복잡성 및 조직 규모의 크기와 통솔의 범위는 정비례 관계이다.

③ 분업의 원리에 의하면 분업화가 안 될수록 조정과 통합이 어려워지며 할거주의를 초래할 수 있다.

④ 조정과 통합의 원리에 의하면 조직의 조정과 통합은 집단적 노력을 질서 있게 배열하고 조직 및 구성원의 행동을 통일시키는 작용을 함으로써 경찰행정의 목표를 달성할 수 있게 한다.

> **해설**
>
> ① (✕) 계층제의 원리에 의하면 **계층이 많을수록 업무처리가 신중**(신속✕)하고 계층 간의 갈등이 **증가**(감소✕)한다.
>
> ② (✕) 통솔범위의 원리에 의하면 **계층의 수**, 업무의 복잡성 및 **조직 규모의 크기**와 통솔의 범위는 **반비례**(정비례✕) 관계이다.
>
> ③ (✕) 분업의 원리에 의하면 **분업화가 잘 될수록**(안 될수록✕) 조정과 통합이 어려워지며 **할거주의**를 **초래**할 수 있다.
>
> ④ (○) **조정과 통합의 원리**에 의하면 조직의 조정과 통합은 집단적 노력을 **질서 있게 배열**하고 조직 및 구성원의 **행동을 통일**시키는 작용을 함으로써 경찰행정의 목표를 달성할 수 있게 한다.

 🔒 704 ④　705 ④

706 경찰조직편성의 원리에 대한 설명으로 옳은 것은 모두 몇 개인가?  21 특공

> ㉠ 계층제의 원리의 무리한 적용은 행정능률과 횡적 조정을 저해한다.
> ㉡ 통솔범위의 원리에서 통솔범위는 계층 수, 업무의 복잡성, 조직 규모의 크기와 반비례 관계이다.
> ㉢ 관리자의 공백 등에 의한 업무의 공백에 대비하기 위하여 조직은 권한의 위임·대리 또는 유고관리자의 사전지정 등을 활용하여 명령통일의 한계를 완화할 수 있다.
> ㉣ 분업화의 정도가 높아질수록 조정과 통합이 어려워져서 할거주의가 초래될 수 있다.

① 1개   ② 2개   ③ 3개   ④ 4개

해설

옳은 설명은 ㉡, ㉢, ㉣, **3개**이다.
㉠ (×) 계층제의 원리의 무리한 적용은 행정능률과 종적(횡적×) 조정을 저해한다.
㉡ (○) 통솔범위의 원리에서 통솔범위는 **계층 수가 많을수록**, 업무의 **복잡성이 높을수록**, 조직 **규모의 크기가 클수록** 통솔범위는 반대로 좁아지기 때문에 '**반비례 관계**'에 있다.
㉢ (○) 관리자의 공백 등에 의한 업무의 공백에 대비하기 위하여 조직은 권한의 **위임·대리** 또는 **유고관리자의 사전지정** 등을 활용하여 **명령통일의 한계를 완화할 수 있다.**
㉣ (○) 분업화의 정도가 높아질수록 조정과 통합이 어려워져서 **할거주의가 초래**될 수 있다.

707 경찰조직편성의 원리에 대한 설명으로 가장 적절하지 않은 것은?  23 경위

① 통솔범위의 원리에서 조직의 역사, 교통통신의 발달, 관리자의 리더십(Leadership), 부하의 능력 등은 통솔범위의 중요 요소이다.
② 통솔범위의 원리는 직무를 책임과 난이도에 따라 상하로 나누어 배치하고 상하계층간에 명령복종관계를 적용하는 조직편성원리로 상위로 갈수록 권한과 책임이 무거운 임무를 수행한다는 원리이다.
③ 무니(J. Mooney)는 조정·통합의 원리를 조직의 제1원리이며 가장 최종적인 원리라고 하였다.
④ 명령통일의 원리는 조직구성원 누구나 한 사람의 상관에게 보고하며 한 사람의 상관으로부터 명령을 받아야 한다는 원리이다.

해설

② (×) 계층제(**통솔범위×**)의 원리는 직무를 책임과 난이도에 따라 **상하**로 나누어 배치하고 **상하계층간에 명령복종관계**를 적용하는 조직편성원리로 상위로 갈수록 권한과 책임이 무거운 임무를 수행한다는 원리이다.

708 경찰조직편성의 원리 중 통솔범위의 원리에 관한 설명으로 가장 적절하지 않은 것은? A급 23 법학

① 업무의 종류가 동질적이고, 단순할수록 통솔범위는 넓어진다.
② 교통기관이 발달할수록 통솔범위는 넓어진다.
③ 조직규모가 작을수록 통솔범위는 작아진다.
④ 통솔범위의 원리는 구조조정의 문제와 깊은 관련성이 있다.

🔒 706 ③   707 ②   708 ③

① (○) 업무의 종류가 **동질적이고, 단순할수록** 통솔범위는 **넓어진다**.
② (○) **교통기관이 발달할수록** 통솔범위는 **넓어진다**.
③ (×) **조직규모가 작을수록** 비공식적 접촉의 가능성이 증가하여 통솔범위는 **넓어진다**(작아진다×).
④ (○) **통솔범위의 원리는** 구조조정의 문제와 깊은 관련성이 있다.

709 통솔범위의 원리에 관한 설명으로 가장 적절하지 않은 것은?  22 법학

① 계층의 수가 많을수록 통솔범위는 좁아지고, 계층의 수가 적을수록 통솔범위는 넓어진다.
② 부하의 능력 및 경험이 높아질수록 통솔범위가 넓어지고, 감독자의 능력 및 경험이 높아질수록 통솔범위가 넓어진다.
③ 업무의 종류가 전문적일수록 통솔범위는 넓어지고, 업무의 종류가 단순할수록 통솔범위는 좁아진다.
④ 조직의 규모가 클수록 통솔범위는 좁아지고, 조직의 규모가 작을수록 통솔범위는 넓어진다.

① (○) **계층의 수가 많을수록** 통솔범위는 **좁아지고**, **계층의 수가 적을수록** 통솔범위는 **넓어진다**.
② (○) **부하의 능력 및 경험이 높아질수록** 통솔범위가 **넓어지고**, **감독자의 능력 및 경험이 높아질수록** 통솔범위가 **넓어진다**.
③ (×) **업무의 종류가 전문적일수록** 통솔범위는 **좁아지고**(넓어지고×), **업무의 종류가 단순할수록** 통솔범위는 **넓어진다**(좁아진다×).
④ (○) **조직의 규모가 클수록 통솔범위는 좁아지고**, 조직의 규모가 작을수록 통솔범위는 **넓어진다**.

710 경찰조직편성원리에 관한 설명 중 옳지 않은 것을 모두 고른 것은?  23 승진

⊙ 통솔범위의 원리는 관리자의 능률적인 감독을 위해서는 통솔하는 대상의 범위를 적정하게 제한하여야 한다는 것으로 관리의 효율성을 좌우하는 중요한 원리이다.
⊙ 조직의 집단적 노력을 질서 있게 배열하는 과정으로 개별적인 활동을 전체적인 관점에서 통일하여 조직의 목표달성도를 높이려는 조직편성의 원리를 명령통일의 원리라고 한다.
⊙ 계층제의 원리는 관리자의 공백 등을 대비하여 대리, 위임, 유고관리자 사전지정 등이 필요하다.
⊙ 조정과 통합의 원리는 조직편성원리의 장단점을 조화롭게 승화시키는 원리로, 무니(Mooney)는 조정의 원리를 '제1의 원리'라고 하였다.

① ⊙, ⊙   ② ⊙, ⊙   ③ ⊙, ⊙   ④ ⊙, ⊙

틀린 설명은 ⊙, ⊙, 2개이다.
⊙ (○) **통솔범위의 원리**는 관리자의 능률적인 감독을 위해서는 **통솔하는 대상의 범위를** 적정하게 제한하여야 한다는 것으로 **관리의 효율성**을 좌우하는 중요한 원리이다.
⊙ (×) 조직의 **집단적 노력을 질서 있게 배열**하는 과정으로 개별적인 활동을 전체적인 관점에서 통일하여 조직의 목표달성도를 높이려는 조직편성의 원리를 조정과 통합(명령통일×)의 원리라고 한다.
⊙ (×) **명령통일**(계층제×)의 원리는 관리자의 공백 등을 대비하여 **대리, 위임, 유고관리자 사전지정** 등이 필요하다.
⊙ (○) **조정과 통합의 원리**는 조직편성원리의 장단점을 조화롭게 승화시키는 원리로, **무니**(Mooney)는 조정의 원리를 '**제1의 원리**'라고 하였다.

🔒 709 ③   710 ③

711 경찰조직의 편성원리에 대한 설명으로 가장 적절하지 않은 것은?  24 경위

① 계층제의 원리 – 권한 및 책임 한계가 명확하며 경찰행정의 능률성과 조직의 안정성을 확보할 수 있다.

② 분업의 원리 – 업무의 전문화를 통해 업무습득에 걸리는 시간을 단축할 수 있지만 분업의 정도가 높아질수록 조직할거주의가 초래될 수 있다.

③ 명령통일의 원리 – 업무수행의 혼선을 방지하여 신속한 의사결정을 하도록 한다.

④ 통솔범위의 원리 – 업무의 종류가 단순할수록 통솔범위는 좁아지며 계층의 수가 많을수록 통솔범위는 넓어진다.

> **해설**
>
> ① (○) **계층제의 원리** – **권한 및 책임** 한계가 **명확**하며 경찰행정의 **능률성**과 **조직의 안정성**을 확보할 수 있다.
>
> ② (○) **분업의 원리** – 업무의 전문화를 통해 **업무습득에 걸리는 시간을 단축**할 수 있지만 분업의 정도가 높아질수록 **조직할거주의가 초래**될 수 있다.
>
> ③ (○) **명령통일의 원리** – 업무수행의 혼선을 방지하여 **신속한 의사결정**을 하도록 한다.
>
> ④ (×) **통솔범위의 원리** – 업무의 종류가 **단순할수록** 통솔범위는 **넓어지며(좁아지며×)**, **계층의 수가 많을수록** 통솔범위는 **좁아진다(넓어진다×)**.

712 다음에서 설명하는 조직편성원리의 특징으로 가장 적절하지 않은 것은?  25 경위

> 조직의 목적을 수행하기 위하여 구성원의 임무를 권한과 책임에 따라 나누어 배치하고 상위로 갈수록 권한과 책임이 무거운 임무를 수행하도록 편성한다.

① 지도와 감독을 통해서 행정의 질서와 통일성을 확보할 수 있다.

② 계층에 따라 의사결정의 검토가 이루어져 신중한 업무처리가 가능하다.

③ 조직의 경직화를 초래하여 새로운 기술이나 지식의 신속한 도입이 어렵다.

④ 특정분야의 전문성 확보에 용이하며 업무의 세분화로 인해 시간과 경비가 절약될 수 있다.

> **해설**
>
> 해당 보기는 조직편성원리 중 '**계층제 원리**'에 대한 설명이다.
>
> ① (○) **지도와 감독을 통해서 행정의 질서와 통일성을 확보**할 수 있다. – **계층제 원리**
>
> ② (○) **계층에 따라** 의사결정의 검토가 이루어져 **신중한 업무처리**가 가능하다. – **계층제 원리**
>
> ③ (○) **조직의 경직화**를 초래하여 새로운 기술이나 지식의 **신속한 도입이 어렵다.** – **계층제 원리**
>
> ④ (×) **특정분야의 전문성 확보**에 용이하며 **업무의 세분화**로 인해 **시간과 경비가 절약**될 수 있다. – **분업화 · 전문화 원리**

🔒 711 ④   712 ④

713 조직 내부 갈등의 해결방법에 대한 설명으로 가장 적절하지 않은 것은?  • A급 19 승진

① 부서 간의 갈등이 일어나고 있을 때는 더 높은 상위목표를 제시, 상호 간 이해와 양보를 유도하는 것이 바람직하다.

② 문제해결이 어려운 경우에는 갈등을 완화하거나 관리자가 갈등을 초래할 수 있는 결정을 보류 또는 회피하는 방식을 사용할 수 있다.

③ 갈등의 장기적 대응을 위해서 조직의 구조, 보상체계, 인사 등의 제도개선과 조직원의 행태를 합리적으로 개선하는 방안이 있다.

④ 갈등의 원인이 세분화된 업무처리에 있다면 업무추진의 우선순위를 정해주는 것이 바람직하고 한정된 인력이나 예산으로 갈등이 생기는 경우 전체적인 업무처리과정의 조정과 통합이 바람직하다.

> **해설**
> ① (○) **부서 간의 갈등이 일어나고 있을 때**는 더 높은 **상위목표를 제시**, 상호 간 **이해와 양보를 유도**하는 것이 바람직하다.
> ② (○) **문제해결이 어려운 경우**에는 **갈등을 완화**하거나 관리자가 갈등을 초래할 수 있는 **결정을 보류 또는 회피하는 방식**을 사용할 수 있다.
> ③ (○) **갈등의 장기적 대응**을 위해서 **조직의 구조, 보상체계, 인사 등**의 **제도개선**과 조직원의 **행태**를 합리적으로 **개선**하는 방안이 있다.
> ④ (×) **갈등의 원인이 세분화된 업무처리에 있다면** 전체적인 업무처리과정의 **조정과 통합**(업무추진의 우선순위를 정해주는 것×)이 바람직하고, **한정된 인력이나 예산으로 갈등이 생기는 경우라면** 업무추진의 **우선순위를 정해주는 것**(업무처리과정의 조정과 통합×)이 바람직하다.

제3절 인사관리

[엽관주의와 실적주의]

714 엽관주의와 실적주의에 관한 설명으로 옳은 것을 모두 고른 것은?  • C급 24 승진

> ㉠ 엽관주의는 정치지도자의 국정지도력을 강화함으로써 공공정책의 실현을 용이하게 해준다.
> ㉡ 잭슨(Jackson) 대통령이 암살당한 사건은 미국에서 실적주의 도입의 배경이 되었다.
> ㉢ 엽관주의는 행정의 안정성과 지속성을 확보하기 어렵다.
> ㉣ 실적주의는 정치적 중립에 집착하여 인사행정을 소극화·형식화시켰다.

① ㉠, ㉡   ② ㉡, ㉢
③ ㉠, ㉢, ㉣   ④ ㉠, ㉡, ㉢, ㉣

> **해설**
> 옳은 설명은 ㉠, ㉢, ㉣, **3개**이다.
> ㉠ (○) **엽관주의**는 정치지도자의 **국정지도력**을 **강화**함으로써 **공공정책의 실현**을 용이하게 해준다.
> ㉡ (×) 미국의 제20대 대통령 **가필드**(J. A. Garfield)(**잭슨×**)가 엽관주의 추종자에 의해 **암살당하면서 엽관주의는 쇠퇴**하게 되었고, **실적주의 도입의 배경**이 되었다(1883년 **팬들턴 법** 제정).

 713 ④   714 ③

Tip 엽관주의는 미국의 **자유민주정치 발전과정**에서 **도입**된 것으로, 미국의 제7대 대통령에 당선된 **잭슨**(Jackson)에 의해 선거전에서 승리한 정당이 관직을 차지하는 **엽관주의가 도입되었다**(1829년).
ⓒ (O) **엽관주의**는 행정의 **안정성과 지속성**을 확보하기 **어렵다**.
ⓔ (O) **실적주의**는 **정치적 중립**에 **집착**하여 인사행정을 **소극화 · 형식화**시켰다.

[직업공무원제도]

715 다음은 경찰직업공무원제도에 대한 설명이다. 옳은 것은 모두 몇 개인가?  20 순경1차

> ㉠ 실적주의는 직업공무원제로 발전되어 가는 기반이 되지만, 실적주의가 바로 직업공무원제도를 의미하는 것은 아니다.
> ㉡ 행정의 안정성, 계속성, 독립성, 중립성 확보가 용이하다.
> ㉢ 행정통제 및 행정책임 확보가 용이하다.
> ㉣ 젊은 인재의 채용을 위한 연령제한으로 공직 임용의 기회 균등을 저해한다.

① 1개   ② 2개   ③ 3개   ④ 4개

해설

옳은 설명은 ㉠, ㉡, ㉣, **3개**이다.
㉠ (O) **실적주의**는 **직업공무원제**로 발전되어 가는 **기반**이 되지만, **실적주의가 바로 직업공무원제도를 의미하는 것**은 **아니다**.
㉡ (O) 직업공무원제도는 행정의 **안정성, 계속성, 독립성, 중립성 확보**가 **용이**하다.
㉢ (✕) **직업공무원제도는 행정통제 및 행정책임 확보가 어렵다**(용이하다✕).
　　Tip **직업공무원제도**는 **신분보장**을 강하게 해 줌으로써 공무원이라는 직업을 매력적으로 하여 우수한 인재를 확보하려는데 목적이 있다. 여기서 신분보장이 강력하다는 것은 **법률에서 정한 특별한 사유가 아니라면 면직되지 않기** 때문에 국민들의 **여론에 대한 반응이 느리고**, 직무수행에 있어서도 **책임을 지지 않으려는 소극적이고 형식적인 행정**이 이뤄지기 쉽다.
㉣ (O) **직업공무원제도**는 젊은 인재의 채용을 위한 **연령제한**으로 공직 임용의 **기회 균등을 저해한다**.

716 직업공무원제도에 관한 설명으로 가장 적절한 것은?  24 순경2차

① 개방형 충원체제로 넓은 시야를 가진 유능한 인재의 등용 및 분야별 전문인력을 확보하는 데 용이하다.
② 공무원의 일체감과 단결심 및 공직에 헌신하려는 정신을 강화하는 데 불리한 제도이다.
③ 연령제한이 필수적이나 직위분류제를 원칙으로 한다는 점에서 실적주의와 공통점이 있다.
④ 공무원들의 성실한 직무수행과 장기근속을 유도하기 위한 제도와 원칙들을 토대로 한다.

해설

① (✕) **직업공무원제도는 폐쇄형**(개방형✕) **충원체제**로 넓은 시야를 가진 **유능한 인재의 등용**에는 **용이**하나, 분야별 **전문인력을 확보**하는 데 **어렵다**(용이하다✕).
② (✕) 직업공무원제도는 공무원의 **일체감과 단결심** 및 공직에 **헌신하려는 정신**을 **강화**하는데 **유리한**(불리한✕) 제도이다.
③ (✕) 직업공무원제도는 젊고 유능한 인재확보를 위해 **연령제한**이 필요하나(필수적✕) 필수적 요소는 아니다.
　　Tip **직업공무원제**는 기본적으로 **계급제**를 기반으로 **폐쇄형 충원체제**를 통해 **신분보장을 강하게 한다**는 점에서 **실적주의와 공통점**이 있다.
④ (O) 직업공무원제도는 공무원들의 **성실한 직무수행**과 **장기근속**을 유도하기 위한 제도와 원칙(**신분보장과 정치적 중립, 실적주의, 계급제**)들을 토대로 한다.

🔒 715 ③   716 ④

717 직업공무원제도에 관한 설명으로 가장 적절하지 않은 것은?

A급 25 순경2차, 25 특공

① 공무원의 장기근속을 유도하므로 행정의 안정성과 계속성을 유지하는데 유리하다.
② 공무원이 환경변화에 민감하지 못하고 특권 집단화될 우려가 있다.
③ 연령 등으로 대상을 제한하는 경우도 있어 공직임용의 기회균등이 제약될 수 있다.
④ 강력한 신분보장으로 공무원에 대한 행정통제와 책임확보가 용이하다.

> **해설**
> ① (○) 공무원의 **장기근속**을 유도하므로 행정의 **안정성과 계속성을 유지**하는데 유리하다.
> ② (○) 공무원이 **환경변화에 민감하지 못하고 특권 집단화**될 우려가 있다.
> ③ (○) 연령 등으로 대상을 제한하는 경우도 있어 공직임용의 **기회균등이 제약**될 수 있다.
> ④ (✕) **강력한 신분보장**으로 공무원에 대한 **행정통제와 책임확보가 용이하지 않다**(용이하다✕).

718 직업공무원제도에 대한 설명이다. 아래 가.부터 라.까지 설명 중 옳고 그름의 표시(○, ✕)가 바르게 된 것은?

A급 24 경위

> 가. 직업공무원제도는 신분보장, 정치적 중립, 자격이나 능력중시, 개방형 인력충원 방식의 선호라는 점에서 실적주의와 공통점을 가진다.
> 나. 직업공무원제도의 성공적 정착을 위해서는 공직에 대한 사회의 높은 평가가 필요하며 퇴직 후의 불안해소와 생계보장을 위해 적절한 연금제도가 확립되어야 한다.
> 다. 직업공무원제도는 장기적인 발전가능성을 선발기준으로 삼고 있으며 직위분류제가 계급제보다 직업공무원제도의 정착에 더 유리하다.
> 라. 직업공무원제도는 행정의 안정성과 독립성 확보에 용이하며 외부환경 변화에 신속하게 대응한다는 장점이 있다.

① 가.(○)　나.(○)　다.(○)　라.(✕)
② 가.(✕)　나.(○)　다.(✕)　라.(✕)
③ 가.(○)　나.(○)　다.(✕)　라.(○)
④ 가.(✕)　나.(○)　다.(○)　라.(✕)

> **해설**
> 가. (✕) **직업공무원제도는 신분보장, 정치적 중립, 자격이나 능력중시, 폐쇄형(개방형✕) 인력충원 방식의 선호**라는 점에서 **실적주의와 공통점**을 가진다.
> 🅣ip **실적주의가 직업공무원제도보다 더 넓은 개념**으로서 실적주의는 직업공무원제도를 확립하는데 기반이 되는 인사관리 이론일 뿐, **실적주의 자체가 바로 직업공무원제도를 의미하는 관계는 아니라는 점**에 유의해야 한다.
> 나. (○) **직업공무원제도의 성공적 정착**을 위해서는 공직에 대한 **사회의 높은 평가가 필요**하며 **퇴직 후의 불안해소와 생계보장**을 위해 **적절한 연금제도**가 확립되어야 한다.
> 다. (✕) 직업공무원제도는 **장기적인 발전가능성**을 선발기준으로 삼고 있으며 **계급제(직위분류제✕)가 직위분류제(계급제✕)**보다 **직업공무원제도의 정착에 더 유리**하다.
> 🅣ip **계급제**는 충원방식이 **폐쇄형**으로 운영되고 **신분보장을 강조**하므로 **안정적인 근무**를 원하는 **직업공무원제도의 확립에 용이**하다.
> 라. (✕) **직업공무원제도**는 행정의 안정성과 독립성, 중립성 확보에는 용이하지만, **현상유지적·보수적 경향**으로 인해 **외부환경 변화에 신속하게 대응하지 못한다**는(대응한다는✕) **단점(장점✕)**이 있다.

🔒 717 ④　718 ②

[계급제와 직위분류제]

719 계급제와 직위분류제에 대한 설명으로 가장 적절하지 않은 것은?　●A급 19 순경1차

① 직위분류제의 경우 직무중심 분류로서 계급제보다 인사배치에 신축성을 기할 수 있다.

② 계급제의 경우 널리 일반적 교양, 능력을 갖춘 사람을 채용하여 장기간에 걸쳐 능력을 향상시키므로 공무원이 종합적, 신축적인 능력을 갖출 수 있다.

③ 직위분류제의 경우 동일한 직무를 장기간 담당하게 되어 행정의 전문화에 기여한다.

④ 우리나라의 공직분류는 계급제 위주에 직위분류제적 요소를 가미한 혼합 형태라고 할 수 있다.

해설

① (×) **직위분류제**의 경우 **직무중심** 분류로서 계급제보다 **인사배치에 신축성을 기할 수 없다(있다×).**
② (○) **계급제**의 경우 널리 **일반적 교양**, 능력을 갖춘 사람을 채용하여 **장기간**에 **걸쳐 능력을 향상**시키므로 공무원이 **종합적, 신축적인 능력을 갖출 수 있다.**
③ (○) **직위분류제**의 경우 **동일한 직무를 장기간 담당**하게 되어 행정의 **전문화에 기여**한다.
④ (○) **우리나라의 공직분류는 계급제 위주**에 **직위분류제적 요소를 가미**한 **혼합 형태**라고 할 수 있다.

720 계급제와 직위분류제에 관한 설명으로 가장 적절하지 않은 것은?　●A급 23 순경1차

① 직위분류제는 사람 중심 분류로서 계급제보다 인사배치의 신축성 측면에서 유리하다.

② 우리나라의 공직분류는 계급제 위주에 직위분류제적 요소를 가미한 혼합 형태라고 할 수 있다.

③ 직위분류제는 미국에서 실시된 후 다른 나라로 전파되었다.

④ 직위분류제는 계급제에 비해서 보수결정의 합리적인 기준을 제시하는 것이 장점이다.

해설

① (×) **직위분류제**는 **직무(사람×)중심** 분류로서 계급제보다 **인사배치의 신축성 측면**에서 **불리(유리×)**하다.
② (○) **우리나라의 공직분류는 계급제 위주**에 **직위분류제적 요소를 가미**한 **혼합 형태**라고 할 수 있다.
③ (○) **직위분류제**는 **1909년 미국 시카고**에서 **처음 실시**된 후 다른 나라로 전파되었다.
④ (○) **직위분류제**는 계급제에 비해서 보수결정 뿐만 아니라 임용 및 인사행정에 있어서 **합리적이고 객관적인 기준**을 제시하는 것이 장점이다.

721 계급제와 직위분류제의 관계에 관한 설명으로 가장 적절하지 않은 것은?　●A급 24 순경1차

① 직무분석과 직무평가의 충실한 수행을 강조하는 것은 직위분류제이다.

② 계급제는 직업공무원제도 정착에 유리하다.

③ 양자는 양립할 수 없는 상호 배타적인 관계가 아니라 서로의 결함을 시정할 수 있는 상호 보완적인 관계이다.

④ 계급제는 '동일직무에 대한 동일보수의 원칙'을 확립함으로써 보수제도의 합리적 기준을 제시한다.

해설

① (○) **직무분석과 직무평가**의 충실한 수행을 강조하는 것은 **직위분류제**이다.
② (○) **계급제**는 **직업공무원제도 정착**에 **유리**하다.
③ (○) 계급제와 직위분류제는 양립할 수 없는 상호 배타적인 관계가 아니라 서로의 결함을 시정할 수 있는 **상호 보완적인 관계**이다.
④ (×) **직위분류제(계급제×)**는 **'동일직무에 대한 동일보수의 원칙'**을 확립함으로써 보수제도의 **합리적 기준**을 제시한다.

🔒 **719** ① **720** ① **721** ④

722 계급제와 직위분류제를 비교한 것으로 가장 적절하지 않은 것은?  ●A급 23 특공

① 계급제는 직무를 중요시하며, 직무분석과 직무평가의 중요성을 강조하는 제도이다.

② 계급제는 직위분류제에 비해 신분보장이 강하며 폐쇄형 충원 방식을 택한다.

③ 직위분류제는 권한과 책임의 한계를 명확히 하고, 보수의 합리적 기준을 제시한다는 장점이 있다.

④ 직위분류제는 계급제에 비해 인사배치의 신축성과 융통성이 부족하다.

해설

① (×) **직위분류제(계급제×)는** 직무를 **중요시**하며, **직무분석과 직무평가**의 중요성을 강조하는 제도이다.
② (○) **계급제는** 직위분류제에 비해 **신분보장이 강하며 폐쇄형 충원 방식**을 택한다.
③ (○) **직위분류제는 권한과 책임의 한계를 명확히 하고, 보수의 합리적 기준을 제시한다**는 장점이 있다.
④ (○) **직위분류제는** 계급제에 비해 **인사배치의 신축성과 융통성이 부족**하다.

723 계급제와 직위분류제에 대한 설명 중 가장 적절하지 않은 것은?  ●A급 20 법학

① 직위분류제는 직무의 특성에 중점을 두고 직무의 종류와 책임, 난이도를 기준으로 공직을 분류한다.

② 계급제는 일반적 교양과 능력을 가진 사람을 채용하여 장기간에 걸쳐 능력이 키워지므로 특정 분야의 경찰전문가 양성에 적합한 방식이다.

③ 직위분류제는 계급제에 비해 인사배치의 신축성과 융통성이 부족하다.

④ 계급제는 직위분류제에 비해 신분보장이 강하며 폐쇄형 충원 방식을 택한다.

해설

① (○) **직위분류제는** **직무의 특성**에 중점을 두고 직무의 종류와 책임, 난이도를 기준으로 공직을 분류한다.
② (×) **계급제는** 일반적 교양과 능력을 가진 사람을 채용하여 **장기간에 걸쳐 능력이 키워지므로** 일반 분야의 **일반행정가** (특정 분야의 경찰전문가×) **양성에 적합한 방식**이다.
③ (○) **직위분류제는** 계급제에 비해 **인사배치의 신축성과 융통성이 부족하다.**
④ (○) **계급제는** 직위분류제에 비해 **신분보장이 강하며 폐쇄형 충원 방식**을 택한다.

724 계급제와 직위분류제에 대한 설명으로 가장 적절하지 않은 것은?  ●A급 22 특공

① 계급제란 사람을 중심으로 공직을 분류하는 제도로 공무원의 능력·자격·학력을 기준으로 하여 공무원을 계급으로 분류하는 제도이다.

② 직위분류제란 각 직위가 가지고 있는 객관적인 직무를 분석·평가하고 그에 부합하는 적합한 지식과 기술을 가진 사람을 임용·근무하게 하는 제도이다.

③ 계급제의 단점은 일반행정가를 양성하기 때문에 행정의 전문화가 어렵다는 점이다.

④ 직위분류제의 장점은 인사배치의 신축성을 기할 수 있고 직업공무원제도의 발전을 촉진한다는 점이다.

🔒 **722** ① **723** ② **724** ④

① (○) **계급제**란 **사람을 중심**으로 공직을 분류하는 제도로 **공무원의 능력 · 자격 · 학력을 기준**으로 하여 공무원을 **계급으로 분류**하는 제도이다.

② (○) **직위분류제**란 각 직위가 가지고 있는 **객관적인 직무를 분석 · 평가**하고 그에 부합하는 적합한 지식과 기술을 가진 사람을 임용 · 근무하게 하는 제도이다.

③ (○) **계급제**의 단점은 일반행정가를 양성하기 때문에 행정의 **전문화가 어렵다**는 점이다.

④ (✕) **계급제(직위분류제✕)**의 장점은 **인사배치의 신축성**을 기할 수 있고 **직업공무원제도의 발전을 촉진한다**는 점이다.

725 계급제와 직위분류제를 비교한 것으로 가장 적절한 것은?  19 승진

① 계급제는 공직을 분류함에 있어서 행정기관을 구성하는 개개의 직위에 내포되어 있는 직무의 종류와 책임도 및 곤란도에 따라 여러 직종과 등급 및 직급을 분류하는 제도이다.

② 계급제는 보통 계급의 수가 적고 계급 간의 차별이 심하며, 동일한 직무를 장기간 담당하게 되어 직위분류제에 비해 행정의 전문화에 기여한다.

③ 직위분류제는 직무중심의 분류방법으로 시험 · 채용 · 전직의 합리적 기준을 제공하여 계급제에 비해 인사배치의 신축성을 기할 수 있다.

④ 직위분류제는 권한과 책임의 한계를 명확히 하는 장점이 있지만, 유능한 일반행정가의 확보 곤란, 신분보장의 미흡 등의 단점이 있다.

① (✕) **직위분류제(계급제✕)**는 공직을 분류함에 있어서 행정기관을 구성하는 개개의 직위에 내포되어 있는 **직무의 종류와 책임도 및 곤란도에 따라** 여러 직종과 등급 및 직급을 분류하는 제도이다.

② (✕) **계급제**는 보통 **계급의 수가 적고 계급 간의 차별**이 심하며, 순환근무를 통해 직무에 대한 권태감을 방지하는 장점이 있다. 반면에 **직위분류제(계급제✕)**는 **동일한 직무를 장기간 담당**하게 되어 **계급제(직위분류제✕)**에 비해 **행정의 전문화에 기여**한다.

③ (✕) **직위분류제**는 직무중심의 분류방법으로 시험 · 채용 · 전직의 **합리적 기준**을 제공하여 인사행정의 합리화를 기할 수 있으나, 계급제에 비해 **인사배치의 신축성을 기할 수 없다(있다✕)**.

④ (○) **직위분류제**는 **권한과 책임의 한계를 명확히 하는 장점**이 있지만, 유능한 **일반행정가의 확보 곤란, 신분보장의 미흡 등의 단점**이 있다.

726 공직분류방식에 대한 설명으로 가장 적절한 것은?  19 승진

① 계급제는 인간중심의 분류방법으로 널리 일반적 교양 · 능력을 가진 사람을 채용하여 신분보장과 함께 장기간에 걸쳐 능력이 키워지므로 공무원이 보다 종합적 · 신축적인 능력을 가질 수 있다.

② 직위분류제는 동일한 직무를 장기간 담당하게 되어 행정의 전문화에 유용하나, 권한과 책임의 한계가 불명확하다는 단점이 있다.

③ 계급제는 충원방식에서 폐쇄형을 채택하여 인사배치가 비융통적이나 직위분류제는 개방형을 채택하고 있어 인사배치의 신축성이 있다.

④ 직위분류제는 계급제에 비해서 보수결정의 합리적인 기준을 제시할 수 있으며, 직무분석을 통한 이해력이 넓어져 기관 간의 횡적 협조가 용이한 편이다.

🔒 725 ④ 726 ①

① (○) **계급제**는 **인간중심**의 분류방법으로 널리 일반적 교양·능력을 가진 사람을 채용하여 신분보장과 함께 **장기간에 걸쳐 능력이 키워지므로** 공무원이 보다 **종합적·신축적인 능력**을 가질 수 있다.

② (×) **직위분류제**는 동일한 **직무**를 **장기간 담당**하게 되어 행정의 **전문화에 유용**하고, **권한과 책임의 한계가 명확**(**불명확×**)하다는 **장점**이 있다.

③ (×) **계급제**는 충원방식에서 폐쇄형을 채택하고 **인사배치가 융통적**(비융통적×)이나 직위분류제는 개방형을 채택하고 있고 인사배치의 신축성이 없다.

④ (×) **직위분류제**는 계급제에 비해서 보수결정의 **합리적인 기준**을 제시할 수 있으며, **직무분석을 통한 전문성**(이해력×)이 높아지나 **다른 기관과의 횡적 협조가 어려운**(용이한×) 편이다.

> **Tip 계급제**는 인사배치가 신축적이고 융통성이 많기 때문에 **순환근무를 통해 다양한 일을 경험**하게 되고 그런 경험과 이해를 바탕으로 **다른 기관과의 업무협조가 쉬워지게 된다.**

727 직위분류제와 계급제에 관한 비교설명이다. 적절한 것은 모두 몇 개인가?  25 경위

가. 직위분류제는 일반행정가 양성에 유리하다.
나. 직위분류제는 부서 간의 횡적 협조에 용이하다.
다. 직위분류제는 인사배치의 신축성과 융통성을 확보할 수 있다.
라. 계급제는 보수체계의 합리적 기준을 제시한다.
마. 계급제는 권한과 책임의 한계를 명확히 할 수 있다.
바. 계급제는 공무원의 신분보장이 미약하여 행정의 안정성을 저해하기 쉽다.

① 0개   ② 1개   ③ 2개   ④ 3개

옳은 설명은 **0개**이다.
가. (×) **직위분류제**는 **전문행정가**(일반행정가×) 양성에 유리하다.
나. (×) **직위분류제는 부서 간의 횡적 협조가 어렵다**(용이하다×).
다. (×) **직위분류제**는 인사배치의 **신축성과 융통성**을 확보하기 어렵다(할 수 있다×).
라. (×) **계급제**는 보수체계의 **합리적 기준**을 제시하기 어렵다(제시한다×).
마. (×) **계급제는 권한과 책임의 한계를 명확히 하기 어렵다**(할 수 있다×).
바. (×) **계급제**는 공무원의 신분보장이 **강**(미약×)하여 행정의 안정성에 기여한다(저해하기 쉽다×).

728 계급제와 직위분류제에 관한 설명으로 옳은 것은 모두 몇 개인가?  25 순경2차, 25 특공

㉠ 계급제는 사람중심의 분류방법으로 널리 일반적 교양과 능력을 가진 사람을 채용하여 신분보장과 함께 장기간에 걸쳐 능력이 키워지므로 공무원이 보다 종합적이며 신축적인 대응역량을 가질 수 있다.
㉡ 직위분류제는 공무원이 동일한 직무를 장기간 담당하게 되어 행정의 전문화에 유용하지만, 권한과 책임의 한계가 불명확하다.
㉢ 계급제는 폐쇄형 충원방식으로 공무원에 대한 인사배치가 자유롭지 않으나, 직위분류제는 개방형 충원방식으로 공무원에 대한 인사배치가 자유롭다.
㉣ 직위분류제는 계급제에 비해서 보수결정의 합리적 기준을 제시할 수 있으며, 직무 분석을 통해 부서 간, 기관 간 협조 및 조정이 용이하다.

① 1개   ② 2개   ③ 3개   ④ 4개

727 ①   728 ①

옳은 설명은 ⊙, **1개**이다.
- ⊙ (○) **계급제는 사람중심**의 분류방법으로 널리 **일반적 교양과 능력**을 가진 사람을 채용하여 **신분보장**과 함께 **장기간**에 걸쳐 능력이 키워지므로 공무원이 보다 **종합적**이며 **신축적**인 대응역량을 가질 수 있다.
- ⊙ (×) **직위분류제**는 공무원이 동일한 직무를 장기간 담당하게 되어 행정의 전문화에 유용하지만, **권한과 책임의 한계가 명확(불명확×)**하다.
- ⊙ (×) **계급제**는 **폐쇄형** 충원방식으로 공무원에 대한 **인사배치가 자유롭지만(자유롭지 않으나×)**, **직위분류제**는 **개방형** 충원방식으로 공무원에 대한 **인사배치가 자유롭지 않다(자유롭다×)**.
- ⊙ (×) **직위분류제**는 계급제에 비해서 **보수결정의 합리적인 기준**을 제시할 수 있으며, 직무 분석을 통해 업무의 전문성이 향상되지만, 부서 간, 기관 간 **협조 및 조정이 용이하지는 않다(용이하다×)**.

제4절 사기관리 및 동기부여이론

729 A경찰서장은 동기부여이론 및 사기이론을 활용하여 소속 경찰관들의 사기를 높이기 위한 방안을 모색하였다. 이론의 적용으로 가장 적절하지 않은 것은? •A급 20 순경2차

① Maslow의 욕구계층이론에 따라 존경의 욕구를 충족시켜주기 위하여 권한위임을 확대하였다.

② Herzberg의 동기위생요인이론에 따르면 사기진작을 위해서는 동기요인이 강화되어야 하므로 적성에 맞는 직무에 배정하고 책임감과 성취감을 느낄 수 있도록 독려하였다.

③ McGregor의 X이론에 따르면 인간은 근본적으로 업무에 대한 의욕을 가지고 있기 때문에 이러한 의욕을 강화시키기 위해 금전적 보상과 포상제도를 강화하였다.

④ McGregor의 Y이론을 적용하여 상급자의 일방적 지시와 명령을 줄이고 의사결정 과정에 일선 경찰관들의 참여를 확대시키도록 지시하였다.

① (○) **Maslow의 욕구계층이론**에 따라 **존경의 욕구**를 충족시켜주기 위하여 **권한위임을 확대**하였다.

② (○) **Herzberg의 동기위생요인이론**에 따르면 사기진작을 위해서는 **동기요인이 강화**되어야 하므로 **적성에 맞는 직무에 배정**하고 책임감과 성취감을 느낄 수 있도록 독려하였다.

③ (×) **McGregor의 X이론**에 따르면 인간은 근본적으로 업무에 대한 **의욕을 가지고 있지 않기(의욕을 가지고 있기×)** 때문에 이러한 의욕을 강화시키기 위해 **금전적 보상과 포상제도를 강화**하였다.

> 🔵Tip X이론에 따르면 인간은 본래 **일하기를 싫어하고 부정직하며 책임감이 없고 변화를 싫어하며 지시받은 일밖에 실행하지 않는다**. 그러므로 관리자는 금전적 보상을 유인으로 사용하고 엄격한 감독, 상세한 명령으로 통제를 강화해야 한다.

④ (○) **McGregor의 Y이론**을 적용하여 **상급자의 일방적 지시와 명령을 줄이고** 의사결정 과정에 **일선경찰관들의 참여를** 확대시키도록 지시하였다.

> 🔵Tip Y이론에 따르면 인간에게 **노동은** 놀이와 마찬가지로 **자연스러운 것**이며, 인간은 **노동을 통해** 자기의 **능력을 발휘**하고 **자아를 실현**하고자 한다. 관리자는 **자율적**이고 **창의적**으로 일할 수 있는 여건을 제공해야 한다.

🔒 **729** ③

730 동기부여이론에 관한 설명과 학자가 가장 적절하게 연결된 것은? ●A급 22 순경2차

> ㉠ 인간은 자신의 욕구를 충족시키기 위해서 노력하며 하위 단계의 욕구가 충족되어야 다음 단계로
> 발전되는 순차적 특성을 갖는다.
> ㉡ Y이론적 인간형은 부지런하고, 책임과 자율성 및 창의성을 발휘하기를 좋아하고, 스스로 통제와
> 발전이 가능하기 때문에 민주적이고 인간적인 동기유발 전략이 필요한 유형이다.
> ㉢ 인간의 개인적 성격과 성격의 성숙과정을 '미성숙에서 성숙으로'라고 보고, 관리자는 조직 구성원
> 을 최대의 성숙상태로 실현시켜야 한다고 하였다.
> ㉣ 위생요인을 제거해주는 것은 불만을 줄여주는 소극적 효과일 뿐이기 때문에, 근무태도 변화에 단
> 기적 영향을 주어 사기는 높여줄 수 있으나 생산성을 높여주지는 못한다. 만족요인이 충족되면 자
> 기실현욕구를 자극하여, 적극적 만족을 유발하고 동기유발에 장기적 영향을 준다.

① ㉠ 매슬로우(Maslow) ㉡ 맥그리거(McGregor)
  ㉢ 아지리스(Argyris) ㉣ 허즈버그(Herzberg)
② ㉠ 매슬로우(Maslow) ㉡ 아지리스(Argyris)
  ㉢ 맥그리거(McGregor) ㉣ 허즈버그(Herzberg)
③ ㉠ 매슬로우(Maslow) ㉡ 맥그리거(McGregor)
  ㉢ 허즈버그(Herzberg) ㉣ 아지리스(Argyris)
④ ㉠ 맥그리거(McGregor) ㉡ 아지리스(Argyris)
  ㉢ 허즈버그(Herzberg) ㉣ 매슬로우(Maslow)

해설

㉠ **매슬로우(Maslow)의 5단계 기본욕구이론** – 인간은 자신의 욕구를 충족시키기 위해서 노력하며 **하위 단계의 욕구가 충족되어야** 다음 단계로 발전되는 **순차적 특성**을 갖는다.
㉡ **맥그리거(McGregor)** – Y이론적 인간형은 **부지런**하고, **책임과 자율성 및 창의성**을 발휘하기를 좋아하고, **스스로 통제와 발전이 가능**하기 때문에 **민주적이고 인간적인 동기유발** 전략이 필요한 유형이다.
㉢ **아지리스(Argyris)의 성숙 · 미성숙 이론** – 인간의 개인적 성격과 **성격의 성숙과정**을 '미성숙에서 성숙으로'라고 보고, 관리자는 조직 구성원을 **최대의 성숙상태로 실현시켜야 한다**고 하였다.
㉣ **허즈버그(Herzberg)의 동기위생요인이원론** – 위생요인을 제거해주는 것은 **불만을 줄여주는 소극적 효과일 뿐**이기 때문에, 근무태도 변화에 단기적 영향을 주어 사기는 높여줄 수 있으나 **생산성을 높여주지는 못한다**. 만족요인이 충족되면 자기실현욕구를 자극하여, 적극적 만족을 유발하고 **동기유발에 장기적 영향**을 준다.

731 동기부여이론 중 내용이론에 해당하는 것으로 가장 적절하지 않은 것은? ●A급 23 순경2차

① 매슬로우(Maslow)의 욕구단계이론
② 맥그리거(McGregor)의 X이론 · Y이론
③ 포터와 롤러(Porter & Lawler)의 업적만족이론
④ 허즈버그(Herzberg)의 욕구충족요인 이원론(동기위생이론)

해설

① (○) **매슬로우**(Maslow)의 **욕구**단계이론 – **내용**이론
② (○) **맥그리거**(McGregor)의 **X이론 · Y이론** – **내용**이론
③ (×) **포터와 롤러(Porter & Lawler)의 업적만족이론 – 과정이론**
④ (○) **허즈버그**(Herzberg)의 **욕구충족요인 이원론**(동기위생이론) – **내용**이론

 730 ① 731 ③

내용이론	의의	**무엇이** 동기를 유발시키는지를 연구한 이론으로서 인간이 **어떤 욕구**를 지녔으며 욕구를 자극하는 유인이 무엇인가, 즉 동기를 유발시키는 **인간내부적인 실체**에 초점을 둔다.
	이론	• 매슬로우의 욕구단계이론 – 욕구 5단계 • 앨더퍼 욕구위계이론(ERG이론) – 욕구 3단계 • 맥클리랜드의 성취동기이론 • 맥그리거의 X이론·Y이론 • 허즈버그의 동기위생이론(이원론) • 아지리스(Argyris)의 성숙–미성숙이론 • 샤인의 4대 인간관이론
과정이론	의의	동기가 **어떻게(어떤 과정을 거쳐서)** 유발되는가를 설명하는 이론으로서 인간들이 **어떤 방법으로** 그들의 욕구를 충족시키고 욕구충족을 위해 여러 가지 행동대안 중에서 **어떤 행동선택을 하는가**에 중점을 둔다.
	이론	• **아담스**(Adams)의 **공정성이론** • **포터 & 롤러**(Poter & Lawler)의 **업적만족이론** • **브룸**(Vroom)의 **기대이론**

732 경찰조직관리를 위한 동기부여이론을 내용이론과 과정이론으로 나눌 때 내용이론을 주창한 사람이 아닌 자는?　　　　　　　●A급 23 경위

① 맥클랜드(McClelland)　　　　　② 허즈버그(Herzberg)

③ 아담스(Adams)　　　　　　　　④ 매슬로우(Maslow)

해설

① (○) **맥클랜드**(McClelland) **성취동기이론** – 내용이론
② (○) **허즈버그**(Herzberg) **동기위생이론** – 내용이론
③ (✕) **아담스**(Adams) **공정성이론 – 과정이론**
④ (○) **매슬로우**(Maslow) **욕구단계이론** – 내용이론

733 다음 중 인간의 동기가 어떤 과정을 거쳐서 유발되는지에 초점을 두는 이론으로 가장 적절하지 않은 것은?　　　　　　　●A급 22 법학

① 아담스(Adams)의 공정성이론

② 아지리스(Argyris)의 성숙–미성숙이론

③ 포터 & 롤러(Poter & Lawler)의 업적만족이론

④ 브룸(Vroom)의 기대이론

해설

① (○) **아담스**(Adams)의 **공정성이론** – 과정이론
② (✕) **아지리스**(Argyris)의 **성숙–미성숙이론 – 내용이론**
③ (○) **포터 & 롤러**(Poter & Lawler)의 **업적만족이론** – 과정이론
④ (○) **브룸**(Vroom)의 **기대이론** – 과정이론

🔒 732 ③　733 ②

734 다음의 동기부여 이론 중에서 인간의 특정욕구가 동기부여를 일으키는 것으로 이해되는 내용이론은 모두 몇 개인가? ●A급 26 경위

> 가. 매슬로우(Maslow)의 욕구단계이론
> 나. 아지리스(Argyris)의 성숙·미성숙이론
> 다. 브룸(Vroom)의 기대이론
> 라. 아담스(Adams)의 공정성이론
> 마. 허츠버그(Herzberg)의 동기위생이론(동기위생이원론)

① 1개   ② 2개
③ 3개   ④ 4개

해설

내용이론은 **가, 나, 마, 3개**이다.
가. (○) 매슬로우(Maslow)의 욕구단계이론 − 내용이론
나. (○) 아지리스(Argyris)의 성숙·미성숙이론 − 내용이론
다. (✕) 브룸(Vroom)의 기대이론 − 과정이론
라. (✕) 아담스(Adams)의 공정성이론 − 과정이론
마. (○) 허츠버그(Herzberg)의 동기위생이론(동기위생이원론) − 내용이론

735 매슬로우(Maslow)의 욕구단계이론에 대한 설명으로 가장 적절하지 않은 것은? ●A급 22 특공

① 인간의 행동은 욕구의 결핍에 의해서 발생한다는 이론이다.
② 인간의 욕구는 우선순위에 따라 5계층의 욕구가 순차적·연속적으로 발현하지만 한 단계의 욕구가 완전히 충족되어야 다음 단계의 욕구가 발현되는 것은 아니다.
③ 인간의 욕구단계이론에 있어서 가장 우선순위이며 최하위 욕구는 '안전 욕구'이다.
④ 타인의 인정·존중·신망을 받으려는 욕구는 존경(주체)욕구이다.

해설

① (○) 인간의 행동은 **욕구의 결핍**에 의해서 발생한다는 이론이다.
② (○) 인간의 **욕구**는 **우선순위**에 따라 5계층의 욕구가 **순차적·연속적으로 발현**하지만 한 단계의 욕구가 **완전히 충족되어야 다음 단계의 욕구가 발현**되는 것은 아니라 어느 정도 충족되면 된다.
③ (✕) 인간의 욕구단계이론에 있어서 **가장 우선순위이며 최하위 욕구**는 '**생리적 욕구**'(안전 욕구✕)이다.
④ (○) **타인의 인정·존중·신망을 받으려는** 욕구는 존경(주체)욕구이다.

 734 ③ 735 ③

736 매슬로우(Maslow)의 욕구 5단계 이론에 관한 설명으로 가장 적절하지 않은 것은? ●A급 23 법학

① 생리적 욕구, 안전의 욕구, 애정욕구(사회적 욕구), 존경의 욕구, 자아실현 욕구로 구분하였으며, 이러한 인간의 5가지 욕구는 한 단계의 욕구가 충족되어야 비로소 다음 단계의 욕구로 순차적·상향적으로 진행된다.

② 생리적 욕구는 의·식·주 및 건강 등에 관한 것으로 신분보장, 연금제도 등을 통해 충족시켜 줄 수 있다.

③ 자아실현 욕구는 조직목표와 가장 조화되기 어려운 욕구이다.

④ 애정욕구(사회적 욕구)는 직원들의 불만·갈등을 평소 들어줄 수 있도록 상담창구 마련 등을 통해 충족시켜 줄 수 있다.

> **해설**
> ① (○) 생리적 욕구, 안전의 욕구, 애정욕구(사회적 욕구), 존경의 욕구, 자아실현 욕구로 구분하였으며, 이러한 인간의 5가지 욕구는 한 단계의 욕구가 충족되어야 비로소 다음 단계의 욕구로 **순차적·상향적으로 진행**된다.
> ② (✕) **생리적 욕구**는 의·식·주 및 건강 등에 관한 것으로 **적정한 보수제도, 휴양제도(신분보장, 연금제도✕)** 등을 통해 충족시켜 줄 수 있다.
> > 🎈ip **신분보장과 연금제도**는 **안전의 욕구**를 충족시켜주는 제도이다.
> ③ (○) **자아**실현 욕구는 **조직목표**와 가장 **조화되기 어려운** 욕구이다.
> > 🎈ip 공정하고 합리적인 승진제도, 공무원 단체의 활용이 **자아실현 욕구의 충족**을 위한 제도적 방안이다.
> ④ (○) **애정욕구(사회적 욕구)**는 직원들의 **불만·갈등**을 평소 **들어줄** 수 있도록 **상담창구 마련** 등을 통해 충족시켜 줄 수 있다.

737 매슬로우(Maslow)의 욕구계층이론에 대한 설명으로 가장 적절한 것은? ●A급 19 승진

① 경찰관이 포상휴가를 가는 것보다 유능한 경찰관이라는 인정을 받고 싶어서 열심히 범인을 검거하였다면 자아실현의 욕구를 충족하고 싶은 것이다.

② 매슬로우는 5단계 기본욕구가 우선순위의 계층을 이루고 있어 한 단계의 욕구가 충족되어야 비로소 다음 단계의 욕구가 발로된다고 보았다.

③ 소속 직원들 간 인간관계의 개선, 공무원 단체의 활용, 고충처리 상담, 적정한 휴양제도는 사회적 욕구를 충족시켜 주기 위한 방안에 해당한다.

④ 경찰관에 대한 공정하고 합리적인 승진제도를 마련하고 권한의 위임과 참여를 확대하는 것은 자아실현의 욕구를 충족시켜 주기 위한 방안에 해당한다.

> **해설**
> ① (✕) 경찰관이 포상휴가를 가는 것보다 유능한 경찰관이라는 **인정을 받고 싶어서** 열심히 범인을 검거하였다면 **존경의 욕구(자아실현의 욕구✕)**를 충족하고 싶은 것이다.
> ② (○) 매슬로우는 5단계 기본욕구가 우선순위의 계층을 이루고 있어 **한 단계의 욕구가 충족되어야** 비로소 **다음 단계의 욕구가 발로된다**고 보았다.
> ③ (✕) 소속 직원들 간 **인간관계의 개선, (공무원 단체의 활용✕)**, 고충처리 상담, **(적정한 휴양제도✕)**는 **사회적 욕구**를 충족시켜 주기 위한 방안에 해당한다.
> > 🎈ip **공무원 단체의 활용**은 **자아실현의 욕구충족**에 해당하고, **적정한 휴양제도**는 **생리적 욕구충족**에 해당한다.
> ④ (✕) 경찰관에 대한 **공정하고 합리적인 승진제도(권한의 위임과 참여를 확대✕)**를 마련하는 것은 **자아실현의 욕구**를 충족시켜 주기 위한 방안에 해당한다.
> > 🎈ip **권한의 위임과 참여를 확대**하는 것은 **존경의 욕구**에 해당한다.

 🔒 736 ② 737 ②

738 다음 학자와 그가 주장하는 이론에 대한 설명으로 적절한 것은 모두 몇 개인가?  24 경위

> 가. 맥클리랜드(McClelland) - 개인마다 욕구의 계층은 차이가 있다고 보았으며 인간의 욕구를 성취 욕구, 자아실현 욕구, 권력 욕구로 구분하였다.
> 나. 허즈버그(Herzberg) - 주어진 일에 대한 성취감, 주변의 인정, 승진 가능성 등은 동기(만족)요인으로, 열악한 근무환경, 낮은 보수 등은 위생요인으로 구분하였으며 두 요인은 상호 독립되어 있다고 보았다.
> 다. 맥그리거(McGregor) - 인간의 욕구는 5단계의 계층으로 이루어지며 하위 욕구부터 상위 욕구로 발달한다고 보았다.
> 라. 앨더퍼(Alderfer) - 인간의 욕구를 계층화하여 생존(Existence) 욕구, 존경(Respect) 욕구, 성장(Growth) 욕구의 3단계로 구분하였다.

① 1개　　　　② 2개　　　　③ 3개　　　　④ 4개

해설

옳은 설명은 **나, 1개**이다.

가. (×) **맥클리랜드(McClelland) 성취동기이론** - 개인마다 욕구의 계층은 차이가 있다고 보았으며 인간의 욕구를 성취 욕구, **친교(자아실현×)** 욕구, 권력 욕구로 구분하였다.

나. (○) **허즈버그(Herzberg) 동기위생이론** - 주어진 일에 대한 성취감, 주변의 인정, 승진 가능성 등은 **동기(만족)요인**으로, 열악한 근무환경, 낮은 보수 등은 **위생(불만)요인**으로 구분하였으며 두 요인은 **상호 독립**되어 있다고 보았다.

　Tip 불만요소를 제거했다고 동시에 만족상태로 변하는 **상호 연결 관계가 아니라**, 그저 불만이 없는 상태, 즉 **불만도, 만족도, 없는 무(無)만족상태**가 될 뿐이다. 무(無)만족상태에서 만족상태로 변화시키기 위해서는 만족할 만한 요인(동기부여요인)을 제공해주어야 한다.

다. (×) **매슬로우(맥그리거×) 욕구계층이론** - 인간의 욕구는 5단계의 계층으로 이루어지며 **하위 욕구부터 상위 욕구로 발달**한다고 보았다.

라. (×) **앨더퍼(Alderfer) 욕구위계이론**(ERG이론) - 인간의 욕구를 계층화하여 **생존(E**xistence) 욕구, **관계(R**elatedness) **(존경×)** 욕구, 성장(**G**rowth) 욕구의 **3단계**로 구분하였다.

　Tip 앨더퍼는 **상위 단계를 추구하다가 잘 안되면 하위단계에 만족하거나 더 집착하게 된다**고 한다. 또한 반드시 하위단계를 충족해야 상위단계를 추구하는 것이 아니라 **하위단계가 만족되지 않더라도 상위단계를 추구할 수도 있다고 주장한다.**

739 동기부여이론에 관한 설명으로 가장 적절하지 않은 것은?  25 순경1차

① 매슬로(Maslow)는 다원적 인간욕구의 존재를 인정하고 가장 기본적인 욕구는 생리적 욕구라고 하였다.

② 브룸(Vroom)은 동기유발은 욕구충족이 아니라 과업에 대한 기대감, 수단성, 유의성에 의해 결정된다고 주장하였다.

③ 앨더퍼(Alderfer)는 매슬로의 욕구계층이론을 수정하여 생존욕구, 관계욕구, 성장욕구로 구분하였다.

④ 맥그리거(McGregor)는 전통적 조직이론의 인간관을 위생요인, 새로운 조직이론의 인간관을 동기요인으로 구분하였다.

🔒 738 ① 　739 ④

① (○) **매슬로(Maslow)**는 다원적 인간욕구의 존재를 인정하고 **가장 기본적인 욕구는 생리적 욕구**라고 하였다.
② (○) **브룸(Vroom)**은 동기유발은 욕구충족이 아니라 과업에 대한 **기대감, 수단성, 유의성**에 의해 결정된다고 주장하였다.
③ (○) **앨더퍼(Alderfer)**는 매슬로의 욕구계층이론을 수정하여 **생존욕구, 관계욕구, 성장욕구**로 구분하였다.
④ (×) **허즈버그(Herzberg)(맥그리거×)**는 **근무환경**과 관련하여 **불만감**을 주는 물리적·환경적·대인적 요인으로서 **위생요인**, 직무와 관련하여 **만족감**을 주는 **심리적 요인**으로서 **동기요인**으로 구분하였다.

   Tip 전통적 조직이론의 인간관, 새로운 조직이론의 인간관에 관한 것은 **조직이론**에 해당하는 내용이다.

740 동기부여이론에 관한 설명으로 가장 적절한 것은?

 25 순경2차

① 매슬로우(Maslow)의 욕구단계이론에 의하면 인간의 욕구는 우선순위의 계층을 이루며 상위욕구로부터 하위욕구로 욕구를 추구한다고 한다.
② 맥그리거(McGregor)의 X이론에 의하면 인간은 부지런하고 책임성과 자율성을 발휘하기를 좋아하므로 민주적이고 인간적인 동기유발전략이 필요하다고 한다.
③ 동기부여 과정이론에는 아담스(Adams)의 공정성이론, 브룸(Vroom)의 기대이론, 포터와 롤러(Porter & Lawler)의 업적만족이론 등이 있다.
④ 앨더퍼(Alderfer)는 매슬로우(Maslow)의 욕구단계이론을 수정하여 생존욕구, 존경욕구, 성장욕구로 구분하였다.

① (×) **매슬로우(Maslow)**의 욕구단계이론에 의하면 인간의 욕구는 우선순위의 계층을 이루며 **하위욕구로부터 상위욕구로(상위욕구로부터 하위욕구로×) 순차적이고 상향적 욕구**를 추구한다고 한다.
② (×) **맥그리거(McGregor)의 Y이론(X이론×)**에 의하면 인간은 **부지런**하고 **책임성과 자율성**을 발휘하기를 좋아하므로 **민주적**이고 인간적인 동기유발전략이 필요하다고 한다.
③ (○) 동기부여 **과정이론**에는 **아담스(Adams)의 공정성이론**, **브룸(Vroom)의 기대이론**, **포터와 롤러(Porter & Lawler)의 업적만족이론** 등이 있다.
④ (×) 앨더퍼(Alderfer)는 매슬로우(Maslow)의 욕구단계이론을 수정하여 **생존욕구, 관계욕구(존경욕구×), 성장욕구**로 구분하였다.

🔒 740 ③

제5절 예산관리

741 「국가재정법」상 예산안의 편성 절차를 순서대로 나열한 것으로 가장 적절한 것은? ● A급 23 승진

> ㉠ 기획재정부장관은 국무회의의 심의를 거쳐 대통령의 승인을 얻은 다음 연도의 예산안편성지침을 각 중앙관서의 장에게 통보하여야 한다.
> ㉡ 기획재정부장관은 예산요구서에 따라 예산안을 편성하여 국무회의 심의를 거친 후 대통령의 승인을 얻어야 한다.
> ㉢ 각 중앙관서의 장은 예산안편성지침에 따라 그 소관에 속하는 다음 연도의 세입·세출예산·계속비·명시이월비 및 국고채무 부담행위 요구서를 작성하여 기획재정부장관에게 제출하여야 한다.
> ㉣ 기획재정부장관은 각 중앙관서의 장에게 통보한 예산안 편성지침을 국회 예산결산특별위원회에 보고하여야 한다.

① ㉠ → ㉡ → ㉢ → ㉣
② ㉠ → ㉣ → ㉢ → ㉡
③ ㉣ → ㉠ → ㉢ → ㉡
④ ㉣ → ㉢ → ㉠ → ㉡

해설

㉠ **기획재정부장관은** 국무회의의 심의를 거쳐 대통령의 승인을 얻은 다음 연도의 **예산안편성지침을 각 중앙관서의 장에게 통보**하여야 한다(동법 제29조 제1항). – **매년 3월 31일까지**
㉣ **기획재정부장관은** 각 중앙관서의 장에게 통보한 **예산안 편성지침을 국회 예산결산특별위원회에 보고**하여야 한다(동법 제30조).
㉢ **각 중앙관서의 장은** 예산안편성지침에 따라 그 소관에 속하는 다음 연도의 세입·세출예산·계속비·명시이월비 및 국고채무 부담행위 **요구서를 작성하여 기획재정부장관에게 제출**하여야 한다(동법 제31조 제1항). – **매년 5월 31일까지**
㉡ **기획재정부장관은** 예산요구서에 따라 **예산안을 편성**하여 국무회의의 심의를 거친 후 **대통령의 승인을 얻어야 한다**(동법 제32조).

742 「국가재정법」상 예산의 결산 절차를 순서대로 나열한 것으로 가장 적절한 것은? ● A급 25 승진

> ㉠ 정부는 「국가재정법」에 따라 국가결산보고서를 국회에 제출하여야 한다.
> ㉡ 기획재정부장관은 「국가회계법」에서 정하는 바에 따라 회계연도마다 작성하여 대통령의 승인을 받은 국가결산보고서를 감사원에 제출하여야 한다.
> ㉢ 감사원은 「국가재정법」에 따라 제출된 국가결산보고서를 검사하고 그 보고서를 기획재정부장관에게 송부하여야 한다.
> ㉣ 각 중앙관서의 장은 「국가회계법」에서 정하는 바에 따라 회계연도마다 작성한 중앙관서결산보고서를 기획재정부장관에게 제출하여야 한다.

① ㉠ → ㉢ → ㉡ → ㉣
② ㉠ → ㉣ → ㉡ → ㉢
③ ㉣ → ㉠ → ㉢ → ㉡
④ ㉣ → ㉡ → ㉢ → ㉠

741 ② 742 ④

ⓐ 각 **중앙관서의 장**은 「국가회계법」에서 정하는 바에 따라 회계연도마다 작성한 **중앙관서결산보고서를 기획재정부장관에게 제출**하여야 한다. – 다음 연도 **2월 말까지**(동법 제58조)

ⓒ **기획재정부장관**은 「국가회계법」에서 정하는 바에 따라 회계연도마다 작성하여 대통령의 승인을 받은 **국가결산보고서를 감사원에 제출**하여야 한다. – 다음 연도 **4월 10일까지**(동법 제59조)

ⓒ **감사원**은 「국가재정법」에 따라 제출된 **국가결산보고서를 검사하고 그 보고서를 기획재정부장관에게 송부**하여야 한다. – 다음 연도 **5월 20일까지**(동법 제60조)

ⓒ **정부**는 「국가재정법」에 따라 **국가결산보고서를 국회에 제출**하여야 한다. – 다음 연도 **5월 31일까지**(동법 제61조)

743 「국가재정법」상 예산 편성 및 집행에 관한 설명 중 가장 적절하지 않은 것은? ●A급 22 순경1차

① 각 중앙관서의 장은 제29조의 규정에 따른 예산안편성지침에 따라 그 소관에 속하는 당해 연도의 세입세출예산·계속비·명시이월비 및 국고채무부담행위 요구서를 작성하여 매년 3월 31일까지 기획재정부장관에게 제출하여야 한다.

② 각 중앙관서의 장은 매년 1월 31일까지 해당 회계연도부터 5회계 연도 이상의 기간 동안의 신규사업 및 기획재정부장관이 정하는 주요 계속사업에 대한 중기사업계획서를 기획재정부장관에게 제출하여야 한다.

③ 기획재정부장관은 각 중앙관서의 장에게 예산을 배정한 때에는 감사원에 통지하여야 한다.

④ 정부는 제32조의 규정에 따라 대통령의 승인을 얻은 예산안을 회계연도 개시 120일 전까지 국회에 제출하여야 한다.

① (×) **각 중앙관서의 장**은 제29조의 규정에 따른 **예산안편성지침에 따라** 그 소관에 속하는 **다음(당해×) 연도**의 세입세출예산·계속비·명시이월비 및 국고채무부담행위 **요구서를 작성하여 매년 5월 31일(3월 31일×)까지 기획재정부장관에게 제출**하여야 한다(동법 제31조 제1항).

② (○) **각 중앙관서의 장**은 매년 1월 31일까지 **해당 회계연도부터 5회계 연도 이상**의 기간 동안의 신규사업 및 기획재정부장관이 정하는 **주요 계속사업에 대한 중기사업계획서를 기획재정부장관에게 제출**하여야 한다.

③ (○) **기획재정부장관**은 각 중앙관서의 장에게 **예산을 배정한 때에는 감사원에 통지**하여야 한다.

④ (○) **정부**는 제32조의 규정에 따라 **대통령의 승인을 얻은 예산안을** 회계연도 개시 **120일 전까지 국회에 제출**하여야 한다.

744 「국가재정법」상 예산안의 편성과 집행에 관한 설명으로 가장 적절하지 않은 것은? ●A급 23 순경1차

① 각 중앙관서의 장은 예산안편성지침에 따라 그 소관에 속하는 다음 연도의 세입세출예산·계속비·명시이월비 및 국고채무부담행위 요구서를 작성하여 매년 5월 31일까지 기획재정부장관에게 제출하여야 한다.

② 기획재정부장관은 예산요구서에 따라 예산안을 편성하여 국회 심의를 거친 후 대통령의 승인을 얻어야 한다.

③ 각 중앙관서의 장은 예산이 확정된 후 사업운영계획 및 이에 따른 세입세출예산·계속비와 국고채무부담행위를 포함한 예산배정요구서를 기획재정부장관에게 제출하여야 한다.

④ 기획재정부장관은 각 중앙관서의 장에게 예산을 배정한 때에는 감사원에 통지하여야 한다.

🔒 **743** ① **744** ②

해설

① (○) 각 중앙관서의 장은 **예산안편성지침에 따라** 그 소관에 속하는 **다음 연도의 세입세출예산·계속비·명시이월비** 및 국고채무부담행위 **요구서를** 작성하여 **매년 5월 31일까지 기획재정부장관에게 제출**하여야 한다.

② (×) 기획재정부장관은 예산요구서에 따라 **예산안을 편성**하여 **국무회의(국회×) 심의**를 거친 후 **대통령의 승인을 얻어야** 한다(국가재정법 제32조).

③ (○) 각 중앙관서의 장은 **예산이 확정된 후** 사업운영계획 및 이에 따른 세입세출예산·계속비와 국고채무부담행위를 포함한 **예산배정요구서를** 기획재정부장관에게 제출하여야 한다.

④ (○) **기획재정부장관은** 각 중앙관서의 장에게 **예산을 배정한 때에는 감사원에 통지하여야 한다.**

745 「국가재정법」상 경찰예산에 관한 설명으로 가장 적절하지 않은 것은?  ●A급 24 순경1차

① 경찰청장은 매년 1월 31일까지 해당 회계연도부터 5회계연도 이상의 기간 동안의 신규사업 및 경찰청장이 정하는 주요 계속사업에 대한 중기사업계획서를 기획재정부장관에게 제출하여야 한다.

② 기획재정부장관은 국무회의의 심의를 거쳐 대통령의 승인을 얻은 다음 연도의 예산안편성지침을 매년 3월 31일까지 경찰청장에게 통보하여야 한다.

③ 감사원은 제출된 국가결산보고서를 검사하고 그 보고서를 다음 연도 5월 20일까지 기획재정부장관에게 송부하여야 한다.

④ 경찰청장은 예산이 확정된 후 예산배정요구서를 기획재정부장관에게 제출하여야 하고, 기획재정부장관은 제출된 예산배정요구서에 따라 분기별 예산배정계획을 작성하여 국무회의의 심의를 거친 후 대통령의 승인을 얻어야 한다.

해설

① (×) **경찰청장은** 매년 1월 31일까지 **해당** 회계연도부터 **5회계연도 이상**의 기간 동안의 **신규사업** 및 **기획재정부장관(경찰청장×)**이 정하는 주요 계속사업에 대한 **중기사업계획서를** 기획재정부장관에게 **제출**하여야 한다(국가재정법 제28조).

② (○) 기획재정부장관은 **국무회의의 심의**를 거쳐 **대통령의 승인을 얻은 다음 연도의 예산안편성지침을 매년 3월 31일까지** 경찰청장에게 **통보**하여야 한다.

③ (○) **감사원은** 제출된 **국가결산보고서를 검사**하고 그 보고서를 **다음 연도 5월 20일까지 기획재정부장관에게 송부**하여야 한다.

④ (○) 경찰청장은 예산이 확정된 후 **예산배정요구서를 기획재정부장관에게 제출**하여야 하고, 기획재정부장관은 제출된 **예산배정요구서에 따라 분기별 예산배정계획을 작성**하여 **국무회의의 심의**를 거친 후 **대통령의 승인**을 얻어야 한다.

🔒 **745** ①

746 다음은 경찰예산의 과정을 순서 없이 나열한 것이다. 과정의 순서를 가장 바르게 나열한 것은? ●A급 20 순경2차

> ⊙ 경찰청장은 다음 연도의 세입세출예산·계속비·명시이월비 및 국고 채무부담행위 요구서를 작성하여 기획재정부장관에게 제출한다.
> ⓛ 기획재정부장관은 대통령의 승인을 받은 국가결산보고서를 감사원에 제출하여야 한다.
> ⓒ 정부는 국가결산보고서를 국회에 제출하여야 한다.
> ⓔ 경찰청장은 예산배정요구서를 기획재정부장관에게 제출하여야 한다.
> ⓜ 기획재정부장관은 국무회의 심의를 거쳐 대통령의 승인을 얻은 다음 연도의 예산편성지침을 경찰청장에게 통보한다.
> ⓗ 정부는 대통령의 승인을 얻은 예산안을 국회에 제출하고 국회는 심의와 의결을 거쳐 예산안을 확정한다.

① ⓜ - ⊙ - ⓔ - ⓗ - ⓒ - ⓛ
② ⊙ - ⓜ - ⓗ - ⓔ - ⓒ - ⓛ
③ ⓜ - ⊙ - ⓗ - ⓔ - ⓛ - ⓒ
④ ⓔ - ⓜ - ⊙ - ⓗ - ⓛ - ⓒ

해설

예산의 과정은 '예산의 **편성** - 예산의 **심의·의결** - 예산의 **집행** - 예산의 **결산**' 순으로 이뤄진다.
순서를 바르게 나열한 것은 ⓜ-⊙-ⓗ-ⓔ-ⓛ-ⓒ 순이다.
ⓜ 기획재정부장관은 **국무회의 심의**를 거쳐 **대통령의 승인**을 얻은 **다음 연도**의 **예산편성지침**을 경찰청장에게 통보한다. – **예산의 편성**
⊙ 경찰청장은 다음 연도의 **세입세출예산·계속비·명시이월비 및 국고 채무부담행위 요구서**를 작성하여 **기획재정부장관에게 제출**한다. – **예산의 편성**
ⓗ **정부는** 대통령의 승인을 얻은 **예산안을 국회에 제출**하고 **국회는** 심의와 의결을 거쳐 **예산안을 확정**한다. – **예산의 심의·의결**
ⓔ 경찰청장은 **예산배정요구서**를 **기획재정부장관에게 제출**하여야 한다. – **예산의 집행**
ⓛ 기획재정부장관은 대통령의 승인을 받은 **국가결산보고서를 감사원에 제출**하여야 한다. – **예산의 결산**
ⓒ **정부는 국가결산보고서를 국회에 제출**하여야 한다. – **예산의 결산**

747 「국가재정법」상 경찰 예산안의 편성에 대한 설명으로 가장 적절하지 않은 것은? ●A급 20 승진

① 경찰청장은 매년 1월 31일까지 해당 회계연도부터 5회계연도 이상의 기간 동안의 신규사업 및 기획재정부장관이 정하는 주요 계속사업에 대한 중기사업계획서를 기획재정부장관에게 제출하여야 한다.
② 기획재정부장관은 국무회의의 심의를 거쳐 대통령의 승인을 얻은 다음 연도의 예산안편성지침을 매년 3월 31일까지 경찰청장에게 통보하여야 한다.
③ 경찰청장은 예산안편성지침에 따라 그 소관에 속하는 다음 연도의 세입세출예산·계속비·명시이월비 및 국고채무부담행위 요구서를 작성하여 매년 5월 31일까지 기획재정부장관에게 제출하여야 한다.
④ 기획재정부장관은 예산요구서에 따라 예산안을 편성하여 국회의 심의를 거친 후 대통령의 승인을 얻어야 한다.

🔒 746 ③ 747 ④

해설

① (○) 경찰청장은 **매년 1월 31일까지** **해당** 회계연도부터 **5회계연도 이상**의 기간 동안의 신규사업 및 **기획재정부장관이** 정하는 주요 계속사업에 대한 중기사업계획서를 기획재정부장관에게 제출하여야 한다(동법 제28조).

② (○) **기획재정부장관은** **국무회의의 심의를 거쳐** 대통령의 승인을 얻은 다음 연도의 **예산안편성지침을** 매년 3월 31일까지 **경찰청장에게 통보**하여야 한다.

③ (○) 경찰청장은 예산안편성지침에 따라 그 소관에 속하는 **다음 연도의 세입세출예산 · 계속비 · 명시이월비 및 국고채무부담행위** 요구서를 작성하여 **매년 5월 31일까지** 기획재정부장관에게 제출하여야 한다.

④ (×) 기획재정부장관은 예산요구서에 따라 **예산안을** 편성하여 **국무회의(국회×)의 심의**를 거친 후 **대통령의 승인**을 얻어야 한다.

748 경찰예산 과정에 대한 내용으로 옳지 않은 것은?

A급 21 경위

① 경찰청장은 예산안편성지침에 따라 그 소관에 속하는 다음 연도의 예산요구서를 기획재정부장관에게 제출하고 기획재정부장관은 예산요구서에 따라 예산안을 편성하여 국무회의 심의를 거쳐 대통령의 승인을 얻은 후 회계연도 개시 120일 전까지 국회에 제출하여야 한다.

② 국회에 제출된 경찰예산안은 행정안전위원회에서 종합심사를 통해 구체적이고 실질적인 금액 조정이 이루어지며 종합심사가 끝난 예산안은 본회의에 상정되어 회계연도 개시 30일 전까지 본회의 의결을 거침으로써 확정된다.

③ 경찰청장은 예산이 확정된 후 예산배정요구서를 기획재정부장관에게 제출하고 기획재정부장관은 예산배정요구서에 따라 분기별 예산배정계획을 작성하여 국무회의 심의와 대통령 승인을 얻은 후 분기별 예산배정계획에 따라 경찰청장에게 예산을 배정한다.

④ 경찰청장은 결산보고서를 기획재정부장관에게 제출하여야 하며 정부는 감사원 검사를 거친 국가결산보고서를 다음 연도 5월 31일까지 국회에 제출하여야 한다.

해설

① (○) 경찰청장은 **예산안편성지침에 따라** 그 소관에 속하는 **다음 연도의** 예산요구서를 기획재정부장관에게 제출하고 기획재정부장관은 예산요구서에 따라 예산안을 편성하여 국무회의 심의를 거쳐 대통령의 승인을 얻은 후 회계연도 개시 120일 전까지 국회에 제출하여야 한다.

Tip 예산편성절차 법조문 정리(국가재정법)

신규 · 중기사업계획서의 제출(제28조)	각 중앙관서의 장은 매년 1월 31일까지 해당 회계연도부터 5회계연도 이상의 기간 동안의 신규사업 및 기획재정부장관이 정하는 주요 계속사업에 대한 중기사업계획서를 기획재정부장관에게 제출하여야 한다.
예산안편성지침의 통보 (제29조)	기획재정부장관은 국무회의의 심의를 거쳐 대통령의 승인을 얻은 다음 연도의 예산안편성지침을 매년 3월 31일까지 각 중앙관서의 장에게 통보하여야 한다.
예산안편성지침의 국회보고(제30조)	기획재정부장관은 각 중앙관서의 장에게 통보한 예산안편성지침을 국회 예산결산특별위원회에 보고하여야 한다.
예산요구서의 제출 (제31조)	각 중앙관서의 장은 예산안편성지침에 따라 그 소관에 속하는 다음 연도의 세입세출예산 · 계속비 · 명시이월비 및 국고채무부담행위 요구서("예산요구서")를 작성하여 매년 5월 31일까지 기획재정부장관에게 제출하여야 한다.
예산안의 편성 (제32조)	기획재정부장관은 예산요구서에 따라 예산안을 편성하여 국무회의의 심의를 거친 후 대통령의 승인을 얻어야 한다.
예산안의 국회제출 (제33조)	정부는 대통령의 승인을 얻은 예산안을 회계연도 개시 120일 전까지 국회에 제출하여야 한다.

 748 ②

② (×) 국회에 제출된 경찰예산안은 **예산결산특별위원회**(행정안전위원회×)에서 **종합심사**를 통해 구체적이고 실질적인 금액 조정이 이루어지며 종합심사가 끝난 예산안은 **본회의에 상정**되어 **회계연도 개시 30일 전까지 본회의 의결을 거침으로써 확정된다**(헌법 제54조 제2항).

③ (○) 경찰청장은 **예산이 확정된 후 예산배정요구서**를 기획재정부장관에게 **제출**하고 기획재정부장관은 예산배정요구서에 따라 **분기별 예산배정계획을 작성**하여 국무회의 심의와 대통령 승인을 얻은 후 분기별 예산배정계획에 따라 경찰청장에게 예산을 배정한다.

④ (○) 경찰청장은 **결산보고서를 기획재정부장관에게 제출**하여야 하며 **정부는 감사원 검사를 거친 국가결산보고서를 다음 연도 5월 31일까지 국회에 제출**하여야 한다.

749 경찰예산에 관한 설명으로 가장 적절하지 않은 것은?  19 순경2차

① 정부 예산안이 국회를 통과하여 확정된 후에 새롭게 발생한 사유로 인하여 이미 성립한 예산에 변경을 가할 필요가 있을 때 편성하는 예산은 추가경정예산이다.

② 예산의 집행은 예산의 배정으로부터 시작되므로 예산이 확정되더라도 해당 예산이 배정되지 않은 상태에서는 지출원인행위를 할 수 없다.

③ 품목별 예산제도는 세출예산의 대상·성질에 따라 편성한 예산으로 집행에 대한 회계책임을 명백히 하고 경비사용의 적정화에 유리한 장점이 있다.

④ 「국가재정법」상 기획재정부장관은 예산안을 편성하여 국무회의 심의를 거쳐 대통령의 승인을 얻어야 하며, 정부는 이 예산안을 회계연도 개시 90일 전까지 국회에 제출하여야 한다.

> **해설**
>
> ① (○) 정부 예산안이 **국회를 통과하여 확정된 후**에 **새롭게 발생한 사유**로 인하여 **이미 성립한 예산에 변경**을 가할 필요가 있을 때 편성하는 예산은 **추가경정예산**이다.
>
> ② (○) 예산의 집행은 예산의 배정으로부터 시작되므로 **예산이 확정되더라도 해당 예산이 배정되지 않은 상태에서는 지출원인행위를 할 수 없다.**
>
> ③ (○) **품목별 예산제도**는 세출예산의 대상·성질에 따라 편성한 예산으로 집행에 대한 **회계책임을 명백히 하고** 경비사용의 적정화에 유리한 장점이 있다.
>
> ④ (×) 「국가재정법」상 기획재정부장관은 예산안을 편성하여 국무회의 심의를 거쳐 대통령의 승인을 얻어야 하며, **정부는 이 예산안을 회계연도 개시 120일(90일×) 전까지 국회에 제출**하여야 한다(국가재정법 제32조, 제33조).

750 「국가재정법」상 예산의 집행에 대한 설명 중 가장 적절한 것은?  20 승진

① 각 중앙관서의 장은 예산이 확정되기 전에 사업운영계획 및 이에 따른 세입세출예산·계속비와 국고채무부담행위를 포함한 예산배정요구서를 기획재정부장관에게 제출하여야 한다.

② 기획재정부장관은 예산배정요구서에 따라 분기별 예산배정계획을 작성하여 국무회의의 심의를 거친 후 대통령의 승인을 얻어야 한다.

③ 예산이 확정되면 해당 예산이 배정되지 않은 상태라도 지출원인행위를 할 수 있다.

④ 경찰청장은 예산이 정한 각 기관 간 또는 각 장·관·항 간에 상호 이용(移用)할 수 있는 것이 원칙이다.

🔒 749 ④ 750 ②

해설

① (×) 각 중앙관서의 장은 예산이 **확정된 후(되기 전×)**에 사업운영계획 및 이에 따른 **세입세출예산·계속비와 국고채무부담행위**를 포함한 **예산배정요구서**를 기획재정부장관에게 제출하여야 한다.

> **Tip** **예산요구서의 제출**(제31조) : **각 중앙관서의 장**은 예산안편성지침에 따라 그 소관에 속하는 다음 연도의 **세입세출예산·계속비·명시이월비 및 국고채무부담행위 요구서**("예산요구서")를 작성하여 **매년 5월 31일까지** 기획재정부장관에게 제출하여야 한다.

② (○) 기획재정부장관은 **예산배정요구서**에 따라 분기별 예산배정계획을 작성하여 국무회의의 심의를 거친 후 대통령의 승인을 얻어야 한다.

③ (×) **예산이 확정되더라도** 해당 **예산이 배정되지 않은** 상태라도 지출원인행위를 할 수 없다**(있다×)**.

④ (×) 경찰청장은 예산이 정한 각 기관 간 또는 각 **장·관·항 간에 상호 이용할 수 없는(있는×) 것이 원칙이다.** 다만, 일정한 경우에 한정하여 **미리** 예산으로써 **국회의 의결**을 얻은 때에는 **기획재정부장관의 승인**을 얻어 이용하거나 기획재정부장관이 위임하는 범위 안에서 자체적으로 **이용할 수 있다.**

---

751 「국가재정법」상 경찰예산에 대한 설명으로 가장 적절하지 않은 것은?  ●A급 23 경위

① 경찰청장은 매년 1월 31일까지 해당 회계연도부터 5회계연도 이상의 기간 동안의 신규사업 및 기획재정부장관이 정하는 주요 계속사업에 대한 중기사업계획서를 기획재정부장관에게 제출하여야 한다.

② 경찰청장은 예산이 확정된 후 사업운영계획 및 이에 따른 세입세출예산·계속비와 국고채무부담행위를 포함한 예산배정요구서를 기획재정부장관에게 제출하여야 한다.

③ 경찰청장은 세출예산이 정한 목적 외에 경비를 사용할 수 없다.

④ 경찰청장은 「국가재정법」 제29조의 규정에 따른 예산안편성지침에 따라 그 소관에 속하는 다음 연도의 세입세출예산·계속비·명시이월비 및 국고채무부담행위 요구서를 작성하여 매년 6월 30일까지 우선 행정안전부장관에게 제출하여야 한다.

해설

① (○) 경찰청장은 매년 1월 31일까지 **해당 회계연도부터 5회계연도 이상**의 기간 동안의 신규사업 및 기획재정부장관이 정하는 주요 계속사업에 대한 중기사업계획서를 기획재정부장관에게 제출하여야 한다.

② (○) 경찰청장은 **예산이 확정된 후** 사업운영계획 및 이에 따른 **세입세출예산·계속비와 국고채무 부담행위를 포함한 예산배정요구서**를 기획재정부장관에게 제출하여야 한다.

③ (○) 경찰청장은 세출예산이 정한 **목적 외에 경비를 사용할 수 없다.**

④ (×) 경찰청장은 「국가재정법」 제29조의 규정에 따른 예산안편성지침에 따라 그 소관에 속하는 다음 연도의 **세입세출예산·계속비·명시이월비 및 국고채무부담행위 요구서**를 작성하여 매년 **5월 31일(6월 30일×)까지 기획재정부장관(행정안전부장관×)**에게 제출하여야 한다.

🔒 751 ④

752 「국가재정법」에 대한 설명으로 적절한 것은 모두 몇 개인가?  24 경위

> 가. 기획재정부장관은 국무회의의 심의를 거쳐 대통령의 승인을 얻은 다음 연도의 예산안편성지침을
>   매년 1월 31일까지 각 중앙관서의 장에게 통보하여야 한다.
> 나. 각 중앙관서의 장은 예산의 목적범위 안에서 재원의 효율적 활용을 위하여 대통령령으로 정하는
>   바에 따라 국무회의의 심의를 거친 후 대통령의 승인을 얻어 각 세항 또는 목의 금액을 전용할 수
>   있다.
> 다. 각 중앙관서의 장은 「국가회계법」에서 정하는 바에 따라 회계연도마다 작성한 결산보고서를 다음
>   연도 2월 말일까지 기획재정부장관에게 제출하여야 한다.
> 라. 기획재정부장관은 「국가회계법」에서 정하는 바에 따라 회계연도마다 작성하여 대통령의 승인을
>   받은 국가결산보고서를 다음 연도 5월 20일까지 감사원에 제출하여야 한다.

① 1개   ② 2개   ③ 3개   ④ 4개

해설

옳은 설명은 **다, 1개**이다.
가. (×) 기획재정부장관은 국무회의의 심의를 거쳐 대통령의 승인을 얻은 다음 연도의 예산안편성지침을 매년 **3월 31일(1월
     31일×)**까지 각 중앙관서의 장에게 통보하여야 한다(동법 제29조 제1항).
나. (×) 각 중앙관서의 장은 예산의 목적범위 안에서 재원의 효율적 활용을 위하여 대통령령으로 정하는 바에 따라 **기획재
     정부장관(국무회의의 심의를 거친 후 대통령×)**의 승인을 얻어 각 세항 또는 목의 금액을 전용할 수 있다(동법
     제46조 제1항).
다. (○) 각 중앙관서의 장은 「국가회계법」에서 정하는 바에 따라 회계연도마다 작성한 **결산보고서**를 **다음 연도 2월 말일
     까지** 기획재정부장관에게 제출하여야 한다(동법 제58조 제1항).
라. (×) 기획재정부장관은 「국가회계법」에서 정하는 바에 따라 회계연도마다 작성하여 대통령의 승인을 받은 **국가결산보
     고서**를 다음 연도 **4월 10일(5월 20일×)까지 감사원에 제출**하여야 한다(동법 제59조).

---

753 품목별예산제도(Line-item Budget System)에 관한 설명으로 가장 적절하지 않은 것은?

① 지출품목별 비용을 계산하여 예산을 배정하는 제도이다.   ● A급 26 경위
② 행정기관이 구체적으로 어떠한 항목에 지출하는가를 상세히 밝혀주는 예산제도이다.
③ 예산 운영이 쉽고, 회계책임이 명확하다.
④ 정부가 구입하는 물품보다 수행하는 업무에 중점을 두는 관리지향적 예산제도이다.

해설

① (○) **지출품목별 비용을 계산**하여 예산을 배정하는 제도이다.
② (○) 행정기관이 **구체적으로 어떠한 항목에 지출하는가**를 상세히 밝혀주는 예산제도이다.
③ (○) 예산 **운영이 쉽고, 회계책임이 명확**하다.
④ (×) 정부가 구입하는 물품보다 **수행하는 업무에 중점**을 두는 **관리지향적 예산제도**는 '**성과주의 예산제도**'에 관한 설명
     이다.

Tip 예산제도별 특징

구분	품목별예산	성과주의예산	계획예산	영기준예산
특징	통제지향	관리지향	합리성지향	감축지향

🔒 752 ① 753 ④

754 예산제도에 관한 설명으로 가장 적절하지 않은 것은?

① 영기준예산제도는 전년도 예산을 기준으로 하여 점증적으로 예산액을 결정하는 데서 생기는 폐단을 시정하려고 개발한 것이다.

② 품목별예산제도는 일반 국민들이 정부사업에 대한 이해를 용이하게 하지만 인건비 등 경직성 경비적용에 어려움이 있다.

③ 계획예산의 핵심은 프로그램 예산형식을 따르는 것으로서, 기획(planning), 사업구조화 (programming), 예산(budgeting)을 연계시킨 시스템적 예산제도이다.

④ 준예산은 새로운 회계연도가 개시될 때까지 국회에서 예산안이 의결되지 못한 경우 예산안이 의결될 때까지 전년도 예산에 준하여 지출하는 예산이다.

해설

① (○) **영기준예산제도**는 전년도 예산을 기준으로 하여 **점증적**으로 예산액을 결정하는 데서 생기는 **지출증가의 폐단을 시정**하려고 **개발**한 것이다.

② (×) **성과주의(품목별×)예산제도**는 일반 **국민들이 정부사업에 대한 이해를 용이**하게 하고 예산의 통제보다는 **업무성과에 초점**을 두는 **관리지향적 예산제도**이다. 하지만, **인건비 등 경직성 경비에 적용하기 어려움**이 있으며 품목별 예산제도에 비하여 **입법적 통제가 곤란**하여 **회계책임이 불분명하다**는 단점이 있다.

③ (○) **계획예산**의 핵심은 프로그램 예산형식을 따르는 것으로서, 기획(planning), 사업구조화(programming), 예산(budgeting) 을 연계시킨 시스템적 예산제도이다.

④ (○) **준예산**은 새로운 회계연도가 개시될 때까지 **국회에서 예산안이 의결되지 못한 경우** 예산안이 **의결될 때까지** 전년 도 예산에 준하여 지출하는 예산이다.

755 예산제도에 관한 설명으로 가장 적절하지 않은 것은?

① 영기준예산제도는 정부지출의 전체적인 성과파악이 곤란하고 예산운영의 신축성 부족 등이 단점으로 평가되고 있다.

② 성과주의예산제도는 정부가 무슨 일을 하느냐에 중점을 두는 제도로 관리지향성을 지닌다.

③ 품목별예산제도는 정부지출 대상이 되는 물품, 품목 등을 기준으로 한 예산제도로서 예산의 남용이나 오용을 방지하는 데 도움이 된다.

④ 계획예산제도는 의사결정을 일관성 있게 합리화하려는 제도이지만 하향적(top-down)인 방식으로 집권화되어 있기 때문에 조직구성원들의 참여를 저해한다는 한계가 있다.

해설

① (×) **품목별예산제도(영기준예산제도×)**는 정부지출의 **전체적인 성과파악이 곤란**하고 세부 품목별로 금액이 결정되어 있기 때문에 **예산운영(집행)의 신축성 부족** 등이 단점으로 평가되고 있다.

　　Tip 영기준예산제도 : 매년 원점에서 다시 검토하여 **우선순위**가 높은 사업을 선택하여 예산을 집행하는 **감축지향적** 예산제도이다.

② (○) **성과주의예산제도**는 **사업계획별로 예산이 편성**되어 정부가 **무슨 일을 하는지 쉽게 이해**할 수 있고, 업무의 계량화 를 통해 관리의 능률을 향상시켜 업무성과에 초점을 두는 **관리지향적 예산제도**이다.

③ (○) **품목별예산제도**는 정부지출 대상이 되는 **물품, 품목(인건비, 운영비, 시설비 등)** 등을 기준으로 지출품목마다 그 비용이 얼마인지에 따라 예산을 배정하는 제도로서 담당공무원의 **재량범위를 축소하여 부정을 막고 예산의 남용이나 오용을 방지**하는 데 도움이 된다.

④ (○) **계획예산제도**는 장기적인 기본계획과 단기적인 예산편성을 통하여 의사결정을 일관성 있게 **합리화하려는 제도이지만**, 최상급 관청의 **일방적인 의사결정**에 따른 **하향적(top-down) 방식**으로 **중앙집권화**되어 의회의 통제기능이 **약화**되고 **조직구성원의 참여를 저해**한다는 한계(단점)가 있다.

🔒 754 ② 755 ①

756 예산제도에 관한 설명으로 가장 적절하지 않은 것은?  23 법학

① 정부는 예산안을 국회에 제출한 후 부득이한 사유로 인하여 그 내용의 일부를 수정하고자 하는 때에는 국무회의의 심의를 거쳐 대통령의 승인을 얻은 준예산안을 국회에 제출할 수 있다.

② 예산과정상 분류에서 본예산은 정부가 매년 정기적으로 다음 연도의 세입과 세출을 예산안으로 최초 편성하여 국회에서 심의·의결하여 확정된 예산을 말한다.

③ 성과주의예산제도는 정부가 구입하는 물품보다 정부가 수행하는 업무에 중점을 두는 관리지향적 예산제도이다.

④ 중앙관서의 장은 예산의 목적범위 안에서 재원의 효율적 활용을 위하여 대통령령이 정하는 바에 따라 기획재정부장관의 승인을 얻어 각 세항 또는 목의 금액을 전용할 수 있다.

해설

① (×) 정부는 예산안을 **국회에 제출한 후** 부득이한 사유로 인하여 그 내용의 일부를 **수정**하고자 하는 때에는 국무회의의 심의를 거쳐 대통령의 승인을 얻은 **수정예산안**(준예산안×)을 국회에 제출할 수 있다.

② (○) 예산과정상 분류에서 **본예산**은 정부가 매년 정기적으로 다음 연도의 세입과 세출을 예산안으로 **최초** 편성하여 **국회에서 심의·의결하여 확정된 예산**을 말한다.

③ (○) **성과주의예산제도**는 정부가 구입하는 **물품보다** 정부가 **수행하는 업무에 중점**을 두는 **관리지향적 예산제도**이다.

④ (○) 중앙관서의 장은 예산의 목적범위 안에서 재원의 효율적 활용을 위하여 대통령령이 정하는 바에 따라 **기획재정부장관의 승인**을 얻어 각 **세항 또는 목**의 금액을 **전용할 수 있다**(국가재정법 제46조 제1항).

---

757 예산제도에 대한 설명으로 가장 적절한 것은?  19 승진

① 품목별예산제도는 지출의 대상·성질을 기준으로 세출예산의 금액을 분류하는 통제지향적 제도로 회계책임의 명확화를 통해 계획과 지출의 불일치를 극복할 수 있다는 장점이 있다.

② 성과주의예산제도는 정부가 구입하는 물품보다 정부가 수행하는 업무에 중점을 두는 관리지향적 예산제도로 기능의 중복을 피하기가 곤란하고 인건비 등 경직성 경비에 적용이 어렵다.

③ 영기준예산제도는 예산편성 시 전년도 예산을 기준으로 점증적으로 예산을 책정하는 폐단을 탈피하기 위한 예산제도이다.

④ 일몰법은 특정의 행정기관이나 사업이 일정기간 지나면 의무적·자동적으로 폐지되게 하는 예산제도로 행정부가 예산편성을 통해 정하며 중요사업에 대해 적용된다.

해설

① (×) **품목별예산제도**는 지출의 대상·성질을 기준으로 세출예산의 금액을 분류하는 **통제지향적 제도**로 **회계책임의 명확화**를 통해 **부정·부패를 차단**할 수 있다는 장점이 있으나 **계획과 지출의 불일치를 극복하기 어렵다**는 단점(할 수 있다는 장점×)이 있다.

② (×) **성과주의예산제도**는 정부가 구입하는 물품보다 정부가 **수행하는 업무에 중점**을 두는 **관리지향적** 예산제도로 (기능의 중복을 피하기가 곤란하고×) 인건비 등 경직성 경비에 적용이 어렵다.
　Tip 기능의 중복을 피하기가 곤란한 것은 **품목별예산제도**의 단점에 해당하는 설명이다.

③ (○) **영기준예산제도**는 예산편성 시 전년도 예산을 기준으로 **점증적**으로 예산을 책정하여 **예산이 불어나는 폐단을 탈피**하기 위한 예산제도이다.

④ (×) **일몰법**은 특정의 행정기관이나 사업이 일정기간 지나면 **의무적·자동적으로 폐지**되게 하는 예산제도로 **입법부**(행정부×)가 예산편성을 통해 정하며 **중요사업에 대해 적용**된다.

 756 ① 757 ③

758 예산제도에 관한 설명으로 가장 적절한 것은? ●A급 25 경위

① 품목별예산제도는 행정의 재량범위가 확대되어 예산유용 및 부정을 방지할 수 있다.

② 성과주의예산제도는 국민이 정부의 활동과 목적을 이해하는데 용이하나 단위원가를 산출하는 것이 곤란하다.

③ 자본예산제도는 기획(planning), 사업구조화(programming), 예산(budgeting)을 연계시킨 시스템적 예산제도이다.

④ 영기준예산제도는 모든 사업에 대한 근본적인 재평가를 실시하며 장기적인 계획에 중점을 둔다.

> **해설**
>
> ① (×) **품목별예산제도**는 행정의 **재량범위가 축소(확대×)**되어 예산유용 및 **부정을 방지**할 수 있다.
> ② (○) **성과주의예산제도**는 국민이 정부의 **활동과 목적을 이해하는데 용이**하나 **단위원가를 산출하는 것이 곤란**하다.
> ③ (×) **계획예산제도(자본예산제도×)**는 기획(planning), 사업구조화(programming), 예산(budgeting)을 연계시킨 시스템적 예산제도이다.
> ④ (×) **영기준예산제도**는 모든 사업에 대한 **근본적인 재평가**를 실시하며 **단기적인(장기적인×) 계획에 중점**을 둔다.

759 예산제도에 관한 설명으로 가장 적절하지 않은 것은? ●A급 25 순경2차

① 품목별예산제도는 회계 집행내용과 책임이 명확하며, 인건비 등 경직성 경비에 적용이 용이하다.

② 성과주의예산제도는 자원배분의 합리성과 예산집행의 신축성을 기할 수 있으며 국민의 입장에서 행정기관의 활동을 이해하기 쉽다.

③ 계획예산제도는 장기적인 기획과 단기적인 예산편성을 유기적으로 연결하여 자원배분의 일관성과 합리성을 도모한다.

④ 일몰법예산제도는 행정부가 제정한 법령에 의하여 특정 사업이 일정 기간이 경과하면 의무적·자동적으로 폐지되게 하는 예산제도이며 행정부의 사업에 주로 사용된다.

> **해설**
>
> ① (○) **품목별예산제도**는 회계 집행내용과 **책임이 명확**하며, 인건비 등 **경직성 경비에 적용이 용이**하다.
> ② (○) **성과주의예산제도**는 자원배분의 합리성과 **예산집행의 신축성**을 기할 수 있으며 **국민의 입장에서 행정기관의 활동을 이해하기 쉽다.**
> ③ (○) **계획예산제도**는 장기적인 기획과 단기적인 예산편성을 유기적으로 연결하여 자원배분의 **일관성과 합리성을 도모**한다.
> ④ (×) **일몰법예산제도**는 **입법부(행정부×)가 제정**한 법령에 의하여 특정 사업이 일정 기간이 경과하면 의무적·자동적으로 폐지되게 하는 예산제도이며 **행정부의 사업에 주로 사용**된다.

🔒 758 ② 759 ④

760 「경찰장비관리규칙」상 무기고 및 탄약고 설치에 관한 설명 중 가장 적절하지 않은 것은?

●A급 22 순경1차

① 무기·탄약고 비상벨은 상황실과 숙직실 등 초동조치 가능장소와 연결하고, 외곽에는 철조망 장치와 조명등 및 순찰함을 설치하여야 한다.
② 탄약고 내에는 전기시설을 하는 것이 원칙이나, 조명은 건전지 등으로 하고 방화시설을 완비하여야 한다.
③ 무기고와 탄약고의 환기통 등에는 손이 들어가지 않도록 쇠창살 시설을 하고, 출입문은 2중으로 하여 각 1개소 이상씩 자물쇠를 설치하여야 한다.
④ 탄약고는 무기고와 분리되어야 하며 가능한 본 청사와 격리된 독립 건물로 하여야 한다.

> **해설**
> ① (○) 무기·탄약고 비상벨은 상황실과 숙직실 등 초동조치 가능장소와 연결하고, 외곽에는 철조망 장치와 조명등 및 **순찰함을 설치하여야 한다.**
> ② (×) **탄약고 내에는 전기시설을 하여서는 아니 되며**(하는 것이 원칙×), 조명은 건전지 등으로 하고 **방화시설을 완비하여야 한다.** 단, **방폭설비를 갖춘 경우 전기시설을 설치할 수 있다**(동규칙 제115조 제7항).
> ③ (○) **무기고와 탄약고의 환기통** 등에는 손이 들어가지 않도록 **쇠창살** 시설을 하고, **출입문은 2중으로** 하여 **각 1개소 이상씩 자물쇠를 설치하여야 한다.**
> ④ (○) **탄약고는 무기고와 분리**되어야 하며 가능한 **본 청사와 격리된 독립 건물로 하여야 한다.**

761 「경찰장비관리규칙」상 무기 및 탄약관리에 관한 설명으로 가장 적절하지 않은 것은? ●A급 23 순경2차

① 간이무기고란 경찰인력 및 경찰기관별 무기책정기준에 따라 배정된 개인화기와 공용화기를 집중보관·관리하기 위하여 각 경찰기관에 설치된 시설을 말한다.
② 무기·탄약을 대여 받은 자는 그 무기를 휴대하고 근무하는 경우를 제외하고는 무기고에 보관하여야 하며, 근무 종료 시에는 감독자 입회아래 무기탄약 입출고부에 기재한 뒤 즉시 입고하여야 한다.
③ 경찰기관의 장은 무기를 휴대한 자 중에서 형사사건의 수사 대상이 된 자가 있을 때에는 심의위원회의 심의를 거쳐 대여한 무기·탄약을 회수할 수 있다. 다만, 심의위원회를 개최할 시간적 여유가 없거나 사고 방지 등을 위해 신속한 회수가 필요하다고 인정되는 경우에는 대여한 무기·탄약을 즉시 회수할 수 있으며, 회수한 날부터 7일 이내에 심의위원회를 개최하여 회수의 타당성을 심의하고 계속 회수 여부를 결정한다.
④ 경찰기관의 장은 무기를 휴대한 자가 상사의 사무실을 출입할 경우 대여한 무기·탄약을 무기고에 보관하도록 하여야 한다.

 760 ② 761 ①

해설

① (×) **집중무기고**(간이무기고×)란 경찰인력 및 경찰기관별 무기책정기준에 따라 배정된 개인화기와 공용화기를 **집중보관·관리하기** 위하여 각 경찰기관에 설치된 시설을 말한다(동규칙 제112조 제2호).

② (○) 무기·탄약을 대여 받은 자는 그 무기를 휴대하고 근무하는 경우를 제외하고는 무기고에 보관하여야 하며, **근무종료 시에는** 감독자 입회아래 무기탄약 입출고부에 기재한 뒤 **즉시 입고하여야 한다**(동규칙 제118조 제5항).

③ (○) 경찰기관의 장은 무기를 휴대한 자 중에서 **형사사건의 수사 대상이 된 자**가 있을 때에는 **심의위원회의 심의를 거쳐** 대여한 무기·탄약을 **회수할 수 있다**. 다만, 심의위원회를 개최할 시간적 여유가 없거나 사고 방지 등을 위해 **신속한 회수가 필요**하다고 인정되는 경우에는 대여한 무기·탄약을 **즉시 회수할 수 있으며**, 회수한 날부터 **7일 이내에 심의위원회를 개최**하여 회수의 타당성을 심의하고 계속 회수 여부를 결정한다(동규칙 제120조 제2항).

④ (○) 경찰기관의 장은 무기를 휴대한 자가 **상사의 사무실을 출입할 경우** 대여한 무기·탄약을 무기고에 **보관하도록 해야 한다**(동규칙 제120조 제4항).

762 「경찰장비관리규칙」에 관한 설명으로 옳고 그름의 표시(○, ×)가 바르게 된 것은? ●A급 24 순경2차

> ㉠ 경찰기관의 장은 무기를 휴대한 자 중에서 형사사건의 수사 대상이 된 자가 있을 때에는 무기 소지 적격 심의위원회(이하 "심의위원회"라 한다)의 심의를 거쳐 대여한 무기·탄약을 회수할 수 있다. 다만, 심의위원회를 개최할 시간적 여유가 없거나 사고 방지 등을 위해 신속한 회수가 필요하다고 인정되는 경우에는 대여한 무기·탄약을 즉시 회수할 수 있으며, 회수한 날부터 7일 이내에 심의위원회를 개최하여 회수의 타당성을 심의하고 계속 회수 여부를 결정한다.
>
> ㉡ 심의위원회는 위원장 1명을 포함하여 총 5명 이상 7명 이내의 위원으로 구성하되 민간위원 1명 이상이 위원으로 참여하여야 한다.
>
> ㉢ 경찰기관의 장은 무기를 휴대한 자 중에서 정신건강상 문제가 우려되어 치료가 필요한 자의 경우 대여한 무기·탄약을 즉시 회수해야 한다.
>
> ㉣ 집중무기고란 경찰탄약을 집중 보관 및 관리하기 위해 각 경찰기관에 설치된 시설을 말한다.

① ㉠(○)　　㉡(○)　　㉢(×)　　㉣(×)

② ㉠(○)　　㉡(×)　　㉢(○)　　㉣(×)

③ ㉠(○)　　㉡(×)　　㉢(×)　　㉣(○)

④ ㉠(×)　　㉡(○)　　㉢(×)　　㉣(○)

해설

㉠ (○) 경찰기관의 장은 무기를 휴대한 자 중에서 **형사사건의 수사 대상이 된 자**가 있을 때에는 무기 소지 적격 **심의위원회의 심의를 거쳐** 대여한 무기·탄약을 **회수할 수 있다**. 다만, 심의위원회를 개최할 시간적 여유가 없거나 사고 방지 등을 위해 신속한 회수가 필요하다고 인정되는 경우에는 대여한 무기·탄약을 **즉시 회수할 수 있으며**, 회수한 날부터 **7일 이내에 심의위원회를 개최**하여 회수의 타당성을 심의하고 계속 회수 여부를 결정한다(동규칙 제120조 제2항).

㉡ (○) **무기 소지 적격 심의위원회**는 **위원장 1명을 포함**하여 총 **5명 이상 7명 이내**의 위원으로 구성하되 **민간위원 1명 이상**이 위원으로 참여하여야 한다(동규칙 제120조의2 제2항).

㉢ (×) 경찰기관의 장은 무기를 휴대한 자 중에서 **정신건강상 문제**가 우려되어 치료가 필요한 자의 경우 **심의위원회의 심의를 거쳐** 대여한 무기·탄약을 **회수할 수 있다**(즉시 회수해야 한다×)(동규칙 제120조 제2항).

㉣ (×) '**집중무기고**'란 경찰인력 및 경찰기관별 무기책정기준에 따라 배정된 **개인화기와 공용화기**(경찰탄약×)를 집중보관·관리하기 위하여 각 경찰기관에 설치된 시설을 말한다(동규칙 제112조 제2호).

> **Tip** '**탄약고**'란 **경찰탄약**을 집중 보관하기 위하여 타용도의 사무실, 무기고 등과 **분리 설치된 보관시설**을 말한다(동규칙 제112조 제3호).

 762 ①

763 「경찰장비관리규칙」상 무기관리에 관한 설명으로 옳은 것은 모두 몇 개인가?

 24 순경1차

> ⊙ 무기고와 탄약고는 견고하게 만들고 환기·방습장치와 방화시설 및 총가시설 등이 완비되어야 한다.
> ⓒ 간이무기고는 근무자가 24시간 상주하는 지구대, 파출소, 상황실 등 경찰기관의 장이 필요하다고 인정하는 상당한 이유가 있는 장소에 설치할 수 있다.
> ⓒ 집중무기·탄약고의 열쇠보관은 일과시간의 경우 무기 관리부서의 장이, 일과시간 후에는 당직 업무(청사방호) 책임자(상황관리관 등 당직근무자)가 한다.
> ② 경찰기관의 장은 무기를 휴대한 자 중에서 '정신건강상 문제가 우려되어 치료가 필요한 자'가 있을 때에는 즉시 대여한 무기·탄약을 회수하여야 한다.

① 1개　　　　　　　　　　　　② 2개
③ 3개　　　　　　　　　　　　④ 4개

해설

옳은 설명은 ⊙, ⓒ, ⓒ, **3개**이다.
⊙ (○) **무기고와 탄약고**는 견고하게 만들고 환기·방습장치와 방화시설 및 총가시설 등이 **완비되어야 한다.**
ⓒ (○) **간이무기고**는 근무자가 **24시간 상주**하는 지구대, 파출소, 상황실 등 경찰기관의 장이 필요하다고 인정하는 상당한 이유가 있는 장소에 **설치할 수 있다.**
ⓒ (○) **집중무기·탄약고의 열쇠보관**은 일과시간의 경우 무기 **관리부서의 장이**, 일과시간 후에는 당직 업무(청사방호) 책임자(상황관리관 등 당직근무자)가 한다.
② (×) 경찰기관의 장은 무기를 휴대한 자 중에서 **'정신건강상 문제가 우려되어 치료가 필요한 자'**가 있을 때에는 **무기 소지 적격 심의위원회의 심의를 거쳐** 대여한 무기·탄약을 **회수할 수 있다**(즉시 회수하여야 한다×)(동규칙 제 120조 제2항 본문).

764 「경찰장비관리규칙」상 무기류관리에 대한 설명으로 가장 적절하지 않은 것은?

 24 경위

① 경찰기관의 장은 무기를 휴대한 자 중에서 직무상의 비위 등으로 인하여 징계대상이 된 자, 형사사건의 수사의 대상이 된 자, 경찰공무원 직무적성검사 결과 고위험군에 해당되는 자가 발생한 때에는 즉시 대여한 무기·탄약을 회수하여야 한다.
② 간이무기고는 근무자가 24시간 상주하는 지구대, 파출소, 상황실 및 112타격대 등 경찰기관의 장이 필요하다고 인정하는 상당한 이유가 있는 장소에 설치할 수 있다.
③ 탄약고 내에는 전기시설을 하여서는 아니 되며, 조명은 건전지 등으로 하고 방화시설을 완비하여야 한다. 단, 방폭설비를 갖춘 경우 전기시설을 설치할 수 있다.
④ 지구대 등의 간이무기고의 경우는 소속 경찰관에 한하여 무기를 지급하되 감독자 입회(감독자가 없을 경우 반드시 타 선임 경찰관 입회)하에 무기탄약 입출고부에 기재한 뒤 입출고하여야 한다. 다만, 긴급상황 발생시 경찰서장의 사전허가를 받은 경우의 대여는 예외로 한다.

해설

① (×) 경찰기관의 장은 무기를 휴대한 자 중에서 직무상의 비위 등으로 인하여 **중징계** 의결 요구된 자(징계대상이 된 자×), (형사사건의 수사 대상이 된 자×), **사의를 표명한 자**(경찰공무원 직무적성검사 결과 고위험군에 해당되는 자×)가 발생한 때에는 **즉시** 대여한 무기·탄약을 **회수하여야 한다**(동규칙 제120조 제1항).

🔒 763 ③　764 ①

Tip 직무상의 비위 등으로 인하여 **감찰조사**의 대상이 되거나 **경징계의결 요구** 또는 **경징계** 처분 중인 자, **형사사건의 수사 대상이 된 자**, 경찰공무원 직무적성검사 결과 **고위험군에 해당되는 자**는 무기 소지 적격 심사위원 회의 심의를 거쳐 대여한 무기·탄약을 **회수할 수 있다**(동규칙 제120조 제2항).

② (○) **간이무기고**는 근무자가 **24시간 상주**하는 지구대, 파출소, 상황실 및 112타격대 등 경찰기관의 장이 필요하다고 인정하는 상당한 이유가 있는 장소에 **설치할 수 있다**(동규칙 제115조 제6항).

③ (○) **탄약고 내에는 전기시설을 하여서는 아니 되며**, 조명은 건전지 등으로 하고 **방화시설을 완비하여야 한다**. 단, 방폭 설비를 갖춘 경우 전기시설을 설치할 수 있다(동규칙 제115조 제7항).

④ (○) 지구대 등의 간이무기고의 경우는 소속 경찰관에 한하여 **무기를 지급**하되 **감독자 입회**(감독자가 없을 경우 반드시 타 선임 경찰관 입회)하에 무기탄약 입출고부에 기재한 뒤 **입출고**하여야 한다. 다만, **긴급상황** 발생시 경찰서장의 **사전허가**를 받은 경우의 대여는 예외로 한다(동규칙 제118조 제4항).

---

765 「경찰장비관리규칙」상 무기소지 적격 심의위원회에 관한 설명으로 가장 적절하지 않은 것은?

 26 경위

① 민간위원은 총포·도검·화약류 분야에 전문성을 갖춘 사람으로서 심의 대상자 소속 경찰기 관의 장이 위촉하는 사람을 1명 이상 위촉해야 한다.
② 무기소지 적격 심의위원회의 회의는 비공개로 한다.
③ 무기·탄약 회수 대상자에 해당하는지 여부 및 회수의 해제 여부를 심의한다.
④ 재적위원의 과반수의 출석으로 개의하며, 출석위원 과반수의 찬성으로 의결한다.

해설

① (×) 민간위원은 **정신건강 분야**에 관한 전문성을 갖춘 사람(총포·도검·화약류 분야에 전문성을 갖춘 사람×)으로서 심의 대상자 소속 경찰기관의 장이 위촉하는 사람을 1명 이상 위촉해야 한다(경찰장비관리규칙 제120조의2 제2항, 제3항).

② (○) 무기소지 적격 심의위원회의 **회의는 비공개**로 한다.

③ (○) 무기·탄약 **회수 대상자에 해당하는지 여부 및 회수의 해제 여부를 심의**한다.

④ (○) **재적위원의 과반수의 출석으로 개의하며, 출석위원 과반수의 찬성**으로 의결한다.

---

766 「경찰장비관리규칙」상 무기류에 관한 설명으로 가장 적절하지 않은 것은?

 24 승진

① 탄약고 내에는 전기시설을 하여서는 아니 되며, 조명은 건전지 등으로 하고 방화시설을 완비 하여야 한다. 단, 방폭설비를 갖춘 경우 전기시설을 설치할 수 있다.
② 집중무기·탄약고의 열쇠보관은 일과시간에는 무기 관리부서의 장이, 일과시간 후에는 당직 업무(청사방호) 책임자가 한다.
③ 경찰기관의 장은 무기를 휴대한 자가 술자리 또는 연회장소에 출입할 경우 즉시 대여한 무 기·탄약을 회수해야 한다.
④ 경찰관이 권총을 휴대 사용하는 경우 1탄은 공포탄, 2탄 이하는 실탄을 장전한다. 다만, 대간 첩작전, 살인·강도 등 중요범인이나 무기·흉기 등을 사용하는 범인의 체포 및 위해의 방호 를 위하여 불가피한 경우에 1탄부터 실탄을 장전할 수 있다.

 765 ① 766 ③

① (○) **탄약고 내에는 전기시설을 하여서는 아니 되며**, 조명은 건전지 등으로 하고 방화시설을 완비하여야 한다. **단, 방폭설비를 갖춘 경우 전기시설을 설치할 수 있다**(동규칙 제115조 제7항).

② (○) 집중무기·탄약고의 **열쇠보관은 일과시간에는 무기 관리부서의 장**이, **일과시간 후에는 당직 업무**(청사방호) **책임자**가 한다(동규칙 제117조 제2항 제1호).

③ (×) 경찰기관의 장은 무기를 휴대한 자가 **술자리 또는 연회장소에 출입**할 경우에는 대여한 무기·탄약을 무기고에 **보관**(즉시 회수×)**하도록 해야 한다**(동규칙 제120조 제4항 제1호).

④ (○) 경찰관이 권총을 휴대 사용하는 경우 **1탄은 공포탄, 2탄 이하는 실탄**을 장전한다. 다만, **대간첩작전**, 살인·강도 등 **중요범인**이나 무기·흉기 등을 사용하는 범인의 체포 및 위해의 방호를 위하여 **불가피한 경우에 1탄부터 실탄을 장전할 수 있다**(동규칙 제123조 제1항 제1호 다목).

767 「**경찰장비관리규칙**」상 권총의 휴대 사용시 안전수칙에 관한 설명으로 가장 적절하지 않은 것은?

●A급 24 특공

① 1탄은 공포탄, 2탄 이하는 실탄을 장전한다. 다만, 대간첩작전, 살인·강도 등 중요범인이나 무기·흉기 등을 사용하는 범인의 체포 및 위해의 방호를 위하여 불가피한 경우에 1탄부터 실탄을 장전할 수 있다.

② 총구는 공중 또는 전방을 향한다.

③ 실탄 장전시 반드시 안전장치(방아쇠울에 설치 사용)를 장착한다.

④ 조준시는 대퇴부 이하를 향한다.

① (○) **1탄은 공포탄, 2탄 이하는 실탄**을 장전한다. 다만, 대간첩작전, 살인·강도 등 중요범인이나 무기·흉기 등을 사용하는 범인의 체포 및 위해의 방호를 위하여 **불가피한 경우에 1탄부터 실탄을 장전할 수 있다**.

② (×) 총구는 **공중** 또는 **지면**(안전지역)(전방×)을 향한다(동규칙 제123조 제1항 제1호).

③ (○) **실탄** 장전시 **반드시 안전장치**(방아쇠울에 설치 사용)를 **장착**한다.

④ (○) 조준시는 **대퇴부 이하**를 향한다.

768 「**경찰장비관리규칙**」상 차량관리에 대한 설명으로 옳은 것은 모두 몇 개인가?

●A급 17 순경1차 변형

㉠ 차량교체를 위한 불용 대상차량은 부속기관 및 시·도경찰청에 배정되는 수량의 범위 내에서 내용연수 경과 여부 등 차량주행거리를 최우선적으로 고려하여 선정한다.

㉡ 차량 열쇠는 지정된 열쇠함에 집중보관하여야 하며, 예비열쇠를 확보하기 위해 복제해 놓아야 한다.

㉢ 부속기관 및 시·도경찰청은 소속기관 차량 중 다음 연도 교체대상 차량을 매년 12월 말까지 경찰청장에게 보고하여야 한다.

㉣ 차량운행 시 책임자는 1차 선임탑승자(사용자), 2차 운전자, 3차 경찰기관의 장으로 한다.

㉤ 업무용차량은 운전요원의 부족 등 불가피한 사유가 없는 한 집중관리를 원칙으로 한다.

① 1개   ② 2개

③ 3개   ④ 4개

🔒 767 ② 768 ①

옳은 설명은 ⑩, 1개이다.

㉠ (×) **차량교체**를 위한 불용 대상차량은 부속기관 및 시·도경찰청에 배정되는 수량의 범위 내에서 내용연수 경과 여부 등 **차량사용기간**(주행거리×)을 **최우선적으로 고려**하여 선정한다(동규칙 제94조 제1항).

㉡ (×) 차량 열쇠는 해당 관리자가 지정된 열쇠함에 **집중보관** 및 관리하고, **예비열쇠의 확보** 등을 위한 **무단 복제**와 운전원의 임의 소지 및 보관을 **금한다**(복제해 놓아야 한다×). 다만, 휴가, 비번 등으로 관리책임자 **공백시는 별도 관리책임자를 지정하여야 한다**(동규칙 제96조 제1항).

㉢ (×) 부속기관 및 시·도경찰청은 소속기관 차량 중 다음 년도 **교체대상** 차량을 **매년 11월**(12월×) 말까지 경찰청장에게 **보고**하여야 한다(동규칙 제93조 제1항).

㉣ (×) 차량운행시 책임자는 **1차 운전자**, 2차 선임탑승자(사용자), 3차 경찰기관의 장으로 한다(동규칙 제98조 제3항).

㉤ (○) 각 경찰기관의 업무용차량은 운전요원의 부족 등 불가피한 사유가 없는 한 **집중관리를 원칙**으로 한다. 다만, **지휘용 차량**은 업무의 특성을 고려하여 **지정 활용할 수 있다**(동규칙 제95조 제1항).

<h2>제7절 보안관리</h2>

769 「보안업무규정」상 비밀에 관한 설명 중 가장 적절하지 않은 것은?  ●A급 22 순경1차

① Ⅱ급 비밀은 누설된 경우 국가안전보장에 막대한 지장을 끼칠 우려가 있는 비밀을 말한다.

② 비밀은 적절히 보호할 수 있는 최고등급으로 분류하되, 과도하거나 과소하게 분류해서는 아니 된다.

③ 비밀은 보관하고 있는 시설 밖으로 반출해서는 아니 된다. 다만, 공무원 반출이 필요한 때에는 소속 기관의 장의 승인을 받아야 한다.

④ 비밀을 휴대하고 출장 중인 사람은 비밀을 안전하게 보호하기 위하여 국내 경찰기관 또는 재외공관에 보관을 위탁할 수 있으며, 위탁받은 기관은 그 비밀을 보관하여야 한다.

① (○) **Ⅱ급 비밀**은 누설된 경우 국가안전보장에 **막대한 지장**을 끼칠 우려가 있는 비밀을 말한다.

② (×) 비밀은 **적절히 보호할 수 있는 최저**(최고×)**등급**으로 분류하되, 과도하거나 과소하게 분류해서는 아니 된다(동규정 제12조 제1항).

③ (○) 비밀은 보관하고 있는 시설 밖으로 반출해서는 아니 된다. 다만, 공무원 **반출이 필요한 때에는** 소속 기관의 장의 **승인**을 받아야 한다.

④ (○) **비밀을 휴대하고 출장 중인 사람은** 비밀을 안전하게 보호하기 위하여 **국내 경찰기관 또는 재외공관에 보관을 위탁할 수 있으며**, 위탁받은 기관은 그 비밀을 보관하여야 한다.

🔒 769 ②

770 「보안업무규정」상 비밀보호에 관한 설명으로 가장 적절하지 않은 것은?  23 순경1차

① 비밀은 그 중요성과 가치의 정도에 따라 구분되는데, 누설될 경우 대한민국과 외교관계가 단절되고 전쟁을 일으키며 국가의 방위계획·정보활동 및 국가방위에 반드시 필요한 과학과 기술의 개발을 위태롭게 하는 등의 우려가 있는 비밀은 'Ⅰ급 비밀'에 속한다.

② 비밀은 해당 등급의 비밀취급 인가를 받은 사람만 취급할 수 있으며, 암호자재는 해당 등급의 비밀 소통용 암호자재 취급인가를 받은 사람만 취급할 수 있다.

③ 검찰총장, 국가정보원장, 경찰청장은 Ⅰ급 비밀 취급 인가권자와 Ⅰ급 및 Ⅱ급 비밀 소통용 암호자재 취급인가권자에 해당한다.

④ 비밀은 적절히 보호할 수 있는 최저등급으로 분류하되, 과도하거나 과소하게 분류해서는 아니 된다.

> **해설**
>
> ① (○) 비밀은 그 중요성과 가치의 정도에 따라 구분되는데, 누설될 경우 대한민국과 **외교관계가 단절되고 전쟁을 일으키며** 국가의 방위계획·정보활동 및 국가방위에 반드시 필요한 과학과 기술의 개발을 위태롭게 하는 등의 우려가 있는 비밀은 '**Ⅰ급 비밀**'에 속한다.
>
> ② (○) **비밀은 해당 등급의 비밀취급 인가를 받은 사람만 취급**할 수 있으며, 암호자재는 해당 등급의 비밀 소통용 암호자재 취급인가를 받은 사람만 취급할 수 있다.
>
> ③ (×) **검찰총장, 국가정보원장(경찰청장×)**은 Ⅰ급 비밀 취급 인가권자와 Ⅰ급 및 Ⅱ급 비밀 소통용 암호자재 취급인가권자에 해당한다.
>
> > **Tip** 경찰청장은 **Ⅱ·Ⅲ급 비밀 취급인가권자 및 Ⅲ급 비밀 소통용 암호자재 취급인가권자**에 해당한다(보안업무규정 제9조 제2항).
>
> ④ (○) 비밀은 적절히 보호할 수 있는 **최저등급**으로 분류하되, 과도하거나 과소하게 분류해서는 아니 된다.

771 「보안업무규정」상 비밀보호에 관한 설명으로 가장 적절하지 않은 것은?  23 순경2차

① 각급기관의 장은 비밀의 작성·분류·접수·발송 및 취급 등에 필요한 모든 관리사항을 기록하기 위하여 비밀관리기록부를 작성하여 갖추어 두어야 한다. 다만, Ⅱ급 이상 비밀관리기록부는 따로 작성하여 갖추어 두어야 한다.

② 각급기관의 장은 비밀문서의 접수·발송·복제·열람 및 반출 등의 통제에 필요한 규정을 따로 작성·운영할 수 있다.

③ 각급기관의 장은 연 2회 비밀 소유 현황을 조사하여 국가정보원장에게 통보하여야 한다.

④ 중앙행정기관등의 장은 국가안전보장을 위하여 국민에게 긴급히 알려야 할 필요가 있다고 판단될 때에는 그가 생산한 비밀을 「보안업무규정」제3조의3에 따른 보안심사위원회의 심의를 거쳐 공개할 수 있다. 다만, Ⅰ급 비밀의 공개에 관하여는 국가정보원장과 미리 협의해야 한다.

🔒 **770** ③ **771** ①

① (×) **각급기관의 장은** 비밀의 작성·분류·접수·발송 및 취급 등에 필요한 모든 관리사항을 기록하기 위하여 **비밀관리기록부를 작성하여 갖추어 두어야 한다.** 다만, **Ⅰ급(Ⅱ급 이상×)** 비밀관리기록부는 **따로 작성**하여 갖추어 두어야 한다(보안업무규정 제22조 제1항).

② (○) 각급기관의 장은 비밀문서의 접수·발송·복제·열람 및 반출 등의 통제에 필요한 규정을 **따로 작성·운영할 수 있다.**

③ (○) 각급기관의 장은 **연 2회** 비밀 소유 현황을 조사하여 **국가정보원장**에게 통보하여야 한다. 다만, 조사 및 통보된 비밀 소유 현황은 **공개하지 않는다.**

④ (○) 중앙행정기관등의 장은 국가안전보장을 위하여 국민에게 **긴급히 알려야 할 필요**가 있다고 판단될 때에는 그가 생산한 비밀을 「보안업무규정」 제3조의3에 따른 보안심사위원회의 **심의를 거쳐 공개할 수 있다.** 다만, **Ⅰ급 비밀의 공개**에 관하여는 **국가정보원장과 미리 협의**해야 한다.

---

772 「보안업무규정」상 비밀보호에 관한 설명으로 가장 적절하지 않은 것은?  25 순경1차

① Ⅰ급 비밀은 누설될 경우 국가안전보장에 막대한 지장을 끼칠 우려가 있는 비밀을 말한다.

② 비밀은 해당 등급의 비밀취급 인가를 받은 사람만 취급할 수 있으며, 암호자재는 해당 등급의 비밀 소통용 암호자재취급 인가를 받은 사람만 취급할 수 있다.

③ 비밀을 휴대하고 출장 중인 사람은 비밀을 안전하게 보호하기 위하여 국내 경찰기관 또는 재외공관에 보관을 위탁할 수 있으며, 위탁받은 기관은 그 비밀을 보관하여야 한다.

④ 각급기관의 장은 연 2회 비밀 소유 현황을 조사하여 국가정보원장에게 통보하여야 한다.

① (×) **Ⅱ급 비밀(Ⅰ급 비밀×)**은 누설될 경우 국가안전보장에 **막대한 지장**을 끼칠 우려가 있는 비밀을 말한다(동규정 제4조 제1호).

② (○) **비밀은 해당 등급의 비밀취급 인가를 받은 사람만 취급할 수 있으며**, 암호자재는 해당 등급의 비밀 소통용 암호자재취급 인가를 받은 사람만 취급할 수 있다(동규정 제8조).

③ (○) **비밀을 휴대하고 출장 중인 사람은** 비밀을 안전하게 보호하기 위하여 국내 경찰기관 또는 재외공관에 **보관을 위탁할 수 있으며**, 위탁받은 기관은 그 비밀을 **보관하여야 한다**(동규정 제19조).

④ (○) 각급기관의 장은 **연 2회 비밀 소유 현황**을 조사하여 **국가정보원장에게 통보**하여야 한다(동규정 제31조 제1항).

---

773 보안관리에 대한 설명으로 가장 적절한 것은?  21 법학

① 검찰총장, 경찰청장, 고위공직자범죄수사처장 등은 Ⅰ급 비밀 취급인가권자와 Ⅰ급 및 Ⅱ급 비밀 소통용 암호자재 취급인가권자이다.

② 각급기관의 장과 관리기관 등의 장은 국가안전보장에 관련되는 인원·문서·자재·시설의 보호를 위하여 필요한 장소에 일정한 범위의 보호지역(제한지역, 제한구역, 통제구역)을 설정할 수 있다.

③ 모든 비밀(Ⅰ급, Ⅱ급, Ⅲ급)은 반드시 금고에 보관하여야 하며, 비밀의 보관용기 외부에는 비밀의 보관을 알리거나 나타내는 어떠한 표시도 해서는 아니 된다.

④ 비인가자가 비밀, 주요시설 및 Ⅲ급 비밀 소통용 암호자재에 접근하는 것을 방지하기 위하여 안내를 받아 출입하여야 하는 구역은 제한지역이다.

🔒 772 ① 773 ②

① (×) 검찰총장, **(경찰청장×)**, 고위공직자범죄수사처장 등은 Ⅰ급 비밀 취급인가권자와 Ⅰ급 및 Ⅱ급 비밀 소통용 암호자재 취급인가권자이다.

> 🅣ip **경찰청장은 Ⅱ·Ⅲ급 비밀 취급인가권자 및 Ⅲ급 비밀 소통용 암호자재 취급인가권자**에 해당한다(보안업무규정 제9조 제2항).

② (○) 각급기관의 장과 관리기관 등의 장은 국가안전보장에 관련되는 인원·문서·자재·시설의 보호를 위하여 필요한 장소에 일정한 범위의 **보호지역(제한지역, 제한구역, 통제구역)**을 설정할 수 있다(보안업무규정 제34조 제1항, 제2항).

③ (×) **Ⅰ급(모든×) 비밀은 반드시 금고**에 보관하여야 하며, **비밀의 보관용기 외부에는** 비밀의 보관을 알리거나 나타내는 **어떠한 표시도 해서는 아니 된다**(보안업무규정 시행규칙 제34조 제1항).

> 🅣ip **Ⅱ급, Ⅲ급 비밀은 금고 또는 이중 철제캐비닛** 등 잠금장치가 있는 안전한 용기에 보관하여야 한다(보안업무규정 시행규칙 제33조 제3항).

④ (×) 비인가자가 비밀, 주요시설 및 Ⅲ급 비밀 소통용 암호자재에 접근하는 것을 방지하기 위하여 **안내**를 받아 출입하여야 하는 구역은 **제한구역(제한지역×)**이다(보안업무규정 시행규칙 제54조 제1항 제2호).

> 🅣ip **제한지역**은 비밀 또는 국·공유재산의 보호를 위하여 울타리 또는 방호·경비인력에 의하여 승인을 받지 않은 사람의 접근이나 출입에 대한 **감시**가 필요한 지역이다(보안업무규정 시행규칙 제54조 제1항 제1호).

---

774 비밀에 대한 설명으로 가장 적절하지 않은 것은? ●A급 22 승진

① 「보안업무규정 시행 세부규칙」상 모든 경찰공무원(전투경찰순경을 포함한다)은 임용과 동시 Ⅲ급 비밀취급권을 가진다.

② 「보안업무규정 시행 세부규칙」상 정보부서에 근무하는 경찰공무원은 그 보직발령과 동시에 Ⅱ급 비밀취급권을 인가받은 것으로 한다.

③ 「보안업무규정」과 「보안업무규정 시행규칙」상 보호지역 중 제한구역은 비인가자가 비밀, 주요시설 및 Ⅲ급 비밀 소통용 암호자재에 접근하는 것을 방지하기 위하여 안내를 받아 출입하여야 하는 구역을 말한다.

④ 「보안업무규정」상 비밀은 그 중요성과 가치의 정도에 따라 구분하며 누설될 경우 국가안전보장에 해를 끼칠 우려가 있는 비밀은 Ⅱ급 비밀에 해당한다.

① (○) 「보안업무규정 시행 세부규칙」상 **모든 경찰공무원(전투경찰순경을 포함한다)**은 **임용과 동시 Ⅲ급 비밀취급권**을 가진다(동규칙 제15조 제1항).

② (○) 「보안업무규정 시행 세부규칙」상 **정보부서에 근무**하는 경찰공무원은 그 **보직발령과 동시에 Ⅱ급 비밀취급권을 인가받은 것**으로 한다(동규칙 제15조 제2항).

③ (○) 「보안업무규정」과 「보안업무규정 시행규칙」상 보호지역 중 **제한구역**은 비인가자가 비밀, 주요시설 및 Ⅲ급 비밀 소통용 암호자재에 접근하는 것을 방지하기 위하여 **안내**를 받아 출입하여야 하는 구역을 말한다.

④ (×) 「보안업무규정」상 비밀은 그 **중요성과 가치의 정도에 따라** 구분하며 누설될 경우 국가안전보장에 **해를 끼칠 우려**가 있는 비밀은 **Ⅲ급(Ⅱ급×)** 비밀에 해당한다(동규정 제4조).

🔒 774 ④

775 「보안업무규정」 및 동 시행규칙에 대한 설명으로 가장 적절하지 <u>않은</u> 것은?  23 경위

① 누설되는 경우 국가안전보장에 해를 끼칠 우려가 있는 비밀은 이를 Ⅲ급 비밀로 하며, Ⅱ급 비밀은 누설되는 경우 국가안전보장에 막대한 지장을 초래할 우려가 있는 비밀을 말한다.

② 비밀취급 인가권자는 업무상 조정·감독을 받는 기업체나 단체에 소속된 사람에 대하여 소관 비밀을 계속적으로 취급하게 하여야 할 필요가 있을 때에는 미리 경찰청장과의 협의를 거쳐 해당하는 사람에게 Ⅱ급 이하의 비밀취급을 인가할 수 있다.

③ 제한구역이란 비인가자가 비밀, 주요시설 및 Ⅲ급 비밀 소통용 암호자재에 접근하는 것을 방지하기 위하여 안내를 받아 출입하는 구역을 말한다.

④ 비밀열람기록전의 자료는 비밀과 함께 철하여 보관·활용하고, 비밀의 보호기간이 만료되면 비밀에서 분리한 후 각각 편철하여 5년간 보관해야 한다.

> **해설**
> ① (○) 누설될 경우 국가안전보장에 해를 끼칠 우려가 있는 비밀은 이를 Ⅲ급 비밀로 하며, Ⅱ급 비밀은 누설되는 경우 국가안전보장에 막대한 지장을 초래할 우려가 있는 비밀을 말한다(보안업무규정 제4조).
> ② (×) 비밀취급 인가권자는 업무상 조정·감독을 받는 기업체나 단체에 소속된 사람에 대하여 소관 비밀을 **계속적으로 취급하게 하여야 할 필요**가 있을 때에는 **미리 국가정보원장(경찰청장×)**과의 **협의**를 거쳐 해당하는 사람에게 Ⅱ급 **이하의 비밀취급을 인가할 수 있다**(보안업무규정 시행규칙 제13조 제1항).
> ③ (○) 제한구역이란 비인가자가 비밀, 주요시설 및 Ⅲ급 비밀 소통용 암호자재에 접근하는 것을 방지하기 위하여 안내를 받아 출입하는 구역을 말한다(보안업무규정 시행규칙 제54조 제1항 제2호).
> ④ (○) **비밀열람기록전의 자료**는 **비밀과 함께 철하여 보관·활용**하고, **비밀의 보호기간이 만료되면** 비밀에서 **분리한 후** 각각 편철하여 **5년간 보관**해야 한다(보안업무규정 시행규칙 제70조 제1항 제2호).

776 「보안업무규정」에 관한 내용으로 가장 적절한 것은?  24 승진

① 비밀은 그 중요성과 가치의 정도에 따라 구분하는데, 누설될 경우 국가안전보장에 막대한 지장을 끼칠 우려가 있는 비밀은 Ⅰ급 비밀로 구분한다.

② 지방자치단체의 장, 광역시·도의 교육감, 경찰청장은 Ⅱ급 및 Ⅲ급 비밀 취급인가권자와 Ⅲ급 비밀 소통용 암호자재 취급인가권자이다.

③ 비밀은 적절히 보호할 수 있는 최고등급으로 분류하되, 과도하거나 과소하게 분류해서는 아니 된다.

④ 각급기관의 장은 비밀 분류를 통일성 있고 적절하게 하기 위하여 세부 분류지침을 작성하여 시행하여야 하며 이 경우 세부 분류지침은 공개하는 것을 원칙으로 한다.

> **해설**
> ① (×) 비밀은 그 중요성과 가치의 정도에 따라 구분하는데, 누설될 경우 국가안전보장에 **막**대한 지장을 끼칠 우려가 있는 비밀은 **Ⅱ급(Ⅰ급×)** 비밀로 구분한다(동규정 제4조).
> ② (○) 지방자치단체의 장, 광역시·도의 교육감, **경찰청장은 Ⅱ급 및 Ⅲ급 비밀 취급인가권자**와 **Ⅲ급 비밀 소통용 암호자재 취급인가권자**이다.
> ③ (×) 비밀은 적절히 보호할 수 있는 **최저등급(최고등급×)**으로 분류하되, 과도하거나 과소하게 분류해서는 아니 된다(동규정 제12조 제1항).
> ④ (×) 각급기관의 장은 비밀 분류를 통일성 있고 적절하게 하기 위하여 세부 분류지침을 작성하여 시행하여야 하며 이 경우 **세부 분류지침은 공개하지 않는(공개하는×)** 것을 원칙으로 한다(동규정 제13조).

🔒 775 ② 776 ②

777 「보안업무규정」상 비밀에 관한 설명으로 가장 적절하지 않은 것은?  24 특공

① Ⅱ급 비밀은 누설될 경우 국가안전보장에 막대한 지장을 끼칠 우려가 있는 비밀이다.
② 비밀은 적절히 보호할 수 있는 최저등급으로 분류하되, 과도하거나 과소하게 분류해서는 아니 된다.
③ 암호자재를 사용하는 기관의 장은 사용기간이 끝난 암호자재를 지체 없이 국가정보원장에게 반납하여야 한다.
④ 국가정보원장이 필요하다고 인정하는 암호자재의 경우 그 암호자재를 사용하는 기관은 국가정보원장이 인가하는 암호체계의 범위에서 암호자재를 제작할 수 있다.

해설
① (○) **Ⅱ급 비밀**은 누설될 경우 국가안전보장에 **막대한 지장**을 끼칠 우려가 있는 비밀이다.
② (○) 비밀은 적절히 보호할 수 있는 **최저등급**으로 분류하되, 과도하거나 과소하게 분류해서는 아니 된다.
③ (×) 암호자재를 사용하는 기관의 장은 **사용기간이 끝난 암호자재를 지체 없이 그 제작기관의 장에게(국가정보원장×)** 반납하여야 한다(동규정 제7조 제2항).
④ (○) **국가정보원장은 암호자재를 제작**하여 필요한 **기관에 공급한다.** 다만, 국가정보원장이 필요하다고 인정하는 암호자재의 경우 **그 암호자재를 사용하는 기관은** 국가정보원장이 인가하는 암호체계의 범위에서 **암호자재를 제작할 수 있다**(동규정 제7조 제1항).

778 「보안업무규정 시행규칙」에 대한 설명으로 가장 적절하지 않은 것은?  20 승진

① Ⅰ급 비밀은 반드시 금고에 보관하여야 하며, 다른 비밀과 혼합하여 보관하여서는 아니 된다.
② 비밀의 보관용기 외부에는 비밀의 중요성과 가치에 따라 구분하여 표시하여야 한다.
③ 제한구역이란 비인가자가 비밀, 주요시설 및 Ⅲ급 비밀 소통용 암호자재에 접근하는 것을 방지하기 위하여 안내를 받아 출입하여야 하는 구역을 말한다.
④ 통제구역이란 보안상 매우 중요한 구역으로서 비인가자의 출입이 금지되는 구역을 말한다.

해설
① (○) **Ⅰ급 비밀은 반드시 금고에 보관**하여야 하며, 다른 비밀과 **혼합하여 보관하여서는 아니 된다.**
② (×) **비밀의 보관용기 외부에는** 비밀의 보관을 알리거나 나타내는 **어떠한 표시도 해서는 아니 된다(표시하여야 한다×).**
③ (○) **제한구역**이란 비인가자가 비밀, 주요시설 및 Ⅲ급 비밀 소통용 암호자재에 접근하는 것을 방지하기 위하여 **안내**를 받아 출입하여야 하는 구역을 말한다.
④ (○) **통제구역**이란 보안상 매우 중요한 구역으로서 **비인가자의 출입이 금지**되는 구역을 말한다.

779 「보안업무규정」 및 「보안업무규정 시행규칙」에 관한 설명으로 가장 적절하지 않은 것은?

 25 승진

① Ⅰ급 비밀은 반드시 금고에 보관하여야 하며, 다른 비밀과 혼합하여 보관하여서는 아니 된다.
② 각급기관의 장은 비밀의 작성·분류·취급·유통 및 이관 등의 모든 과정에서 비밀이 누설되거나 유출되지 아니하도록 보안대책을 수립하여 시행할 수 있다.
③ 비밀의 보관용기 외부에는 비밀의 보관을 알리거나 나타내는 어떠한 표시도 해서는 아니 된다.
④ 보호지역은 그 중요도에 따라 제한지역, 제한구역 및 통제구역으로 나눈다.

🔒 **777** ③ **778** ② **779** ②

해설

① (○) Ⅰ급 비밀은 반드시 금고에 보관하여야 하며, 다른 비밀과 **혼합**하여 보관하여서는 **아니 된다**(보안업무규정 시행규칙 제33조 제2항).
② (✕) 각급기관의 장은 비밀의 작성·분류·취급·유통 및 이관 등의 모든 과정에서 비밀이 누설되거나 유출되지 아니하도록 **보안대책을 수립하여 시행하여야 한다**(할 수 있다✕)(보안업무규정 제5조).
③ (○) 비밀의 보관용기 외부에는 비밀의 보관을 알리거나 나타내는 **어떠한 표시도 해서는 아니 된다**(보안업무규정 시행규칙 제34조 제1항).
④ (○) **보호지역**은 그 **중요도**에 따라 **제한지역, 제한구역 및 통제구역**으로 나눈다(보안업무규정 제34조 제2항).

780 「보안업무규정 시행 세부규칙」에서 제한구역에 해당하는 것은 모두 몇 개인가? A급 21 순경2차

> ㉠ 전자교환기(통합장비)실 ㉡ 정보통신관제센터
> ㉢ 정보보안기록실 ㉣ 경찰청 및 시·도경찰청 항공대
> ㉤ 종합상황실

① 2개 ② 3개 ③ 4개 ④ 5개

해설

제한구역에 해당하는 것은 ㉠, ㉡, ㉣, **3개**이다.
㉠ 전자교환기(통합장비)실 – 제한구역
㉡ 정보통신관제센터 – 제한구역
㉢ 정보보안기록실 – 통제구역
㉣ 경찰청 및 시·도경찰청 항공대 – 제한구역
㉤ 종합상황실 – 통제구역

Tip 제한구역 / 통제구역(동규칙 제60조 제1항)

제한구역	통제구역
가. 전자교환기(통합장비)실, 정보통신실 나. 발간실 다. 송신 및 중계소, 정보통신관제센터 라. 시·도경찰청 항공대 마. 작전·경호·정보·안보업무 담당부서 전역 바. 경찰청 과학수사분석과 과학수사자료관리계·법과학분석계 (시·도경찰은 과학수사계·과학수사대)	가. **암호**취급소 나. **정보보안기록실** 다. **무기창**·무기고 및 **탄약고** 라. **종합상황실·치안상황실** 마. 암호장비관리실 바. **비밀발간실** 사. 종합조회처리실 아. **통합증거물** 보관실 자. 사건기록관·**사건기록보관실**

781 「보안업무규정」에 따른 보호지역 중 비인가자가 비밀, 주요 시설 및 Ⅲ급 비밀 소통용 암호자재에 접근하는 것을 방지하기 위하여 안내를 받아 출입하여야 하는 구역에 해당하는 장소는?

① 작전·경호·정보·안보업무 담당부서 전역 A급 24 순경1차
② 무기고 및 탄약고
③ 종합상황실
④ 종합조회처리실

🔒 **780 ② 781 ①**

제**8**절　문서관리

782 「행정 효율과 협업 촉진에 관한 규정」상 공문서에 관한 설명 중 가장 적절하지 않은 것은?

●C급 22 순경1차

① '지시문서'란 훈령·지시·예규·일일명령 등 행정기관이 그 하급기관이나 소속 공무원에 대하여 일정한 사항을 지시하는 문서를 말한다.

② '공고문서'란 고시·공고 등 행정기관이 일정한 사항을 일반에게 알리는 문서를 말한다.

③ '일반문서'란 민원인이 행정기관에 허가, 인가, 그 밖의 처분 등 특정한 행위를 요구하는 문서와 그에 대한 처리문서를 말한다.

④ '법규문서'란 헌법·법률·대통령령·총리령·부령·조례·규칙 등에 관한 문서를 말한다.

해설

① (○) '**지시문서**'란 훈령·지시·예규·일일명령 등 행정기관이 그 하급기관이나 소속 공무원에 대하여 일정한 사항을 **지시하는 문서**를 말한다.
② (○) '**공고문서**'란 고시·공고 등 행정기관이 일정한 사항을 **일반에게 알리는 문서**를 말한다.
③ (×) '**민원문서**'(**일반문서×**)란 **민원인이** 행정기관에 허가, 인가, 그 밖의 처분 등 **특정한 행위를 요구하는 문서**와 그에 대한 처리문서를 말한다.
④ (○) '**법규문서**'란 **헌법·법률·대통령령·총리령·부령·조례·규칙 등에 관한 문서**를 말한다.

Tip 공문서의 종류(행정업무규정 제4조)

법규문서(1호)	헌법·법률·대통령령·총리령·부령·조례·규칙(이하 "**법령**"이라 한다) 등에 관한 문서
지시문서(2호)	훈령·지시·예규·일일명령 등 행정기관이 그 하급기관이나 소속 공무원에 대하여 일정한 사항을 **지시하는 문서**
공고문서(3호)	고시·공고 등 행정기관이 일정한 사항을 일반에게 **알리는 문서**
비치문서(4호)	행정기관이 일정한 사항을 기록하여 행정기관 내부에 **비치하면서** 업무에 활용하는 대장, 카드 등의 문서
민원문서(5호)	**민원인이** 행정기관에 허가, 인가, 그 밖의 처분 등 특정한 행위를 요구하는 문서와 그에 대한 처리문서
일반문서(6호)	제1호부터 제5호까지의 문서에 **속하지 아니하는 모든 문서**

🔒 782 ③

783 「행정업무의 운영 및 혁신에 관한 규정」에 대한 설명으로 가장 적절하지 않은 것은? •C급 24 승진

① 공문서는 「국어기본법」에 따른 어문규범에 맞게 한글로 작성하되, 뜻을 정확하게 전달하기 위하여 필요한 경우에는 괄호 안에 한자나 그 밖의 외국어를 함께 적을 수 있다.

② 공문서는 결재권자가 해당 문서에 서명(전자이미지서명, 전자문자서명 및 행정전자서명을 포함한다)의 방식으로 결재함으로써 성립된다.

③ 공문서는 수신자에게 도달(전자문서의 경우는 수신자가 관리하거나 지정한 전자적 시스템 등에 입력되는 것을 말한다)됨으로써 효력을 발생한다. 다만, 공고문서의 경우 그 문서에서 효력 발생 시기를 구체적으로 밝히고 있지 않으면 그 고시 또는 공고 등이 있는 날부터 5일이 경과한 때에 효력이 발생한다.

④ 공문서에는 음성정보나 영상정보 등이 수록되거나 연계된 바코드 등을 표기할 수 없다.

해설

① (○) **공문서**는 「국어기본법」에 따른 어문규범에 맞게 한글로 작성하되, 뜻을 정확하게 전달하기 위하여 필요한 경우에는 **괄호 안에 한자나 그 밖의 외국어를 함께 적을 수 있다.**

② (○) 공문서는 **결재권자가** 해당 문서에 **서명(전자이미지서명, 전자문자서명 및 행정전자서명을 포함한다)의 방식으로 결재함으로써 성립**된다.

③ (○) 공문서는 **수신자에게 도달(**전자문서의 경우는 수신자가 관리하거나 지정한 전자적 시스템 등에 입력되는 것을 **말한다)됨으로써 효력을 발생**한다. 다만, **공고문서**의 경우 그 문서에서 효력발생 시기를 구체적으로 밝히고 있지 않으면 그 고시 또는 공고 등이 있는 날부터 **5일이 경과**한 때에 **효력이 발생**한다.

④ (✕) 공문서에는 **음성정보나 영상정보 등이 수록되거나 연계된 바코드 등을 표기할 수 있다(없다✕)**(동규정 제7조 제3항).

🔒 **783** ④

제**1**절 **경찰홍보**

784 경찰과 대중매체 관계에 관한 내용과 인물을 바르게 연결한 것은?  ●B급 24 순경1차

> ㉠ 경찰과 대중매체가 서로를 필요로 하기 때문에 둘 사이에는 공생관계가 발달한다고 주장하였다.
> ㉡ 경찰과 대중매체는 서로 연합하여 그 사회의 일탈에 대한 개념을 규정하며, 도덕성과 정의를 규정 짓는 사회적 엘리트 집단을 구성한다.
> ㉢ 경찰과 대중매체의 관계를 "단란하고 행복스럽지는 않지만, 오래 지속되는 결혼생활"에 비유하였다.

① ㉠ - G. Crandon   ㉡ - R. Mark   ㉢ - R. Ericson
② ㉠ - R. Ericson   ㉡ - G. Crandon   ㉢ - R. Mark
③ ㉠ - R. Mark   ㉡ - R. Ericson   ㉢ - G. Crandon
④ ㉠ - G. Crandon   ㉡ - R. Ericson   ㉢ - R. Mark

해설

㉠ 경찰과 대중매체가 서로를 필요로 하기 때문에 둘 사이에는 **공생관계**가 발달한다고 주장하였다. - **G. Crandon**
㉡ 경찰과 대중매체는 서로 연합하여 그 사회의 일탈에 대한 개념을 규정하며, 도덕성과 정의를 규정짓는 사회적 **엘리트 집단**을 구성한다. - **R. Ericson**
㉢ 경찰과 대중매체의 관계를 "단란하고 행복스럽지는 않지만, 오래 지속되는 **결혼생활**"에 비유하였다. - **R. Mark**

785 경찰홍보의 유형과 관련하여 (가)와 (나)의 내용을 가장 적절하게 나열한 것은?  ●B급 25 경위

> (가)는 인쇄매체, 유인물 등 각종 대중매체를 통하여 개인이나 단체의 긍정적인 점을 일방적으로 알리는 활동을 의미하고, (나)는 단순히 기자들의 질문에 응답만 하는 것이 아니라 신문·방송 등 대중매체와 긴밀한 협조관계를 구축하여 대중매체가 원하는 바를 충족시켜주는 것과 동시에 경찰의 긍정적인 측면을 널리 알리는 활동을 말한다.

	(가)	(나)
①	협의의 홍보	언론관계(Press Relations)
②	협의의 홍보	대중매체관계(Media Relations)
③	기업 이미지식 경찰홍보	언론관계(Press Relations)
④	기업 이미지식 경찰홍보	대중매체관계(Media Relations)

🔒 784 ④   785 ②

해설

(**가. 협의의 홍보**)는 인쇄매체, 유인물 등 각종 대중매체를 통하여 개인이나 단체의 긍정적인 점을 **일방적으로 알리는 활동**을 의미하고, (**나. 대중매체관계**)는 단순히 기자들의 질문에 응답만 하는 것이 아니라 신문·방송 등 대중매체와 **긴밀한 협조관계를 구축**하여 대중매체가 원하는 바를 충족시켜주는 것과 동시에 경찰의 긍정적인 측면을 널리 알리는 활동을 말한다.

786 경찰홍보와 관련하여 다음 (　　) 안에 들어갈 말을 나열한 것으로 가장 적절한 것은? ●B급 19 승진

> (　㉠　)는 신문·잡지·TV 등의 보도기능에 대응하는 활동으로 대개 사건·사고에 대한 질의에 답하는 대응적이고 소극적인 홍보활동을 말하고, (　㉡　)는 주민을 소비자로 보는 관점으로 유료광고·캐릭터 활용 등의 방법이 있다.

① ㉠ 언론관계　　　㉡ 지역공동체관계
② ㉠ 언론관계　　　㉡ 기업식 경찰홍보
③ ㉠ 대중매체관계　㉡ 지역공동체관계
④ ㉠ 대중매체관계　㉡ 기업식 경찰홍보

해설

(**㉠ 언론관계**)는 신문·잡지·TV 등의 보도기능에 대응하는 활동으로 대개 사건·사고에 대한 **질의에 답하는 대응적**이고 **소극적**인 홍보활동을 말하고, (**㉡ 기업식 경찰홍보**)는 주민을 소비자로 보는 관점으로 **유료광고·캐릭터 활용** 등의 방법이 있다.

제**2**절　**언론중재 및 피해구제 등에 관한 법률**

787 「언론중재 및 피해구제 등에 관한 법률」에 관한 설명으로 가장 적절하지 않은 것은? ●A급 19 순경2차

① 사실적 주장에 관한 언론보도등이 진실하지 아니함으로 인하여 피해를 입은 자는 해당 언론보도등이 있음을 안 날부터 6개월 이내에 그 내용에 관한 정정보도를 청구할 수 있다.
② 언론등의 보도 또는 매개로 인한 분쟁의 조정·중재 및 침해사항을 심의하기 위하여 언론중재위원회를 둔다.
③ 정정보도는 해당 언론보도등이 있은 후 6개월이 경과하면 청구할 수 없다.
④ 정정보도의 청구를 받은 언론사의 대표자는 3일 이내에 그 수용 여부에 대한 통지를 청구인에게 발송하여야 한다.

해설

① (✕) 사실적 주장에 관한 언론보도등이 진실하지 아니함으로 인하여 피해를 입은 자는 해당 언론보도등이 있음을 **안 날부터 3개월(6개월✕) 이내**에 그 내용에 관한 **정정보도를 청구할 수 있다.**
② (○) 언론등의 보도 또는 매개로 인한 분쟁의 조정·중재 및 침해사항을 심의하기 위하여 **언론중재위원회를 둔다.**
③ (○) 정정보도는 해당 언론보도등이 **있은 후 6개월이 경과**하면 **청구할 수 없다.**
④ (○) 정정보도의 **청구를 받은 언론사의 대표자는 3일 이내**에 그 **수용 여부**에 대한 통지를 청구인에게 **발송**하여야 한다.

 🔒 **786 ②　787 ①**

788 「언론중재 및 피해구제 등에 관한 법률」에서 침해구제에 대한 설명으로 가장 적절하지 않은 것은?

● A급 21 순경2차

① 사실적 주장에 관한 언론보도등이 진실하지 아니함으로 인하여 피해를 입은 자는 해당 언론보도등이 있음을 안 날부터 3개월 이내에 언론사, 인터넷뉴스서비스사업자 및 인터넷 멀티미디어 방송사업자에게 그 언론보도등의 내용에 관한 정정보도를 청구할 수 있다. 다만, 해당 언론보도등이 있은 후 6개월이 지났을 때에는 그러하지 아니하다.

② 「언론중재 및 피해구제 등에 관한 법률」에 따른 정정보도청구등과 관련하여 분쟁이 있는 경우 피해자 또는 언론사등은 중재위원회에 조정을 신청할 수 있다.

③ 당사자 양쪽은 정정보도청구등 또는 손해배상의 분쟁에 관하여 중재부의 종국적 결정에 따르기로 합의하고 중재를 신청할 수 있다. 중재결정은 확정판결과 동일한 효력이 있다.

④ 사실적 주장에 관한 언론보도등으로 인하여 피해를 입은 자는 그 보도 내용에 관한 반론보도를 언론사등에 청구할 수 있다. 반론보도청구는 언론사등의 고의·과실이나 위법성을 필요로 한다.

> **해설**
> ① (O) 사실적 주장에 관한 언론보도등이 진실하지 아니함으로 인하여 피해를 입은 자는 해당 언론보도등이 있음을 **안 날부터 3개월 이내**에 언론사, 인터넷뉴스서비스사업자 및 인터넷 멀티미디어 방송사업자에게 그 언론보도등의 내용에 관한 정정보도를 **청구할 수 있다**. 다만, 해당 언론보도등이 **있은 후 6개월**이 지났을 때에는 그러하지 아니하다.
> ② (O) 「언론중재 및 피해구제 등에 관한 법률」에 따른 정정보도청구등과 관련하여 분쟁이 있는 경우 피해자 또는 언론사등은 **중재위원회**에 **조정**을 신청할 수 있다.
> ③ (O) 당사자 양쪽은 정정보도청구등 또는 손해배상의 분쟁에 관하여 **중재부의 종국적 결정에 따르기로 합의하고 중재**를 신청할 수 있다. **중재결정은 확정판결과 동일한 효력**이 있다.
> ④ (×) 사실적 주장에 관한 언론보도등으로 인하여 피해를 입은 자는 그 보도 내용에 관한 반론보도를 언론사등에 청구할 수 있다. **반론보도청구는 언론사등의 고의·과실이나 위법성을 필요로 하지 않는다(한다×)**.
> **Tip** "**반론보도**"란 언론의 **보도 내용의 진실 여부와 관계없이** 그와 대립되는 반박적 주장을 보도하는 것을 말한다.

789 「언론중재 및 피해구제 등에 관한 법률」에 관한 설명 중 가장 적절하지 않은 것은? ● A급 22 순경1차

① '정정보도'란 언론의 보도 내용의 전부 또는 일부가 진실하지 아니한 경우 이를 진실에 부합되게 고쳐서 보도하는 것을 말한다.

② 「언론중재 및 피해구제 등에 관한 법률」 제16조 제1항, 제2항에 따르면, 사실적 주장에 관한 언론보도등으로 인하여 피해를 입은 자는 그 보도 내용에 관한 반론보도를 언론사등에 청구할 수 있고, 이러한 청구에는 언론사등의 고의·과실이나 위법성을 필요로 하지 아니하며, 보도 내용의 진실 여부와 상관없이 그 청구를 할 수 있다.

③ 「언론중재 및 피해구제 등에 관한 법률」 제19조 제3항에 따르면, 제2항의 출석요구를 받은 신청인이 2회에 걸쳐 출석하지 아니한 경우에는 조정신청을 취하한 것으로 보며, 피신청 언론사등이 2회에 걸쳐 출석하지 아니한 경우에는 조정신청 취지에 따라 정정보도등을 이행하기로 합의한 것으로 본다.

④ 언론중재위원회는 40명 이상 90명 이내의 중재위원으로 구성하며, 위원장 1명과 2명 이내의 부위원장 및 2명 이내의 감사를 두는데, 위원장·부위원장·감사 및 중재위원의 임기는 각각 3년으로 하며, 연임할 수 없다.

788 ④ 789 ④

해설

① (O) '**정정보도**'란 언론의 보도 내용의 **전부 또는 일부가 진실하지 아니한 경우** 이를 진실에 부합되게 고쳐서 보도하는 것을 말한다.

② (O) 「언론중재 및 피해구제 등에 관한 법률」 제16조 제1항, 제2항에 따르면, 사실적 주장에 관한 언론보도등으로 인하여 피해를 입은 자는 그 보도 내용에 관한 **반론보도를 언론사등에 청구할 수 있고**, 이러한 청구에는 **언론사등의 고의·과실이나 위법성을 필요로 하지 아니하며, 보도 내용의 진실 여부와 상관없이 그 청구를 할 수 있다.**

③ (O) 「언론중재 및 피해구제 등에 관한 법률」 제19조 제3항에 따르면, 제2항의 출석요구를 받은 **신청인이 2회에 걸쳐 출석하지 아니한 경우**에는 조정신청을 취하한 것으로 보며, 피신청 언론사등이 **2회에 걸쳐 출석하지 아니한 경우**에는 조정신청 취지에 따라 **정정보도등을 이행하기로 합의한 것으로 본다**(동법 제19조 제3항).

④ (×) **언론중재위원회**는 **40명 이상 90명 이내**의 중재위원으로 구성하며, **위원장 1명과 2명 이내의 부위원장 및 2명 이내의 감사**를 두며, 각각 중재위원 중에서 **호선**한다. 위원장·부위원장·감사 및 중재위원의 임기는 각각 **3년**으로 하며, **한 차례만 연임**할 수 있다(없다×)(동법 제7조 제3항, 제4항, 제5항).

---

790 「언론중재 및 피해구제 등에 관한 법률」에 대한 설명으로 가장 적절하지 않은 것은? ●A급 24 순경2차

① 언론, 인터넷뉴스서비스 및 인터넷 멀티미디어 방송(이하 "언론등"이라 한다)은 타인의 생명, 자유, 신체, 건강, 명예, 사생활의 비밀과 자유, 초상, 성명, 음성, 대화, 저작물 및 사적 문서, 그 밖의 인격적 가치 등에 관한 권리를 침해하여서는 아니 된다.

② 반론보도청구에는 언론사, 인터넷뉴스서비스사업자 및 인터넷 멀티미디어 방송사업자(이하 "언론사등"이라 한다)의 고의·과실이나 위법성을 필요로 하지 아니하며, 보도 내용의 진실여부와 상관없이 그 청구를 할 수 있다.

③ 언론등에 의하여 범죄혐의가 있거나 형사상의 조치를 받았다고 보도 또는 공표된 자는 그에 대한 형사절차가 무죄판결 또는 이와 동등한 형태로 종결되었을 때에는 그 사실을 안 날부터 3개월 이내에 언론사등에 이 사실에 관한 추후보도의 게재를 청구할 수 있다.

④ 언론사등이 정정보도청구를 수용할 때에는 지체없이 피해자 또는 그 대리인과 정정보도의 내용·크기 등에 관하여 협의한 후, 그 협의가 있은 날부터 7일 내에 정정보도문을 방송하거나 게재하여야 한다. 다만, 신문 및 잡지 등 정기간행물의 경우 이미 편집 및 제작이 완료되어 부득이할 때에는 게재하지 않을 수 있다.

해설

① (O) 언론등은 타인의 생명, 자유, 신체, 건강, 명예, 사생활의 비밀과 자유, 초상, 성명, 음성, 대화, 저작물 및 사적 문서, 그 밖의 **인격적 가치 등에 관한 권리를 침해하여서는 아니 된다**(동법 제5조 제1항).

② (O) **반론보도청구**에는 언론사등의 **고의·과실이나 위법성을 필요로** 하지 아니하며, 보도 내용의 진실여부와 상관없이 그 청구를 할 수 있다(동법 제16조 제2항).

   Tip '**반론**'이란 당사자 입장에서 주장하는 **하나의 의견일 뿐**이므로 보도내용에 대한 진실여부를 문제 삼지 않는다.

③ (O) 언론등에 의하여 범죄혐의가 있거나 형사상의 조치를 받았다고 보도 또는 공표된 자는 그에 대한 형사절차가 **무죄판결** 또는 이와 동등한 형태로 종결되었을 때에는 그 사실을 **안 날부터 3개월 이내**에 언론사등에 이 사실에 관한 **추후보도의 게재를 청구할 수 있다**(동법 제17조 제1항).

④ (×) 언론사등이 **정정보도청구를 수용할 때에는 지체없이** 피해자 또는 그 대리인과 정정보도의 내용·크기 등에 관하여 **협의한 후**, **그 청구를 받은 날부터**(그 협의가 있은 날부터×) **7일 내**에 정정보도문을 **방송하거나 게재하여야 한다.** 다만, 신문 및 잡지 등 정기간행물의 경우 이미 편집 및 제작이 완료되어 부득이할 때에는 **다음 발행 호에 이를 게재하여야 한다**(게재하지 않을 수 있다×)(동법 제15조 제3항).

🔒 **790** ④

791 「언론중재 및 피해구제 등에 관한 법률」에 관한 설명 중 가장 적절하지 않은 것은? ●A급 23 승진

① 언론중재위원회에 위원장 1명과 2명 이내의 부위원장 및 3명의 감사를 두며, 각각 언론중재위원 중에서 호선(互選)한다.

② 사실적 주장에 관한 언론보도등이 진실하지 아니함으로 인하여 피해를 입은 자는 해당 언론보도등이 있음을 안 날부터 3개월 이내에 언론사, 인터넷뉴스서비스사업자 및 인터넷 멀티미디어 방송사업자에게 그 언론보도등의 내용에 관한 정정보도를 청구할 수 있다. 다만, 해당 언론보도등이 있은 후 6개월이 지났을 때에는 그러하지 아니하다.

③ 언론중재위원회는 40명 이상 90명 이내의 중재위원으로 구성하며, 중재위원은 문화체육관광부장관이 위촉한다.

④ 피해자가 정정보도청구권을 행사할 정당한 이익이 없는 경우에는 언론사등은 정정보도 청구를 거부할 수 있다.

해설

① (×) **언론중재위원회**에 **위원장 1명**과 **2명 이내**의 **부위원장** 및 **2명**(3명×)의 **감사**를 두며, 각각 언론중재위원 중에서 **호선**한다(동법 제7조 제4항).

② (○) 사실적 주장에 관한 언론보도등이 진실하지 아니함으로 인하여 피해를 입은 자는 해당 언론보도등이 있음을 **안 날부터 3개월 이내**에 언론사, 인터넷뉴스서비스사업자 및 인터넷 멀티미디어 방송사업자에게 그 언론보도등의 내용에 관한 정정보도를 **청구할 수 있다.** 다만, 해당 언론보도등이 **있은 후 6개월이** 지났을 때에는 **그러하지 아니하다**(동법 제14조 제1항).

③ (○) **언론중재위원회**는 **40명 이상 90명 이내**의 중재위원으로 구성하며, 중재위원은 **문화체육관광부장관이 위촉**한다(동법 제7조 제3항).

④ (○) 피해자가 정정보도청구권을 행사할 **정당한 이익이 없는 경우**에는 언론사등은 정정보도 청구를 **거부할 수 있다**(동법 제15조 제4항).

792 「언론중재 및 피해구제 등에 관한 법률」상 정정보도청구에 대한 설명으로 가장 적절하지 않은 것은?
●A급 20 승진

① 사실적 주장에 관한 언론보도등이 진실하지 아니함으로 인하여 피해를 입은 자는 해당 언론보도등이 있음을 안 날부터 3개월 이내에 언론사등에게 그 언론보도등의 내용에 관한 정정보도를 청구할 수 있다. 다만, 해당 언론보도등이 있은 후 6개월이 지났을 때에는 그러하지 아니하다.

② 정정보도 청구는 언론사등의 대표자에게 서면으로 하여야 하며, 청구서에는 피해자의 성명·주소·전화번호 등의 연락처를 적고, 정정의 대상인 언론보도등의 내용 및 정정을 청구하는 이유와 청구하는 정정보도문을 명시하여야 한다.

③ 청구된 정정보도의 내용이 법원의 공개재판절차의 사실보도에 관한 것인 경우 언론사등은 정정보도 청구를 거부할 수 없다.

④ 이 법에 따른 정정보도청구등과 관련하여 분쟁이 있는 경우 피해자 또는 언론사등은 중재위원회에 조정을 신청할 수 있다.

 791 ① 792 ③

① (○) 사실적 주장에 관한 언론보도등이 진실하지 아니함으로 인하여 피해를 입은 자는 해당 언론보도등이 있음을 **안 날부터 3개월 이내**에 언론사등에게 그 언론보도등의 내용에 관한 정정보도를 **청구할 수 있다.** 다만, 해당 언론보도등이 **있은 후 6개월이 지났을** 때에는 **그러하지 아니하다.**

② (○) **정정보도 청구는** 언론사등의 대표자에게 **서면으로 하여야** 하며, 청구서에는 피해자의 성명·주소·전화번호 등의 연락처를 적고, 정정의 대상인 언론보도등의 내용 및 정정을 **청구하는 이유와 청구하는 정정보도문을 명시하여야** 한다.

③ (×) 청구된 정정보도의 내용이 법원의 **공개재판절차의 사실보도에 관한 것인 경우** 언론사등은 정정보도 청구를 **거부할 수 있다(없다×).**

④ (○) 이 법에 따른 정정보도청구등과 관련하여 분쟁이 있는 경우 피해자 또는 언론사등은 중재위원회에 **조정을 신청할 수 있다.**

---

793 「언론중재 및 피해구제 등에 관한 법률」에 대한 설명 중 옳지 않은 것을 모두 고른 것은?

●A급 20 경위

가. 정정보도 청구를 받은 언론사등의 대표자는 3일 이내에 그 수용 여부에 대한 통지를 청구인에게 발송하여야 한다.
나. 피해자가 정정보도청구권을 행사할 정당한 이익이 없는 경우 언론사는 정정보도 청구를 거부할 수 있다.
다. 청구된 정정보도의 내용이 명백히 사실과 다른 경우 언론사는 정정보도 청구를 거부할 수 있다.
라. 청구된 정정보도의 내용이 명백히 위법한 내용인 경우 언론사는 정정보도 청구를 거부할 수 있다.
마. 정정보도의 청구가 공익적인 광고만을 목적으로 하는 경우 언론사는 정정보도 청구를 거부할 수 있다.
바. 청구된 정정보도의 내용이 국가·지방자치단체 또는 공공단체의 공개회의와 법원의 비공개재판절차의 사실보도에 관한 것인 경우 언론사는 정정보도 청구를 거부할 수 있다.

① 가, 나, 마   ② 다, 마, 바
③ 라, 바   ④ 마, 바

틀린 설명은 **마, 바, 2개**이다.

가. (○) 정정보도 **청구를 받은 언론사등의 대표자는 3일 이내**에 그 **수용 여부**에 대한 **통지**를 청구인에게 **발송하여야 한다.**
나. (○) 피해자가 정정보도청구권을 행사할 **정당한 이익이 없는 경우** 언론사는 정정보도 청구를 **거부할 수 있다.**
다. (○) 청구된 정정보도의 내용이 **명백히 사실과 다른 경우** 언론사는 정정보도 청구를 **거부할 수 있다.**
라. (○) 청구된 정정보도의 내용이 **명백히 위법한 내용인 경우** 언론사는 정정보도 청구를 **거부할 수 있다.**
마. (×) 정정보도의 청구가 **상업적인**(공익적인×) 광고만을 목적으로 하는 경우 언론사는 정정보도 청구를 **거부할 수 있다.**
바. (×) 청구된 정정보도의 내용이 국가·지방자치단체 또는 공공단체의 **공개회의**와 법원의 **공개**(비공개×)**재판절차**의 사실보도에 관한 것인 경우 언론사는 정정보도 청구를 **거부할 수 있다.**

🔒 793 ④

794 경찰관이 언론사를 상대로 정정보도를 청구하려고 한다. 법률과 판례에 따를 때 옳지 않은 것은?

●A급 21 경위

① 사실적 주장에 관한 언론보도가 진실하지 아니함으로 피해를 입은 경우 해당 언론보도가 있음을 안 날부터 3개월 이내에 해당 언론사 대표에게 서면으로 그 언론보도 내용에 관한 정정보도를 청구할 수 있다.

② 사실적 주장이란 의견표명에 대치되는 개념으로서 사실적 주장과 의견표명이 혼재할 경우 양자를 구별할 때에는 해당 언론보도의 객관적인 내용과 아울러 해당 언론보도가 게재한 문맥의 보다 넓은 의미나 배경이 되는 사회적 흐름 및 시청자에게 주는 전체적인 인상도 함께 고려하여야 한다.

③ 복잡한 사실관계를 알기 쉽게 단순하게 만드는 과정에서 일부 특정한 사실관계를 압축, 강조하거나 대중의 흥미를 끌기 위해 실제 사실관계에 장식을 가하는 과정에서 다소의 수사적 과장이 있더라도 전체적인 맥락에서 보아 보도내용의 중요 부분이 진실에 합치한다면 그 보도의 진실성은 인정된다.

④ 정정보도를 청구하는 경우에 그 언론사의 고의·과실이나 위법성을 필요로 하는 것은 아니며 그 언론사는 언론보도가 진실하다는 것에 대한 증명책임을 부담한다.

> **해설**
> ① (○) 사실적 주장에 관한 언론보도가 진실하지 아니함으로 피해를 입은 경우 해당 **언론보도가 있음을 안 날부터** 3개월 **이내**에 해당 언론사 대표에게 **서면으로** 그 언론보도 내용에 관한 정정보도를 **청구할 수 있다.**
> ② (○) **사실적 주장**이란 **의견표명에 대치되는 개념**으로서 사실적 주장과 의견표명이 혼재할 경우 양자를 구별할 때에는 해당 언론보도의 객관적인 내용과 아울러 해당 언론보도가 게재한 문맥의 보다 **넓은 의미나 배경**이 되는 사회적 흐름 및 시청자에게 주는 **전체적인 인상도 함께 고려하여야 한다**(대법원 2009다52649 전합).
> ③ (○) 복잡한 사실관계를 알기 쉽게 단순하게 만드는 과정에서 **일부 특정한 사실관계를 압축, 강조**하거나 대중의 흥미를 끌기 위해 실제 사실관계에 장식을 가하는 과정에서 **다소의 수사적 과장이 있더라도** 전체적인 맥락에서 보아 보도내용의 **중요 부분이 진실에 합치한다면** 그 보도의 **진실성은 인정된다**(대법원 2009다52649 전합).
> ④ (×) **정정보도를 청구**하는 경우에 그 **언론사의 고의·과실이나 위법성을 필요로 하는 것은 아니며** **피해자(언론사×)**는 그 언론보도가 **진실하지 아니하다(진실하다×)**는 것에 대한 **증명책임을 부담한다**(대법원 2009다52649전합).

795 「언론중재 및 피해구제 등에 관한 법률」에 대한 설명으로 가장 적절한 것은?

●A급 23 경위

① 피해자가 정정보도청구권을 행사할 정당한 이익이 없더라도 피해자 권리 보호를 위해 해당 언론사는 정정보도의 청구를 거부할 수 없다.

② 정정보도 청구를 받은 언론사등의 대표자는 7일 이내에 그 수용여부에 대한 통지를 청구인에게 발송하여야 한다.

③ 경찰관이 사실적 주장에 관한 언론보도가 진실하지 아니함으로 피해를 입은 경우 해당 언론보도가 있음을 안 날부터 3개월 이내에 해당 언론사 대표에게 서면으로 그 언론보도 내용에 관한 정정보도를 청구할 수 있다.

④ 청구된 정정보도의 내용이 국가·지방자치단체 또는 공공단체의 공개회의와 법원의 공개재판절차의 사실보도에 관한 것인 경우에는 언론사등은 정정보도 청구를 거부할 수 없다.

 **794** ④   **795** ③

① (×) 피해자가 정정보도청구권을 행사할 **정당한 이익이 없다면** 피해자 권리 보호를 위해 해당 언론사는 정정보도의 청구를 **거부할 수 있다**(없다×).

② (×) **정정보도 청구를 받은** 언론사등의 대표자는 **3일**(7일×) **이내에 그 수용여부**에 대한 통지를 청구인에게 **발송하여야 한다**.

③ (○) 경찰관이 사실적 주장에 관한 언론보도가 진실하지 아니함으로 피해를 입은 경우 해당 언론보도가 있음을 **안 날부터 3개월 이내**에 해당 언론사 대표에게 서면으로 그 언론보도 내용에 관한 정정보도를 **청구할 수 있다**.

④ (×) 청구된 정정보도의 내용이 국가·지방자치단체 또는 공공단체의 **공개회의**와 법원의 **공개재판절차**의 사실보도에 관한 것인 경우에는 언론사등은 정정보도 청구를 **거부할 수 있다**(없다×).

796 「언론중재 및 피해구제 등에 관한 법률」에 대한 설명으로 가장 적절하지 않은 것은? •A급 25 승진

① 사실적 주장에 관한 언론보도등이 진실하지 아니함으로 인하여 피해를 입은 자는 해당 언론보도등이 있음을 안 날부터 3개월 이내에 언론사, 인터넷뉴스서비스사업자 및 인터넷 멀티미디어 방송사업자에게 그 언론보도등의 내용에 관한 정정보도를 청구할 수 있다. 다만, 해당 언론보도등이 있은 후 6개월이 지났을 때에는 그러하지 아니하다.

② 정정보도 청구는 언론사등의 대표자에게 서면으로 하여야 하며, 청구서에는 피해자의 성명·주소·전화번호 등의 연락처를 적고, 정정의 대상인 언론보도등의 내용 및 정정을 청구하는 이유와 청구하는 정정보도문을 명시하여야 한다. 다만, 인터넷신문 및 인터넷뉴스서비스의 언론보도등의 내용이 해당 인터넷 홈페이지를 통하여 계속 보도 중이거나 매개 중인 경우에는 그 내용의 정정을 함께 청구할 수 있다.

③ 청구된 정정보도의 내용이 명백히 위법한 내용인 경우에 언론사등은 정정보도 청구를 거부할 수 있다.

④ 언론사등이 하는 정정보도에는 원래의 보도 내용을 정정하는 사실적 진술, 그 진술의 내용을 대표할 수 있는 제목과 이를 충분히 전달하는 데에 필요한 설명 또는 해명, 위법한 내용을 포함한다.

① (○) 사실적 주장에 관한 언론보도등이 진실하지 아니함으로 인하여 피해를 입은 자는 해당 언론보도등이 있음을 **안 날부터 3개월 이내**에 언론사, 인터넷뉴스서비스사업자 및 인터넷 멀티미디어 방송사업자에게 그 언론보도등의 내용에 관한 정정보도를 청구할 수 있다. 다만, 해당 **언론보도등이 있은 후 6개월**이 지났을 때에는 그러하지 아니하다(동법 제14조 제1항).

② (○) **정정보도 청구**는 언론사등의 대표자에게 **서면**으로 하여야 하며, 청구서에는 피해자의 성명·주소·전화번호 등의 연락처를 적고, 정정의 대상인 언론보도등의 내용 및 정정을 청구하는 이유와 청구하는 정정보도문을 명시하여야 한다. 다만, 인터넷신문 및 인터넷뉴스서비스의 언론보도등의 내용이 해당 인터넷 홈페이지를 통하여 계속 보도 중이거나 매개 중인 경우에는 그 내용의 정정을 함께 청구할 수 있다(동법 제15조 제1항).

③ (○) 청구된 정정보도의 내용이 **명백히 위법한 내용인 경우**에 언론사등은 정정보도 청구를 **거부할 수 있다**(동법 제15조 제4항).

④ (×) 언론사등이 하는 정정보도에는 원래의 보도 내용을 정정하는 사실적 진술, 그 진술의 내용을 대표할 수 있는 제목과 이를 충분히 전달하는 데에 **필요한 설명 또는 해명을 포함하되**, 위법한 내용은 제외한다(포함한다×)(동법 제15조 제5항).

🔒 796 ④

03 경찰통제

제1절 경찰에 대한 통제의 의의 및 필요성

제2절 경찰통제의 유형 및 그 장치

797 경찰통제의 유형이 가장 바르게 연결된 것은? ●A급 19 순경1차

① 내부통제 : 청문감사인권관제도, 국가경찰위원회, 직무명령권
② 외부통제 : 국민권익위원회, 소청심사위원회, 국민감사청구제도
③ 사전통제 : 행정예고제, 상급기관의 하급기관에 대한 감독권
④ 사후통제 : 사법부에 의한 사법심사, 국회의 입법권·예산심의권

해설

① (×) **내부통제** : **청문감사관**(감사관, 청문감사인권담당관, 청문감사인권관)제도, **국가경찰위원회(×),** 직무명령권
　　　Tip 국가경찰위원회는 행정안전부 소속의 기관으로 외부통제에 해당한다.
② (○) **외부통제** : 국민권익위원회, 소청심사위원회, 국민감사청구제도
③ (×) **사전통제** : 행정예고제, **상급기관의 하급기관에 대한 감독권(×)**
　　　Tip 상급기관의 하급기관에 대한 감독권은 사후통제에 해당한다.
④ (×) **사후통제** : 사법부에 의한 사법심사, **국회의 입법권(×)·예산심의권(×)**
　　　Tip 국회의 입법권과 예산심의권은 사전통제에 해당한다.

798 경찰조직 내에서 이루어지는 자체통제 수단으로 가장 적절하지 않은 것은? ●A급 21 특공

① 청문감사인권관제도　　　　　　② 훈령권
③ 국가인권위원회에 의한 통제　　④ 직무명령권

해설

① (○) **청문감사인권관제도** − 1999년 수사·교통·방범 등 일체의 사건 사고 및 민원처리 과정에서 **경찰관의 불친절이나 부당한 업무처리,** 억울한 점이나 의문이 있는 민원 발생 등 **경찰관에 의한 인권침해** 우려 요소를 사전에 제거함으로써 **인권경찰을 구현**하는데 기여하기 위해 **각 경찰서에 설치**한 경찰조직 내에서 이뤄지는 **자체(내부)통제 수단**이다.
② (○) 훈령권 − **경찰청훈령 등 조직 내 상급기관의 훈령**을 통해 경찰조직을 통제한다.

🔒 797 ② 　798 ③

③ (✕) '국가인권위원회'에 의한 통제는 '광의의 행정통제'에 해당하는 것으로 경찰조직 내에서 이루어지는 자체통제 수단이 아니라 경찰조직 밖에서 이루어지는 **외부적 통제수단**이라고 할 수 있다.

④ (○) 직무명령권 – 경찰조직 내에서 **상관이 부하에 대한 직무명령**을 통해 자체통제를 한다.

799 경찰통제의 유형이 가장 바르게 연결된 것은?

●A급 22 특공

① 내부통제 : 청문감사인권관제도, 훈령권, 행정소송
② 외부통제 : 입법권, 예산결산권, 민중 통제
③ 사전통제 : 입법권, 예산결산권, 공청회
④ 사후통제 : 국정감사 · 조사권, 청문, 행정심판

해설

① (✕) 내부통제 : 청문감사인권관제도, 훈령권, **행정소송(외부통제)**
② (○) 외부통제 : 입법권, 예산결산권, 민중 통제
③ (✕) 사전통제 : 입법권, **예산결산권(사후통제)**, 공청회
④ (✕) 사후통제 : 국정감사 · 조사권, **청문(사전통제)**, 행정심판

800 경찰통제의 유형이 바르게 연결된 것은?

●A급 23 특공

① 내부통제 : 직무명령권   ② 외부통제 : 훈령권
③ 사전통제 : 사법부에 의한 사법심사   ④ 사후통제 : 국회의 예산심의권

해설

① (○) 내부통제 : 직무명령권
② (✕) **내부(외부✕)**통제 : 훈령권
③ (✕) **사후(사전✕)**통제 : 사법부에 의한 사법심사
④ (✕) **사전(사후✕)**통제 : 국회의 예산심의권

801 다음 경찰통제의 유형 중 내부적 통제에 해당하는 것은 모두 몇 개인가?

●A급 23 순경1차

㉠ 청문감사인권관제도	㉡ 국민권익위원회
㉢ 국가경찰위원회	㉣ 소청심사위원회
㉤ 경찰청장의 훈령권	㉥ 국회의 입법권

① 2개   ② 3개   ③ 4개   ④ 5개

해설

내부적 통제에 해당하는 것은 ㉠, ㉤, 2개이다.
㉠ **청문감사인권관제도** – 경찰서에 설치 · 운영되는 경찰조직 **내부적** 통제기관
㉡ **국민권익위원회** – 경찰조직이 아닌 **광의의 행정통제**로서 **외부적 통제기관**
㉢ **국가경찰위원회** – 행정안전부에 두고 있는 외부적 통제기관
㉣ **소청심사위원회** – 인사혁신처 소속의 외부적 통제기관
㉤ **경찰청장의 훈령권** – 경찰조직 내부에만 적용되는 **내부적** 통제제도
㉥ **국회의 입법권** – 입법기관의 입법통제로서 외부적 통제기관

 799 ② 800 ① 801 ①

802 경찰통제에 관한 설명으로 옳지 않은 것은 모두 몇 개인가?  24 순경2차

> ㉠ 경찰이 보유·관리하는 정보는 국민의 알권리 보장 등을 위하여 「공공기관의 정보공개에 관한 법률」에서 정하는 바에 따라 적극적으로 공개하는 것이 기본 원칙이다.
> ㉡ 국회에 의한 입법통제 방식에는 사전통제 방식과 사후통제 방식이 존재한다.
> ㉢ 행정부에 의한 통제유형에는 중앙행정심판위원회에 의한 통제, 국정조사·감사권 등이 포함된다.
> ㉣ 「경찰감찰규칙」에서는 조사대상자가 영상녹화를 요청하는 경우에 감찰관이 재량적으로 판단할 수 있도록 하고 있다.

① 없음　　　　② 1개　　　　③ 2개　　　　④ 3개

해설

틀린 설명은 ㉢, ㉣, **2개**이다.
㉠ (O) 경찰이 보유·관리하는 정보는 국민의 알권리 보장 등을 위하여 「공공기관의 정보공개에 관한 법률」에서 정하는 바에 따라 **적극적으로 공개하는 것**이 기본 원칙이다(동법 제3조).
㉡ (O) **국회**에 의한 **입법통제** 방식에는 **사전통제** 방식과 **사후통제** 방식이 존재한다.

Tip 국회에 의한 입법통제 방식

사전통제	사후통제
입법권 예산심의·의결권	국정**감사·조사**권 예산**결산**권 경찰청장 **탄핵소추**권

㉢ (×) **행정부**에 의한 **통제유형**에는 중앙행정심판위원회에 의한 통제(**국정조사·감사권×**)가 포함된다.
　　Tip 국정조사·감사권은 **국회**가 행하는 **입법통제**에 해당한다.
㉣ (×) 「경찰감찰규칙」에서는 **조사대상자가 영상녹화를 요청**하는 경우에 **감찰관이 재량적으로 판단할 수 없도록(있도록×)** 하고 있다.
　　Tip 감찰관은 **조사대상자가 영상녹화를 요청하는 경우**에는 그 조사과정을 **영상녹화하여야 한다**(동규칙 제30조 제1항). **강행규정이므로 감찰관의 재량판단이 개입될 수 없다.**

---

803 경찰통제의 유형에 대한 설명 중 옳은 것은? ●A급 20 경위

① 행정절차법, 국회에 의한 예산결산권은 사전통제에 해당한다.
② 경찰청의 감사관, 시·도경찰청의 청문감사인권담당관, 경찰서의 청문감사인권관은 외부통제에 해당한다.
③ 국가인권위원회의 통제는 협의의 행정통제로서 외부통제에 해당한다.
④ 행정안전부장관의 경찰청장과 국가경찰위원회 위원의 임명제청권은 행정통제로서 외부통제에 해당한다.

해설

① (×) **행정절차법은 원칙적으로 사전통제**에 해당하나, 국회에 의한 **예산결산**권은 **사후통제(사전통제×)**에 해당한다.
② (×) **경찰청의 감사관, 시·도경찰청의 청문감사인권담당관, 경찰서의 청문감사인권관은 내부통제(외부통제×)**에 해당한다.
③ (×) **국가인권위원회**의 통제는 **광의(협의×)**의 **행정통제**로서 **외부통제**에 해당한다.
④ (O) **행정안전부장관**의 경찰청장과 국가경찰위원회 위원의 임명제청권은 **행정통제**로서 **외부통제**에 해당한다.

🔒 802 ③　803 ④

804 경찰통제에 대한 설명으로 가장 적절하지 않은 것은?

 21 법학

① 경찰청장 및 국가경찰위원회 위원의 임명권, 총경 이상 경찰공무원의 임명권 등 대통령에 의한 경찰통제는 행정통제로 외부통제이다.

② 「행정소송법」과 「국가배상법」 등 위법한 행정처분에 따른 통제는 사법통제이며 외부통제이다.

③ 영미법계에서는 경찰조직의 민주성을 확보하기 위한 통제 방법으로 경찰책임자 선거, 자치경찰제 시행 등 민주적 통제가 발달하였다.

④ 「행정절차법」상 의견제출, 청문제도, 국회의 입법권, 예산심의권 및 상급기관의 하급기관에 대한 감독권은 사전통제이다.

해설

① (○) 경찰청장 및 국가경찰위원회 위원의 임명권, 총경 이상 경찰공무원의 임명권 등 **대통령**에 의한 경찰통제는 **행정통제**로 **외부통제**이다.

② (○) 「**행정소송법**」과 「**국가배상법**」 등 위법한 행정처분에 따른 통제는 **사법통제**이며 **외부통제**이다.

③ (○) **영미법계**에서는 경찰조직의 **민주성**을 확보하기 위한 통제 방법으로 경찰책임자 **선거, 자치경찰제** 시행 등 **민주적 통제**가 발달하였다.

④ (×) 「**행정절차법**」상 **의견제출, 청문제도,** 국회의 입법권, 예산심의권, **(상급기관의 하급기관에 대한 감독권×)**은 **사전통제**이다.

　　🅣ip 상급기관의 하급기관에 대한 **감독권**은 이미 집행된 업무에 대한 '**사후통제**'에 해당한다.

805 경찰통제에 관한 설명으로 가장 적절하지 않은 것은?

 22 법학

① 상급기관의 하급기관에 대한 감독권은 사후통제이며, 국회의 입법권·예산심의권은 사전통제이다.

② 법원은 행정소송, 규칙심사를 통해 외부통제가 가능하다.

③ 경찰은 감사관 제도를 통해 내부통제를 하고 있다.

④ 경찰은 국가경찰위원회라는 내부통제 조직을 가짐으로써 민주적 통제의 기반을 마련하였다.

해설

① (○) **상급기관의** 하급기관에 대한 **감독권**은 **사후통제**이며, 국회의 **입법권·예산심의권**은 **사전통제**이다.

② (○) **법원**은 조직법상 경찰조직이 아니므로 **외부통제**에 해당한다.

③ (○) 경찰은 경찰조직 내부적으로 **자체 감사관 제도(경찰청의 감사관, 시·도경찰청의 청문감사인권담당관, 경찰서의 청문감사인권관)**를 설치·운영하여 **내부통제**를 하고 있다.

④ (×) 경찰은 **국가경찰위원회**라는 **외부통제(내부통제×)** 조직을 가짐으로써 **민주적 통제**의 기반을 마련하였다.

　　🅣ip 국가경찰위원회는 조직법상 **행정안전부 소속**이므로 **외부통제**에 해당한다.

🔒 804 ④　805 ④

806 경찰통제에 관한 설명으로 가장 적절한 것은?  23 법학

① 대통령에 의한 통제, 감사원에 의한 통제, 국민권익위원회에 의한 통제, 중앙행정심판위원회에 의한 통제, 소청심사위원회에 의한 통제, 경찰청장에 대한 탄핵소추의결권에 의한 통제는 외부통제로서 사법통제에 해당한다.

② 경찰서의 감찰·감사업무, 민원인의 고충 상담, 인권보호 상황을 확인·점검하는 감사관제 (청문감사인권관)는 내부통제에 해당한다.

③ 국가경찰위원회는 심의·의결하는 권한을 가지고 있으므로 민주적 통제에 해당하고 내부통제에 해당된다.

④ 사법부에 의한 사법심사(행정소송) 및 국회에 의한 예산결산권, 국정감사권·조사권은 사전통제에 해당된다.

> **해설**
> ① (×) **대통령**에 의한 통제, **감사원**에 의한 통제, **국민권익위원회**에 의한 통제, **중앙행정심판위원회**에 의한 통제, **소청심사위원회**에 의한 통제는 **외부통제**로서 **행정부에 의한 통제(사법통제×)**이고, **경찰청장에 대한 탄핵소추의결권**에 의한 통제는 **국회가 행사**하는 **외부통제**로서 **입법부에 의한 통제(사법통제×)**에 해당한다.
> ② (○) **경찰서**의 감찰·감사업무, 민원인의 고충 상담, 인권보호 상황을 확인·점검하는 **감사관제(청문감사인권관)**는 **내부통제**에 해당한다.
> ③ (×) **국가경찰위원회**는 심의·의결하는 권한을 가지고 있으므로 **민주적 통제**에 해당하고 행정안전부 소속이므로 **외부통제(내부통제×)**에 해당된다.
> ④ (×) 사법부에 의한 **사법심사(행정소송)** 및 국회에 의한 **예산결산권, 국정감사권·조사권**은 **사후통제(사전통제×)**에 해당된다.

807 경찰통제에 관한 설명으로 가장 적절하지 않은 것은?  25 순경2차

① 경찰청장의 훈령권과 국회의 예산심의권은 사전통제이며 내부통제에 해당한다.

② 국가경찰위원회의 심의·의결권은 외부통제이며 민주적 통제에 해당한다.

③ 국회의 국정감사·조사권은 사후통제인 동시에 외부통제에 해당한다.

④ 경찰청장 및 국가경찰위원회 위원의 임명권, 총경 이상 경찰공무원의 임명권 등 대통령에 의한 경찰통제는 행정통제이며 외부통제에 해당한다.

> **해설**
> ① (×) **경찰청장**의 훈령권은 **사전통제**이며 **내부통제**에 해당하지만, **국회**의 예산심의권은 **사전통제**이며 **외부통제(내부통제×)**에 해당한다.
> ② (○) **국가경찰위원회의 심의·의결권**은 **외부통제**이며 **민주적 통제**에 해당한다.
> ③ (○) **국회의 국정감사·조사권**은 **사후통제**인 동시에 **외부통제**에 해당한다.
> ④ (○) 경찰청장 및 국가경찰위원회 위원의 임명권, 총경 이상 경찰공무원의 임명권 등 **대통령에 의한 경찰통제**는 **행정통제**이며 **외부통제**에 해당한다.

🔒 806 ② 807 ①

808 경찰통제의 유형 중 가장 적절하게 연결된 것은? ● A급 23 승진

① 민주적 통제 - 국가경찰위원회, 국민감사청구, 국가배상제도
② 사전통제 - 입법예고제, 국회의 예산심의권, 사법부의 사법심사
③ 외부통제 - 소청심사위원회, 행정소송, 훈령권
④ 사후통제 - 행정심판, 국정 감사·조사권, 국회의 예산결산권

> **해설**
> ① (×) **민주적 통제** - 국가경찰위원회, 국민감사청구, **국가배상제도(×)**
>   🄣ip **국가배상제도**는 사법부인 **법원**에서 결정하는 **사법적 통제**에 해당한다.
> ② (×) **사전통제** - 입법예고제, 국회의 예산심의권, **사법부의 사법심사(×)**
>   🄣ip 사법부의 **사법심사(소송)**는 위법하게 행사된 사안에 대한 **법원의 사후통제**에 해당한다.
> ③ (×) **외부통제** - 소청심사위원회, 행정소송, **훈령권(×)**
>   🄣ip 훈령권은 **경찰조직 내에서만 효력**이 있는 **내부통제**에 해당한다.
> ④ (○) **사후통제** - 행정심판, 국정 감사·조사권, 국회의 예산결산권

809 경찰통제에 대한 설명 중 가장 적절하지 않은 것은? ● A급 20 승진

① 18세 이상의 국민은 경찰을 비롯한 공공기관의 사무처리가 법령위반 또는 부패행위로 인하여 공익을 현저히 해하는 경우 200인 이상의 국민의 연서로 감사원에 감사를 청구할 수 있다.
② 국가경찰위원회 제도는 경찰의 주요정책 등에 관하여 심의·의결하는 권한을 가지고 있으므로 민주적 통제에 해당하고, 행정안전부 소속으로 외부적 통제에도 해당한다.
③ 청문감사인권관 제도는 경찰 내부적 통제이다.
④ 행정절차법은 입법예고, 행정예고 등 행정에 대한 사전통제를 규정하고 있다.

> **해설**
> ① (×) **18세 이상의 국민**은 경찰을 비롯한 공공기관의 사무처리가 **법령위반 또는 부패행위**로 인하여 공익을 현저히 해하는 경우 **300인(200인×) 이상**의 국민의 연서로 **감사원에 감사를 청구할 수 있다**(부패방지권익위법 제72조 제1항).
> ② (○) **국가경찰위원회** 제도는 경찰의 주요정책 등에 관하여 심의·의결하는 권한을 가지고 있으므로 **민주적 통제**에 해당하고, **행정안전부 소속**으로 **외부적 통제**에도 해당한다.
> ③ (○) **청문감사인권관** 제도는 **경찰 내부적 통제**이다.
> ④ (○) **행정절차법**은 입법예고, 행정예고 등 행정에 대한 **사전통제**를 규정하고 있다.

810 경찰통제에 관한 설명으로 가장 적절하지 않은 것은? ● A급 25 승진

① 「행정절차법」에서 규정하고 있는 행정상 입법예고, 행정예고는 사전통제에 해당한다.
② 대통령의 경찰청장 및 국가경찰위원회 위원 임명권은 외부통제에 해당한다.
③ 국회의 국정감사·조사권은 사전통제인 동시에 외부통제에 해당한다.
④ 감사원의 직무감찰은 사후통제인 동시에 외부통제에 해당한다.

🔒 808 ④ 809 ① 810 ③

811 경찰작용 및 경찰공무원을 통제하는 행정기관의 역할과 기능에 관한 설명 중 옳은 것을 모두 고른 것은? ●A급 22 순경2차

> ㉠ 행정심판위원회는 경찰관청의 위법한 처분 및 대통령의 부작위에 대해서 심리하여 침해된 국민의 권리를 구제하고 경찰행정의 적정한 운영을 도모한다.
> ㉡ 시 · 도자치경찰위원회는 자치경찰사무 담당 경찰공무원에 대한 징계를 요구할 수 있다.
> ㉢ 국민권익위원회는 누구든지 경찰공무원 등의 부패행위를 알게 된 때에는 무기명으로 신고할 수 있도록 하고 있다.
> ㉣ 인사혁신처에 소청심사위원회를 설치하여, 경찰공무원이 징계 처분, 그 밖에 그 의사에 반하는 불리한 처분이나 부작위를 구제받을 수 있도록 하고 있다.
> ㉤ 국가인권위원회는 경찰기관 및 경찰공무원 등에 의한 인권 침해행위 또는 차별행위에 대해 조사하고 구제할 수 있다.
> ㉥ 감사원은 국회 · 법원 및 헌법재판소를 포함한 모든 국가기관 및 그에 소속한 공무원의 사무를 감찰하여 비위를 적발하고 시정한다.

① ㉠, ㉢, ㉤
② ㉡, ㉣, ㉤
③ ㉡, ㉢, ㉣
④ ㉢, ㉣, ㉥

해설

옳은 설명은 ㉡, ㉣, ㉤, 3개이다.
㉠ (×) **행정심판위원회**는 경찰관청의 **위법 또는 부당한 처분**(대통령의 부작위×)에 대해서 심리하여 침해된 국민의 권리를 구제하고 경찰행정의 적정한 운영을 도모한다.

> 🅣ip **대통령의 처분 또는 부작위**에 대하여는 다른 법률에서 행정심판을 청구할 수 있도록 정한 경우 외에는 **행정심판을 청구할 수 없다**(행정심판법 제3조 제2항).

㉡ (○) **시 · 도자치경찰위원회**는 자치경찰사무 담당 경찰공무원에 대한 **징계를 요구할 수 있다**(경찰법 제24조 제1항 제9호).
㉢ (×) **국민권익위원회**는 누구든지 경찰공무원 등의 부패행위를 알게 된 때에는 **기명**(무기명×)으로 **신고**할 수 있도록 하고 있다.
㉣ (○) **인사혁신처에 소청심사위원회를 설치**하여, 경찰공무원이 징계 처분, 그 밖에 그 의사에 반하는 불리한 처분이나 부작위를 구제받을 수 있도록 하고 있다(국가공무원법 제9조 제1항).
㉤ (○) **국가인권위원회**는 경찰기관 및 경찰공무원 등에 의한 인권 침해행위 또는 차별행위에 대해 조사하고 구제할 수 있다(국가인권위원회법 제19조 제2호 제3호).
㉥ (×) **감사원**은 국회 · 법원 및 헌법재판소를 제외한(포함한×) 모든 국가기관 및 그에 소속한 공무원의 **사무를 감찰**하여 **비위를 적발하고 시정**한다(감사원법 제24조 제1항, 제3항).

811 ②

812 경찰통제에 관한 설명 중 가장 적절하지 않은 것은?

●A급 22 순경1차

① 국회는 입법권과 예산심의권을 통해 경찰을 사전통제할 수 있다.

② 「부패방지 및 국민권익위원회의 설치와 운영에 관한 법률」 및 동법 시행령에 따르면, 18세 이상의 국민은 경찰 등 공공기관의 사무처리가 법령위반 또는 부패행위로 인하여 공익을 현저히 해하는 경우, 100명 이상의 국민의 연서로 감사원에 감사를 청구할 수 있다.

③ 상급자의 하급자에 대한 직무명령권은 내부적 통제의 일환이다.

④ 경찰의 위법한 처분에 대한 행정소송제도는 사법통제로서 외부적 통제 장치이다.

해설

① (○) 국회는 **입법권**과 **예산심의권**을 통해 경찰을 **사전통제**할 수 있다.

② (×) 「부패방지 및 국민권익위원회의 설치와 운영에 관한 법률」 및 동법 시행령에 따르면, **18세 이상**의 국민은 경찰 등 공공기관의 사무처리가 법령위반 또는 부패행위로 인하여 공익을 현저히 해하는 경우, **300명(100명×) 이상**의 국민의 연서로 **감사원**에 **감사를 청구할 수 있다**(동법 제72조 제1항).

③ (○) 상급자의 하급자에 대한 **직무명령권**은 **내부적 통제**의 일환이다.

④ (○) 경찰의 위법한 처분에 대한 **행정소송제도**는 **사법통제**로서 **외부적 통제** 장치이다.

813 경찰통제의 필요성과 기본요소를 구분할 때, 경찰통제의 기본요소에 관한 설명으로 가장 적절하지 않은 것은?

●A급 25 경위

① 권한의 분산 : 경찰의 중앙조직과 지방조직 간의 권한 분산, 상위계급자와 하위계급자 간의 권한 분산 등이 필요하다.

② 정보의 공개 : 경찰의 정보공개를 통해 행정기관의 투명성이 확보된다면 독선과 부패는 억제될 수 있다.

③ 인권의 보호 : 경찰활동은 특성상 국민의 인권과 직결되는 부분이 많기 때문에 인권침해를 방지해야 한다.

④ 참여의 보장 : 경찰은 국민에게 행정참여를 보장함으로써 행정의 공정성, 투명성 및 신뢰성을 확보해야 한다.

해설

① (○) **권한의 분산** : 경찰의 중앙조직과 지방조직 간의 권한 분산, 상위계급자와 하위계급자 간의 권한 분산 등이 필요하다. – 경찰통제의 **기본요소**

② (○) **정보의 공개** : 경찰의 정보공개를 통해 행정기관의 투명성이 확보된다면 독선과 부패는 억제될 수 있다. – 경찰통제의 **기본요소**

③ (×) **인권의 보호** : 경찰활동은 특성상 국민의 인권과 직결되는 부분이 많기 때문에 인권침해를 방지해야 한다. – **경찰통제의 필요성**

④ (○) **참여의 보장** : 경찰은 국민에게 행정참여를 보장함으로써 행정의 공정성, 투명성 및 신뢰성을 확보해야 한다. – 경찰통제의 **기본요소**

⒯ip 경찰통제의 필요성과 기본요소(임창호, 정세종, 라광현 '최신경찰학' 제4판, p.310~311)

구분	경찰통제의 **필요성**	경찰통제의 **기본요소**
내용	민주적 운영 정치적 중립 법치주의 인권보호 부패방지	권한의 **분산** 정보의 **공개** 국민의 **참여** 책임의 **추궁** **피드백**을 통한 발전

 812 ② 813 ③

814 경찰통제에 관한 다음 설명 중 가장 적절하지 않은 것은?

① 국회는 경찰 관련 법률제정, 예산심의, 국정조사 등 다양한 장치들을 통해 경찰을 통제할 수 있다.

② 법원은 법적 쟁송사건에 대한 재판권을 통해 경찰활동을 통제하는바, 법원의 판례법이 법의 근간을 이루는 영미법계에서 대륙법계보다 강력한 통제장치로 작용한다.

③ 경찰에 대한 사전통제를 규정하고 있는 기본법은 「행정절차법」이라 할 수 있고, 사전통제제도에는 청문, 행정상 입법예고, 상급기관의 하급기관에 대한 감사권 등이 있다.

④ 상급기관이 하급기관에 대하여 지시권이나 감독권 등의 훈령권을 행사함으로써 하급기관의 위법이나 재량권 행사의 오류를 시정하는 등 통제를 가할 수 있다.

해설

① (○) **국회**는 경찰 관련 **법률제정, 예산심의, 국정조사** 등 다양한 장치들을 통해 **경찰을 통제**할 수 있다.

② (○) **법원**은 법적 쟁송사건에 대한 **재판권을 통해 경찰활동을 통제**하는바, 법원의 **판례법**이 법의 근간을 이루는 **영미법계**에서 대륙법계보다 **강력한 통제장치**로 작용한다.

③ (✕) 경찰에 대한 **사전통제**를 규정하고 있는 기본법은 「**행정절차법**」이라 할 수 있고, 사전통제제도에는 **청문, 행정상 입법예고, (상급기관의 하급기관에 대한 감사권✕)** 등이 있다.

> **Tip** '**감사권**'이란 국가기관 혹은 공공단체의 사무처리가 **법령위반** 또는 **부패행위**등 잘못 처리되고 있는지 **조사**하거나 **감독**하기 위해 행하는 권한으로서 **먼저 발생한 일에 대한 옳고 그름을 따지는 '사후통제**'에 해당한다.

④ (○) **상급기관이** 하급기관에 대하여 **지시권**이나 **감독권** 등의 **훈령권**을 행사함으로써 하급기관의 위법이나 재량권 행사의 오류를 시정하는 등 **통제**를 가할 수 있다.

제3절 공공기관의 정보공개에 관한 법률

815 「공공기관의 정보공개에 관한 법률」에 대한 설명으로 가장 적절한 것은?

① 모든 국민은 정보의 공개를 청구할 권리를 가지며, 공공기관이 보유·관리하는 정보는 국민의 알권리 보장 등을 위하여 이 법에서 정하는 바에 따라 적극적으로 공개할 수 있다.

② 공공기관은 공개 청구된 공개 대상 정보의 전부 또는 일부가 제3자와 관련이 있다고 인정할 때에는 그 사실을 제3자에게 지체 없이 통지하여야 하며, 그의 의견을 들어야 한다.

③ 정보의 공개를 청구하는 자는 해당 정보를 보유하거나 관리하고 있는 공공기관에 대하여 서면으로 정보공개를 청구하여야 한다.

④ 공개될 경우 국민의 생명·신체 및 재산의 보호에 현저한 지장을 초래할 우려가 있다고 인정되는 정보는 공개하지 아니할 수 있다.

해설

① (✕) **모든 국민은** 정보의 공개를 **청구할 권리를 가지며**, 공공기관이 보유·관리하는 정보는 국민의 알권리 보장 등을 위하여 이 법에서 정하는 바에 따라 **적극적으로 공개하여야 한다**(할 수 있다✕).

② (✕) 공공기관은 공개 청구된 공개 대상 정보의 **전부 또는 일부가 제3자와 관련이 있다고 인정할 때에는 그 사실을 제3자에게 지체 없이 통지하여야 하며**, 필요한 경우에는 그의 **의견을 들을 수 있다**(들어야 한다✕).

③ (×) 정보의 공개를 청구하는 자는 해당 정보를 보유하거나 관리하고 있는 공공기관에 정보**공개 청구서(서면)**를 제출하거나 **말로써** 정보의 공개를 **청구할 수 있다**(서면으로 정보공개를 청구하여야 한다×).

④ (○) 공개될 경우 국민의 생명·신체 및 재산의 보호에 **현저한 지장을 초래할 우려**가 있다고 인정되는 정보는 **공개하지 아니할 수 있다.**

816 「공공기관의 정보공개에 관한 법률」 및 동법 시행령에 대한 설명으로 가장 적절하지 않은 것은?

●A급 25 승진

① 공공기관이 보유·관리하는 정보는 국민의 알권리 보장 등을 위하여 이 법에서 정하는 바에 따라 적극적으로 공개하여야 한다.

② 정보공개의 청구권자는 대한민국 국적을 가진 국민으로 한정한다.

③ 공공기관은 정보공개의 청구를 받으면 그 청구를 받은 날부터 10일 이내에 공개 여부를 결정하여야 한다. 다만, 공공기관이 부득이한 사유로 기간 이내에 공개 여부를 결정할 수 없을 때에는 그 기간이 끝나는 날의 다음 날부터 기산하여 10일의 범위에서 공개 여부 결정기간을 연장할 수 있다.

④ 공개될 경우 국민의 생명·신체 및 재산의 보호에 현저한 지장을 초래할 우려가 있다고 인정되는 정보는 비공개 대상 정보에 해당된다.

해설

① (○) 공공기관이 보유·관리하는 정보는 국민의 알권리 보장 등을 위하여 이 법에서 정하는 바에 따라 적극적으로 **공개하여야 한다**(동법 제3조).

② (×) 정보공개의 청구권자는 대한민국 국적을 가진 **국민과 외국인도 가능하다**(국민으로 한정한다×)(동법 제5조 제1항, 제2항).

③ (○) 공공기관은 정보공개의 청구를 받으면 그 청구를 받은 날부터 **10일** 이내에 공개 여부를 결정하여야 한다. 다만, 공공기관이 부득이한 사유로 기간 이내에 공개 여부를 결정할 수 없을 때에는 그 기간이 끝나는 날의 **다음 날부터 기산**하여 **10일**의 범위에서 공개 여부 결정기간을 연장할 수 있다(동법 제11조 제2항).

④ (○) 공개될 경우 국민의 생명·신체 및 재산의 보호에 **현저한 지장을 초래할 우려**가 있다고 인정되는 정보는 **비공개 대상 정보**에 해당된다(동법 제9조 제1항 제3호).

817 「공공기관의 정보공개에 관한 법률」에 대한 설명으로 가장 적절한 것은?

●A급 19 승진

① 공공기관이 보유·관리하는 정보는 국민의 알권리 보장 등을 위하여 「공공기관의 정보공개에 관한 법률」에서 정하는 바에 따라 적극적으로 공개하여야 한다.

② 공공기관은 공개 청구된 공개 대상 정보의 전부 또는 일부가 제3자와 관련이 있다고 인정할 때에는 그 사실을 제3자에게 3일 이내에 통지하여야 하며, 필요한 경우에는 그의 의견을 들을 수 있다.

③ 청구인이 정보공개와 관련한 공공기관의 부분 공개 결정에 대하여 불복이 있는 때에는 공공기관으로부터 정보공개 여부의 결정 통지를 받은 날부터 20일 이내에 이의신청하여야 한다.

④ 공공기관은 이의신청을 받은 날부터 7일 이내에 그 이의신청에 대하여 결정하고 그 결과를 청구인에게 3일 이내에 문서로 통지하여야 한다.

 🔒 816 ② 817 ①

해설

① (○) 공공기관이 보유·관리하는 정보는 국민의 알권리 보장 등을 위하여 「공공기관의 정보공개에 관한 법률」에서 정하는 바에 따라 **적극적으로 공개하여야 한다.**

② (×) 공공기관은 공개 청구된 공개 대상 정보의 **전부 또는 일부가 제3자와 관련**이 있다고 인정할 때에는 그 사실을 **제3자에게 지체 없이**(3일 이내×) **통지하여야 하며,** 필요한 경우에는 그의 **의견을 들을 수 있다.**

③ (×) 청구인이 정보공개와 관련한 공공기관의 **부분 공개 결정**에 대하여 **불복이 있는 때**에는 공공기관으로부터 정보공개 여부의 **결정 통지를 받은 날부터 30일**(20일×) **이내**에 해당 공공기관에 **문서로 이의신청**을 **할 수 있다**(하여야 한다×).

④ (×) 공공기관은 **이의신청을 받은 날부터 7일 이내**에 그 이의신청에 대하여 **결정하고** 그 결과를 청구인에게 **지체 없이** (3일 이내×) **문서로 통지**하여야 한다.

---

818 「공공기관의 정보공개에 관한 법률」에 대한 설명으로 가장 적절한 것은?  20 법학

① 공공기관이 보유·관리하는 정보는 국민의 알권리 보장 등을 위하여 적극적으로 공개할 수 있다.

② 공공기관은 이 법 제10조에 따라 정보공개의 청구를 받으면 그 청구를 받은 날의 다음 날부터 10일 이내에 공개 여부를 결정하여야 한다.

③ 공공기관의 공개거부결정에 대하여 청구인은 이 법에서 정하는 이의신청을 거치지 아니하고는 행정심판을 청구할 수 없다.

④ 정보공개위원회는 성별을 고려하여 위원장과 부위원장 각 1명을 포함한 11명의 위원으로 구성한다.

해설

① (×) 공공기관이 보유·관리하는 정보는 국민의 알권리 보장 등을 위하여 **적극적으로 공개하여야 한다**(할 수 있다×).

② (×) 공공기관은 이 법 제10조에 따라 정보공개의 청구를 받으면 그 **청구를 받은 날**(다음 날×)**부터 10일 이내에 공개 여부를 결정하여야 한다.**

③ (×) 공공기관의 공개거부결정에 대하여 청구인은 이 법에서 정하는 **이의신청을 거치지 아니하고 행정심판을 청구할 수 있다**(없다×).

④ (○) **정보공개위원회**는 성별을 고려하여 **위원장과 부위원장 각 1명을 포함한 11명**의 위원으로 구성한다.

---

819 「공공기관의 정보공개에 관한 법률」에 대한 설명으로 가장 적절한 것은?  20 승진

① 정보의 공개를 청구하는 자는 해당 정보를 보유하거나 관리하고 있는 공공기관에 대하여 서면으로만 정보공개를 청구할 수 있다.

② 정보의 공개 및 우송 등에 드는 비용은 실비의 범위에서 정보공개 청구를 받은 행정청이 부담한다.

③ 청구인이 정보공개와 관련한 공공기관의 결정에 대하여 불복하는 경우 이의신청 절차를 거치지 않아도 행정심판을 청구할 수 있다.

④ 공공기관은 정보공개 청구를 받으면 그 청구를 받은 날부터 7일 이내에 공개 여부를 결정하여야 한다.

🔒 818 ④ 819 ③

해설

① (×) 정보의 공개를 청구하는 자는 해당 정보를 보유하거나 관리하고 있는 공공기관에 대하여 **정보공개 청구서**를 제출하거나 **말(서면으로만×)**로써 정보의 공개를 **청구할 수 있다.**

② (×) 정보의 공개 및 우송 등에 드는 **비용**은 실비의 범위에서 정보공개 청구를 받은 **청구인(행정청×)**이 **부담**한다.

③ (○) 청구인이 정보공개와 관련한 공공기관의 결정에 대하여 **불복**하는 경우 **이의신청 절차를 거치지 않아도 행정심판을 청구할 수 있다.**

④ (×) 공공기관은 정보공개 청구를 받으면 그 **청구를 받은 날부터 10일(7일×)** 이내에 **공개 여부를 결정**하여야 한다.

---

820 「**공공기관의 정보공개에 관한 법률」**과 관련된 설명으로 가장 적절하지 않은 것은? ●A급 21 승진

① 민원인이 경찰관서에서 현재 수사 중인 '폭력단체 현황'에 대한 정보공개를 요청한 경우, 국민의 알 권리를 충족시킨다는 차원에서 해당 정보를 공개하여야 한다.

② 공공기관은 비공개 대상 정보가 기간의 경과 등으로 인하여 비공개의 필요성이 없어진 경우에는 그 정보를 공개 대상으로 하여야 한다.

③ 공공기관은 부득이한 사유로 정보공개의 청구를 받은 날부터 10일 이내에 공개 여부를 결정할 수 없을 때에는 그 기간이 끝나는 날의 다음 날부터 기산하여 10일의 범위에서 공개여부 결정 기간을 연장할 수 있다.

④ 공공기관은 공개 청구된 공개 대상 정보의 전부 또는 일부가 제3자와 관련이 있다고 인정할 때에는 그 사실을 제3자에게 지체없이 통지하여야 하며, 공개 청구된 사실을 통지받은 제3자는 그 통지를 받은 날부터 3일 이내에 해당 공공기관에 자신과 관련된 정보를 공개하지 아니할 것을 요청할 수 있다.

해설

① (×) 「공공기관의 정보공개에 관한 법률」 제9조 제1항 제4호에 따르면 '진행 중인 재판에 관련된 정보와 범죄의 예방, 수사, 공소의 제기 및 유지, 형의 집행, 교정, 보안처분에 관한 사항으로서 공개될 경우 그 직무수행을 현저히 곤란하게 하거나 형사피고인의 공정한 재판을 받을 권리를 침해한다고 인정할 만한 상당한 이유가 있는 정보에 해당하는 정보는 **공개하지 아니할 수 있다.**'라고 규정하고 있다. 그러므로 민원인이 경찰관서에서 **현재 수사 중인 '폭력단체 현황'에 대한 정보공개를 요청한 경우** 해당 정보는 **공개하지 아니할 수 있다(공개하여야 한다×).**

② (○) 공공기관은 비공개 대상 정보가 기간의 경과 등으로 인하여 **비공개의 필요성이 없어진 경우**에는 그 정보를 **공개 대상으로 하여야 한다.**

③ (○) 공공기관은 부득이한 사유로 정보공개의 청구를 받은 날부터 **10일 이내에 공개 여부를 결정할 수 없을 때에는** 그 기간이 **끝나는 날의 다음 날부터 기산하여 10일**의 범위에서 공개여부 결정기간을 **연장**할 수 있다.

④ (○) 공공기관은 공개 청구된 공개 대상 정보의 **전부 또는 일부가 제3자와 관련이 있다고** 인정할 때에는 그 사실을 **제3자에게 지체없이 통지**하여야 하며, **공개 청구된 사실을 통지받은 제3자는** 그 통지를 받은 날부터 **3일 이내에** 해당 공공기관에 자신과 관련된 정보를 **공개하지 아니할 것을 요청할 수 있다.**

🔒 820 ①

821 「공공기관의 정보공개에 관한 법률」상 정보공개의 절차에 관한 설명 중 가장 적절한 것은?

A급 22 순경1차

① 정보의 공개를 청구하는 자는 해당 정보를 보유하거나 관리하고 있는 공공기관에 정보공개 청구서를 제출하여 정보의 공개를 청구할 수 있으나, 말로써 정보의 공개를 청구할 수 없다.

② 공공기관은 부득이한 사유로 「공공기관의 정보공개에 관한 법률」 제11조 제1항에 따른 기간 이내에 공개 여부를 결정할 수 없을 때에는 그 기간이 끝난 날부터 기산하여 10일의 범위에서 공개 여부 결정기간을 연장할 수 있다. 이 경우 공공기관은 연장된 사실과 연장 사유를 청구인에게 지체 없이 구두로 통지하여야 한다.

③ 공공기관은 전자적 형태로 보유·관리하는 정보에 대하여 청구인이 전자적 형태로 공개하여 줄 것을 요청하는 경우에는 그 정보의 성질상 현저히 곤란한 경우를 제외하고는 청구인의 요청에 따라야 한다.

④ 정보의 공개 및 우송 등에 드는 비용은 실비의 범위에서 공공기관이 부담한다.

해설

① (×) 정보의 공개를 청구하는 자는 해당 정보를 보유하거나 관리하고 있는 공공기관에 정보**공개 청구서**를 제출하여 정보의 공개를 청구할 수 있으나, **말로써** 정보의 공개를 청구할 수 **있다(없다×)**(동법 제10조 제1항).

② (×) 공공기관은 부득이한 사유로 「공공기관의 정보공개에 관한 법률」 제11조 제1항에 따른 기간(**청구를 받은 날부터 10일) 이내**에 공개 여부를 결정할 수 없을 때에는 **그 기간이 끝나는 날의 다음 날(끝난 날×)부터 기산하여 10일**의 범위에서 공개 여부 결정기간을 **연장할 수 있다**. 이 경우 공공기관은 연장된 사실과 연장 사유를 청구인에게 **지체 없이 문서(구두×)로 통지**하여야 한다(동법 제11조 제2항).

③ (○) 공공기관은 전자적 형태로 보유·관리하는 정보에 대하여 **청구인이 전자적 형태로 공개하여 줄 것을 요청**하는 경우에는 그 정보의 성질상 현저히 곤란한 경우를 제외하고는 청구인의 **요청에 따라야 한다**(동법 제15조 제1항).

④ (×) 정보의 공개 및 우송 등에 드는 **비용**은 실비의 범위에서 **청구인(공공기관×)이 부담**한다(동법 제17조 제1항).

822 「공공기관의 정보공개에 관한 법률」에 관한 설명으로 가장 적절하지 않은 것은?

A급 23 순경1차

① 청구인은 이의신청 절차를 거치지 아니하고 행정심판을 청구할 수 없다.

② "정보"란 공공기관이 직무상 작성 또는 취득하여 관리하고 있는 문서(전자문서를 포함한다) 및 전자매체를 비롯한 모든 형태의 매체 등에 기록된 사항을 말한다.

③ 공공기관은 부득이한 사유로 법 제11조 제1항에 따른 기간 이내에 공개 여부를 결정할 수 없을 때에는 그 기간이 끝나는 날의 다음 날부터 기산(起算)하여 10일의 범위에서 공개 여부 결정 기간을 연장할 수 있다. 이 경우 공공기관은 연장된 사실과 연장 사유를 청구인에게 지체 없이 문서로 통지하여야 한다.

④ 공공기관은 청구인이 사본 또는 복제물의 교부를 원하는 경우에는 이를 교부하여야 한다.

해설

① (×) 청구인은 **이의신청 절차를 거치지 아니하고 행정심판을 청구할 수 있다(없다×)**.

② (○) **"정보"**란 공공기관이 직무상 작성 또는 취득하여 관리하고 있는 **문서(전자문서를 포함한다)** 및 **전자매체를 비롯한 모든 형태의 매체 등에 기록된 사항**을 말한다.

③ (○) 공공기관은 부득이한 사유로 법 제11조 제1항에 따른 **기간(10일) 이내**에 공개 여부를 결정할 수 없을 때에는 그 기간이 **끝나는 날의 다음 날부터 기산하여 10일**의 범위에서 공개 여부 결정 기간을 **연장**할 수 있다. 이 경우 공공기관은 연장된 사실과 연장 사유를 **청구인에게 지체 없이 문서로 통지**하여야 한다.

④ (○) 공공기관은 **청구인이 사본 또는 복제물의 교부를 원하는 경우에는 이를 교부하여야 한다.**

 821 ③ 822 ①

823 「공공기관의 정보공개에 관한 법률」상 정보공개의 절차상 내용으로 가장 적절하지 않은 것은?

●A급 23 승진

① 공공기관은 비공개 대상 정보에 해당하는 정보가 기간의 경과 등으로 인하여 비공개의 필요성이 없어진 경우에는 그 정보를 공개 대상으로 하여야 한다.

② 정보의 공개를 청구하는 자는 해당 정보를 보유하거나 관리하고 있는 공공기관에 정보공개 청구서를 제출하거나 말로써 정보의 공개를 청구할 수 있다.

③ 공공기관은 부득이한 사유로 정보공개의 청구를 받은 날부터 10일 이내에 공개 여부를 결정할 수 없을 때에는 그 기간이 끝나는 날부터 기산(起算)하여 10일의 범위에서 공개 여부 결정기간을 연장할 수 있다. 이 경우 공공기관은 연장된 사실과 연장 사유를 청구인에게 지체 없이 문서로 통지하여야 한다.

④ 청구인이 공개청구한 정보가 비공개 대상 정보에 해당하는 부분과 공개 가능한 부분이 혼합되어 있는 경우 공개청구의 취지에 어긋나지 아니하는 범위에서 두 부분을 분리할 수 있는 경우에는 비공개 대상 정보에 해당하는 부분을 제외하고 공개하여야 한다.

해설

① (○) 공공기관은 비공개 대상 정보에 해당하는 정보가 기간의 경과 등으로 인하여 **비공개의 필요성이 없어진 경우**에는 그 정보를 **공개 대상으로 하여야 한다**(동법 제9조 제2항).

② (○) 정보의 공개를 청구하는 자는 해당 정보를 보유하거나 관리하고 있는 공공기관에 정보**공개 청구서**를 제출하거나 **말로써** 정보의 공개를 **청구할 수 있다**(동법 제10조 제1항).

③ (×) 공공기관은 부득이한 사유로 정보공개의 청구를 받은 날부터 **10일 이내에 공개 여부를 결정할 수 없을 때**에는 그 기간이 **끝나는 날의 다음 날부터**(끝나는 날부터×) 기산하여 10일의 범위에서 공개 여부 결정기간을 **연장할 수 있다**. 이 경우 공공기관은 연장된 사실과 연장사유를 **청구인에게 지체 없이 문서로 통지**하여야 한다(동법 제11조 제2항).

④ (○) 청구인이 공개청구한 정보가 **비공개 대상 정보**에 해당하는 부분과 **공개 가능한 부분이 혼합되어 있는 경우** 공개청구의 취지에 어긋나지 아니하는 범위에서 **두 부분을 분리할 수 있는 경우**에는 **비공개 대상 정보에 해당하는 부분을 제외하고 공개하여야 한다**(동법 제14조).

824 「공공기관의 정보공개에 관한 법률」상 비공개 대상 정보에 대한 설명으로 가장 적절하지 않은 것은?
(다툼이 있는 경우 판례에 의함)

●A급 24 순경1차

① 직무를 수행한 공무원의 성명·직위 등 「개인정보 보호법」 제2조 제1호에 따른 개인정보로서 공개될 경우 사생활의 비밀 또는 자유를 침해할 우려가 있다고 인정되는 정보는 공개하지 않을 수 있다.

② 피의자신문조서 등 조서에 기재된 피의자 등의 인적사항 이외의 진술내용 역시 개인의 사생활의 비밀 또는 자유를 침해할 우려가 인정되는 경우에는 비공개 대상 정보에 해당한다.

③ 수사기록 중 의견서, 보고문서, 메모, 법률검토 등은 그 실질적인 내용을 구체적으로 살펴 수사의 방법 및 절차 등이 공개됨으로써 수사기관의 직무수행을 현저히 곤란하게 한다고 인정할 만한 상당한 이유가 있어야만 비공개 대상 정보에 해당한다.

④ 의사결정 과정에 있는 사항으로서 공개될 경우 업무의 공정한 수행에 현저한 지장을 초래한다고 인정할 만한 상당한 이유가 있는 정보는 공개하지 않을 수 있다.

🔒 **823** ③ **824** ①

① (×) 해당 정보에 포함되어 있는 성명·주민등록번호 등 「개인정보 보호법」 제2조 제1호에 따른 개인정보로서 공개될 경우 사생활의 비밀 또는 자유를 침해할 우려가 있다고 인정되는 정보는 공개하지 아니할 수 있다. 다만, **직무를 수행하는 공무원의 성명·직위는 제외한다. 즉, 공개하여야 한다**(공개하지 않을 수 있다×)(동법 제9조 제1항 제6호).

② (○) 불기소처분 기록이나 내사기록 중 피의자신문조서 등 조서에 기재된 **피의자 등의 인적사항 이외의 진술내용 역시** 개인의 사생활의 비밀 또는 자유를 침해할 우려가 인정되는 경우에는 **비공개 대상 정보에 해당한다**(대법원 2017두44558).

③ (○) 공공기관의 정보공개에 관한 법률 제9조 제1항 제4호는 '**수사**'**에 관한 사항**으로서 공개될 경우 그 직무수행을 현저히 곤란하게 한다고 인정할 만한 상당한 이유가 있는 정보를 **비공개 대상 정보의 하나로 규정하고 있다.** 그 취지는 수사의 방법 및 절차 등이 공개되어 수사기관의 직무수행에 현저한 곤란을 초래할 위험을 막고자 하는 것으로서, 수사기록 중의 의견서, 보고문서, 메모, 법률검토, 내사자료 등('의견서 등')이 이에 해당한다고 할 수 있으나, **공개청구대상인 정보가 의견서 등에 해당한다고 하여 곧바로 비공개 대상 정보라고 볼 것은 아니고,** 의견서 등의 실질적인 내용을 구체적으로 살펴 수사의 방법 및 절차 등이 공개됨으로써 **수사기관의 직무수행을 현저히 곤란하게 한다고 인정할 만한 상당한 이유가 있어야만 위 비공개 대상 정보에 해당한다**고 봄이 타당하다(대법원 2010두7048).

④ (○) 의사결정 과정에 있는 사항으로서 공개될 경우 **업무의 공정한 수행에 현저한 지장을 초래한다고 인정할 만한 상당한 이유가 있는 정보는 공개하지 않을 수 있다**(동법 제9조 제1항 제5호).

825 「공공기관의 정보공개에 관한 법률」에 대한 설명으로 틀린 것은 모두 몇 개인가?

●A급 15 순경2차·3차

> ㉠ 공공기관이 보유·관리하는 정보는 국민의 알권리 보장 등을 위하여 이 법에서 정하는 바에 따라 적극적으로 공개하여야 한다.
> ㉡ 모든 국민은 정보의 공개를 청구할 권리를 가진다. 외국인의 정보공개 청구에 관하여는 대통령령으로 정한다.
> ㉢ 청구인이 정보공개와 관련한 공공기관의 비공개 결정 또는 부분 공개 결정에 대하여 불복이 있거나 정보공개 청구 후 20일이 경과하도록 정보공개 결정이 없는 때에는 공공기관으로부터 정보공개 여부의 결정 통지를 받은 날 또는 정보공개 청구 후 20일이 경과한 날부터 30일 이내에 해당 공공기관에 문서로 이의신청을 할 수 있다.
> ㉣ 정보공개위원회는 위원장과 부위원장 각 1명을 포함한 7명의 위원으로 구성한다. 이 경우 위원장을 포함한 5명은 공무원이 아닌 사람으로 위촉할 수 있다.
> ㉤ 행정안전부장관은 정보공개위원회가 정보공개제도의 효율적 운영을 위하여 필요하다고 요청하면 공공기관(국회·법원·헌법재판소 및 중앙선거관리위원회를 포함한다)의 정보공개제도 운영실태를 평가할 수 있다.

① 1개   ② 2개   ③ 3개   ④ 4개

틀린 설명은 ㉣, ㉤, **2개**이다.

㉠ (○) 공공기관이 보유·관리하는 정보는 국민의 알권리 보장 등을 위하여 이 법에서 정하는 바에 따라 적극적으로 **공개하여야 한다.**

㉡ (○) **모든 국민**은 정보의 공개를 청구할 권리를 가진다. **외국인**의 정보공개 청구에 관하여는 **대통령령**으로 정한다.

㉢ (○) 청구인이 정보공개와 관련한 공공기관의 **비공개 결정** 또는 **부분 공개 결정**에 대하여 **불복**이 있거나 **정보공개 청구 후 20일이 경과**하도록 정보공개 결정이 없는 때에는 공공기관으로부터 정보공개 여부의 결정 통지를 받은 날 또는 정보공개 청구 후 **20일이 경과한 날부터 30일 이내**에 해당 공공기관에 **문서로 이의신청**을 할 수 있다(동법 제18조 제1항).

 825 ②

ⓔ (×) 위원회는 성별을 고려하여 **위원장과 부위원장 각 1명을 포함한 11명**(7명×)의 위원으로 구성한다. 이 경우 **위원장을 포함한 7명**(5명×)은 **공무원이 아닌 사람**으로 **위촉하여야 한다**(위촉할 수 있다×).

ⓜ (×) **행정안전부장관**은 정보공개위원회가 정보공개제도의 효율적 운영을 위하여 필요하다고 요청하면 **공공기관(국회 · 법원 · 헌법재판소 및 중앙선거관리위원회는 제외**(포함×)한다)의 정보공개제도 **운영실태를 평가할 수 있다**(동법 제24조 제2항).

826 「공공기관의 정보공개에 관한 법률」상 정보공개의 절차에 관한 설명으로 가장 적절하지 않은 것은?

●A급 24 순경2차

① 정보의 공개를 청구하는 자는 해당 정보를 보유하거나 관리하고 있는 공공기관에 정보공개 청구서를 제출하거나 말로써 정보의 공개를 청구할 수 있다.

② 공공기관은 전자적 형태로 보유·관리하는 정보에 대하여 청구인이 전자적 형태로 공개하여 줄 것을 요청하는 경우에는 그 정보의 성질상 현저히 곤란한 경우를 제외하고는 청구인의 요청에 따라야 한다.

③ 정보의 공개 및 우송 등에 드는 비용은 실비의 범위에서 공공기관이 부담한다.

④ 공공기관은 「공공기관의 정보공개에 관한 법률」 제11조에 따라 정보의 공개 결정을 한 경우에는, 청구인이 사본 또는 복제물의 교부를 원하는 경우에는 이를 교부하여야 한다.

해설

① (○) 정보의 공개를 청구하는 자는 해당 정보를 보유하거나 관리하고 있는 공공기관에 정보공개 **청구서**를 제출하거나 **말로써** 정보의 **공개를 청구할 수 있다**(동법 제10조 제1항).

② (○) 공공기관은 전자적 형태로 보유·관리하는 정보에 대하여 **청구인이 전자적 형태로 공개하여 줄 것을 요청하는 경우에는** 그 정보의 성질상 현저히 곤란한 경우를 제외하고는 **청구인의 요청에 따라야 한다**(동법 제15조 제1항).

③ (×) 정보의 공개 및 우송 등에 드는 **비용**은 실비의 범위에서 **청구인(공공기관×)**이 **부담**한다(동법 제17조 제1항).

④ (○) 공공기관은 「공공기관의 정보공개에 관한 법률」 제11조에 따라 **정보의 공개 결정을 한 경우**에는, 청구인이 **사본** 또는 **복제물**의 교부를 **원하는 경우에는 이를 교부하여야 한다**(동법 제13조 제1항, 제2항).

제4절 개인정보 보호법

827 「개인정보 보호법」상 정의 및 개념에 관한 설명 중 가장 적절하지 않은 것은?

●A급 22 순경2차

① 살아 있는 개인에 관한 정보로서 해당 정보만으로는 특정 개인을 알아볼 수 없더라도 다른 정보와 쉽게 결합하여 알아볼 수 있는 정보를 "개인정보"라 한다.

② 개인정보의 일부를 삭제하거나 일부 또는 전부를 대체하는 등의 방법으로 추가 정보가 없이는 특정 개인을 알아볼 수 없도록 처리하는 것을 "가명처리"라 한다.

③ 정보처리 기술을 활용하여 기존의 다양한 정보를 가공해서 만들어 낸 새로운 정보에 관한 독점적 권리를 가지는 사람을 "정보주체"라 한다.

④ 일정한 공간에 설치되어 지속적 또는 주기적으로 사람 또는 사물의 영상 등을 촬영하거나 이를 유·무선망을 통하여 전송하는 장치로서 대통령령으로 정하는 장치를 "고정형 영상정보처리기기"라 한다.

826 ③ 827 ③

① (○) **살아 있는 개인**에 관한 정보로서 해당 정보만으로는 특정 개인을 알아볼 수 없더라도 **다른 정보와 쉽게 결합하여 알아볼 수 있는 정보**를 "**개인정보**"라 한다.

② (○) 개인정보의 일부를 삭제하거나 일부 또는 전부를 대체하는 등의 방법으로 **추가 정보가 없이는 특정 개인을 알아볼 수 없도록** 처리하는 것을 "**가명처리**"라 한다.

③ (×) 처리되는 정보에 의하여 **알아볼 수 있는 사람**으로서 그 정보의 주체가 되는(정보처리 기술을 활용하여 기존의 다양한 정보를 가공해서 만들어 낸 새로운 정보에 관한 독점적 권리를 가지는×) 사람을 "**정보주체**"라 한다(동법 제2조 제3호).

④ (○) 일정한 공간에 설치되어 **지속적 또는 주기적**으로 사람 또는 사물의 영상 등을 **촬영**하거나 이를 유·무선망을 통하여 **전송**하는 장치로서 대통령령으로 정하는 장치를 "고정형 영상정보처리기기"라 한다.

> **Tip** "이동형 영상정보처리기기"란 사람이 **신체에 착용 또는 휴대**하거나 **이동 가능한 물체에 부착 또는 거치**하여 사람 또는 사물의 영상 등을 **촬영**하거나 이를 유·무선망을 통하여 **전송**하는 장치로서 대통령령으로 정하는 장치를 말한다.

828 「개인정보 보호법」에 관한 설명으로 가장 적절하지 않은 것은? ●A급 23 순경2차

① 살아 있는 개인에 관한 정보로서 성명, 주민등록번호 및 영상 등을 통하여 개인을 알아볼 수 있는 정보는 "개인정보"에 해당한다.

② "개인정보처리자"란 업무를 목적으로 개인정보파일을 운용하기 위하여 스스로 또는 다른 사람을 통하여 개인정보를 처리하는 공공기관, 법인, 단체 및 개인 등을 말한다.

③ 정보주체는 자신의 개인정보 처리와 관련하여 개인정보의 처리 정지, 정정·삭제 및 파기를 요구할 권리를 가진다.

④ "익명처리"란 개인정보의 전부를 삭제하거나 일부를 대체하는 등의 방법으로 추가 정보가 없이는 특정 개인을 알아볼 수 없도록 처리하는 것을 말한다.

① (○) **살아 있는 개인**에 관한 정보로서 성명, 주민등록번호 및 영상 등을 통하여 개인을 **알아볼 수 있는 정보**는 "개인정보"에 해당한다.

② (○) "**개인정보처리자**"란 업무를 목적으로 개인정보파일을 운용하기 위하여 스스로 또는 다른 사람을 통하여 **개인정보를 처리하는 공공기관, 법인, 단체 및 개인** 등을 말한다.

> **Tip** 개인정보처리자는 개인정보 처리방침 등 **개인정보의 처리에 관한 사항을 공개하여야** 하며, **열람청구권 등 정보주체의 권리를 보장하여야** 한다(동법 제3조 제5항).

③ (○) "**정보주체**"는 자신의 개인정보 처리와 관련하여 **개인정보의 처리 정지, 정정·삭제 및 파기를 요구할 권리를 가진다.**

④ (×) "**가명처리**"(익명처리×)란 개인정보의 **일부**(전부×)를 **삭제**하거나 **일부 또는 전부를 대체**하는 등의 방법으로 **추가 정보가 없이는 특정 개인을 알아볼 수 없도록** 처리하는 것을 말한다.

 828 ④

829 「개인정보 보호법」에 관한 설명으로 가장 적절하지 않은 것은? (단, 동법 제3조의 개인정보 보호 원칙은 준수한 것으로 봄)

●A급 24 순경1차

① 개인정보처리자는 법령상 의무를 준수하기 위하여 불가피한 경우에는 개인정보를 수집할 수 있으며 그 수집 목적의 범위에서 이용할 수 있다.

② 인명의 구조·구급 등을 위하여 필요한 경우로서 대통령령으로 정하는 경우에는 불특정 다수가 이용하는 목욕실, 탈의실 등 개인의 사생활을 현저히 침해할 우려가 있는 장소의 내부를 볼 수 있는 곳에서 이동형 영상정보처리기기로 사람 또는 그 사람과 관련된 사물의 영상을 촬영할 수 있다.

③ 개인정보처리자는 개인정보를 익명 또는 가명으로 처리하여도 개인정보 수집목적을 달성할 수 있는 경우 익명처리가 가능한 경우에는 익명에 의하여, 익명처리로 목적을 달성할 수 없는 경우에는 가명에 의하여 처리될 수 있도록 하여야 한다.

④ 개인정보처리자는 통계작성, 과학적 연구, 공익적 기록보존 등을 위하여 가명정보를 처리하는 경우에 정보주체에게 이를 알리고 동의를 받아야 한다.

해설

① (○) 개인정보처리자는 법령상 의무를 준수하기 위하여 **불가피한 경우에는 개인정보를 수집할 수 있으며** 그 수집 **목적의 범위에서 이용**할 수 있다.

② (○) **인명의 구조·구급 등을 위하여** 필요한 경우로서 대통령령으로 정하는 경우에는 불특정 다수가 이용하는 목욕실, 탈의실 등 개인의 사생활을 현저히 침해할 우려가 있는 장소의 내부를 볼 수 있는 곳에서 **이동형 영상정보처리기기로** 사람 또는 그 사람과 관련된 사물의 영상을 **촬영할 수 있다**(동법 제25조의2 제2항).

③ (○) 개인정보처리자는 개인정보를 익명 또는 가명으로 처리하여도 개인정보 수집목적을 달성할 수 있는 경우 **익명처리가 가능한 경우에는 익명**에 의하여, **익명처리로 목적을 달성할 수 없는 경우에는 가명에 의하여 처리될 수 있도록 하여야 한다**(동법 제3조 제7항).

④ (×) 개인정보처리자는 통계작성, 과학적 연구, 공익적 기록보존 등을 위하여 **가명정보를 처리하는 경우에 정보주체의 동의 없이 처리할 수 있다**(**동의를 받아야 한다×**)(동법 제28조의2 제1항).

830 「개인정보 보호법」상 '개인정보 보호 원칙'에 관한 설명으로 가장 적절하지 않은 것은?

●A급 25 순경1차

① 개인정보처리자는 개인정보의 처리 목적을 명확하게 하여야 하고 그 목적에 필요한 범위에서 최소한의 개인정보만을 적법하고 정당하게 수집하여야 한다.

② 개인정보처리자는 개인정보의 처리 목적에 필요한 범위에서 개인정보의 완전성, 확장성 및 신속성이 보장되도록 하여야 한다.

③ 개인정보처리자는 개인정보를 익명 또는 가명으로 처리하여도 개인정보 수집목적을 달성할 수 있는 경우 익명처리가 가능한 경우에는 익명에 의하여, 익명처리로 목적을 달성할 수 없는 경우에는 가명에 의하여 처리될 수 있도록 하여야 한다.

④ 개인정보처리자는 개인정보의 처리 방법 및 종류 등에 따라 정보주체의 권리가 침해받을 가능성과 그 위험 정도를 고려하여 개인정보를 안전하게 관리하여야 한다.

🔒 829 ④ 830 ②

해설

① (○) 개인정보처리자는 개인정보의 처리 목적을 명확하게 하여야 하고 그 목적에 필요한 범위에서 **최소한의 개인정보** **만**을 적법하고 정당하게 수집하여야 한다(동법 제3조 제1항).

② (×) 개인정보처리자는 개인정보의 처리 목적에 필요한 범위에서 개인정보의 **정확성, 완전성 및 최신성(확장성×, 신속 성×)**이 보장되도록 하여야 한다(동법 제3조 제3항).

③ (○) 개인정보처리자는 개인정보를 익명 또는 가명으로 처리하여도 개인정보 수집목적을 달성할 수 있는 경우 **익명처 리가 가능한 경우에는 익명에 의하여, 익명처리로 목적을 달성할 수 없는 경우에는 가명에 의하여 처리될 수 있도 록 하여야 한다**(동법 제3조 제7항).

④ (○) 개인정보처리자는 개인정보의 처리 방법 및 종류 등에 따라 **정보주체의 권리가 침해받을 가능성과 그 위험 정도를 고려하여** 개인정보를 안전하게 관리하여야 한다(동법 제3조 제4항).

---

831 「개인정보 보호법」 제2조(정의)의 규정 내용으로 가장 적절하지 않은 것은?  14 승진

① 개인정보란 특정 개인을 식별하거나 식별할 수 있는 정보로 사자(死者)에 관한 정보는 포함되 지 않는다.

② 공공기관에는 국회, 법원, 헌법재판소, 중앙선거관리위원회의 행정사무를 처리하는 기관, 중 앙행정기관, 지방자치단체가 포함된다.

③ 해당 정보만으로 특정 개인을 알아볼 수 없다면, 다른 정보와 쉽게 결합하여 알아볼 수 있더라 도 개인정보에는 포함하지 않는다.

④ 정보주체란 처리되는 정보에 의하여 알아볼 수 있는 사람으로서 그 정보의 주체가 되는 사람 을 말한다.

해설

① (○) **개인정보**란 특정 개인을 식별하거나 식별할 수 있는 정보로 **사자(死者)에 관한 정보는 개인정보에 포함되지 않는다.**

② (○) '**공공기관**'에는 국회, 법원, 헌법재판소, 중앙선거관리위원회의 행정사무를 처리하는 기관, 중앙행정기관(대통령 소속 기관과 국무총리 소속 기관을 포함한다) 및 그 소속 기관, **지방자치단체**가 포함된다.

③ (×) 해당 정보만으로 특정 개인을 알아볼 수 없더라도, **다른 정보와 쉽게 결합하여 알아볼 수 있다면 개인정보에 포함 한다(포함하지 않는다×).**

④ (○) '**정보주체**'란 처리되는 **정보에 의하여 알아볼 수 있는 사람**으로서 **그 정보의 주체가 되는 사람**을 말한다.

---

832 「개인정보 보호법」 제2조(정의)의 규정 내용으로 가장 적절하지 않은 것은?  15 승진

① 개인정보란 특정 개인을 식별하거나 식별할 수 있는 정보로 사자(死者)에 관한 정보도 포함된다.

② 공공기관에는 국회, 법원, 헌법재판소, 중앙선거관리위원회의 행정사무를 처리하는 기관, 중 앙행정기관, 지방자치단체가 포함된다.

③ 정보주체란 처리되는 정보에 의하여 알아볼 수 있는 사람으로서 그 정보의 주체가 되는 사람 을 말한다.

④ 개인정보에는 해당 정보만으로는 특정 개인을 알아볼 수 없더라도 다른 정보와 쉽게 결합하여 알아볼 수 있는 것을 포함한다.

831 ③   832 ①

① (×) 개인정보란 특정 개인을 식별하거나 식별할 수 있는 정보로 **사자(死者)에 관한 정보는 개인정보에 포함되지 아니한다**(포함된다×).
② (○) '**공공기관**'에는 **국회, 법원, 헌법재판소, 중앙선거관리위원회**의 행정사무를 처리하는 기관, **중앙행정기관**(대통령 소속 기관과 국무총리 소속 기관을 **포함**한다) 및 그 소속 기관, **지방자치단체가 포함된다.**
③ (○) '**정보주체**'란 처리되는 **정보에 의하여 알아볼 수 있는 사람**으로서 **그 정보의 주체가 되는 사람**을 말한다.
④ (○) **개인정보에는** 해당 정보만으로는 특정 개인을 알아볼 수 없더라도 **다른 정보와 쉽게 결합하여 알아볼 수 있는 것을 포함**한다.

제5절 경찰 감찰 규칙

833 「경찰 감찰 규칙」에 관한 설명으로 가장 적절하지 않은 것은?  ●A급 23 순경2차

① "감찰"이란 복무기강 확립과 경찰행정의 적정성을 확보하기 위해 경찰기관 또는 소속공무원의 제반업무와 활동 등을 조사·점검·확인하고 그 결과를 처리하는 감찰관의 직무활동을 말한다.
② 감찰부서장은 소속 감찰관에 대하여 감찰관 보직 후 3년마다 적격심사를 실시하여 인사에 반영하여야 한다.
③ 경찰기관의 장은 의무위반행위가 자주 발생하거나 그 발생 가능성이 높다고 인정되는 시기, 업무분야 및 경찰관서 등에 대하여는 일정기간 동안 전반적인 조직관리 및 업무추진 실태 등을 집중 점검할 수 있다.
④ 감찰관은 감찰관 본인이 의무위반행위로 인해 감찰대상이 된 때에는 당해 감찰직무(감찰조사 및 감찰업무에 대한 지휘를 포함한다)에서 제척된다.

① (○) "**감찰**"이란 복무기강 확립과 경찰행정의 **적정성**을 확보하기 위해 경찰기관 또는 소속공무원의 제반업무와 활동 등을 조사·점검·확인하고 그 결과를 처리하는 감찰관의 직무활동을 말한다(동규칙 제2조 제2호).
② (×) **경찰기관의 장**(감찰부서장×)은 소속 감찰관에 대하여 감찰관 보직 후 **2년마다**(3년마다×) **적격심사를 실시하여 인사에 반영하여야 한다**(동규칙 제8조 제1항).
③ (○) **경찰기관의 장**은 의무위반행위가 자주 발생하거나 그 발생 가능성이 높다고 인정되는 시기, 업무분야 및 경찰관서 등에 대하여는 일정기간 동안 전반적인 조직관리 및 업무추진 실태 등을 **집중 점검할 수 있다**(동규칙 제13조).
④ (○) 감찰관은 감찰관 본인이 의무위반행위로 인해 감찰대상이 된 때에는 당해 감찰직무(감찰조사 및 감찰업무에 대한 **지휘를 포함한다**)에서 제척된다(동규칙 제9조 제1호).

834 「경찰 감찰 규칙」상 감찰활동에 대한 설명 중 가장 적절하지 않은 것은?  ●A급 20 승진

① 감찰관은 직무상 조사를 위한 출석, 질문에 대한 답변 및 진술서 제출, 증거품 등 자료 제출, 현지조사의 협조를 요구할 수 있다.
② ①과 같은 요구를 받은 소속공무원은 정당한 사유가 없는 한 그 요구에 응하여야 한다.
③ 감찰관은 다른 경찰기관 또는 검찰, 감사원 등 다른 행정기관으로부터 통보받은 소속공무원의 의무위반행위에 대해서는 통보받은 날로부터 1개월 이내에 신속히 처리하여야 한다.
④ 감찰관은 심야(오후 10시부터 오전 6시까지를 말한다)에 조사를 하여서는 아니 된다.

 833 ② 834 ④

① (○) **감찰관은** 직무상 조사를 위한 출석, 질문에 대한 답변 및 진술서 제출, 증거품 등 자료 제출, 현지조사의 **협조를 요구할 수 있다**(동규칙 제17조 제1항).

② (○) ①과 같은 **요구를 받은 소속공무원은** 정당한 사유가 없는 한 **그 요구에 응하여야 한다**(동규칙 제17조 제2항).

③ (○) 감찰관은 다른 경찰기관 또는 검찰, 감사원 등 **다른 행정기관으로부터 통보받은** 소속공무원의 의무위반행위에 대해서는 통보받은 날로부터 **1개월 이내**에 신속히 처리하여야 한다(동규칙 제36조 제1항).

④ (×) 감찰관은 **심야**(자정(오후 10시×)부터 **오전 6시까지**를 말한다)에 조사를 하여서는 **아니 된다**(동규칙 제32조 제1항).

Tip 심야조사금지 원칙에도 불구하고 감찰관은 **조사대상자 또는 그 변호인의 서식**에 의한 **심야조사 요청**이 있는 **경우**에는 예외적으로 **심야조사를 할 수 있다.** 이 경우 심야조사의 사유를 조서에 명확히 기재하여야 한다(동규칙 제32조 제2항).

---

835 「경찰 감찰 규칙」에 대한 설명으로 가장 적절하지 않은 것은?  21 승진

① 감찰관은 소속 경찰기관의 관할구역 안에서 활동하여야 하나, 상급 경찰기관의 장의 지시가 있는 경우에는 관할구역 밖에서도 활동할 수 있다.

② 감찰관은 소속공무원의 의무위반행위에 관한 단서(현장인지, 진정·탄원 등을 포함한다)를 수집·접수한 경우 소속 경찰기관의 감찰부서장에게 보고하여야 한다.

③ 경찰기관의 장은 감찰관이 제5조에 따른 결격사유에 해당되는 것으로 밝혀졌을 경우와 제7조 제1항 각 호의 어느 하나에 해당하는 경우를 제외하고는 3년 이내에 본인의 의사에 반하여 전보하여서는 아니 된다. 다만, 승진 등 인사관리상 필요한 경우에는 그러하지 아니하다.

④ 경찰기관의 장은 1년 이상 성실히 근무한 감찰관에 대해서는 희망부서를 고려하여 전보한다.

① (○) 감찰관은 소속 경찰기관의 **관할구역 안에서 활동**하여야 하나, 상급 경찰기관의 장의 지시가 있는 경우에는 관할구역 **밖에서도 활동할 수 있다**(동규칙 제12조).

② (○) 감찰관은 소속공무원의 의무위반행위에 관한 **단서(현장인지, 진정·탄원 등을 포함한다)를** 수집·접수한 경우 소속 경찰기관의 **감찰부서장에게 보고**하여야 한다(동규칙 제15조 제1항).

③ (×) 경찰기관의 장은 감찰관이 제5조에 따른 결격사유에 해당되는 것으로 밝혀졌을 경우와 제7조 제1항 각 호의 어느 하나에 해당하는 경우를 제외하고는 **2년(3년×) 이내**에 본인의 의사에 반하여 **전보하여서는 아니 된다.** 다만, 승진 등 인사관리상 필요한 경우에는 그러하지 아니하다(동규칙 제7조 제1항).

④ (○) 경찰기관의 장은 **1년 이상 성실히 근무**한 감찰관에 대해서는 **희망부서를 고려하여 전보한다**(동규칙 제7조 제2항).

---

836 「경찰 감찰 규칙」상 감찰활동에 대한 설명으로 가장 적절하지 않은 것은?  22 경위

① 경찰기관의 장은 의무위반행위가 자주 발생하거나 그 발생 가능성이 높다고 인정되는 시기, 업무분야 및 경찰관서 등에 대하여는 일정기간 동안 전반적인 조직관리 및 업무추진 실태 등을 집중 점검할 수 있다.

② 감찰관은 소속공무원의 의무위반행위에 관한 단서(현장인지, 진정·탄원 등을 포함한다)를 수집·접수한 경우 소속 경찰기관의 장에게 보고하여야 한다.

③ 감찰관은 직무상 조사를 위한 출석, 질문에 대한 답변 및 진술서 제출, 증거품 등 자료 제출, 현지조사의 협조를 요구할 수 있다.

🔒 835 ③ 836 ②

④ 경찰기관의 장은 상급 경찰기관의 장의 지시에 따라 소속 감찰관으로 하여금 일정기간 동안 다른 경찰기관 소속 직원의 복무실태, 업무추진 실태 등을 점검하게 할 수 있다.

해설

① (○) 경찰기관의 장은 의무위반행위가 **자주 발생**하거나 그 발생 가능성이 높다고 인정되는 시기, 업무분야 및 경찰관서 등에 대하여는 일정기간 동안 전반적인 조직관리 및 업무추진 실태 등을 **집중 점검**할 수 있다(동규칙 제13조).

② (×) 감찰관은 소속공무원의 의무위반행위에 관한 **단서(현장인지, 진정 · 탄원 등을 포함한다)를** 수집 · 접수한 경우 소속 경찰기관의 **감찰부서장(소속 경찰기관의 장×)**에게 **보고**하여야 한다.

③ (○) 감찰관은 직무상 조사를 위한 출석, 질문에 대한 답변 및 진술서 제출, 증거품 등 자료 제출, 현지조사의 **협조**를 **요구할 수 있다.**

④ (○) 경찰기관의 장은 **상급 경찰기관의 장의 지시에 따라** 소속 감찰관으로 하여금 일정기간 동안 **다른 경찰기관 소속 직원**의 복무실태, 업무추진 실태 등을 **점검하게 할 수 있다**(동규칙 제14조).

837 「경찰 감찰 규칙」에 의한 감찰활동에 대한 설명으로 가장 적절하지 않은 것은? ●A급 19 승진

① 경찰기관의 장은 상급 경찰기관의 장의 지시에 따라 소속 감찰관으로 하여금 일정기간 동안 다른 경찰기관 소속 직원의 복무실태, 업무추진 실태 등을 점검하게 할 수 있다.

② 감찰관은 감찰조사를 위해서 조사대상자의 출석을 요구할 때에는 조사기일 3일 전까지 별지 제5호 서식의 출석요구서 또는 구두로 조사일시, 의무위반행위사실 요지 등을 통지하여야 한다. 다만, 사안이 급박한 경우 또는 조사대상자의 요청이 있는 경우에는 즉시 조사에 착수할 수 있다.

③ 감찰관은 제15조에 따른 감찰활동에 착수할 때에는 감찰기간과 대상, 중점감찰사항 등을 포함한 감찰계획을 소속 경찰기관의 감찰부서장에게 보고하여 승인을 받아야 한다.

④ 감찰관은 검찰 · 경찰, 그 밖의 수사기관으로부터 수사개시 통보를 받은 경우에는 해당 기관으로부터 수사결과의 통보를 받을 때까지 감찰조사, 징계의결요구 등의 절차를 진행해서는 아니 된다.

해설

① (○) 경찰기관의 장은 **상급 경찰기관의 장의 지시**에 따라 소속 감찰관으로 하여금 일정기간 동안 **다른 경찰기관 소속 직원**의 복무실태, 업무추진 실태 등을 **점검하게 할 수 있다.**

② (○) 감찰관은 감찰조사를 위해서 조사대상자의 **출석을 요구할 때**에는 조사기일 **3일 전까지** 별지 제5호 서식의 **출석요구서 또는 구두로** 조사일시, **의무위반행위사실 요지 등을 통지하여야 한다.** 다만, 사안이 **급박한 경우** 또는 **조사대상자의 요청**이 있는 경우에는 **즉시 조사에 착수할 수 있다**(동규칙 제25조 제1항).

③ (○) 감찰관은 제15조에 따른 **감찰활동에 착수할 때**에는 감찰기간과 대상, 중점감찰사항 등을 포함한 **감찰계획**을 소속 경찰기관의 **감찰부서장에게 보고하여 승인을 받아야 한다**(동규칙 제16조 제1항).

🔵Tip 감찰관은 사전에 **계획하고 보고한 범위**에 한하여 감찰활동을 수행하여야 한다. **감찰기간은 6개월**의 범위 내에서 **감찰부서장이 정한다.** 계속 감찰활동이 필요한 경우 그 사유를 소명하여 소속 경찰기관의 **감찰부서장의 승인**을 받아 **6개월**의 범위 내에서 감찰기간을 **연장할 수 있다**(동규칙 제16조 제2항, 제3항, 제4항).

④ (×) 감찰관은 검찰 · 경찰, 그 밖의 수사기관으로부터 **수사개시 통보를 받은 경우**에는 **징계의결요구권자의 결재를 받아** 해당 기관으로부터 **수사결과의 통보를 받을 때까지** 감찰조사, 징계의결요구 등의 **절차를 진행하지 아니할 수 있다(진행해서는 아니 된다×)**(동규칙 제36조 제2항).

 837 ④

838 「경찰 감찰 규칙」에 관한 설명으로 가장 적절한 것은?  A급 25 경위

① 경찰기관의 장은 소속 감찰관에 대하여 감찰관 보직 후 3년마다 적격심사를 실시하여 인사에 반영하여야 한다.

② 감찰부서장은 감찰정보의 구분 및 감찰활동 착수와 관련된 사항을 결정하기 위하여 감찰정보심의회를 설치·운영해야 한다. 감찰정보심의회는 위원장을 포함한 5명 이상 7명 이하의 위원으로 구성하며, 위원장은 감찰부서장이 되고 위원은 감찰부서장이 소속 공무원 중에서 지명한다.

③ 감찰관은 소속공무원의 의무위반사실에 대한 민원을 접수한 경우 접수일로부터 2개월 내에 신속히 처리하여야 하며 그 처리 기간을 연장할 수 없다.

④ 감찰관은 민원사건을 접수한 경우 접수 후 매 1개월이 경과한 때와 감찰조사를 종결하였을 때에 민원인 또는 피해자에게 사건처리 진행상황을 통지하여야 한다. 다만, 진행상황에 대한 통지가 감찰조사에 지장을 주거나 피해자 또는 사건관계인의 명예와 권리를 부당히 침해할 우려가 있는 때에는 통지하지 않을 수 있다.

해설

① (×) 경찰기관의 장은 소속 감찰관에 대하여 감찰관 보직 후 **2년**(3년×)**마다 적격심사**를 실시하여 인사에 반영하여야 한다(동규칙 제8조 제1항).

② (×) 감찰부서장은 **감찰정보의 구분 및 감찰활동 착수**와 관련된 사항을 결정하기 위하여 **감찰정보심의회**를 설치·운영 **할 수 있다(해야 한다×)**(동규칙 제22조 제1항). 감찰정보심의회는 위원장을 포함한 **3명 이상 5명 이하**(5명 이상 **7명 이하×**)의 위원으로 구성하며, 위원장은 감찰부서장이 되고 위원은 감찰부서장이 소속 공무원 중에서 지명한다(동규칙 제22조 제2항).

③ (×) 감찰관은 소속공무원의 의무위반사실에 대한 **민원을 접수**한 경우 접수일로부터 **2개월 내**에 **신속히 처리하여야 한다.** 다만, 부득이한 사유로 민원을 기한 내에 처리할 수 없을 때에는 **소속 경찰기관의 감찰부서장에게 보고**하여 그 처리 **기간을 연장할 수 있다(없다×)**(동규칙 제35조 제1항).

④ (○) 감찰관은 **민원사건을 접수**한 경우 접수 후 **매 1개월이 경과한 때**와 감찰조사를 종결하였을 때에 민원인 또는 피해자에게 사건처리 **진행상황을 통지하여야 한다.** 다만, 진행상황에 대한 통지가 감찰조사에 지장을 주거나 피해자 또는 사건관계인의 명예와 권리를 부당히 침해할 우려가 있는 때에는 통지하지 않을 수 있다(동규칙 제35조 제4항).

839 「경찰 감찰 규칙」에 관한 설명으로 가장 적절하지 않은 것은? A급 25 순경2차

① 감찰관은 소속공무원의 의무위반사실에 대한 민원을 접수한 경우 접수일로부터 2개월 내에 신속히 처리하여야 한다. 다만, 부득이한 사유로 민원을 기한 내에 처리할 수 없을 때에는 소속 경찰기관의 감찰부서장에게 보고하여 그 처리기간을 연장할 수 있다.

② 감찰관은 감찰조사를 위해서 조사대상자의 출석을 요구할 때에는 조사기일 3일 전까지 출석요구서 또는 구두로 조사일시, 의무위반행위사실 요지 등을 통지하여야 한다. 다만, 사안이 급박한 경우 또는 조사대상자의 요청이 있는 경우에는 즉시 조사에 착수할 수 있다.

③ 감찰정보심의회는 위원장을 포함한 5명 이상 7명 이하의 위원으로 구성하며 위원장은 감찰부서장이 되고 위원은 감찰부서장이 소속 공무원 중에서 지명한다.

④ 감찰관은 검찰·경찰 그 밖의 수사기관으로부터 수사개시 통보를 받은 경우에는 징계의결요구권자의 결재를 받아 해당 기관으로부터 수사결과의 통보를 받을 때까지 감찰조사, 징계의결요구 등의 절차를 진행하지 아니 할 수 있다.

 838 ④   839 ③

해설

① (O) 감찰관은 소속공무원의 의무위반사실에 대한 **민원**을 접수한 경우 접수일로부터 **2개월 내**에 신속히 처리하여야 한다. 다만, 부득이한 사유로 민원을 기한 내에 처리할 수 없을 때에는 소속경찰기관의 감찰부서장에게 보고하여 그 처리기간을 연장할 수 있다(동규칙 제35조 제1항).

② (O) 감찰관은 감찰조사를 위해서 조사대상자의 **출석을 요구**할 때에는 **조사기일 3일 전**까지 출석요구서 또는 구두로 조사일시, 의무위반행위사실 요지 등을 **통지**하여야 한다. 다만, 사안이 **급박한 경우** 또는 **조사대상자의 요청이 있는 경우**에는 즉시 조사에 착수할 수 있다(동규칙 제25조 제1항).

③ (×) **감찰정보심의회**는 위원장을 포함한 **3명 이상 5명 이하**(5명 이상 7명 이하×)의 위원으로 구성하며 **위원장은 감찰부서장**이 되고 **위원은 감찰부서장이 소속 공무원** 중에서 지명한다(동규칙 제22조 제2항).

④ (O) 감찰관은 검찰·경찰 그 밖의 수사기관으로부터 수사개시 통보를 받은 경우에는 징계의결요구권자의 결재를 받아 해당 기관으로부터 수사결과의 통보를 받을 때까지 감찰조사, 징계의결요구 등의 **절차를 진행하지 아니 할 수 있다**(동규칙 제36조 제2항).

제6절 ## 경찰청 감사 규칙

840 「**경찰청 감사 규칙**」상 감사결과의 처리기준에 관한 설명 중 옳은 것은 모두 몇 개인가?

● C급 22 순경1차

> ⓐ 변상명령 : 감사결과 경미한 지적사항으로서 현지에서 즉시 시정·개선조치가 필요한 경우
> ⓑ 경고·주의 요구 : 감사결과 위법 또는 부당하다고 인정되는 사실이 있으나 그 정도가 징계 또는 문책사유에 이르지 아니할 정도로 경미하거나, 감사대상기관 또는 부서에 대한 제재가 필요한 경우
> ⓒ 시정요구 : 감사결과 법령상·제도상 또는 행정상 모순이 있거나 그 밖에 개선할 사항이 있다고 인정되는 경우
> ⓓ 개선요구 : 감사결과 문제점이 인정되는 사실이 있어 그 대안을 제시하고 감사대상기관의 장 등으로 하여금 개선방안을 마련하도록 할 필요가 있는 경우

① 0개   ② 1개   ③ 2개   ④ 3개

해설

옳은 설명은 ⓑ, 1개이다.

ⓐ (×) **현지조치**(변상명령×) : 감사결과 경미한 지적사항으로서 **현지에서 즉시** 시정·개선조치가 필요한 경우

ⓑ (O) **경고·주의 요구** : 감사결과 위법 또는 부당하다고 인정되는 사실이 있으나 그 정도가 **징계 또는 문책사유에 이르지 아니할 정도**로 경미하거나, 감사대상기관 또는 부서에 대한 제재가 필요한 경우

ⓒ (×) **개선요구**(시정요구×) : 감사결과 **법령상·제도상 또는 행정상 모순**이 있거나 그 밖에 개선할 사항이 있다고 인정되는 경우

ⓓ (×) **권고**(개선요구×) : 감사결과 문제점이 인정되는 사실이 있어 그 **대안을 제시**하고 감사대상기관의 장 등으로 하여금 개선방안을 마련하도록 할 필요가 있는 경우

 840 ②

841 「경찰청 감사 규칙」상 감사결과의 조치기준에 대한 설명으로 옳은 것을 모두 고른 것은?

> ⊙ 시정요구 – 감사결과 법령상·제도상 또는 행정상 모순이 있거나 그 밖에 개선할 사항이 있다고
> 인정되는 경우
> ⓛ 권고 – 감사결과 문제점이 인정되는 사실이 있어 그 대안을 제시하고 감사대상기관의 장 등으로
> 하여금 개선방안을 마련하도록 할 필요가 있는 경우
> ⓒ 징계 또는 문책 요구 – 국가공무원법과 그 밖의 법령에 규정된 징계 또는 문책 사유에 해당하거나
> 정당한 사유 없이 자체감사를 거부하거나 자료의 제출을 게을리한 경우
> ⓔ 변상명령 – 감사결과 위법 또는 부당하다고 인정되는 사실이 있어 추징·회수·환급·추급 또는
> 원상복구 등이 필요하다고 인정되는 경우

① ⊙, ⓛ   ② ⓛ, ⓒ   ③ ⊙, ⓒ   ④ ⓒ, ⓔ

해설

옳은 설명은 ⓛ, ⓒ 2개이다.
⊙ (×) **개선**요구(시정요구×) – 감사결과 **법령상·제도상 또는 행정상 모순**이 있거나 그 밖에 개선할 사항이 있다고 인정
되는 경우
ⓛ (○) **권고** – 감사결과 문제점이 인정되는 사실이 있어 그 **대안을 제시**하고 감사대상기관의 장 등으로 하여금 개선방안
을 마련하도록 할 필요가 있는 경우
ⓒ (○) **징계 또는 문책 요구** – 국가공무원법과 그 밖의 법령에 규정된 **징계 또는 문책 사유에 해당**하거나 정당한 사유
없이 자체감사를 거부하거나 자료의 제출을 게을리한 경우
ⓔ (×) **시정요구(변상명령×)** – 감사결과 위법 또는 부당하다고 인정되는 사실이 있어 **추징·회수·환급·추급 또는
원상복구** 등이 필요하다고 인정되는 경우

제**7**절   부패방지 및 국민권익위원회의 설치와 운영에 관한 법률

842 「부패방지 및 국민권익위원회의 설치와 운영에 관한 법률」에 대한 설명으로 옳지 않은 것은?

•C급 20 경위

① 국민권익위원회는 신고가 접수된 부패행위의 혐의대상자가 경무관급 이상의 경찰공무원이고,
부패혐의의 내용이 형사처벌을 위한 수사 및 공소제기의 필요성이 있는 경우에는 위원회의 명
의로 검찰에 고발할 수 있다.

② 조사기관은 신고를 이첩 또는 송부받은 날부터 60일 이내에 감사·수사 또는 조사를 종결하여
야 한다. 다만, 정당한 사유가 있는 경우에는 그 기간을 연장할 수 있으며, 위원회에 그 연장사
유 및 연장기간을 통보하여야 한다.

③ 부패행위의 신고를 하려는 자는 본인의 인적사항과 신고취지 및 이유를 기재한 기명의 문서로
써 하여야 하며, 신고대상과 부패행위의 증거 등을 함께 제시하여야 한다.

④ 신고자가 신고의 내용이 허위라는 사실을 알았거나 알 수 있었음에도 불구하고 신고한 경우에
는 「부패방지 및 국민권익위원회의 설치와 운영에 관한 법률」의 보호를 받을 수 없다.

🔒 841 ②   842 ①

해설

① (×) 국민권익위원회에 신고가 접수된 당해 부패행위의 혐의대상자가 **경무관급 이상**의 경찰공무원이고, 부패혐의의 내용이 형사처벌을 위한 수사 및 공소제기의 필요성이 있는 경우에는 **위원회의 명의로** 검찰, 수사처, 경찰 등 관할 수사기관에 **고발을 하여야 한다**(고발할 수 있다×)(동법 제59조 제6항 제3호).

② (○) **조사기관은 신고를 이첩 또는 송부받은 날부터 60일 이내**에 감사·수사 또는 조사를 **종결**하여야 한다. 다만, 정당한 사유가 있는 경우에는 그 기간을 연장할 수 있으며, 위원회에 그 연장사유 및 연장기간을 통보하여야 한다(동법 제60조 제1항).

③ (○) 부패행위의 신고를 하려는 자는 **본인의 인적사항과 신고취지 및 이유를 기재한 기명의 문서로써** 하여야 하며, 신고대상과 부패행위의 **증거 등을 함께 제시하여야 한다**(동법 제58조).

④ (○) 신고자가 신고의 내용이 허위라는 사실을 알았거나 알 수 있었음에도 불구하고 신고한 경우에는 「부패방지 및 국민권익위원회의 설치와 운영에 관한 법률」의 **보호를 받을 수 없다**(동법 제57조).

---

843 「부패방지 및 국민권익위원회의 설치와 운영에 관한 법률」상 부패행위 등의 신고에 대한 설명으로 가장 적절하지 않은 것은?

●A급 24 승진

① 신고를 하려는 자는 본인의 인적사항과 신고취지 및 이유를 기재한 기명의 문서로써 하여야 하며, 신고대상과 부패행위의 증거 등을 함께 제시하여야 한다.

② 국민권익위원회는 접수된 신고사항에 대하여 신고자를 상대로 신고대상자의 인적사항, 신고의 경위 및 취지 등 신고내용의 특정에 필요한 사항을 확인하여야 한다.

③ 공직자는 그 직무를 행함에 있어 다른 공직자가 부패행위를 한 사실을 알게 되었거나 부패행위를 강요 또는 제의받은 경우에는 지체 없이 이를 수사기관·감사원 또는 국민권익위원회에 신고하여야 한다.

④ 조사기관은 신고를 이첩 또는 송부받은 날부터 60일 이내에 감사·수사 또는 조사를 종결하여야 한다. 다만, 정당한 사유가 있는 경우에는 그 기간을 연장할 수 있으며, 국민권익위원회에 그 연장사유 및 연장기간을 통보하여야 한다.

해설

① (○) 부패행위의 신고를 하려는 자는 **본인의 인적사항**과 **신고취지** 및 **이유**를 기재한 **기명의 문서로써** 하여야 하며, 신고대상과 부패행위의 **증거** 등을 **함께 제시하여야 한다**(동법 제58조).

② (×) 국민권익위원회는 접수된 신고사항에 대하여 **신고자를 상대로 신고자**(신고대상자×)의 인적사항, 신고의 경위 및 취지 등 신고내용의 특정에 필요한 사항을 **확인할 수 있다**(하여야 한다×)(동규정 제59조 제1항 제1호).

③ (○) **공직자**는 그 직무를 행함에 있어 **다른 공직자가 부패행위를 한 사실을 알게 되었거나 부패행위를 강요 또는 제의받은 경우에는** 지체 없이 이를 수사기관·감사원 또는 국민권익위원회에 신고하여야 한다(동법 제56조).

④ (○) **조사기관은 신고를 이첩 또는 송부받은 날부터 60일 이내에 감사·수사 또는 조사를 종결하여야 한다.** 다만, 정당한 사유가 있는 경우에는 그 기간을 연장할 수 있으며, 국민권익위원회에 그 연장사유 및 연장기간을 통보하여야 한다(동법 제60조 제1항). 조사결과를 조사종료 후 **10일 이내**에 위원회에 통보하여야 한다(제60조 제2항).

Tip 위원회는 접수된 신고사항을 그 접수일로부터 **60일 이내**에 처리해야 한다. 이 경우 신고자의 인적사항, 신고의 경위 및 취지 등 신고내용을 특정에 필요한 사항을 확인하기 위한 보완 등이 필요하다고 인정되는 경우에는 그 기간을 **30일 이내**에서 연장할 수 있다(제59조 제8항).

 843 ②

제**1**절 　정책결정모델

844 정책결정자가 문제상황에 대해 완전한 정보를 갖고 있으며 고도의 합리성을 기반으로 최선의 대안을
결정하는 모델은 무엇인가? ●B급 24 순경2차

① 합리모델(Rational model)　　　　② 만족모델(Satisfying model)
③ 엘리트모델(Elite model)　　　　　④ 쓰레기통모델(Garbage can model)

해설

① (○) **합리모델**(Rational model) : **완전한 정보(모든 대안을 고려)**를 가지고 **고도의 합리성(최선의 합리성)**에 근거한 합
리적 인간을 전제로 **가장 만족스러운 대안(최선의 대안)**을 선택하는 결정모델이다.
② (×) **만족모델**(Satisfying model) : 현실적인 **제한된 합리성(시간적·공간적·재정적 측면)**을 중시하며 **몇 개의 대안만**
을 탐색하여 **주관적으로 만족할만한 대안을 선택**한다.
③ (×) **엘리트모델**(Elite model) : 통치엘리트의 가치나 이해관계에 의해 결정되는 모델로써 소수의 권력자만이 정책을 배
분할 수 있고 대중은 이에 영향을 받는다.
④ (×) **쓰레기통모델**(Garbage can model) : **문제, 해결책, 선택기회, 참여자**의 4가지 요소가 **쓰레기통 속에서와 같이**
독자적으로 흘러다니다가 우연히 어떤 계기로 만나게 될 때 결정이 이루어진다고 보는 이론이다.

Tip 정책결정모델

구분	내용
합리모델	완전한 정보를 가지고 **고도의 합리성**(최선의 합리성)을 기반으로 **최선의 대안**을 결정한다. – **비현실적 이상주의**
만족모델	**현실적으로 제한된 합리성**을 기반으로 시간적·공간적·재정적 측면에서 여러 요인을 고려하여 **주관적으로 만족스러운 수준에서 대안을 결정**한다. – **현실적 만족주의**
점증모델	정치적 합리성을 기반으로 기존 정책의 문제점을 **부분적으로 수정**하거나 **약간의 향상**을 가져오는 대안을 결정한다. – 점증적 약간 향상 – **보수주의**
혼합탐사모델	• 점증모델의 단점을 합리모델과의 통합을 통해서 **보완하기 위해서** 주장된 이론이다. – **점증 + 합리** – **점증모델 단점 보완** • 기본적(근본적) 결정은 합리모델을 따르고, 세부적 결정은 점증모델을 따른다.
최적모델	• 합리모델의 비현실성과 점증모델의 보수성을 **극복하기 위하여** 이상주의와 현실주의의 **최적통합**을 시도한다. • 기존의 정책을 바탕으로 이루어지는 점증주의 성향을 비판하면서, **새로운 결정을 내릴 때마다** 정책방향도 **다시 검토할 것**을 주장한다.
쓰레기통모델	정책결정이 일정한 규칙에 따라 이루어지는 것이 아니라, **문제, 해결책, 선택기회, 참여자**의 네 요소가 **쓰레기통 속에서와 같이 뒤죽박죽으로 움직이다가** 우연히 어떤 계기로 서로 만나게 될 때 정책결정이 이루어진다.

 844 ①

사이버네틱스모델	설정된 목표를 달성하기 위해 **정보분석과 환류과정**을 통해 자신의 행동을 **스스로 조정해 나간다**고 가정하는 모델이다. – AI(사이버) 스스로 학습
엘리트모델	• 정책결정이 **통치 집단인 엘리트**들의 가치나 이해관계에 의해 **결정**된다. • 소수의 권력자만이 정책을 배분할 수 있고 **대중은 이에 영향을 받는다.**

845 정책결정모델에 대한 설명으로 가장 적절하지 않은 것은? ●B급 22 경위

① 만족모델(Satisfying model)은 정책결정자가 최선의 합리성을 추구하기 보다는, 시간적·공간적·재정적 측면에서 여러 요인을 고려하여 만족할 만한 수준에서 결정한다.

② 쓰레기통모델(Garbage can model)은 설정된 목표를 달성하기 위해 정보분석과 환류과정을 통해 자신의 행동을 스스로 조정해 나간다고 가정하는 모델이다.

③ 혼합탐사모델(Mixed scanning model)은 점증모델(Incremental model)의 단점을 합리모델(Rational model)과의 통합을 통해서 보완하기 위해 주장된 것이다. 정책결정을 근본적 결정과 세부적 결정으로 나누고, 합리적 결정과 점증적 결정을 적절하게 혼합하여 의사결정을 한다.

④ 최적모델(Optimal model)은 합리모델의 비현실성과 점증모델의 보수성을 극복하기 위하여 이상주의와 현실주의의 통합을 시도한 것이다. 이 모델은 기존의 정책을 바탕으로 이루어지는 점증주의 성향을 비판하면서, 새로운 결정을 내릴 때마다 정책방향도 다시 검토할 것을 주장한다.

해설

① (○) **만족모델**(Satisfying model)은 정책결정자가 **최선의 합리성을 추구하기 보다는**, 시간적·공간적·재정적 측면에서 **여러 요인을 고려하여 만족할 만한 수준에서 결정**한다.

② (×) **사이버네틱스모델(쓰레기통모델×)** 설정된 목표달성을 위해 **정보분석과 환류과정**을 통해 자신의 행동을 **스스로 조정해 나간다**고 가정하는 모델이다.

③ (○) **혼합탐사모델**(Mixed scanning model)은 **점증모델의 단점을 합리모델과의 통합**을 통해서 **보완하기 위해** 주장된 것이다. 정책결정을 근본적 결정과 세부적 결정으로 나누고, 합리적 결정과 점증적 결정을 적절하게 혼합하여 의사결정을 한다.

④ (○) **최적모델**(Optimal model)은 **합리모델의 비현실성과 점증모델의 보수성을 극복하기 위하여 이상주의와 현실주의의 통합을 시도**한 것이다. 이 모델은 기존의 정책을 바탕으로 이루어지는 점증주의 성향을 비판하면서, 새로운 결정을 내릴 때마다 정책방향도 다시 검토할 것을 주장한다.

846 정책결정이 일정한 규칙에 따라 이루어지는 것이 아니라 문제, 해결책, 선택기회, 참여자의 네 요소가 뒤죽박죽으로 움직이다가 어떤 계기로 만나게 될 때 이루어진다고 보는 정책결정모델은 무엇인가?

① 카오스모델 ② 쓰레기통모델 ●B급 23 경위

③ 아노미모델 ④ 혼합탐사모델

해설

② (○) 정책결정이 일정한 규칙에 따라 이루어지는 것이 아니라 **문제, 해결책, 선택기회, 참여자**의 네 요소가 뒤죽박죽으로 움직이다가 **어떤 계기로 우연히 만나게 될 때** 결정이 이루어진다고 보는 것은 '**쓰레기통모델**'이다.

🔒 845 ② 846 ②

847 정책결정모델과 그에 대한 설명으로 가장 적절한 것은?

① 엘리트모델에 의하면 정책결정자는 고도의 합리성을 기반으로 최선의 대안을 결정한다.

② 사이버네틱스모델은 설정된 목표를 달성하기 위해 정보분석과 환류과정을 통해 자신의 행동을 스스로 조정해 나간다고 가정한다.

③ 혼합탐사모델은 합리모델의 비현실성과 점증모델의 보수성을 극복하기 위한 모델로 기존의 정책을 바탕으로 이루어지는 점증주의 성향을 비판하면서, 새로운 정책을 내릴 때마다 정책방향도 다시 검토할 것을 주장한다.

④ 관료정치모델에 의하면 정책결정시 정치적 합리성을 기반으로 기존 정책의 문제점을 부분적으로 수정하거나 약간의 향상을 가져오는 결정을 한다.

해설

① (×) **합리모델(엘리트모델×)**에 의하면 정책결정자는 **고도의 합리성을 기반으로 최선의 대안**을 결정한다.

　　🇹ip **엘리트모델** – 정책결정과정에 있어서 **엘리트의 주도에 의한 결정**과 대중의 추종이라는 형태로 정책이 나타난다고 주장한다.

② (○) **사이버네틱스모델**은 설정된 목표를 달성하기 위해 **정보분석과 환류과정**을 통해 자신의 행동을 **스스로 조정**해 나간다고 가정한다.

③ (×) **최적모델(혼합탐사모델×)**은 합리모델의 비현실성과 점증모델의 보수성을 극복하기 위한 모델로 기존의 정책을 바탕으로 이루어지는 점증주의 성향을 비판하면서, **새로운 정책을 내릴 때마다 정책방향도 다시 검토할 것을 주장**한다.

　　🇹ip **혼합탐사모델** – **점증모델의 단점을 합리모델과의 통합을 통해서 보완**하기 위해 주장된 것이다. 정책결정을 근본적 결정과 세부적 결정으로 나누어 **근본적 결정의 경우 합리모델을, 세부적 결정의 경우 점증모델**의 의사결정방식을 따른다.

④ (×) **점증모델(관료정치모델×)**에 의하면 정책결정시 경제적 합리성보다는 **정치적 합리성(타협, 협상)을 기반으로** 기존 정책의 문제점을 **부분적으로 수정**하거나 **약간의 향상**을 가져오는 결정을 한다.

　　🇹ip **관료정치모델** – 엘리슨이 제시한 **국제정치**에 있어서 **정책결정**의 3가지 모델 중 하나로서 정책결정은 정치적 이해관계가 중시된다는 이론이다.

848 다음에서 설명하고 있는 정책결정모델은 무엇인가?

> 가. 정책결정과정이 합리적이라는 가정이 부정된다.
> 나. 정책결정상황이 불확실성과 심한 혼란상태에 놓여 있으며, 정상적인 권위구조와 결정규칙이 작동하지 않는다고 가정하였다.
> 다. 문제의 흐름, 정책적 흐름, 정치적 흐름 등이 합치할 때 정책결정이 될 수 있다는 킹던(Kingdon)의 'Policy Window(정책의 창)' 모델의 배경이 되었다.

① 합리모델(Rational Model)　　　② 쓰레기통모델(Garbage Can Model)

③ 만족모델(Satisfying Model)　　　④ 점증모델(Incremental Model)

해설

내용은 '**쓰레기통모델**'에 관한 설명이다.

🇹ip 정책결정모델 중 '**쓰레기통모델**'은 **무질서함 속에서 질서를 발견**하는 **카오스 이론**과 **비슷**하면서도 **정책이란** 질서정연한 분위기보다는 **우연한 계기, 촉발적 사건을 통해 완성**된다고 설명한다.

🔒 847 ②　848 ②

제2절 경찰제도개혁

849 오늘날 우리나라 경찰의 변화에 관한 설명 중 가장 적절하지 않은 것은? ●C급 22 순경1차

① 수사절차 전반에 걸쳐 주관적인 시각으로 사건을 살펴보고 오류를 바로잡을 수 있도록 하기 위하여 일선 지구대 및 파출소에 '영장심사관', '수사심사관' 제도를 도입·운영하고 있다.

② 집회·시위에 대한 관점을 관리·통제에서 인권존중·소통으로 근본적으로 바꾸기 위해 스웨덴 집회·시위관리 정책을 벤치마킹한 '대화경찰관제'를 도입·시행하고 있다.

③ 국경을 초월하는 국제범죄에 능동적으로 대응하고 재외국민 보호를 위해 치안시스템 전수, 외국경찰 초청연수, 치안인프라 구축사업 등을 내용으로 하는 치안한류 사업을 추진하고 있다.

④ 2020년 12월 「국가정보원법」 개정에 따라 국가정보원의 국가안보 관련 수사업무가 경찰로 이관되었다.

> **해설**
>
> ① (✕) 수사절차 전반에 걸쳐 **객관적인**(주관적인✕) **시각으로** 사건을 살펴보고 오류를 바로잡을 수 있도록 하기 위하여 **시·도경찰청** 및 **경찰서**(지구대 및 파출소✕)에 '**영장심사관**'(2019년 시행), '**수사심사관**'(2020년 시행) 제도를 **도입·운영**하고 있다.
>
> ② (○) 집회·시위에 대한 관점을 관리·통제에서 인권존중·소통으로 근본적으로 바꾸기 위해 **스웨덴 집회·시위관리** 정책을 **벤치마킹**한 '**대화경찰관제**'를 도입·시행하고 있다.
>
> ③ (○) 국경을 초월하는 **국제범죄에 능동적으로 대응**하고 재외국민 보호를 위해 치안시스템 전수, 외국경찰 초청연수, 치안인프라 구축사업 등을 내용으로 하는 **치안한류 사업을 추진**하고 있다.
>
> ④ (○) 2020년 12월 「국가정보원법」 개정에 따라(2021년 1월 1일 전부개정됨) **국가정보원의 국가안보 관련 수사업무가 경찰로 이관되었다.**
>
> > **Tip** 국가정보원의 직무 범위를 국외 및 북한에 관한 정보, 방첩, 대테러, 국제범죄조직에 관한 정보, 사이버안보 및 위성자산 정보 등의 수집·작성·배포, 보안 업무, 직무수행 관련 대응조치, 사이버 공격 및 위협에 대한 예방 및 대응, 정보 및 보안 업무의 기획·조정 등으로 명확히 함

🔒 849 ①

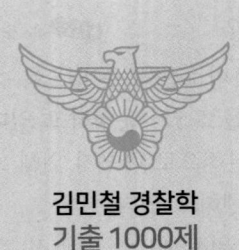

김민철 경찰학
기출 1000제

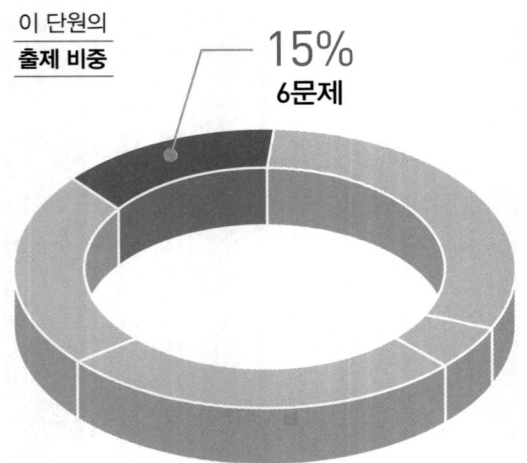

이 단원의
출제 비중

15%
6문제

PART

분야별 경찰활동

제**1**절 **경찰청과 그 소속기관 직제**[시행 2025.8.5.]

850 「경찰청과 그 소속기관 직제」상 경찰청 범죄예방대응국장의 분장사항에 해당하지 않는 것은 모두 몇 개인가?

•C급 22 순경2차

> ㉠ 아동·청소년 대상 성매매 사범에 대한 지도 및 단속
> ㉡ 경비업에 관한 연구 및 지도
> ㉢ 아동학대 수사 및 피해자 보호에 관한 업무
> ㉣ 청원경찰의 운영 및 지도
> ㉤ 교통사고·교통범죄에 관한 수사 지휘·감독
> ㉥ 각종 안전사고의 예방에 관한 사항

① 2개   ② 3개   ③ 4개   ④ 5개

해설

범죄예방대응국장의 분장사항에 해당하지 않는 것은 ㉠, ㉢, ㉣, ㉤, **4개**이다.
㉠ (×) **아동·청소년 대상 성매매 사범**에 대한 지도 및 단속 – **형사국장** 분장사항
㉡ (○) **경비업**에 관한 연구 및 지도 – **범죄예방대응국장** 분장사항
㉢ (×) **아동학대 수사** – **형사국장** 분장사항

    Tip 피해자의 보호에 관한 업무 – 생활안전교통국

㉣ (×) **청원경찰**의 운영 및 지도 – **경비국장** 분장사항
㉤ (×) 교통사고·**교통범죄**에 관한 **수사** 지휘·감독 – **형사국장** 분장사항
㉥ (○) 각종 **안전사고의 예방**에 관한 사항 – **범죄예방대응국장** 분장사항

851 「경찰청과 그 소속기관 직제」상 각 기관과 업무분장 연결이 적절하지 않은 것은 모두 몇 개인가?

•C급 22 경위

> 가. 국제협력관 – 외국인 관련 범죄에 대한 통계 및 수사자료 분석
> 나. 안보수사국 – 보안관찰 및 경호안전대책 업무에 관한 사항
> 다. 생활안전교통국 – 교통사고·교통범죄에 관한 수사 지휘·감독
> 라. 치안정보국 – 집회·시위 등 공공갈등과 다중운집에 따른 질서 및 안전 유지에 관한 정보활동
> 마. 경비국 – 예비군의 무기 및 탄약 관리의 지도

① 없음   ② 1개   ③ 2개   ④ 3개

🔒 850 ③   851 ③

해설

각 기관과 업무분장 연결이 틀린 것은 **가, 다, 2개**이다.
가. (×) **형사국**(국제협력관×) – 외국인 관련 **범죄**에 대한 통계 및 **수사**자료 분석
나. (○) **안보수사국** – 보안관찰 및 경호안전대책 업무에 관한 사항
다. (×) **형사국**(생활안전교통국×) – 교통사고 · **교통범죄**에 관한 **수사** 지휘 · 감독
라. (○) **치안정보국** – 집회 · 시위 등 공공갈등과 다중운집에 따른 질서 및 안전 유지에 관한 **정보활동**
마. (○) **경비국** – 예비군의 무기 및 탄약 관리의 지도

제2절 **지역경찰의 조직 및 운영에 관한 규칙**[시행 2022.5.31.]

[지역경찰의 조직 및 운영]

852 「지역경찰의 조직 및 운영에 관한 규칙」에 관한 설명으로 가장 적절한 것은? ●A급 23 순경2차

① 경찰청장은 인구, 면적, 행정구역, 교통 · 지리적 여건, 각종 사건사고 발생 등을 고려하여 경찰서의 관할구역을 나누어 지역경찰관서를 설치한다.

② 순찰팀은 범죄예방 순찰, 각종 사건사고에 대한 초동조치 등 현장 치안활동을 담당한다.

③ 지역경찰관서장은 지역경찰관서의 운영에 관하여 총괄 지휘 · 감독한다.

④ 「지역경찰의 조직 및 운영에 관한 규칙」 제23조는 "행정근무를 지정받은 지역경찰은 지역경찰관서 및 치안센터 내에서 방문 민원 및 각종 신고사건의 접수 및 처리업무를 수행한다."라고 규정하고 있다.

해설

① (×) "**시 · 도경찰청장**"(경찰청장×)은 인구, 면적, 행정구역, 교통 · 지리적 여건, 각종 사건사고 발생 등을 고려하여 경찰서의 관할구역을 나누어 **지역경찰관서**(지구대 · 파출소)**를 설치한다**(동규칙 제4조 제1항).

② (○) **순찰팀**은 범죄예방 순찰, 각종 사건사고에 대한 **초동조치** 등 현장 치안활동을 담당하며, 팀장은 **경감 또는 경위**로 보한다(동규칙 제8조 제1항).

③ (×) **경찰서장**(지역경찰관서장×)은 지역경찰관서의 운영에 관하여 **총괄 지휘 · 감독**한다(동규칙 제9조).

Tip 지역경찰관서에 대한 지휘 · 감독(지역경찰의 조직 및 운영에 관한 규칙 제9조)

경찰서장	지역경찰관서의 운영에 관하여 **총괄** 지휘 · 감독
지역경찰관서장	지역경찰관서의 시설 · 장비 · 예산 및 소속 지역경찰의 근무에 관한 **제반사항**을 지휘 · 감독
순찰팀장	**근무시간 중** 소속 지역경찰을 지휘 · 감독

④ (×) 「지역경찰의 조직 및 운영에 관한 규칙」 제23조는 "**상황근무**(행정근무×)를 지정받은 지역경찰은 지역경찰관서 및 치안센터 내에서 방문 민원 및 **각종 신고사건의 접수** 및 처리업무를 수행한다."라고 규정하고 있다(동규칙 제24조 제1항).

 852 ②

853 「지역경찰의 조직 및 운영에 관한 규칙」에 대한 설명 중 가장 적절한 것은?  23 승진

① "지역경찰관서"란 「국가경찰과 자치경찰의 조직 및 운영에 관한 법률」 제30조 제3항 및 경찰청과 그 소속기관 직제 제43조에 규정된 지구대, 파출소 및 치안센터를 말한다.

② 상황근무를 지정받은 지역경찰은 문서의 접수 및 처리와 중요 사건·사고 발생시 보고·전파 업무를 수행한다.

③ 지역경찰은 근무 중 주요사항을 근무일지(을지)에 기재하여야 하고 근무일지는 5년간 보관한다.

④ 대기근무를 지정받은 지역경찰은 지정된 장소에서 휴식을 취하되, 무전기를 청취하며 10분 이내 출동이 가능한 상태를 유지하여야 한다.

> **해설**
>
> ① (×) **"지역경찰관서"**란 「국가경찰과 자치경찰의 조직 및 운영에 관한 법률」 제30조 제3항 및 경찰청과 그 소속기관 직제 제43조에 규정된 **지구대, 파출소**(치안센터×)를 말한다(동규칙 제2조).
>
> ② (×) **상황근무**를 지정받은 지역경찰은 **중요 사건·사고 발생시 보고·전파 업무**(문서의 접수 및 처리×)를 수행한다.
>
>   **Tip** 문서의 접수 및 처리는 **행정근무**에 해당한다.
>
> ③ (×) 지역경찰은 근무 중 주요사항을 근무일지(을지)에 기재하여야 하고 **근무일지**는 **3년간**(5년간×) **보관**한다(동규칙 제42조 제3항).
>
> ④ (○) **대기근무**를 지정받은 지역경찰은 지정된 장소에서 휴식을 취하되, 무전기를 청취하며 **10분 이내 출동**이 가능한 상태를 유지하여야 한다(동규칙 제27조 제3항).

854 「지역경찰의 조직 및 운영에 관한 규칙」에 규정된 '순찰근무'의 내용으로 적절한 것은 몇 개인가?  20·21 특공

> ㉠ 각종 현황, 통계, 자료, 부책 관리
> ㉡ 각종 사건사고 발생시 초동조치 및 보고, 전파
> ㉢ 범죄 예방 및 위험발생 방지 활동
> ㉣ 경찰사범의 단속 및 검거

① 1개   ② 2개   ③ 3개   ④ 4개

> **해설**
>
> 옳은 설명은 ㉡, ㉢, ㉣, **3개**이다.
>
> ㉠ (×) 각종 현황, **통계, 자료, 부책 관리** – 행정근무
>
>   **Tip** **부책** : 나중에 자세하게 참고하거나 검토할 **문서와 장부**
>
> ㉡ (○) 각종 사건사고 발생시 **초동조치** 및 보고, 전파 – 순찰근무
>
> ㉢ (○) **범죄 예방 및 위험발생 방지** 활동 – 순찰근무
>
> ㉣ (○) **경찰사범(범법자)**의 **단속 및 검거** – 순찰근무

🔒 853 ④   854 ③

855 「지역경찰의 조직 및 운영에 관한 규칙」상 순찰팀장이 수행하는 직무 내용으로 가장 적절하지 않은 것은?

●A급 22 경위

① 관내 중요 사건 발생시 현장 지휘
② 지역경찰관서의 시설·예산·장비의 관리
③ 근무교대시 주요 취급사항 및 장비 등의 인수인계 확인
④ 관리팀원 및 순찰팀원에 대한 일일근무 지정 및 지휘·감독

> **해설**
>
> ① (○) 관내 중요 사건 발생시 **현장 지휘**- 순찰팀장
> ② (×) 지역경찰관서의 **시설·예산·장비의 관리** - **지역경찰관서장의 직무**(동규칙 제5조 제3항)
> ③ (○) **근무교대시** 주요 취급사항 및 장비 등의 **인수인계 확인**- 순찰팀장
> ④ (○) 관리팀원 및 순찰팀원에 대한 **일일근무 지정** 및 지휘·감독 - **순찰팀장**

856 「지역경찰의 조직 및 운영에 관한 규칙」에 대한 설명 중 옳지 않은 것은 모두 몇 개인가?

●A급 20 경위

> 가. 행정근무를 지정받은 지역경찰은 각종 현황·통계·부책 관리 및 중요 사건·사고 발생시 보고·전파 업무를 수행한다.
> 나. 순찰팀의 수는 지역 치안수요 및 인력여건 등을 고려하여 경찰서장이 결정한다.
> 다. 경찰 중요 시책의 홍보 및 협력치안 활동은 지역경찰관서장의 직무로, 관내 중요 사건발생시 현장지휘는 순찰팀장의 직무로 명시되어 있다.
> 라. 경찰서장은 인구, 면적, 교통·지리적 여건 등을 고려하여 경찰서 관할구역을 나누어 지역경찰관서를 설치한다.
> 마. '지역경찰관서'라 함은 「경찰법」 제17조 및 「경찰청과 그 소속기관 직제」 제44조에 규정된 지구대, 파출소 및 치안센터를 말한다.

① 1개　　　　② 2개　　　　③ 3개　　　　④ 4개

> **해설**
>
> 틀린 설명은 **가, 나, 라, 마, 4개**이다.
> 가. (×) **행정근무**를 지정받은 지역경찰은 **각종 현황·통계·부책 관리**(중요 사건·사고 발생시 보고·전파×) 업무를 수행한다.
>   **Tip** 중요 사건·사고 발생시 보고·전파 업무는 **상황근무**를 지정받은 지역경찰이 수행한다.
> 나. (×) **순찰팀**의 **수**는 지역 치안수요 및 인력여건 등을 고려하여 **시·도경찰청장(경찰서장×)**이 결정한다.
> 다. (○) 경찰 **중요 시책의 홍보 및 협력치안 활동**은 지역경찰관서장의 직무로, 관내 중요 사건발생시 **현장지휘는 순찰팀장**의 직무로 명시되어 있다.
> 라. (×) **시·도경찰청장(경찰서장×)**은 인구, 면적, 교통·지리적 여건 등을 고려하여 경찰서 관할구역을 나누어 **지역경찰관서를 설치**한다.
> 마. (×) '**지역경찰관서**'라 함은 경찰법 제17조 및 「경찰청과 그 소속기관 직제」 제44조에 규정된 **지구대, 파출소, (치안센터×)**를 말한다.

 855 ② 856 ④

857 「지역경찰의 조직 및 운영에 관한 규칙」상 경찰서장이 정하는 사항으로 적절한 것은 모두 몇 개인가?

● A급 24 경위

> 가. 치안센터 관할구역의 크기
> 나. 순찰팀의 수
> 다. 치안센터 전담근무자의 근무형태 및 근무시간
> 라. 관리팀 및 순찰팀의 인원

① 1개　　　　② 2개　　　　③ 3개　　　　④ 4개

해설

경찰서장이 정하는 사항으로는 **가, 다, 라, 3개**이다.
가. (○) **치안센터 관할구역의 크기** – **경찰서장**이 결정(동규칙 제11조 제3항)
나. (×) **순찰팀의 수** – **시 · 도경찰청장**이 결정(동규칙 제6조 제2항)
다. (○) 치안센터 전담근무자의 **근무형태 및 근무시간** – **경찰서장**이 결정(동규칙 제21조)
라. (○) 관리팀 및 **순찰팀의 인원** – **경찰서장**이 결정(동규칙 제6조 제3항)

858 「지역경찰의 조직 및 운영에 관한 규칙」에 관한 설명 중 옳은 것은 모두 몇 개인가?　● A급 22 순경1차

> ㉠ 시 · 도경찰청장은 인구, 면적, 행정구역, 교통 · 지리적 여건, 각종 사건사고 발생 등을 고려하여 경찰서의 관할구역을 나누어 지역경찰관서를 설치한다.
> ㉡ 관리팀원 및 순찰팀원에 대한 일일근무 지정 및 지휘 · 감독과 관내 중요 사건 발생시 현장 지휘는 순찰팀장의 직무이다.
> ㉢ 직주일체형 치안센터에 배치된 근무자는 근무 종료 후(휴무일 포함)에도 관할구역 내에 위치하여 지역경찰관서와 연락체계를 유지하여야 한다.
> ㉣ 지역경찰관서장은 관내 치안상황의 분석 및 대책을 수립하고 소속 지역경찰의 근무와 관련된 제반사항에 대해 지휘 및 감독한다.
> ㉤ 상황근무를 지정받은 지역경찰은 지역경찰관서 및 치안센터 내에서 방문민원 및 각종 신고사건의 접수 및 처리를 수행한다.

① 5개　　　　② 4개　　　　③ 3개　　　　④ 2개

해설

옳은 설명은 **㉠, ㉡, ㉣, ㉤, 4개**이다.
㉠ (○) **시 · 도경찰청장**은 인구, 면적, 행정구역, 교통 · 지리적 여건, 각종 사건사고 발생 등을 고려하여 경찰서의 관할구역을 나누어 **지역경찰관서를 설치**한다.
㉡ (○) 관리팀원 및 순찰팀원에 대한 **일일근무 지정** 및 지휘 · 감독과 관내 중요 사건 발생시 **현장 지휘는 순찰팀장**의 직무이다.
㉢ (×) **직주일체형 치안센터**에 배치된 근무자는 **근무 종료 후[휴무일 제외(포함×)]에도 관할구역 내에 위치**하여 지역경찰관서와 연락체계를 유지하여야 한다(동규칙 제19조 제1항).
㉣ (○) **지역경찰관서장**은 관내 치안상황의 분석 및 대책을 수립하고 소속 지역경찰의 근무와 관련된 **제반사항**에 대해 지휘 및 감독한다.
㉤ (○) **상황근무**를 지정받은 지역경찰은 지역경찰관서 및 치안센터 내에서 방문민원 및 각종 **신고사건의 접수** 및 처리를 수행한다.

🔒 857 ③　858 ②

859 「지역경찰의 조직 및 운영에 관한 규칙」에 대한 설명으로 가장 적절하지 않은 것은? ●A급 22 승진

① 지역경찰 동원은 근무자 동원을 원칙으로 하되, 불가피한 경우에 한하여 비번자, 휴무자 순으로 동원할 수 있다.

② 지역경찰관리자는 신고출동태세 유지 등을 위해 필요한 경우에는 휴게 및 식사시간도 기타 근무로 지정할 수 있다.

③ 순찰팀장은 관리팀원에게 행정근무를 지정하고, 순찰팀원에게 상황 또는 순찰근무 지정하는 것을 원칙으로 하되, 필요한 경우에는 다른 근무를 지정하거나 병행하여 수행하도록 지정할 수 있다.

④ 상황근무를 지정받은 지역경찰은 지역경찰관서 및 치안센터 내에서 요보호자 또는 피의자에 대한 보호·감시, 방문민원 및 각종 신고사건의 접수 및 처리 등의 업무를 수행한다.

해설

① (○) **지역경찰 동원은 근무자 동원을 원칙으로** 하되, **불가피한 경우**에 한하여 **비번자, 휴무자 순으로 동원**할 수 있다(동규칙 제31조 제2항).

② (×) **지역경찰관리자는** 신고출동태세 유지 등을 위해 필요한 경우에는 **휴게 및 식사시간도 대기 근무(기타 근무×)로 지정할 수 있다**(동규칙 제27조).

③ (○) **순찰팀장은 관리팀원에게 행정근무를 지정**하고, **순찰팀원에게 상황 또는 순찰근무 지정**하는 것을 원칙으로 하되, **필요한 경우**에는 다른 근무를 지정하거나 **병행하여 수행하도록 지정할 수 있다**(동규칙 제29조 제3항).

④ (○) **상황근무**를 지정받은 지역경찰은 지역경찰관서 및 치안센터 내에서 **요보호자 또는 피의자에 대한 보호·감시**, 방문민원 및 각종 **신고사건의 접수** 및 처리 등의 업무를 수행한다.

[112신고의 운영 및 처리에 관한 법률(시행 2024.7.3.) 및 「112치안종합상황실 운영 및 신고처리 규칙」(시행 2024.7.24.)]

860 「112치안종합상황실 운영 및 신고처리 규칙」에 관한 설명 중 가장 적절하지 않은 것은? ●A급 22 순경2차

① 112근무요원의 근무기간은 1년 이상으로 한다.

② 112근무요원은 접수한 신고의 내용이 코드 4 신고의 유형에 해당하는 경우에는 출동 경찰관에게 지령하지 않고 자체 종결하거나, 담당 부서 또는 112신고 관계 기관에 신고내용을 통보하여 처리하도록 조치해야 한다.

③ 경찰관서 방문 등 112신고 외의 방법으로 범죄나 각종 사건·사고 등 위급한 상황이 발생하였거나 발생할 것이 예상된다는 신고를 접수한 경찰관은 소속 경찰관서의 112시스템에 신고내용을 입력해야 한다.

④ 112시스템 입력자료 중 112신고 대응 코드 0·코드 1·코드 2로 분류한 자료는 3년간, 코드 3·코드 4로 분류한 자료는 1년간 보존하고, 녹음·녹화자료는 3개월간 보존한다.

해설

① (×) **112근무요원**의 근무기간은 **2년(1년×) 이상**으로 한다(동규칙 제25조 제1항).

② (○) 112근무요원은 접수한 신고의 내용이 **코드 4** 신고의 유형에 해당하는 경우에는 출동 경찰관에게 **지령하지 않고 자체 종결**하거나, 담당 부서 또는 112신고 **관계 기관에 신고내용을 통보**하여 처리하도록 조치해야 한다(동규칙 제8조 제2항).

🔒 859 ② 860 ①

③ (O) 경찰관서 방문 등 112신고 외의 방법으로 범죄나 각종 사건·사고 등 위급한 상황이 발생하였거나 발생할 것이 예상된다는 신고를 접수한 경찰관은 소속 경찰관서의 112시스템에 신고내용을 입력해야 한다(동규칙 제6조 제2항).

④ (O) 112시스템 입력자료 중 112신고 대응 코드 0·코드 1·코드 2로 분류한 자료는 3년간, 코드 3·코드 4로 분류한 자료는 1년간 보존하고, 녹음·녹화자료는 3개월간 보존한다(동규칙 제20조 제1항 제1호).

Tip 112신고의 대응체계(동규칙 제7조 제1항)

코드 0 신고	코드 1 신고 중 **이동성 범죄, 강력범죄 현행범인** 등 신고 대응을 위해 실시간 전파가 필요한 경우
코드 1 신고	생명·신체에 대한 **위험 발생**이 **임박**하거나 **진행 중** 또는 그 **직후**인 경우 및 **현행범인**인 경우
코드 2 신고	생명·신체에 대한 **잠재적 위험**이 있는 경우 및 **범죄예방** 등을 위해 필요한 경우
코드 3 신고	**즉각적인 현장조치는 불필요**하나 **수사, 전문상담 등이 필요**한 경우
코드 4 신고	**긴급성이 없는 민원·상담** 신고

861 「112신고의 운영 및 처리에 관한 법률」과 같은 법 시행령상 112신고의 접수·처리 등에 관한 설명으로 가장 적절하지 않은 것은?　●A급 24 순경2차

① 경찰청장, 시·도경찰청장 및 경찰서장(이하 "경찰청장등"이라 한다)은 112신고를 받으면 「경찰관 직무집행법」 제2조에 따른 경찰사무의 구분이나 현장 출동이 필요한 지역의 관할의 관계를 고려하여 해당 112신고를 신속하게 접수하여 처리하여야 한다.

② 경찰청장등은 112신고를 처리하는 과정에서 재난·재해, 범죄 또는 그 밖의 위급한 상황이 발생하여 사람의 생명·신체를 위험하게 할 것으로 인정할 때에는 일정한 구역을 정하여 그 구역에 있는 사람에게 그 구역 밖으로 피난할 것을 명할 수 있다.

③ 112치안종합상황실은 경찰청, 시·도경찰청 및 경찰서에 설치한다.

④ 112신고 접수 및 처리와 관련된 112시스템 입력자료는 3년간 보존한다. 다만, 단순 민원·상담 등 경찰청장이 정하는 경미한 내용의 112신고의 경우에는 1년으로 한다.

해설

① (×) **경찰청장, 시·도경찰청장 및 경찰서장**(이하 **"경찰청장등"**이라 한다)은 112신고를 받으면 「**국가경찰과 자치경찰의 조직 및 운영에 관한 법률」 제4조 제1항**(경찰관 직무집행법 제2조×)에 따른 경찰사무의 구분이나 현장 출동이 필요한 지역의 관할에 **관계없이**(관할의 관계를 고려하여×) 해당 112신고를 **신속**하게 **접수**하여 **처리**하여야 한다(동법 제7조 제1항).

② (O) **경찰청장등**은 112신고를 처리하는 과정에서 재난·재해, 범죄 또는 그 밖의 위급한 상황이 발생하여 사람의 **생명·신체를 위험**하게 할 것으로 인정할 때에는 **일정한 구역을 정하여** 그 구역에 있는 사람에게 **그 구역 밖으로 피난할 것을 명할 수 있다**(동법 제8조 제4항).

③ (O) **112치안종합상황실은 경찰청, 시·도경찰청 및 경찰서**에 **설치한다**(동시행령 제2조 제1항).

④ (O) 112신고 접수 및 처리와 관련된 **112시스템 입력자료**는 3년간 보존한다. 다만, **단순 민원·상담** 등 경찰청장이 정하는 **경미한 내용**의 112신고의 경우에는 **1년**으로 한다(동시행령 제6조 제1항).

Tip 112신고의 기록·보존 등(규칙 제20조, 시행령 제6조 제1항)

112신고 접수 및 처리와 관련된 112시스템 입력자료(코드 0, 1, 2)	**3년**(2년 연장가능)
단순 민원·상담 등 경찰청장이 정하는 경미한 내용(코드 3, 4)	**1년**(1년 연장가능)
112신고 접수 및 처리와 관련된 **녹음·녹화자료**	**3개월**(3개월 연장가능)

 861 ①

862 「112치안종합상황실 운영 및 신고처리 규칙」에 관한 설명으로 가장 적절한 것은? ●A급 25 경위변형

① "출동요소"란 112치안종합상황실의 지령을 받아 현장에 출동하여 112신고를 조치하는 경찰관을 말한다.

② "출동 경찰관"이란 경찰청, 시·도경찰청 및 경찰서 112치안종합상황실장의 지휘를 받아 112 신고의 처리 및 상황관리 등의 임무를 수행하는 사람을 말한다.

③ 112신고는 현장출동이 필요한 지역의 관할 112치안종합상황실에서 접수한다.

④ 112신고를 접수한 112근무요원은 그 신고 내용이 다른 기관의 소관 업무에 해당할 때에는 지체 없이 해당 기관에 신고를 이관한다.

해설

① (×) **"출동 경찰관"**(출동요소×)이란 112치안종합상황실의 지령을 받아 **현장에 출동**하여 112신고를 **조치하는 경찰관**을 말한다(동규칙 제2조 제5호).

② (×) **"상황팀장"**(출동 경찰관×)이란 경찰청, 시·도경찰청 및 경찰서 **112치안종합상황실장의 지휘를 받아** 112신고의 처리 및 **상황관리** 등의 임무를 수행하는 사람을 말한다(동규칙 제2조 제4호).

③ (×) 112신고는 현장출동이 필요한 **지역의 관할과 관계없이** 신고를 받은 경찰관서(관할 112치안종합상황실×)에서 신속하게 접수한다(동규칙 제6조 제1항).

④ (○) 112신고를 접수한 112근무요원은 그 **신고 내용이 다른 기관의 소관 업무에 해당할 때**에는 **지체 없이** 해당 기관에 **신고를 이관한다**(동규칙 제11조 제1항).

863 「112신고의 운영 및 처리에 관한 법률」및 동법 시행령에 관한 설명으로 가장 적절하지 않은 것은? ●A급 26 경위

① 112신고 현장에 출동하여 필요한 조치를 한 경찰관은 해당 112신고와 관련하여 범죄의 혐의가 있다고 인정할 만한 상당한 이유가 있어 계속 수사할 필요가 있는 경우 지체 없이 해당 수사기관에 인계하여야 한다.

② 경찰관은 112신고를 처리하는 과정에서 재난·재해, 범죄 또는 그 밖의 위급한 상황이 발생하여 사람의 생명·신체를 위험하게 할 것으로 인정할 때에는 일정한 구역을 정하여 그 구역에 있는 사람에게 그 구역 밖으로 피난할 것을 명할 수 있다.

③ 경찰청장등은 112신고를 처리할 때 112치안종합상황실에서 출동 현장의 상황을 실시간으로 확인하고 지휘하기 위한 목적으로 무인비행장치에 영상촬영장치를 설치하여 출동 현장을 촬영할 수 있다.

④ 112신고 접수 및 처리와 관련된 녹음·녹화자료의 보존기간은 3개월이다. 다만, 범죄 수사를 위해 기록의 보존이 필요한 경우 등 경찰청장등이 필요하다고 인정하는 경우에는 3개월의 범위에서 그 보존기간을 연장할 수 있다.

862 ④ 863 ②

① (○) 112신고 현장에 출동하여 필요한 조치를 한 경찰관은 해당 112신고와 관련하여 **범죄의 혐의**가 있다고 인정할 만한 상당한 이유가 있어 **계속 수사할 필요가 있는 경우** **지체 없이** 해당 수사기관에 **인계**하여야 한다(112신고의 운영 및 처리에 관한 법률 제8조 제2항).
② (✕) **경찰청장등(경찰관✕)**은 112신고를 처리하는 과정에서 재난·재해, 범죄 또는 그 밖의 위급한 상황이 발생하여 사람의 **생명·신체**를 위험하게 할 것으로 인정할 때에는 일정한 구역을 정하여 그 구역에 있는 사람에게 **그 구역 밖으로 피난**할 것을 명할 수 있다(112신고의 운영 및 처리에 관한 법률 제8조 제4항).
③ (○) **경찰청장등**은 112신고를 처리할 때 112치안종합상황실에서 출동 현장의 상황을 실시간으로 확인하고 지휘하기 위한 목적으로 **무인비행장치에 영상촬영장치를 설치하여 출동 현장을 촬영할 수 있다**(112신고의 운영 및 처리에 관한 법률 제11조 제1항).
④ (○) 112신고 접수 및 처리와 관련된 **녹음·녹화**자료의 보존기간은 **3개월**이다. 다만, **범죄 수사를 위해** 기록의 보존이 필요한 경우 등 **경찰청장등이 필요**하다고 인정하는 경우에는 **3개월**의 범위에서 그 보존기간을 **연장할 수 있다**(112신고의 운영 및 처리에 관한 법률 제6조 제1항).

---

864 「112치안종합상황실 운영 및 신고처리 규칙」에 관한 내용 중 가장 적절하지 않은 것은?

● A급 23 승진변형

① 즉각적인 현장조치는 불필요하나 수사, 전문상담 등이 필요한 경우는 112신고의 분류 중 코드 3 신고로 분류한다.
② 112근무요원 및 출동 경찰관은 112신고 대응 코드를 변경할 만한 사실을 추가로 확인한 경우 이미 분류된 112신고 대응 코드를 다른 112신고 대응 코드로 변경할 수 있다.
③ 112근무요원은 주무부서의 계속적 조치가 필요한 경우 및 추가적 수사의 필요 등으로 사건 해결에 단시간이 소요되어 해당 부서로 인계하여 처리하는 것이 효과적인 경우 112신고처리를 종결할 수 있다.
④ 출동 경찰관은 현장 상황이 급박하여 신속한 현장 조치가 필요한 경우 우선 조치 후 보고할 수 있다.

① (○) **즉각적인 현장조치는 불필요**하나 **수사, 전문상담 등이 필요한 경우**는 112신고의 분류 중 **코드 3** 신고로 분류한다(동규칙 제7조 제1항 제4호).
② (○) 112근무요원 및 출동 경찰관은 112신고 대응 **코드를 변경할 만한 사실을 추가로 확인한 경우** 이미 분류된 112신고 대응 코드를 **다른 112신고 대응 코드로 변경할 수 있다**(동규칙 제7조 제4항).
③ (✕) 112근무요원은 주무부서의 **계속적 조치**가 필요한 경우 및 **추가적 수사의 필요** 등으로 사건 해결에 **장시간(단시간 ✕)**이 **소요되어** 해당 부서로 인계하여 처리하는 것이 **효과적인 경우** 112신고처리를 **종결할 수 있다**(동규칙 제16조 제5호).
④ (○) 출동 경찰관은 **현장 상황이 급박**하여 신속한 현장 조치가 필요한 경우 **우선 조치 후 보고할 수 있다**(동규칙 제14조 제2항).

🔒 864 ③

865 「112치안종합상황실 운영 및 신고처리 규칙」에 관한 설명으로 가장 적절한 것은? ●A급 24 승진변형

① 112시스템 입력자료 중 녹음·녹화자료는 2개월간 보존한다.

② 112근무요원은 이동성 범죄, 강력범죄 현행범인 등 신고 대응을 위해 실시간 전파가 필요한 경우 112신고의 대응 코드 중 코드 1 신고로 분류한다.

③ 112근무요원은 112신고가 완전하게 수신되지 않는 경우와 같이 정확한 신고내용을 파악하기 힘든 경우라도 신속한 처리를 위해 우선 임의의 112신고 대응 코드를 부여할 수 있다.

④ 112근무요원은 접수한 신고의 내용이 코드 4 신고의 유형에 해당하는 경우에는 출동 경찰관에게 지령하지 않고 자체 종결하거나, 담당 부서 또는 112신고 관계 기관에 신고내용을 통보하여 처리하도록 조치할 수 있다.

해설

① (×) 112시스템 입력자료 중 **녹음·녹화자료는 3개월간**(2개월간×) 보존한다(동규칙 제20조 제1항 제2호).

② (×) 112근무요원은 **이동성 범죄, 강력범죄** 현행범인 등 신고 대응을 위해 실시간 전파가 필요한 경우 112신고의 대응 코드 중 **코드 0 신고**(코드 1 신고×)로 분류한다(동규칙 제7조 제1항).

③ (○) 112근무요원은 112신고가 **완전하게 수신되지 않는 경우**와 같이 **정확한 신고내용을 파악하기 힘든 경우라도** 신속한 처리를 위해 **우선 임의의 112신고 대응 코드를 부여할 수 있다**(동규칙 제7조 제3항).

④ (×) 112근무요원은 접수한 신고의 내용이 **코드 4** 신고의 유형에 해당하는 경우에는 출동 경찰관에게 **지령하지 않고 자체 종결하거나,** 담당 부서 또는 112신고 관계 기관에 신고내용을 **통보하여 처리하도록 조치해야 한다**(할 수 있다 ×)(동규칙 제8조 제2항).

866 「112신고의 운영 및 처리에 관한 법률」 및 동법 시행령상 '출동 현장의 촬영·관리'에 관한 설명이다. 아래 ㉠, ㉡에 들어갈 내용으로 가장 적절한 것은? ●A급 25 순경1차

> 경찰청장등은 「112신고의 운영 및 처리에 관한 법률」 제11조 제1항에 따라 경찰차량 또는 무인비행장치에 영상촬영장치를 설치하거나 경찰관이 영상촬영장치를 착용 또는 휴대하도록 하여 출동 현장을 촬영할 수 있다. 이에 따라 수집된 영상정보의 보관기간은 촬영일부터 (㉠)일로 한다. 다만, 범죄 수사를 위해 영상정보의 보관이 필요한 경우 등 경찰청장등이 필요하다고 인정하는 경우에는 (㉡) 일의 범위에서 보관기간을 연장할 수 있다.

	㉠	㉡			㉠	㉡
①	20	20		②	20	30
③	30	30		④	30	60

해설

경찰청장등은 「112신고의 운영 및 처리에 관한 법률」 제11조 제1항에 따라 경찰차량 또는 무인비행장치에 영상촬영장치를 설치하거나 경찰관이 영상촬영장치를 착용 또는 휴대하도록 하여 **출동 현장을 촬영할 수 있다**. 이에 따라 수집된 영상정보의 **보관기간**은 촬영일부터 (㉠ **30**)일로 한다. 다만, **범죄 수사를 위해** 영상정보의 보관이 필요한 경우 등 경찰청장등이 필요하다고 인정하는 경우에는 (㉡ **30**)일의 범위에서 보관기간을 **연장**할 수 있다(동시행령 제5조 제1항, 제4항).

🔒 865 ③ 866 ③

867 「112신고의 운영 및 처리에 관한 법률」과 동법 시행령상 출동 현장의 촬영·관리 및 관련 기록·보존 등에 관한 설명으로 옳은 것을 모두 고른 것은? ●A급 25 승진

> ⊙ 경찰청장등은 112치안종합상황실에서 출동 현장의 상황 등을 실시간으로 확인하고 지휘하기 위한 목적으로 경찰관이 영상촬영장치를 착용 또는 휴대하도록 하여 출동 현장을 촬영할 수 있다.
> ⓛ 출동 현장을 촬영할 때에는 불빛, 소리, 안내판, 안내서면, 안내방송 또는 그 밖에 이에 준하는 수단이나 방법으로 출동 현장에 있는 사람이 촬영 사실을 쉽게 알 수 있도록 표시하고 알려야 한다.
> ⓒ 경찰청장등은 출동 현장 촬영 사실을 표시하거나 알리기 어려운 경우에는 경찰청 홈페이지에 촬영 사실을 사후 공지하는 방법으로 알려야 한다.
> ② 출동 현장을 촬영하여 수집된 영상정보의 보관기간은 촬영일부터 1년으로 한다. 다만, 범죄 수사를 위해 영상정보의 보관이 필요한 경우 등 경찰청장등이 필요하다고 인정하는 경우에는 1년의 범위에서 보관기간을 연장할 수 있다.

① ⊙, ⓛ
② ⊙, ⓒ
③ ⓛ, ②
④ ⓒ, ②

해설

옳은 설명은 ⊙, ⓛ, **2개**이다.
⊙ (○) 경찰청장등은 112치안종합상황실에서 출동 현장의 상황 등을 실시간으로 확인하고 지휘하기 위한 목적으로 **경찰관이 영상촬영장치를 착용 또는 휴대**하도록 하여 **출동 현장을 촬영할 수 있다**(동시행령 제5조 제1항).

Tip 출동 현장의 촬영·관리(112신고의 운영 및 처리에 관한 법률 제11조 제1항)

> ① 경찰청장등은 112신고를 처리할 때 112치안종합상황실에서 출동 현장의 상황 등을 실시간으로 확인하고 지휘하기 위한 목적으로 **순찰차 등에 영상촬영장치를 설치**하여 출동 현장을 촬영할 수 있다.

ⓛ (○) **출동 현장을 촬영할 때에는** 불빛, 소리, 안내판, 안내서면, 안내방송 또는 그 밖에 이에 준하는 수단이나 방법으로 출동 현장에 있는 사람이 촬영 사실을 쉽게 알 수 있도록 **표시하고 알려야 한다**(동시행령 제5조 제2항).
ⓒ (×) 경찰청장등은 출동 현장 촬영 사실을 표시하거나 **알리기 어려운 경우에는 개인정보 보호위원회가 구축하는 인터넷 사이트에 촬영 사실을 미리 공지**하는 방법으로 알릴 수 있다(경찰청 홈페이지에 촬영 사실을 사후 공지하는 방법으로 알려야 한다×)(동시행령 제5조 제3항).
② (×) 출동 현장을 촬영하여 수집된 **영상정보의 보관기간은 촬영일부터 30일**(1년×)으로 한다. 다만, **범죄 수사를 위해** 영상정보의 보관이 필요한 경우 등 경찰청장등이 필요하다고 인정하는 경우에는 **30일**(1년×)의 범위에서 보관기간을 **연장**할 수 있다(동시행령 제5조 제4항).

🔒 867 ①

제3절 **경범죄 처벌법[시행 2017.10.24.]과 통고처분(범칙금)**

868 「경범죄 처벌법」에 대한 설명으로 가장 적절하지 않은 것은? ●A급 20 순경2차

① 범칙행위란 「경범죄 처벌법」 제3조 제1항 각 호부터 제3항 각 호까지의 어느 하나에 해당하는 위반행위이다.

② 「경범죄 처벌법」 제3조의 죄를 짓도록 시키거나 도와준 사람은 죄를 지은 사람에 준하여 처벌한다.

③ "범칙자"란 범칙행위를 한 사람으로서 '피해자가 있는 행위를 한 사람', '죄를 지은 동기나 수단 및 결과를 헤아려볼 때 구류처분을 하는 것이 적절하다고 인정되는 사람', '범칙행위를 상습적으로 하는 사람', '18세 미만인 사람'의 어느 하나에도 해당하지 않는 사람을 말한다.

④ 술에 취한 채로 관공서에서 몹시 거친 말과 행동으로 주정하거나 시끄럽게 한 사람에 대해서 60만원 이하의 벌금, 구류 또는 과료의 형으로 처벌한다.

해설

① (×) **범칙행위**란 「경범죄 처벌법」 제3조 **제1항 각 호**부터 **제2항**(제3항×) **각 호**까지의 어느 하나에 해당하는 위반행위이다.

🅣ip 제3항에 해당하는 **60만원 이하의 벌금, 구류 또는 과료**에 해당하는 **경범죄**는 범칙행위에 해당하지 않으므로 **통고처분**에 의한 범칙금처분을 할 수 없다. 대부분 즉심을 통해서 **처리**된다.

🅣ip **범칙행위**(경범죄 처벌법 제3조)

범칙행위 규정	법 제3조 **제1항** 각 호 및 **제2항** 각 호의 어느 하나에 **해당하는 위반행위를 말한다.**
제1항 각 호	**10만원 이하**의 벌금, 구류 또는 과료(科料)의 형으로 처벌한다.
제2항 각 호	**20만원 이하**의 벌금, 구류 또는 과료(科料)의 형으로 처벌한다.
제3항 각 호	**60만원 이하**의 벌금, 구류 또는 과료(科料)의 형으로 처벌한다.

② (○) 「경범죄 처벌법」 제3조(경범죄)의 죄를 짓도록 **시키거나 도와준 사람**은 **죄를 지은 사람에 준하여 처벌**한다.

③ (○) "**범칙자**"란 **범칙행위(제3조 제1항, 제2항)를 한 사람**으로서 "**피해자가 있는 행위**를 한 사람', '죄를 지은 동기나 수단 및 결과를 헤아려볼 때 **구류처분을 하는 것이 적절**하다고 인정되는 사람', '범칙행위를 **상습적으로 하는** 사람', '18세 미만인 사람'의 어느 하나에도 **해당하지 않는 사람**을 말한다.

④ (○) 술에 취한 채로 관공서에서 몹시 거친 말과 행동으로 주정하거나 시끄럽게 한 사람에 대해서 **60만원 이하**의 벌금, 구류 또는 과료의 형으로 처벌한다.

869 「경범죄 처벌법」에 대한 설명 중 가장 적절하지 않은 것은? ●A급 21 순경1차

① 장난전화, 광고물 무단부착, 행렬방해, 흉기의 은닉휴대는 10만원 이하의 벌금, 구류 또는 과료의 형으로 처벌한다.

② 「경범죄 처벌법」 제7조 제1항에 따라 범칙자로 인정되는 사람일지라도 통고처분서 받기를 거부한 사람, 주거 또는 신원이 확실하지 아니한 사람, 그 밖에 통고처분을 하기가 매우 어려운 사람에 대하여는 통고처분하지 않는다.

③ 경범죄를 짓도록 시키거나 도와준 사람은 죄를 지은 사람에 준하여 벌하며, 경범죄의 미수범도 처벌한다.

 868 ① 869 ③

④ 「경범죄 처벌법」 제8조 제1항에 따른 납부기간에 범칙금을 납부하지 아니한 사람은 납부기간의 마지막 날의 다음 날부터 20일 이내에 통고받은 범칙금에 그 금액의 100분의 20을 더한 금액을 납부하여야 한다.

해설

① (○) 장난전화, 광고물 무단부착, 행렬방해, 흉기의 은닉휴대는 **10만원 이하**의 벌금, 구류 또는 과료의 형으로 처벌한다.
② (○) 「경범죄 처벌법」 제7조 제1항에 따라 **범칙자로 인정되는 사람일지라도** 통고처분서 받기를 **거부한 사람**, 주거 또는 **신원이 확실하지 아니한 사람**, 그 밖에 통고처분을 하기가 **매우 어려운 사람**에 대하여는 **통고처분하지 않는다.**
③ (×) 경범죄를 짓도록 **시키거나 도와준 사람은 죄를 지은 사람에 준하여 벌하며**, **경범죄의 미수범은 처벌하지 아니한다** (한다×).
④ (○) 「경범죄 처벌법」 제8조 제1항에 따른 **납부기간에 범칙금을 납부하지 아니한 사람**은 납부기간의 **마지막 날의 다음 날부터 20일 이내**에 통고받은 범칙금에 그 금액의 **100분의 20**을 더한 금액을 **납부**하여야 한다.

870 「경범죄 처벌법」상 다음 ( ) 안에 들어갈 숫자로 알맞은 것은?  23 순경1차

> ㉠ 출판물의 부당게재 등 – 올바르지 아니한 이익을 얻을 목적으로 다른 사람 또는 단체의 사업이나 사사로운 일에 관하여 신문, 잡지, 그 밖의 출판물에 어떤 사항을 싣거나 싣지 아니할 것을 약속하고 돈이나 물건을 받은 사람은 (가)만원 이하의 벌금, 구류 또는 과료의 형으로 처벌한다.
> ㉡ 거짓 광고 – 여러 사람에게 물품을 팔거나 나누어 주거나 일을 해주면서 다른 사람을 속이거나 잘못 알게 할 만한 사실을 들어 광고한 사람은 (나)만원 이하의 벌금, 구류 또는 과료의 형으로 처벌한다.
> ㉢ 업무방해 – 못된 장난 등으로 다른 사람, 단체 또는 공무수행 중인 자의 업무를 방해한 사람은 (다)만원 이하의 벌금, 구류 또는 과료의 형으로 처벌한다.
> ㉣ 암표매매 – 흥행장, 경기장, 역, 나루터, 정류장, 그 밖에 정하여진 요금을 받고 입장시키거나 승차 또는 승선시키는 곳에서 웃돈을 받고 입장권·승차권 또는 승선권을 다른 사람에게 되판 사람은 (라)만원 이하의 벌금, 구류 또는 과료의 형으로 처벌한다.

	(가)	(나)	(다)	(라)
①	10	20	60	20
②	20	20	20	20
③	20	10	60	20
④	20	60	20	10

해설

㉠ **출판물의 부당게재 등** – 올바르지 아니한 이익을 얻을 목적으로 다른 사람 또는 단체의 사업이나 사사로운 일에 관하여 신문, 잡지, 그 밖의 출판물에 어떤 사항을 싣거나 싣지 아니할 것을 약속하고 돈이나 물건을 받은 사람은 (**가 20**) **만원 이하**의 벌금, 구류 또는 과료의 형으로 처벌한다.
㉡ **거짓 광고** – 여러 사람에게 물품을 팔거나 나누어 주거나 일을 해주면서 다른 사람을 속이거나 잘못 알게 할 만한 사실을 들어 광고한 사람은 (**나 20**)**만원 이하**의 벌금, 구류 또는 과료의 형으로 처벌한다.
㉢ **업무방해** – 못된 장난 등으로 다른 사람, 단체 또는 공무수행 중인 자의 업무를 방해한 사람은 (**다 20**)**만원 이하**의 벌금, 구류 또는 과료의 형으로 처벌한다.
㉣ **암표매매** – 흥행장, 경기장, 역, 나루터, 정류장, 그 밖에 정하여진 요금을 받고 입장시키거나 승차 또는 승선시키는 곳에서 웃돈을 받고 입장권·승차권 또는 승선권을 다른 사람에게 되판 사람은 (**라 20**)**만원 이하**의 벌금, 구류 또는 과료의 형으로 처벌한다.

 870 ②

871 「경범죄 처벌법」에 관한 설명으로 가장 적절하지 않은 것은? ●A급 24 순경2차

① 인터넷 중고거래 사이트를 통해 비대면으로 웃돈을 받고 유명 가수의 콘서트 티켓을 되판 사람은 이 법상 암표매매로 처벌된다.

② 있지 아니한 범죄나 재해 사실을 공무원에게 거짓으로 신고한 사람은 주거가 분명하여도 현행범으로 체포할 수 있다.

③ 피해자가 있는 범칙행위를 한 사람은 범칙자에 해당하지 아니한다.

④ 주거 또는 신원이 확실하지 아니한 사람에게는 통고처분을 하지 아니한다.

해설

① (✕) 현행 경범죄 처벌법 규정을 살펴보면 **암표매매**는 '**흥행장, 경기장, 역, 나루터, 정류장, 그 밖에 정하여진 요금을 받고 입장시키거나 승차 또는 승선시키는 곳**'에서 웃돈을 받고 입장권·승차권 또는 승선권을 다른 사람에게 되판 사람을 처벌한다고 규정되어 있다. 따라서 **법조문에 '현실적인 특정한 장소로 한정**'하여 규정하고 있으므로 유추해석 금지의 원칙에 따라 **인터넷 중고거래 사이트는 해당 법조문상에서 규정하고 있는 장소라 할 수 없으므로,** 이 곳을 통해 비대면으로 웃돈을 받고 유명 가수의 콘서트 티켓을 되팔았다 하더라도 **경범죄 처벌법상의 암표매매로는 처벌할 수 없다(처벌된다✕).**

　🔖**Tip** 인터넷 상의 암표매매는 현행법상의 허점이라 할 수 있다.

② (○) 있지 아니한 범죄나 재해 사실을 **공무원에게 거짓으로 신고한 사람은**(60만원 이하 벌금, 구류 또는 과료) **형사소송법 제214조에 따른 경미사건**(50만원 이하 벌금, 구류 또는 과료)**에 해당하지 않으므로**, 주거가 분명하여도 현행범으로 **체포할 수 있다.**

③ (○) **피해자가 있는 범칙행위**를 한 사람은 **범칙자에 해당하지 아니한다**(동법 제6조 제2항 제3호).

④ (○) 주거 또는 신원이 **확실하지 아니한 사람에게는 통고처분을 하지 아니한다**(동법 제7조 제1항 제2호).

　🔖**Tip** **범칙자에 해당하지 않는 자와 통고처분 아니하는 자 구별**

범칙자에 해당하지 않는 자	통고처분 아니하는 자
1. 범칙행위를 **상습적**으로 하는 사람 2. 죄를 지은 동기나 수단 및 결과를 헤아려볼 때 **구류처분**을 하는 것이 적절하다고 인정되는 사람 3. **피해자가 있는 행위**를 한 사람 4. **18세 미만**인 사람	1. 통고처분서 받기를 **거부한** 사람 2. 주거 또는 신원이 **확실하지 아니한** 사람 3. 그 밖에 통고처분을 하기가 **매우 어려운** 사람

872 「경범죄 처벌법」에 대한 설명으로 가장 적절하지 않은 것은? ●A급 20 법학

① 이 법 제3조의 거짓신고를 한 자는 주거가 분명한 경우에도 현행범 체포가 가능하다.

② 이 법 제3조의 행렬방해에 해당하는 자는 20만원 이하의 벌금, 구류 또는 과료의 형으로 처벌한다.

③ 범칙금을 납부한 사람은 그 범칙행위에 대하여 다시 처벌받지 아니한다.

④ 범칙금 통고처분서를 받은 사람이 천재지변이나 그 밖의 부득이한 사유로 말미암아 기간 내에 범칙금을 납부할 수 없을 때에는 그 부득이한 사유가 없어지게 된 날부터 5일 이내에 납부하여야 한다.

해설

① (○) 이 법 제3조의 **거짓신고**를 한 자는 주거가 분명한 경우에도 **현행범 체포가 가능**하다.

② (✕) 이 법 제3조의 **행렬방해**에 해당하는 자는 **10만원(20만원✕) 이하**의 벌금, 구류 또는 과료의 형으로 처벌한다.

③ (○) **범칙금을 납부한 사람**은 그 범칙행위에 대하여 **다시 처벌받지 아니한다.**

④ (○) 범칙금 통고처분서를 받은 사람이 천재지변이나 그 밖의 부득이한 사유로 말미암아 기간 내에 범칙금을 납부할 수 없을 때에는 그 **부득이한 사유가 없어지게 된 날부터 5일** 이내에 **납부**하여야 한다.

 871 ① 　872 ②

873 「경범죄 처벌법」상 경범죄를 범한 자의 주거가 분명한 경우라도 현행범인 체포가 가능한 경범죄로 가장 적절한 것은? ●A급 20 승진

① 출판물의 부당게재 등
② 거짓신고
③ 암표매매
④ 업무방해

해설

② (O) **거짓신고**는 **60만원 이하**의 벌금, 구류 또는 과료의 형으로 처벌하는 범죄이기에 **주거가 분명한 경우라도 현행범인 체포가 가능**하다.

Tip 경범죄에 대한 통고처분과 현행범인 체포

10만원 이하 경범죄	• 통고처분(범칙금부과) **가능**
20만원 이하 경범죄	• **주거가 분명하지 아니한 경우에만** 현행범인 체포 **가능**
60만원 이하 경범죄	• **통고처분(범칙금부과) 불가능** • **주거 불분명에 상관없이** 현행범인 체포 **가능**

874 「경범죄 처벌법」에 대한 설명으로 적절하지 않은 것은 모두 몇 개인가? ●A급 22 경위

> 가. 「경범죄 처벌법」 위반의 죄를 짓도록 시키거나 도와준 사람은 죄를 지은 사람에 준하여 벌한다.
> 나. 경찰청장, 해양경찰청장, 제주특별자치도지사 또는 철도특별사법경찰대장은 범칙자로 인정되는 사람에 대하여 그 이유를 명백히 나타낸 서면으로 범칙금을 부과하고 이를 납부할 것을 통고할 수 있다.
> 다. 통고처분서를 받은 사람은 통고처분서를 받은 날부터 10일 이내에 경찰청장·해양경찰청장 또는 철도특별사법경찰대장이 지정한 은행, 그 지점이나 대리점, 우체국 또는 제주특별자치도지사가 지정하는 금융기관이나 그 지점에 범칙금을 납부하여야 한다. 다만, 천재지변이나 그 밖의 부득이한 사유로 말미암아 그 기간 내에 범칙금을 납부할 수 없을 때에는 그 부득이한 사유가 없어지게 된 날부터 5일 이내에 납부하여야 한다.
> 라. 범칙행위를 상습적으로 하는 사람은 경범죄 처벌의 특례를 규정한 장에서 범칙자에 해당하지 않는다.
> 마. 술에 취한 채로 관공서에서 몹시 거친 말과 행동으로 주정하거나 시끄럽게 한 사람은 20만원 이하의 벌금, 구류 또는 과료의 형으로 처벌한다.

① 없음   ② 1개   ③ 2개   ④ 3개

해설

틀린 설명은 **나, 마, 2개**이다.
가. (O) 「경범죄 처벌법」 위반의 죄를 짓도록 **시키거나 도와준 사람**은 죄를 **지은 사람에 준하여 벌한다**.
나. (×) **경찰서장**(경찰청장×), **해양경찰서장**(해양경찰청장×), 제주특별자치도지사 또는 철도특별사법경찰대장은 범칙자로 인정되는 사람에 대하여 그 이유를 명백히 나타낸 **서면으로** 범칙금을 부과하고 이를 납부할 것을 **통고할 수 있다**(동법 제7조 제1항).
다. (O) 통고처분서를 받은 사람은 통고처분서를 받은 날부터 **10일** 이내에 경찰청장·해양경찰청장 또는 철도특별사법경찰대장이 지정한 은행, 그 지점이나 대리점, 우체국 또는 제주특별자치도지사가 지정하는 금융기관이나 그 지점에 범칙금을 **납부하여야 한다**. 다만, 천재지변이나 그 밖의 부득이한 사유로 말미암아 그 기간 내에 범칙금을 납부할 수 없을 때에는 그 **부득이한 사유가 없어지게 된 날부터 5일 이내에 납부하여야 한다**(동법 제8조 제1항).
라. (O) 범칙행위를 **상습적으로** 하는 사람은 경범죄 처벌의 특례를 규정한 장에서 **범칙자에 해당하지 않는다**.
마. (×) 술에 취한 채로 관공서에서 몹시 거친 말과 행동으로 주정하거나 시끄럽게 한 사람은 **60만원(20만원×) 이하**의 벌금, 구류 또는 과료의 형으로 처벌한다(동법 제3조 제3항 제1호).

 873 ② 874 ③

875 「경범죄 처벌법」에 대한 설명으로 가장 적절하지 않은 것은? ●A급 21 특공

① 「경범죄 처벌법」 제3조의 죄를 짓도록 시키거나 도와준 사람은 죄를 지은 사람에 준하여 처벌한다.

② '범칙자'란 범칙행위를 한 사람으로서 '피해자가 있는 행위를 한 사람', '죄를 지은 동기나 수단 및 결과를 헤아려볼 때 구류처분을 하는 것이 적절하다고 인정되는 사람', '범칙행위를 상습적으로 하는 사람', '18세 미만인 사람'의 어느 하나에도 해당하지 않는 사람을 말한다.

③ 술에 취한 채로 관공서에서 몹시 거친 말과 행동으로 주정하거나 시끄럽게 한 사람에 대해서 20만원 이하의 벌금, 구류 또는 과료의 형으로 처벌한다.

④ 범칙행위란 「경범죄 처벌법」 제3조 제1항 각 호부터 제2항 각 호까지의 어느 하나에 해당하는 위반행위를 말한다.

해설

① (○) 「경범죄 처벌법」 제3조의 죄를 짓도록 **시키거나 도와준 사람**은 죄를 **지은 사람**에 준하여 **처벌**한다.

② (○) '**범칙자**'란 범칙행위를 한 사람으로서 '**피해자가 있는 행위**를 한 사람', '죄를 지은 동기나 수단 및 결과를 헤아려볼 때 **구류처분을 하는 것이 적절**하다고 인정되는 사람', '**범칙행위를 상습적**으로 하는 사람', '**18세 미만**인 사람'의 어느 하나에도 **해당하지 않는 사람**을 말한다.

③ (×) 술에 취한 채로 관공서에서 몹시 거친 말과 행동으로 주정하거나 시끄럽게 한 사람에 대해서 **60만원**(20만원×) 이하의 벌금, 구류 또는 과료의 형으로 처벌한다.

④ (○) **범칙행위란** 「경범죄 처벌법」 제3조 **제1항** 각 호부터 **제2항** 각 호까지의 어느 하나에 **해당하는 위반행위**를 말한다.

876 「경범죄 처벌법」에 대한 설명이다. 아래 가.부터 라.까지 설명 중 옳고 그름의 표시(○, ×)가 바르게 된 것은? ●A급 23 경위

가. 여러 사람에게 물품을 팔거나 나누어 주거나 일을 해주면서 다른 사람을 속이거나 잘못 알게 할 만한 사실을 들어 광고한 사람은 20만원 이하의 벌금, 구류 또는 과료의 형으로 처벌한다.

나. 「경범죄 처벌법」 제8조 제1항에 따른 납부 기간에 범칙금을 납부하지 아니한 사람은 납부 기간의 마지막 날의 다음 날부터 30일 이내에 통고받은 범칙금에 그 금액의 100분의 30을 더한 금액을 납부하여야 한다.

다. 해양경찰서장을 제외한 경찰서장, 제주특별자치도지사 또는 철도특별사법경찰대장은 범칙자로 인정되는 사람에 대하여 그 이유를 명백히 나타낸 서면으로 범칙금을 부과하고 이를 납부할 것을 통고할 수 있다.

라. 범칙금 납부 기한 내 범칙금을 납부하지 않아 즉결심판이 청구된 피고인이 통고받은 범칙금에 그 금액의 100분의 50을 더한 금액을 납부하고 그 증명서류를 즉결심판 선고 전까지 제출하였을 때에는 경찰청장, 해양경찰청장, 제주특별자치도지사는 그 피고인에 대한 즉결심판 청구를 취소할 수 있다.

① 가.(×)　나.(×)　다.(×)　라.(×)
② 가.(○)　나.(×)　다.(○)　라.(×)
③ 가.(○)　나.(×)　다.(×)　라.(○)
④ 가.(○)　나.(×)　다.(×)　라.(×)

🔒 875 ③　876 ④

가. (○) 여러 사람에게 물품을 팔거나 나누어 주거나 일을 해주면서 **다른 사람을 속이거나 잘못 알게 할 만한 사실**을 들어 **광고한 사람**은 **20만원 이하의 벌금, 구류 또는 과료**의 형으로 처벌한다.

나. (×) 「경범죄 처벌법」 제8조 제1항에 따른 **납부 기간**에 범칙금을 납부하지 아니한 사람은 납부 기간의 마지막 날의 **다음 날부터 20일**(30일×) 이내에 통고받은 범칙금에 그 금액의 **100분의 20**(100분의 30×)을 더한 금액을 납부하여야 한다.

다. (×) **해양경찰서장을 포함한**(제외한×) **경찰서장, 제주특별자치도지사** 또는 **철도특별사법경찰대장**은 범칙자로 인정되는 사람에 대하여 그 이유를 명백히 나타낸 서면으로 범칙금을 부과하고 이를 납부할 것을 **통고할 수 있다**(동법 제7조 제1항).

라. (×) 범칙금 납부 **기한 내 범칙금을 납부하지 않아 즉결심판이 청구된 피고인**이 통고받은 범칙금에 그 금액의 **100분의 50**을 더한 금액을 납부하고 그 증명서류를 **즉결심판 선고 전까지 제출**하였을 때에는 **경찰서장**(경찰청장×), **해양경찰서장**(해양경찰청장×), 제주특별자치도지사는 그 피고인에 대한 **즉결심판 청구를 취소하여야 한다** (할 수 있다×).

제4절 풍속영업의 단속

877 풍속사범에 대한 단속과 관련한 설명 중 옳은 것은 모두 몇 개인가? (판례에 의함) ●B급 20 경위

> 가. 풍속업소인 숙박업소에서 음란한 외국의 위성방송프로그램을 수신하여 투숙객 등으로 하여금 시청하게 하는 행위는 구 「풍속영업의 규제에 관한 법률」에서 규정된 '음란한 물건'을 관람하게 하는 행위에 해당하지 않는다.
>
> 나. 유흥주점영업허가를 받았다고 하더라도 실제로는 노래연습장영업을 하고 있다면 유흥주점영업에 따른 영업자 준수사항을 지켜야 할 의무가 있다고 할 수 없다.
>
> 다. 일반음식점 허가를 받은 사람이 주로 주류를 조리·판매하는 형태의 주점영업을 하였다면, 손님이 노래를 부를 수 있는 여건이 갖추어지지 않았다고 하더라도 구 「식품위생법」상 단란주점영업에 해당한다.
>
> 라. 18세 미만의 청소년에게 술을 판매함에 있어서 가사 그의 민법상 법정대리인의 동의를 받았다고 하더라도 그러한 사정만으로 위 행위가 정당화될 수는 없다.
>
> 마. 청소년이 이른바 '티켓걸'로서 노래연습장 또는 유흥주점에서 손님들의 흥을 돋우어 주고 시간당 보수를 받은 경우라고 하더라도 업소주인이 청소년을 시간제 접대부로 고용한 것으로 보기는 어려우므로 업소주인을 청소년보호법위반죄로 처벌할 수 없다.
>
> 바. 모텔에 동영상 파일 재생장치인 디빅 플레이어를 설치하고 투숙객에게 그 비밀번호를 가르쳐 주어 저장된 음란동영상을 관람하게 한 경우, 이는 「풍속영업의 규제에 관한 법률」에서 금지하고 있는 음란한 비디오물을 풍속영업소에서 관람하게 한 행위에 해당한다.

① 1개 ② 2개
③ 3개 ④ 4개

🔒 877 ③

해설

옳은 설명은 나, 라, 바, 3개이다.

가. (×) 풍속업소인 숙박업소에서 **음란한 외국의 위성방송프로그램**을 수신하여 투숙객 등으로 하여금 **시청하게 하는 행위**는 구 「풍속영업의 규제에 관한 법률」에서 규정된 '음란한 물건'을 관람하게 하는 행위에 해당한다(해당하지 않는다×)(대법원 2008도11679).

나. (○) 유흥주점영업허가를 받았다고 하더라도 **실제로는 노래연습장영업을 하고 있다면 유흥주점영업에 따른 영업자준수사항을 지켜야 할 의무가 있다고 할 수 없다**(대법원 97도1873).

다. (×) 일반음식점 허가를 받은 사람이 주로 주류를 조리·판매하는 형태의 주점영업을 한 경우, 시행령에서 **단란주점영업**을 "주로 주류를 조리·판매하는 영업으로서 손님이 **노래를 부르는 행위가 허용되는 영업**"으로 규정하고 있으므로, 주로 주류를 조리·판매하는 영업이라고 하더라도 손님으로 하여금 **노래를 부르게 하는 것이 가능하지 않은** 형태의 영업은 위 시행령 소정의 **단란주점영업에 해당한다고 볼 수 없다**(해당한다×)(대법원 2008도2160).

라. (○) **18세 미만의 청소년에게 술을 판매**함에 있어서 가사 그의 민법상 **법정대리인의 동의**를 받았다고 하더라도 그러한 사정만으로 위 행위가 **정당화될 수는 없다**(대법원 99도2151).

마. (×) 청소년유해업소인 노래연습장업 또는 유흥주점의 각 업주는 청소년을 접대부로 고용할 수 없는바, 여기의 **고용에는 시간제로 보수를 받고 근무하는 경우도 포함된다** 할 것이고, 한편 특정다방에 대기하는 이른바 '티켓걸'이 노래연습장 또는 유흥주점에 티켓영업을 나가 시간당 정해진 보수(이른바 '티켓비')를 받고 그 손님과 함께 춤을 추고 노래를 불러 유흥을 돋우게 한 경우, 그 티켓걸을 업소주인이 알려준 전화로 손님이 직접 부르고 그 티켓비를 손님이 직접 지급하였다고 하더라도 위 법률의 입법 취지에 비추어 **업소주인이 그 티켓걸을 시간제 접대부로 고용한 것으로 보아 처벌할 수 있다**(처벌할 수 없다×)(대법원 2005도3801).

바. (○) 모텔에 동영상 파일 재생장치인 디빅 플레이어를 설치하고 **투숙객에게 그 비밀번호를 가르쳐 주어 저장된 음란동영상을 관람하게 한 경우**, 이는 「풍속영업의 규제에 관한 법률」에서 금지하고 있는 **음란한 비디오물을 풍속영업소에서 관람하게 한 행위에 해당한다**(대법원 2008도3975).

878 「풍속영업의 규제에 관한 법률」상 풍속영업을 하는 자 및 대통령령으로 정하는 종사자가 풍속영업을 하는 장소에서 하여서는 아니 되는 행위로 가장 적절하지 않은 것은? ●B급 25 순경1차

① 「성매매알선 등 행위의 처벌에 관한 법률」 제2조 제1항 제2호에 따른 성매매알선등행위

② 음란행위를 하게 하거나 이를 알선 또는 제공하는 행위

③ 음란한 문서·도화·영화·음반·비디오물, 그 밖의 음란한 물건에 대한 제작·반포·판매 및 이를 알선하는 행위

④ 도박이나 그 밖의 사행행위를 하게 하는 행위

해설

① (○) 「성매매알선 등 행위의 처벌에 관한 법률」 제2조 제1항 제2호에 따른 **성매매알선등행위**(동법 제3조 제1호)

② (○) **음란행위**를 하게 하거나 이를 알선 또는 제공하는 행위(동법 제3조 제2호)

③ (×) 음란한 문서·도화·영화·음반·비디오물, 그 밖의 음란한 물건에 대한 **(제작×)·반포·판매·대여하거나 이를 하게 하는 행위(알선하는 행위×)**, 관람·열람하게 하는 행위, 반포·판매·대여·관람·열람의 목적으로 **진열**하거나 **보관**하는 행위(동법 제3조 제3호 가목, 나목, 다목)

④ (○) 도박이나 그 밖의 **사행행위**를 하게 하는 행위(동법 제3조 제4호)

🔒 878 ③

879 「성매매알선 등 행위의 처벌에 관한 법률」에 대한 설명으로 적절한 것은 모두 몇 개인가?

●B급 21 순경2차

> ㉠ "성매매"란 불특정인을 상대로 금품이나 그 밖의 재산상의 이익을 수수하거나 수수하기로 약속하고 유사성교행위를 제외한 성교행위를 하거나 그 상대방이 되는 것을 말한다.
> ㉡ "성매매알선 등 행위"에는 성매매를 알선, 권유, 유인 또는 강요하는 행위와 성매매의 장소를 제공하는 행위를 포함한다.
> ㉢ "성매매피해자"란 위계, 위력에 의하여 성매매를 강요당한 사람, 성매매 목적의 인신매매를 당한 사람 등을 말한다. 다만, 고용관계로 인하여 보호 또는 감독하는 사람에 의하여 마약등에 중독되어 성매매를 한 사람은 성매매피해자에 포함되지 않는다.
> ㉣ 검사 또는 사법경찰관은 수사과정에서 피의자 또는 참고인이 성매매피해자에 해당한다고 볼만한 상당한 이유가 있을 때에는 지체없이 법정대리인, 친족 또는 변호인에게 통지하고, 신변보호, 수사의 비공개, 친족 또는 지원시설·성매매피해상담소에의 인계 등 그 보호에 필요한 조치를 하여야 한다. 다만, 피의자 또는 참고인의 사생활 보호 등 부득이한 사유가 있는 경우에는 통지하지 아니할 수 있다.
> ㉤ 성매매피해자의 성매매는 형을 감경하거나 면제할 수 있다.

① 1개   ② 2개
③ 3개   ④ 4개

해설

옳은 설명은 ㉡, ㉣, **2개**이다.
㉠ (×) "성매매"란 불특정인을 상대로 금품이나 그 밖의 재산상의 이익을 수수하거나 수수하기로 약속하고 유사성교행위를 포함한(제외한×) 성교행위를 하거나 그 상대방이 되는 것을 말한다.
㉡ (○) "성매매알선 등 행위"에는 성매매를 알선, 권유, 유인 또는 강요하는 행위와 성매매의 장소를 제공하는 행위를 포함한다.
㉢ (×) "성매매피해자"란 위계, 위력에 의하여 성매매를 강요당한 사람, 성매매 목적의 인신매매를 당한 사람뿐만 아니라, 고용관계로 인하여 보호 또는 감독하는 사람에 의하여 마약등에 중독되어 성매매를 한 사람은 성매매피해자에 포함된다(포함되지 않는다×).
㉣ (○) 검사 또는 사법경찰관은 수사과정에서 피의자 또는 참고인이 성매매피해자에 해당한다고 볼 만한 상당한 이유가 있을 때에는 지체 없이 법정대리인, 친족 또는 변호인에게 통지하고, 신변보호, 수사의 비공개, 친족 또는 지원시설·성매매피해상담소에의 인계 등 그 보호에 필요한 조치를 하여야 한다. 다만, 피의자 또는 참고인의 사생활 보호 등 부득이한 사유가 있는 경우에는 통지하지 아니할 수 있다(동법 제6조 제2항).
㉤ (×) 성매매피해자의 성매매는 처벌하지 아니한다(형을 감경하거나 면제할 수 있다×)(동법 제6조 제1항).

🔒 879 ②

880 「성매매알선 등 행위의 처벌에 관한 법률」에 대한 설명으로 적절하지 않은 것을 모두 고른 것은?

●B급 21 법학

> ㉠ 경찰은 신고자등을 조사할 때에는 직권으로 또는 본인·법정대리인의 신청에 의하여 신뢰관계에 있는 사람을 동석하게 할 수 있다.
> ㉡ 성매매피해자의 성매매는 처벌하지 아니한다.
> ㉢ 법원은 신고자등의 사생활이나 신변을 보호하기 위하여 심리를 비공개하여야 한다.
> ㉣ 판사는 보호처분으로 성매매가 이루어질 우려가 있다고 인정되는 장소나 지역에의 출입금지 처분을 할 수 있다. 이에 따른 보호처분 기간은 6개월을 초과할 수 없다.
> ㉤ 영업으로 성매매알선 등 행위를 한 사람에 대한 벌칙은 3년 이하의 징역 또는 3천만원 이하의 벌금에 처한다.

① ㉠, ㉡   ② ㉡, ㉢   ③ ㉢, ㉤   ④ ㉣, ㉤

해설

틀린 설명은 ㉢, ㉤, **2개**이다.
㉠ (O) **수사기관(경찰)은** 신고자등을 조사할 때에는 **직권으로** 또는 본인·법정대리인의 신청에 의하여 **신뢰관계에 있는 사람을 동석하게 할 수 있다**(동법 제8조 제2항).
㉡ (O) 성매매피해자의 성매매는 처벌하지 아니한다(동법 제6조 제1항).
㉢ (×) **법원은** 신고자등의 사생활이나 신변을 보호하기 위하여 **심리를 공개하지 아니할 수 있다**(하여야 한다×).
㉣ (O) 판사는 보호처분으로 성매매가 이루어질 우려가 있다고 인정되는 장소나 지역에의 **출입금지** 처분을 할 수 있다. 이에 따른 보호처분 기간은 **6개월을 초과할 수 없다.**
㉤ (×) **'영업으로'** 성매매알선 등 행위를 한 사람에 대한 벌칙은 **7년**(3년×) 이하의 징역 또는 **7천만원**(3천만원×) 이하의 벌금에 처한다(동법 제19조 제2항 제1호).

🅣ip 성매매알선 등 행위를 한 사람은 **3년 이하의 징역 또는 3천만원 이하**의 벌금에 처한다(동법 제19조 제1항 제1호).

제6절 총포·도검·화약류 등의 안전관리에 관한 법률[시행 2021.1.1.]

881 「총포·도검·화약류 등의 안전관리에 관한 법률」에 대한 내용으로 가장 적절하지 않은 것은?

●C급 18 순경1차

① "총포"란 권총, 소총, 기관총, 포, 엽총, 금속성 탄알이나 가스 등을 쏠 수 있는 장약총포, 공기총(가스를 이용하는 것을 포함한다) 및 총포신·기관부 등 그 부품으로서 대통령령으로 정하는 것을 말한다.

② 자격정지 이상의 형을 선고받고 그 집행이 끝나거나 집행을 받지 아니하기로 확정된 후 3년이 지나지 아니한 자는 총포·도검·화약류·분사기·전자충격기·석궁 제조업의 허가를 받을 수 없다.

③ 누구든지 유실·매몰 또는 정당하게 관리되고 있지 아니하는 총포·도검·화약류·분사기·전자충격기·석궁이라고 인정되는 물건을 발견하거나 습득하였을 때에는 24시간 이내에 가까운 경찰관서에 신고하여야 한다.

🔒 880 ③ 881 ②

④ 화약류를 운반하려는 사람은 행정안전부령으로 정하는 바에 따라 발송지를 관할하는 경찰서
장에게 신고하여야 한다. 다만, 대통령령으로 정하는 수량 이하의 화약류를 운반하는 경우에
는 그러하지 아니하다.

해설

① (○) "**총포**"란 권총, 소총, 기관총, 포, 엽총, 금속성 탄알이나 가스 등을 쏠 수 있는 장약총포, **공기총(가스를 이용하는 것을 포함한다)** 및 총포신·기관부 등 그 부품으로서 대통령령으로 정하는 것을 말한다(동법 제2조 제1항).

② (×) **금고(자격정지×) 이상**의 **형**을 선고받고 그 집행이 끝나거나 집행을 받지 아니하기로 확정된 후 **3년이 지나지 아니한 자**는 총포·도검·화약류·분사기·전자충격기·석궁 **제조업의 허가를 받을 수 없다**(동법 제5조 제1호).

③ (○) **누구든지** 유실·매몰 또는 정당하게 관리되고 있지 아니하는 **총포·도검·화약류·분사기·전자충격기·석궁**이라고 인정되는 물건을 **발견**하거나 **습득**하였을 때에는 **24시간 이내**에 가까운 경찰관서에 **신고**하여야 **한다**(동법 제23조).

④ (○) **화약류를 운반**하려는 사람은 행정안전부령으로 정하는 바에 따라 **발송지를 관할하는 경찰서장에게 신고하여야 한다**. 다만, 대통령령으로 정하는 수량 이하의 화약류를 운반하는 경우에는 그러하지 아니하다(동법 제26조 제1항).

882 「총포·도검·화약류 등의 안전관리에 관한 법률」에 대한 설명으로 가장 적절하지 않은 것은?

● A급 25 순경2차

① 화약류를 운반하려는 사람은 행정안전부령으로 정하는 바에 따라 도착지를 관할하는 경찰서
장에게 신고하여야 한다. 다만, 대통령령으로 정하는 수량 이하의 화약류를 운반하는 경우에
는 그러하지 아니하다.

② 화약류를 폐기하려는 자는 행정안전부령으로 정하는 바에 따라 그 폐기하려는 곳을 관할하는
경찰서장에게 신고하여야 한다. 다만, 제조업자가 제조과정에서 생긴 화약류를 그 제조소 안
에서 폐기하는 경우에는 그러하지 아니하다.

③ 금고 이상의 실형을 선고받고 그 집행이 끝나거나 집행을 받지 아니하기로 확정된 후 3년이
지나지 아니한 자는 총포·도검·화약류·분사기·전자충격기·석궁 제조업의 허가를 받을
수 없다.

④ 총포·도검·화약류·분사기·전자충격기·석궁의 판매업을 하려는 자는 판매소마다 행정안
전부령으로 정하는 바에 따라 판매소의 소재지를 관할하는 시·도경찰청장의 허가를 받아야
한다.

해설

① (×) **화약류를 운반**하려는 사람은 **행정안전부령**으로 정하는 바에 따라 **발송지(도착지×)를 관할**하는 **경찰서장**에게 **신고**하여야 한다. 다만, 대통령령으로 정하는 수량 이하의 화약류를 운반하는 경우에는 그러하지 아니하다(동법 제26조 제1항).

② (○) **화약류를 폐기**하려는 자는 행정안전부령으로 정하는 바에 따라 **그 폐기하려는 곳을 관할**하는 **경찰서장**에게 신고하여야 한다. 다만, 제조업자가 제조과정에서 생긴 화약류를 그 제조소 안에서 폐기하는 경우에는 그러하지 아니하다(동법 제20조 제3항).

③ (○) **금고 이상의 실형**을 선고받고 그 집행이 끝나거나 집행을 받지 아니하기로 확정된 후 **3년이 지나지 아니한 자**는 총포·도검·화약류·분사기·전자충격기·석궁 **제조업의 허가를 받을 수 없다**(동법 제5조 제1호).

④ (○) 총포·도검·화약류·분사기·전자충격기·석궁의 **판매업**을 하려는 자는 판매소마다 행정안전부령으로 정하는 바에 따라 **판매소의 소재지**를 관할하는 **시·도경찰청장의 허가**를 받아야 한다(동법 제6조 제1항).

 882 ①

제**7**절 유실물법[시행 2014.1.7.]

883 「유실물법」상 습득물에 대한 보상금의 한도로 가장 적절한 것은?  A급 15 순경2차

① (습득물 가액의) 100분의 10 이상 100분의 20 이하
② (습득물 가액의) 100분의 5 이상 100분의 30 이하
③ (습득물 가액의) 100분의 5 이상 100분의 20 이하
④ (습득물 가액의) 100분의 10 이상 100분의 30 이하

> **해설**
>
> ③ (○) 「유실물법」상 습득물에 대한 **보상금**의 한도는 (습득물 가액의) **100분의 5 이상 100분의 20 이하**이다.

884 「유실물법」에 대한 설명으로 가장 적절하지 않은 것은? B급 14 승진

① 유실물법에 준용하는 물건을 횡령하여 처벌당한 자는 소유권 취득권리를 상실한다.
② 착오로 인하여 점유한 물건을 준유실물이라고 하며 착오로 점유한 물건에 대하여는 비용과 보상금을 청구할 수 없다.
③ 물건을 반환받는 자는 물건가액의 100분의 5 이상 100분의 20 이하의 범위에서 보상금을 습득자에게 지급하여야 한다.
④ 습득물 공고 후 1년 이내에 소유자가 권리를 주장하지 않으면 습득자가 소유권을 취득한다.

> **해설**
>
> ① (○) 유실물법에 준용하는 물건을 **횡령하여 처벌당한 자**는 **소유권 취득권리를 상실**한다.
> ② (○) 착오로 인하여 점유한 물건을 준유실물이라고 하며 **착오로 점유한 물건**에 대하여는 **비용과 보상금을 청구할 수 없다.**
> ③ (○) 물건을 반환받는 자는 물건가액의 **100분의 5 이상 100분의 20 이하**의 범위에서 **보상금**을 습득자에게 **지급하여야 한다.**
> ④ (×) 습득물 공고 후 **6개월(1년×)** 이내에 **소유자가 권리를 주장하지 않으면 습득자가 소유권을 취득**한다.

885 유실물 처리에 관한 다음 설명 중 가장 옳지 않은 것은?  C급 18 경위

① 유실물이란 점유자의 의사에 의하지 않거나 타인에게 절취된 것이 아니면서 우연히 그 지배에서 벗어난 동산을 말하며, 점유자의 의사에 의하여 버린 물건이나 도품은 유실물에 해당하지 않는다.
② 범죄자가 놓고 간 것으로 인정되는 물건을 습득한 자는 신속히 그 물건을 경찰서에 제출하여야 한다.

🔒 883 ③ 884 ④ 885 ④

③ 유실물을 습득한 자가 보상금을 받을 권리 및 습득물의 소유권을 취득할 권리를 얻기 위해서는 습득일로부터 7일 이내에 경찰서(지구대·파출소 등 소속 경찰관서를 포함한다)에 신고하여야 한다.

④ 유실물을 습득한 자가 유실물의 소유권을 취득할 권리를 보유한 때부터 2개월 이내에 유실물을 수취하지 아니할 때에는 그 소유권을 상실한다.

해설

① (○) **유실물**이란 점유자의 의사에 의하지 않거나 타인에게 절취된 것이 아니면서 **우연히 그 지배에서 벗어난 동산을** 말하며, 점유자의 의사에 의하여 **버린 물건이나 도품**은 유실물에 해당하지 않는다.

② (○) **범죄자가 놓고 간 것**으로 인정되는 물건을 습득한 자는 신속히 그 물건을 **경찰서에 제출하여야 한다.**

③ (○) 유실물을 습득한 자가 보상금을 받을 권리 및 습득물의 소유권을 취득할 권리를 얻기 위해서는 습득일로부터 7일 이내에 경찰서(지구대·파출소 등 소속 경찰관서를 포함한다)에 신고하여야 한다.

④ (×) 유실물을 습득한 자가 유실물의 소유권을 취득할 권리를 보유한 때부터 3개월(2개월×) 이내에 유실물을 수취하지 아니할 때에는 그 소유권을 상실한다(유실물법 제14조).

---

886 유실물 처리와 관련된 다음 설명 중 틀린 것은 모두 몇 개인가?  16 경위

> ㉠ 습득물 공고 후 1년 이내에 소유자가 권리를 주장하지 않으면 습득자가 소유권을 취득한다.
> ㉡ 국가 또는 지방자치단체와 그 밖에 대통령령으로 정하는 공공기관도 보상금을 청구할 수 있다.
> ㉢ 물건의 반환을 받는 자는 물건 가액의 5/100 내지 30/100의 범위 내에서 보상금을 습득자에게 지급하여야 한다.
> ㉣ 습득물, 유실물, 준유실물, 유기동물은 「유실물법」의 규정에 따라 처리된다.

① 1개   ② 2개
③ 3개   ④ 4개

해설

틀린 설명은 ㉠, ㉡, ㉢, ㉣, **4개**이다.

㉠ (×) 습득물 공고 후 **6개월**(1년×) 이내에 소유자가 **권리를 주장하지 않으면** 습득자가 소유권을 취득한다.

㉡ (×) **국가** 또는 **지방자치단체**와 그 밖에 대통령령으로 정하는 **공공기관은 보상금을 청구할 수 없다**(있다×).

㉢ (×) 물건의 반환을 받는 자는 물건 가액의 **5/100 내지 20/100**(30/100×)의 범위 내에서 **보상금을** 습득자에게 **지급하여야 한다.**

㉣ (×) 습득물, 유실물, 준유실물, **(유기동물×)**은 「유실물법」의 규정에 따라 처리된다.

Tip 유기동물은 물건이 아니라 **생명체**로서 「**동물보호법**」의 규정에 따른다.

886 ④

제8절 청소년 보호법[시행 2025.4.22.]

887 「청소년 보호법」상 "청소년유해업소"에 관한 설명으로 가장 적절하지 않은 것은? (단 청소년은 모두 「청소년 보호법」 제2조 제1호의 "청소년"을 의미한다.)

●A급 19 순경2차

① 청소년 출입·고용금지업소와 청소년고용금지업소로 구분된다.

② 이 경우 업소의 구분은 그 업소가 영업을 할 때 다른 법령에 따라 요구되는 허가·인가·등록·신고 등의 여부와 관계없이 실제로 이루어지고 있는 영업행위를 기준으로 한다.

③ 사행행위 영업, 단란주점 영업, 유흥주점 영업소의 경우 청소년의 고용뿐 아니라 출입도 금지되어 있다.

④ 청소년은 일반음식점 영업 중 주로 주류의 조리·판매를 목적으로 한 소주방·호프·카페는 출입할 수 없다.

해설

① (○) 청소년 **출입·고용금지업소**와 청소년**고용금지업소**로 구분된다.

② (○) 이 경우 업소의 구분은 그 업소가 영업을 할 때 다른 법령에 따라 요구되는 **허가·인가·등록·신고 등의 여부와 관계없이** 실제로 이루어지고 있는 영업행위를 기준으로 한다.

③ (○) **사행행위 영업, 단란주점 영업, 유흥주점** 영업소의 경우 청소년의 **고용뿐 아니라 출입도 금지**되어 있다.

④ (×) 청소년은 일반음식점 영업 중 주로 주류의 조리·판매를 목적으로 한 **소주방·호프·카페는 출입할 수 있다**(없다×).

888 다음 중 「청소년 보호법」상 청소년의 출입과 고용이 청소년에게 유해한 것으로 인정되는 청소년 출입·고용금지업소를 모두 고른 것은?

●A급 19 승진

> ㉠ 「사행행위 등 규제 및 처벌 특례법」에 따른 사행행위영업
> ㉡ 「체육시설의 설치·이용에 관한 법률」에 따른 무도학원업 및 무도장업
> ㉢ 「영화 및 비디오물의 진흥에 관한 법률」에 따른 비디오물소극장업
> ㉣ 회비 등을 받거나 유료로 만화를 빌려 주는 만화대여업

① ㉠, ㉡   ② ㉠, ㉢

③ ㉡, ㉢   ④ ㉡, ㉣

해설

청소년 **출입·고용금지업소**는 ㉠, ㉡, **2개**이다.

㉠ 「사행행위 등 규제 및 처벌 특례법」에 따른 **사행행위영업** – 청소년 출입·고용금지업소

㉡ 「체육시설의 설치·이용에 관한 법률」에 따른 **무도학원업 및 무도장업** – 청소년 출입·고용금지업소

㉢ 「영화 및 비디오물의 진흥에 관한 법률」에 따른 **비디오물소극장업** – 청소년 고용금지업소

㉣ 회비 등을 받거나 유료로 만화를 빌려 주는 **만화대여업** – 청소년 고용금지업소

 887 ④ 888 ①

889 「아동 · 청소년의 성보호에 관한 법률」에 관한 설명 중 가장 적절하지 않은 것은?　●A급　22 순경2차

① 사법경찰관리는 「아동 · 청소년의 성보호에 관한 법률」 제11조 및 제15조의2의 죄, 아동 · 청소년에 대한 「성폭력범죄의 처벌 등에 관한 특례법」 제14조 제2항 및 제3항의 죄에 해당하는 '디지털 성범죄'에 대하여 신분을 비공개하고 범죄현장(정보통신망 포함) 또는 범인으로 추정되는 자들에게 접근하여 범죄행위의 증거 및 자료 등을 수집할 수 있다.

② 사법경찰관리가 신분비공개수사를 진행하고자 할 때에는 사전에 상급 경찰관서 수사부서의 장의 승인을 받아야 한다. 이 경우 그 수사기간은 1개월을 초과할 수 없다.

③ 사법경찰관리는 신분위장수사를 하려는 경우에는 검사에게 신분위장수사에 대한 허가를 신청하고, 검사는 법원에 그 허가를 청구한다. 다만 신분위장수사 절차를 거칠 수 없는 긴급을 요하는 때에는 동법 제25조의2 제2항의 요건을 구비하고 법원의 허가 없이 신분위장수사를 할 수 있다. 이 경우, 사법경찰관리는 신분위장수사 개시 후 지체 없이 검사에게 허가를 신청하여야 하고, 48시간 이내에 법원의 허가를 받지 못한 때에는 즉시 신분위장수사를 중지하여야 한다.

④ 국가수사본부장은 신분비공개수사가 종료된 즉시 대통령령으로 정하는 바에 따라 국가경찰위원회에 수사 관련 자료를 보고하여야 하며, 국가수사본부장은 대통령령으로 정하는 바에 따라 국회 소관 상임위원회에 신분비공개수사 관련 자료를 반기별로 보고하여야 한다.

> **해설**
> ① (○) 사법경찰관리는 「아동 · 청소년의 성보호에 관한 법률」 제11조 및 제15조의2의 죄, 아동 · 청소년에 대한 「성폭력범죄의 처벌 등에 관한 특례법」 제14조 제2항 및 제3항의 죄에 해당하는 '**디지털 성범죄**'에 대하여 **신분을 비공개**하고 **범죄현장(정보통신망 포함)** 또는 범인으로 추정되는 자들에게 접근하여 **범죄행위의 증거 및 자료 등을 수집할 수 있다**(동법 제25조의2 제1항).
> ② (×) 사법경찰관리가 **신분비공개수사**를 진행하고자 할 때에는 사전에 **상급 경찰관서 수사부서의 장의 승인**을 받아야 한다. 이 경우 그 수사기간은 **3개월(1개월×)**을 **초과할 수 없다**(동법 제25조의3 제1항).
> ③ (○) **사법경찰관리는** 신분위장수사를 하려는 경우에는 **검사에게 신분위장수사에 대한 허가를 신청**하고, **검사는 법원에 그 허가를 청구**한다(동법 제25조의3 제3항). 다만 신분위장수사 절차를 거칠 수 없는 **긴급을 요하는 때**에는 동법 제25조의2 제2항의 요건을 구비하고 **법원의 허가 없이 신분위장수사를 할 수 있다.** 이 경우, 사법경찰관리는 신분위장수사 **개시 후 지체 없이 검사에게 허가를 신청**하여야 하고, **48시간 이내에 법원의 허가를 받지 못한 때에는 즉시 신분위장수사를 중지하여야 한다**(동법 제25조의4 제1항, 제2항).
> ④ (○) **국가수사본부장은 신분비공개수사가 종료된 즉시** 대통령령으로 정하는 바에 따라 **국가경찰위원회에** 수사 관련 자료를 **보고**하여야 하며, 국가수사본부장은 대통령령으로 정하는 바에 따라 **국회 소관 상임위원회에** 신분비공개수사 관련 자료를 **반기별로 보고**하여야 한다(동법 제25조의6 제1항, 제2항).

🔒 889 ②

890 「아동·청소년의 성보호에 관한 법률」에 관한 설명으로 가장 적절하지 않은 것은? ●A급 23 순경2차

① "아동·청소년"이란 19세 미만의 자를 말한다.

② 위계(僞計) 또는 위력으로써 아동·청소년을 추행한 자에 대한 미수범 처벌규정을 두고 있다.

③ 사법경찰관리는 19세 이상의 사람이 성적 착취를 목적으로 정보통신망을 통하여 아동·청소년에게 성적 욕망이나 수치심 또는 혐오감을 유발할 수 있는 대화를 지속적 또는 반복적으로 하거나 그러한 대화에 지속적 또는 반복적으로 참여시키는 행위를 한 범죄에 대하여 신분을 비공개하고 범인으로 추정되는 자들에게 접근하여 범죄행위의 증거 및 자료 등을 수집할 수 있다.

④ 사법경찰관리가 디지털 성범죄에 대한 신분위장수사를 할 때 신분을 위장하기 위한 문서, 도화 및 전자기록 등의 작성, 변경 또는 행사는 가능하지만, 아동·청소년성착취물을 소지, 판매 또는 광고할 수 없다.

해설

① (○) **"아동·청소년"이란 19세 미만**의 자를 말한다.

② (○) **위계 또는 위력으로써 아동·청소년을 추행한 자에 대한 미수범 처벌규정을 두고 있다**(동법 제7조 제6항).

③ (○) 사법경찰관리는 **19세 이상의 사람이 성적 착취를 목적으로 정보통신망을 통하여** 아동·청소년에게 **성적 욕망이나 수치심 또는 혐오감을 유발할 수 있는 대화**를 지속적 또는 반복적으로 하거나 그러한 대화에 지속적 또는 반복적으로 참여시키는 행위를 한 범죄에 대하여 **신분을 비공개**하고 범인으로 추정되는 자들에게 접근하여 **범죄행위의 증거 및 자료 등을 수집할 수 있다**(동법 제25조의2 제1항 제1호).

④ (×) 사법경찰관리가 디지털 성범죄에 대한 신분위장수사를 할 때 **신분을 위장하기 위한** 문서, 도화 및 전자기록 등의 작성, 변경 또는 행사를 할 수 있고, **아동·청소년성착취물을 소지, 판매 또는 광고도 할 수 있다(없다×)**(동법 제25조의2 제2항 제1호·제3호).

891 「아동·청소년의 성보호에 관한 법률」에 대한 설명으로 옳은 것은 모두 몇 개인가? ●A급 24 순경1차

㉠ 아동·청소년성착취물을 제작한 자에 대한 미수범 처벌규정이 있다.

㉡ 폭행 또는 협박으로 아동·청소년을 강간할 목적으로 예비 또는 음모한 자에 대한 처벌규정이 있다.

㉢ 아동·청소년의 성을 사는 행위를 한 자에 대한 미수범 처벌규정이 있다.

㉣ 13세 미만의 사람에 대하여 강간죄를 범한 경우에는 공소시효를 적용하지 않는다.

① 1개 ② 2개
③ 3개 ④ 4개

해설

옳은 설명은 ㉠, ㉡, ㉣, **3개**이다.

㉠ (○) **아동·청소년성착취물을 제작**한 자에 대한 **미수범 처벌**규정이 있다.

㉡ (○) **폭행 또는 협박으로** 아동·청소년을 강간할 목적으로 **예비 또는 음모**한 자에 대한 **처벌규정이 있다.**

㉢ (×) 아동·청소년의 **성을 사는 행위**를 한 자에 대한 **미수범 처벌규정이 없다(있다×).**

㉣ (○) **13세 미만**의 사람에 대하여 **강간죄**를 범한 경우에는 **공소시효를 적용하지 않는다.**

🔒 890 ④ 891 ③

Tip 아동·청소년대상 성범죄의 미수범 처벌규정

미수범 처벌○	① 폭행 또는 협박으로 아동·청소년을 강간(제7조 제1항) ② 아동·청소년에 대하여 폭행이나 협박으로 유사성행위(제7조 제2항) ③ 위계 또는 위력으로써 아동·청소년을 간음하거나 아동·청소년을 추행(제7조 제5항) ④ 아동·청소년성착취물을 제작·수입·수출(제11조 제1항) ⑤ 아동·청소년성착취물을 이용하여 그 아동·청소년을 협박(제11조의2 제1항) ⑥ 아동·청소년 매매행위(제12조) ⑦ 19세 이상의 사람이 성적 착취를 목적으로 아동·청소년에게 성적 욕망이나 수치심 또는 혐오감을 유발할 수 있는 대화를 지속적 또는 반복적으로 하거나 그러한 대화에 지속적 또는 반복적으로 참여시키는 행위(제15조의2 제1항 제1호) ⑧ 아동·청소년에 대한 강요행위(제14조 제1항) 1. 폭행이나 협박으로 아동·청소년으로 하여금 아동·청소년의 성을 사는 행위의 상대방이 되게 한 자 2. 선불금, 그 밖의 채무를 이용하는 등의 방법으로 아동·청소년을 곤경에 빠뜨리거나 위계 또는 위력으로 아동·청소년으로 하여금 아동·청소년의 성을 사는 행위의 상대방이 되게 한 자 3. 업무·고용이나 그 밖의 관계로 자신의 보호 또는 감독을 받는 것을 이용하여 아동·청소년으로 하여금 아동·청소년의 성을 사는 행위의 상대방이 되게 한 자 4. 영업으로 아동·청소년을 아동·청소년의 성을 사는 행위의 상대방이 되도록 유인·권유한 자
미수범 처벌×	① 아동·청소년의 성을 사는 행위 ② 아동·청소년의 성을 사는 행위의 상대방이 되도록 유인·권유한 자 ③ 아동·청소년의 성을 사는 행위의 장소를 제공하는 행위를 업으로 하는 자 ④ 아동·청소년의 성을 사는 행위를 알선하거나 정보통신망에서 알선정보를 제공하는 행위를 업으로 하는 자 ⑤ 영업으로 아동·청소년의 성을 사는 행위를 하도록 유인·권유 또는 강요한 자 ⑥ 아동·청소년 성착취물을 판매·대여·배포·제공·소지·운반·전시·상영하는 행위 ⑦ 장애인인 아동·청소년에 대한 간음 등 ⑧ 13세 이상 16세 미만 아동·청소년에 대한 간음 등 ⑨ 폭행이나 협박으로 아동·청소년대상 성범죄의 피해자 또는 보호자를 상대로 합의를 강요

892 「아동·청소년의 성보호에 관한 법률」상 미수범으로 처벌되는 경우는? ●A급 20 경위

① 아동·청소년의 성을 사는 행위의 장소를 제공하는 행위를 업으로 하는 자

② 폭행이나 협박으로 아동·청소년으로 하여금 아동·청소년의 성을 사는 행위의 상대방이 되게 한 자

③ 아동·청소년의 성을 사는 행위를 알선하는데 사용되는 사실을 알면서도 자금·토지 또는 건물을 제공하는 자

④ 영업으로 아동·청소년의 성을 사는 행위의 장소를 제공·알선하는 업소에 아동·청소년을 고용하도록 한 자

해설

① (×) 아동·청소년의 성을 사는 행위의 장소를 제공하는 행위를 업으로 하는 자(동법 제15조 제1항 제1호) – 미수범 처벌규정 없다.

② (○) 폭행이나 협박으로 아동·청소년으로 하여금 아동·청소년의 성을 사는 행위의 상대방이 되게 한 자(동법 제14조 제4항) – 미수범으로 처벌된다.

③ (×) 아동·청소년의 성을 사는 행위를 알선하는데 사용되는 사실을 알면서도 자금·토지 또는 건물을 제공하는 자(동법 제15조 제1항 제3호) – 미수범 처벌규정 없다.

④ (×) 영업으로 아동·청소년의 성을 사는 행위의 장소를 제공·알선하는 업소에 아동·청소년을 고용하도록 한 자(동법 제15조 제1항 제4호) – 미수범 처벌규정 없다.

 892 ②

893 「아동·청소년의 성보호에 관한 법률」의 내용으로 가장 적절하지 않은 것은? ●A급 23 특공

① 아동·청소년성착취물 제작·수입·수출한 행위의 미수범은 처벌하지 않는다.

② 「성폭력범죄의 처벌 등에 관한 특례법」 제9조 제1항의 죄(강간 등 살인)를 범한 경우에는 공소시효를 적용하지 않는다.

③ 음주 또는 약물로 인한 심신장애 상태에서 아동·청소년 대상 성폭력범죄를 범한 때에는 「형법」상 심신장애자, 청각 및 언어장애인 감면규정을 적용하지 아니할 수 있다.

④ 법무부장관은 제21조 제2항에 따라 수강명령 또는 이수명령을 선고받아 그 집행을 마친 사람에 대하여 그 효과를 평가하기 위하여 아동·청소년대상 성범죄 재범여부를 조사할 수 있다.

해설

① (×) 아동·청소년성착취물 제작·수입·수출한 행위의 미수범은 처벌한다(하지 않는다×).

② (○) 「성폭력범죄의 처벌 등에 관한 특례법」 제9조 제1항의 죄(강간 등 살인)를 범한 경우에는 공소시효를 적용하지 않는다(동법 제20조 제4항 제3호).

③ (○) 음주 또는 약물로 인한 심신장애 상태에서 아동·청소년 대상 성폭력범죄를 범한 때에는 「형법」상 심신장애자, 청각 및 언어장애인 감면규정을 적용하지 아니할 수 있다(동법 제19조).

④ (○) 법무부장관은 제21조 제2항에 따라 수강명령 또는 이수명령을 선고받아 그 집행을 마친 사람에 대하여 그 효과를 평가하기 위하여 아동·청소년대상 성범죄 재범여부를 조사할 수 있다(동법 제21조의2 제1항).

894 「아동·청소년의 성보호에 관한 법률」에 대한 설명 중 가장 적절하지 않은 것은? ●A급 20 승진

① 아동·청소년성착취물을 제작한 자는 무기징역 또는 5년 이상의 유기징역에 처하며, 그 미수범 처벌규정을 두고 있다.

② 법원은 아동·청소년대상 성범죄를 범한 「소년법」 제2조의 소년에 대하여 형의 선고를 유예하는 경우에는 반드시 보호관찰을 명하여야 한다.

③ '아동·청소년의 성을 사는 행위의 장소를 제공하는 행위를 업으로 하는 자'에 대한 처벌규정보다 '폭행이나 협박으로 아동·청소년 대상 성범죄의 피해자를 상대로 합의를 강요한 자'에 대한 처벌규정이 중하다.

④ 노래와 춤 등으로 손님의 유흥을 돋구는 접객행위는 아동·청소년의 성을 사는 행위가 아니다.

해설

① (○) 아동·청소년성착취물을 제작한 자는 무기징역 또는 5년 이상의 유기징역에 처하며, 그 미수범 처벌규정을 두고 있다.

② (○) 법원은 아동·청소년대상 성범죄를 범한 「소년법」 제2조의 소년에 대하여 형의 선고를 유예하는 경우에는 반드시 보호관찰을 명하여야 한다(동법 제21조 제1항).

③ (×) '아동·청소년의 성을 사는 행위의 장소를 제공하는 행위를 업으로 하는 자'(7년 이상의 유기징역)에 대한 처벌규정(처벌규정보다×)이 '폭행이나 협박으로 아동·청소년 대상 성범죄의 피해자를 상대로 합의를 강요한 자'(7년 이하의 유기징역)에 대한 처벌규정보다 중하다.

④ (○) 노래와 춤 등으로 손님의 유흥을 돋구는 접객행위는 아동·청소년의 성을 사는 행위가 아니다.

🔒 893 ① 894 ③

895 「아동·청소년의 성보호에 관한 법률」에 대한 설명으로 가장 적절하지 않은 것은? (다툼이 있는 경우 판례에 의함)

●A급 21 승진

① 아동·청소년이 이미 성매매 의사를 가지고 있었던 경우에도 그러한 아동·청소년에게 금품이나 그 밖의 재산상 이익, 직무·편의제공 등 대가를 제공하거나 약속하는 등의 방법으로 성을 팔도록 권유하는 행위는 동법에서 말하는 '성을 팔도록 권유하는 행위'에 포함된다.

② 아동·청소년의 '성을 사는 행위'를 알선하는 행위를 업으로 하는 사람이 알선의 대상이 아동·청소년임을 인식하면서 알선행위를 하였더라도, 아동·청소년의 성을 사는 행위를 한 사람이 상대방이 아동·청소년임을 인식하지 못하였다면 「아동·청소년의 성보호에 관한 법률」 위반으로 처벌할 수 없다.

③ 성을 사는 행위를 알선하는 행위를 업으로 하는 자가 성매매 알선을 위한 종업원을 고용하면서 고용대상자에 대하여 연령 확인의무 이행을 다하지 아니한 채 아동·청소년을 고용하였다면, 특별한 사정이 없는 한 적어도 아동·청소년의 성을 사는 행위의 알선에 관한 미필적 고의는 인정된다.

④ 아동·청소년의 성을 사기 위하여 아동·청소년을 유인하거나 성을 팔도록 권유한 행위(동법 제13조 제2항)는 미수범 처벌규정이 없다.

해설

① (○) 아동·청소년이 **이미 성매매 의사를 가지고 있었던 경우에도** 그러한 아동·청소년에게 금품이나 그 밖의 재산상 이익, 직무·편의제공 등 대가를 제공하거나 약속하는 등의 방법으로 성을 팔도록 권유하는 행위는 동법에서 말하는 **'성을 팔도록 권유하는 행위'에 포함된다.**

② (×) 아동·청소년의 '성을 사는 행위'를 **알선하는 행위를 업으로 하는 사람**이 알선의 대상이 **아동·청소년임을 인식하면서 알선행위를 하였다면**, 아동·청소년의 성을 사는 행위를 한 사람이 상대방이 아동·청소년임을 인식하지 못하였다 하더라도 「**아동·청소년의 성보호에 관한 법률**」 위반으로 처벌할 수 있다(없다×).

③ (○) 성을 사는 행위를 **알선하는 행위를 업으로 하는 자**가 성매매 알선을 위한 종업원을 고용하면서 고용대상자에 대하여 연령 확인의무 이행을 다하지 아니한 채 **아동·청소년을 고용하였다면**, 특별한 사정이 없는 한 적어도 아동·청소년의 성을 사는 행위의 **알선에 관한 미필적 고의는 인정된다.**

④ (○) 아동·청소년의 **성을 사기 위하여** 아동·청소년을 **유인하거나 성을 팔도록 권유**한 행위(동법 제13조 제2항)는 **미수범 처벌규정이 없다.**

제10절 실종아동등의 보호 및 지원에 관한 법률과 실종아동등 및 가출인 업무처리 규칙

[시행 2025.8.28.]   [시행 2024.9.27.]

896 「실종아동등의 보호 및 지원에 관한 법률」상 용어의 정의에 관한 설명 중 가장 적절하지 않은 것은?

●A급 22 법학

① "아동등"이란 실종 당시 18세 미만인 아동, 「장애인복지법」 제2조의 장애인 중 지적장애인, 자폐성장애인 또는 정신장애인, 「치매관리법」 제2조 제2호의 치매환자를 말한다.

② "실종아동등"이란 약취·유인 또는 유기되거나 사고를 당하거나 길을 잃는 등의 사유로 인하여 보호자로부터 이탈된 아동등을 말한다. 다만, 가출한 경우는 제외한다.

🔒 895 ② 896 ②

③ "보호자"란 친권자, 후견인이나 그 밖에 다른 법률에 따라 아동등을 보호하거나 부양할 의무가 있는 사람을 말한다. 다만, 동법 제2조 제4호의 보호시설의 장 또는 종사자는 제외한다.

④ "보호시설"이란 「사회복지사업법」 제2조 제4호에 따른 사회복지시설 및 인가 · 신고 등이 없이 아동등을 보호하는 시설로서 사회복지시설에 준하는 시설을 말한다.

해설

① (○) **"아동등"**이란 **실종 당시 18세 미만**인 아동, 「장애인복지법」 제2조의 장애인 중 **지적장애인, 자폐성장애인 또는 정신장애인**, 「치매관리법」 제2조 제2호의 **치매환자**를 말한다.

② (×) **"실종아동등"**이란 **약취 · 유인 또는 유기**되거나 **사고**를 당하거나 **가출하거나(가출한 경우는 제외한다×)** 길을 잃는 등의 사유로 인하여 **보호자로부터 이탈된 아동등**을 말한다.

③ (○) **"보호자"**란 친권자, 후견인이나 그 밖에 다른 법률에 따라 아동등을 **보호하거나 부양할 의무가 있는 사람**을 말한다. 다만, 동법 제2조 제4호의 **보호시설의 장 또는 종사자는 제외한다.**

④ (○) **"보호시설"**이란 「사회복지사업법」 제2조 제4호에 따른 사회복지시설 및 **인가 · 신고 등이 없이** 아동등을 보호하는 시설로서 **사회복지시설에 준하는 시설**을 말한다.

---

897 「실종아동등 및 가출인 업무처리규칙」상 정의규정에 관한 설명으로 적절하지 않은 것은 모두 몇 개인가? ●A급 26 경위

> 가. 찾는실종아동등 : 보호자가 찾고 있는 실종아동등을 말한다.
> 나. 보호실종아동등 : 보호자가 확인되지 않아 경찰관이 보호하고 있는 실종아동등을 말한다.
> 다. 장기실종아동등 : 보호자로부터 이탈한 지 48시간이 경과한 후에도 발견되지 않은 찾는실종아동등을 말한다.
> 라. 가출인 : 실종 당시 보호자로부터 이탈된 18세 이상의 사람을 말한다.
> 마. 발견지 : 실종아동등 또는 가출인을 발견하여 보호 중인장소를 말하며, 발견한 장소와 보호 중인 장소가 서로 다른 경우에는 보호 중인 장소를 말한다.

① 1개 ② 2개 ③ 3개 ④ 4개

해설

적절하지 않은 것은 **다, 라, 2개**이다.

가. (○) **찾는실종아동등 : 보호자가 찾고 있는** 실종아동등을 말한다(동규칙 제2조 제3호).

나. (○) **보호실종아동등 : 보호자가 확인되지 않아** 경찰관이 보호하고 있는 실종아동등을 말한다(동규칙 제2조 제4호).

다. (×) **장기실종아동등** : 보호자로부터 **신고를 접수한 지(이탈한 지×) 48시간이 경과**한 후에도 **발견되지 않은 찾는실종아동등**을 말한다(동규칙 제2조 제5호).

라. (×) **가출인 : 신고 당시(실종 당시×)** 보호자로부터 이탈된 18세 이상의 사람을 말한다(동규칙 제2조 제6호).

  Tip '**아동등**'이란 **실종 당시 18세 미만** 아동, 지적 · 자폐성 · 정신장애인, 치매환자를 말한다(동규칙 제2조 제1호).

마. (○) **발견지** : 실종아동등 또는 가출인을 **발견하여 보호 중인장소**를 말하며, **발견한 장소와 보호 중인 장소가 서로 다른 경우에는 보호 중인 장소**를 말한다(동규칙 제2조 제8호).

🔒 897 ②

898 「실종아동등의 보호 및 지원에 관한 법률」과 「실종아동등 및 가출인 업무처리 규칙」에 관한 설명 중 옳은 것은 모두 몇 개인가?

●A급 22 순경2차

> ㉠ '장기실종아동등'이라 함은 보호자로부터 이탈한 지 48시간이 경과한 후에도 발견되지 않은 '찾는 실종아동등'을 말한다.
> ㉡ 경찰관서의 장은 실종아동등의 발생 신고를 접수하면 24시간 이내에 수색 또는 수사의 실시여부를 결정하여야 한다.
> ㉢ 발견된 18세 미만 아동 및 가출인의 경우, 실종아동등 프로파일링시스템에 등록된 자료는 수배 해제 후로부터 10년간 보관한다.
> ㉣ 실종아동등 프로파일링시스템에 등록된 미발견자의 자료는 소재 발견시까지 보관한다.
> ㉤ 경찰관서의 장은 실종아동등에 대하여 「실종아동등 및 가출인 업무처리 규칙」 제18조에 따른 현장 탐문 및 수색 후, 그 결과를 즉시 보호자에게 통보하여야 한다. 이후에는 실종아동등 프로파일링시스템에 등록한 날로부터 1개월까지는 15일에 1회, 1개월이 경과한 후부터는 분기별 1회 보호자에게 추적 진행사항을 통보한다.

① 1개
② 2개
③ 3개
④ 4개

해설

옳은 설명은 ㉣, ㉤, **2개**이다.

㉠ (×) '장기실종아동등'이라 함은 **신고를 접수한 지**(보호자로부터 이탈한 지×) 48시간이 경과한 후에도 발견되지 않은 '찾는실종아동등'을 말한다(동규칙 제2조).

㉡ (×) 경찰관서의 장은 실종아동등의 발생 **신고를 접수하면 지체없이**(24시간 이내×) 수색 또는 **수사의 실시여부를 결정하여야 한다**(동규칙 제9조 제1항).

㉢ (×) **발견된 18세 미만 아동 및 가출인**의 경우, 실종아동등 프로파일링시스템에 등록된 자료는 수배 해제 후로부터 **5년간**(10년간×) **보관**한다(동규칙 제7조 제3항 제1호).

Tip 실종아동등 프로파일링시스템에 등록된 자료의 보존기간(동규칙 제7조 제3항)

발견된 18세 미만 아동 및 가출인	수배 해제 후로부터 **5년간** 보관
발견된 **지적·자폐성·정신장애인 및 치매환자**	수배 해제 후로부터 **10년간** 보관
미발견자	**소재 발견시까지 보관**
보호시설 무연고자	**본인 요청시**

다만, 대상자가 **사망**하거나 **보호자가 삭제를 요구**한 경우는 **즉시 삭제하여야 한다.**

㉣ (○) 실종아동등 프로파일링시스템에 등록된 **미발견자의 자료는 소재 발견시까지 보관**한다(동규칙 제7조 제3항 제3호).

㉤ (○) 경찰관서의 장은 실종아동등에 대하여 「실종아동등 및 가출인 업무처리 규칙」 제18조에 따른 **현장 탐문 및 수색 후**, 그 결과를 **즉시 보호자에게 통보**하여야 한다. 이후에는 실종아동등 프로파일링시스템에 등록한 날로부터 **1개월까지는 15일에 1회**, 1개월이 경과한 후부터는 **분기별 1회** 보호자에게 추적 진행사항을 통보한다(동규칙 제11조 제5항).

🔒 898 ②

899 실종아동등에 대한 설명으로 가장 적절하지 않은 것은?  22 승진

① 「실종아동등 및 가출인 업무처리 규칙」상 '장기실종아동등'이란 보호자로부터 신고를 접수한 지 48시간이 경과한 후에도 발견되지 않은 찾는실종아동등을 말한다.

② 「실종아동등 및 가출인 업무처리 규칙」상 '발견지'는 실종아동등 또는 가출인을 발견하여 보호 중인 장소를 말하며, 발견한 장소와 보호 중인 장소가 서로 다른 경우에는 발견한 장소를 말한다.

③ 「실종아동등 및 가출인 업무처리 규칙」상 경찰관서의 장은 실종아동등 또는 가출인에 대한 신고를 접수한 후, 신고대상자가 수사기관으로부터 지명수배 또는 지명통보된 사람에 해당하는 경우에는 신고 내용을 실종아동등 프로파일링시스템에 입력하지 않을 수 있다.

④ 「실종아동등의 보호 및 지원에 관한 법률」상 경찰관서의 장은 실종아동등(범죄로 인한 경우 제외)의 조속한 발견을 위하여 「위치정보의 보호 및 이용 등에 관한 법률」에 따른 개인위치 정보사업자에게 실종아동등의 위치 확인에 필요한 개인위치정보 등의 제공을 요청할 수 있다.

해설

① (○) 「실종아동등 및 가출인 업무처리 규칙」상 **'장기실종아동등'**이란 보호자로부터 **신고를 접수한 지 48시간이 경과**한 후에도 발견되지 않은 **찾는실종아동등**을 말한다(동규칙 제2조 제5호).

② (×) 「실종아동등 및 가출인 업무처리 규칙」상 **'발견지'**는 실종아동등 또는 가출인을 발견하여 **보호 중인 장소**를 말하며, 발견한 장소와 보호 중인 장소가 서로 다른 경우에는 **보호 중인 장소(발견한 장소×)**를 말한다(동규칙 제2조 제8호).

③ (○) 「실종아동등 및 가출인 업무처리 규칙」상 경찰관서의 장은 실종아동등 또는 가출인에 대한 신고를 접수한 후, 신고대상자가 수사기관으로부터 **지명수배 또는 지명통보된 사람에 해당하는 경우**에는 신고 내용을 실종아동등 **프로파일링시스템에 입력하지 않을 수 있다**(동규칙 제7조 제2항 제2호).

④ (○) 「실종아동등의 보호 및 지원에 관한 법률」상 경찰관서의 장은 실종아동등(범죄로 인한 경우를 제외한다)의 조속한 발견을 위하여 필요한 때에는 「위치정보의 보호 및 이용 등에 관한 법률」 제5조 제7항에 따른 **개인위치정보사업자에게** 실종아동등의 위치 확인에 필요한 「위치정보의 보호 및 이용 등에 관한 법률」 제2조 제2호에 따른 개인위치정보, 「인터넷주소자원에 관한 법률」 제2조 제1호에 따른 인터넷주소 및 「통신비밀보호법」 제2조 제11호 마목·사목에 따른 통신사실확인자료(이하 **"개인위치정보등"**이라 한다)의 **제공을 요청할 수 있다**. 이 경우 경찰관서의 장의 **요청을 받은 자는** 「통신비밀보호법」 제3조에도 불구하고 **정당한 사유가 없으면 이에 따라야 한다**(동법률 제9조 제2항 제1호).

900 「실종아동등의 보호 및 지원에 관한 법률」에 대한 설명으로 가장 적절한 것은?  19 승진

① 경찰관서의 장은 실종아동등의 발생 신고를 접수하면 24시간 내에 수색 또는 수사의 실시 여부를 결정하여야 한다.

② 경찰관서의 장은 실종아동등(범죄로 인한 경우 포함)의 조속한 발견을 위하여 필요한 때에는 「위치정보의 보호 및 이용 등에 관한 법률」에 따른 개인위치정보사업자에게 실종아동등의 개인위치정보의 제공을 요청할 수 있다.

③ 업무에 관계없이 아동을 보호하는 자는 신고의무자에 해당한다.

④ '아동등'은 실종 당시 18세 미만인 아동과 「장애인복지법」 제2조의 장애인 중 지적장애인, 자폐성장애인 또는 정신장애인, 「치매관리법」 제2조 제2호의 치매환자를 말한다.

🔒 899 ② 900 ④

① (×) 경찰관서의 장은 실종아동등의 발생 **신고를 접수하면** 지체 없이(24시간×) 수색 또는 수사의 **실시 여부를 결정하여야 한다.**

② (×) **경찰관서의 장은** 실종아동등[범죄로 인한 경우 제외(포함×)]의 조속한 발견을 위하여 필요한 때에는 「위치정보의 보호 및 이용 등에 관한 법률」에 따른 **개인위치정보사업자에게** 실종아동등의 **개인위치정보의 제공을 요청할 수 있다.**

③ (×) **업무·고용 등의 관계로 사실상**(관계없이×) **아동등을 보호·감독하는 사람은 신고의무자에 해당한다.**

④ (○) '아동등'은 실종 당시 18세 미만인 아동과 「장애인복지법」 제2조의 장애인 중 **지적장애인, 자폐성장애인 또는 정신장애인**, 「치매관리법」 제2조 제2호의 **치매환자를** 말한다.

---

901 「실종아동등의 보호 및 지원에 관한 법률」 및 「실종아동등 및 가출인 업무처리 규칙」에 대한 설명 중 가장 적절한 것은?　●A급 20 승진

① 「실종아동등 및 가출인 업무처리 규칙」상 '장기실종아동등'이란 실종된 지 48시간이 경과한 후에도 발견되지 않은 찾는실종아동등을 말한다.

② 「실종아동등의 보호 및 지원에 관한 법률」상 「의료법」 제3조에 따른 의료기관의 장 또는 의료인은 신고의무자에 해당한다.

③ 「실종아동등 및 가출인 업무처리 규칙」 제7조 제2항에 따라 보호시설 무연고자는 실종아동등 프로파일링시스템에 입력하지 않을 수 있다.

④ 「실종아동등의 보호 및 지원에 관한 법률」상 '아동등'이란 약취·유인 또는 유기되거나 사고를 당하거나 가출하거나 길을 잃는 등의 사유로 인하여 보호자로부터 이탈된 아동등을 말한다.

① (×) 「실종아동등 및 가출인 업무처리 규칙」상 '**장기실종아동등**'이란 **신고를 접수한 지**(실종된 지×) **48시간이 경과**한 후에도 발견되지 않은 **찾는실종아동등을** 말한다.

② (○) 「실종아동등의 보호 및 지원에 관한 법률」상 「의료법」 제3조에 따른 **의료기관의 장 또는 의료인은 신고의무자에 해당한다.**

③ (×) 「실종아동등 및 가출인 업무처리 규칙」 제7조 제2항에 따라 **보호시설 무연고자**는 실종아동등 프로파일링시스템에 **입력하는 대상이다**(입력하지 않을 수 있다×).

④ (×) 「실종아동등의 보호 및 지원에 관한 법률」상 '**실종아동등**'(아동등×)이란 약취·유인 또는 유기되거나 사고를 당하거나 가출하거나 길을 잃는 등의 사유로 인하여 **보호자로부터 이탈된 아동등을 말한다**(동법 제2조 제2호).

　🔵Tip "**아동등**"이란 「실종아동등의 보호 및 지원에 관한 법률」 제2조 제1호에 따른 **실종 당시 18세 미만 아동, 지적·자폐성·정신장애인, 치매환자를** 말한다.

---

902 「실종아동등의 보호 및 지원에 관한 법률」 및 「실종아동등 및 가출인 업무처리 규칙」에 대한 설명으로 가장 적절한 것은?　●A급 19 승진

① 「실종아동등 및 가출인 업무처리 규칙」상 '발견지'란 실종아동등 또는 가출인을 발견하여 보호 중인 장소를 말하며, 발견한 장소와 보호 중인 장소가 서로 다른 경우에는 발견한 장소를 말한다.

② 「실종아동등의 보호 및 지원에 관한 법률」상 '보호자'란 친권자, 후견인, 보호시설의 장이나 그 밖에 다른 법률에 따라 아동등을 보호 또는 부양할 의무가 있는 자를 말한다.

🔒 901 ② 　902 ④

③ 경찰관서의 장은 실종아동등(범죄로 인한 경우를 포함한다)의 조속한 발견을 위하여 필요한 때에는 개인위치정보사업자에게 실종아동등의 개인위치정보의 제공을 요청할 수 있다.

④ 보호시설의 장 또는 그 종사자는 그 직무를 수행하면서 실종아동등임을 알게 되었을 때에는 경찰청장이 구축하여 운영하는 신고체계로 지체 없이 신고하여야 한다.

해설

① (×) 「실종아동등 및 가출인 업무처리 규칙」상 '발견지'란 실종아동등 또는 가출인을 발견하여 보호 중인 장소를 말하며, 발견한 장소와 보호 중인 장소가 서로 다른 경우에는 **보호 중인 장소(발견한 장소×)**를 말한다(동규칙 제2조 제8호).

② (×) 「실종아동등의 보호 및 지원에 관한 법률」상 '**보호자**'란 친권자, 후견인, (보호시설의 장×)이나 그 밖에 다른 법률에 따라 아동등을 보호하거나 부양할 의무가 있는 사람을 말한다. 다만, **보호시설의 장 또는 종사자는 제외한다**(동법 제2조 제3호).

③ (×) 경찰관서의 장은 실종아동등[**범죄로 인한 경우를 제외(포함×)한다**]의 조속한 발견을 위하여 필요한 때에는 개인위치정보사업자에게 실종아동등의 개인위치정보의 제공을 요청할 수 있다(동법 제9조 제2항).

④ (○) **보호시설의 장 또는 그 종사자는** 그 직무를 수행하면서 **실종아동등임을 알게 되었을 때**에는 경찰청장이 구축하여 운영하는 신고체계로 **지체 없이 신고하여야 한다**(동법 제6조 제1항).

903 「실종아동등의 보호 및 지원에 관한 법률」에 대한 설명으로 가장 적절하지 않은 것은? **●A급** 25 순경1차

① 「사회복지사업법」 제14조에 따른 사회복지전담공무원은 그 직무를 수행하면서 실종아동등임을 알게 되었을 때에는 「실종아동등의 보호 및 지원에 관한 법률」 제3조 제2항 제1호에 따라 경찰청장이 구축하여 운영하는 신고체계로 지체 없이 신고하여야 한다.

② 경찰청장은 실종아동등의 조속한 발견과 복귀를 위하여 아동등의 보호자가 신청하는 경우 아동등의 지문 및 얼굴 등에 관한 정보를 「실종아동등의 보호 및 지원에 관한 법률」 제8조의2에 따른 정보시스템에 등록하고 아동등의 보호자에게 사전신고증을 발급할 수 있다.

③ 경찰청장은 실종아동등의 발견을 위하여 실종아동등을 찾고자 하는 가족으로부터 유전자검사 대상물을 채취할 수 있다.

④ 경찰관서의 장과 경찰관서에 종사하거나 종사하였던 자는 실종아동등을 찾기 위한 목적으로 제공받은 개인위치정보등을 실종아동등을 찾기 위한 목적 외의 용도로 이용하여서는 아니 되며, 경찰관서의 장은 목적을 달성하였을 때에는 1년 간 보관하여야 한다.

해설

① (○) 「사회복지사업법」 제14조에 따른 **사회복지전담공무원은** 그 직무를 수행하면서 실종아동등임을 **알게 되었을 때**에는 「실종아동등의 보호 및 지원에 관한 법률」 제3조 제2항 제1호에 따라 경찰청장이 구축하여 운영하는 신고체계로 **지체 없이 신고하여야 한다**(동법 제6조 제1항).

② (○) **경찰청장**은 실종아동등의 조속한 발견과 복귀를 위하여 아동등의 **보호자가 신청**하는 경우 아동등의 **지문 및 얼굴 등에 관한 정보를** 「실종아동등의 보호 및 지원에 관한 법률」 제8조의2에 따른 정보시스템에 **등록**하고 아동등의 보호자에게 **사전신고증을 발급할 수 있다**(동법 제7조의2 제1항).

③ (○) **경찰청장**은 실종아동등의 발견을 위하여 실종아동등을 찾고자 하는 **가족으로부터 유전자검사대상물을 채취할 수 있다**(동법 제11조 제1항).

④ (×) 경찰관서의 장과 경찰관서에 종사하거나 종사하였던 자는 실종아동등을 찾기 위한 목적으로 제공받은 개인위치정보등을 실종아동등을 찾기 위한 목적 외의 용도로 이용하여서는 아니 되며, **경찰관서의 장은** 목적을 달성하였을 때에는 **지체 없이 파기(1년 간 보관×)하여야 한다**(동법 제9조의2 제2항).

 903 ④

904 「경비업법」 제2조 정의에 관한 설명 중 가장 적절하지 않은 것은?  22 순경1차

① '시설경비업무'란 경비를 필요로 하는 시설 및 장소(이하 "경비대상시설"이라 한다)에서의 도난·화재 그 밖의 혼잡 등으로 인한 위험발생을 방지하는 업무를 말한다.

② '호송경비업무'란 운반 중에 있는 현금·유가증권·귀금속·상품 그 밖의 물건에 대하여 도난·화재 등 위험발생을 방지하는 업무를 말한다.

③ '신변보호업무'란 사람의 생명·신체·재산에 대한 위해의 발생을 방지하고 그 신변을 보호하는 업무를 말한다.

④ '기계경비업무'란 경비대상시설에 설치한 기기에 의하여 감지·송신된 정보를 그 경비대상시설외의 장소에 설치한 관제시설의 기기로 수신하여 도난·화재 등 위험발생을 방지하는 업무를 말한다.

해설

① (○) '**시설경비업무**'란 경비를 필요로 하는 시설 및 장소(이하 "**경비대상시설**"이라 한다)에서의 도난·화재 그 밖의 혼잡 등으로 인한 위험발생을 방지하는 업무를 말한다.

② (○) '**호송경비업무**'란 운반 중에 있는 **현금·유가증권·귀금속·상품** 그 밖의 물건에 대하여 도난·화재 등 위험발생을 방지하는 업무를 말한다.

③ (×) '**신변보호업무**'란 사람의 **생명·신체(재산×)**에 대한 위해의 발생을 방지하고 그 **신변을 보호**하는 업무를 말한다(동법 제2조 제1호 다목).

④ (○) '**기계경비업무**'란 경비대상시설에 **설치한 기기에 의하여 감지·송신된 정보**를 그 **경비대상시설외의 장소**에 설치한 **관제시설의 기기로 수신하여** 도난·화재 등 위험발생을 방지하는 업무를 말한다.

905 「경비업법」상 경비업에 대한 설명 중 옳은 것을 모두 고른 것은?  20 경위

가. 기계경비업무는 경비대상시설에 설치한 기기에 의하여 감지·송신된 정보를 그 경비대상시설 외의 장소에 설치한 관제시설의 기기로 수신하여 도난·화재 등 위험발생을 방지하는 업무이다.

나. 신변보호업무는 사람의 생명이나 신체에 대한 위해의 발생을 방지하고 그 신변을 보호하는 업무이다.

다. 특수경비업무는 공항(항공기를 제외한다) 등 대통령령이 정하는 국가중요시설의 경비 및 도난·화재 그 밖의 위험발생을 방지하는 업무이다.

라. 혼잡경비업무는 경비를 필요로 하는 시설 및 장소에서의 도난·화재 그 밖의 혼잡 등으로 인한 위험발생을 방지하는 업무이다.

① 가
② 가, 나
③ 가, 나, 다
④ 가, 나, 다, 라

🔒 904 ③ 905 ②

해설

옳은 설명은 **가, 나, 2개**이다.

가. (○) **기계경비업무**는 경비대상시설에 설치한 기기에 의하여 감지·송신된 정보를 **그 경비대상시설 외의 장소에** 설치한 관제시설의 **기기로 수신**하여 도난·화재 등 위험발생을 방지하는 업무이다.

나. (○) **신변보호업무**는 사람의 생명이나 신체에 대한 위해의 발생을 방지하고 그 **신변을 보호하는 업무**이다.

다. (×) **특수경비업무**는 공항(**항공기를 포함**(제외×)**한다**) 등 대통령령이 정하는 **국가중요시설**의 경비 및 도난·화재 그 밖의 위험발생을 방지하는 업무이다.

라. (×) **시설경비**(혼잡경비×)**업무**는 **경비를 필요로 하는 시설 및 장소**에서의 도난·화재 그 밖의 혼잡 등으로 인한 위험발생을 방지하는 업무이다.

906 「경비업법」에 관한 설명으로 가장 적절하지 않은 것은?

 ●C급 24 승진

① 주주총회와 관련하여 이해대립이 있어 다툼이 있는 장소, 100명 이상의 사람이 모이는 국제·문화·예술·체육 행사장, 「행정대집행법」에 따라 대집행을 하는 장소는 집단민원현장에 해당한다.

② 경비업을 영위하고자 하는 법인은 도급받아 행하고자 하는 경비업무를 특정하여 그 법인의 주사무소의 소재지를 관할하는 시·도경찰청장의 허가를 받아야 한다.

③ 금고 이상의 형의 선고유예를 받고 그 유예기간 중에 있는 자는 경비지도사의 결격사유에 해당한다.

④ 경비업의 허가를 받으려는 법인이 갖추어야 할 요건 중 시설경비업무의 경비인력 요건은 경비원 10명 이상 및 경비지도사 1명 이상이다.

해설

① (○) 주주총회와 관련하여 이해대립이 있어 다툼이 있는 장소, **100명 이상**의 사람이 모이는 국제·문화·예술·체육 행사장, 「행정대집행법」에 따라 대집행을 하는 장소는 **집단민원현장**에 해당한다(동법 제2조 제5호).

② (○) 경비업을 영위하고자 하는 법인은 도급받아 행하고자 하는 경비업무를 특정하여 그 법인의 **주사무소의 소재지를 관할**하는 **시·도경찰청장의 허가**를 받아야 한다. 도급받아 행하고자 하는 경비업무를 변경하는 경우에도 또한 같다(동법 제4조 제1항).

③ (×) **금고 이상의 형의 집행유예**(선고유예×)를 받고 그 유예기간 중에 있는 자는 경비지도사의 결격사유에 해당한다(동법 제10조 제1항 제4호).

④ (○) 경비업의 허가를 받으려는 법인이 갖추어야 할 요건 중 **시설경비업무**의 경비인력 요건은 **경비원 10명 이상** 및 **경비지도사 1명 이상**이다(동법 제4조 제2항 제2호 가목).

🔒 906 ③

CHAPTER 02 수사경찰

제1절 수사 일반

907 「검사와 사법경찰관의 상호협력과 일반적 수사준칙에 관한 규정」[시행 2023.11.1.]에 대한 설명으로 가장 적절한 것은?
●C급 21 순경2차

① 검사는 사법경찰관에게 수사경합에 따른 사건송치를 요구할 때에는 그 내용과 이유를 구체적으로 적은 서면으로 해야 하며, 사법경찰관은 요구를 받은 날부터 10일 이내에 사건을 검사에게 송치해야 한다.

② 사법경찰관은 수사중지 결정을 한 경우 7일 이내에 사건기록을 검사에게 송부해야 한다. 이 경우 검사는 사건기록을 송부받은 날부터 30일 이내에 반환해야 한다.

③ 검사는 사법경찰관으로부터 송치받은 사건에 대해 보완수사가 필요하다고 인정하는 경우에는 직접 보완수사를 하는 것을 원칙으로 한다. 다만, 필요가 있다고 인정되는 경우에는 사법경찰관에게 보완수사를 요구할 수 있다.

④ 검사는 사법경찰관에게 재수사를 요청하려는 경우에는 관계 서류와 증거물을 송부받은 날부터 90일 이내에 해야 하며, 90일이 지난 후에는 불송치 결정에 영향을 줄 수 있는 명백히 새로운 증거 또는 사실이 발견된 경우를 제외하고 재수사를 요청할 수 없다.

해설

① (×) **검사는 사법경찰관에게** 수사경합에 따른 **사건송치를 요구할 때**에는 그 내용과 이유를 구체적으로 적은 **서면으로** 해야 하며, **사법경찰관은 요구를 받은 날부터 7일**(10일×) **이내에** 사건을 **검사에게 송치**해야 한다(동규정 제49조 제1항·제2항).

② (○) 사법경찰관은 수사중지 결정을 한 경우 **7일 이내**에 사건기록을 검사에게 **송부**해야 한다. 이 경우 **검사는** 사건기록을 송부받은 날부터 **30일 이내**에 **반환**해야 하며, 그 기간 내에 시정조치요구를 할 수 있다(동규정 제51조 제4항).

③ (×) **검사는** 사법경찰관으로부터 송치받은 사건에 대해 **보완수사가 필요하다고 인정**하는 경우에는 **직접 보완수사를 하거나**(직접 보완수사를 하는 것을 원칙으로 한다×) 형사소송법 제197조의2 제1항 제1호에 따라 **사법경찰관에게 보완수사를 요구할 수 있다**(동규정 제59조 제1항).

  Tip 검사는 법 제197조의2 제1항에 따른 **보완수사요구 여부를 판단하는 경우** 필요한 보완수사의 정도, 수사 진행 기간, 구체적 사건의 성격에 따른 수사 주체의 적합성 및 **검사와 사법경찰관의 상호 존중과 협력**의 취지 등을 종합적으로 고려한다(동규정 제59조 제2항).

④ (×) **검사는** 사법경찰관에게 **재수사를 요청하려는 경우**에는 관계 서류와 증거물을 송부받은 날부터 **90일 이내**에 해야 하며, 불송치 결정에 영향을 줄 수 있는 **명백히 새로운 증거** 또는 사실이 발견된 경우, 증거 등의 허위, 위조 또는 변조를 인정할 만한 **상당한 정황**이 있는 경우에는 관계 서류와 증거물을 송부받은 날부터 **90일이 지난 후에도 재수사를 요청할 수 있다**(없다×).

 907 ②

제2절 피의자 유치 및 호송 규칙[시행 2025.6.3.]

908 「피의자 유치 및 호송 규칙」에 관한 설명으로 가장 적절하지 않은 것은?   ●C급 24 순경1차

① 외표검사란 죄질이 경미하고 동작과 언행에 특이사항이 없으며 위험물 등을 은닉하고 있지 않다고 판단되는 유치인에 대하여는 신체 등의 외부를 눈으로 확인하고 손으로 가볍게 두드려 만져 검사하는 것을 말한다.

② 동시에 2명 이상의 피의자를 입감시킬 때에는 경위 이상 경찰관이 입회하여 순차적으로 입감시켜야 한다.

③ 신체 등의 검사는 동성의 유치인보호관이 실시하여야 한다. 다만, 여성유치인보호관이 없을 경우에는 미리 지정하여 신체 등의 검사방법을 교양 받은 여성경찰관으로 하여금 대신하게 할 수 있다.

④ 호송은 원칙적으로 일출 전 또는 일몰 후에 할 수 없다.

해설

① (○) **외표검사**란 죄질이 경미하고 동작과 언행에 특이사항이 없으며 위험물 등을 은닉하고 있지 않다고 판단되는 유치인에 대하여는 신체 등의 **외부를 눈으로 확인하고 손으로 가볍게 두드려 만져 검사**하는 것을 말한다.

② (×) **동시에 3명(2명×) 이상**의 피의자를 입감시킬 때에는 **경위 이상** 경찰관이 **입회**하여 순차적으로 입감시켜야 한다 (동규칙 제7조 제1항).

③ (○) **신체 등의 검사**는 동성의 **유치인보호관이 실시**하여야 한다. 다만, **여성유치인보호관이 없을 경우**에는 **미리 지정**하여 신체 등의 검사방법을 교양 받은 **여성경찰관으로 하여금 대신**하게 할 수 있다.

④ (○) **호송**은 원칙적으로 **일출 전 또는 일몰 후에 할 수 없다.**

909 「피의자 유치 및 호송 규칙」상 피의자 유치 및 호송에 대한 설명 중 가장 적절하지 않은 것은?

●C급 22 승진

① 간이검사란 일반적으로 유치인에 대하여는 탈의막 안에서 속옷은 벗지 않고 신체검사의를 착용(유치인의 의사에 따른다)하도록 한 상태에서 위험물 등의 은닉여부를 검사하는 것을 말한다.

② 피의자를 유치장에 입감시키거나 출감시킬 때에는 유치인보호주무자가 발부하는 피의자입(출)감지휘서에 의하여야 하며 동시에 3명 이상의 피의자를 입감시킬 때에는 경위 이상 경찰관이 입회하여 순차적으로 입감시켜야 한다.

③ 호송관은 호송 중 피호송자가 도망하였을 때 도주한 자에 관한 호송관계서류 및 금품을 인수관서에 보관해야 한다.

④ 피호송자의 금전, 유가증권은 호송관서에서 인수관서에 직접 송부하나, 소액의 금전, 유가증권 또는 당일로 호송을 마칠 수 있을 때에는 호송관에게 탁송할 수 있다.

🔒 908 ② 909 ③

① (○) **간이검사**란 일반적으로 유치인에 대하여는 탈의막 안에서 **속옷은 벗지 않고** 신체검사의를 착용(유치인의 의사에 따른다)하도록 한 상태에서 위험물 등의 은닉여부를 검사하는 것을 말한다.

② (○) 피의자를 유치장에 입감시키거나 출감시킬 때에는 유치인보호주무자가 발부하는 피의자입(출)감지휘서에 의하여야 하며 **동시에 3명 이상**의 피의자를 입감시킬 때에는 **경위 이상** 경찰관이 입회하여 순차적으로 입감시켜야 한다.

③ (×) 호송관은 호송 중 **피호송자가 도망하였을 때** 도주한 자에 관한 호송관계서류 및 금품을 **호송관서(인수관서×)에 보관**하여야 한다(동규칙 제65조 제1호 다목).

④ (○) **피호송자의 금전, 유가증권은 호송관서에서 인수관서에 직접 송부**하나, **소액의 금전**, 유가증권 또는 당일로 호송을 마칠 수 있을 때에는 **호송관에게 탁송할 수 있다.**

910 「피의자 유치 및 호송 규칙」에 대한 설명 중 옳지 않은 것은 모두 몇 개인가?  C급 20 경위

> 가. 호송관은 피호송자를 숙박시켜야 할 사유가 발생하였을 때에는 체류지 관할 경찰서 유치장 또는 교도소를 이용하여야 한다.
>
> 나. 호송관은 반드시 호송주무관의 지휘에 따라 포박한 후 피호송자에 대하여 안전호송에 필요한 신체검색을 실시하여야 한다.
>
> 다. 피호송자의 수용장소를 다른 곳으로 이동하거나 특정 관서에 인계하기 위한 호송을 비상호송이라 한다.
>
> 라. 호송관은 호송근무를 할 때 분사기를 휴대하여야 하며, 호송관서의 장은 특별한 사유가 있는 경우 호송관이 총기를 휴대하도록 하여야 한다.
>
> 마. 일출 전 또는 일몰 후에는 호송이 항상 금지된다.
>
> 바. 금전·유가증권은 호송관에게 탁송하고, 물품은 호송관서에서 인수관서에 직접 송부함이 원칙이다.

① 2개   ② 3개   ③ 4개   ④ 5개

틀린 설명은 **나, 다, 라, 마, 바, 5개**이다.

가. (○) 호송관은 **피호송자를 숙박**시켜야 할 사유가 발생하였을 때에는 **체류지 관할 경찰서 유치장 또는 교도소를 이용**하여야 한다(동규칙 제66조 제1항).

나. (×) 호송관은 반드시 호송주무관의 지휘에 따라 **포박하기 전(포박한 후×)**에 피호송자에 대하여 안전호송에 필요한 **신체검색을 실시**하여야 한다(동규칙 제49조 제1항).

다. (×) 피호송자의 **수용장소를 다른 곳으로 이동**하거나 특정 관서에 인계하기 위한 호송을 **이감호송(비상호송×)**이라 한다.
> **Tip** "비상호송"이라 함은 **전시, 사변** 또는 이에 준하는 **국가비상 사태**나 천재, 지변에 있어서 피호송자를 다른 곳에 수용하기 위한 호송을 말한다.

라. (×) 호송관은 **호송근무를 할 때**에는 **분사기를 휴대하여야 하며**, 호송관서의 장은 특별한 사유가 있는 경우 호송관이 **총기를 휴대하도록 할 수 있다(하여야 한다×)**(동규칙 제70조).

마. (×) 호송은 일출 전 또는 일몰 후에 할 수 없다. **다만, 기차, 선박 및 차량을 이용하는 때 또는 특별한 사유가 있는 때에는 그러하지 아니한다(항상 금지된다×)**(동규칙 제54조).

바. (×) **금전, 유가증권은 호송관서에서 인수관서에 직접 송부한다(호송관에게 탁송×)**. 다만 **소액의 금전, 유가증권 또는 당일로 호송을 마칠 수 있을 때에는 호송관에게 탁송**할 수 있다(동규칙 제53조 제1호). **물품은 호송관에게 탁송한다(직접 송부×)**. 다만, 위험한 물품 또는 호송관이 휴대하기에 부적당한 발송관서에서 인수관서에 직접 송부할 수 있다(동규칙 제53조 제3호).

 910 ④

제3절 변사사건 및 지문

911 지문의 종류에 대한 설명으로 가장 적절하지 않은 것은? ●C급 20 특공

① 혈액, 잉크, 먼지 등이 손가락 끝에 묻은 후 피사체에 인상된 지문은 '정상지문(正常指紋)'이라고 한다.

② '준현장지문'이라 함은 범죄현장 이외의 장소에서 채취된 지문을 말한다.

③ 현장지문 또는 준현장지문 중에서 범인 이외의 자(피해자, 현장 출입자 등)가 남긴 것으로 추정되는 지문은 '유류지문'이라고 한다.

④ '현장지문'이라 함은 범죄현장에서 채취한 지문을 말한다.

해설

① (○) 혈액, 잉크, 먼지 등이 손가락 끝에 묻은 후 **피사체에 인상된 지문**은 '**정상지문**'이라고 한다.

② (○) '**준현장지문**'이라 함은 **범죄현장 이외의 장소**에서 **채취된 지문**을 말한다.

③ (×) 현장지문 또는 준현장지문 중에서 **범인 이외의 자**(피해자, 현장 출입자 등)가 남긴 것으로 추정되는 지문은 '**관계자지문**'(유류지문×)이라고 한다.

　🔑Tip '**유류지문**'이란 현장지문 또는 준현장지문 중에서 **관계자지문을 제외**한 남은 지문을 말하는 것으로 보통 **범인으로 추정되는 자의 지문**이나 공범자의 지문이 이에 포함된다.

④ (○) '**현장지문**'이라 함은 **범죄현장**에서 **채취한 지문**을 말한다.

🔑Tip 지문의 종류

현장지문	현재지문	정상지문	이화학적인 가공을 하지 않고서도 **육안으로 식별되는 지문**을 말하는 것으로 손끝에 혈액·잉크·먼지 등 이물질이 손가락 끝에 묻어서 인상된 지문
		역지문	먼지 쌓인 물체, 연한 점토, 마르지 않은 도장면에 인상된 지문을 가리키는 것으로 선의 **고랑과 이랑이 반대로 현출되는 지문**
	잠재지문		인상된 그대로의 상태로는 **육안으로 식별되지 않고 이화학적 가공을 해야 보이게 되는 지문**
준현장지문			범인의 침입경로, 도주경로 및 예비장소 등에서 발견된 지문 또는 전당포, 금은방 등에 비치된 거래대장에 압날된 지문 등 피의자 발견을 위하여 **범죄현장 이외의 장소**에서 채취한 지문
관계자지문			현장지문, 준현장지문 중에서 **범인이 아닌 사람**(사건수사에 관련된 사람, 현장출입자 등)이 남긴 것으로 추정되는 지문
유류지문			현장지문 또는 준현장지문 중에서 **관계자지문을 제외한 남은 지문**으로 보통 **범인이 남기고 간 것**으로 추정되는 지문이나 공범자의 지문이 이에 포함된다.

🔒 911 ③

912 「성폭력범죄의 처벌 등에 관한 특례법」에 대한 설명으로 가장 적절한 것은?  19 승진

① 카메라등이용촬영죄는 디엔에이(DNA)증거 등 그 죄를 증명할 수 있는 과학적인 증거가 있는 때에는 공소시효가 10년 연장된다.

② 경찰청장은 각 경찰서장으로 하여금 성폭력범죄 전담 사법경찰관을 지정하도록 하여 특별한 사정이 없으면 이들로 하여금 피의자를 조사하게 하여야 한다.

③ 13세인 사람에 대하여 강간죄를 범한 경우에는 공소시효를 적용하지 아니한다.

④ 신체적인 장애가 있는 사람에 대하여 강제추행죄를 범한 경우에는 공소시효를 적용하지 아니한다.

해설

① (×) **카메라등이용촬영죄**는 디엔에이(DNA)증거 등 그 죄를 증명할 수 있는 과학적인 증거가 있는 때에 **공소시효가 10년 연장이 되는 대상범죄가 아니다(연장된다×)**(동법 제21조 제2항).

Tip 강간, 강제추행, 강간등 상해·치상, 강간등 살인·치사, 미성년자등에 대한 간음·추행, 업무상위력등에 의한 간음, 강도강간 등의 범죄는 디엔에이(DNA)증거 등 그 죄를 증명할 수 있는 **과학적인 증거**가 있는 때에는 **공소시효가 10년 연장**된다(동법 제21조 제2항).

② (×) **경찰청장**은 각 경찰서장으로 하여금 **성폭력범죄 전담 사법경찰관을 지정**하도록 하여 특별한 사정이 없으면 이들로 하여금 **피해자(피의자×)를 조사**하게 하여야 한다(동법 제26조 제2항).

③ (×) **13세 미만의 사람(13세인 사람×)**에 대하여 **강간죄**를 범한 경우에는 **공소시효를 적용하지 아니한다**(동법 제21조 제3항).

④ (○) 신체적인 또는 정신적인 **장애가 있는 사람**에 대하여 **강제추행죄**를 범한 경우에는 **공소시효를 적용하지 아니한다**(동법 제21조 제3항).

913 「성폭력범죄의 처벌 등에 관한 특례법」에 대한 설명으로 가장 적절한 것은?  20 순경2차

① 수사기관은 「성폭력범죄의 처벌 등에 관한 특례법」 제3조부터 제8조까지, 제10조 및 제15조(제9조의 미수범은 제외한다) 및 15조의2에 따른 범죄의 피해자를 증인으로 신문하는 경우에 검사, 피해자 또는 그 법정대리인이 신청할 때에는 재판에 지장을 줄 우려가 있는 등 부득이한 경우가 아니면 피해자와 신뢰관계에 있는 사람을 동석하게 하여야 한다.

② 모든 성폭력범죄 피해자를 조사하는 경우에 진술 내용과 조사 과정을 비디오녹화기 등 영상물 녹화장치로 촬영·보존하여야 한다.

③ 경찰청장은 각 경찰서장으로 하여금 성폭력범죄 전담 사법경찰관을 지정하도록 하여 특별한 사정이 없으면 이들로 하여금 피의자를 조사하게 하여야 한다.

④ 수사기관은 성폭력범죄의 피해자를 조사할 때 피해자가 편안한 상태에서 진술할 수 있는 환경을 조성하여야 하며, 조사 횟수는 1회로 마쳐야 한다.

🔒 912 ④ 913 ①

해설

① (○) **수사기관은** 「성폭력범죄의 처벌 등에 관한 특례법」 제3조부터 제8조까지, 제10조 및 제15조(제9조의 미수범은 제외한다) 및 15조의2에 따른 범죄의 피해자 또는 19세미만피해자등을 증인으로 신문하는 경우에 **검사, 피해자 또는 그 법정대리인이 신청할 때에는** 재판에 지장을 줄 우려가 있는 등 부득이한 경우가 아니면 피해자와 **신뢰관계에 있는 사람을 동석하게 하여야 한다**(동법 제34조 제1항).

② (×) 검사 또는 사법경찰관은 **19세미만피해자**등(모든 성폭력범죄 피해자×)의 진술 내용과 조사 과정을 영상녹화장치로 녹화(녹음이 포함된 것을 말하며, 이하 "영상녹화"라 한다)하고, 그 **영상녹화물을 보존하여야 한다**(동법 제30조 제1항).

③ (×) 경찰청장은 각 **경찰서장**으로 하여금 **성폭력범죄 전담 사법경찰관을 지정**하도록 하여 특별한 사정이 없으면 이들로 하여금 **피해자**(피의자×)를 **조사**하게 하여야 한다(동법 제26조 제2항).

④ (×) 수사기관과 법원은 성폭력범죄의 피해자를 조사하거나 심리·재판할 때 피해자가 편안한 상태에서 진술할 수 있는 환경을 조성하여야 하며, **조사 및 심리·재판 횟수는** 필요한 범위에서 **최소한**(1회×)으로 하여야 한다(동법 제29조 제2항).

914 「성폭력범죄의 처벌 등에 관한 특례법」의 신상정보 등록 등에 대한 내용으로 가장 적절하지 않은 것은?　●A급 18 순경1차

① 등록대상자가 6개월 이상 국외에 체류하기 의하여 출국하는 경우에는 미리 관할경찰관서의 장에게 허가를 받아야 한다.

② 신상정보 등록의 원인이 된 성범죄로 형의 선고를 유예받은 사람이 선고유예를 받은 날부터 2년이 경과하여 「형법」 제60조에 따라 면소된 것으로 간주되면 신상정보 등록을 면제한다.

③ 등록대상자의 신상정보의 등록·보존 및 관리 업무에 종사하거나 종사하였던 자는 직무상 알게 된 등록정보를 누설하여서는 아니 된다.

④ 등록정보의 공개는 여성가족부장관이 집행하고, 법무부장관은 등록정보의 공개에 필요한 정보를 여성가족부장관에게 송부하여야 한다.

해설

① (×) **등록대상자가 6개월 이상 국외에 체류**하기 위하여 **출국하는 경우**에는 미리 **관할경찰관서의 장에게** 체류국가 및 체류기간 등을 **신고**(허가×)하여야 한다(동법 제43조의2 제1항).

② (○) 신상정보 등록의 원인이 된 성범죄로 형의 선고를 우예받은 사람이 **선고유예를 받은 날부터 2년이 경과**하여 「형법」 제60조에 따라 **면소된 것으로 간주되면 신상정보 등록을 면제한다**(동법 제45조의2 제1항).

③ (○) 등록대상자의 신상정보의 등록·보존 및 관리 업무에 종사하거나 **종사하였던 자는** 직무상 알게 된 등록정보를 **누설하여서는 아니 된다**(동법 제48조).

④ (○) 등록정보의 **공개는 여성가족부장관**이 집행하고, **법무부장관은** 등록정보의 공개에 필요한 **정보를 여성가족부장관에게 송부**하여야 한다(동법 제47조 제2항·제3항).

915 「성폭력범죄의 처벌 등에 관한 특례법」에 대한 설명으로 옳은 것은?　●A급 20 경위 변형

① 등록대상자가 6개월 이상 국외에 체류하기 위하여 출국하는 경우에는 미리 관할 경찰관서의 장에게 허가를 받아야 한다.

② 경찰청장은 각 경찰서장으로 하여금 성폭력범죄 전담 사법경찰관을 지정하도록 하여 특별한 사정이 없으면 이들로 하여금 피해자를 조사하게 하여야 한다.

🔒 914 ① 915 ②

③ 19세미만피해자등의 진술이 영상녹화된 영상녹화물은 이 법에서 정한 절차와 방식에 따라 영상녹화된 것으로서 증거보전기일, 공판준비기일 또는 공판기일에 그 내용에 대하여 피의자, 피고인 또는 변호인이 피해자에 대한 신문 여부와 관계없이 증거로 할 수 있다. 다만, 증거보전기일에서의 신문의 경우 법원이 피의자나 피고인의 방어권이 보장된 상태에서 피해자에 대한 반대신문이 충분히 이루어졌다고 인정하는 경우로 한정한다.

④ 13세 미만의 사람 및 신체적인 또는 정신적인 장애가 있는 사람에 대하여 강간죄를 범한 경우에는 공소시효가 10년 연장된다.

해설

① (×) 등록대상자가 **6개월 이상 국외에 체류**하기 위하여 **출국**하는 경우에는 **미리 관할 경찰관서의 장에게** 체류국가 및 체류기간 등을 **신고(허가×)하여야 한다**(동법 제43조의2 제1항).

② (○) 경찰청장은 각 **경찰서장**으로 하여금 **성폭력범죄 전담 사법경찰관을 지정**하도록 하여 특별한 사정이 없으면 이들로 하여금 **피해자를 조사**하게 **하여야 한다**(동법 제26조 제2항).

③ (×) **19세미만피해자등의 진술이 영상녹화된 영상녹화물은** 이 법에서 정한 절차와 방식에 따라 영상녹화된 것으로서 증거보전기일, 공판준비기일 또는 공판기일에 그 내용에 대하여 **피의자, 피고인 또는 변호인이 피해자를 신문할 수 있었던 경우에(신문 여부와 관계없이×) 증거로 할 수 있다**. 다만, 증거보전기일에서의 신문의 경우 법원이 피의자나 피고인의 방어권이 보장된 상태에서 피해자에 대한 **반대신문이 충분히 이루어졌다고 인정하는 경우로 한정한다**(동법 제30조의2 제1항 제1호).

④ (×) **13세 미만**의 사람 및 신체적인 또는 정신적인 **장애가 있는 사람**에 대하여 강간죄를 범한 경우에는 **공소시효를 적용하지 아니한다(10년 연장된다×)**(동법 제21조 제3항).

---

916 「성폭력범죄의 처벌 등에 관한 특례법」상 신상정보 등록 및 제출에 관한 설명으로 가장 적절하지 않은 것은?

●A급 25 승진

① 등록대상자는 등록대상 성범죄의 유죄판결이나 약식명령 또는 공개명령이 확정된 날부터 30일 이내에 성명, 주민등록번호, 주소 및 실제거주지, 직업 및 직장 등의 소재지, 연락처, 신체정보, 소유차량의 등록번호 등 기본신상정보를 자신의 주소지를 관할하는 경찰관서의 장에게 제출하여야 한다.

② 등록대상자는 제출한 기본신상정보가 변경된 경우에는 그 사유와 변경내용을 변경사유가 발생한 날부터 20일 이내에 자신의 주소지를 관할하는 경찰관서의 장에게 제출하여야 한다.

③ 등록대상자에 대한 기본신상정보를 법무부장관에게 송달할 때에 관할경찰관서의 장은 등록대상자에 대한 「형의 실효 등에 관한 법률」에 따른 범죄경력자료를 함께 송달하여야 한다.

④ 등록대상자는 최초 등록일부터 1년마다 주소지를 관할하는 경찰관서에 출석하여 경찰관서의 장으로 하여금 자신의 정면·좌측·우측 상반신 및 전신 컬러사진을 촬영하여 전자기록으로 저장·보관하도록 하여야 한다.

해설

① (○) 등록대상자는 등록대상 성범죄의 유죄판결이나 약식명령 또는 공개명령이 **확정된 날부터 30일 이내**에 성명, 주민등록번호, 주소 및 실제거주지, 직업 및 직장 등의 소재지, 연락처, 신체정보, 소유차량의 등록번호 등 **기본신상정보를** 자신의 주소지를 관할하는 **경찰관서의 장에게 제출**하여야 한다(동법 제43조 제1항).

② (○) 등록대상자는 제출한 **기본신상정보가 변경된 경우**에는 그 사유와 변경내용을 변경사유가 발생한 날부터 **20일 이내**에 자신의 주소지를 관할하는 **경찰관서의 장에게 제출**하여야 한다(동법 제43조 제3항).

 916 ④

③ (○) 등록대상자에 대한 기본신상정보를 **법무부장관에게 송달할 때**에 관할경찰관서의 장은 등록대상자에 대한 「형의 실효 등에 관한 법률」에 따른 **범죄경력자료를** 함께 송달하여야 한다(동법 제43조 제6항).

④ (×) 등록대상자는 제1항에 따라 **기본신상정보를 제출한 경우에는 그 다음 해부터 매년 12월 31일까지(최초 등록일부터 1년마다×)** 주소지를 관할하는 **경찰관서에 출석하여** 경찰관서의 장으로 하여금 자신의 정면·좌측·우측 상반신 및 전신 **컬러사진을 촬영하여** 전자기록으로 **저장·보관하도록 하여야 한다**(동법 제43조 제4항).

---

917 「성폭력범죄의 처벌 등에 관한 특례법」상 19세미만피해자등 진술 내용 등의 영상녹화 및 보존 등에 관한 설명으로 가장 적절하지 않은 것은? (다툼이 있는 경우 판례에 의함)　●A급 25 승진

① 사법경찰관은 19세미만피해자등의 진술 내용과 조사 과정을 영상녹화장치로 녹화(녹음이 포함된 것을 말한다)하고, 그 영상녹화물을 보존하여야 한다.

② 촬영한 영상물에 수록된 피해자의 진술은 공판준비기일 또는 공판기일에 조사과정에 동석하였던 신뢰관계에 있는 자의 진술에 의하여 그 성립의 진정함이 인정된 때에는 증거로 할 수 있다.

③ 사법경찰관은 영상녹화를 마쳤을 때에는 지체 없이 피해자 또는 변호사 앞에서 봉인하고 피해자로 하여금 기명날인 또는 서명하게 하여야 한다.

④ 사법경찰관은 피해자가 녹화장소에 도착한 시각, 녹화를 시작하고 마친 시각, 그 밖에 녹화과정의 진행경과를 확인하기 위하여 필요한 사항을 조서 또는 별도의 서면에 기록한 후 수사기록에 편철하여야 한다.

> **해설**
>
> ① (○) 사법경찰관은 **19세미만피해자등의 진술** 내용과 조사 과정을 **영상녹화장치로 녹화(녹음이 포함**된 것을 말한다)하고, 그 영상녹화물을 **보존하여야 한다**(동법 제30조 제1항).
>
> ② (×) 촬영한 영상물에 수록된 피해자의 진술은 **공판준비기일 또는 공판기일에** 그 내용에 대하여 피의자, 피고인 또는 **변호인이 피해자를 신문할 수 있었던 경우(**조사과정에 동석하였던 신뢰관계에 있는 자의 진술에 의하여 그 성립의 진정함이 인정된 때×)**에는** 증거로 할 수 있다(동법 제30조의2 제1항 제1호).
>
> 🚩**Tip** 영상녹화물의 증거능력 특례(동법 제302조의2 제1항)
>
> > ① 19세미만피해자등의 진술이 영상녹화된 영상녹화물은 같은 조 제4항부터 제6항까지에서 정한 절차와 방식에 따라 영상녹화된 것으로서 다음 각 호의 어느 하나의 경우에 증거로 할 수 있다.
> >
> > > 1. 증거보전기일, 공판준비기일 또는 공판기일에 그 내용에 대하여 피의자, 피고인 또는 변호인이 **피해자를 신문할 수 있었던 경우.** 다만, 증거보전기일에서의 신문의 경우 법원이 피의자나 피고인의 방어권이 보장된 상태에서 **피해자에 대한 반대신문이 충분히 이루어졌다고 인정하는 경우로** 한정한다.
> > > 2. 19세미만피해자등이 사망, 외국 거주, 신체적, 정신적 질병·장애, 소재불명, 그 밖에 이에 준하는 사유로 공판준비기일 또는 공판기일에 **출석하여 진술할 수 없는 경우.** 다만, 영상녹화된 진술 및 영상녹화가 **특별히 신빙(信憑)할 수 있는 상태에서 이루어졌음이 증명된 경우로** 한정한다.
>
> ③ (○) 사법경찰관은 **영상녹화를 마쳤을 때에는 지체 없이** 피해자 또는 변호사 **앞에서 봉인**하고 **피해자로 하여금 기명날인 또는 서명하게 하여야 한다**(동법 제30조 제4항).
>
> ④ (○) 사법경찰관은 피해자가 녹화장소에 도착한 시각, 녹화를 시작하고 마친 시각, 그 밖에 녹화과정의 진행경과를 확인하기 위하여 필요한 사항을 조서 또는 별도의 서면에 기록한 후 **수사기록에 편철하여야 한다**(동법 제30조 제5항·제6항).

 917 ②

제5절 특정중대범죄 피의자 등 신상정보 공개에 관한 법률[시행 2024.1.25.]

918 「특정중대범죄 피의자 등 신상정보 공개에 관한 법률」에 대한 설명으로 옳은 것은 모두 몇 개인가?

A급 24 순경2차

㉠ 검사와 사법경찰관은 이 법상 신상정보 공개 요건을 모두 갖춘 특정중대범죄사건의 피의자의 얼굴, 성명 및 나이를 공개할 수 있다. 다만, 피의자가 미성년자인 경우에는 공개하지 아니할 수 있다.
㉡ 검사와 사법경찰관은 이 법상 신상정보 공개를 결정할 때에는 범죄의 중대성, 범행 후 정황, 피해자 보호 필요성, 피해자(피해자가 사망한 경우 피해자의 유족을 포함한다)의 의사 등을 종합적으로 고려하여야 한다.
㉢ 법무부장관은 이 법상 신상정보 공개 여부에 관한 사항을 심의하기 위하여 신상정보공개심의위원회를 둘 수 있다.
㉣ 수사 및 재판 단계에서 신상정보의 공개에 대하여는 다른 법률의 규정이 있는 경우 그 법률에 따른다.

① 없음 ② 1개
③ 2개 ④ 3개

해설

옳은 설명은 ㉡, **1개**이다.

㉠ (×) **검사와 사법경찰관은** 이 법상 신상정보 공개 요건을 모두 갖춘 특정중대범죄사건의 피의자의 얼굴, 성명 및 나이를 **공개할 수 있다**. 다만, 피의자가 **미성년자인 경우에는 공개하지 아니한다**(**아니할 수 있다×**)(동법 제4조 제1항).

Tip 신상정보 공개요건(동법 제4조 제1항)

1. 범행수단이 **잔인하고 중대한 피해**가 발생하였을 것(제2조 제3호부터 제6호까지의 죄에 한정한다)
2. 피의자가 그 죄를 범하였다고 믿을 만한 **충분한 증거**가 있을 것
3. 국민의 알권리 보장, 피의자의 재범 방지 및 범죄예방 등 **오로지 공공의 이익을 위하여** 필요할 것

㉡ (○) 검사와 사법경찰관은 이 법상 신상정보 공개를 결정할 때에는 범죄의 중대성, 범행 후 정황, 피해자 보호 필요성, **피해자(피해자가 사망한 경우 피해자의 유족을 포함한다)**의 의사 등을 **종합적으로 고려하여야 한다**.

㉢ (×) **검찰총장 및 경찰청장(법무부장관×)**은 이 법상 신상정보 **공개 여부**에 관한 사항을 심의하기 위하여 **신상정보공개심의위원회**를 **둘 수 있다**(동법 제8조 제1항).

㉣ (×) 수사 및 재판 단계에서 신상정보의 공개에 대하여는 다른 법률의 규정에도 불구하고 **이 법을 우선 적용한다(그 법률에 따른다×)**(동법 제3조).

918 ②

919 「특정중대범죄 피의자 등 신상정보 공개에 관한 법률」상 피의자의 신상정보에 대한 설명이다. 아래 가.부터 라.까지의 설명 중 옳고 그름의 표시(O, ×)가 바르게 된 것은? ●A급 25 경위

> 가. 검사는 이 법상 신상정보 공개요건을 모두 갖춘 특정중대 범죄사건의 피의자에 대하여 법원에 신상정보 공개를 청구할 수 있다. 다만, 피의자가 미성년자인 경우에는 제외한다.
>
> 나. 검사와 사법경찰관은 피의자의 얼굴을 공개하기 위하여 필요한 경우 피의자를 식별할 수 있도록 피의자의 얼굴을 촬영할 수 있다. 이 경우 신상정보공개심의위원회에서 피의자의 의견을 청취해야 한다.
>
> 다. 검사와 사법경찰관은 피의자에게 신상정보 공개를 통지한 날부터 5일 이상의 유예기간을 두고 신상정보를 공개하여야 한다. 다만, 피의자가 신상정보 공개 결정에 대하여 서면으로 이의 없음을 표시한 때에는 유예기간을 두지 아니할 수 있다.
>
> 라. 신상정보를 공개하는 피의자의 얼굴은 특별한 사정이 없으면 공개 결정일 전후 30일 이내의 모습으로 한다. 이 경우 검사와 사법경찰관은 다른 법령에 따라 적법하게 수집·보관하고 있는 사진, 영상물 등이 있는 때에는 이를 활용하여 공개할 수 있다.

① 가.(O)　　나.(O)　　다.(O)　　라.(O)

② 가.(O)　　나.(×)　　다.(O)　　라.(×)

③ 가.(×)　　나.(×)　　다.(O)　　라.(O)

④ 가.(×)　　나.(O)　　다.(O)　　라.(×)

해설

가. (×) **검사와 사법경찰관은** 이 법상 **신상정보 공개요건을 모두 갖춘** 특정중대 범죄사건의 피의자에 대하여 **신상정보(법원에 청구×)를 공개할 수 있다.** 다만, 피의자가 **미성년자인 경우에는 제외**한다(동법 제4조 제1항).

나. (×) 검사와 사법경찰관은 **피의자의 얼굴을 공개**하기 위하여 필요한 경우 피의자를 식별할 수 있도록 **피의자의 얼굴을 촬영할 수 있다.** 이 경우 **피의자는 이에 따라야 한다**(신상정보공개심의위원회에서 피의자의 의견을 청취해야 한다×)(동법 제4조 제5항).

다. (O) 검사와 사법경찰관은 피의자에게 신상정보 **공개를 통지한 날부터 5일 이상**의 유예기간을 두고 신상정보를 공개하여야 한다. 다만, 피의자가 신상정보 공개 결정에 대하여 서면으로 이의 없음을 표시한 때에는 유예기간을 두지 아니할 수 있다(동법 제4조 제7항).

라. (O) 신상정보를 **공개하는 피의자의 얼굴은** 특별한 사정이 없으면 **공개 결정일 전후 30일 이내의** 모습으로 한다. 이 경우 검사와 사법경찰관은 다른 법령에 따라 적법하게 수집·보관하고 있는 사진, 영상물 등이 있는 때에는 이를 활용하여 공개할 수 있다(동법 제4조 제4항).

🔒 919 ③

920 「가정폭력범죄의 처벌 등에 관한 특례법」에 대한 설명 중 가장 적절한 것은? ●A급 23 승진

① "가정구성원"이란 배우자(사실상 혼인관계에 있는 사람은 제외한다) 또는 배우자였던 사람을 의미한다.

② 가정폭력범죄의 형사처벌 절차에 관한 특례를 정하고 가정폭력범죄를 범한 사람에 대하여 환경의 조정과 성행(性行)의 교정을 위한 보호처분을 함으로써 가정폭력범죄로 파괴된 가정의 평화와 안정을 회복하고 건강한 가정을 가꾸며 피해자와 가족구성원의 인권을 보호함을 목적으로 한다.

③ "가정폭력행위자"는 가정폭력범죄를 범한 사람만을 의미하고 가정구성원인 공범은 포함되지 않는다.

④ "가정폭력"이란 가정구성원 사이의 신체적, 정신적 피해를 수반하는 행위를 말하며, 재산상 피해를 수반하는 행위는 "가정폭력"에 해당하지 않는다.

해설

① (×) **가정구성원**이란 배우자(사실상 혼인관계에 있는 사람은 포함(제외×)한다) 또는 배우자였던 사람을 의미한다(동법 제2조 제2호).

② (○) 가정폭력범죄의 형사처벌 절차에 관한 **특례**를 정하고 가정폭력 범죄를 범한 사람에 대하여 환경의 조정과 성행의 교정을 위한 **보호처분**을 함으로써 가정폭력범죄로 파괴된 가정의 평화와 안정을 회복하고 건강한 가정을 가꾸며 **피해자와 가족구성원의 인권을 보호**함을 목적으로 한다(동법 제1조).

③ (×) **가정폭력행위자**는 가정폭력범죄를 범한 사람(가정폭력범죄를 범한 사람만×) 및 가정구성원인 공범을 **포함한다(포함되지 않는다×)**(동법 제2조 제4호).

④ (×) **가정폭력**이란 가정구성원 사이의 **신체적, 정신적** 또는 **재산상** 피해를 수반하는 행위를 말한다. 재산상 피해를 수반하는 행위도 "가정폭력"에 해당한다(해당하지 않는다×).

921 다음 사례에서 「가정폭력범죄의 처벌 등에 관한 특례법」상 A의 "가정구성원"에 해당하지 않는 자는? ●A급 23 경위

> A남은 B녀와 혼인하여 살다가 이혼하였고 C녀는 D남과 혼인하여 살다가 이혼하였다. 그 후 A와 C가 재혼하였다. A에게는 부친 E가 있으며, C에게는 모친 F가 있다. 한편 A의 형제자매로는 남동생 G가 있으며, C의 형제자매로는 여동생 H가 있다. G는 아직 결혼을 하지 않고, 충남 아산에 있는 A와 C의 집에서 같이 살고 있으며, H는 결혼하여 남편과 함께 미국에서 살고 있다.

① B   ② F   ③ G   ④ H

해설

① (○) B는 A와 혼인하여 살다가 이혼한 사람이므로 **A와 '배우자였던 사람'**에 해당하여 이 법상 A의 "가정구성원"에 해당한다.

② (○) F는 A의 현재 배우자인 C의 모친이므로 **A의 '배우자의 직계존속'**에 해당하여 이 법상 A의 "가정구성원"에 해당한다.

③ (○) G는 A의 남동생으로서 **A와 '동거하는 친족'**에 해당하므로 이 법상 A의 "가정구성원"에 해당한다.

④ (×) H는 가정폭력특례법상 친족이 '가정구성원'에 해당하려면 **동거를 하고 있어야 한다.** 하지만, H는 결혼하여 남편과 함께 미국에서 살고 있으므로 **A와 동거하는 친족이 아니다.** 그러므로 **이 법상 A의 '가정구성원'에 해당하지 않는다.**

🔒 920 ②   921 ④

922 「가정폭력범죄의 처벌 등에 관한 특례법」상 가정폭력범죄의 유형에 해당하지 않는 죄는 모두 몇 개인가? ●A급 20 경위

가. 공갈죄	나. 퇴거불응죄	다. 주거·신체 수색죄
라. 중손괴죄	마. 재물손괴죄	바. 중감금죄
사. 약취·유인죄	아. 특수감금죄	자. 아동혹사죄

① 1개   ② 2개   ③ 3개   ④ 4개

해설

보기에서 가정폭력범죄에 해당하지 않는 것은 **라. 중손괴죄, 사. 약취·유인죄, 2개**이다.

Tip 주거침입, 퇴거불응, 특수손괴, 카메라등을 이용한 촬영죄 – 2021년 1월 21일부터 **가정폭력범죄에 포함됨**

Tip 가정폭력범죄에서 제외되는 범죄

살인·강도·절도, 사기·횡령·배임, 약취·유인, 인질강요, 업무방해(공무집행방해), 중손괴, 상해치사상·폭행치사상·체포감금치사상·유기치사상 등

923 다음 중 신고를 받고 출동한 지역경찰관이 「가정폭력범죄의 처벌 등에 관한 특례법」상 가정폭력 사건으로 처리할 수 있는 경우는? ●A급 19 승진

① 甲과 사실혼 관계에 있는 사람이 甲에게 사기죄를 범한 경우
② 乙의 시어머니가 乙의 아들을 약취한 경우
③ 丙과 같이 살고 있는 사촌동생이 丙의 명예를 훼손한 경우
④ 丁의 배우자의 지인이 丁의 재물을 손괴한 경우

해설

① (×) 甲과 사실혼 관계에 있는 사람이 甲에게 사기죄를 범한 경우 – **사실혼 관계**는 동법상 **가정구성원에 해당**되지만, **사기죄**는 동법상 가정폭력범죄에 **해당하지 않기 때문에 가정폭력 사건으로 처리할 수 없다.**
② (×) 乙의 시어머니가 乙의 아들을 약취한 경우 – **시어머니는 직계존속**에 해당하므로 동법상 **가정구성원에 해당**되지만, **약취**를 한 행위는 동법상 가정폭력범죄에 **해당하지 않기 때문에 가정폭력 사건으로 처리할 수 없다.**
③ (○) 丙과 같이 살고 있는 사촌동생이 丙의 명예를 훼손한 경우 – **동거하는 친족**은 동법상 **가정구성원에 해당이 되고**, **명예를 훼손**한 것은 동법상 **가정폭력범죄에도 해당이 되므로 가정폭력 사건으로 처리할 수 있다.**
④ (×) 丁의 배우자의 지인이 丁의 재물을 손괴한 경우 – 동법상 **재물을 손괴**한 행위는 **가정폭력범죄에 해당**되지만, **지인**은 동법상 가정구성원에 **해당되지 않기 때문에 가정폭력사건으로 처리할 수 없다.**

924 「가정폭력범죄의 처벌 등에 관한 특례법」상 가정폭력범죄에 해당하지 않는 것은? ●A급 24 순경1차

① 甲의 아버지가 甲의 명예를 훼손한 경우
② 乙의 계모였던 사람이 乙의 재물을 손괴한 경우
③ 丙과 같이 사는 사촌동생이 丙을 약취·유인한 경우
④ 丁이 이혼한 전 부인을 강간한 경우

🔒 922 ②   923 ③   924 ③

925 「가정폭력범죄의 처벌 등에 관한 특례법」상 가정폭력범죄에 대해 사법경찰관이 취할 수 있는 긴급임시조치로 가장 적절하지 않은 것은? ●A급 23 순경1차

① 국가경찰관서의 유치장 또는 구치소에의 유치
② 피해자 또는 가정구성원이나 그 주거 직장 등에서 100미터 이내의 접근금지
③ 피해자 또는 가정구성원의 주거 또는 점유하는 방실로부터의 퇴거 등 격리
④ 피해자 또는 가정구성원에 대한 「전기통신기본법」 제2조 제1호의 전기통신을 이용한 접근금지

926 「가정폭력범죄의 처벌 등에 관한 특례법」에 대한 설명으로 가장 적절하지 않은 것은? ●A급 21 순경1차

① 가정폭력으로서 출판물 등에 의한 명예훼손, 재물손괴, 유사강간, 주거침입의 죄는 가정폭력범죄에 해당한다.
② 사법경찰관은 「가정폭력범죄의 처벌 등에 관한 특례법」 제5조에 따른 응급조치에도 불구하고 가정폭력범죄가 재발될 우려가 있고, 긴급을 요하여 법원의 임시조치 결정을 받을 수 없을 때에는 직권 또는 피해자나 그 법정대리인의 신청에 의하여 긴급임시조치를 할 수 있다.
③ 법원은 가정폭력행위자에 대하여 유죄판결(선고유예는 제외)을 선고하거나 약식명령을 고지하는 경우에는 200시간의 범위에서 재범예방에 필요한 수강명령(「보호관찰 등에 관한 법률」에 따른 수강명령) 또는 가정폭력 치료프로그램의 이수명령을 병과할 수 있다.
④ 가정폭력범죄 중 아동학대범죄에 대해서는 「청소년 보호법」을 우선 적용한다.

 925 ① 926 ④

927 「가정폭력범죄의 처벌 등에 관한 특례법」에 대한 설명으로 가장 적절하지 않은 것은? ●A급 21 특공

① 사법경찰관은 「가정폭력범죄의 처벌 등에 관한 특례법」 제5조에 따른 응급조치에도 불구하고 가정폭력범죄가 재발될 우려가 있고, 긴급을 요하여 법원의 임시조치 결정을 받을 수 없을 때에는 직권 또는 피해자나 그 법정대리인의 신청에 의하여 긴급임시조치를 하여야 한다.

② '가정폭력'이란 가정구성원 사이의 신체적, 정신적 또는 재산상 피해를 수반하는 행위를 말한다.

③ 가정폭력범죄 중 아동학대범죄에 대해서는 「아동학대범죄의 처벌 등에 관한 특례법」을 우선 적용한다.

④ 법원은 가정폭력행위자에 대하여 유죄판결(선고유예는 제외)을 선고하거나 약식명령을 고지하는 경우에는 200시간의 범위에서 재범예방에 필요한 수강명령(「보호관찰 등에 관한 법률」에 따른 수강명령) 또는 가정폭력 치료프로그램의 이수명령을 병과할 수 있다.

해설

① (×) **사법경찰관은** 「가정폭력범죄의 처벌 등에 관한 특례법」 제5조에 따른 응급조치에도 불구하고 가정폭력범죄가 **재발될 우려가 있고, 긴급을 요하여 법원**의 임시조치 결정을 받을 수 없을 때에는 직권 또는 피해자나 그 법정대리인의 신청에 의하여 **긴급임시조치를 할 수 있다**(하여야 한다×).

② (○) **'가정폭력'**이란 가정구성원 사이의 **신체적, 정신적 또는 재산상 피해를** 수반하는 행위를 말한다.

③ (○) 가정폭력범죄에 대하여는 이 법을 우선 적용한다. 다만, **아동학대범죄에** 대하여는 「**아동학대범죄의 처벌 등에 관한 특례법」을 우선 적용**한다(동법 제3조).

④ (○) **법원은 가정폭력행위자에** 대하여 유죄판결(선고유예는 제외)을 선고하거나 **약식명령을** 고지하는 경우에는 **200시간**의 범위에서 재범예방에 필요한 **수강명령**(「보호관찰 등에 관한 법률」에 따른 수강명령) 또는 가정폭력 치료프로그램의 **이수명령을 병과할 수 있다**(동법 제3조의2 제1항).

928 「가정폭력범죄의 처벌 등에 관한 특례법」에 대한 설명으로 가장 적절하지 않은 것은? ●A급 22 승진

① 사법경찰관은 가정폭력범죄에 대한 응급조치에도 불구하고 가정폭력범죄가 재발될 우려가 있고, 긴급을 요하여 법원의 임시조치 결정을 받을 수 없을 때에는 직권 또는 피해자나 그 법정대리인의 신청에 의하여 긴급임시조치를 할 수 있다.

② 진행 중인 가정폭력범죄에 대하여 신고를 받은 사법경찰관리는 즉시 현장에 나가서 폭력행위의 제지, 가정폭력행위자·피해자의 분리, 현행범인의 체포 등 범죄수사, 피해자를 가정폭력 관련 상담소 또는 보호시설로 인도(피해자가 동의한 경우만 해당), 긴급치료가 필요한 피해자를 의료기관으로 인도, 폭력행위 재발 시 제8조에 따라 임시조치를 신청할 수 있음을 통보, 제55조의2에 따른 피해자보호명령 또는 신변안전조치를 청구할 수 있음을 고지해야 한다.

③ 甲의 배우자였던 乙이 甲에게 폭행을 당한 것을 이유로 112종합 상황실에 가정폭력으로 신고하여 순찰 중이던 경찰관이 출동한 경우, 그 경찰관은 해당 사건에 대해 가정폭력범죄 사건으로 처리할 수 없다.

④ 피해자 또는 그 법정대리인은 가정폭력행위자를 고소할 수 있고, 피해자의 법정대리인이 가정폭력행위자인 경우 또는 가정폭력 행위자와 공동으로 가정폭력범죄를 범한 경우에는 피해자의 친족이 고소할 수 있다.

🔒 927 ① 928 ③

① (O) **사법경찰관은** 가정폭력범죄에 대한 응급조치에도 불구하고 가정폭력범죄가 재발될 우려가 있고, 긴급을 요하여 법원의 임시조치 결정을 받을 수 없을 때에는 직권 또는 피해자나 그 법정 대리인의 신청에 의하여 **긴급임시조치를 할 수 있다.**

② (O) 진행 중인 가정폭력범죄에 대하여 신고를 받은 사법경찰관리는 즉시 현장에 나가서 폭력행위의 **제지**, 가정폭력행위자·피해자의 **분리**, 현행범인의 체포 등 범죄**수사**, 피해자를 가정폭력 관련 **상담소 또는 보호시설로 인도(피해자가 동의한 경우만 해당)**, 긴급치료가 필요한 피해자를 **의료기관으로 인도**, 폭력행위 재발 시 제8조에 따라 **임시조치를 신청할 수 있음을 통보**, 제55조의2에 따른 **피해자보호명령 또는 신변안전조치를 청구할 수 있음을 고지해야 한다**(동법 제5조).

③ (×) 甲의 **배우자였던** 乙이 甲에게 폭행을 당한 것을 이유로 112종합 상황실에 가정폭력으로 신고하여 순찰 중이던 경찰관이 출동한 경우, 그 경찰관은 해당 사건에 대해 **가정폭력범죄 사건으로 처리할 수 있다(없다×).**

> 🇹ip 배우자에는 **사실상 혼인관계에 있는 사람을** 포함하고 '배우자였던' 사람도 **가정구성원에 해당**하므로 가정폭력사건으로 처리할 수 있다(동법 제2조 제2호 가목).

④ (O) **피해자 또는 그 법정대리인은 가정폭력행위자를 고소할 수 있고**, 피해자의 법정대리인이 가정폭력행위자인 경우 또는 가정폭력 행위자와 공동으로 가정폭력범죄를 범한 경우에는 **피해자의 친족이 고소할 수 있다**(동법 제6조 제1항).

> 🇹ip **피해자는** 「형사소송법」 제224조(고소의 제한)에도 불구하고 가정폭력행위자가 **자기 또는 배우자의 직계존속인** 경우에도 **고소할 수 있다.** 법정대리인이 고소하는 경우에도 또한 같다(동법 제6조 제2항).

929 「가정폭력범죄의 처벌 등에 관한 특례법」에 대한 설명으로 적절하지 않은 것은 모두 몇 개인가?

●A급 25 경위

> 가. 피해자에게 고소할 법정대리인이나 친족이 없는 경우에 이해관계인이 신청하면 검사는 10일 이내에 고소할 수 있는 사람을 지정하여야 한다.
>
> 나. 검사는 가정폭력범죄로서 사건의 성질·동기 및 결과, 가정폭력행위자의 성행 등을 고려하여 이 법에 따른 보호처분을 하는 것이 적절하다고 인정하는 경우에는 가정보호사건으로 처리할 수 있다. 이 경우 검사는 피해자의 의사를 존중하여야 한다.
>
> 다. 법원은 가정폭력행위자에 대하여 유죄판결(선고유예는 제외한다)을 선고하거나 약식명령을 고지하는 경우에는 200시간의 범위에서 재범예방에 필요한 수강명령(「보호관찰 등에 관한 법률」에 따른 수강명령을 말한다)을 병과할 수 있다. 이 경우 수강명령은 형의 집행을 유예할 경우에는 그 집행유예기간이 종료된 다음날부터 6개월 이내에 집행한다.
>
> 라. 사법경찰관이 긴급임시조치를 한 때에는 지체 없이 검사에게 임시조치를 신청하고, 신청받은 검사는 법원에 임시조치를 청구하여야 한다. 이 경우 임시조치의 청구는 응급조치를 한 때부터 48시간 이내에 청구하여야 한다.

① 0개 　　② 1개 　　③ 2개 　　④ 3개

틀린 설명은 **다, 라, 2개**이다.

가. (O) 피해자에게 고소할 **법정대리인이나 친족이 없는 경우에** 이해관계인이 신청하면 **검사는 10일 이내에** 고소할 수 있는 사람을 **지정하여야 한다**(동법 제6조 제3항).

나. (O) 검사는 가정폭력범죄로서 사건의 성질·동기 및 결과, 가정폭력행위자의 성행 등을 고려하여 이 법에 따른 **보호처분을 하는 것이 적절하다고 인정하는 경우에는 가정보호사건으로 처리할 수 있다.** 이 경우 검사는 **피해자의 의사를 존중**하여야 한다(동법 제9조 제1항).

🔒 929 ③

다. (×) 법원은 가정폭력행위자에 대하여 **유죄판결(선고유예는 제외한다)**을 선고하거나 **약식명령**을 고지하는 경우에는 **200시간의 범위**에서 재범예방에 필요한 **수강명령**(「보호관찰 등에 관한 법률」에 따른 수강명령을 말한다) 또는 가정폭력 치료프로그램의 **이수명령**을 병과할 수 있다. 이 경우 수강명령은 형의 집행을 유예할 경우에는 그 **집행유예기간 내**(집행유예기간이 종료된 다음날부터 6개월 이내×)에 집행한다.

> **Tip** 수강명령 또는 이수명령은 형의 집행을 유예할 경우에는 그 **집행유예기간 내**에, 징역형의 **실형**을 선고할 경우에는 **형기 내**에, **벌금형**을 선고하거나 **약식명령**을 고지할 경우에는 **형 확정일부터 6개월 이내**에 각각 **집행한다**(동법 제3조의2 제4항).

라. (×) **사법경찰관이 긴급임시조치를 한 때**에는 지체 없이 검사에게 임시조치를 **신청**하고, 신청 받은 **검사**는 법원에 임시조치를 **청구**하여야 한다. 이 경우 임시조치의 청구는 **긴급임시조치**(응급조치×)를 **한 때부터 48시간 이내**에 **청구**하여야 한다(동법 제8조의3 제1항).

제7절 **아동학대범죄의 처벌 등에 관한 특례법**[시행 2025.7.19.]

930 「아동학대범죄의 처벌 등에 관한 특례법」상 아동학대행위자에 대한 임시조치로 가장 적절하지 않은 것은?
●A급 19 승진

① 피해아동 또는 가정구성원의 주거, 학교 또는 보호시설 등에서 100미터 이내의 접근 금지
② 피해아동을 아동학대 관련 보호시설로 인도
③ 아동보호전문기관 등에의 상담 및 교육 위탁
④ 친권 또는 후견인 권한 행사의 제한 또는 정지

> **해설**
> ① (○) 피해아동 또는 가정구성원의 주거, 학교 또는 보호시설 등에서 **100미터 이내의 접근 금지** – 임시조치
> ② (×) 피해아동을 아동학대 관련 **보호시설로 인도** – 응급조치
> ③ (○) 아동보호전문기관 등에의 **상담 및 교육 위탁** – 임시조치
> ④ (○) 친권 또는 후견인 **권한 행사의 제한 또는 정지** – 임시조치

931 「아동학대범죄의 처벌 등에 관한 특례법」상 사법경찰관의 긴급임시조치로 가장 적절하지 않은 것은?

① 피해아동등 또는 가정구성원의 주거로부터 퇴거 등 격리
●A급 23 순경2차
② 경찰관서의 유치장 또는 구치소에의 유치
③ 피해아동등 또는 가정구성원의 주거, 학교 또는 보호시설 등에서 100미터 이내의 접근 금지
④ 피해아동등 또는 가정구성원에 대한 「전기통신기본법」 제2조 제1호의 전기통신을 이용한 접근 금지

> **해설**
> ① (○) 피해아동등 또는 가정구성원의 주거로부터 퇴거 등 격리 – 사법경찰관의 긴급임시조치
> ② (×) 경찰관서의 **유치장 또는 구치소에의 유치** – 판사의 임시조치
> ③ (○) 피해아동등 또는 가정구성원의 주거, 학교 또는 보호시설 등에서 100미터 이내의 접근 금지 – 사법경찰관의 긴급임시조치
> ④ (○) 피해아동등 또는 가정구성원에 대한 「전기통신기본법」 제2조 제1호의 전기통신을 이용한 접근 금지 – 사법경찰관의 긴급임시조치

🔒 930 ② 931 ②

응급조치(사법경찰관)	긴급임시조치(사법경찰관)	임시조치(판사)
1. 아동학대범죄 행위의 **제지** 2. 피해아동등으로부터의 **격리** 3. **보호시설 인도**(피해아동등 　의사존중) 4. **의료기관으로 인도**	1. 주거로부터 **퇴거등 격리** 2. **100미터 이내 접근금지** 3. 전기통신을 이용한 접근금지	1. 주거로부터 **퇴거등 격리** 2. **100미터 이내 접근금지** 3. **전기통신을 이용한 접근금지** 4. **친권·후견인 권한 행사 제한·정지** 5. 아동보호전문기관 등 **상담·교육위탁** 6. 의료기간이나 그 밖의 **요양시설 위탁** 7. 경찰관서의 **유치장·구치소에의 유치**

932 「아동학대범죄의 처벌 등에 관한 특례법」에 대한 설명으로 가장 적절하지 않은 것은? ●**A급** 21 순경2차

① 아동학대 신고의무자가 보호하는 아동에 대하여 아동학대범죄를 범한 때에는 그 죄에 정한 형의 2분의 1까지 가중한다.

② 아동학대범죄 현장을 발견한 경우 또는 학대현장 이외의 장소에서 학대피해가 확인되고 재학대의 위험이 급박한 경우, 사법경찰관리 또는 아동학대전담공무원은 피해아동등의 보호를 위하여 즉시 응급조치를 하여야 한다. 응급조치에는 아동학대범죄 행위의 제지, 아동학대행위자를 피해아동등으로부터 격리, 피해아동등을 아동학대 관련 보호시설로 인도, 피해아동등 또는 가정구성원에 대한 전기통신을 이용한 접근 금지 등의 조치가 있다.

③ 아동학대행위자를 피해아동등으로부터 격리하는 경우, 72시간을 넘을 수 없다. 다만, 공휴일이나 토요일이 포함되는 경우로서 피해아동등의 보호를 위하여 필요하다고 인정되는 경우에는 48시간의 범위에서 그 기간을 연장할 수 있다.

④ 판사는 아동학대범죄의 원활한 조사·심리 또는 피해아동등의 보호를 위하여 필요하다고 인정하는 경우에는 결정으로 아동학대행위자에게 임시조치를 할 수 있다. 임시조치에는 친권 또는 후견인 권한 행사의 제한 또는 정지, 아동보호전문기관 등에의 상담 및 교육 위탁, 의료기관이나 그 밖의 요양시설에의 위탁, 경찰관서의 유치장 또는 구치소에의 유치 등이 있다.

해설

① (O) **아동학대 신고의무자가** 보호하는 아동에 대하여 **아동학대범죄를 범한 때에는** 그 죄에 정한 형의 **2분의 1까지 가중**한다(동법 제7조).

② (×) 아동학대범죄 **현장을 발견**한 경우 또는 **학대현장 이외의 장소**에서 학대피해가 확인되고 재학대의 위험이 급박한 **경우**, 사법경찰관리 또는 아동학대전담공무원은 피해아동등의 보호를 위하여 **즉시 응급조치를 하여야 한다.** 응급조치에는 아동학대범죄 행위의 **제지**, 아동학대행위자를 피해아동등으로부터 **격리**, 피해아동등을 아동학대 관련 보호시설로 **인도**, 긴급치료가 필요한 피해아동을 **의료기관으로 인도**(**피해아동등 또는 가정구성원에 대한 전기통신을 이용한 접근 금지×**) 등의 조치가 있다(동법 제12조 제1항).

　　Tip 피해아동등 또는 가정구성원에 대한 **전기통신을 이용한 접근 금지는 판사가** 행하는 **임시조치에** 해당한다.

③ (O) **아동학대행위자를** 피해아동등으로부터 **격리**하는 경우, **72시간을 넘을 수 없다.** 다만, 공휴일이나 토요일이 포함되는 경우로서 피해아동등의 보호를 위하여 필요하다고 인정되는 경우에는 **48시간의 범위**에서 그 기간을 **연장할 수 있다**(동법 제12조 제3항).

④ (O) **판사는** 아동학대범죄의 원활한 조사·심리 또는 피해아동등의 보호를 위하여 필요하다고 인정하는 경우에는 결정**으로 아동학대행위자에게 임시조치를 할 수 있다.** 임시조치에는 친권 또는 후견인 권한 행사의 **제한 또는 정지**, 아동보호전문기관 등에의 **상담 및 교육 위탁**, 의료기관이나 그 밖의 **요양시설에의 위탁**, 경찰관서의 **유치장 또는 구치소에의 유치** 등이 있다(동법 제19조 제1항).

🔒 **932** ②

933 「아동학대범죄의 처벌 등에 관한 특례법」에 대한 설명 중 가장 적절하지 않은 것은? ●A급 20 승진

① 아동학대범죄에 대하여는 이 법을 우선 적용한다. 다만, 「성폭력 범죄의 처벌 등에 관한 특례법」, 「아동·청소년의 성보호에 관한 법률」에서 가중처벌되는 경우에는 그 법에서 정한 바에 따른다.

② 아동학대범죄 신고를 접수한 사법경찰관리나 아동학대전담공무원은 직원은 지체 없이 아동학대범죄의 현장에 출동하여야 한다.

③ 현장에 출동하거나 아동학대범죄 현장을 발견한 사법경찰관리 또는 아동학대전담공무원의 직원은 피해아동 보호를 위하여 즉시 응급조치를 하여야 한다.

④ 피해아동에 대한 응급조치의 내용 중 '피해아동을 아동학대 관련 보호시설로 인도'하는 조치를 하는 때에는 피해아동 및 보호자의 동의를 받아야 한다.

> **해설**
>
> ① (O) 아동학대범죄에 대하여는 이 법을 우선 적용한다. 다만, **「성폭력 범죄의 처벌 등에 관한 특례법」, 「아동·청소년의 성보호**에 관한 법률」에서 가중처벌되는 경우에는 그 법에서 정한 바에 따른다(동법 제3조).
>
> ② (O) 아동학대범죄 신고를 접수한 사법경찰관리나 아동학대전담공무원은 **지체 없이** 아동학대범죄의 **현장에 출동하여야 한다**(동법 제11조 제1항).
>
> > 🛈ip 이 경우 수사기관의 장이나 시·도지사 또는 시장·군수·구청장은 **서로 동행하여 줄 것을 요청할 수 있으며**, 그 요청을 받은 수사기관의 장이나 시·도지사 또는 시장·군수·구청장은 정당한 사유가 없으면 사법경찰관리나 아동학대전담공무원이 아동학대범죄 **현장에 동행하도록 조치하여야 한다**(동법 제11조 제1항).
>
> ③ (O) 현장에 출동하거나 아동학대범죄 **현장을 발견한** 사법경찰관리 또는 아동학대전담공무원은 피해아동 보호를 위하여 **즉시 응급조치를 하여야 한다.**
>
> ④ (✕) 피해아동에 대한 응급조치의 내용 중 '피해아동을 아동학대 관련 **보호시설로 인도**'하는 조치를 하는 때에는 특별한 사정이 있는 경우를 제외하고는 **피해아동등의 의사를 존중**(피해아동 및 보호자의 **동의✕**)하여야 한다.

934 아동학대 사건에 대한 설명으로 가장 적절한 것은? ●A급 20 승진

① 응급학대범죄의 신고를 받아 현장에 출동하거나 아동학대범죄 현장을 발견한 사법경찰관리가 피해아동의 보호를 위하여 즉시 행하는 조치를 임시조치라 한다.

② 응급조치상 격리란 학대행위자를 48시간을 기한으로 피해아동으로부터 공간적으로 분리하는 조치를 의미한다.

③ 임시조치는 아동학대범죄의 원활한 조사·심리 또는 피해아동 보호를 위하여 필요하다고 인정되어 판사의 결정으로 학대행위자의 권한 또는 자유를 일정기간동안 제한하는 조치이다.

④ 긴급임시조치에는 피해아동 또는 가정구성원의 주거로부터 퇴거 등 격리, 피해아동 또는 가정구성원의 주거, 학교 또는 보호시설 등에서 100미터 이내의 접근 금지, 경찰관서의 유치장 또는 구치소에의 유치 등이 있다.

> **해설**
>
> ① (✕) 응급학대범죄의 신고를 받아 **현장에 출동**하거나 아동학대범죄 현장을 발견한 사법경찰관리가 피해아동의 보호를 위하여 **즉시** 행하는 조치를 **응급조치**(임시조치✕)라 한다.
>
> ② (✕) 응급조치상 '**격리**'란 학대행위자를 **72시간**(48시간✕)을 기한으로 피해아동으로부터 공간적으로 분리하는 조치를 의미한다.

🔒 933 ④ 934 ③

③ (○) **임시조치**는 아동학대범죄의 원활한 조사·심리 또는 피해아동 보호를 위하여 필요하다고 인정되어 **판사의 결정**으로 학대행위자의 권한 또는 자유를 일정기간동안 제한하는 조치이다.

④ (×) **긴급임시조치**에는 피해아동 또는 가정구성원의 주거로부터 **퇴거 등 격리**, 피해아동 또는 가정구성원의 주거, 학교 또는 보호시설 등에서 **100미터 이내의 접근 금지**, 피해아동등 또는 가정구성원에 대한 「전기통신기본법」 제2조 제1호의 **전기통신을 이용한 접근 금지**(**경찰관서의 유치장 또는 구치소에의 유치×**) 등이 있다.

935 「아동학대범죄의 처벌 등에 관한 특례법」에 대한 설명으로 가장 적절하지 않은 것은? ●A급 22 승진

① 아동학대범죄 신고를 접수한 사법경찰관리나 아동학대전담공무원이 동행하여 현장출동하지 아니한 경우, 수사기관의 장이나 시·도지사 또는 시장·군수·구청장은 현장출동에 따른 조사 등의 결과를 서로에게 통지할 수 있다.

② 사법경찰관은 피해아동등에 대한 응급조치에도 불구하고, 아동학대범죄가 재발될 우려가 있고 긴급을 요하여 법원의 임시조치 결정을 받을 수 없을 때에는 직권으로 아동학대행위자에 대한 긴급임시조치를 할 수 있다.

③ 검사는 아동학대범죄사건의 증인이 피고인 또는 그 밖의 사람으로부터 생명·신체에 해를 입거나 입을 염려가 있다고 인정될 때에는 관할 경찰서장에게 증인의 신변안전을 위하여 필요한 조치를 할 것을 요청하여야 한다.

④ 판사가 아동학대범죄의 원활한 조사·심리 또는 피해아동등의 보호를 위하여 필요하다고 인정하는 경우에는 결정으로 아동학대행위자에게 경찰관서의 유치장 또는 구치소에 유치하는 조치를 할 수 있다.

해설

① (×) 아동학대범죄 신고를 접수한 사법경찰관리나 아동학대전담공무원이 **동행하여 현장출동하지 아니한 경우**, 수사기관의 장이나 시·도지사 또는 시장·군수·구청장은 **현장출동에 따른 조사 등의 결과를** 서로에게 통지하여야 한다(할 수 있다×)(동법 제11조 제7항).

② (○) **사법경찰관은** 피해아동등에 대한 응급조치에도 불구하고, 아동학대범죄가 **재발될 우려**가 있고 긴급을 요하여 **법원의 임시조치 결정을 받을 수 없을 때**에는 직권으로 아동학대행위자에 대한 **긴급임시조치를 할 수 있다**.

③ (○) **검사는** 아동학대범죄사건의 증인이 피고인 또는 그 밖의 사람으로부터 **생명·신체에 해를 입거나 입을 염려**가 있다고 인정될 때에는 관할 **경찰서장에게 증인의 신변안전**을 위하여 필요한 조치를 할 것을 **요청하여야 한다**(동법 제17조의2 제1항).

 ⓣip 증인 또는 재판장은 검사에게 증인의 신변안전 조치를 하도록 **청구할 수 있다**.

④ (○) **판사가** 아동학대범죄의 원활한 조사·심리 또는 피해아동등의 보호를 위하여 필요하다고 인정하는 경우에는 결정으로 아동학대행위자에게 경찰관서의 **유치장 또는 구치소에 유치하는 조치를 할 수 있다**.

936 「아동학대범죄의 처벌 등에 관한 특례법」에 대한 설명으로 가장 적절한 것은? ●A급 24 경위

① 피해아동에게 고소할 법정대리인이나 친족이 없는 경우에 이해관계인이 신청하면 검사는 20일 이내에 고소할 수 있는 사람을 지정하여야 한다.

② 아동학대범죄 신고를 접수한 사법경찰관리는 아동학대범죄가 행하여지고 있는 것으로 신고된 현장 또는 피해아동을 보호하기 위하여 필요한 장소에 출입하여 아동 또는 아동학대행위자 등 관계인에 대하여 조사를 하거나 질문을 할 수 있다. 이 경우 사법경찰관리는 피해아동의 보호 및 「아동복지법」 제22조의4의 사례관리계획에 따른 사례관리를 위한 범위에서만 아동학대행위자 등 관계인에 대하여 조사해야 한다.

 935 ① 936 ④

③ 법원은 아동학대행위자에 대하여 유죄판결(선고유예를 포함한다)을 선고하면서 200시간의 범위에서 재범예방에 필요한 수강명령 또는 아동학대 치료프로그램의 이수명령을 병과할 수 있다.

④ 사법경찰관은 아동학대행위자에 대한 긴급임시조치를 한 경우에는 즉시 긴급임시조치결정서를 작성하여야 하고, 그 내용을 시·도지사 또는 시장·군수·구청장에게 지체 없이 통지하여야 한다.

해설

① (×) 피해아동에게 고소할 법정대리인이나 친족이 없는 경우에 **이해관계인이 신청하면** 검사는 **10일(20일×) 이내**에 고소할 수 있는 사람을 **지정하여야 한다.**

② (×) 아동학대범죄 신고를 접수한 **사법경찰관리나 아동학대전담공무원**은 아동학대범죄가 행하여지고 있는 것으로 신고된 현장 또는 피해아동을 보호하기 위하여 필요한 장소에 출입하여 아동 또는 아동학대행위자 등 관계인에 대하여 **조사를 하거나 질문을 할 수 있다.** 이 경우 **아동학대전담공무원(사법경찰관리×)**은 피해아동의 보호 및 「아동복지법」제22조의4의 사례관리계획에 따른 **사례관리를 위한 범위에서만** 아동학대행위자 등 관계인에 대하여 **조사 또는 질문을 할 수 있다(조사해야 한다×)**(동법 제11조 제2항 제2호).

③ (×) **법원은** 아동학대행위자에 대하여 유죄판결(**선고유예를 제외(포함×)**한다)을 선고하면서 **200시간의 범위**에서 재범예방에 필요한 **수강명령** 또는 아동학대 치료프로그램의 **이수명령을 병과할 수 있다.**

④ (○) 사법경찰관은 아동학대행위자에 대한 **긴급임시조치를 한 경우**에는 즉시 **긴급임시조치결정서를 작성**하여야 하고, 그 내용을 시·**도지사 또는 시장·군수·구청장에게 지체 없이 통지하여야 한다**(동법 제13조 제2항).

937 「아동학대범죄의 처벌 등에 관한 특례법」에 대한 설명으로 가장 적절하지 않은 것은?

●A급 25 순경2차

① "아동학대행위자"란 아동학대범죄를 범한 사람 및 그 공범을 말하고 "피해아동"이란 아동학대범죄로 인하여 직접적으로 피해를 입은 아동을 말한다.

② 아동학대범죄 신고를 접수한 사법경찰관리나 아동학대전담공무원은 지체 없이 아동학대범죄의 현장에 출동하여야 한다. 이 경우 수사기관의 장이나 시·도지사 또는 시장·군수·구청장은 서로 동행하여 줄 것을 요청할 수 있으며, 그 요청을 받은 수사기관의 장이나 시·도지사 또는 시장·군수·구청장은 정당한 사유가 없으면 사법경찰관리나 아동학대전담공무원이 아동학대범죄 현장에 동행하도록 조치하여야 한다.

③ 사법경찰관리 또는 아동학대전담공무원이 응급조치를 한 경우에는 즉시 응급조치결과보고서를 작성하여야 한다. 이 경우 사법경찰관리가 응급조치를 한 경우에는 관할경찰관서의장이 시·도지사 또는 시장·군수·구청장에게 아동학대전담공무원이 응급조치를 한 경우에는 소속 시·도지사 또는 시장·군수·구청장이 관할경찰관서의 장에게 작성된 응급조치결과보고서를 10일 이내에 송부하여야 한다.

④ "아동학대행위자를 피해아동등으로부터 격리"하는 응급조치는 72시간을 넘을 수 없다. 다만, 본문의 기간에 공휴일이나 토요일이 포함되는 경우로서 피해아동등의 보호를 위하여 필요하다고 인정되는 경우에는 48시간의 범위에서 그 기간을 연장할 수 있다.

🔒 937 ③

① (○) "**아동학대행위자**"란 아동학대범죄를 **범한 사람 및 그 공범**을 말하고(동법 제2조 제5호), "**피해아동**"이란 아동학대범죄로 인하여 **직접적**으로 피해를 입은 아동을 말한다(동법 제2조 제6호).

② (○) 아동학대범죄 신고를 접수한 사법경찰관리나 아동학대전담공무원은 **지체 없이** 아동학대범죄의 **현장에 출동**하여야 한다. 이 경우 수사기관의 장이나 시·도지사 또는 시장·군수·구청장은 **서로 동행하여 줄 것을 요청할 수 있으며**, 그 요청을 받은 수사기관의 장이나 시·도지사 또는 시장·군수·구청장은 정당한 사유가 없으면 사법경찰관리나 아동학대전담공무원이 아동학대범죄 **현장에 동행하도록 조치하여야 한다**(동법 제11조 제1항).

③ (×) 사법경찰관리 또는 아동학대전담공무원이 **응급조치**를 한 경우에는 즉시 응급조치결과보고서를 작성하여야 한다. 이 경우 사법경찰관리가 응급조치를 한 경우에는 관할경찰관서의장이 시·도지사 또는 시장·군수·구청장에게 아동학대전담공무원이 응급조치를 한 경우에는 소속 시·도지사 또는 시장·군수·구청장이 관할경찰관서의 장에게 작성된 **응급조치결과보고서를 지체 없이**(10일 이내×) 송부하여야 한다(동법 제12조 제5항).

④ (○) "아동학대행위자를 피해아동등으로부터 **격리**"하는 **응급조치는 72시간을 넘을 수 없다.** 다만, 본문의 기간에 **공휴일이나 토요일이 포함**되는 경우로서 피해아동등의 보호를 위하여 필요하다고 인정되는 경우에는 **48시간**의 범위에서 그 기간을 **연장**할 수 있다(동법 제12조 제3항).

제**8**절   **스토킹범죄의 처벌 등에 관한 법률**[시행 2024.1.12.]

938 「**스토킹범죄의 처벌 등에 관한 법률**」상 잠정조치로 적절한 것은 모두 몇 개인가? ●A급 24 경위

> 가. 국가경찰관서의 유치장 또는 구치소에의 유치
> 나. 스토킹행위자와 피해자 등의 분리 및 범죄수사
> 다. 피해자 또는 그의 동거인, 가족이나 그 주거등으로부터 100미터 이내의 접근 금지
> 라. 스토킹 피해 관련 상담소 또는 보호시설로의 피해자등 인도(피해자등이 동의한 경우만 해당한다)
> 마. 피해자 또는 그의 동거인, 가족에 대한 「전기통신기본법」 제2조 제1호의 전기통신을 이용한 접근 금지

① 1개   ② 2개
③ 3개   ④ 4개

잠정조치로 적절한 것은 **가, 다, 마, 3개**이다.

가. (○) 국가경찰관서의 **유치장 또는 구치소에의 유치** – 잠정조치
나. (×) 스토킹행위자와 피해자 등의 **분리** 및 **범죄수사** – 응급조치
다. (○) 피해자 또는 그의 동거인, 가족이나 그 주거등으로부터 **100미터 이내의 접근 금지** – 잠정조치
라. (×) 스토킹 피해 관련 **상담소 또는 보호시설로의** 피해자등 **인도**(피해자등이 동의한 경우만 해당한다) – 응급조치
마. (○) 피해자 또는 그의 동거인, 가족에 대한 「전기통신기본법」 제2조 제1호의 **전기통신을 이용한 접근 금지** – 잠정조치

 938 ③

939 「스토킹범죄의 처벌 등에 관한 법률」에 관한 설명 중 가장 적절하지 않은 것은? **●A급** 22 순경1차

① '스토킹범죄'란 지속적 또는 반복적으로 스토킹행위를 하는 것을 말한다.

② 사법경찰관리는 진행 중인 스토킹행위에 대하여 신고를 받은 경우 즉시 현장에 나가 스토킹 행위의 제지, 스토킹행위자와 피해자 분리, 유치장 또는 구치소에의 유치 등의 조치를 할 수 있다.

③ 스토킹범죄를 저지른 사람은 3년 이하의 징역 또는 3천만원 이하의 벌금에 처한다.

④ 흉기 또는 그 밖의 위험한 물건을 휴대하거나 이용하여 스토킹범죄를 저지른 사람은 5년 이하의 징역 또는 5천만원 이하의 벌금에 처한다.

해설

① (○) '**스토킹범죄**'란 **지속적** 또는 **반복적**으로 스토킹행위를 하는 것을 말한다.

② (×) 사법경찰관리는 진행 중인 스토킹행위에 대하여 **신고를 받은 경우** 즉시 현장에 나가 스토킹행위의 **제지**, 스토킹행위자와 피해자 **분리**, (유치장 또는 구치소에의 유치×) 등의 조치를 **하여야 한다**(할 수 있다×).

　　Tip 유치장 또는 구치소에의 유치는 법원이 결정하는 '**잠정조치**'에 해당한다.

③ (○) **스토킹범죄**를 저지른 사람은 **3년 이하**의 징역 또는 **3천만원 이하**의 벌금에 처한다.

④ (○) **흉기** 또는 그 밖의 **위험한 물건**을 휴대하거나 이용하여 스토킹범죄를 저지른 사람은 **5년 이하**의 징역 또는 **5천만원 이하**의 벌금에 처한다.

Tip 스토킹처벌법 주요조치

응급조치	1. 스토킹행위의 **제지**, 향후 스토킹행위의 중단 통보 및 스토킹행위를 지속적 또는 반복적으로 할 경우 처벌 서면**경고** 2. 스토킹행위자와 피해자등의 **분리 및 범죄수사** 3. 피해자등에 대한 긴급응급조치 및 잠정조치 요청의 절차 등 **안내** 4. 스토킹 피해 관련 **상담소 또는 보호시설로**의 피해자등 **인도**(피해자등이 동의한 경우만 해당한다)
긴급응급조치	1. 스토킹행위의 상대방등이나 그 주거등으로부터 **100미터 이내의 접근 금지** 2. 스토킹행위의 상대방등에 대한 **전기통신을 이용한 접근 금지**
잠정조치	1. 피해자에 대한 스토킹범죄 중단에 관한 **서면 경고** 2. 피해자나 그 주거등으로부터 **100미터 이내의 접근 금지** 3. 피해자에 대한 **전기통신을 이용한 접근 금지** 3의2. 「전자장치 부착 등에 관한 법률」 제2조 제4호의 **위치추적 전자장치의 부착** 4. 국가경찰관서의 **유치장 또는 구치소에의 유치**

940 「스토킹범죄의 처벌 등에 관한 법률」상 잠정조치에 대한 설명으로 가장 적절하지 않은 것은?

●A급 24 승진

① 검사는 스토킹범죄가 재발될 우려가 있다고 인정하면 직권 또는 사법경찰관의 신청에 따라 법원에 스토킹행위자에 대한 잠정조치를 청구할 수 있다.

② 법원은 스토킹범죄의 원활한 조사·심리 또는 피해자 보호를 위하여 필요하다고 인정하는 경우에는 결정으로 스토킹행위자에게 피해자 또는 그의 동거인, 가족에 대한 「전기통신기본법」 제2조 제1호의 전기통신을 이용한 접근 금지조치를 할 수 있다.

③ 피해자 또는 그의 동거인, 가족이나 그 주거등으로부터 100미터 이내의 접근을 금지하는 잠정조치를 이행하지 아니한 사람은 2년 이하의 징역 또는 2천만원 이하의 벌금에 처한다고 규정되어 있다.

🔒 939 ② 　940 ④

④ 법원이 스토킹행위자에게 국가경찰관서의 유치장 또는 구치소에의 유치의 잠정조치를 하는 경우 그 기간은 1개월을 초과할 수 없다. 다만, 법원은 피해자의 보호를 위하여 그 기간을 연장할 필요가 있다고 인정하는 경우에는 결정으로 두 차례에 한정하여 각 1개월의 범위에서 연장할 수 있다.

해설

① (○) **검사는** 스토킹범죄가 재발될 우려가 있다고 인정하면 직권 또는 사법경찰관의 신청에 따라 **법원에** 스토킹행위자에 대한 **잠정조치를 청구할 수 있다**(동법 제8조 제1항).

② (○) **법원은** 스토킹범죄의 원활한 조사·심리 또는 피해자 보호를 위하여 필요하다고 인정하는 경우에는 결정으로 스토킹행위자에게 피해자 또는 그의 **동거인**, 가족에 대한 「전기통신기본법」 제2조 제1호의 **전기통신을 이용한 접근금지조치를 할 수 있다**.

③ (○) 피해자 또는 그의 **동거인**, 가족이나 그 주거 등으로부터 **100미터 이내의 접근을 금지**하는 **잠정조치를 이행하지 아니한 사람은** **2년 이하의** 징역 또는 **2천만원 이하의** 벌금에 처한다고 규정되어 있다(동법 제20조 제2항).

④ (×) 법원이 스토킹행위자에게 국가경찰관서의 **유치장 또는 구치소에의 유치의** 잠정조치를 하는 경우 그 기간은 **1개월**을 초과할 수 없다. 이 경우 기간을 **연장할 수 없다(있다×)**(동법 제9조 제7항).

941 「스토킹범죄의 처벌 등에 관한 법률」상 긴급응급조치에 관한 설명으로 가장 적절하지 않은 것은?

• A급 25 승진

① 사법경찰관은 스토킹행위 신고와 관련하여 스토킹행위가 지속적 또는 반복적으로 행하여질 우려가 있고 스토킹범죄의 예방을 위하여 긴급을 요하는 경우 스토킹행위자에게 직권으로 긴급응급조치를 할 수 있다.

② 사법경찰관은 긴급응급조치가 있었던 때부터 48시간 이내에 검사에게 해당 긴급응급조치에 대한 사후승인을 지방법원 판사에게 청구하여 줄 것을 신청하여야 한다.

③ 사법경찰관은 검사가 긴급응급조치에 대한 사후승인을 청구하지 아니하거나 지방법원 판사가 검사의 청구에 대하여 사후승인을 하지 아니한 때에는 즉시 그 긴급응급조치를 취소하여야 한다.

④ 스토킹행위의 상대방등이나 그 법정대리인은 긴급응급조치가 있은 후 스토킹행위의 상대방등이 주거등을 옮긴 경우에는 사법경찰관에게 긴급응급조치의 변경을 신청할 수 있다.

해설

① (○) **사법경찰관은** 스토킹행위 신고와 관련하여 스토킹행위가 지속적 또는 반복적으로 행하여질 우려가 있고 스토킹범죄의 예방을 위하여 긴급을 요하는 경우 스토킹행위자에게 **직권으로 긴급응급조치를 할 수 있다**(동법 제4조 제1항).
Tip 긴급응급조치기간은 **1개월**을 초과할 수 없다(동법 제5조 제5항).

② (×) **사법경찰관은** 긴급응급조치가 있었던 때부터 **지체없이(48시간 이내×) 검사에게** 해당 긴급응급조치에 대한 사후승인을 지방법원 판사에게 청구하여 줄 것을 **신청하여야 한다**(동법 제5조 제1항).

③ (○) **사법경찰관은** 검사가 긴급응급조치에 대한 **사후승인을 청구하지 아니하거나** 지방법원 **판사가** 검사의 청구에 대하여 **사후승인을 하지 아니한 때에는** 즉시 그 긴급응급조치를 **취소하여야 한다**(동법 제5조 제4항).

④ (○) **스토킹행위의 상대방등이나** 그 **법정대리인은** 긴급응급조치가 있은 후 스토킹행위의 상대방등이 주거등을 옮긴 경우에는 **사법경찰관에게 긴급응급조치의 변경을 신청할 수 있다**(동법 제7조 제2항).

🔒 941 ②

942 「스토킹범죄의 처벌 등에 관한 법률」상 처리절차에 관한 설명 중 옳은 것은 모두 몇 개인가?

> ㉠ 사법경찰관은 스토킹행위 신고와 관련하여 스토킹행위가 지속적 또는 반복적으로 행하여질 우려가 있고 스토킹범죄의 예방을 위하여 긴급을 요하는 경우, 스토킹행위자에게 직권으로 또는 스토킹행위의 상대방이나 그 법정대리인 또는 스토킹행위를 신고한 사람의 요청에 의하여, 스토킹행위의 상대방이나 그 주거등으로부터 100미터 이내의 접근 금지, 「전기통신기본법」 제2조 제1호의 전기통신을 이용한 접근 금지 등의 조치를 할 수 있다.
>
> ㉡ 사법경찰관은 긴급응급조치를 하였을 때에는 지체 없이 검사에게 해당 긴급응급조치에 대한 사후승인을 지방법원 판사에게 청구하여 줄 것을 신청하여야 하며, 신청을 받은 검사는 긴급응급조치가 있었던 때부터 48시간 이내에 지방법원 판사에게 해당 긴급응급조치에 대한 사후승인을 청구한다.
>
> ㉢ 긴급응급조치기간은 1개월을 초과할 수 없다.
>
> ㉣ 법원은 스토킹범죄의 원활한 조사·심리 또는 피해자 보호를 위하여 잠정조치가 필요하다고 인정하는 경우에는 결정으로 스토킹행위자를 경찰관서의 유치장 또는 구치소에 1개월을 초과하지 않는 범위에서 유치할 수 있다. 다만 법원은 피해자의 보호를 위하여 그 기간을 연장할 필요가 있다고 인정하는 경우에는 결정으로 2개월의 범위에서 연장할 수 있다.

① 1개   ② 2개

③ 3개   ④ 4개

해설

옳은 설명은 ㉠, ㉡, ㉢, **3개**이다.

㉠ (○) **사법경찰관은** 스토킹행위 신고와 관련하여 스토킹행위가 지속적 또는 반복적으로 행하여질 우려가 있고 스토킹범죄의 예방을 위하여 **긴급을 요하는 경우**, 스토킹행위자에게 **직권으로** 또는 스토킹행위의 상대방이나 그 법정대리인 또는 스토킹행위를 신고한 사람의 **요청에 의하여**, 스토킹행위의 상대방이나 그 주거등으로부터 **100미터 이내의 접근 금지**, 「전기통신기본법」 제2조 제호의 **전기통신을 이용한 접근 금지** 등의 **조치를 할 수 있다**(동법 제4조 제항).

㉡ (○) 사법경찰관은 **긴급응급조치를 하였을 때에는 지체 없이 검사에게** 해당 긴급응급조치에 대한 **사후승인을 지방법원 판사에게 청구**하여 줄 것을 **신청**하여야 하며, 신청을 받은 검사는 긴급 응급조치가 있었던 때부터 48시간 이내에 지방법원 **판사에게** 해당 긴급응급조치에 대한 **사후승인을 청구한다**(동법 제5조 제1항·제2항).

㉢ (○) **긴급응급조치기간은 1개월을 초과할 수 없다**(동법 제5조 제5항).

㉣ (×) **법원은** 스토킹범죄의 원활한 조사·심리 또는 피해자 보호를 위하여 잠정조치가 필요하다고 인정하는 경우에는 결정으로 스토킹행위자를 경찰관서의 **유치장 또는 구치소에 1개월을 초과하지 않는 범위에서 유치할 수 있다.** 다만, 유치장 또는 구치소의 유치에 대한 연장 적용은 규정이 없다(연장할 수 있다×)(동법 제9조 제7항).

Tip 잠정조치 기간(스토킹처벌법 제9조 제7항)

100미터 이내의 접근 금지 전기통신을 이용한 접근 금지 위치추적 전자장치의 부착	3개월 – 두 차례에 한정하여 각 3개월 연장 가능
유치장 또는 구치소에의 유치	1개월 – 연장 불가

 942 ③

943 다음은 마약류에 대한 설명이다. 옳은 것으로 묶인 것은?  ●A급 19 순경1차

> ㉠ 마약이라 함은 양귀비, 아편, 대마와 이로부터 추출되는 모든 알칼로이드로서 대통령령으로 정하는 것을 말한다.
> ㉡ GHB(일명 물뽕)는 무색, 무취, 무미의 액체로 유럽 등지에서 데이트 강간약물로도 불린다.
> ㉢ LSD는 곡물의 곰팡이, 보리 맥각에서 추출한 물질을 인공 합성시켜 만든 것으로 무색, 무취, 무미하다.
> ㉣ 코카인은 「마약류 관리에 관한 법률」에서 규제하는 향정신성의약품에 해당한다.
> ㉤ 마약성분을 갖고 있으나 다른 약들과 혼합되어 마약으로 다시 제조하거나 제제할 수 없고, 그것에 의하여 신체적 또는 정신적 의존성을 일으키지 아니하는 것으로서 총리령으로 정하는 것을 한외마약이라고 한다.
> ㉥ 한외마약은 코데날, 코데잘, 코데솔, 코데인, 유코데, 세코날 등이 있다.

① ㉠, ㉥   ② ㉡, ㉢   ③ ㉢, ㉤   ④ ㉣, ㉤

해설

옳은 설명은 ㉢, ㉤, 2개이다.
㉠ (×) '**마약**'이라 함은 **양귀비, 아편, 코카 잎**(대마×)에서 추출되는 모든 알카로이드 및 그와 동일한 화학적 합성품으로서 대통령령으로 정하는 것을 말한다.
㉡ (×) '**GHB(일명 물뽕)**'는 **무색, 무취, 짠맛**(무미×)이 나는 액체로 유럽 등지에서 **데이트 강간약물**로도 불린다.
㉢ (○) '**LSD**'는 곡물의 곰팡이, 보리 맥각에서 추출한 물질을 인공 합성시켜 만든 것으로 **무색, 무취, 무미**하다.
㉣ (×) '**코카인**'은 「마약류 관리에 관한 법률」에서 규제하는 **천연마약**(향정신성의약품×)에 해당한다.
㉤ (○) 마약성분을 갖고 있으나 다른 약들과 혼합되어 마약으로 **다시 제조하거나 제제할 수 없고**, 그것에 의하여 신체적 또는 정신적 **의존성을 일으키지 아니하는** 것으로서 총리령으로 정하는 것을 '**한외마약**'이라고 한다.
㉥ (×) '**한외마약**'은 **코데날, 코데잘, 코데솔, 코데인**(×)**, 유코데, 세코날** 등이 있다.

944 마약류에 대한 설명으로 가장 적절한 것은? ●A급 20 순경1차

① 러미나(덱스트로메트로판)는 강한 중추신경 억제성 진해작용이 있으며, 의존성과 독성이 강한 특징이 있다.
② 카리소프로돌(일명 S정)은 골격근 이완의 효과가 있는 근골격계 질환 치료제로서 과다복용시 인사불성, 혼수쇼크, 호흡저하, 사망에까지 이르게 할 수 있다.
③ GHB는 무색, 무취, 무미의 액체로 소다수 등 음료수에 타서 복용하여 '물 같은 히로뽕'이라는 뜻으로 일명 물뽕으로 불리고 있다.
④ 사일로시빈은 미국의 텍사스나 멕시코 북부지역에서 자생하는 선인장인 페이요트(Peyote)에서 추출·합성한 향정신성의약품이다.

 943 ③   944 ②

해설

① (×) **러미나(덱스트로메트로판)**는 강한 **중추신경 억제성 진해작용**이 있으며, **의존성과 독성이 없어(독성이 강한×)** 코데인 대용으로 널리 시판되고 있다.

② (○) **카리소프로돌(일명 S정)**은 **골격근 이완**의 효과가 있는 근골격계 질환 치료제로서 과다복용 시 인사불성, 혼수쇼크, 호흡저하, 사망에까지 이르게 할 수 있다.

③ (×) **GHB**는 **무색, 무취, 짠맛(무미×)**의 액체로 소다수 등 음료수에 타서 복용하여 '**물 같은 히로뽕**'이라는 뜻으로 일명 **물뽕**으로 불리고 있다.

④ (×) **메스칼린(사일로시빈×)**은 미국의 텍사스나 멕시코 북부지역에서 자생하는 **선인장인 페이요트(Peyote)**에서 추출·합성한 향정신성의약품이다.

> **Tip** '**사일로시빈**'은 **환각버섯**이라고 불리우는 버섯에 함유된 환각물질을 말하는 것으로 사일로시빈을 함유하고 있는 버섯의 종류는 200종에 이를 정도로 많다.

945 다음은 「마약류 관리에 관한 법률 및 동법 시행령」상 마약류에 관한 설명이다. 〈보기 1〉의 설명과 〈보기 2〉 마약류의 품명이 가장 적절하게 연결된 것은? ●A급 23 순경1차

보기 1

㉠ 진해거담제로서 의사의 처방이 있으면 약국에서 구입 가능하고, 도취감과 환각작용을 느끼기 위해 사용량의 수십 배를 남용하는 경우도 있다. 청소년들이 소주에 타서 마시기도 하여 흔히 '정글주스'라고도 불린다.

㉡ 골격근 이완의 효과가 있는 근골격계 질환 치료제이며, 과다복용 시 인사불성, 혼수쇼크, 호흡저하, 사망에까지 이를 수 있다.

㉢ 곡물의 곰팡이, 보리 맥각에서 추출·합성한 무색·무취·무미의 매우 강력한 환각제로, 내성은 있으나 금단증상은 일으키지 않는다고 알려져 있다.

㉣ 페놀계 화합물로 흔히 수면마취제라고 불리는 정맥마취제로서 수면내시경검사 마취 등에 사용되고, 환각제 대용으로 오남용되는 사례가 있으며, 정신적 의존성을 유발하기도 한다.

보기 2

ⓐ 카리소프로돌(S정)   ⓑ 프로포폴   ⓒ LSD   ⓓ 덱스트로메트로판(러미나)

① ㉠ - ⓓ   ㉡ - ⓒ   ㉢ - ⓐ   ㉣ - ⓑ
② ㉠ - ⓓ   ㉡ - ⓐ   ㉢ - ⓒ   ㉣ - ⓑ
③ ㉠ - ⓒ   ㉡ - ⓑ   ㉢ - ⓓ   ㉣ - ⓐ
④ ㉠ - ⓓ   ㉡ - ⓐ   ㉢ - ⓑ   ㉣ - ⓒ

해설

㉠ - ⓓ **덱스트로메트로판(러미나)** : **진해거담제**로서 의사의 처방이 있으면 약국에서 구입 가능하고, 도취감과 환각작용을 느끼기 위해 사용량의 수십 배를 남용하는 경우도 있다. 청소년들이 소주에 타서 마시기도 하여 흔히 '**정글주스**'라고도 불린다.

㉡ - ⓐ **카리소프로돌(S정)** : **골격근 이완의 효과**가 있는 **근골격계 질환 치료제**이며, 과다복용 시 인사불성, 혼수쇼크, 호흡저하, 사망에까지 이를 수 있다.

㉢ - ⓒ **LSD** : **곡물의 곰팡이, 보리 맥각**에서 추출·합성한 **무색·무취·무미**의 매우 **강력한 환각제**로, 내성은 있으나 **금단증상은 일으키지 않는다**고 알려져 있다.

㉣ - ⓑ **프로포폴** : 페놀계 화합물로 흔히 **수면마취제**라고 불리는 정맥마취제로서 **수면내시경검사 마취** 등에 사용되고, 환각제 대용으로 오·남용되는 사례가 있으며, **정신적 의존성을 유발**하기도 한다.

 945 ②

946 향정신성의약품 중 LSD에 관한 설명으로 옳은 것은 모두 몇 개인가?  24 순경2차

> ○ 근육강화 호르몬 분비효과가 있으며, 소다수 등에 타서 타인에게 복용하게 하여 성범죄 등에 악용한다.
> ○ 곡물의 곰팡이, 보리 맥각에서 추출한 물질을 인공적으로 합성시켜 만들어낸 것으로 무색·무취·무미하다.
> ○ 미량을 우편, 종이 등의 표면에 묻혔다가 뜯어서 입에 넣는 방법으로 복용하기도 한다.
> ○ 강한 중추신경 억제성 진해작용이 있으며 코데인 대용으로 시판되고 있다.
> ○ 일부 남용자들은 실제로 사용하지 않는데도 환각현상을 경험하는 '플래쉬백 현상'을 일으키기도 한다.

① 1개   ② 2개   ③ 3개   ④ 4개

해설

옳은 설명은 ○, ○, ○, **3개**이다.
○ (×) **근육강화 호르몬 분비효과**가 있으며, **소다수 등에 타서** 타인에게 복용하게 하여 **성범죄 등에 악용**한다. – GHB(물뽕) : **무색·무취·짠맛**
○ (○) **곡물의 곰팡이, 보리 맥각에서 추출**한 물질을 **인공적으로 합성**시켜 만들어낸 것으로 **무색·무취·무미**하다. – LSD
○ (○) **미량을 우편, 종이 등의 표면에 묻혔다가 뜯어서 입에 넣는 방법**으로 복용하기도 한다. – LSD
○ (×) 강한 중추신경 **억제성 진해작용**(감기, 만성기관지염, 폐렴등 치료제)이 있으며 **코데인 대용**으로 시판되고 있다. – **덱스트로메트로판(러미나) : 정글주스**
○ (○) 일부 남용자들은 실제로 사용하지 않는데도 **환각현상**을 경험하는 '**플래쉬백 현상**'을 일으키기도 한다. – LSD

947 마약류에 대한 설명으로 가장 적절한 것은?  20 승진

① 한외마약이란 일반약품에 마약성분을 미세하게 혼합한 약물로 신체적·정신적 의존성을 일으킬 염려가 없어 감기약 등으로 판매되는 합법의약품이다.
② 향정신성의약품 중 덱스트로메트로판은 강한 중추신경 억제성 진해작용이 있으며 의존성과 독성이 강하다.
③ 마약의 분류 중 합성마약으로는 헤로인, 옥시코돈, 하이드로폰 등이 있다.
④ GHB는 무색·무취의 짠맛이 나는 액체로 소다수 등의 음료에 타서 복용하며, 특히 미국, 유럽 등지에서 성범죄용으로 악용되어 '정글주스'라고도 불린다.

해설

① (○) '**한외마약**'이란 일반약품에 마약성분을 미세하게 혼합한 약물로 신체적·정신적 의존성을 일으킬 염려가 없어 **감기약** 등으로 판매되는 **합법의약품**이다.
② (×) 향정신성의약품 중 '**덱스트로메트로판(러미라)**'은 강한 중추신경 **억제성 진해작용**이 있으나 **의존성과 독성은 없다**(강하다×).
③ (×) 마약의 분류 중 '**반합성마약**'(합성마약×)으로는 **헤로인, 옥시코돈, 하이드로폰** 등이 있다.
④ (×) '**GHB**'는 **무색·무취**의 **짠맛**이 나는 액체로 소다수 등의 **음료에 타서 복용**하며, 특히 미국, 유럽 등지에서 **성범죄용**으로 악용되어 '**물뽕**'(정글주스×)이라고도 불린다.

🔒 946 ③   947 ①

948 「마약류 관리에 관한 법률」상 '대마'의 정의에 해당하지 않는 것은? ●A급 23 승진

① 대마초와 그 수지(樹脂)

② 대마초와 그 수지(樹脂)와 동일한 화학적 합성품으로서 대통령령으로 정하는 것

③ 대마초 또는 그 수지를 원료로 하여 제조된 모든 제품

④ 대마초의 종자(種子)・뿌리 및 성숙한 대마초의 줄기

> **해설**
>
> ① (○) **대마초와 그 수지**(樹脂)
> ② (○) 대마초와 그 수지(樹脂)와 **동일한 화학적 합성품**으로서 대통령령으로 정하는 것
> ③ (○) 대마초 또는 그 수지를 **원료로 하여 제조된 모든 제품**
> ④ (×) 대마초의 종자(種子)・뿌리 및 성숙한 대마초의 줄기와 그 제품은 동법률상의 "대마"에서 제외한다(동법률 제2조 제4호).

949 마약류에 관한 설명으로 가장 적절하지 않은 것은? (다툼이 있는 경우 판례에 의함) ●A급 24 승진

① 마약류 매매 여부가 쟁점이 된 사건에서 매도인으로 지목된 피고인이 수수사실을 부인하고 있고 이를 뒷받침할 금융자료 등 객관적 물증이 없는 경우, 마약류를 매수하였다는 사람의 진술만으로 유죄를 인정하기 위해서는 그 사람의 진술이 증거능력이 있어야 함은 물론 합리적인 의심을 배제할 만한 신빙성이 있어야 한다.

② 「마약류 관리에 관한 법률」 제2조에 따르면 '원료물질'이란 마약류가 아닌 물질 중 마약 또는 향정신성의약품의 제조에 사용되는 물질로서 대통령령으로 정하는 것을 말한다.

③ 프로포폴은 페놀계 화합물로 흔히 수면마취제라고 불리는 정맥마취제로서 수면내시경 등에 사용되나, 환각제 대용으로 오・남용되는 사례가 있으며, 정신적 의존성을 유발하기도 하여 향정신성의약품으로 지정되어 관리되고 있다.

④ GHB는 사용 후 통상적으로 15분 후에 효과가 발현되고 그 효과는 3시간 정도 지속되며 무색, 무취, 무미의 액체로 유럽 등지에서 데이트 강간약물로도 불린다.

> **해설**
>
> ① (○) 마약류 매매 여부가 쟁점이 된 사건에서 매도인으로 지목된 피고인이 수수사실을 부인하고 있고 이를 뒷받침할 금융자료 등 객관적 물증이 없는 경우, 마약류를 매수하였다는 사람의 **진술만으로 유죄를 인정하기 위해서는** 그 사람의 진술이 **증거능력**이 있어야 함은 물론 합리적인 의심을 배제할 만한 **신빙성**이 있어야 한다. **신빙성 유무를 판단**할 때에는 그 진술 내용 자체의 합리성, 객관적 상당성, 전후의 일관성뿐만 아니라 그의 인간됨, 그 진술로 얻게 되는 이해관계 유무 등을 아울러 살펴보아야 한다(대법원 2014도1779).
> ② (○) 「마약류 관리에 관한 법률」 제2조에 따르면 '**원료물질**'이란 **마약류가 아닌 물질 중** 마약 또는 향정신성의약품의 제조에 사용되는 물질로서 대통령령으로 정하는 것을 말한다.
> ③ (○) '**프로포폴**'은 페놀계 화합물로 흔히 **수면마취제**라고 불리는 정맥마취제로서 **수면내시경** 등에 사용되나, 환각제 대용으로 오・남용되는 사례가 있으며, **정신적 의존성을 유발**하기도 하여 향정신성의약품으로 지정되어 관리되고 있다.
> ④ (×) '**GHB**'는 사용 후 통상적으로 **15분 후**에 효과가 발현되고 그 효과는 **3시간** 정도 **지속**되며 **무색, 무취**로써 **짠맛(무미×)**이 나는 **액체**로 미국, 캐나다, 유럽 등지에서 **성범죄용**으로 악용되어 '**데이트 강간약물**'로도 불린다.
>   **⑪ip** **무색・무취・무미**의 특징은 향정신성의약품 중 **환각제**로 분류되는 L.S.D에 해당하는 내용이다.

 948 ④ 949 ④

950 마약류에 대한 설명 중 적절한 것은 모두 몇 개인가?

> ㉠ 엑스터시는 1914년 독일에서 식용감퇴제로 개발되었으며, 곡물의 곰팡이와 보리 맥각에서 발견되어 이를 분리·가공·합성한 것이다.
> ㉡ 프로포폴은 흔히 수면마취제라고 불리는 정맥마취제로서 수면내시경 등에 사용되나, 환각제 대용으로 오·남용되는 사례가 있어 마약으로 지정되어 관리되고 있다.
> ㉢ 야바는 카페인, 에페드린, 밀가루 등에 필로폰을 혼합한 것이다.
> ㉣ 메스칼린은 미국의 텍사스나 멕시코 북부지역에서 자생하는 선인장인 페이요트에서 추출·합성한 향정신성의약품이다.
> ㉤ 대마의 종류에는 대마초, 대마초의 종자·뿌리, 대마수지 또는 해시시 등이 있다.

① 1개 ② 2개 ③ 3개 ④ 4개

해설

옳은 설명은 ㉢, ㉣, **2개**이다.
㉠ (×) '**엑스터시**'는 1914년 **독일**에서 **식용감퇴제로 개발된 것**(곡물의 곰팡이와 보리 맥각에서 발견되어 이를 분리·가공·합성한 것×)으로 **클럽마약, 포옹마약, 도리도리** 등으로 불린다. 우리나라에서는 메스암페타민(필로폰)보다 가격이 싸면서 환각작용은 3배나 강한 것으로 알려져 있다. 복용자는 **막대사탕을 물고 있거나 물을 자주 마시는 행동을 보인다.**
　　Tip 곡물의 곰팡이와 보리 맥각에서 발견되어 이를 분리·가공·합성한 것은 L.S.D에 대한 설명이다.
㉡ (×) '**프로포폴**'은 흔히 수면마취제라고 불리는 정맥마취제로서 **수면내시경** 등에 사용되고, 환각제 대용으로 오·남용되는 사례가 있어 마약류 중에서 '**향정신성의약품**'(마약×)으로 지정되어 관리되고 있다.
㉢ (○) '**야바**'는 카페인, 에페드린, 밀가루 등에 **필로폰을 혼합**한 것이다.
㉣ (○) '**메스칼린**'은 미국의 텍사스나 멕시코 북부지역에서 자생하는 **선인장인 페이요트**에서 추출·합성한 **향정신성의약품**이다.
㉤ (×) '**대마**'의 종류에는 대마초, **(대마초의 종자·뿌리×)**, 대마수지 또는 해시시 등이 있다.
　　Tip 대마초의 **종자·뿌리** 및 **성숙한 대마초의 줄기**와 그 제품은 대마에서 **제외**한다.

---

951 다음에서 설명하는 「마약류 관리에 관한 법률」상 향정신성의약품으로 지정된 약물로 가장 적절한 것은?

> ㉠ 알약의 모양이 나비모양처럼 생겼다고 하여, 일명 '나비약'이라고 불리는 마약성 식욕억제제의 성분이다.
> ㉡ 중추신경을 흥분시켜서 식욕을 사라지게 하여 체중감량의 효과가 있다.
> ㉢ 다량을 복용하거나 장기 복용하면 환청, 환각, 망상, 중독 등의 부작용이 있다.
> ㉣ 「마약류 관리에 관한 법률」 제2조 제3호 라목에 해당하는 향정신성의약품이다.

① 옥시코돈(Oxycodone)　　　　② 코데인(Codeine)
③ 펜터민(Phentermine)　　　　④ 해시시(Hashish)

🔒 **950** ② **951** ③

해설

① (×) **옥시코돈**(Oxycodone)은 **마약성 진통제**이다. **아편에서 유래한 성분과 유사한 구조의 반합성마약제**에 속한다. 중추신경계에서 통증 자극을 전달하는 신경전달물질의 분비를 억제하여 진통효과를 나타낸다. 마약 중에서 '**반합성마약**'으로 분류한다.

② (×) **코데인**(Codeine)은 **통증을 완화**시키고 **기침을 억제**하는 약물이다. 단일제는 통증 완화, 기침 억제 모두에 사용되며, 다른 진통제와의 복합제는 통증 완화에만 사용된다. 마약 중에서 '**천연마약**'으로 분류된다.

③ (○) **펜터민**(Phentermine)은 비만환자에게 **체중감량**의 보조요법으로 **단기간** 사용하는 **식욕억제제**로써 비만 환자의 **치료**에 사용된다. **불면증을 유발**할 수 있으므로 늦은 밤 복용은 피해야 한다. 의존성이나 내성을 유발할 수 있어 **향정신성의약품으로 지정**되어 있다.

④ (×) **해시시**(Hashish)는 성숙한 대마의 꽃대 부분에서 얻은 수지를 채취하여 제조한 것으로 '**대마수지**'라고 부르기도 한다. 해시시는 **마리화나보다 6배정도 효과가 강하고** 가격도 비싸며 주로 중동이나 북아프리카에서 통용된다. '**대마**'에 속한다.

---

952 다음에서 설명하고 있는 「마약류 관리에 관한 법률」상 향정신성의약품은 무엇인가?  26 경위

> 가. 동공확대, 심박동 및 혈압상승, 수전증, 오한 등의 증상을 나타낸다.
> 나. 내성이나 심리적 의존성이 있지만 금단현상은 일으키지 않는다고 알려져 있다.

① 코데인(Codeine)　　　　　　　② 옥시코돈(Oxycodone)
③ 해시시(Hashish)　　　　　　　④ LSD

해설

설문은 **향정신성 의약품** 중 **환각제**에 해당하는 '**LSD**'에 대한 설명이다.

① (×) **코데인**(Codeine) – 기침약 또는 진통제로 쓰이는 화학물질로, 전문의약품이며 **마약** 중에서 **천연마약**으로 분류된다.

② (×) **옥시코돈**(Oxycodone) – 아편에서 유래한 성분과 유사한 구조의 **반합성마약**제에 속하는 것으로 중추신경계에서 통증 자극을 전달하는 신경전달물질의 분비를 억제하여 진통효과를 나타낸다.

③ (×) **해시시**(Hashish) – **대마**에 속하는 것으로 대마초 암그루의 꽃이삭과 잎에서 분리한 호박색 수지(樹脂)를 가루로 만든 것으로, 해시시는 일반 대마초보다 환각성이 뛰어나기 때문에 중독될 경우 내분비 기능장애와 함께 조현증(정신분열증) 같은 중독성 정신병도 불러올 수 있다.

④ (○) **LSD** – **향정신성 의약품**에 속하는 것으로 동공확대, 심박동 및 혈압상승, 수전증, 오한 등의 증상을 나타내는 **환각제**에 해당하고 **내성이나 심리적 의존성이 있지만 금단현상은 일으키지 않는다**고 알려져 있다.

952 ④

제1절   경비경찰의 대상 및 특징

953 경비경찰의 종류 및 특징에 대한 설명으로 가장 적절하지 않은 것은? ● C급 21 승진

① 경비경찰의 종류 중 치안경비란 공안을 해하는 다중범죄 등 집단적인 범죄사태가 발생하거나 발생할 우려가 있는 경우 적절한 조치로 사태를 예방·경계·진압하는 경찰을 내용으로 한다.

② 경비경찰의 종류 중 혼잡경비란 기념행사·경기대회·경축제례 등에 수반하는 조직화되지 않은 군중에 의하여 발생하는 자연적·인위적 혼란상태를 예방·경계·진압하는 경찰을 내용으로 한다.

③ 경비경찰은 다중범죄, 테러, 경호상 위해나 경찰작전상황 등이 발생하였을 경우 즉시 출동하여 신속하게 조기진압해야 하는 복합기능적인 활동이라는 특징을 갖는다.

④ 경비경찰은 지휘관의 하향적 명령에 의한 활동으로 부대원의 재량은 상대적으로 적고, 활동 결과에 대한 책임은 지휘관이 지는 경우가 많다는 특징을 갖는다.

> **해설**
>
> ① (○) 경비경찰의 종류 중 '**치안경비**'란 공안을 해하는 **다중범죄** 등 집단적인 범죄사태가 발생하거나 발생할 우려가 있는 경우 적절한 조치로 사태를 예방·경계·진압하는 경찰을 내용으로 한다.
>
> ② (○) 경비경찰의 종류 중 '**혼잡경비**'란 기념행사·경기대회·경축제례 등에 수반하는 **조직화되지 않은 군중**에 의하여 발생하는 **자연적·인위적 혼란상태**를 예방·경계·진압하는 경찰을 내용으로 한다.
>
> ③ (×) 경비경찰은 다중범죄, 테러, 경호상 위해나 경찰작전상황 등이 발생하였을 경우 즉시 출동하여 신속하게 **조기진압**해야 하는 **즉응적(복합기능적×) 활동**이라는 특징을 갖는다.
>
> ④ (○) 경비경찰은 '**지휘관의 하향적 명령에 의한 활동**'으로 부대원의 재량은 상대적으로 적고, 활동 결과에 대한 **책임은 지휘관이 지는 경우가 많다**는 특징을 갖는다.

954 경비경찰활동의 특징에 관한 설명으로 가장 적절하지 않은 것은? ● C급 24 승진

① 경비사태에 대해 기한을 정하여 진압할 수 없고 즉시 출동하여 신속하게 조기대응해야 한다는 점에서 즉시적(즉응적) 활동이다.

② 현재의 질서상태를 유지하는 것에 가치를 두는 현상유지적 활동으로 정태적이고 소극적인 특성을 가지나 질서유지를 통해 새로운 변화와 발전을 보장하기 위한 동태적이고 적극적인 특성은 갖지 않는다.

   953 ③   954 ②

③ 경비사태가 발생한 후의 진압뿐만 아니라 특정한 사태가 발생하기 전의 경계·예방의 역할을 수행한다는 점에서 복합기능적 활동이다.

④ 경비사태가 발생할 때 조직적이고 집단적인 대응이 요구되므로 조직적 부대 활동에 중점을 둔 체계적인 부대편성과 관리 및 운영이 필요하다.

해설

① (○) 경비사태에 대해 **기한을 정하여 진압할 수 없고 즉시 출동하여 신속하게 조기대응**해야 한다는 점에서 '**즉시적 (즉응적) 활동**'이다.

② (✕) 경비경찰활동은 **현재의 질서상태를 유지**하는 것에 가치를 두는 '**현상유지적 활동**'이다. 여기서 말하는 '질서유지 작용'은 정태적이고 소극적인 질서유지 작용이 아니라, 새로운 변화와 발전을 보장하기 위한 **동태적이고 적극적인 질서유지 작용**을 의미한다.

③ (○) 경비사태가 **발생한 후의 진압뿐만 아니라** 특정한 사태가 **발생하기 전의 경계·예방**의 역할을 수행한다는 점에서 '**복합기능적 활동**'이다.

④ (○) 경비사태가 발생할 때 **조직적이고 집단적인 대응**이 요구되므로 **조직적 부대 활동**에 중점을 둔 **체계적인 부대편성과 관리 및 운영**이 필요하다.

제2절 경비경찰의 근거와 한계

955 경비경찰에 대한 설명으로 가장 적절하지 않은 것은? ●C급 23 경위

① 경비경찰활동은 하향적 명령체계가 확보되어야 하므로 부대원의 재량은 상대적으로 적고, 활동의 결과에 대해서는 지휘관이 책임을 지는 것이 일반적이다.

② 경비수단의 종류 중 체포는 상대방의 신체를 구속하는 강제처분이며 직접적 실력행사로서 「경찰관 직무집행법」에 근거를 두고 있다.

③ 경비경찰은 실력행사시 상대의 저항력이 약한 시점을 포착하여 가장 적절한 시기에 강력하고 집중적인 실력행사를 하여야 한다.

④ 경비경찰활동은 현재의 질서상태를 보존하는 것에 중점을 두는 현상유지적 활동 수행의 특성을 가진다.

해설

① (○) 경비경찰활동은 **하향적 명령체계**가 확보되어야 하므로 **부대원의 재량은 상대적으로 적고**, 활동의 결과에 대해서는 **지휘관이 책임을 지는 것**이 일반적이다.

② (✕) 경비수단의 종류 중 '**체포**'는 상대방의 신체를 구속하는 **강제처분**이며 **직접적 실력행사**로서 「**형사소송법**」(경찰관 직무집행법✕)에 근거를 두고 있다.

③ (○) 경비경찰은 실력행사시 **상대의 저항력이 약한 시점을 포착**하여 가장 적절한 시기에 강력하고 **집중적인 실력행사**를 하여야 한다.

④ (○) 경비경찰활동은 **현재의 질서상태를 보존**하는 것에 중점을 두는 **현상유지적 활동** 수행의 특성을 가진다.

🔒 955 ②

956 경비경찰 조직운영의 원칙에 관한 설명으로 가장 적절하지 않은 것은?  ●B급 23 승진

① 치안협력성 원칙 : 경비경찰이 업무수행과정에서 국민의 협력을 구해야 하고, 국민이 스스로 협조를 할 때 효과적인 업무수행이 가능하다.

② 지휘관단일성 원칙 : 지시는 한 사람에 의해서 행해져야 하고, 보고도 한 사람을 통해서 이루어져야 한다.

③ 부대단위활동 원칙 : 부대에는 지휘관, 직원 및 대원, 지휘권과 장비가 편성되며 임무수행을 위한 보급지원체제를 갖추고 있어야 한다.

④ 체계통일성 원칙 : 경비업무를 효과적으로 수행하기 위해 복수의 지휘관을 두어야 한다.

해설

① (○) **치안협력성 원칙** : 경비경찰이 업무수행과정에서 **국민의 협력**을 구해야 하고, **국민이 스스로 협조**를 할 때 효과적인 업무수행이 가능하다.

② (○) **지휘관단일성 원칙** : **지시는 한 사람**에 의해서 행해져야 하고, **보고도 한 사람**을 통해서 이루어져야 한다.

③ (○) **부대단위활동 원칙** : 부대에는 지휘관, 직원 및 대원, 지휘권과 장비가 편성되며 임무수행을 위한 **보급지원체제**를 갖추고 있어야 한다.

④ (×) **지휘관단일성(체계통일성×)의 원칙** : 경비업무를 효과적으로 수행하기 위해 **한명(복수×)의 지휘관**을 두어야 한다.

Tip "**체계통일성의 원칙**"이란 조직의 정점으로부터 말단에 이르는 **계선조직**을 통해 상하 계급 간에 **일정한 관계**가 형성되어 **책임과 임무의 분담**이 명확히 이루어지고 **명령과 복종의 체계가 통일**되어야 한다는 원칙을 말한다.

957 경비수단에 대한 설명 중 가장 적절한 것은?  ●B급 21 승진

① 경비부대를 전면에 배치 또는 진출시켜 위력을 과시하거나 경고하여 범죄의 의사를 자발적으로 포기하도록 하는 '경고'는 「경찰관 직무집행법」 제5조에 근거를 두고 있다.

② 경비수단의 원칙 중 '위치의 원칙'은 상대방의 저항력이 가장 허약한 시점을 포착하여 집중적이고 강력한 실력행사를 하여야 한다는 원칙이다.

③ 직접적 실력행사인 '제지'와 '체포'는 경비사태를 예방·진압하거나 상대방의 신체를 구속하는 강제처분으로서 모두 「경찰관 직무집행법」 제6조에 근거를 두고 있다.

④ 경비수단의 원칙 중 '균형의 원칙'은 작전시의 변수의 발생은 사회적으로 큰 파장을 미칠 수 있으므로 경찰병력이나 군중들을 사고 없이 안전하게 진압하여야 한다는 원칙이다.

해설

① (○) 경비부대를 전면에 배치 또는 진출시켜 위력을 과시하거나 경고하여 범죄의 의사를 **자발적으로 포기하도록** 하는 '경고'는 「경찰관 직무집행법」 제5조에 근거를 두고 있다.

② (×) **경비수단의 원칙** 중 '**적시(시점)의 원칙**'(위치의 원칙×)은 **상대방의 저항력이 가장 허약한 시점을 포착**하여 집중적이고 강력한 실력행사를 하여야 한다는 원칙이다.

③ (×) **직접적 실력행사인 '제지'와 '체포'**는 경비사태를 예방·진압하거나 상대방의 신체를 구속하는 **강제처분으로서** '**제지'는 「경찰관 직무집행법」 제6조에 근거**를 두고 있으나, '**체포'는 「형사소송법」에 근거를 두고 있다**(모두 경찰관 직무집행법에 근거를 두고 있다×).

④ (×) **경비수단의 원칙** 중 '**안전의 원칙**'(균형의 원칙×)은 작전 시의 변수의 발생은 사회적으로 큰 파장을 미칠 수 있으므로 경찰병력이나 군중들을 **사고 없이 안전하게** 진압하여야 한다는 원칙이다.

🔒 956 ④   957 ①

958 경비경찰의 경비수단 종류 및 원칙에 관한 설명으로 가장 적절한 것은? ●B급 23 승진, 24 특공 변형

① 경고와 제지는 간접적 실력행사로서「경찰관 직무직행법」에 근거를 두고 있다.

② 위치의 원칙이란 사태 진압시의 실력행사에 있어서 가장 유리한 지형·지물·위치 등을 확보하여 작전수행이나 진압을 용이하게 한다는 원칙이다.

③ 적시의 원칙이란 주력부대와 예비대를 적절하게 활용하여 한정된 경력으로 최대의 효과를 얻도록 해야 한다는 원칙이다.

④ 안전의 원칙이란 경찰관의 희생을 감수한 적극적 작전으로 군중의 안전을 보장하여야 한다.

해설

① (×) **경고**(제지×)는 **간접적** 실력행사, **제지는 직접적 실력행사**로서「경찰관 직무직행법」에 근거를 두고 있다.

② (○) '**위치의 원칙**'이란 사태 진압시의 실력행사에 있어서 가장 **유리한 지형·지물·위치** 등을 확보하여 작전수행이나 진압을 용이하게 한다는 원칙이다.

③ (×) '**균형의 원칙**'(적시의 원칙×)이란 **주력부대와 예비대를 적절하게 활용**하여 한정된 경력으로 최대의 효과를 얻도록 해야 한다는 원칙이다.

④ (×) '**안전의 원칙**'이란 작전 때의 변수 발생은 사회적으로 큰 파장을 미칠 수 있으므로 **사고 없이 안전하게 진압**(경찰관의 희생을 감수한 적극적 작전×)을 실시해야 한다는 원칙이다.

제4절 행사안전경비(혼잡경비)와 군중정리

959 다음 행사장 경호에 대한 설명과 명칭을 바르게 연결한 것은? ●A급 21 승진

ㄱ 주경비지역으로, 바리케이트 등 장애물을 설치, 돌발사태를 대비한 예비대 운영 및 구급차, 소방차 대기가 필요하다.

ㄴ 절대안전 확보구역으로, 출입자 통제관리, MD 설치 운용, 비표 확인 및 출입자 감시가 필요하다.

ㄷ 조기경보지역으로, 감시조 운용, 도보 등 원거리 기동순찰조 운영, 원거리 불심자 검문·차단이 필요하다.

① ㄱ 안전구역 ㄴ 경비구역 ㄷ 경계구역
② ㄱ 경비구역 ㄴ 경계구역 ㄷ 안전구역
③ ㄱ 경비구역 ㄴ 안전구역 ㄷ 경계구역
④ ㄱ 경계구역 ㄴ 안전구역 ㄷ 경비구역

해설

ㄱ **경비구역(2선)** – **주경비지역**으로, **바리케이트** 등 장애물을 설치, 돌발사태를 대비한 **예비대** 운영 및 **구급차, 소방차** 대기가 필요하다.

ㄴ **안전구역(1선)** – **절대안전 확보구역**으로, **출입자 통제관리, MD 설치** 운용, **비표 확인** 및 출입자 감시가 필요하다.

ㄷ **경계구역(3선)** – **조기경보지역**으로, 감시조 운용, 도보 등 원거리 기동순찰조 운영, 원거리 불심자 검문·차단이 필요하다.

 958 ② 959 ③

960 행사안전경비에서 군중정리의 원칙에 관한 설명 중 가장 적절하지 않은 것은?  ●A급 22 순경2차

① 밀도의 희박화 – 제한된 면적의 특정한 지역에 사람이 많이 모이면 상호간에 충돌현상이 나타나고 혼잡이 야기되므로, 차분한 목소리로 안내방송을 진행함으로써 사전에 혼잡상황을 대비하여 사고를 방지할 수 있다.

② 이동의 일정화 – 군중은 현재의 자기 위치와 갈 곳을 잘 몰라 불안감과 초조감을 갖게 되므로 일정방향과 속도로 이동을 시켜 주위의 상황을 파악할 수 있는 여건을 조성시킴으로써 심리적 안정감을 갖도록 하는 것이다.

③ 경쟁적 사태의 해소 – 다른 사람보다 먼저 가려는 심리상태를 억제시켜 질서 있게 행동하면 모든 일이 잘 될 수 있다는 것을 납득시키는 것이다. 이 경우 질서를 지키면 오히려 손해를 본다는 심리상태가 형성되지 않도록 주의하여야 한다.

④ 지시의 철저 – 분명하고 자세한 안내방송을 계속함으로써 혼잡한 사태를 회피하고 사고를 방지할 수 있다.

해설

① (×) **밀도의 희박화** – 제한된 면적의 특정한 지역에 사람이 많이 모이면 상호간에 충돌현상이 나타나고 혼잡이 야기되므로, 대규모 군중이 모이는 장소는 사전에 **블록화**하여 사고를 방지할 수 있다.

Tip 차분한 **목소리로 안내방송**을 진행함으로써 사전에 혼잡상황을 대비하여 사고를 방지하려는 것은 '**경쟁적 사태의 해소**'를 위한 방법이다. 이와 비교해서 **분명하고 계속적이고 자세한 안내방송**은 '**지시의 철저**'와 관련된 것으로 구별해야 한다.

② (○) **이동의 일정화** – 군중은 현재의 자기 위치와 갈 곳을 잘 몰라 불안감과 초조감을 갖게 되므로 **일정방향과 속도로 이동**을 시켜 주위의 상황을 파악할 수 있는 여건을 조성시킴으로써 심리적 안정감을 갖도록 하는 것이다.

③ (○) **경쟁적 사태의 해소** – 다른 사람보다 **먼저 가려는 심리상태를 억제**시켜 질서 있게 행동하면 모든 일이 잘 될 수 있다는 것을 납득시키는 것이다. 이 경우 질서를 지키면 오히려 손해를 본다는 심리상태가 형성되지 않도록 주의하여야 한다.

④ (○) **지시의 철저** – **분명**하고 **자세한 안내방송을 계속**함으로써 혼잡한 사태를 회피하고 사고를 방지할 수 있다.

제5절 **선거경비**

---

961 선거경비에 대한 설명으로 가장 적절한 것은? ●C급 21 순경2차

① 통상 비상근무체제는 선거기간 개시일부터 개표 종료 때까지이며, 경계강화기간은 선거기간 개시일부터 선거 전일까지이다.

② 대통령 후보자는 갑호경호 대상으로 후보자 등록 시부터 당선 확정 시까지 후보자가 원하는 경우 유세장·숙소 등에 대해 24시간 경호임무를 수행하고, 후보자가 원하지 않는 경우 시·도경찰청에서 경호경험이 있는 자를 선발해 관내 유세기간 중 근접 배치한다.

③ 투표소의 질서유지는 선거관리위원회와 경찰이 합동으로 하고, 경찰은 112 순찰차를 투표소 밖에 배치하여 거점근무 및 순찰을 실시하고, 정복 경찰을 투표소 내에 배치하여야 한다.

🔒 960 ① 961 ①

④ 「공직선거법」상 누구든지 개표소 안에서 무기 등을 지닐 수 없으므로 선거관리위원회 위원장의 원조요구가 있더라도 개표소 안으로 투입되는 경찰관은 무기를 휴대할 수 없다.

해설

① (○) 통상 **비상근무**체제는 **선거기간 개시일부터** 개표 종료 때까지이며, 경계강화기간은 선거기간 개시일부터 선거 전일까지이다.

② (×) **대통령 후보자는 을호경호**(갑호×) 대상으로 **후보자 등록 시부터 당선 확정 시까지** 후보자가 원하는 경우 유세장·숙소 등에 대해 **24시간 경호임무**를 수행하고, 후보자가 원하지 않는 경우 **시·도경찰청에서** 경호경험이 있는 자를 선발해 관내 유세기간 중 **근접 배치**한다.

③ (×) **투표소의 질서유지**는 **선거관리위원회가 자체적**(선거관리위원회와 경찰이 합동×)으로 하고, 경찰은 **112 순찰차를 투표소 밖에 배치**하여 거점근무 및 순찰을 실시하고, **정복 경찰을 투표소 내에 배치하여서는 아니 된다**(배치하여야 한다×).

④ (×) 「공직선거법」상 누구든지 **개표소 안에서** 무기 등을 지닐 수 없지만, **선거관리위원회 위원장의 원조요구가 있으면** 개표소 안으로 투입되는 **경찰관은 무기를 휴대할 수 있다**(없다×).

962 선거경비에 대한 설명으로 가장 적절하지 않은 것은? **C급** 22 승진

① 개표소 경비에 대한 3선 개념 중 제3선은 울타리 외곽으로, 검문조·순찰조를 운영하여 위해 기도자의 접근을 차단한다.

② 「공직선거법」상 구·시·군선거관리위원회 위원장이나 위원이 개표소의 질서유지를 위하여 정복을 한 경찰공무원 또는 경찰관서장에게 원조를 요구할 수 있으며, 이와 같은 요구에 의해 개표소 안에 들어간 경찰공무원 또는 경찰관서장은 질서가 회복되거나 위원장의 요구시 개표소에서 퇴거할 수 있다.

③ 「공직선거법」상 투표소 안에서 또는 투표소로부터 100미터 안에서 소란한 언동을 하거나 특정 정당이나 후보자를 지지 또는 반대하는 언동을 하는 자가 있는 때에는 투표관리관 또는 투표사무원은 이를 제지하고, 그 명령에 불응하는 때에는 투표소 또는 그 제한거리 밖으로 퇴거하게 할 수 있다.

④ 「공직선거법」상 투표관리관 또는 투표사무원은 투표소의 질서가 심히 문란하여 공정한 투표가 실시될 수 없다고 인정하는 때에는 투표소의 질서를 유지하기 위하여 정복을 한 경찰공무원 또는 경찰관서장에게 원조를 요구할 수 있다.

해설

① (○) 개표소 경비에 대한 3선 개념 중 **제3선**은 울타리 **외곽**으로, **검문조·순찰조**를 운영하여 위해 기도자의 접근을 차단한다.

② (×) 「공직선거법」상 구·시·군선거관리위원회 **위원장이나 위원이** 개표소의 질서유지를 위하여 정복을 한 경찰공무원 또는 경찰관서장에게 **원조를 요구할 수 있으며**, 이와 같은 요구에 의해 개표소 안에 들어간 **경찰공무원 또는 경찰관서장은** 질서가 회복되거나 위원장의 요구가 있는 때에는 즉시 개표소에서 **퇴거하여야 한다**(할 수 있다×) (동법 제183조 제5항).

③ (○) 「공직선거법」상 투표소 안에서 또는 투표소로부터 100미터 안에서 **소란한 언동**을 하거나 특정 정당이나 후보자를 **지지 또는 반대하는 언동**을 하는 자가 있는 때에는 투표관리관 또는 투표사무원은 이를 **제지하고**, 그 명령에 불응하는 때에는 투표소 또는 그 **제한거리 밖으로 퇴거하게 할 수 있다**(동법 제166조 제1항).

④ (○) 「공직선거법」상 **투표관리관 또는 투표사무원은** 투표소의 질서가 심히 문란하여 공정한 투표가 실시될 수 없다고 인정하는 때에는 투표소의 질서를 유지하기 위하여 **정복을 한 경찰공무원 또는 경찰관서장에게 원조를 요구할 수 있다**(동법 제164조 제1항).

 962 ②

963 다중범죄의 정책적 치료법 및 진압의 기본원칙에 대한 설명으로 가장 적절하지 않은 것은?

• B급 22 승진

① 전이법은 불만집단과 이에 반대하는 대중의견을 크게 부각시켜 불만집단이 자진해산 및 분산하게 하는 정책적 치료법이다.

② 봉쇄·방어는 군중이 중요시설이나 기관 등 보호대상물의 점거를 기도할 경우, 사전에 부대가 선점하여 바리케이트 등으로 봉쇄하는 방어조치로 충돌없이 효과적으로 무산시키는 진압의 기본원칙이다.

③ 세력분산은 일단 시위대가 집단을 형성한 이후에 부대가 대형으로 진입하거나 장비를 사용하여 시위집단의 지휘·통제력을 차단하며, 수개의 소집단으로 분할시켜 시위의사를 약화시키는 진압의 기본원칙이다.

④ 지연정화법은 시간을 지연시킴으로써 불만집단의 고조된 주장을 이성적으로 사고할 기회를 부여하고 정서적으로 감정을 둔화시켜서 흥분을 가라앉게 하는 정책적 치료법이다.

해설

① (×) **경쟁행위법**(전이법×)은 **불만집단과 이에 반대하는 대중의견을 크게 부각시켜** 불만집단이 자진해산 및 분산하게 하는 정책적 치료법이다.

② (○) **봉쇄·방어**는 군중이 중요시설이나 기관 등 보호대상물의 점거를 기도할 경우, **사전에 부대가 선점하여 바리케이트 등으로 봉쇄하는 방어조치**로 충돌없이 효과적으로 무산시키는 진압의 기본원칙이다.

③ (○) **세력분산**은 일단 시위대가 집단을 형성한 이후에 **부대가 대형으로 진입하거나 장비를 사용하여** 시위집단의 지휘·통제력을 차단하며, 수개의 소집단으로 **분할시켜 시위의사를 약화**시키는 진압의 기본원칙이다.

④ (○) **지연정화법**은 **시간을 지연시킴으로써** 불만집단의 고조된 주장을 이성적으로 사고할 기회를 부여하고 정서적으로 감정을 둔화시켜서 흥분을 가라앉게 하는 정책적 치료법이다.

964 다음에서 설명하는 다중범죄의 정책적 해결법으로 가장 적절한 것은?

• B급 25 승진

> 특정 불만집단에 대한 정보활동 강화로 사전에 불만·분쟁 요인을 찾아 해소시키는 방법이다.

① 선수승화법 ② 경쟁행위법
③ 지연정화법 ④ 전이법

해설

① (○) **선수승화법** – 특정 불만집단에 대한 정보활동 강화로 **사전에** 불만·분쟁 요인을 **찾아 해소**시키는 **방법**이다.

② (×) **경쟁행위법** – 불만집단과 **반대되는 대중의견을 크게 부각시켜 불만집단이 위압되어 자동해산 및 분산되도록** 하는 방법

③ (×) **지연정화법** – 불만집단의 고조된 주장을 **시간을 끌어** 이성적으로 사고할 기회를 부여하고 정서적으로 **감정을 둔화시켜서 흥분을 가라앉게** 하는 방법

④ (×) **전이법** – 집단이나 국민들의 관심을 집중시킬 수 있는 **경이적인 사건을 폭로**하거나 규모가 **큰 행사를 개최**함으로써 **원래의 이슈가 상대적으로 약화되도록** 하는 방법

🔒 963 ① 964 ①

| 제**7**절 | 재난경비(재난 및 안전관리 기본법[시행 2025.7.8.]) |

965 「재난 및 안전관리 기본법」에 대한 설명으로 가장 적절한 것은?   ●A급 20 순경2차

① "재난"이란 국민의 생명·신체·재산과 국가에 피해를 주거나 줄 수 있는 것으로서 자연재난과 인적재난으로 구분된다.

② "재난관리"란 재난의 예방·대응·복구 및 평가를 위하여 하는 모든 활동을 말한다.

③ 「재난 및 안전관리 기본법」상 대통령령으로 정하는 대규모 재난의 대응·복구 등에 관한 사항을 총괄·조정하고 필요한 조치를 하기 위하여 국무조정실에 중앙재난안전대책본부를 둔다.

④ 해외재난의 경우 외교부장관이 중앙대책본부장의 권한을 행사한다.

해설

① (×) **"재난"**이란 국민의 생명·신체·재산과 국가에 피해를 주거나 줄 수 있는 것으로서 **자연재난**과 **사회재난(인적재난×)**으로 구분된다(동법 제3조 제1호).

② (×) **"재난관리"**란 재난의 **예방·대비·대응 및 복구(평가×)**를 위하여 하는 모든 활동을 말한다(동법 제3조 제3호).

　Tip **"안전관리"**란 재난이나 그 밖의 **각종 사고**로부터 사람의 **생명·신체 및 재산의 안전**을 확보하기 위하여 하는 모든 활동을 말한다.

③ (×) 「재난 및 안전관리 기본법」상 대통령령으로 정하는 대규모 재난의 대응·복구 등에 관한 사항을 총괄·조정하고 필요한 조치를 하기 위하여 **행정안전부(국무조정실×)**에 **중앙재난안전대책본부를 둔다**(동법 제14조 제1항).

④ (○) **해외재난**의 경우 **외교부장관**이 중앙대책본부장의 권한을 행사한다(동법 제14조 제3항).

966 「재난 및 안전관리 기본법」에 관한 설명으로 가장 적절하지 않은 것은?   ●A급 23 순경1차

① "재난"이란 국민의 생명·신체·재산과 국가에 피해를 주거나 줄 수 있는 것으로서 사회재난과 자연재난으로 구분한다.

② "재난관리"란 재난의 예방·대비·대응 및 복구를 위하여 하는 모든 활동을 말한다.

③ 경찰청장은 국가 및 지방자치단체가 행하는 재난 및 안전관리 업무를 총괄·조정한다.

④ 대통령령으로 정하는 대규모 재난의 대응·복구 등에 관한 사항을 총괄·조정하고, 필요한 조치를 하기 위하여 행정안전부에 중앙재난안전대책본부를 둔다.

해설

① (○) **"재난"**이란 국민의 생명·신체·재산과 국가에 피해를 주거나 줄 수 있는 것으로서 **사회재난**과 **자연재난**으로 구분한다.

② (○) **"재난관리"**란 재난의 **예방·대비·대응 및 복구**를 위하여 하는 **모든 활동**을 말한다.

③ (×) **행정안전부장관(경찰청장×)**은 국가 및 지방자치단체가 행하는 **재난 및 안전관리 업무를 총괄·조정**한다(동법 제6조).

④ (○) 대통령령으로 정하는 대규모 재난의 대응·복구 등에 관한 사항을 총괄·조정하고, 필요한 조치를 하기 위하여 **행정안전부에 중앙재난안전대책본부를 둔다**(동법 제14조 제1항).

🔒 965 ④ 966 ③

967 재난경비에 대한 설명으로 가장 적절한 것은?  A급 20 경위 변형

① 「재난 및 안전관리 기본법」상 위기경보는 재난 피해의 전개 속도, 확대 가능성 등 재난상황의 심각성을 종합적으로 고려하여 관심·주의·경계·심각으로 구분할 수 있다.

② 「재난 및 안전관리 기본법」상 관할 시·도경찰청장은 재난이 발생하거나 발생할 우려가 있는 경우에 사람의 생명 또는 신체나 재산에 대한 위해를 방지하기 위하여 필요하면 해당 지역 주민이나 그 지역 안에 있는 사람에게 대피하도록 명하거나 선박·자동차 등을 그 소유자·관리자 또는 점유자에게 대피시킬 것을 명할 수 있다. 이 경우 미리 대피장소를 지정할 수 있다.

③ 「재난 및 안전관리 기본법」상 '재난'이란 국민의 생명·신체·재산과 국가의 피해를 주거나 줄 수 있는 것으로서 자연재난, 인적재난으로 구분된다.

④ 「재난 및 안전관리 기본법」상 대통령령으로 정하는 대규모 재난의 대응·복구 등에 관한 사항을 총괄·조정하고 필요한 조치를 하기 위하여 경찰청에 중앙재난안전대책본부를 둔다.

해설

① (○) 「재난 및 안전관리 기본법」상 위기경보는 재난 피해의 전개 속도, 확대 가능성 등 재난상황의 심각성을 종합적으로 고려하여 **관심·주의·경계·심각**으로 구분할 수 있다(동법 제38조 제2항).

② (×) 「재난 및 안전관리 기본법」상 **시장·군수·구청장과 지역통제단장(관할 시·도경찰청장×)**은 재난이 발생하거나 발생할 우려가 있는 경우에 사람의 생명 또는 신체나 재산에 대한 위해를 방지하기 위하여 필요하면 해당 지역 주민이나 그 지역 안에 있는 사람에게 대피하도록 명하거나 선박·자동차 등을 그 소유자·관리자 또는 점유자에게 **대피시킬 것을 명할 수 있다.** 이 경우 미리 대피장소를 지정할 수 있다(동법 제40조 제1항).

③ (×) 「재난 및 안전관리 기본법」상 **'재난'**이란 국민의 생명·신체·재산과 국가의 피해를 주거나 줄 수 있는 것으로서 **자연재난, 사회재난(인적재난×)**으로 구분된다.

④ (×) 「재난 및 안전관리 기본법」상 대통령령으로 정하는 대규모 재난의 대응·복구 등에 관한 사항을 총괄·조정하고 필요한 조치를 하기 위하여 **행정안전부(경찰청×)**에 중앙재난안전대책본부를 **둔다**.

968 「재난 및 안전관리 기본법」에 대한 설명으로 가장 적절한 것은?  A급 24 경위

① 재난관리란 재난이나 그 밖의 각종 사고로부터 사람의 생명·신체 및 재산의 안전을 확보하기 위하여 하는 모든 활동을 말한다.

② 시장·군수·구청장과 지역통제단장(대통령령으로 정하는 권한을 행사하는 경우에만 해당한다)은 재난이 발생하거나 발생할 우려가 있는 경우에 사람의 생명 또는 신체나 재산에 대한 위해를 방지하기 위하여 필요하면 해당 지역 주민이나 그 지역 안에 있는 사람에게 대피하도록 명하거나 선박·자동차 등을 그 소유자·관리자 또는 점유자에게 대피시킬 것을 명할 수 있다. 이 경우 미리 대피장소를 지정할 수 있다.

③ 긴급구조기관이란 경찰청, 시·도경찰청 및 경찰서를 말한다. 다만, 해양에서 발생한 재난의 경우에는 해양경찰청·지방해양경찰청 및 해양경찰서를 말한다.

④ 국무총리는 대통령령으로 정하는 재난이 발생하거나 발생할 우려가 있는 경우 사람의 생명·신체 및 재산에 미치는 중대한 영향이나 피해를 줄이기 위하여 긴급한 조치가 필요하다고 인정하면 중앙위원회의 심의를 거쳐 재난사태를 선포할 수 있다. 다만, 국무총리는 재난상황이 긴급하여 중앙위원회의 심의를 거칠 시간적 여유가 없다고 인정하는 경우에는 중앙위원회의 심의를 거치지 아니하고 재난사태를 선포할 수 있다.

🔒 967 ① 968 ②

해설

① (×) **"안전관리"**(재난관리×)란 재난이나 그 밖의 **각종 사고**로부터 사람의 **생명·신체 및 재산의 안전**을 확보하기 위하여 하는 모든 활동을 말한다.

> **Tip** "재난관리"란 재난의 **예방·대비·대응 및 복구**를 위하여 하는 모든 활동을 말한다.

② (○) **시장·군수·구청장과 지역통제단장**(대통령령으로 정하는 권한을 행사하는 경우에만 해당한다)은 재난이 발생하거나 발생할 우려가 있는 경우에 사람의 생명 또는 신체나 재산에 대한 위해를 방지하기 위하여 필요하면 해당 지역 주민이나 그 지역 안에 있는 사람에게 대피하도록 명하거나 선박·자동차 등을 그 소유자·관리자 또는 점유자에게 **대피시킬 것을 명할 수 있다.** 이 경우 미리 대피장소를 지정할 수 있다(동법 제40조 제1항).

③ (×) **"긴급구조기관"**이란 **소방청·소방본부 및 소방서**(경찰청, 시·도경찰청 및 경찰서×)를 말한다. 다만, 해양에서 발생한 재난의 경우에는 해양경찰청·지방해양경찰청 및 해양경찰서를 말한다(동법 제3조 제7호).

④ (×) **행정안전부장관**(국무총리×)은 대통령령으로 정하는 재난이 발생하거나 발생할 우려가 있는 경우 사람의 생명·신체 및 재산에 미치는 중대한 영향이나 피해를 줄이기 위하여 긴급한 조치가 필요하다고 인정하면 중앙위원회의 심의를 거쳐 **재난사태를 선포할 수 있다.** 다만, **행정안전부장관**(국무총리×)은 재난상황이 **긴급하여** 중앙위원회의 심의를 거칠 **시간적 여유가 없다**고 인정하는 경우에는 중앙위원회의 **심의를 거치지 아니하고 재난사태를 선포할 수 있다**(동법 제36조 제1항).

969 「재난 및 안전관리 기본법」상 재난관리 체계에 대한 설명으로 옳은 것은?

●A급 19 순경1차

① 특별재난지역 선포는 대응 단계에서의 활동이다.
② 재난분야 위기관리 매뉴얼 작성은 예방 단계에서의 활동이다.
③ 재난관리체계 등의 평가는 대비 단계에서의 활동이다.
④ 재난피해조사는 복구 단계에서의 활동이다.

해설

① (×) **특별재난지역 선포**는 **복구**(대응×) **단계**에서의 활동이다.

> **Tip** **중앙대책본부장**은 대통령령으로 정하는 규모의 재난이 발생하여 국가의 안녕 및 사회질서의 유지에 중대한 영향을 미치거나 피해를 효과적으로 수습하기 위하여 특별한 조치가 필요하다고 인정하거나 지역대책본부장의 요청이 타당하다고 인정하는 경우에는 **중앙위원회의 심의를 거쳐** 해당 지역을 특별재난지역으로 선포할 것을 **대통령에게 건의할 수 있다.** 특별재난지역의 선포를 **건의받은 대통령**은 해당 지역을 **특별재난지역으로 선포할 수 있다**(동법 제60조 제1항·제3항).

② (×) 재난분야 **위기관리 매뉴얼 작성**은 **대비**(예방×) **단계**에서의 활동이다.

③ (×) **재난관리체계 등의 평가**는 **예방**(대비×) **단계**에서의 활동이다.

④ (○) **재난피해조사**는 **복구 단계**에서의 활동이다.

> **Tip** 재난관리 4단계(재난 및 안전관리 기본법)

재난의 예방	• 국가기반시설 **지정·관리**, 특정관리대상 지역 **지정·관리** • 재난안전분야 **종사자 교육** • 정부합동 **안전점검, 재난관리체계 평가**, 재난관리실태 공시
재난의 대비	• 재난관리자원의 **비축·관리** • 국가재난**관리기준의 제정·운용**, 기능별 재난대응 **활동계획의 작성·활용** • **위기관리 매뉴얼 작성·운용**, 재난대비훈련 **기본계획 수립** • 재난안전**통신망의 구축·운영**, 재난현장 **긴급통신 수단의 마련**
재난의 대응	• **재난사태 선포, 위기경보발령** • **응급조치, 긴급구조** • 동원명령, 대피명령, 위험구역 설정, 통행제한
재난의 복구	• 재난**피해 신고·조사** • **특별재난지역 선포·지원**, 손실보상

🔒 969 ④

970 「재난 및 안전관리 기본법」에 관한 설명으로 가장 적절하지 않은 것은?  19 순경2차

① "재난"이란 국민의 생명·신체·재산과 국가에 피해를 주거나 줄 수 있는 것으로서 자연재난과 사회재난으로 구분된다.

② "재난관리"란 재난의 예방·대비·대응 및 복구를 위하여 하는 모든 활동을 말한다.

③ 국무총리는 국가 및 지방자치단체가 행하는 재난 및 안전관리 업무를 총괄·조정한다.

④ 특별재난지역 선포는 재난관리 체계상 복구 단계에서의 활동에 해당된다.

> **해설**
>
> ① (○) **"재난"**이란 국민의 생명·신체·재산과 국가에 피해를 주거나 줄 수 있는 것으로서 **자연재난과 사회재난**으로 구분된다.
> ② (○) **"재난관리"**란 재난의 **예방·대비·대응 및 복구**를 위하여 하는 모든 활동을 말한다.
> ③ (✕) **행정안전부장관(국무총리✕)**는 국가 및 지방자치단체가 행하는 **재난 및 안전관리 업무**를 **총괄·조정**한다(동법 제6조).
> ④ (○) **특별재난지역 선포**는 재난관리 체계상 '**복구**' 단계에서의 활동에 해당된다.

971 「재난 및 안전관리 기본법」에 관한 설명으로 가장 적절하지 않은 것은?  24 승진

① 특별재난지역의 선포는 재난관리 체계상 대응 단계에 해당한다.

② 행정안전부장관은 국가 및 지방자치단체가 행하는 재난 및 안전관리 업무를 총괄·조정한다.

③ '재난관리'란 재난의 예방·대비·대응 및 복구를 위하여 하는 모든 활동을 말한다.

④ '재난'이란 국민의 생명·신체·재산과 국가에 피해를 주거나 줄 수 있는 것이며, 화재·붕괴·폭발·교통사고는 '사회재난'으로 구분한다.

> **해설**
>
> ① (✕) **특별재난지역의 선포**는 재난관리 체계상 '**복구**' 단계(대응 단계✕)에 해당한다.
> ② (○) **행정안전부장관**은 국가 및 지방자치단체가 행하는 **재난 및 안전관리 업무를 총괄·조정**한다.
> ③ (○) '**재난관리**'란 재난의 **예방·대비·대응 및 복구**를 위하여 하는 모든 활동을 말한다.
> ④ (○) '**재난**'이란 국민의 생명·신체·재산과 국가에 피해를 주거나 줄 수 있는 것이며, **화재·붕괴·폭발·교통사고는 '사회재난'**으로 구분한다.
> > **Tip** 태풍, 홍수, 호우, 강풍, 풍랑, 해일, 대설, 한파, 낙뢰, 가뭄, 폭염, 지진, 황사, 조류 대발생, 화산활동은 '**자연재난**'으로 구분한다.

972 「재난 및 안전관리 기본법」에 대한 설명으로 가장 적절하지 않은 것은?  21 특공

① 해외재난의 경우 국무총리가 중앙대책본부장의 권한을 행사한다.

② '재난'이란 국민의 생명·신체·재산과 국가에 피해를 주거나 줄 수 있는 것으로서 자연재난과 사회재난으로 구분된다.

③ 대통령령으로 정하는 대규모 재난의 대응·복구 등에 관한 사항을 총괄·조정하고 필요한 조치를 하기 위하여 행정안전부에 중앙재난안전대책본부를 둔다.

④ '재난관리'란 재난의 예방·대비·대응 및 복구를 위하여 하는 모든 활동을 말한다.

> **해설**
>
> ① (✕) **해외재난**의 경우 **외교부장관(국무총리✕)**이 중앙대책본부장의 권한을 행사한다.

🔒 970 ③ 971 ① 972 ①

제8절 국가중요시설경비(통합방위법[시행 2024.1.16.])

973 통합방위사태가 선포된 때에는 「통합방위법」의 규정에 따라 통합방위작전을 신속하게 수행하여야 한다. 지역별 통합방위작전 수행 담당자로 가장 적절한 것은? ●B급 22 경위

① 갑종사태가 선포된 경우 경찰관할지역 : 경찰청장
② 을종사태가 선포된 경우 특정경비지역 : 통합방위본부장
③ 을종사태가 선포된 경우 경찰관할지역 : 시·도경찰청장
④ 병종사태가 선포된 경우 특정경비지역 : 지역군사령관

해설

① (×) **갑종사태**가 선포된 경우 **경찰관할지역 : 통합방위본부장 또는 지역군사령관(경찰청장×)**
② (×) **을종사태**가 선포된 경우 **특정경비지역 : 지역군사령관(통합방위본부장×)**
③ (×) **을종사태**가 선포된 경우 **경찰관할지역 : 지역군사령관(시·도경찰청장×)**
④ (○) **병종사태**가 선포된 경우 **특정경비지역** : 지역군사령관

Tip 통합방위작전 지휘·통제권자(통합방위법 제15조 제2항)

갑종사태	통합방위본부장 또는 지역군사령관
을종사태	지역군사령관
병종사태	시·도경찰청장, 지역군사령관 또는 함대사령관 1. 경찰관할지역 : 시·도경찰청장 2. 특정경비지역 및 군관할지역 : 지역군사령관 3. 특정경비해역 및 일반경비해역 : 함대사령관 4. 비행금지공역 및 일반공역 : 공군작전사령관

974 「통합방위법」에 관한 설명 중 가장 적절하지 않은 것은? ●B급 23 승진

① "갑종사태"란 일정한 조직체계를 갖춘 적의 대규모 병력 침투 또는 대량살상무기 공격 등의 도발로 발생한 비상사태로서 통합방위본부장 또는 지역군사령관의 지휘·통제 하에 통합 방위작전을 수행하여야 할 사태를 말한다.

② "을종사태"란 적의 침투·도발 위협이 예상되거나 소규모의 적이 침투하였을 때에 시·도경찰청장, 지역군사령관 또는 함대사령관의 지휘·통제 하에 통합방위작전을 수행하여 단기간 내에 치안이 회복될 수 있는 사태를 말한다.

③ 국무총리 소속으로 중앙 통합방위협의회를 둔다.

④ 국가중요시설은 국방부장관이 관계 행정기관의 장 및 국가정보원장과 협의하여 지정한다.

해설

① (○) "**갑종사태**"란 일정한 조직체계를 갖춘 적의 **대규모** 병력 침투 또는 대량살상무기 공격 등의 도발로 발생한 비상사태로서 **통합방위본부장 또는 지역군사령관의 지휘·통제** 하에 통합 방위작전을 수행하여야 할 사태를 말한다.

② (×) "**병종사태**"(을종사태×)란 적의 침투·도발 위협이 예상되거나 **소규모**의 적이 침투하였을 때에 **시·도경찰청장, 지역군사령관 또는 함대사령관의 지휘·통제** 하에 통합방위작전을 수행하여 **단기간 내에 치안이 회복될 수 있는 사태**를 말한다.

 973 ④ 974 ②

Tip "을종사태"란 일부 또는 여러 지역에서 적이 침투·도발하여 단기간 내에 치안이 회복되기 어려워 지역군사령관의 지휘·통제 하에 통합방위작전을 수행하여야 할 사태를 말한다.

③ (○) **국무총리** 소속으로 **중앙 통합방위협의회**를 둔다(동법 제4조 제1항).
④ (○) **국가중요시설은 국방부장관이** 관계 행정기관의 장 및 **국가정보원장과 협의**하여 **지정한다**(동법 제21조 제4항).

Tip 국가중요시설의 평시 경비·보안활동에 대한 지도·감독은 관계 행정기관의 장과 **국가정보원장**이 수행한다(동법 제21조 제3항).

975 「통합방위법」에 대한 설명으로 가장 적절하지 않은 것은? ●B급 20 승진

① 시·도경찰청장, 지역군사령관 또는 함대사령관은 을종사태나 병종사태에 해당하는 상황이 발생한 때에는 즉시 시·도지사에게 통합방위사태의 선포를 건의하여야 한다.
② 시·도지사는 위 ①에 따른 건의를 받은 때에는 중앙협의회의 심의를 거쳐 을종사태 또는 병종사태를 선포할 수 있다.
③ 「통합방위법」상 통합방위본부장은 합동참모의장, 부본부장은 합동참모본부에서 군사작전에 대한 기획 등 작전 업무를 총괄하는 참모부서의 장이 되고, 지역 통합방위협의회 의장은 시·도지사이며, 중앙 통합방위협의회 의장은 국무총리이다.
④ 국방부장관은 둘 이상의 시·도에 걸쳐 을종사태에 해당하는 상황이 발생하였을 때 즉시 국무총리를 거쳐 대통령에게 통합방위사태의 선포를 건의하여야 한다.

해설

① (○) **시·도경찰청장, 지역군사령관 또는 함대사령관**은 **을종사태나 병종사태**에 해당하는 상황이 **발생한 때**에는 즉시 **시·도지사**에게 통합방위사태의 **선포를 건의하여야 한다**(동법 제12조 제4항).
② (×) **시·도지사**는 위 ①에 따른 건의를 받은 때에는 **시·도 협의회의(중앙협의회×)**의 **심의**를 거쳐 **을종사태 또는 병종사태를 선포할 수 있다**(동법 제12조 제5항).
③ (○) 「통합방위법」상 **통합방위본부장은 합동참모의장**, 부본부장은 합동참모본부에서 군사작전에 대한 기획 등 작전 업무를 총괄하는 참모부서의 장이 되고(동법 제8조 제2항), **지역 통합방위협의회 의장은 시·도지사**이며(동법 제5조 제1항), **중앙 통합방위협의회 의장은 국무총리**이다(동법 제4조 제1항).
④ (○) **국방부장관**은 둘 이상의 시·도에 걸쳐 **을종사태**에 해당하는 상황이 발생하였을 때 즉시 국무총리를 거쳐 **대통령에게** 통합방위사태의 선포를 **건의하여야 한다**(동법 제12조 제2항 제1호).

Tip 선포 및 건의(동법 제12조)

발생사태	선포 건의	선포	선포 전 심의
갑종사태 발생	**국방부장관**	**대통령**	중앙협의회와 국무회의 심의를 거쳐 선포
둘 이상 시·도에 **을종사태** 발생			
둘 이상 시·도에 **병종사태** 발생	**행정안전부장관 또는 국방부장관**		
을종사태 또는 병종사태 발생	**시·도경찰청장 지역군사령관 함대사령관**	**시·도지사**	시·도 협의회의 심의를 거쳐 선포

🔒 975 ②

976 「통합방위법」상 국가중요시설에 대한 설명으로 가장 적절하지 않은 것은?

●B급 22 경위

① 국가중요시설의 관리자는 경비·보안 및 방호책임을 지며, 통합방위사태에 대비하여 자체방호계획을 수립하여야 한다. 이 경우 국가중요시설의 관리자는 자체방호계획을 수립하기 위하여 시·도경찰청장 또는 지역군사령관에게 협조를 요청하여야 한다.

② 시·도경찰청장 또는 지역군사령관은 통합방위사태에 대비하여 국가중요시설에 대한 방호지원계획을 수립·시행하여야 한다.

③ 국가중요시설의 평시 경비·보안활동에 대한 지도·감독은 관계 행정기관의 장과 국가정보원장이 수행한다.

④ 국가중요시설은 국방부장관이 관계 행정기관의 장 및 국가정보원장과 협의하여 지정한다.

해설
① (×) **국가중요시설의 관리자는 경비·보안 및 방호책임**을 지며, 통합방위사태에 대비하여 **자체방호계획을 수립**하여야 한다. 이 경우 국가중요시설의 관리자는 자체방호계획을 수립하기 위하여 **시·도경찰청장 또는 지역군사령관에게 협조를 요청할 수 있다(요청하여야 한다×)**(동법 제21조 제1항).

② (○) **시·도경찰청장 또는 지역군사령관**은 통합방위사태에 대비하여 국가중요시설에 대한 **방호지원계획을 수립·시행**하여야 한다(동법 제21조 제2항).

③ (○) **국가중요시설의 평시 경비·보안활동에 대한 지도·감독은** 관계 행정기관의 장과 **국가정보원장이 수행한다**(동법 제21조 제3항).

④ (○) **국가중요시설은 국방부장관이** 관계 행정기관의 장 및 **국가정보원장과 협의**하여 **지정한다**(동법 제21조 제4항).

977 다음 중 경비경찰에 대한 설명으로 가장 적절하지 않은 것은?

●B급 20 승진

① 행사장 경호와 관련하여 제1선(안전구역)에서는 출입자 통제관리 및 MD 설치 운용을 한다.

② 개표소 경비와 관련하여 제2선(울타리 내곽)에서는 선거관리위원회와 합동으로 출입자를 통제한다.

③ 국가중요시설 경비와 관련하여 제2지대(주방어지대)에서는 주·야간 경계요원에 대한 계속적인 감시·통제가 될 수 있도록 경비인력을 운용한다.

④ 국가중요시설 경비와 관련하여 제3지대(핵심방어지대)에서는 시설의 보강(지하화, 방호벽, 방탄막 등)을 최우선으로 한다.

해설
① (○) **행사장** 경호와 관련하여 **제1선(안전구역)**에서는 **출입자 통제관리** 및 **MD 설치** 운용을 한다.

② (○) **개표소** 경비와 관련하여 **제2선(울타리 내곽)**에서는 **선거관리위원회와 합동**으로 출입자를 통제한다.

③ (×) **국가중요시설** 경비와 관련하여 **제3지대(핵심방어지대)(2지대×)**에서는 **주·야간** 경계요원에 대한 **계속적인 감시·통제**가 될 수 있도록 경비인력을 운용한다.
　　Tip 제2지대(주방어지대)에서는 시설자체 경계, 주·야간 초소근무 및 순찰활동, CCTV 등 설치·운용한다.

④ (○) **국가중요시설** 경비와 관련하여 **제3지대(핵심방어지대)**에서는 시설의 보강(**지하화, 방호벽, 방탄막 등**)을 **최우선**으로 한다.

🔒 976 ① 977 ③

978 「경찰 비상업무 규칙」에 대한 설명으로 가장 적절하지 않은 것은?　　21 승진

① "지휘선상 위치 근무"란 비상연락체계를 유지하며 유사시 1시간 이내에 현장지휘 및 현장근무가 가능한 장소에 위치하는 것을 말한다.

② "정착근무"란 사무실 또는 상황과 관련된 현장에 위치하는 것을 말한다.

③ "일반요원"이란 필수요원을 포함한 경찰관등으로 비상소집시 2시간 이내에 응소하여야 할 사람을 말한다.

④ "가용경력"이란 총원에서 휴가·출장·교육·파견 등을 제외하고 실제 동원될 수 있는 모든 인원을 말한다.

> **해설**
> ① (○) "**지휘선상 위치 근무**"란 비상연락체계를 유지하며 유사시 **1시간 이내**에 현장지휘 및 현장근무가 가능한 장소에 위치하는 것을 말한다(동규칙 제2조 제2호).
> ② (○) "**정착근무**"란 사무실 또는 상황과 관련된 **현장에 위치**하는 것을 말한다(동규칙 제2조 제4호).
> ③ (×) "**일반요원**"이라 함은 **필수요원을 제외한(포함한×)** 경찰관등으로 비상소집시 **2시간 이내**에 응소하여야 할 사람을 말한다(동규칙 제2조 제6호).
> ④ (○) "**가용경력**"이란 총원에서 **휴가·출장·교육·파견 등을 제외하고** 실제 **동원**될 수 있는 모든 인원을 말한다(동규칙 제2조 제7호).

979 「경찰 비상업무 규칙」에 대한 설명으로 가장 적절하지 않은 것은?　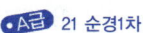　21 순경1차

① 필수요원이란 모든 경찰관 및 일반직공무원(이하 "경찰관등"이라 한다) 중 경찰기관의 장이 지정한 사람으로 비상소집시 1시간 이내에 응소하여야 할 사람을 말하며, 일반요원이라 함은 필수요원을 제외한 경찰관등으로 비상소집시 2시간 이내에 응소하여야 할 사람을 말한다.

② 비상근무는 경비 소관의 경비, 작전, 재난비상, 안보 소관의 안보비상, 수사 소관의 수사비상, 교통 소관의 교통비상, 생활안전 소관의 생활안전비상으로 구분하여 발령한다.

③ 비상근무 갑호가 발령된 때에는 연가를 중지하고 가용경력 100%까지 동원할 수 있고, 비상근무 을호가 발령된 때에는 연가를 중지하고 가용경력 50%까지 동원할 수 있으며, 비상근무 병호가 발령된 때에는 부득이한 경우를 제외하고는 연가를 억제하고 가용경력 30%까지 동원할 수 있다.

④ 작전준비태세(작전비상시 적용)가 발령된 때에는 별도의 경력동원 없이 경찰관서 지휘관 및 참모의 비상연락망을 구축하고 신속한 응소체제를 유지하며, 경찰관등은 상황발생 시 즉각 출동이 가능하도록 출동태세 점검을 실시한다. 또한 유관기관과의 긴밀한 연락체계를 유지하고, 필요시 작전상황반을 유지한다.

🔒 **978** ③　**979** ②

① (○) **필수요원**이란 모든 경찰관 및 일반직공무원(이하 "경찰관등"이라 한다) 중 경찰기관의 장이 지정한 사람으로 비상소집시 **1시간 이내**에 응소하여야 할 사람을 말하며, **일반요원**이라 함은 필수요원을 제외한 경찰관등으로 비상소집시 **2시간 이내**에 응소하여야 할 사람을 말한다.

② (×) 비상근무는 **경비** 소관의 경비, 작전, 재난비상, **안보 소관**의 안보비상, **수사 소관**의 수사비상, **교통 소관**의 교통비상, **(생활안전 소관의 생활안전비상×)**으로 구분하여 발령한다(동규칙 제4조 제1항).

　　　⑪ip 재난비상은 경비 소관에 해당한다. 위에서 언급한 것만이 「비상업무 규칙」에 규정된 비상의 구분이다. 생활안전 소관이라는 규정은 없다.

③ (○) 비상근무 **갑호**가 발령된 때에는 **연가를 중지**하고 **가용경력 100%**까지 동원할 수 있고, 비상근무 **을호**가 발령된 때에는 **연가를 중지**하고 **가용경력 50%**까지 동원할 수 있으며, 비상근무 **병호**가 발령된 때에는 부득이한 경우를 제외하고는 **연가를 억제**하고 **가용경력 30%**까지 동원할 수 있다(동규칙 제7조 제1호, 제2호, 제3호).

④ (○) **작전준비태세**(작전비상시 적용)가 발령된 때에는 **별도의 경력동원 없이** 경찰관서 **지휘관 및 참모의 비상연락망**을 구축하고 신속한 응소체제를 유지하며, 경찰관등은 상황발생 시 즉각 출동이 가능하도록 출동태세 점검을 실시한다. 또한 유관기관과의 긴밀한 연락체계를 유지하고, 필요시 작전상황반을 유지한다(동규칙 제7조 제5호).

　　　⑪ip '경계 강화'가 발령된 때에는 별도의 경력동원 없이 **특정분야의 근무를 강화**하고 경찰관등은 비상연락체계를 유지하고 상황발생 시 즉각 출동이 가능하도록 출동대기태세를 유지한다. 지휘관과 참모는 **지휘선상 위치 근무**를 원칙으로 한다(동규칙 제7조 제4호).

---

980 「경찰 비상 업무규칙」에 관한 설명으로 가장 적절하지 않은 것은?　　●A급 25 순경2차

① "필수요원"이란 모든 경찰공무원 및 일반직공무원 중 경찰기관의 장이 지정한 사람으로 비상소집시 1시간 이내에 응소해야 할 사람을 말한다.

② 비상근무의 발령권자는 비상상황이 종료되는 즉시 비상근무를 해제한다.

③ 작전준비태세가 발령되면 작전경력을 동원하고 지휘관과 참모는 정위치 근무를 원칙으로 한다.

④ 비상근무대상은 경비·작전·재난·안보·수사·교통 업무와 관련한 비상상황에 국한한다. 다만, 두 종류 이상의 비상상황이 동시에 발생한 경우에는 긴급성 또는 중요도가 상대적으로 더 큰 비상상황의 비상근무로 통합하여 실시한다.

① (○) "**필수요원**"이란 모든 경찰공무원 및 일반직공무원 중 경찰기관의 장이 지정한 사람으로 비상소집시 **1시간 이내**에 응소해야 할 사람을 말한다.

② (○) 비상근무의 발령권자는 **비상상황이 종료되는 즉시** 비상근무를 **해제**한다(동규칙 제6조 제1항).

　　　⑪ip 비상근무 해제 시 발령권자는 **6시간 이내**에 해제일시, 사유 및 비상근무결과 등을 **바로 위의 상급 기관의 장**에게 **보고**한다(동규칙 제6조 제1항).

③ (×) **작전준비태세**가 발령되면 **별도의 경력동원 없이**(작전경력을 동원하고×) 경찰관서 지휘관 및 참모의 **비상연락망**(정위치 근무×)을 **구축**하고 신속한 응소체제를 유지한다(동규칙 제7조 제1항 제5호 가목).

④ (○) 비상근무대상은 **경비·작전·재난·안보·수사·교통** 업무와 관련한 비상상황에 국한한다. 다만, 두 종류 이상의 비상상황이 동시에 발생한 경우에는 **긴급성 또는 중요도가** 상대적으로 **더 큰 비상상황의 비상근무로 통합**하여 실시한다(동규칙 제3조 제2항).

🔒 980 ③

981 「경찰 비상업무 규칙」에 대한 설명으로 가장 적절한 것은?  24 경위

① 필수요원이란 모든 경찰공무원 및 일반직공무원 중 경찰기관의 장이 지정한 사람으로 비상소집 시 2시간 이내에 응소하여야 할 사람을 말한다.

② 비상근무는 경비 소관의 경비, 작전, 안보 소관의 안보비상, 수사 소관의 수사비상, 교통 소관의 교통비상, 치안상황 소관의 재난비상으로 구분하여 발령한다.

③ 경계강화 발령시 별도의 경력동원 없이 특정분야의 근무를 강화하며 지휘관과 참모는 정위치 근무를 원칙으로 한다.

④ 비상근무의 발령권자는 비상상황이 발생하여 비상근무를 실시하고자 할 경우에는 비상근무의 목적, 지역, 기간 및 동원대상 등을 특정하여 별지 제1호 서식의 비상근무발령서에 의하여 비상근무를 발령한다.

해설

① (×) **필수요원**이란 모든 경찰공무원 및 일반직공무원 중 경찰기관의 장이 지정한 사람으로 비상소집 시 **1시간**(2시간×) 이내에 응소하여야 할 사람을 말한다(동규칙 제2조 제5호).

② (×) 비상근무는 **경비 소관**의 경비, 작전, **재난비상**, **안보 소관**의 안보비상, **수사 소관**의 수사비상, **교통 소관**의 교통비상, **(치안상황 소관의 재난비상×)**으로 구분하여 발령한다(동규칙 제4조 제1항).

　🅣ip 재난비상은 **경비 소관**에 해당하고, 치안상황 소관이라는 규정은 없다.

③ (×) '경계강화' 발령시 **별도의 경력동원 없이 특정분야의 근무를 강화**하며, 경찰관등은 비상연락체계를 유지하고 경찰작전부대는 상황발생 시 즉각 출동이 가능하도록 출동대기태세를 유지한다. 지휘관과 참모는 **지휘선상 위치**(정위치×) 근무를 원칙으로 한다(동규칙 제7조 제1항 제4호).

④ (○) 비상근무의 발령권자는 비상상황이 발생하여 비상근무를 실시하고자 할 경우에는 **비상근무의 목적, 지역, 기간 및 동원대상(해당 부서, 지휘관 및 참모의 범위 등을 포함한다) 등을 특정하여** 별지 제1호 서식의 **비상근무발령서에 의하여 비상근무를 발령한다**(동규칙 제5조 제2항).

982 「경찰 비상업무 규칙」에 대한 설명 중 가장 적절한 것은?  20 승진

① 병호비상 시 연가를 중지하고 가용경력 30%까지 동원할 수 있다.

② 경계강화 시 지휘관과 참모는 비상연락망을 구축하고 신속한 응소체제를 유지한다.

③ '가용경력'이라 함은 총원에서 휴가·출장·교육·파견 등을 포함한 실제 동원될 수 있는 모든 인원을 말한다.

④ 비상근무 유형에 따른 분류에는 경비 소관의 경비비상, 작전비상, 재난비상, 안보 소관의 안보비상, 수사 소관의 수사비상, 교통 소관의 교통비상이 있다.

해설

① (×) '**병호비상**' 시 부득이한 경우를 제외하고는 **연가를 억제**(중지×)하고 **가용경력 30%**까지 동원할 수 있다.

② (×) '**경계강화**' 시 지휘관과 참모는 **지휘선상 위치 근무를 원칙**(비상연락망을 구축하고 신속한 응소체제를 유지×)으로 한다.

　🅣ip 별도의 **경력동원 없이** 경찰관서 지휘관 및 참모의 **비상연락망**을 구축하고 신속한 응소체제를 유지하는 것은 '**작전준비태세**'에 해당한다.

③ (×) '**가용경력**'이라 함은 총원에서 휴가·출장·교육·파견 등을 **제외하고(포함한×) 실제 동원될 수 있는 모든 인원**을 말한다.

④ (○) 비상근무 유형에 따른 분류에는 **경비 소관**의 경비비상, 작전비상, 재난비상, **안보 소관**의 안보비상, **수사 소관**의 수사비상, **교통 소관**의 교통비상이 있다(동규칙 제4조 제1항).

　🔒 981 ④　982 ④

제10절 경호경비

983 경호경비에 대한 설명으로 옳은 것은?　●B급 21 경위

① 경호란 경비와 호위를 포함하는 개념으로 호위란 피경호자의 생명과 신체를 보호하기 위해 특정한 지역을 경계·순찰·방비하는 행위이다.

② 자기 담당구역이 아닌 인근지역에서 특별한 상황이 발생하면 상호원조의 원칙에 따라 확인·원조해야 한다.

③ 행사장 경호과정에서 비표확인이나 MD(금속탐지기) 설치 운영 등은 제3선 경계구역부터 철저히 이루어져야 한다.

④ 「대통령 등의 경호에 관한 법률」에 따르면 대통령뿐만 아니라 대통령 당선인과 대통령권한대행 모두 경호처의 경호대상이다.

> **해설**
>
> ① (×) '**경호**'란 **경비**와 **호위**를 포함하는 개념으로 '**경비**'(**호위**×)란 피경호자의 생명과 신체를 보호하기 위해 **특정한 지역**을 경계·순찰·방비하는 행위이다.
>
> **Tip** '**호위**'란 **신체에 대하여 직접적으로** 가해지는 위해를 근접에서 방지 또는 제지하는 행위를 말한다.
>
> ② (×) '**자기담당구역 책임의 원칙**'에 따라 자기 담당구역이 아닌 인근지역에서 **특별한 상황이 발생하더라도 자기 담당구역을 이탈해서는 아니 된다**(**상호원조의 원칙에 따라 확인·원조해야 한다**×).
>
> ③ (×) 행사장 경호과정에서 **비표확인**이나 **MD(금속탐지기) 설치** 운영 등은 **제1선 안전구역**(제3선 경계구역부터×)에서 철저히 이루어져야 한다.
>
> ④ (○) 「대통령 등의 경호에 관한 법률」에 따르면 **대통령**뿐만 아니라 **대통령 당선인**과 **대통령권한대행 모두 경호처의 경호대상**(**갑호 경호대상자**)이다.

984 경비경찰활동에 대한 설명 중 가장 적절한 것은?　●B급 20 법학

① 군중정리의 원칙들 중 대규모 군중이 모이는 장소를 사전에 블록화하여 추후 일정한 방향으로 이동시켜 주위상황을 파악할 수 있는 여건을 조성하는 것은 경쟁적 행동의 지양과 밀접한 관련이 있다.

② 통합방위사태의 유형 중 일부 또는 여러 지역에서 적의 침투 혹은 도발로 단기간 내에 치안회복이 어려워 시·도경찰청장, 지역군사령관 또는 함대사령관의 지휘·통제 하에 통합방위작전을 수행하여야 할 사태는 갑종사태이다.

③ 세 가지 경호활동지역 중 MD 설치 운용과 비표확인 및 출입자 감시를 주요활동으로 하는 구역은 절대안전확보구역인 제3선이다.

④ 경호경비의 4대 원칙은 자기 희생의 원칙, 목적물 보존의 원칙, 자기 담당구역 책임의 원칙, 하나의 통제된 지점을 통한 접근의 원칙이다.

 983 ④　984 ④

① (×) **군중정리의 원칙**들 중 대규모 군중이 모이는 장소를 사전에 **블록화**하여 추후 일정한 방향으로 이동시켜 주위상황을 파악할 수 있는 여건을 조성하는 것은 '**밀도의 희박화** 원리'(경쟁적 행동의 지양×)와 밀접한 관련이 있다.

② (×) 통합방위사태의 유형 중 **일부 또는 여러 지역**에서 적의 침투 혹은 도발로 **단기간 내에 치안회복이 어려운 경우**는 **을종사태**(갑종사태×)를 말한다. 을종사태 발생 시 **지역군사령관**(시·도경찰청장×, 함대사령관×)의 지휘·통제 하에 통합방위작전을 수행하여야 한다.

Tip 갑종사태, 을종사태, 병종사태 구별(통합방위법 제2조)

갑종사태	일정한 조직체계를 갖춘 적의 **대규모** 병력 침투 또는 대량살상무기 공격 등의 도발로 발생한 비상사태로서 **통합방위본부장 또는 지역군사령관의 지휘·통제** 하에 통합방위작전을 수행하여야 할 사태를 말한다.
을종사태	**일부 또는 여러 지역**에서 적이 침투·도발하여 단기간 내에 치안이 회복되기 어려워 **지역군사령관의 지휘·통제** 하에 통합방위작전을 수행하여야 할 사태를 말한다.
병종사태	침투 혹은 도발의 위협이 예상되거나 **소규모**의 적이 침투하였을 때에 **시·도경찰청장**, 지역군사령관 또는 함대사령관의 지휘·통제 하에 통합방위작전을 수행하여 **단기간 내에 치안이 회복될 수 있는 사태**를 말한다.

③ (×) 세 가지 경호활동지역 중 **MD 설치** 운용과 **비표확인** 및 출입자 감시를 주요활동으로 하는 구역은 **절대안전확보구역**인 **제1선**(제3선×)이다.

④ (○) **경호경비의 4대 원칙**은 **자기 희생**의 원칙, **목적물 보존**의 원칙, **자기 담당구역 책임**의 원칙, **하나의 통제된 지점을 통한 접근**의 원칙이다.

제**11**절 청원경찰법[시행 2022.11.15.]

985 「청원경찰법 및 동법 시행령」상 청원경찰에 대한 설명으로 가장 적절하지 않은 것은?

● A급 20 순경1차

① 청원경찰에 대한 징계의 종류는 파면, 해임, 정직, 감봉 및 견책으로 구분한다.

② 청원주는 청원경찰을 신규로 배치하거나 이동배치하였을 때에는 배치지(이동배치의 경우에는 종전의 배치지)를 관할하는 경찰서장에게 그 사실을 통보하여야 한다.

③ 청원경찰(국가기관이나 지방자치단체에 근무하는 청원경찰을 포함한다)의 직무상 불법행위에 대한 배상책임에 관하여는 「민법」의 규정을 따른다.

④ 청원경찰이 그 배치지의 특수성 등으로 특수복장을 착용할 필요가 있을 때에는 청원주는 시·도경찰청장의 승인을 받아 특수복장을 착용하게 할 수 있다.

① (○) 청원경찰에 대한 징계의 종류는 **파면, 해임, 정직, 감봉 및 견책**으로 구분한다.

Tip **청원경찰**에 대한 징계의 종류에는 **강등이 없다**.

② (○) **청원주**는 청원경찰을 **신규**로 **배치**하거나 **이동배치**하였을 때에는 **배치지**(이동배치의 경우에는 종전의 배치지)를 관할하는 **경찰서장**에게 그 사실을 **통보**하여야 한다(동법 시행령 제6조 제1항).

③ (×) **청원경찰**(국가기관이나 지방자치단체에 근무하는 청원경찰은 **제외**(포함×)한다)의 직무상 불법행위에 대한 **배상책임**에 관하여는 「**민법**」의 규정을 따른다(동법 제10조의2).

④ (○) 청원경찰이 그 배치지의 특수성 등으로 **특수복장**을 착용할 필요가 있을 때에는 청원주는 **시·도경찰청장의 승인**을 받아 특수복장을 **착용하게 할 수 있다**(동법 시행령 제14조 제3항).

 985 ③

986 청원경찰에 대한 설명으로 가장 적절한 것은?

● A급 20 특공

① 청원경찰을 배치받으려는 자는 대통령령으로 정하는 바에 따라 관할 경찰서장에게 청원경찰 배치를 신청하여야 한다.
② 청원경찰의 '근무 중 제복 착용 의무'가 법률에 명시적으로 규정되어 있지는 않다.
③ 청원경찰에 대한 징계의 종류는 파면, 해임, 정직, 감봉 및 견책으로 구분한다.
④ 청원경찰은 청원주의 신청에 따라 시·도경찰청장이 임용한다.

해설

① (×) 청원경찰을 **배치받으려는 자(청원주)는** 대통령령으로 정하는 바에 따라 **관할 시·도경찰청장(경찰서장×)에게** 청원경찰 배치를 **신청하여야 한다**(청원경찰법 제4조 제1항).
② (×) 청원경찰의 '**근무 중 제복 착용 의무**'가 청원경찰법 제8조 제1항에 **명시적으로 규정되어 있다(있지 않다×).**
③ (○) 청원경찰에 대한 징계의 종류는 **파면, 해임, 정직, 감봉 및 견책으로** 구분한다.
④ (×) **청원경찰은 청원주가 임용한다**(청원주의 신청에 따라 시·도경찰청장장이 임용한다×). 다만, 임용을 할 때에는 **미리 시·도경찰청장의 승인을 받아야 한다**(청원경찰법 제5조 제1항).

987 청원경찰 법령에 대한 설명 중 적절한 것을 모두 고른 것은?

● A급 21 법학

㉠ 청원경찰을 배치받으려는 자는 관할 시·도경찰청장에게 청원경찰 배치를 신청하여야 한다.
㉡ 청원경찰은 청원경찰의 배치 결정을 받은 자와 배치된 기관·시설 또는 사업장 등의 구역을 관할하는 시·도경찰청장의 감독을 받아 그 경비구역만의 경비를 목적으로 필요한 범위에서 「경찰관 직무집행법」에 따른 경찰관의 직무를 수행한다.
㉢ 청원경찰이 직무를 수행할 때에는 경비목적을 위하여 「경찰관 직무집행법」에 따른 직무와 수사활동 등 사법경찰관리의 직무를 수행할 경우에는 필요한 최소한의 범위에서 하여야 한다.
㉣ 청원주는 청원경찰이 직무상의 의무를 위반하거나 직무를 태만히 한 때에는 징계절차를 거쳐 그 경중에 따라 파면, 해임, 강등, 정직, 감봉 및 견책 중 합당한 처분을 하여야 한다.
㉤ 청원경찰은 「총포·도검·화약류 등의 안전관리에 관한 법률」에 따른 소지허가를 받아야만 분사기를 휴대하고 직무를 수행할 수 있다.

① ㉠, ㉢　　　　② ㉠, ㉤　　　　③ ㉡, ㉢　　　　④ ㉣, ㉤

해설

옳은 설명은 ㉠, ㉤, 2개이다.
㉠ (○) 청원경찰을 **배치받으려는 자(청원주)는** 관할 **시·도경찰청장에게** 청원경찰 **배치를 신청**하여야 한다(청원경찰법 제4조 제1항).
㉡ (×) 청원경찰은 **청원경찰의 배치 결정을 받은 자(청원주)와** 배치된 기관·시설 또는 사업장 등의 구역을 관할하는 **경찰서장(시·도경찰청장×)의 감독을 받아** 그 경비구역만의 경비를 목적으로 필요한 범위에서 「**경찰관 직무집행법」에 따른 경찰관의 직무를 수행한다**(청원경찰법 제3조).
㉢ (×) 청원경찰이 직무를 수행할 때에는 경비목적을 위하여 필요한 최소한의 범위에서 하여야 한다. 다만, 「경찰관 직무집행법」에 따른 직무 외의 **수사활동 등 사법경찰관리의 직무를 수행해서는 아니 된다**(수사활동 등은 필요한 최소한의 범위에서 하여야 한다×).
㉣ (×) **청원주는** 청원경찰이 직무상의 **의무를 위반**하거나 **직무를 태만히** 한 때, **품위를 손상**하는 행위를 한 때에는 **징계절차를 거쳐** 그 경중에 따라 파면, 해임, **(강등×),** 정직, 감봉 및 견책 중 **합당한 처분을 하여야 한다**(청원경찰법 제5조의2).
　　　Tip 관할 경찰서장은 청원경찰이 법 제5조의2 제1항의 **징계사유에 해당**한다고 **인정**되면 **청원주에게** 해당 청원경찰에 대하여 **징계처분을 하도록 요청**할 수 있다(청원경찰법 시행령 제8조 제1항).
㉤ (○) 청원주는 「총포·도검·화약류 등의 안전관리에 관한 법률」에 따른 **분사기의 소지허가를 받아** 청원경찰로 하여금 그 분사기를 **휴대하여 직무를 수행하게 할 수 있다**(청원경찰법 시행령 제15조).

🔒 **986 ③　987 ②**

988 청원경찰에 대한 설명으로 적절한 것은 모두 몇 개인가? (다툼이 있는 경우 판례에 따름)

> 가. 시 · 도경찰청장은 청원경찰 배치가 필요하다고 인정하는 기관의 장 또는 시설사업장의 경영자에게 청원경찰을 배치할 것을 명령할 수 있다.
> 나. 청원경찰이 직무상의 의무 등을 위반하는 경우에는 청원주 및 관할 감독 경찰서장은 대통령령이 정하는 징계절차를 거쳐 징계처분을 하여야 한다.
> 다. 청원경찰은 「형법」이나 그 밖의 법령에 따른 벌칙을 적용할 때에는 공무원으로 보기 때문에 청원경찰의 불법행위에 대한 배상책임에 관하여는 「국가배상법」의 규정을 적용한다.
> 라. 국가나 지방자치단체에 근무하는 청원경찰의 근무관계는 사법상의 고용계약관계이다.

① 0개   ② 1개   ③ 2개   ④ 3개

해설

옳은 설명은 **0개**이다.

가. (×) **시 · 도경찰청장**은 청원경찰 **배치가 필요**하다고 인정하는 기관의 장 또는 시설사업장의 **경영자에게** 청원경찰을 **배치할 수 요청**(명령×)할 수 있다(청원경찰법 제4조 제3항).

나. (×) 청원경찰이 직무상의 의무 등을 위반하는 경우에는 **청원주**(경찰서장×)는 대통령령이 정하는 징계절차를 거쳐 **징계처분을 하여야 한다**(청원경찰법 제5조의2 제1항).

다. (×) **청원경찰**은 「형법」이나 그 밖의 법령에 따른 **벌칙을 적용할 때**에는 **공무원**으로 보지만(청원경찰법 제10조 제2항), 청원경찰의 불법행위에 대한 **배상책임**에 관하여는 원칙적으로 **「민법」**(국가배상법×)의 규정을 적용한다(청원경찰법 제10조의2). 다만, **국가기관이나 지방자치단체에 근무하는 청원경찰**은 「국가배상법」의 규정을 적용한다.

라. (×) **국가나 지방자치단체에 근무하는 청원경찰**은 국가공무원법이나 지방공무원법상의 공무원은 아니지만, 다른 청원경찰과는 달리 **그 임용권자가 행정기관의 장**이고, **국가나 지방자치단체로부터 보수를 받으며**, 산업재해보상보험법이나 근로기준법이 아닌 공무원연금법에 따른 재해보상과 퇴직급여를 지급받고, **직무상의 불법행위**에 대하여도 민법이 아닌 **국가배상법이 적용**되는 등의 특질이 있으며 그외 임용자격, 직무, 복무의무 내용 등을 종합하여 볼때, 그 근무관계를 **사법상의 고용계약관계로 보기는 어려우므로**(사법상의 고용계약관계이다×) 그에 대한 **징계처분의 시정**을 구하는 소는 **행정소송의 대상**이지 민사소송의 대상이 아니다(대법원 92다47564).

989 「청원경찰법」에 관한 설명으로 가장 적절하지 않은 것은?

① 청원주가 청원경찰을 폐지하거나 감축하였을 때에는 청원경찰 배치 결정을 한 경찰관서의 장에게 알려야 하며, 그 사업장이 시 · 도경찰청장이 청원경찰의 배치를 요청한 사업장일 때에는 그 폐지 또는 감축 사유를 구체적으로 밝혀야 한다.

② 청원주가 청원경찰을 면직시켰을 때에는 그 사실을 관할 경찰서장을 거쳐 시 · 도경찰청장에게 보고하여야 한다.

③ 시 · 도경찰청장은 청원경찰이 직무상의 의무를 위반하거나 직무를 태만히 한 때 또는 품위를 손상하는 행위를 한 때에는 대통령령으로 정하는 징계절차를 거쳐 징계처분을 하여야 한다.

④ 청원주는 청원경찰을 대체할 목적으로 「경비업법」에 따른 특수경비원을 배치하는 경우에는 청원경찰의 배치를 폐지하거나 배치인원을 감축할 수 없다.

 988 ① 989 ③

해설

① (○) 청원주가 **청원경찰을 폐지하거나 감축**하였을 때에는 청원경찰 배치 결정을 한 **경찰관서의 장에게 알려야** 하며, 그 사업장이 시 · 도경찰청장이 청원경찰의 배치를 요청한 사업장일 때에는 그 폐지 또는 감축 사유를 구체적으로 **밝혀야 한다**(동법 제10조의5 제2항).

② (○) 청원주가 **청원경찰을 면직시켰을 때**에는 그 사실을 관할 **경찰서장을 거쳐 시 · 도경찰청장에게 보고**하여야 한다(동법 제10조의4 제2항).

③ (×) **청원주**(시 · 도경찰청장×)는 청원경찰이 직무상의 **의무를 위반**하거나 **직무를 태만히** 한 때 또는 **품위를 손상**하는 행위를 한 때에는 대통령령으로 정하는 **징계절차를 거쳐 징계처분을 하여야 한다**(동법 제5조의2 제1항).

④ (○) 청원주는 **청원경찰을 대체할 목적으로** 「경비업법」에 따른 **특수경비원을 배치하는 경우**에는 청원경찰의 배치를 폐지하거나 배치인원을 **감축할 수 없다**(동법 제10조의5 제1항 제1호).

990 「경비업법」과 「청원경찰법」상 관련자들에게 부여된 준수사항들로 옳지 않은 것은? •B급 21 경위

① 경비업자는 경찰공무원 또는 군인의 제복과 색상 및 디자인 등이 명확히 구별되는 소속 경비원의 복장을 정하고 이를 확인할 수 있는 사진을 첨부하여 주된 사무소를 관할하는 시 · 도경찰청장에게 소정의 양식에 따라 신고하여야 한다.

② 경비원은 장비를 근무 중에만 휴대할 수 있고 경비업무를 위하여 필요하다고 인정되는 상당한 이유가 있을 때에는 필요한 최소한도에서 장비를 사용할 수 있다.

③ 청원경찰은 청원주와 배치된 기관 · 시설 또는 사업장 등의 구역을 관할하는 경찰서장의 감독을 받아 그 경비구역만의 경비를 목적으로 필요한 범위에서 「경찰관 직무집행법」에 따른 경찰관의 직무를 수행한다.

④ 청원경찰은 근무 중 제복을 착용하여야 하며 경찰청장은 청원경찰이 직무를 수행하기 위하여 필요하다고 인정하면 청원주의 신청을 받아 관할 시 · 도경찰청장으로 하여금 청원경찰에게 무기를 대여하여 지니게 할 수 있다.

해설

① (○) 경비업자는 경찰공무원 또는 군인의 제복과 색상 및 디자인 등이 **명확히 구별되는** 소속 경비원의 **복장을 정하고** 이를 확인할 수 있는 **사진을 첨부하여 주된 사무소를 관할하는 시 · 도경찰청장에게** 소정의 양식에 따라 **신고하여야** 한다(경비업법 제16조 제1항).

② (○) **경비원은 장비를 근무 중에만 휴대할 수 있고** 경비업무를 위하여 필요하다고 인정되는 상당한 이유가 있을 때에는 필요한 최소한도에서 장비를 사용할 수 있다(경비업법 제16조의2 제1항).

③ (○) 청원경찰은 **청원주와** 배치된 기관 · 시설 또는 사업장 등의 구역을 관할하는 **경찰서장의 감독**을 받아 그 경비구역만의 경비를 목적으로 필요한 범위에서 「**경찰관 직무집행법**」에 따른 경찰관의 직무를 수행한다(청원경찰법 제3조).

④ (×) 청원경찰은 근무 중 **제복을 착용하여야** 하며 **시 · 도경찰청장**(경찰청장×)은 청원경찰이 직무를 수행하기 위하여 필요하다고 인정하면 **청원주의 신청**을 받아 관할 **경찰서장**(시 · 도경찰청장×)으로 하여금 청원경찰에게 **무기를 대여하여 지니게 할 수 있다**(청원경찰법 제8조 제2항).

🔒 990 ④

991 「국민보호와 공공안전을 위한 테러방지법」 제2조 정의에 관한 설명 중 가장 적절하지 않은 것은?

●A급 22 순경1차

① '테러위험인물'이란 테러를 실행·계획·준비하거나 테러에 참가할 목적으로 국적국이 아닌 국가의 테러단체에 가입하거나 가입하기 위하여 이동 또는 이동을 시도하는 내국인·외국인을 말한다.
② '대테러활동'이란 제1호의 테러 관련 정보의 수집, 테러위험인물의 관리, 테러에 이용될 수 있는 위험물질 등 테러수단의 안전관리, 인원·시설·장비의 보호, 국제행사의 안전확보, 테러위협에의 대응 및 무력진압 등 테러 예방과 대응에 관한 제반활동을 말한다.
③ '테러단체'란 국제연합(UN)이 지정한 테러단체를 말한다.
④ '대테러조사'란 대테러활동에 필요한 정보나 자료를 수집하기 위하여 현장조사·문서열람·시료채취 등을 하거나 조사대상자에게 자료제출 및 진술을 요구하는 활동을 말한다.

해설

① (×) **외국인테러전투원**(테러위험인물×)이란 테러를 실행·계획·준비하거나 테러에 참가할 목적으로 **국적국이 아닌 국가의 테러단체**에 가입하거나 **가입하기 위하여 이동** 또는 이동을 시도하는 **내국인·외국인**을 말한다.
   Tip '테러위험인물'이란 **테러단체의 조직원**이거나 테러단체 선전, 테러자금 모금·기부, 그 밖에 테러 예비·음모·선전·선동을 하였거나 하였다고 **의심할 상당한 이유가 있는 사람**을 말한다.
② (○) **대테러활동**'이란 제1호의 테러 관련 정보의 수집, 테러위험인물의 관리, 테러에 이용될 수 있는 위험물질 등 테러수단의 안전관리, 인원·시설·장비의 보호, 국제행사의 안전확보, 테러위협에의 대응 및 무력진압 등 **테러 예방과 대응**에 관한 제반활동을 말한다.
③ (○) '테러단체'란 **국제연합(UN)이 지정**한 테러단체를 말한다.
④ (○) '대테러조사'란 대테러활동에 필요한 **정보나 자료를 수집**하기 위하여 현장조사·문서열람·시료채취 등을 하거나 조사대상자에게 자료제출 및 진술을 요구하는 활동을 말한다.

992 「국민보호와 공공안전을 위한 테러방지법」에 관한 설명으로 가장 적절한 것은?

●A급 23 순경2차

① 「여권법」 제17조 제1항 단서에 따른 외교부장관의 허가를 받지 아니하고 방문 및 체류가 금지된 국가 또는 지역을 방문 체류한 사람이 테러로 인해 생명의 피해를 입은 경우, 그 사람의 유족에 대해 특별위로금을 지급할 수 있다.
② 「국민보호와 공공안전을 위한 테러방지법」에서 말하는 "테러단체"란 국제형사경찰기구(ICPO)가 지정한 테러단체를 말한다.
③ 대테러활동을 수행하는 국가기관, 지방자치단체, 그 밖에 대통령령으로 정하는 기관의 대테러활동으로 인한 국민의 기본권 침해 방지를 위하여 국가테러대책위원회 소속으로 대테러 인권보호관 1명을 둔다.
④ 테러로 인하여 신체·재산·명예의 피해를 입은 국민은 관계기관에 즉시 신고하여야 한다. 다만, 인질 등 부득이한 사유로 신고할 수 없을 때에는 법률관계 또는 계약관계에 의하여 보호의무가 있는 사람이 이를 알게 된 때에 즉시 신고하여야 한다.

 991 ① 992 ③

① (×) **테러로 인하여** 생명의 피해를 입은 사람의 유족 또는 신체상의 장애 및 장기치료가 필요한 **피해를 입은 사람에 대해서는** 그 피해의 정도에 따라 등급을 정하여 **특별위로금을 지급할 수 있다.** 다만, 「여권법」 제17조 제1항 단서에 따른 **외교부장관의 허가를 받지 아니하고 방문 및 체류가 금지된 국가 또는 지역을 방문 · 체류한 사람**이 테러로 인해 생명의 피해를 입은 경우, 그 사람의 유족에 대해 **특별위로금을 지급할 수 없다**(있다×)(동법 제16조 제1항).

② (×) 「국민보호와 공공안전을 위한 테러방지법」에서 말하는 "**테러단체**"란 **국제연합(UN)**[국제형사경찰기구(ICPO)×]이 지정한 테러단체를 말한다.

③ (○) 대테러활동을 수행하는 국가기관, 지방자치단체, 그 밖에 대통령령으로 정하는 기관의 대테러활동으로 인한 국민의 기본권 침해 방지를 위하여 **국가테러대책위원회 소속으로 대테러 인권보호관 1명을 둔다**(동법 제7조 제1항).

④ (×) 테러로 인하여 **신체** 또는 **재산**(명예×)의 **피해를 입은 국민은 관계기관에 즉시 신고하여야 한다.** 다만, 인질 등 부득이한 사유로 신고할 수 없을 때에는 법률관계 또는 계약관계에 의하여 **보호의무가 있는 사람이 이를 알게 된 때에 즉시 신고하여야 한다**(동법 제15조 제1항).

---

993 경찰의 대테러 업무에 대한 설명 중 옳은 것을 모두 고른 것은?  20 승진

> ㉠ 「테러취약시설 안전활동에 관한 규칙」에 의하면 'B'급 다중이용건축물등의 경우 테러에 의해 파괴되거나 기능 마비시 일부 지역의 대테러진압작전이 요구되고, 국민 생활에 중대한 영향을 미칠 수 있는 건축물 또는 시설이며, 관할 경찰서장은 분기 1회 이상 지도 · 점검을 실시해야 한다.
> ㉡ 「테러취약시설 안전활동에 관한 규칙」에 의하면 'C'급 다중 이용건축물등의 경우 테러에 의하여 파괴되거나 기능 마비시 제한된 지역의 대테러진압작전이 요구되고, 국민 생활에 상당한 영향을 미칠 수 있는 건축물 또는 시설이며, 관할 경찰서장은 반기 1회 이상 지도 · 점검을 실시해야 한다.
> ㉢ '리마 증후군'이란 인질범이 인질에게 일체감을 느끼게 되고 인질의 입장을 이해하여 호의를 베푸는 등 인질범이 인질에게 동화되는 현상이다.
> ㉣ 테러단체 구성죄는 미수범, 예비 · 음모 모두 처벌한다.

① ㉠, ㉢　　　　　　　　　　　② ㉡, ㉢
③ ㉡, ㉢, ㉣　　　　　　　　　④ ㉠, ㉡, ㉣

옳은 설명은 ㉡, ㉢, ㉣, **3개**이다.

㉠ (×) 「테러취약시설 안전활동에 관한 규칙」에 의하면 '**B**'급 다중이용건축물등의 경우 테러에 의해 파괴되거나 기능 마비시 **일부 지역**의 대테러진압작전이 요구되고, 국민 생활에 **중대한 영향**을 미칠 수 있는 건축물 또는 시설이며, 관할 **경찰서장은 반기**(분기×) **1회 이상 지도 · 점검**을 실시해야 한다(동규칙 제22조 제1항 제2호).

㉡ (○) 「테러취약시설 안전활동에 관한 규칙」에 의하면 '**C**'급 다중 이용건축물등의 경우 테러에 의하여 파괴되거나 기능 마비시 **제한된 지역**의 대테러진압작전이 요구되고, 국민 생활에 **상당한 영향**을 미칠 수 있는 건축물 또는 시설이며, 관할 **경찰서장은 반기 1회 이상 지도 · 점검**을 실시해야 한다(동규칙 제22조 제1항 제2호).

㉢ (○) '**리마 증후군**'이란 인질범이 인질에게 일체감을 느끼게 되고 **인질의 입장을 이해**하여 호의를 베푸는 등 **인질범이 인질에게 동화되는 현상**이다.

　　Tip '**스톡홀름 증후군**'은 인질이 인질범에게 동화되어 인질범을 옹호하고 대변하는 현상이다.

㉣ (○) **테러단체 구성죄**는 미수범, 예비 · 음모 모두 **처벌**한다(테러방지법 제17조 제4항 · 제5항).

 993 ③

994 경찰의 대테러 업무에 대한 설명 중 옳지 않은 것은?  B급 20 경위

① 한국의 대테러 부대인 KNP868은 대테러 예방 및 대응을 위해 1983년 창설된 경찰특수부대로 현재 서울경찰청 직할부대이다.

② 외국의 대테러조직으로 영국의 SAS, 미국의 SWAT, 독일의 GSG-9, 프랑스의 GIGN 등이 있다.

③ 「테러취약시설 안전활동에 관한 규칙」상 경찰서장은 관할 내에 있는 B급 다중이용건축물 등에 대하여 분기 1회 이상 지도·점검을 실시하여야 한다.

④ 「국민보호와 공공안전을 위한 테러방지법」상 '테러단체'란 국제연합(UN)이 지정한 테러단체를 말한다.

해설

① (○) 한국의 대테러 부대인 **KNP868**은 대테러 예방 및 대응을 위해 **1983년 창설**된 경찰특수부대로 현재 **서울경찰청 직할부대**이다.

② (○) 외국의 대테러조직으로 **영국의 SAS**, **미국의 SWAT**, **독일의 GSG-9**, **프랑스의 GIGN** 등이 있다.

③ (✕) 「테러취약시설 안전활동에 관한 규칙」상 **경찰서장**은 관할 내에 있는 **B급** 다중이용건축물 등에 대하여 **반기**(분기✕) **1회 이상 지도·점검**을 실시하여야 한다.

④ (○) 「국민보호와 공공안전을 위한 테러방지법」상 '**테러단체**'란 **국제연합(UN)이 지정**한 테러단체를 말한다.

995 「국민보호와 공공안전을 위한 테러방지법」에서 규정하는 내용 중 적절한 것은 모두 몇 개인가?

A급 23 승진

> ㉠ "테러위험인물"이란 테러를 실행·계획·준비하거나 테러에 참가할 목적으로 국적국이 아닌 국가의 테러단체에 가입하거나 가입하기 위하여 이동 또는 이동을 시도하는 내국인·외국인을 말한다.
> ㉡ 대테러활동에 관한 정책의 중요사항을 심의·의결하기 위하여 국가테러대책위원회를 두고 위원장은 국가정보원장으로 한다.
> ㉢ 관계기관의 장은 테러의 계획 또는 실행에 관한 사실을 관계기관에 신고하여 테러를 사전에 예방할 수 있게 하였거나, 테러에 가담 또는 지원한 사람을 신고하거나 체포한 사람에 대하여 대통령령으로 정하는 바에 따라 포상금을 지급하여야 한다.
> ㉣ 국가정보원장은 대테러활동에 필요한 정보나 자료를 수집하기 위하여 대테러조사 및 테러위험인물에 대한 추적을 할 수 있다. 이 경우 사전 또는 사후에 대책위원회 위원장에게 보고하여야 한다.

① 1개 ② 2개 ③ 3개 ④ 4개

해설

옳은 설명은 ㉣, 1개이다.

㉠ (✕) "**외국인테러전투원**"(테러위험인물✕)이란 테러를 실행·계획·준비하거나 테러에 참가할 목적으로 **국적국이 아닌 국가의 테러단체**에 가입하거나 **가입하기 위하여 이동** 또는 이동을 시도하는 **내국인·외국인**을 말한다(동법 제2조 제4호).

㉡ (✕) 대테러활동에 관한 정책의 중요사항을 심의·의결하기 위하여 **국가테러대책위원회**를 두고 **위원장은 국무총리**(국가정보원장✕)으로 한다(동법 제5조 제2항).

㉢ (✕) **관계기관의 장**은 테러의 계획 또는 실행에 관한 사실을 관계기관에 신고하여 테러를 사전에 예방할 수 있게 하였거나, 테러에 가담 또는 지원한 사람을 **신고하거나 체포한 사람**에 대하여 대통령령으로 정하는 바에 따라 **포상금을 지급할 수 있다**(하여야 한다✕)(동법 제14조 제2항).

㉣ (○) **국가정보원장**은 대테러활동에 필요한 **정보나 자료를 수집하기 위하여** 대테러조사 및 **테러위험인물에 대한 추적**을 **할 수 있다**. 이 경우 사전 또는 사후에 **대책위원회 위원장에게 보고하여야 한다**(동법 제9조 제4항).

🔒 994 ③ 995 ①

996 「국민보호와 공공안전을 위한 테러방지법」에 관한 설명으로 가장 적절하지 않은 것은? ●A급 25 순경1차

① '외국인테러전투원'이란 테러를 실행·계획·준비하거나 테러에 참가할 목적으로 국적국이 아닌 국가의 테러단체에 가입하거나 가입하기 위하여 이동 또는 이동을 시도하는 내국인·외국인을 말한다.

② 관계기관의 대테러활동으로 인한 국민의 기본권 침해 방지를 위하여 국가테러대책위원회 소속으로 대테러 인권보호관 1명을 둔다.

③ 대테러활동과 관련하여 장단기 국가대테러활동 지침 작성·배포 등을 수행하기 위하여 국무총리 소속으로 관계기관 공무원 및 민간위원으로 구성되는 대테러센터를 둔다.

④ 관계기관의 장은 대통령령으로 정하는 국가중요시설과 많은 사람이 이용하는 시설 및 장비에 대한 테러예방대책과 테러의 수단으로 이용될 수 있는 폭발물·총기류·화생방물질, 국가 중요행사에 대한 안전관리대책을 수립하여야 한다.

해설

① (○) '**외국인테러전투원**'이란 테러를 실행·계획·준비하거나 테러에 참가할 목적으로 **국적국이 아닌 국가의 테러단체에 가입**하거나 가입하기 위하여 **이동** 또는 이동을 시도하는 **내국인·외국인**을 말한다(동법 제2조 제4호).

② (○) 관계기관의 대테러활동으로 인한 **국민의 기본권 침해 방지**를 위하여 **국가테러대책위원회 소속**으로 대테러 **인권보호관 1명을 둔다**(동법 제7조 제1항).

③ (×) 대테러활동과 관련하여 장단기 국가대테러활동 지침 작성·배포 등을 수행하기 위하여 **국무총리 소속**으로 **관계기관 공무원**(**및 민간위원×**)으로 구성되는 **대테러센터를 둔다**(동법 제6조 제1항 제2호).

💡**Tip 국가테러대책위원회와 대테러센터 비교**(동법 제5조, 제6조)

구분	국가테러대책위원회	대테러센터
구성	• 국무총리 및 관계기관의 장으로 구성하고 **위원장**은 **국무총리**로 한다. • 대책위원회의 사무를 처리하기 위하여 간사를 두되, **간사**는 **대테러센터의 장**이 된다.	• **국무총리 소속**으로 **관계기관 공무원으로 구성**되는 대테러센터를 둔다. • 대테러센터 소속 직원의 **인적사항**은 **공개하지 아니할 수 있다.**
심의·의결	1. 대테러활동에 관한 국가의 **정책 수립** 및 평가 2. 국가 대테러 기본계획 등 중요 **중장기 대책** 추진사항 3. 관계기관의 대테러활동 역할 분담·조정이 필요한 사항 4. 그 밖에 위원장 또는 위원이 대책위원회에서 심의·의결할 필요가 있다고 제의하는 사항	1. 국가 대테러활동 관련 임무분담 및 협조사항 **실무 조정** 2. **장단기 국가대테러활동 지침** 작성·배포 3. **테러경보 발령** 4. **국가 중요행사 대테러안전대책 수립** 5. 대책위원회의 회의 및 운영에 필요한 사무의 처리 6. 그 밖에 대책위원회에서 심의·의결한 사항

④ (○) **관계기관의 장**은 대통령령으로 정하는 국가중요시설과 많은 사람이 이용하는 시설 및 장비에 대한 테러예방대책과 테러의 수단으로 이용될 수 있는 폭발물·총기류·화생방물질, 국가 중요행사에 대한 **안전관리대책을 수립하여야 한다**(동법 제10조 제1항).

 996 ③

997 「국민보호와 공공안전을 위한 테러방지법」에 관한 설명으로 가장 적절하지 않은 것은? ●A급 25 특공

① "대테러조사"란 대테러활동에 필요한 정보나 자료를 수집하기 위하여 현장조사·문서열람·시료채취 등을 하거나 조사대상자에게 자료제출 및 진술을 요구하는 활동을 말한다.

② 대테러활동과 관련하여 장단기 국가대테러활동 지침 작성·배포 등을 수행하기 위하여 국무총리 소속으로 관계기관 공무원으로 구성되는 대테러센터를 둔다.

③ 대테러활동을 수행하는 국가기관, 지방자치단체, 그 밖에 대통령령으로 정하는 기관의 대테러활동으로 인한 국민의 기본권 침해방지를 위하여 국가테러대책위원회 소속으로 대테러 인권보호관 1명을 둔다.

④ "테러단체"란 국가정보원이 지정한 테러단체를 말한다.

> **해설**
> ① (○) **"대테러조사"**란 대테러활동에 필요한 정보나 자료를 수집하기 위하여 **현장조사·문서열람·시료채취** 등을 하거나 **조사대상자에게 자료제출 및 진술을 요구하는 활동**을 말한다.
> ② (○) 대테러활동과 관련하여 장단기 국가대테러활동 지침 작성·배포 등을 수행하기 위하여 **국무총리 소속으로 관계기관 공무원으로 구성**되는 **대테러센터**를 둔다.
> ③ (○) 대테러활동을 수행하는 국가기관, 지방자치단체, 그 밖에 대통령령으로 정하는 기관의 대테러활동으로 인한 국민의 기본권 침해방지를 위하여 **국가테러대책위원회 소속으로 대테러 인권보호관 1명을 둔다.**
> ④ (×) **"테러단체"**란 **국제연합(UN)(국가정보원×)이 지정**한 테러단체를 말한다.

998 「테러취약시설 안전활동에 관한 규칙」에 대한 설명으로 가장 적절하지 않은 것은? ●C급 20·21 특공

① "테러취약시설"이라 함은 테러 예방 및 대응을 위해 경찰이 관리하는 국가중요시설, 다중이용건축물 등, 공관지역, 미군 관련 시설 중 경찰청장이 지정하는 시설·건축물 등을 말한다.

② 테러취약시설 심의위원회 위원장은 경찰청 경비국장이다.

③ 시·도경찰청장은 관할 내 국가중요시설 중 선별하여 연 1회 이상 지도·점검을 실시한다.

④ 테러에 의하여 파괴되거나 기능 마비 시 광범위한 지역의 대테러 진압작전이 요구되고, 국민생활에 결정적인 영향을 미칠 수 있는 건축물 또는 시설에 대하여 관할 경찰서장은 반기 1회 이상 지도·점검을 실시하여야 한다.

> **해설**
> ① (○) **"테러취약시설"**이라 함은 테러 예방 및 대응을 위해 경찰이 관리하는 국가중요시설, 다중이용건축물등, 공관지역, 미군 관련 시설 중 **경찰청장이 지정하는 시설·건축물** 등을 말한다(동규칙 제2조 제1호).
> ② (○) **테러취약시설 심의위원회**는 위기관리센터에 **비상설로 두며**, 위원장은 **경찰청 경비국장**이다(동규칙 제14조 제1항 제1호).
> ③ (○) **시·도경찰청장**은 관할 내 국가중요시설 중 **선별하여** 연 1회 이상 지도·점검을 실시한다(동규칙 제21조 제2항).
> > **Tip** 경찰서장은 관할 내에 있는 국가중요시설 **전체에 대하여** 연 1회 이상 지도·점검을 실시하여야 한다(동규칙 제21조 제1항).
> ④ (×) 테러에 의하여 파괴되거나 기능 마비 시 **광범위한 지역**의 대테러 진압작전이 요구되고, 국민생활에 **결정적인 영향**을 미칠 수 있는 건축물 또는 시설(A급)에 대하여 관할 **경찰서장**은 **분기(반기×) 1회 이상** 지도·점검을 실시하여야 한다.
> > **Tip** 다중이용건축물등 지도·점검(테러취약시설 안전활동에 관한 규칙 제22조)
>
> > **경찰서장**은 관할 내에 있는 **다중이용건축물등 전체**에 대해 다음 각 호와 같이 **지도·점검을 실시하여야 한다.**
> > 1. A급 : 분기 1회 이상
> > 2. B급, C급 : 반기 1회 이상

 997 ④ 998 ④

제13절 인질

999 인질사건이 발생한 때 나타날 수 있는 스톡홀름 증후군(Stockholm Syndrome)에 대한 설명으로 가장 적절한 것은?

●C급 20·24 특공

① 인질범이 인질에게 적개심을 갖는 현상
② 인질이 인질범에게 적개심을 갖는 현상
③ 인질범이 인질에게 동화되는 현상
④ 인질이 인질범에게 동화되는 현상

> **해설**
> ③ (×) 인질범이 인질에게 동화되는 현상 – 리마 증후군
> ④ (○) **인질이 인질범에게 동화**되는 현상 – **스톡홀름 증후군**(Stockholm Syndrome)

1000 인질사건 발생시 나타날 수 있는 리마 증후군(Lima Syndrome)에 관한 설명으로 가장 적절한 것은?

●A급 26 경위

① 테러범이 인질에게 동화되는 현상을 말한다.
② 인질이 테러범에게 동화되는 현상을 말한다.
③ 테러범이 인질에게 적개심을 갖는 현상을 말한다.
④ 인질이 테러범에게 적개심을 갖는 현상을 말한다.

> **해설**
> ① (○) **테러범이 인질에게 동화**되는 **현상**을 말한다. – **리마 증후군**
> ② (×) **인질이 테러범에게 동화**되는 **현상**을 말한다. – **스톡홀름 증후군**
> ③ (×) 테러범이 인질에게 적개심을 갖는 현상을 말한다.
> ④ (×) 인질이 테러범에게 적개심을 갖는 현상을 말한다.

🔒 999 ④ 1000 ①

04 교통경찰

제**1**절　교통경찰 일반론

제**2**절　도로교통법상 용어

1001 「도로교통법」 제2조 용어의 정의에 대한 설명으로 가장 적절하지 않은 것은? ●A급 17 순경2차

① '자전거횡단도'란 자전거 및 개인형이동장치가 일반도로를 횡단할 수 있도록 안전표지로 표시한 도로의 부분을 말한다.

② '교차로'란 '十'자로, 'T'자로나 그 밖에 둘 이상의 도로(보도와 차도가 구분되어 있는 도로에서는 차도를 말한다)가 교차하는 부분을 말한다.

③ '길가장자리구역'이란 보도와 차도가 구분되어 있는 도로에서 보행자의 안전을 확보하기 위하여 안전표지 등으로 경계를 표시한 도로의 가장자리 부분을 말한다.

④ '안전표지'란 교통안전에 필요한 주의·규제·지시 등을 표시하는 표지판이나 도로의 바닥에 표시하는 기호·문자 또는 선 등을 말한다.

> **해설**
>
> ① (○) '자전거횡단도'란 자전거 및 개인형이동장치가 일반도로를 횡단할 수 있도록 안전표지로 표시한 도로의 부분을 말한다.
>
> ② (○) '교차로'란 '十'자로, 'T'자로나 그 밖에 둘 이상의 도로(보도와 차도가 구분되어 있는 도로에서는 차도를 말한다)가 교차하는 부분을 말한다.
>
> ③ (×) '길가장자리구역'이란 보도와 차도가 구분되지 아니한(구분되어 있는×) 도로에서 보행자의 안전을 확보하기 위하여 안전표지 등으로 경계를 표시한 도로의 가장자리 부분을 말한다.
>
> ④ (○) '안전표지'란 교통안전에 필요한 주의·규제·지시 등을 표시하는 표지판이나 도로의 바닥에 표시하는 기호·문자 또는 선 등을 말한다.

🔒 1001 ③

1002 「도로교통법」에 대한 설명(㉠~㉢) 중 옳고 그름의 표시(O, ×)가 바르게 된 것은?  ●A급 21 순경2차

> ㉠ "자동차"란 철길이나 가설된 선을 이용하지 아니하고 원동기를 사용하여 운전되는 차로서 승용자
> 동차, 승합자동차, 화물자동차, 특수자동차, 이륜자동차, 원동기장치자전거를 말한다. 다만, 건설
> 기계는 제외한다.
> ㉡ 자동차등을 운전하려는 사람은 시·도경찰청장으로부터 운전면허를 받아야 한다. 다만, 「도로교통법」
> 제2조 제19호 나목의 원동기를 단 차 중 「교통약자의 이동편의 증진법」 제2조 제1호에 따른 교통
> 약자가 최고속도 시속 20킬로미터 이하로만 운행될 수 있는 차를 운전하는 경우에는 그러하지 아
> 니하다.
> ㉢ 어린이통학버스가 도로에 정차하여 어린이나 영유아가 타고 내리는 중임을 표시하는 점멸등 등의
> 장치를 작동 중일 때에는 어린이통학버스가 정차한 차로와 그 차로의 바로 옆 차로로 통행하는 차
> 의 운전자는 어린이통학버스에 이르기 전에 일시정지하여 안전을 확인한 후 서행하여야 한다.
> ㉣ 어린이의 보호자는 어린이가 행정안전부령으로 정하는 인명보호 장구를 착용한 경우를 제외하고
> 도로에서 개인형 이동장치를 운전하게 하여서는 아니 된다.

① ㉠(O) ㉡(×) ㉢(O) ㉣(×)
② ㉠(×) ㉡(O) ㉢(×) ㉣(O)
③ ㉠(×) ㉡(×) ㉢(O) ㉣(×)
④ ㉠(×) ㉡(O) ㉢(O) ㉣(×)

해설

㉠ (×) "자동차"란 철길이나 가설된 선을 이용하지 아니하고 **원동기를 사용**하여 운전되는 차로서 **승용**자동차, **승합**자동차, **화물**자동차, **특수**자동차, **이륜**자동차, (원동기장치자전거×) 「건설기계관리법」 제26조 제1항 단서에 따른 **건설기계**를 말한다. **다만**, 원동기장치자전거(건설기계×)는 제외한다.

㉡ (O) 자동차등을 운전하려는 사람은 시·도경찰청장으로부터 운전면허를 받아야 한다. 다만, 「도로교통법」 제2조 제19호 나목의 원동기를 단 차 중 「교통약자의 이동편의 증진법」 제2조 제1호에 따른 교통약자가 최고속도 시속 20킬로미터 이하로만 운행될 수 있는 차를 운전하는 경우에는 운전면허를 받지 않아도 운전이 가능하다.

㉢ (O) 어린이통학버스가 도로에 정차하여 어린이나 영유아가 **타고 내리는 중임을 표시하는 점멸등 등의 장치를 작동 중일 때**에는 어린이통학버스가 **정차한 차로와 그 차로의 바로 옆 차로**로 통행하는 차의 운전자는 어린이통학버스에 이르기 전에 일시정지하여 안전을 확인한 후 서행하여야 한다.

㉣ (×) 어린이의 보호자는 **어린이**(행정안전부령으로 정하는 인명보호 장구를 착용한 경우를 제외하고×)가 도로에서 **개인형 이동장치를 운전하게 하여서는 아니 된다.**

🔒 1002 ④

1003 「도로교통법」에 대한 설명이다. 아래 가.부터 마.까지 설명 중 옳고 그름의 표시(O, ×)가 바르게 된 것은?

●A급 23 경위

> 가. 보도란 연석선, 안전표시나 그와 비슷한 인공구조물로 경계를 표시하여 보행자(유모차와 보행보조용 의자차 제외)가 통행할 수 있도록 한 도로의 부분을 말한다.
>
> 나. 길가장자리구역이란 보도와 차도의 구분되지 아니한 도로에서 보행자의 안전을 확보하기 위하여 안전표지 등으로 경계를 표시한 도로의 가장자리 부분을 말한다.
>
> 다. 자동차란 철길이나 가설된 선을 이용하지 아니하고 원동기를 사용하여 운전되는 차로서 승용자동차, 승합자동차, 화물자동차, 특수자동차, 이륜자동차, 원동기장치자전거와 건설기계를 말한다.
>
> 라. 어린이의 보호자는 어린이가 행정안전부령으로 정하는 인명보호 장구를 착용한 경우를 제외하고 도로에서 개인형 이동장치를 운전하게 하여서는 아니 된다.
>
> 마. 모범운전자란 동법에 따라 무사고운전자 또는 유공운전자의 표시장을 받거나 2년 이상 사업용 자동차 운전에 종사하면서 교통사고를 일으킨 전력이 없는 사람으로서 시·도경찰청장이 정하는 바에 따라 선발되어 교통안전 봉사활동에 종사하는 사람을 말한다.

① 가.(×)   나.(O)   다.(×)   라.(O)   마.(×)

② 가.(×)   나.(O)   다.(O)   라.(×)   마.(O)

③ 가.(×)   나.(×)   다.(×)   라.(O)   마.(×)

④ 가.(×)   나.(O)   다.(×)   라.(×)   마.(×)

해설

가. (×) "**보도**"란 **연석선**, 안전표시나 그와 비슷한 인공구조물로 경계를 표시하여 **보행자[유모차와 보행보조용 의자차 포함(제외×)]**가 통행할 수 있도록 한 도로의 부분을 말한다.

나. (O) "**길가장자리구역**"이란 보도와 차도의 **구분되지 아니한** 도로에서 **보행자의 안전**을 확보하기 위하여 안전표지 등으로 경계를 표시한 도로의 가장자리 부분을 말한다.

다. (×) "**자동차**"란 철길이나 가설된 선을 이용하지 아니하고 원동기를 사용하여 운전되는 차로서 **승용**자동차, **승합**자동차, **화물**자동차, **특수**자동차, **이륜**자동차 **(원동기장치자전거×)**와 「**건설기계관리법**」 제26조 제1항 단서에 따른 **건설기계**를 말한다.

라. (×) 어린이의 **보호자는 어린이가** (행정안전부령으로 정하는 인명보호 장구를 착용한 경우를 제외하고×) 도로에서 **개인형 이동장치를 운전하게 하여서는 아니 된다**(동법 제11조 제4항).

마. (×) "**모범운전자**"란 동법에 따라 무사고운전자 또는 유공운전자의 표시장을 받거나 **2년 이상** 사업용 **자동차** 운전에 **종사**하면서 **교통사고**를 일으킨 **전력이 없는 사람**으로서 **경찰청장**(시·도경찰청장×)이 정하는 바에 따라 **선발**되어 교통안전 봉사활동에 종사하는 사람을 말한다.

🔒 1003 ④

1004 「도로교통법」, 「도로교통법 시행규칙」 및 「특정범죄 가중처벌 등에 관한 법률」에 관한 설명 중 괄호 안 숫자의 합은?

●A급 21 법학

> ㉠ 경찰공무원은 교통의 안전과 위험방지를 위하여 필요하다고 인정되거나 술에 취한 상태에서 자전거를 운전하였다고 인정할만한 상당한 이유가 있는 사람을 호흡조사로 측정할 수 있다. 이 경우 경찰공무원의 측정에 응하지 아니한 사람은 (　)만원 이하의 벌금이나 구류 또는 과료에 처한다.
> ㉡ 특수학교 및 국제학교의 주변도로 가운데 일정 구간을 어린이 보호구역으로 지정하여 자동차등과 노면전차의 통행속도를 시속 (　)킬로미터 이내로 제한할 수 있다.
> ㉢ 자동차의 운전자가 어린이 보호구역에서 통행속도 준수 의무를 위반하여 (　)세 미만의 어린이에게 「교통사고처리 특례법」 제3조 제1항의 죄를 범하여 사망에 이르게 된 경우에는 무기 또는 3년 이상의 징역에 처한다.
> ㉣ 혈중알코올농도가 0.03퍼센트 이상 0.08퍼센트 미만인 사람이 자동차등 또는 노면전차를 운전한 경우 (　)년 이하의 징역이나 500만원 이하의 벌금에 처한다.
> ㉤ 승차정원 (　)명 이하의 승합자동차는 제2종 보통면허로 운전할 수 있다.

① 64　　　　　　② 74　　　　　　③ 76　　　　　　④ 94

해설

㉠ 20 + ㉡ 30 + ㉢ 13 + ㉣ 1 + ㉤ 10 = 74

> ㉠ 경찰공무원은 교통의 안전과 위험방지를 위하여 필요하다고 인정되거나 **술에 취한 상태**에서 **자전거**를 운전하였다고 인정할만한 상당한 이유가 있는 사람을 **호흡조사**로 측정할 수 있다. 이 경우 경찰공무원의 측정에 **응하지 아니한 사람**은 (**20**)**만원 이하의 벌금**이나 구류 또는 과료에 처한다.
> ㉡ 특수학교 및 국제학교의 주변도로 가운데 일정 구간을 **어린이 보호구역**으로 지정하여 자동차등과 노면전차의 통행속도를 **시속** (**30**)**킬로미터 이내**로 **제한**할 수 있다.
> ㉢ 자동차의 운전자가 어린이 보호구역에서 통행속도 준수 의무를 위반하여 (**13**)**세 미만**의 **어린이**에게 「교통사고처리 특례법」 제3조 제1항의 죄를 범하여 **사망**에 이르게 된 경우에는 **무기 또는 3년 이상의 징역**에 처한다.
> ㉣ 혈중알코올농도가 0.03퍼센트 이상 0.08퍼센트 미만인 사람이 자동차등 또는 노면전차를 운전한 경우 (**1**)**년 이하의 징역**이나 **500만원 이하**의 **벌금**에 처한다.
> ㉤ **승차정원** (**10**)**명 이하**의 **승합자동차**는 제2종 **보통면허**로 운전할 수 있다.

Tip 자전거등 음주운전 벌칙(도로교통법 제156조, 시행령 [별표8])

처벌	내용		
20만원 이하 **벌금·구류·과료**	• 무면허 • 음주운전(측정거부 포함) • 약물, 질병, 과로 • 발광장치 미착용 • 승차정원 초과 • 인명보호 장구 미착용		
20만원 이하 과태료	• 동승자에게 인명보호 장구를 착용하도록 하지 아니한 운전자 • 도로에서 어린이가 개인형이동장치를 운전하게 한 보호자		
범칙금(통고처분)	개인형이동장치	음주운전 : 10만원, 측정불응 : 13만원	
	자전거	음주운전 : 3만원, 측정불응 : 10만원	

 1004 ②

1005 「도로교통법」 및 같은 법 시행령상 자전거의 운전에 관한 설명으로 가장 적절하지 않은 것은?

•A급 24 승진

① 자전거 운전자는 안전표지로 통행이 허용된 경우를 제외하고는 2대 이상이 나란히 차도를 통행하여서는 아니 된다.

② 술에 취한 상태에서 자전거를 운전했을 경우의 범칙금은 3만원이며, 술에 취한 상태에 있다고 인정할 만한 상당한 이유가 있는 자전거 운전자가 경찰공무원의 호흡조사 측정에 불응한 경우의 범칙금은 10만원에 해당된다.

③ 자전거 운전자는 길가장자리구역(안전표지로 자전거등의 통행을 금지한 구간은 제외한다)을 통행할 수 있다. 이 경우 자전거 운전자는 보행자의 통행에 방해가 될 때에는 서행하거나 일시정지하여야 한다.

④ 자전거 운전자는 서행하거나 정지한 다른 차를 앞지르려면 앞차의 좌측으로만 통행하여야 한다. 이 경우 자전거 운전자는 정지한 차에서 승차하거나 하차하는 사람의 안전에 유의하여 서행하거나 필요한 경우 일시정지하여야 한다.

해설

① (○) 자전거 운전자는 안전표지로 **통행이 허용된 경우를 제외**하고는 **2대 이상이 나란히** 차도를 **통행하여서는 아니 된다**(동법 제13조의2 제5항).

② (○) **술에 취한 상태에서 자전거를 운전**했을 경우의 **범칙금은 3만원**이며, 술에 취한 상태에 있다고 인정할 만한 상당한 이유가 있는 자전거 운전자가 경찰공무원의 호흡조사 **측정에 불응한 경우**의 **범칙금은 10만원**에 해당된다.

　　Tip 개인형이동장치 음주 범칙금 – 음주운전(10만원), 측정불응(13만원)

③ (○) **자전거** 운전자는 **길가장자리구역**(안전표지로 자전거등의 통행을 금지한 구간은 제외한다)을 **통행할 수 있다**. 이 경우 자전거 운전자는 보행자의 통행에 방해가 될 때에는 서행하거나 **일시정지**하여야 한다.

④ (×) **자전거** 운전자는 서행하거나 정지한 다른 차를 앞지르려면 **앞차의 우측으로 통행할 수 있다**(좌측으로만 통행하여야 한다×). 이 경우 자전거 운전자는 정지한 차에서 승차하거나 하차하는 사람의 안전에 유의하여 서행하거나 필요한 경우 일시정지하여야 한다.

1006 「도로교통법」상 운전자의 의무에 관한 설명으로 가장 적절하지 않은 것은?

•A급 25 순경1차

① 누구든지 술에 취한 상태에서 자동차등(「건설기계관리법」 제26조 제1항 단서에 따른 건설기계 외의 건설기계를 포함), 노면전차 또는 자전거를 운전하여서는 아니 된다.

② 경찰공무원은 교통의 안전과 위험방지를 위하여 필요하다고 인정하는 경우에는 운전자가 술에 취하였는지를 호흡조사로 측정할 수 있다. 이 경우 운전자는 경찰공무원의 측정에 응하여야 한다.

③ 운전이 금지되는 술에 취한 상태의 기준은 운전자의 혈중알코올 농도가 0.03퍼센트 이상인 경우로 한다.

④ 개인형 이동장치의 운전자는 대통령령으로 정하는 승차정원을 초과하여 동승자를 태우고 개인형 이동장치를 운전하여서는 아니 된다.

🔒 1005 ④　1006 ④

해설

① (○) 누구든지 술에 취한 상태에서 **자동차등**(「건설기계관리법」 제26조 제1항 단서에 따른 건설기계 외의 **건설기계를 포함**), 노면전차 또는 **자전거**를 운전하여서는 아니 된다(동법 제44조 제1항).

② (○) 경찰공무원은 교통의 안전과 위험방지를 위하여 필요하다고 인정하는 경우에는 운전자가 술에 취하였는지를 **호흡조사**로 측정할 수 있다. 이 경우 운전자는 경찰공무원의 측정에 **응하여야 한다**(동법 제44조 제2항).

③ (○) 운전이 금지되는 술에 취한 상태의 기준은 운전자의 혈중알코올 농도가 **0.03퍼센트 이상**인 경우로 한다(동법 제44조 제4항).

④ (×) 개인형 이동장치의 운전자는 **행정안전부령**(대통령령×)으로 정하는 승차정원을 초과하여 동승자를 태우고 개인형 이동장치를 운전하여서는 아니 된다(동법 제50조 제10항).

1007 「도로교통법」상 자전거등과 관련된 다음 설명 중 옳은 것은 모두 몇 개인가?  18 경위

> 가. 자전거등의 운전자는 자전거도로가 설치되지 아니한 곳에서는 도로 좌측 가장자리에 붙어서 통행하여야 한다.
> 나. 자전거등의 운전자는 길가장자리구역(안전표지로 자전거의 통행을 금지한 구간은 제외한다)을 통행할 수 있다. 이 경우 자전거등의 운전자는 보행자의 통행에 방해가 될 때에는 서행하거나 일시정지하여야 한다.
> 다. 자전거등의 운전자는 안전표지로 통행이 허용된 경우를 제외하고는 2대 이상이 나란히 차도를 통행하여서는 아니 된다.
> 라. 자전거등의 운전자가 횡단보도를 이용하여 도로를 횡단할 때에는 보행자의 통행에 방해가 되지 않도록 서행하여야 한다.
> 마. 자전거등의 운전자는 자전거도로 및 「도로법」에 따른 도로를 운전할 때에는 행정안전부령으로 정하는 인명보호장구를 착용하여야 하며, 동승자에게도 이를 착용하도록 하여야 한다.
> 바. 자전거등의 운전자는 밤에 도로를 통행하는 때에는 전조등과 미등을 켜거나 야광띠 등 발광장치를 착용하여야 한다.

① 1개   ② 2개   ③ 3개   ④ 4개

해설

옳은 설명은 **나, 다, 마, 바, 4개**이다.

가. (×) **자전거등**의 운전자는 **자전거도로가 설치되지 아니한 곳에서는 도로 우측**(좌측×) **가장자리에 붙어서 통행**하여야 한다(동법 제13조의2 제2항).

나. (○) **자전거등**의 운전자는 **길가장자리구역**(안전표지로 자전거의 통행을 **금지한 구간은 제외**한다)**을 통행할 수 있다**. 이 경우 자전거등의 운전자는 보행자의 통행에 방해가 될 때에는 **서행하거나 일시정지**하여야 한다(동법 제13조의2 제3항).

다. (○) 자전거등의 운전자는 안전표지로 **통행이 허용된 경우**를 제외하고는 2대 이상이 나란히 차도를 **통행하여서는 아니 된다**(동법 제13조의2 제5항).

라. (×) 자전거등의 운전자가 횡단보도를 이용하여 도로를 횡단할 때에는 자전거등에서 **내려서 자전거등을 끌거나 들고 보행**(서행×)하여야 한다(동법 제13조의2 제6항).

마. (○) 자전거등의 운전자는 자전거도로 및 「도로법」에 따른 도로를 운전할 때에는 행정안전부령으로 정하는 **인명보호장구를 착용하여야 하며, 동승자에게도 이를 착용하도록 하여야 한다**(동법 제50조 제4항).

> **Tip** • 본인이 인명보호장구를 착용하지 아니한 경우 **20만원 이하 벌금·구류·과료**
> • **동승자**에게 착용하도록 하지 아니한 경우 운전자에게 **20만원 이하의 과태료**

바. (○) 자전거등의 운전자는 밤에 도로를 통행하는 때에는 전조등과 미등을 켜거나 **야광띠 등 발광장치를 착용하여야 한다**(동법 제50조 제9항).

> **Tip** 발광장치 미착용시 – 20만원 이하 **벌금·구류·과료**

🔒 1007 ④

1008 「도로교통법 시행규칙」상 안전표지에 대한 설명 중 적절하지 않은 것을 모두 고른 것은?

● A급 20 순경1차

> ㉠ 보조표지 – 도로상태가 위험하거나 도로 또는 그 부근에 위험물이 있는 경우에 필요한 안전조치를 할 수 있도록 이를 도로사용자에게 알리는 표지
> ㉡ 규제표지 – 도로교통의 안전을 위하여 각종 제한·금지 등의 규제를 하는 경우에 이를 도로사용자에게 알리는 표지
> ㉢ 노면표시 – 주의표지·규제표지 또는 지시표지의 주기능을 보충하여 도로사용자에게 알리는 표지
> ㉣ 지시표지 – 도로의 통행방법·통행구분 등 도로교통의 안전을 위하여 필요한 지시를 하는 경우에 도로사용자가 이에 따르도록 알리는 표지

① ㉠, ㉡   ② ㉡, ㉢   ③ ㉠, ㉢   ④ ㉡, ㉣

해설

틀린 설명은 ㉠, ㉢, 2개이다.
㉠ (×) **주의(보조×)표지** – 도로상태가 **위험**하거나 도로 또는 그 부근에 **위험물**이 있는 경우에 필요한 안전조치를 할 수 있도록 이를 도로사용자에게 알리는 표지
㉡ (○) **규제표지** – 도로교통의 안전을 위하여 각종 제한·금지 등의 **규제를** 하는 경우에 이를 도로사용자에게 알리는 표지
㉢ (×) **보조(노면×)표시** – 주의표지·규제표지 또는 지시표지의 주기능을 **보충하여** 도로사용자에게 알리는 표지
　　　⚑ip 노면표지 – 도로교통의 안전을 위하여 각종 주의·규제·지시 등의 내용을 **노면에** 기호·문자 또는 선으로 도로사용자에게 알리는 표지
㉣ (○) **지시표지** – 도로의 통행방법·통행구분 등 도로교통의 안전을 위하여 필요한 **지시를** 하는 경우에 도로사용자가 이에 따르도록 알리는 표지

1009 「도로교통법」상 자전거와 긴급자동차의 통행방법에 대한 설명 중 가장 적절하지 않은 것은?

● A급 20 법학

① 자전거의 운전자는 자전거도로가 설치되지 아니한 곳에서는 도로 우측 가장자리에 붙어서 통행하여야 한다.
② 자전거의 운전자는 길가장자리구역을 통행할 때, 보행자의 통행에 방해가 되면 서행하거나 일시정지하여야 한다.
③ 긴급자동차는 긴급하고 부득이한 경우에는 도로의 중앙이나 좌측 부분을 통행할 수 있으며, 이 경우 교통안전에 특히 주의하면서 통행하여야 한다.
④ 교차로나 그 부근에서 긴급자동차가 접근하는 경우 차마와 노면전차의 운전자는 긴급자동차가 우선 통행할 수 있도록 진로를 양보하여 서행하여야 한다.

🔒 1008 ③ 1009 ④

해설

① (○) **자전거의 운전자는 자전거도로가 설치되지 아니한 곳**에서는 도로 **우측 가장자리에 붙어서 통행**하여야 한다.
② (○) 자전거의 운전자는 길가장자리구역을 통행할 때, 보행자의 통행에 방해가 되면 **서행하거나 일시정지**하여야 한다.
③ (○) **긴급자동차**는 긴급하고 부득이한 경우에는 **도로의 중앙이나 좌측 부분을 통행**할 수 있으며, 이 경우 교통안전에 특히 주의하면서 통행하여야 한다.
④ (×) 교차로나 그 부근에서 **긴급자동차가 접근하는 경우** 차마와 노면전차의 운전자는 긴급자동차가 우선 통행할 수 있도록 **교차로를 피하여** 일시정지(진로를 양보하여 서행×)하여야 한다.

1010 다음 중 주·정차 금지구역에 해당하지 않는 것은?  **A급** 20 승진

① 도로공사를 하고 있는 경우 그 공사 구역의 양쪽 가장자리로부터 5m 이내인 곳
② 교차로의 가장자리나 도로의 모퉁이로부터 5m 이내인 곳
③ 건널목의 가장자리 또는 횡단보도로부터 10m 이내인 곳
④ 안전지대가 설치된 도로에서는 그 안전지대의 사방으로부터 각각 10m 이내인 곳

해설

① (×) 도로공사를 하고 있는 경우 그 공사 구역의 양쪽 가장자리로부터 5m 이내인 곳은 **주차(주·정차×) 금지구역**이다.

Tip 주차, 정차 금지 장소(도로교통법 제32조, 제33조)

정차 및 주차 금지		주차금지장소	
교차로, 횡단보도, 건널목, 보도 어린이 보호구역 및 시·도경찰청장이 필요하다고 인정하여 지정한 곳		터널 안, 다리 위 어린이 보호구역 및 시·도경찰청장이 필요하다고 인정하여 지정한 곳	
5미터 이내	• 교차로 가장자리 • 도로 모퉁이 • 소방시설	5미터 이내	• 도로공사 양쪽 가장자리 • 다중이용업소
10미터 이내	• 안전지대 • 버스정류지 • 건널목 가장자리 • 횡단보도		

1011 「도로교통법」상 '주·정차 금지장소'에 대한 설명으로 가장 적절하지 않은 것은? **A급** 20·22 특공

① 보도와 차도가 구분된 도로의 보도(「주차장법」에 따라 차도와 보도에 걸쳐서 설치된 노상주차장은 제외)
② 교차로의 가장자리나 도로의 모퉁이로부터 5미터 이내인 곳
③ 안전지대가 설치된 도로에서는 그 안전지대의 사방으로부터 각각 20미터 이내인 곳
④ 소방용수시설 또는 비상소화장치가 설치된 곳으로부터 5미터 이내인 곳

해설

① (○) 보도와 차도가 구분된 도로의 **보도**(「주차장법」에 따라 차도와 보도에 걸쳐서 설치된 **노상주차장은 제외**) – 정차×, 주차×
② (○) **교차로의 가장자리**나 **도로의 모퉁이**로부터 5미터 이내인 곳 – 정차×, 주차×
③ (×) 안전지대가 설치된 도로에서는 그 **안전지대의 사방**으로부터 각각 10미터(20미터×) 이내인 곳 – 정차×, 주차×
④ (○) **소방용수시설** 또는 비상소화장치가 **설치된 곳**으로부터 5미터 이내인 곳 – 정차×, 주차×

 **1010** ① **1011** ③

1012 다음 중 「도로교통법」 제32조(정차 및 주차의 금지)에 규정된 장소를 모두 고른 것은? (다만, 이 법이나 이 법에 따른 명령 또는 경찰공무원의 지시를 따르는 경우와 위험방지를 위하여 일시정지하는 경우는 고려하지 않는다.) ● A급 24 순경2차

> ㉠ 터널 안 및 다리 위
> ㉡ 교차로의 가장자리나 도로의 모퉁이로부터 5미터 이내인 곳
> ㉢ 시장등이 제12조 제1항에 따라 지정한 어린이 보호구역
> ㉣ 교차로·횡단보도·건널목이나 보도와 차도가 구분된 도로의 보도(「주차장법」에 따라 차도와 보도에 걸쳐서 설치된 노상주차장은 제외한다)
> ㉤ 도로공사를 하고 있는 경우에는 그 공사 구역의 양쪽 가장자리로부터 5미터 이내인 곳

① ㉠, ㉡, ㉢   ② ㉠, ㉣, ㉤

③ ㉡, ㉢, ㉣   ④ ㉢, ㉣, ㉤

해설

정차 및 주차의 금지 장소는 ㉡, ㉢, ㉣, **3개**이다. ㉠, ㉤은 주차금지장소에 해당한다.
㉠ (×) **터널 안** 및 **다리 위** – **주차만 금지**(정차 가능)
㉡ (○) 교차로의 가장자리나 **도로의 모퉁이**로부터 **5미터 이내인 곳** – **정차 및 주차의 금지 장소**
㉢ (○) 시장등이 제12조 제1항에 따라 지정한 **어린이 보호구역** – **정차 및 주차의 금지 장소**
㉣ (○) **교차로·횡**단보도·**건널목**이나 보도와 차도가 구분된 도로의 **보도**(「주차장법」에 따라 차도와 보도에 걸쳐서 설치된 **노상주차장은 제외**한다) – **정차 및 주차의 금지 장소**
㉤ (×) **도로공사**를 하고 있는 경우에는 그 공사 구역의 **양쪽 가장자리로부터 5미터** 이내인 곳 – **주차만 금지**(정차 가능)

제5절 긴급자동차

1013 다음 중 「도로교통법」 및 동법 시행령상 자동차를 사용하는 사람 또는 기관 등의 신청에 의하여 시·도경찰청장이 지정하는 긴급자동차로 옳은 것은 모두 몇 개인가? ● A급 25 순경2차

> ㉠ 경찰용 자동차 중 범죄수사, 교통단속, 그 밖의 긴급한 경찰업무 수행에 사용되는 자동차
> ㉡ 민방위업무를 수행하는 기관에서 긴급예방을 위한 출동에 사용되는 자동차
> ㉢ 도로관리를 위하여 사용되는 자동차 중 운행이 제한되는 자동차를 단속하기 위하여 사용되는 자동차
> ㉣ 교도소의 자동차 중 수용자의 호송·경비를 위하여 사용되는 자동차
> ㉤ 국내외 요인에 대한 경호업무 수행에 공무로 사용되는 자동차

① 2개   ② 3개
③ 4개   ④ 5개

🔒 1012 ③   1013 ①

해설

시 · 도경찰청장이 **지정**하는 긴급자동차에는 ㉡, ㉢, **2개**가 있다.
㉠ (✕) **경찰용 자동차** 중 범죄수사, 교통단속, 그 밖의 긴급한 경찰업무 수행에 사용되는 자동차 – **당연 긴급자동차**
㉡ (○) **민방위업무**를 수행하는 기관에서 긴급예방을 위한 출동에 사용되는 자동차 – **지정 긴급자동차**
㉢ (○) **도로관리**를 위하여 사용되는 자동차 중 운행이 제한되는 자동차를 단속하기 위하여 사용되는 자동차 – **지정 긴급
자동차**
㉣ (✕) **교도소의 자동차** 중 수용자의 호송 · 경비를 위하여 사용되는 자동차 – **당연 긴급자동차**
㉤ (✕) 국내외 요인에 대한 **경호업무 수행**에 공무로 사용되는 자동차 – **당연 긴급자동차**

1014 도로교통법령상 '국내외 요인에 대한 경호업무 수행에 공무로 사용되는 자동차'에 대한 특례로서 해당 긴급자동차에 적용하지 않는 사항들은 모두 몇 개인가?　　　　　　　　　●A급 22 경위

> 가. 「도로교통법」 제17조에 따른 자동차등의 속도 제한
> 나. 「도로교통법」 제23조에 따른 끼어들기 금지
> 다. 「도로교통법」 제19조에 따른 안전거리 확보 등
> 라. 「도로교통법」 제33조에 따른 주차금지
> 마. 「도로교통법」 제21조 제1항에 따른 앞지르기 방법 등

① 2개　　　　　　　　　　　　② 3개
③ 4개　　　　　　　　　　　　④ 5개

해설

'국내외 요인에 대한 **경호업무** 수행에 공무로 사용되는 자동차'에 대한 특례로서 해당 긴급자동차에 **적용하지 않는 사항**(안 지켜도 되는 사항)은 **가**(**속도 제한**), **나**(**끼어들기 금지**), **2개**이다(동법 제30조). 나머지 규정(다. 안전거리 확보, 라. 주차금지, 마. 앞지르기 방법)은 적용이 되므로 지켜야 한다.

ⓣip 긴급자동차에 대한 특례(도로교통법 제30조)

소방차 구급차 혈액공급차량 경찰용 긴급자동차	• 속도 제한, 앞지르기 금지, 끼어들기 금지뿐만 아니라 신호위반, 보도침범, 중앙선 침범, 횡단등의 금지, 안전거리 확보, 앞지르기 방법, 정차 및 주차의 금지, 주차금지, 고장 등의 조치 규정 (1호~12호)이 **모두 적용되지 않는다.** • 즉, 긴급한 용도로 운행 중일 때에는 위 **모든 규정을 안 지켜도 된다.**
그 외 긴급자동차	• 속도 제한, 앞지르기 금지, 끼어들기 금지 규정(1호~3호)만 적용되지 않는다. • 나머지 규정(4호~12호)은 적용이 되므로 긴급한 경우라도 지켜야 한다.

 1014 ①

1015 어린이 보호구역 및 어린이 통학버스에 대한 설명으로 가장 적절하지 않은 것은? ● A급 22 승진

① 「도로교통법」상 모든 차의 운전자는 어린이나 영유아를 태우고 있다는 표시를 한 상태로 도로를 통행하는 어린이통학버스를 앞지르지 못한다.

② 「어린이 · 노인 및 장애인 보호구역의 지정 및 관리에 관한 규칙」상 시 · 도경찰청장이나 경찰서장은 「도로교통법」 제12조 제1항 또는 제12조의2 제1항에 따라 보호구역에서 구간별 · 시간대별로 도시지역의 간선도로를 일방통행로로 지정 · 운영할 수 있다.

③ 「도로교통법 시행령」상 어린이 통학버스는 교통사고로 인한 피해를 전액 배상할 수 있도록 「보험업법」에 따른 보험 또는 「여객자동차 운수사업법」에 따른 공제조합에 가입되어 있어야 한다.

④ 「어린이 · 노인 및 장애인 보호구역의 지정 및 관리에 관한 규칙」상 시장등은 조사 결과 보호구역으로 지정 · 관리할 필요가 인정되는 경우에 관할 시 · 도경찰청장 또는 경찰서장과 협의하여 해당 보호구역 지정대상 시설 또는 장소의 주(主) 출입문을 기준으로 반경 300미터 이내의 도로 중 일정구간을 보호구역으로 지정하나, 해당 지역의 교통여건 및 효과성 등을 면밀히 검토하여 필요한 경우에 보호구역 지정대상 시설 또는 장소의 주 출입문을 기준으로 반경 500미터 이내의 도로에 대해서도 보호구역으로 지정할 수 있다.

해설

① (○) 「도로교통법」상 **모든 차**의 운전자는 **어린이나 영유아를 태우고 있다는 표시**를 한 **상태**로 도로를 통행하는 어린이 통학버스를 **앞지르지 못한다**(도로교통법 제51조 제3항).

② (×) 「어린이 · 노인 및 장애인 보호구역의 지정 및 관리에 관한 규칙」상 시 · 도경찰청장이나 경찰서장은 「도로교통법」 제12조 제1항 또는 제12조의2 제1항에 따라 **보호구역**에서 구간별 · 시간대별로 도시지역의 **이면도로(간선도로×)**를 **일방통행로로 지정 · 운영할 수 있다**(동규칙 제9조 제1항 제4호).

Tip 어린이 · 노인 · 장애인 보호구역(어린이 · 노인 및 장애인 보호구역의 지정 및 관리에 관한 규칙 제9조)

> • 시 · 도경찰청장이나 경찰서장은 다음의 조치를 할 수 있다.
>
> – 차마의 통행 금지 · 제한
> – 차마의 정차나 주차 금지
> – 시속 30킬로미터 이내로 제한
> – 이면도로를 일방통행로로 지정 · 운영

③ (○) 「도로교통법 시행령」상 **어린이 통학버스**는 교통사고로 인한 피해를 **전액 배상**할 수 있도록 「보험업법」에 따른 보험 또는 「여객자동차 운수사업법」에 따른 **공제조합에 가입되어** 있어야 **한다**.

④ (○) 「어린이 · 노인 및 장애인 보호구역의 지정 및 관리에 관한 규칙」상 **시장등**은 조사 결과 보호구역으로 지정 · 관리할 필요가 인정되는 경우에 **관할 시 · 도경찰청장 또는 경찰서장과 협의하여** 해당 보호구역 지정대상 시설 또는 장소의 **주(主) 출입문을 기준**으로 반경 **300미터 이내**의 도로 중 일정구간을 보호구역으로 지정하나, 해당 지역의 교통여건 및 효과성 등을 면밀히 검토하여 필요한 경우에 보호구역 지정대상 시설 또는 장소의 주 출입문을 기준으로 반경 **500미터 이내**의 도로에 대해서도 보호구역으로 지정할 수 있다.

 1015 ②

1016 「도로교통법」에 관한 설명이다. (가)부터 (다)까지의 내용을 가장 적절하게 나열한 것은?

●C급 25 경위

(가)은 도로에서의 위험을 방지하고 교통의 안전과 원활한 소통을 확보하기 위하여 필요하다고 인정할 때에는 우선 보행자, 차마 또는 노면전차의 통행을 금지하거나 제한한 후 그 도로관리자와 협의하여 금지 또는 제한의 대상과 구간 및 기간을 정하여 도로의 통행을 금지하거나 제한할 수 있다.

(나)은 교통사고의 위험으로부터 어린이를 보호하기 위하여 필요하다고 인정하는 경우에는 「유아교육법」 제2조에 따른 유치원의 주변도로 가운데 일정 구간을 어린이 보호구역으로 지정하여 자동차등과 노면전차의 통행속도를 시속 30킬로미터 이내로 제한할 수 있다.

(다)은 고속도로의 원활한 소통을 위하여 특히 필요한 경우에는 고속도로에 전용차로를 설치할 수 있다.

	(가)	(나)	(다)
①	경찰서장	시장등	경찰청장
②	시·도경찰청장	경찰청장	시장등
③	경찰서장	시·도경찰청장	경찰청장
④	시·도경찰청장	시장등	경찰청장

해설

(가) (**경찰서장**)은 도로에서의 위험을 방지하고 교통의 안전과 원활한 소통을 확보하기 위하여 필요하다고 인정할 때에는 **우선** 보행자, 차마 또는 노면전차의 통행을 **금지하거나 제한한 후** 그 **도로관리자와 협의**하여 금지 또는 제한의 대상과 구간 및 기간을 정하여 도로의 통행을 금지하거나 제한할 수 있다(도로교통법 제6조 제2항).

🔵**Tip** **시·도경찰청장**은 도로에서의 위험을 방지하고 교통의 안전과 원활한 소통을 확보하기 위하여 필요하다고 인정할 때에는 **구간을 정하여** 보행자, 차마 또는 노면전차의 통행을 **금지하거나 제한할 수 있다.** 이 경우 시·도경찰청장은 보행자, 차마 또는 노면전차의 통행을 금지하거나 제한한 도로의 관리청에 **그 사실을 알려야 한다**(도로교통법 제6조 제1항).

(나) (**시장등**)은 교통사고의 위험으로부터 어린이를 보호하기 위하여 필요하다고 인정하는 경우에는 「유아교육법」 제2조에 따른 유치원의 주변도로 가운데 일정 구간을 **어린이 보호구역으로 지정하여** 자동차등과 노면전차의 통행속도를 **시속 30킬로미터 이내로 제한**할 수 있다(도로교통법 제12조 제1항).

(다) (**경찰청장**)은 고속도로의 원활한 소통을 위하여 특히 필요한 경우에는 **고속도로에 전용차로를** 설치할 수 있다(도로교통법 제61조 제1항).

🔒 1016 ①

1017 「도로교통법」상 음주운전과 관련된 내용이다. 아래 ㉠부터 ㉣까지의 내용 중 옳고 그름의 표시(○, ×)가 바르게 된 것은? (단, '술에 취한 상태'는 혈중알코올농도가 0.03퍼센트 이상인 경우로 전제함)

●A급 19 순경1차

> ㉠ 술에 취한 상태에서 자전거등을 운전한 사람은 처벌된다.
> ㉡ 음주운전 2회 이상 위반으로 벌금형을 확정받고 면허가 취소된 경우, 면허가 취소된 날부터 3년간 면허시험 응시자격이 제한된다.
> ㉢ 무면허인 자가 술에 취한 상태에서 자동차등을 운전한 경우, 무면허운전죄와 음주운전죄는 실체적 경합관계에 있다.
> ㉣ 도로가 아닌 곳에서 술에 취한 상태로 자동차등을 운전하더라도 음주단속의 대상이 된다.

① ㉠(○)   ㉡(○)   ㉢(×)   ㉣(×)
② ㉠(○)   ㉡(×)   ㉢(○)   ㉣(○)
③ ㉠(○)   ㉡(×)   ㉢(×)   ㉣(○)
④ ㉠(×)   ㉡(○)   ㉢(○)   ㉣(×)

해설

㉠ (○) 술에 취한 상태에서 자전거를 운전한 사람은 처벌된다.
　　Tip 자전거 음주운전 : 20만원 이하 벌금, 3만원 범칙금, 측정불응시 10만원 범칙금
㉡ (×) 음주운전 2회 이상 위반으로 벌금형을 확정받고 면허가 취소된 경우, 면허가 취소된 날부터 2년(3년×)간 면허시험 응시자격이 제한된다.
　　Tip 벌금 미만의 형이 확정되거나 선고유예의 판결이 확정된 경우 또는 기소유예나 「소년법」 제32조에 따른 보호처분의 결정이 있는 경우에는 기간 내라도 운전면허를 받을 수 있다(도로교통법 제82조 제2항).
㉢ (×) 무면허인 자가 술에 취한 상태에서 자동차등을 운전한 경우, 무면허운전죄와 음주운전죄는 상상적(실체적×) 경합관계에 있다.
㉣ (○) 도로가 아닌 곳에서 술에 취한 상태로 자동차등을 운전하더라도 음주단속의 대상이 된다.
　　Tip 음주·도주·약물·과로·질병·측정거부는 도로여부를 불문하고 단속의 대상이 된다.

1018 음주운전 관련 판례에 대한 설명으로 가장 적절하지 않은 것은? (다툼이 있는 경우 판례에 의함)

●A급 20 순경2차

① 음주운전 전력이 1회(벌금형) 있는 운전자가 한 달 내 2회에 걸친 음주운전으로 적발되어 두 사건이 동시에 기소된 사안에서, 「도로교통법」 제148조의2 제1항(벌칙)에 규정된 '음주운전 금지 규정을 2회 이상 위반한 사람'이란 음주운전으로 2회 이상 형의 선고를 받거나 유죄의 확정판결을 받은 자로 한정하여야 한다.
② 경찰공무원이 술에 취한 상태에 있다고 인정할 만한 상당한 이유가 있는 운전자에게 음주 여부를 확인하기 위하여 음주측정기에 의한 측정의 사전 단계로 음주감지기에 의한 시험을 요구하는 경우, 그 시험 결과에 따라 음주측정기에 의한 측정이 예정되어 있고 운전자가 그러한

🔒 1017 ③   1018 ①

사정을 인식하였음에도 음주감지기에 의한 시험에 명시적으로 불응함으로써 음주측정을 거부하겠다는 의사를 표명하였다면, 음주감지기에 의한 시험을 거부한 행위도 음주측정기에 의한 측정에 응할 의사가 없음을 객관적으로 명백하게 나타낸 것으로 볼 수 있다.

③ 주취운전자에 대한 경찰관의 권한 행사가 법률상 경찰관의 재량에 맡겨져 있다고 하더라도, 그러한 권한을 행사하지 아니한 것이 구체적인 상황 하에서 현저하게 합리성을 잃는 경우에는 경찰관의 직무상 의무를 위배한 것으로서 위법하다. 음주운전으로 적발된 주취운전자가 도로 밖으로 차량을 이동하겠다며 단속경찰관으로부터 보관 중이던 차량열쇠를 반환받아 몰래 차량을 운전하여 가던 중 사고를 일으켰다면, 주의의무를 게을리 한 경찰관의 직무상 의무위반에 의한 국가배상 책임이 인정된다.

④ 음주운전과 관련한 「도로교통법」 위반죄의 범죄수사를 위하여 미성년자인 피의자의 혈액채취가 필요한 경우, 피의자에게 의사능력이 있다면 피의자 본인만이 혈액채취에 관한 유효한 동의를 할 수 있고, 피의자에게 의사능력이 없는 경우에도 명문의 규정이 없는 이상 법정대리인이 피의자를 대리하여 동의할 수는 없다.

해설

① (×) **음주운전** 전력이 **1회(벌금형)** 있는 운전자가 **한 달 내 2회에 걸친 음주운전으로 적발되어 두 사건이 동시에 기소된 사안**에서, 「도로교통법」 제148조의2 제1항(벌칙)에 규정된 '**음주운전 금지 규정을 2회 이상 위반한 사람**'이란 음주운전으로 2회 이상 형의 선고를 받거나 문언 그대로 2회 이상 음주운전 금지규정을 위반하여 음주운전을 하였던 사실이 인정되는 사람으로 해석해야 하고, 그에 대한 형의 선고나 **유죄의 확정판결 등이 있어야만 하는 것은 아니다**(유죄의 확정판결을 받은 자로 한정하여야 한다×)(대법원 2018도11378).

② (○) 경찰공무원이 술에 취한 상태에 있다고 인정할 만한 상당한 이유가 있는 운전자에게 음주 여부를 확인하기 위하여 음주측정기에 의한 측정의 사전 단계로 음주감지기에 의한 시험을 요구하는 경우, 그 시험 결과에 따라 음주측정기에 의한 측정이 예정되어 있고 운전자가 그러한 사정을 인식하였음에도 음주감지기에 의한 시험에 명시적으로 불응함으로써 음주측정을 거부하겠다는 의사를 표명하였다면, **음주감지기에 의한 시험을 거부한 행위도 음주측정기에 의한 측정에 응할 의사가 없음을 객관적으로 명백하게 나타낸 것으로 볼 수 있다**(대법원 2017도12949).

③ (○) 주취운전자에 대한 경찰관의 권한 행사가 법률상 경찰관의 재량에 맡겨져 있다고 하더라도, 그러한 권한을 행사하지 아니한 것이 구체적인 상황 하에서 현저하게 합리성을 잃는 경우에는 경찰관의 직무상 의무를 위배한 것으로서 위법하다. 음주운전으로 적발된 주취운전자가 도로 밖으로 차량을 이동하겠다며 **단속경찰관으로부터 보관 중이던 차량열쇠를 반환받아 몰래 차량을 운전하여 가던 중 사고를 일으켰다면, 주의의무를 게을리 한 경찰관의 직무상 의무위반에 의한 국가배상 책임이 인정된다**(대법원 97다54482).

④ (○) 음주운전과 관련한 「도로교통법」 위반죄의 범죄수사를 위하여 미성년자인 피의자의 혈액채취가 필요한 경우, 피의자에게 의사능력이 있다면 피의자 본인만이 혈액채취에 관한 유효한 동의를 할 수 있고, **피의자에게 의사능력이 없는 경우에도** 명문의 규정이 없는 이상 **법정대리인이 피의자를 대리하여 동의할 수는 없다**(대법원 2013도1228).

1019 음주운전 관련 판례에 관한 설명 중 가장 적절하지 않은 것은? (다툼이 있는 경우 판례에 의함)

●A급 23 순경1차

① 경찰관이 술에 취한 상태에서 자동차를 운전한 것으로 보이는 피고인을 「경찰관 직무집행법」에 따른 보호조치 대상자로 보아 경찰관서로 데려온 직후 음주측정을 요구하였는데 피고인이 불응하여 음주측정불응죄로 기소된 사안에서, 위법한 보호조치 상태를 이용하여 음주측정 요구가 이루어졌다는 등의 특별한 사정이 없는 한 피고인의 행위는 음주측정불응죄에 해당한다.

🔒 1019 ②

② 술에 취해 자동차 안에서 잠을 자다가 추위를 느껴 히터를 가동시키기 위하여 시동을 걸었고, 실수로 자동차의 제동장치 등을 건드렸거나 처음 주차할 때 안전조치를 제대로 취하지 아니한 탓으로 원동기의 추진력에 의하여 자동차가 약간 경사진 길을 따라 앞으로 움직여 피해자의 차량 옆면을 충격하게 된 경우는 자동차의 운전에 해당한다.

③ 음주측정 요구 당시 운전자가 술에 취한 상태에서 자동차를 운전하였다고 인정할 만한 상당한 이유가 있었으며, 음주운전 종료 후 별도의 음주 사실이 없었음이 증명된 경우, 경찰관이 음주 및 음주운전 종료로부터 약 5시간 후 집에서 자고 있는 피고인을 연행하여 음주측정을 요구한 데에 대하여 피고인이 불응하였다면, 「도로교통법」상의 음주측정불응죄가 성립한다.

④ 특별한 이유 없이 호흡측정기에 의한 측정에 불응하는 운전자에게 경찰공무원이 혈액채취에 의한 측정방법이 있음을 고지하고 그 선택 여부를 물어야 할 의무는 없다.

해설

① (○) 경찰관이 술에 취한 상태에서 자동차를 운전한 것으로 보이는 피고인을 「경찰관 직무집행법」에 따른 **보호조치 대상자로 보아 경찰관서로 데려온 직후 음주측정을 요구**하였는데 피고인이 불응하여 음주측정불응죄로 기소된 사안에서, 위법한 보호조치 상태를 이용하여 음주측정 요구가 이루어졌다는 등의 특별한 사정이 없는 한 피고인의 행위는 **음주측정불응죄에 해당한다**(대법원 2011도4328).

② (×) 술에 취해 자동차 안에서 잠을 자다가 추위를 느껴 **히터를 가동시키기 위하여 시동을 걸었고, 실수로** 자동차의 제동장치 등을 건드렸거나 처음 주차할 때 안전조치를 제대로 취하지 아니한 탓으로 원동기의 추진력에 의하여 자동차가 약간 경사진 길을 따라 앞으로 움직여 피해자의 차량 옆면을 충격하게 된 경우는 자동차의 **운전에 해당한다고 볼 수 없다(해당한다×)**(대법원 2004도1109).

③ (○) 음주측정 요구 당시 운전자가 술에 취한 상태에서 자동차를 운전하였다고 **인정할 만한 상당한 이유가 있었으며**, 음주운전 종료 후 별도의 음주 사실이 없었음이 증명된 경우, 경찰관이 음주 및 음주운전 종료로부터 **약 5시간 후 집에서 자고 있는 피고인을 연행**하여 **음주측정을 요구**한 데에 대하여 피고인이 **불응하였다면**, 「도로교통법」상의 **음주측정불응죄가 성립한다**(대법원 2000도6026).

④ (○) 특별한 이유 없이 **호흡측정기**에 의한 **측정에 불응하는 운전자**에게 경찰공무원이 **혈액채취**에 의한 측정방법이 있음을 고지하고 **그 선택 여부를 물어야 할 의무는 없다**(대법원 2002도4220).

1020 「도로교통법」에서 규정하고 있는 음주운전에 대한 설명으로 가장 적절하지 않은 것은? (다툼이 있는 경우 판례에 의함) ●A급 23 특공

① 술에 취한 상태에서 자전거를 운전한 사람은 처벌 대상이다.

② 무면허인 자가 술에 취한 상태에서 자동차등을 운전한 경우, 무면허운전죄와 음주운전죄는 상상적 경합관계에 있다.

③ 주차장, 학교 경내 등 「도로교통법」에서 규정하고 있는 도로가 아닌 곳에서의 음주운전, 약물운전, 사고 후 미조치에 대하여는 형사처벌할 수 없다.

④ 특별한 이유 없이 호흡측정을 거부하는 운전자에게 경찰공무원이 혈액채취에 의한 측정방법이 있음을 고지하고 그 선택여부를 물어야 할 의무가 있다고 할 수 없다.

해설

① (○) **술에 취한 상태에서 자전거를 운전**한 사람은 처벌 대상이다.

　　🖝ip 자전거 음주운전 : 20만원 이하 **벌금**, 3만원 **범칙금**, 측정불응시 10만원 **범칙금**

② (○) **무면허인 자가 술에 취한 상태**에서 자동차등을 운전한 경우, **무면허운전죄와 음주운전죄는 상상적 경합관계**에 있다.

 🔒 1020 ③

③ (×) 주차장, 학교 경내 등 「도로교통법」에서 규정하고 있는 **도로가 아닌 곳**에서의 **음주운전, 약물운전, 사고 후 미조치**에 대하여는 **형사처벌할 수 있다(없다×)**. 그러나 행정처분(운전면허 취소ㆍ정지 처분)은 할 수 없다.

④ (○) 특별한 이유 없이 호흡측정을 거부하는 운전자에게 경찰공무원이 혈액채취에 의한 측정방법이 있음을 고지하고 **그 선택여부를 물어야 할 의무가 있다고 할 수 없다**(대법원 2002도4220).

1021 음주운전으로 운전면허 취소처분 또는 정지처분을 받았을 때 일정 요건을 갖춘 경우 면허행정처분을 감경하는 경우가 있다. 이때 「도로교통법 시행규칙」상 감경 제외 사유로 규정된 것이 아닌 것은?

① 혈중알코올농도 0.1퍼센트를 초과하여 운전한 경우
② 음주운전 중 인적피해 교통사고를 일으킨 경우
③ 과거 3년 이내에 3회 이상의 인적피해 교통사고의 전력이 있는 경우
④ 과거 5년 이내에 음주운전 전력이 있는 경우

●A급 20 승진

해설

③ (×) 과거 **5년(3년×)** 이내에 **3회 이상**의 **인적피해 교통사고**의 전력이 있는 경우(동규칙 [별표28])

Tip 음주운전으로 운전면허 취소ㆍ정지처분을 받은 경우 감경사유(도로교통법 시행규칙 [별표28])

> 운전이 가족의 **생계를 유지할 중요한 수단**이 되거나, **모범운전자**로서 처분당시 **3년 이상** 교통봉사활동에 종사하고 있거나, 교통사고를 일으키고 **도주한 운전자를 검거**하여 **경찰서장 이상**의 **표창**을 받은 사람으로서, **다음의** 어느 하나에 해당되는 **경우가 없어야 한다.**
>
> 1) 혈중알코올농도가 **0.1퍼센트를 초과**하여 운전한 경우
> 2) **음주**운전 중 **인적피해 교통사고**를 일으킨 경우
> 3) 경찰관의 **음주측정요구에 불응**하거나 **도주**한 때 또는 **단속경찰관을 폭행**한 경우
> 4) 과거 **5년** 이내에 **3회 이상의 인적피해 교통사고**의 전력이 있는 경우
> 5) 과거 **5년** 이내에 **음주**운전의 전력이 있는 경우

1022 음주운전 단속 및 처벌에 대한 설명으로 가장 적절하지 않은 것은? (다툼이 있으면 판례에 의함)

① 음주측정 시에 사용하는 불대는 1회 1개 사용함을 원칙으로 한다.

●A급 20 승진

② 호흡측정기에 의한 음주측정치와 혈액검사에 의한 음주측정치가 불일치할 경우 혈액검사에 의한 음주측정치가 우선한다.
③ 음주로 인한 특정범죄 가중처벌 등에 관한 법률 위반(위험운전 치사상)죄와 도로교통법 위반(음주운전)죄는 실체적 경합관계에 있다.
④ 음주운전 최초 위반 시 혈중알코올농도가 0.15퍼센트인 경우 2년 이상 5년 이하의 징역이나 1천만원 이상 2천만원 이하의 벌금에 처한다.

해설

① (○) 음주측정 시에 사용하는 **불대는 1회 1개 사용**함을 원칙으로 한다.
② (○) 호흡측정기에 의한 음주측정치와 혈액검사에 의한 음주측정치가 불일치할 경우 **혈액검사**에 의한 음주측정치가 **우선**한다.
③ (○) 음주로 인한 특정범죄 가중처벌 등에 관한 법률 위반(**위험운전 치사상**)죄와 도로교통법 위반(**음주운전**)죄는 **실체적 경합관계**에 있다.
④ (×) 음주운전 **최초 위반** 시 혈중알코올농도가 **0.15퍼센트**인 경우 **1년 이상 2년 이하(2년 이상 5년 이하×)**의 징역이나 **500만원 이상 1천만원 이하(1천만원 이상 2천만원 이하×)**의 벌금에 처한다(도로교통법 제148조의2 제3항).

 1021 ③ 1022 ④

Tip 음주운전 처벌기준(도로교통법 제148조의2 제1항·제3항)

혈중알코올농도		형벌	행정처분
1회 위반	음주측정불응	1년 이상 **5년 이하**의 징역, 500만원 이상 **2천만원 이하**의 벌금	**면허취소**
	0.2% 이상	2년 이상 **5년 이하**의 징역, 1천만원 이상 **2천만원 이하**의 벌금	면허취소
	0.08% 이상 0.2% 미만	1년 이상 **2년 이하**의 징역, 500만원 이상 **1천만원 이하**의 벌금	면허취소
	0.03% 이상 0.08% 미만	**1년 이하**의 징역, **500만원 이하**의 벌금	면허정지
10년 내 2회 이상 위반	음주측정불응	1년 이상 6년 이하의 징역, 500만원 이상 3천만원 이하의 벌금	면허취소
	0.2% 이상	2년 이상 6년 이하의 징역, 1천만원 이상 3천만원 이하의 벌금	면허취소
	0.03% 이상 0.2% 미만	1년 이상 5년 이하의 징역, 500만원 이상 2천만원 이하의 벌금	면허취소

1023

음주운전 단속과 처벌에 대한 설명 중 옳지 않은 것은 모두 몇 개인가? (음주운전은 혈중알콜농도 0.03% 이상을 넘어서 운전한 경우로 전제함, 다툼이 있는 경우 판례에 의함) **●A급** 20 경위

가. 자전거 음주운전도 처벌대상이다.
나. 취중 경운기나 트랙터 운전의 경우 음주운전에 해당하지 않는다.
다. 음주측정용 불대는 1인 1개를 사용함을 원칙으로 한다.
라. 주차장, 학교 경내 등 「도로교통법」상 도로가 아닌 곳에서도 음주운전에 대해 「도로교통법」 적용이 가능하나, 운전면허 행정처분만 가능하고 형사처벌은 할 수 없다.
마. 음주운전을 하다가 교통사고로 사람을 죽게하거나 다치게 한 때에는 그 운전면허를 취소한다.
바. 피고인의 음주와 음주운전을 목격한 참고인이 있는 상황에서 경찰관이 음주 및 음주운전 종료로부터 약 5시간 후 집에서 자고 있는 피고인을 연행하여 음주측정을 요구한 데에 대하여 피고인이 불응한 경우, 「도로교통법」상 음주측정불응죄가 성립한다.

① 2개
② 3개
③ 4개
④ 5개

해설

틀린 설명은 **다, 라, 2개**이다.
가. (○) 자전거 음주운전도 처벌대상이다.

> **Tip** **자전거등(자전거 + 개인형이동장치) 음주운전** : **20만원 이하의 벌금**이나 구류 또는 과료에 처한다(도로교통법 제156조 제11호).

나. (○) **취중 경운기나 트랙터 운전**의 경우 음주운전에 해당하지 않는다.

> **Tip** 경운기나 트랙터는 **음주운전의 처벌대상인 '자동차등'(자동차 + 원동기장치자전거)에 해당하지 않으므로** 음주운전의 처벌대상이 아니다(도로교통법 제44조 제1항).

다. (×) 음주측정용 불대는 **1회(1인×) 1개**를 사용함을 원칙으로 한다(교통단속처리지침 제30조 제3항).

🔒 1023 ①

라. (×) 주차장, 학교 경내 등 「도로교통법」상 **도로가 아닌 곳에서도 음주운전**에 대해 「도로교통법」 적용이 가능하나, 운전면허 **행정처분은 불가능(가능×)**하고 **형사처벌은 할 수 있다(없다×).**

> **Tip** 예전 「도로교통법」에서는 '도로법에서 정한 도로' 등 제2조에서 정한 도로가 아니라면 음주운전을 했더라도 형사처벌이나 행정제재 처분(면허정지·취소)의 대상이 아니었으나, 2010년 법이 개정되어 '도로 외의 곳'에서 음주운전을 한 경우에도 형사처벌의 대상이 된다. 개정된 「도로교통법」에서는 '**운전**'의 정의를 "**음주운전, 약물운전, 사고 후 미조치 등의 경우에는 도로 외의 곳에서 운전한 경우까지를 포함**"하는 것으로 규정하는 한편, 음주운전에 대한 형사처벌의 근거 규정인 제148조의2를 명시적으로 포함하였다.

마. (○) **음주운전**을 하다가 교통사고로 **사람을 죽게하거나 다치게 한 때**에는 그 **운전면허**를 **취소**한다.

> **Tip** 음주운전 + 사망 = 5년간 발급제한, 음주운전 + 상해 = 2년간 발급제한

바. (○) 피고인의 음주와 음주운전을 **목격한 참고인이 있는 상황**에서 경찰관이 음주 및 음주운전 종료로부터 **약 5시간 후** 집에서 자고 있는 피고인을 **연행하여 음주측정을 요구**한 데에 대하여 피고인이 **불응한 경우**, 「도로교통법」상 **음주측정불응죄가 성립**한다(대법원 2000도6026).

1024 「도로교통법」상 음주운전에 대한 설명으로 가장 적절하지 않은 것은? (다툼이 있는 경우 판례에 의함)

> ●A급 21 승진

① 경찰공무원은 교통의 안전과 위험방지를 위하여 필요하다고 인정하거나, 술에 취한 상태에서 자동차등을 운전하였다고 인정할 만한 상당한 이유가 있는 경우에는 음주측정을 할 수 있다.

② 무면허인데다가 술이 취한 상태에서 오토바이를 운전하였다면 무면허운전죄와 음주운전죄는 실체적 경합관계에 있다.

③ 음주감지기에서 음주반응이 나온 경우, 그것만으로 술에 취한 상태에 있다고 인정할 만한 상당한 이유가 있다고 볼 수 없다.

④ 주차장, 학교 경내 등 「도로교통법」상 도로가 아닌 곳에서의 음주운전, 약물운전, 사고 후 미조치에 대하여 형사처벌이 가능하다.

해설

① (○) 경찰공무원은 교통의 안전과 위험방지를 위하여 필요하다고 인정하거나, 술에 취한 상태에서 자동차등을 운전하였다고 인정할 만한 상당한 이유가 있는 경우에는 음주측정을 할 수 있다.

② (×) 무면허인데다가 술이 취한 상태에서 오토바이를 운전하였다면 **무면허운전죄와 음주운전죄**는 **상상적(실체적×) 경합관계**에 있다(대법원 86도2713).

③ (○) 호흡측정기에 의한 음주측정을 요구하기 전에 사용되는 음주감지기 시험에서 음주반응이 나왔다고 할지라도 현재 사용되는 음주감지기가 혈중알코올농도 **0.02%인 상태에서부터 반응하게 되어 있는 점을 감안하면 그것만으로 바로 운전자가 혈중알코올농도 0.03% 이상의 술게 취한 상태에 있다고 인정할 만한 상당한 이유가 있다고 볼 수는 없고**, 거기에다가 운전자의 외관·태도·운전행태 등의 객관적 사정을 종합하여 술에 취한 상태에 있다고 인정할 만한 상당한 이유가 있는지 여부를 판단하여야 한다(대법원 2002도6632).

④ (○) 주차장, 학교 경내 등 「도로교통법」상 **도로가 아닌 곳**에서의 **음주운전, 약물운전, 사고 후 미조치**에 대하여 **형사처벌이 가능**하다.

> **Tip** 대법원은 음주운전이나 음주측정거부 등의 경우 형사처벌에 대해서는 그 근거 규정이 「도로교통법」에 명시적(제2조, 제148조의2)으로 포함되어 있으나, 행정처분의 근거 규정인 제93조(운전면허의 취소·정지)에는 포함되어 있지 않기 때문에 **도로 외의 곳에서의 음주운전이나 음주측정거부에 대해서는 형사처벌만 가능하고**, 행정처분에 해당하는 **운전면허의 취소·정지 처분은 할 수 없다**고 판단하였다.

 1024 ②

1025 음주측정거부에 대한 설명으로 가장 적절하지 않은 것은? (다툼이 있는 경우 판례에 의함)

●A급 21 승진

① 명시적인 의사표시를 하지 않으면서 경찰관이 음주측정 불응에 따른 불이익을 5분 간격으로 3회 이상 고지(최초 측정요구시로부터 15분 경과)했음에도 계속 음주측정에 응하지 않은 때에는 음주측정거부자로 처리한다.

② 음주측정거부시 1년 이상 5년 이하의 징역이나 5백만원 이상 2천만원 이하의 벌금에 처한다.

③ 흉골골절 등으로 인한 통증으로 깊은 호흡을 할 수 없어 이십여 차례 음주측정기를 불었으나 끝내 음주측정이 되지 아니한 경우 음주측정불응죄가 성립하지 아니한다.

④ 여러 차례에 걸쳐 호흡측정기의 빨대를 입에 물고 형식적으로 숨을 부는 시늉만 하였을 뿐 숨을 제대로 불지 아니하여 호흡측정기에 음주측정수치가 나타나지 아니하도록 한 행위는 음주측정불응죄에 해당하지 않는다.

해설

① (○) 명시적인 의사표시를 하지 않으면서 경찰관이 음주측정 불응에 따른 불이익을 **5분 간격으로 3회 이상 고지(최초 측정요구시로부터 15분 경과)**했음에도 **계속 음주측정에 응하지 않은 때에는 음주측정거부자로 처리한다**(교통단속처리지침 제31조 제5항 제3호).

② (○) **음주측정거부시 1년 이상 5년 이하의 징역**이나 **5백만원 이상 2천만원 이하의 벌금**에 처한다(도로교통법 제148조의2 제2항).

③ (○) **흉골골절** 등으로 인한 통증으로 깊은 호흡을 할 수 없어 이십여 차례 음주측정기를 불었으나 끝내 음주측정이 되지 아니한 경우 **음주측정불응죄가 성립하지 아니한다**(대법원 2005도7125).

④ (×) 여러 차례에 걸쳐 호흡측정기의 빨대를 입에 물고 **형식적으로 숨을 부는 시늉만** 하였을 뿐 **숨을 제대로 불지 아니하여** 호흡측정기에 음주측정수치가 나타나지 아니하도록 한 행위는 **음주측정불응죄에 해당한다(해당하지 않는다×)** (대법원 99도5210).

1026 「도로교통법」상 음주측정 거부에 해당하는 것은? (판례에 의함)

●A급 21 경위

① 경찰공무원이 운전자의 음주 여부나 주취 정도를 확인하기 위하여 음주측정기에 의한 측정의 사전절차로서 음주감지기에 의한 시험을 요구할 때, 그 시험결과에 따라 음주측정기에 의한 측정이 예정되어 있고 운전자가 그러한 사정을 인식하였음에도 음주감지기에 의한 시험에 명시적으로 불응한 경우

② 오토바이를 운전하여 자신의 집에 도착한 상태에서 단속경찰관으로부터 주취운전에 관한 증거 수집을 위한 음주측정을 위해 인근 파출소까지 동행하여 줄 것을 요구받고 이를 명백하게 거절하였음에도 위법하게 체포·감금된 상태에서 음주측정요구에 응하지 않은 행위

③ 신체 이상 등의 사유로 인하여 호흡조사에 의한 측정에 응할 수 없는 운전자가 혈액채취에 의한 측정을 거부하거나 이를 불가능하게 한 행위

④ 교통사고로 상해를 입은 피고인의 골절부위와 정도에 비추어 음주측정 당시 통증으로 인하여 깊은 호흡을 하기 어려웠고 그 결과 음주측정이 제대로 되지 아니한 경우

 1025 ④ 1026 ①

해설

① (○) 경찰공무원이 운전자의 음주 여부나 주취 정도를 확인하기 위하여 음주측정기에 의한 측정의 사전절차로서 음주감지기에 의한 시험을 요구할 때, 그 시험결과에 따라 음주측정기에 의한 측정이 예정되어 있고 운전자가 그러한 사정을 인식하였음에도 음주감지기에 의한 시험에 명시적으로 불응한 경우 음주운전측정 거부에 해당한다(대법원 2017도12949).

② (×) 교통안전과 위험방지를 위한 필요가 없음에도 주취운전을 하였다고 인정할 만한 상당한 이유가 있다는 이유만으로 이루어지는 음주측정은 이미 행하여진 주취운전이라는 범죄행위에 대한 증거 수집을 위한 수사절차로서의 의미를 가지는 것인데, 구 도로교통법상의 규정들이 음주측정을 위한 강제처분의 근거가 될 수 없으므로 위와 같은 음주측정을 위하여 당해 운전자를 강제로 연행하기 위해서는 수사상의 강제처분에 관한 형사소송법상의 절차에 따라야 하고, 이러한 절차를 무시한 채 이루어진 강제연행은 위법한 체포에 해당한다. 이와 같은 위법한 체포 상태에서 음주측정요구가 이루어진 경우, 음주측정요구를 위한 위법한 체포와 그에 이은 음주측정요구는 주취운전이라는 범죄행위에 대한 증거 수집을 위하여 연속하여 이루어진 것으로서 개별적으로 그 적법 여부를 평가하는 것은 적절하지 않으므로 그 일련의 과정을 전체적으로 보아 위법한 음주측정요구가 있었던 것으로 볼 수밖에 없고, 운전자가 주취운전을 하였다고 인정할 만한 상당한 이유가 있다 하더라도 그 운전자에게 경찰공무원의 이와 같은 위법한 음주측정요구에 대해서까지 그에 응할 의무가 있다고 보아 이를 강제하는 것은 부당하므로 그에 불응하였다고 하여 음주측정거부에 관한 도로교통법 위반죄로 처벌할 수 없다(대법원 2004도8404).

③ (×) 도로교통법 제44조 제2항에서 규정한 경찰공무원의 측정은 호흡조사에 의한 측정만을 의미하는 것으로서 같은 법 제44조 제3항 소정의 혈액채취에 의한 측정을 포함하는 것으로 볼 수 없음은 법문상 명백하다. 따라서, 신체 이상 등의 사유로 인하여 호흡조사에 의한 측정에 응할 수 없는 운전자가 혈액채취에 의한 측정을 거부하거나 이를 불가능하게 하였다고 하더라도 이를 들어 음주측정에 불응한 것으로 볼 수는 없다(대법원 2010도2935).

Tip 술에 취한 상태에서의 운전 금지(도로교통법 제44조)

> ① 누구든지 술에 취한 상태에서 자동차등(「건설기계관리법」 제26조 제1항 단서에 따른 건설기계 외의 건설기계를 포함한다), 노면전차 또는 자전거를 운전하여서는 아니 된다.
> ② 경찰공무원은 교통의 안전과 위험방지를 위하여 필요하다고 인정하거나 제1항을 위반하여 술에 취한 상태에서 자동차등, 노면전차 또는 자전거를 운전하였다고 인정할 만한 상당한 이유가 있는 경우에는 운전자가 술에 취하였는지를 호흡조사로 측정할 수 있다. 이 경우 운전자는 경찰공무원의 측정에 응하여야 한다.
> ③ 제2항에 따른 측정 결과에 불복하는 운전자에 대하여는 그 운전자의 동의를 받아 혈액 채취 등의 방법으로 다시 측정할 수 있다.

④ (×) 교통사고로 상해를 입은 피고인의 골절부위와 정도에 비추어 음주측정 당시 통증으로 인하여 깊은 호흡을 하기 어려웠고 그 결과 음주측정이 제대로 되지 아니한 경우에는 음주측정에 불응한 것이라고 볼 수 없다(대법원 2005도7125).

1027 다음 사례에서 A와 B에 대한 처분으로 옳은 것은? ●A급 22 법학

> A와 B는 친구 사이로 동시에 1종 보통운전면허 시험에 합격하여 면허를 발급받았다. 둘은 축하하기 위하여 알코올을 섭취 후 A는 도로교통법에서 정의하는 개인형 이동장치인 전동킥보드를, B는 전동기를 장착하지 않은 일반 자전거를 타고 도로교통법상 도로에 해당하는 골목길을 운전하여 주행하던 중 교통경찰관에게 단속되었다. 음주측정 결과 A는 혈중알코올 농도 0.09%, B는 혈중알코올 농도 0.1%로 각각 측정되었다. (단, A와 B에 대한 다른 교통법규 위반은 고려하지 않는 것으로 함)

	A	B
①	운전면허 취소와 범칙금 10만원	범칙금 3만원
②	운전면허 취소와 범칙금 10만원	운전면허 취소와 범칙금 3만원
③	운전면허 취소와 범칙금 13만원	운전면허 취소와 범칙금 10만원
④	운전면허 정지와 범칙금 10만원	범칙금 없음

1027 ①

해설

- **A는 개인형 이동장치** – 혈중알코올 농도 0.09% – 운전면허 취소와 **범칙금 10만원**
- **B는 자전거** – 혈중알코올 농도 0.1% – **범칙금 3만원**(자전거는 운전면허랑 관계없음)

🎁ip **자전거등 범칙금**(도로교통법 시행령 [별표8])

개인형 이동장치	음주운전 : 10만원, 측정거부 : 13만원
자전거	음주운전 : 3만원, 측정거부 : 10만원

1028 음주운전 관련 판례에 대한 설명으로 가장 적절하지 않은 것은?  22 경위

① 위드마크 공식은 운전자가 음주한 상태에서 운전한 사실이 있는지에 대한 경험법칙에 의한 증거수집 방법에 불과하므로, 경찰공무원에게 위드마크 공식의 존재 및 나아가 호흡측정에 의한 혈중알코올농도가 음주운전 처벌기준 수치에 미달하였더라도 위드마크 공식에 의한 역추산 방식에 의하여 운전 당시의 혈중알코올농도를 산출할 경우 그 결과가 음주운전 처벌기준 수치 이상이 될 가능성이 있다는 취지를 운전자에게 미리 고지하여야 할 의무는 없다.

② 경찰관이 음주운전 단속시 운전자의 요구에 따라 곧바로 채혈을 실시하지 않은 채 호흡측정기에 의한 음주측정을 하고 1시간 12분이 경과한 후에 채혈을 한 것은 객관적 정당성을 상실하여 운전자가 음주운전 단속과정에서 받을 수 있는 권익이 현저하게 침해되었다고 볼 수 있다.

③ 음주종료 후 4시간 정도 지난 시점에서 물로 입안을 헹구지 아니한 채 호흡측정기로 측정한 혈중알코올농도 수치가 0.05%로 나타난 사안에서, 위 증거만으로는 피고인이 혈중알코올농도 0.05% 이상의 술에 취한 상태에서 자동차를 운전하였다고 인정하기 어렵다.

④ 경찰관이 술에 취한 상태에서 자동차를 운전한 것으로 보이는 피고인을 「경찰관 직무집행법」에 따른 보호조치 대상자로 보아 경찰관서로 데려온 직후 음주측정을 요구하였는데 피고인이 불응하여 음주측정불응죄로 기소된 사안에서, 위법한 보호조치 상태를 이용하여 음주측정 요구가 이루어졌다는 등의 특별한 사정이 없는 한 피고인의 행위는 음주측정불응죄에 해당한다.

해설

① (○) **위드마크 공식**은 운전자가 음주한 상태에서 운전한 사실이 있는지에 대한 경험법칙에 의한 증거수집 방법에 불과하므로, 경찰공무원에게 위드마크 공식의 존재 및 나아가 호흡측정에 의한 혈중알코올농도가 음주운전 처벌기준 수치에 미달하였더라도 위드마크 공식에 의한 역추산 방식에 의하여 운전 당시의 혈중알코올농도를 산출할 경우 그 결과가 음주운전 **처벌기준 수치 이상이 될 가능성이 있다는 취지를** 운전자에게 **미리 고지하여야 할 의무는 없다**(대법원 2017도661).

② (×) 경찰관이 음주운전 단속시 운전자의 요구에 따라 곧바로 채혈을 실시하지 않은 채 **호흡측정기에 의한 음주측정을 하고 1시간 12분이 경과한 후에 채혈을 한 것은** 객관적 정당성을 상실하여 운전자가 음주운전 단속과정에서 받을 수 있는 **권익이 현저하게 침해되었다고 볼 수 없다**(있다×)(대법원 2006다32132).

③ (○) 음주종료 후 4시간 정도 지난 시점에서 **물로 입안을 헹구지 아니한 채 호흡측정기로 측정**한 혈중알코올농도 수치가 0.05%로 나타난 사안에서, **위 증거만으로는** 피고인이 혈중알코올농도 **0.05% 이상의 술에 취한 상태에서 자동차를 운전하였다고 인정하기 어렵다**(대법원 2009도1856).

④ (○) 경찰관이 술에 취한 상태에서 자동차를 운전한 것으로 보이는 피고인을 「경찰관 직무집행법」에 따른 **보호조치 대상자로 보아 경찰관서로 데려온 직후 음주측정을 요구**하였는데 피고인이 불응하여 음주측정불응죄로 기소된 사안에서, **위법한 보호조치 상태를 이용하여 음주측정 요구가 이루어졌다는 등의 특별한 사정이 없는 한** 피고인의 행위는 **음주측정불응죄에 해당한다**(대법원 2011도4328).

1028 ②

1029 자동차 운전면허의 취소 또는 정지에 관한 설명으로 가장 적절하지 않은 것은? (다툼이 있는 경우 판례에 의함)

●A급 25 경위

① 운전면허 취소사유에 해당하는 음주운전을 적발한 경찰관의 소속 경찰서장이 사무착오로 위반자에게 운전면허정지처분을 한 상태에서 위반자의 주소지 관할 시·도경찰청장이 위반자에게 운전면허취소처분을 한 것은 선행처분에 대한 당사자의 신뢰 및 법적 안정성을 저해하는 것으로서 허용될 수 없다.

② 250cc 오토바이의 운전은 제1종 대형면허나 보통면허와는 아무런 관련이 없는 것이므로 이를 음주운전한 사유만 가지고서는 그 운전자가 보유하고 있는 제1종 대형면허나 보통면허까지 취소할 수는 없다.

③ 위드마크 공식을 사용해 운전 당시 혈중알코올농도를 추산하는 경우로서 알코올의 분해소멸에 따른 혈중알코올농도의 감소기(위드마크 제2공식, 하강기)에 운전이 이루어진 것으로 인정되는 경우에는 음주 시작 시점부터 곧바로 생리작용에 의하여 분해소멸이 시작되는 것으로 보아야 한다. 이와 다르게 인정하려면 과학적 증명 또는 객관적인 반대 증거가 있거나 특별한 사정이 있어야 한다.

④ 제1종보통 운전면허와 제1종대형 운전면허를 취득한 자가 대형화물자동차를 운전하다가 교통사고를 낸 것과 관련하여 행정청이 운전면허정지처분을 하면서 면허의 종별을 기재하지 않고 면허번호만을 특정하였고, 운전면허정지처분의 기초자료가 되는 위반사고점수제조회와 임시운전면허증상의 면허의 종류 내지 소지면허란에 1종대형만을 기재한 경우에, 위 각 운전면허가 1개의 면허번호에 의하여 통합관리되고 있다면 제1종대형 운전면허와 제1종보통 운전면허는 모두 정지된다.

해설

① (O) 운전면허 취소사유에 해당하는 음주운전을 적발한 경찰관의 소속 **경찰서장이 사무착오로** 위반자에게 **운전면허정지처분을 한 상태**에서 위반자의 주소지 관할 **지방경찰청장이** 위반자에게 **운전면허취소처분을 한 것**은 선행처분에 대한 **당사자의 신뢰 및 법적 안정성을 저해하는 것으로서 허용될 수 없다**(대법원 99두10520).

② (O) **250cc 오토바이**의 운전은 **제1종 대형면허나 보통면허와는 아무런 관련이 없는 것**이므로 이를 음주운전한 사유만 가지고서는 그 운전자가 보유하고 있는 **제1종 대형면허나 보통면허까지 취소할 수는 없다**(대법원 91누8289).

③ (O) **위드마크 공식**을 사용해 운전 당시 혈중알코올농도를 추산하는 경우로서 알코올의 분해소멸에 따른 혈중알코올농도의 감소기(위드마크 제2공식, 하강기)에 운전이 이루어진 것으로 인정되는 경우에는 **피고인에게 가장 유리한 음주 시작 시점부터 곧바로 생리작용에 의하여 분해소멸이 시작되는 것으로 보아야 한다.** 이와 다르게 음주 개시 후 특정 시점부터 알코올의 분해소멸이 시작된다고 인정하려면 알코올의 분해소멸이 시작되는 시점이 다르다는 점에 관한 과학적 증명 또는 객관적인 반대 증거가 있거나, 음주 시작 시점부터 알코올의 분해소멸이 시작된다고 보는 것이 그렇지 않은 경우보다 피고인에게 불이익하게 작용되는 특별한 사정이 있어야 한다(대법원 2021도14074).

④ (×) 제1종보통 운전면허와 제1종대형 운전면허를 취득한 자가 **대형화물자동차를 운전하다가 교통사고를 낸 것**과 관련하여 행정청이 운전면허정지처분을 하면서 면허의 종별을 기재하지 않고 면허번호만을 특정한 경우, 위 각 운전면허가 1개의 면허번호에 의하여 통합관리되고 있다고 하더라도 **운전면허정지처분의 대상은 제1종대형 운전면허에 국한되므로 제1종보통 운전면허는 정지되지 않는다(모두 정지된다×)**(대법원 2000두5425).

Tip 한 사람이 여러 종류의 자동차운전면허를 **취득**하는 경우뿐만 아니라 이를 **취소** 또는 **정지**함에 있어서도 **서로 별개의 것으로 취급함이 원칙**이라 할 것이고, 그 취소나 정지의 사유가 특정의 면허에 관한 것이 아니고 다른 면허와 공통된 것이거나 운전면허를 받은 사람에 관한 것일 경우에는 여러 운전면허 전부를 취소 또는 정지할 수도 있다고 보는 것이 상당하지만, 한 사람이 여러 종류의 자동차 운전면허를 취득하는 경우 1개의 운전면허증을 발급하고 그 운전면허증의 면허번호는 최초로 부여한 면허번호로 하여 이를 **통합관리하고 있다고 하더라도**, 이는 자동차 운전면허증 및 그 면허번호 관리상의 편의를 위한 것에 불과할 뿐이어서 여러 종류의 면허를 서로 별개의 것으로 취급할 수 없다거나 각 면허의 개별적인 취소 또는 정지를 분리하여 집행할 수 없는 것이 아니므로 **특정의 면허의 취소 또는 정지에 의하여 다른 운전면허에까지 당연히 그 취소 또는 정지의 효력이 미치는 것은 아니다**(대법원 95누8850).

 1029 ④

1030 다음 중 「도로교통법」 및 「도로교통법 시행규칙」에 따라 제2종 보통 연습면허만을 받은 사람이 운전할 수 있는 차량의 개수는?

•A급 21 순경1차

> ㉠ 승차정원 10명 이하의 승합자동차
> ㉡ 총중량 3.5톤 이하의 견인형 특수자동차
> ㉢ 적재중량 4톤 이하의 화물자동차
> ㉣ 건설기계(도로를 운행하는 3톤 미만의 지게차로 한정)

① 1개 ② 2개 ③ 3개 ④ 4개

해설

제2종 보통 연습면허만을 받은 사람이 운전할 수 있는 차량은 ㉠, ㉢, **2개**이다.
㉠ (O) 승차정원 **10명 이하의 승합자동차** – 제2종 보통 연습면허 가능
㉡ (×) 총중량 3.5톤 이하의 견인형 특수자동차 – 제1종 특수면허 중 소형견인차면허 필요
㉢ (O) 적재중량 **4톤 이하의 화물자동차** – 제2종 보통 연습면허 가능
㉣ (×) 건설기계(도로를 운행하는 3톤 미만의 지게차로 한정) – 제1종 보통·대형면허 필요

1031 제2종 보통면허만을 취득한 자가 운전할 경우, 무면허운전이 되는 것은?

•A급 24 순경1차

① 원동기장치자전거 ② 화물자동차(적재중량 3톤)
③ 승합자동차(승차정원 8명) ④ 특수자동차(총중량 4톤)

해설

① 원동기장치자전거 – 제2종 보통면허 가능
② 화물자동차(적재중량 3톤) – 제2종 보통면허 가능
③ 승합자동차(승차정원 8명) – 제2종 보통면허 가능
④ 특수자동차(총중량 4톤) – **제2종 보통면허로는 총 중량 3.5톤 이하의 특수자동차(구난차 등 제외)**만 운전이 가능하므로,
즉 제2종 보통면허로 총 중량 4톤의 특수자동차를 운전할 경우 **무면허운전이 된다.**

Tip 제2종 보통면허로 운전할 수 있는 차의 종류

• 승용자동차	• 승차정원 **10명 이하의 승합자동차**
• 적재중량 **4톤 이하의 화물자동차**	• 총중량 3.5톤 이하의 특수자동차(구난차 등은 제외)
• 원동기장치자전거	

1032 다음 중 무면허 운전에 해당하는 경우로 가장 적절한 것은?

•A급 19 순경2차

① 제1종 보통면허를 소지한 甲이 구난차 등이 아닌 10톤의 특수자동차를 운전한 경우
② 제1종 대형면허를 소지한 乙이 구난차 등이 아닌 특수자동차를 운전한 경우
③ 제2종 보통면허를 소지한 丙이 승차정원 10인의 승합자동차를 운전한 경우
④ 제2종 보통면허를 소지한 丁이 적재중량 4톤의 화물자동차를 운전한 경우

 1030 ② 1031 ④ 1032 ①

해설

① **무면허 운전** – 제1종 보통면허를 소지한 甲이 구난차 등이 아닌 **10톤 미만의 특수자동차**를 운전한 경우 **적법**한 운전이 되지만, **10톤의 특수자동차**를 운전한 경우는 **무면허 운전**에 해당한다.
② **적법한 운전** – 제1종 대형면허를 소지한 乙이 **구난차 등이 아닌 특수자동차**를 운전한 경우
③ **적법한 운전** – 제2종 보통면허를 소지한 丙이 승차정원 10인의 승합자동차를 운전한 경우
④ **적법한 운전** – 제2종 보통면허를 소지한 丁이 적재중량 **4톤의 화물자동차**를 운전한 경우

1033 운전면허에 대한 설명으로 가장 적절하지 않은 것은?

•A급 19 승진

① 외국 발행의 국제운전면허증은 입국일로부터 1년간 유효하다.
② 임시운전증명서는 유효기간 중 운전면허증과 동일한 효력이 있다.
③ 국제운전면허증을 외국에서 발급받은 사람은 「여객자동차 운수사업법」에 따른 사업용 자동차를 운전할 수 없다(단, 「여객자동차 운수사업법」에 따른 대여사업용 자동차를 임차하여 운전하는 경우는 제외).
④ 연습운전면허를 발급받은 사람은 「여객자동차 운수사업법」 또는 「화물자동차 운수사업법」에 따른 사업용 자동차를 운전할 수 있다.

해설

① (○) **외국 발행**의 **국제운전면허증**은 입국일로부터 1년간 유효하다.
② (○) **임시운전증명서**는 유효기간 중 **운전면허증과 동일한 효력**이 있다.
③ (○) **국제운전면허증**을 **외국에서 발급받은 사람**은 「여객자동차 운수사업법」에 따른 **사업용 자동차를 운전할 수 없다**(단, 「여객자동차 운수사업법」에 따른 **대여사업용 자동차**를 임차하여 운전하는 경우는 제외).
④ (×) **연습운전면허**를 발급받은 사람은 「여객자동차 운수사업법」 또는 「화물자동차 운수사업법」에 따른 **사업용 자동차를 운전할 수 없다**(있다×).

1034 「도로교통법」 및 동법 시행규칙상 운전면허에 대한 설명 중 가장 적절하지 않은 것은?

•A급 20 승진

① 제1종 보통면허로는 승차정원 15명 이하의 승합자동차, 적재 중량 12톤 미만의 화물자동차를 운전할 수 있다.
② 제2종 보통면허로는 승차정원 10명 이하의 승합자동차, 적재 중량 4톤 이하의 화물자동차를 운전할 수 있다.
③ 운전면허증 소지자가 면허증의 반납사유가 발생하면 그 사유가 발생한 날부터 7일 이내에 반납하여야 한다.
④ 무면허운전 금지를 3회 위반하여 자동차등을 운전한 경우 위반한 날부터 3년간 운전면허 시험 응시가 제한된다.

해설

① (○) **제1종 보통면허**로는 승차정원 **15명 이하의 승합자동차**, 적재 중량 **12톤 미만의 화물자동차**를 운전할 수 있다.
② (○) **제2종 보통면허**로는 승차정원 **10명 이하의 승합자동차**, 적재 중량 **4톤 이하의 화물자동차**를 운전할 수 있다.
③ (○) 운전면허증을 받은 사람이 **면허증의 반납사유가 발생**하면 그 사유가 발생한 날부터 **7일 이내에 주소지를 관할하는 시·도경찰청장에게** 운전면허증을 **반납**(모바일운전면허증의 경우 전자적 반납을 포함한다)**하여야 한다**(도로교통법 제95조 제1항).
④ (×) **무면허운전** 금지를 **3회 위반**하여 자동차등을 운전한 경우 위반한 날부터 **2년간**(3년간×) 운전면허 **시험응시가 제한**된다(도로교통법 제82조 제2항 제2호).

 1033 ④　1034 ④

1035 운전면허에 대한 설명으로 가장 적절하지 않은 것은?  ● A급 20 승진

① 제2종 보통면허로는 승차정원 10명 이하의 승합자동차, 적재 중량 4톤 이하의 화물자동차, 총중량 3.5톤 이하의 특수자동차(구난차등은 제외한다) 등을 운전할 수 있다.

② 임시운전증명서의 유효기간은 20일 이내로 하되, 운전면허의 취소 또는 정지처분 대상자의 경우 40일 이내로 할 수 있다. 다만, 시·도경찰청장이 필요하다고 인정하는 경우 그 유효기간을 1회에 한하여 20일의 범위 이내에서 연장할 수 있다.

③ 제1종 특수면허 중 소형견인차 면허를 가지고 총중량 3.5톤 이하의 견인형 특수자동차를 운전할 수 있다.

④ 국제운전면허증을 발급받은 사람은 국내에 입국한 날부터 1년 동안만 그 국제운전면허증으로 자동차 등을 운전할 수 있다.

해설

① (○) **제2종 보통면허**로는 승차정원 **10명 이하**의 **승합자동차**, 적재 중량 **4톤 이하**의 **화물자동차**, 총중량 **3.5톤 이하**의 **특수자동차**(구난차등은 제외한다) 등을 운전할 수 있다.

② (×) **임시운전증명서**의 유효기간은 **20일** 이내로 하되, 운전면허의 **취소 또는 정지처분 대상자**의 경우 **40일** 이내로 할 수 있다. 다만, **경찰서장**(시·도경찰청장×)**이 필요**하다고 인정하는 경우 그 유효기간을 1회에 한하여 **20일**의 **범위 이내에서 연장**할 수 있다(도로교통법 시행규칙 제88조 제2항).

③ (○) **제1종 특수면허** 중 **소형견인차 면허**를 가지고 총중량 **3.5톤 이하**의 **견인형 특수자동차**를 운전할 수 있다.

④ (○) **국제운전면허증**을 발급받은 사람은 **국내에 입국한 날부터 1년 동안만** 그 국제운전면허증으로 자동차 등을 운전할 수 있다.

1036 「도로교통법」상 음주운전 방지장치 부착 조건부 운전면허를 받은 운전자의 운전면허 취소·정지사유에 해당하지 않는 것은? ● A급 25 승진

① 음주운전 방지장치가 설치된 자동차등을 시·도경찰청에 등록하지 아니하고 운전한 경우(다만, 여객자동차 운수사업자의 사업용 자동차, 화물자동차 운수사업자의 사업용 자동차 및 그 밖에 대통령령으로 정하는 자동차등에 음주운전 방지장치를 설치·등록한 경우는 제외한다)

② 음주운전 방지장치가 설치되지 아니하거나 설치기준에 부합하지 아니한 음주운전 방지장치가 설치된 자동차등을 운전한 경우

③ 음주운전 방지장치가 설치된 자동차등을 등록한 후 음주운전 방지장치 부착 자동차등의 운행기록을 제출하지 아니하거나 정상 작동 여부를 검사받지 아니한 경우

④ 음주운전 방지장치가 해체·조작 또는 그 밖의 방법으로 효용이 떨어진 것을 알면서 해당 장치가 설치된 자동차등을 운전한 경우(다만, 음주운전 방지장치의 점검 또는 정비를 위한 경우, 폐차하는 경우, 교육·연구의 목적으로 사용하는 등 대통령령으로 정하는 사유에 해당하는 경우, 음주운전 방지장치의 부착 기간이 경과한 경우는 제외한다)

🔒 **1035** ② **1036** ③

해설

① (O) 음주운전 방지장치가 설치된 자동차등을 **시·도경찰청에 등록하지 아니하고 운전**한 경우(다만, 여객자동차 운수사업자의 사업용 자동차, 화물자동차 운수사업자의 사업용 자동차 및 그 밖에 대통령령으로 정하는 자동차등에 음주운전 방지장치를 설치·등록한 경우는 제외한다)(동법 제93조 제1항 제21호) **– 취소하거나 1년 이내의 범위에서 정지하여야 한다.**

② (O) 음주운전 **방지장치가 설치되지 아니하거나 설치기준에 부합하지 아니한** 음주운전 방지장치가 설치된 자동차등을 운전한 경우(동법 제93조 제1항 제22호) **– 취소하거나 1년 이내의 범위에서 정지하여야 한다.**

③ (×) 음주운전 방지장치가 설치된 자동차등을 등록한 후 음주운전 방지장치 부착 자동차등의 **운행기록을 제출하지 아니하거나 정상 작동 여부를 검사받지 아니한 경우 – 500만원 이하의** 과태료를 부과한다(동법 제160조 제1항 제9호).

④ (O) 음주운전 방지장치가 해체·조작 또는 그 밖의 방법으로 **효용이 떨어진 것을 알면서 해당 장치가 설치된 자동차등을 운전**한 경우(다만, 음주운전 방지장치의 점검 또는 정비를 위한 경우, 폐차하는 경우, 교육·연구의 목적으로 사용하는 등 대통령령으로 정하는 사유에 해당하는 경우, 음주운전 방지장치의 부착 기간이 경과한 경우는 제외한다)(동법 제93조 제1항 제23호) **– 취소하거나 1년 이내의 범위에서 정지하여야 한다.**

1037 「도로교통법」및 동법 시행규칙상 자율주행자동차에 관한 설명으로 가장 적절하지 않은 것은?

●A급 26 경위

① 자율주행시스템을 사용하여 도로에서 차마 또는 노면전차를 그 본래의 사용방법에 따라 사용하는 것은 「도로교통법」상 운전의 개념에 포함된다.

② 부분 자율주행시스템은 지정된 조건에서 자동차를 운행하되 작동한계상황 등 필요한 경우 운전자의 개입을 요구하는 자율주행시스템을 말한다.

③ 완전 자율주행시스템을 갖춘 자동차의 운전자는 자율주행시스템의 직접 운전 요구에 지체 없이 대응하여 조향장치, 제동장치 및 그 밖의 장치를 직접 조작하여 운전하여야 한다.

④ 운전자가 자율주행시스템을 사용하여 운전하는 경우에는 자동차가 정지하고 있거나, 각종 범죄 및 재해 신고 등 긴급한 필요가 있는 경우가 아니라고 하더라도 휴대용 전화를 사용할 수 있다.

해설

① (O) **자율주행시스템**을 사용하여 도로에서 차마 또는 노면전차를 그 본래의 사용방법에 따라 사용하는 것은 「도로교통법」상 **운전의 개념에 포함**된다(도로교통법 제2조 제26호).

② (O) '**부분 자율주행시스템**'은 지정된 조건에서 자동차를 운행하되 작동한계상황 등 **필요한 경우 운전자의 개입을 요구**하는 자율주행시스템을 말한다(자동차규칙 제111조 제1호).

> **Tip** '조건부 완전자율주행시스템'이란 **지정된 조건**에서 **운전자의 개입 없이** 자동차를 운행하는 자율주행시스템을 말한다(자동차규칙 제111조 제2호)

③ (×) **완전 자율주행시스템에 해당하지 아니하는** 자율주행시스템을 갖춘 자동차(완전 자율주행시스템을 갖춘 자동차 ×)의 운전자는 자율주행시스템의 **직접 운전 요구에 지체 없이 대응하여** 조향장치, 제동장치 및 그 밖의 장치를 직접 조작하여 운전하여야 한다(도로교통법 제56조의2 제1항).

> **Tip** '완전 자율주행시스템'이란 **모든 영역에서 운전자의 개입 없이** 자동차를 운행하는 자율주행시스템을 말한다(자동차규칙 제111조 제3호).

④ (O) 운전자가 **자율주행시스템을 사용**하여 운전하는 경우에는 **자동차가 정지하고 있거나, 각종 범죄 및 재해 신고 등 긴급한 필요가 있는 경우가 아니라고 하더라도 휴대용 전화를 사용할 수 있다**(도로교통법 제56조의2 제2항).

 1037 ③

1038 운전면허 행정처분 결과에 따른 결격대상자와 결격기간의 연결이 옳지 않은 것은 모두 몇 개인가?

● A급 20 경위

> 가. 자동차등을 이용하여 범죄행위를 하거나 다른 사람의 자동차를 훔치거나 빼앗아 무면허로 운전한
>   자 – 위반한 날부터 3년
> 나. 다른 사람이 부정하게 운전면허를 받도록 하기 위하여 운전면허시험에 대리응시한 자 – 취소된
>   날부터 2년
> 다. 과로상태 운전으로 사람을 사상한 후 구호조치 없이 도주한 자 – 취소된 날부터 5년
> 라. 2회 이상의 공동위험행위로 운전면허가 취소된 자 – 취소된 날부터 2년
> 마. 적성검사를 받지 아니하여 운전면허가 취소된 자 – 취소된 날부터 1년

① 1개   ② 2개   ③ 3개   ④ 4개

해설

틀린 설명은 **마, 1개**이다.

가. (○) **자동차등을 이용하여 범죄행위**를 하거나 **다른 사람의 자동차를 훔치거나 빼앗아 무면허로 운전**한 자 – **위반한 날부터 3년**

나. (○) 다른 사람이 **부정하게** 운전면허를 받도록 하기 위하여 운전면허시험에 **대리응시한** 자 – **취소된 날부터 2년**

다. (○) **과로상태 운전**으로 사람을 **사상한 후** 구호조치 없이 도주한 자 – **취소된 날부터 5년**

라. (○) **2회 이상의 공동위험행위**로 운전면허가 취소된 자 – **취소된 날부터 2년**

마. (×) **적성검사를 받지 아니하여** 운전면허가 취소된 자 – **결격기간의 제한이 없이 즉시 응시할 수 있다(취소된 날부터 1년×).**

1039 다음은 「도로교통법」에서 운전면허와 관련하여 규정하는 내용들이다. 괄호 안에 들어갈 숫자를 모두 더한 값은? (㉠ + ㉡ + ㉢ + ㉣)

● A급 21 경위

> 가. (㉠)세 미만(원동기장치자전거의 경우 제외)인 사람은 운전면허를 받을 수 없다.
> 나. (㉡)세 이상인 사람으로서 운전면허를 받으려는 사람은 시험에 응시하기 전에 '노화와 안전운전
>   에 관한 사항' 등에 관한 교통안전교육을 받아야 한다.
> 다. 연습운전면허는 그 면허를 받은 날부터 (㉢)년 동안 효력을 가진다.
> 라. 운전면허시험에서 부정행위를 하여 해당 시험이 무효로 처리된 사람은 그 처분이 있는 날부터
>   (㉣)년간 해당 시험에 응시하지 못한다.

① 94   ② 96   ③ 98   ④ 99

해설

㉠ 18 + ㉡ 75 + ㉢ 1 + ㉣ 2 = 96

가. (㉠ **18**)세 **미만**(원동기장치자전거의 경우 제외)인 사람은 **운전면허를 받을 수 없다.**

나. (㉡ **75**)세 **이상**인 사람으로서 운전면허를 받으려는 사람은 시험에 응시하기 전에 '**노화**와 안전운전에 관한 사항' 등에 관한 **교통안전교육을 받아야 한다.**

다. **연습운전면허**는 그 면허를 받은 날부터 (㉢ **1**)년 동안 **효력**을 가진다.

라. 운전면허시험에서 **부정행위**를 하여 해당 시험이 무효로 처리된 사람은 그 처분이 있는 날부터 (㉣ **2**)**년간** 해당 시험에 **응시하지 못한다.**

🔒 1038 ① 1039 ②

1040 「도로교통법」상 통고처분에 관한 설명이다. 적절한 것은 모두 몇 개인가? (다툼이 있으면 판례에 의함)

A급 25 경위

> 가. 경찰서장은 범칙자의 성명이나 주소가 확실하지 아니한 경우 이유를 분명하게 밝힌 범칙금 납부통고서로 범칙금을 낼 것을 통고할 수 있다.
> 나. 경찰서장의 통고처분은 항고소송의 대상이 되는 행정처분에 해당한다.
> 다. 「도로교통법」은 범칙금 납부통고서를 받은 사람이 그 범칙금을 낸 경우 범칙행위에 대하여 다시 벌받지 아니한다고 규정하고 있는바, 이는 범칙금의 납부에 확정재판의 효력에 준하는 효력을 인정하는 취지로 해석하여야 한다.
> 라. 같은 일시, 장소에서 이루어진 안전운전의무 위반의 범칙 행위와 중앙선을 침범한 과실로 사고를 일으켜 피해자에게 부상을 입혀 「교통사고처리 특례법」을 위반한 경우, 안전운전의무를 불이행하였음을 이유로 통고처분에 따른 범칙금을 납부하였음에도 「교통사고처리 특례법」 위반죄로 처벌하는 것은 이중처벌에 해당하므로 허용되지 아니한다.

① 0개　　　　② 1개　　　　③ 2개　　　　④ 3개

해설

옳은 설명은 **다, 1개**이다.

가. (×) 경찰서장은 범칙자의 **성명이나 주소가 확실하지 아니한 경우** 이유를 분명하게 밝힌 범칙금 납부통고서로 범칙금을 낼 것을 **통고할 수 없다(있다×)**(동법 제163조 제1항 제1호). 이 경우 지체 없이 즉결심판을 청구하여야 한다.

나. (×) 경찰서장의 **통고처분**은 항고소송의 대상이 되는 **행정처분에 해당하지 않는다(한다×)**.

> 🔵**Tip** 행정소송의 대상이 되는 행정처분이 되려면 권리와 의무에 변동을 가져오는 '처분성'이 인정되어야 한다. 하지만 **통고처분에는 처분성이 인정되지 않는다**는 것이 헌법재판소(헌재 96헌바4)와 대법원의 입장이다. 즉, 통고처분 자체로는 권리와 의무에 변동을 가져오지 않다고 보아 이에 이의가 있는 경우라도 **행정소송을 제기할 수 없다**.

> 🔵**Tip** 통고처분은 상대방의 임의 승복을 그 발효요건으로 하기 때문에 **그 자체만으로는 통고이행을 강제하거나 상대방에게 아무런 권리의무를 형성하지 않으므로** 행정심판이나 행정소송의 대상으로서의 **처분성을 부여할 수 없고**, 통고처분에 대하여 이의가 있으면 **통고내용을 이행하지 않음으로써 고발되어 형사재판절차에서 통고처분의 위법·부당함을 얼마든지 다툴 수 있기 때문에** 관세법 제38조 제3항 제2호가 법관에 의한 재판받을 권리를 침해한다든가 적법절차의 원칙에 저촉된다고 볼 수 없다(헌재 96헌바4).

다. (○) 「도로교통법」은 범칙금 납부통고서를 받은 사람이 그 범칙금을 낸 경우 범칙행위에 대하여 다시 벌받지 아니한다고 규정하고 있는바, 이는 **범칙금의 납부에 확정재판의 효력에 준하는 효력을 인정하는 취지로 해석**하여야 한다(대법원 2012도6612).

> 🔵**Tip** 범칙금의 통고 및 납부 등에 관한 규정들의 내용과 취지 등에 비추어 볼 때, 범칙자가 경찰서장으로부터 범칙행위를 하였음을 이유로 범칙금의 통고를 받고 납부기간 내에 그 범칙금을 납부한 경우 범칙금의 납부에 확정판결에 준하는 효력이 인정됨에 따라 **다시 벌받지 아니하게 되는 행위사실은 범칙금 통고의 이유에 기재된 당해 범칙행위 자체 및 그 범칙행위와 동일성이 인정**되는 범칙행위에 한정된다고 해석함이 상당하다(대법원 2001도849)

라. (×) 같은 일시, 장소에서 이루어진 **안전운전의무 위반의 범칙행위**와 중앙선을 침범한 과실로 사고를 일으켜 **피해자에게 부상을 입혔다는 교통사고처리특례법위반죄의 범죄행위**사실은 시간, 장소에 있어서는 근접하여 있는 것으로 볼 수 있으나 범죄의 내용이나 행위의 태양, **피해법익 및 죄질에 있어 현격한 차이가 있어 동일성이 인정되지 아니하고 별개의 행위라고 할 것이어서** 피고인이 안전운전의 의무를 불이행하였음을 이유로 **통고처분에 따른 범칙금을 납부하였다고 하더라도** 피고인을 **교통사고처리특례법 제3조 위반죄로 처벌한다고 하여** 도로교통법 제119조 제3항에서 말하는 **이중처벌에 해당한다고 볼 수 없다(이중처벌에 해당하므로×)**(대법원 2001도849).

🔒 1040 ②

1041 「교통사고처리 특례법」 제3조(처벌의 특례) 제2항 각호에 규정된 12개 예외 항목에 해당하지 않는 것은 모두 몇 개인가? ●A급 18 순경2차, 21 특공

> ㉠ 횡단보도에서의 보행자 보호의무를 위반하여 운전한 경우
> ㉡ 자동차의 화물이 떨어지지 아니하도록 필요한 조치를 하지 아니하고 운전한 경우
> ㉢ 제한속도를 시속 10킬로미터 초과하여 운전한 경우
> ㉣ 철길건널목 통과방법을 위반하여 운전한 경우
> ㉤ 일시정지를 내용으로 하는 안전표지가 표시하는 지시를 위반하여 운전한 경우
> ㉥ 승객의 추락 방지의무를 위반하여 운전한 경우

① 1개   ② 2개
③ 3개   ④ 4개

해설

12개 예외 항목에 해당하지 않는 것은 ㉢, 1개이다.
㉠ (○) 횡단보도에서의 보행자 보호의무를 위반하여 운전한 경우 – 12개 예외 항목에 해당한다.
㉡ (○) 자동차의 화물이 떨어지지 아니하도록 필요한 조치를 하지 아니하고 운전한 경우 – 12개 예외 항목에 해당한다.
㉢ (×) 제한속도를 시속 **10킬로미터 초과**하여 운전한 경우 – **12개 예외 항목에 해당하지 않는 일반적 위반행위에 해당한다.**
    Tip 12개 예외 항목에 해당하려면 제한속도를 시속 **20킬로미터 초과**하여 운전해야 한다.
㉣ (○) 철길건널목 통과방법을 위반하여 운전한 경우 – 12개 예외 항목에 해당한다.
㉤ (○) 일시정지를 내용으로 하는 안전표지가 표시하는 지시를 위반하여 운전한 경우 – 12개 예외 항목에 해당한다.
㉥ (○) 승객의 추락 방지의무를 위반하여 운전한 경우 – 12개 예외 항목에 해당한다.

1042 「교통사고처리특례법」 제3조 제2항 단서 '처벌특례 항목'에 해당하지 않는 것은? ●A급 20 경위 변형

① 보도 횡단방법을 위반하여 운전한 경우
② 교차로 통행방법을 위반하여 운전한 경우
③ 고속도로에서의 앞지르기 방법을 위반하여 운전한 경우
④ 약물의 영향으로 정상적으로 운전하지 못할 우려가 있는 상태에서 운전한 경우

해설

① (○) 보도 횡단방법을 위반하여 운전한 경우 – '처벌특례 항목'에 해당한다.
② (×) **교차로 통행방법을 위반**하여 운전한 경우 – **'처벌특례 항목'에 해당하지 않는다.**
③ (○) 고속도로에서의 앞지르기 방법을 위반하여 운전한 경우 – '처벌특례 항목'에 해당한다.
④ (○) 약물의 영향으로 정상적으로 운전하지 못할 우려가 있는 상태에서 운전한 경우 – '처벌특례 항목'에 해당한다.

🔒 1041 ①   1042 ②

1043 「교통사고처리 특례법」 제3조 제2항 단서 '처벌특례 항목'들에 대한 설명 중 옳은 것들로 묶인 것은? (판례에 의함)

●A급 21 경위

> 가. 교차로 진입 직전에 백색 실선이 설치되어 있으면, 교차로에서의 진로변경을 금지하는 내용의 안전표지가 개별적으로 설치되어 있지 않다고 하더라도 자동차 운전자가 교차로에서 진로변경을 시도하다가 교통사고를 내었다면 이는 특례법상 '통행금지를 내용으로 하는 안전표지가 표시하는 지시를 위반하여 운전한 경우'에 해당한다.
> 나. 중앙선이 설치된 도로의 어느 구역에서 좌회전이나 유턴이 허용되어 중앙선이 백색 점선으로 표시되어 있는 경우, 그 지점에서 안전표지에 따라 좌회전이나 유턴을 하기 위하여 중앙선을 넘어 운행하다가 반대편 차로를 운행하는 차량과 충돌하는 교통사고를 내었더라도 이를 특례법에서 규정한 중앙선 침범 사고라고 할 것은 아니다.
> 다. 연습운전면허를 받은 사람은 운전을 함에 있어 '주행연습 외의 목적으로 운전하여서는 아니 된다'는 사항을 준수해야 하며 이에 위반하여 운전한 경우 그 운전은 특례법에서 규정한 무면허운전으로 보아 처벌할 수 있다.
> 라. 화물차 적재함에서 작업하던 피해자가 차에서 내린 것을 확인하지 않은 채 출발함으로써 피해자가 추락하여 상해를 입게 된 경우, 특례법 소정의 '승객의 추락방지 의무'를 위반하여 운전한 경우에 해당하지 않는다.

① 가, 나 ② 가, 다 ③ 나, 다 ④ 나, 라

해설

옳은 설명은 '나, 라' 2개이다.

가. (×) 교차로 진입 직전에 설치된 **백색 실선**을 교차로에서의 진로변경을 금지하는 내용의 안전표지와 동일하게 볼 수 없으므로, 교차로에서의 진로변경을 금지하는 내용의 **안전표지가 개별적으로 설치되어 있지 않다면** 자동차 운전자가 교차로에서 진로변경을 시도하다가 교통사고를 야기하였다고 하더라도 이를 **교통사고처리 특례법 제3조 제2항 단서 제1호**에서 정한 '도로교통법 제5조에 따른 통행금지를 내용으로 하는 **안전표지가 표시하는 지시를 위반하여 운전한 경우**'에 해당한다고 할 수 없다(해당한다×)(대법원 2015도3107).

나. (○) 도로교통법이 도로의 중앙선 내지 중앙의 우측 부분을 통행하도록 하고 중앙선을 침범하여 발생한 교통사고를 처벌 대상으로 한 것은, 각자의 진행방향 차로를 준수하여 서로 반대방향으로 운행하는 차마의 안전한 운행과 원활한 교통을 확보하기 위한 것이므로, 황색 실선이나 황색 점선으로 된 중앙선이 설치된 도로의 어느 구역에서 **좌회전이나 유턴이 허용되어 중앙선이 백색 점선으로 표시되어 있는 경우**, 그 지점에서 좌회전이나 유턴이 허용되는 신호 상황 등 안전표지에 따라 좌회전이나 유턴을 하기 위하여 중앙선을 넘어 운행하다가 반대편 차로를 운행하는 차량과 충돌하는 교통사고를 내었더라도 이를 **교통사고처리 특례법에서 규정한 중앙선 침범 사고라고 할 것은 아니다**(대법원 2016도18941).

다. (×) 운전을 할 수 있는 **차의 종류를 기준으로 운전면허의 범위가 정해지게 되고**, 해당 차종을 운전할 수 있는 운전면허를 받지 아니하고 운전한 경우가 무면허운전에 해당된다고 할 것이므로 실제 운전의 목적을 기준으로 운전면허의 유효범위나 **무면허운전 여부가 결정된다고 볼 수는 없다.** 따라서 연습운전면허를 받은 사람이 운전을 함에 있어 **주행연습 외의 목적으로 운전하여서는 아니 된다는 준수사항을 지키지 않았다고 하더라도** 준수사항을 지키지 않은 것에 대하여 연습운전면허의 취소 등 제재를 가할 수 있음은 별론으로 하고 그 운전을 **무면허운전이라고 보아 처벌할 수는 없다**(있다×)(대법원 2013도15031).

라. (○) 도로교통법 제35조 제2항의 규정에 의한 "승객의 추락방지의무를 위반하여 운전한 경우"라고 규정함으로써 그 대상을 "**승객**"이라고 명시하고 있고, 도로교통법 제35조 제2항 역시 "모든 차의 운전자는 '**운전 중**' 타고 있는 사람 또는 타고 내리는 사람이 떨어지지 아니하도록 하기 위하여 문을 정확히 여닫는 등 필요한 조치를 취하여야 한다."고 규정하고 있는 점에 비추어 보면, 위 특례법 제3조 제2항 단서 제10호 소정의 의무는 그것이 주된 것이든 부수적인 것이든 사람의 운송에 공하는 차의 운전자가 그 승객에 대하여 부담하는 의무라고 보는 것이 상당하다. 그러므로 **화물차 적재함에서 작업하던 피해자가 차에서 내린 것을 확인하지 않은 채 출발함으로써 피해자가 추락하여 상해를 입게 된 경우, 특례법 소정의 '승객의 추락방지 의무'를 위반하여 운전한 경우에 해당하지 않는다**(대법원 99도3716).

 1043 ④

1044 다음 ㉠부터 ㉣까지 중 「교통사고처리 특례법」 제3조 제2항(처벌의 특례) 단서 각 호에 해당하는 것은 모두 몇 개인가?

●A급● 22 승진

> ㉠ 「도로교통법」 제39조 제4항을 위반하여 자동차의 화물이 떨어지지 아니하도록 필요한 조치를 하지 아니하고 운전한 경우
> ㉡ 「도로교통법」 제17조 제1항 또는 제2항에 따른 제한속도를 시속 20킬로미터 초과하여 운전한 경우
> ㉢ 「도로교통법」 제13조 제3항을 위반하여 중앙선을 침범하거나 같은 법 제62조를 위반하여 횡단, 유턴 또는 후진한 경우
> ㉣ 「도로교통법」 제24조에 따른 철길건널목 통과방법을 위반하여 운전한 경우

① 1개　　　　② 2개　　　　③ 3개　　　　④ 4개

해설

㉠, ㉡, ㉢, ㉣, **4개** 모두 「교통사고처리 특례법」 제3조 제2항(처벌의 특례) 단서 각 호에 해당한다.
㉠ (○) 「도로교통법」 제39조 제4항을 위반하여 자동차의 **화물이 떨어지지 아니하도록** 필요한 조치를 하지 아니하고 운전한 경우
㉡ (○) 「도로교통법」 제17조 제1항 또는 제2항에 따른 **제한속도를 시속 20킬로미터 초과**하여 운전한 경우
㉢ (○) 「도로교통법」 제13조 제3항을 위반하여 **중앙선을 침범**하거나 같은 법 제62조를 위반하여 **횡단, 유턴 또는 후진**한 경우
㉣ (○) 「도로교통법」 제24조에 따른 **철길건널목 통과방법**을 위반하여 운전한 경우

제10절　교통관련 판례

1045 「도로교통법」에 관한 설명으로 가장 적절하지 않은 것은? (다툼이 있는 경우 판례에 의함)

① 모든 차의 운전자는 예외 없이 터널 안에 차를 주차해서는 아니 된다.

●A급● 23 순경2차

② 긴급자동차에 대하여는 동법 제23조에 따른 끼어들기의 금지를 적용하지 아니한다.
③ "정차"란 운전자가 5분을 초과하지 아니하고 차를 정지시키는 것으로서 주차 외의 정지 상태를 말한다.
④ 물로 입안을 헹굴 기회를 달라는 피고인의 요구를 무시한 채 호흡측정기로 측정한 혈중알코올 농도 수치가 0.05%로 나타난 사안에서, 피고인이 당시 혈중알코올 농도 0.05% 이상의 술에 취한 상태에서 운전하였다고 단정할 수 없다.

해설

① (×) 모든 차의 운전자는 고장 또는 그 밖의 부득이한 사유로 터널 안 도로에서 차 또는 노면전차를 **정차 또는 주차를 할 수 있다**(예외 없이 터널 안에 **차를 주차해서는 아니 된다×**)(도로교통법 제37조 제1항 제3호).
② (○) **모든 긴급자동차**에 대하여는 동법 제23조에 따른 '**끼어들기의 금지**'를 적용하지 아니한다. 즉, 끼어들기 금지 규정을 안 지켜도 된다.

　　Ⓣip 모든 긴급자동차에게 적용하지 않는 3가지 규정(도로교통법 제30조)

> 1. 속도 제한규정
> 2. 앞지르기의 금지규정
> 3. 끼어들기의 금지규정

🔒 1044 ④　1045 ①

③ (○) "**정차**"란 운전자가 **5분**을 초과하지 아니하고 차를 정지시키는 것으로서 **주차 외의 정지 상태**를 말한다.

④ (○) **물로 입안을 헹굴 기회를 달라는 피고인의 요구를 무시한 채** 호흡측정기로 측정한 혈중알코올 농도 수치가 0.05%로 나타난 사안에서, 피고인이 당시 혈중알코올 농도 0.05% 이상의 **술에 취한 상태에서 운전하였다고 단정할 수 없다**(대법원 2005도7034).

1046 음주운전 관련 판례에 관한 설명 중 가장 적절하지 않은 것은? (다툼이 있는 경우 판례에 의함)

●A급 22 순경1차

① 술에 취해 자동차 안에서 잠을 자다가 추위를 느껴 히터를 가동시키기 위하여 시동을 걸었고, 실수로 자동차의 제동장치 등을 건드렸거나 처음 주차할 때 안전조치를 제대로 취하지 아니한 탓으로 원동기의 추진력에 의하여 자동차가 약간 경사진 길을 따라 앞으로 움직여 피해자의 차량 옆면을 충격한 사실은 엿볼 수 있으나 이를 두고 피고인이 자동차를 운전하였다고 할 수는 없다.

② 운전자가 경찰공무원으로부터 음주측정을 요구받고 호흡측정기에 숨을 내쉬는 시늉만 하는 등 형식적으로 음주측정에 응하였을 뿐 경찰공무원의 거듭된 요구에도 불구하고 호흡측정기에 음주측정수치가 나타날 정도로 숨을 제대로 불어넣지 아니하였다면 이는 실질적으로 음주측정에 불응한 것과 다를 바 없다.

③ 음주운전과 관련한 도로교통법 위반죄의 범죄수사를 위하여 미성년자인 피의자의 혈액채취가 필요한 경우에도 피의자에게 의사능력이 있다면 피의자 본인만이 혈액채취에 관한 유효한 동의를 할 수 있고, 피의자에게 의사능력이 없는 경우 명문의 규정이 없더라도 법정대리인이 피의자를 대리하여 동의할 수 있다.

④ 특별한 이유 없이 호흡측정기에 의한 측정에 불응하는 운전자에게 경찰공무원이 혈액채취에 의한 측정방법이 있음을 고지하고 그 선택 여부를 물어야 할 의무가 있다고는 할 수 없다.

해설

① (○) 도로교통법 제2조 제19호는 '**운전**'이라 함은 도로에서 차를 그 본래의 사용 방법에 따라 사용하는 것을 말한다고 규정하고 있는바, 여기에서 말하는 운전의 개념은 그 규정의 내용에 비추어 **목적적 요소를 포함**하는 것이므로 **고의의 운전행위만을 의미**하고 자동차 안에 있는 **사람의 의지나 관여 없이** 자동차가 움직인 경우에는 **운전에 해당하지 않는다.** 어떤 사람이 자동차를 움직이게 할 의도 없이 **다른 목적을 위하여** 자동차의 원동기(모터)의 **시동을 걸었는데, 실수로** 기어 등 자동차의 발진에 필요한 장치를 건드려 원동기의 추진력에 의하여 자동차가 움직이거나 또는 불안전한 주차상태나 도로여건 등으로 인하여 자동차가 **움직이게 된 경우**는 자동차의 **운전에 해당하지 아니한다**(대법원 2004도1109).

② (○) 운전자가 경찰공무원으로부터 음주측정을 요구받고 호흡측정기에 숨을 내쉬는 **시늉만 하는 등 형식적으로 음주측정에 응하였을 뿐** 경찰공무원의 거듭된 요구에도 불구하고 호흡측정기에 음주측정수치가 나타날 정도로 **숨을 제대로 불어넣지 아니하였다면** 이는 실질적으로 **음주측정에 불응한 것과 다를 바 없다** 할 것이고, 운전자가 정당한 사유 없이 호흡측정기에 의한 음주측정에 불응한 이상 그로써 **음주측정불응의 죄는 성립**하는 것이며, **그 후 경찰공무원이 혈액채취 등의 방법으로 음주여부를 조사하지 아니하였다고 하여 달리 볼 것은 아니다**(대법원 99도5210).

③ (×) 음주운전과 관련한 도로교통법 위반죄의 범죄수사를 위하여 미성년자인 피의자의 혈액채취가 필요한 경우에도 피의자에게 의사능력이 있다면 피의자 본인만이 혈액채취에 관한 유효한 동의를 할 수 있고, **피의자에게 의사능력이 없는 경우에도 명문의 규정이 없는 이상** 법정대리인이 피의자를 대리하여 동의할 수 없다(있다×)(대법원 2013도1228).

④ (○) 운전자의 신체 이상 등의 사유로 호흡측정기에 의한 측정이 불가능 내지 심히 곤란하거나 운전자가 처음부터 호흡측정기에 의한 측정의 방법을 불신하면서 혈액채취에 의한 측정을 요구하는 경우 등에는 호흡측정기에 의한 측정의 절차를 생략하고 바로 혈액채취에 의한 측정으로 나아가야 할 것이고, 이와 같은 경우라면 호흡측정기에 의한 측정에 불응한 행위를 음주측정불응으로 볼 수 없다. **특별한 이유 없이 호흡측정기에 의한 측정에 불응하는 운전자에게 경찰공무원이 혈액채취에 의한 측정방법이 있음을 고지하고 그 선택 여부를 물어야 할 의무가 있다고는 할 수 없다**(대법원 2002도4220).

🔒 1046 ③

1047 「도로교통법」 및 관련 법령에 따를 때, 다음 설명 중 가장 적절하지 않은 것은? (다툼이 있는 경우 판례에 의함)

● A급 22 순경2차

① 운전자가 음주운전으로 교통사고를 야기한 후, 차에서 내려 피해자(진단 3주)에게 '왜 와서 들이 받냐'라는 말을 하고, 교통사고 조사를 위해 경찰서에 가자는 경찰관의 지시에 순순히 응하여 순찰차에 스스로 탑승하여 경찰서까지 갔을 뿐 아니라 경찰서에서 조사받으면서 사고 당시 상황에 대한 자신의 주장을 정확하게 진술하였다면, 비록 경찰관이 작성한 주취운전자 정황진술보고서에는 '언행상태'란에 '발음 약간 부정확', '보행상태'란에 '비틀거림이 없음', '운전자 혈색'란에 '안면 홍조 및 눈 충혈'이라고 기재되어 있다고 하더라도 음주로 인한 특정범죄 가중처벌 등에 관한 법률 위반(위험운전치사상)이 아니라 도로교통법 위반(음주운전)으로 처벌해야 한다.

② 「도로교통법」 및 관련 법령에는 연습운전면허를 발급받은 사람이 본인에게 귀책사유(歸責事由)가 없는 경우 등 대통령령으로 정하는 경우를 제외하고, 운전 중 고의 또는 과실로 교통사고를 일으키거나 「도로교통법」이나 동법에 따른 명령 또는 처분을 위반한 경우에 시·도경찰청장은 연습운전면허를 취소하여야 한다고 규정하고 있으므로, 연습운전면허를 받은 사람이 운전을 함에 있어 주행연습 외의 목적으로 운전하여서는 아니 된다는 준수사항을 지키지 않았다고 하더라도 무면허운전으로 처벌할 수는 없다.

③ 「도로교통법」상 도로가 아닌 곳에서 술에 취한 상태에서의 운전은 음주운전으로는 처벌할 수 있지만 운전면허의 정지 또는 취소처분을 부과할 수는 없다.

④ 개인형 이동장치를 타고 신호위반, 중앙선 침범과 진로변경 금지 위반행위를 연달아 하여 다른 사람에게 위협 또는 위해를 가할 뿐 아니라 교통상의 위험을 발생하게 한 운전자에 대해 난폭운전으로 처벌할 수 있다.

> **해설**
>
> ① (○) 음주로 인한 '특정범죄 가중처벌 등에 관한 법률 위반(위험운전치사상)죄'는 '도로교통법 위반(음주운전)죄'의 경우와는 달리 형식적으로 혈중알코올농도의 법정 최저기준치를 초과하였는지 여부와는 상관없이 운전자가 **음주의 영향으로 실제 정상적인 운전이 곤란한 상태**에 있어야만 하고, 그러한 상태에서 자동차를 운전하다가 사람을 상해 또는 사망에 이르게 한 행위를 처벌대상으로 하고 있는바, 이는 음주로 인한 특정범죄 가중처벌 등에 관한 법률 위반(위험운전치사상)죄는 업무상과실치사상죄의 일종으로 구성요건적 행위와 그 결과 발생 사이에 인과관계가 요구되기 때문이다(대법원 2008도7143). 이러한 사실관계를 앞서 본 법리에 비추어 살펴보면, 피고인이 사고 직전에 비정상적인 주행을 하였다거나 비정상적인 주행 때문에 사고가 발생하였다고 보기 어렵고, 피고인이 보인 사고 직후의 태도와 경찰서까지 가게 된 경위 및 경찰 조사에서의 진술 내용 등에 비추어 사고 당시 피고인의 주의력이나 판단력이 저하되어 있었다고 보기도 어렵다. 또한 주취운전자 정황진술보고서에 따르더라도 **피고인의 주취상태가 심하였다고 보기 어렵다.** 결국 이 사건 사고 당시 피고인이 **'음주의 영향으로 정상적인 운전이 곤란한 상태'**에 있었다고 단정하기 어렵다(대법원 2017도15519).
>
> ② (○) 운전을 할 수 있는 차의 종류를 기준으로 운전면허의 범위가 정해지게 되고, 해당 차종을 운전할 수 있는 **운전면허를 받지 아니하고 운전한 경우가 무면허운전에 해당된다**고 할 것이므로 실제 운전의 목적을 기준으로 운전면허의 유효범위나 무면허운전 여부가 결정된다고 볼 수는 없다. 따라서 연습운전면허를 받은 사람이 운전을 함에 있어 주행연습 외의 목적으로 운전하여서는 아니된다는 준수사항을 지키지 않았다고 하더라도 **준수사항을 지키지 않은 것에 대하여 연습운전면허의 취소 등 제재를 가할 수 있음은** 별론으로 하고 그 운전을 **무면허운전이라고 보아 처벌할 수는 없다**(대법원 2013도15031).
>
> ③ (○) 도로교통법 제2조 제26호에서 "운전이란 **도로(제44조, 제45조, 제54조 제1항, 제148조 및 제148조의2의 경우에는 도로 외의 곳을 포함한다**)에서 차마를 그 본래의 사용방법에 따라 사용하는 것(조종을 포함한다)을 말한다."라고 규정하고 있다. 위 괄호의 예외 규정에는 음주운전·음주측정거부 등에 관한 형사처벌 규정인 도로교통법 제148조의2(벌칙)가 포함되어 있으나, 행정제재처분인 운전면허 취소·정지의 근거 규정인 도로교통법 제93조(운전면허의 취소·정지)는 포함되어 있지 않기 때문에 **도로 외의 곳에서의 음주운전·음주측정거부** 등에 대해서는 **형사처벌만 가능**하고 **운전면허의 취소·정지 처분은 부과할 수 없다**(대법원 2018두42771).

 1047 ④

④ (×) **개인형 이동장치**를 타고 신호위반, 중앙선 침범과 진로변경 금지 위반행위를 연달아 하여 다른 사람에게 위험 또는 위해를 가할 뿐 아니라 교통상의 위험을 발생하게 한 운전자에 대해 **난폭운전으로 처벌할 수 없다(있다×)**.

> **Tip** 도로교통법 제46조의3(난폭운전 금지) 규정을 보면 '**자동차등(개인형 이동장치는 제외한다)**의 운전자는 둘 이상의 행위를 연달아 하거나, 하나의 행위를 지속 또는 반복하여 다른 사람에게 위험 또는 위해를 가하거나 교통상의 위험을 발생하게 하여서는 아니 된다.'라고 하여 **개인형 이동장치를 난폭운전 금지의 대상에서 제외하고 있다.**

1048 교통사고에 대한 판례의 태도로 가장 적절하지 않은 것은?  19 승진

① 신호위반으로 교통사고를 일으킨 사람이 통고처분을 받아 신호위반의 범칙금을 납부하였다고 하더라도, 「교통사고처리 특례법」상 신호위반으로 인한 업무상과실치상죄로 처벌하는 것이 이중처벌에 해당한다고 볼 수 없다.

② 교통사고 피해자가 2주간의 치료를 요하는 경미한 상해를 입었다는 사정만으로 사고 당시 피해자를 구호할 필요가 없었다고 단정 지을 수 없다.

③ 음주로 인한 특정범죄가중처벌 등에 관한 법률 위반(위험운전치사상)죄와 도로교통법 위반(음주운전)죄가 모두 성립하는 경우 두 죄는 실체적 경합관계에 있다.

④ 「특정범죄 가중처벌 등에 관한 법률」 제5조의3 도주차량 운전자의 가중처벌 규정과 관련하여, 차의 교통으로 인한 업무상과실치사상의 사고는 「도로교통법」이 정하는 도로에서의 교통사고로 한정된다.

해설

① (O) 교통사고처리특례법 제3조 제2항 단서 각 호에서 규정한 예외사유에 해당하는 신호위반 등의 범칙행위와 같은 법 제3조 제1항 위반죄는 그 행위의 성격 및 내용이나 **죄질, 피해법익 등에 현저한 차이가 있어 동일성이 인정되지 않는 별개의 범죄행위라고 보아야 할 것이므로**, 교통사고처리특례법 제3조 제2항 단서 각 호의 예외사유에 해당하는 신호위반 등의 범칙행위로 교통사고를 일으킨 사람이 통고처분을 받아 **범칙금을 납부**하였다고 하더라도, **업무상과실치상죄 또는 중과실치상죄**에 대하여 같은 법 제3조 제1항 위반죄로 처벌하는 것이 도로교통법 제119조 제3항에서 금지하는 **이중처벌에 해당한다고 볼 수 없다**(대법원 2006도4322).

② (O) 이 사건 사고로 인하여 피해자들 3명은 모두 각 2주간의 치료를 요하는 경추부 염좌 등의 상해를 입어 물리치료를 받은 후 주사를 맞고 1~3일간 약을 복용하는 등 치료를 받았다는 것이니, 그 피해자들의 부상이 심하지 아니하여 직장에서 일과를 마친 다음에 병원으로 갔다거나 피해자들이 그다지 많은 치료를 받지 아니하였다는 등의 사정만으로는 이 사건 **사고 당시 구호의 필요가 없었다고 단정할 수 없고**, 이러한 상황에서 피고인이 **차에서 내리지도 않고 피해자들의 상태를 확인하지도 않은 채 인적사항을 알려주는 등의 조치도 취하지 않고 그냥 차량을 운전하여 갔다면** 피고인의 행위는 위에서 본 치상 후 **도주죄의 구성요건에 해당하는 것으로 보아야 할 것이다**(대법원 2008도1339).

③ (O) 음주로 인한 **특정범죄 가중처벌 등에 관한 법률 위반(위험운전치사상)죄**와 도로교통법 위반(음주운전)죄는 **입법취지와 보호법익 및 적용영역을 달리하는 별개의 범죄이므로**, 양 죄가 모두 성립하는 경우 두 죄는 **실체적 경합관계**에 있다(대법원 2008도7143).

④ (×) 특정범죄 가중처벌 등에 관한 법률 제5조의3 소정의 **도주차량운전자에 대한 가중처벌규정**은 자신의 과실로 교통사고를 야기한 운전자가 그 사고로 사상을 당한 피해자를 구호하는 등의 조치를 취하지 아니하고 도주하는 행위에 **강한 윤리적 비난가능성**이 있음을 감안하여 이를 **가중처벌**함으로써 교통의 안전이라는 공공의 이익의 보호뿐만 아니라 교통사고로 사상을 당한 피해자의 생명·신체의 안전이라는 개인적 법익을 보호하고자 함에도 그 입법 취지와 보호법익이 있다고 보아야 할 것인바, 위와 같은 규정의 **입법취지에 비추어 볼 때** 여기에서 말하는 차의 교통으로 인한 업무상과실치사상의 사고를 도로교통법이 정하는 **도로에서의 교통사고의 경우로 제한하여 새겨야 할 아무런 근거가 없다(도로에서의 교통사고로 한정된다×)**(대법원 2004도3600).

 1048 ④

1049 교통사고와 관련된 내용으로 가장 적절하지 않은 것은? (다툼이 있으면 판례에 의함) ●A급 20 승진

① 교통사고로 인한 물적 피해가 경미하고 파편이 도로상에 비산되지도 않았다고 하더라도, 가해차량이 즉시 정차하는 등 필요한 조치를 취하지 아니한 채 그대로 도주한 경우에는 「도로교통법」 제54조 제1항 위반죄가 성립한다.

② 보행자가 횡단보도 보행신호등의 녹색등화의 점멸신호 전에 횡단을 시작하였다면, 보행신호등의 녹색등화가 점멸하고 있는 동안에 횡단보도를 통행하고 있다해도 횡단보도에서의 보행자 보호의무의 대상이 되지 않는다.

③ 교통조사관은 「교통사고조사규칙」에 따라 차대차 사고로서 당사자 간의 과실이 동일한 경우 피해가 경한 당사자를 선순위로 지정한다.

④ 택시 운전자인 甲이 교차로에서 적색등화에 우회전하다가 신호에 따라 진행하던 乙의 승용차를 충격하여 乙에게 상해를 입혔다면, 당해 사고는 「교통사고처리 특례법」 제3조 제2항 단서 제1호에서 정한 '신호위반'으로 인한 사고에 해당하지 아니한다.

해설

① (○) 농로에서 중앙분리대가 설치된 왕복 4차로의 도로로 진입하던 차량의 운전자가 속도를 줄이거나 일시정지하여 진행 차량의 유무를 확인하지 않은 채 그대로 진입하다가 도로를 진행하던 차량을 들이받아 파손한 사안에서, 비록 사고로 인한 피해차량의 물적 **피해가 경미**하고, 파편이 도로상에 비산되지도 않았다고 하더라도, **차량에서 내리지 않은 채 미안하다는 손짓만 하고** 도로를 역주행하여 피해차량의 진행방향과 반대편으로 도주한 것은 교통사고 발생시의 필요한 조치를 다하였다고 볼 수 없고 그대로 도주한 경우에는 **도로교통법 제54조(사고발생시의 조치) 제1항 위반죄가 성립한다**(대법원 2009도787).

② (×) **보행신호등의 녹색등화 점멸신호**는 보행자가 준수하여야 할 횡단보도의 통행에 관한 신호일 뿐이어서, 보행신호등의 수범자가 아닌 **차의 운전자가 부담하는 보행자보호의무의 존부에 관하여 어떠한 영향을 미칠 수 없다**. 이에 더하여 보행자보호의무에 관한 법률규정의 입법 취지가 차를 운전하여 횡단보도를 지나는 운전자의 **보행자에 대한 주의의무를 강화**하여 횡단보도를 통행하는 **보행자의 생명·신체의 안전을 두텁게 보호**하려는 데 있는 것임을 감안하면, 보행신호등의 녹색등화의 점멸신호 전에 횡단을 시작하였는지 여부를 가리지 아니하고 보행신호등의 녹색등화가 **점멸하고 있는 동안에 횡단보도를 통행하는 모든 보행자는** 도로교통법 제27조 제1항에서 정한 **횡단보도에서의 보행자보호의무의 대상이 된다(되지 않는다×)**(대법원 2007도9598).

③ (○) 교통조사관은 「교통사고조사규칙」에 따라 **차대차 사고로서 당사자 간의 과실이 동일**한 경우 **피해가 경한 당사자를 선순위로 지정**한다(교통사고조사규칙 제20조의4).

🔵Tip 교통사고조사에서 **"제1당사자"**란 당해 교통사고에 관계한 사람 가운데 **과실이 무거운 쪽**을 의미한다. 즉, 사고와 관련해서 **제일 과실이 무거운 운전자**로서 형사책임을 부담해야 할 수도 있는 운전자를 말한다.

④ (○) 택시 운전자인 甲이 교차로에서 **적색등화에 우회전하다가 신호에 따라 진행하던 乙의 승용차를 충격하여 乙에게 상해를 입혔다면**, 당해 사고는 「교통사고처리 특례법」 제3조 제2항 단서 제1호에서 정한 '**신호위반'으로 인한 사고에 해당하지 아니한다**(대법원 2011도3970).

🔵Tip 적색등화에 신호에 따라 진행하는 다른 차마의 교통을 방해하지 아니하고 우회전할 수 있다는 구 시행규칙 [별표2]의 취지는 차마는 적색등화에도 원활한 교통소통을 위하여 우회전을 할 수 있되, 신호에 따라 진행하는 다른 차마의 신뢰 및 안전을 보호하기 위하여 다른 차마의 교통을 잘 살펴 방해하지 아니하여야 할 **안전운전의무를 부과한 것**이고, 다른 차마의 교통을 방해하게 된 경우에 **신호위반의 책임까지 지우려는 것은 아니다**(대법원 2011도3970).

🔒 1049 ②

1050 교통법규 위반에 대한 설명 중 옳지 않은 것은? (판례에 의함)  A급 20 경위

① 횡단보도의 신호가 적색인 상태에서 반대차선에 정지 중인 차량 뒤에서 보행자가 건너올 것까지 예상하여 주의의무를 다하여야 한다고 할 수 없다.

② 앞차가 빗길에 미끄러져 비정상적으로 움직일 때는 진로를 예상할 수 없으므로 뒤따라가는 차량의 운전자는 이러한 사태에 대비하여 속도를 줄이고 안전거리를 확보해야 할 주의의무가 있다.

③ 교차로에 교통섬이 설치되고 그 오른쪽으로 직진 차로에서 분리된 우회전 차로가 설치된 경우, 우회전 차로가 아닌 직진 차로를 따라 우회전하는 행위를 교차로 통행방법을 위반한 것이라 볼 수 없다.

④ '운전면허를 받지 아니하고'라는 법률문언의 통상적 의미에 '운전면허를 받았으나 그 후 운전면허의 효력이 정지된 경우'가 당연히 포함된다 할 수 없다.

해설

① (○) 차량의 운전자로서는 **횡단보도의 신호가 적색인 상태에서** 반대차선상에 정지하여 있는 차량의 뒤로 보행자가 **건너오지 않을 것이라고 신뢰하는 것이 당연하고 그렇지 아니할 사태까지 예상하여 그에 대한 주의의무를 다하여야 한다고는 할 수 없다**(대법원 92도2077).

② (○) 빗물로 노면이 미끄러운 고속도로에서 **진행전방의 차량이 빗길에 미끄러져 비정상적으로 움직이고 있다면 앞으로의 진로를 예상할 수 없는 것이므로** 그 차가 일시 중앙선을 넘어 반대차선으로 진입되었더라도 노면의 상태나 다른 차량 등 장애물과의 충돌에 의하여 원래의 차선으로 다시 미끄러져 들어올 수 있으므로 **그 후방에서 진행하고 있던 차량의 운전자로서는 이러한 사태에 대비하여 속도를 줄이고 안전거리를 확보해야 할 주의의무가 있다**(대법원 89도777).

③ (×) 교차로에 교통섬이 설치되고 그 오른쪽으로 직진 차로에서 분리된 우회전 차로가 설치되어 있는 교차로에서 우회전을 하고자 하는 운전자는 특별한 사정이 없는 한 도로 우측 가장자리인 우회전 차로를 따라 서행하면서 우회전하여야 하고, 우회전 차로가 아닌 직진 차로를 따라 교차로에 진입하는 방법으로 우회전하여서는 아니 된다. 이 경우 우회전 차로가 아닌 **직진 차로를 따라 우회전하는 행위를 '교차로 통행방법을 위반'**한 것이다(볼 수 없다×)(대법원 2011도9821).

④ (○) 도로교통법 제43조는 무면허운전 등을 금지하면서 "누구든지 제80조에 따라 시·도경찰청장으로부터 운전면허를 받지 아니하거나 운전면허의 효력이 정지된 경우에는 자동차등을 운전하여서는 아니 된다."고 정하여, 운전자의 금지사항으로 **운전면허를 받지 아니한 경우와 운전면허의 효력이 정지된 경우를 구별하여 대등하게 나열**하고 있다. 그렇다면 '운전면허를 받지 아니하고'라는 법률문언의 통상적인 의미에 '운전면허를 받았으나 그 후 운전면허의 효력이 정지된 경우'가 **당연히 포함된다고는 해석할 수 없다**(대법원 2011도7725).

1051 다음 설명으로 가장 적절하지 않은 것은? (다툼이 있는 경우 판례에 의함) A급 21 특공

① 동승자가 교통사고 후 운전자와 공모하여 도주행위에 단순하게 가담하였다는 이유만으로는, 특정범죄가중처벌등에관한법률위반(도주차량)죄의 공동정범으로 처벌할 수 없다.

② 앞지르기가 금지된 비탈길의 고갯마루 부근에서 앞차가 진로를 양보하였더라도 앞지르기는 할 수 없다.

③ 무면허에 음주를 하고 운전을 하였다면 이는 1개의 운전행위라 할 것이므로 무면허운전죄와 음주운전죄는 상상적 경합관계에 해당한다.

④ 피해자가 보행신호등의 녹색등화가 점멸되고 있는 상태에서 횡단보도를 횡단하기 시작하여 횡단을 완료하기 전에 보행신호등이 적색등화로 변경되었고, 차량신호등의 녹색등화에 따라서 직진하던 운전차량이 피해자를 충격해 상해를 입혔다면 「도로교통법」상 보행자보호의무를 위반한 것이다.

 1050 ③ 1051 ④

① (O) 운전자가 아닌 **동승자가 교통사고 후 운전자와 공모하여 운전자의 도주행위에 가담하였다 하더라도**, 동승자에게 과실범의 공동정범의 책임을 물을 수 있는 특별한 경우가 아닌 한, **특정범죄 가중처벌 등에 관한 법률 위반(도주차량)죄의 공동정범으로 처벌할 수는 없다**(대법원 2007도2919).

② (O) 앞지르기가 금지된 **비탈길의 고갯마루 부근**에서 **앞차가 진로를 양보하였더라도 앞지르기는 할 수 없다**.

③ (O) 형법 제40조(상상적 경합)에서 말하는 1개의 행위란 법적 평가를 떠나 사회관념상 행위가 사물자연의 상태로서 1개로 평가되는 것을 말하는 바, **무면허인데다가 술이 취한 상태에서 오토바이를 운전**하였다는 것은 위의 관점에서 **분명히 1개의 운전행위라 할 것**이고 이 행위에 의하여 **각 죄에 동시에 해당**하는 것이니 두 죄는 형법 제40조의 **상상적 경합관계**에 있다고 할 것이다(대법원 86도2731).

④ (×) 피해자가 보행신호등의 녹색등화가 점멸되고 있는 상태에서 횡단보도를 횡단하기 시작하여 **횡단을 완료하기 전에** 보행신호등이 **적색등화로 변경**되었고, **차량신호등의 녹색등화**에 따라서 직진하던 운전차량이 피해자를 **충격**해 상해를 입혔다면 피해자는 신호기가 설치된 횡단보도에서 녹색등화의 점멸신호에 위반하여 횡단보도를 통행하고 있었던 것이어서 **횡단보도를 통행중인 보행자라고 보기는 어렵다**고 할 것이므로, 피고인에게 **운전자로서 사고발생방지에 관한 업무상 주의의무위반의 과실이 있음은 별론으로 하고**, 도로교통법 제24조 제1항 소정의 **보행자보호의무를 위반한 잘못이 있다고는 할 수 없다**(보행자보호의무 위반×)(대판 2001도2939).

1052 다음 설명 중 가장 적절하지 않은 것은? (다툼이 있는 경우 판례에 의함)  24 승진

① 「교통사고처리 특례법」 제2조 제2호는 '교통사고'란 차의 교통으로 인하여 사람을 사상하거나 물건을 손괴하는 것을 말한다고 규정하고 있는데, 여기서 '차의 교통'은 차량을 운전하는 행위 및 그와 동일하게 평가할 수 있을 정도로 밀접하게 관련된 행위를 모두 포함한다.

② 음주운전 신고를 받고 출동한 경찰관이 만취한 상태로 시동이 걸린 차량 운전석에 앉아 있는 甲을 발견하고 음주측정을 위해 하차를 요구하는 것만으로는 「도로교통법」 제44조 제2항이 정한 음주측정에 관한 직무에 착수하였다고 할 수 없다.

③ 술에 취한 乙이 자동차 안에서 잠을 자다가 추위를 느껴 히터를 가동시키기 위하여 시동을 걸었고, 실수로 기어 등 자동차의 발진에 필요한 장치를 건드려 원동기의 추진력에 의하여 자동차가 움직이거나 또는 불안전한 주차상태나 도로여건 등으로 인하여 자동차가 움직이게 된 경우는 자동차의 운전에 해당하지 아니한다.

④ 모든 차의 운전자는 보행자보다 먼저 횡단보행자용 신호기가 설치되지 않은 횡단보도에 진입한 경우에도, 보행자의 횡단을 방해하지 않거나 통행에 위험을 초래하지 않을 상황이 아니고서는, 차를 일시정지하는 등으로 보행자의 통행이 방해되지 않도록 할 의무가 있다.

① (O) 「교통사고처리 특례법」 제2조 제2호는 '교통사고'란 차의 교통으로 인하여 사람을 사상하거나 물건을 손괴하는 것을 말한다고 규정하고 있는데, 여기서 '차의 교통'은 **차량을 운전하는 행위** 및 그와 동일하게 평가할 수 있을 정도로 **밀접하게 관련된 행위를 모두 포함한다**(대법원 2016도21034).

② (×) 음주운전 신고를 받고 출동한 경찰관이 만취한 상태로 시동이 걸린 차량 운전석에 앉아 있는 甲을 발견하고 **음주측정을 위해 하차를 요구**함으로써 「도로교통법」 제44조 제2항이 정한 **음주측정에 관한 직무에 착수**하였다고 할 것이고(할 수 없다×), 甲이 차량을 운전하지 않았다고 다투자 **경찰관이 지구대로 가서 차량 블랙박스를 확인하자고 한 것**은 음주측정에 관한 직무 중 '운전' 여부 확인을 위한 **임의동행 요구**에 해당하고, 甲이 **차량에서 내리자마자 도주**한 것을 임의동행 요구에 대한 거부로 보더라도, 경찰관이 음주측정에 관한 직무를 계속하기 위하여 甲을 **추격하여 도주를 제지**한 것은 앞서 본 바와 같이 도로교통법상 **음주측정에 관한 일련의 직무집행** 과정에서 이루어진 행위로써 **정당한 직무집행**에 해당한다(대법원 2020도7193).

 1052 ②

③ (○) 술에 취한 乙이 자동차 안에서 잠을 자다가 추위를 느껴 **히터를 가동**시키기 위하여 시동을 걸었고, **실수로** 기어 등 자동차의 발진에 필요한 장치를 건드려 원동기의 추진력에 의하여 자동차가 움직이거나 또는 불안전한 주차상태나 도로여건 등으로 인하여 자동차가 움직이게 된 경우는 자동차의 **운전에 해당하지 아니한다**(대법원 2004도1109).

④ (○) 자동차의 운전자는 횡단보행자용 신호기의 지시에 따라 횡단보도를 횡단하는 보행자가 있을 때에는 **횡단보도에의 진입 선후를 불문하고 일시정지하는 등의 조치를 취함으로써** 보행자의 통행이 방해되지 않도록 하여야 하고, 다만 자동차가 횡단보도에 먼저 진입한 경우로서 그대로 진행하더라도 보행자의 횡단을 방해하지 않거나 통행에 위험을 초래하지 않을 상황이라면 그대로 진행할 수 있는 것으로 해석되고, 이러한 법리는 그 보호의 정도를 달리 볼 이유가 없는 **횡단보행자용 신호기가 설치되지 않은 횡단보도를 횡단하는 보행자에 대하여도 마찬가지로 적용**된다. 따라서 **모든 차의 운전자는 보행자보다 먼저 횡단보행자용 신호기가 설치되지 않은 횡단보도에 진입한 경우에도**, 보행자의 횡단을 방해하지 않거나 통행에 위험을 초래하지 않을 상황이 아니고서는, 차를 일시정지하는 등으로 보행자의 통행이 방해되지 않도록 할 의무가 있다(대법원 2020도17724).

1053 음주운전 또는 교통사고에 대한 판례의 태도로 가장 적절하지 않은 것은?  19 승진

① 아파트 단지 내 통행로가 왕복 4차선의 외부도로와 직접 연결되어 있고, 외부차량의 통행에 제한이 없으며, 별도의 주차관리인이 없다면 「도로교통법」상 도로에 해당한다.

② 교통사고의 결과가 피해자의 구호 및 교통질서의 회복을 위한 조치가 필요한 상황인 이상 교통사고 발생 시의 구호조치의무 및 신고의무는 교통사고를 발생시킨 당해 차량의 운전자에게 그 사고 발생에 있어서 고의·과실 혹은 유책·위법의 유무에 관계없이 부과된 의무라고 해석함이 타당하고, 당해 사고의 발생에 귀책사유가 없는 경우에도 위 의무가 없다고 할 수 없다.

③ 신호위반으로 교통사고를 야기한 자가 통고처분을 받아 신호위반의 범칙금을 납부하였다고 하더라도, 「교통사고처리 특례법」상 신호위반으로 인한 업무상과실치상죄로 처벌하는 것이 이중처벌에 해당한다고 볼 수 없다.

④ 약물 등의 영향으로 정상적으로 운전하지 못할 우려가 있는 상태에서 자동차 등을 운전하였다고 인정하려면, 약물 등의 영향으로 인하여 현실적으로 '정상적으로 운전하지 못할 상태'에 이르러야만 한다.

해설

① (○) 아파트 단지 내 통행로가 왕복 4차선의 외부도로와 직접 연결되어 있고, 외부차량의 통행에 제한이 없으며, 별도의 주차관리인이 없다면, 이 사건 발생 당시 위 아파트 단지 내 통행로는 **현실적으로 불특정**의 사람이나 차량의 통행을 위하여 **공개된 장소**로서 교통질서유지 등을 목적으로 하는 **일반 교통경찰권이 미치는 공공성이 있는 곳**이라 할 것이므로, 도로교통법 제2조 제1호에 정하여진 **"도로"에 해당한다**고 봄이 상당하다(대법원 2002도6710).

② (○) **교통사고 발생 시의 구호조치의무 및 신고의무**는 차의 교통으로 인하여 사람을 사상하거나 물건을 손괴한 때에 운전자 등으로 하여금 교통사고로 인한 사상자를 구호하는 등 필요한 조치를 신속히 취하게 하고, 또 속히 경찰관에게 교통사고의 발생을 알려서 피해자의 구호, 교통질서의 회복 등에 관하여 적절한 조치를 취하게 하기 위한 방법으로 부과된 것이므로 교통사고의 결과가 피해자의 구호 및 교통질서의 회복을 위한 조치가 필요한 상황인 이상 그 의무는 교통사고를 발생시킨 당해 차량의 **운전자에게 그 사고발생에 있어서 고의·과실 혹은 유책·위법의 유무에 관계없이** 부과된 의무라고 해석함이 상당할 것이므로, 당해 사고에 있어 **귀책사유가 없는 경우에도 위 의무가 없다 할 수 없고**, 또 위 의무는 신고의무에만 한정되는 것이 아니므로 타인에게 신고를 부탁하고 현장을 이탈하였다고 하여 위 의무를 다한 것이라고 말할 수는 없다(대법원 2000도1731).

③ (○) 그 행위의 성격 및 내용이나 죄질, 피해법익 등에 현저한 차이가 있어 **동일성이 인정되지 않는 별개의 범죄행위**라고 보아야 할 것이므로, 교통사고처리 특례법 제3조 제2항 단서 각 호의 예외사유에 해당하는 **신호위반 등의 범칙행위**로 교통사고를 일으킨 사람이 **통고처분을 받아 범칙금을 납부하였다고 하더라도, 업무상과실치상죄 또는 중과실치상죄**에 대하여 처벌하는 것이 도로교통법에서 금지하는 이중처벌에 해당한다고 볼 수 없다(대법원 2006도4322).

④ (×) 위 법 위반죄는 이른바 **위태범**으로서 약물 등의 영향으로 인하여 **'정상적으로 운전하지 못할 우려가 있는 상태'**에서 운전을 하면 바로 성립하고, 현실적으로 '정상적으로 운전하지 **못할 상태'에 이르러야만 하는 것은 아니다**(**이르러야만 한다×**)(대법원 2010도11272).

 1053 ④

제 1 절　정보경찰 일반

1054 정보를 출처에 따라 분류할 때 그 설명 중 가장 적절한 것은?　　●C급 20 승진

① 근본출처정보는 정보출처에 대한 별다른 보호조치가 없더라도 상시적으로 정보를 획득할 것으로 기대되는 출처로부터 얻어진 정보이다.

② 비밀출처정보란 정보관이 의도한 정보입수의 시점과는 무관하게 얻어지는 정보이다.

③ 정기출처정보는 정기적으로 정보를 획득할 수 있는 출처로부터 얻은 정보로 일반적으로 우연출처정보에 비해 출처의 신빙성과 내용의 신뢰성 면에서 우위를 점한다고 볼 수 없다.

④ 간접정보란 중간매체가 있는 경우의 정보로 정보관은 이들 매체를 통해 정보를 감지하게 되지만 사실은 그 내용에 해당 매체의 주관이나 편견이 개입될 소지가 있다는 면에서 직접정보에 비해 출처의 신빙성과 내용의 신뢰성이 낮게 평가될 여지가 있다.

> **해설**
> ① (×) **공개출처(근본출처×)정보**는 정보출처에 대한 **별다른 보호조치가 없더라도 상시적으로 정보를 획득**할 것으로 기대되는 출처로부터 얻어진 정보이다.
> ② (×) **우연출처(비밀출처×)정보**란 정보관이 의도한 정보입수의 시점과는 **무관하게** 얻어지는 정보이다.
> ③ (×) **정기출처정보**는 **정기적으로 정보를 획득**할 수 있는 출처로부터 얻은 정보로 일반적으로 우연출처정보에 비해 **출처의 신빙성과 내용의 신뢰성 면에서 우위를 점한다**고 볼 수 **있다(없다×)**.
> ④ (○) **'간접정보'**란 **중간매체가 있는 경우의 정보**로 정보관은 이들 매체를 통해 정보를 감지하게 되지만 사실은 그 내용에 해당 매체의 주관이나 편견이 개입될 소지가 있다는 면에서 직접정보에 비해 **출처의 신빙성과 내용의 신뢰성이 낮게 평가**될 여지가 있다.

🔒 1054 ④

제**2**절　정보의 분류와 순환

1055 정보의 질적요건(정보가치에 대한 평가기준)에 대한 설명으로 가장 적절하지 않은 것은?

●B급 20·22 특공

① 적시성 : 정보가 정보사용자의 의사결정에 필요한 시기에 제공될 때 그 가치가 높다.

② 정확성 : 정보가 사실과 일치되는 성질이다.

③ 객관성 : 정보는 시간이 허용하는 한 완전한 지식이어야만 한다.

④ 적실성 : 정보는 정보사용자의 사용목적과 관련된 것이어야 한다.

해설

① (○) **적시성** : 정보가 **정보사용자의 의사결정에 필요한 시기에 제공**될 때 그 가치가 높다.

② (○) **정확성** : 정보가 **사실과 일치**되는 성질이다.

③ (×) **완전성(객관성×)** : 정보는 **시간이 허용하는 한 완전한 지식**이어야만 한다.

　　　Tip 객관성 : 생산자나 사용자의 의도에 따라 정보가 주관적으로 왜곡되면 개인적 관점에서 선호정책의 합리화
　　　도구로 전락될 수 있으므로 정보는 **국익을 위한 관점**에서 객관성이 요구된다.

④ (○) **적실성** : 정보는 **정보사용자의 사용목적과 관련된 것**이어야 한다.

1056 정보의 분류에 관한 설명으로 옳지 않은 것은 모두 몇 개인가?　●B급 14·15 순경1차, 14 경위 변형

> 가. 요소에 의한 분류 – 정치, 경제, 사회, 군사 등
> 나. 사용수준에 의한 분류 – 국내정보, 국외정보
> 다. 사용목적에 의한 분류 – 적극정보, 소극(보안)정보
> 라. 수집활동에 의한 분류 – 인간정보, 기술정보
> 마. 분석형태(기능)에 의한 분류 – 기본정보, 현용정보, 판단정보

① 0개　　　　　　② 1개　　　　　　③ 2개　　　　　　④ 3개

해설

틀린 것은 **나, 1개**이다.

가. (○) **요소**에 의한 분류 – 정치, 경제, 사회, 군사 등

나. (×) **사용수준**에 의한 분류 – **전략**정보, **전술**정보(국내정보, 국외정보×)

　　　Tip 내용에 의한 분류 – **국내**정보, **국외**정보

다. (○) 사용**목적**에 의한 분류 – **적극**정보, **소극(보안)**정보

라. (○) 수집**활동**에 의한 분류 – **인간**정보, **기술**정보

마. (○) **분석형태(기능)**에 의한 분류 – **기본**정보(과거), **현용**정보(현재), **판단**정보(미래)

🔒 **1055** ③　**1056** ②

1057 정보의 순환과정에 대한 설명으로 가장 적절한 것은?  22 경위

① 정보의 순환과정은 첩보의 수집 → 정보의 요구 → 정보의 생산 → 정보의 배포 순이다.

② 첩보수집의 소순환과정은 첩보의 수집계획 → 출처개척 → 획득 → 전달 순이다.

③ 정보요구의 소순환과정은 첩보의 선택 → 기록 → 평가 → 분석 → 종합 → 해석 순이다.

④ 정보생산의 소순환과정은 첩보의 기본요소 결정 → 수집계획서의 작성 → 명령하달 → 사후검토 순이다.

해설

① (×) '정보'의 (대)순환과정은 **정보의 요구 → 첩보의 수집 →** 정보의 생산 → 정보의 배포 순이다.

② (○) **첩보수집**의 소순환과정은 첩보의 **수집계획 → 출처개척 → 획득 → 전달** 순이다.

③ (×) **정보생산**(정보요구×)의 소순환과정은 첩보의 **선택 → 기록 → 평가 → 분석 → 종합 →** 해석 순이다.

④ (×) **정보요구**(정보생산×)의 소순환과정은 첩보의 **기본요소 결정→ 수집계획서의 작성 → 명령하달 → 사후검토** 순이다.

1058 다음 〈보기〉의 상황에 따른 정보요구방법이 올바르게 연결된 것은?  14 순경2차

보기

㉠ 각 정보부서에 맡고 있는 정책을 수행함에 있어서 필요한 일반적·포괄적 정보로서 계속적이고 반복적으로 수집해야 할 필요가 있는 경우

㉡ 어떤 수시적 돌발상황의 해결에 필요한 한도 내에서 임시적·단편적·지역적인 특수사건을 단기에 해결하기 위하여 필요한 경우

㉢ 국가안전보장이나 정책에 관련되는 국가정보목표의 우선순위로서, 정부에서 기획된 연간 기본정책을 수행함에 있어 필요로 하는 자료들을 목표로 하여 선정하는 경우

㉣ 정세의 변화에 따라 불가피하게 정책상 수정이 요구되거나 이를 위한 자료가 절실히 요구되는 경우

① ㉠ PNIO ㉡ SRI ㉢ EEI ㉣ OIR

② ㉠ EEI ㉡ SRI ㉢ PNIO ㉣ OIR

③ ㉠ PNIO ㉡ OIR ㉢ EEI ㉣ SRI

④ ㉠ EEI ㉡ OIR ㉢ PNIO ㉣ SRI

해설

㉠ EEI – 각 정보부서에 맡고 있는 정책을 수행함에 있어서 필요한 **일반적·포괄적 정보로서 계속적이고 반복적으로 수집**해야 할 필요가 있는 경우

㉡ SRI – 어떤 **수시적 돌발상황**의 해결에 필요한 한도 내에서 **임시적·단편적·지역적인 특수사건을 단기에 해결**하기 위하여 필요한 경우

㉢ PNIO – 국가안전보장이나 정책에 관련되는 **국가정보목표의 우선순위**로서, **정부에서** 기획된 연간 **기본정책**을 수행함에 있어 필요로 하는 자료들을 목표로 하여 선정하는 경우

㉣ OIR – **정세의 변화**에 따라 불가피하게 **정책상 수정이 요구**되거나 이를 위한 자료가 절실히 요구되는 경우

 1057 ② 1058 ②

1059 정보배포 원칙에 관한 설명으로 가장 적절하지 않은 것은?  24 순경1차

① 필요성의 원칙은 알 필요가 있는 대상자에게 정보를 알려야 하고, 알 필요가 없는 대상자에게 는 알려서는 안 된다는 것을 의미한다.

② 보안성의 원칙에 따라, 정보가 누설됨으로써 초래될 결과를 예방하기 위한 보안대책을 강구해 야 한다.

③ 적시성의 원칙에 따라, 먼저 생산된 정보를 우선적으로 배포한다.

④ 계속성의 원칙은 정보가 필요한 기관에 배포되었다면 그 주제와 관련된 새로운 정보는 그 기 관에 계속 배포해 주어야 한다는 것을 의미한다.

해설
① (○) **필요성의 원칙**(차단의 원칙)은 알 필요가 있는 대상자에게 정보를 알려야 하고, 알 필요가 없는 대상자에게는 알 려서는 안 된다는 것을 의미한다.
② (○) **보안성의 원칙**에 따라, 정보가 누설됨으로써 초래될 결과를 예방하기 위한 **보안대책**을 강구해야 한다.
③ (✕) **적시성의 원칙**에 따라, 정보는 **사용자가 필요로 하는 적당한 시기**에 배포(먼저 생산된 정보를 우선적으로 배포✕) 되어야 한다.
④ (○) **계속성의 원칙**은 정보가 필요한 기관에 배포되었다면 그 주제와 **관련된 새로운 정보**는 그 기관에 **계속 배포해 주어야 한다**는 것을 의미한다.

1060 정보배포의 원칙에 대한 설명이다. 〈보기 1〉과 〈보기 2〉의 내용이 가장 적절하게 연결된 것은?  20 법학

보기 1
(가) 특정 정보가 필요한 정보사용자에게 배포되었다면, 그 정보의 내용이 변화되었거나 혹은 관련 내 용이 추가적으로 입수되었을 경우에 관련 정보는 지속적으로 사용자에게 배포되어야 한다.
(나) 정보는 정책결정과정에서 정보사용자가 사용하고자 하는 시간에 맞추어 배포되어야 한다.
(다) 정보는 사용자의 능력과 상황에 맞추어서 적당한 양을 조절하여 필요한 만큼만 적절한 전파수단 을 통해 전달되어야 한다.

보기 2
㉠ 필요성 ㉡ 적시성 ㉢ 적당성 ㉣ 계속성

	(가)	(나)	(다)		(가)	(나)	(다)
①	㉣	㉡	㉢	②	㉡	㉢	㉠
③	㉠	㉡	㉢	④	㉣	㉡	㉠

해설
(가) 특정 정보가 필요한 정보사용자에게 배포되었다면, 그 정보의 내용이 **변화**되었거나 혹은 관련 내용이 **추가**적으로 입수 되었을 경우에 **관련 정보는 지속적으로 사용자에게 배포**되어야 한다. – ㉣ **계속성**
(나) 정보는 정책결정과정에서 정보사용자가 **사용하고자 하는 시간에 맞추어 배포**되어야 한다. – ㉡ **적시성**
(다) 정보는 사용자의 능력과 상황에 맞추어서 **적당한 양을 조절하여 필요한 만큼만** 적절한 전파수단을 통해 전달되어야 한다. – ㉢ **적당성**

🔒 1059 ③ 1060 ①

1061 정보의 배포와 관련된 설명으로 ⊙~⑩의 내용 중 옳고 그름의 표시(○, ×)가 모두 바르게 된 것은?

19 순경2차

> ⊙ 정보의 배포란 정보를 필요로 하는 개인이나 기관에게 적합한 내용을 적당한 시기에 제공하는 과정을 말하는 것으로, 적합한 형태를 갖출 필요는 없다.
> ⓒ 보안성의 원칙은 정보연구 및 판단이 누설되면 정보로서의 가치를 상실할 수 있으므로 이를 예방하기 위해 보안대책을 강구해야 한다는 것을 말한다.
> ⓒ 계속성의 원칙은 정보가 정보사용자에게 배포되었다면, 그 정보의 내용이 변화되었거나 관련 내용이 추가적으로 입수되었거나 할 경우 계속적으로 사용자에게 배포되어야 한다는 것을 말한다.
> ⓔ 정보배포의 주된 목적은 정책입안자 또는 정책결정자가 정보를 바탕으로 건전한 정책결정에 이르도록 하는 데 있다.
> ⑩ 정보는 먼저 생산된 것을 우선적으로 배포하여야 한다.

① ⊙(×)　　ⓒ(×)　　ⓒ(○)　　ⓔ(×)　　⑩(○)
② ⊙(×)　　ⓒ(○)　　ⓒ(○)　　ⓔ(○)　　⑩(×)
③ ⊙(○)　　ⓒ(○)　　ⓒ(×)　　ⓔ(○)　　⑩(○)
④ ⊙(×)　　ⓒ(○)　　ⓒ(○)　　ⓔ(×)　　⑩(×)

해설

⊙ (×) **정보의 배포**란 정보를 필요로 하는 개인이나 기관에게 **적합한 내용을 적당한 시기에** 제공하는 과정을 말하는 것으로, 적합한 형태를 갖출 필요가 **있다(없다×).**
ⓒ (○) **보안성의 원칙**은 정보연구 및 판단이 누설되면 정보로서의 가치를 상실할 수 있으므로 이를 예방하기 위해 **보안대책**을 강구해야 한다는 것을 말한다.
ⓒ (○) **계속성의 원칙**은 정보가 정보사용자에게 배포되었다면, 그 정보의 내용이 **변화**되었거나 관련 내용이 **추가**적으로 입수되었거나 할 경우 **계속적으로 사용자에게 배포**되어야 한다는 것을 말한다.
ⓔ (○) **정보배포의 주된 목적**은 정책입안자 또는 정책결정자가 **정보를 바탕으로 건전한 정책결정에 이르도록** 하는 데 있다.
⑩ (×) 정보는 **중요하고 긴급**한 정보(먼저 생산된 것×)를 **우선**적으로 배포하여야 한다.

제3절　정보보고서

1062 정보경찰활동에 대한 설명으로 가장 적절하지 않은 것은?

20 승진

① 관련 문서의 배포범위를 제한하거나 폐기 대상인 문서를 파기하는 등의 관리방법은 물리적 보안조치에 해당한다.
② 정보배포의 원칙으로 필요성, 적당성, 보안성, 적시성, 계속성이 있다.
③ 어떤 수시적 돌발상황의 해결에 필요한 한도 내에서 임시적, 단편적, 지역적 특수사건을 단기에 해결하기 위하여 필요한 경우 요구되는 첩보를 SRI(특별첩보요구)라고 한다.

 1061 ② 1062 ①

④ 정보배포의 원칙 중 계속성은 특정 정보가 필요한 정보사용자에게 배포되었다면 그 정보의 내용이 계속 변화되었거나 관련 내용이 추가적으로 입수되었거나 할 경우 정보는 계속적으로 사용자에게 배포되어야 한다는 원칙이다.

해설

① (✕) 관련 문서의 배포범위를 제한하거나 **폐기 대상인 문서를 파기**하는 등의 관리방법은 **정보의 분류조치**(**물리적 보안조치✕**)에 해당한다.

Tip 보안성의 원칙

정보의 분류조치	• 정보들을 **여러 등급으로 분류**하여 열람자격 등을 규정 • 문서에 **비밀임을 표시**하거나 관련 정보나 문서를 **열람하는 자격을 제한** • 관련 문서의 **배포범위를 제한**하거나 **폐기 대상인 문서를 파기**
인사 보안조치	• 공무원에 의해 유출될 **가능성을 차단** • 배포 담당 공무원의 채용과 임명 과정에서의 보안심사 또는 보안서약의 징구
물리적 보안조치	• **보호구역을 지정**하여 관리하고 그 시설에 대한 보안조치를 실시
통신 보안조치	• 통신이 도청당하는 것을 방지 • 컴퓨터 네트워크에 대한 보안조치

② (○) 정보배포의 원칙으로 필요성, 적당성, 보안성, 적시성, 계속성이 있다.

③ (○) 어떤 **수시적 돌발상황의 해결**에 필요한 한도 내에서 **임시적, 단편적, 지역적 특수사건을 단기에 해결**하기 위하여 필요한 경우 요구되는 첩보를 **SRI**(**특별첩보요구**)라고 한다.

④ (○) **정보배포**의 원칙 중 **계속성**은 특정 정보가 필요한 정보사용자에게 배포되었다면 그 정보의 내용이 계속 **변화**되었거나 관련 내용이 **추가**적으로 입수되었거나 할 경우 정보는 **계속적으로 사용자에게 배포**되어야 한다는 원칙이다.

1063 경찰정보활동에 대한 설명으로 가장 적절하지 않은 것은?  ●C급 19 승진

① '견문'이란 경찰관이 공·사생활을 통하여 보고 들은 국내외의 정치·경제·사회·문화 등 제 분야에 관한 각종 보고자료를 말한다.

② '정보상황보고'란 매일 전국의 사회갈등이나 집회시위 상황을 정리하여 그 다음 날 아침에 경찰 내부와 정부 각 기관에 전파하는 보고서이다.

③ '정보판단(대책)서'란 신고된 집회계획 또는 정보관들이 입수한 미신고 집회 개최계획 등을 파악하고 이 중 경찰력을 필요로 하는 중요 집회에 대해 미리 작성하여 경비·수사 등 관련 기능에 전파하는 보고서이다.

④ '정책정보보고서'란 정부 정책의 문제점을 파악하고 그 개선책을 보고하는 데 주안점을 두는 정보보고이며, '예방적 상황정보'라고 볼 수 있다.

해설

① (○) **견문**'이란 경찰관이 공·사생활을 통하여 **보고 들은** 국내외의 정치·경제·사회·문화 등 제 분야에 관한 각종 보고자료를 말한다.

② (✕) **중요상황정보**'(**정보상황보고✕**)는 매일 전국의 사회갈등이나 집회시위 상황을 정리하여 **그 다음 날 아침에** 경찰 내부와 정부 각 기관에 전파하는 보고서를 말한다.

> **Tip** '**상황속보**'는 일반적으로 **상황속보** 또는 속보로 불리는데 경찰 내부뿐만 아니라 필요시 경찰 외부에도 전파하는 시스템으로 운용되고 있다. 상황정보의 내용은 사회갈등이나 집회시위 관련한 경우가 대부분이다.

③ (○) '**정보판단**(대책)**서**'란 신고된 집회계획 또는 정보관들이 입수한 미신고 집회 **개최계획 등을 파악**하고 이 중 경찰력을 필요로 하는 중요 집회에 대해 **미리 작성하여** 경비·수사 등 관련기능에 전파하는 보고서이다.

④ (○) '**정책**정보보고서'란 정부 **정책의 문제점을 파악**하고 그 **개선책을 보고**하는 데 주안점을 두는 정보보고이며, '**예방적 상황정보**'라고 볼 수 있다.

 1063 ②

1064 「보안업무규정」상 신원조사에 대한 설명으로 가장 옳지 않은 것은?  ●B급 17 · 18 순경2차 변형

① 국가정보원장은 제3조 제2호에 해당하는 사람의 충성심·신뢰성 등을 확인하기 위하여 신원 조사를 한다.

② 관계 기관의 장은 공무원 임용 예정자(국가안전보장에 한정된 국가 기밀을 취급하는 직위에 임용될 예정인 사람으로 한정한다), 비밀취급 인가 예정자에 대하여 국가정보원장에게 신원조 사를 요청해야 한다.

③ 관계 기관의 장은 국가보안시설·보호장비를 관리하는 기관 등의 장(해당 국가보안시설 등의 관리 업무를 수행하는 소속 직원을 포함한다)에 대하여 국가정보원장에게 신원조사를 요청해 야 한다.

④ 국가정보원장은 신원조사 결과 국가안전보장에 해를 끼칠 정보가 있음이 확인된 사람에 대해 서는 관계 기관의 장에게 그 사실을 통보할 수 있다. 이때 통보를 받은 관계 기관의 장은 신원 조사 결과에 따라 필요한 보안대책을 마련하여야 한다.

해설

① (○) **국가정보원장은** 제3조 제2호에 해당하는 사람의 **충성심·신뢰성** 등을 확인하기 위하여 **신원조사를 한다**(동규정 제36조 제1항).

② (○) **관계 기관의 장은 공무원 임용 예정자**(국가안전보장에 한정된 국가 기밀을 취급하는 직위에 임용될 예정인 사람으로 한정한다), **비밀취급 인가 예정자**에 대하여 **국가정보원장에게 신원조사를 요청해야 한다**(동규정 제36조 제3항 제1호·제2호).

③ (○) **관계 기관의 장은 국가보안시설·보호장비를 관리하는 기관 등의 장**(해당 국가보안시설 등의 관리 업무를 수행하는 소속 직원을 포함한다)에 대하여 **국가정보원장에게 신원조사를 요청해야 한다**(동규정 제36조 제3항 제4호).

④ (×) **국가정보원장은** 신원조사 결과 국가안전보장에 **해를 끼칠 정보가 있음이 확인된 사람**에 대해서는 **관계 기관의 장**에게 그 사실을 **통보하여야 한다**(할 수 있다×). 이때 통보를 받은 **관계 기관의 장은** 신원조사 결과에 따라 필요한 **보안대책을 마련하여야 한다**(동규정 제37조 제1항·제2항).

🔒 1064 ④

제5절 집회 및 시위에 관한 법률[시행 2021.1.1.]

1065 「집회 및 시위에 관한 법률」에 대한 설명이다. ㉠~㉢에 들어갈 내용으로 가장 적절한 것은?

● A급 25 순경1차

"옥외집회"란 (㉠)이 없거나 사방이 폐쇄되지 아니한 장소에서 여는 집회를 말한다.
"(㉡)"란 자기 이름으로 자기 책임 아래 집회나 시위를 여는 사람이나 단체를 말한다.
"(㉢)"(이)란 국가경찰관서를 말한다.

	㉠	㉡	㉢		㉠	㉡	㉢
①	천장	주최자	경찰기관	②	천장	주최자	경찰관서
③	지붕	주최자	경찰관서	④	지붕	주관자	경찰기관

해설

"옥외집회"란 (㉠ **천장**)이 없거나 **사방이 폐쇄되지 아니한 장소**에서 여는 집회를 말한다(동법 제2조 제1호).
"(㉡ **주최자**)"란 **자기 이름으로 자기 책임 아래** 집회나 시위를 여는 **사람**이나 **단체**를 말한다(동법 제2조 제3호).
"(㉢ **경찰관서**)"(이)란 **국가경찰관서**를 말한다(동법 제2조 제6호).

1066 「집회 및 시위에 관한 법률」에 대한 설명으로 가장 적절한 것은?   ● A급 19 승진

① '집회'란 여러 사람이 공동의 목적을 가지고 도로, 광장, 공원 등 일반인이 자유로이 통행할 수 있는 장소를 행진하거나 위력 또는 기세를 보여, 불특정한 여러 사람의 의견에 영향을 주거나 제압을 가하는 행위를 말한다.

② 집회·시위의 신고를 받은 관할경찰관서장은 집회·시위의 보호와 공공의 질서 유지를 위해 최대한의 범위를 정하여 질서유지선을 설정할 수 있다.

③ 신고장소가 다른 사람의 주거지역이나 이와 유사한 장소 또는 학교 및 군사시설·상가밀집지역의 주변지역에서의 집회나 시위의 경우 그 거주자나 관리자가 시설이나 장소의 보호를 요청하는 경우에는 집회나 시위의 금지 또는 제한을 통고할 수 있다.

④ 관할경찰관서장은 옥외집회 및 시위 신고서의 기재 사항에 미비한 점을 발견하면 접수증을 교부한 때부터 12시간 이내에 주최자에게 24시간을 기한으로 그 기재 사항을 보완할 것을 통고할 수 있다.

해설

① (×) '**시위**'(집회×)란 여러 사람이 공동의 목적을 가지고 도로, 광장, 공원 등 일반인이 자유로이 통행할 수 있는 장소를 **행진**하거나 **위력 또는 기세를 보여**, 불특정한 여러 사람의 의견에 영향을 주거나 제압을 가하는 행위를 말한다(동법 제2조 제2호).

② (×) 집회·시위의 신고를 받은 관할경찰관서장은 집회 및 시위의 보호와 공공의 질서 유지를 위하여 필요하다고 인정하면 **최소한(최대한×)**의 범위를 정하여 질서유지선을 설정할 수 있다(동법 제13조 제1항).

 1065 ② 1066 ④

③ (×) 신고장소가 다른 사람의 **주거지역**이나 이와 유사한 장소 또는 **학교** 및 **군사시설**·(상가밀집지역×)의 주변지역에서의 집회나 시위의 경우 그 **거주자나 관리자가** 시설이나 장소의 보호를 **요청하는 경우**에는 집회나 시위의 **금지 또는 제한을 통고할 수 있다**(동법 제8조 제5항).

④ (○) 관할경찰서장은 옥외집회 및 시위 신고서의 기재 사항에 미비한 점을 발견하면 **접수증을 교부한 때부터 12시간 이내에 주최자에게 24시간을 기한으로** 그 기재 사항을 **보완할 것을 통고**할 수 있다(동법 제7조 제1항).

1067 「집회 및 시위에 관한 법률」에 대한 설명으로 가장 적절한 것은?

 19 승진

① 옥외집회나 시위를 주최하려는 자는 신고서를 옥외집회나 시위를 시작하기 720시간 전부터 24시간 전에 관할경찰서장에게 제출하여야 한다. 다만, 옥외집회 또는 시위 장소가 두 곳 이상의 경찰서의 관할에 속하는 경우에는 관할 시·도경찰청장에게 제출하여야 하고, 두 곳 이상의 시·도경찰청 관할에 속하는 경우에는 주최지를 관할하는 시·도경찰청장에게 제출하여야 한다.

② 관할경찰서장 또는 시·도경찰청장은 「집회 및 시위에 관한 법률」 제6조 제1항에 따른 신고서를 접수하면 신고자에게 접수 일시를 적은 접수증을 12시간 이내에 내주어야 한다.

③ 관할경찰관서장은 신고서의 기재 사항에 미비한 점을 발견하면 접수증을 교부한 때부터 12시간 이내에 주최자에게 24시간을 기한으로 그 기재 사항을 보완할 것을 통고할 수 있다.

④ 주최자는 신고한 옥외집회 또는 시위를 하지 아니하게 된 경우에는 신고서에 적힌 집회 일시 12시간 전에 그 철회사유 등을 적은 철회신고서를 관할경찰관서장에게 제출하여야 한다.

해설

① (×) 옥외집회나 시위를 주최하려는 자는 신고서를 옥외집회나 시위를 **시작하기 720시간 전부터 48시간**(24시간×) **전에** 관할경찰서장에게 제출하여야 한다. 다만, 옥외집회 또는 시위 장소가 **두 곳 이상의 경찰서의 관할**에 속하는 경우에는 관할 **시·도경찰청장에게** 제출하여야 하고, **두 곳 이상의 시·도경찰청 관할**에 속하는 경우에는 **주최지를 관할하는 시·도경찰청장에게** 제출하여야 한다(동법 제6조 제1항).

② (×) 관할경찰서장 또는 시·도경찰청장은 「집회 및 시위에 관한 법률」 제6조 제1항에 따른 **신고서를 접수하면** 신고자에게 접수 일시를 적은 **접수증을 즉시**(12시간 이내×) **내주어야 한다**(동법 제6조 제2항).

③ (○) 관할경찰관서장은 신고서의 기재 사항에 미비한 점을 발견하면 **접수증을 교부한 때부터** 12시간 이내에 주최자에게 24시간을 기한으로 그 기재 사항을 **보완할 것을 통고할 수 있다**(동법 제7조 제1항).

④ (×) 주최자는 신고한 옥외집회 또는 시위를 **하지 아니하게 된 경우**에는 신고서에 적힌 **집회 일시 24시간**(12시간×) **전에** 그 철회사유 등을 적은 **철회신고서를** 관할경찰관서장에게 **제출하여야 한다**(동법 제6조 제3항).

1068 「집회 및 시위에 관한 법률」 및 같은 법 시행령에 대한 설명으로 가장 적절하지 않은 것은?

A급 23 특공

① 경찰관서장이 질서유지선을 설정할 때에는 주최자 또는 연락책임자에게 서면으로 고지하여야 한다.

② 집회 또는 시위의 주최자는 집회 또는 시위의 질서 유지에 관하여 자신을 보좌하도록 18세 이상의 사람을 질서유지인으로 임명할 수 있다.

③ 옥외집회 또는 시위 장소가 두 곳 이상의 경찰서의 관할에 속하는 경우에는 해당 장소의 모든 경찰서장에게 신고서를 제출하여야 한다.

④ 옥외집회나 시위를 주최하려는 자는 신고서를 옥외집회나 시위를 시작하기 720시간 전부터 48시간 전에 관할 경찰관서장에게 제출하여야 한다.

🔒 **1067** ③ **1068** ③

해설

① (○) **경찰관서장이 질서유지선을 설정할 때**에는 **주최자** 또는 **연락책임자**에게 **서면**으로 **고지**하여야 한다(동법 제13조, 동법 시행령 제13조 제2항).

② (○) 집회 또는 시위의 **주최자**는 집회 또는 시위의 질서 유지에 관하여 자신을 보좌하도록 **18세 이상**의 사람을 **질서유지인**으로 **임명할 수 있다**(동법 제16조 제2항).

③ (×) 옥외집회 또는 시위 장소가 **두 곳 이상의 경찰서의 관할**에 속하는 경우에는 **관할 시·도경찰청장**(해당 장소의 **모든 경찰서장×**)에게 신고서를 제출하여야 한다(동법 제6조 제1항).

④ (○) **옥외집회나 시위**를 주최하려는 자는 신고서를 **옥외집회나 시위를 시작하기 720시간 전부터 48시간 전**에 관할 경찰관서장에게 **제출하여야 한다**(동법 제6조 제1항).

1069 「집회 및 시위에 관한 법률」에 대한 설명으로 가장 적절하지 않은 것은?   ●A급 20 승진

① 옥외집회와 시위의 장소가 두 곳 이상의 시·도경찰청의 관할에 속하는 경우 주최지를 관할하는 시·도경찰청장에게 집회신고서를 제출해야 한다.

② 관할경찰관서장은 신고서의 기재 사항에 미비한 점을 발견하면 접수증을 교부한 때부터 12시간 이내에 주최자에게 24시간을 기한으로 그 기재 사항을 보완할 것을 통고할 수 있다.

③ 주최자는 신고한 옥외집회 또는 시위를 하지 아니하게 된 경우에는 신고서에 적힌 집회 일시 12시간 전에 관할경찰관서장에게 철회신고서를 제출해야 한다.

④ 옥외집회나 시위를 주최하려는 자는 신고서를 옥외집회나 시위를 시작하기 720시간 전부터 48시간 전에 관할경찰서장에게 제출해야 한다.

해설

① (○) 옥외집회와 시위의 장소가 **두 곳 이상의 시·도경찰청의 관할**에 속하는 경우 **주최지를 관할하는 시·도경찰청장**에게 집회신고서를 제출해야 한다(동법 제6조 제1항).

② (○) 관할경찰관서장은 신고서의 기재 사항에 **미비한 점**을 발견하면 **접수증을 교부한 때부터 12시간 이내**에 **주최자에게 24시간을 기한으로** 그 기재 사항을 **보완**할 것을 **통고할 수 있다**(동법 제7조 제1항).

③ (×) 주최자는 신고한 옥외집회 또는 시위를 하지 **아니하게 된 경우**에는 신고서에 적힌 집회 일시 **24시간**(12시간×) **전**에 관할경찰관서장에게 **철회신고서**를 **제출**해야 한다(동법 제6조 제3항).

④ (○) 옥외집회나 시위를 주최하려는 자는 **신고서**를 옥외집회나 시위를 **시작하기 720시간 전부터 48시간 전**에 관할경찰서장에게 제출해야 한다(동법 제6조 제1항).

1070 「집회 및 시위에 관한 법률」 및 동법 시행령에 대한 설명 중 가장 적절한 것은?   ●A급 20 승진

① 관할경찰관서장은 「집회 및 시위에 관한 법률」 제6조 제1항에 따른 신고서의 기재 사항에 미비한 점을 발견하면 접수증을 교부한 때부터 12시간 이내에 주최자 또는 질서유지인에게 24시간을 기한으로 그 기재 사항을 보완할 것을 통고할 수 있다.

② 위 ①에 따른 보완통고는 보완할 사항을 분명히 밝혀 서면 또는 구두로 주최자 또는 연락책임자에게 송달하여야 한다.

1069 ③   1070 ③

③ 「집회 및 시위에 관한 법률」 제6조 제1항에 따른 신고를 받은 관할경찰관서장이 집회 및 시위의 보호와 공공의 질서 유지를 위하여 필요하다고 인정하여 질서유지선을 설정할 때에는 주최자 또는 연락책임자에게 이를 알려야 한다.

④ 집회 또는 시위 장소의 상황에 따라 질서유지선을 새로 설정하거나 변경하는 경우 서면으로 통지해야 한다.

해설

① (×) 관할경찰관서장은 「집회 및 시위에 관한 법률」 제6조 제1항에 따른 신고서의 기재 사항에 미비한 점을 발견하면 **접수증을 교부한 때부터 12시간 이내에 주최자**(질서유지인×)에게 24시간을 기한으로 그 기재 사항을 보완할 것을 통고할 수 있다(동법 제7조 제1항).

② (×) 위 ①에 따른 **보완통고는 보완할 사항**을 분명히 밝혀 **서면**(구두×)**으로 주최자 또는 연락책임자**에게 **송달**하여야 한다(동법 제7조 제2항).

③ (○) 「집회 및 시위에 관한 법률」 제6조 제1항에 따른 신고를 받은 **관할경찰관서장이** 집회 및 시위의 보호와 공공의 질서 유지를 위하여 필요하다고 인정하여 **질서유지선을 설정할 때에는 주최자 또는 연락책임자에게 이를 알려야 한다**(동법 제13조 제2항).

④ (×) 집회 또는 시위 장소의 상황에 따라 **질서유지선을 새로 설정하거나 변경하는 경우**에는 집회 또는 시위의 장소에 있는 **국가경찰공무원이 구두로 알릴 수 있다**(서면으로 통지해야 한다×).

1071 「집회 및 시위에 관한 법률」에 대한 설명으로 가장 적절한 것은?  20 순경1차

① 적법한 절차에 따라 설정한 질서유지선을 경찰관의 경고에도 불구하고 정당한 사유 없이 상당시간 침범하거나 손괴·은닉·이동 또는 제거하거나 그 밖의 방법으로 그 효용을 해친 자는 6개월 이하의 징역 또는 50만원 이하의 벌금·구류 또는 과료에 처한다.

② 옥외집회 또는 시위 장소가 두 곳 이상의 경찰서의 관할에 속하는 경우에는 주최지를 관할하는 경찰서장에게 신고서를 제출하여야 한다.

③ 관할경찰서장은 신고서의 기재 사항에 미비한 점을 발견하면 접수증을 교부한 때부터 12시간 이내에 주최자에게 24시간을 기한으로 그 기재 사항을 보완할 것을 통고하여야 한다.

④ "주관자"란 자기 이름으로 자기 책임 아래 집회나 시위를 여는 사람이나 단체를 말한다. 주관자는 주최자를 따로 두어 집회 또는 시위의 실행을 맡아 관리하도록 위임할 수 있다.

해설

① (○) **적법한 절차에 따라 설정한 질서유지선을** 경찰관의 경고에도 불구하고 정당한 사유 없이 상당 시간 **침범하거나 손괴·은닉·이동 또는 제거**하거나 그 밖의 방법으로 그 효용을 해친 자는 **6개월 이하의 징역 또는 50만원 이하의 벌금·구류 또는 과료**에 처한다(동법 제24조 제3호).

② (×) 옥외집회 또는 시위 장소가 **두 곳 이상의 경찰서의 관할**에 속하는 경우에는 **관할 시·도경찰청장**(주최지를 관할하는 경찰서장×)에게 신고서를 제출하여야 한다(동법 제6조 제1항).

③ (×) 관할경찰서장은 신고서의 기재 사항에 **미비한 점을 발견하면** 접수증을 교부한 때부터 12시간 이내에 주최자에게 **24시간을 기한으로** 그 기재 사항을 보완할 것을 통고할 수 있다(하여야 한다×)(동법 제7조 제1항).

④ (×) **주최자**(주관자×)란 자기 이름으로 자기 책임 아래 집회나 시위를 여는 사람이나 단체를 말한다. **주최자**(주관자×)는 **주관자**(주최자×)를 따로 두어 집회 또는 시위의 **실행을 맡아 관리하도록 위임할 수 있다**. 이 경우 주관자는 그 위임의 범위 안에서 주최자로 본다(동법 제2조 제3호).

🔒 1071 ①

1072 「집회 및 시위에 관한 법률」에 대한 설명으로 가장 적절하지 않은 것은? ● A급 21 특공

① 관할경찰서장은 신고서의 기재 사항에 미비한 점을 발견하면 접수증을 교부한 때부터 12시간 이내에 주최자에게 24시간을 기한으로 그 기재 사항을 보완할 것을 통고할 수 있다.

② 옥외집회 또는 시위 장소가 두 곳 이상의 경찰서의 관할에 속하는 경우에는 해당 장소의 모든 경찰서장에게 신고서를 제출하여야 한다.

③ 적법한 절차에 따라 설정한 질서유지선을 경찰관의 경고에도 불구하고 정당한 사유 없이 상당 시간 침범하거나 손괴·은닉·이동 또는 제거하거나 그 밖의 방법으로 그 효용을 해친 자는 6개월 이하의 징역 또는 50만원 이하의 벌금·구류 또는 과료에 처한다.

④ '주최자'란 자기 이름으로 자기 책임 아래 집회나 시위를 여는 사람이나 단체를 말한다.

해설

① (○) 관할경찰서장은 신고서의 기재 사항에 미비한 점을 발견하면 **접수증을 교부한 때부터** 12시간 이내에 **주최자에게** 24시간을 기한으로 그 기재 사항을 **보완할 것을 통고할 수 있다**(동법 제7조 제1항).

② (×) 옥외집회 또는 시위 장소가 **두 곳 이상의 경찰서의 관할**에 속하는 경우에는 **관할 시·도경찰청장(모든 경찰서장 ×)에게** 신고서를 제출하여야 한다(동법 제6조 제1항).

③ (○) **적법한 절차에 따라 설정한 질서유지선을** 경찰관의 경고에도 불구하고 정당한 사유 없이 상당 시간 침범하거나 **손괴·은닉·이동 또는 제거**하거나 그 밖의 방법으로 그 효용을 해친 자는 **6개월 이하**의 징역 또는 **50만원 이하**의 벌금·**구류 또는 과료**에 처한다(동법 제24조 제3호).

④ (○) '**주최자**'란 **자기 이름**으로 **자기 책임** 아래 집회나 시위를 **여는 사람**이나 **단체**를 말한다(동법 제2조 제3호).

1073 「집회 및 시위에 관한 법률」상 집회 및 시위에 대한 설명으로 가장 적절하지 않은 것은? (다툼이 있는 경우 판례에 의함) ● A급 21 승진

① 「집회 및 시위에 관한 법률」 제2조 제2호가 규정한 '시위'에 해당하려면 '공중이 자유로이 동행할 수 있는 장소'라는 요건을 반드시 충족하여야 한다.

② 외형상 기자회견이라는 형식을 띠었지만, 용산철거를 둘러싸고 철거민의 입장을 옹호하면서 검찰에 수사기록을 공개하라는 내용의 공동 의견을 형성하여 이를 대외적으로 표명할 목적 아래 일시적으로 일정한 장소에 모인 것은 「집회 및 시위에 관한 법률」상 집회에 해당한다.

③ 「집회 및 시위에 관한 법률」은 옥외집회와 시위를 구분하여 개념을 규정하고 있고, 순수한 1인 시위는 동법의 적용 대상에 해당하지 않는다.

④ 집회가 성립하기 위한 최소한의 인원에 대해 종래의 학계와 실무에서는 2인실과 3인설이 대립하고 있었으나 대법원은 "2인이 모인 집회도 「집회 및 시위에 관한 법률」의 규제대상"이라고 판시한 바 있다.

해설

① (×) 「집회 및 시위에 관한 법률」 제2조 제2호의 "**시위**"는 그 문리(文理)와 개정연혁에 비추어 다수인이 **공동목적**을 가지고 (1) 도로·광장·공원 등 **공중이 자유로이 통행할 수 있는 장소를 진행**함으로써 불특정다수인의 의견에 영향을 주거나 제압을 가하는 행위와 (2) **위력 또는 기세를 보여** 불특정다수인의 의견에 영향을 주거나 제압을 가하는 행위를 말한다고 풀이되므로, 위 (2)의 경우에는 "공중이 자유로이 통행할 수 있는 장소"라는 **장소적 제한개념은 시위라는 개념의 요소라고 볼 수 없다**(반드시 충족하여야 한다×)(헌재 91헌바14).

② (○) **집시법은 제2조 제2호에서** 시위의 개념을 정의하고 있는 것과 달리 '**집회**'의 개념에 관하여는 아무런 정의 규정을 **두고 있지 않으나**, 집시법에 의하여 보장 및 규제의 대상이 되는 **집회란** '특정 또는 불특정 다수인이 공동의 의견을

🔒 1072 ② 1073 ①

형성하여 이를 대외적으로 표명할 목적 아래 **일시적으로 일정한 장소에 모이는 것**'을 말한다고 할 것이다(대법원 2017도1056). **외형상 기자회견**이라는 형식을 띠었지만, **용산철거**를 둘러싸고 **철거민의 입장을 옹호**하면서 검찰에 수사기록을 공개하라는 내용의 공동 의견을 형성하여 이를 대외적으로 표명할 목적 아래 **일시적으로 일정한 장소에 모인 것은** 「집회 및 시위에 관한 법률」상 **집회에 해당한다**(대법원 2011도6301).

> 🔖Tip 일반교통방해죄는 이른바 **추상적 위험범**으로서 교통이 불가능하거나 또는 현저히 곤란한 상태가 발생하면 바로 기수가 되고 **교통방해의 결과가 현실적으로 발생하여야 하는 것은 아니다.** 또한 일반교통방해죄에서 교통방해행위는 계속범의 성질을 가지는 것이어서 교통방해의 상태가 계속되는 한 위법상태는 계속 존재한다. 따라서 교통방해를 유발한 집회에 참가한 경우 **참가 당시 이미 다른 참가자들에 의해 교통의 흐름이 차단된 상태였다고 하더라도 교통방해를 유발한 다른 참가자들과 암묵적·순차적으로 공모하여 교통방해의 위법상태를 지속시켰다고 평가할 수 있다면 일반교통방해죄가 성립한다**(대법원 2017도1056).

③ (○) 「집회 및 시위에 관한 법률」은 옥외집회와 시위를 구분하여 개념을 규정하고 있고, **순수한 1인 시위는 동법의 적용 대상에 해당하지 않는다**는 것이 **통설**의 입장이다.

> 🔖Tip 통설적 입장에 의하면 집회·시위가 금지된 장소에서도 1인 시위는 가능하게 된다.

④ (○) **집회가 성립하기 위한 최소한의 인원**에 대해 종래의 학계와 실무에서는 2인설과 3인설이 대립하고 있었으나 대법원은 "**2인이 모인 집회도** 「집회 및 시위에 관한 법률」의 **규제대상**"이라고 판시한 바 있다(대법원 2010도11381).

> 🔖Tip 구 집시법에 의하여 보장 및 규제의 대상이 되는 **집회란** '특정 또는 불특정 다수인이 공동의 의견을 형성하여 이를 대외적으로 표명할 목적 아래 **일시적으로 일정한 장소에 모이는 것**'을 말하고, 그 모이는 **장소나 사람의 다과에 제한이 있을 수 없으므로,** 2인이 모인 집회도 위 법의 규제 대상이 된다고 보아야 한다(대법원 2010도11381).

1074 「집회 및 시위에 관한 법률」상 제한·금지·보완통고에 대한 설명으로 가장 적절하지 않은 것은?

●A급 21 승진

① 관할경찰관서장은 「집회 및 시위에 관한 법」 제8조 제5항 각호의 어느 하나에 해당하는 경우로서 거주자나 관리자가 시설이나 장소의 보호를 요청하는 경우에는 집회나 시위의 금지 또는 제한을 통고할 수 있으며, 제한 통고의 경우 시한에 대한 규정은 없다.

② 관할경찰관서장은 금지 사유에 해당하는 집회 및 시위의 경우에 신고서를 접수한 때로부터 48시간 이내에 금지통고를 할 수 있다.

③ 관할경찰관서장은 「집회 및 시위에 관한 법률」 제6조 제1항에 따른 신고서의 기재 사항에 미비한 점을 발견하면 접수증을 교부한 때로부터 12시간 이내에 주최자에게 24시간을 기한으로 그 기재 사항을 보완할 것을 통고할 수 있다.

④ 보완통고는 보완할 사항을 분명히 밝혀 서면 또는 문자 메시지(SMS)로 주최자 또는 연락책임자에게 전달하여야 한다.

해설

① (○) 관할경찰관서장은 「집회 및 시위에 관한 법」 제8조 제5항 각호의 어느 하나에 해당하는 경우로서 **거주자나 관리자가** 시설이나 장소의 보호를 **요청하는 경우**에는 집회나 시위의 **금지 또는 제한을 통고**할 수 있으며, **제한 통고의 경우 시한에 대한 규정은 없다**(동법 제8조).

② (○) 관할경찰관서장은 **금지 사유에 해당**하는 집회 및 시위의 경우에 **신고서를 접수한 때로부터 48시간 이내에 금지통고를 할 수 있다**(동법 제8조 제1항).

③ (○) 관할경찰관서장은 「집회 및 시위에 관한 법률」 제6조 제1항에 따른 신고서의 기재 사항에 미비한 점을 발견하면 **접수증을 교부한 때로부터 12시간 이내에 주최자에게** 24시간을 기한으로 그 기재 사항을 **보완할 것을 통고할 수 있다**(동법 제7조 제1항).

④ (×) 보완통고는 보완할 사항을 분명히 밝혀 **서면(문자 메시지×)으로 주최자 또는 연락책임자에게 송달**하여야 한다(동법 제7조 제2항).

 1074 ④

1075 「집회 및 시위에 관한 법률」 및 「집회 및 시위에 관한 법률 시행령」에 대한 설명으로 가장 적절한 것은?  20 순경2차

① 집회 또는 시위의 주최자는 금지 통고를 받은 날부터 7일 이내에 해당 경찰관서의 바로 위의 상급경찰관서의 장에게 이의를 신청할 수 있다.

② 집회 또는 시위 금지통고에 대해 이의 신청을 받은 경찰관서장은 24시간 이내에 금지를 통고한 경찰관서장에게 이의 신청의 취지와 이유를 알리고, 답변서의 제출을 명하여야 한다.

③ 주최자는 신고한 옥외집회 또는 시위를 하지 아니하게 된 경우에는 신고서에 적힌 집회 일시 12시간 전에 철회신고서를 관할경찰관서장에게 제출하여야 한다.

④ 관할경찰관서장은 집회 및 시위 참가자들이 자진 해산 요청에 따르지 아니하는 경우, 세 번 이상 자진 해산할 것을 명령하고 그 이후에도 해산하지 아니하면 직접 해산시킬 수 있다.

> **해설**
> ① (×) 집회 또는 시위의 주최자는 **금지 통고를 받은 날부터 10일(7일×)** 이내에 해당 경찰관서의 **바로 위의 상급경찰관서의 장에게 이의를 신청할 수 있다**(동법 제9조 제1항).
> ② (×) 집회 또는 시위 금지통고에 대해 **이의 신청을 받은 경찰관서장은 즉시(24시간 이내×)** 집회 또는 시위의 **금지를 통고한 경찰관서장에게** 이의 신청의 취지와 이유(이의 신청시 증거서류나 증거물을 제출한 경우에는 그 요지를 포함한다)를 **알리고**, 답변서의 제출을 **명하여야 한다**(동법 시행령 제8조 제1항).
> ③ (×) 주최자는 신고한 옥외집회 또는 시위를 하지 **아니하게 된 경우**에는 신고서에 적힌 집회 일시 **24시간(12시간×)** 전에 **철회신고서**를 관할경찰관서장에게 제출하여야 한다(동법 제6조 제3항).
> ④ (○) 관할경찰관서장은 집회 및 시위 참가자들이 **자진 해산 요청에 따르지 아니하는 경우**에는 **세 번 이상 자진 해산할 것을 명령**하고, 참가자들이 해산명령에도 불구하고 해산하지 아니하면 **직접 해산시킬 수 있다**(동법 시행령 제17조 제3호).

1076 「집회 및 시위에 관한 법률」 및 그 시행령에 대한 설명으로 옳지 않은 것은?  20 경위

① 단체는 「집회 및 시위에 관한 법률」상 '주최자'가 될 수 있다.

② 집회 또는 시위의 주최자는 금지통고를 받은 날부터 10일 이내에 해당 경찰관서의 바로 위의 상급경찰관서의 장에게 이의를 신청할 수 있다.

③ 학문, 예술, 체육, 종교, 의식, 친목, 오락, 관혼상제 및 국경행사에 관한 집회에서는 '확성기 등 사용의 제한'에 관한 규정을 적용하지 아니한다.

④ 소음 측정 장소는 피해자가 위치한 건물의 외벽에서 소음원 방향으로 1~3.5m 떨어진 지점으로 하되, 소음도가 높을 것으로 예상되는 지점의 지면 위 1.2~1.5m 높이에서 측정한다. 다만, 주된 건물의 경비 등을 위하여 사용되는 부속 건물, 광장·공원이나 도로상의 영업시설물, 공원의 관리사무소 등은 소음 측정 장소에서 제외한다.

> **해설**
> ① (○) **단체**는 집회 및 시위에 관한 법률상 **'주최자'가 될 수 있다**(동법 제2조 제3호).
> 🔵Tip **"주최자"**란 자기 이름으로 자기 책임 아래 집회나 시위를 여는 **사람이나 단체**를 말한다.
> ② (○) 집회 또는 시위의 주최자는 금지통고를 받은 날부터 **10일** 이내에 해당 경찰관서의 **바로 위의 상급경찰관서의 장에게 이의를 신청**할 수 있다(동법 제9조 제1항).

 1075 ④   1076 ③

③ (×) **학문, 예술, 체육, 종교, 의식, 친목, 오락, 관혼상제 및 국경행사에 관한 집회**에서는 '확성기등 사용의 제한'에 관한 규정을 **적용한다(아니한다×)**.

> 💡Tip '확성기등의 소음기준'은 모든 집회·시위에 적용한다.

> 💡Tip **학문, 예술, 체육, 종교, 의식, 친목, 오락, 관혼상제 및 국경행사에 관한 집회**에는 제6조부터 제12조까지의 규정을 **적용하지 아니한다**.

> 제6조(옥외집회 및 시위의 신고 등)
> 제7조(신고서의 보완 등)
> 제8조(집회 및 시위의 금지 또는 제한 통고)
> 제9조(집회 및 시위의 금지 통고에 대한 이의 신청 등)
> 제10조(옥외집회와 시위의 금지 시간)
> 제11조(옥외집회와 시위의 금지 장소)
> 제12조(교통 소통을 위한 제한)

④ (○) **소음 측정 장소는** 피해자가 위치한 **건물의 외벽**에서 소음원 방향으로 1~3.5m 떨어진 **지점**으로 하되, 소음도가 높을 것으로 예상되는 지점의 **지면 위 1.2~1.5m 높이**에서 측정한다. 다만, 주된 건물의 경비 등을 위하여 사용되는 **부속 건물**, 광장·공원이나 도로상의 **영업시설물**, 공원의 **관리사무소** 등은 **소음 측정 장소에서 제외한다(동법 시행령 [별표2]).

1077 「집회 및 시위에 관한 법률」및「집회 및 시위에 관한 법률 시행령」상 질서유지선에 대한 설명으로 가장 적절한 것은?

● A급 21 순경1차

① 관할경찰관서장은 집회 및 시위의 보호와 공공의 질서 유지를 위하여 집회·시위의 행진로를 확보하거나 이를 위한 임시횡단보도를 설치할 필요가 있을 경우에는「집회 및 시위에 관한 법률」제13조 제1항에 따라 질서유지선을 설정할 수 있다.

② 경찰관서장이 질서유지선을 설정할 때에는 주최자 또는 연락책임자에게 이를 서면으로 고지하여야 하며, 이러한 과정을 통해 설정·고지된 질서유지선은 추후에 변경할 수 없다.

③ 옥외집회 및 시위의 신고를 받은 관할경찰관서장은 집회 및 시위의 보호와 공공의 질서 유지를 위하여 필요하다고 인정하면 최대한의 범위를 정하여 질서유지선을 설정할 수 있다.

④ 「집회 및 시위에 관한 법률」제13조에 따라 설정한 질서유지선을 경찰관의 경고에도 불구하고 정당한 사유 없이 상당 시간 침범하거나 손괴·은닉·이동 또는 제거하거나 그 밖의 방법으로 그 효용을 해친 자는 6개월 이하의 징역 또는 500만원 이하의 벌금·구류 또는 과료에 처한다.

> **해설**

① (○) **관할경찰관서장은** 집회 및 시위의 보호와 공공의 질서 유지를 위하여 집회·시위의 **행진로를 확보**하거나 이를 위한 **임시횡단보도를 설치**할 필요가 있을 경우에는「집회 및 시위에 관한 법률」제13조 제1항에 따라 **질서유지선을 설정할 수 있다(동법 시행령 제13조 제1항 제5호).

② (×) 경찰관서장이 **질서유지선을 설정**할 때에는 **주최자 또는 연락책임자에게** 이를 **서면으로 고지**하여야 하며, 이러한 과정을 통해 설정·고지된 질서유지선은 추후에 변경할 수 **있다(없다×)(동법 시행령 제13조 제2항).

> 💡Tip 집회 또는 시위 장소의 상황에 따라 질서유지선을 **새로 설정**하거나 **변경**하는 경우에는 집회 또는 시위의 장소에 있는 **경찰공무원이 구두**로 알릴 수 있다(동시행령 제13조 제2항).

③ (×) 옥외집회 및 시위의 신고를 받은 관할경찰관서장은 집회 및 시위의 보호와 공공의 질서 유지를 위하여 필요하다고 인정하면 **최소한(최대한×)의 범위를 정하여 질서유지선을 설정할 수 있다(동법 제13조 제1항).

④ (×) 「집회 및 시위에 관한 법률」제13조에 따라 설정한 **질서유지선을** 경찰관의 경고에도 불구하고 정당한 사유 없이 상당 시간 침범하거나 손괴·은닉·이동 또는 제거하거나 그 밖의 방법으로 그 **효용을 해친 자는 6개월 이하의 징역** 또는 **50만원(500만원×) 이하**의 벌금·구류 또는 과료에 처한다(동법 제24조 제3호).

 🔒 1077 ①

1078 「집회 및 시위에 관한 법률」에 대한 설명으로 가장 적절하지 않은 것은?  ●A급 24 승진

① 관할경찰관서장은 옥외집회 및 시위의 신고서를 접수하면 신고자에게 접수 일시를 적은 접수 증을 즉시 내주어야 한다.

② 주최자는 신고한 옥외집회 또는 시위를 하지 아니하게 된 경우에는 신고서에 적힌 집회 일시 24시간 전에 그 철회사유 등을 적은 철회신고서를 관할경찰관서장에게 제출하여야 한다.

③ 관할경찰관서장은 신고서의 기재 사항에 미비한 점을 발견하면 접수증을 교부한 때부터 12시간 이내에 주최자에게 24시간을 기한으로 그 기재 사항을 보완할 것을 통고할 수 있다.

④ 관할경찰관서장이 신고서의 보완 통고를 할 때에는 보완할 사항을 분명히 밝혀 서면 또는 구두로 주최자 또는 연락책임자에게 통보해야 한다.

> **해설**
> ① (○) 관할경찰관서장은 옥외집회 및 시위의 신고서를 접수하면 신고자에게 접수 일시를 적은 접수증을 즉시 내주어야 한다(동법 제6조 제2항).
> ② (○) 주최자는 신고한 옥외집회 또는 시위를 하지 아니하게 된 경우에는 신고서에 적힌 집회 일시 24시간 전에 그 철회 사유 등을 적은 철회신고서를 관할경찰관서장에게 제출하여야 한다(동법 제6조 제3항).
> ③ (○) 관할경찰관서장은 신고서의 기재 사항에 미비한 점을 발견하면 접수증을 교부한 때부터 12시간 이내에 주최자에게 24시간을 기한으로 그 기재 사항을 보완할 것을 통고할 수 있다(동법 제7조 제1항).
> ④ (×) 관할경찰관서장이 신고서의 보완 통고를 할 때에는 보완할 사항을 분명히 밝혀 서면(또는 구두×)으로 주최자 또는 연락책임자에게 송달하여야 한다(동법 제7조 제2항).

1079 「집회 및 시위에 관한 법률」 및 동법 시행령상 '질서유지선'에 관한 설명으로 가장 적절하지 않은 것은? ●A급 23 승진

① 질서유지선을 경찰관의 경고에도 불구하고 정당한 사유 없이 상당 시간 침범하거나 손괴·은닉·이동 또는 제거하거나 그 밖의 방법으로 그 효용을 해친 자는 6개월 이하의 징역 또는 50만원 이하의 벌금·구류 또는 과료에 처한다.

② 옥외집회 및 시위의 신고를 받은 경찰관서장이 질서유지선을 설정할 때에는 주최자 또는 연락책임자에게 이를 알려야 한다.

③ 질서유지선의 설정 고지는 구두 또는 서면으로 할 수 있다. 다만, 집회 또는 시위 장소의 상황에 따라 질서유지선을 새로 설정하거나 변경하는 경우에는 집회 또는 시위의 장소에 있는 경찰공무원이 서면으로 알려야 한다.

④ 옥외집회나 시위의 신고를 받은 관할경찰관서장은 집회 및 시위의 보호와 공공의 질서 유지를 위하여 필요하다고 인정하면 최소한의 범위를 정하여 질서유지선을 설정할 수 있다.

> **해설**
> ① (○) 질서유지선을 경찰관의 경고에도 불구하고 정당한 사유 없이 상당 시간 침범하거나 손괴·은닉·이동 또는 제거하거나 그 밖의 방법으로 그 효용을 해친 자는 6개월 이하의 징역 또는 50만원 이하의 벌금·구류 또는 과료에 처한다(동법 제24조 제3호).
> ② (○) 옥외집회 및 시위의 신고를 받은 경찰관서장이 질서유지선을 설정할 때에는 주최자 또는 연락책임자에게 이를 알려야 한다(동법 제13조 제2항).

 🔒 1078 ④ 1079 ③

③ (×) 질서유지선의 설정 고지는 **서면(구두×)**으로 **하여야 한다(할 수 있다×)**. 다만, 집회 또는 시위 장소의 상황에 따라 질서유지선을 **새로 설정하거나 변경하는 경우**에는 집회 또는 시위의 장소에 있는 **경찰공무원이 구두(서면×)로 알릴 수 있다(알려야 한다×)**(동법 시행령 제13조 제2항).

④ (○) 옥외집회나 시위의 신고를 받은 **관할경찰관서장**은 집회 및 시위의 보호와 공공의 질서 유지를 위하여 필요하다고 인정하면 **최소한의 범위**를 정하여 **질서유지선을 설정**할 수 있다(동법 제13조 제1항).

1080 「집회 및 시위에 관한 법률」및 동법 시행령상 질서유지선에 대한 설명으로 가장 적절하지 않은 것은? (다툼이 있는 경우 판례에 의함)

• A급 25 경위

① 질서유지선은 띠, 방책, 차선 등 물건 또는 도로교통법상 안전표지로 설정된 경계표지를 말하므로, 경찰관을 배치하는 방법으로 설정된 질서유지선은 이 법상 질서유지선에 해당하지 아니한다.

② 관할경찰관서장은 집회 및 시위의 보호와 공공의 질서 유지를 위하여 집회·시위의 장소를 한정하거나 집회·시위의 참가자와 일반인을 구분할 필요가 있을 경우에는 질서유지선을 설정할 수 있다.

③ 집회 또는 시위 장소의 상황에 따라 질서유지선을 새로 설정하거나 변경하는 경우에는 집회 또는 시위의 장소에 있는 경찰공무원이 주최자 또는 연락책임자에게 이를 구두로 알릴 수 있다.

④ 질서유지선은 집회 및 시위의 보호와 공공의 질서 유지를 위하여 필요하다고 인정되는 경우로서 이 법령상 질서유지선을 설정할 수 있는 사유에 해당한다면 반드시 집회 또는 시위가 이루어지는 장소 외곽의 경계지역에만 설정되어야 한다.

해설

① (○) 집시법상 질서유지선의 정의 및 질서유지선의 침범 등 행위에 대한 처벌규정의 문언과 취지에 비추어 보면, 질서유지선은 띠, 방책, 차선 등과 같이 경계표지로 기능할 수 있는 물건 또는 도로교통법상 안전표지라고 봄이 타당하므로, 경찰관들이 집회 또는 시위가 이루어지는 장소의 외곽이나 그 장소 안에서 **줄지어 서는** 등의 방법으로 사실상 질서유지선의 역할을 수행한다고 하더라도 이를 가리켜 집시법에서 정한 **질서유지선이라고 할 수는 없다**(대법원 2016도21311).

> 🤚**Tip** 경찰관을 배치하여 줄지어 세우거나 버스 등을 이용한 차벽을 설치하는 것은 질서유지선에 해당하지 않으나, 경찰관이 **띠 등을 잡고 줄지어 서 있는 경우**는 질서유지선으로 **가능**하다.

② (○) 관할경찰관서장은 집회 및 시위의 보호와 공공의 질서 유지를 위하여 집회·시위의 장소를 한정하거나 집회·시위의 **참가자와 일반인을 구분할 필요**가 있을 경우에는 질서유지선을 설정할 수 있다(동법 시행령 제13조 제1항 제1호).

③ (○) 집회 또는 시위 장소의 상황에 따라 질서유지선을 **새로 설정하거나 변경하는 경우**에는 집회 또는 시위의 장소에 있는 **경찰공무원이 주최자 또는 연락책임자에게** 이를 **구두로 알릴 수 있다**(동법 시행령 제13조 제2항).

④ (×) 질서유지선의 설정에 관한 집시법 및 집시법 시행령의 관련 규정에 비추어 볼 때, 집시법에서 정한 질서유지선은 집회 및 시위의 보호와 공공의 질서 유지를 위하여 필요하다고 인정되는 경우로서 집시법 시행령 제13조 제1항에서 정한 사유에 해당한다면 반드시 집회 또는 시위가 이루어지는 장소 **외곽의 경계지역뿐만 아니라(반드시 외곽의 경계지역에만×)** 집회 또는 시위의 **장소 안에도 설정할 수 있다**고 봄이 타당하나, 이러한 경우에도 그 질서유지선은 집회 및 시위의 보호와 공공의 질서 유지를 위하여 필요하다고 인정되는 최소한의 범위를 정하여 설정되어야 하고, 질서유지선이 위 **범위를 벗어나 설정되었다면** 이는 집시법 제13조 제1항에 위반되어 **적법하다고 할 수 없다**(대법원 2016도21311).

🔒 1080 ④

1081 「집회 및 시위에 관한 법률」상 주최자와 질서유지인의 준수 사항에 대한 설명으로 가장 적절하지 않은 것은?

●A급 22 경위

① 집회 또는 시위의 주최자는 집회 또는 시위의 질서 유지에 관하여 자신을 보좌하도록 18세 이상의 사람을 질서유지인으로 임명하여야 한다.

② 집회 또는 시위의 주최자는 질서를 유지할 수 없으면 그 집회 또는 시위의 종결을 선언하여야 한다.

③ 질서유지인은 참가자 등이 질서유지인임을 쉽게 알아볼 수 있도록 완장, 모자, 어깨띠, 상의 등을 착용하여야 한다.

④ 관할경찰관서장은 집회 또는 시위의 주최자와 협의하여 질서유지인의 수를 적절하게 조정할 수 있다.

해설

① (×) 집회 또는 시위의 주최자는 집회 또는 시위의 질서 유지에 관하여 자신을 보좌하도록 **18세 이상의 사람을 질서유지인으로 임명할 수 있다**(임명하여야 한다×)(동법 제16조 제2항).

② (○) 집회 또는 시위의 주최자는 질서를 유지할 수 없으면 그 집회 또는 시위의 종결을 선언하여야 한다(동법 제16조 제3항).

③ (○) 질서유지인은 참가자 등이 **질서유지인임을 쉽게 알아볼 수 있도록 완장, 모자, 어깨띠, 상의 등을 착용하여야 한다**(동법 제17조 제3항).

④ (○) **관할경찰관서장은** 집회 또는 시위의 **주최자와 협의**하여 **질서유지인의 수를 적절하게 조정할 수 있다**(동법 제17조 제4항).

1082 「집회 및 시위에 관한 법률」상 옥외집회에 대한 설명으로 가장 적절한 것은? (다툼이 있는 경우 판례에 따름)

●A급 23 경위

① 대통령 관저, 국회의장 공관, 대법원장 공관, 헌법재판소장 공관, 전직 대통령이 현재 거주하는 사저의 경계 지점으로부터 100미터 이내의 장소에서는 옥외집회 또는 시위가 금지된다.

② 대규모 집회 또는 시위로 확산될 우려가 없는 경우라면 주한 일본대사관의 업무가 없는 휴일인 일요일에 주한 일본대사의 숙소로부터 100미터 이내의 장소에서 그 숙소를 대상으로 하지 않고 그 숙소의 기능이나 안녕을 침해할 우려가 없다고 인정된다면 확성기를 사용한 옥외집회가 가능하다.

③ 옥외집회나 시위를 주최하려는 자가 집시법이 규정하는 각 호의 사항 모두를 적은 신고서를 옥외집회나 시위를 시작하기 72시간 전부터 48시간 전에 관할경찰서장에게 제출한 경우, 집회 또는 시위의 주최자가 질서유지인을 두고 도로를 행진하는 경우에는 질서유지선을 설정할 수 없다.

④ 주최자가 질서유지인을 두고 부득이 새벽 1시에 집회를 하겠다고 미리 신고한 경우에는 집회의 성격상 부득이하다면 관할경찰관서장은 질서유지를 위한 조건을 붙여 옥외집회를 허용할 수 있다.

 1081 ① 1082 ②

해설

① (×) **(대통령 관저×), (국회의장 공관×),** 대법원장 공관, 헌법재판소장 공관, **(전직 대통령이 현재 거주하는 사저×)** 의 경계 지점으로부터 **100미터 이내**의 장소에서는 옥외집회 또는 시위가 **금지된다.**

> 🔑 **헌법불합치 결정** – '**대통령 관저**'와 '**국회의장 공관**'에 관한 부분은 헌법에 합치되지 아니한다는 헌재의 결정과 함께 2024. 5. 31.을 시한으로 개정 권고를 받았으나, 현재 법개정이 이뤄지지 않아 해당 조문의 **효력은 없어졌다**(헌법불합치 2018헌바48, 2019헌가(병합), 2021헌가1). 그러므로 현재 **대통령 관저와 국회의장 공관의 경계 지점으로부터 100미터 이내에서도 집회·시위가 가능하다.**

② (○) 대규모 집회 또는 시위로 확산될 우려가 없는 경우라면 **주한 일본대사관의 업무가 없는 휴일인 일요일**에 주한 일본대사의 숙소로부터 **100미터 이내의 장소**에서 그 숙소를 대상으로 하지 않고 그 숙소의 기능이나 안녕을 **침해할 우려가 없다고 인정**된다면 확성기를 사용한 **옥외집회가 가능하다.**

③ (×) 옥외집회나 시위를 주최하려는 자가 집시법이 규정하는 각 호의 사항 모두를 적은 신고서를 옥외집회나 시위를 시작하기 **720시간(72시간×) 전부터 48시간 전에** 관할경찰서장에게 제출한 경우, 집회 또는 시위의 주최자가 질서유지인을 두고 도로를 행진하는 경우에는 질서유지선을 설정할 수 **있다(없다×).**

④ (×) 주최자가 질서유지인을 두고 부득이 **새벽 1시에 집회를 하겠다고 미리 신고한 경우**라면 일반적으로 주간에 하는 집회와 마찬가지로 **조건없이(질서유지를 위한 조건을 붙여×)** 집회가 허용된다.

> 🔑 '집회의 성격상 부득이하다면 관할경찰관서장은 질서유지를 위한 **조건을 붙여** 옥외집회를 **허용할 수 있다.**' 라는 제10조의 규정은 2009년 **헌법불합치 결정**에 의해 2010. 6. 30.을 시한으로 개정해야 했으나, 이후 개정이 이뤄지지 않아 현재는 실효된 조문이다. 그러므로 '**옥외집회'는 주·야불문하고 24시간 가능**하며, '**시위'**의 경우에는 해가 진 후부터 같은 날 **24시까지만 가능**하고, 다음 날 **0시부터 해가 뜨기 전까지는 할 수 없다.**

1083 「**집회 및 시위에 관한 법률」**상 옥외집회와 시위의 금지 시간 및 금지 장소에 관한 설명으로 가장 적절하지 않은 것은? (다툼이 있는 경우 판례에 의함) ●A급 26 경위

① 「집회 및 시위에 관한 법률」 제10조에서 일률적으로 야간 시위를 금지하는 것은 목적달성을 위해 필요한 정도를 넘는 지나친 제한으로서 침해의 최소성 원칙 및 법익균형성 원칙에 반한다.

② 「집회 및 시위에 관한 법률」 제11조 제1호에 따라 국회의 활동을 방해할 우려가 없고, 대규모 집회 또는 시위로 확산될 우려가 없는 경우로서 국회의 기능이나 안녕을 침해할 우려가 없다고 인정되는 때에 한하여 국회의사당의 경계 지점으로부터 100미터 이내의 장소에서 옥외집회 또는 시위를 할 수 있다.

③ 「집회 및 시위에 관한 법률」 제11조 제3호에서 국회의장 공관의 경계 지점으로부터 100미터 이내의 장소에서 일체의 집회를 하지 못하도록 하는 것은 입법목적 달성을 위한 적합한 수단이다.

④ 「집회 및 시위에 관한 법률」 제11조 제5호 중 '국내 주재 외국의 외교기관'에 관한 부분은 입법자가 법률로써 직접 집회의 장소적 제한을 규정한 것으로, 행정청이 주체가 되어 집회의 허용 여부를 사전에 결정하는 것이 아니므로 헌법 제21조 제2항의 허가제 금지에 위배되지 않는다.

해설

① (○) 「집회 및 시위에 관한 법률」 제10조에서 **일률적으로 '야간 시위'를 금지하는 것**은 목적달성을 위해 필요한 정도를 넘는 지나친 제한으로서 **침해의 최소성 원칙 및 법익균형성 원칙에 반한다**(헌재 2010헌가2).

② (×) 「집회 및 시위에 관한 법률」 제11조 제1호에 따라 **국회**의 활동을 방해할 우려가 **없거나(없고×)**, 대규모 집회 또는 시위로 확산될 우려가 없는 경우로서 국회의 기능이나 안녕을 침해할 우려가 없다고 인정되는 때에 한하여 국회의사당의 경계 지점으로부터 100미터 이내의 장소에서 옥외집회 또는 시위를 할 수 있다(동법 제11조).

 1083 ②

Tip 관련법령(집회 및 시위에 관한 법률 제11조 제1호)

> **제11조(옥외집회와 시위의 금지 장소)** 누구든지 다음 각 호의 어느 하나에 해당하는 청사 또는 저택의 경계 지점으로부터 100미터 이내의 장소에서는 옥외집회 또는 시위를 하여서는 아니 된다.
> 1. **국회의사당**. 다만, 다음 각 목의 어느 하나에 해당하는 경우로서 국회의 기능이나 안녕을 침해할 우려가 없다고 인정되는 때에는 그러하지 아니하다.
>> 가. 국회의 활동을 방해할 우려가 없는 경우
>> 나. 대규모 집회 또는 시위로 확산될 우려가 없는 경우

③ (○)「집회 및 시위에 관한 법률」제11조 제3호에서 **국회의장 공관**의 경계 지점으로부터 100미터 이내의 장소에서 **일체의 집회를 하지 못하도록** 하는 것은 입법목적 달성을 위한 **적합한 수단이다**. 다만, 피해의 최소성과 법익의 균형성에 반하고 과잉금지지원칙에 반하여 집회자유를 침해한다고 하여 헌법불합치결정을 받았다(헌재 2021헌가1).

④ (○)「집회 및 시위에 관한 법률」제11조 제5호 중 '**국내 주재 외국의 외교기관**'에 관한 부분은 **입법자가 법률로써** 직접 집회의 장소적 제한을 **규정한 것**으로, 행정청이 주체가 되어 집회의 허용 여부를 사전에 결정하는 것이 아니므로 헌법 제21조 제2항의 **허가제 금지에 위배되지 않는다**(헌재 2020헌바131).

1084「집회 및 시위에 관한 법률」에 대한 설명으로 가장 적절하지 않은 것은? ● A급 19 순경1차

① 군인·검사·경찰관이 폭행, 협박, 그 밖의 방법으로 평화적인 집회 또는 시위를 방해한 경우 3년 이하의 징역에 처한다.

② 관할경찰관서장은 집회신고서의 기재 사항에 미비점을 발견하면 접수증을 교부한 때로부터 12시간 이내에 주최자에게 24시간을 기한으로 그 기재 사항을 보완할 것을 통고할 수 있다.

③ 헌법재판소의 결정에 따라 해산된 정당의 목적을 달성하기 위한 집회 또는 시위는 주최하여서는 아니 된다.

④ 집회신고서를 접수한 때로부터 48시간이 경과한 이후에도 남은 기간의 집회시위에 대해 금지통고를 할 수 있는 경우가 있다.

해설

① (×) **군인·검사·경찰관**이 폭행, 협박, 그 밖의 방법으로 **평화적인 집회 또는 시위를 방해한 경우 5년(3년×) 이하**의 징역에 처한다(동법 제22조 제1항).

② (○) 관할경찰관서장은 집회신고서의 기재 사항에 미비점을 발견하면 **접수증을 교부한 때로부터 12시간 이내에 주최자**에게 **24시간을 기한으로** 그 기재사항을 **보완할 것을 통고**할 수 있다.

③ (○) 헌법재판소의 결정에 따라 **해산된 정당의 목적을 달성하기 위한 집회 또는 시위**는 주최하여서는 **아니 된다**(동법 제5조 제1항 제1호).

④ (○) 집회신고서를 **접수한 때로부터 48시간이 경과한 이후에도** 남은 기간의 집회시위에 대해 **금지통고를 할 수 있는 경우가 있다**(동법 제8조 제1항).

> **Tip** 집회 또는 시위가 집단적인 폭행, 협박, 손괴, 방화 등으로 공공의 안녕 질서에 **직접적인 위험을 초래한 경우**에는 남은 기간의 해당 집회 또는 시위에 대하여 신고서를 **접수한 때부터 48시간이 지난 경우에도 금지통고를 할 수 있다**(동법 제8조 제1항).

🔒 1084 ①

1085 「집회 및 시위에 관한 법률」 및 「집회 및 시위에 관한 법률 시행령」에 대한 설명으로 가장 적절한 것은?

●A급 21 법학

① 옥외집회나 시위를 주최하려는 자는 신고서를 옥외집회 또는 시위 장소가 두 곳 이상의 경찰서의 관할에 속하는 경우에는 관할 시·도경찰청장에게 제출하여야 하고, 두 곳 이상의 시·도경찰청 관할에 속하는 경우에는 경찰청장에게 제출하여야 한다.

② 누구든지 대통령 관저(官邸), 국무총리 공관, 국회의장 공관, 대법원장 공관, 헌법재판소장 공관 등은 기능이나 안녕을 침해할 우려가 없다고 인정되는 때에도 경계지점으로부터 100미터 이내의 장소에서는 옥외집회 및 시위를 하여서는 아니 된다.

③ 집회 또는 시위의 주최자는 주거지역, 학교, 종합병원, 공공도서관에서 심야에 확성기 등을 사용할 경우 등가소음도(Leq)는 60dB(A) 이하이다.

④ 집회 또는 시위의 주최자는 질서유지에 관하여 자신을 보좌하도록 18세 이상의 사람을 질서유지인으로 임명할 수 있다.

해설

① (×) 옥외집회나 시위를 주최하려는 자는 신고서를 옥외집회 또는 시위 장소가 **두 곳 이상의 경찰서의 관할**에 속하는 경우에는 관할 **시·도경찰청장에게** 제출하여야 하고, **두 곳 이상의 시·도경찰청 관할**에 속하는 경우에는 **주최지 관할 시·도경찰청장**(경찰청장×)에게 제출하여야 한다.

② (×) 누구든지 (**대통령 관저×**), (**국무총리 공관×**), (**국회의장 공관×**), **대법원장 공관, 헌법재판소장 공관** 등은 기능이나 안녕을 침해할 우려가 없다고 인정되는 때에도 경계지점으로부터 **100미터 이내**의 장소에서는 옥외집회 및 시위를 하여서는 **아니 된다**.

> **Tip** 예외적 허용없이 무조건 금지되는 장소 : **대법원장 공관, 헌법재판소장 공관**

> **Tip** 헌법불합치 결정 – '**대통령 관저**'와 '**국회의장 공관**'에 관한 부분은 헌법에 합치되지 아니한다는 헌재의 결정과 함께 2024. 5. 31.을 시한으로 개정 권고를 받았으나, 현재 법개정이 이뤄지지 않아 해당 조문의 **효력은 없어졌다**(헌법불합치 2018헌바48, 2019헌가1, 2021헌가1). 그러므로 **대통령 관저와 국회의장 공관의 100미터 이내에서도 집회·시위가 가능하다**.

③ (×) 집회 또는 시위의 주최자는 **주거지역, 학교, 종합병원, (공공도서관×)**에서 **심야**(00:00~07:00)에 확성기 등을 사용할 경우 **등가소음도**(Leq)는 **45(60×)dB(A) 이하**이다.

> **Tip** **공공도서관**에서 **심야**(00:00~07:00)에 확성기 등을 사용할 경우 **등가소음도**(Leq)는 **55dB(A) 이하**이다.

④ (○) 집회 또는 시위의 주최자는 질서유지에 관하여 자신을 보좌하도록 **18세 이상의 사람**을 질서유지인으로 임명할 수 있다(동법 제16조 제2항).

> **Tip** 확성기등의 소음기준(집시법 시행령 [별표2]) – [단위 : dB(A)]

소음도 구분		대상 지역	시간대		
			주간 (07:00~해지기 전)	**야간** (해진 후~24:00)	**심야** (00:00~07:00)
대상 소음도	**등가소음도** (Leq)	**주거지역, 학교, 종합병원**	60 이하	50 이하	45 이하
		공공도서관	60 이하	55 이하	
		그 밖의 지역	70 이하	60 이하	
	최고소음도 (Lmax)	**주거지역, 학교, 종합병원**	80 이하	70 이하	65 이하
		공공도서관	80 이하	75 이하	
		그 밖의 지역	90 이하		

 1085 ④

1086 집회현장에서의 확성기 사용에 대한 설명으로 가장 적절하지 않은 것은?

① 중앙행정기관이 개최하는 국경일 행사의 경우 행사 개최시간에 한정하여 행사 진행에 영향을 미치는 소음에 대해서는, 「집회 및 시위에 관한 법률 시행령」 별표2에 따른 확성기등의 소음기준을 '그 밖의 지역'의 소음기준으로 적용한다.

② 「집회 및 시위에 관한 법률 시행령」 별표2에 따른 소음측정 장소에서 확성기등의 대상소음이 있을 때 측정한 소음도를 측정 소음도로 하고, 같은 장소에서 확성기등의 대상소음이 없을 때 5분간 측정한 소음도를 배경소음도로 한다.

③ 「집회 및 시위에 관한 법률」상 관할경찰관서장은 집회 또는 시위의 주최자가 확성기등의 소음기준을 초과하는 소음을 발생시켜 타인에게 피해를 주는 경우에 그 기준 이하의 소음 유지 또는 확성기등의 사용 중지를 명하거나 확성기 등의 일시보관 등 필요한 조치를 할 수 있다.

④ 「집회 및 시위에 관한 법률 시행령」 별표 2에 따른 확성기등의 소음기준에서 주거지역의 주간 (07:00~해지기 전) 시간대 등가소음도(Leq)는 60dB(A) 이하이다.

해설

① (×) **중앙행정기관이 개최**하는 **국경일 행사**의 경우 **행사 개최시간에 한정하여** 행사 진행에 영향을 미치는 소음에 대해서는, 「집회 및 시위에 관한 법률 시행령」 별표2에 따른 확성기등의 소음기준을 '**주거지역**(그 밖의 지역×)'의 소음기준으로 적용한다([별표2] 비고7).

② (○) 「집회 및 시위에 관한 법률 시행령」 별표2에 따른 소음측정 장소에서 **확성기등의 대상소음이 있을 때 측정한 소음도**를 **측정 소음도**로 하고, 같은 장소에서 **확성기등의 대상소음이 없을 때 5분간** 측정한 소음도를 **배경소음도**로 한다.

③ (○) 「집회 및 시위에 관한 법률」상 **관할경찰관서장**은 집회 또는 시위의 주최자가 확성기등의 소음기준을 초과하는 소음을 발생시켜 타인에게 피해를 주는 경우에 그 기준 이하의 소음 유지 또는 확성기등의 사용 중지를 명하거나 확성기 등의 **일시보관 등 필요한 조치를 할 수 있다**(동법 제14조 제2항).

④ (○) 「집회 및 시위에 관한 법률 시행령」 별표2에 따른 확성기등의 소음기준에서 **주거지역**의 **주간**(07:00~해지기 전) 시간대 **등가소음도**(Leq)는 **60dB(A) 이하**이다.

1087 「집회 및 시위에 관한 법률」에 관한 설명으로 옳은 것을 모두 고른 것은? (다툼이 있는 경우 판례에 의함)

ㄱ. "질서유지인"이란 관할경찰서장이 집회 또는 시위의 질서를 유지하게 할 목적으로 임명한 자를 말한다.

ㄴ. 집회의 자유가 가지는 헌법적 가치와 기능, 집회에 대한 허가 금지를 선언한 헌법정신, 신고제도의 취지 등을 종합하여 보면, 신고는 행정관청에 집회에 관한 구체적인 정보를 제공함으로써 공공질서의 유지에 협력하도록 하는 데 의의가 있는 것으로 집회의 허가를 구하는 신청으로 변질되어서는 아니 되므로, 신고를 하지 아니하였다는 이유만으로 옥외집회 또는 시위를 헌법의 보호 범위를 벗어나 개최가 허용되지 않는 집회 내지 시위라고 단정할 수 없다.

ㄷ. 관할경찰관서장은 옥외집회 및 시위에 관한 신고서의 기재 사항에 미비한 점을 발견하면 접수증을 교부한 때부터 24시간 이내에 주최자에게 48시간을 기한으로 그 기재사항을 보완할 것을 통고할 수 있다.

ㄹ. 「집회 및 시위에 관한 법률」에 따른 신고 없이 이루어진 집회에 참석한 참가자들이 차로 위를 행진하는 등 도로교통을 방해함으로써 통행을 불가능하게 하거나 현저하게 곤란하게 하는 경우라도 참가자 모두에게 당연히 일반교통방해죄가 성립하는 것은 아니다.

① ㄱ, ㄴ   ② ㄴ, ㄷ   ③ ㄴ, ㄹ   ④ ㄷ, ㄹ

🔒 **1086** ①   **1087** ③

옳은 설명은 ⓒ, ⓔ, **2개**이다.

ⓐ (×) **"질서유지인"**이란 **주최자(관할경찰서장×)**가 자신을 보좌하여 집회 또는 시위의 질서를 유지하게 할 목적으로 임명한 자를 말한다(동법 제2조 제4호).

ⓑ (○) 집회의 자유가 가지는 헌법적 가치와 기능, 집회에 대한 허가 금지를 선언한 헌법정신, 신고제도의 취지 등을 종합하여 보면, **신고**는 행정관청에 집회에 관한 구체적인 정보를 제공함으로써 **공공질서의 유지에 협력**하도록 하는 데 의의가 있는 것으로 **집회의 허가를 구하는 신청으로 변질되어서는 아니 되므로**, **신고를 하지 아니하였다는** 이유만으로 옥외집회 또는 시위를 헌법의 보호 범위를 벗어나 **개최가 허용되지 않는 집회 내지 시위라고 단정할 수 없다**. 따라서 집회 및 시위에 관한 법률 제20조 제1항 제2호가 미신고 옥외집회 또는 시위를 해산명령의 대상으로 하면서 **별도의 해산 요건을 정하고 있지 않더라도**, 그 옥외집회 또는 시위로 인하여 타인의 법익이나 공공의 안녕질서에 대한 **직접적인 위험이 명백하게 초래된 경우에 한하여** 위 조항에 기하여 해산을 명할 수 있고, 이러한 요건을 갖춘 해산명령에 불응하는 경우에만 집시법 제24조 제5호에 의하여 **처벌할 수 있다**고 보아야 한다(대법원 2018다288631).

ⓒ (×) 관할경찰관서장은 옥외집회 및 시위에 관한 신고서의 기재 사항에 미비한 점을 발견하면 접수증을 교부한 때부터 **12시간(24시간×)** 이내에 주최자에게 **24시간(48시간×)**을 기한으로 그 기재사항을 **보완할 것을 통고**할 수 있다(동법 제7조 제1항).

ⓔ (○) 「집회 및 시위에 관한 법률」에 따른 신고 없이 이루어진 집회에 참석한 참가자들이 차로 위를 행진하는 등 도로 교통을 방해함으로써 통행을 불가능하게 하거나 현저하게 곤란하게 하는 경우라도 **참가자 모두에게 당연히 일반교통방해죄가 성립하는 것은 아니고**, 실제로 참가자가 집회·시위에 가담하여 교통방해를 유발하는 직접적인 행위를 하였거나, 참가자의 **참가 경위나** 관여 정도 등에 비추어 참가자에게 **공모공동정범의 죄책을 물을 수 있는 경우라야** 일반교통방해죄가 **성립한다**(대법원 2017도9146).

1088 「집회 및 시위에 관한 법률」과 같은 법 시행령에 규정된 확성기등의 소음기준 및 측정방법에 관한 설명으로 가장 적절한 것은? (다툼이 있는 경우 판례에 의함) ●A급 24 순경2차

① 확성기등의 소음은 관할경찰서장(현장 경찰공무원)과 주최자가 임명한 자가 함께 측정한다.

② 등가소음도와 최고소음도를 측정하는 데 있어서 대상 지역을 주거지역·학교·종합병원, 공공도서관, 그 밖의 지역으로 구분하고 시간대를 주간과 야간으로만 구분하여 각기 차별적인 등가소음도와 최고소음도 기준을 적용한다.

③ 등가소음도는 10분간(소음 발생 시간이 10분 이내인 경우에는 그 발생 시간 동안을 말한다) 측정한다. 다만, 주거지역, 학교, 종합병원, 공공도서관의 경우에는 등가소음도를 5분간(소음 발생 시간이 5분 이내인 경우에는 그 발생 시간 동안을 말한다) 측정한다.

④ 확성기등 사용을 제한하는 규정 도입 취지에 따라 신고대상 집회·시위가 아닌 경우뿐만 아니라 1인 시위의 경우에도 소음제한 규정을 동일하게 적용한다.

① (×) 확성기등의 소음은 **관할경찰서장(현장 경찰공무원)(주최자가 임명한 자가 함께×)**이 **측정**한다(동법 시행령 [별표2] 비고1).

② (×) 등가소음도와 최고소음도를 측정하는 데 있어서 대상 지역을 **주거지역·학교·종합병원, 공공도서관, 그 밖의 지역**으로 구분하고 시간대를 **주간, 야간, 심야로 구분(주간과 야간으로만 구분×)**하여 각기 차별적인 등가소음도와 최고소음도 기준을 적용한다(동법 시행령 [별표2]).

③ (○) **등가소음도는 10분간**(소음 발생 시간이 10분 이내인 경우에는 그 발생 시간 동안을 말한다) 측정한다. 다만, **주거지역, 학교, 종합병원, 공공도서관의 경우에는 등가소음도를 5분간**(소음 발생 시간이 5분 이내인 경우에는 그 발생 시간 동안을 말한다) **측정한다**(동법 시행령 [별표2] 비고5).

④ (×) 확성기등 사용을 제한하는 규정 도입 취지에 따라 신고대상 집회·시위가 아닌 경우라도 동일하게 적용된다. 다만, **1인 시위**의 경우에는 집시법상의 시위에 해당하지 아니하므로 집시법상의 소음제한 규정을 **동일하게 적용할 수 없다(동일하게 적용한다×)**.

 1088 ③

1089 「집회 및 시위에 관한 법률」상 집회 및 시위에 관한 설명으로 가장 적절하지 않은 것은? (다툼이 있는 경우 판례에 의함)

●A급 23 법학

① 당초 옥외집회를 개최하겠다고 신고하였지만 신고 내용과 달리 아예 옥외집회는 개최하지 아니한 채 신고한 장소와 인접한 건물 등에서 옥내집회만을 개최한 경우에는, 그것이 건조물 침입죄 등 다른 범죄를 구성함은 별론으로 하고, 신고한 옥외 집회를 개최하는 과정에서 그 신고범위를 일탈한 행위를 한 데 대한 「집회 및 시위에 관한 법률」 위반죄로 처벌할 수 없다.

② 옥외집회나 시위를 주최하려는 자는 신고서를 옥외집회나 시위를 시작하기 720시간 전부터 48시간 전에 관할경찰서장에게 제출하여야 한다. 다만, 옥외집회 또는 시위장소가 두 곳 이상의 경찰서의 관할에 속하는 경우에는 관할 시·도경찰청장에게 제출하여야 하고, 두 곳 이상의 시·도경찰청 관할에 속하는 경우에는 주최지를 관할하는 시·도경찰청장에게 제출하여야 한다.

③ 차도의 통행방법으로 신고하지 아니한 '삼보일배 행진'을 하여 차량의 통행을 방해한 사안에서, 그 시위 방법이 장소, 태양, 내용, 방법과 결과 등에 비추어 사회통념상 용인될 수 있는 다소의 피해를 발생시킨 경우, 신고제도의 목적 달성을 심히 곤란하게 하는 정도에 이른다고 볼 수 없어 사회상규에 위배되지 않는 정당행위에 해당한다.

④ 장례에 관한 집회 참가자들이 망인에 대한 추모의 목적과 그 범위 내에서 이루어지는 노제 등을 위한 이동 행진의 수준을 넘어서서 그 기회를 이용하여 다른 공동의 목적으로 시위에 나아간 경우, 「집회 및 시위에 관한 법률」상 사전신고를 요하지 않으므로 '시위'에 해당하지 않는다.

해설

① (O) 집회 및 시위에 관한 법률은 옥외집회나 시위에 대하여는 사전신고를 요구하고 나아가 그 신고범위의 일탈행위를 처벌하고 있지만, 옥내집회에 대하여는 신고하도록 하는 규정 자체를 두지 않고 있다. 따라서 당초 옥외집회를 개최하겠다고 신고하였지만 신고 내용과 달리 아예 옥외집회는 개최하지 아니한 채 신고한 장소와 인접한 건물 등에서 옥내집회만을 개최한 경우에는, 그것이 건조물침입죄 등 다른 범죄를 구성함은 별론으로 하고, 신고한 옥외집회를 개최하는 과정에서 그 신고범위를 일탈한 행위를 한 데 대한 집시법 위반죄로 처벌할 수는 없다(대법원 2010도14545).

> **Tip** 타인이 관리하는 건조물에서 옥내집회를 개최하는 경우에도, 그것이 "폭행, 협박, 손괴, 방화 등으로 질서를 문란하게 하는 행위로 질서를 유지할 수 없는 집회"에 해당하는 등 집회의 목적, 참가인원, 집회 방식, 행태 등으로 볼 때 타인의 법익 침해나 기타 공공의 안녕질서에 대하여 직접적이고 명백한 위험을 초래하는 때에는 해산명령의 대상이 된다고 보아야 한다. 설령 집회의 장소가 관공서 등 공공건조물의 옥내라 하더라도 그곳이 일반적으로 집회의 개최가 허용된 개방된 장소가 아닌 이상 이를 무단 점거하여 그 건조물의 평온을 해치거나 정상적인 기능의 수행에 위험을 초래하고 나아가 질서를 유지할 수 없는 정도에 이른 경우에는, 집회의 자유에 의하여 보장되는 활동의 범주를 넘는다 할 것이므로 그것이 해산명령의 대상이 되는 것은 마찬가지이다(대법원 2010도14545).

② (O) 옥외집회나 시위를 주최하려는 자는 신고서를 옥외집회나 시위를 시작하기 **720시간 전부터 48시간 전**에 관할경찰서장에게 제출하여야 한다. 다만, 옥외집회 또는 시위장소가 **두 곳 이상의 경찰서의 관할**에 속하는 경우에는 관할 **시·도경찰청장에게 제출**하여야 하고, **두 곳 이상의 시·도경찰청 관할**에 속하는 경우에는 **주최지를 관할하는 시·도경찰청장에게 제출**하여야 한다(집시법 제6조 제1항).

 🔒 **1089** ④

③ (O) 건설업체 노조원들이 '임·단협 성실교섭 촉구 결의대회'를 개최하면서 차도의 통행방법으로 **신고하지 아니한 삼보일배 행진**을 하여 **차량의 통행을 방해**한 사안에서, 그 시위방법이 장소, 태양, 내용, 방법과 결과 등에 비추어 **사회통념상 용인될 수 있는 다소의 피해를 발생시킨 경우에 불과**하고, 구 집회 및 시위에 관한 법률에 정한 신고제도의 목적 달성을 **심히 곤란하게 하는 정도에 이른다고 볼 수 없**어, 사회상규에 위배되지 않는 **정당행위에 해당한다**(대법원 2009도840).

> 🎯ip 집회나 시위는 다수인이 공동 목적으로 회합하고 공공장소를 행진하거나 위력 또는 기세를 보여 불특정 다수인의 의견에 영향을 주거나 제압을 가하는 행위로서, 그 회합에 참가한 다수인이나 참가하지 아니한 불특정 다수인에게 의견을 전달하기 위하여 **어느 정도의 소음이나 통행의 불편 등이 발생할 수밖에 없는 것은 부득이한 것이므로 집회나 시위에 참가하지 아니한 일반 국민도 이를 수인할 의무가 있다.** 따라서 그 집회나 시위의 장소, 태양, 내용, 방법 및 그 결과 등에 비추어, **집회나 시위의 목적 달성에 필요한 합리적인 범위에서 사회통념상 용인될 수 있는 다소간의 피해**를 발생시킨 경우에 불과하다면, **정당행위로서 위법성이 조각될 수 있다**(대법원 2009도840).

④ (×) **관혼상제에 해당하는 장례에 관한 집회가 옥외의 장소에서 개최된다고 하더라도 그 집회에 관해서는 사전신고를 요하지 아니하나**, 예컨대 그 집회참가자들이 **망인에 대한 추모의 목적과 그 범위 내에서 이루어지는 노제 등을 위한 이동·행진의 수준을 넘어서서** 그 기회를 이용하여 다른 공동의 목적을 가지고 일반인이 자유로이 통행할 수 있는 장소를 행진하거나 위력 또는 기세를 보여, 불특정한 여러 사람의 의견에 영향을 주거나 제압을 하는 행위에까지 나아가는 경우에는, 이미 **집시법이 정한 '시위'에 해당하므로 집시법 제6조에 따라 사전에 신고서를 관할 경찰서장에게 제출할 것이 요구된다**고 보아야 한다(사전신고를 요하지 않으므로 '시위'에 해당하지 않는다×)(대법원 2011도6294).

1090 「집회 및 시위에 관한 법률 시행령」상 집회·시위의 해산절차로 가장 적절한 것은? ●A급 23 승진

① 자진 해산의 요청 → 해산명령 → 종결선언의 요청 → 직접해산
② 자진 해산의 요청 → 종결선언의 요청 → 해산명령 → 직접해산
③ 종결선언의 요청 → 자진 해산의 요청 → 해산명령 → 직접해산
④ 종결선언의 요청 → 해산명령 → 자진 해산의 요청 → 직접해산

해설

③ (O) 종결선언의 요청 → 자진 해산의 요청 → 해산명령 → 직접해산(동법 시행령 제17조)

🎯ip **집회·시위 해산절차**(집회 및 시위에 관한 법률 시행령 제17조)

순서	내용
종결 선언의 요청	**경찰공무원은 주최자에게** 집회 또는 시위의 **종결 선언을 요청**하되, 주최자의 소재를 알 수 없는 경우에는 **주관자·연락책임자 또는 질서유지인을 통하여 종결 선언을 요청**할 수 있다.
자진 해산의 요청	종결 선언 요청에 따르지 아니하거나 종결 선언에도 불구하고 집회 또는 시위의 참가자들이 집회 또는 시위를 계속하는 경우에는 **경찰공무원이 직접 참가자들에 대하여** 자진 해산할 것을 요청한다.
해산명령 및 직접 해산	자진 해산 요청에 따르지 아니하는 경우에는 **경찰공무원이 세 번 이상 자진 해산할 것을 명령**하고, 참가자들이 해산명령에도 불구하고 해산하지 아니하면 **직접 해산시킬 수 있다.**

🔒 1090 ③

1091 「집회 및 시위에 관한 법률」상 해산명령에 대한 설명 중 옳지 않은 것은? (판례에 의함)

●A급 21 경위

① 경찰이 「집회 및 시위에 관한 법률」이 정한 해산명령을 할 때 해산 사유가 법률 조항 중 어느 사유에 해당하는지에 관하여 구체적으로 고지하여야 한다.

② 사전 금지 또는 제한된 집회라 하더라도 실제 이루어진 집회가 당초 신고 내용과 달리 타인의 법익이나 공공의 안녕질서에 직접적이고 명백한 위험을 초래하지 않은 경우, 사전에 금지 통고된 집회라는 이유만으로 해산을 명하고 이에 불응하였다고 처벌할 수는 없다.

③ 해산명령은 자진 해산 요청에 따르지 않는 시위 참가자들에게 자진 해산할 의무를 부과하는 것이므로 반드시 '자진 해산을 명령한다'는 용어가 사용되거나 말로 해산명령임을 표시해야 한다.

④ 해산명령의 대상은 '집회 또는 시위' 자체이므로 해산명령의 방법은 그 대상인 집회나 시위의 참가자들 전체 무리나 집단에 고지, 전달하는 방법으로 행하여야 한다.

해설

① (○) 관련 규정의 해석상 **관할경찰관서장이 위 해산명령을 할 때에는 해산사유가 집시법 제20조 제1항 각 호 중 어느 사유에 해당하는지 구체적으로 고지**하여야 한다. 따라서 해산명령을 하면서 **구체적인 해산사유를 고지하지 않았 거나 정당하지 않은 사유를 고지하면서 해산명령을 한 경우에는, 그러한 해산명령에 따르지 않았다고 하더라도** 집시법 제20조 제2항(**해산의무**)을 위반하였다고 할 수 없다(대법원 2012도14137).

② (○) 집회 및 시위에 관한 법률상 일정한 경우 집회의 자유가 **사전 금지 또는 제한된다 하더라도** 이는 다른 중요한 법익의 보호를 위하여 **반드시 필요한 경우에 한하여** 정당화되는 것이며, 특히 집회의 **금지와 해산**은 원칙적으로 공공의 안녕질서에 대한 **직접적인 위협**이 명백하게 존재하는 경우에 한하여 허용될 수 있고, 집회의 자유를 보다 적게 제한하는 다른 수단, 예컨대 시위 참가자수의 제한, 시위 대상과의 거리 제한, 시위 방법, 시기, 소요시간의 제한 등 **조건을 붙여 집회를 허용하는 가능성을 모두 소진한 후에 비로소 고려될 수 있는 최종적인 수단**이다. 따라서 **사전 금지 또는 제한된 집회라 하더라도** 실제 이루어진 집회가 당초 신고 내용과 달리 평화롭게 개최되거 나 집회 규모를 축소하여 이루어지는 등 타인의 법익 침해나 기타 공공의 안녕질서에 대하여 **직접적이고 명백한 위험을 초래하지 않은 경우에는** 이에 대하여 사전 금지 또는 제한을 위반하여 집회를 한 점을 들어 처벌하는 것 이외에 더 나아가 이에 대한 **해산을 명하고 이에 불응하였다 하여 처벌할 수는 없다**(대법원 2009도13846).

③ (×) 해산명령은 자진 해산 요청에 따르지 않는 시위 참가자들에게 자진 해산할 의무를 부과하는 것이므로, 자진 해산을 요구하는 **취지가 분명히 포함되어 있어야 한다.** 이러한 해산명령이 있었는지는 시위의 진행 경과에 따라 종결 선 언이나 자진 해산 요청이 이미 있었는지 여부, 경찰 방송의 문언과 내용, 방송 당시 전광판 등 시각적 매체를 함께 사용한 경우에는 그 표시 내용과 위치, 방송의 간격과 횟수 등에 비추어 **사회 평균인의 입장에서 해산명령이 있었 음을 알 수 있으면 충분**하고, 반드시 '자진 해산을 명령한다'는 용어가 사용되거나 말로 해산명령임을 표시해야 하는 것은 아니다(**표시해야 한다×**)(대법원 2015도17738).

④ (○) 자진 해산 요청과 **해산명령의 대상은 '집회 또는 시위' 자체이므로** 자진 해산 요청과 해산명령의 방법은 그 대상인 집회나 시위의 **참가자들 전체 무리나 집단에 고지, 전달**하는 방법으로 행하여야 하고, 해산명령 불응의 죄책을 묻 기 위한 요건인 '**세 번 이상의 해산명령**'이 있었는지 여부도 그 집회나 시위 **참가자들 전체 무리나 집단에 대하여** 위와 같은 방법으로 **적법하게 해산을 명한 횟수를 기준으로 판단하여야 한다**(대법원 2017도19737).

 1091 ③

1092 집회 및 시위에 관한 설명 중 옳고 그름의 표시(○, ×)가 바르게 된 것은? (다툼이 있는 경우 판례에 의함)

●A급 24 승진

> ⊙ 헌법에 따르면 집회에 대한 허가제는 인정되지 아니한다.
> ⓛ 집회 금지통고는 관할경찰서장이 집회신고를 접수한 후 「집회 및 시위에 관한 법률」상 집회 사전 금지조항에 근거하여 집회 주최자 등에게 해당 집회를 금지한다는 사실을 알리는 행정처분이므로 그 자체를 헌법에 위배되는 제도라고 볼 수 없다.
> ⓒ 집회의 금지와 해산은 원칙적으로 공공의 안녕질서에 대한 직접적인 위협이 명백하게 존재하는 경우에 한하여 허용될 수 있고, 집회의 자유를 보다 적게 제한하는 다른 수단, 예컨대 시위 참가자수의 제한, 시위 대상과의 거리 제한, 시위 방법, 시기, 소요시간의 제한 등 조건을 붙여 집회를 허용하는 가능성을 모두 소진한 후에 비로소 고려될 수 있는 최종적인 수단이다.
> ⓔ 사전 금지 또는 제한된 집회라 하더라도 실제 이루어진 집회가 당초 신고 내용과 달리 평화롭게 개최되거나 집회 규모를 축소하여 이루어지는 등 타인의 법익 침해나 기타 공공의 안녕질서에 대하여 직접적이고 명백한 위험을 초래하지 않은 경우에는 이에 대하여 사전 금지 또는 제한을 위반하여 집회를 한 점을 들어 처벌하는 것 이외에 더 나아가 이에 대한 해산을 명하고 이에 불응하였다 하여 처벌할 수는 없다.

① ⊙(○) ⓛ(○) ⓒ(○) ⓔ(○)
② ⊙(×) ⓛ(×) ⓒ(○) ⓔ(×)
③ ⊙(○) ⓛ(○) ⓒ(×) ⓔ(○)
④ ⊙(○) ⓛ(×) ⓒ(×) ⓔ(×)

해설

모두 옳은 설명이다.

⊙ (○) 헌법에 따르면 **집회**에 대한 **허가제는 인정되지 아니한다**(헌법 제21조 제2항).

ⓛ (○) **집회 금지통고는** 관할경찰서장이 집회신고를 접수한 후 집시법상 집회 사전금지조항에 근거하여 집회 주최자 등에게 해당 집회를 금지한다는 사실을 알리는 **행정처분**이므로 그 자체를 **헌법에 위배되는 제도라고 볼 수 없고**, 이를 운용할 때에도 경찰의 자의적 판단에 따라 집회의 자유가 침해되는 것을 방지하기 위하여 집시법 제9조에서 금지통고에 대한 **이의신청을 할 수 있다고 규정**하고 있으므로, 이를 **헌법에 위배된다고 볼 수 없다**(대법원 2009도13846).

ⓒ (○) **집회의 금지와 해산은** 원칙적으로 공공의 안녕질서에 대한 **직접적인 위협이 명백하게 존재하는 경우에 한하여 허용될 수 있고**, 집회의 자유를 보다 적게 제한하는 다른 수단, 예컨대 시위 참가자수의 제한, 시위 대상과의 거리 제한, 시위 방법, 시기, 소요시간의 제한 등 조건을 붙여 **집회를 허용하는 가능성을 모두 소진한 후에 비로소 고려될 수 있는 최종적인 수단이다**(헌재 2000헌바67, 83).

ⓔ (○) 사전 금지 또는 제한된 집회라 하더라도 실제 이루어진 집회가 당초 신고 내용과 달리 평화롭게 개최되거나 집회 규모를 축소하여 이루어지는 등 타인의 법익 침해나 기타 공공의 안녕질서에 대하여 **직접적이고 명백한 위험을 초래하지 않은 경우에는** 이에 대하여 사전 금지 또는 제한을 위반하여 집회를 한 점을 들어 처벌하는 것 이외에 더 나아가 이에 대한 **해산을 명하고 이에 불응하였다 하여 처벌할 수는 없다**(대법원 2009도13846).

🔒 1092 ①

1093 집회 및 시위에 대한 설명으로 가장 적절하지 않은 것은? (다툼이 있는 경우 판례에 의함)

●A급 22 승진

① 집회참가자들이 망인에 대한 추모의 목적과 그 범위 내에서 이루어지는 노제 등을 위한 이동·행진의 수준을 넘어서서 그 기회를 이용하여 다른 공동의 목적을 가지고 일반인이 자유로이 통행할 수 있는 장소를 행진하거나 위력 또는 기세를 보여, 불특정한 여러 사람의 의견에 영향을 주거나 제압을 하는 행위에 까지 나아가는 경우에는, 이미 「집회 및 시위에 관한 법률」이 정한 시위에 해당하므로 「집회 및 시위에 관한 법률」 제6조에 따라 사전에 신고서를 관할 경찰서장에게 제출할 것이 요구된다.

② 옥외집회 또는 시위 참가자들이 교통혼잡이 야기되었다고 볼 만한 사정은 없으나 이미 신고한 행진 경로를 따라 행진로인 하위 1개 차로에서 약 3시간 30분 동안 이루어진 집회시간 동안 2회에 걸쳐 약 15분 동안 연좌하였다는 사실만으로도 주최행위가 신고한 목적, 일시, 방법 등의 범위를 뚜렷이 벗어나는 경우에 해당한다고 볼 수 있다.

③ 집회란 '특정 또는 불특정 다수인이 공동의 의견을 형성하여 이를 대외적으로 표명할 목적 아래 일시적으로 일정한 장소에 모이는 것'을 말한다.

④ 옥외집회 또는 시위 당시의 구체적인 상황에 비추어 볼 때 옥외집회 또는 시위의 신고사항 미비점이나 신고범위 일탈로 인하여 타인의 법익 기타 공공의 안녕질서에 대하여 직접적인 위험이 초래된 경우에 비로소 그 위험의 방지·제거에 적합한 제한조치를 취할 수 있되, 그 조치는 법령에 의하여 허용되는 범위 내에서 필요한 최소한도에 그쳐야 한다.

> **해설**
>
> ① (○) 집회참가자들이 망인에 대한 추모의 목적과 그 범위 내에서 이루어지는 노제 등을 위한 이동·행진의 수준을 넘어서서 **그 기회를 이용하여 다른 공동의 목적을 가지고** 일반인이 자유로이 통행할 수 있는 장소를 **행진하거나 위력 또는 기세를 보여,** 불특정한 여러 사람의 의견에 영향을 주거나 제압을 하는 행위에 까지 나아가는 경우에는, 이미 「집회 및 시위에 관한 법률」이 정한 시위에 해당하므로 「집회 및 시위에 관한 법률」 제6조에 따라 **사전에 신고서**를 관할 경찰서장에게 **제출할 것이 요구된다**(대법원 2011도6294).
>
> ② (✕) 피고인들은 이미 신고한 행진 경로를 따라 행진로인 하위 1개 차로에서 2회에 걸쳐 각 약 5분, 약 10분 등 **총 약 15분에 걸쳐 연좌를** 하였는바, **연좌하였다는 사실 외에는 이미 신고한 집회방법의 범위를 벗어난 사항은 없고,** 약 3시간 30분 동안 이루어진 집회시간 동안 신고한 방법을 벗어나 이루어진 연좌시간도 불과 약 15분에 불과하며, 이와 같이 2회에 걸쳐 연좌를 한 이유 또한 교통에 방해를 초래할 행진을 빨리 끝내 시위를 조속하게 종료하고자 하였던 것이고, 2회에 걸쳐 하위 1개 차로에 연좌함으로 인하여 더 **큰 교통혼잡이 야기되었다고 볼 만한 사정도 없으므로** 피고인들의 위 옥외집회 등 주최행위가 신고한 목적, 일시, 방법 등의 범위를 **뚜렷이 벗어나는 경우에 해당하지 아니한다(해당한다고 볼 수 있다✕)**(대판 2009도10425).
>
> ③ (○) **집회란 '특정 또는 불특정 다수인이 공동의 의견을 형성**하여 이를 **대외적으로 표명할 목적** 아래 **일시적으로 일정한 장소에 모이는 것'**을 말한다(대법원 2011도6301).
>
> ④ (○) 옥외집회 또는 시위 당시의 구체적인 상황에 비추어 볼 때 옥외집회 또는 시위의 신고사항 미비점이나 신고범위 일탈로 인하여 타인의 법익 기타 공공의 안녕질서에 대하여 **직접적인 위험이 초래된 경우에 비로소** 그 위험의 방지·제거에 **적합한 제한조치를 취할 수 있되,** 그 조치는 법령에 의하여 허용되는 범위 내에서 **필요한 최소한도에 그쳐야 할 것이다**(대법원 98다20929).

🔒 1093 ②

1094 「집회 및 시위에 관한 법률」에 관한 다음 설명 중 가장 적절하지 않은 것은? (다툼이 있는 경우 판례에 의함)

● A급 22 순경2차

① 집회의 신고가 경합할 경우, 먼저 신고된 집회의 목적, 장소 및 시간, 참여예정인원, 집회 신고인이 기존에 신고한 집회 건수와 실제로 집회를 개최한 비율 등 먼저 신고된 집회의 실제 개최 가능성 여부와 양 집회의 상반 또는 방해가능성 등 제반 사정을 확인하여 먼저 신고된 집회가 다른 집회의 개최를 봉쇄하기 위한 허위 또는 가장 집회신고에 해당함이 객관적으로 분명해 보이는 경우라도 관할 경찰관서장이 뒤에 신고된 집회에 대하여 금지통고를 했다면, 이러한 금지통고에 위반하여 집회를 개최한 행위는 「집회 및 시위에 관한 법률」에 위배된다.

② 질서유지선이 집회 및 시위의 보호와 공공의 질서유지를 위하여 필요하다고 인정되는 최소한의 범위를 정하여 설정되고 「집회 및 시위에 관한 법률 시행령」 관련 조항에서 정한 사유에 해당한다면, 집회 또는 시위가 이루어지는 장소 외곽의 경계 지역뿐 아니라 집회 또는 시위의 장소 안에도 설정할 수 있다.

③ 경찰관들이 옥외집회 또는 시위 장소에서 줄지어 서는 등의 방법으로 소위 '사실상 질서유지선'의 역할을 수행한다고 하더라도 이를 가리켜 「집회 및 시위에 관한 법률」에서 정한 질서유지선이라고 할 수는 없다.

④ 집회·시위 참가자들이 관할 경찰관서에 신고하지 않고 집회를 개최한 경우, 그 옥외집회 또는 시위로 인하여 타인의 법익이나 공공의 안녕질서에 대한 직접적인 위험이 명백하게 초래되지 않은 상황에서 경찰이 '미신고 집회'라는 사유로 자진 해산 요청을 한 후, '불법적인 행진시도', '불법 도로 점거로 인한 도로교통법 제68조 제3항 제2호 위반'이라는 사유로 3회에 걸쳐 해산명령을 하였더라도 정당한 해산명령에 해당하지 않는다.

해설

① (✕) 집회의 신고가 경합할 경우, 먼저 신고된 집회의 목적, 장소 및 시간, 참여예정인원, 집회 신고인이 기존에 신고한 집회 건수와 실제로 집회를 개최한 비율 등 먼저 신고된 집회의 실제 개최 가능성 여부와 양 집회의 상반 또는 방해가능성 등 제반 사정을 확인하여 **먼저 신고된 집회가** 다른 집회의 개최를 봉쇄하기 위한 **허위 또는 가장 집회신고에 해당함이 객관적으로 분명해 보이는 경우라면** 관할경찰관서장이 **뒤에 신고된 집회에 대하여 금지통고를 했더라도, 이러한 금지통고에 위반하여 집회를 개최한 행위는** 「집회 및 시위에 관한 법률」에 **위배되지 아니한다 (위배된다✕)**(대법원 2011도13299).

② (○) 집시법에서 정한 질서유지선은 집회 및 시위의 보호와 공공의 질서 유지를 위하여 필요하다고 인정되는 경우로서 집시법 시행령 제13조 제1항에서 정한 사유에 해당한다면 반드시 집회 또는 시위가 이루어지는 장소 외곽의 경계지역뿐만 아니라 **집회 또는 시위의 장소 안에도 설정할 수 있다**고 봄이 타당하나, 이러한 경우에도 그 질서유지선은 집회 및 시위의 보호와 공공의 질서 유지를 위하여 필요하다고 인정되는 최소한의 범위를 정하여 설정되어야 하고, **질서유지선이 위 범위를 벗어나 설정되었다면** 이는 집시법 제13조 제1항에 위반되어 **적법하다고 할 수 없다**(대법원 2016도21311).

③ (○) 질서유지선은 띠, 방책, 차선 등과 같이 경계표지로 기능할 수 있는 물건 또는 도로교통법상 안전표지라고 봄이 타당하므로, 경찰관들이 집회 또는 시위가 이루어지는 장소의 외곽이나 그 장소 안에서 **줄지어 서는 등의 방법으**로 사실상 질서유지선의 역할을 수행한다고 하더라도 이를 가리켜 **집시법에서 정한 질서유지선이라고 할 수는 없다**(대법원 2016도21311).

④ (○) 관할경찰관서장이 위 해산명령을 할 때에는 해산사유가 집시법 제20조 제1항 각호 중 **어느 사유에 해당하는지 구체적으로 고지하여야 한다.** 따라서 해산명령을 하면서 **구체적인 해산사유를 고지하지 않았거나 정당하지 않은 사유를 고지하면서 해산명령을 한 경우에는, 그러한 해산명령에 따르지 아니하였다 하더라도** 집시법 제20조 제2항(해산의무)을 위반하였다고 할 수 없다. 또한, 해산명령을 하면서 '불법적인 행진시도', '불법 도로 점거로 인한

 1094 ①

도로교통법 제68조 제3항 제2호 또는 집시법 제12조 제2항 위반'을 해산사유로 고지하였는데, 불법적인 행진시도 또는 불법 도로 점거로 인한 도로교통법 제68조 제3항 제2호의 사유만으로 바로 집시법 제20조 제1항 각호의 사유에 해당한다고 **인정하기 어렵거나 그 사유가 구체적으로 특정되었다고 보기 어렵고**, 이 사건 시위가 집시법 제12조 제1항에 의하여 금지·제한된 것으로서 집시법 제12조 제2항을 위반하였다고 인정할 만한 증거도 없으므로, 공소외인이 해산명령을 하면서 고지한 위와 같은 사유들은 **정당한 해산사유라고 볼 수도 없다**(대법원 2016도1869).

1095 「집회 및 시위에 관한 법률」에 대한 판례의 태도로 가장 적절하지 않은 것은? ●A급 19 승진

① 해산명령 이전에 자진해산할 것을 요청할 때, 반드시 '자진해산'이라는 용어를 사용하여 요청할 필요는 없고, 해산을 요청하는 언행 중에 스스로 해산하도록 청하는 취지가 포함되어 있으면 된다.

② 사전 금지 또는 제한된 집회라 하더라도 실제 이루어진 집회가 당초 신고 내용과 달리 평화롭게 개최되거나 집회 규모를 축소하여 이루어지는 등 타인의 법익 침해나 기타 공공의 안녕질서에 대하여 직접적이고 명백한 위험을 초래하지 않은 경우에는 이에 대하여 사전 금지 또는 제한을 위반하여 집회를 한 점을 들어 처벌하는 것 이외에 더 나아가 이에 대한 해산을 명하고 이에 불응하였다 하여 처벌할 수는 없다.

③ 당초 옥외집회를 개최하겠다고 신고하였지만 그 신고 내용과 달리 아예 옥외집회는 개최하지 아니한 채 신고한 장소와 인접한 건물 등에서 옥내집회만을 개최한 경우, 신고한 옥외집회를 개최하는 과정에서 그 신고범위를 일탈한 행위로 보아 이를 집회 및 시위에 관한 법률 위반으로 처벌할 수 있다.

④ 타인이 관리하는 건조물에서 옥내집회를 개최하는 경우에도 타인의 법익 침해나 기타 공공의 안녕질서에 대하여 직접적이고 명백한 위험을 초래하는 때에는 해산명령의 대상이 된다.

해설

① (○) 해산명령 이전에 **자진해산할 것을 요청할 때, 반드시 '자진해산'이라는 용어를 사용하여 요청할 필요는 없고,** 해산을 요청하는 언행 중에 **스스로 해산하도록 청하는 취지가 포함되어 있으면 된다**(대법원 2000도2172).

② (○) 사전 금지 또는 제한된 집회라 하더라도 실제 이루어진 집회가 당초 신고 내용과 달리 평화롭게 개최되거나 집회 규모를 축소하여 이루어지는 등 타인의 법익 침해나 기타 공공의 안녕질서에 대하여 **직접적이고 명백한 위험을 초래하지 않은 경우에는** 이에 대하여 사전 금지 또는 제한을 위반하여 집회를 한 점을 들어 처벌하는 것 이외에 더 나아가 이에 대한 **해산을 명하고 이에 불응하였다 하여 처벌할 수는 없다**(대법원 2009도13846).

③ (×) 당초 옥외집회를 개최하겠다고 신고하였지만 신고 내용과 달리 아예 **옥외집회는 개최하지 아니한 채 신고한 장소와 인접한 건물 등에서 옥내집회만을 개최한 경우**에는, 그것이 건조물침입죄 등 다른 범죄를 구성함은 별론으로 하고, 신고한 옥외집회를 개최하는 과정에서 그 신고범위를 일탈한 행위를 한 데 대한 **집시법 위반죄로 처벌할 수는 없다(있다×)**(대법원 2010도14545).

 Tip 「집회 및 시위에 관한 법률」은 옥외집회나 시위에 대하여는 사전신고를 요구하고 나아가 그 신고범위의 일탈행위를 처벌하고 있지만, **옥내집회에 대하여는 신고하도록 하는 규정 자체를 두지 않고 있다.**

④ (○) **타인이 관리하는 건조물에서 옥내집회를 개최하는 경우에도** 타인의 법익 침해나 기타 공공의 안녕질서에 대하여 **직접적이고 명백한 위험을 초래하는 때에는 해산명령의 대상이 된다**(대법원 2010도14545).

 1095 ③

06 안보경찰

제1절 안보경찰 일반

1096 안보경찰활동에 관한 설명으로 가장 적절하지 않은 것은?  ●A급 25 승진

① 일반경찰의 경우 1차적 목표가 국민의 생명과 재산을 보호하는 것이라면, 안보경찰은 1차적 목표가 국가의 안전보장에 있다.

② 안보경찰활동은 사후·진압적 성격을 갖는다.

③ 안보경찰활동의 기본적인 법적 근거는 「국가경찰과 자치경찰의 조직 및 운영에 관한 법률」 제3조, 「경찰관 직무집행법」 제2조 등에서 찾아볼 수 있다.

④ 안보경찰의 수단상 특징은 비공개성과 비노출성이다.

해설

① (○) **일반경찰**의 경우 **1차적 목표**가 **국민의 생명과 재산을 보호**하는 것이라면, **안보경찰**은 **1차적 목표**가 **국가**의 **안전보장**에 있다.

② (×) **안보경찰활동**은 사후·진압적 활동으로는 목적을 달성하기 어렵기 때문에 **사전·예방적(사후·진압적×) 성격**을 갖는다.

③ (○) **안보경찰활동의 기본적인 법적 근거**는 「국가경찰과 자치경찰의 조직 및 운영에 관한 법률」 제3조, 「경찰관 직무집행법」 제2조 등에서 찾아볼 수 있다.

④ (○) 안보경찰의 수단상 특징은 **비공개성**과 **비노출성**이다.

제2절 국가보안법[시행 2017.7.7.]

1097 「국가보안법」에 대한 설명으로 가장 적절하지 않은 것은? ●C급 22 경위

① 이 법은 국가의 안전을 위태롭게 하는 반국가활동을 규제함으로써 국가의 안전과 국민의 생존 및 자유를 확보함을 목적으로 한다.

② 이 법에서 "반국가단체"라 함은 정부를 참칭하거나 국가를 변란할 것을 목적으로 하는 국내외의 결사 또는 집단으로서 지휘통솔체제를 갖춘 단체를 말한다.

 1096 ② 1097 ④

③ 이 법의 죄를 범한 자를 수사기관 또는 정보기관에 통보하거나 체포한 자에게는 「국가보안유 공자 상금지급 등에 관한 규정」이 정하는 바에 따라 상금을 지급한다.

④ 사법경찰관리로부터 이 법에 정한 죄의 참고인으로 출석을 요구받은 자가 정당한 이유없이 출석요구에 불응한 때에는 관할법원판사의 구속영장을 발부받아 구인할 수 있다.

해설

① (○) 이 법은 국가의 안전을 위태롭게 하는 **반국가활동을 규제**함으로써 국가의 안전과 국민의 생존 및 자유를 확보함을 목적으로 한다.

② (○) 이 법에서 "**반국가단체**"라 함은 **정부를 참칭**하거나 **국가를 변란**할 것을 목적으로 하는 **국내외의 결사** 또는 **집단**으로서 **지휘통솔체제를 갖춘 단체**를 말한다.

③ (○) 이 법의 **죄를 범한 자**를 수사기관 또는 정보기관에 통보하거나 **체포한 자**에게는 「국가보안유공자 상금지급 등에 관한 규정」(대통령령)이 정하는 바에 따라 **상금을 지급한다**(동법 제21조 제1항).

④ (×) **검사 또는 사법경찰관**으로부터 이 법에 정한 죄의 참고인으로 출석을 요구받은 자가 정당한 이유없이 **2회 이상 출석요구**에 불응한 때에는 관할법원판사의 **구속영장**을 발부받아 **구인할 수 있다**(동법 제18조 제1항).

1098 「국가보안법」의 특성에 대한 설명으로 가장 적절하지 않은 것은? ●C급 19 승진

① 고의범만 처벌하며, 일부 범죄를 제외하고 기본적으로 미수·예비·음모를 처벌한다.

② 「국가보안법」의 죄를 범한 후 자수하거나 동법의 죄를 범한 자가 타인이 동법의 죄를 범하는 것을 방해하였을 때에는 그 형을 감경 또는 면제한다.

③ 검사는 「국가보안법」의 죄를 범한 자에 대하여 공소제기를 보류할 수 있으며 공소보류가 취소된 경우에는 동일한 범죄사실로 재구속할 수 없다.

④ 편의제공죄나 찬양·고무죄 등 「형법」상 종범의 성격을 가진 행위에 대하여 독립된 범죄로 처벌한다.

해설

① (○) **고의범만 처벌**하며, 일부 범죄를 제외하고 **기본적으로 미수·예비·음모를 처벌**한다.

② (○) 「국가보안법」의 죄를 범한 후 **자수**하거나 동법의 죄를 범한 자가 타인이 동법의 죄를 범하는 것을 **방해**하였을 때에는 그 **형을 감경 또는 면제**한다(동법 제16조).

Tip 형의 감면

필요적 감면사유	임의적 감면사유
• **불고지죄**(본범과 친족관계) • **자수**한 때 • **고발**하거나 **방해**한 때	• **기타** 편의제공(본범과 친족관계) • **특수직무유기죄**(본범과 친족관계)

③ (×) **검사**는 「국가보안법」의 죄를 범한 자에 대하여 **공소제기를 보류**할 수 있으며, 공소보류를 받은 자가 법무부장관이 정한 감시·보도에 관한 규칙에 위반한 때에는 **공소보류를 취소**할 수 있다. 공소보류가 취소된 경우에는 **동일한 범죄사실로 재구속할 수 있다(없다×)**(동법 제20조 제4항).

④ (○) **편의제공죄**(제9조)나 찬양·고무죄(제7조) 등 「형법」상 **종범의 성격**을 가진 행위에 대하여 **독립된 범죄로 처벌**한다.

🔒 1098 ③

1099 「국가보안법」에 대한 설명으로 적절하지 않은 것은 모두 몇 개인가?  ●C급 24 경위

> 가. 반국가단체라 함은 정부를 참칭하거나 국가를 변란할 것을 목적으로 하는 국내외의 결사 또는 집단으로서 지휘통솔체제를 갖춘 단체를 말한다.
> 나. 반국가단체의 구성·가입죄 및 가입권유죄는 미수뿐만 아니라 예비·음모도 처벌한다.
> 다. 범죄수사 또는 정보의 직무에 종사하는 공무원이 이 법의 죄를 범한 자라는 정을 알면서 그 직무를 유기한 때에는 10년 이하의 징역에 처한다. 다만, 본범과 친족관계가 있는 때에는 그 형을 감경 또는 면제한다.
> 라. 반국가단체나 그 구성원의 지령을 받거나 받기 위하여 또는 그 목적수행을 협의하거나 협의하기 위하여 잠입하거나 탈출한 자는 10년 이하의 징역에 처한다.

① 1개   ② 2개   ③ 3개   ④ 4개

해설
틀린 설명은 **나, 다, 라**, 3개이다.
가. (○) "**반국가단체**"라 함은 정부를 참칭하거나 **국가를 변란**할 것을 목적으로 하는 **국내외의 결사** 또는 **집단**으로서 **지휘통솔체제를 갖춘 단체**를 말한다(동법 제2조 제1항).
나. (×) 반국가단체의 **구성·가입죄**(가입권유죄×)는 미수뿐만 아니라 **예비·음모도 처벌**한다.
> 🅣ip 반국가단체의 **가입권유죄**는 **미수범만 처벌**하고, **예비·음모는 처벌하지 않는다**(동법 제3조).

다. (×) 범죄수사 또는 정보의 직무에 종사하는 **공무원**이 이 법의 죄를 범한 자라는 정을 알면서 **그 직무를 유기한 때**(특수직무유기죄)에는 **10년 이하의 징역**에 처한다. 다만, **본범과 친족관계**가 있는 때에는 그 형을 **감경 또는 면제할 수 있다**(감경 또는 면제한다×)(동법 제11조).
라. (×) 반국가단체나 그 구성원의 **지령을 받거나** 받기 위하여 또는 그 **목적수행을 협의**하거나 협의하기 위하여 **잠입**하거나 **탈출한 자**(특수 잠입·탈출죄)는 **사형·무기 또는 5년 이상**(10년 이하×)의 징역에 처한다(동법 제6조 제2항).
> 🅣ip 국가의 존립·안전이나 **자유민주적 기본질서를 위태롭게 한다는 정을 알면서** 반국가단체의 지배하에 있는 지역으로부터 **잠입**하거나 그 지역으로 **탈출**한 자(단순 잠입·탈출죄)는 **10년 이하**의 징역에 처한다(동법 제6조 제1항).

제3절 **보안관찰법**[시행 2020.8.5.]

1100 「보안관찰법」에 관한 설명으로 가장 적절하지 않은 것은? ●A급 23 순경1차

① "보안관찰처분대상자"라 함은 보안관찰해당범죄 또는 이와 경합된 범죄로 금고 이상의 형의 선고를 받고 그 형기 합계가 3년 이상인 자로서 형의 전부 또는 일부의 집행을 받은 사실이 있는 자를 말한다.
② 보안관찰처분청구는 검사가 행한다.
③ 보안관찰처분을 받은 자는 이 법이 정하는 바에 따라 소정의 사항을 주거지 관할경찰서장에게 신고하고, 재범방지에 필요한 범위 안에서 그 지시에 따라 보안관찰을 받아야 한다.
④ 보안관찰처분의 기간은 3년으로 한다.

 🔒 1099 ③ 1100 ④

① (○) "보안관찰처분대상자"라 함은 보안관찰해당범죄 또는 이와 경합된 범죄로 **금고 이상**의 형의 선고를 받고 그 형기 **합계가 3년 이상**인 자로서 **형의 전부 또는 일부의 집행을 받은 사실이 있는 자**를 말한다(동법 제3조).

② (○) **보안관찰처분청구**는 **검사**가 행한다(동법 제8조).

③ (○) **보안관찰처분을 받은 자**(피보안관찰자)는 보안관찰처분결정고지를 받은 날부터 **7일 이내**에 주거지를 관할하는 지구대·파출소의 장을 거쳐 **관할경찰서장에게 신고**하여야 하고, 재범방지에 필요한 범위 안에서 그 지시에 따라 보안관찰을 받아야 한다(동법 제18조).

④ (×) **보안관찰처분의 기간**은 **2년**(3년×)으로 한다(동법 제5조).

1101 「보안관찰법」에 관한 설명으로 가장 적절하지 않은 것은?
●A급 24 승진

① '보안관찰처분대상자'라 함은 보안관찰해당범죄 또는 이와 경합된 범죄로 금고 이상의 형의 선고를 받고 그 형기합계가 3년 이상인 자로서 형의 전부 또는 일부의 집행을 면제받은 사실이 있는 자를 말한다.

② 보안관찰처분의 기간은 2년으로 하되, 법무부장관은 검사의 청구가 있는 때에는 보안관찰처분심의위원회의 의결을 거쳐 그 기간을 갱신할 수 있다.

③ 보안관찰처분대상자는 대통령령이 정하는 바에 따라 그 형의 집행을 받고 있는 교도소, 소년교도소, 구치소, 유치장 또는 군교도소에서 출소 전에 거주예정지 기타 대통령령으로 정하는 사항을 교도소등의 장을 경유하여 거주예정지 관할경찰서장에게 신고하고, 출소 후 7일 이내에 그 거주예정지 관할 경찰서장에게 출소사실을 신고하여야 한다.

④ 보안관찰처분청구는 검사가 보안관찰처분청구서를 법무부장관에게 제출함으로써 행한다.

① (×) '**보안관찰처분대상자**'라 함은 보안관찰해당범죄 또는 이와 경합된 범죄로 **금고 이상**의 형의 선고를 받고 그 **형기합계가 3년 이상**인 자로서 **형의 전부 또는 일부의 집행을 받은**(면제받은×) 사실이 있는 자를 말한다(동법 제3조).

② (○) 보안관찰처분의 기간은 **2년**으로 하되, **법무부장관**은 검사의 청구가 있는 때에는 **보안관찰처분심의위원회의 의결**을 거쳐 그 기간을 **갱신할 수 있다**.

③ (○) **보안관찰처분대상자**는 대통령령이 정하는 바에 따라 그 형의 집행을 받고 있는 교도소, 소년교도소, 구치소, 유치장 또는 군교도소에서 **출소 전에** 거주예정지 기타 대통령령으로 정하는 사항을 교도소등의 장을 경유하여 **거주예정지 관할 경찰서장에게 신고**하고, **출소 후 7일 이내**에 그 거주예정지 관할 **경찰서장에게 출소사실을 신고**하여야 한다(동법 제6조 제1항).

④ (○) **보안관찰처분청구**는 검사가 보안관찰처분청구서를 **법무부장관에게** 제출함으로써 행한다(동법 제8조 제1항).

1102 「보안관찰법」상 보안관찰에 관한 설명으로 가장 적절하지 않은 것은?
●A급 26 경위

① 보안관찰처분대상자란 보안관찰해당범죄 또는 이와 경합된 범죄로 금고 이상의 형의 선고를 받고 그 형기합계가 3년 이상인 자로서 형의 전부 또는 일부의 집행을 받은 사실이 있는 자를 의미한다.

② 「군형법」상의 일반이적죄는 보안관찰해당범죄에 포함되지 않는다.

③ 보안관찰처분에 관한 결정은 보안관찰처분심의위원회의 의결을 거쳐 법무부장관이 행한다.

④ 보안관찰처분의 기간은 2년이며, 법무부장관은 검사의 청구가 있는 때에는 보안관찰처분심의위원회의 의결을 거쳐 그 기간을 갱신할 수 있다.

 1101 ① 1102 ②

① (○) **보안관찰처분대상자**란 보안관찰해당범죄 또는 이와 경합된 범죄로 **금고 이상**의 형의 선고를 받고 그 **형기합계가 3년 이상**인 자로서 **형의 전부 또는 일부의 집행을 받은 사실이 있는 자**를 의미한다.

② (×) 「**군형법**」**상의 일반이적죄**는 보안관찰해당범죄에 **포함된다**(포함되지 않는다×).

🅣ip 「**형법**」**상의 일반이적죄**는 보안관찰해당범죄에 **포함되지 않는다**.

③ (○) 보안관찰처분에 관한 **결정**은 보안관찰처분심의위원회의 의결을 거쳐 **법무부장관**이 행한다.

④ (○) 보안관찰처분의 기간은 **2년**이며, **법무부장관은 검사의 청구가 있는 때**에는 보안관찰처분심의위원회의 의결을 거쳐 **그 기간을 갱신할 수 있다**.

1103 「보안관찰법」에 대한 설명으로 가장 적절한 것은?  19 승진

① 보안관찰처분에 관한 결정은 보안관찰처분심의위원회의 의결을 거쳐 법무부장관이 행한다.

② 피보안관찰자는 국외여행 또는 7일 이상 여행을 하는 경우 수시신고를 해야 한다.

③ 보안관찰처분의 기간은 2년이며, 그 기간은 갱신할 수 없다.

④ '보안관찰처분대상자'는 보안관찰해당범죄 또는 이와 경합된 범죄로 징역 이상의 형의 선고를 받고 그 형기합계가 3년 이상인 자로서 형의 전부 또는 일부의 집행을 받은 사실이 있는 자를 말한다.

① (○) **보안관찰처분에 관한 결정**은 보안관찰처분심의위원회의 의결을 거쳐 **법무부장관**이 행한다(동법 제14조 제1항).

🅣ip **법무부장관은 위원회의 의결과 다른 결정을 할 수 없다**. 다만, 보안관찰처분대상자에 대하여 위원회의 의결보다 유리한 결정을 하는 때에는 그러하지 아니하다(동법 제14조 제2항).

② (×) **피보안관찰자**가 주거지를 이전하거나 **국외여행** 또는 **10일**(7일×) **이상 주거를 이탈하여 여행**하고자 할 때에는 **미리**(수시신고×) 거주예정지, 여행예정지 기타 대통령령이 정하는 사항을 지구대·파출소장을 거쳐 **관할경찰서장에게 신고하여야 한다**(동법 제18조 제4항).

③ (×) 보안관찰처분의 기간은 **2년**이며, 그 기간은 **갱신할 수 있다**(없다×).

🅣ip 보안관찰처분의 **갱신 횟수에는 제한이 없다**. 즉, 2년마다 계속 갱신될 수 있다.

④ (×) '**보안관찰처분대상자**'는 보안관찰해당범죄 또는 이와 경합된 범죄로 **금고**(징역×) **이상**의 형의 선고를 받고 그 형기합계가 **3년 이상**인 자로서 **형의 전부 또는 일부의 집행을 받은 사실이 있는 자**를 말한다(동법 제3조).

1104 「보안관찰법」상의 보안관찰에 대한 설명 중 가장 적절하지 않은 것은?  20 법학

① 교도소장은 보안관찰처분대상자에 해당하는 자가 생길 때에는 7일 이내에 보안관찰처분심의위원회와 거주예정지를 관할하는 검사 및 경찰서장에게 통고하여야 한다.

② 보안관찰처분에 관한 사안을 심의·의결하기 위하여 법무부에 보안관찰처분심의위원회를 두며, 이 위원회의 위원장은 법무부차관이 된다.

③ 피보안관찰자가 주거지를 이전하거나 국외여행 또는 10일 이상 주거를 이탈하여 여행하고자 할 때에는 미리 거주 예정지, 여행 예정지 기타 대통령령이 정하는 사항을 지구대·파출소장을 거쳐 관할경찰서장에게 신고하여야 한다.

④ 보안관찰처분의 기간은 보안관찰처분 결정을 집행하는 날부터 계산하며, 이 경우 초일을 산입한다.

🔒 1103 ① 1104 ①

해설

① (×) **교도소장은** 보안관찰처분대상자에 해당하는 자가 생길 때에는 **지체없이**(7일 이내×) 보안관찰처분심의위원회와 **거주예정지를 관할하는 검사 및 경찰서장에게 통고**하여야 한다(동법 제6조 제3항).

② (○) 보안관찰처분에 관한 사안을 심의·의결하기 위하여 **법무부에 보안관찰처분심의위원회**(위원장 1인과 6인의 위원)를 두며, 이 위원회의 **위원장은 법무부차관**이 된다(동법 제12조 제3항).

③ (○) 피보안관찰자가 **주거지를 이전**하거나 **국외여행** 또는 **10일 이상 주거를 이탈하여 여행**하고자 할 때에는 **미리** 거주예정지, 여행 예정지 기타 대통령령이 정하는 사항을 지구대·파출소장을 거쳐 **관할경찰서장에게 신고**하여야 한다(동법 제18조 제4항).

④ (○) **보안관찰처분의 기간은** 보안관찰처분 **결정을 집행**하는 날부터 **계산**하며, 이 경우 **초일을 산입**한다(동법 제25조 제1항).

Tip「민법」제157조**(기간의 기산점)** : 기간을 일, 주, 월 또는 연으로 정한 때에는 기간의 **초일은 산입하지 아니한다.**

1105 보안관찰에 대한 설명으로 가장 적절하지 않은 것은?　　　　　●A급 20 승진

① 「국가보안법」상 목적수행죄, 자진지원죄, 금품수수죄와 「형법상」 내란목적살인죄, 외환유치죄, 간첩죄, 물건제공이적죄, 모병이적죄, 시설제공이적죄는 보안관찰해당범죄이다.

② 피보안관찰자는 보안관찰처분결정고지를 받은 날이 속한 달부터 매 3월이 되는 달의 말일까지 정기신고를 해야 한다.

③ 피보안관찰자는 국외여행 또는 10일 이상 국내여행을 하는 경우 신고를 해야 한다.

④ 「보안관찰법」상 보안관찰처분심의위원회는 위원장 1인(법무부장관)과 6인의 위원으로 구성되고, 위원은 법무부장관의 제청으로 대통령이 임명 또는 위촉한다.

해설

① (○) 「국가보안법」상 목적수행죄, 자진지원죄, 금품수수죄와 「형법상」 **내란목적살인죄**, 외환유치죄, 간첩죄, 물건제공이적죄, 모병이적죄, 시설제공이적죄는 **보안관찰해당범죄**이다(동법 제2조).

Tip 보안관찰해당범죄가 아닌 범죄

형법	군형법	국가보안법
내란죄 **일반이적죄** **전시군수계약불이행죄** [주의] 내란목적살인죄는 보안관찰해당범죄에 해당한다.	**(단순)반란불보고죄**(제9조 제1항) [주의] 군형법상 이적목적반란불보고죄(제9조 제2항)와 일반이적죄는 보안관찰해당범죄에 해당한다.	반국가단체 구성·가입·가입권유죄 찬양·고무등죄 회합·통신죄 불고지죄 특수직무유기죄 무고날조죄 기타편의제공죄

② (○) **피보안관찰자는** 보안관찰처분결정고지를 받은 날이 속한 달부터 **매 3월**이 되는 달의 말일까지 **정기신고**를 해야 한다(동법 제18조 제2항).

③ (○) 피보안관찰자는 **국외여행** 또는 **10일 이상 국내여행**을 하는 경우 **미리 신고**를 해야 한다(동법 제18조 제4항).

④ (×) 「보안관찰법」상 **보안관찰처분심의위원회는 위원장 1인[법무부차관**(장관×)]과 **6인의 위원**으로 구성되고, 위원은 **법무부장관의 제청으로 대통령이 임명** 또는 위촉한다(동법 제12조 제4항).

 1105 ④

1106 「보안관찰법」상 보안관찰처분에 대한 설명으로 옳지 않은 것은?  21 경위

① 보안관찰처분은 보안처분의 일종으로 본질, 추구하는 목적 및 기능에 있어 형벌과는 다른 독자적 의의를 가진 사회보호적 처분이므로 형벌과 병과하여 선고한다고 해서 일사부재리 원칙에 위반하였다고 할 수 없다.

② 보안관찰처분에 관한 결정은 보안관찰처분심의위원회의 의결을 거쳐 법무부장관이 행하며, 법무부장관은 보안관찰처분심의위원회의 의결과 다른 결정을 할 수 없다. 다만, 보안관찰처분 대상자에 대하여 보안관찰처분심의위원회의 의결보다 유리한 결정을 하는 때에는 그러하지 아니하다.

③ 보안관찰처분의 기간은 2년으로 하며 법무부장관은 검사의 청구가 있는 때에는 보안관찰처분 심의위원회의 의결을 거쳐 1회에 한해 그 기간을 갱신할 수 있다.

④ 보안관찰처분결정을 받은 자가 그 결정에 이의가 있을 때에는 행정소송법이 정하는 바에 따라 그 결정이 집행된 날부터 60일 이내에 서울고등법원에 소를 제기할 수 있다.

해설

① (O) 보안관찰처분은 보안처분의 일종으로 본질, 추구하는 목적 및 기능에 있어 형벌과는 다른 독자적 의의를 가진 **사회보호적 처분**이므로 **형벌과 병과**하여 선고한다고 해서 **일사부재리 원칙에 위반하였다고 할 수 없다.**

② (O) 보안관찰처분에 관한 **결정**은 보안관찰처분심의위원회의 의결을 거쳐 **법무부장관이** 행하며, 법무부장관은 보안관찰처분심의**위원회의 의결과 다른 결정을 할 수 없다.** 다만, 보안관찰처분 대상자에 대하여 보안관찰처분심의위원회의 의결보다 유리한 결정을 하는 때에는 그러하지 아니하다(동법 제14조 제1항, 제2항).

③ (×) **보안관찰처분의 기간은 2년**으로 하며 **법무부장관은 검사의 청구가 있는 때**에는 보안관찰처분심의위원회의 의결을 거쳐 **횟수에 상관없이**(1회에 한해×) 그 기간을 **갱신할 수 있다**(동법 제5조 제1항·제2항).

④ (O) 보안관찰처분결정을 받은 자가 그 **결정에 이의가 있을 때**에는 **행정소송법**이 정하는 바에 따라 그 **결정이 집행된 날부터 60일** 이내에 **서울고등법원**에 소를 제기할 수 있다(동법 제23조).

1107 보안관찰에 대한 설명 중 가장 적절하지 않은 것은?  22 승진

① 「보안관찰법」상 법무부장관은 보안관찰처분대상자 또는 피보안관찰자 중 국내에 가족이 없거나 가족이 있어도 인수를 거절하는 자에 대하여는 대통령령이 정하는 바에 의하여 거소를 제공할 수 있다.

② 「형법」상 일반이적죄는 「보안관찰법」상 보안관찰해당범죄에 해당된다.

③ 「보안관찰법 시행규칙」에서 규정하는 '사안'에는 보안관찰처분 기간갱신청구에 관한 사안도 해당된다.

④ 「보안관찰법」상 피보안관찰자가 주거지를 이전하거나 국외여행 또는 10일 이상 주거를 이탈하여 여행하고자 할 때에는 미리 거주 예정지, 여행 예정지 기타 대통령령이 정하는 사항을 지구대 파출소장을 거쳐 관할경찰서장에게 신고하여야 한다.

🔒 1106 ③ 1107 ②

해설

① (○) 「보안관찰법」상 법무부장관은 보안관찰처분대상자 또는 피보안관찰자 중 **국내에 가족이 없거나** 가족이 있어도 **인수를 거절하는 자**에 대하여는 대통령령이 정하는 바에 의하여 **거소를 제공할 수 있다**(동법 제20조 제3항).

② (×) **「형법」**상 일반이적죄는 「보안관찰법」상 **보안관찰해당범죄에 해당되지 아니한다**(해당된다×).

③ (○) 「보안관찰법 시행규칙」에서 규정하는 '**사안**'에는 보안관찰처분 **기간갱신청구**에 관한 사안도 **해당**된다.

>  "**사안**"이라 함은 보안관찰**처분청구**, 보안관찰처분**취소청구**, 보안관찰처분**기간갱신청구**, 보안관찰처분**면제결정청구**, 보안관찰처분**면제결정취소청구** 및 보안관찰처분**면제결정신청에 관한 사안**을 말한다(동법 시행규칙 제2조 제1호).

④ (○) 「보안관찰법」상 피보안관찰자가 **주거지를 이전**하거나 **국외여행** 또는 **10일 이상 주거를 이탈**하여 여행하고자 할 때에는 **미리** 거주 예정지, 여행 예정지 기타 대통령령이 정하는 사항을 지구대·파출소장을 거쳐 **관할경찰서장에게 신고**하여야 한다(동법 제18조 제4항).

제4절 남북교류협력에 관한 법률[시행 2024.4.17.]

1108 「남북교류협력에 관한 법률」에 관한 설명으로 가장 적절하지 않은 것은? ●B급 19 순경2차

① 남한의 주민이 북한을 방문하거나 북한의 주민이 남한을 방문하려면 통일부장관의 방문 승인을 받아야 하며, 통일부장관이 발급한 증명서를 소지하여야 한다.

② 남한의 주민이 북한의 주민과 접촉하려면 통일부장관에게 미리 신고하여야 하는 것이 원칙이나 대통령령으로 정하는 부득이한 사유에 해당하는 경우에는 접촉한 후에 신고할 수 있다.

③ 남한과 북한 간의 거래는 국가 간의 거래가 아닌 민족내부의 거래로 본다.

④ 「남북교류협력에 관한 법률」상 "반출·반입"이란 매매, 교환, 임대차, 사용대차, 증여, 사용 등을 목적으로 하는 남한과 북한 간의 물품 등의 이동을 말하며, 단순히 제3국을 거치는 물품 등의 이동은 포함하지 않는다.

해설

① (○) 남한의 주민이 북한을 **방문**하거나 북한의 주민이 남한을 방문하려면 **통일부장관의 방문 승인을 받아야** 하며, 통일부장관이 발급한 **증명서를 소지**하여야 한다(동법 제9조 제1항).

② (○) 남한의 주민이 북한의 주민과 회합·통신, 그 밖의 방법으로 **접촉**하려면 **통일부장관에게 미리 신고**하여야 하는 것이 원칙이나 대통령령으로 정하는 부득이한 사유에 해당하는 경우에는 **접촉한 후에 신고할 수 있다**(동법 제9조의2 제1항).

③ (○) 남한과 북한 간의 거래는 국가 간의 거래가 아닌 **민족내부의 거래**로 본다(동법 제12조).

④ (×) 「남북교류협력에 관한 법률」상 "**반출·반입**"이란 매매, 교환, 임대차, 사용대차, 증여, 사용 등을 목적으로 하는 남한과 북한 간의 물품등의 이동을 말하며, **단순히 제3국을 거치는 물품등의 이동을 포함한다**(포함하지 않는다×)(동법 제2조 제3호).

 1108 ④

1109 남북교류협력에 대한 설명으로 가장 적절하지 않은 것은?  **B급** 20 승진

① 재외국민이 외국에서 북한을 왕래할 때에는 통일부장관이나 재외공관의 장에게 신고하여야 한다.

② 거짓이나 부정한 방법으로 방문승인을 받은 경우 승인을 취소해야 한다.

③ 남한 주민이 북한을 방문하고자 하는 경우 방문 10일 전까지 통일부장관에게 '방문승인 신청서'를 제출해야 한다.

④ 「남북교류협력에 관한 법률」은 남북 교류·협력을 목적으로 하는 행위에 관하여는 이 법률의 목적 범위에서 다른 법률에 우선하여 이 법을 적용한다.

> **해설**
>
> ① (○) **재외국민이 외국에서 북한을 왕래할 때**에는 **통일부장관이나 재외공관의 장에게 신고**하여야 한다. 다만, 외국을 거치지 아니하고 남한과 북한을 직접 왕래할 때에는 통일부장관이 발급한 방문증명서를 소지하여야 한다(남북교류협력법 제9조 제8항).
>
> ② (○) **거짓이나 부정한 방법**으로 방문승인을 받은 경우 **승인을 취소하여야 한다**(남북교류협력법 제9조 제7항 제1호).
>
> ③ (✕) 남한 주민이 북한을 **방문하고자** 하는 경우 **방문 7일(10일✕) 전까지 통일부장관에게 '방문승인 신청서'를 제출해야 한다**(남북교류협력법 시행령 제12조 제1항).
>
> ④ (○) 「남북교류협력에 관한 법률」은 **남북 교류·협력을 목적으로 하는 행위에 관하여는** 이 법률의 목적 범위에서 다른 법률에 **우선하여 이 법을 적용**한다(동법 제3조).

제5절 **북한이탈주민의 보호 및 정착지원에 관한 법률**[시행 2025.10.9.]

1110 「북한이탈주민의 보호 및 정착지원에 관한 법률」 및 같은 법 시행령에 대한 설명으로 가장 적절한 것은? **A급** 19 순경1차

① 북한이탈주민이란 군사분계선 이북지역에 주소, 직계가족, 배우자, 직장 등을 두고 있는 사람으로서 북한을 벗어난 후 외국 국적을 취득한 사람을 말한다.

② 북한이탈주민으로서 「북한이탈주민의 보호 및 정착지원에 관한 법률」에 따른 보호를 받으려는 사람은 재외공관이나 그 밖의 행정기관의 장(각급 군부대의 장은 제외한다)에게 보호를 직접 신청하여야 한다.

③ 통일부장관은 '북한이탈주민 대책협의회'의 심의를 거쳐 북한이탈주민의 보호 여부를 결정한다. 단, 국가안보에 현저한 영향을 끼칠 우려가 있는 자의 경우 국방부장관이 보호 여부를 결정한다.

④ 통일부장관은 「북한이탈주민의 보호 및 정착지원에 관한 법률」에 따라 보호대상자가 거주지로 전입한 후 그의 신변안전을 위하여 국방부장관이나 경찰청장에게 협조를 요청할 수 있다.

 1109 ③ 1110 ④

해설

① (×) '북한이탈주민'이란 군사분계선 **이북지역에 주소, 직계가족, 배우자, 직장 등을 두고 있는 사람**으로서 **북한을 벗어난 후 외국 국적을 취득하지 아니한**(취득한×) 사람을 말한다(동법 제2조 제1호).

② (×) 북한이탈주민으로서 「북한이탈주민의 보호 및 정착지원에 관한 법률」에 따른 보호를 받으려는 사람은 **재외공관이나 그 밖의 행정기관의 장**(각급 군부대의 장은 포함(제외×)한다)에게 보호를 **직접 신청**하여야 한다(동법 제7조).

③ (×) **통일부장관은** 국가정보원장으로부터 통보를 받으면 '북한이탈주민 대책협의회'의 심의를 거쳐 북한이탈주민의 **보호 여부를 결정**한다. 다만, **국가안전보장에 현저한 영향을 줄 우려가 있는 사람**에 대하여는 **국가정보원장**(국방부장관×)이 그 보호 여부를 결정하고, 그 결과를 **지체없이 통일부장관과 보호신청자에게 통보**하거나 알려야 한다(동법 제8조 제1항).

④ (○) **통일부장관은** 「북한이탈주민의 보호 및 정착지원에 관한 법률」에 따라 **보호대상자가 거주지로 전입한 후** 그의 **신변안전**을 위하여 **국방부장관이나 경찰청장에게 협조를 요청할 수 있으며**, 협조요청을 받은 국방부장관이나 경찰청장은 이에 **협조한다**(동법 제22조의2 제1항).

1111 「북한이탈주민의 보호 및 정착지원에 관한 법률」에 대한 설명으로 적절한 것만을 모두 고른 것은?

● A급 20 순경2차

> ㉠ "북한이탈주민"이란 북한에 주소, 직계가족, 배우자, 직장 등을 두고 있는 사람으로서 북한을 벗어난 후 외국 국적을 취득한 사람을 말한다.
> ㉡ 이 법에 따른 보호 및 정착지원은 원칙적으로 개인을 단위로 하되, 필요하다고 인정하는 경우에는 대통령령으로 정하는 바에 따라 세대 단위로 할 수 있다.
> ㉢ 보호대상자를 정착지원시설에서 보호하는 기간은 1년 이내로 하고, 거주지에서 보호하는 기간은 5년으로 한다.
> ㉣ 북한이탈주민으로서 국내 입국 후 1년이 지나서 보호신청한 사람은 보호대상자로 결정하지 아니할 수 있다.

① ㉠, ㉡　　　　② ㉠, ㉢　　　　③ ㉡, ㉢　　　　④ ㉡, ㉣

해설

옳은 설명은 ㉡, ㉢, **2개**이다.

㉠ (×) "북한이탈주민"이란 북한에 주소, 직계가족, 배우자, 직장 등을 두고 있는 사람으로서 북한을 벗어난 후 **외국 국적을 취득하지 아니한**(취득한×) 사람을 말한다(동법 제2조 제1호).

㉡ (○) 이 법에 따른 보호 및 정착지원은 **원칙적으로 개인을 단위로** 하되, 필요하다고 인정하는 경우에는 대통령령으로 정하는 바에 따라 **세대 단위로** 할 수 있다(동법 제5조 제2항).

㉢ (○) 보호대상자를 **정착지원시설**에서 보호하는 기간은 **1년 이내**로 하고, **거주지**에서 보호하는 기간은 **5년**으로 한다(동법 제5조 제3항).

㉣ (×) 북한이탈주민으로서 **국내 입국 후 3년**(1년×)이 지나서 보호신청한 사람은 **보호대상자로 결정하지 아니할 수 있다**(동법 제9조 제1항 제5호).

> **Tip** 보호대상자로 결정하지 아니할 수 있는 사람(동법 제9조 제1항)
>
> 1. 항공기 납치, 마약거래, 테러, 집단살해 등 **국제형사범죄자**
> 2. **살인 등 중대한 비정치적 범죄자**
> 3. **위장탈출 혐의자**
> 4. 국내 입국 후 **3년**이 지나서 **보호신청한** 사람
> 5. 그 밖에 국가안전보장·질서유지·공공복리에 대한 중대한 위해 발생 우려, 보호신청자의 경제적 능력 및 해외 체류 여건 등을 고려하여 **보호대상자로 정하는 것이 부적당**하거나 **보호 필요성이 현저히 부족**하다고 대통령령으로 정하는 사람

 1111 ③

1112 「북한이탈주민의 보호 및 정착지원에 관한 법률」에 대한 설명으로 가장 적절하지 않은 것은?

●A급 21 순경2차

① 위장탈출 혐의자 또는 국내 입국 후 3년이 지나서 보호신청한 사람은 보호대상자로 결정하지 아니할 수 있다.

② 북한이탈주민으로서 「북한이탈주민의 보호 및 정착지원에 관한 법률」에 의한 보호를 받고자 하는 자는 재외공관장등에게 보호를 직접 신청하여야 한다. 다만, 보호를 직접 신청하지 아니할 수 있는 대통령령으로 정하는 사유가 있는 경우에는 그러하지 아니하다.

③ 보호신청을 받은 재외공관장등은 지체없이 그 사실을 소속 중앙행정기관의 장을 거쳐 통일부장관과 국가정보원장에게 통보하여야 한다.

④ 경찰청장은 보호신청자에 대하여 보호결정 등을 위하여 필요한 조사 및 일시적인 신변안전조치 등 임시보호조치를 한 후 지체없이 그 결과를 통일부장관과 국가정보원장에게 통보하여야 한다.

해설

① (○) **위장탈출 혐의자** 또는 **국내 입국 후 3년이 지나서 보호신청한 사람은 보호대상자로 결정하지 아니할 수 있다** (동법 제9조 제1항).

② (○) 북한이탈주민으로서 「북한이탈주민의 보호 및 정착지원에 관한 법률」에 의한 **보호를 받고자 하는 자는** 재외공관장등(재외공관장, 행정기관장, 군부대장 포함)에게 **보호를 직접 신청하여야 한다**. 다만, 보호를 직접 신청하지 아니할 수 있는 대통령령으로 정하는 사유가 있는 경우에는 그러하지 아니하다(동법 제7조 제1항).

③ (○) **보호신청을 받은 재외공관장등은 지체없이** 그 사실을 소속 중앙행정기관의 장을 거쳐 **통일부장관과 국가정보원장에게 통보**하여야 한다(동법 제7조 제2항).

④ (×) **국가정보원장**(경찰청장×)은 보호신청자에 대하여 보호결정 등을 위하여 **필요한 조사** 및 일시적인 신변안전조치 등 **임시보호조치**를 한 후 **지체없이** 그 **결과를 통일부장관**(국가정보원장×)에게 **통보하여야 한다**(동법 제7조 제3항).

1113 「북한이탈주민의 보호 및 정착지원에 관한 법률」에 대한 설명으로 가장 적절하지 않은 것은?

●A급 25 순경2차

① "북한이탈주민"이란 군사분계선 이북지역에 주소, 직계가족, 배우자, 직장 등을 두고 있는 사람으로서 북한을 벗어난 후 외국 국적을 취득하지 아니한 사람을 말한다.

② 국가안전보장에 현저한 영향을 줄 우려가 있는 보호신청자는 통일부장관이 그 보호 여부를 결정하고, 그 결과를 지체 없이 국가정보원장과 보호신청자에게 통보하거나 알려야 한다.

③ 통일부장관은 보호대상자가 거주지로 전입한 후 그의 신변안전을 위하여 국방부장관이나 경찰청장에게 협조를 요청할 수 있으며 협조요청을 받은 국방부장관이나 경찰청장은 이에 협조한다.

④ 보호신청자가 항공기 납치, 마약거래, 테러, 집단살해 등 국제형사범죄자에 해당하면 보호대상자로 결정하지 아니할 수 있다.

1112 ④ **1113** ②

해설

① (O) "**북한이탈주민**"이란 군사분계선 이북지역에 주소, 직계가족, 배우자, 직장 등을 두고 있는 사람으로서 **북한을 벗어난 후 외국 국적을 취득하지 아니한 사람**을 말한다(동법 제2조 제1호).

② (X) 국가안전보장에 현저한 영향을 줄 우려가 있는 보호신청자는 국가정보원장(**통일부장관X**)이 그 보호 여부를 결정하고, 그 결과를 지체 없이 **통일부장관**(국가정보원장X)과 보호신청자에게 통보하거나 알려야 한다(동법 제8조 제1항 단서).

③ (O) **통일부장관**은 보호대상자가 거주지로 전입한 후 그의 **신변안전**을 위하여 **국방부장관이나 경찰청장에게 협조를 요청할 수 있으며** 협조요청을 받은 **국방부장관이나 경찰청장은 이에 협조한다**(동법 제22조의2 제1항).

④ (O) 보호신청자가 항공기 납치, 마약거래, 테러, 집단살해 등 **국제형사범죄자**에 해당하면 **보호대상자로 결정하지 아니할 수 있다**(동법 제9조 제1항 제1호).

1114 「**북한이탈주민의 보호 및 정착지원에 관한 법률**」에 대한 설명으로 옳지 않은 것은? ●A급 20 경위

① 통일부장관은 「북한이탈주민의 보호 및 정착지원에 관한 법률」에 따라 보호대상자가 거주지로 전입한 후 그의 신변안전을 위하여 국방부장관이나 경찰청장에게 협조를 요청할 수 있다.

② 북한이탈주민이란 군사분계선 이북지역에 주소, 직계가족, 배우자, 직장 등을 두고 있는 사람으로서 북한을 벗어난 후 외국 국적을 취득하지 아니한 사람을 말한다.

③ 통일부장관은 '북한이탈주민 대책협의회'의 심의를 거쳐 보호 여부를 결정한다. 단, 국가안보에 현저한 영향을 끼칠 우려가 있는 자의 경우 국가정보원장이 보호 여부를 결정한다.

④ 북한이탈주민으로서 위장탈출 혐의자, 국내 입국 후 3년이 지나서 보호신청한 사람은 보호대상자로 결정될 수 없다.

해설

① (O) 통일부장관은 「북한이탈주민의 보호 및 정착지원에 관한 법률」에 따라 **보호대상자**가 거주지로 전입한 후 그의 **신변안전**을 위하여 **국방부장관이나 경찰청장에게 협조를 요청**할 수 있으며, 협조요청을 받은 국방부장관이나 경찰청장은 이에 협조한다(동법 제22조의2 제1항).

② (O) "**북한이탈주민**"이란 군사분계선 **이북지역에 주소, 직계가족, 배우자, 직장 등을 두고** 있는 사람으로서 **북한을 벗어난 후 외국 국적을 취득하지 아니한 사람**을 말한다(동법 제2조 제1호).

③ (O) **통일부장관**은 국가정보원장으로부터 통보를 받으면 '북한이탈주민 대책협의회'의 심의를 거쳐 북한이탈주민의 **보호 여부를 결정한다.** 다만, 국가안전보장에 현저한 영향을 줄 우려가 있는 사람에 대하여는 국가정보원장이 그 보호 여부를 결정하고, 그 결과를 지체없이 통일부장관과 보호신청자에게 통보하거나 알려야 한다(동법 제8조 제1항).

④ (X) 북한이탈주민으로서 **위장탈출 혐의자**, **국내 입국 후 3년이 지나서** 보호신청한 사람은 보호대상자로 **결정하지 아니할 수 있다**(결정될 수 없다X)(동법 제9조 제1항).

🔒 1114 ④

1115 「북한이탈주민의 보호 및 정착지원에 관한 법률」에 대한 설명으로 적절한 것은? ●A급 21 승진

① "북한이탈주민"이란 군사분계선 이북지역에 주소, 직계가족, 배우자, 직장 등을 두고 있는 사람으로서 북한을 벗어난 후 외국 국적을 취득하지 아니한 사람을 말한다.

② 위장탈출 혐의자, 국내 입국 후 5년이 지나서 보호신청한 사람은 보호 대상자로 결정하지 않을 수 있다.

③ "구호물품"이란 이 법에 따라 보호 대상자에게 지급하거나 빌려주는 금전 또는 물품을 말한다.

④ 북한이탈주민으로 보호를 받으려는 사람은 재외공관이나 그 밖의 행정기관의 장에게 보호를 직접 신청해야 하고, 국가정보원장은 '북한이탈주민 대책협의회'의 심의를 거쳐 보호여부를 결정한다.

> **해설**
> ① (○) "북한이탈주민"이란 군사분계선 **이북지역에 주소, 직계가족, 배우자, 직장 등을 두고** 있는 사람으로서 북한을 벗어난 후 **외국 국적을 취득하지 아니한 사람**을 말한다(동법 제2조 제1호).
> ② (×) **위장탈출 혐의자, 국내 입국 후 3년(5년×)이 지나서 보호신청한 사람**은 보호 대상자로 **결정하지 아니할 수 있다**(동법 제9조 제1항).
> ③ (×) **"보호금품"(구호물품×)**이란 이 법에 따라 **보호 대상자에게 지급**하거나 빌려주는 금전 또는 물품을 말한다.
> ④ (×) **북한이탈주민으로 보호를 받으려는 사람은** 재외공관이나 그 밖의 행정기관의 장에게 보호를 **직접 신청해야 하고**(동법 제7조 제1항), **통일부장관(국가정보원장×)**은 '북한이탈주민 대책협의회'의 심의를 거쳐 **보호여부를 결정**한다(동법 제8조 제1항).

1116 「북한이탈주민의 보호 및 정착지원에 관한 법률」에 대한 설명으로 옳지 않은 것은? ●A급 21 경위

① 북한이탈주민이란 군사분계선 이북지역에 주소, 직계가족, 배우자, 직장 등을 두고 있는 사람으로서 북한을 벗어난 후 외국 국적을 취득하지 아니한 사람을 말한다.

② 대한민국은 보호대상자를 상호주의에 입각하여 특별히 보호하고 외국에 체류하고 있는 북한이탈주민의 보호 및 지원 등을 위해 외교적 노력을 다하여야 한다.

③ 국가는 보호대상자의 성공적인 정착을 위하여 보호대상자의 보호·교육·취업·주거·의료 및 생활보호 등의 지원을 지속적으로 추진하고 이에 필요한 재원을 안정적으로 확보하기 위해 노력하여야 한다.

④ 통일부장관은 보호대상자가 거주지로 전입한 후 그의 신변안전을 위하여 국방부장관이나 경찰청장에게 협조를 요청할 수 있으며, 협조요청을 받은 국방부장관이나 경찰청장은 이에 협조한다.

> **해설**
> ① (○) **북한이탈주민이란** 군사분계선 이북지역에 주소, 직계가족, 배우자, 직장 등을 두고 있는 사람으로서 **북한을 벗어난 후 외국 국적을 취득하지 아니한 사람**을 말한다(동법 제2조 제1호).
> ② (×) 대한민국은 보호대상자를 **인도주의(상호주의×)**에 입각하여 특별히 보호하고 **외국에 체류하고 있는 북한이탈주민의 보호 및 지원** 등을 위해 **외교적 노력을 다하여야 한다**(동법 제4조 제1항·제2항).
> ③ (○) **국가는** 보호대상자의 성공적인 정착을 위하여 보호대상자의 보호·교육·취업·주거·의료 및 생활보호 등의 **지원을 지속적으로 추진**하고 이에 필요한 재원을 안정적으로 확보하기 위해 **노력하여야 한다**(동법 제4조의2 제1항).
> ④ (○) **통일부장관은** 보호대상자가 거주지로 전입한 후 그의 **신변안전을 위하여 국방부장관이나 경찰청장에게 협조를 요청할 수 있으며**, 협조요청을 받은 국방부장관이나 경찰청장은 이에 협조한다(동법 제22조의2 제1항).

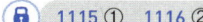
🔒 **1115** ① **1116** ②

1117 「북한이탈주민의 보호 및 정착지원에 관한 법률」에 대한 내용으로 가장 적절하지 않은 것은?

●A급 24 승진

① 통일부장관은 보호대상자가 거주지로 전입한 후 그의 신변안전을 위하여 국방부장관이나 경찰청장에게 협조를 요청할 수 있으며, 협조요청을 받은 국방부장관이나 경찰청장은 이에 협조한다.

② '보호대상자'란 이 법에 따라 보호 및 지원을 받는 북한이탈주민을 말한다.

③ 통일부장관은 보호대상자가 정착지원시설로부터 그의 거주지로 전입한 후 정착하여 스스로 생활하는 데 장애가 되는 사항을 해결하거나 그 밖에 자립·정착에 필요한 보호를 할 수 있다.

④ '북한이탈주민'이란 군사분계선 이북지역에 주소, 직계가족, 배우자, 직장 등을 두고 있는 사람으로서 북한을 벗어난 후 외국 국적을 취득한 사람을 말한다.

해설

① (○) **통일부장관은** 보호대상자가 거주지로 전입한 후 그의 **신변안전을 위하여 국방부장관**이나 **경찰청장**에게 **협조를 요청할 수 있으며,** 협조요청을 받은 국방부장관이나 경찰청장은 이에 협조한다(동법 제22조의2 제1항).

② (○) **'보호대상자'**란 이 법에 따라 **보호 및 지원을 받는 북한이탈주민**을 말한다(동법 제2조 제2호).

③ (○) **통일부장관은** 보호대상자가 정착지원시설로부터 그의 **거주지로 전입한 후** 정착하여 스스로 생활하는 데 장애가 되는 사항을 해결하거나 그 밖에 **자립·정착에 필요한 보호를 할 수 있다**(동법 제22조 제1항).

④ (×) **'북한이탈주민'**이란 군사분계선 이북지역에 주소, 직계가족, 배우자, 직장 등을 두고 있는 사람으로서 북한을 벗어난 후 **외국 국적을 취득하지 아니한(취득한×)** 사람을 말한다(동법 제2조 제1호).

🔒 1117 ④

07 외사경찰

제1절 외사경찰 일반

제2절 다문화 사회

1118 다음은 다문화 사회의 접근유형에 대한 설명이다. 〈보기 1〉과 〈보기 2〉의 내용이 가장 적절하게 연결된 것은?

●A급 20 순경1차

보기 1

(가) 소수집단이 자결(Self-determination)의 원칙을 내세워 문화적 공존을 넘어서는 소수민족 집단만의 공동체 건설을 지향한다.

(나) 차별을 금지하고 사회참여를 위해 기회평등을 보장하는 것으로, 사회통합을 위해 문화적 다양성을 인정하며 민족 집단의 존재를 인정하지만 시민 생활과 공적 생활에서는 주류 사회의 문화, 언어, 사회관습을 따를 것을 요구한다.

(다) 다문화주의를 결과에 있어서의 평등보장이라는 측면에서 접근하는 것으로, 문화적 소수자가 현실적으로 문화적 다수자와의 경쟁에서 불리한 위치에 있다는 것을 전제로 소수집단의 사회참가를 촉진하기 위해 적극적인 법적·재정적 원조를 한다.

보기 2

　㉠ 조합주의적 다문화주의　　㉡ 급진적 다문화주의　　㉢ 자유주의적 다문화주의

	(가)	(나)	(다)
①	㉠	㉢	㉡
②	㉡	㉢	㉠
③	㉠	㉡	㉢
④	㉡	㉠	㉢

🔒 1118 ②

해설

(가) **소수집단이 자결**의 원칙을 내세워 문화적 공존을 넘어서는 **소수민족 집단만의 공동체 건설을 지향**한다. – ⓒ **급진적 다문화주의**

(나) 차별을 금지하고 사회참여를 위해 **기회평등**을 보장하는 것으로, 사회통합을 위해 문화적 다양성을 인정하며 민족 집단의 존재를 인정하지만 **시민 생활과 공적 생활에서는 주류 사회의 문화, 언어, 사회관습을 따를 것을 요구**한다. – ⓒ **자유주의적 다문화주의**

(다) 다문화주의를 **결과**에 있어서의 **평등보장**이라는 측면에서 접근하는 것으로, 문화적 소수자가 현실적으로 문화적 다수자와의 경쟁에서 불리한 위치에 있다는 것을 전제로 소수집단의 사회참가를 촉진하기 위해 **적극적인 법적·재정적 원조**를 한다. – ⓒ **조합주의적 다문화주의**

1119 다문화 사회의 접근유형에 대한 설명으로 가장 적절하지 않은 것은? ●A급 19 승진

① 급진적 다문화주의 – 다문화주의는 '차이에 대한 권리'로 해석되며, 소수자의 문화적 권리와 결부되어 이해된다.

② 동화주의 – 사회통합을 이룩하기 위해 국가 내부의 문화적 다양성을 허용하고, 소수 인종집단 고유의 문화와 가치를 인정하지만, 시민 생활이나 공적 생활에서는 주류 사회의 문화·언어·사회습관에 따를 것을 요구한다.

③ 조합주의적 다문화주의 – 자유주의적 다문화주의와 급진적 다문화주의의 절충적 형태로서 다문화주의를 결과에 있어서의 평등보장이라는 측면에서 접근한다.

④ 다원주의 – 소수집단이 자결(self-determination)의 원칙을 내세워 문화적 공존을 넘어서는 소수민족 집단만의 공동체 건설을 지향한다. 미국에서의 흑인과 원주민에 의한 격리주의 운동이 대표적이다.

해설

① (○) **급진적 다문화주의** – 다문화주의는 '**차이에 대한 권리**'로 해석되며, **소수자**의 문화적 권리와 결부되어 이해된다.

② (○) **동화주의** – 사회통합을 이룩하기 위해 국가내부의 문화적 **다양성을 허용**하고, 소수 인종집단 고유의 문화와 가치를 인정하지만, **시민생활이나 공적생활에서는 주류 사회의 문화·언어·사회습관에 따를 것을 요구**한다.

③ (○) **조합주의적 다문화주의** – 자유주의적 다문화주의와 급진적 다문화주의의 **절충적 형태**로서 다문화주의를 **결과에 있어서의 평등보장**이라는 측면에서 접근한다.

④ (×) **급진적 다문화주의(다원주의×)** – **소수집단이 자결의 원칙**을 내세워 문화적 공존을 넘어서는 **소수민족 집단만의 공동체 건설을 지향**한다. 미국에서의 흑인과 원주민에 의한 격리주의 운동이 대표적이다.

🔔**Tip** 다원주의(조합주의적 다문화주의) : 자유주의적 다문화주의와 급진적 다문화주의의 **절충적 형태**로서 다문화주의를 **결과에 있어서의 평등보장**이라는 측면에서 접근한다. 문화적 소수자가 현실적으로 문화적 다수자와의 경쟁에서 불리한 위치에 있다는 것을 전제로 하여, **소수집단의 사회참가를 촉진**하기 위해 **적극적인 재정적·법적 원조**를 한다. 다언어 방송, 다언어 의사소통, 다언어 문서, 다언어 및 다문화 교육 등을 추진하고, 사적 영역에서 소수민족 학교나 공공단체에 대해 지원하기도 한다.

🔒 1119 ④

1120 「국적법」상 일반귀화의 요건에 관한 내용이다. ㉠~㉤의 내용 중 옳고 그름의 표시(○, ×)가 모두 바르게 된 것은?

●B급 19 순경2차

> ㉠ 10년 이상 계속하여 대한민국에 주소가 있을 것
> ㉡ 대한민국에서 영주할 수 있는 체류자격을 가지고 있을 것
> ㉢ 대한민국의 「민법」상 성년일 것
> ㉣ 법령을 준수하는 등 대통령령으로 정하는 품행 단정의 요건을 갖출 것
> ㉤ 귀화를 허가하는 것이 국가안전보장·질서유지 또는 공공복리를 해치지 아니한다고 법무부장관이 인정할 것

① ㉠(×) ㉡(○) ㉢(○) ㉣(×) ㉤(○)
② ㉠(○) ㉡(×) ㉢(○) ㉣(○) ㉤(×)
③ ㉠(○) ㉡(○) ㉢(×) ㉣(×) ㉤(○)
④ ㉠(×) ㉡(○) ㉢(○) ㉣(×) ㉤(×)

해설

㉠ (×) **5년**(10년×) **이상 계속**하여 **대한민국에 주소**가 있을 것
㉡ (○) 대한민국에서 **영주할 수 있는 체류자격**을 가지고 있을 것
㉢ (○) 대한민국의 「민법」상 **성년**일 것
㉣ (×) 법령을 준수하는 등 **법무부령**(대통령령×)으로 정하는 **품행 단정**의 요건을 갖출 것
㉤ (○) 귀화를 허가하는 것이 국가안전보장·질서유지 또는 공공복리를 **해치지 아니한다고 법무부장관**이 인정할 것

1121 여행경보단계 중 해외체류자는 신변안전에 특별히 유의하여야 하고, 해외여행 예정자는 불필요한 여행을 자제해야 하는 단계는?

●C급 21 승진

① 남색경보 ② 황색경보
③ 적색경보 ④ 흑색경보

해설

② (○) 여행경보단계 중 **해외체류자는 신변안전에 특별히 유의**하여야 하고, 해외여행 예정자는 **불필요한 여행을 자제**해야 하는 단계는 '**황색경보**'를 말한다.

여행경보단계	해외여행 예정자	해외체류자
남색경보(여행유의)	주의가 요구되는 신변안전 위험 요인을 숙지하여 이에 대비한다.	주의가 요구되는 신변안전 위험 요인을 숙지하여 이에 대비한다.
황색경보(여행자제)	**불필요한 여행을 자제**한다.	신변안전에 **특별히 유의**한다.
적색경보(철수권고)	여행을 **취소·연기**한다.	긴요한 용무가 아닌 한 **철수**한다.
흑색경보(여행금지)	여행금지를 준수한다.	즉시 대피·철수한다.

🔒 1120 ① 1121 ②

1122 「출입국관리법」상 외국인의 강제퇴거 대상으로 옳지 않은 것은? **●A급** 20 경위

① 허가를 받지 아니하고 근무처를 변경·추가하거나 허가를 받지 아니한 외국인을 고용·알선한 사람

② 법무부장관이 정한 거소 또는 활동범위의 제한이나 그 밖의 준수사항을 위반한 사람

③ 벌금 이상의 형을 선고받고 석방된 사람

④ 외국인등록증 등의 채무이행 확보수단 제공 등의 금지규정을 위반한 외국인

해설

① (○) **허가를 받지 아니하고** 근무처를 **변경·추가**하거나 **허가를 받지 아니한 외국인을 고용·알선**한 사람

② (○) **법무부장관**이 정한 거소 또는 활동범위의 제한이나 그 밖의 **준수사항을 위반한** 사람

③ (×) **금고**(벌금×) **이상의 형을 선고받고 석방된** 사람

④ (○) **외국인등록증 등의 채무이행 확보수단 제공 등의 금지규정을 위반한** 외국인(동법 제46조 제1항 제12의2호)

Tip 강제퇴거의 대상자(출입국관리법 제46조)

1. 입국할 때 유효한 여권과 사증없이 입국하는 사람
2. 허위초청 등의 금지규정을 위반한 외국인 또는 허위초청 등의 행위로 입국한 외국인
3. **입국금지 사유가 입국 후에 발견·발생**한 사람
4. 입국심사 또는 선박등의 제공금지규정을 **위반한** 사람
5. 지방출입국·외국인관서의 장이 붙인 허가조건을 **위반한** 사람
6. 상륙허가를 받지 아니하고 상륙하였거나 상륙허가조건을 **위반한** 사람
7. 체류와 관련된 규정(체류자격, 체류기간 등)을 **위반한** 사람
8. **허가를 받지 아니하고** 근무처를 변경·추가하거나 **허가를 받지 아니한** 외국인을 고용·알선한 사람
10. **법무부장관**이 정한 거소 또는 활동범위의 제한이나 그 밖의 준수사항을 **위반한** 사람
10의2. 허위서류 제출 등의 금지규정을 **위반한** 외국인
11. **출국심사규정을 위반하여 출국하려고 한** 사람
12. 외국인등록 의무를 **위반한** 사람
12의2. 외국인등록증 등의 채무이행 확보수단 제공 등의 금지규정을 **위반한** 외국인
13. **금고 이상의 형을 선고받고 석방된** 사람
14. 자살 또는 자해행위를 하려는 경우, 다른 사람에게 위해를 가하거나 가하려는 경우, 출입국관리공무원의 직무집행을 정당한 사유 없이 거부 또는 기피하거나 방해하는 경우, 시설 및 다른 사람의 안전과 질서를 현저히 해치는 행위를 하거나 하려는 경우에 해당하는 사람

[영주자격을 가진 사람]

영주자격을 가진 사람은 대한민국 밖으로 강제퇴거되지 아니한다. 다만, 다음 각 호의 어느 하나에 해당하는 사람은 그러하지 아니하다.
1. 형법상 **내란의 죄** 또는 **외환의 죄**를 범한 사람
2. 5년 이상의 징역 또는 금고의 형을 선고받고 석방된 사람 중 **법무부령**으로 정하는 사람
3. **선박등의 제공금지규정을 위반**하거나 이를 **교사** 또는 **방조**한 사람

🔒 1122 ③

1123 「출입국관리법」상 외국인 강제퇴거 대상으로 적절하지 않은 것은 모두 몇 개인가? ●A급 21 순경2차

> ⊙ 조세, 공과금을 체납한 사람
> ⓒ 외국인등록 의무를 위반한 사람
> ⓒ 구류의 선고를 받고 석방된 사람
> ⓔ 법무부장관이 정한 거소 또는 활동범위의 제한이나 그 밖의 준수사항을 위반한 사람
> ⓜ 지방출입국·외국인관서의 장이 붙인 조건부 입국 허가조건을 위반한 사람

① 2개 　　　　 ② 3개 　　　　 ③ 4개 　　　　 ④ 5개

해설

강제퇴거 대상으로 적절하지 않은 것은 ⊙, ⓒ, **2개**이다.
⊙ (×) **조세, 공과금을 체납**한 사람 – **출국정지** 대상
ⓒ (×) **금고 이상(구류×)**의 선고를 받고 **석방된 사람** – **강제퇴거** 대상

Tip 출국금지 및 출국정지(출입국관리법 제4조, 제29조)

사유	금지기간(내국인)	정지기간(외국인)
범죄수사를 위하여	1개월 이내	
• 소재를 알 수 없어 **기소중지** 또는 **수사중지(피의자중지로 한정한다)**된 사람 • 도주 등 특별한 사유가 있어 **수사진행이 어려운** 사람	3개월 이내	
기소중지 또는 **수사중지(피의자중지로 한정한다)**된 경우로서 **체포영장** 또는 **구속영장**이 **발부된** 사람	영장 유효기간 이내	
1. **형사재판에 계속 중**인 사람 2. **징역형이나 금고형의 집행이 끝나지 아니한** 사람 3. **1천만원 이상**의 **벌금**이나 **2천만원 이상**의 **추징금** 미납한 사람 4. **5천만원 이상**의 **국세·관세** 또는 **3천만원 이상**의 **지방세**를 미납한 사람 5. **양육비 채무자** 중 양육비이행심의위원회의 심의·의결을 거친 사람 6. 그 밖에 제1호부터 제5호까지의 규정에 준하는 사람으로서 대한민국의 이익이나 공공의 안전 또는 경제질서를 해칠 우려가 있어 그 출국이 적당하지 아니하다고 **법무부령**으로 정하는 사람	6개월 이내	3개월 이내

1124 「출입국관리법」상 외국인의 강제퇴거에 관한 설명으로 가장 적절하지 않은 것은? ●A급 23 승진

① 강제퇴거명령서는 출입국관리공무원이 집행한다. 지방출입국·외국인관서의 장은 사법경찰관리에게 강제퇴거명령서의 집행을 의뢰할 수 있다.

② 대통령령으로 정하는 금액 이상의 국세·관세 또는 지방세를 정당한 사유 없이 그 납부기한까지 내지 아니한 사람은 강제퇴거 대상자에 해당한다.

③ 금고 이상의 형을 선고받고 석방된 사람은 강제퇴거의 대상이 된다.

④ 지방출입국·외국인관서의 장은 강제퇴거명령을 받은 사람이 송환에 협조하지 아니하는 등의 사유로 2개월이 지난 후에도 송환할 수 없는 경우에는 매 3개월의 범위에서 미리 외국인보호위원회의 보호기간 연장 승인을 받아 그 사람을 송환할 수 있을 때까지 보호기간을 연장할 수 있으며, 이 경우 연장기간을 포함한 총 보호기간은 9개월을 넘을 수 없다.

🔒 1123 ① 　 1124 ②

해설

① (○) **강제퇴거명령서**는 **출입국관리공무원**이 집행한다. 지방출입국·외국인관서의 장은 **사법경찰관리에게** 강제퇴거명령서의 **집행을 의뢰할 수 있다**(동법 제62조 제1항·제2항).

② (×) **대통령령으로 정하는 금액 이상의 국세·관세(5천만원)** 또는 **지방세(3천만원)**를 정당한 사유 없이 그 납부기한까지 내지 아니한 사람은 **출국정지**(강제퇴거×) 대상자에 해당한다(동법 제4조 제1항 제4호).

③ (○) 금고 이상의 형을 선고받고 석방된 사람은 **강제퇴거의 대상**이 된다.

④ (○) 지방출입국·외국인관서의 장은 강제퇴거명령을 받은 사람이 송환에 협조하지 아니하는 등의 사유로 **2개월이** 지난 후에도 **송환할 수 없는 경우**에는 **매 3개월**의 범위에서 미리 **외국인보호위원회의 보호기간 연장 승인**을 받아 그 사람을 송환할 수 있을 때까지 보호기간을 연장할 수 있으며, 이 경우 연장기간을 포함한 **총 보호기간은 9개월을 넘을 수 없다**(동법 제63조 제2항).

> 🎯**Tip** 지방출입국·외국인관서의 장은 **강제퇴거명령을 받은 사람**이 여권을 소지하지 아니하였거나 교통편이 확보되지 아니하는 등의 사유로 그 사람을 즉시 대한민국 밖으로 송환할 수 없는 경우에는 **2개월의** 범위에서 그 사람을 송환할 수 있을 때까지 **보호시설에 보호할 수 있다**(동법 제63조 제1항).

> 🎯**Tip** 출입국관리공무원은 외국인이 강제퇴거의 대상에 해당된다고 **의심할 만한 상당한 이유가 있고 도주하거나 도주할 염려가 있으면** 지방출입국·외국인관서의 장으로부터 보호명령서를 발급받아 그 외국인을 **보호할 수 있다**(동법 제51조 제1항). 이 경우 보호된 외국인의 **강제퇴거 대상자 여부를 심사·결정하기 위한 보호기간은 10일 이내로** 한다. 다만, 부득이한 사유가 있으면 지방출입국·외국인관서의 장의 허가를 받아 **10일을** 초과하지 아니하는 범위에서 **한 차례만 연장**할 수 있다(동법 제52조 제1항).

1125 「출입국관리법」에 대한 설명으로 가장 적절한 것은?

●A급 21 순경1차

① 출국이 금지(「출입국관리법」 제4조 제1항 또는 제2항)되거나 출국금지기간이 연장(「출입국관리법」 제4조의2 제1항)된 사람은 출국금지결정이나 출국금지기간 연장의 통지를 받은 날 또는 그 사실을 안 날부터 15일 이내에 법무부장관에게 출국금지결정이나 출국금지기간 연장결정에 대한 이의를 신청할 수 있다.

② 외국인이 입국할 때에는 유효한 여권과 외교부장관이 발급한 사증을 가지고 있어야 한다.

③ 수사기관이 「출입국관리법」 제4조의6 제3항에 따른 긴급출국금지 승인을 요청한 때로부터 12시간 이내에 법무부장관으로부터 긴급출국금지 승인을 받지 못한 경우, 법무부장관은 「출입국관리법」 제4조의6 제1항의 수사기관 요청에 따른 출국금지를 해제하여야 한다.

④ 법무부장관은 소재를 알 수 없어 기소중지결정이 된 사람 또는 도주 등 특별한 사유가 있어 수사진행이 어려운 사람에 대하여는 6개월 이내의 기간을 정하여 출국을 금지할 수 있다.

해설

① (×) 출국이 금지(「출입국관리법」 제4조 제1항 또는 제2항)되거나 출국금지기간이 연장(「출입국관리법」 제4조의2 제1항)된 사람은 **출국금지결정이나 출국금지기간 연장의 통지를 받은 날 또는 그 사실을 안 날부터 10일(15일×) 이내에 법무부장관에게** 출국금지결정이나 출국금지기간 연장결정에 대한 **이의를 신청할 수 있다**(동법 제4조의5 제1항).

> 🎯**Tip** 법무부장관은 위의 이의신청을 받으면 그 날부터 15일 이내에 이의신청의 타당성 여부를 **결정하여야** 한다. 다만, 부득이한 사유가 있으면 **15일의 범위에서 한 차례만** 그 기간을 **연장할 수 있다**(동법 제4조의5 제2항).

② (×) 외국인이 입국할 때에는 유효한 여권과 **법무부장관**(외교부장관×)이 발급한 **사증**을 가지고 있어야 한다(동법 제7조).

> 🎯**Tip** 여권은 **외교부장관**이 발급한다(여권법 제3조).

③ (○) 수사기관이 「출입국관리법」 제4조의6 제3항에 따른 **긴급출국금지 승인**을 요청한 때로부터 **12시간 이내에** 법무부장관으로부터 **긴급출국금지 승인을 받지 못한 경우**, 법무부장관은 「출입국관리법」 제4조의6 제1항의 수사기관 요청에 따른 **출국금지를 해제하여야 한다**(동법 제4조의6 제4항).

> 🎯**Tip** 수사기관은 출입국관리공무원에게 긴급출국금지를 요청한 때로부터 **6시간 이내에** 법무부장관에게 **긴급출국금지 승인을 요청하여야 한다**(동법 제4조의6 제3항).

④ (×) **법무부장관**은 소재를 알 수 없어 **기소중지결정**이 된 사람 또는 도주 등 특별한 사유가 있어 수사진행이 어려운 사람에 대하여는 **3개월**(6개월×) **이내**의 기간을 정하여 **출국을 금지**할 수 있다(동법 제4조 제2항 제1호).

 1125 ③

1126 「출입국관리법」상 내국인의 출국금지에 대한 설명으로 가장 적절하지 않은 것은?  19 승진

① 법무부장관은 형사재판에 계속 중인 사람에 대하여 6개월 이내의 기간을 정하여 출국을 금지할 수 있다.

② 법무부장관은 징역형이나 금고형의 집행이 끝나지 아니한 사람에 대하여 6개월 이내의 기간을 정하여 출국을 금지할 수 있다.

③ 법무부장관은 기소중지결정이 된 경우로서 체포영장 또는 구속영장이 발부된 사람에 대하여 영장 유효기간까지 출국을 금지하여야 한다.

④ 법무부장관은 소재를 알 수 없어 기소중지결정이 된 사람 또는 도주 등 특별한 사유가 있어 수사진행이 어려운 사람에 대하여 3개월 이내의 기간을 정하여 출국을 금지할 수 있다.

> **해설**
> ① (○) 법무부장관은 **형사재판에 계속 중인** 사람에 대하여 **6개월** 이내의 기간을 정하여 **출국을 금지**할 수 있다(동법 제4조 제1항 제1호).
> ② (○) 법무부장관은 **징역형이나 금고형의 집행이 끝나지 아니한 사람**에 대하여 **6개월** 이내의 기간을 정하여 출국을 금지할 수 있다(동법 제4조 제1항 제2호).
> ③ (×) 법무부장관은 기소중지결정이 된 경우로서 **체포영장 또는 구속영장이 발부**된 사람에 대하여 **영장 유효기간** 이내의 기간을 정하여 **출국을 금지할 수 있다**(하여야 한다×)(동법 제4조 제2항 제2호).
> ④ (○) 법무부장관은 소재를 알 수 없어 **기소중지결정**이 된 사람 또는 **도주** 등 특별한 사유가 있어 수사진행이 어려운 사람에 대하여 **3개월** 이내의 기간을 정하여 출국을 금지할 수 있다(동법 제4조 제2항 제1호).

1127 「출입국관리법」상 출국금지에 관한 내용으로 가장 적절하지 않은 것은?  25 승진

① 출국금지를 요청한 기관의 장은 출국금지기간을 초과하여 계속 출국을 금지할 필요가 있을 때에는 출국금지기간이 끝나기 3일 전까지 법무부장관에게 출국금지기간을 연장하여 줄 것을 요청하여야 한다.

② 법무부장관은 범죄수사를 위하여 출국이 적당하지 아니하다고 인정되는 사람에 대하여 1개월 이내의 기간을 정하여 출국을 금지할 수 있다.

③ 법무부장관은 출국금지 사유가 없어졌거나 출국을 금지할 필요가 없다고 인정할 때에는 즉시 출국금지를 해제하여야 한다.

④ 법무부장관은 기소중지 또는 수사중지(피의자중지로 한정한다)된 경우로서 체포영장 또는 구속영장이 발부된 사람에 대하여 3개월 이내의 기간을 정하여 출국을 금지할 수 있다.

> **해설**
> ① (○) 출국금지를 요청한 기관의 장은 출국금지기간을 초과하여 계속 출국을 금지할 필요가 있을 때에는 출국금지기간이 끝나기 **3일 전까지** 법무부장관에게 출국금지기간을 **연장**하여 줄 것을 **요청하여야 한다**(동법 제4조의2 제2항).
> ② (○) **법무부장관은 범죄수사**를 위하여 출국이 적당하지 아니하다고 인정되는 사람에 대하여 **1개월 이내**의 기간을 정하여 출국을 금지할 수 있다(동법 제4조 제2항).
> ③ (○) **법무부장관은** 출국금지 사유가 없어졌거나 출국을 금지할 **필요가 없다고 인정할 때에는 즉시 출국금지를 해제하여야 한다**(동법 제4조의3 제2항).
> ④ (×) **법무부장관은** 기소중지 또는 수사중지(피의자중지로 한정한다)된 경우로서 **체포영장 또는 구속영장이 발부된 사람**에 대하여 **영장 유효기간**(3개월×) 이내의 기간을 정하여 출국을 금지할 수 있다(동법 제4조 제2항 제2호).

🔒 1126 ③ 1127 ④

1128 「출입국관리법」에 대한 설명으로 가장 적절하지 않은 것은?

① 법무부장관은 형사재판에 계속 중인 사람, 징역형이나 금고형의 집행이 끝나지 아니한 사람, 대통령령으로 정하는 금액 이상의 벌금이나 추징금을 내지 아니한 사람에 대해서는 6개월 이내의 기간을 정하여 출국을 금지할 수 있다.

② 재난상륙·긴급상륙·승무원상륙 허가기간은 각각 30일 이내이며, 난민임시상륙 허가기간은 90일 이내이다.

③ 수사기관이 출입국사범을 입건한 때에는 지체없이 관할 지방출입국·외국인관서의 장에게 사건을 인계한다.

④ 법무부장관은 입국심사에 필요한 경우에는 관계 행정기관이 보유하고 있는 외국인의 지문 및 얼굴에 관한 자료의 제출을 요청할 수 있다.

> **해설**
>
> ① (○) 법무부장관은 **형사재판에 계속 중인** 사람, 징역형이나 금고형의 **집행이 끝나지 아니한** 사람, 대통령령으로 정하는 금액 이상의 **벌금(1천만원)**이나 **추징금(2천만원)**을 내지 아니한 사람에 대해서는 **6개월 이내**의 기간을 정하여 **출국을 금지**할 수 있다(동법 제4조 제1항).
>
> ② (×) **재난상륙·긴급상륙(승무원상륙×)** 허가기간은 **각각 30일 이내**이며, **난민임시상륙** 허가기간은 **90일 이내**이다 (동법 제15조, 제16조, 제16조의2).
>
>   **🅣ip** 승무원상륙 허가기간은 **15일**이다(동법 제14조 제1항).
>
> ③ (○) **수사기관이 출입국사범을 입건한 때에는 지체없이** 관할 지방출입국·외국인관서의 장에게 사건을 **인계하여야 한다**(동법 제101조 제2항).
>
> ④ (○) **법무부장관은 입국심사에 필요한 경우에는** 관계 행정기관이 보유하고 있는 **외국인의 생체정보의 제출을 요청할 수 있다**(동법 제12조의2 제3항).
>
>   **🅣ip** 외국인의 생체정보의 제출 협조를 요청받은 관계 행정기관은 **정당한 이유 없이 그 요청을 거부하여서는 아니 된다**(동법 제12조의2 제4항).

1129 「출입국관리법」에 대한 설명이다. 아래 가.부터 라.까지 설명 중 옳고 그름의 표시(○, ×)가 바르게 된 것은?

> 가. 수사기관이 「출입국관리법」 제4조의6 제3항에 따른 긴급출국금지 승인을 요청한 때로부터 24시간 이내에 법무부장관으로부터 긴급출국금지 승인을 받지 못한 경우, 법무부장관은 출입국관리법 제4조의6 제1항의 수사기관 요청에 따른 출국금지를 해제하여야 한다.
>
> 나. 18세 미만의 외국인을 제외한 대한민국에 체류하는 외국인은 여권, 선원신분증명서, 외국인입국허가서, 외국인등록증 또는 상륙허가서를 지니고 있어야 한다.
>
> 다. 출입국관리공무원 외의 수사기관이 출입국사범에 해당하는 사건을 입건하였을 때에는 지체 없이 관할 지방출입국·외국인관서의 장에게 인계하여야 한다.
>
> 라. 감염병환자, 마약류중독자, 강제퇴거명령을 받고 출국한 후 5년이 지난 외국인은 입국금지 사항에 해당한다.

① 가.(○)   나.(×)   다.(○)   라.(○)

② 가.(×)   나.(○)   다.(○)   라.(○)

③ 가.(×)   나.(×)   다.(○)   라.(×)

④ 가.(○)   나.(×)   다.(○)   라.(×)

🔒 1128 ②   1129 ③

가. (×) 수사기관이 「출입국관리법」 제4조의6 제3항에 따른 **긴급출국금지 승인을 요청한 때로부터 12시간**(24시간×) **이내에 법무부장관으로부터 긴급출국금지 승인을 받지 못한 경우**, 법무부장관은 출입국관리법 제4조의6 제1항의 수사기관 요청에 따른 출국금지를 **해제하여야 한다**(동법 제4조의6 제4항).

나. (×) **17세**(18세×) **미만**의 외국인을 **제외**한 대한민국에 체류하는 **외국인은 항상** 여권·선원신분증명서·외국인입국허가서·외국인등록증·모바일외국인등록증 또는 상륙허가서('**여권등**')를 **지니고 있어야 한다**(동법 제27조 제1항).

다. (○) 출입국관리공무원 외의 **수사기관이 출입국사범에 해당하는 사건을 입건하였을 때에는 지체없이** 관할 지방출입국·외국인관서의 장에게 **인계하여야 한다**(동법 제101조 제2항).

라. (×) 감염환환자, 마약중독자, **강제퇴거명령을 받고 출국한 후 5년이 지나지 아니한**(지난×) 외국인은 **입국금지** 사항에 해당한다(동법 제11조 제1항 제6호).

> **Tip 입국의 금지**(동법 제11조 제1항)
>
> 1. 감염병환자, 마약류중독자, 그 밖에 **공중위생상 위해를 끼칠 염려가** 있는 사람
> 2. 총포·도검·화약류 등을 위법하게 가지고 입국하려는 사람
> 3. 대한민국의 이익이나 공공의 **안전을 해치는** 행동을 할 **염려가** 있는 사람
> 4. 경제질서 또는 사회질서를 해치거나 **선량한 풍속을 해치는** 행동을 할 **염려가** 있는 사람
> 5. 사리 분별력이 없고 국내에서 체류활동을 보조할 사람이 없는 정신장애인, 국내체류비용을 부담할 능력이 **없는** 사람, 그 밖에 **구호가 필요한** 사람
> 6. **강제퇴거**명령을 받고 출국한 후 **5년이 지나지 아니한** 사람
> 7. 1910년 8월 29일부터 1945년 8월 15일까지 사이에 **일본 정부의 지시를 받거나** 그 정부와 연계하여 인종, 민족, 종교, 국적, 정치적 견해 등을 이유로 사람을 학살·학대하는 일에 관여한 사람
> 8. **법무부장관**이 그 입국이 적당하지 아니하다고 인정하는 사람

1130 「출입국관리법 시행령」상 외국인의 체류자격에 대한 설명이다. ㉠~㉣의 괄호 안에 들어갈 내용이 가장 적절한 것은?

● A급 19 순경2차

> • A-(㉠), 외교 : 대한민국정부가 접수한 외국정부의 외교사절단이나 영사기관의 구성원, 조약 또는 국제관행에 따라 외교사절과 동등한 특권과 면제를 받는 사람과 그 가족
>
> • (㉡)-2, 유학 : 전문대학 이상의 교육기관 또는 학술연구기관에서 정규과정의 교육을 받거나 특정 연구를 하려는 사람
>
> • F-(㉢), 재외동포 : 「재외동포의 출입국과 법적 지위에 관한 법률」상 대한민국의 국적을 보유하였던 자(대한민국정부 수립 전에 국외로 이주한 동포를 포함) 또는 그 직계비속으로서 외국국적을 취득한 자 중 대통령령으로 정하는 자(단순 노무행위 등 법령에서 규정한 취업활동에 종사하려는 사람은 제외)
>
> • (㉣)-6, 예술흥행 : 수익이 따르는 음악, 미술, 문학 등의 예술활동과 수익을 목적으로 하는 연예, 연주, 연극, 운동경기, 광고·패션모델, 그 밖에 이에 준하는 활동을 하려는 사람

	㉠	㉡	㉢	㉣		㉠	㉡	㉢	㉣
①	2	D	6	E	②	2	E	4	F
③	1	E	6	F	④	1	D	4	E

🔒 1130 ④

해설

- A - (㉠ 1), **외교** : 대한민국정부가 접수한 외국정부의 **외교사절단**이나 영사기관의 구성원, 조약 또는 국제관행에 따라 외교사절과 동등한 특권과 면제를 받는 사람과 그 가족
- (㉡ D) - 2, **유학** : **전문대학 이상**의 교육기관 또는 학술연구기관에서 정규과정의 **교육을 받거나 특정 연구를 하려는** 사람
- F - (㉢ 4), **재외동포** : 「재외동포의 출입국과 법적 지위에 관한 법률」상 **대한민국의 국적을 보유하였던 자**(대한민국정부 수립 전에 국외로 이주한 동포를 포함) 또는 **그 직계비속으로서 외국국적을 취득한 자** 중 대통령령으로 정하는 자(단순 노무행위 등 법령에서 규정한 취업활동에 종사하려는 사람은 제외)
- (㉣ E) - 6, **예술흥행** : **수익이 따르는 음악, 미술, 문학** 등의 **예술활동**과 수익을 목적으로 하는 연예, 연주, 연극, 운동경기, 광고·패션모델, 그 밖에 이에 준하는 활동을 하려는 사람

Tip 장기체류자격(출입국관리법 시행령 [별표1의2])

체류자격	체류자격에 해당하는 사람 또는 활동범위
외교(A-1)	대한민국정부가 접수한 **외국정부의 외교사절단**이나 영사기관의 구성원, 조약 또는 국제관행에 따라 외교사절과 동등한 특권과 면제를 받는 사람과 그 가족
공무(A-2)	대한민국정부가 승인한 외국정부 또는 **국제기구의 공무를 수행**하는 사람과 그 가족
협정(A-3)	대한민국정부와의 **협정에 따라** 외국인등록이 **면제**되거나 면제할 필요가 있다고 인정되는 사람과 그 가족
문화예술(D-1)	**수익을 목적으로 하지 않는** 문화 또는 예술 관련 활동을 하려는 사람(대한민국의 전통문화 또는 예술에 대하여 전문적인 연구를 하거나 전문가의 지도를 받으려는 사람을 포함한다)
유학(D-2)	**전문대학 이상**의 교육기관 또는 학술연구기관에서 정규과정의 **교육을 받거나 특정 연구를 하려는** 사람
교수 (E-1)	「고등교육법」에 따른 자격요건을 갖춘 외국인으로서 **전문대학 이상**의 교육기관이나 이에 준하는 기관에서 전문 분야의 **교육 또는 연구·지도 활동에 종사**하려는 사람
회화지도 (E-2)	**법무부장관**이 정하는 자격요건을 갖춘 외국인으로서 **외국어전문학원**, 초등학교 이상의 교육기관 및 부설 어학연구소, 방송사 및 기업체 부설 **어학연수원**, 그 밖에 이에 준하는 기관 또는 단체에서 **외국어 회화지도**에 종사하려는 사람
예술흥행 (E-6)	**수익이.따르는** 음악, 미술, 문학 등의 예술활동과 **수익을 목적으로** 하는 연예, 연주, 연극, 운동경기, 광고·패션 모델, 그 밖에 이에 준하는 활동을 하려는 사람
비전문취업 (E-9)	「외국인근로자의 고용 등에 관한 법률」에 따른 **국내 취업요건을 갖춘 사람**(일정 자격이나 경력 등이 필요한 **전문직종에 종사하려는 사람은 제외**한다)
재외동포 (F-4)	「재외동포의 출입국과 법적 지위에 관한 법률」상 **대한민국의 국적을 보유하였던 자**(대한민국정부 수립 전에 국외로 이주한 동포를 포함) 또는 **그 직계비속으로서 외국국적을 취득한 자** 중 대통령령으로 정하는 자(단순 노무행위 등 법령에서 규정한 취업활동에 종사하려는 사람은 제외)
결혼이민 (F-6)	• 국민의 **배우자** • 국민과 혼인관계(**사실상의 혼인관계를 포함**한다)에서 **출생한 자녀를 양육**하고 있는 **부** 또는 **모로서** 법무부장관이 인정하는 사람 • 국민인 배우자와 **혼인한 상태로 국내에 체류**하던 중 그 배우자의 사망이나 실종, 그 밖에 자신에게 책임이 없는 사유로 정상적인 혼인관계를 유지할 수 없는 사람으로서 법무부장관이 인정하는 사람

1131 「출입국관리법 시행령」상 외국인의 장기체류 자격에 관한 설명으로 가장 적절하지 않은 것은?

● A급 26 경위

① 전문대학 이상의 교육기관 또는 학술연구기관에서 정규과정의 교육을 받거나 특정연구를 하려는 사람은 D-2 장기체류자격을 취득할 수 있다.

② 수익이 따르는 음악, 미술, 문학 등의 예술활동과 수익을 목적으로 하는 연예, 연주, 연극, 운동경기, 광고·패션모델, 그 밖에 이에 준하는 활동을 하려는 사람은 E-2 장기체류자격을 취득할 수 있다.

③ 「외국인근로자의 고용 등에 관한 법률」에 따른 국내 취업요건을 갖춘 사람은 E-9 장기체류자격을 취득할 수 있다.

④ 국민과 혼인관계(사실혼 관계는 포함)에서 출생한 자녀를 양육하고 있는 부 또는 모로서 법무부장관이 인정하는 사람은 F-6 장기체류자격을 취득할 수 있다.

해설

① (O) **전문대학 이상**의 교육기관 또는 학술연구기관에서 정규과정의 교육을 받거나 특정연구를 하려는 사람은 **D-2** 장기체류자격을 취득할 수 있다.

② (×) **수익이 따르는** 음악, 미술, 문학 등의 **예술활동**과 수익을 목적으로 하는 연예, 연주, 연극, 운동경기, 광고·패션모델, 그 밖에 이에 준하는 활동을 하려는 사람은 **E-6**(E-2×) 장기체류자격을 취득할 수 있다.

　🅣ip **수익을 목적으로 하지 않는 문화 또는 예술** 관련 활동을 하려는 사람(대한민국의 전통문화 또는 예술에 대하여 전문적인 연구를 하거나 전문가의 지도를 받으려는 사람을 포함한다)은 **D-1** 장기체류자격을 취득할 수 있다.

③ (O) 「외국인근로자의 고용 등에 관한 법률」에 따른 **국내 취업**요건을 갖춘 사람은 **E-9** 장기체류자격을 취득할 수 있다.

④ (O) 국민과 혼인관계(**사실혼 관계는 포함**)에서 출생한 자녀를 양육하고 있는 부 또는 모로서 법무부장관이 인정하는 사람은 **F-6** 장기체류자격을 취득할 수 있다.

1132 「테러방지법(약칭)」과 「출입국관리법」에 대한 설명 중 가장 적절한 것은?

● A급 21 법학

① 법무부장관은 난민인정자가 출국하려고 할 때에는 그의 신청에 의하여 난민여행증명서를 발급하여야 한다. 이에 따른 난민여행증명서의 유효기간은 3년으로 한다.

② 대테러활동과 관련하여 국가 대테러활동 관련 임무분담 및 협조사항 실무 조정, 테러경보 발령, 국가 주요행사 대테러안전대책수립 등을 수행하기 위하여 대통령 직속으로 관계기관 공무원으로 구성되는 대테러센터를 둔다.

③ 외교부장관은 감염병환자, 마약류중독자, 강제퇴거명령을 받고 출국한 후 5년이 지나지 아니한 자 등의 외국인에 대하여는 입국을 금지할 수 있다.

④ 선박등에 타고 있는 외국인이 생명 또는 신체의 자유를 침해받을 공포가 있는 영역에서 도피하여 곧바로 대한민국에 비호(庇護)를 신청하는 경우 그 외국인을 상륙시킬 만한 상당한 이유가 있다고 인정되면 외교부장관의 승인을 받아 90일의 범위에서 난민 임시상륙허가를 할 수 있다.

 1131 ② 　1132 ①

① (○) **법무부장관**은 난민인정자가 출국하려고 할 때에는 그의 신청에 의하여 난민여행증명서를 발급하여야 한다. 이에 따른 **난민여행증명서의 유효기간은 3년**으로 한다(출입국관리법 제76조의5 제1항·제2항).

② (×) 대테러활동과 관련하여 국가 대테러활동 관련 임무분담 및 협조사항 실무 조정, 테러경보 발령, 국가 주요행사 대테러안전대책수립 등을 수행하기 위하여 **국무총리(대통령×) 소속**으로 관계기관 공무원으로 구성되는 **대테러센터**를 둔다.

③ (×) **법무부장관(외교부장관×)**은 감염병환자, 마약류중독자, **강제퇴거명령을 받고 출국한 후 5년이 지나지 아니한 자** 등의 외국인에 대하여는 **입국을 금지할 수 있다**(출입국관리법 제11조 제1항).

④ (×) 지방출입국·외국인관서의 장은 선박등에 타고 있는 외국인이 생명 또는 신체의 자유를 침해받을 공포가 있는 영역에서 도피하여 곧바로 대한민국에 비호를 신청하는 경우 그 외국인을 상륙시킬 만한 상당한 이유가 있다고 인정되면 **법무부장관(외교부장관×)의 승인**을 받아 **90일**의 범위에서 **난민 임시상륙허가**를 할 수 있다(출입국관리법 제16조의2 제1항).

　　Tip 이 경우 법무부장관은 **외교부장관과 협의**하여야 한다(동법 제16조의2 제1항).

 **제5절　국제형사경찰기구(인터폴)**

1133 다음 중 인터폴에서 발행하는 국제수배서에 대한 설명 중 가장 적절하지 않은 것은? ●B급 20 승진

① 흑색수배서(가출인수배서) - 실종자 소재확인 목적 발부
② 녹색수배서(상습국제범죄자 수배서) - 우범자 정보제공 목적 발부
③ 보라색수배서(범죄수법수배서) - 범죄수법 정보제공 목적 발부
④ 청색수배서(국제정보조회수배서) - 범죄관련인 소재확인 목적 발부

① (×) **황색(흑색×)수배서(가출인**수배서, 국제**실종자**수배) - **실종자** 소재확인 목적 발부
② (○) **녹색**수배서(**상습**국제범죄자 수배서, 국제**방범**수배) - **우범자** 정보제공 목적 발부
③ (○) **보라색**수배서(범죄**수법**수배서) - **범죄수법** 정보제공 목적 발부
④ (○) **청색**수배서(국제**정보조회**수배서) - **범죄관련인 소재확인** 목적 발부

1134 인터폴에서 발행하는 국제수배서에 대한 설명으로 가장 적절하지 않은 것은? ●B급 21 특공

① 흑색수배서는 사망자의 신원을 확인할 수 없거나 사망자가 가명을 사용하였을 경우 정확한 신원을 파악할 목적으로 발행한다.
② 청색수배서는 폭발물 등에 대한 경고목적으로 발행한다.
③ 황색수배서는 가출인의 소재 확인 또는 기억상실자 등의 신원을 확인할 목적으로 발행한다.
④ 적색수배서는 국제체포수배서로서 범죄인 인도를 목적으로 발행한다.

　🔒 1133 ①　1134 ②

① (○) **흑색수배서**는 **사망자**의 신원을 확인할 수 없거나 **사망자가 가명을 사용**하였을 경우 정확한 신원을 파악할 목적으로 발행한다.
② (×) **청색수배서**(국제정보조회수배)는 피수배자의 **신원과 소재의 확인(폭발물 등에 대한 경고목적×)**을 위해 발행한다.
   ⑪ip 오렌지색수배서(테러·위험인물 경고)는 **폭발물** 등에 대한 경고목적으로 발행한다.
③ (○) **황색수배서**는 **가출인**의 소재 확인 또는 **기억상실자** 등의 신원을 확인할 목적으로 발행한다.
④ (○) **적색수배서**는 국제**체포**수배서로서 **범죄인 인도**를 목적으로 발행한다.

1135 국제형사경찰기구(인터폴)에 대한 설명으로 가장 적절하지 않은 것은?

 B급 20 승진

① 인터폴 협력의 원칙으로는 주권의 존중, 일반법의 집행, 보편성의 원칙, 평등성의 원칙, 업무 방법의 유연성 등이 있다.
② 1923년 비엔나에서 19개국 경찰기관장이 참석한 가운데 제2차 국제형사경찰회의가 개최되어 국제형사경찰위원회(ICPC : International Criminal Police Commission)를 창립하였다.
③ 법무부장관은 국제형사경찰기구로부터 외국의 형사사건 수사에 대하여 협력을 요청받거나 국제형사경찰기구에 협력을 요청하는 경우 국제범죄의 정보 및 자료교환, 국제범죄의 동일증명 및 전과조회 등의 조치를 취할 수 있다.
④ 인터폴에서 발행하는 국제수배서에는 변사자 신원확인을 위한 흑색수배서(Black Notice), 장물수배를 위한 장물수배서(Stolen Property Notice), 범죄관련인 소재확인을 위한 청색수배서(Blue Notice) 등이 있다.

① (○) 인터폴 협력의 원칙으로는 **주권의 존중**, **일반법의 집행**, 보편성의 원칙, **평등성의 원칙**, **업무방법의 유연성** 등이 있다.
② (○) **1923년 비엔나**에서 **19개국** 경찰기관장이 참석한 가운데 제2차 **국제형사경찰회의**가 개최되어 **국제형사경찰위원회**(ICPC : International Criminal Police Commission)를 창립하였다.
③ (×) **행정안전부장관**(법무부장관×)은 국제형사경찰기구로부터 외국의 형사사건 수사에 대하여 **협력을 요청받거나** 국제형사경찰기구에 **협력을 요청하는 경우** 국제범죄의 정보 및 자료교환, 국제범죄의 동일증명 및 전과조회 등의 조치를 취할 수 있다.
④ (○) 인터폴에서 발행하는 국제수배서에는 **변사자 신원확인**을 위한 **흑색**수배서, 장물수배를 위한 장물수배서(Stolen Property Notice), **범죄관련인 소재확인**을 위한 **청색**수배서 등이 있다.

1136 국제형사경찰기구(INTERPOL) 설립에 대한 설명으로 가장 적절하지 않은 것은?

 B급 22 경위

① 1914년 모나코(Monaco)에서 제1회 국제형사경찰회의(International Criminal Police Congress)가 개최되었다.
② 1923년 헤이그(Hague)에서 19개국 경찰기관장이 참석하여 유럽대륙 위주의 국제형사경찰위원회(International Criminal Police Commission)를 창설하였다.
③ 1956년 비엔나(Vienna) 제25차 국제형사경찰위원회 총회에서 국제형사경찰기구(International Criminal Police Organization: ICPO), 즉 인터폴(INTERPOL)로 명칭이 변경되었다.
④ 2021년 현재 본부는 리옹(Lyon)에 있다.

🔒 **1135** ③ **1136** ②

① (○) 1914년 **모나코**에서 **제1회 국제형사경찰회의**가 개최되었다.
② (×) 1923년 **비엔나**(헤이그×)에서 **19개국** 경찰기관장이 참석하여 **유럽대륙 위주의 국제형사경찰위원회를 창설**하였다.
③ (○) 1956년 **비엔나** 제25차 국제형사경찰위원회 총회에서 국제형사경찰기구(ICPO), 즉 **인터폴(INTERPOL)로 명칭이 변경**되었다.
④ (○) 2021년 **현재 본부**는 프랑스 **리옹**(Lyon)에 있다.

제6절 국제형사사법 공조법[시행 2021.1.5.]

1137 국제형사사법 공조에 대한 설명으로 옳지 않은 것은 모두 몇 개인가?  20 경위

> 가. 요청국이 공조에 따라 취득한 증거를 공조요청의 대상이 된 범죄 이외의 수사나 재판에 사용해서는 안된다는 원칙은 '특정성의 원칙'과 관련이 깊다.
> 나. 「국제형사사법 공조법」상 공조범죄가 대한민국의 법률에 의하여는 범죄를 구성하지 아니하거나 공소를 제기할 수 없는 범죄인 경우 공조를 하지 아니할 수 있다.
> 다. 「국제형사사법 공조법」상 대한민국에서 수사가 진행 중이거나 재판에 계속된 범죄에 대하여 외국의 공조요청이 있는 경우에는 그 수사 또는 재판 절차가 끝날 때까지 공조를 연기하여야 한다.
> 라. 「국제형사사법 공조법」상 외국의 요청에 따른 수사의 공조절차에서 검사는 요청국에 인도하여야 할 증거물 등이 법원에 제출되어 있는 경우에는 법무부장관의 인도허가 결정을 받아야 한다.

① 1개　　② 2개
③ 3개　　④ 4개

틀린 설명은 **다, 라, 2개**이다.

가. (○) 요청국이 공조에 따라 취득한 증거를 **공조요청의 대상이 된 범죄 이외**의 수사나 재판에 사용해서는 **안 된다**는 원칙은 '**특정성의 원칙**'과 관련이 깊다.

나. (○) 「국제형사사법 공조법」상 공조범죄가 **대한민국의 법률**에 의하여는 **범죄를 구성하지 아니하거나 공소를 제기할 수 없는 범죄**인 경우 공조를 하지 **아니할 수 있다**(동법 제6조 제4호).

다. (×) 「국제형사사법 공조법」상 대한민국에서 **수사가 진행 중**이거나 **재판에 계속**된 범죄에 대하여 외국의 **공조요청이** 있는 경우에는 그 수사 또는 재판 절차가 끝날 때까지 **공조를 연기할 수 있다**(하여야 한다×)(동법 제7조).

라. (×) 「국제형사사법 공조법」상 **외국의 요청**에 따른 수사의 공조절차에서 **검사는 요청국에 인도하여야 할 증거물 등이 법원에 제출**되어 있는 경우에는 **법원**(법무부장관×)의 인도허가 **결정을 받아야** 한다(동법 제17조 제3항).

 1137 ②

1138 다음은 국제형사사법 공조에 대한 설명이다. 옳지 않은 것으로 묶인 것은?

> ⊙ 요청국이 공조에 따라 취득한 증거를 공조요청의 대상이 된 범죄 이외의 수사나 재판에 사용해서
>   는 안 된다는 원칙은 '특정성의 원칙'과 관련이 깊다.
> ⓒ 우리나라가 외국과 체결한 형사사법 공조조약과 「국제형사사법 공조법」의 규정이 상충되면 공조조
>   약이 우선 적용된다.
> ⓒ 「국제형사사법 공조법」상 공조범죄가 대한민국의 법률에 의하여는 범죄를 구성하지 아니하거나 공
>   소를 제기할 수 없는 범죄인 경우 공조를 하지 아니해야 한다.
> ⓐ 「국제형사사법 공조법」상 대한민국에서 수사가 진행 중이거나 재판에 계속된 범죄에 대하여 외국
>   의 공조요청이 있는 경우에 수사의 진행, 재판의 계속을 이유로 공조를 연기할 수 없다.

① ⊙, ⓒ
② ⓒ, ⓒ
③ ⓒ, ⓐ
④ ⓒ, ⓐ

해설

틀린 설명은 ⓒ, ⓐ, 2개이다.

⊙ (O) 요청국이 공조에 따라 취득한 증거를 **공조요청의 대상이 된 범죄** 이외의 **수사나 재판에 사용해서는 안 된다**는 원칙은 '**특정성의 원칙**'과 관련이 깊다.

ⓒ (O) 우리나라가 외국과 체결한 형사사법 **공조조약**과 「국제형사사법 공조법」의 규정이 **상충**되면 **공조조약이 우선 적용**된다(동법 제3조).

ⓒ (×) 「국제형사사법 공조법」상 **공조범죄가** 대한민국의 **법률**에 의하여는 범죄를 구성하지 아니하거나 공소를 제기할 수 **없는 범죄인 경우** 공조를 하지 **아니할 수 있다(아니해야 한다×)**(동법 제6조).

ⓐ (×) 「국제형사사법 공조법」상 **대한민국에서 수사가 진행** 중이거나 **재판에 계속**된 범죄에 대하여 외국의 **공조요청이 있는 경우**에 수사의 진행, 재판의 계속을 이유로 **공조를 연기할 수 있다(없다×)**(동법 제7조).

Tip 공조의 거절 및 연기(국제형사사법 공조법 제6조, 제7조)

공조의 거절 (임의적 거절)	다음의 경우에는 **공조를 하지** 아니할 수 있다. 1. 대한민국의 주권·국가안전보장·안녕질서·미풍양속을 **해칠 우려**가 있는 경우 2. 인종, 국적, 성별, 종교, 사회적 신분 또는 특정 사회단체에 속한다는 사실이나 **정치적 견해를 달리**한다는 이유로 처벌되거나 **형사상 불리한 처분**을 받을 우려가 있다고 인정되는 경우 3. 공조범죄가 **정치적 성격을 지닌 범죄**이거나, 공조요청이 **정치적 성격을 지닌 다른 범죄**에 대한 수사 또는 재판을 할 목적으로 한 것이라고 인정되는 경우 4. 공조범죄가 **대한민국의 법률에 의하여는** 범죄를 구성하지 아니하거나 공소를 제기할 수 **없는 범죄인 경우** 5. **요청국의 보증이 없는 경우** [주의] 공조의 거절에 있어서 **절대적 거절사유에 대한 규정은 없다.**
공조의 연기	대한민국에서 **수사가 진행 중**이거나 **재판에 계속된 범죄**에 대하여 외국의 공조요청이 있는 경우에는 그 수사 또는 재판 절차가 끝날 때까지 **공조를 연기할 수 있다.**

🔒 1138 ④

1139 국제경찰공조에 관한 설명으로 가장 적절한 것은? ● A급 24 순경2차

① 국제형사사법 공조와 범죄인 인도는 동일한 법률에 근거하고 있다.

②「국제형사사법 공조법」에는 증거 수집, 압수·수색 또는 검증이 공조의 범위로 포함되어 있다.

③ 국제형사경찰기구(인터폴)의 회원국은 자국 내 설치된 국가중앙사무국을 통해 다른 나라의 국가중앙사무국과 국제범죄정보 및 자료를 교환하며, 임의적 협조라기보다는 강제적 협조의 성격을 가진다.

④ 국제형사경찰기구는 국제형사공조기구로 분류되며, 예외적인 사안에서는 국제형사경찰기구 소속 수사관이 범인을 체포하거나 구속할 수도 있다.

해설

① (×) 국제형사사법 공조는 「**국제형사사법 공조법**」에 근거하고, 범죄인 인도는 「**범죄인 인도법**」에 근거(**동일한 법률에 근거×**)하고 있다.

② (○) 「**국제형사사법 공조법**」에는 **증거 수집, 압수·수색** 또는 검증이 **공조의 범위로 포함**되어 있다(동법 제5조).

③ (×) 국제형사경찰기구(인터폴)의 회원국은 자국 내 설치된 **국가중앙사무국을 통해** 다른 나라의 국가중앙사무국과 **국제범죄정보 및 자료를 교환**하며, **강제적(임의적×)** 협조라기보다는 **임의적(강제적×) 협조**의 성격을 가진다.

④ (×) 국제형사경찰기구는 **국제형사공조기구**로 분류되며, 범죄에 대한 자료수집 및 범죄인 소재수사 등을 주로 할 뿐, **국제수사기관이 아니다.** 인터폴 소속의 자체적인 **국제수사관이 존재하지 않으며** 어떠한 경우라도 인터폴 소속 직원이 범인을 **체포하거나 구속할 수 있는** 권한은 **없다**(체포하거나 구속할 수 있다×).

Tip 공조의 범위(국제형사사법 공조법 제5조)

1. 사람 또는 물건의 **소재에 대한 수사**
2. 서류·기록의 **제공**
3. 서류 등의 **송달**
4. **증거 수집, 압수·수색 또는 검증**
5. 증거물 등 **물건의 인도**
6. **진술 청취**, 그 밖에 **요청국에서 증언하게 하거나 수사에 협조하게 하는 조치**

🔒 1139 ②

1140 「범죄인 인도법」에 대한 설명으로 가장 적절하지 않은 것은?   ●A급 23 특공

① 범죄인 인도에 관하여 인도조약에 이 법과 다른 규정이 있는 경우에는 그 규정에 따른다.

② 대한민국과 청구국의 법률에 따라 인도범죄가 사형, 무기징역, 무기금고, 장기 1년 이상의 징역 또는 금고에 해당하는 경우에만 범죄인을 인도할 수 있다.

③ 범죄인의 인도심사 및 그 청구와 관련된 사건은 대법원과 대검찰청의 전속관할로 한다.

④ 범죄인이 대한민국 국민인 경우는 임의적 인도거절 사유이다.

해설

① (○) 범죄인 인도에 관하여 **인도조약에 이 법과 다른 규정**이 있는 경우에는 **그 규정(인도조약에 있는 규정)에 따른다**(동법 제3조의2).

② (○) **대한민국과 청구국의 법률**에 따라 인도범죄가 **사형, 무기징역, 무기금고, 장기 1년 이상**의 징역 또는 금고에 해당하는 **경우에만 범죄인을 인도할 수 있다**(동법 제6조).

③ (×) 범죄인의 **인도심사** 및 그 청구와 관련된 사건은 **서울고등법원(대법원×)**과 **서울고등검찰청(대검찰청×)**의 전속관할로 한다(동법 제3조).

④ (○) 범죄인이 **대한민국 국민**인 경우는 **임의적 인도거절 사유**이다(동법 제9조 제1호).

Tip 절대적 인도거절 사유와 임의적 인도거절 사유(범죄인 인도법 제7조, 제9조)

절대적 인도거절	다음의 경우에는 범죄인을 **인도하여서는 아니 된다.** 1. 대한민국 또는 청구국의 법률에 따라 **인도범죄**에 관한 공소시효 또는 형의 **시효가 완성**된 경우 2. **인도범죄**에 관하여 **대한민국 법원**에서 **재판**이 **계속** 중이거나 재판이 **확정**된 경우 3. 범죄인이 **인도범죄**를 범하였다고 **의심할 만한 상당한 이유가 없는 경우.** 다만, 인도범죄에 관하여 청구국에서 유죄의 재판이 있는 경우는 제외한다. 4. 범죄인이 인종, 종교, 국적, 성별, 정치적 신념 또는 특정 사회단체에 속한 것 등을 이유로 처벌되거나 그 밖의 **불리한 처분을 받을 염려**가 있다고 인정되는 경우
임의적 인도거절	다음의 경우에는 범죄인을 **인도하지 아니할 수 있다.** 1. 범죄인이 **대한민국 국민**인 경우 2. 인도범죄의 **전부** 또는 **일부**가 **대한민국 영역**에서 범한 것인 경우 3. 범죄인의 **인도범죄 외의 범죄**에 관하여 **대한민국 법원**에 재판이 **계속** 중인 경우 또는 범죄인이 형을 선고받고 그 집행이 끝나지 아니하거나 면제되지 아니한 경우 4. 범죄인이 인도범죄에 관하여 **제3국**(청구국이 아닌 외국을 말한다)에서 **재판**을 받고 처벌되었거나 처벌받지 아니하기로 확정된 경우 5. 인도범죄의 성격과 범죄인이 처한 환경 등에 비추어 범죄인을 인도하는 것이 **비인도적**이라고 인정되는 경우
정치범 인도거절	인도범죄가 **정치적 성격을 지닌 범죄**이거나 그와 관련된 범죄인 경우에는 범죄인을 **인도하여서는 아니 된다.** 다만, 인도범죄가 다음의 경우에는 그러하지 아니하다. 1. 국가원수·정부수반 또는 그 가족의 **생명·신체를 침해**하거나 **위협**하는 범죄 2. **다자간 조약에 따라** 대한민국이 범죄인에 대하여 재판권을 행사하거나 범죄인을 인도할 의무를 부담하고 있는 범죄 3. 여러 사람의 **생명·신체를 침해·위협**하거나 이에 대한 위험을 발생시키는 범죄

🔒 1140 ③

1141 다음은 「범죄인 인도법」과 범죄인 인도의 원칙에 대한 설명이다. 옳은 것은 모두 몇 개인가?

> ㉠ 「범죄인 인도법」 제6조는 대한민국과 청구국의 법률에 따라 인도범죄가 사형, 무기징역, 무기금고, 장기 1년 이상의 징역 또는 금고에 해당하는 경우에만 범죄인인도가 가능하다고 규정하여 '쌍방가벌성의 원칙'과 '최소한의 중요성 원칙'을 모두 담고 있다.
> ㉡ 인도조약이 체결되어 있지 않은 경우에도 범죄인의 인도를 청구하는 국가가 동종의 범죄인 인도청구에 응한다는 보증을 하는 경우 「범죄인 인도법」을 적용한다는 원칙은 '상호주의 원칙'이다.
> ㉢ 자국민은 원칙적으로 인도의 대상이 아니라는 '자국민 불인도의 원칙'은 「범죄인 인도법」상 절대적 인도거절 사유로 규정되어 있다.
> ㉣ 인도범죄가 정치적 성격을 지닌 범죄이거나 그와 관련된 경우 범죄인을 인도하여서는 안 된다는 '정치범 불인도의 원칙'은 「범죄인 인도법」에 규정되어 있다. 다만 국가원수 암살, 집단 학살 등은 정치범 불인도의 예외사유로 인정한다.

① 1개　　　② 2개　　　③ 3개　　　④ 4개

해설

옳은 설명은 ㉠, ㉡, ㉣, 3개이다.
㉠ (○) 「범죄인 인도법」 제6조는 대한민국과 청구국의 법률에 따라 인도범죄가 사형, 무기징역, 무기금고, 장기 1년 이상의 징역 또는 금고에 해당하는 경우에만 범죄인 인도가 가능하다고 규정하여 '쌍방가벌성의 원칙'과 '최소한의 중요성 원칙'을 모두 담고 있다.
㉡ (○) 인도조약이 체결되어 있지 않은 경우에도 범죄인의 인도를 청구하는 국가가 동종의 범죄인 인도청구에 응한다는 보증을 하는 경우 「범죄인 인도법」을 적용한다는 원칙은 '상호주의 원칙'이다(동법 제4조).
㉢ (×) 자국민은 원칙적으로 인도의 대상이 아니라는 '자국민 불인도의 원칙'은 「범죄인 인도법」상 임의적(절대적×) 인도거절 사유로 규정되어 있다(동법 제9조 제1호).
㉣ (○) 인도범죄가 정치적 성격을 지닌 범죄이거나 그와 관련된 경우 범죄인을 인도하여서는 안 된다는 '정치범 불인도의 원칙'은 「범죄인 인도법」에 규정되어 있다. 다만, 국가원수 암살, 집단 학살 등은 정치범 불인도의 예외사유로 인정한다(동법 제8조 제1항 제1호).

1142 「범죄인 인도법」 제7조에 따른 절대적 인도거절 사유에 해당하지 않는 것은?　

① 대한민국 또는 청구국의 법률에 따라 인도범죄에 관한 공소시효 또는 형의 시효가 완성된 경우
② 인도범죄에 관하여 대한민국 법원에서 재판이 계속 중이거나 재판이 확정된 경우
③ 인도범죄의 성격과 범죄인이 처한 환경 등에 비추어 범죄인을 인도하는 것이 비인도적이라고 인정되는 경우
④ 범죄인이 인종, 종교, 국적, 성별, 정치적 신념 또는 특정 사회단체에 속한 것 등을 이유로 처벌되거나 그 밖의 불리한 처분을 받을 염려가 있다고 인정되는 경우

해설

① (○) 대한민국 또는 청구국의 법률에 따라 인도범죄에 관한 공소시효 또는 형의 시효가 완성된 경우 – 절대적 인도거절 사유(동법 제7조 제1호, 유용성의 원칙)
② (○) 인도범죄에 관하여 대한민국 법원에서 재판이 계속 중이거나 재판이 확정된 경우 – 절대적 인도거절 사유(동법 제7조 제2호)

 1141 ③　1142 ③

③ (×) 인도범죄의 성격과 범죄인이 처한 환경 등에 비추어 범죄인을 인도하는 것이 **비인도적**이라고 인정되는 경우
－ **임의적** 인도거절 사유(동법 제9조 제5호)
④ (○) 범죄인이 **인종, 종교, 국적, 성별, 정치적 신념** 또는 특정 사회단체에 속한 것 등을 이유로 처벌되거나 그 밖의
불리한 처분을 받을 염려가 있다고 인정되는 경우－**절대적 인도거절** 사유(동법 제7조 제4호)

1143 「범죄인 인도법」에서 규정하는 절대적 인도거절 사유로 옳은 것만을 모두 고른 것은? ●A급 24 순경1차

> ㉠ 범죄인이 대한민국 국민인 경우
> ㉡ 인도범죄의 전부 또는 일부가 대한민국 영역에서 범한 것인 경우
> ㉢ 범죄인이 인종, 종교, 국적, 성별, 정치적 신념 또는 특정 사회단체에 속한 것 등을 이유로 처벌되
> 거나 그 밖의 불리한 처분을 받을 염려가 있다고 인정되는 경우
> ㉣ 인도범죄에 관하여 대한민국 법원에서 재판이 계속 중이거나 재판이 확정된 경우

① ㉠, ㉡   ② ㉢, ㉣   ③ ㉠, ㉡, ㉣   ④ ㉡, ㉢, ㉣

해설

절대적 인도거절 사유는 ㉢, ㉣, **2개**이다.
㉠ (×) 범죄인이 **대한민국 국민**인 경우 － **임의적** 인도거절 사유
㉡ (×) 인도범죄의 전부 또는 일부가 **대한민국 영역**에서 범한 것인 경우 － **임의적** 인도거절 사유
㉢ (○) 범죄인이 **인종, 종교, 국적, 성별, 정치적 신념** 또는 특정 사회단체에 속한 것 등을 이유로 처벌되거나 그 밖의
불리한 처분을 받을 염려가 있다고 인정되는 경우 － **절대적 인도거절** 사유
㉣ (○) **인도범죄**에 관하여 **대한민국 법원에서 재판이 계속 중**이거나 재판이 확정된 경우 － **절대적 인도거절** 사유

1144 「범죄인 인도법」에 관한 설명으로 가장 적절하지 않은 것은? ●A급 25 순경2차

① 인도조약이 체결되어 있지 아니한 경우에도 범죄인의 인도를 청구하는 국가가 같은 종류 또는
유사한 인도범죄에 대한 대한민국의 범죄인 인도청구에 응한다는 보증을 하는 경우에는 이 법
을 적용한다.
② 대한민국과 청구국의 법률에 따라 인도범죄가 사형, 무기징역, 무기금고, 장기 3년 이상의 징
역 또는 금고에 해당하는 경우에만 범죄인을 인도할 수 있다.
③ 인도범죄에 관하여 대한민국 법원에서 재판이 계속 중이거나 재판이 확정된 경우는 범죄인을
인도하여서는 아니 된다.
④ 범죄인이 인도범죄에 관하여 제3국(청구국이 아닌 외국을 말한다)에서 재판을 받고 처벌되었
거나 처벌받지 아니하기로 확정된 경우 범죄인을 인도하지 아니할 수 있다.

해설

① (○) **인도조약이 체결되어 있지 아니한 경우**에도 범죄인의 인도를 청구하는 국가가 같은 종류 또는 유사한 인도범죄에
대한 대한민국의 범죄인 인도청구에 응한다는 **보증**을 하는 경우에는 **이 법을 적용한다**(동법 제4조).
② (×) 대한민국과 청구국의 법률에 따라 인도범죄가 사형, 무기징역, 무기금고, **장기 1년(3년×) 이상**의 징역 또는 금고
에 해당하는 경우에만 범죄인을 인도할 수 있다(동법 제6조).
③ (○) **인도범죄**에 관하여 **대한민국 법원에서 재판**이 계속 중이거나 재판이 확정된 경우는 범죄인을 **인도하여서는 아니
된다**(동법 제7조 제2호).
④ (○) 범죄인이 인도범죄에 관하여 **제3국**(청구국이 아닌 외국을 말한다)에서 **재판**을 받고 처벌되었거나 처벌받지 아니하
기로 확정된 경우 범죄인을 **인도하지 아니할 수 있다**(동법 제9조 제4호).

 1143 ② 1144 ②

1145 「범죄인 인도법」에 대한 설명으로 가장 적절한 것은?

●A급 19 승진

① 대한민국의 주권, 국가안전보장, 안녕질서 또는 미풍양속을 해칠 우려가 있는 경우 범죄인을 인도하지 않을 수 있다.

② 범죄인이 인종, 종교, 국적, 성별, 정치적 신념 또는 특정 사회단체에 속한 것 등을 이유로 처벌되거나 그 밖의 불리한 처분을 받을 염려가 있다고 인정되는 경우 범죄인을 인도하지 않을 수 있다.

③ 외교부장관은 범죄인 인도조약의 존재 여부, 상호보증 여부, 인도대상범죄 여부 등을 확인하고 관계서류를 첨부하여 법무부장관에게 송부한다.

④ 외교부장관은 인도조약 또는 「범죄인 인도법」에 따라 범죄인을 인도할 수 없거나 인도하지 아니하는 것이 타당하다고 인정되는 경우에는 인도심사청구명령을 하지 아니하고, 그 사실을 법무부장관에게 통지하여야 한다.

해설

① (×) '대한민국의 주권, 국가안전보장, 안녕질서 또는 미풍양속을 해칠 우려가 있는 경우 범죄인을 인도하지 않을 수 있다.'라는 내용은 현행 「범죄인 인도법」상 명문의 규정이 없다.

② (×) 범죄인이 인종, 종교, 국적, 성별, 정치적 신념 또는 특정 사회단체에 속한 것 등을 이유로 처벌되거나 그 밖의 불리한 처분을 받을 염려가 있다고 인정되는 경우에는 범죄인을 인도하여서는 아니 된다(인도하지 않을 수 있다×) (동법 제7조 제4호).

③ (○) 외교부장관은 범죄인 인도조약의 존재 여부, 상호보증 여부, 인도대상범죄 여부 등을 확인하고 관계서류를 첨부하여 법무부장관에게 송부한다(동법 제11조).

④ (×) 법무부장관(외교부장관×)은 인도조약 또는 「범죄인 인도법」에 따라 범죄인을 인도할 수 없거나 인도하지 아니하는 것이 타당하다고 인정되는 경우에는 인도심사청구명령을 하지 아니하고, 그 사실을 외교부장관(법무부장관×)에게 통지하여야 한다(동법 제12조).

1146 「범죄인 인도법」에 대한 설명으로 가장 적절한 것은?

●A급 20 법학

① 범죄인 인도에 관하여 이 법에 인도조약과 다른 규정이 있는 경우에는 이 법의 규정을 우선 적용한다.

② 인도범죄의 전부 또는 일부가 대한민국 영역에서 범한 것인 경우는 절대적 인도거절 사유이다.

③ 범죄인이 인종, 종교, 국적, 성별, 정치적 신념 또는 특정 사회 단체에 속한 것 등을 이유로 처벌되거나 그 밖의 불리한 처분을 받을 염려가 있다고 인정되는 경우는 임의적 인도거절 사유이다.

④ 외교부장관은 청구국으로부터 범죄인의 인도청구를 받았을 때에는 인도청구서와 관련 자료를 법무부장관에게 송부하여야 하며, 법무부장관은 이를 서울고등검찰청 검사장에게 송부하고 그 소속 검사로 하여금 서울고등법원에 범죄인의 인도허가 여부에 관한 심사를 청구하도록 명하여야 한다.

해설

① (×) 범죄인 인도에 관하여 이 법에 인도조약과 다른 규정이 있는 경우에는 인도조약(이 법×)의 규정을 우선 적용한다(동법 제3조의2).

② (×) 인도범죄의 전부 또는 일부가 대한민국 영역에서 범한 것인 경우는 임의적(절대적×) 인도거절 사유이다(동법 제9조 제2호).

 1145 ③ 1146 ④

③ (×) 범죄인이 인종, 종교, 국적, 성별, 정치적 신념 또는 특정 사회단체에 속한 것 등을 이유로 처벌되거나 그 밖의 **불리한 처분을 받을 염려**가 있다고 인정되는 경우는 **절대적(임의적×) 인도거절 사유**이다(동법 제7조 제4호).

④ (○) **외교부장관**은 청구국으로부터 범죄인의 **인도청구를 받았을 때**에는 인도청구서와 관련 **자료를 법무부장관에게 송부하여야** 하며, **법무부장관은** 이를 **서울고등검찰청** 검사장에게 송부하고 그 소속 **검사로 하여금 서울고등법원**에 범죄인의 인도허가 여부에 관한 **심사를 청구하도록 명하여야 한다**(동법 제12조 제1항).

1147 「범죄인 인도법」에 대한 설명 중 가장 적절하지 않은 것은?  20 승진

① 순수한 정치범은 인도하지 않는 것이 원칙이나 정치범일지라도 국가원수암살범은 예외가 되어 일반적으로 인도의 대상이 된다.

② 대한민국과 청구국의 법률에 따라 인도범죄가 사형, 무기징역, 무기금고, 장기 1년 이상의 징역 또는 금고에 해당하는 경우에만 범죄인을 인도할 수 있다.

③ 범죄인이 인도범죄에 관하여 제3국(청구국이 아닌 외국)에서 재판을 받고 처벌되었거나 처벌받지 아니하기로 확정된 경우는 청구국에 인도하지 아니할 수 있다.

④ 법무부장관은 범죄인이 인도구속영장에 의하여 구속 중인 경우에는 구속된 날부터 2개월 이내에 인도심사에 관한 결정을 하여야 한다.

해설

① (○) **순수한 정치범은 인도하지 않는 것이 원칙**이나 정치범일지라도 **국가원수암살범은** 예외가 되어 일반적으로 **인도의 대상이 된다**(동법 제8조 제1항 단서).

② (○) **대한민국과 청구국의 법률에 따라** 인도범죄가 **사형, 무기징역,** 무기금고, **장기 1년 이상의 징역 또는 금고**에 해당하는 경우에만 **범죄인을 인도할 수 있다**(동법 제6조).

③ (○) 범죄인이 인도범죄에 관하여 **제3국(청구국이 아닌 외국)에서 재판**을 받고 처벌되었거나 **처벌받지 아니하기로 확정된 경우**는 청구국에 **인도하지 아니할 수 있다**(동법 제9조 제4호).

④ (×) **법원(법무부장관×)은** 범죄인이 인도구속영장에 의하여 구속 중인 경우에는 **구속된 날부터 2개월 이내에 인도심사**에 관한 **결정을 하여야 한다**(동법 제14조 제2항).

1148 범죄인 인도에 관한 원칙에 대한 설명으로 가장 적절하지 않은 것은?  21 승진

① 자국민불인도의 원칙은 자국민은 인도하지 않는다는 원칙으로서, 우리나라 「범죄인 인도법」 제9조는 절대적 거절사유로 규정하고 있다.

② 쌍방가벌성의 원칙은 인도청구가 있는 범죄가 청구국과 피청구국 쌍방의 법률에 의하여 범죄를 구성하지 않는 경우에는 그 범죄에 관하여 범죄인을 인도하지 않는다는 원칙이다.

③ 최소한 중요성의 원칙은 어느 정도 중요성(사형, 무기징역, 무기금고, 장기 1년 이상의 징역 또는 금고에 해당하는 범죄)을 띤 범죄인만 인도한다는 원칙이다.

④ 특정성의 원칙은 인도된 범죄인이 인도가 허용된 범죄 외의 범죄로 처벌받지 아니하고, 제3국에 인도되지 아니한다는 청구국의 보증이 없는 경우에는 범죄인을 인도하여서는 아니 된다는 원칙이다.

🔒 1147 ④ 1148 ①

해설

① (×) **자국민불인도의 원칙**은 자국민은 인도하지 않는다는 원칙으로서, 우리나라 「범죄인 인도법」 제9조는 **임의적(절대적×) 거절사유**로 규정하고 있다.
② (○) **쌍방가벌성의 원칙**은 인도청구가 있는 범죄가 **청구국과 피청구국 쌍방의 법률**에 의하여 **범죄를 구성하지 않는 경우**에는 그 범죄에 관하여 범죄인을 **인도하지 않는다**는 원칙이다(범죄인 인도법 제6조).
③ (○) **최소한 중요성의 원칙**은 어느 정도 중요성(사형, 무기징역, 무기금고, 장기 1년 이상의 징역 또는 금고에 해당하는 범죄)을 띤 **범죄인만 인도한다**는 원칙이다(범죄인 인도법 제6조).
④ (○) **특정성의 원칙**은 인도된 범죄인이 인도가 허용된 범죄 **외의 범죄로 처벌받지 아니하고**, 제3국에 인도되지 아니한다는 청구국의 **보증이 없는 경우**에는 범죄인을 **인도하여서는 아니 된다**는 원칙이다(범죄인 인도법 제10조).

1149 「범죄인 인도법」에 규정된 내용으로 가장 적절하지 않은 것은? ●A급 22 경위

① 「범죄인 인도법」에 규정된 범죄인의 인도심사 및 그 청구와 관련된 사건은 경찰청 외사국의 전속관할로 한다.
② 대한민국과 청구국의 법률에 따라 인도범죄가 사형, 무기징역, 무기금고, 장기(長期) 1년 이상의 징역 또는 금고에 해당하는 경우에만 범죄인을 인도할 수 있다.
③ 외교부장관은 청구국으로부터 범죄인의 긴급인도구속을 청구받았을 때에는 긴급인도구속 청구서와 관련 자료를 법무부장관에게 송부하여야 한다.
④ 「범죄인 인도법」에 따라 법무부장관이 검사장 등에게 하는 명령과 검사장·지청장 또는 검사가 법무부장관에게 하는 건의·보고 또는 서류 송부는 검찰총장을 거쳐야 한다. 다만, 고위공직자 범죄수사처장 또는 그 소속 검사의 경우에는 그러하지 아니하다.

해설

① (×) 이 법에 규정된 범죄인의 인도심사 및 그 청구와 관련된 사건은 **서울고등법원과 서울고등검찰청(경찰청 외사국×)의 전속관할**로 한다(동법 제3조).
② (○) **대한민국과 청구국의 법률**에 따라 인도범죄가 사형, 무기징역, 무기금고, **장기 1년 이상**의 징역 또는 금고에 해당하는 **경우에만 범죄인을 인도할 수 있다**(동법 제6조).
③ (○) **외교부장관**은 청구국으로부터 범죄인의 **긴급인도구속을 청구받았을 때**에는 긴급인도구속 청구서와 **관련 자료를 법무부장관에게 송부**하여야 한다(동법 제24조).
④ (○) 「범죄인 인도법」에 따라 **법무부장관이 검사장 등에게 하는 명령과 검사장·지청장 또는 검사가 법무부장관에게 하는 건의·보고 또는 서류 송부는 검찰총장을 거쳐야 한다.** 다만, 고위공직자 범죄수사처장 또는 그 소속 검사의 경우에는 그러하지 아니하다(동법 제47조).

1150 「범죄인 인도법」에 관한 설명으로 가장 적절한 것은? ●A급 25 경위

① 범죄인의 인도를 청구하는 국가가 같은 종류 또는 유사한 인도범죄에 대한 대한민국의 범죄인 인도청구에 응한다는 보증을 하는 경우에는 이 법을 적용한다. 단, 인도조약이 체결되어 있지 않은 국가는 제외한다.
② 검사는 긴급인도구속영장에 의하여 구속된 범죄인에 대하여 그가 구속된 날부터 2개월 이내에 법무부장관의 인도심사청구 명령이 없을 때에는 범죄인을 석방하고, 법무부장관에게 그 내용을 보고하여야 한다.

 1149 ① 1150 ②

③ 대한민국 또는 청구국의 법률에 따라 인도범죄에 관한 공소시효 또는 형의 시효가 완성된 경우나 범죄인의 인도범죄 외의 범죄에 관하여 대한민국 법원에 재판이 계속 중인 경우 또는 범죄인이 형을 선고받고 그 집행이 끝나지 아니하거나 면제되지 아니한 경우에는 범죄인을 인도하여서는 아니 된다.

④ 외교부장관은 둘 이상의 국가로부터 동일 또는 상이한 범죄에 관하여 동일한 범죄인에 대한 인도청구를 받은 경우에는 범죄인을 인도할 국가를 결정하여야 하며, 이 경우 법무부장관과 협의하여야 한다.

해설

① (×) **인도조약이 체결되어 있지 아니한 경우에도**(단, 인도조약이 체결되어 있지 않은 국가는 제외한다×) 범죄인의 인도를 청구하는 국가가 **같은 종류 또는 유사한 인도범죄**에 대한 대한민국의 범죄인 인도청구에 **응한다는 보증을 하는 경우**에는 **이 법을 적용**한다(동법 제4조).

② (○) **검사는** 긴급인도구속영장에 의하여 구속된 범죄인에 대하여 그가 **구속된 날부터 2개월 이내**에 **법무부장관의 인도심사청구 명령**이 없을 때에는 범죄인을 **석방**하고, 법무부장관에게 그 내용을 **보고**하여야 한다(동법 제30조).

③ (×) 대한민국 또는 청구국의 법률에 따라 인도범죄에 관한 공소시효 또는 형의 **시효가 완성**된 경우나 범죄인의 **인도범죄**(인도범죄 외의 범죄×)에 관하여 **대한민국 법원에서 재판이 계속 중**이거나 재판이 **확정된 경우**에는 범죄인을 **인도하여서는 아니 된다**(동법 제7조 제2호).

🅣ip 범죄인의 **인도범죄 외의 범죄**에 관하여 대한민국 법원에 재판이 계속 중인 경우 또는 범죄인이 형을 선고받고 그 **집행이 끝나지 아니하거나 면제되지 아니한 경우** – 범죄인을 **인도하지 아니할 수 있다**(동법 제9조 제3호).

④ (×) **법무부장관**(외교부장관×)은 둘 이상의 국가로부터 동일 또는 상이한 범죄에 관하여 동일한 범죄인에 대한 **인도청구를 받은 경우**에는 범죄인을 **인도할 국가를 결정**하여야 하며, 이 경우 **외교부장관**(법무부장관×)과 **협의할 수 있다**(하여야 한다×)(동법 제16조 제1항).

1151 「국제형사사법 공조법」과 「범죄인 인도법」에 대한 내용으로 옳은 것은 모두 몇 개인가?

 21 경위

가. 국제형사사법 공조와 범죄인 인도 과정 모두에서 상호주의 원칙과 조약우선주의를 천명하고 있다.

나. 대한민국에서 수사가 진행 중이거나 재판에 계속된 범죄에 대하여 외국의 공조요청이 있는 경우에는 즉시 공조해야 한다.

다. 외국의 요청에 따른 수사의 공조절차에서 공조요청 접수 및 요청국에 대한 공조 자료의 송부는 법무부장관이 한다. 다만, 긴급한 조치가 필요한 경우나 특별한 사정이 있는 경우에는 외교부장관이 법무부장관의 동의를 받아 이를 할 수 있다.

라. 대한민국과 청구국의 법률에 따라 인도범죄가 사형, 무기 징역, 무기금고, 장기 3년 이상의 징역 또는 금고에 해당하는 경우에만 범죄인을 인도할 수 있다.

마. 범죄인이 대한민국 국민이거나 인도범죄에 관하여 대한민국 법원에서 재판이 확정된 경우에는 범죄인을 인도하여서는 아니 된다.

---

① 1개　　　　　　　　　　② 2개
③ 3개　　　　　　　　　　④ 4개

 1151 ①

해설

옳은 설명은 **가**, **1개**이다.

가. (○) 국제형사사법 **공조**와 범죄인 **인도** 과정 모두에서 **상호주의 원칙**과 **조약우선주의를 공통**으로 천명(규정)하고 있다.

나. (×) 대한민국에서 **수사**가 진행 중이거나 **재판**에 계속된 범죄에 대하여 외국의 공조요청이 있는 경우에는 **공조를 연기할 수 있다**(즉시 공조해야 한다×)(국제형사사법 공조법 제7조).

다. (×) **외국의 요청**에 따른 수사의 공조절차에서 **공조요청 접수 및 요청국에 대한 공조 자료의 송부**는 외교부장관(법무부장관×)이 한다. 다만, **긴급한 조치가 필요한 경우**나 특별한 사정이 있는 경우에는 **법무부장관**(외교부장관×)이 **외교부장관**(법무부장관×)의 **동의를 받아** 이를 할 수 있다(국제형사사법 공조법 제11조).

라. (×) 대한민국과 청구국의 법률에 따라 인도범죄가 **사형**, **무기 징역**, 무기금고, **장기 1년**(3년×) **이상**의 징역 또는 금고에 해당하는 **경우에만** 범죄인을 **인도할 수 있다**(범죄인 인도법 제6조).

마. (×) 범죄인이 (대한민국 국민이거나×) **인도범죄**에 관하여 **대한민국 법원에서 재판이 확정**된 경우에는 범죄인을 **인도하여서는 아니 된다.**

　　Tip 범죄인이 **대한민국 국민인 경우**는 **임의적** 인도거절 사유에 해당하므로 인도하지 아니할 수 있다(범죄인 인도법 제9조 제1호).

제8절　주한미군지위협정(SOFA)

1152 「**주한미군지위협정(SOFA)**」, 「**대한민국과 중화인민공화국 간의 영사협정**」에 대한 설명으로 가장 적절하지 않은 것은?　　●C급 20 승진

① 중국인 피의자 체포·구속 시, 체포·구속된 피의자의 요청이 없는 경우에도 7일 이내 해당 사실을 영사기관에 통보해야 한다.

② 미군의 공무집행중의 작위 또는 부작위에 의한 범죄에 대하여 미군 당국이 1차적 재판권을 가지며, 공무집행의 범위에는 공무집행으로 인한 범죄뿐만 아니라 공무집행에 부수하여 발생한 범죄도 포함된다.

③ 미국 군대의 구성원, 군속, 배우자 및 21세 미만의 자녀, 부모 및 21세 이상의 자녀 또는 기타 친척으로서 그 생계비의 반액 이상을 미국 군대의 구성원에 의존하는 자는 주한미군지위협정의 적용을 받는다.

④ 주한미군의 공무 중 사건으로 인한 피해가 전적으로 미군 측의 책임으로 밝혀진 경우 미군 측이 75%, 한국 측이 25%를 부담하여 배상한다.

해설

① (×) **중국인 피의자 체포·구속 시**, 체포·구속된 피의자의 **요청이 없는 경우**에도 4일(7일×) 이내 해당 사실을 **영사기관에 통보**해야 한다.

② (○) 미군의 **공무집행 중**의 작위 또는 부작위에 의한 범죄에 대하여 **미군 당국이 1차적 재판권**을 가지며, 공무집행의 범위에는 공무집행으로 인한 범죄뿐만 아니라 **공무집행에 부수하여 발생한 범죄도 포함된다.**

③ (○) **미국 군대의 구성원, 군속, 배우자 및 21세 미만의 자녀**는 원칙적으로 **주한미군지위협정의 적용을 받는 대상에 포함된다.** 다만, **부모 및 21세 이상의 자녀** 또는 기타 친척은 원칙상 적용대상이 아니지만, 그 생계비의 반액 이상을 미국 군대의 구성원에 의존하고 있다면 주한미군지위협정의 **적용을 받게 된다.**

④ (○) 주한미군의 공무 중 사건으로 인한 피해가 **전적으로 미군 측의 책임**으로 밝혀진 경우 **미군 측이 75%, 한국 측이 25%**를 부담하여 배상한다.

 1152 ①

1153 「경찰수사규칙」과 「범죄수사규칙」이 규정하고 있는 외국인에 대한 조사 및 수사에 관한 내용으로 가장 적절하지 않은 것은?
　　　●B급 23 순경2차

① 경찰관은 대한민국의 영해에 있는 외국 선박 내에서 발생한 범죄로서 대한민국 육상이나 항내의 안전을 해할 때, 승무원 이외의 사람이나 대한민국의 국민에 관계가 있을 때 또는 중대한 범죄가 행하여졌을 때는 수사를 하여야 한다.

② 사법경찰관리는 외국인을 조사하는 경우에는 조사를 받는 외국인이 이해할 수 있는 언어로 통역해 주어야 한다.

③ 사법경찰관은 주한 미합중국 군대의 구성원·외국인군무원 및 그 가족이나 초청계약자의 범죄 관련 사건을 인지하거나 고소·고발 등을 수리한 때에는 7일 이내에 한미행정협정사건 통보서를 미군 당국에게 통보해야 한다.

④ 경찰관은 외국군함에 속하는 군인이나 군속이 그 군함을 떠나 대한민국의 영해 또는 영토 내에서 죄를 범한 경우에는 신속히 국가수사본부장에게 보고하여 그 지시를 받아야 한다. 다만, 현행범 그 밖의 급속을 요하는 때에는 체포 그 밖의 수사상 필요한 조치를 한 후 신속히 국가수사본부장에게 보고하여 그 지시를 받아야 한다.

해설

① (○) 경찰관은 **대한민국의 영해에 있는 외국 선박 내에서 발생한 범죄**로서 대한민국 육상이나 항내의 안전을 해할 때, 승무원 이외의 사람이나 **대한민국의 국민에 관계가 있을 때** 또는 **중대한 범죄**가 행하여졌을 때는 **수사를 하여야 한다**(범죄수사규칙 제214조).

② (○) 사법경찰관리는 **외국인을 조사하는 경우**에는 조사를 받는 외국인이 이해할 수 있는 언어로 **통역해 주어야 한다**(경찰수사규칙 제91조 제1항).

③ (×) 사법경찰관은 주한 미합중국 군대의 구성원·외국인군무원 및 그 가족이나 초청계약자의 범죄 관련 사건을 인지하거나 고소·고발 등을 수리한 때에는 **7일 이내**에 한미행정협정**사건 통보서**를 **검사(미군 당국×)**에게 통보해야 한다(경찰수사규칙 제92조 제1항).

④ (○) **경찰관은** 외국군함에 속하는 군인이나 군속이 그 군함을 떠나 대한민국의 영해 또는 영토 내에서 죄를 범한 경우에는 신속히 **국가수사본부장에게 보고하여 그 지시를 받아야 한다.** 다만, **현행범** 그 밖의 **급속을 요하는 때**에는 체포 그 밖의 수사상 필요한 **조치를 한 후 신속히 국가수사본부장에게 보고하여 그 지시를 받아야 한다**(범죄수사규칙 제212조).

1154 경찰관의 외국인 관련 사건처리 조치 중 가장 적절하지 않은 것은?　　　　●C급 23 승진

① 사법경찰관 甲은 「경찰수사규칙」에 따라 중국인 피의자 A의 체포시 피의자에게 영사관원 접견 등 권리를 요청할 수 있다는 사실을 알려주었다.

② 사법경찰관 乙은 「대한민국과 중화인민공화국 간의 영사협정」에 따라 구속된 중국인 피의자 B의 요청이 없는 경우에도 4일이 넘지 아니하는 기간 내에 그 구속사실을 영사기관에 통보하였다.

　1153 ③　1154 ③

③ 사법경찰관 丙은 「범죄수사규칙」에 따라 영사 C의 사무소 안에 있는 기록문서를 압수하지 않고 열람하였다.

④ 사법경찰관 丁은 「경찰수사규칙」에 따라 한미행정 협정사건에 관하여 주한 미합중국 군당국으로부터 공무증명서를 제출받아 지체없이 공무증명서의 사본을 검사에게 송부하였다.

해설

① (○) 사법경찰관 甲은 「경찰수사규칙」(행정안전부령)에 따라 중국인 피의자 A의 체포시 피의자에게 영사관원 접견 등 권리를 요청할 수 있다는 사실을 알려주었다.

　　Tip 사법경찰관리는 **외국인을 체포·구속하는 경우** 국내 법령을 위반하지 않는 범위에서 **영사관원과 자유롭게 접견·교통할 수 있고**, 체포·구속된 사실을 영사기관에 통보해 줄 것을 요청할 수 있다는 사실을 **알려야 한다**(경찰수사규칙 제91조 제2항).

② (○) 사법경찰관 乙은 「대한민국과 중화인민공화국 간의 영사협정」에 따라 **구속된 중국인** 피의자 B의 **요청이 없는 경우에도 4일**이 넘지 아니하는 기간 내에 그 **구속사실을 영사기관에 통보하였다**.

③ (×) 사법경찰관 丙은 「범죄수사규칙」(경찰청훈령)에 따라 **영사 C의** 사무소 안에 있는 **기록문서를 압수하거나 열람하여서는 아니 된다(열람하였다×)**(범죄수사규칙 제213조 제4항).

④ (○) 사법경찰관 丁은 「경찰수사규칙」(행정안전부령)에 따라 **한미행정 협정사건에 관하여 주한 미합중국 군당국으로부터** 공무증명서를 제출받아 **지체없이 공무증명서의 사본을 검사에게 송부**하였다(경찰수사규칙 제92조 제2항).

1155 「범죄수사규칙」상 외국인 등 관련 범죄에 관한 특칙에 대한 설명으로 가장 적절하지 않은 것은?

●C급 23 승진

① 경찰관은 외국인인 피의자 및 그 밖의 관계자가 한국어에 능통하지 않는 경우에는 통역인으로 하여금 통역하게 하여 한국어로 피의자신문조서나 진술조서를 작성하여야 하며, 특히 필요한 때에는 한국어의 진술서를 작성하게 하거나 한국어의 진술서를 제출하게 하여야 한다.

② 외국인에 대하여 구속영장 그 밖의 영장을 집행하는 경우에는 번역문을 첨부하여야 한다.

③ 외국인으로부터 압수한 물건에 관하여 압수목록교부서를 교부하는 경우에는 번역문을 첨부하여야 한다.

④ 경찰관은 피의자가 외교 특권을 가진 사람인지 여부가 의심스러운 경우에는 신속히 국가수사본부장에게 보고하여 그 지시를 받아야 한다.

해설

① (×) 경찰관은 외국인인 피의자 및 그 밖의 관계자가 한국어에 능통하지 않는 경우에는 통역인으로 하여금 **통역하게 하여 한국어로 피의자신문조서나 진술조서를 작성**하여야 하며, 특히 필요한 때에는 **외국어(한국어×)의 진술서를** 작성하게 하거나 **외국어(한국어×)의 진술서를** 제출하게 하여야 한다(동규칙 제217조 제1항).

② (○) 외국인에 대하여 구속영장 그 밖의 **영장을 집행하는 경우에는 번역문을 첨부하여야 한다**(동규칙 제218조 제1호).

③ (○) 외국인으로부터 압수한 물건에 관하여 **압수목록교부서를 교부하는 경우에는 번역문을 첨부하여야 한다**(동규칙 제218조 제2호).

④ (○) 경찰관은 피의자가 외교 특권을 가진 사람인지 여부가 **의심스러운 경우에는** 신속히 **국가수사본부장에게 보고하여 그 지시를 받아야 한다**(동규칙 제209조 제3항).

 1155 ①

1156 다음 설명 중 가장 적절하지 않은 것은?

① 「경찰수사규칙」에 따르면 사법경찰관리는 외국인을 체포·구속하는 경우 국내 법령을 위반하지 않는 범위에서 영사관원과 자유롭게 접견·교통할 수 있고, 체포·구속된 사실을 영사기관에 통보해 줄 것을 요청할 수 있다는 사실을 알려야 한다.

② 「경찰수사규칙」에 따르면 사법경찰관리는 외국인 변사사건이 발생한 경우에는 영사기관 사망 통보서를 작성하여 지체없이 검사에게 통보해야 한다.

③ 「범죄수사규칙」에 따르면 경찰관은 외국군함에 관하여는 해당 군함의 함장의 청구가 있는경우 외에는 이에 출입해서는 아니 된다.

④ 「범죄수사규칙」에 따르면 경찰관은 총영사, 영사 또는 부영사의 사무소는 해당 영사의 청구나 동의가 있는 경우 외에는 이에 출입해서는 아니 된다.

해설

① (○) 「경찰수사규칙」(행정안전부령)에 따르면 **사법경찰관리는 외국인을 체포·구속하는 경우** 국내 법령을 위반하지 않는 범위에서 영사관원과 자유롭게 접견·교통할 수 있고, 체포·구속된 사실을 영사기관에 통보해 줄 것을 **요청할 수 있다는 사실을 알려야 한다**(경찰수사규칙 제91조 제2항).

② (×) 「경찰수사규칙」(행정안전부령)에 따르면 사법경찰관리는 **외국인 변사사건이 발생한 경우**에는 영사기관 사망 통보서를 작성하여 **지체없이 해당 영사기관(검사×)에 통보해야 한다**(경찰수사규칙 제91조 제4항).

③ (○) 「범죄수사규칙」(경찰청훈령)에 따르면 경찰관은 **외국군함**에 관하여는 해당 군함의 함장의 청구가 있는 경우 외에는 이에 **출입해서는 아니 된다**(범죄수사규칙 제211조 제1항).

④ (○) 「범죄수사규칙」(경찰청훈령)에 따르면 경찰관은 **총영사, 영사 또는 부영사의 사무소**는 해당 영사의 청구나 동의가 있는 경우 외에는 이에 **출입해서는 아니 된다**(범죄수사규칙 제213조 제2항).

🔒 1156 ②

 **김민철**

동국대학교 경찰행정학과 졸업(31기)
동 대학원 경찰학 전공

현) 노량진 해커스 경찰학원 경찰학 전임

전) • 대구가톨릭대학교 경찰행정학과 산학협력교수
 • 울산대학교 경찰학과 겸임교수
 • 경찰공제회 경찰승진 경찰실무 전임
 • EBS 명품강좌 경찰학 담당
 • 에듀윌 경찰학 전임
 • 노량진 웅진(KG)패스원 경찰학 전임
 • 노량진 메가 CST 경찰학 전임
 • 인천 경찰전문학원 경찰학 전임
 • 수원 우리경찰학원 경찰학 전임
 • 대구 한국경찰학원 경찰학 전임
 • 가천대학교, 경기대학교, 경동대학교, 영산대학교, 조선대학교 등
 경찰고시반 특강

● 〈동영상 강의〉
'해커스 경찰'에서 수강가능합니다.

〈학습상담 및 교재관련 문의〉
네이버 카페에서 **김민철 경찰학**을 검색하시면 됩니다.

경찰학 기출 1000제

인 쇄 : 2025년 9월 11일
발 행 : 2025년 9월 17일
편저자 : 김민철
발행인 : 강명임 · 박종윤
발행처 : **(주) 도서출판 미래가치**
등 록 : 제2011-000049호
주 소 : 서울시 영등포구 선유로130 에이스하이테크시티3 511호
전 화 : 02-6956-1510
팩 스 : 02-6956-2265

ⓒ 김민철, 2025 / ISBN 979-11-6773-608-6 13350

정가 38,000 원